Großkommentare der Praxis

BRUCK-MÖLLER-JOHANNSEN

Kommentar zum

Versicherungsvertragsgesetz

und zu den Allgemeinen Versicherungsbedingungen
unter Einschluß des Versicherungsvermittlerrechtes

begründet von
Prof. Dr. jur. ERNST BRUCK†

neubearbeitet von
Prof. Dr. jur. HANS MÖLLER
Hamburg

8. Auflage

Vierter Band
Allgemeine Haftpflichtversicherung
(§§ 149—158a VVG)
ohne Kraftverkehrsversicherung und andere Pflichtversicherungen

von
Rechtsanwalt Dr. RALF JOHANNSEN
Hamburg

BERLIN 1970

WALTER DE GRUYTER & CO.
vormals G. J. Göschen'sche Verlagshandlung · J. Guttentag, Verlagsbuchhandlung
Georg Reimer · Karl J. Trübner · Veit & Comp.

ZITIERMETHODE

Bruck-Möller-Johannsen VVG⁸ IV

Archiv-Nr. 22 43 70

Satz und Druck: Walter de Gruyter & Co., Berlin 30

INHALT DES VIERTEN BANDES

Die **Untergliederung** der hier angegebenen Unterabschnitte findet sich am Anfang dieser Unterabschnitte, z. B. zum Versicherungsfall in der Haftpflichtversicherung vor Anm.. B 9, dort ist auch auf das **speziellere Schrifttum** verwiesen. — Wer **Erläuterungen zu einzelnen Bestimmungen** des VVG oder der AVB sucht, findet Hinweise neben den unter A 1—8 abgedruckten Rechtsquellen.

SCHRIFTTUM

Beisler VersArch 1957 S. 257—313

Fleischmann-Deiters in Thees-Hagemann = Thees-Hagemann, Das Recht der Kraftfahrzeug-Haftpflichtv, 2. Aufl., Berlin 1958, neubearbeitet von Fleischmann-Deiters

Fromm = Kraftfahrzeug-Pflichtv und Vsbedingungen, 2. Aufl., Berlin 1961

Georgii Haftpflichtv = Die Haftpflichtv im „Entwurf eines Gesetzes über den Vsvertrag“, Stuttgart 1904

Hartung Haftpflichtv = Die allgemeine Haftpflichtv — Deckungsbereich und Grenzen, Berlin 1957

Herzfelder-Katsch = Haftpflichtv, Berlin 1932

Jannott Vervollkommnung = Zur Vervollkommnung der Haftpflichtv, Berlin 1940

Manes Haftpflichtv = Die Haftpflichtv. Ihre Geschichte, wirtschaftliche Bedeutung und Technik, Tübingen 1907

Matt Haftpflichtvstechnik = Die Haftpflicht-Vstechnik, Weißenburg/Bayern 1950

Müller-Stüler = Der Direktanspruch gegen den Haftpflichtver, Karlsruhe 1966

Oberbach I, II = Allgemeine Vsbedingungen für Haftpflichtv, 2 Bände, Berlin 1938, 1947

Oberbach Grundlagen = Die Grundlagen der Allgemeinen Haftpflichtv, Stuttgart und Köln 1951 (zit. „Grundlagen“ unter Hinzufügung des betreffenden Verfassernamens)

Pienitz[3] = Allgemeine Bedingungen für die Kraftverkehrsv, 3. Aufl., Berlin 1963

Prölss WuRdVers 1937 H 2 S. 9—73

Schirmer Vertretungsmacht = Die Vertretungsmacht des Haftpflichtvers im Haftpflichtverhältnis, Karlsruhe 1969

Sieg Ausstrahlungen = Ausstrahlungen der Haftpflichtv — Geschichtliche, materiellrechtliche und prozessuale Studien zur Stellung des Drittgeschädigten, Hamburg 1952

Stiefel-Wussow[7] = Kraftfahrv, 7. Aufl., München-Berlin 1968

Unfried Schadenregulierung = Die Schadenregulierung in der Haftpflichtv unter Berücksichtigung des Gesetzes über den Vsvertrag, Berlin 1909

Wussow[5] = Allgemeine Vsbedingungen für Haftpflichtv, 5. Aufl., Frankfurt 1966

A. Rechtsquellen, Entwicklung und Bedeutung der Haftpflichtversicherung

I. Rechtsquellen.

Gliederung:

[A 1] §§ 149—158a VVG.

§ 149

Bei der Haftpflichtversicherung ist der Versicherer verpflichtet, dem Versicherungsnehmer die Leistung zu ersetzen, die dieser auf Grund seiner Verantwortlichkeit für eine während der Versicherungszeit eintretende Tatsache an einen Dritten zu bewirken hat.

B 8, 12, 23, 28, 30, 33, 35, 78, 115,
G 23, 25, 58,
H 22

§ 150

(1) Die Versicherung umfaßt die gerichtlichen und außergerichtlichen Kosten, die durch die Verteidigung gegen den von einem Dritten geltend gemachten Anspruch entstehen, soweit die Aufwendung der Kosten den Umständen nach geboten ist. Dies gilt auch dann, wenn sich der Anspruch als unbegründet erweist. Die Versicherung umfaßt auch die Kosten der Verteidigung in einem Strafverfahren, das wegen einer Tat eingeleitet wurde, welche die Verantwortlichkeit des Versicherungsnehmers einem Dritten gegenüber zur Folge haben könnte, sofern diese Kosten auf Weisung des Versicherers aufgewendet wurden. Der Versicherer hat die Kosten auf Verlangen des Versicherungsnehmers vorzuschießen.

B 35, 43, 102,
F 85,
G 22—27, 46

B 38, G 28, 36, 38, 46—47

(2) Ist eine Versicherungssumme bestimmt, so hat der Versicherer Kosten, die in einem auf seine Veranlassung geführten Rechtsstreit entstehen, und Kosten der Verteidigung nach Abs. 1 Satz 3 auch insoweit zu ersetzen, als sie zusammen mit der übrigen Entschädigung die Versicherungssumme übersteigen. Das gleiche gilt von Zinsen, die der Versicherungsnehmer infolge einer vom Versicherer veranlaßten Verzögerung der Befriedigung des Dritten diesem zu entrichten hat.

B 38, G 35—36, 48

(3) Ist dem Versicherungsnehmer nachgelassen, die Vollstreckung einer gerichtlichen Entscheidung durch Sicherheitsleistung oder Hinterlegung abzuwenden, so hat auf sein Verlangen des Versicherers die Sicherheitsleistung oder Hinterlegung zu bewirken. Diese Verpflichtung besteht nicht über den Betrag der Versicherungssumme hinaus; haftet der Versicherer nach Abs. 2 für einen höheren Betrag, so tritt der Versicherungssumme der Mehrbetrag hinzu. Der Versicherer ist von der Verpflichtung frei, wenn er den Anspruch des Dritten dem Versicherungsnehmer gegenüber als begründet anerkennt.

§ 151

B 116, H 2—8, 11

(1) Ist die Versicherung für die Haftpflicht aus einem geschäftlichen Betriebe des Versicherungsnehmers genommen, so erstreckt sie sich auf die Haftpflicht der Vertreter des Versicherungsnehmers sowie auf die Haftpflicht solcher Personen, welche er zur Leitung oder Beaufsichtigung des Betriebs oder eines Teiles des Betriebs angestellt hat. Die Versicherung gilt insoweit als für fremde Rechnung genommen.

D 4, 25, 29—40, F 25, 59

(2) Wird im Falle des Abs. 1 das Unternehmen an einen Dritten veräußert oder auf Grund eines Nießbrauchs, eines Pachtvertrags oder eines ähnlichen Verhältnisses von einem Dritten übernommen, so tritt an Stelle des Versicherungsnehmers der Dritte in die während der Dauer seiner Berechtigung sich aus dem Versicherungsverhältnis ergebenden Rechte und Pflichten ein. Die Vorschriften des § 69 Abs. 2, 3 und der §§ 70, 71 finden entsprechende Anwendung.

§ 152

B 8, F 76, G 62, 77, 155, 211, 219—233

Der Versicherer haftet nicht, wenn der Versicherungsnehmer vorsätzlich den Eintritt der Tatsache, für die er dem Dritten verantwortlich ist, widerrechtlich herbeigeführt hat.

§ 153

B 11, 26—27, 90, F 28—32, 34—35, 45, 69

(1) Der Versicherungsnehmer hat innerhalb einer Woche die Tatsachen anzuzeigen, die seine Verantwortlichkeit gegenüber einem Dritten zur Folge haben könnten. § 6 Abs. 3, § 33 Abs. 2 gelten sinngemäß.

F 36—37

(2) Macht der Dritte seinen Anspruch gegenüber dem Versicherungsnehmer geltend, so ist dieser zur Anzeige innerhalb einer Woche nach der Erhebung des Anspruchs verpflichtet.

(3) Durch die Absendung der Anzeige werden die Fristen gewahrt.

F 31

(4) Wird gegen den Versicherungsnehmer ein Anspruch gerichtlich geltend gemacht, das Armenrecht nachgesucht oder wird ihm gerichtlich der Streit verkündet, so hat er, wenngleich die Fristen noch laufen, die Anzeige unverzüglich zu erstatten. Das gleiche gilt, wenn gegen ihn wegen des den Anspruch begründenden Ereignisses ein Ermittlungsverfahren eingeleitet wird.

F 38–41, 45, 80, 99

§ 154

(1) Der Versicherer hat die Entschädigung binnen zwei Wochen von dem Zeitpunkt an zu leisten, in welchem der Dritte von dem Versicherungsnehmer befriedigt oder der Anspruch des Dritten durch rechtskräftiges Urteil, durch Anerkenntnis oder Vergleich festgestellt worden ist. Soweit gemäß § 150 Kosten zu ersetzen sind, ist die Entschädigung binnen zwei Wochen von der Mitteilung der Berechnung an zu leisten.

B 23, 34, 36, 38–40, 42–44, 46–48, 53, 60–61, 64, 83, 103, 107
D 18
F 91
G 5, 20, 35, 38, 46, 82

(2) Eine Vereinbarung, nach welcher der Versicherer von der Verpflichtung zur Leistung frei sein soll, wenn ohne seine Einwilligung der Versicherungsnehmer den Dritten befriedigt oder dessen Anspruch anerkennt, ist unwirksam, falls nach den Umständen der Versicherungsnehmer die Befriedigung oder die Anerkennung nicht ohne offenbare Unbilligkeit verweigern konnte.

F 51, 79, 81, 90–110
G 3

§ 155

(1) Ist der Versicherungsnehmer dem Dritten zur Gewährung einer Rente verpflichtet, so kann er, wenn die Versicherungssumme den Kapitalwert der Rente nicht erreicht, nur einen verhältnismäßigen Teil der Rente verlangen.

B 88
G 34, 38–40, 48

(2) Hat der Versicherungsnehmer für die von ihm geschuldete Rente dem Dritten kraft Gesetzes Sicherheit zu leisten, so erstreckt sich die Verpflichtung des Versicherers auf die Leistung der Sicherheit.

G 34

§ 156

(1) Verfügungen über die Entschädigungsforderung aus dem Versicherungsverhältnis sind dem Dritten gegenüber unwirksam. Der rechtsgeschäftlichen Verfügung steht eine Verfügung gleich, die im Wege der Zwangsvollstreckung oder der Arrestvollziehung erfolgt.

B 23, 31, 33–34, 77–78, 81, 84, 86–93, 102–103, 107, 111
G 6, 28, 34, 40
H 17

(2) Ist die von dem Versicherungsnehmer an den Dritten zu bewirkende Leistung durch Vergleich, Anerkenntnis oder Urteil festgestellt, so ist der Versicherer nach vorheriger Benachrichtigung des Versicherungsnehmers berechtigt und auf Verlangen des Versicherungsnehmers verpflichtet, die Zahlung an den Dritten zu bewirken.

B 33–34, 38, 41, 44, 46–48, 54, 64, 79, 96, 98,
F 91
G 3–4, 52, 278–280

(3) Sind mehrere Dritte vorhanden und übersteigen ihre Forderungen aus der die Verantwortlichkeit des Versicherungsnehmers begründenden Tatsache die Versicherungs-

B 78, 91, 94–101
G 36, 40, 50

summe, so hat der Versicherer nach Maßgabe des Abs. 2 die Forderungen nach dem Verhältnis ihrer Beträge zu berichtigen. Ist hierbei die Versicherungssumme erschöpft, so kann sich ein Dritter, der bei der Verteilung nicht berücksichtigt worden ist, nachträglich auf die Vorschrift des Abs. 1 nicht berufen, wenn der Versicherer mit der Geltendmachung dieser Ansprüche entschuldbarerweise nicht gerechnet hat.

§ 157

B 31, 79, 86, 89, 102–108

Ist über das Vermögen des Versicherungsnehmers der Konkurs eröffnet, so kann der Dritte wegen des ihm gegen den Versicherungsnehmer zustehenden Anspruchs abgesonderte Befriedigung aus der Entschädigungsforderung des Versicherungsnehmers verlangen.

§ 158

B 29, 31
D 16–18, 20–21
E 10

(1) Hat nach dem Eintritt eines Versicherungsfalls der Versicherer dem Versicherungsnehmer gegenüber seine Verpflichtung zur Leistung der Entschädigung anerkannt oder die Leistung der fälligen Entschädigung verweigert, so ist jeder Teil berechtigt, das Versicherungsverhältnis zu kündigen. Das gleiche gilt, wenn der Versicherer dem Versicherungsnehmer die Weisung erteilt, es über den Anspruch des Dritten zum Rechtsstreite kommen zu lassen.

D 21–22

(2) Die Kündigung ist nur innerhalb eines Monats seit der Anerkennung der Entschädigungspflicht oder der Verweigerung der Entschädigung oder seit der Rechtskraft des im Rechtsstreite mit dem Dritten ergangenen Urteils zulässig. Der Versicherer hat eine Kündigungsfrist von einem Monat einzuhalten. Der Versicherungsnehmer kann nicht für einen späteren Zeitpunkt als den Schluß der laufenden Versicherungsperiode kündigen.

D 24

(3) Kündigt der Versicherungsnehmer, so gebührt dem Versicherer gleichwohl die Prämie für die laufende Versicherungsperiode. Kündigt der Versicherer, so gebührt ihm nur derjenige Teil der Prämie, welcher der abgelaufenen Versicherungszeit entspricht.

§ 158a

B 64,
F 29, 31–32
G 46–47

Auf Vereinbarungen, durch die von den Vorschriften des § 153, § 154 Abs. 1, § 156 Abs. 2 zum Nachteil des Versicherungsnehmers abgewichen wird, kann sich der Versicherer nicht berufen.

[A 2] 2. Allgemeine Versicherungsbedingungen für die Haftpflichtversicherung (AHB).

VA 1921 S. 117, 1931 S. 133, 1939 S. 106, R 58/40 vom 4. XII. 1940, RAnz 1941 Nr. 48 S. 1, VA 1949 S. 45, 1952 S. 121, 122, 1956 S. 195, 1960 S. 263, 1965 S. 214, 1966 S. 7, 1969 S. 15.

§ 1

Gegenstand der Versicherung

1. Der Versicherer gewährt dem Versicherungsnehmer Versicherungsschutz für den Fall, daß er wegen eines während der Wirksamkeit der Versicherung eingetretenen Ereignisses, das den Tod, die Verletzung oder Gesundheitsschädigung von Menschen (Personenschaden) oder die Beschädigung oder Vernichtung von Sachen (Sachschaden) zur Folge hatte, für diese Folgen auf Grund gesetzlicher Haftpflichtbestimmungen privatrechtlichen Inhalts von einem Dritten auf Schadenersatz in Anspruch genommen wird.

B 8, 30—31, 43, 62, 78, 115
G 38, 57—82, 164, 259, 261
H 22

2. Der Versicherungsschutz erstreckt sich auf die gesetzliche Haftpflicht

a) aus den im Versicherungsschein und seinen Nachträgen angegebenen Eigenschaften, Rechtsverhältnissen oder Tätigkeiten des Versicherungsnehmers (versichertes „Risiko");

G 83—112

b) aus Erhöhungen oder Erweiterungen des versicherten Risikos, soweit sie nicht in dem Halten oder Führen von Luft-, Kraft- oder Wasserfahrzeugen (abgesehen von Ruderbooten) bestehen; bei Erhöhungen der übernommenen Gefahr, die durch Änderung bestehender oder Erlaß neuer Rechtsnormen eintreten, gelten §§ 27—29 VVG;

E 19
F 10—11
G 113—122, 127, 133, 263

c) aus Risiken, die für den Versicherungsnehmer nach Abschluß der Versicherung neu entstehen, gemäß § 2 (Vorsorge-Versicherung).

3. Der Versicherungsschutz kann durch besondere Vereinbarung ausgedehnt werden auf die gesetzliche Haftpflicht wegen Vermögensschädigung, die weder durch Personenschaden noch durch Sachschaden entstanden ist, sowie wegen Abhandenkommens von Sachen. Auf die Versicherung wegen Abhandenkommens von Sachen finden die Bestimmungen über Sachschaden Anwendung.

B 115
G 72, 77, 79—80

§ 2

Vorsorge-Versicherung

Für die Vorsorge-Versicherung (§ 1 Ziff. 2c) gelten neben den sonstigen Vertragsbestimmungen folgende besondere Bedingungen:

G 117—119, 122, 123—144

1. Der Versicherungsschutz beginnt sofort mit dem Eintritt eines neuen Risikos, ohne daß es einer besonderen Anzeige bedarf. Der Versicherungsnehmer ist aber verpflichtet, auf Aufforderung des Versicherers, die auch durch einen der Prämienrechnung beigedruckten Hinweis erfolgen kann, binnen eines Monats nach Empfang dieser Aufforderung jedes neu eingetretene Risiko anzuzeigen. Unterläßt der Versicherungsnehmer die rechtzeitige Anzeige oder

F 26
G 139—143

kommt innerhalb Monatsfrist nach Eingang der Anzeige bei dem Versicherer eine Vereinbarung über die Prämie für das neue Risiko nicht zustande, so fällt der Versicherungsschutz für dasselbe rückwirkend vom Gefahreneintritt ab fort. Tritt der Versicherungsfall ein, bevor die Anzeige des neuen Risikos erstattet ist, so hat der Versicherungsnehmer zu beweisen, daß das neue Risiko erst nach Abschluß der Versicherung und in einem Zeitpunkt eingetreten ist, in dem die Anzeigefrist nicht verstrichen war.

G 143 — 2. Der Versicherungsschutz wird auf den Betrag von 50000 DM für Personenschaden und 5000 DM für Sachschaden begrenzt, sofern nicht im Versicherungsschein geringere Deckungssummen festgesetzt sind.

G 133—136 — 3. Der Versicherungsschutz erstreckt sich nicht auf die Gefahren, welche verbunden sind mit

a) dem Besitz oder Betrieb von Bahnen, von Theatern, Kino- und Filmunternehmungen, Zirkussen und Tribünen, ferner von Luft- und Wasserfahrzeugen aller Art (abgesehen von Ruderbooten) und dem Lenken solcher Fahrzeuge, sowie der Ausübung der Jagd;

G 136 — b) Herstellung, Bearbeitung, Lagerung, Beförderung, Verwendung von und Handel mit explosiven Stoffen, soweit hierzu eine besondere behördliche Genehmigung erforderlich ist;

G 137, 263 — c) dem Führen oder Halten von Kraftfahrzeugen.

§ 3

Beginn und Umfang des Versicherungsschutzes

I. Der Versicherungsschutz beginnt, vorbehaltlich einer anderen Vereinbarung, mit der Einlösung des Versicherungsscheins durch Zahlung der Prämie, der im Antrage angegebenen Kosten und etwaiger öffentlicher Abgaben.

Wird die erste oder einmalige Prämie nicht rechtzeitig gezahlt, so ist der Versicherer, solange die Zahlung nicht bewirkt ist, berechtigt, vom Vertrage zurückzutreten. Es gilt als Rücktritt, wenn der Anspruch auf die Prämie nicht innerhalb von 3 Monaten vom Fälligkeitstage an gerichtlich geltend gemacht wird.

C 5, D 8—10, E 12 — Ist die Prämie zur Zeit des Eintritts des Versicherungsfalles noch nicht gezahlt, so ist der Versicherer von der Verpflichtung zur Leistung frei. Wird die erste Prämie erst nach dem als Beginn der Versicherung festgesetzten Zeitpunkt eingefordert, alsdann aber ohne Verzug bezahlt, so beginnt der Versicherungsschutz mit dem vereinbarten Zeitpunkt.

B 35, 38, 43, 48, 53, 64, G 5, 23 — II. 1. Die Leistungspflicht des Versicherers umfaßt die Prüfung der Haftpflichtfrage, den Ersatz der Entschädigung, welche der Versicherungsnehmer auf Grund eines von dem Versicherer abgegebenen oder genehmigten Anerkenntnisses, eines von ihm geschlossenen oder genehmigten Vergleichs oder einer richterlichen Entscheidung zu zahlen hat, sowie die Abwehr unberechtigter Ansprüche.

F 85, G 24—26, 68—69 — Wird in einem Strafverfahren wegen eines Ereignisses, das einen unter den Versicherungsschutz fallenden Haftpflichtanspruch zur Folge haben kann, die Bestellung eines

Verteidigers für den Versicherungsnehmer von dem Versicherer gewünscht oder genehmigt, so trägt der Versicherer die gebührenordnungsmäßigen, gegebenenfalls die mit ihm besonders vereinbarten höheren Kosten des Verteidigers. Hat sich der Geschädigte der öffentlichen Klage zwecks Erlangung einer Buße als Nebenkläger angeschlossen, so ersetzt der Versicherer auch die durch die Nebenklage erwachsenden notwendigen Kosten.

Hat der Versicherungsnehmer für eine aus einem Versicherungsfall geschuldete Rente kraft Gesetzes Sicherheit zu leisten oder ist ihm die Abwendung der Vollstreckung einer gerichtlichen Entscheidung durch Sicherheitsleistung oder Hinterlegung nachgelassen, so ist der Versicherer an seiner Stelle zur Sicherheitsleistung oder Hinterlegung verpflichtet. G 34—35

2. Für den Umfang der Leistung des Versicherers bilden die in dem Versicherungsschein angegebenen Versicherungssummen die Höchstgrenze bei jedem Schadenereignis. Dies gilt auch dann, wenn sich der Versicherungsschutz auf mehrere entschädigungspflichtige Personen erstreckt. Mehrere zeitlich zusammenhängende Schäden aus derselben Ursache oder mehrere Schäden aus Lieferungen der gleichen mangelhaften Waren gelten als ein Schadenereignis. B 31, G 41—44, 47

Es kann vereinbart werden, daß sich der Versicherungsnehmer bei jedem Schadenereignis mit einem im Versicherungsschein festgelegten Betrag an einer Schadenersatzleistung selbst beteiligt. G 52

Ferner kann vereinbart werden, daß der Versicherer seine Gesamtleistung für alle Schadenereignisse eines Versicherungsjahres auf ein Mehrfaches der vereinbarten Versicherungssumme begrenzt.

3. Kommt es in einem Versicherungsfall zu einem Rechtsstreit über den Anspruch zwischen dem Versicherungsnehmer und dem Geschädigten oder dessen Rechtsnachfolger, so führt der Versicherer den Rechtsstreit im Namen des Versicherungsnehmers auf seine Kosten. G 5

4. Die Aufwendungen des Versicherers für Kosten werden nicht als Leistungen auf die Versicherungssumme angerechnet (vgl. aber Ziffer III 1). F 85, G 23, 46—47, 261

III. 1. Übersteigen die Haftpflichtansprüche die Versicherungssumme, so hat der Versicherer die Prozeßkosten nur im Verhältnis der Versicherungssumme zur Gesamthöhe der Ansprüche zu tragen, und zwar auch dann, wenn es sich um mehrere aus einem Schadenereignis entstehende Prozesse handelt, Der Versicherer ist in solchen Fällen berechtigt, durch Zahlung der Versicherungssumme und eines der Versicherungssumme entsprechenden Anteils an den bis dahin erwachsenen Kosten sich von weiteren Leistungen zu befreien. B 89, F 85, 88, G 6—7, 23, 29, 46—47

2. Hat der Versicherungsnehmer an den Geschädigten Rentenzahlungen zu leisten und übersteigt der Kapitalwert der Rente die Versicherungssumme oder den nach Abzug etwaiger sonstiger Leistungen aus demselben Versicherungsfall noch verbleibenden Restbetrag der Versicherungssumme, so wird die zu leistende Rente nur im Verhältnis der G 38, 40

Versicherungssumme bzw. ihres Restbetrages zum Kapitalwert der Rente erstattet. Der Kapitalwert der Rente wird zu diesem Zweck auf Grund der vom Statistischen Reichsamt aufgestellten Allgemeinen deutschen Sterbetafel für die Jahre 1924—1926, männliches Geschlecht (Statistik des Deutschen Reiches Band 401) und eines Zinsfußes von jährlich 4% ermittelt.

F 86—89
G 22—23, 29, 35, 278

3. Falls die von dem Versicherer verlangte Erledigung eines Haftpflichtanspruches durch Anerkenntnis, Befriedigung oder Vergleich an dem Widerstand des Versicherten scheitert, so hat der Versicherer für den von der Weigerung an entstehenden Mehraufwand an Hauptsache, Zinsen und Kosten nicht aufzukommen.

§ 4

Ausschlüsse

G 146—276

I. Falls im Versicherungsschein oder seinen Nachträgen nicht ausdrücklich etwas anderes bestimmt ist, bezieht sich der Versicherungsschutz nicht auf:

F 109
G 58, 60, 64, 147, 157—163

1. Haftpflichtansprüche, soweit sie auf Grund Vertrages oder besonderer Zusagen über den Umfang der gesetzlichen Haftpflicht der Versicherungsnehmer hinausgehen.

B 8
G 70, 164—165

2. Ansprüche auf Gehalt, Ruhegeld, Lohn und sonstige festgesetzte Bezüge, Verpflegung, ärztliche Behandlung im Falle einer Dienstbehinderung, Fürsorgeansprüche (vgl. zum Beispiel die §§ 616, 617 BGB, 63, 553 HGB, 59 SeemannsO und die entsprechenden Bestimmungen der GewO, RVO und der Verordnung über die Fürsorgepflicht) sowie Ansprüche aus Tumultschadengesetzen.

G 23, 67, 166—167

3. Haftpflichtansprüche aus im Ausland vorkommenden Schadenereignissen; jedoch sind Ansprüche aus § 640 der R.-Vers.-Ordn. mitgedeckt.

G 169—170

4. Haftpflichtansprüche aus Schäden infolge Teilnahme an Pferde-, Rad- oder Kraftfahrzeug-Rennen, Box- oder Ringkämpfen sowie den Vorbereitungen hierzu (Training).

B 58
G 149—150, 153—156, 171—189

5. Haftpflichtansprüche aus Sachschaden, welcher entsteht durch allmähliche Einwirkung der Temperatur, von Gasen, Dämpfen oder Feuchtigkeit, von Niederschlägen (Rauch, Ruß, Staub und dergl.), ferner durch Abwässer, Schwammbildung, Senkungen von Grundstücken (auch eines darauf errichteten Werkes oder eines Teiles eines solchen), durch Erdrutschungen, Erschütterungen infolge Rammarbeiten, durch Überschwemmungen stehender oder fließender Gewässer, sowie aus Flurschaden durch Weidevieh und aus Wildschaden.

G 190—217

6. Haftpflichtansprüche wegen Schäden

B 31
G 78, 192—201

a) an fremden Sachen, die der Versicherungsnehmer gemietet, gepachtet, geliehen hat, oder die Gegenstand eines besonderen Verwahrungsvertrages sind;

F 85
G 78, 150, 153, 155—156, 202—217

b) die an fremden Sachen durch eine gewerbliche oder berufliche Tätigkeit des Versicherungsnehmers an oder mit diesen Sachen (z. B. Bearbeitung, Reparatur, Beförderung, Prüfung und dergl.) entstanden sind; bei Schäden an fremden unbeweglichen Sachen gilt dieser

Ausschluß nur insoweit, als diese Sachen oder Teile von ihnen unmittelbar Gegenstand der Tätigkeit gewesen sind.

Sind die Voraussetzungen der obigen Ausschlüsse in der Person von Angestellten, Arbeitern, Bediensteten, Bevollmächtigten oder Beauftragten des Versicherungsnehmers gegeben, so entfällt gleichfalls der Versicherungsschutz, und zwar sowohl für den Versicherungsnehmer wie für die durch den Versicherungsvertrag etwa mitversicherten Personen. G 200, 215

Die Erfüllung von Verträgen und die an die Stelle der Erfüllungsleistung tretende Ersatzleistung ist nicht Gegenstand der Haftpflichtversicherung, auch dann nicht, wenn es sich um gesetzliche Ansprüche handelt, desgleichen nicht der Anspruch aus der gesetzlichen Gefahrtragung (für zufälligen Untergang und zufällige Verschlechterung). G 54, 58—59, 63, 70, 72, 75—76, 80, 153, 159, 191, 255—260

7. Haftpflichtansprüche wegen Schäden, die in unmittelbarem oder mittelbarem Zusammenhang stehen mit energiereichen ionisierenden Strahlen (z. B. von radioaktiven Substanzen emittierte Alpha-, Beta- und Gammastrahlen sowie Neutronen oder in Teilchenbeschleunigern erzeugte Strahlen). G 135, 218

II. Ausgeschlossen von der Versicherung bleiben:

1. Versicherungsansprüche aller Personen, die den Schaden vorsätzlich herbeigeführt haben. Bei der Lieferung oder Herstellung von Waren, Erzeugnissen oder Arbeiten steht die Kenntnis von der Mangelhaftigkeit oder Schädlichkeit der Waren usw. dem Vorsatz gleich. G 62, 151, 226—228

2. Haftpflichtansprüche aus Schadenfällen von Angehörigen des Versicherungsnehmers, gegenseitige Ansprüche zwischen mehreren Versicherungsnehmern des gleichen Versicherungsvertrags, bei geschäftsunfähigen oder beschränkt geschäftsfähigen Personen von gesetzlichen Vertretern, bei Gesellschaften und juristischen Personen Ansprüche von Mitgliedern des Vorstandes, von Geschäftsführern und Liquidatoren, ferner von persönlich haftenden Teilhabern und Gesellschaftern sowie deren Angehörigen. Als Angehörige gelten Ehegatten, Eltern, Schwieger- und Großeltern, Kinder (auch Schwiegerkinder) und Enkel, Adoptiv-, Pflege- und Stiefeltern und -kinder, ferner auch die mit dem Versicherungsnehmer in häuslicher Gemeinschaft lebenden Geschwister, deren Ehegatten und Kinder sowie Geschwister des Ehegatten des Versicherungsnehmers. B 31, 55, 72, 78; F 59; G 70, 235—245; H 8, 10, 23—28

3. Haftpflichtansprüche, die darauf zurückzuführen sind, daß der Versicherungsnehmer besonders gefahrdrohende Umstände, deren Beseitigung der Versicherer billigerweise verlangen konnte und verlangt hatte, nicht innerhalb einer angemessenen Frist beseitigte. Ein Umstand, welcher zu einem Schaden geführt hat, gilt ohne weiteres als besonders gefahrdrohender. F 12—14; G 43, 248

4. Haftpflichtansprüche wegen Personenschaden, der aus der Übertragung einer Krankheit des Versicherungsnehmers entsteht, sowie Sachschaden, der durch Krankheit der dem Versicherungsnehmer gehörenden, von ihm gehaltenen oder veräußerten Tiere entstanden ist, es sei denn, daß der Versicherungsnehmer weder vorsätzlich noch grobfahrlässig gehandelt hat. G 149, 220, 229—231

G 54, 58–59, 70, 73, 76, 80, 153, 187, 251–254, 259–260 **5. Haftpflichtansprüche wegen Schäden, die an den vom Versicherungsnehmer (oder in seinem Auftrage oder für seine Rechnung von Dritten) hergestellten oder gelieferten Arbeiten oder Sachen infolge einer in der Herstellung oder Lieferung liegenden Ursache entstehen.**

§ 5

Obliegenheiten des Versicherungsnehmers
Verfahren

B 10, 28, 30–31, 43, 92, 115 D 3 F 8 G 42 **1. Versicherungsfall im Sinne dieses Vertrages ist das Schadenereignis, das Haftpflichtansprüche gegen den Versicherungsnehmer zur Folge haben könnte.**

F 31, 34, 64 **2. Jeder Versicherungsfall ist dem Versicherer (§ 11) unverzüglich, spätestens innerhalb einer Woche, schriftlich anzuzeigen.**

Wird ein Ermittlungsverfahren eingeleitet oder eine Strafverfügung oder ein Zahlungsbefehl erlassen, so hat der Versicherungsnehmer dem Versicherer unverzüglich Anzeige zu erstatten, auch wenn er den Versicherungsfall selbst bereits angezeigt hat.

F 41 **Macht der Geschädigte seinen Anspruch gegenüber dem Versicherungsnehmer geltend, so ist dieser zur Anzeige innerhalb einer Woche nach der Erhebung des Anspruchs verpflichtet.**

Wird gegen den Versicherungsnehmer ein Anspruch gerichtlich geltend gemacht, das Armenrecht nachgesucht oder wird ihm gerichtlich der Streit verkündet, so hat er außerdem unverzüglich Anzeige zu erstatten. Das gleiche gilt im Falle eines Arrestes, einer einstweiligen Verfügung oder eines Beweissicherungsverfahrens.

B 67 F 52–85, 87–88 G 23 **3. Der Versicherungsnehmer ist verpflichtet, unter Beachtung der Weisungen des Versicherers nach Möglichkeit für die Abwendung und Minderung des Schadens zu sorgen und alles zu tun, was zur Klarstellung des Schadenfalls dient, sofern ihm dabei nichts Unbilliges zugemutet wird. Er hat den Versicherer bei der Abwehr des Schadens sowie bei der Schadenermittlung und -regulierung zu unterstützen, ihm ausführliche und wahrheitsgemäße Schadenberichte zu erstatten, alle Tatumstände, welche auf den Schadenfall Bezug haben, mitzuteilen und alle nach Ansicht des Versicherers für die Beurteilung des Schadenfalls erheblichen Schriftstücke einzusenden.**

B 103 F 80, 83, 99 G 15–17, 22–23 **4. Kommt es zum Prozeß über den Haftpflichtanspruch, hat der Versicherungsnehmer die Prozeßführung dem Versicherer zu überlassen, dem von dem Versicherer bestellten oder bezeichneten Anwalt Vollmacht und alle von diesem oder dem Versicherer für nötig erachteten Aufklärungen zu geben. Gegen Zahlungsbefehle oder Verfügungen von Verwaltungsbehörden auf Schadenersatz hat er, ohne die Weisung des Versicherers abzuwarten, fristgemäß Widerspruch zu erheben oder die erforderlichen Rechtsbehelfe zu ergreifen.**

B 64–65 F 92, 99, 104, 110 G 3 **5. Der Versicherungsnehmer ist nicht berechtigt, ohne vorherige Zustimmung des Versicherers einen Haftpflichtanspruch ganz oder zum Teil oder vergleichsweise anzu-**

erkennen oder zu befriedigen. Bei Zuwiderhandlungen ist der Versicherer von der Leistungspflicht frei, es sei denn, daß der Versicherungsnehmer nach den Umständen die Befriedigung oder Anerkennung nicht ohne offenbare Unbilligkeit verweigern konnte. Durch irrtümliche Annahme des Vorliegens einer gesetzlichen Haftpflicht oder der Richtigkeit der erhobenen Ansprüche oder der behaupteten Tatsachen wird der Versicherungsnehmer nicht entschuldigt.

6. Wenn der Versicherungsnehmer infolge veränderter Verhältnisse das Recht erlangt, die Aufhebung oder Minderung einer zu zahlenden Rente zu fordern, so ist er verpflichtet, dieses Recht auf seinen Namen von dem Versicherer ausüben zu lassen. Die Bestimmungen unter Ziffer 3 bis 5 finden entsprechende Anwendung. F 80—81

7. Der Versicherer gilt als bevollmächtigt, alle zur Beilegung oder Abwehr des Anspruchs ihm zweckmäßig erscheinenden Erklärungen im Namen des Versicherungsnehmers abzugeben. F 88 G 9—19

§ 6

Rechtsverlust

Wird eine Obliegenheit verletzt, die nach § 5 dem Versicherer gegenüber zu erfüllen ist, so ist der Versicherer von der Verpflichtung zur Zahlung frei, es sei denn, daß die Verletzung weder auf Vorsatz, noch auf grober Fahrlässigkeit beruht. Bei grobfahrlässiger Verletzung bleibt der Versicherer zur Leistung insoweit verpflichtet, als die Verletzung weder Einfluß auf die Feststellung des Versicherungsfalles noch auf die Feststellung oder den Umfang der dem Versicherer obliegenden Leistung gehabt hat. Handelt es sich hierbei um die Verletzung von Obliegenheiten zwecks Abwendung oder Minderung des Schadens, so bleibt der Versicherer bei grobfahrlässiger Verletzung zur Leistung insoweit verpflichtet, als der Umfang des Schadens auch bei gehöriger Erfüllung der Obliegenheiten nicht geringer gewesen wäre. F 42, 109 G 16

§ 7

Versicherung für fremde Rechnung
Abtretung des Versicherungsanspruchs

1. Soweit sich die Versicherung auf Haftpflichtansprüche gegen andere Personen als den Versicherungsnehmer selbst erstreckt, finden alle in dem Versicherungsvertrag bezüglich des Versicherungsnehmers getroffenen Bestimmungen auch auf diese Personen sinngemäße Anwendung. Die Ausübung der Rechte aus dem Versicherungsvertrag steht ausschließlich dem Versicherungsnehmer zu; dieser bleibt neben dem Versicherten für die Erfüllung der Obliegenheiten verantwortlich. B 54, 84, 106 G 16, 201 H 3, 13—15, 17, 21, 26

2. Ansprüche des Versicherungsnehmers selbst oder der in § 4 Ziffer II, 2 genannten Personen gegen die Versicherten sind von der Versicherung ausgeschlossen. B 78 H 22—26

B 33, 42, 51—54, 60, 79
H 15

3. Die Versicherungsansprüche können vor ihrer endgültigen Feststellung ohne ausdrückliche Zustimmung des Versicherers nicht übertragen werden.

§ 8

Prämienzahlung, Prämienregulierung, Prämienangleichung, Prämienrückerstattung

E 13—16
H 18

I. Die nach Beginn des Versicherungsschutzes (§ 3 Ziffer I) zahlbaren regelmäßigen Folgeprämien sind an den im Versicherungsschein festgesetzten Zahlungsterminen, sonstige Prämien bei Bekanntgabe an den Versicherungsnehmer zuzüglich etwaiger öffentlicher Abgaben und einer Hebegebühr zu entrichten. Unterbleibt die Zahlung, so ist der Versicherungsnehmer auf seine Kosten unter Hinweis auf die Folgen fortdauernden Verzugs durch einen an seine letztbekannte Adresse gerichteten Brief zur Zahlung innerhalb einer Frist von zwei Wochen aufzufordern. Tritt der Versicherungsfall nach dem Ablauf dieser Frist ein und ist der Versicherungsnehmer zur Zeit des Eintritts mit der Zahlung der Prämie oder der Kosten im Verzug, so ist der Versicherer von der Verpflichtung zur Leistung frei. Nach dem Ablauf der Frist ist der Versicherer, wenn der Versicherungsnehmer mit der Zahlung der Prämie noch im Verzuge ist, berechtigt, das Vertragsverhältnis ohne Einhaltung einer Kündigungsfrist zu kündigen. Kündigt der Versicherer nicht, so ist er für die gerichtliche Geltendmachung der rückständigen Prämie nebst Kosten an eine Ausschlußfrist von 6 Monaten seit Ablauf der zweiwöchigen Frist gebunden. Bei Teilzahlung der Jahresprämie werden die noch ausstehenden Raten der Jahresprämie sofort fällig, wenn der Versicherungnehmer mit der Zahlung einer Rate in Verzug gerät.

E 3, 19—27
F 27
G 127

II. 1. Der Versicherungsnehmer ist verpflichtet, nach Erhalt einer Aufforderung des Versicherers, welche auch durch einen der Prämienrechnung aufgedruckten Hinweis erfolgen kann, Mitteilung darüber zu machen, ob und welche Änderung in dem versicherten Risiko gegenüber den zum Zwecke der Prämienbemessung gemachten Angaben eingetreten ist. Diese Anzeige ist innerhalb eines Monats nach Erhalt der Aufforderung zu machen. Auf Erfordern des Versicherers sind die Angaben durch die Geschäftsbücher oder sonstige Belege nachzuweisen. Unrichtige Angaben zum Nachteil des Versicherers berechtigen diesen, eine Vertragsstrafe in dreifacher Höhe des festgestellten Prämienunterschieds vom Versicherungsnehmer zu erheben, sofern letzterer nicht beweist, daß die unrichtigen Angaben ohne ein von ihm zu vertretendes Verschulden gemacht worden sind.

E 4

2. Auf Grund der Änderungsanzeige oder sonstiger Feststellungen wird die Prämie entsprechend dem Zeitpunkt der Veränderung richtiggestellt. Sie darf jedoch nicht geringer werden als die Mindestprämie, die nach dem Tarif des Versicherers zur Zeit des Versicherungsabschlusses galt. Alle entsprechend § 8 Ziff. III nach dem Versicherungsabschluß ein-

getretenen Erhöhungen oder Ermäßigungen der Mindestprämie werden berücksichtigt. Beim Fortfall eines Risikos wird die etwaige Minderprämie vom Eingang der Anzeige ab berechnet.

3. Unterläßt es der Versicherungsnehmer, die obige Anzeige rechtzeitig zu erstatten, so kann der Versicherer für die Zeit, für welche die Angaben zu machen waren, an Stelle der Prämienregulierung (Ziffer II, 1) als nachzuzahlende Prämie einen Betrag in Höhe der für diese Zeit bereits gezahlten Prämie verlangen. Werden die Angaben nachträglich, aber noch innerhalb zweier Monate nach Empfang der Aufforderung zur Nachzahlung gemacht, so ist der Versicherer verpflichtet, den etwa zu viel gezahlten Betrag der Prämie zurückzuerstatten. E 22—23

4. Die vorstehenden Bestimmungen finden auch auf Versicherungen mit Prämienvorauszahlung für mehrere Jahre Anwendung.

III. 1. Ein unabhängiger Treuhänder ermittelt zum 1. Juli eines jeden Jahres, um welchen Prozentsatz sich der Durchschnitt der Schadenzahlungen, welche die zum Betrieb der allgemeinen Haftpflichtversicherung zugelassenen Versicherer im vergangenen Kalenderjahr geleistet haben, gegenüber dem vorvergangenen Jahr erhöht oder vermindert hat. Den ermittelten Prozentsatz rundet er auf die nächst niedrigere durch fünf teilbare ganze Zahl ab. D 26 E 5—6

Als Schadenzahlungen gelten auch die speziell durch den einzelnen Schadenfall veranlaßten Ausgaben für die Schadenermittlung, die aufgewendet worden sind, um die Versicherungsleistungen dem Grunde und der Höhe nach festzustellen.

Als Durchschnitt der Schadenzahlungen eines Kalenderjahres gilt die Summe der in diesem Jahr geleisteten Schadenzahlungen geteilt durch die Anzahl der im gleichen Zeitraum neu angemeldeten Schadenfälle.

2. Im Falle einer Erhöhung ist der Versicherer berechtigt, im Falle einer Verminderung verpflichtet, die Folgejahresprämie um den sich aus Nr. 1 Absatz 1 Satz 2 ergebenden Prozentsatz zu verändern (Prämienangleichung). D 26

Hat sich der Durchschnitt der Schadenzahlungen des Versicherers in jedem der letzten fünf Kalenderjahre um einen geringeren Prozentsatz als denjenigen erhöht, den der Treuhänder jeweils für diese Jahre nach Nr. 1 Absatz 1 Satz 1 ermittelt hat, so darf der Versicherer die Folgejahresprämie nur um den Prozentsatz erhöhen, um den sich der Durchschnitt seiner Schadenzahlungen nach seinen unternehmenseigenen Zahlen im letzten Kalenderjahr erhöht hat; diese Erhöhung darf diejenige nicht überschreiten, die sich nach dem vorstehenden Absatz ergeben würde.

3. Liegt die Veränderung nach Nr. 1 Absatz 1 oder Nr. 2 Absatz 2 unter 5 Prozent, so entfällt eine Prämienangleichung. Diese Veränderung ist jedoch in den folgenden Jahren zu berücksichtigen.

4. Die Prämienangleichung gilt für die vom 1. Juli an fälligen Folgejahresprämien. Sie wird dem Versicherungsnehmer mit der Prämienrechnung bekanntgegeben. D 26

E 5 **5. Soweit die Folgejahresprämie nach Lohn, Bau- oder Umsatzsumme berechnet wird, findet keine Prämienangleichung statt.**

E 9 **IV. Endet das Versicherungsverhältnis vor Ablauf der Vertragszeit oder wird es nach Beginn der Versicherung rückwirkend aufgehoben oder ist es von Anfang an nichtig, so gebührt dem Versicherer Prämie oder Geschäftsgebühr nach Maßgabe der gesetzlichen Bestimmungen (z. B. §§ 40 und 68 VVG).**

D 24 **Kündigt nach Eintritt des Versicherungsfalles der Versicherungsnehmer, so gebührt dem Versicherer die Prämie für die laufende Versicherungsperiode. Kündigt der Versicherer, so gebührt ihm nur derjenige Teil der Prämie, welcher der abgelaufenen Versicherungszeit entspricht. Das gleiche gilt im Falle der Kündigung des Versicherungsnehmers wegen Angleichung der vollen Jahresprämie (§ 9 Ziff. II 1).**

§ 9

Vertragsdauer, Kündigung

D 11, 13 **I. Der Vertrag ist zunächst für die in dem Versicherungsschein festgesetzte Zeit abgeschlossen. Beträgt diese mindestens ein Jahr, so bewirkt die Unterlassung rechtswirksamer Kündigung eine Verlängerung des Vertrages jeweils um ein Jahr. Die Kündigung ist rechtswirksam, wenn sie spätestens drei Monate vor dem jeweiligen Ablauf des Vertrages schriftlich erklärt wird; sie soll durch eingeschriebenen Brief erfolgen.**

D 26
E 7 **II. 1. Beträgt die Prämie für das neue Versicherungsjahr infolge der Angleichung gemäß § 8 Ziffer III mehr als das Doppelte der Vorjahresprämie, so kann das Versicherungsverhältnis vom Versicherungsnehmer mit sofortiger Wirkung gekündigt werden. Das Kündigungsrecht erlischt, wenn es nicht spätestens einen Monat, nachdem der Versicherungsnehmer von der Erhöhung Kenntnis erhalten hat, ausgeübt wird.**

D 17—22 **2. Das Versicherungsverhältnis kann ferner gekündigt werden, wenn von dem Versicherer auf Grund eines Versicherungsfalles eine Schadenersatzzahlung geleistet oder der Haftpflichtanspruch rechtshängig geworden ist oder der Versicherer die Leistung der fälligen Entschädigung verweigert hat.**

Das Recht zur Kündigung, die seitens des Versicherers mit einer Frist von einem Monat, seitens des Versicherungsnehmers mit sofortiger Wirkung zu erfolgen hat, erlischt, wenn es nicht innerhalb eines Monats, nachdem die Zahlung geleistet, der Rechtsstreit durch Klagerücknahme, Anerkenntnis oder Vergleich beigelegt oder das Urteil rechtskräftig geworden ist, ausgeübt wird.

III. Wenn versicherte Risiken vollständig und dauernd in Wegfall kommen, so erlischt die Versicherung bezüglich dieser Risiken. D 28

§ 10

Klagefrist, Gerichtsstand

1. Hat der Versicherer den Versicherungsschutz abgelehnt, so ist der bestrittene Versicherungsanspruch bei Meidung des Verlustes durch Erhebung der Klage binnen einer Frist von sechs Monaten geltend zu machen. Die Frist beginnt mit dem Tage, an dem der Anspruchsberechtigte durch eingeschriebenen Brief unter Hinweis auf die Rechtsfolgen der Fristversäumung davon in Kenntnis gesetzt worden ist, inwieweit sein Anspruch auf Versicherungsschutz bestritten wird. B 44 H 14—15

2. Für die aus diesem Versicherungsverhältnis entstehenden Rechtsstreitigkeiten ist neben den gesetzlich zuständigen Gerichten das Gericht des inländischen Wohnsitzes des Versicherungsnehmers zuständig.

§ 11

Anzeigen und Willenserklärungen

Alle für den Versicherer bestimmten Anzeigen und Erklärungen sind schriftlich an den Vorstand des Versicherers oder an diejenige Geschäftsstelle, welche im Versicherungsschein oder dessen Nachträgen als zuständig bezeichnet ist, zu richten. Die Agenten sind zu deren Entgegennahme nicht berechtigt. C 2—3 F 31, 33, 67

[A 3] 3. „Besondere" Bedingungen in der Allgemeinen Haftpflichtversicherung.

a) Text der „Besonderen" Bedingungen (gemäß VA 1969 S. 14).

1a. Besondere Bedingung über den Ausschluß von Arbeitsunfällen bei mitversicherten Personen, die weder gesetzliche Vertreter noch zur Leitung oder Beaufsichtigung des Betriebes oder eines Teiles angestellt sind (Arbeitsunfallklausel) H 8

Ausgeschlossen sind Haftpflichtansprüche aus Personenschäden, bei denen es sich um Arbeitsunfälle im Betrieb des Versicherungsnehmers gemäß der Reichsversicherungsordnung handelt.

1b. Besondere Bedingung über den Ausschluß von Arbeits- und Dienstunfällen bei mitversicherten Personen, die weder zur Leitung oder Beaufsichtigung des Betriebes oder eines Teiles angestellt noch verfassungsmäßig berufene oder gesetzliche Vertreter sind (Arbeits- und Dienstunfallklausel) H 8

Ausgeschlossen sind Haftpflichtansprüche aus Personenschäden, bei denen es sich um Arbeitsunfälle im Betrieb des Versicherungsnehmers gemäß der Reichsversicherungsordnung handelt.

Das gleiche gilt für solche Dienstunfälle gemäß den beamtenrechtlichen Vorschriften, die in Ausübung oder infolge des Dienstes Angehörigen derselben Dienststelle zugefügt werden.

F 11
G 120, 137

2. Besondere Bedingung für die Mitversicherung der gesetzlichen Haftpflicht aus Halten und Führen von nicht zulassungs- und nicht versicherungspflichtigen Kraftfahrzeugen

Für diese Kraftfahrzeuge gelten nicht die Ausschlüsse in **§ 1 Ziff. 2**b und in **§ 2 Ziff. 3**c AHB.

Der Versicherer ist von der Verpflichtung zur Leistung frei, wenn der Fahrer eines Kfz beim Eintritt des Versicherungsfalles nicht die im öffentlichen Verkehr vorgeschriebene behördliche Fahrerlaubnis hat, gleichgültig, ob das Kfz lediglich auf dem Betriebsgrundstück oder außerhalb des Betriebsgrundstückes verwendet wird.

Die Verpflichtung zur Leistung bleibt gegenüber dem Versicherungsnehmer, dem Halter oder Eigentümer bestehen, wenn dieser das Vorliegen der Fahrerlaubnis bei dem berechtigten Fahrer ohne Verschulden annehmen durfte oder wenn ein unberechtigter Fahrer das Fahrzeug geführt hat.

Ausgeschlossen sind Haftpflichtansprüche aus der Beschädigung von Straßen, Wegen, Brücken, deren Bestandteilen und Zubehör sowie von Leitungen, die durch die Schwere und Sperrigkeit des Kfz und der Ladung verursacht ist.

G 217

3. Besondere Bedingung für den Einschluß von Bearbeitungsschäden bei Anschlußgleisverträgen

Eingeschlossen ist abweichend von **§ 4 Ziff.** I 6b AHB die Haftpflicht wegen Wagenbeschädigung, soweit es sich nicht um Be- und Entladeschäden durch Kräne, Winden, Hub- und Gabelstapler, sonstige mechanische Be- und Entladevorrichtungen sowie um Implosionsschäden (Verformung durch Unterdruck) beim Entladen von Kessel-/Tankwagen handelt (vgl. dazu Be- und Entladeklausel).

G 217

4. Besondere Bedingung für den Einschluß von Bearbeitungsschäden bei Be- und Entladearbeiten mit besonderen Vorrichtungen (Be- und Entladeklausel)

Falls besonders vereinbart, ist eingeschlossen abweichend von **§ 4 Ziff.** I 6b AHB die gesetzliche Haftpflicht aus der Beschädigung von

a) Land- und Wasserfahrzeugen beim Be- und Entladen durch Kräne, Winden, Hub- und Gabelstapler und sonstige mechanische Be- und Entladevorrichtungen;
b) Kessel-/Tankwagen beim Entladen durch Implosion (Verformung durch Unterdruck).

5. Besondere Bedingung für die Versicherung der Haftpflicht aus dem Schrotthandel

Ausgeschlossen sind Haftpflichtansprüche wegen Sachschäden infolge Schrottexplosionen an Betriebsanlagen oder dem Betrieb dienenden Sachen der mit Schrott belieferten Werke.

6. Besondere Bedingung für die Versicherung der gesetzlichen Haftpflicht aus der Lagerung und dem Vertrieb von Flüssiggas

Abweichend von § 1 Ziffer 2b und c sowie § 2 AHB erstreckt sich der Versicherungsschutz nicht auf die Haftpflicht aus dem Vertrieb oder der Lagerung von anderem Flüssiggas als Propan, Butan oder Gemischen von beiden. Die Mitversicherung dieser Risiken bedarf einer besonderen Vereinbarung.

7. Besondere Bedingung für die Versicherung der Haftpflicht aus der Tätigkeit als staatlicher oder kommunaler Baubeamter

Ausgeschlossen sind Haftpflichtansprüche aus Schäden am Bauwerk, das Gegenstand der dienstlichen Tätigkeit des Versicherungsnehmers ist.

8. Besondere Bedingung für den Einschluß der Haftpflicht aus Flurschäden durch Weidebetrieb G 188

Falls vereinbart, ist eingeschlossen abweichend von § 4 Ziff. I 5 AHB die gesetzliche Haftpflicht aus Flurschäden anläßlich des Weidebetriebes, soweit es sich nicht um durch Schafhaltung verursachte Schäden handelt.

Falls vereinbart, ist eingeschlossen abweichend von § 4 Ziff. I 5 AHB die gesetzliche Haftpflicht aus Flurschäden anläßlich des Ausbrechens von Schafherden aus dem Pferch.

9. Besondere Bedingung für die Versicherung der Haftpflicht aus Deckschäden

Ausgeschlossen sind Haftpflichtansprüche aus Deckschäden. Falls besonders vereinbart, ist eingeschlossen die gesetzliche Haftpflicht aus Deckschäden durch Zuchttiere.

10. Änderung von Absatz e) 7. der Besonderen Bedingungen für den Einschluß von Vermögensschäden bei Ärzten, Krankenanstalten und Tierärzten

e) Ausgeschlossen von der Vermögensschadenversicherung sind Haftpflichtansprüche

...

7. wegen Abhandenkommens von Sachen, also auch wegen Abhandenkommens von Prothesen, Geld, Wertpapieren und Wertsachen,

falls nichts Besonderes vereinbart wurde.

11. Besondere Bedingung für Auslandsdeckung in der Privathaftpflichtversicherung und in der Berufshaftpflichtversicherung für Lehrer G 167

Für vorübergehenden Auslandsaufenthalt bis zu 1 Jahr gilt folgende Besondere Bedingung:

Eingeschlossen ist abweichend von § 4 Ziff. I 3 AHB die gesetzliche Haftpflicht aus im Ausland vorkommenden Schadenereignissen.

Die Leistung des Versicherungsnehmers und des Versicherers erfolgt ausschließlich in D-Mark.

Die Verpflichtungen des Versicherers gelten mit dem Zeitpunkt als erfüllt, an dem er den Gegenwert (laut Umrechnungstabelle) an eine Außenhandelsbank abführt.

12. Besondere Bedingung über den Ausschluß der Schäden an Schuleigentum durch angestellte oder beamtete Lehrer im Rahmen der Lehrerhaftpflichtversicherung

Ausgeschlossen sind Haftpflichtansprüche wegen Schäden am Eigentum der Schule oder Dienststelle oder an von Dritten für den Schulbetrieb zur Verfügung gestellten Sachen.

13. Besondere Bedingung über die Beschränkung der Sachschadendeckungssumme auf Leibessachschäden bei der Haftpflichtversicherung für gewerblich benutzte Schiffe

Eingeschlossen ist abweichend von § 1 AHB lediglich die gesetzliche Haftpflicht wegen Beschädigung von Sachen, die Fahrgäste und andere Personen — nicht das Schiffspersonal — auf dem Leibe tragen.

14. Besondere Bedingung über die Jagdhaftpflichtversicherung ausländischer Jäger

Die Versicherung ausländischer Jäger erstreckt sich nur auf gesetzliche Haftpflichtansprüche nach deutschem Recht und auf Haftpflichtstreitigkeiten vor deutschen Gerichten.

[A 4] b) Verweisung auf weitere Fundstellen genehmigter „Besonderer" Bedingungen.

Die genehmigten „Besonderen" Bedingungen sind auf dem Gebiet der Allgemeinen Haftpflichtv so zahlreich, daß nicht sämtliche Texte wiedergegeben werden können. Die nachstehende Aufzählung gibt einen gewissen Anhaltspunkt für die Vielfältigkeit des alle Lebensbereiche erfassenden Haftpflichtvsschutzes:

Besondere Bedingungen für die Haftpflichtv von Architekten und Bauingenieuren, VA 1955 S. 185, 1964 S. 37,

Besondere Bedingungen für die V der Teilnahme an Arbeitsgemeinschaften, VA 1966 S. 23,

Besondere Bedingungen für Einbeziehung von Auslandsschäden in die Privathaftpflichtv, VA 1961 S. 238,

Besondere Bedingungen zur Haftpflichtv für Ärzte bei Mitv von Erste-Hilfe-Leistung im Ausland, VA 1964 S. 131,

Besondere Bedingungen zur Haftpflichtv für Halter von Wasserfahrzeugen bei Mitv von Schäden im Ausland, VA 1964 S. 119,

Besondere Bedingungen für die Haftpflichtv von Besamungsstationen, VA 1967 S. 254,

Bedingungen für die Haftpflichtv von Bewachungsunternehmen, VA 1965 S. 44, 1967 S. 42,

Besondere Bedingungen für Haftpflichtschäden an Erdleitungen, VA 1956 S. 194,

Besondere Bedingung für die Fahrlehrer-Haftpflichtv, VA 1956 S. 195,

Allgemeine Bedingungen für die Fahrradverkehrsv (AFVB) — Haftpflichtv §§ 11—12 —, VA 1959 S. 15,

Besondere Bedingungen für Haftpflichtansprüche aus Feuer- und Explosionsschäden aus Anlaß von Schweiß-, Schneid-, Löt-, Abbrenn- und Auftauarbeiten, VA 1959 S. 135,

Allgemeine Bedingungen für die Filmtheater-Einheitsv — Haftpflichtv §§ 8—12 —, VA 1956 S. 100,

Zusatzbedingungen zur Privat- sowie Haus- oder Grundbesitzerhaftpflichtv für die V der Haftpflicht aus Gewässerschäden — Anlagenrisiko —, VA 1965 S. 2,

Zusatzbedingungen zur Betriebshaftpflichtv für die V der Haftpflicht aus Gewässerschäden — Anlagenrisiko sowie Abwässeranlagen- und Einwirkungsrisiko —, VA 1965 S. 3,

Zusatzbedingungen für die V der Haftpflicht aus Gewässerschäden aus der Herstellung, Lieferung, Montage, Instandhaltung und Wartung von Anlagen im Rahmen der Betriebshaftpflichtv, VA 1967 S. 143—145,

Besondere Bedingungen für die V der Haftpflicht aus Gewässerschäden im Rahmen der Betriebshaftpflichtv — außer Anlagenrisiko sowie Abwässeranlagen- und Einwirkungsrisiko, VA 1965 S. 5,

Besondere Bedingungen für die V der Haftpflicht aus Gewässerschäden im Rahmen der Privat- sowie Haus- und Grundbesitzerhaftpflichtv — außer Anlagenrisiko —, VA 1965 S. 5,

Besondere Bedingungen für die V der Haftpflicht aus Gewässerschäden im Rahmen der Betriebshaftpflichtv für land- und forstwirtschaftliche Betriebe, VA 1965 S. 173,

Besondere Bedingungen für die V der Haftpflicht aus Gewässerschäden im Rahmen der in der Filmtheater-Einheitsv gebotenen Haftpflichtv — außer Anlagenrisiko sowie Abwässeranlagen- und Einwirkungsrisiko —, VA 1966 S. 158,

Besondere Bedingung zu § 4 I 5 AHB für die Haftpflichtv von Hochbau-, Tiefbau-, Straßenbau- und Abbruchbetrieben, VA 1963 S. 206,

Allgemeine Vsbedingungen für die Haftpflichtv von genehmigter Tätigkeit mit Kernbrennstoffen und sonstigen radioaktiven Stoffen außerhalb von Atomanlagen (AHBStr), VA 1965 S. 70, 1966 S. 126,

Sonderbedingungen für die Heilwesen-Haftpflichtv, VA 1963 S. 79,

Besondere Bedingungen für Strahlenwagnisse in der Heilwesen-Haftpflichtv, VA 1964 S. 219,

Sonder-Bedingungen für die Haftpflichtv zur laufenden V von Kühlgütern, VA 1957 S. 222,

Besondere Bedingungen für die Zusatzhaftpflichtv für Kraftfahrzeug-Reparaturhaftpflichtv, VA 1960 S. 78, 1965 S. 26,

Besondere Bedingungen für die Zusatzhaftpflichtv für Landmaschinen-Fachbetriebe, VA 1963 S. 158, 1965 S. 26,

Besondere Bedingungen für den Einschluß von Gewahrsamsschäden in die Haftpflichtv land- und forstwirtschaftlicher Betriebe, VA 1968 S. 3,

Besondere Bedingungen für die Haftpflichtv der Halter von Motorflugzeugen, VA 1954 S. 135, 1956 S. 253,

Besondere Bedingungen für die Haftpflichtv der Halter von Segelflugzeugen, VA 1954 S. 136, 1956 S. 253,

Besondere Bedingungen für die Haftpflichtv der Halter von Freiballonen, VA 1954 S. 136, 1956 S. 253,

Besondere Bedingungen für die Haftpflichtv der Halter von Fesselballonen, VA 1954 S. 137,

Besondere Bedingungen für die Haftpflichtv der Halter von Fallschirmen, VA 1954 S. 137, 1956 S. 253,

Besondere Bedingungen für die Haftpflichtv der Luftfahrtveranstalter, VA 1954 S. 138, 1956 S. 253,

Besondere Bedingungen der V gegen Haftpflicht aus der Unterhaltung und Inbetriebnahme von Luftfahrtgelände, VA 1954 S. 139, 1956 S. 253,

Besondere Bedingung für die Haftpflichtv von Luftsportvereinen, VA 1955, S. 162,

Besondere Bedingungen für die Deckung von Schäden anläßlich von Sprengungen und Einreißarbeiten, VA 1956 S. 194,

Besondere Bedingungen für die Haftpflichtv von Transportbetonbetrieben, VA 1968 S. 235,

Besondere Bedingungen für die Mitv von Vermögensschäden, VA 1955 S. 184, 1966 S. 110,
Besondere Bedingungen für den Einschluß von Vermögensschäden bei politischen Gemeinden, VA 1956 S. 194,
Sonderbedingung für die Haftpflichtv der Gemeinschaften von Wohnungseigentümern, VA 1959 S. 135,

[A 5] 4. Erläuterungen des versicherten Risikos.

a) Muster eines in der Versicherungspraxis üblichen Erläuterungstextes.

A. Privathaftpflichtversicherung

G 271 I. Der Versicherungsschutz erstreckt sich — mit Ausnahme der Gefahren eines Betriebes, eines Berufes, eines Amtes, auch Ehrenamtes, einer verantwortlichen Betätigung in Vereinigungen aller Art oder einer ungewöhnlichen und gefährlichen Betätigung — auf

die gesetzliche Haftpflicht des Versicherungsnehmers im In- und Ausland

1. a) als Privatperson
aus den Gefahren des täglichen Lebens;
b) als Familien- und Haushaltungsvorstand,
z. B. aus der Aufsichtspflicht über Minderjährige;
c) als Dienstherr
gegenüber den in seinem Haushalt tätigen Personen sowie für deren dienstliche Verrichtungen;

G 119 2. als Eigentümer, Mieter oder Pächter
einer von ihm bewohnten Wohnung;
eines von ihm im Inland bewohnten Einfamilienhauses, auch Wochenendhauses;
eines Hausgartens, auch Schrebergartens.

In diesem Rahmen ist mitversichert die gesetzliche Haftpflicht aus

a) der Vermietung von Wohnräumen. Werden mehr als zwei Wohnräume vermietet, ist ein Prämienzuschlag zu zahlen. Die Haftpflicht aus der Vermietung einer Einliegerwohnung sowie von Garagen und Räumen zu gewerblichen Zwecken, desgleichen die Haftpflicht aus der Beschädigung gemieteter Räume kann zusätzlich in die Versicherung eingeschlossen werden;
b) der Streu- und Reinigungspflicht;
c) der Durchführung von Bau- und Instandsetzungsarbeiten bis zu einer veranschlagten Bausumme von 10000 DM. Übersteigt der Voranschlag diese Summe, so muß für das gesamte Vorhaben eine besondere Bauherrnhaftpflicht-Versicherung abgeschlossen werden;

3. aus dem Besitz oder Gebrauch eines Fahrrades ohne Kraftantrieb;

G 170 4. aus der Ausübung jeder Art von Sport, mit Ausnahme von Boxen, Ringen, Jiu Jitsu, Judo, Karate, Eishockey, Rugby und Jagd;

5. aus dem Halten oder Hüten von Haustieren und Bienen zu privaten Zwecken. Die Haftpflicht als Halter oder Hüter von Hunden, Rindern, Pferden oder sonstigen Reit- oder Zugtieren, sowie von gezähmten oder nicht gezähmten wilden Tieren ist nicht versichert;
6. aus dem gelegentlichen Reiten fremder Pferde und dem gelegentlichen Fahren fremder Fuhrwerke zu privaten Zwecken;
7. aus dem gelegentlichen Gebrauch fremder Ruder-, Paddel- oder Segelboote zu privaten Zwecken;
8. aus dem erlaubten Besitz und Gebrauch von Hieb- und Stoßwaffen sowie von Schußwaffen und Munition, jedoch nicht zu Jagdzwecken; G 272
9. aus dem Gebrauch von Flugkörpern bis zu 5 kg Gewicht, wenn sie ihrer Art und Größe nach als Spielzeug anzusehen sind, oder wenn sie nicht durch Treibsätze oder Motoren angetrieben werden.

II. Mitversichert ist

1. die gleichartige gesetzliche Haftpflicht H 10
   a) des mit dem Versicherungsnehmer einen gemeinsamen Haushalt führenden Ehegatten;
   b) ihrer ledigen minderjährigen Kinder;
   c) ihrer ledigen volljährigen Kinder, solange sie sich noch in einer Schul- oder Berufsausbildung befinden.

   Die Mitversicherung gilt auch für Stief-, Adoptiv- und Pflegekinder;
2. die gesetzliche Haftpflicht der im Haushalt des Versicherungsnehmers tätigen Personen gegenüber Dritten aus der Ausübung dienstlicher Verrichtungen. H 11

III. Nicht Gegenstand dieser Versicherung ist die Haftpflicht aus dem Besitz oder Gebrauch von Luft-, Kraft- und Wasserfahrzeugen, soweit nicht Ziff. I, 7 u. 9 etwas anderes bestimmt. G 264—266

Besondere Bedingung

Abweichend von § 4 I Ziffer 3 der Allgemeinen Versicherungsbedingungen für die Haftpflichtversicherung (AHB) erstreckt sich der Versicherungsschutz auch auf die gesetzliche Haftpflicht aus im Ausland vorkommenden Schadenereignissen.

Die Leistungen des Versicherungsnehmers und des Versicherers erfolgen ausschließlich in D-Mark, und zwar auch dann, wenn der Versicherungsnehmer selbst dem Anspruchererhebenden gegenüber zum Schadenersatz in fremder Währung verpflichtet ist.

Die Verpflichtungen des Versicherers gelten mit dem Zeitpunkt als erfüllt, an dem er den Gegenwert (laut Umrechnungstabelle) an eine Außenhandelsbank abführt.

B Betriebs- und Berufshaftpflichtversicherung

I. Die Versicherung umfaßt im Rahmen der AHB auch die gesetzliche Haftpflicht

1. des Versicherungsnehmers als Eigentümer, Mieter, Pächter, Nutznießer von Grundstücken, Gebäuden oder

Räumlichkeiten, die ausschließlich für den versicherten Betrieb oder für Wohnzwecke des Versicherungsnehmers und seiner Betriebsangehörigen benutzt werden (siehe Erläuterungen C).

Dieser Einschluß gilt auch bei der Berufshaftpflicht-Versicherung, wenn Berufsstätte und Wohnung in engem räumlichen Zusammenhang stehen;

2. des Versicherungsnehmers aus Wohlfahrtseinrichtungen für Betriebsangehörige, die ausschließlich für den versicherten Betrieb bestimmt sind (z. B. Werkskantinen, Badeanstalten, Erholungsheime, Kindergärten u. dgl.), aus dem Vorhandensein und der Betätigung einer Betriebsfeuerwehr und aus dem Überlassen von Plätzen, Räumen und Geräten an die Sportgemeinschaft seines Betriebes.

Ausgeschlossen sind Haftpflichtansprüche aus der Betätigung der Betriebssportgemeinschaft sowie die persönliche Haftpflicht der Mitglieder der Betriebssportgemeinschaft aus ihrer Betätigung in dieser. Für diese Gefahren ist besondere Versicherung zu beantragen;

H 6—8 3. der gesetzlichen Vertreter des Versicherungsnehmers (z. B. Direktoren, Teilhaber) oder solcher Personen, welche er zur Leitung oder Beaufsichtigung des versicherten Betriebes oder eines Teiles desselben angestellt hat, in dieser Eigenschaft;

H 8 4. sämtlicher übrigen Betriebsangehörigen für Schäden, die sie in Ausführung ihrer dienstlichen Verrichtungen verursachen.

Ausgenommen sind Schadenfälle, bei denen es sich um Arbeitsunfälle im Betrieb des Versicherungsnehmers gemäß der Reichsversicherungsordnung (RVO) handelt. Mitversicherung der gesetzlichen Haftpflicht für diese Schadenfälle ist auch gegen Beitragszuschlag unzulässig.

II. Von der Versicherung ausgeschlossen und besonders zu versichern ist,

was nicht nach dem Antrag ausdrücklich in Versicherung gegeben oder nach Besonderen Bedingungen oder Erläuterungen prämienfrei eingeschlossen ist, insbesondere die Haftpflicht

a) aus Tätigkeiten, die weder dem versicherten Betrieb oder Beruf eigen noch sonst dem versicherten Wagnis zuzurechnen sind;

G 267—269 b) aus dem Halten oder aus dem Besitz, ferner aus Anlaß von Inbetriebsetzen oder Lenken von Kraft-, Luft- oder Wasserfahrzeugen sowie Flugmodellen, gleichgültig, durch wen, aus welchem Anlaß oder zu welchem Zweck das Inbetriebsetzen oder Lenken erfolgt;

c) aus dem Überlassen von selbstfahrenden Arbeitsmaschinen und aus der Abgabe von Kraft an betriebsfremde Personen;

d) aus der Herstellung, Verarbeitung oder Beförderung von Sprengstoffen oder aus ihrer Lagerung zu Großhandelszwecken; ferner aus der Veranstaltung oder dem Abbrennen von Feuerwerken;

e) aus dem Besitz oder Betrieb von Bahnen zur Beförderung von Personen oder Sachen.

III. Nicht versichert wird die Haftpflicht

a) wegen Schäden, welche durch Explosion oder Brand solcher Stoffe entstehen, mit denen der Versicherungsnehmer oder seine Beauftragten nicht gemäß behördlicher Vorschrift umgegangen sind; F 15

b) aus Schadenfällen von Personen, die im Rahmen ihrer Tätigkeit für den Versicherungsnehmer oder aus beruflichem oder wissenschaftlichem Anlaß den Wirkungen von energiereichen ionisierenden Strahlen ausgesetzt sind.

C. Haftpflichtversicherung als Haus- und Grundbesitzer

I. Gedeckt sind Personen- und Sachschäden infolge Verstoßes gegen die Pflichten, die dem Versicherungsnehmer in seiner Eigenschaft als Eigentümer, Mieter, Pächter oder Nutznießer von Grundstücken, Gebäuden, oder Räumlichkeiten obliegen, z. B. bauliche Instandhaltung, Beleuchtung, Reinigung, Bestreuung der Gehwege bei Winterglätte, Schneeräumen auf Bürgersteig und Fahrdamm.

II. Unter die Versicherung fällt auch die gesetzliche Haftpflicht

1. des Versicherungsnehmers als Bauherr oder Unternehmer von Bauarbeiten (Neubauten, Umbauten, Reparaturen, Abbruch-, Grabearbeiten) auf den Grundstücken, auf die sich die Versicherung bezieht, jedoch nur, wenn ihre Kosten im Einzelfalle auf nicht mehr als DM 10000,— zu veranschlagen sind. Wird dieser Betrag überschritten, so entfällt der beitragsfreie Einschluß. Es gelten dann die Bestimmungen über die Vorsorge-Versicherung;

2. des Versicherungsnehmers als früherer Besitzer aus § 836 Abs. 2 BGB, wenn die Versicherung bis zum Besitzwechsel bestand; D 4

3. der durch Arbeitsvertrag mit der Verwaltung, Reinigung, Beleuchtung und sonstiger Betreuung der Grundstücke beauftragten Personen für Ansprüche, die gegen sie aus Anlaß der Ausführung dieser Verrichtungen erhoben werden. Ausgenommen sind Schadenfälle, bei denen es sich um Arbeitsunfälle im Betrieb des Versicherungsnehmers gemäß der Reichsversicherungsordnung handelt;

4. der Zwangs- oder Konkursverwalter, in dieser Eigenschaft.

[A 6] b) Risikobeschreibungen gemäß VA 1969 S. 15.

Es ist zu erwarten, daß die üblichen Risikoerläuterungen (vgl. A 5) mit Rücksicht auf die Ausführungen des BAA in VA 1969 S. 13—15 über die wünschenswerte Ausgestaltung der Vertragsordnung in der Allgemeinen Haftpflichtv in einigen Punkten geändert werden. Diese Erläuterungen waren überhaupt im Laufe der Jahrzehnte ständigen Veränderungen unterworfen. Sie weisen im übrigen auch von Ver zu Ver besondere Eigenarten auf. Mit Rücksicht auf diese Umgestaltungsmöglichkeit werden nachstehend die vom BAA empfohlenen Risikobeschreibungen wiedergegeben.

Risikobeschreibungen

G 217

1. Mitversichert ist die der Bundesbahn gegenüber gemäß den Allgemeinen Bedingungen für Privatgleisanschlüsse (PAB) übernommene Haftpflicht des Versicherungsnehmers, nicht versichert ist jedoch eine darüber hinaus zusätzlich vereinbarte Haftung.
2. Haftpflichtansprüche wegen Schäden am Kühlgut sind nicht mitversichert.
3. Nicht versichert sind Haftpflichtansprüche wegen Schäden durch Außerachtlassung von Gebrauchsanweisungen und behördlichen Vorschriften sowie wegen Schäden am behandelten Gut.
   Nicht versichert sind Haftpflichtansprüche wegen Schäden durch Schädlingsbekämpfung aus der Luft.
4. Nicht versichert sind Haftpflichtansprüche wegen Schäden, die durch vorschriftswidrige Sicherung der Grubenränder entstehen.
5. Nicht versichert sind Haftpflichtansprüche aus dem Verändern der Grundwasserverhältnisse.
6. Mitversichert sind Haftpflichtansprüche wegen Beschädigung der zur Behandlung übernommenen und behandelten Tiere.
7. Nicht versichert sind Haftpflichtansprüche gegen den Verein oder die mitversicherten Personen aus Unfällen der Reiter und aus Schäden an den Pferden (einschließlich Zaum- und Sattelzeug), die an diesen Veranstaltungen und Übungen teilnehmen.
8. Mitversichert ist die gesetzliche Haftpflicht der Halter von Zuchttieren, denen die Gemeinde die Tiere zur Stallung, Wartung und Pflege übergeben hat, es sei denn, der Tierhalter hält Zuchttiere als Unternehmer auf eigene Rechnung (z. B. Zuchtviehgenossenschaften).
   Nicht versichert ist die Haftpflicht wegen Schäden der Tierhalter durch die von der Gemeinde übernommenen Tiere.
9. Nicht versichert ist die Haftpflicht aus vorschriftswidriger Errichtung oder vorschriftswidrigem Betrieb von Wanderlichtspielen.

[A 7] **5. Allgemeine Versicherungsbedingungen zur Haftpflichtversicherung für Vermögensschäden (AHBVerm).**

VA 1930 S. 130 mit Änderungen vom 16. VI. 1943.

I. Der Versicherungsschutz (§§ 1—4)

§ 1. Gegenstand der Versicherung.

B 8, 43
G 38, 58, 63, 66, 81, 103—104, 275

I. Der Versicherer gewährt dem Versicherungsnehmer Versicherungsschutz (Deckung) für den Fall, daß er wegen eines bei der Ausübung beruflicher Tätigkeit — von ihm selbst oder einer Person, für die er einzutreten hat — begangenen Verstoßes von einem anderen

auf Grund gesetzlicher Haftpflichtbestimmungen privatrechtlichen Inhalts

für einen Vermögensschaden verantwortlich gemacht wird.

Vermögensschäden sind solche Schäden, die weder Personenschäden (Tötung, Verletzung des Körpers oder Schädigung der Gesundheit von Menschen) noch Sachschäden (Beschädigung, Verderben, Vernichtung oder Abhandenkommen von Sachen) sind, noch sich aus solchen — von dem Versicherungsnehmer oder einer Person, für die er einzutreten hat, verursachten — Schäden herleiten. Als Sachen gelten insbesondere auch Geld und geldwerte Zeichen.

II. 1. Es sind jedoch — zu b) mit der in § 3 II Nr. 2 und 3 vorgesehenen beschränkten Beteiligung des Versicherers — in die Versicherung einbezogen Ansprüche wegen unmittelbarer oder mittelbarer Sachschäden. B 115 G 81 H 12

a) an Akten und anderen für die Sachbehandlung in Betracht kommenden Schriftstücken;

b) an sonstigen beweglichen Sachen, die das Objekt der versicherten Betätigung des Versicherungsnehmers bilden.

2. Ausgeschlossen von der Einbeziehung zu 1a und 1b sind Ansprüche wegen Sachschäden, die entstehen durch Abhandenkommen von Geld, geldwerten Zeichen, Wertsachen, Inhaberpapieren und in blanko indossierten Ordrepapieren; das Abhandenkommen von Wechseln fällt nicht unter diese Ausschlußbestimmung.

Ferner sind von der Einbeziehung zu 1b ausgeschlossen Ansprüche wegen Sachschäden, die entstehen aus Anlaß der Ausübung technischer Berufstätigkeit oder der Verwaltung von Grundstücken oder der Führung wirtschaftlicher Betriebe.

III. Falls eine juristische Person für sich selbst Versicherung nimmt, so besteht der Versicherungsschutz hinsichtlich der ihren Organen und Angestellten zur Last fallenden Verstöße, soweit sie diese gesetzlich zu vertreten hat, und zwar mit der Maßgabe, daß in der Person des Verstoßenden gegebene subjektive Umstände, durch welche der Versicherungsschutz beeinflußt wird (vgl. z. B. § 4 Nr. 5, 6), als bei dem Versicherungsnehmer selbst vorliegend gelten. H 12

§ 2. Vorwärts- und Rückwärtsversicherung.

1. Die Vorwärtsversicherung umfaßt die Folgen aller vom Beginn des Versicherungsschutzes an (§ 3) bis zum Ablauf des Vertrags vorkommenden Verstöße.

2. Die Rückwärtsversicherung bietet Deckung gegen in der Vergangenheit vorgekommene Verstöße, welche dem Versicherungsnehmer oder Versicherten oder seinen Sozien (§ 12 Ziffer 1) bis zum Abschluß der Rückwärtsversicherung nicht bekannt geworden sind. Bei Antragstellung ist die zu versichernde Zeit nach Anfangs- und Endpunkt zu bezeichnen. D 5

Als bekannter Verstoß gilt ein Vorkommnis, wenn es vom Versicherungsnehmer, Versicherten, seinen Sozien als — wenn auch nur möglicherweise — objektiv fehlsam erkannt oder ihm, wenn auch nur bedingt, als fehlsam bezeichnet worden ist, auch wenn Schadenersatzansprüche weder erhoben noch angedroht noch befürchtet worden sind.

3. Wird ein Schaden durch fahrlässige Unterlassung gestiftet, so gilt im Zweifel der Verstoß als an dem Tag begangen, an welchem die versäumte Handlung spätestens hätte vorgenommen werden müssen, um den Eintritt des Schadens abzuwenden.

§ 3. Beginn und Umfang des Versicherungsschutzes.

I. Der Versicherungsschutz beginnt vorbehaltlich einer anderen Vereinbarung mit der Einlösung des Versicherungsscheines durch Zahlung der Prämie, der im Antrag angegebenen Kosten und etwaiger öffentlicher Abgaben.

C 5
D 8—10
E 12

Wird die erste oder einmalige Prämie nicht rechtzeitig bezahlt, so ist der Versicherer, solange die Zahlung nicht bewirkt ist, berechtigt, vom Vertrag zurückzutreten. Es gilt als Rücktritt, wenn der Anspruch auf die Prämie nicht innerhalb von drei Monaten vom Fälligkeitstage an gerichtlich geltend gemacht wird.

Ist die Prämie zur Zeit des Eintritts des Versicherungsfalls noch nicht bezahlt, so ist der Versicherer von der Verpflichtung zur Leistung frei.

Wird die erste Prämie erst nach dem als Beginn der Versicherung festgesetzten Zeitpunkt eingefordert, alsdann aber ohne Verzug bezahlt, so beginnt der Versicherungsschutz mit dem vereinbarten Zeitpunkt.

B 35, 38, 43, 48
G 5
E 23

II. 1. Der Versicherungsschutz umfaßt sowohl die Abwehr unbegründeter als die Befriedigung begründeter Schadenersatzansprüche.

G 23, 47

2. Die Versicherungssumme — bei den Sachschäden im Sinne des § 1 II 1b jedoch nur ein Viertel — stellt den Höchstbetrag der dem Versicherer — abgesehen vom Kostenpunkte (s. Ziffer 7) — in jedem einzelnen Schadenfalle obliegenden Leistung dar, und zwar mit der Maßgabe, daß nur eine einmalige Leistung der Versicherungssumme in Frage kommt,

G 41 a) gegenüber mehreren entschädigungspflichtigen Personen, auf welche sich der Versicherungsschutz erstreckt,

G 45 b) bezüglich eines aus mehreren Verstößen fließenden einheitlichen Schadens,

G 45 c) bezüglich sämtlicher Folgen eines Verstoßes. Dabei gilt mehrfaches auf gleicher oder gleichartiger Fehlerquelle beruhendes Tun oder Unterlassen als einheitlicher Verstoß, wenn die betreffenden Angelegenheiten miteinander in rechtlichem oder wirtschaftlichem Zusammenhang stehen.

B 72
F 21
G 53

3. An der Summe, die vom Versicherungsnehmer auf Grund richterlichen Urteils oder eines vom Versicherer genehmigten Anerkenntnisses oder Vergleichs zu bezahlen ist (Haftpflichtsumme), ersetzt der Versicherer 80%, höchstens die Höchstversicherungssumme. Beträgt die Haftpflichtsumme mehr als 10000 DM, so übernimmt der Versicherer im Rahmen der gewählten Höchstversicherungssumme von den ersten 10000 DM 80% vom Mehrbetrag 90%.

Bei den in § 1 zu II 1 b erwähnten Sachschäden übernimmt der Versicherer 75% der Haftpflichtsumme, höchstens die für diese Schäden vorgesehene Höchstversicherungssumme (vgl. § 3 II Ziffer 2).

Der von dem Versicherungsnehmer allein zu deckende Schaden beträgt in jedem Falle mindestens 100 DM (Mindestselbstbehalt).

Dieser Mindestselbstbehalt kann durch besondere Vereinbarung auf einen höheren Betrag festgesetzt werden (erhöhter Mindestselbstbehalt). G 54

4. Der Haftpflichtanspruch ist in Ansehung eines solchen Betrags nicht gedeckt, der gleichkommt der Höhe der eigenen Gebühren des Versicherungsnehmers in derjenigen Sache, bei deren Behandlung der Verstoß erfolgt ist. Es macht dabei keinen Unterschied, ob die Gebühren von dem Haftpflichtanspruch ergriffen werden oder nicht. Auch im letzteren Falle sind sie im Verhältnisse zum Versicherer vorweg an der Haftpflichtsumme zu kürzen. G 261

Bei Prozessen gilt jede Instanz als besondere Sache. Bei Vermögensverwaltungen, Vormundschaften oder sonstigen Sachen, die sich als Gesamtheit von Einzelangelegenheiten darstellen, tritt, wenn nicht der Verstoß den Verlust der ganzen Vermögensmasse zur Folge hat, nur eine im Verhältnis vom Verlust zur Vermögensmasse stehende oder sonst den Umständen oder der Billigkeit entsprechenden Kürzung ein. G 54

5. Es ist — auch abgesehen von dem Fall der Versicherung des eigenen Risikos (§ 6 Ziffer 3 Absatz 2) — ohne Zustimmung des Versicherers nicht zulässig, daß der Versicherungsnehmer Abmachungen trifft oder Maßnahmen geschehen läßt, die darauf hinauslaufen, daß ihm seine Selbstbeteiligung erlassen, gekürzt oder ganz oder teilweise wieder zugeführt wird. Widrigenfalls mindert sich die Haftpflichtsumme um den entsprechenden Betrag. B 72, G 55

6. An einer Sicherheitsleistung oder Hinterlegung, die zur Abwendung der zwangsweisen Beitreibung der Haftpflichtsumme zu leisten ist, beteiligt sich der Versicherer in demselben Umfange wie an der Ersatzleistung. G 35

7. Die Kosten eines gegen den Versicherungsnehmer anhängig gewordenen, einen gedeckten Haftpflichtanspruch betreffenden Haftpflichtprozesses sowie einer wegen eines solchen Anspruchs mit Zustimmung des Versicherers vom Versicherungsnehmer betriebenen negativen Feststellungsklage oder Nebenintervention gehen voll zu Lasten des Versicherers. Es gilt dabei aber folgendes: F 85, G 5, 23

a) Übersteigt der Haftpflichtanspruch die Versicherungssumme, so trägt der Versicherer die Gebühren und Pauschsätze nur nach der der Versicherungssumme entsprechenden Wertklasse. Bei den nicht durch Pauschsätze abzugeltenden Auslagen tritt eine verhältnismäßige Verteilung auf Versicherer und Versicherungsnehmer ein. G 29, 46

b) Übersteigt der Haftpflichtanspruch nicht den Betrag des Mindestselbstbehalts, so treffen den Versicherer keine Kosten. G 53

G 53 c) Bei erhöhtem Mindestselbstbehalt hat der Versicherungsnehmer vorweg die Kosten nach dem Streitwert des erhöhten Mindestselbstbehalts allein zu tragen, die Mehrkosten bezüglich des übersteigenden Betrags (bis zum Streitwert von erhöhtem Mindestselbstbehalt zuzüglich Versicherungssumme) trägt der Versicherer. Bezüglich der nicht durch Pauschsätze abzugeltenden Auslagen findet die Bestimmung zu a) Satz 2 Anwendung.

F 80
G 23
d) Sofern ein Versicherungsnehmer sich selbst vertritt oder durch einen Sozius oder Mitarbeiter vertreten läßt, werden ihnen eigene Gebühren nicht erstattet.

F 86—89
G 22—23, 35, 278
8. Falls die vom Versicherer verlangte Erledigung eines Haftpflichtanspruchs durch Anerkenntnis, Befriedigung oder Vergleich an dem Widerstande des Versicherungsnehmers scheitert oder falls der Versicherer seinen vertragsmäßigen Anteil zur Befriedigung des Geschädigten zur Verfügung stellt, so hat der Versicherer für den von der Weigerung bzw. der Verfügungstellung an entstehenden Mehraufwand an Hauptsache, Zinsen und Kosten nicht aufzukommen.

§ 4. Ausschlüsse.

Der Versicherungsschutz bezieht sich nicht auf Haftpflichtansprüche:

G 23, 168
1. welche vor ausländischen Gerichten geltend gemacht werden — dies gilt auch im Falle eines inländischen Vollstreckungsurteils (§ 722 ZPO) —; wegen Verletzung oder Nichtbeachtung ausländischen Rechts; wegen einer im Ausland vorgenommenen Tätigkeit;

G 147, 162
2. soweit sie auf Grund Vertrags oder besonderer Zusage über den Umfang der gesetzlichen Haftpflicht hinausgehen;

G 273—274
3. aus der Überschreitung von Voranschlägen und Krediten; aus der entgeltlichen oder unentgeltlichen Vermittlung oder Empfehlung von Geld-, Grundstücks- und anderen wirtschaftlichen Geschäften;

G 275
4. wegen Schäden, welche durch Fehlbeträge bei der Kassenführung, durch Verstöße beim Zahlungsakt, durch Veruntreuung des Personals des Versicherten entstehen;

G 220, 232—233
H 12
5. wegen Schadenstiftung durch wissentliches Abweichen von Gesetz, Vorschrift, Anweisung oder Bedingung des Machtgebers (Berechtigten) oder durch sonstige wissentliche Pflichtverletzung;

B 31
G 246—247
H 24, 27
6. von Sozien und Angehörigen des Versicherungsnehmers, sowie von Personen, welche mit ihm in häuslicher Gemeinschaft leben, es sei denn — was die Ansprüche von Angehörigen und in häuslicher Gemeinschaft Lebenden anbelangt —, daß es sich um Ansprüche eines Mündels gegen seinen Vormund handelt.

Als Angehörige gelten:

a) der Ehegatte des Versicherungsnehmers,

b) wer mit dem Versicherungsnehmer in gerader Linie oder im zweiten Grade der Seitenlinie verwandt oder verschwägert ist.

Schadenersatzansprüche von juristischen Personen, wenn die Majorität der Anteile, und von sonstigen Gesellschaften, wenn ein Anteil dem Versicherungsnehmer oder Versicherten oder einem Sozius oder Angehörigen des Versicherungsnehmers oder Versicherten gehört, sind von der Versicherung gleichfalls ausgeschlossen;

7. aus der Tätigkeit des Versicherungsnehmers als Leiter, Vorstands- oder Aufsichtsratsmitglied privater Unternehmungen, Vereine, Verbände und als Syndikus. G 276

II. Der Versicherungsfall (§§ 5 und 6)

§ 5.

1. Versicherungsfall. Versicherungsfall im Sinne dieses Vertrags ist der Verstoß, der Haftpflichtansprüche gegen den Versicherungsnehmer zur Folge haben könnte. B 10, 28, 30—31, 43, 92 D 3 F 8 G 45

2. Schadenanzeige. Jeder Versicherungsfall ist dem Versicherer (vgl. § 11) unverzüglich, spätestens innerhalb einer Woche, schriftlich anzuzeigen. F 31, 34

Wird ein Ermittlungsverfahren eingeleitet oder eine Strafverfügung oder ein Zahlungsbefehl erlassen, so hat der Versicherungsnehmer dem Versicherer unverzüglich Anzeige zu erstatten, auch wenn er den Versicherungsfall selbst bereits angezeigt hat. F 41

Macht der Geschädigte seinen Anspruch gegenüber dem Versicherungsnehmer geltend, so ist dieser zur Anzeige innerhalb einer Woche nach der Erhebung des Anspruchs verpflichtet.

Wird gegen den Versicherungsnehmer ein Anspruch gerichtlich geltend gemacht, das Armenrecht nachgesucht oder wird ihm gerichtlich der Streit verkündet, so hat er außerdem unverzüglich Anzeige zu erstatten. Das gleiche gilt im Falle eines Arrestes, einer einstweiligen Verfügung oder eines Beweissicherungsverfahrens.

Durch die Absendung der Anzeige werden die Fristen gewahrt. Für die Erben des Versicherungsnehmers tritt an Stelle der Wochenfrist jeweils eine Frist von einem Monat. F 32

3. Weitere Behandlung des Schadenfalls. a) Der Versicherungsnehmer ist verpflichtet, unter Beachtung der Weisungen des Versicherers (insbesondere auch hinsichtlich der Auswahl des Prozeßbevollmächtigten) nach Möglichkeit für die Abwendung und Minderung des Schadens zu sorgen und alles zu tun, was zur Klarstellung des Schadens dient, sofern ihm dabei nichts Unbilliges zugemutet wird. Er hat den Versicherer bei der Abwehr des Schadens sowie bei der Schadenermittlung und -regulierung zu unterstützen, ihm ausführliche und wahrheitsgemäße Schadenberichte zu erstatten, alle Tatumstände, welche auf den Schadenfall Bezug haben, mitzuteilen und alle nach Ansicht des Versicherers für die Beurteilung des Schadenfalls erheblichen Schriftstücke einzusenden. F 52, 80—81 G 23

Der Versicherungsnehmer ist nicht berechtigt, ohne vorherige Zustimmung des Versicherers einen Haftpflichtanspruch ganz oder zum Teil anzuerkennen oder zu vergleichen oder zu befriedigen. F 90—110

F 53 Den aus Anlaß eines Schadenfalls erforderlichen Schriftwechsel hat der Versicherungsnehmer unentgeltlich zu führen.

b) Eine Streitverkündung seitens des Versicherungsnehmers an den Versicherer ist nicht erforderlich; die Kosten einer solchen werden vom Versicherer nicht ersetzt.

G 9—19 c) Der Versicherer gilt als bevollmächtigt, alle zur Beilegung oder Abwehr des Anspruchs ihm zweckmäßig erscheinenden Erklärungen im Namen des Versicherungsnehmers abzugeben.

4. **Zahlung des Versicherers.** Steht fest, was der Versicherer zu leisten hat, so sind die fälligen Beträge spätestens innerhalb einer Woche, die Renten an den Fälligkeitsterminen zu bezahlen. Der Versicherer kann jedoch verlangen, daß der Versicherungsnehmer seinen Schadenanteil an eine vom Versicherer bestimmte Stelle abführt und die Quittung darüber dem Versicherer einsendet. Die einwöchige Frist läuft solchenfalls vom Eingang der Quittung.

Bei außergerichtlicher Erledigung des Versicherungsfalls soll, wenn möglich, die schriftliche Erklärung des Anspruchserhebenden, daß er für seine Ansprüche befriedigt sei, beigebracht werden; der Versicherer kann Beglaubigung der Unterschrift des Anspruchserhebenden verlangen.

§ 6. Rechtsverlust.

F 42, 109 1. Wird eine Obliegenheit verletzt, die nach § 5 dem Versicherer gegenüber zu erfüllen ist, so ist der Versicherer von der Verpflichtung zur Leistung frei, es sei denn, daß die Verletzung weder auf Vorsatz noch auf grober Fahrlässigkeit beruht. Bei grobfahrlässiger Verletzung bleibt der Versicherer zur Leistung insoweit verpflichtet, als die Verletzung Einfluß weder auf die Feststellung des Versicherungsfalls noch auf die Feststellung oder den Umfang der dem Versicherer obliegenden Leistung gehabt hat. Handelt es sich hierbei um die Verletzung von Obliegenheiten zwecks Abwendung oder Minderung des Schadens, so bleibt der Versicherer bei grobfahrlässiger Verletzung zur Leistung insoweit verpflichtet, als der Umfang des Schadens auch bei gehöriger Erfüllung der Obliegenheiten nicht geringer gewesen wäre.

2. Hat der Versicherungsnehmer seine Obliegenheiten nach § 5 Ziffer 3 dadurch verletzt, daß er den Versicherer über erhebliche Umstände wissentlich täuschte oder zu täuschen versuchte, so verliert er alle Ansprüche aus dem betreffenden Versicherungsfall. Weitergehende gesetzliche Rechtsfolgen solcher Täuschungen bleiben bestehen.

B 72 3. Der Versicherungsnehmer hat, wenn er das versicherte
F 22, 24 Risiko auch anderweitig versichert, dem Versicherer inner-
G 56 halb eines Monats Anzeige hiervon zu erstatten; anderenfalls verliert er seinen Versicherungsanspruch hinsichtlich aller Verstöße, auf welche die Doppelversicherung sich erstreckt. Deckt die anderweitige Versicherung den Versicherungsnehmer nicht bis zu dem Umfange wie diejenige des Versicherers, so tritt letzterer im Versicherungsfalle für die Differenz ein.

Wenn der Versicherungsnehmer das Eigenrisiko (§ 3 II 3) anderweitig versichert, so hat er wegen der von da an vorkommenden Verstöße keinen Versicherungsanspruch. F 21

III. Das Versicherungsverhältnis (§§ 7–11)

§ 7. Versicherung für fremde Rechnung. Abtretung des Versicherungsanspruchs. Rückgriffsansprüche.

1. Soweit sich die Versicherung auf Haftpflichtansprüche gegen andere Personen als den Versicherungsnehmer selbst erstreckt, finden alle in dem Versicherungsvertrag bezüglich des Versicherungsnehmers getroffenen Bestimmungen auch auf diese Personen sinngemäße Anwendung. Die Ausübung der Rechte aus dem Versicherungsvertrag steht ausschließlich dem Versicherungsnehmer zu; dieser bleibt neben dem Versicherten für die Erfüllung der Obliegenheiten verantwortlich. B 54, 106 H 3, 13–15, 17, 27

2. Ansprüche des Versicherungsnehmers selbst sowie seiner Angehörigen gegen den Versicherten sind, soweit nichts anderes vereinbart ist, von der Versicherung ausgeschlossen. G 82 H 22–25, 27

3. Die Versicherungsansprüche können vor ihrer endgültigen Feststellung ohne ausdrückliche Zustimmung des Versicherers nicht übertragen werden. B 33, 42, 51, 53, 60 H 15

4. Rückgriffsansprüche des Versicherungsnehmers gegen Dritte, ebenso dessen Ansprüche auf Kostenersatz, auf Rückgabe hinterlegter und auf Rückerstattung bezahlter Beträge sowie auf Abtretung gemäß § 255 BGB gehen in Höhe der vom Versicherer geleisteten Zahlung ohne weiteres auf diesen über. Der Übergang kann nicht zum Nachteil des Versicherungsnehmers geltend gemacht werden. Der Versicherer kann die Ausstellung einer Abtretungsurkunde verlangen.

Rückgriff gegen Angestellte des Versicherungsnehmers wird nur genommen, wenn der Angestellte seine Obliegenheiten vorsätzlich verletzt hat. H 12

Hat der Versicherungsnehmer auf einen Anspruch gemäß Absatz 1 oder ein zu dessen Sicherung dienendes Recht verzichtet, so bleibt der Versicherer nur insoweit verpflichtet, als der Versicherungsnehmer beweist, daß die Verfolgung des Anspruchs ergebnislos geblieben wäre.

§ 8. Prämienzahlung. Prämienregulierung. Prämienrückerstattung.

I. 1. Die nach Beginn des Versicherungsschutzes (§ 3 I) zahlbaren regelmäßigen Folgeprämien sind an den im Versicherungsschein festgesetzten Zahlungsterminen, sonstige Prämien bei Bekanntgabe an den Versicherungsnehmer zuzüglich etwaiger öffentlicher Abgaben und einer Hebegebühr in dem jeweiligen Betrag, der dem Aufsichtsamt für Privatversicherung durch geschäftsplanmäßige Erklärung des Versicherers bekanntgegeben ist, zu entrichten. Unterbleibt die Zahlung, so ist der Versicherungs- E 13–16 H 18 nehmer auf seine Kosten unter Hinweis auf die Folgen fortdauernden Verzugs durch einen an seine letztbekannte Adresse gerichteten eingeschriebenen Brief zur Zahlung innerhalb einer Frist von zwei Wochen aufzufordern. Tritt der Verstoß nach dem Ablauf dieser Frist ein und ist der Versicherungsnehmer zur Zeit des Eintritts mit der Zahlung der Prämie oder der Kosten im Verzug, so ist der Versicherer von der Verpflichtung zur Leistung frei. Nach dem Ablauf der Frist ist der Versicherer, wenn der Versicherungsnehmer mit der Zahlung im Verzug ist, berechtigt, das Versicherungsverhältnis ohne Einhaltung einer Kündigungsfrist zu kündigen, oder, solange noch nicht sechs Monate seit Ablauf der zweiwöchigen Frist verstrichen sind, die rückständige Prämie nebst Kosten gerichtlich einzuziehen. Bei Teilzahlung der Jahresprämie werden die noch ausstehenden Raten der Jahresprämie sofort fällig, wenn der Versicherungsnehmer mit Zahlung einer Rate in Verzug gerät.

2. Dem Versicherungsnehmer steht das Recht, gegen Prämienschuld mit einem Versicherungsanspruch aus diesem Versicherungsvertrag aufzurechnen oder ein Zurückbehaltungsrecht auszuüben, erst dann zu, wenn der Versicherungsanspruch vom Versicherer anerkannt oder rechtskräftig festgestellt worden ist.

E 19—27 F 11 G 115 II. 1. Der Versicherungsnehmer ist verpflichtet, nach Erhalt einer Aufforderung des Versicherers, welche auch durch einen der Prämienrechnung beigefügten Hinweis erfolgen kann, Mitteilung darüber zu machen, ob und welche Änderung in dem versicherten Risiko gegenüber den zum Zwecke der Prämienbemessung gemachten Angaben eingetreten ist. Diese Anzeige ist innerhalb eines Monats nach Erhalt der Aufforderung zu machen. Auf Erfordern des Versicherers sind die Angaben durch die Geschäftsbücher oder sonstige Belege nachzuweisen. Unterlassungen oder unrichtige Angaben zum Nachteile des Versicherers berechtigen diesen, unbeschadet weitergehender Rechte — vgl. auch § 13 Absatz 2 — eine Vertragsstrafe in dreifacher Höhe des festgesetzten Prämienunterschiedes vom Versicherungsnehmer zu erheben, sofern letzterer nicht beweist, daß die Unterlassungen oder unrichtigen Angaben ohne ein von ihm zu vertretendes Verschulden gemacht worden sind.

E 4 2. Auf Grund der Änderungsanzeige oder sonstiger Feststellungen wird die Prämie entsprechend dem Zeitpunkt der Veränderung richtiggestellt, jedoch darf sie nicht geringer werden als die in dem zur Zeit des Versicherungsabschlusses gültigen Tarif des Versicherers festgesetzte Mindestprämie. Beim Fortfall eines Risikos wird die etwaige Minderprämie vom Eingang der Anzeige an berechnet.

E 22—23 3. Unterläßt es der Versicherungsnehmer, die obige Anzeige rechtzeitig zu erstatten, so kann der Versicherer für die Zeit, für welche die Angaben zu machen waren, an Stelle der Prämienregulierung (Ziffer II 1) als nachzuzahlende Prämie einen Betrag in Höhe der für diese Zeit bereits bezahlten Prämie verlangen. Werden die Angaben nachträglich, aber noch innerhalb zweier Monate nach

Empfang der Aufforderung zur Nachzahlung gemacht, so ist der Versicherer verpflichtet, den etwa zuviel bezahlten Betrag der Prämie zurückzuerstatten.

4. Die vorstehenden Bestimmungen finden auch auf Versicherungen mit Prämienvorauszahlung für mehrere Jahre Anwendung.

III. 1. Endet das Versicherungsverhältnis infolge Kündigung durch den Versicherer im Schadenfalle (§ 9 II 1), so gebührt ihm nur der Teil der Prämie, welcher der abgelaufenen Versicherungszeit entspricht. D 24 E 10

Im Falle der Anfechtung des Versicherungsvertrags oder seiner Aufhebung wegen Verletzung einer Obliegenheit oder wegen Gefahrerhöhung gebührt dem Versicherer die Prämie bis zum Schluß lediglich der Versicherungsperiode, in der er von dem Anfechtungs- oder Aufhebungsgrund Kenntnis erlangt hat. Wird die Kündigung erst in der folgenden Versicherungsperiode wirksam, so gebührt ihm die Prämie bis zur Beendigung des Versicherungsverhältnisses.

Beim Rücktritt vom Vertrage gemäß § 3 Ziffer I Absatz 2 kann der Versicherer nur eine angemessene Geschäftsgebühr verlangen.

In allen übrigen Fällen vorzeitiger Beendigung des Versicherungsverhältnisses steht dem Versicherer die Prämie für das laufende Versicherungsjahr zu. D 28

2. War die Prämie auf mehrere Jahre vorausbezahlt, so ist der Berechnung des dem Versicherer zustehenden Betrags die Prämie zugrunde zu legen, die bei Vorauszahlung auf die Zeit, für welche dem Versicherer nach Ziffer 1 die Prämie gebührt, zu zahlen gewesen wäre.

§ 9. Vertragsdauer. Kündigung.

I. Der Vertrag ist zunächst für die in dem Versicherungsschein festgesetzte Zeit abgeschlossen. Beträgt diese mindestens ein Jahr, so bewirkt die Unterlassung rechtswirksamer Kündigung eine Verlängerung des Vertrages jeweils um ein Jahr. Die Kündigung ist rechtswirksam, wenn sie spätestens drei Monate vor dem jeweiligen Ablauf des Vertrages schriftlich erklärt wird; sie soll durch eingeschriebenen Brief erfolgen. D 11, 13

II. 1. Das Versicherungsverhältnis kann nach Eintritt eines Versicherungsfalls gekündigt werden, wenn eine Zahlung auf Grund eines Versicherungsfalls geleistet oder der Haftpflichtanspruch rechtshängig geworden ist oder der Versicherungsnehmer mit einem von ihm geltend gemachten Versicherungsanspruch rechtskräftig abgewiesen ist. Der Versicherer hat eine Kündigungsfrist von einem Monat einzuhalten. Der Versicherungsnehmer kann nur mit sofortiger Wirkung kündigen. D 16—22

2. Das Recht zur Kündigung erlischt, wenn es nicht spätestens einen Monat, nachdem die Zahlung geleistet, der Rechtsstreit durch Klagerücknahme, Anerkenntnis oder Vergleich beigelegt oder das Urteil rechtskräftig geworden ist, ausgeübt wird.

III. 1. In den Fällen des § 6 Ziffer 2 und 3 kann der Versicherer den Vertrag innerhalb eines Monats nach erlangter Kenntnis mit einmonatiger Frist kündigen.

2. Verlegt der Versicherungsnehmer seinen Wohnsitz ins Ausland, so ist der Versicherer berechtigt, den Vertrag unter Einhaltung einer Frist von einem Monat zu kündigen.

G 28 IV. Wenn versicherte Risiken vollständig und dauernd in Wegfall kommen, so erlischt die Versicherung bezüglich dieser Risiken.

G 28 Kommt der Hauptberuf in Wegfall, so gilt für die Prämienbemessung von dem Zeitpunkt des Wegfalls an ein bisheriger Nebenberuf als Hauptberuf.

§ 10. Klagefrist. Gerichtsstand.

B 44 1. Hat der Versicherer den Versicherungsschutz abgelehnt, so ist der bestrittene Versicherungsanspruch bei Meidung des Verlustes durch Erhebung der Klage binnen einer Frist von sechs Monaten geltend zu machen. Die Frist beginnt mit dem Tage, an dem der Anspruchsberechtigte durch eingeschriebenen Brief unter Hinweis auf die Rechtsfolgen der Fristversäumnis davon in Kenntnis gesetzt worden ist, inwieweit sein Anspruch auf Versicherungsschutz bestritten wird.

2. Für die aus diesem Versicherungsverhältnis entstehenden Rechtsstreitigkeiten ist neben den gesetzlich zuständigen Gerichten das Gericht des inländischen Wohnsitzes des Versicherungsnehmers zuständig.

§ 11. Anzeigen und Willenserklärungen.

F 31, 33, 67 Alle für den Versicherer bestimmten Anzeigen und Erklärungen sind schriftlich an den Vorstand des Versicherers oder an diejenige Geschäftsstelle, welche im Versicherungsschein oder dessen Nachträgen als zuständig bezeichnet ist, zu richten. Die Vertreter sind zu deren Entgegennahme nicht berechtigt.

IV. Besonderheiten für Rechtsanwälte und Notare (§§ 12 und 13)

§ 12. Sozien.

G 246 1. Als Sozien gelten Rechtsanwälte bzw. Notare, die ihren Beruf nach außen hin gemeinschaftlich ausüben, ohne Rücksicht darauf, ob sie durch Gesellschaftsvertrag oder einen anderen Vertrag verbunden sind, und bei Rechtsanwälten, ob sie am gleichen Gericht zugelassen sind oder nicht.

2. Der Versicherungsfall auch nur eines Sozius gilt als Versicherungsfall aller Sozien. Der Versicherer tritt für diese zusammen mit einer einheitlichen Durchschnittsleistung ein. Dieser Durchschnittsversicherungsschutz besteht (nach Maßgabe des § 7 Ziffer 1) auch zugunsten eines Sozius, der Nichtversicherungsnehmer ist.

Ein Ausschlußgrund nach § 4 oder ein Rechtsverlust nach § 3 II 8 sowie nach § 6 Ziffer 1 und 2, der in der Person eines Sozius vorliegt, geht zu Lasten aller Sozien. Soweit sich ein Rechtsverlust nach § 6 Ziffer 1 an eine Unterlassung knüpft, wirkt das Tun eines Sozius zugunsten aller Sozien.

3. Für die zu 2 erwähnte Durchschnittsleistung gilt folgendes:

a) Die Leistung auf die Haftpflichtsumme ist in der Weise zu berechnen, daß zunächst bei jedem einzelnen Sozius festgestellt wird, wieviel er vom Versicherer zu erhalten hätte, wenn er, ohne Sozius zu sein, allein einzutreten hätte (fiktive Leistung), und sodann die Summe dieser fiktiven Leistungen durch die Zahl aller, auch der Nichtversicherungsnehmer, geteilt wird.

b) Bezüglich der Kosten sind die Bestimmungen in § 3 II 7 in sinngemäßer Verbindung mit den vorstehenden Bestimmungen anzuwenden.

§ 13. Mitarbeiter.

Die Anstellung eines zuschlagpflichtigen Mitarbeiters, der nicht Sozius im Sinne des § 12 Ziffer 1 ist, gilt als Erweiterung des versicherten Risikos nach § 8 II.

Wird trotz Aufforderung die Anstellung eines Mitarbeiters nicht angezeigt, so verringert sich die Leistung des Versicherers, wie wenn der Mitarbeiter Sozius im Sinne des § 12 wäre.

In Ansehung solcher Verstöße, die nach Bezahlung des H 12
Mitarbeiterzuschlags erfolgt sind, deckt die Versicherung im Rahmen des Versicherungsvertrags auch Haftpflichtansprüche, die unmittelbar gegen die Mitarbeiter erhoben werden (§ 7 Ziffer 1).

V. Besonderheiten bei anderen Versicherungsnehmern (§§ 14—19)

§ 14. Im allgemeinen.

I. Außer den in § 4 aufgeführten Ansprüchen sind bei anderen Versicherungsnehmern als — in freier Berufsausübung stehenden — Rechtsanwälten und Notaren weiter ausgeschlossen Ansprüche

1. aus § 109 Reichsabgabenordnung;

2. aus bankmäßigem Betriebe und bankmäßiger Tätigkeit (Scheck-, Wechsel-, Giro-, Depositen-, Kontokorrent-, Devisen-Verkehr, Akkreditiv-Geschäfte usw.);

3. wegen Schäden, die in Einbußen bei Darlehen und Krediten bestehen, welche das Rechtssubjekt erleidet, bei dem der Versicherungsnehmer oder Versicherte als Beamter oder sonst angestellt ist, oder zu dem er im Verhältnis eines Vorstehers oder eines Mitgliedes eines Vorstands-, Verwaltungs- oder Aufsichtskollegiums steht. Dies gilt nicht, soweit die Einbußen verursacht sind durch Verstöße bei der Rechtsverfolgung.

II. Wenn andere Versicherungsnehmer als Rechts- G 246
anwälte und Notare den versicherten Beruf in offener Sozietät betreiben, so findet die Bestimmung in § 12 entsprechende Anwendung.

§ 15. Rechtsbeistände, Prozeßagenten, Rechnungssteller, Steuerberater, Lokalrichter.

Wenn die amtliche Zulassung aufgehoben wird, gilt das versicherte Risiko im Sinne von § 9 IV als weggefallen.

§ 16. Patentanwälte.

1. Ausgeschlossen sind weiter (vgl. §§ 4, 14) Ansprüche aus der Vertretung in ausländischen Patentangelegenheiten und dem Verlust ausländischer Patente.

2. Die Bestimmung in § 13 findet entsprechende Anwendung.

§ 17. Auskunfteien.

Führen Auskünfte zu einem Strafverfahren, so ersetzt der Versicherer im Rahmen und Umfang der Versicherung auch etwaige Buße und Verteidigungskosten (tarifmäßige Gebühren).

Wird der Versicherungsnehmer auf Unterlassung der Erteilung einer bestimmten Auskunft verklagt, so übernimmt der Versicherer die Kosten einer solchen Prozeßführung gemäß § 3 II 7.

§ 18. Bücherrevisoren.

1. Die ordentliche Versicherung erstreckt sich auf

a) die eigentlichen Bücher- (und Geschäftsführungs-) Revisionen mit Einschluß der Revisionen zur Feststellung von Unregelmäßigkeiten, der gesetzlichen Revision von Genossenschaften und der Beglaubigung von Bilanzen und Buchauszügen, jedoch unter Ausschluß von Revisionen, die dem Zwecke einer nicht gedeckten Tätigkeit dienen;

b) die Steuerberatung (s. aber § 14 zu I 1).

2. Die Bestimmung in § 4 Nr. 5 findet auch Anwendung, wenn ein vom Versicherungsnehmer hinzugezogener Assistent (Angestellter, der materielle Mitarbeit leistet) bewußt gesetz-, vorschrifts- oder sonst pflichtwidrig verfährt.

§ 19. Versicherungsnahme zugunsten von Beamten und Angestellten.

1. Bei der Versicherung des jeweiligen Inhabers einer Stelle gilt im Falle völliger dienstlicher Verhinderung des Versicherten statt seiner sein Stellvertreter als versichert.

2. Wenn in die Stelle eines unter Namensnennung Versicherten ein anderer tritt, so gilt dieser als versichert, sofern die Veränderung dem Versicherer innerhalb eines Monats angezeigt wird. Dies findet keine Anwendung, wenn die Stelle geteilt wird, so daß zwei oder mehrere Personen in sie eintreten.

3. Ansprüche des Versicherungsnehmers selber sind entgegen § 7 Nr. 2 eingeschlossen. Das gilt jedoch insoweit nicht, als der Versicherungsnehmer, wenn er selber mitversichert ist, wegen eines gegen ihn selbst durchgesetzten Haftpflichtanspruchs eines Dritten gegen die Beamten und Angestellten Rückgriff nimmt.

4. Die Versicherung erstreckt sich nicht auf Ansprüche gegen den Versicherungsnehmer. Es gilt jedoch durch die Versicherung, die eine Sparkasse für ihre Kollegien und Beamten nimmt, die Sparkasse selber für Ansprüche mitversichert, die aus Verstößen der versicherten Personen von Dritten erhoben werden, und zwar in dem Rahmen, in dem die versicherten Personen ihrerseits Versicherungsschutz genießen würden, falls sie unmittelbar verantwortlich wären.

[A 8] **6. Hinweis auf weitere Fundstellen zur Vermögensschadenhaftpflichtversicherung.**

Allgemeine Versicherungsbedingungen für die Vermögensschadenhaftpflichtv von Angehörigen der wirtschaftsprüfenden sowie wirtschafts- und steuerberatenden Berufe, VA 1968 S. 142.

Besondere Bedingungen für die Vermögensschadenhaftpflichtv von Wirtschaftsprüfern und vereidigten Buchprüfern, VA 1968 S. 147.

[A 9] **II. Entwicklung und Bedeutung.**

Die Haftpflichtv ist ein relativ junger Vszweig. Ihr Beginn ist eng verknüpft mit dem Inkrafttreten des Gesetzes betr. die Verbindlichkeit zum Schadenersatz für die bei dem Betriebe von Eisenbahnen, Bergwerken usw. herbeigeführten Tötungen und Körperverletzungen vom 7. VI. 1871 (RGBl. 1871 S. 207—209) — kurz Reichshaftpflichtgesetz genannt. Sieg Ausstrahlungen S. 41 hat allerdings nachgewiesen, daß es auch schon vorher in Deutschland Ansätze zu einer industriellen Haftpflichtv gegeben hat. Demgemäß geht die Aussage von Manes (Die Haftpflichtv. Ihre Geschichte, wirtschaftliche Bedeutung und Technik, insbesondere in Deutschland, Leipzig 1902, S. 4), daß die Schöpfung der modernen deutschen Haftpflichtv unmittelbar auf das Reichshaftpflichtgesetz zurückzuführen sei, etwas zu weit. Im Kern trifft aber auch heute noch diese Darstellung und die Bemerkung von Gierke ZHR Bd 60 S. 4 zu, daß die Haftpflichtv „aus ihrer Verborgenheit hervorgezogen und zu eigenem Dasein berufen wurde infolge des Haftpflichtgesetzes". Denn die rasante Entwicklung der Haftpflichtv im Anschluß an das genannte Gesetz ist gewiß eine Folge des durch die verschärfte Haftung leichter erkennbaren Vsbedürfnisses. Zugleich ist aber bei dieser Überlegung zu beachten, daß das Reichshaftpflichtgesetz lediglich eine gesetzgeberische Nuance im gesamten Zeitgeschehen bildet, das durch die im großen Umfang beginnende Industrialisierung gekennzeichnet ist. Für die ursprünglich enge Verknüpfung der Entwicklung der Haftpflichtv mit dem durch das Reichshaftpflichtgesetz geschaffenen Vsbedürfnis spricht insbesondere der schwere Rückschlag, den dieser Vszweig erlitten hat, als durch das Unfallvsgesetz vom 6. VII. 1884 (RGBl. 1884 S. 69—109) das bis heute noch geltende Haftungsausschlußprivileg des Arbeitgebers eingeführt wurde (damals § 95 UnfallvsG, heute: § 636 RVO).

Dieser vorübergehende Rückgang der Haftpflichtv wurde jedoch bald dank der Initiative der Haftpflichtver überwunden, die dabei zu Recht auf die vielfältigen Haftpflichtgefahren hinweisen konnten, denen der Mensch im modernen Industriezeitalter ausgesetzt ist. Die Auffassung, daß es sich nach dem Wegfall der Arbeitgeberhaftung bei den verbliebenen „Haftungsresten" um eigentlich kaum eine V lohnende Risiken handle, hat sich sehr schnell als ein Irrtum erwiesen. Ein besonderes Verdienst um die Fortentwicklung und Propagierung des Haftpflichtvsgedankens gebührt dabei Molt, den man wohl mit Recht als Pionier des Haftpflichtvsgedankens bezeichnen darf (vgl. Arps VW 1967 S. 1463—1467).

Seitdem hat die Haftpflichtv in einem schier unaufhörlichen Ausdehnungsprozeß einen seinerzeit kaum vorstellbaren Aufschwung erlebt. Schon für das Jahr 1905 konnte

Gierke ZHR Bd 60 S. 1—2 über die wirtschaftliche Situation der Haftpflichtv folgendes berichten:

„Die Haftpflichtv gehört heute in Deutschland mit zu den Vszweigen, welche für das Wirtschaftsleben am wichtigsten sind. Schlagend beweist dies die Statistik des Kaiserlichen Aufsichtsamts für Privatv. Sie ist festgestellt nur für 25 deutsche — allerdings die größten — Haftpflichtvsgesellschaften. Nach ihr betrug bei diesen Gesellschaften Ende 1905 die Anzahl der selbst abgeschlossenen Haftpflichtven über 1½ Millionen; die Zunahme im Jahre 1905 bezifferte sich auf fast 150000 Ven.

Die Prämieneinnahmen der 25 Gesellschaften beliefen sich im Jahre 1905 auf über 31 Millionen Mark und die Schadenszahlungen auf weit über 10 Millionen Mark."

Heute erbringt allein die Kfz-Haftpflichtv, das dynamische „Schicksalskind" der Assekuranz, eine Jahresprämie von rund 3,5 Milliarden DM (Geschäftsbericht 1967/1968 des Gesamtverbandes der Vswirtschaft e. V., S. 127 — für das Jahr 1967). Sie steht damit nach der Lebensv an zweiter Stelle und hat höhere Einnahmen als z. B. alle Sachvszweige zusammen.

Das Schwergewicht der juristischen Entwicklung der Haftpflichtv liegt in der zunehmenden Verbesserung der Rechtsstellung des geschädigten Dritten. Darüber hatte Gierke ZHR Bd 60 S. 65—66 schon 1907 fast prophetisch geschrieben:

„Im zukünftigen Haftpflichvsrecht wird schließlich die Rechtsstellung des Dritten eine bedeutende Änderung erfahren. Heute stehen ihm an dem Vsanspruch, der wirtschaftlich ihm zukommen soll, gar keine Rechte zu. Dies ist um so härter als es ein Anspruch sein kann, bei dem es sich um Ersatz für seine verlorene Gesundheit handelt. Der Entwurf trägt dem Rechnung und gibt dem Dritten wegen seines Entschädigungsanspruchs ein Vorzugsrecht an der Vsforderung im Konkurs des Vten . . . . .

Die Haftpflichtv kann somit in eine hochbedeutsame Zukunft blicken. Neue, große, schwierige Aufgaben stehen ihr bevor. Sie kann und sie wird sie lösen zum Segen des Haftpflichtigen und — es ist Zeit, daß niemand es unmoralisch findet, wenn wir hinzufügen: Zum Segen des Verletzten!"

In rechtsschöpferischer Tat wurde dieser Schutz des geschädigten Dritten zunächst für einen Teilbereich vom RG (vgl. die Nachweise in Anm. B 33 und B 52) dadurch verwirklicht, daß die Haftpflichtvsforderung als Befreiungsanspruch konstruiert wurde mit der Folge, daß weitere Gläubiger des Schädigers nicht zwangsweise auf diese Forderung zugreifen konnten (und daß ihnen dieser Anspruch auch nicht abgetreten werden konnte). Die 1939 eingeführte Verfügungssperre gemäß § 156 I vervollkommt diesen Schutz, der wirksam durch die nur für die Pflichthaftpflichtv geltende Bestimmung des § 158c ergänzt wird. Für die weitere Entwicklung der Pflichthaftpflichtv vgl. künftig die Darstellung in Bruck-Möller zu §§ 158b—k. Für Einzelheiten über die gesamte geschichtliche Entwicklung der Haftpflichtv sei auf die vorzügliche Darstellung von Sieg Ausstrahlungen S. 17—81 mit umfassenden Nachweisen verwiesen, ferner (beschränkt auf die Rechtsstellung des geschädigten Dritten) auf Schultz, Die Stellung des geschädigten Dritten in der Haftpflichtv, Diss. Hamburg 1934, S. 1—109 m. w. N.

Die Besonderheit der Haftpflichtv ist bis heute in dem Punkte unverändert erhalten, daß der Ver im Prinzip nur dann einen Schaden, der dem geschädigten Dritten entstanden ist, auszugleichen hat, wenn der Vmer dem Dritten haftet. Diese Wesenskonstruktion der Haftpflichtv führt naturgemäß immer wieder zu strittigen Fragen und erbitterten Haftpflichtprozessen, wenngleich sich die ursprünglich bei der Einführung der Haftpflichtv geäußerte Vermutung, daß ihr Bestehen die Leichtfertigkeit des Vmers steigere und daß der geschädigte Dritte durch den mächtigen Ver übervorteilt werden könne (vgl. zu diesen Fragen Gierke ZHR Bd 60 S. 53—58) nicht bewahrheitet hat.

1934 hat Möller als erster die Frage erörtert, ob es nicht ratsam sei, die Haftpflichtv zu „überwinden" und zu einer generellen Haftungsersetzung durch Vsschutz zu kommen (vgl. Möller JW 1934 S. 1079—1080). Diese Frage der „Überwindung der

Haftpflichtv" durch eine generelle Unfall- und Sachfremdv hat seitdem immer wieder das juristische Schrifttum beschäftigt (vgl. Sieg Ausstrahlungen S. 265—268 m. w. N., ferner Ehrenzweig in Internationales Vsrecht, Festschrift für Albert Ehrenzweig zum 80. Geburtstag, Karlsruhe 1955, S. 9—24 und aus neuerer Zeit Eike von Hippel, Schadensausgleich bei Verkehrsunfällen — Haftungsersetzung durch Vsschutz, eine rechtsvergleichende Untersuchung, Berlin—Tübingen 1968 m. w. N.). Eine Verwirklichung derartiger Pläne ist in Deutschland in absehbarer Zeit nicht möglich. Ihre Durchführbarkeit in einem Vszweig, der wie die Allgemeine Haftpflichtv der Vspflicht nicht unterliegt, erscheint als so gut wie ausgeschlossen. In jedem Falle sind derartige Konstruktionen und Überlegungen aber wertvolle Hilfsmittel zur Standorterfassung der Haftpflichtv im geltenden System und vor allem die Gewähr dafür, daß mögliche Verbesserungen des Haftpflichtvssystems stets im Gespräch bleiben, so daß der juristischste aller Vszweige keine Gefahr läuft, in überkommenen Denksystemen zu erstarren.

B. Begriff und Einteilung der Haftpflichtversicherung

I. Systematische Einordnung

Gliederung:

[B 1] Schrifttum:

Arens, Die Rechtsstellung des Geschädigten bei der Haftpflichtv für fremde Rechnung, Kölner Diss. 1938, Bauerreiß VersArch 1934 S. 81—108, Beisler VersArch 1957 S. 257—313, Bohlken, Die Rechte der Vmer sowie am Vsverhältnis beteiligter Dritter im Konkurs des Vers, Hamburger Diss. 1965, Brunn JRPV 1937 S. 269—272, Ehrenberg ZVersWiss 1923 S. 261—268, Elperting ZVersWiss 1913 S. 332—352, Flechtheim LZ 1908 Sp. 801—821, Flechtheim LZ 1910 Sp. 896—914, Freytag WuRdVers 1917 S. 212 bis 251, Georgii, Die Haftpflichtv im „Entwurf eines Gesetzes über den Vsvertrag", Stuttgart 1904, Gerhardt, Der Befreiungsanspruch, zugleich ein Beitrag zum arbeitsrechtlichen Erfüllungsanspruch, Göttingen 1966, Goltermann JW 1937 S. 443—446, Gottschalk VersArch 1936 S. 28—30, Hagemann HansRGZ 1934 A Sp. 427—436, Hagemann DR 1939 S. 2033—2038, Hagen ZVersWiss 1910 S. 461—483, Heise, Die Rückv als Haftpflichtv, Jenaer Diss. 1932, Hennig, Die Rettungspflicht des Vmers, Leipz. Diss., Dresden 1936, Heldrich Deutsche Justiz 1939 S. 777—782, Hofmann VersR 1961 S. 1063—1067, Hofmann VersR 1963 S. 126—127, Kirchberger LZ 1910 Sp. 508—519, Klingenberg, Rettungspflicht und Rettungskosten im Vsrecht nach allgemeinen Grundsätzen und insbesondere in der Haftpflichtv, Diss. Zürich 1930, Leibl, Die juristische Natur der Haftpflichtv, Diss. Göttingen, Wien 1898, Möller ZVersWiss 1934 S. 18—43, Möller JW 1934 S. 1076—1080, Möller, Summen- und Einzelschaden, Hamburg 1937, Möller, Die Allgemeine Haftpflichtv im Vsvertragsgesetz, in: Oberbach, Die Grundlagen der Allgemeinen Haftpflichtv, Stuttgart und Köln 1951, Müller-Stüler, Der Direktanspruch gegen den Haftpflichtver, Karlsruhe 1966, Orthal, Die Erscheinungsformen des Haftpflichtvsanspruchs und ihre Auswirkung auf die Rechte des geschädigten Dritten, Diss. Erlangen 1933, Pfeiffer JRPV 1925 S. 275—276, Prölss WuRdVers 1937 H. 2 S. 34—46, Roeder, Die Stellung des Geschädigten in der Kraftfahrzeug-Haftpflichtv nach dem alten und dem neuen Recht, Diss. Jena 1941, Scheunert JRPV 1938 S. 259—260, Schirmer, Die Vertretungsmacht des Haftpflichtvers im Haftpflichtverhältnis, Karlsruhe 1969, Schmidtmüller, Besonderheiten der Haftpflichtv, Diss. Erlangen 1912, Schmidtmüller LZ 1913 Sp. 927—933, Schneider LZ 1912 Sp. 26—38, Schünemann

HansRZ 1923 Sp. 637—654, Schultz, Die Stellung des geschädigten Dritten in der Haftpflichtv nach dem Gesetz vom 7. November 1939, Stuttgart und Berlin 1941, Senger, Die Stellung des geschädigten Dritten in der Haftpflichtv, Diss. Hamburg 1934, Sieg HansRGZ 1939 A Sp. 261—270, Sieg, Ausstrahlungen der Haftpflichtv, Hamburg 1952, Spielberger VersR 1962 S. 694—695 Trinkl, Zur Rechtsnatur der Schuldbefreiungsansprüche, Tübinger Diss., Stuttgart 1966, von Tuhr, Actio de in rem verso, Freiburg i. B. und Leipzig 1895, Wunderlich, Der Deckungsumfang in der Haftpflichtv, Diss. Göttingen 1934, Hj. Wussow VersR 1959 S. 976—977, Zdralek, Die Deckung der Haftung aus Vertrag bei einer Haftpflichtv, Diss. Breslau 1919.

[B 2] 1. Haftpflichtversicherung als Schadensversicherung.

Die Haftpflichtv gehört zur Schadensv (vgl. dazu Möller Grundlagen B 2 S. 1—2). Georgii (Die Haftpflichtv im „Entwurf eines Gesetzes über den Vsvertrag", Stuttgart 1904) hatte vor Inkrafttreten des VVG ausgeführt, daß es sich bei der Haftpflichtv nicht um eine Schadensv, sondern um eine im Gegensatz dazu stehende Rechtsschutzv handle. Diese Auffassung hat sich nicht durchgesetzt, insbesondere ist ihr der Gesetzgeber bei der Schaffung des VVG nicht gefolgt, so daß bei der heute üblichen Unterscheidung zwischen Schadens- und Summenven (zur Terminologie vgl. Möller in Bruck-Möller Anm. 23 zu § 1) auch eine Rechtsschutzv im Sinne der Ausführungen von Georgii der Schadensv zuzurechnen wäre. Vgl. im übrigen zur Einordnung der Haftpflichtv als Schadensv auch die Schrifttumsnachweise bei Bruck S. 76 Anm. 46.

BGH 30. X. 1954 BGHZ Bd 15 S. 158 betont danach zutreffend, daß es sich bei der Haftpflichtv nicht um eine Summen-, sondern um eine Schadensv handelt. Vgl. auch **RG** 5. II. 1909 RGZ Bd 70 S. 260, das schon damals (für einen vor Inkrafttreten des VVG eingetretenen Haftpflichtfall) treffend bemerkte: „Die Haftpflichtv verfolgt den Zweck, den Vmer vor Haftpflichtschaden zu bewahren. Man wird sie nicht als bloße Rechtsschutzv, sondern als wirkliche Schadensv zu kennzeichnen haben."

Aus der Zurechnung der Haftpflichtv zur Schadensv folgt, daß für sie nicht nur die Vorschriften für sämtliche Vszweige (§ 1—48), sondern grundsätzlich auch die Bestimmungen für die gesamte Schadensv (§ 49—80) gelten (Möller Grundlagen B 2 S. 2), sofern sich nicht aus der Eigenart der Haftpflichtv als Passivenv etwas Abweichendes ergibt (vgl. dazu die Ausführungen in Anm. B 3 a. E.).

[B 3] 2. Haftpflichtversicherung als Passivenversicherung.

Die Schadensv wird unterteilt in die Aktiven- und in die Passivenv (vgl. zur Terminologie Möller in Bruck-Möller Anm. 27—30 zu § 1 m. w. N.). Die Haftpflichtv gehört zur Passivenv (vgl. nur Möller in Bruck-Möller Anm. 29 zu § 1 m. w. N. und BGH 22. VI. 1967 NJW 1967 S. 2207 = VA 1967 S. 268 Nr. 468); sie schützt gegen die Erhebung begründeter und unbegründeter Ansprüche Dritter. Aus der Natur der Haftpflichtv als Passivenv ergibt sich negativ, daß sie keine Interessev i. e. S. ist (vgl. Möller Grundlagen B 2 S. 3—4 und in Bruck-Möller Anm. 29 zu § 1; a. M. Bruck 7. Aufl. Anm. 5a zu § 1, Anm. 5 vor §§ 149—158). Das folgt begrifflich daraus, daß es an einer Beziehung zu einem Bestandteil des Aktivvermögens fehlt. Die von Bruck a. a. O. gebrauchte Formulierung, daß sich bei der Haftpflichtv das vte Interesse auf das gesamte Vermögen beziehe, läßt außer Acht, daß es an einer konkreten vsmäßig abgedeckten Beziehung fehlt; überdies versagt diese Argumentation, wenn ein gänzlich vermögensloser Vmer eine Haftpflichtv abschließt (Möller Grundlagen B 2 S. 3). Vgl. in diesem Zusammenhang weiter die verdeutlichenden Bemerkungen von Möller in Bruck-Möller Anm. 6 vor §§ 49—80. Dort heißt es u. a.: „Auch ein Überschuldeter oder Vermögensloser kann sich gegen Haftpflicht vern, und bei einer Person mit Aktivvermögen tritt die Schädigung nicht erst ein, falls ein Aktivum zur Bezahlung der Haftpflichtschuld geopfert ist, sondern bereits dann, wenn das Passivum entstanden ist."

BGH 24. I. 1951 VersR 1951 S. 76 formuliert allerdings: „Vert ist bei der Haftpflichtv das Interesse, das der Vmer daran hat, daß sein Vermögen nicht mit Haftpflichtverbindlichkeiten belastet wird." Ebenso BGH 22. IX. 1958 BGHZ Bd 28 S. 140, 22. VI. 1967 NJW 1967 S. 2206—2207 = VA 1967 S. 268 Nr. 468, ferner Bischoff VersR 1963 S. 10 und Prölss[17] Anm. 6 zu § 149, S. 559. Möller a. a. O. weist aber zutreffend darauf hin, daß mit diesem Sprachgebrauch der Interessebegriff überhaupt seines spezifisch rechtstechnischen Sinnes als Wertbeziehung entkleidet werde. Gegenüber solchen Formulierungen ist also daran festzuhalten, daß die Haftpflichtv keine Interessev im rechtstechnischen Sinne ist.

Daraus ergibt sich, daß diejenigen Vorschriften des VVG, die sich auf das vte Interesse und den Vswert beziehen, grundsätzlich keine Anwendung finden (Möller Grundlagen B 2 S. 3). Darüber, welche Vorschriften im einzelnen nicht angewendet werden können, vgl. die Zusammenstellung bei Möller in Bruck-Möller Anm. 6 a. E. vor §§ 49—80.

II. Zum Schadensbegriff.

Gliederung:

[B 4] Schrifttum:

Vgl. dazu die Nachweise in Anm. B 1.

[B 5] 1. Grundsätzliches.

Einigkeit besteht darüber, daß die Leistungen des Haftpflichtvers dazu bestimmt sind, den Schaden zu decken, welcher dem haftpflichtigen Vmer durch die Inanspruchnahme seitens des Geschädigten entsteht (vgl. dazu nur Möller ZVersWiss 1934 S. 33, Möller, Summen- und Einzelschaden, Hamburg 1937, S. 79—80, Müller-Stüler, Der Direktanspruch gegen den Haftpflichtver, Karlsruhe 1966, S. 4; sinngemäß auch BGH 22. IX. 1958 BGHZ Bd 28 S. 140, 22. VI. 1967 NJW 1967 S. 2206—2207 = VA 1967 S. 268 Nr. 468).

Eine nähere Aufgliederung dieser pauschalen Definition ergibt, daß von ihr eine Reihe ganz unterschiedlicher Schäden und Schadensmöglichkeiten erfaßt werden. Zunächst nimmt diese Begriffsbestimmung Rücksicht darauf, daß der Vmer zwar schon durch das „Schadenereignis" oder den „Verstoß" mit Haftpflichtverbindlichkeiten belastet wird, daß aber nach dem Bedingungsrecht eine Leistungsverpflichtung des Vers erst entsteht, wenn der Vmer vom geschädigten Dritten in Anspruch genommen wird (vgl. dazu die Ausführungen in Anm. B 43). Weiter berücksichtigt diese Abgrenzung, daß nicht nur eine begründete Haftpflichtforderung des geschädigten Dritten entstehen kann, sondern auch Abwehrkosten auf der Seite des Vmers (z. B. Anwaltskosten) und daß darüber hinaus — zahlenmäßig im Wert nicht immer sogleich erfaßbar — der Ver zur Prüfung der Haftpflichtfrage und vor allem zur Abwehr der unbegründeten Ansprüche verpflichtet ist (vgl. dazu die Ausführungen in Anm. B 35 und G 5).

Vom RG und BGH ist gelegentlich ausgeführt worden, daß der Vermögensschaden in der Haftpflichtv darin bestehe, daß das Vermögen des Vmers durch den Vsfall mit einer Haftpflichtschuld belastet werde (RG 5. II. 1909 RGZ Bd 70 S. 260, BGH 30. X. 1954 BGHZ Bd 15 S. 158, 26. III. 1956 VersR 1956 S. 283) oder — mit anderen Worten sachlich das gleiche ausgedrückt — daß der Schaden in der Haftpflichtv der Umstand sei, daß der Vmer haftpflichtig geworden sei (BGH 9. III. 1961 VA 1961 S. 182 Nr. 299 = VersR 1961 S. 400, 17. II. 1966 NJW 1966 S. 930 = VA 1966 S. 239 Nr. 434). Damit wird aber gewissermaßen nur der Regelfall der Haftpflichtv erfaßt, nämlich die Belastung des Vermögens des Vmers mit unzweifelhaft begründeten Ansprüchen. Davon abgesehen ist der der natürlichen Betrachtungsweise entsprechenden Fixierung des Schadens auf den Zeitpunkt der Entstehung der Haftpflichtforderung (also nicht auf die Erhebung des Anspruchs) beizupflichten, ohne daß damit die wesentliche Funktion der Anspruchserhebung für die Leistungsverpflichtung des Vers außer Acht gelassen werden darf und muß (vgl. dazu die Ausführungen in Anm. B 28 und B 43). Diese Überlegungen knüpfen damit letzten Endes auch an die Abgrenzung des Begriffs des Vsfalles in der Haftpflichtv an (vgl. dazu die Ausführungen in Anm. B 10—31). RG 23. X. 1936 RGZ Bd 152 S. 239 hatte entgegen den soeben wiedergegebenen Ausführungen des BGH zur Rechtfertigung der ständigen RG-Rechtsprechung, daß allein die Anspruchserhebung als Vsfall in der Haftpflichtv anzusehen sei, zum Schadensbegriff in der Haftpflichtv noch folgendes ausgeführt:

> „Einen Vermögensschaden erleidet der Vmer nur, wenn er von dem Verletzten haftpflichtig gemacht wird. Hat auch diese Inanspruchnahme in der Regel wiederum ihre Ursache in einem Schadenereignis, das den Verletzten betroffen hat, so kommt als unmittelbare Schadenursache für den Vermögenschaden des Vmers als Haftpflichtigen doch nur seine Inanspruchnahme durch den Verletzten in Betracht."

[B 6] 2. Aufgliederung des Schadens.

Nach den grundlegenden Überlegungen von Möller (vgl. ZVersWiss 1934 S. 18—43 und Summen- und Einzelschaden, Hamburg 1937) kann der dem Vmer drohende Schaden, gegen den er grundsätzlich Haftpflichtvsschutz suchen kann, wie folgt aufgegliedert werden:

a) Belastung des Vermögens des Vmers durch aus Anlaß eines Verstoßes oder Schadenereignisses entstehende Passiva in der Form von begründeten Schadenersatzansprüchen.

b) Belastung des Vermögens des Vmers durch aus Anlaß eines tatsächlich gegebenen oder nur fälschlich behaupteten Verstoßes oder Schadenereignisses erhobene Schadenersatzansprüche mit der Gefahr, daß unbegründete Haftpflichtansprüche zu begründeten werden (vgl. Möller in Bruck-Möller Anm. 29 zu § 1); Belastung des Vmers also mit einer — angesichts der Vielschichtigkeit unseres Rechtslebens und den erheblichen Schwierigkeiten der materiellen Rechtsfindung — überaus „konkreten Verlustmöglichkeit" (Möller in Bruck-Möller Anm. 30 zu § 1). — Ausgegangen wird bei diesem „Umwandlungsprozeß" natürlich nicht von der trotz unrichtiger Entscheidung unverändert bleibenden materiellen Rechtslage, sondern von der für den Schadensbegriff der Haftpflichtv allein maßgeblichen Durchsetzungsfähigkeit und Vollstreckbarkeit eines Anspruchs (Beisler VersArch 1957 S. 285 Anm. 81).

c) Belastung des Vermögens des Vmers mit den Kosten („notwendigen Aufwendungen"), die aus Anlaß einer Rechtsverteidigung gegenüber begründeten und unbegründeten Schadenersatzansprüchen entstehen können.

[B 7] 3. Abgrenzung zwischen begründeten und unbegründeten Schadenersatzansprüchen.

Beisler VersArch 1957 S. 286—300 bezeichnet im Anschluß an Möller (vgl. ZVersWiss 1934 S. 18—43 und Summen- und Einzelschaden, Hamburg 1937) und im Sinne der von diesem ursprünglich benutzten Terminologie die begründeten Ansprüche ebenfalls als seiende Passiva und die unbegründeten Ersatzforderungen als werdende Passiva mit der Gefahr, daß sie bei schlechter Verteidigung durchsetzbar und damit zu seienden Passiven würden. Für die Unterscheidung zwischen begründeten und unbegründeten Ansprüchen stellt Beisler auf die materielle Rechtslage ab. Die Umwandlung eines begründeten Anspruchs in einen unbegründeten durch erfolgreiche Abwehr oder die Mutation einer begründeten Forderung in eine unbegründete sieht Beisler dabei als gewissermaßen irreguläre (im Sinne von atypisch) Erscheinungsformen der Haftpflichtv an.

Gegen diese auf die tatsächliche materielle Rechtslage abstellende Einteilung der geltend gemachten Ansprüche wendet sich Müller-Stüler a. a. O. S. 6—9. Er nimmt zwar ebenfalls eine Dreiteilung des Passivenschadens vor, stellt aber für die Frage der Begründetheit eines Anspruchs nicht auf die materielle Rechtslage, sondern allein auf die verbindliche Feststellung der Haftpflichtforderung in dem Sinne ab, daß es bis zu diesem Zeitpunkt im Sinne des Haftpflichtvsrechts nur unbegründete Ansprüche gebe. Wörtlich faßt Müller-Stüler a. a. O. S. 9 das Ergebnis seiner Überlegungen wie folgt zusammen:

„Die Inanspruchnahme seitens des Geschädigten begründet für den Vmer einen Passivenschaden, der sich aus drei Gruppen von Einzelschäden zusammensetzt. Die unbegründeten Ersatzansprüche belasten ihn als werdende, die begründeten als seiende Passiva. Die Aufwendungen, welche zur Ermittlung der Begründetheit oder Unbegründetheit erforderlich sind, beschweren ihn als seiende Passiva. Für die Begründetheit oder Unbegründetheit der Ersatzforderungen ist nicht die objektive Sach- und Rechtslage maßgebend, sondern die subjektive, für die Parteien des Vsvertrages hierüber in einem rechtskräftigen Urteil, einem Anerkenntnis oder Vergleich getroffene Feststellung. Der Feststellungszeitpunkt trennt den Zeitraum zwischen Anspruchserhebung von dem danach liegenden Zeitabschnitt. In den ersten Zeitraum fällt die Belastung mit den unbegründeten Ansprüchen und notwendigen Aufwendungen, in den zweiten die mit den begründeten Ersatzforderungen."

Zu dieser frappierenden Folgerung kommt Müller-Stüler wesentlich durch eine Überbetonung der begrifflichen Einteilung, indem er nämlich den von Möller a. a. O. gewählten Ausdrucksweisen gewissermaßen ein Eigenleben zubilligt. So heißt es bei Müller-Stüler a. a. O. S. 6 z. B.:

„Gegen diese Auffassung spricht zunächst, daß objektiv unbegründete Forderungen nicht werdende Passiva sein können, wenn sie in dem von Beisler angenommenen Regelfall erfolgreich abgewehrt werden. Denn wegen des zu erwartenden Abwehrerfolgs fehlt ihnen der wesensnotwendige transitorische Charakterzug, möglicherweise durchsetzbar und damit zu seienden Passiva zu werden.
Weiter läßt sich einwenden, daß bei dieser Betrachtungsweise die an sich begründeten Ersatzansprüche, die Beisler als seiende Passiva bezeichnet, durch die Möglichkeit, in einem Haftpflichtprozeß erfolgreich abgewehrt zu werden, einen ihnen als seiende Passiva wesensfremden transitorischen Charakterzug erhalten würden."

Diesen Argumenten und vor allem der von Müller-Stüler a. a. O. vorgenommenen Unterteilung zwischen begründeten und unbegründeten Ersatzansprüchen kann nicht beigepflichtet werden. Es handelt sich um ein formales Rechtsdenken, das zur Reinerhaltung eines bestimmten gedanklichen Begriffssystems die Rechtswirklichkeit mißachtet.

Zunächst widerstrebt es schon dem natürlichen Rechtsempfinden, daß bei einer Einteilung der Schadensgefahren, gegen deren Verwirklichung Haftpflichtvsschutz genommen wird, davon ausgegangen werden soll, daß objektiv begründete Ansprüche bis zu ihrer Feststellung unbegründete Forderungen sein sollen. Zu einer solchen Schlußfolgerung kann man nur im Wege der Fiktion, also mit einem Hilfsmittel der Rechtstechnik, kommen. Solche Fiktionen haben im Bereich der Gesetzgebungstechnik zumeist ihre gute Berechtigung. Es dient aber nicht der begrifflichen Klarheit, wenn nur wegen des Fehlentscheidungsrisikos bis zu einer verbindlichen Feststellung sämtliche Ansprüche aus sämtlichen Haftpflichtfällen als unbegründet angesehen werden.

Vor allem führt eine solche Betrachtungsweise aber auch zu einer unrichtigen Wertung des Wesens der Haftpflichtv und der Verpflichtung des Haftpflichtvers. Dieser hat begründete Ansprüche zu erfüllen und nur unbegründete abzuwehren. Daß ihm dabei eine Ermessensfreiheit in der Beurteilung der gegnerischen Ansprüche zusteht (vgl. dazu Anm. B 37—38) und daß der Vmer grundsätzlich die Forderungen des Dritten nicht befriedigen darf (vgl. dazu Anm. F 90—110), ändert nichts daran, daß von Anfang an eine erstrangige Rechtspflicht des Haftpflichtvers besteht, die begründeten Ansprüche zu erfüllen.

Demgemäß ist an der von Beisler a. a. O. im Anschluß an Möller a. a. O. vorgenommenen Schadeneinteilung festzuhalten, die für die Frage, ob der geltend gemachte Anspruch begründet sei, auf die materielle Rechtslage abstellt.

[B 8] 4. Arten der vom Haftpflichtvsschutz erfaßbaren Passiven.

§ 149 spricht davon, daß in der Haftpflichtv der Ver verpflichtet sei, dem Vmer die Leistung zu ersetzen, die dieser auf Grund seiner Verantwortlichkeit für eine während der Vszeit eintretende Tatsache an einen Dritten zu bewirken habe. Der Wortlaut dieser Bestimmung ist so gefaßt, daß darunter nicht nur Schadenersatzansprüche sondern auch sonstige Ansprüche aller Art subsumiert werden können (RG 7. IX. 1914 Bd 86 S. 5, Möller in Bruck-Möller Anm. 74, 75 zu § 49 m. w. N.). Zutreffend hat RG 7. XI. 1914 a. a. O. ausgesprochen, daß z. B. der Anspruch auf Weiterzahlung von Gehalt durchaus durch eine Haftpflichtv gedeckt werden könne. Voraussetzung müsse nur sein, daß wie auch sonst im Vsvertragsrecht die Ungewißheit des Schadeneintritts gegeben sei. Dem entspricht es, daß früher z. B. auch für die jetzt nach § 1 Ziff. 1 AHB nicht vom Vsschutz erfaßten (und durch § 4 I Ziff. 2 AHB) deklaratorisch zusätzlich ausgeschlossenen) Fürsorgeansprüche in der Allgemeinen Haftpflichtv Vsschutz gewährt worden ist (vgl. dazu Sieg Ausstrahlungen S. 54—55).

Möller a. a. O. Anm. 74 weist treffend darauf hin, daß z. B. Reeder/Verfrachter nicht selten eine Frachtrückerstattungsv nehmen; diese geht von § 617 I HGB aus, wonach der Verfrachter dem Befrachter vorausbezahlte Fracht zu erstatten hat, falls die beförderten Güter durch irgendeinen Unfall verloren gegangen sind. Agryriades (Die Frachtv, Hamburg 1961, S. 77—79) ordnet eine solche Frachtv treffend als Haftpflichtv ein. Für weitere Beispiele vgl. Möller a. a. O. Anm. 75 zu § 49.

Gegen diese vom RG vertretene Auffassung, daß nämlich die Haftpflichtv in ihrer gesetzlichen Ausgestaltung durch § 149 ihrem Wesen nach eine Schadensv und keine Schadenersatzv sei, ist gelegentlich zu Unrecht polemisiert worden (vgl. dazu nur Wunderlich Deckungsumfang S. 27—31 m. w. N.). Dabei ist dann aber zwischen der rechtspolitischen Entscheidung, was man vern wolle, und der hier zum Wesen der Haftpflichtv allein interessierenden Frage, welche Verbindlichkeiten des Vmers von § 149 erfaßt werden können, nicht scharf genug unterschieden worden. Der unvoreingenommene Betrachter kann an der rechtstheoretischen Berechtigung des dargelegten Standpunktes, daß nach § 149 gegen Passiven aller Art Vsschutz genommen werden könne, im Grunde genommen nicht zweifeln (vgl. dazu weiter: Heise, Die Rückv als Haftpflichtv, Jenaer Dissertation 1932, S. 7—12, Möller Grundlagen B 2 S. 4—5, Zdralek, Die Deckung der Haftung aus Vertrag bei einer Haftpflichtv, Diss. Breslau 1919, S. 12—14, 43—46 m. w. N.).

Eine andere Frage ist es allerdings, welchen Standpunkt das lebende Vertragsrecht in der typischen Ausgestaltung des Haftpflichtvsschutzes einnimmt. Dazu ist zu sagen, daß ungeachtet der oben aufgeführten Beispielsfälle durchweg eine Beschränkung des Vsschutzes auf die Belastung des Vermögens des Vmers mit Schadenersatzansprüchen (oder schadenersatzähnlichen Ansprüchen) erfolgt. Vgl. dazu §§ 1 Ziff 1 AHB, 1 I AHB-Verm und die Erläuterungen in Anm. G 58—70. Die hier anhand des § 149 angestellten Überlegungen können aber z. B. dann wieder Bedeutung gewinnen, wenn Haftpflichtvsverträge ohne Verwendung der AHB geschlossen oder wenn neue Haftpflichtvszweige entwickelt werden.

Schließlich ist zu bedenken, daß grundsätzlich kein Haftpflichtvsschutz für vorsätzlich herbeigeführte Schäden gewährt werden kann (vgl. dazu Anm. G 220 a. E.). Auch wäre es sittenwidrig, wenn ein Ver Haftpflichtvsschutz gegen Geldstrafen gewähren würde (so zutreffend: von Gierke II S. 303). Vgl. in diesem Zusammenhang auch BAG 9. XI. 1967 NJW 1968 S. 718 = VersR 1968 S. 266—367, wo zur Auslegung einer nicht besonders klar gefaßten Klausel eines Haftpflichtvsvertrages folgendes ausgeführt wird:

„Nicht zu beanstanden ist die Auffassung des LAG, der bekl. Tankstellengehilfe sei zwar bezüglich der mit dem Betrieb einer Tankstelle in unmittelbarem Zusammenhang stehenden Handlungen gleichfalls als Vter anzusehen, hinsichtlich einer Schwarzfahrt aber als ‚Dritter' im Sinne des § 67 I VVG. Eine abweichende Auslegung ..... wäre nicht nur mit dem Wortlaut, sondern auch mit Sinn und Zweck eines Haftpflichtvsvertrages kaum vereinbar. Denn sie liefe darauf hinaus, strafbare Handlungen (§ 248b StGB unbefugter Gebrauch von Fahrzeugen) zu begünstigen und dafür von vornherein Vsschutz zu gewähren. Daß ein Vsvertrag jemanden gegen das Risiko einer von ihm selbst begangenen vorsätzlichen strafbaren Handlung vern will, kann nicht angenommen werden; gegen die Wirksamkeit derartiger Vertragsklauseln würden starke Bedenken bestehen (vgl. auch § 2 Nr. 2b, c, § 17 Nr. 3a, b AKB). Zudem hat der Bekl. tateinheitlich mit der unbefugten Benutzung des Kunden-Pkw dadurch ein weiteres Vergehen begangen, daß er ohne Führerschein gefahren ist (§ 24 StVG). In Übereinstimmung mit dem angefochtenen Urteil ist daher die Klausel, auch Schäden seien mitvert, welche an Kundenfahrzeugen infolge Schwarzfahrt durch das Tankstellenpersonal entstehen, dahin auszulegen, daß nur das Risiko des Pächters der Tankstelle für Schwarzfahrten seines Personals vert ist."

Der Auslegung im konkreten Falle ist beizustimmen. In der Begründung geht das Gericht aber über das Ziel hinaus; als sittenwidrig und daher nicht vsfähig sollten nur die vorsätzliche Schadenzufügung und die V gegen die Inanspruchnahme des Vmers zur Zahlung von Geld- oder Ordnungsstrafen angesehen werden. Dagegen würde es das fein konstruierte System des Vsrechts durchbrechen, wenn, wie es in der Entscheidung anklingt, ein Fahren ohne Führerschein auch ohne eine entsprechende Verwirkungsklausel nicht mit vom Vsschutz erfaßt werden würde. Das gilt auch für sonstige bewußte Gesetzesverstöße, soweit nicht § 152 eingreift, weil auch der Schaden selbst vorsätzlich herbeigeführt worden ist.

III. Der Versicherungsfall.

Gliederung:

[B 9] Schrifttum:

Ahrens, Der Eintritt des Vsfalles in der Haftpflichtv, Erlanger Diss, Nürnberg 1935, Barth, Der Vsfall in der Haftpflichtv, Frankfurter Diss 1934, Boettinger, Der Vsfall in der Allgemeinen Haftpflichtv nach deutschen und ausländischen Rechten sowie die zeitliche Geltungsdauer des Vsschutzes nach § 1 AHB, in: Rechtsfragen aus der Privat- und Sozialv, Berlin o. J. S. 5—116, Bornmann ZVersWiss Bd 33 S. 344—351, Ehrenberg VuGeldwirtschaft 1927 S. 169—171, 178—180, 188—189, Ehrenzweig S. 364—368, Georgii, Die Haftpflichtv im „Entwurf eines Gesetzes über den Vsvertrag", Stuttgart 1904, S. 13—21, von Gierke II S. 307—308, Hagen Österr. Revue 1932 S. 237, Kersting JW 1935 S. 3586—3587, ÖffrV 1936 S. 149—151, Keßler Iher Jahrb Bd 87 S. 29—72, Körting JW 1937 S. 1206—1208, Kramer JRPV 1932 S. 129—131, Möller, Über den Vsfall in der Haftpflichtv und Treu und Glauben im Vsvertragsrecht, in: Bericht über die deutsche Rechtsprechung zum Binnenvsrecht in den Jahren 1934—1937 (Giurisprudenza Comparata-Vol. IV S. 327—330), Möller Grundlagen B 2 S. 9—12, Oberbach JRPV 1943 S. 13—18, 26—39, Peef, Der Vsfall im allgemeinen und insbesondere in der Haftpflichtv, Diss. Halle 1914, Petersen ZVersWiss 1915 S. 339—340, Prölss, Probleme des Haftpflichtvsrechts, WuRdVers 1937 Heft 2 S. 1—33, Reinecke-Bock, Der Eintritt des Vsfalles in der Haftpflichtv, Diss. Erlangen, Quakenbrück 1935, Schack JW 1937 S. 1208—1214, Schmidt, K-H, VersR 1950 S. 96, Schmidt, Reimer, Die Obliegenheiten — Studien auf dem Gebiet des Rechtszwanges im Zivilrecht unter besonderer Berücksichtigung des Privatvsrechts, Karlsruhe 1953, Schmidt, Reimer, VersR 1956 S. 266—269, Siebeck, Die Schadenabwendung- und Minderungspflicht des Vmers, Karlsruhe 1963, S. 91—97, Spakler JRPV 1934 S. 211—216, Unfried ZVersWiss Bd 9 S. 284—286, Wachsmuth, Der Vsfall in der Haftpflichtv, Kölner Diss. 1938, Wagner, Der Vsfall in der Haftpflichtv — Zugleich ein Beitrag zur Bedeutung des Zeitablaufs im Schadensrecht. ungedr. Hamburger Diss. 1958, Wriede, Der gedehnte Vsfall, ungedr. Hamburger Diss, 1949, Wörsdörfer, Der Vsfall in der Haftpflichtv, Berliner Diss. 1938.

1. Lösungsversuche auf der Basis der gesetzlichen Bestimmungen; Übersicht über die verschiedenen Auffassungen.

[B 10] a) Vorbemerkung.

In den Bestimmungen des VVG über die Haftpflichtv findet sich (ebenso wenig wie in den sonstigen Vorschriften des VVG) keine Definition des Begriffs des Vsfalles. Anders als z. B. bei der V einer Sache gegen Feuersgefahr, bei der der Eintritt des Vsfalles unbedenklich mit dem Ausbruch des Feuers gleichgesetzt werden kann, ergeben sich bei der Haftpflichtv mit Rücksicht auf das geschuldete Leistungsverhalten des Vers im engeren Sinne („Befreiung von begründeten oder unbegründeten Ansprüchen Dritter", vgl. Anm. B 33—36) mehrere logische Ansatzpunkte, die mit der Eigenart des Schadensersatzanspruchs zusammenhängen. Da sich das Gesetz keineswegs klar für einen der in Betracht kommenden Anknüpfungspunkte entscheidet, hat sich über den Begriff des Vsfalles in der Haftpflichtv ein verwickelter Theorienstreit entsponnen, der erst dadurch zur Ruhe gekommen ist, daß in den jetzt geltenden Bedingungen (vgl. § 5 Ziff. 1 AHB; § 5 Ziff. 1 AHBVerm) ausdrücklich festgelegt worden ist, was als Vsfall im Sinne des Vertragsrechts anzusehen ist (vgl. Anm. B 30—31).

b) Anspruchserhebung als Versicherungsfall.

[B 11] aa) Rechtsprechung des Reichsgerichts.

Vom RG ist in ständiger Rechtsprechung als maßgeblicher Zeitpunkt für den Vsfall in der Haftpflichtv die Anspruchserhebung durch den geschädigten Dritten angesehen worden (25. II. 1913 VA 1913 Anh. S. 81—83 Nr. 749, 5. III. 1915 LZ 1915 Sp. 839, 18. VI. 1926 RGZ Bd 114 S. 117—119, 14. VI. 1932 RGZ Bd 136 S. 370—373, 25. XI. 1932 JW 1933 S. 761—762 = JRPV 1933 S. 5—7, 13. VI. 1933 JRPV 1933 S. 202—203, 13. II. 1934 RGZ Bd 143 S. 377—381, 16. III. 1934 RGZ Bd 144

S. 163—170, 27. IV. 1934 VA 1934 S. 222—223 Nr. 2720, 10. VII. 1934 VA 1934 S. 228—231 Nr. 2726, 3. I. 1936 RGZ Bd 150 S. 48—51, 31. I. 1936 RGZ Bd 150 S. 181—189, 7. II. 1936 RGZ Bd 150 S. 227—231, 17. VII. 1936 JW 1936 S. 3978 = VA 1936 S. 229 Nr. 2906, 7. VIII. 1936 VA 1936 S. 229—230 Nr. 2907 = JRPV 1936 S. 279, 23. X. 1936 RGZ Bd 152 S. 235—248, 19. I. 1937 VA 1937 S. 147 Nr. 2967 = ÖffrV 1937 S. 133, 14. I. 1938 RGZ Bd 156 S. 278—284, 24. II. 1939 RGZ Bd 160 S. 3—7, 19. XII. 1939 RGZ Bd 162 S. 238—243, 17. IX. 1943 RGZ Bd 171 S. 368—375). Von der ursprünglich vertretenen Meinung, daß sich diese Annahme aus der in § 153 a. F. für den Fall der Inanspruchnahme vorgesehenen Anzeigelast ergebe (so RG 5. III. 1915 LZ 1915 Sp. 839), ist das genannte Gericht sogleich wieder abgerückt, indem es im nächsten Urteil feststellte, daß § 153 a. F. positiv nur die Anzeige regele und über den Begriff des Vsfalles in der Haftpflichtv selbst nichts besage (RG 17. III. 1916 WarnRspr. 9. Jahrg. S. 276—278 Nr. 176). Soweit das RG in der Folgezeit seine Auffassung zum Begriff des Vsfalles überhaupt begründete, wies es im Einklang mit Begr. I S. 140 darauf hin, daß der Ver vor Inanspruchnahme durch den Dritten kein Interesse an einer Anzeige habe. Bemerkenswert ist gegenüber dieser nur formal von dem ursprünglich direkt aus § 153 gezogenen Schluß abweichenden Argumentation ein Hinweis in RG 23. X. 1936 RGZ Bd 152 S. 239, wo die vertretene Auffassung zusätzlich unter Hinweis auf § 1 damit begründet wird, daß ein Schaden für den Vmer — auch wenn er das Schadenereignis haftungsrechtlich zu vertreten habe — erst dann eintrete, wenn er dafür verantwortlich gemacht werde.

Diese Auffassung über den Begriff des Vsfalles in der Haftpflichtv, die vor den genannten Entscheidungen des RG zuerst von Georgii a. a. O. S. 13—21 im Gegensatz zu der damals herrschenden Ansicht (vgl. die Nachweise dafür bei Georgii a. a. O. S. 13 Anm. 1) vertreten worden ist, ist eingehend von Peef a. a. O. S. 62—85 begründet worden. Anhänger dieser Auffassung sind ferner: Bruck 7. Aufl. Anm. 5 zu § 153, Bruck S. 641, Gierke ZHR Bd 60 S. 35, Parmentier JRPV 1935 S. 223, Reinecke-Bock a. a. O. S. 1—31, Schack JW 1937 S. 1208—1214, Weiand a. a. O. S. 37—72, weitere Nachweise bei Wagner a. a. O. S. 95 und Prölss WuRdVers 1937 Heft 2 S. 9 Anm. 4.

bb) Auswirkungen im Einzelfall.

[B 12] aaa) Tatsache im Sinne des § 149 VVG.

Nicht zum Problemkreis des Vsfalles rechnete das RG die Frage, ob auch die Anspruchserhebung in die Zeit falle, in der der Vmer nach dem Vsvertrage Vsschutz genieße. Das RG führte sinngemäß aus, daß dieser Fragenbereich überhaupt nicht dem Problemkreis des Vsfalles zuzuordnen sei. RG 17. VII. 1936 JW 1936 S. 2978 = VA 1936 S. 229 Nr. 2906 bemerkt dazu wörtlich u. a. folgendes:

> „Danach ist es, was die Zeit anlangt, unerheblich, wann der Vmer wegen eines Haftpflichtanspruchs in Anspruch genommen wird; maßgebend ist vielmehr, ob das Schadenereignis in die Vszeit fällt. Der Ver haftet nicht, wenn das Schadenereignis vor Beginn der Vszeit eingetreten ist und der Vmer nach deren Beginn in Anspruch genommen wird; entsprechend muß er aber haften, wenn das Schadenereignis in die Vszeit fällt, der Haftpflichtanspruch gegen den Vmer aber erst nach deren Ablauf geltend gemacht wird."

Von diesen Grundsätzen geht auch RG 26. III. 1943 RGZ Bd 171 S. 43—51 aus, wobei bei einem Auseinanderklaffen von Ursache und Schadenereignis auf die erstere abgestellt wird (vgl. zu diesem Problemkreis die Ausführungen in Anm. B 23 und B 31).

[B 13] bbb) Rückwärtsversicherung.

RG 25. XI. 1932 JW 1933 S. 761—762 (gek.) = JRPV 1933 S. 5—7 spricht im Zusammenhang mit dem Abschluß einer Rückwärtsv, bei der der Vmer nach Stellung des Antrages einen Jagdunfall eines Dritten schuldhaft verursachte, aus (ohne § 2 II 2 ausdrücklich zu erwähnen), daß maßgebend nicht dieser Unfall sei, sondern die Erhebung von Ansprüchen. Doch hält das RG den Vmer für verpflichtet, diesen Unfall nach § 16 anzuzeigen.

[B 14] ccc) Versicherungsfall im Sinne der §§ 38, 39 VVG.

RG 25. XI. 1932 a. a. O. wendet erstmals den Gedanken an, daß die Anspruchserhebung maßgebend auch für die Frage sei, ob bei der Zahlung der Vsprämie bereits der Vsfall im Sinne des § 38 eingetreten sei. Es handelte sich um einen Fall einer vereinbarten Rückwärtsv, bei der der Unfall nach Stellung des Antrages auf Vsschutz eingetreten war, die Zahlung aber vor der Inanspruchnahme durch den Dritten erfolgte. Auf die Frage, ob das Ergebnis einer solchen Auslegung nicht gegen Treu und Glauben verstoßen könne, ging das Gericht nicht ein, und zwar (wahrscheinlich) deswegen, weil es die Lösung des Konflikts darin sah, daß es den Vmer nach § 16 zur Anzeige des Unfalles für verpflichtet hielt.

RG 23. X. 1936 RGZ Bd 152 S. 238—240 stellt ebenfalls für die Anwendung des § 38 auf die Anspruchserhebung ab. Auch hier brauchte auf die aber schon im Kern angeschnittene Frage (a. a. O. S. 242) nicht eingegangen zu werden, ob das aus dieser Konstruktion gewonnene Ergebnis mit Treu und Glauben zu vereinbaren sei, daß nämlich ein Vmer, der zur Zeit des Eintritts des Schadenereignisses wegen Nichtzahlung der ersten Prämie keinen Vsschutz genieße, diesen durch Zahlung der Prämie zwischen Schadenereignis und Anspruchserhebung für das bereits eingetretene Ereignis herbeiführen könne. Dieser Schwierigkeit wurde das Gericht dadurch enthoben, daß es eine mündliche ernsthafte Anspruchserhebung gegenüber einem Empfangsboten des Vmers feststellte.

In RG 14. I. 1938 RGZ Bd 156 S. 378—384 mußte schließlich ein Fall entschieden werden, in dem der Vmer nach Eintritt des Schadenereignisses die Prämie vor Erhebung des Anspruchs bezahlt hatte. Das Gericht entschied, daß eine Inanspruchnahme des Vers gegen Treu und Glauben verstoße, wenn der Vmer in Kenntnis des Schadenereignisses bei der Zahlung mehr oder weniger sicher mit einer Anspruchserhebung aus dem Schadenereignis habe rechnen müssen. Dagegen sei in einem derartigen Falle Vsschutz zu gewähren, wenn die Zahlung des Betrages in Unkenntnis des eingetretenen Schadenfalles erfolge.

In Konsequenz dieser Überlegung wurde vom RG dann kurz darauf (19. XII. 1939 RGZ Bd 162 S. 238—243) in einem derartigen Falle einem Anwalt, der bei Zahlung der Prämie nicht wußte, daß er eine Berufungsbegründungsschrift ohne Unterschrift eingereicht hatte, Vsschutz zugesprochen. Diese Grundsätze wurden in einer weiteren Entscheidung bestätigt (RG 17. IX. 1943 RGZ Bd 171 S. 368—375). Auch dort wurde der Vsschutz bejaht, weil der Vmer zur Zeit der Zahlung keine Kenntnis von dem Schadenereignis hatte.

[B 15] ddd) Mehrheit von Versicherungsfällen aus einem Schadenereignis.

In Konsequenz der Überlegung, daß nicht das Schadenereignis sondern die Anspruchserhebung maßgebend den Begriff des Vsfalles bestimme, sprach das RG wiederholt aus, daß bei einer Koppelung eines Vsvertrages für eigene Rechnung mit einem solchen für fremde Rechnung mehrere Vsfälle aus demselben Schadenereignis eintreten könnten, sei es z. B., daß zuerst der Vte und dann der Vmer oder mehrere Vte nacheinander in Anspruch genommen werden (RG 16. III. 1934 RGZ Bd 144 S. 163—170, 10. VII. 1934 VA 1934 S. 229 Nr. 2726). Werde der Vte in einem derartigen Falle in Anspruch genommen, so sei in Bezug auf ihn wohl der Vsfall (also im Rahmen der V für fremde Rechnung) eingetreten, nicht aber in Bezug auf den das Eigenrisiko des Vmers betreffenden Teil des Vsvertrages; aus der Verletzung der Anzeigeobliegenheit bezüglich des Vsvertrages für fremde Rechnung könnten daher Rechtsnachteile gegenüber dem Vmer für sein eigenes vtes Haftpflichtrisiko nicht hergeleitet werden (RG 16. III. 1934 a. a. O.).

[B 16] eee) Abgrenzung der Obliegenheiten.

Im Einklang mit der gesetzlichen Regelung in § 153 a. F. entschied das RG ständig, daß nicht das Unfallereignis sondern die Anspruchserhebung (als Vsfall) anzuzeigen sei

Weiter schloß es daraus, daß der Vsfall erst mit der Anspruchserhebung eintrat, daß eine Kenntnis des Vers vom Vsfall im Sinne des § 33 II nicht vorliege, wenn ihm zwar der Unfall, nicht aber später die Anspruchserhebung angezeigt sei (RG 18. VI. 1926 RGZ Bd 114 S. 117–119, 13. VI. 1933 JRPV 1933 S. 202–203). Das RG hielt es aber für zulässig, dem Vmer auch die Anzeige des Schadenereignisses oder eines Strafverfahrens als Obliegenheit aufzuerlegen (RG 14. VI. 1932 RGZ Bd 136 S. 373).

Soweit allerdings in den Vsbedingungen nur nachteilige Rechtsfolgen für die Verletzung von Obliegenheiten vorgesehen waren, die nach Eintritt des Vsfalles zu erfüllen waren, erwiesen sich nach Ansicht des RG die vorher begangenen Verletzungen für den Vmer als unschädlich (vgl. RG 27. IV. 1934 VA 1934 S. 222–223 Nr. 2720 [wo aber im Ergebnis der Vsschutz versagt wurde, da auch nach diesem Zeitpunkt weder Anspruchserhebung noch Strafverfahren angezeigt worden waren]; vor allem aber RG 24. II. 1939 RGZ Bd 160 S. 3–7, wo eine Fahrerflucht in diesem Sinne als Obliegenheit, die vor Eintritt des Vsfalles zu erfüllen sei, behandelt wird und daher [mangels Verwirkungsabrede] grundsätzlich als folgenlos bezeichnet wird — mit der aber ausdrücklich aufgeführten Einschränkung, daß unter Umständen der Vsschutz nach Treu und Glauben versagt werden könne —).

[B 17] fff) Fälligkeit des Versicherungsanspruchs.

Voraussetzung dafür, daß eine Ausschlußfrist nach § 12 III in Lauf gesetzt werden kann, ist es, daß der Vmer vom Ver bereits eine Vsleistung verlangen kann, der Anspruch des Vmers also fällig ist. Eine vorher gesetzte Frist löst keinerlei Rechtswirkungen aus (vgl. dazu Anm. B 44). Vom RG ist wiederholt betont worden, daß der Vmer erst dann Vsschutz in der Haftpflichtv verlangen könne, wenn der Vsfall eingetreten sei, wenn also der Dritte nach Eintritt des Schadenereignisses Ansprüche erhebe (RG 25. II. 1913 VA 1913 Anh. S. 81–83 Nr. 749, 31. I. 1936 RGZ Bd 150 S. 183–184). Auch für § 12 I, also für die Frage, wann die Verjährungsfrist bezüglich des Anspruchs auf Haftpflichtvsschutz zu laufen anfängt, hat das RG darauf abgestellt, daß der Vmer erst nach Eintritt des Vsfalles, also erst nach Erhebung von Ansprüchen durch den geschädigten Dritten, Vsschutz begehren könne (RG 7. II. 1936 RGZ Bd 150 S. 227–231, 29. IX. 1936 JW 1936 S. 3531 = VA 1936 S. 230 Nr. 2908 [hier ohne den Begriff Vsfall ausdrücklich zu erwähnen], 19. I. 1937 VA 1937 S. 147 Nr. 2967 = Öffr 1937 S. 133).

[B 18] c) Schadenereignistheorie.

Dieser Meinung steht eine im vsrechtlichen Schrifttum weitverbreitete Auffassung gegenüber, die als Vsfall in der Haftpflichtv das Schadenereignis selbst sieht. Anhänger dieser Auffassung sind u. a.: Ahrens a. a. O. S. 1ff., Boettinger a. a. O. S. 5–116, Bornmann ZVersWiss Bd 33 S. 344–351, Eichler S. 283–285 (mit der dogmatisch kaum begründbaren Einschränkung, daß das nicht für die Vermögensschadenhaftpflichtv gelte), Keßler Iher Jahrb S. 29–72, Kramer JRPV 1933 S. 129–131, Prölss[17] Anm. 2 zu § 153, S. 571 (etwas anders in WuRdVers 1937 Heft 2 S. 26, wo er den aus dem Seevsrecht geläufigen Begriff der „causa proxima" für maßgeblich hält), Schultz S. 93–106, Unfried ZVersWiss Bd 9 S. 284–286, Wörsdörder a. a. O.; weitere Nachweise bei Wagner a. a. O. S. 113 und Prölss WuRdVers 1937 Heft 2 S. 9 Anm. 5 und 6. Diese Auffassung hatte zum Teil auch in der Rechtsprechung Gefolgschaft gefunden. Vgl. dazu OLG Köln 29. V. 1934 JW 1934 S. 2349–2350 = JRPV 1934 S. 223–224 und OLG Düsseldorf 21. X. 1935 HansRGZ 1936 A Sp. 137 (gek.) = JRPV 1936 Zusatzheft S. 8–9 und 27. I. 1936 JW 1936 S. 1389–1390 = VA 1936 S. 193–195 Nr. 2881 (diese Entscheidung nahm allerdings zu Unrecht an, daß sie sich im Gegensatz zur Rechtsprechung des RG befinde; es handelte sich um einen Fall, in dem wohl das Schadenereignis während der Vszeit eingetreten war, die Anspruchserhebung aber außerhalb dieser Zeit erfolgte; vgl. dazu die Revisionsentscheidung: RG 17. VII. 1936 JW 1936 S. 2978 = JRPV 1936 S. 279). OLG Braunschweig 25. X. 1935 JRPV 1936 Zusatzheft S. 10–11 hielt diese Auffassung jedenfalls dann für richtig, wenn zugleich mit dem Haftpflicht- auch ein Kaskoschaden eintrete.

[B 19] d) Kausalereignis als Versicherungsfall.

Hagen Österr. Revue 1932 S. 237 erklärte demgegenüber, daß es nicht auf das Schadenereignis, sondern auf das Kausalereignis ankomme (ebenso Barth a. a. O. S. 41—45). Gefolgschaft hat diese Auffassung beim OLG Düsseldorf 16. VI. 1932 JW 1932 S. 2553 = VA 1932 S. 315—316 Nr. 2495 gefunden (w. N. bei Wagner a. a. O. S. 214). Zu beachten ist dabei allerdings, daß es sich bei dem vom OLG Düsseldorf 16. VI. 1932 a. a. O. entschiedenen Fall wiederum um einen solchen handelt, der nach der RG-Rechtsprechung nicht unter den Problemkreis des Vsfalles in der Haftpflichtv fiel (vgl. dazu Anm. B 12). — Die Meinung, daß auf das Kausalereignis abzustellen sei, ist früher auch von Prölss WuRdVers 1937 Heft 2 S. 25—27 vertreten worden.

[B 20] e) Kombinationstheorien.

Eine Kombination der in Anm. B 18 und B 11 erwähnten Auffassungen wurde ursprünglich von Prölss[1] Anm. 2 zu § 153, S. 298 vertreten (ebenso Petersen ZVersWiss 1915 S. 340): Vsfall ist nach dieser Meinung bei begründeten Ansprüchen das Schadenereignis, bei unbegründeten dagegen die Anspruchserhebung. Logisch denkbar ist eine derartige Aufteilung des Begriffs des Vsfalles auch in der Weise, daß die in Anm. B 11 und B 19 erwähnten Auffassungen kombiniert werden.

[B 21] f) Versicherungsfall in der Haftpflichtversicherung als zusammengesetzter Tatbestand; Lehre vom „gedehnten" Versicherungsfall.

Gegenüber diesen Theorien, denen im Prinzip gemeinsam ist, daß sie aus dem Gesamtgeschehen (Ursache, Schadenereignis, Anspruchserhebung) einen bestimmten Zeitpunkt heraussuchen, um auf diesen den Begriff des Vsfalles festzulegen, haben sich eine Reihe von Schriftstellern gewendet, die mit wechselnder Begründung den Vsfall in der Haftpflichtv als zusammengesetzten Tatbestand aufgefaßt wissen wollen (Spakler JRPV 1934 S. 211—216, Kersting JW 1935 S. 3586—3587, ÖffrV 1936 S. 149—151, Körting JW 1937 S. 1206—1208, Oberbach JRPV 1943 S. 13—18 und S. 26—39, Wachsmuth a. a. O.; vgl. ferner K. H. Schmidt VersR 1950 S. 96 und OLG Köln 6. VI. 1952 NJW 1952 S. 1297—1299 = VA 1952 S. 146—149 Nr. 17). Zum Teil wird dabei die Auffassung vertreten, daß sämtliche Anknüpfungspunkte, nämlich Ursachenereignis, Schadenseintritt und Anspruchserhebung, den Vsfall bilden (so Spakler a. a. O., Oberbach a. a. O. und K. H. Schmidt a. a. O.), zum Teil wird nur auf Ursache und Folgeereignis (so Wachsmuth a. a. O.) oder auf Folgeereignis und Anspruchserhebung abgestellt (so Kersting a. a. O. und Körting a. a. O.). Gemeinsam ist diesen Meinungen, daß sie es nicht mit der Erkenntnis bewenden lassen, daß ein zusammengesetzter Tatbestand vorliege, sondern daß sie darüber hinaus dafür eintreten, daß bei jeder Vorschrift des VVG und des Bedingungsrechts geprüft werden müsse, ob nicht im Sinne der jeweiligen Vorschrift das aus dem Gesamtgeschehensablauf bereits vorliegende Teilstück des Vsfalles bereits als für die betreffende Vorschrift ausreichend angesehen werden müsse, weil dieses Teilstück nach der ratio der betreffenden Vorschrift dem vollständigen Eintritt des Vsfalles gleichzusetzen sei.

Mit dieser Schlußfolgerung nähert sich die Lehre vom zusammengesetzten Vsfall im Ergebnis einer zuerst von Ehrenberg (VuGeldwirtschaft 1927 S. 169—171, 178—180, 188—189) vertretenen Auffassung, daß es keinen einheitlichen Begriff des Vsfalles gebe, daß vielmehr für jede einzelne Vorschrift geprüft werden müsse, was im Sinne dieser Vorschrift als Vsfall zu verstehen sei (ebenso Ehrenzweig S. 366—368, Reimer Schmidt Obliegenheiten S. 216 Anm. 1151, Wagner a. a. O. S. 142—158). Die gleiche Auffassung vertritt Möller (Grundlagen B 2 S. 11, vgl. ferner die Nachweise bei Möller in Bruck-Möller Anm. 49 zu § 1 VVG), der für den Bereich der Haftpflichtv den bildhaft das Problem verdeutlichenden Begriff des gedehnten Vsfalles geprägt hat (vgl. Giurisprudenza Comparata a. a. O. S. 329).

[B 22] 2. Stellungnahme.

a) Übernahme der Theorie vom Versicherungsfall in der Haftpflichtversicherung als zusammengesetzter Tatbestand („gedehnter" Versicherungsfall).

Im Sinne einer auf die Lebenswirklichkeit abstellenden Interessenjurisprudenz kann allein der unter B 21 abgehandelte dynamische Begriff des Vsfalles die Lösung des Problemkreises bringen. Die von den älteren Theorien bevorzugte statische Festlegung auf einen bestimmten Zeitpunkt wird der tatsächlich gegebenen Dehnung des Vorganges über einen längeren Zeitraum nicht gerecht. Vom logischen Standpunkt aus sind alle drei möglichen Anknüpfungspunkte gleichwertig. Erst der konkrete Normzweck kann zeigen, ob das bereits vorliegende Teilstück des sich über einen längeren Zeitraum erstreckenden Geschehensablaufs für die betreffende Vorschrift als Vsfall genügt oder nicht. Bemerkt sei allerdings, daß im allgemeinen die Schadenereignistheorie gute Dienste leistet, da mit dem Eintritt des Schadenereignisses ein sehr wichtiger Anknüpfungspunkt gegeben ist. Fallen allerdings Ursache und Schadenereignis zeitlich unterscheidbar auseinander, so ist mit Rücksicht auf die primär hervorzuhebende Verantwortlichkeit des Vmers für die Ursächlichkeit des Geschehens grundsätzlich auf den Verstoß selbst abzustellen. Wie die nachstehenden Überlegungen zeigen, wird damit eine befriedigende Lösung aller auftauchenden Probleme im Sinne einer gerechten Abwägung der Interessenlage im Rahmen des gesetzlichen Systems erzielt. Das Abstellen auf das Schadenereignis bedeutet letzten Endes im Verhältnis zur durch menschliches Verhalten gesetzten Ursache für ein Geschehen nur eine Vergröberung oder Verdeutlichung des Vorgangs.

Zu betonen ist dabei aber, daß daneben in wichtigen Teilbezirken des Haftpflichtsvsrechts der Anspruchserhebung immer noch eine dominierende Rolle zukommt.

[B 23] b) Einzelheiten.

aa) Tatsache im Sinne des § 149 VVG.

Es ist streitig, ob unter der in § 149 erwähnten Tatsache, die während der Dauer der Vszeit eintreten muß, das Ursachen- oder das Folgeereignis zu verstehen ist. Die Frage ist heute zumeist bedingungsrechtlich ausdrücklich geregelt (vgl. Anm. B 30—31 und Anm. D 2—6).

Bemerkenswert ist dabei, daß es vom RG, obwohl der Zusammenhang zwischen der Tatsache im Sinne des § 149 und der Definition des Vsfalles in der Haftpflichtv augenscheinlich ist, abgelehnt worden ist, unter der Tatsache im Sinne des § 149 die Anspruchserhebung zu verstehen. Vielmehr ist das Gericht (zunächst stillschweigend: vgl. RG 13. II. 1934 RGZ Bd 143 S. 377—381) davon ausgegangen, daß es im Sinne des § 149 nicht auf die Anspruchserhebung, sondern auf das tatsächliche Schadensgeschehen ankomme (so ausdrücklich RG 17. VII. 1936 JW 1936 S. 2978 = VA 1936 S. 229 Nr. 2906). Durch diese Trennung des Begriffs des Vsfalles in der Haftpflichtv von dem Begriff der Tatsache im Sinne des § 149 stimmte das RG in einem für die Praxis bedeutsamen Punkt mit den Anhängern der Schadenereignis- und Ursachenereignistheorie überein. Die kritische Betrachtung dieses Vorganges drängt die Deutung auf, daß das RG damit letzten Endes selbst eine Spaltung des Begriffs des Vsfalles vornahm und dadurch im Ganzen vertretbare Ergebnisse erzielte, wobei es allerdings nachdrücklich in Abrede stellte, daß überhaupt ein Zusammenhang mit der Frage des Vsfalles in der Haftpflichtv bestehe. Es herrscht somit Einigkeit darüber, daß unter der Tatsache im Sinne des § 149 (im Sinne der hier gebrauchten Diktion: unter dem Vsfall im Sinne des § 149) nicht die Anspruchserhebung verstanden werden kann.

Im Streit zwischen Kausalereignis- und Schadenereignistheorie ist in Anlehnung an Begr. I S. 134 der Kausalitätstheorie der Vorzug zu geben. Diejenige Handlung („der Verstoß"), die adäquat kausal das Schadenereignis zur Folge hatte, ist als Tatsache im Sinne des § 149 aufzufassen. Sind mehrere Ursachen adäquat kausal, so genügt es, daß eine davon in die Zeit des materiellen Vsschutzes fällt. Praktische Schwierigkeiten, die causa aufzuklären, vermögen ein entgegengesetztes Ergebnis nicht zu rechtfertigen.

In der Vermögensschadenhaftpflichtv, die sich durch ausdrückliche Vertragsbestimmung (§ 5 Ziff. 1 AHBVerm) für diese Lösung entscheidet, sind derartige Schwierigkeiten auch nicht aufgetreten. Das gefundene Ergebnis kann selbstverständlich durch Vereinbarungen der Parteien geändert werden (vgl. Anm. B 30—31). Wo es aber an einer solchen Vereinbarung fehlt, muß dem Sinne der Haftpflichtv entsprechend auf das zur Verantwortung führende Verhalten des Vmers abgestellt werden. Denn dabei handelt es sich um den Kardinalpunkt der Haftpflichtv, daß diese Vsschutz für die im menschlichen Handeln begründete Verantwortlichkeit für später eintretende Schäden gewährt.

Das Gesagte gilt sinngemäß auch bei Erhebung unberechtigter Ansprüche, wenn ein bestimmtes Kausalereignis angegeben worden ist. Auch für den Beginn der Schutzwirkung des § 156 I ist in Konsequenz dieser Überlegungen im Rahmen der gesetzlichen Regelung grundsätzlich auf den Verstoß abzustellen (vgl. dazu die Ausführungen in Anm. B 91—92), ebenso für § 157 (vgl. Anm. B 104) und auch für die Abgrenzung der Rechtswirkungen des § 13 (vgl. Möller in Bruck-Möller Anm. 8 zu § 13; anders Sieg VersR 1964 S. 693, der das Schadenereignis für maßgebend hält).

[B 24] bb) Rückwärtsversicherung.

Auch für den Fall der Rückwärtsv im Sinne des § 2 II 2 kann es nicht auf die Anspruchserhebung ankommen. Die vom RG vorgenommene Anknüpfung an die Anspruchserhebung (RG 25. XI. 1932 a. a. O.) wird der eminenten Bedeutung des für den Vsfall in der Haftpflichtv so wichtigen Verhaltens des Vmers, der die Schadenursache durch sein Handeln setzt, nicht gerecht.

Zu prüfen bleibt aber die Frage, ob allein schon die Kenntnis der Schadenursache als Kenntnis des Vsfalles im Sinne des § 2 II 2 genügt. Hat ein Notar ein fehlerhaftes Testament errichtet und ist der Erblasser noch nicht gestorben, so läßt sich der Fehler beheben. Ob endgültig ein Schaden eintreten wird oder nicht, ist noch ungewiß. Kennt der Notar seinen Fehler, so hat er es in aller Regel in der Hand, die Sache in Ordnung zu bringen. Unabhängig davon kann auch der Erblasser noch durch das Errichten eines anderen Testamentes oder durch sonstige Umstände den Fehler ausgleichen. Es könnte daher sachgerechter erscheinen, hier auf die Kenntnis des Schadenereignisses und nicht auf die der Ursache abzustellen. Das brauchte auch nicht als Privilegierung des Vmers aufgefaßt zu werden. Zwar würde dann eine Kenntnis im Sinne des § 2 II 2 entfallen. Es leuchtet aber ein, daß der Vmer unaufgefordert zur Anzeige einer ihm bekannten möglichen Schadenursache nach § 16 (vorvertragliche Anzeige) verpflichtet wäre.

Im Interesse einer einheitlichen Begriffsbildung erscheint es aber doch sachgerechter, auch im Falle der Rückwärtsv auf das Ursachenereignis als auf den maßgebenden Zeitpunkt abzustellen, genauer gesagt, auf die Kenntnis des Vmers von dieser von ihm gesetzten Ursache. Dabei wird an dieser Stelle, das sei zur Klarstellung nochmals betont, der heute schon fast nur noch hypothetische Fall des Abschlusses eines Vsvertrages ohne Definition des Begriffs des Vsfalles im Vertragswerk erörtert. Daß das hier gewonnene Ergebnis auch rechtspolitisch zu angemessenen Lösungen führt, zeigt seine Bewährung im Rahmen der AHBVerm. Das gewonnene Ergebnis behält aber auch Bestand, wenn man es, ohne dabei also die AHB zu Grunde zu legen, an einem Beispielsfall aus der allgemeinen Betriebshaftpflichtv überprüft. Liefert ein Vmer z. B. Sattelschlepper, die nach physikalischen Erfahrungen zu schwach gebaut sind und erfährt er das nach der Lieferung, aber vor Abschluß der Rückwärtsv, so besteht keine Veranlassung, diesen Vmer zu schützen, wenn er nicht mit offenen Karten spielt. Dagegen spricht nicht, daß der Vmer möglicherweise von der Ungewißheit geplagt wird, ob aus seinem Fehler ein Schaden entstehen wird oder nicht. Aus rechtsethischen Gründen ist ihm vielmehr ein Handeln in zweifacher Beziehung zuzumuten, daß er sich nämlich einmal mit den Käufern seiner Fabrikate warnend in Verbindung setzt und daß er außerdem dem Ver klaren Wein einschenkt, damit dieser für ein derart ungewöhnliches Risiko auch einen angemessenen Prämienbetrag erhält.

[B 25] cc) Versicherungsfall im Sinne der §§ 38, 39 VVG.

Bedeutsam wurden die verschiedenen Theorien namentlich für die Beurteilung der sich aus den §§ 38, 39 ergebenden Fragen. Hier hat das RG seine Auffassung über den Begriff des Vsfalles praktisch angewendet und ausgeführt, daß Vsfall im Sinne dieser Vorschriften die Anspruchserhebung sei. Das bedeutete, daß einem Vmer, dessen Vsschutz nach § 39 ordnungsgemäß außer Kraft gesetzt worden war, dennoch Deckung für ein während dieser Zeit begangenes schadenstiftendes Verhalten zustand, wenn zur Zeit der Anspruchserhebung der Vsschutz durch Zahlung der Prämie wiederhergestellt war (so z. B. RG 19. XII. 1939 a. a. O., 17. IX. 1943 a. a. O.). Hier zeigte sich eine verwirrende Begriffsjurisprudenz. Einesteils kam es nach den Darlegungen in Anm. B 12 (vgl. auch die Ausführungen in Anm. B 30) nach der Auffassung des RG gar nicht darauf an, ob die Anspruchserhebung überhaupt während der Dauer des materiellen Vsschutzes erfolgte. Andererseits sollte die zufällige Tatsache der Anspruchserhebung während einer Zeit, als materiell der Vsschutz durch die Prämienzahlung wieder in Ordnung war, dazu führen, daß Vsschutz für ein Schadenereignis bestehe, das sich in einer Zeit ereignete, als keine Prämie gezahlt war. Die Brüchigkeit dieser Überlegungen ist ersichtlich, insbesondere, wenn man die Auffassung des RG konsequent zu Ende denkt, daß es nämlich nicht darauf ankommen könne, ob der Dritte während der Dauer des materiellen Vsschutzes seinen Anspruch erhebe.

Diese Rechtsprechung hatte zur Folge, daß ein Vmer nach Eintritt der Schadenursache oder des Schadenereignisses den Vsschutz noch wiederherstellen konnte, wenn er rechtzeitig vor der Anspruchserhebung die Prämie zahlte. Dem Vmer wurde es allerdings dann vom RG untersagt, sich auf den solcher Art wiederhergestellten Vsschutz zu berufen, wenn er bei der Zahlung der Prämie bereits Schadensursache oder Ereignis kannte und sicher mit einer Inanspruchnahme rechnen mußte. Unter solchen Umständen dennoch den Ver in Anspruch nehmen zu wollen, wurde als Verstoß gegen Treu und Glauben gebrandmarkt und als Fall unzulässiger Rechtsausübung angesehen (RG 14. I. 1938 a. a. O.). Dadurch wurden zwar unbillige Ergebnisse vermieden. Das Bedenkliche an dieser Konstruktion war jedoch, daß das RG den bei dieser Situation gegebenen Regelfall, daß nämlich der Vmer in Kenntnis der eingetretenen Haftpflichttatsache zahlte, als Verstoß gegen Treu und Glauben bezeichnete. Zu Recht ist hier gesagt worden, daß diese Argumentation deutlich zeige, auf welch schwacher Grundlage die reichsgerichtliche Konstruktion stand (vgl. für viele Wagner a. a. O. S. 143—147).

Im Sinne der §§ 38, 39 ist in Anknüpfung an die Ausführungen in Anm. B 22—24, soweit nicht nach den Bedingungen zulässigerweise etwas anderes bestimmt wird, das Ursachenereignis als Vsfall in der Haftpflichtv anzusehen. Daß dabei diejenigen Fälle negativ entschieden werden, in denen der Vmer in Unkenntnis des Ursachen- oder Schadenereignisses den Vsschutz durch Zahlung der angemahnten Prämie wiederherstellt, kann nicht als unerträglich unbillig empfunden werden. Es besteht kein Grund, ihn besser zu stellen, als einen Vmer in anderen Vszweigen.

Möller Grundlagen B 2 S. 11—12 will dagegen für § 39 II zwar in erster Linie auf den Verstoß abstellen, hält diesen Zeitpunkt aber dann nicht mehr für maßgebend, wenn der geschädigte Dritte bei Zahlung der Folgeprämie von diesem Verstoß keine Kenntnis gehabt habe. Damit wird die Rechtsprechung des RG zu diesem Fragenkreis im Ergebnis übernommen (RG 14. I. 1938 a. a. O.). Indes wird damit im Grunde genommen ein weiterer Zeitpunkt im Rahmen des gedehnten Vsfalles eingeführt, nämlich neben dem Verstoß (und dessen Unterfall: dem Schadenereignis) und der Anspruchserhebung als weiterer Faktor: Die Kenntnis des Vmers vom Verstoß. Zu beachten ist aber, daß damit ein für die Auslegung des § 39 II ansonsten wesensfremdes Element für maßgeblich gehalten wird. Nur für die Rückwärtsv kommt es nach der gesetzlichen Regelung auf die Kenntnis des Vmers vom Verstoß an (§ 2 II 2). § 39 II knüpft dagegen an das objektiv bestimmbare Merkmal des Eintritts des Vsfalles an. Wie es beim Eintritt eines Brandes in der Feuerv nicht auf die Kenntnis des Vmers von diesem Brande bei der Zahlung einer angemahnten Folgeprämie ankommt, so kann auch in der Haftpflichtv nur der Verstoß als maßgebender Zeitfaktor angesehen werden. Berechtigten Vsschutzbedürfnissen müßte dabei im Einzelfall durch Abschluß individueller Rückwärtsvsvereinbarungen Rechnung getragen werden.

[B 26] dd) „Mehrheit" von „Versicherungsfällen" aus einem Ursachen- oder Schadenereignis.

Ungeachtet dessen, daß im Rahmen des gedehnten Vsfalles dem Ursachenereignis eine zentrale Bedeutung zukommt, darf nicht verkannt werden, daß — auch nach der Änderung des § 153 in bezug auf die Anzeigeobliegenheiten — besondere Probleme entstehen können, wenn bei einem Ursachen- oder Schadenereignis mehrere Personen verletzt werden. Hier erwachsen dem Vmer gesonderte Haftpflichtvsansprüche, deren Entstehung und Fälligkeit sich nach der Anspruchserhebung richten. Das gleiche gilt, wenn durch ein Schadenereignis nur eine Person verletzt worden ist, daneben aber ein originär Anspruchsberechtigter steht. Auch der Anspruchserhebung kommt also immer noch eine wesentliche Bedeutung im Rahmen des Gesamtkomplexes zu (vgl. auch Anm. B 28). Hier ist auch der Fall zu bedenken, daß eine Mehrheit von Vmern aus einem Schadenfall nacheinander in Anspruch genommen wird. Die jedem Vmer gesondert zustehende Vsschutzforderung wird nach seiner individuellen Inanspruchnahme gesondert fällig (vgl. dazu auch Anm. B 55).

[B 27] ee) Obliegenheiten.

Die begriffliche Abgrenzung zwischen den Obliegenheiten, die vor Eintritt des Vsfalles zu erfüllen sind, und denjenigen, die der Vmer nach Eintritt des Vsfalles zu beachten hat, darf nicht auf die Zufallstatsache der etwas früheren oder späteren Anspruchserhebung abstellen. Untragbar war z. B. die in RG 24. II. 1939 RGZ Bd 160 S. 3—7 vertretene Auffassung, daß Fahrerflucht nach einem Verkehrsunfall eine Obliegenheit verletze, die vor Eintritt des Vsfalles zu erfüllen sei. Auch hier ist nach sachlogischen Grundsätzen auf das äußere Schadenereignis abzustellen, bzw. in denjenigen Fällen, in denen ausnahmsweise Schadenereignis und Ursache auseinanderfallen, auf den Verstoß. Damit ist zugleich ein fester Ansatzpunkt für den Beginn der Schadenminderungspflicht gegeben.

Die Mehrzahl der reichsgerichtlichen Entscheidungen betraf Fälle zur Anzeigelast des Vmers nach § 153 a. F. Diese Entscheidungen stellen überhaupt den Ausgangspunkt der vom RG vertretenen Auffassung dar, daß in der Haftpflichtv die Anspruchserhebung als Vsfall angesehen werden müsse. Die betreffenden Entscheidungen stimmten bezüglich des Zeitpunktes der Anzeigelast überein mit dem Wortlaut des § 153 a. F. Ihre Tendenz war nach dem Gesetz dem Vmer günstig, weil diesem eine Unterlassung der Anzeige nur dann als Versäumnis zugerechnet wurde, wenn er vom Dritten in Anspruch genommen wurde. Dieser Anknüpfungspunkt an den gegnerischen Angriff auf den Vmer war vom Gesetz als sinnfälliger Anlaß genommen, dem Vmer die Unterrichtung des rechtlich und wirtschaftlich über die Maßen interessierten Vers aufzubürden.

Die Änderung des § 153 hat die reichsgerichtliche Rechtsprechung insoweit obsolet werden lassen. Die neue Fassung des § 153, in der in Abs. I die Anzeige derjeniger Tatsachen gefordert wird, die die Verantwortlichkeit des Vmers gegenüber einem Dritten zur Folge haben könnten, und in der in Abs. II eine erneute Anzeige für den Fall der Inanspruchnahme des Vmers gefordert wird, zeigt deutlich die Dehnung des Vsfalles in der Haftpflichtv. Eine spezielle Untersuchung, ob es im Sinne dieser Vorschrift auf die Anspruchserhebung oder auf die Schadenursache (bzw. den Schadenseintritt) ankommen kann, ist nach der ausdrücklichen gesetzlichen Regelung im Verhältnis von Abs. I zu Abs. II nicht mehr erforderlich. Es bleibt aber zu klären, ob in Abs. I das Kausal- oder das Schadenereignis gemeint ist. Das Problem tritt, wie schon mehrfach betont, nur in den seltenen Fällen auf, in denen Ursache und Wirkung zeitlich auseinanderfallen. In Übereinstimmung mit den Ausführungen in Anm. B 22 und B 23 ist auch hier das Kausal- und nicht das Schadenereignis für maßgebend zu halten. Wenn in dem in Anm. B 23 gebildeten Beispielsfalle der Fabrikant, nachdem er während der Laufzeit des Vsvertrages bereits 1000 Sattelschlepper mit zweifelhafter Konstruktion verkauft hat, sich plötzlich dieser Tatsache bewußt wird, so wäre es verfehlt, eine Anzeigelast dieses Vmers erst dann entstehen zu lassen, wenn ein konkreter Schadenfall eintritt. Diese Entscheidung liegt nicht nur im Sinne des Vers, zu denken ist vor allem auch daran, daß auf diese Art und Weise unter Umständen schwere körperliche Schäden von unbeteiligten Dritten abgewendet werden können. Wie z. B. große Automobilfirmen außerhalb aller Gewährleistungsansprüche ihre Vertragswerkstätten anweisen, als unzuverlässig erkannte Wagenteile stillschweigend auszuwechseln, so könnte dann der Ver im Interesse der Schadenminderung eine ähnliche Aktion des Vmers verlangen, deren Aufwand dabei als Rettungskosten grundsätzlich zu Lasten des Vers gehen würde. Im einzelnen müßte bei derartigen Aktionen dann natürlich auf die Zumutbarkeit für den Vmer unter besonderer Beachtung des Grundsatzes von Treu und Glauben abgestellt werden. So wären besonders strenge Anforderungen an eine Schadenminderungslast des Vmers zu stellen, wenn nach menschlicher Erfahrung mit Gewißheit mit dem Eintritt des Schadenereignisses gerechnet werden muß.

[B 28] ff) Entstehung und Fälligkeit des Haftpflichtversicherungsanspruchs.

Von sehr wesentlicher Bedeutung ist dagegen der Anknüpfungspunkt der Erhebung von Ansprüchen bezüglich der Entstehung und der Fälligkeit des Haftpflichtvsanspruchs. Die Rechtsprechung des RG und des BGH geht dahin, daß der einheitliche Anspruch aus dem Haftpflichtvsvertrag auf Rechtsschutz und Befreiung (vgl. dazu die Bemerkungen in Anm. B 36) erst dann fällig werde, wenn der Dritte seinen begründeten oder unbegründeten Schadenersatzanspruch gegen den Vmer geltend mache (RG 7. II. 1936 RGZ Bd 150 S. 227–231, 29. IX. 1936 JW 1936 S. 3531 = VA 1936 S. 230 Nr. 2908, 19. I. 1937 VA 1937 S. 147 Nr. 2967 = ÖffrV 1937 S. 133, BGH 13. VII. 1959 VersR 1959 S. 702 = VRS Bd 17 S. 241–242, 26. XI. 1959 VersR 1960 S. 74, 12. V. 1960 NJW 1960 S. 1346–1348 = VersR 1960 S. 554–555, 5. X. 1961 BGHZ Bd 36 S. 28–29, 20. I. 1966 VersR 1966 S. 229–230). Vor einer solchen Anspruchserhebung ist nach den Ausführungen in Anm. B 43 der Haftpflichtvsanspruch auch noch gar nicht entstanden. Die Konsequenzen aus dieser Auffassung sind folgende:

aaa) Erst mit der Fälligkeit des Haftpflichtvsanspruchs ist der Vmer berechtigt (bei Verweigerung des Vsschutzes), auf Gewährung von Vsschutz oder auf Feststellung der Leistungspflicht des Vers zu klagen (so RG 15. III. 1932 RGZ Bd 135 S. 368–370, 16. IV. 1933 RGZ Bd 141 S. 192, BGH 12. I. 1961 VersR 1961 S. 121–122; anders BGH 20. II. 1956 NJW 1956 S. 827 = VA 1956 S. 89 Nr. 137 für den Fall, daß mit einer gewissen Wahrscheinlichkeit mit einer solchen Inanspruchnahme zu rechnen sei; vgl. dazu Anm. B 45).

bbb) Zugleich setzt die Fälligkeit des Haftpflichtvsanspruchs grundsätzlich nach § 12 I die Verjährungsfrist für den Vsschutzanspruch in Lauf; diese beginnt nämlich mit dem Schluß des Jahres, in dem der Vmer in Anspruch genommen worden ist und seinerseits demgemäß den Ver auf Vsschutz hätte in Anspruch nehmen können (RG 7. II. 1936 a. a. O., 29. IX. 1936 a. a. O., 19. I. 1937 a. a. O., BGH 12. V. 1960 a. a. O., 5. X. 1961 a. a. O., 20. I. 1966 a. a. O.).

ccc) Eine vor der Fälligkeit des Haftpflichtvsanspruchs gegenüber dem Vmer ausgesprochene Deckungsablehnung setzt die Frist des § 12 III nicht in Gang (RG 25. II. 1913 VA 1913 Anh. S. 81–83 Nr. 749, 31. I. 1936 RGZ Bd 150 S. 183–184, 7. II. 1936 RGZ Bd 150 S. 230, vgl. dazu die Ausführungen in Anm. B 44). Begründet wird das damit, daß vorher eine Klage des Vmers auf Feststellung der Verpflichtung zur Gewährung von Vsschutz nicht zulässig sei. Dieser Auffassung kann im Grundsatz beigepflichtet werden. Es wäre andernfalls der Vmer zu einer voreiligen Klage gezwungen. Unabhängig davon mag im Einzelfall die widerspruchslose Hinnahme eines derartigen Ablehnungsschreibens über Jahre nach Treu und Glauben zur Verwirkung des Anspruchs führen (so Möller in Bruck-Möller Anm. 24 zu § 12; zu beachten ist bei diesem Hinweis aber, daß Möller a. a. O. Anm. 29 zu § 12 entgegen der hier vertretenen Auffassung eine auf einen konkreten Schadenfall bezogene Klage auf Feststellung der Verpflichtung des Vers zur Gewährung von Vsschutz schon vor einer Anspruchserhebung durch den geschädigten Dritten für zulässig hält; vgl. dazu Anm. B 45).

In allen diesen Fällen ist vom RG zutreffend als Anknüpfungsmoment die Anspruchserhebung gewählt worden. Es wäre mißlich, hier auf das Ursachen- oder Schadenereignis abzustellen. Zugleich zeigen diese Fälle deutlich die Berechtigung der Lehre vom gedehnten Vsfall. Dabei kann als besonders bemerkenswert konstatiert werden, daß trotz abweichender vertraglicher Festlegung des Begriffs des Vsfalles in den Bedingungen (vgl. § 5 Ziff. 1 AHB, § 7 I Ziff. 1 AKB, § 5 Ziff. 1 AHBVerm) vom BGH, ohne daß dabei allerdings auf die Frage eingegangen worden ist, ob es sich um ein Problem des Vsfalles in der Haftpflichtv handle, die Rechtsprechung des RG zu diesen Punkten übernommen wurde. Wenn man allerdings diese Fragen als nicht zum Problemkreis des Vsfalles gehörig rechnet, so würde man mit einer reinen Ursachen- oder Ereignistheorie dem Begriff des Vsfalles in der Haftpflichtv gerecht werden. Dabei würde man dann aber den gleichen Fehler machen wie das RG zu § 149, indem es die Tatsache im Sinne dieser Vorschrift unabhängig von der Frage des Vsfalles zu bestimmen können glaubte. Gerade die hier erörterten Beispielsfälle zeigen vielmehr, daß bei allen Vorzügen, die das Ursachenereignis als Anknüpfungspunkt bietet, die Anspruchserhebung durch den geschädigten Dritten für die Haftpflichtv doch noch eine wesentliche Rolle im Rahmen des gedehnten Vsfalles spielt.

[B 29] gg) Schadenkündigung nach § 158 VVG.

Der Ausdruck Vsfall wird in den gesetzlichen Bestimmungen über die Haftpflichtv (§§ 149—158a) nur noch in § 158 gebraucht. Dort ist ein außerordentliches Kündigungsrecht beider Vertragsteile im Schadenfall vorgesehen. Die Beibehaltung des Ausdrucks Vsfall in § 158 erschien dem Gesetzgeber offenbar deshalb als unbedenklich, weil das Kündigungsrecht nach dem Gesetz nur dann entsteht, wenn der Ver die Verpflichtung zur Leistung der Entschädigung an den Dritten anerkannt oder verweigert hat oder wenn es auf Weisung des Vers zum Prozeß über den Haftpflichtanspruch kommt (über die Einzelheiten vgl. Anm. D 14—24). Gemeinsam ist dabei allen Kündigungsalternativen, daß ihnen begriffslogisch eine Anspruchserhebung durch den geschädigten Dritten vorangegangen sein muß. Es erscheint daher als sachgemäß, als Anknüpfungspunkt für den gedehnten Vsfall im Sinne des § 158 die Anspruchserhebung zu wählen (ebenso Ehrenzweig S. 365, 373, Anm. 27).

Möller Grundlagen B 2 S. 12 und S. 23 stellt demgegenüber auch hier auf den Verstoß als maßgeblichen Zeitpunkt im Rahmen des gedehnten Vsfalles ab. Zur Begründung verweist Möller a. a. O. auf die Möglichkeit, daß der Ver sogleich bei einem Verstoß seine Entschädigungspflicht anerkenne. Indes ist zu bedenken, daß die Befreiungsverpflichtung des Vers erst entsteht, jedenfalls aber erst fällig wird, wenn der geschädigte Dritte den Vmer auf Schadenersatz in Anspruch nimmt (vgl. dazu die Ausführungen in Anm. B 28 und B 43). Demgemäß handelte es sich genau genommen um ein Anerkenntnis, das unter einer Bedingung abgegeben wird, daß nämlich in späterer Zukunft eine derartige Anspruchserhebung erfolgen werde.

[B 30] 3. Regelung in §§ 5 Ziff. 1 AHB, 5 Ziff. 1 AHBVerm.

a) Zur Zulässigkeit einer vertraglichen Bestimmung des Begriffs des Vsfalles.

In § 5 Ziff. 1 AHB (ebenso § 7 I Ziff. 1 AKB) ist bestimmt, daß Vsfall im Sinne des Haftpflichtvsvertrages das Schadenereignis sei, das Haftpflichtansprüche gegen den Vmer zur Folge haben könne. Ergänzend heißt es dazu in § 1 Ziff. 1 AHB, daß Vsschutz für den Fall gewährt werde, daß der Vmer wegen eines während der Wirksamkeit der V eingetretenen Ereignisses, das einen Personen- oder einen Sachschaden zur Folge habe, für diese Folgen auf Schadenersatz in Anspruch genommen werde. In § 5 Ziff. 1 AHBVerm ist dagegen festgelegt, daß Vsfall der Verstoß sei, der Haftpflichtansprüche zur Folge haben könnte (ebenso § 5 I AHB VermPrüf und I Ziff. 1 der „Besonderen" Bedingungen für die Haftpflichtv von Architekten und Bauingenieuren — VA 1964 S. 37—38). Damit hat die Vspraxis die sich aus der gesetzlichen Regelung ergebende Unklarheit überwunden und den Begriff des Vsfalles selbst definiert. Eine solche vertragliche Regelung ist zulässig. Insbesondere wird damit nicht etwa gegen zwingende Vorschriften wie die der §§ 6, 38, 39 verstoßen. Es ist zwar richtig, daß diese Vorschriften nicht zum Nachteil des Vmers abgeändert werden dürfen; das ändert aber nichts daran, daß es den Vertragsparteien unbenommen bleibt, den Begriff des Vsfalles festzulegen. Die von Wagner a. a. O. S. 127 (82—86) und Wriede a. a. O. S. 104—105 angedeuteten Bedenken gegen eine derartige vertragliche Regelung sind nicht gerechtfertigt. Nur dann, wenn der Vsfall so definiert werden würde, daß der Sinn einer zwingenden Vorschrift in sein Gegenteil verkehrt oder im Kernbereich angetastet werden würde, ist aus dieser Sicht ein energisches Halt geboten. Den Parteien des Vertrages bleibt es aber unbenommen, zunächst einmal festzulegen, wogegen V genommen werden soll und im Zusammenhang damit auch den Vsfall zu definieren. Das muß um so mehr gelten, als die Ausführungen in Anm. B 10—29 gezeigt haben, daß andernfalls die Rechtsprechung vor sehr großen Schwierigkeiten steht. Dabei sei ungeachtet gelegentlicher kritischer Bemerkungen zur Würdigung der Verdienste des RG festgehalten, daß dessen Konstruktion zwar nicht zu überzeugen vermochte, daß es aber in keinem Falle zu einem Ergebnis gekommen ist, das als unvertretbar erschienen wäre.

Im Schrifttum wird ganz überwiegend davon ausgegangen, daß die Begriffsbestimmungen in §§ 5 Ziff. 1 AHB, 7 I Ziff. 1 AKB und 5 Ziff. 1 AHBVerm rechtswirksam seien (vgl. nur Eichler S. 283—285, Fleischmann-Deiters in Thees-Hagemann Anm. 2b zu § 153, S. 242, Fromm S. 363—364, von Gierke II S. 307—308, Möller in Bruck-Möller Anm. 35 vor §§ 49—80, Oberbach II S. 160—161 [mit der zutreffenden Einschränkung, daß § 5 Ziff. 1 AHB aber nicht die Auslösung der Leistungspflicht des Vers erfasse], Pienitz[3] S. 162—164, Prölss[17] Anm. 2 zu § 153, S. 571, Siebeck a. a. O. S. 93—97, Stiefel-Wussow[7] Anm. 2 zu § 7 AKB, S. 232). Auch die Rechtsprechung geht davon als selbstverständlich aus, ohne das ausdrücklich hervorzuheben. Hier sei zunächst auf die geradezu eine juristische Fundgrube darstellende Entscheidung BGH 27. VI. 1957 BGHZ Bd 25 S. 34—47 verwiesen, in der (abweichend von RG 26. III. 1943 RGZ Bd 171 S. 43—51, dem aber auch keine § 5 Ziff. 1 AHB entsprechende Vorschrift zur Seite stand) der Meinungsstreit zwischen der Verstoß- und der Schadenereignistheorie für die AHB zutreffend anhand der §§ 1 Ziff. 1, 5 Ziff. 1 AHB dahin beantwortet ist, daß nicht maßgeblich sei, ob die Ursache in den Zeitraum der Dauer des materiellen Vsschutzes falle, sondern das Schadenereignis (vgl. dazu vor allem die Ausführungen von Reimer Schmidt VersR 1956 S. 266—269 und die Bemerkungen in Anm. D 3). Das Besondere an dieser Entscheidung ist allerdings nicht, daß sie eine vertragliche Regelung des Begriffs des Vsfalles für möglich hält. Denn eine Abänderung des § 149 ist stets als zulässig angesehen worden und Vorschriften zwingenden Charakters standen nicht zur Beurteilung. Bemerkenswert ist vielmehr vor allem, daß vom BGH 27. VI. 1957 a. a. O. S. 38 ebenso wie von Reimer Schmidt a. a. O. diese Rechtsfrage im Gegensatz zu der Auffassung des RG (vgl. die Nachweise in Anm. B 12) wieder dem Problemkreis des Vsfalles zugerechnet wird. Vgl. in diesem Zusammenhang auch die zur Kfz-Haftpflichtv ergangene BGH-Entscheidung 15. X. 1962 MDR 1963 S. 29—30 = VA 1963 S. 27—28 Nr. 353, wo daraus, daß Vsfall das Schadenereignis und nicht die Ursache ist, der Vsschutz für diejenigen Fahrer verneint wird, die einem Dritten das Steuer überlassen haben. BGH 26. I. 1961 VA 1961 S. 149—150 Nr. 295 = VersR 1961 S. 266 bestätigt die vom BGH 27. VI. 1957 a. a. O. entwickelten Grundsätze, ohne allerdings ausdrücklich zu wiederholen, daß es sich um ein Problem aus dem Bereich des Vsfalles in der Haftpflichtv handle. In diesem Zusammenhang sei auch auf BGH 22. VI. 1967 VA 1967 S. 269—271 Nr. 468 = VersR 1967 S. 769—771 verwiesen, wo vom hier vertretenen Standpunkt aus allerdings nur deklaratorisch die vertragliche Festlegung des Verstoßes als Vsfall in der Architektenhaftpflichtv ohne Bedenken akzeptiert wird. Zur materiellen Dauer des Vsschutzes vgl. im übrigen die Ausführungen in Anm. D 3—6.

Auch zu §§ 38, 39 ist vom BGH das Schadenereignis als von den Vertragspartnern gewählter Anknüpfungspunkt für den Vsfall in der Allgemeinen Haftpflichtv anerkannt (vgl. BGH 24. I. 1963 VA 1963 S. 128 Nr. 367 = VersR 1963 S. 377). Die Entscheidungen schließlich, die im Zusammenhang mit Obliegenheitsverletzungen die Festlegung des Begriffs des Vsfalles als das äußere Schadenereignis (also nicht als die Anspruchserhebung) sanktionieren, sind Legion; so hat sich der BGH mit einer ganzen Reihe von

Fahrerfluchtfällen (vgl. die Nachweise in Anm. F 62) befassen müssen und ist dabei stets davon ausgegangen, daß diese Verletzung der Aufklärungspflicht nach den Grundsätzen zu behandeln sei, die für die nach Eintritt des Vsfalles zu erfüllenden Obliegenheiten gelten (anders noch RG 24. II. 1939 RGZ Bd 160 S. 3—7). Verwiesen sei auch auf BGH 18. I. 1965 BGHZ Bd 43 S. 88—94, wo eine Schadenminderungspflicht des Vmers vor Eintritt des als Schadenereignis definierten Vsfalles abgelehnt worden ist, obwohl die Ursache gesetzt war und der Schadenseintritt unmittelbar bevorstand. Die aufgeführten Beispielsfälle zeigen jedenfalls mit aller Deutlichkeit, daß die Rechtsprechung die vertragliche Festlegung des Begriffs des Vsfalles sanktioniert.

[B 81] b) Konsequenzen.

Für den Bereich der Vermögensschadenhaftpflichtv hat die Bestimmung in § 5 Ziff. 1 AHBVerm nach der hier vertretenen Auffassung ohnedies nur deklaratorische Bedeutung. Es gelten demgemäß im Prinzip alle Ausführungen in Anm. B 22—29. Für die Allgemeine Haftpflichtv und die Kfz-Haftpflichtv ist dagegen bindend festgelegt, daß auf das Schadenereignis abzustellen ist. Überall dort, wo in den Ausführungen in Anm. B 22—29 auf die Ursache abgestellt worden ist, muß dafür für die Allgemeine Haftpflichtv unter der Geltung der AHB der Begriff des Schadenereignisses eingesetzt werden. Das gilt grundsätzlich auch für den Beginn der Schutzwirkung des § 156 I (vgl. dazu Anm. B 91—92), für § 157 (vgl. Anm. B 104) und für § 13. Zu beachten ist aber sowohl für die Allgemeine Haftpflichtv als auch für die Vermögensschadenhaftpflichtv, daß die zentrale Bedeutung der Anspruchserhebung für die Entstehung des Haftpflichtvsanspruchs und seine Fälligkeit und auch für das Kündigungsrecht nach § 158 durch die vertraglichen Regelungen nicht berührt werden (vgl. dazu die Ausführungen am Schluß dieser Anm.).

Die in §§ 5 Ziff. 1 AHB und 5 Ziff. 1 AHBVerm festgelegten Definitionen des Vsfalles strahlen aber auch noch auf die Auslegung anderer Vertragsbestimmungen aus. So sind nach §§ 4 II Ziff. 2 AHB und 4 Ziff. 6 AHBVerm die Ansprüche von Ehegatten vom Vsschutz ausgeschlossen. Es leuchtet ein, daß hier als maßgeblicher Zeitpunkt für diese Ehegatteneigenschaft der der vertraglichen Definition des Vsfalles in den AHB bzw. in den AHBVerm gewählt wird (vgl. dazu Anm. G 239). Das gleiche gilt auch für die in § 4 II Ziff. 2 AHB unter Geschwistern als Anknüpfungspunkt für den Ausschluß des Vsschutzes gewählte häusliche Gemeinschaft. Nur eine solche häusliche Gemeinschaft läßt also den Ausschlußtatbestand eingreifen, die zur Zeit des Eintretens des Schadenereignisses bestand. Ähnliche Probleme können in seltenen Ausnahmefällen im Rahmen des § 4 I Ziff. 6a AHB auftauchen, wenn nämlich der Vmer wegen Beschädigung einer Sache verantwortlich gemacht wird, die zwar zur Zeit des Setzens der Ursache für den Vsfall von ihm gemietet war, nicht mehr aber bei Eintritt des Schadenereignisses.

Bemerkenswert ist schließlich, daß die AHB auch expressis verbis nicht konsequent an dem in § 5 Ziff. 1 AHB gewählten Fixpunkt für die Bestimmung des Vsfalles in der Allgemeinen Haftpflichtv festhalten. So heißt es in § 3 II Ziff. 2 AHB, daß mehrere zeitlich zusammenhängende Schäden aus derselben Ursache als ein Schadenereignis gelten. Hier wird also für die Bemessung der Vssumme mit einer Fiktion gearbeitet und in Wirklichkeit für einen Teilbereich auf die Ursachentheorie zurückgegriffen (vgl. die Ausführungen in Anm. G 43).

Schließlich wird auch das außerordentliche Kündigungsrecht nach § 158 nicht von den vertraglichen Begriffsdefinitionen des Vsfalles berührt. Das ergibt sich daraus, daß die Befugnis zur Kündigung nach dieser Bestimmung begrifflich eine Anspruchserhebung durch den geschädigten Dritten voraussetzt (vgl. dazu die Ausführungen in Anm. B 29).

Ungeachtet der Ausführungen in Anm. B 30, daß die Vertragsparteien den Begriff des Vsfalles durch die Bedingungen in zulässiger Weise festgelegt haben, ist mit der in Anm. B 28 und B 43 zitierten Rechtsprechung des BGH ferner davon auszugehen, daß für die Entstehung und die Fälligkeit des Haftpflichtvsanspruchs und für die sich daran anknüpfenden Probleme weiterhin auf die Anspruchserhebung durch den geschädigten Dritten abzustellen ist. Gegenüber dem Wortlaut der Bedingungen läßt sich eine derartige Entscheidung ohne weiteres aus der Absicht der Bedingungsredaktoren herleiten, diese Fragenkreise unangetastet zu lassen und lediglich die in Literatur und Rechtsprechung umstrittenen Probleme durch Bestimmung des Begriffs des Vsfalles eindeutig zu lösen. Es kommt hinzu, daß für die hier vertretene Auffassung auch der sonstige Wortlaut der Bedingungen spricht, wenn es z. B. in § 1 Ziff. 1 AHB heißt, daß Vsschutz gewährt werde, wenn der Vmer in Anspruch genommen wird. Es ist also festzuhalten, daß trotz der vertraglichen Definition des Vsfalles für die Frage, wann der Vmer den Ver verklagen kann, wann die Verjährungsfrist zu laufen beginnt und wann dem Vmer eine Frist nach § 12 III gesetzt werden kann, die Anspruchserhebung durch den geschädigten Dritten maßgeblich ist (wobei bei der Verjährung beachtet werden muß, daß noch andere Faktoren den Beginn des Fristverlaufs bestimmen können). Für Einzelheiten vgl. im übrigen zu diesen Fragen die Ausführungen in Anm. B 43—46 und in Anm. B 48—50.

IV. Wesen des Anspruchs auf Haftpflichtversicherungsschutz.

Gliederung:

[B 32] Schrifttum.

Vgl. die Nachweise in Anm. B 1 und B 9.

[B 33] 1. Befreiungsanspruch.

§ 149 bestimmt, daß der Ver in der Haftpflichtv dem Vmer die Leistung zu ersetzen hat, die dieser aufgrund seiner Verantwortlichkeit für eine während der Vszeit eintretende Tatsache an einen Dritten zu bewirken hat. Ergänzt wird diese Bestimmung durch § 156 II. Dort heißt es, daß der Ver nach Feststellung der Forderung des Dritten berechtigt und auf Verlangen des Vmers verpflichtet ist, die Zahlung an den Dritten zu bewirken.

Im Schrifttum war lange Zeit umstritten, ob dem Vmer nach den zitierten Gesetzesbestimmungen ein Zahlungs- oder ein Befreiungsanspruch gegen den Ver zustehe (vgl. die eingehenden Schrifttumsnachweise bei Müller-Stüler S. 17—18 und bei Sieg Ausstrahlungen S. 72—74). Als erster hat sich Leibl (Die juristische Natur der Haftpflichtv, Diss. Göttingen, Wien 1898, S. 7, 38—39) für die Konstruktion eines Befreiungsanspruchs ausgesprochen. Dabei konnte er sich naturgemäß noch nicht auf das erst später verabschiedete VVG stützen. Er analysierte aber die Interessenlage, erkannte die Mißlichkeiten, die sich aus einer Zahlung an den Vmer ergeben können und empfahl eine Abfassung der Vsbedingungen im Sinne einer ausdrücklichen Festlegung einer Befreiungsverpflichtung des Vers. Müller-Stüler S. 18 Anm. 73 faßt Leibl demgegenüber als Vertreter der Zahlungsanspruchstheorie auf, weil nämlich Leibl a. a. O. S. 7 die Haftpflichtv als eine Art der V definiert, durch die der Vte für den Fall der rechtlichen Inanspruchnahme seitens eines dritten Geschädigten eine entsprechende Leistung des Assecuradeurs ausbedingt, die ihn entweder liberirt oder entschädigt. Indes liegt es näher, die Ausführungen von Leibl so zu verstehen, daß er eine Zahlungsverpflichtung des Vers nur dann annehmen will, wenn der Vmer den Dritten seinerseits befriedigt hat (vgl. dazu wiederum Leibl a. a. O. S. 39).

Hervorzuheben ist auf jeden Fall der Anteil von Flechtheim an der Entwicklung des Gedankens, daß der Haftpflichtvsanspruch in seiner gesetzlichen Ausprägung auf Befreiung gerichtet sei (vgl. LZ 1908 Sp. 801—821, LZ 1910 Sp. 896—914). Flechtheim ist sicher der erste, der sich anhand der gesetzlichen Bestimmungen für einen Befreiungsanspruch in der Haftpflichtv ausgesprochen hat. Es kann dabei nicht geleugnet werden, daß sich für beide Ansichten bei einer allein auf den Wortlaut der beiden genannten Vorschriften (und des § 156 a. F.) abstellenden Auslegung Argumente finden. Bemerkenswert sind in diesem Zusammenhang insbesondere die differenzierenden Ausführungen von Möller JW 1934 S. 1076—1080, in denen dieser die gesetzlichen Bestimmungen dahin auslegte, daß dem Ver ursprünglich nach dem Gesetz ein Wahlrecht zwischen einem Befreiungs- oder einem Zahlungsanspruch eingeräumt worden sei (nämlich nach § 156 a. F., der inhaltlich — wenn auch nicht wörtlich — mit dem jetzigen § 156 II übereinstimmt), das aber erlösche, sobald der Vmer seinerseits von seinem Gestaltungsrecht Gebrauch mache (ebenso Brunn JRPV 1937 S. 270, Orthal S. 14, Roeder S. 33—37, Senger S. 17, a. M. BGH 30. X. 1954 BGHZ Bd 15 S. 154—161; vgl. aber auch KG 10. XI. 1934 JRPV 1935 S. 143—144). Diese Auffassung ist jedenfalls mit der heutigen Fassung des § 156 I nach der Gesetzesänderung im Jahre 1939 nicht mehr zu vereinbaren (so zutreffend Müller-Stüler S. 19, Schultz S. 71). Zwar wird nach dem Gesetzeswortlaut nur eine relative Unwirksamkeit zum Schutz des geschädigten Dritten herbeigeführt. Vom Standpunkt eines die Gesamtzusammenhänge sorgsam wägenden Betrachters ist aber bei dieser gesetzgeberischen Situation aus der Interessenlage ohne ausdrückliche Vereinbarung eines Abandonrechts ein Recht des Vers auf Befreiung von seiner Verbindlichkeit durch Zahlung an den Vmer zu verneinen (zum Abandonrecht vgl. im übrigen Anm. B 89 und G 6—7). Aus diesem Grunde bedarf es heute keiner Auseinandersetzung im einzelnen mehr darüber, ob und inwieweit diese Konstruktion den Schutzbedürfnissen des Vmers und des Dritten gerecht wurde.

Verfehlt ist es angesichts dieser Wandlung der Gesetzeslage auch, mit Müller-Stüler S. 21—22 anzunehmen, daß entsprechend den Ausgangsüberlegungen von Möller JW

1934 S. 1078 bis zur Ausübung des Gestaltungsrechts durch den Vmer dem Ver immer noch das Recht zustehe, an den Vmer zu zahlen, und zwar unter Begründung eines Auftragsverhältnisses mit der Bestimmung, daß der Betrag zum Ersatz des Haftpflichtschadens verwendet werde. Müller-Stüler S. 21—22 betont dabei selbst, daß der Ver ohne Wirkung gegenüber dem geschädigten Dritten, aber auch ohne Erfüllung der Befreiungsverpflichtung leiste. Gerade der treffende Hinweis darauf aber, daß die Verpflichtung des Vers gegenüber dem Vmer durch eine solche Leistung nicht erfüllt werde, zeigt deutlich die Schwäche dieser Konstruktion. Ohne Einverständnis des Vmers kann der Ver daher ein solches Geschäftsbesorgungsverhältnis nicht begründen.

In dem Streit zwischen der extremen Charakterisierung des Haftpflichtvsanspruchs als eines reinen Zahlungsanspruchs (so z. B. Georgii Haftpflichtv S. 90—94, Kirchberger LZ 1910 Sp. 508—519, w. N. bei Schultz S. 20) und der entgegengesetzten Auffassung, daß es sich um einen reinen Befreiungsanspruch handle, ist vom RG 5. II. 1909 RGZ Bd 70 S. 257—263 wenige Monate nach dem am 1. XI. 1908 veröffentlichten Aufsatz von Flechtheim LZ 1908 Sp. 801—821 und ersichtlich von diesem beeinflußt erstmals die Auffassung vertreten worden, daß es sich um einen reinen Befreiungsanspruch handle. An dieser Meinung hat das RG in ständiger Rechtsprechung festgehalten (RG 2. VII. 1909 RGZ Bd 71 S. 365—366, 28. I. 1913 RGZ Bd 81 S. 250—254, 21. VI. 1918 RGZ Bd 93 S. 211, 14. V. 1929 RGZ Bd 124 S. 238, 7. II. 1936 RGZ Bd 150 S. 228—231, 27. V. 1938 RGZ Bd 158 S. 6—16). Durch diese Rechtsprechung erreichte das RG, daß der geschädigte Dritte geschützt wurde, daß nämlich insbesondere andere Gläubiger des Vmers als der geschädigte Dritte den Vsanspruch nicht wirksam pfänden lassen können (RG 5. II. 1909 a. a. O.; vgl. dazu Anm. B 52—53). Auch wird dadurch eine Abtretung des Haftpflichtvsanspruchs an unbeteiligte Vierte verhindert (vgl. dazu wiederum Anm. B 52—53). RG 27. V. 1938 RGZ Bd 158 S. 6—16 ging sogar so weit, aus dem Wesen des Haftpflichtvsanspruchs als Befreiungsschuld zu schließen, daß auch nach Pfändung und Überweisung durch den geschädigten Dritten vom Ver nicht mit Forderungen gegen den Vmer zu Lasten des Dritten aufgerechnet werden könne. Damit wurden allerdings — für ein nach der Interessenlage im Einzelfall durchaus billigenswertes Ergebnis — die dogmatischen Möglichkeiten des Befreiungsanspruchs in überspitzter Form angewandt und ein nicht zu begründender Gegensatz zum allgemeinen schuldrechtlichen Befreiungsanspruch geschaffen, bei dem eine derartige Aufrechnung des Befreiungsschuldners gegenüber dem Dritten als Rechtsnachfolger des Befreiungsgläubigers zugelassen wird (vgl. dazu nur BGH 22. I. 1954 BGHZ Bd 12 S. 136—145 m. w. N.). Heute hilft hier dem geschädigten Dritten eine aus der sozialen Zweckbindung der Haftpflichtvsforderung zu rechtfertigende analoge Anwendung des § 156 I in Verbindung mit § 35b. Durch § 156 I in der seit 1939 geltenden Fassung wird der Schutz des geschädigten Dritten jetzt überhaupt in einem weitergehenden Maße festgelegt, als das der wirklich im positiven Sinne rechtsschöpferischen Rechtsprechung des RG möglich war (vgl. dazu Anm. B 87—101).

Vom BGH ist — ungeachtet des Schutzes durch § 156 I — in ständiger Rechtsprechung die Auffassung beibehalten worden, daß dem Vmer grundsätzlich nur ein Befreiungsanspruch zustehe (8. X. 1952 BGHZ Bd 7 S. 246—247, 30. X. 1954 BGHZ Bd 15 S. 154—161, 20. II. 1956 NJW 1956 S. 826—828 = VA 1956 S. 88—90 Nr. 137, 13. VII. 1959 VersR 1959 S. 701—703 = VRS Bd 17 S. 241—245, 26. XI. 1959 VA 1960 S. 145—147 Nr. 258 = VersR 1960 S. 73—75, 12. V. 1960 NJW 1960 S. 1346—1348 = VersR 1960 S. 554—555; ebenso ÖOGH 20. II. 1958 VersRdsch 1958 S. 366—367).

Dieser Auffassung ist beizupflichten. Möller Grundlagen B 2 S. 9 bemerkt zutreffend, daß kein Grund dafür bestehe, mit Rücksicht auf die den Dritten schützende Fassung des § 156 I von dem historisch gewachsenen schwächeren Schutzgedanken des Befreiungsanspruchs abzugehen. Zudem wird, worauf Sieg Ausstrahlungen S. 133 zu Recht hinweist, auch der Vmer selbst durch die Annahme eines Befreiungsanspruchs geschützt (RG 5. II. 1909 a. a. O.). Diesen Gedanken hat sich insbesondere BGH 30. X. 1954 a. a. O. und 20. II. 1956 a. a. O. zu eigen gemacht. Dort stellt das Gericht nämlich bei der Erörterung der Verpflichtung des Vers zur Befreiung des Vmers von Haftpflichtschulden besonders stark heraus, daß der Ver dieser Verpflichtung gerade auch in rechtlich schwierig gelagerten Fällen nachkommen müsse. Vom BGH 20. II. 1956 a. a. O., 26. XI. 1959 a. a. O. wurde mit dieser Begründung die Schadenersatzpflicht eines Vers bejaht, der den Vmer von Ansprüchen, die von der sowjetischen Besatzungsmacht im Anschluß an einen Verkehrsunfall erhoben worden waren, nicht befreit hatte; dem Vmer war dann dadurch ein Schaden entstanden, daß der von den Russen beschlagnahmte Wagen nicht wieder freigegeben, sondern zu Gunsten des sowjetischen Staates verwertet worden war.

Es kann heute auch im Schrifttum längst als gesicherte Rechtsüberzeugung angesehen werden, daß dem Vmer in der Haftpflichtv grundsätzlich nur ein Befreiungsanspruch zusteht. Vgl. dazu nur: Bronisch-Cuntz-Sasse-Starke Anm. 7 zu § 149, Eichler S. 271, Fleischmann-Deiters in Thees-Hagemann Anm. 2 zu § 149, S. 228, Fromm S. 247, von Gierke II S. 302, Möller Grundlagen B 2 S. 8—9, Möller ZVersWiss 1963 S. 411—412, Müller-Stüler S. 19—20, Oberbach I S. 163, Prölss[17] Anm. 1 zu § 149, S. 548, Schultz S. 71 (m. w. N. auf S. 17), Sieg Ausstrahlungen S. 72—74, Stiefel-Wussow[7] Anm. 3 zu § 10 AKB, S. 345, Trinkl S. 9—10, Wussow[5] Anm. 5 zu § 6 AHB, S. 259.

Das gilt — unabhängig davon, daß sich diese Rechtsprechung zunächst wesentlich an den Vsbedingungen orientierte — auch dann, wenn diese Bedingungen insoweit keine besonderen Bestimmungen enthalten und alleiniger Maßstab der Gesetzeswortlaut ist. Es handelt sich jetzt um einen haftpflichtvsrechtlichen Grundsatz, der für alle Haftpflichtvsarten zu beachten ist. Demgemäß gilt er auch für die ebenfalls als Haftpflichtv zu qualifizierende KVO-V (vgl. zu dieser rechtlichen Einordnung BGH 7. XII. 1961 VersR 1962 S. 129—130 = LM Nr. 1 zu § 59 m. w. N., 1. II. 1968 NJW 1968 S. 836 = VA 1968 S. 223 Nr. 490). Zu beachten ist aber im Rahmen der KVO-V, daß es dort ein Abtretungsverbot im Sinne der §§ 7 Ziff. 3 AHB, 7 Ziff. 3 AHBVerm nicht gibt und daß der Haftpflichtvmer nach § 38 III KVO sogar zur Abtretung der Vsforderung an den geschädigten Dritten auf dessen Verlangen verpflichtet ist. Nach einer solchen wirksamen Abtretung aber verwandelt sich der Befreiungsanspruch in einen Zahlungsanspruch, soweit die Forderung des geschädigten Dritten begründet ist (vgl. dazu Anm. B 53 und B 60). Soweit sie unbegründet ist, tritt eine solche Umwandlung natürlich nicht ein. Der Ver wehrt hier im Rahmen der Rechtsschutzvariante weiterhin ab. OLG Düsseldorf 9. IV. 1957 VersR 1957 S. 579—580 verkennt diese Zusammenhänge und ist daher trotz der richtigen Ausgangsposition, daß dem Vmer im Haftpflichtvsverhältnis grundsätzlich nur ein Befreiungsanspruch zustehe, unrichtig. Es gibt dem geschädigten Dritten Steine statt Brot, wenn es ihm lediglich eine Feststellungsklage zubilligt (zustimmend aber Prölss[17] Anm. 5 C zu § 156, S. 587 und Bronisch-Cuntz-Sasse-Starke Anm. 9 zu § 149 unter Hinweis auf RG 22. IX. 1933 RGZ Bd 141 S. 414—415, das für den Fall einer Ermächtigung, also keiner Vollrechtsabtretung, ebenso entschieden hat). Im Ergebnis richtig ist dagegen OLG Düsseldorf 18. X. 1960 VersR 1961 S. 114—115, das in einem solchen KVO-Abtretungsfall eine Zahlungsklage zugelassen hat. Bedenken erweckt dagegen auch hier die Begründung, deren Ausgangspunkt, daß in der Haftpflichtv nur dann ein Befreiungsanspruch bestehe, wenn das in den Bedingungen ausdrücklich vereinbart sei, mit Entschiedenheit zu widersprechen ist. Zur Rechtfertigung des Ergebnisses hätte es genügt, wenn auf den allgemeinen Grundsatz der Umwandlung eines Befreiungsanspruchs in einen Zahlungsanspruch in den Fällen verwiesen worden wäre, in denen der Gläubiger derjenigen Schuld, von der Befreiung begehrt werden kann, Rechtsnachfolger des Befreiungsgläubigers wird. Im Ergebnis zutreffend auch BGH 1. XII. 1955 VersR 1956 S. 31, der in einem derartigen KVO-Abtretungsfall ebenfalls — ohne dabei allerdings zu dem hier erörterten Problem ausdrücklich Stellung zu nehmen — einen Zahlungsanspruch zubilligt. Vgl. auch die Ausführungen in Anm. B 42 und B 60.

Als Ergebnis ist also festzuhalten, daß dem Vmer in der Haftpflichtv grundsätzlich anders als in den sonstigen Schadenvsarten kein Zahlungsanspruch, sondern nur ein Befreiungsanspruch zusteht. Den Parteien eines Haftpflichtvsverhältnisses steht es allerdings frei, eine gegenteilige Vereinbarung zu treffen. Soweit eine solche Vereinbarung aber nicht ausdrücklich getroffen worden ist, gelten die eben dargestellten Grundsätze.

[B 34] 2. Besondere Ausgestaltung des Befreiungsanspruchs im Falle des § 156 II VVG.

In Anm. B 33 ist bereits ausgeführt worden, daß die ursprünglich konstruktiv durchaus berechtigte Aufgliederung des Vsanspruchs in der Haftpflichtv durch Möller JW 1934 S. 1076—1080, die dadurch gekennzeichnet war, daß dem Ver ein Wahlrecht zwischen einem Befreiungs- oder einem Zahlungsanspruch eingeräumt worden sei, das aber erlösche, sobald der Vmer seinerseits von seinem Gestaltungsrecht Gebrauch mache, heute angesichts der Schutzvorschriften des § 156 I nicht mehr akzeptiert werden könne. Dem Verlangen des Vmers an den Ver, nach der Feststellung der Entschädigungsforderung des Dritten im Sinne des § 154 I nunmehr an den Dritten zu zahlen, kommt aber auch heute noch eine gewisse Bedeutung zu. Mit diesem Verlangen wandelt sich nämlich der bis dahin gegebene Befreiungsanspruch des Vmers (von begründeten und unbegründeten Ansprüchen; vgl. die Ausführungen in Anm. B 36) in einen Anspruch des Vmers auf Zahlung an den geschädigten Dritten um. RG 28. I. 1913 RGZ Bd 81 S. 25 verstand diesen Anspruch anscheinend noch als reinen Zahlungsanspruch, wenn es bemerkte:

> „Nach § 156 des hier noch nicht zur Anwendung kommenden Gesetzes über den Vsvertrag vom 30. V. 1908 ist der Ver auf Verlangen des Vmers verpflichtet, die Zahlung an den Dritten zu bewirken. Der Vmer kann danach den Befreiungsanspruch durch seine Willenserklärung in einen Zahlungsanspruch umwandeln und demgemäß auf Zahlung an den Dritten klagen."

Indessen ist zu betonen, daß auch dieser Anspruch auf Zahlung an den geschädigten Dritten seinem Wesen nach ein Befreiungsanspruch in besonderer Ausgestaltung ist (so Gerhardt S. 36). Alle nachfolgenden Erörterungen über das Wesen des Befreiungsanspruchs treffen also auch auf diesen auf Zahlung an den geschädigten Dritten konkretisierten Leistungsanspruch zu. Erst wenn der Vmer den geschädigten Dritten selbst befriedigt hat, wandelt sich die auf Befreiung gerichtete Vsforderung in einen echten Zahlungsanspruch um (vgl. dazu auch Anm. B 39—42).

Erhebt der Vmer in der irrigen Annahme, daß die Ansprüche nach §§ 154 I, 156 II bereits festgestellt seien, Klage auf Zahlung an einen geschädigten Dritten, so ist dieser Anspruch unbegründet, nicht etwa die Klage insoweit als unzulässig abzuweisen (BGH 22. III. 1965 VersR 1965 S. 453). Das gilt auch dann, wenn der Kläger außer dem Zahlungsantrag einen Antrag auf Feststellung der Deckungspflicht des Vers stellt (BGH 22. III. 1965 a. a. O.). In solchen Fällen wird es im übrigen regelmäßig Aufgabe des Gerichts sein zu klären, ob das Zahlungsbegehren nicht als Hilfsantrag gemeint ist. Zur Fassung des Klagantrages vgl. auch Anm. B 46.

[B 35] 3. Rechtsschutzanspruch.

§ 149 gibt nur einen Ausschnitt aus den Verpflichtungen des Vers wieder, nämlich den Anspruch des Vmers auf Befreiung von den begründeten Haftpflichtansprüchen des Dritten. Daneben steht die Verpflichtung des Vers, unbegründete Ansprüche des Dritten gegen den Vmer abzuwehren. Diese Verpflichtung findet im Gesetz nur unvollkommenen Ausdruck. Zwar wird in § 150 I bestimmt, daß der Ver verpflichtet ist, die gerichtlichen und außergerichtlichen Kosten zu übernehmen, die durch die Verteidigung des Vmers gegen einen unbegründeten oder begründeten Anspruch des Dritten entstehen. Damit ist aber nur etwas über die Bezahlung der Kosten gesagt und nichts darüber, daß der Ver nach dem Bedingungsrecht unbegründete Ansprüche abzuwehren hat.

Das ältere Schrifttum hat — ausgehend vom unvollkommenen Wortlaut des Gesetzes — diese Rechtsschutzfunktion nur als untergeordnete Nebenleistung, nämlich als Betätigung der allgemeinen Rettungspflicht angesehen (so u. a. Bauerreiß VersArch 1934 S. 83, Ehrenberg ZVersWiss 1923 S. 262, Freytag WuRdVers 1917 S. 98—99, Gerhard-Hagen S. 294, Hagen I S. 294, Hennig, Die Rettungspflicht des Vmers, Leipziger Diss., Dresden 1936, S. 61, Klingenberg S. 43, Senger S. 28; aber auch noch Ehrenzweig S. 360). Bruck 7. Aufl. Anm. 2 zu § 150 modifizierte diese Auffassung dahin, daß zwar die Anspruchsabwehr eine Betätigung der Rettungspflicht darstelle und daß auch die

Kosten der Abwehr Rettungskosten seien, daß aber ausnahmsweise die Verpflichtung zur Tragung dieser Rettungskosten auch Inhalt der vertraglich übernommenen Gefahrtragung sei. Eine andere Abwandlung dieser älteren Lehre wurde ursprünglich von Prölss WuRdVers 1937 Heft 2 S. 41—43 vorgenommen, der nämlich der Abwehrverpflichtung dann den Charakter einer echten Hauptleistung des Vers zubilligte, wenn sich der Anspruch des Dritten als gänzlich unbegründet erweise. Nach heute h. A. stellen dagegen die Abwehr der gegnerischen Ansprüche, die damit verbundene Arbeitsleistung und die daraus entstehenden Kosten aller Art, kurz zusammengefaßt unter dem Oberbegriff Rechtsschutzfunktion der Haftpflichtv, ebenso wie die Befreiung von begründeten Ansprüchen eine Hauptleistung des Vers dar (vgl. dazu — außer den Nachweisen in Anm. B 36 — vor allem RG 7. II. 1936 RGZ Bd 150 S. 229, BGH 20. II. 1956 NJW 1956 S. 827 = VA 1956 S. 89 Nr. 137, 13. VII. 1959 VersR 1959 S. 701—702 = VRS Bd 17 S. 241—242, Beisler VersArch 1957 S. 279—300, Eichler S. 273—274, von Gierke II S. 302, Gottschalk VersArch 1936 S. 28—30, Möller Grundlagen B 2 S. 6, Müller-Stüler S. 12—15, Oberbach I S. 177, Sieg Ausstrahlungen S. 131—137, Stiefel-Wussow[7] Anm. 6 zu § 10 AKB, S. 349, Wussow[5] Anm. 9 zu § 3 AHB, S. 263—264, w. N. bei Beisler VersArch 1957 S. 265 Anm. 22).

In den Bedingungen kommt die Bedeutung dieser Abwehrverpflichtung des Vers recht deutlich zum Ausdruck. So heißt es in § 3 II Ziff. 1 Abs. 1 AHB u. a., daß die Leistungspflicht des Vers auch die Abwehr unberechtigter Ansprüche umfasse. Ähnlich bestimmt § 10 Ziff. 1 AKB, daß die V sich auf die Befriedigung begründeter und die Abwehr unbegründeter Schadenersatzansprüche erstrecke; ebenso § 3 II Ziff. 1 AHBVerm. Heute erscheint die Verpflichtung des Vers, im Rahmen einer Haftpflichtv unbegründete Ansprüche abzuwehren, bereits als derart selbstverständlich, daß sie als Wesensmerkmal des traditionellen Haftpflichtvsschutzes anzusehen ist, so daß immer dann, wenn nicht ausdrücklich etwas anderes vereinbart ist, den Haftpflichtver auch eine Verpflichtung zum Rechtsschutz im erweiterten Sinne trifft, also zur aktiven Tätigkeit bei der Abwehr von unbegründeten Ansprüchen. Diese Erkenntnis wird dann bedeutsam, wenn ausnahmsweise ein Haftpflichtvsvertrag ohne Bezugnahme auf die AHB oder ähnliche Standardbedingungen abgeschlossen wird. Für die Frage, welche Leistungen der Ver im Rahmen seiner Abwehrverpflichtung im einzelnen erbringen muß, vgl. die Ausführungen in Anm. G 5 und vor allem BGH 20. II. 1956 NJW 1956 S. 826—828 = VA 1956 S. 88—90 Nr. 137, 13. VII. 1959 VersR 1959 S. 701—703 = VRS Bd 17 S. 241—245.

[B 36] 4. Zusammenfassung des Befreiungs- und des Rechtsschutzanspruchs zum einheitlichen Versicherungsschutzanspruch.

Die Frage, in welchem Verhältnis die Befreiungskomponente der Haftpflichtv zur Rechtsschutzfunktion dieser V steht, ist in der Rechtsprechung namentlich für die Fälligkeit und die Verjährung des Haftpflichtvsanspruchs von Bedeutung gewesen. Das RG hat in diesem Zusammenhang in ständiger Rechtsprechung die Auffassung vertreten, daß aus dem Nebeneinander von Befreiungs- und Rechtsschutzverpflichtung nicht auf zwei selbständige Ansprüche des Vmers geschlossen werden dürfe, daß es sich vielmehr um einen einheitlichen Vsschutzanspruch handle (RG 25. II. 1913 VA 1913 Anh. S. 81—83 Nr. 749, 31. I. 1936 RGZ Bd 150 S. 183—184, 7. II. 1936 RGZ Bd 150 S. 227—231, 29. IX. 1936 JW 1936 S. 2531 = VA 1936 S. 230 Nr. 2908, 19. I. 1937 VA 1937 S. 147 Nr. 2967 = ÖffrV 1937 S. 133). Vom BGH ist diese Rechtsprechung mit der von Sieg Ausstrahlungen S. 131—134 übernommenen sprachlichen Variante beibehalten worden, daß es sich bei allen Leistungen des Haftpflichtvers um Ausstrahlungen ein und desselben einheitlichen Vsanspruchs handle (BGH 20. II. 1956 NJW 1956 S. 827 = VA 1956 S. 89 Nr. 137, 13. VII. 1959 VersR 1959 S. 702 = VRS Bd 17 S. 243—244, 26. XI. 1959 VersR 1960 S. 74, 12. V. 1960 NJW 1960 S. 1346—1348 = VersR 1960 S. 554—555, 5. X. 1961 NJW 1961 S. 2304—2305 = VA 1962 S. 93—94 Nr. 319, 20. I. 1966 VersR 1966 S. 229—230). Diese Auffassung kann auch als die heute im Schrifttum herrschende bezeichnet werden; vgl. dazu: Beisler VersArch 1957 S. 292—294, Bronisch-Cuntz-Sasse-Starke Anm. 7 zu § 149, Fleischmann-Deiters in Thees-

Hagemann Anm. 2 zu § 149, S. 228, von Gierke II S. 301—302, Gottschalk VersArch 1936/1937 S. 28—30, Hagemann HansRGZ 1934 A Sp. 433—436, Oberbach I S. 162, Orthal S. 6, Prölss[17] Anm. 1 zu § 149, S. 548, Scheunert JRPV 1938 S. 260, Schirmer Vertretungsmacht S. 1, Schneider LZ 1912 Sp. 27—29, Schünemann HansRZ 1923 Sp. 638, Sieg Ausstrahlungen S. 131—137, Stiefel-Wussow[7] Anm. 6 zu § 10 AKB, S. 349, Wullkopf VersR 1956 S. 205, Wussow[5] Anm. 9 zu § 3 AHB, S. 264; für die ältere Gegenmeinung vgl. Ehrenzweig S. 363 und die Nachweise in Anm. B 35, ferner bei Beisler VersArch 1957 S. 263—266.

Eine klare Darstellung des Ineinandergreifens der beiden Erscheinungsformen des Haftpflichtvsschutzes hat Beisler VersArch 1957 S. 292—300 gegeben. Er führt dort im Anschluß an die die begrifflichen Grundlagen klärenden Untersuchungen von Möller (ZVersWiss 1934 S. 18—43, Summen- und Einzelschaden, Hamburg 1937) sinngemäß auf S. 292 folgendes aus: Der Ver schulde nicht entweder die Befreiung von einer Schuld oder die Befreiung von einer Verlustmöglichkeit, sondern er habe schlechthin die Befreiung von Folgen der Erhebung eines Haftpflichtanspruchs zu bewirken. Diese bestünden stets in dem Erwachsen von materiellen Passiven bestimmter Art. Welche der beiden möglichen Passivenarten im Einzelfall vorliege, sei zunächst unerheblich. Ohne daß es zugleich der Erkenntnis bedürfe, ob der erhobene Anspruch begründet oder unbegründet sei, richte sich der gesamte Vsanspruch auf das durch die Inanspruchnahme entstandene Passivum, seine Beseitigung zu erzielen, sei Inhalt des Vsanspruchs.

Der einheitliche Vsanspruch richtet sich danach auf die Befreiung von begründeten und unbegründeten Schadenersatzansprüchen, unabhängig davon, ob diese Passiven richtig oder unrichtig eingeordnet sind oder infolge fehlerhafter Sachbehandlung ihren Rechtscharakter später (im Sinne der Durchsetzbarkeit) noch wandeln, nämlich z. B. aus unbegründeten Ansprüchen zu begründeten werden.

Gegen diese Auffassung hat sich Müller-Stüler S. 15—17 gewandt. Ausgehend von seiner bereits in Anm. B 7 widerlegten These zum Schadensbegriff in der Haftpflichtv, daß bis zur Feststellung des Schadenersatzanspruchs des geschädigten Dritten im Sinne des § 154 I seine sämtlichen Haftpflichtansprüche als unbegründete anzusehen seien (Müller-Stüler S. 9) nimmt er zwei selbständige Ansprüche des Vmers mit möglicherweise getrennten rechtlichen Schicksalen an. Gleichzeitig weist er entsprechend seiner Grundkonzeption der Befreiung des Vmers von unbegründeten Ansprüchen nur eine untergeordnete Bedeutung zu. An der h. A. ist jedoch festzuhalten. Sie allein wird dem Wesen des Haftpflichtvsschutzes gerecht. Insbesondere ist die von Müller-Stüler a. a. O. vorgenommene Unterteilung zwischen begründeten und unbegründeten Ansprüchen nach der sozialen Zielsetzung der Haftpflichtv unbefriedigend und auch mit der Lebenswirklichkeit nicht in Einklang zu bringen. Daß dem Ver im Prinzip das Recht zusteht, darüber zu entscheiden, ob er die erhobenen Ansprüche befriedigen oder abwehren will (vgl. dazu Anm. B 37—38), ändert an dem Rechtscharakter dieser Haftpflichtansprüche nichts.

[B 37] 5. Ausmaß und Grenzen des Bestimmungsrechts des Versicherers.

a) Ermessensspielraum.

Im Rahmen des einheitlichen Vsschutzanspruchs auf Befreiung von begründeten und unbegründeten Ansprüchen des geschädigten Dritten hat der Ver grundsätzlich das Recht zu bestimmen, ob er den Anspruch des geschädigten Dritten befriedigen oder abwehren will; welchen von diesen beiden möglichen Wegen der Erfüllung des Haftpflichtvsanspruchs der Ver wählt, ist in sein Ermessen gestellt (RG 5. II. 1909 RGZ Bd 70 S. 261, BGH 20. II. 1956 NJW 1956 S. 827 = VA 1956 S. 89 Nr. 137, 13. VII. 1959 VersR 1959 S. 701—702 = VRS Bd 17 S. 241—242, 26. XI. 1959 VA 1960 S. 147 Nr. 258 = VersR 1960 S. 74; Hagemann HansRGZ 1934 A Sp. 431, Hagen ZVersWiss 1910 S. 464, Oberbach I S. 176, Prölss[17] Anm. 2 zu § 3 AHB, S. 663, Wussow[5] Anm. 8 zu § 3 AHB, S. 262, Stiefel-Wussow[7] Anm. 4, 5 zu § 10 AKB, S. 345—347).

Der Ver darf diese Bestimmungsbefugnis jedoch nicht rechtsmißbräuchlich ausüben. Ein solcher Rechtsmißbrauch liegt z. B. vor, wenn der Ver sich zu der Erklärung gegenüber dem Vmer hinreißen läßt, daß er zwar auch der Meinung sei, daß der geltend gemachte Anspruch im vollen Umfang begründet sei, daß er aber die Abwehrfunktion gewählt habe, um den vermögenslosen Dritten durch langwieriges Prozessieren zu einem Nachgeben bei begründeten Forderungen zu zwingen. Zu beachten ist in diesem Zusammenhang, daß § 154 II dem Vmer unabdingbar die Befriedigung des geschädigten Dritten dann gestattet, wenn die Verweigerung der Befriedigung (oder auch der Anerkennung) eine offenbare Unbilligkeit darstellt. Zu dem Schuldkorrektiv nach § 6 III tritt also bei Verletzung des Anerkenntnis- und Befriedigungsverbots noch die besondere Schutzvorschrift des § 154 II. Vgl. dazu im einzelnen die Ausführungen in Anm. F 102—110. Wenn auch der Vmer grundsätzlich nicht seine eigene Auffassung an die Stelle des vom Ver ausgeübten Ermessens setzen darf, so ist doch seine Position in denjenigen Fällen, in denen die Forderung des geschädigten Dritten offensichtlich begründet ist, sehr stark, da bei grobfahrlässiger Obliegenheitsverletzung ein Rechtsnachteil für den Vmer nur dann eintritt, wenn sich durch den Verstoß, hier also durch die Befriedigung der Forderung des geschädigten Dritten, die Leistung des Vers erhöht hat (vgl. dazu Anm. F 109). Es kommt hinzu, daß ein Irrtum über die Anwendbarkeit des § 154 II grundsätzlich stets den Vorsatz im Sinne des § 6 III ausschließt (vgl. dazu wiederum Anm. F 109—110).

[B 38] b) Grenzen des Bestimmungsrechts.

Der Ermessensspielraum des Vers endet spätestens in dem nach § 154 I maßgeblichen Zeitpunkt der endgültigen Feststellung der Haftpflichtschuld. Jetzt kann der Ver nur noch durch eine Befriedigung des geschädigten Dritten seinen Vertragspflichten ordnungsgemäß nachkommen. Er muß dabei allerdings seine (sich in verklausulierter Form aus § 156 II ergebende) vertragliche Nebenpflicht beachten, vor einer solchen Befriedigung des geschädigten Dritten den Vmer zu benachrichtigen (vgl. dazu Anm. G 279—280).

Darüber hinaus endet aber auch schon vor einer endgültigen Feststellung der Haftpflichtforderung das Wahlrecht des Vers, wenn ihm aus tatsächlichen oder rechtlichen Gründen eine wirksame Abwehr des Zugriffs des geschädigten Dritten in das Vermögen des Vmers nicht mehr möglich ist, wenn er ihn vor dem Anspruch des Dritten nicht mehr schützen kann (RG 5. II. 1909 RGZ Bd 70 S. 261, BGH 20. II. 1956 NJW 1956 S. 827 = VA 1956 S. 89 Nr. 137, 13. VII. 1959 VersR 1959 S. 701—702 = VRS Bd 17 S. 241—242, 26. XI. 1959 VA 1960 S. 147 Nr. 258 = VersR 1960 S. 74.) Ein gutes Beispiel für derartige atypische Fälle bildet die Zugriffsmöglichkeit des geschädigten Dritten aus einem nur vorläufig vollstreckbaren Urteil, wenn dem Vmer (genauer: dem Ver für ihn) die Abwendung der Zwangsvollstreckung durch Sicherheitsleistung aus prozessualen Gründen nicht möglich ist. Hier klafft im Gesetz zwischen § 154 I und § 150 III eine Lücke zum Nachteil des Vmers. Nach dem traditionell durch das Bedingungsrecht gebotenen einheitlichen Haftpflichtvsschutz muß der Ver in solchen Fällen den Anspruch des geschädigten Dritten erfüllen, obwohl die Haftpflichtforderung im Sinne des § 154 I noch nicht festgestellt ist (ebenso Oberbach I S. 174, Sieg Ausstrahlungen S. 203—204, Stiefel-Wussow[7] Anm. 22 zu § 10 AKB, S. 374; sinngemäß auch Wussow[5] Anm. 14 zu § 3 AHB, S. 269). Diese Erweiterung des Pflichtenkreises des Vers ergibt sich in Abänderung von § 154 I mit aller Deutlichkeit aus der vom Ver in §§ 3 II Ziff. 1 AHB, 3 II Ziff. 1 AHBVerm übernommenen einheitlichen Doppelverpflichtung.

Scheitert aus der Eigenart des Prozeßrechts oder aus sonstigen Gründen tatsächlicher oder rechtlicher Art der Abwehrversuch des Vers, so muß er in logischer Konsequenz des von ihm sinnvollerweise gedanklich lückenlos versprochenen Vsschutzes den geltend gemachten Anspruch des Dritten unabhängig davon, ob dieser im Sinne einer höheren Gerechtigkeit begründet ist oder nicht, erfüllen. Daß es dem Ver natürlich freisteht, trotz einer derartigen erzwungenen Erfüllung im Prozeßwege mit dem Ziel, das Gezahlte vom Dritten wiederzuerlangen, fortzuschreiten, bedarf keiner besonderen Begründung.

Als Grundsatz ist aber festzuhalten, daß dem Ver in denjenigen Fällen, in denen er den konkreten Zugriff des geschädigten Dritten auf das Aktivvermögen des Vmers nicht abwehren kann, im Rahmen des einheitlichen Vsanspruchs nur die Befriedigungsvariante wählen darf. Das gilt aber auch dann, wenn der Vmer über kein Aktivvermögen verfügt. Denn auch diesen Vmer hat der Ver zu schützen versprochen. Ein Ver, der nicht nach diesen Grundsätzen handelt, macht sich schadenersatzpflichtig und zwar zunächst nach Verzugsgrundsätzen, in extremen Fällen, nämlich bei Verwertung eines Vermögensteils des Vmers durch den Dritten aber auch nach § 286 BGB wegen zu vertretender Unmöglichkeit (so BGH 13. VII. 1959 a. a. O.; vgl. dazu auch die Ausführungen in Anm. B 40). Abschließend seien die besonders klaren Ausführungen des BGH 20. II. 1956 a. a. O. zitiert, in denen sich das Gericht zu Recht auf den Standpunkt stellt, daß gerade in denjenigen Fällen, in denen die Abwehr schwierig sei, die Rechtsschutzverpflichtung für den Vmer von besonderem Wert und ein voller Einsatz des Vers zu erwarten sei, insbesondere aber auch die Übernahme der Folgen einer mißlungenen oder gar nicht erst versuchten Abwehr. Wörtlich führt der BGH a. a. O. u. a. folgendes aus:

> „Wie der Ver zur Erfüllung seiner Vertragspflicht die Ersatzansprüche des Dritten von dem Vmer abwenden will, steht in seinem Ermessen. Er kann sie sofort anerkennen und befriedigen, er kann zuerst weitere Ermittlungen anstellen, mit dem Dritten verhandeln oder es schließlich auf einen Rechtsstreit ankommen lassen. Entschließt er sich aber dazu, die Ansprüche ganz oder teilweise zu bestreiten, so hat er alles zu tun, was zu ihrer Abwehr notwendig ist. Er allein trägt auch die mit der Prüfung und Abwehr der Ansprüche verbundene Arbeitslast und kann sie nicht auf den Vmer abwälzen . . . . .
>
> Die so umrissene Aufgabe, den Vmer von Haftpflichtansprüchen freizuhalten, ist nicht nur eine untergeordnete Nebenpflicht des Vers, sondern vielmehr ebenso wie die Befriedigung begründeter Ansprüche ein wichtiger und vollwertiger Bestandteil des dem Vmer zustehenden Vsschutzes . . . . .
>
> Der Ver trägt die volle Verantwortung für seine Maßnahmen und die Gefahr, daß sie keinen Erfolg haben. Gelingt es ihm nicht, die Ansprüche des Verletzten abzuwehren, so muß er sie notfalls sogar dann erfüllen, wenn er sie für offenbar unbegründet hält, sofern er anders seiner Pflicht, den Vmer von diesen Ansprüchen freizuhalten, nicht genügen kann."

Vgl. ergänzend Anm. G 5 und G 278—280.

[B 39] 6. Umwandlung des Befreiungsanspruchs in einen Zahlungsanspruch.

a) Befriedigung des geschädigten Dritten durch Erfüllungshandlungen des Versicherungsnehmers.

Befriedigt der Vmer den geschädigten Dritten, so verwandelt sich der bis dahin bestehende Befreiungsanspruch des Vmers in einen Zahlungsanspruch (RG 5. II. 1909 RGZ Bd 70 S. 259, BGH 30. X. 1954 BGHZ Bd 15 S. 158, 1. II. 1968 NJW 1968 S. 836 = VersR 1968 S. 289, Flechtheim LZ 1908 Sp. 807, Schmidtmüller LZ 1913 Sp. 931, Ehrenzweig S. 355). Das kommt im Gesetz mit den Worten zum Ausdruck, daß der Ver binnen zwei Wochen nach der Befriedigung des geschädigten Dritten durch den Vmer die Entschädigung zu leisten habe, § 154 I. Gemeint ist damit eine Zahlung an den Vmer, da dieser ja aus seinem Vermögen den geschädigten Dritten befriedigt hat. Zur Klarstellung sei bemerkt, daß das Gesetz mit der Zahlung durch den Vmer an einen Ausnahmefall anknüpft; in aller Regel wird es der Ver sein, der den geschädigten Dritten nach der Feststellung der gegnerischen Haftpflichtforderung durch Zahlung befriedigt. Zu beachten ist aber, daß der Vmer nach der Feststellung der gegnerischen Forderung durch den Ver oder durch ein rechtskräftiges Urteil nicht nur das Anerkenntnis- und Befriedigungsverbot nicht mehr verletzen kann, da dessen Zweck mit der Feststellung erfüllt ist (vgl. dazu OLG Hamm 15. III. 1937 VA 1937 S. 193—195 Nr. 3000 = HansRGZ A Sp. 457—460; beachte dazu auch Anm. F 91), sondern daß es darüber hinaus sein gutes Recht ist, den geschädigten Dritten nunmehr zu befriedigen. Zur Sicherung dieses Rechts sieht das Gesetz (in versteckter Form) eine Benachrichtigungspflicht des Vers über eine bevorstehende Zahlung vor; verletzt der Ver diese ergänzende Nebenpflicht aus dem Vsvertrage, so macht er sich schadenersatzpflichtig (vgl. dazu Anm. G 279—280).

Eine Befriedigung des geschädigten Dritten durch den Vmer führt auch dann zur Umwandlung des Befreiungsanspruchs in einen Zahlungsanspruch, wenn der Ver an der Feststellung der Haftpflichtforderung nicht mitgewirkt hat. Da das Vermögen des Vmers nach der Befriedigung des geschädigten Dritten nicht mehr mit dessen Ansprüchen belastet ist, ist die Annahme, daß der Befreiungsanspruch dennoch fortbestehe, begrifflich ausgeschlossen. Dem Ver ist damit die ursprünglich geschuldete Leistung, die Befreiung von begründeten und unbegründeten Ansprüchen, nicht mehr möglich. Indes bedeutet das nicht, daß jetzt die Vorschriften über die „Unmöglichkeit" im Sinne der §§ 280, 323—325 BGB Anwendung finden. Vielmehr verwandelt sich auch hier der Befreiungsanspruch in einen Zahlungsanspruch. Das Gesetz entscheidet sich sehr deutlich für diese Konstruktion. Das ergibt sich daraus, daß es in § 154 I die Befriedigung des geschädigten Dritten durch den Vmer als selbständige Alternative neben die Feststellung des Anspruchs des Dritten durch rechtskräftiges Urteil, Anerkenntnis oder Vergleich stellt. Unerheblich ist dabei, ob der Vmer die Schuld des Dritten durch Zahlung, Aufrechnung oder ein sonstiges Erfüllungssurrogat tilgt. Auch hier verwandelt sich der Befreiungsanspruch in einen Zahlungsanspruch. Eine andere Frage ist es, ob und inwieweit der Ver aus einer vertragswidrigen Befriedigung des geschädigten Dritten ein Leistungsverweigerungsrecht herleiten kann. Das entscheidet sich nach den vertraglichen Bestimmungen über das Anerkenntnis- und Befriedigungsverbot (vgl. dazu Anm. F 90—110). Über die Bedeutung des Trennungsprinzips in diesen Fällen vgl. Anm. B 64 und B 66. Keine echte Umwandlung des Befreiungsanspruchs in einen Zahlungsanspruch stellt es in diesem Sinne dar, daß der Befreiungsanspruch im Konkurs des Vers als geschätzter Zahlungsanspruch vom Vmer (auch ohne vorangegangene Befriedigung des Dritten) angemeldet werden kann; vgl. Anm. B 111.

[B 40] b) Anderweitige Befriedigung des geschädigten Dritten aus dem Vermögen des Versicherungsnehmers.

Eine Befriedigung des geschädigten Dritten aus dem Vermögen des Vmers kann auch gegen dessen Willen erfolgen. Es kann der geschädigte Dritte z. B. mit seinem Haftpflichtanspruch gegen einen Anspruch des Vmers aufrechnen. Eine entsprechende Anwendung des § 154 I (erste Alternative: „Befriedigung des geschädigten Dritten durch den Vmer") ist hier am Platze, wenn die gegnerische Haftpflichtforderung bereits im Sinne des § 154 I festgestellt war. Auch insoweit erfolgt also eine Umwandlung des Befreiungsanspruchs in einen Zahlungsanspruch.

War dagegen eine solche Feststellung noch nicht getroffen, so schuldet der Ver weiterhin die Befreiung des Vmers von den Ansprüchen des geschädigten Dritten. Dabei kommt es nicht darauf an, ob der Haftpflichtanspruch im Sinne einer höheren Gerechtigkeit tatsächlich berechtigt ist oder nicht. Maßgebend ist vielmehr auch hier grundsätzlich das dem Ver zustehende Beurteilungsermessen (vgl. dazu Anm. B 37—38). Demgemäß darf der Ver hier durchaus den Standpunkt vertreten, daß eine prozessuale Klärung erforderlich sei, da mit einer nach seiner Auffassung nicht bestehenden Haftpflichtforderung nicht wirksam gegen einen bestehenden Anspruch des Vmers habe aufgerechnet werden können, so daß der Haftpflichtvsanspruch nach wie vor darauf gerichtet sei, daß der Vmer von den unbegründeten Haftpflichtvsansprüchen befreit werde. Der Ver ist hier aber zu besonderer Aktivität verpflichtet. Die gegebene Art der Befreiung des Vmers von diesen unbegründeten Ansprüchen ist dann die, daß der Ver auf sein Kostenrisiko im Namen des Vmers dessen Forderung klageweise gegen den geschädigten Dritten geltend macht. In diesem Haftpflichtprozeß mit vertauschten Rollen wird dann die Frage geklärt, ob und in welchem Umfang der Anspruch des geschädigten Dritten begründet ist oder nicht (vgl. dazu die Ausführungen in Anm. G 5). Wird dann die Klage des Vmers abgewiesen, weil die zur Aufrechnung gestellte Forderung doch begründet war, so muß der Ver dem Vmer den Betrag der durch die Aufrechnung erloschenen Forderung erstatten (und die Prozeßkosten tragen). Hier findet erst im Augenblick der rechtskräftigen Entscheidung eine Umwandlung des Befreiungsanspruchs in einen Zahlungsanspruch statt. — Einen dem Vmer darüber hinaus entstandenen Schaden brauch der Ver nach Verzugsgrundsätzen nur zu ersetzen, wenn ihn ein Verschulden trifft. —

Es findet aber nicht in jedem Falle eine Umwandlung des Befreiungsanspruchs in einen Zahlungsanspruch statt, wenn sich der geschädigte Dritte aus dem Vermögen des Vmers befriedigt. Denkbar ist vielmehr auch, daß eine vom Ver zu vertretende Unmöglichkeit vorliegt. BGH 13. VII. 1959 VersR 1959 S. 701—703 = VRS Bd 17 S. 241—245 billigt dem Vmer einen Schadenersatzanspruch nach § 280 I BGB in einem besonders gelagerten Falle zu. Es handelte sich um die Sicherstellung eines Fahrzeugs des Vmers, die im Anschluß an einen schweren Unfall im Jahre 1952 durch die sowjetische Militärmission erfogte. Da die für das beschädigte sowjetische Eigentum erhobenen Ansprüche nicht befriedigt wurden, veräußerten die Sowjets das Fahrzeug des Vmers an unbekannte Dritte und befriedigten sich aus dem Erlös. Vom BGH 13. VII. 1959 a. a. O. ist dazu u. a. folgendes ausgeführt worden:

> „Der Verzug der Beklagten (Ver) endete aber, als Anfang 1954 der Lastzug infolge seiner Verwertung durch die sowjetische Militärbehörde endgültig verlorenging; denn dieser Umstand bewirkte, daß die von der Beklagten geschuldete Freistellung des Klägers von den Haftpflichtansprüchen und damit auch die Auslösung des Lastzugs unmöglich wurde, nachdem sich die sowjetische Militärbehörde durch seine Verwertung wegen ihrer Haftpflichtansprüche selbst befriedigt hatte ..... Da die Unmöglichkeit infolge der dargelegten, von der Beklagten zu vertretenden Umstände eintrat, erwuchs dem Kl. damit gegen die Bekl. nach § 280 BGB ein neuer Schadenersatzanspruch wegen Nichterfüllung, nämlich ein Anspruch auf Ersatz der Schäden, die ihm dadurch entstanden, daß er infolge der Nichterfüllung seinen Lastzug nunmehr endgültig verlor. Dieser Schadenersatzanspruch, der die Bekl. nach § 249 BGB verpflichtet, den Kl. so zu stellen, wie wenn sie am 1. IV. 1954 ihre Verpflichtung zur Gewährung des Vsschutzes erfüllt hätte, geht nicht nur auf Ersatz des Wertes des Lastzugs, sondern umfaßt auch den Schaden, der dem Kl. durch die weitere zeitweilige Entbehrung der Nutzungen des Lastzuges entstand.“

Hj. Wussow VersR 1959 S. 976—977 kritisiert diese Auffassung des BGH. Er führt aus, daß immer dann, wenn eine Befreiung des Vmers von den Ansprüchen des Dritten nicht mehr möglich sei, an die Stelle des Befreiungsanspruchs ein Zahlungsanspruch des Vmers trete. Er kommt damit zu dem Ergebnis, daß die Erfüllung des Vsanspruchs überhaupt nicht unmöglich werden könne, weil eine Unmöglichkeit der Erfüllung eines Geldanspruchs rechtlich nicht denkbar sei (§ 279 BGB). Ähnliche Gedankengänge finden sich für alle Befreiungsansprüche bei Gerhardt (Der Befreiungsanspruch — zugleich ein Beitrag zum arbeitsrechtlichen Freistellungsanspruch, Göttingen 1966, S. 34—35) und für den Befreiungsanspruch im Rahmen der Geschäftsführung bei von Tuhr (Actio de in rem verso, Freiburg i. B. und Leipzig 1895, S. 90). Indes können diese Überlegungen nur den Regelfall betreffen. Überdies müssen die vsrechtlichen Besonderheiten des Befreiungsanspruchs in der Haftpflichtv beachtet werden. Ausgangspunkt der Überlegung ist dabei zunächst, daß § 154 I das Entstehen eines Zahlungsanspruchs primär nur in den Fällen vorsieht, in denen der Vmer den geschädigten Dritten selbst befriedigt. Die genannte Vorschrift knüpft also an ein Leistungsverhalten des Vmers für die Umwandlung des Befreiungsanspruchs an. Für die Fälle der Aufrechnung durch den geschädigten Dritten darf mit den dargestellten Einschränkungen eine analoge Anwendung des § 154 I (1. Alternative) befürwortet werden. In den Fällen aber, in denen die Befreiungsverpflichtung des Vers greifbaren körperlichen Ausdruck dadurch findet, daß der geschädigte Dritte zu Recht oder zu Unrecht eine Sache des Vmers zurückbehält und sich aus dieser zu befriedigen droht, ist eine gesteigerte Aktivität des Vers am Platze. Der Sinn der Befreiungsverpflichtung fordert ein besonderes Eingreifen des Vers unter Beachtung dessen, daß er sich verpflichtet hat, den Vmer auf jeden Fall vor den Angriffen des Dritten zu schützen. Diese Verpflichtung verletzt der Ver schon schuldhaft, wenn er erkennt, daß er den Angriff des Dritten nicht abwehren kann und dessen Anspruch dennoch nicht erfüllt (vgl. dazu Anm. B 38 und G 5). Dieser überragenden Bedeutung der geschuldeten Befreiungsverpflichtung wird die Annahme in BGH 13. VII. 1959 a. a. O., daß in solchen besonders gelagerten Fällen die Erfüllung des Befreiungsanspruchs unmöglich werden könne, besser gerecht als die Überlegungen von Hj. Wussow, die nicht genügend berücksichtigten, daß die Entstehung eines Zahlungsanspruchs nach § 154 I einen Ausnahmefall im Verhältnis zur primär geschuldeten Befreiung darstellt. Daß sich auch in der Hand des geschädigten Dritten der Befreiungsanspruch in einen Zahlungsanspruch verwandelt, (vgl. dazu die Ausführungen in Anm. B 42), vermag im übrigen die Auffassung von Hj. Wussow in keiner Weise zu unterstützen, da es sich dabei um ein jedem Befreiungsanspruch eigentümliches Charakteristikum handelt.

[B 41] c) Konfusion.

Umstritten ist, ob sich der Befreiungsanspruch des Vmers auch dann in einen Zahlungsanspruch (unter Durchbrechung des Trennungsprinzips) verwandelt, wenn eine Konfusion der Haftpflichtschuld durch Vereinigung der Personen von Haftpflichtschuldner und Haftpflichtgläubiger eintritt. Das kann in der Weise geschehen, daß der geschädigte Dritte den Vmer beerbt oder umgekehrt der Vmer den Dritten. Der Fall der Konfusion kann aber z. B. auch durch gesetzliche Verschmelzung zweier juristischer Personen eintreten. Für eine dann anstelle des Befreiungsanspruchs entstehende Verpflichtung des Vers auf Zahlung an den Vmer treten ein: Elperting ZVersWiss 1913 S. 341—342, Orthal S. 11, Pfeiffer JRPV 1925 S. 275—276, Senger S. 30—31, Sieg Ausstrahlungen S. 194—195, Spielberger VersR 1962 S. 694—695, Wussow[5] Anm. 21 zu § 1 AHB, S. 50; dagegen haben sich für ein gänzliches Freiwerden des Vers ausgesprochen: KG 5. III. 1924 JRPV 1925 S. 275 (vgl. auch OLG Stuttgart 27. IX. 1950 VersR 1951 S. 33 und 5. XII. 1951 VersR 1952 S. 318 [der dazu gehörige Haftpflichtprozeß]), Hofmann VersR 1961 S. 1063—1067, VersR 1963 S. 126—127, Oberbach I S. 91 Anm. 534. Differenzierend ursprünglich Sieg HansRGZ 1939 A Sp. 269—270, der nur dann ein Fortbestehen der Leistungsverpflichtung des Vers annahm, wenn der Anspruch des geschädigten Dritten bereits im Sinne des § 156 II festgestellt war.

Der erstgenannten Auffassung ist der Vorzug zu geben. Sie allein ist nach der Interessenlage begründet. Der formale Vorgang der Konfusion ist aus dem lebendigen Interessenwiderstreit zu beurteilen. KG 5. III. 1924 a. a. O. und OLG Stuttgart 27. IX. 1950 a. a. O. scheitern an formalen Kriterien, ohne den Kern des Problems überhaupt anzusprechen. Es gibt aus der Interessenlage kein einleuchtendes Argument dafür, warum der Ver aus dem zufälligen Verschmelzen zweier juristischer Personen oder aus einem Erbfall einen ihm ansonsten nach der materiellen Rechtslage nicht zustehenden Vermögensvorteil erhalten soll. Ebensowenig wie sich der Ver darauf berufen kann, daß der Erbe des Vmers dem Dritten gegenüber nur beschränkt hafte (vgl. dazu Anm. B 108), wird der Ver in einem Fall der hier erörterten Art von seiner Leistungspflicht frei. Treffend stellt in diesem Zusammenhang Wussow a. a. O. auf die Interessenlage in der Form ab, daß er nach Treu und Glauben den mutmaßlichen Willen der Parteien des Haftpflichtvsvertrages anhand der Überlegung ermittelt, welche Vereinbarung getroffen worden wäre, wenn die Parteien sich einen derartigen Fall bei Abschluß des Vsvertrages vorgestellt hätten.

Das hier erörterte Problem kann im übrigen bei nicht vsrechtlichen Befreiungsansprüchen genau so auftreten. Es lohnt sich daher, festzustellen, daß schon von Tuhr (Actio de in rem verso, Freiburg i. B. und Leipzig 1895) für einen solchen Fall anstelle des Befreiungsanspruchs einen Zahlungsanspruch zugebilligt hat. A. a. O. S. 91 finden sich dazu folgende Bemerkungen:

> „Konfusion der Schuld durch Beerbung zwischen Schuldner und Gläubiger. Die Schuld geht unter, aber dabei erleidet der Erbe einen Verlust, denn wäre die Schuld vor der Konfusion bezahlt worden, so hätte er entweder in seinem eigenen Vermögen (wenn er der Schuldner war) oder in der Erbschaft (wenn er der Gläubiger war) einen Erstattungsanspruch vorgefunden. Ein solcher wird ihm nun gewährt, damit der Liberationspflichtige nicht per occasionem iuris einen Gewinn mache."

Treffend wird diese Auffassung für das geltende Recht auch von Gerhardt (Der Befreiungsanspruch — zugleich ein Beitrag zum arbeitsrechtlichen Freistellungsanspruch, Göttingen 1966 S. 38—39) für Befreiungsansprüche aller Art vertreten.

Zu beachten ist, daß in diesen seltenen Fällen das ansonsten geltende Trennungsprinzip durchbrochen wird (vgl. dazu die Ausführungen in Anm. B 60). Es wäre ein Unding, hier nicht sogleich eine Zahlungsklage zuzulassen, sondern eine Aufrechterhaltung des Trennungsprinzips in der Weise zu fordern, daß der erwähnten Zahlungsklage zunächst ein Feststellungsverfahren vorausgehen müsse. Damit würde nur eine unnütze Komplikation eingeführt, die darauf zurückzuführen wäre, daß aus einer Überschätzung der dem Trennungsprinzip zugrunde liegenden Wertvorstellungen dieses ohne verständigen Grund aufrechterhalten werden würde. Tritt die Konfusion nur teilweise ein (wie in dem vom OLG Stuttgart 25. IX. 1950 a. a. O. entschiedenen Fall zu 1/8), so verwandelt sich der Befreiungsanspruch auch nur anteilig in einen Zahlungsanspruch (Sieg Ausstrahlungen S. 195 Anm. 605).

[B 42] d) Geschädigter Dritter als Einzelrechtsnachfolger des Versicherungsnehmers (Abtretung oder Pfändung und Überweisung).

Der Befreiungsanspruch verwandelt sich vor allem immer dann in einen Zahlungsanspruch, wenn der geschädigte Dritte Einzelrechtsnachfolger des Vmers durch Abtretung oder Pfändung (mit anschließender Überweisung) wird (RG 28. I. 1913 RGZ Bd 81 S. 250—254, 12. I. 1926 VA 1926 S. 266 Nr. 1624, 27. V. 1938 RGZ Bd 158 S. 12, BGH 8. X. 1952 BGHZ Bd 7 S. 246, 28. I. 1958 VersR 1958 S. 159, 21. II. 1963 VersR 1963 S. 422, 12. XII. 1963 VersR 1964 S. 157, OLG Hamburg 18. I. 1940 HansRGZ 1940 B Sp. 118 = JRPV 1940 S. 102; vgl. ferner die Schrifttumsnachweise und die Ausführungen in Anm. B 52 und B 53). Eine wirksame Abtretung ist dabei nach §§ 7 Ziff. 3 AHB, 7 Ziff. 3 AHBVerm an den geschädigten Dritten immer erst nach endgültiger Feststellung des Haftpflichtanspruchs möglich. Stimmt der Ver allerdings einer zu einem früheren Zeitpunkt vorgenommenen Abtretung zu, so verwandelt sich auch hier unter Durchbrechung des Trennungsprinzips der Befreiungsanspruch in einen Zahlungsanspruch (vgl. dazu Anm. B 60). Eine Pfändung und Überweisung des Haftpflichvsanspruchs durch den geschädigten Dritten aufgrund eines im Haftpflichtprozeß erstrittenen Titels bewirkt ebenfalls die Umwandlung des Befreiungsanspruchs in einen Zahlungsanspruch. Das gilt auch dann, wenn es sich um einen Zwangsvollstreckungsakt aufgrund eines nur vorläufig vollstreckbaren Urteils handelt, also noch gar keine rechtskräftige Feststellung im Sinne des § 154 I gegeben ist. Auch das ist im Grunde genommen eine Durchbrechung des Trennungsprinzips, die aus der Sicht aller Beteiligten aber gerechtfertigt ist, da der Ver nach dem Vertragsrecht in Abweichung von § 154 I verpflichtet ist, den Vmer von allen Eingriffen in sein Vermögen freizuhalten (vgl. dazu Anm. B 40 und Anm. G 5). RG 27. V. 1938 RGZ Bd 158 S. 6—16 stellte sich auf den Standpunkt, daß der Haftpflichtvsanspruch auch in der Hand des geschädigten Dritten immer noch ein Befreiungsanspruch bleibe, der lediglich durch die Besonderheit gekennzeichnet sei, daß er nur durch Zahlung erfüllt werden könne. Der dieser Entscheidung zugrundeliegende formalfreudige Unterscheidungsversuch wird verständlich aus dem nach der Interessenlage gerechtfertigten Bestreben, eine Aufrechnung des Vers gegenüber dem geschädigten Dritten mit Forderungen gegen den Vmer aus vsfremden Geschäften zu unterbinden. Indes ist der plastisch verdeutlichenden Konstruktion der Umwandlung in einen Zahlungsanspruch der Vorzug zu geben. Der geschädigte Dritte wird gegen eine Aufrechnung dadurch geschützt, daß aus der Interessenlage in Übereinstimmung mit § 35b nur eine Aufrechnung mit Prämiengegenforderungen oder anderen Forderungen aus dem Vsvertrag zugelassen wird (vgl. dazu Anm. B 90).

[B 43] 7. Entstehung und Fälligkeit des Haftpflichtversicherungsanspruchs.

a) Grundsätzliches zur einheitlichen Entstehung des Haftpflichtversicherungsanspruchs und der gleichzeitig eintretenden Fälligkeit.

Wie in Anm. B 11—17 dargestellt, wurde vom RG in ständiger Rechtsprechung die Auffassung vertreten, daß der Vsfall in der Haftpflichtv erst durch die Anspruchserhebung seitens des geschädigten Dritten eintrete. Von diesem Standpunkt aus gibt es gedanklich keine Alternative zu der damit gleichzeitig vertretenen Annahme, daß der Haftpflichtvsanspruch erst in dem Zeitpunkt der Inanspruchnahme entstehe. RG 23. X. 1936 RGZ Bd 152 S. 239 vertrat sogar die Auffassung, daß dem Vmer vor einer solchen Inanspruchnahme überhaupt kein Vermögensschaden entstanden sei (vgl. dazu Anm. B 5). Ungeachtet der heute als überholt anzusehenden Definition des Vsfalles durch die Inanspruchnahme (vgl. dazu Anm. B 22—31) und der abweichenden vertraglichen Festlegung des Begriffs des Vsfalles als Schadenereignis in § 5 Ziff. 1 AHB und als Verstoß in § 5 Ziff. 1 AHBVerm ist aber daran festzuhalten, daß die Leistungspflicht des Vers in der Haftpflichtv nach dem Gesetz und nach den Bedingungen (§§ 1 Ziff. 1 AHB, 1 I AHBVerm) erst entsteht, wenn der Vmer in Anspruch genommen wird. BGH 26. IX. 1959 VA 1960 S. 146 Nr. 258 = VersR 1960 S. 74 hat das mit aller Deutlichkeit ausgesprochen: „Nach § 1 AHB ist allerdings der Vsanspruch erst gegeben, wenn der Kl. (Vmer) von dem Gläubiger auf Erfüllung in Anspruch genommen wird.“

Ähnlich BGH 12. V. 1960 NJW 1960 S. 1347 = VersR 1960 S. 555, 20. I. 1966 VersR 1966 S. 229: „Die Abwehr und Schutzverpflichtung beginnt, sobald gegen den Vten Haftpflichtansprüche aus einem unter die V fallenden Ereignis erhoben werden.“ Vgl. auch BGH 20. II. 1956 NJW 1956 S. 827 = VA 1956 S. 89 Nr. 137: „Jede ernstliche Erklärung des Verletzten, aus der der Vmer ersieht, daß der Verletzte Ersatzansprüche gegen ihn geltend machen wolle, reicht aus, um den Vsanspruch aus § 10 AKB entstehen zu lassen......“. Ebenso Beisler VersArch 1957 S. 273 (seine Nachweise in Anm. 49, 50 treffen allerdings das hier erörterte Problem nicht ganz, da es sich durchweg um Fundstellen zur „Anspruchserhebung“ als Vsfall handelt).

Von der Entstehung des Haftpflichtvsanspruchs ist seine Fälligkeit gedanklich zu unterscheiden. Wie § 11 zeigt, entsteht ein Vsanspruch in fast allen Sparten geraume Zeit vor seiner Fälligkeit, die erst mit der Beendigung der zur Feststellung des Vsfalles und des Umfangs der Leistung des Vers nötigen Erhebungen gegeben ist. Indes ist zu beachten, daß § 11 I keine Anwendung auf den Haftpflichtvsanspruch findet. Diese Vorschrift, die auf Geldleistungen des Vers abstellt und auf die Befreiungsverpflichtung des Vers ohnedies nicht passen würde (BGH 12. V. 1960 NJW 1960 S. 1347 = VersR 1960 S. 555), wird durch die Spezialregelung des § 154 I verdrängt (Möller Grundlagen B 2 S. 18). Dort ist zunächst (§ 154 I 1) vorgesehen, daß der Ver binnen zwei Wochen von dem Zeitpunkt an die Entschädigung zu leisten hat, in welchem der Dritte von dem Vmer befriedigt oder der Anspruch des Dritten durch rechtskräftiges Urteil, durch Anerkenntnis oder Vergleich festgestellt ist. Weiter bestimmt § 154 I 2, daß der Ver, soweit gemäß § 150 Kosten zu ersetzen sind, diese binnen zwei Wochen von der Mitteilung der Berechnung an zu leisten hat. Entgegen dem ersten Anschein regelt aber § 154 I die Fälligkeit der Verpflichtungen des Haftpflichtvers nicht erschöpfend. Es werden vielmehr von der gesetzlichen Regelung nur die sich aus dem einheitlichen Haftpflichtvsanspruch unter gewissen Umständen ergebenden Ansprüche des Vmers auf Zahlung an den Dritten oder — in den Fällen der Befriedigung des Dritten durch den Vmer — an sich selbst erfaßt. Das Gesetz geht dabei von einer mehr passiven Haltung des Haftpflichtvers aus, der danach dem Vmer selbst im wesentlichen die Auseinandersetzung mit dem geschädigten Dritten überläßt. In der modernen Ausprägung des Haftpflichtvsschutzes schuldet der Ver aber entgegen den zitierten Gesetzesbestimmungen primär nicht die Zahlung bestimmter Beträge, sondern Befreiung von den Ansprüchen des geschädigten Dritten, mögen diese begründet oder unbegründet sein; vgl. über den Rechtscharakter dieser Befreiungsverpflichtung die Bemerkungen in Anm. B 33—36.

Mit der ständigen Rechtsprechung des RG (RG 25. II. 1913 VA 1913 Anh. S. 81—83 Nr. 749, 31. I. 1936 RGZ Bd 150 S. 183—184, 7. II. 1936 RGZ Bd 150 S. 227—231, 29. IX. 1936 JW 1936 S. 3531 = VA 1936 S. 230 Nr. 2908) und des BGH (BGH 20. II. 1956 NJW 1956 S. 826—828 = VA 1956 S. 88—90 Nr. 137, 13. VII. 1959 VersR 1959 S. 702 = VRS Bd 17 S. 242, 26. XI. 1959 VA 1960 S. 146 Nr. 258 = VersR 1960 S. 74, 12. V. 1960 NJW 1960 S. 1346—1348 = VersR 1960 S. 554—555, 5. X. 1961 NJW 1961 S. 2304—2305 = VA 1962 S. 93—94 Nr. 319, 20. I. 1966 VersR 1966 S. 229—230) ist daher davon auszugehen, daß der einheitliche, auf Befreiung von begründeten und unbegründeten Haftpflichtansprüchen gerichtete Vsschutzanspruch in der Haftpflichtv bereits in dem Augenblick fällig wird, in dem der Vmer von dem Dritten auf Schadenersatz in Anspruch genommen wird (ebenso OLG Schleswig 14. III. 1968 VersR 1968 S. 833 m. zust. Anm. von Groth a. a. O. S. 833—834; vgl. weiter die Nachweise in Anm. B 48). Treffend ist zur Begründung dieser Auffassung in den zitierten Entscheidungen immer wieder auf die Regelung im Bedingungsrecht verwiesen worden (vgl. § 1 Ziff. 1 i. V. m. § 3 II Ziff. 1 AHB und § 1 I i. V. m. § 3 II Ziff. 1 AHBVerm; ferner § 10 Ziff. 1 AKB). Wenn es in diesen Vertragsbestimmungen — sinngemäß, wenn auch nicht wörtlich übereinstimmend — heißt, daß die Verpflichtung des Vers sich auf die Befriedigung begründeter und die Abwehr unbegründeter Schadenersatzansprüche bezieht, die gegen den Vmer erhoben werden, so läßt in der Tat die unbefangene, sachorientierte Interpretation keine andere Auslegung zu als die, daß mit der Anspruchserhebung auch bereits die Fälligkeit des Vsschutzanspruchs eingetreten ist.

Entstehung und Fälligkeit des Haftpflichtvsanspruchs fallen damit grundsätzlich auf denselben Zeitpunkt. Vgl. dazu auch die Schrifttumsnachweise in Anm. B 36. Zu beachten ist, daß die Fälligkeit des Haftpflichtvsanspruchs auch dann eintritt, wenn die Haftpflichtforderung unbegründet ist. Das ergibt sich aus der Verpflichtung des Vers, den Vmer auch vor unbegründeten Ansprüchen zu schützen (vgl. auch die Nachweise in Anm. B 57—58, G 5 und G 86). Unter einer Anspruchserhebung durch den geschädigten Dritten ist dabei jedes ernsthafte Verlangen nach Schadenersatz zu verstehen (RG 23. X. 1936 RGZ Bd 152 S. 240—242, 14. I. 1938 RGZ Bd 156 S. 383—384, BGH 20. II. 1956 NJW 1956 S. 827 = VA 1956 S. 89 Nr. 137, 20. I. 1966 VersR 1966 S. 230, vgl. im übrigen zum Begriff der Inanspruchnahme im einzelnen die Ausführungen in Anm. F 37).

Als Eigenart der Haftpflichtv ist dabei zu konstatieren, daß dem Ver abweichend von § 11 I keine Frist zur Erhebung von Ermittlungen eingeräumt worden ist. Der Haftpflichtvsanspruch wird vielmehr bereits zu einem Zeitpunkt fällig, in dem der Ver häufig noch gar keine Kenntnis von dem Eintritt des Schadenereignisses hat, wenn nämlich der Dritte den Vmer auf Schadenersatz in Anspruch nimmt. Damit ist die Einheit mit dem bürgerlichen Recht wiederhergestellt, das in § 271 BGB ebenfalls von dem Grundsatz ausgeht, daß Forderungen mit ihrer Entstehung fällig werden. Für die Zahlungsverpflichtungen wird der Ver im übrigen durch die Zweiwochenfrist des § 154 I noch besonders geschützt. Unrichtig ist es allerdings, wenn OLG Celle 4. X. 1963 NJW 1964 S. 599 annimmt, daß diese Zahlungsverpflichtungen bereits ausgelöst werden, wenn ein rechtskräftiges Grundurteil vorliege. Das genannte Gericht unterscheidet nicht klar zwischen der Fälligkeit des einheitlichen Haftpflichtvsanspruchs und der Fälligkeit bestimmter Zahlungen im Rahmen des Haftpflichtvsverhältnisses mit der speziellen Regelung in § 154 I (im Ergebnis ist die Entscheidung jedoch richtig, da es sich um die Fälligkeit einer Kostenforderung nach § 150 handelte).

[B 44] b) Auswirkungen.

aa) Fristsetzung nach § 12 III VVG im Haftpflichtversicherungsverhältnis.

Vom RG (25. II. 1913 VA 1913 Anh. S. 81—83 Nr. 749, 31. I. 1936 RGZ Bd 150 S. 183—184, 7. II. 1936 RGZ Bd 150 S. 230) ist mehrfach betont worden, daß in der Haftpflichtv eine Fristsetzung nach § 12 III (damals § 12 II) in Bezug auf alle Leistungen des Vers schon möglich sei, wenn nach der Anspruchserhebung durch den geschädigten Dritten der Vsschutzanspruch fällig geworden sei. Aus den zitierten Entscheidungen ergibt sich zugleich, daß das Gericht der Auffassung war, daß eine vorher erfolgte Fristsetzung die Klagfrist (mangels Klagmöglichkeit) nicht in Lauf setze. Möller in Bruck-Möller Anm. 29 zu § 12 vertritt demgegenüber für alle Vssparten die Auffassung, daß dafür eine Fälligkeit des Vsanspruchs nicht gegeben zu sein brauche, daß es vielmehr genüge, daß dem Vmer eine Feststellungsklage möglich sei (a. M. Bruck 7. Aufl. S. 60). Die Besonderheit des Haftpflichtvsverhältnisses liegt aber, wie in Anm.

B 43 dargetan worden ist, darin, daß der Anspruch auf Vsschutz überhaupt erst mit der Anspruchserhebung durch den geschädigten Dritten entsteht. Mit Rücksicht darauf, daß gleichzeitig mit der Entstehung des Anspruchs auf Haftpflichtvsschutz auch die Fälligkeit des Vsschutzanspruchs erst durch das letzte Tatbestandsmerkmal des gedehnten Vsfalles, nämlich durch die Anspruchserhebung durch den geschädigten Dritten, ausgelöst wird, ist aus der speziellen Sicht des Haftpflichtvsrechts der Auffassung des RG der Vorzug zu geben. Bevor nicht feststeht, daß der Vmer von dem geschädigten Dritten in Anspruch genommen wird, muß dem Vmer daher auch grundsätzlich eine speziell auf den betreffenden Schadenfall bezogene Feststellungsklage versagt werden (vgl. dazu auch Anm. B 45).

Als Ergebnis ist festzuhalten, daß der Ver in der Haftpflichtv erst dann wirksam eine Frist nach § 12 III in Lauf setzen kann, wenn der Dritte gegenüber dem Vmer einen (begründeten oder unbegründeten) Schadenersatzanspruch geltend gemacht hat. Das gilt auch dann, wenn mehrere Dritte als Anspruchsberechtigte aus einem Schadenereignis oder Verstoß in Betracht kommen, nur ein Teil von ihnen aber zu dem Zeitpunkt, als der Ver ablehnte, Ansprüche erhoben hatte. Anders wohl (obiter dictum) BGH 10. VI. 1963 VersR 1963 S. 770—771, bei dem aber nicht ganz klar ist, ob nicht in Wirklichkeit der Unterschied zwischen erhobenen, aber nicht auch schon im Sinne der §§ 154 I, 156 II festgestellten Ansprüchen die Überlegungen des Gerichts leitete.

[B 45] bb) Klagerecht des Versicherungsnehmers.

aaa) Rechtsschutzinteresse.

Ein rechtliches Interesse für eine Klage, die die von dem Ver geleugnete Verpflichtung zur Gewährung von Haftpflichtvsschutz für ein bestimmtes Schadenereignis feststellt, ist von der Rechtsprechung immer dann bejaht worden, wenn der geschädigte Dritte Schadenersatzansprüche gegen den Vmer erhoben hat (RG 15. III. 1932 RGZ Bd 135 S. 368—370, 16. VI. 1933 RGZ Bd 141 S. 192, KG 5. VIII. 1936 VA 1936 S. 231—232 Nr. 2910, OLG Bamberg 21. V. 1952 VersR 1952 S. 316.) Den Ausführungen in den beiden zitierten RG-Entscheidungen ist dabei in Übereinstimmung mit der Rechtsprechung, daß eine wirksame Fristsetzung nach § 12 III erst möglich sei, wenn der Dritte Ansprüche erhoben habe (vgl. dazu die Nachweise in Anm. B 44), der stillschweigend vorausgesetzte Ausgangspunkt zu entnehmen, daß grundsätzlich für eine vorher erhobene Klage kein Rechtsschutzbedürfnis gegeben sei (anders noch RG 26. III. 1909 VA 1909 Anh. S. 57—59 Nr. 461, dem aber auch das das Haftpflichtvsrecht beherrschende Trennungsprinzip noch fremd war). Sind Ansprüche erhoben, so ist ein Rechtsschutzinteresse des Vmers auch dann gegeben, wenn die geltend gemachten Ansprüche des geschädigten Dritten offenbar und ohne Zweifel unbegründet sind und auch mit einer Klage des geschädigten Dritten nicht zu rechnen ist (RG 15. III. 1932 a. a. O.); mit Rücksicht auf das das Haftpflichtvsrecht beherrschende Trennungsprinzip (vgl. dazu Anm. B 57) ist es dem Gericht sogar untersagt, diese Frage überhaupt zu erwägen.

BGH 12. I. 1961 VersR 1961 S. 121—122 knüpft treffend an die zitierte Rechtsprechung des RG an; eine Feststellungsklage des Vmers bezüglich des eigenen Vsschutzes wird mangels Rechtsschutzinteresse abgewiesen, weil der geschädigte Dritte wohl gegen den Vten, nicht aber gegen den Vmer Ansprüche erhoben hatte. (Vom Standpunkt der konsequenten Trennungstheorie und auf der Grundlage der hier vertretenen Auffassung ist zu beanstanden, daß der BGH dabei obiter dictum bemerkt, daß auch gar nicht ersichtlich sei, aus welchem Rechtsgrund der Vmer haftpflichtig gemacht werden könnte). BGH 20. II. 1956 NJW 1956 S. 827 = VA 1956 S. 89 Nr. 137 bemerkt demgegenüber (ohne daß diese Frage entscheidungserheblich gewesen wäre; denn wie könnte man die Geltendmachung eines Anspruchs deutlicher werden lassen als durch die Weigerung, ein Vermögensstück des Vmers herauszugeben, ehe nicht die eigenen Ansprüche des Dritten erfüllt seien!), daß unter Umständen auch schon vor einer Anspruchserhebung durch den geschädigten Dritten eine Feststellungsklage zuzulassen sei, wenn nämlich mit einer gewissen Wahrscheinlichkeit mit einer solchen Geltendmachung zu rechnen sei (ebenso: Bronisch-Cuntz-Sasse-Starke Anm. 9 zu § 149, Stiefel-Wussow[7] Anm. 4 zu § 10

AKB, S. 347; anders wohl Wussow[5] Anm. 3 zu § 5 AHB, S. 444; vgl. auch Ehrenzweig S. 361: „Darum kann die Einleitung des Strafverfahrens dem Vmer noch kein ‚Feststellungsinteresse' geben — im Gegensatz zur Erhebung eines Drittanspruchs, mag er auch offenbar unbegründet sein"). Zur Begründung bezieht sich der BGH dabei jedoch allein auf die bei Stiefel-Wussow[7] Anm. 4 zu § 10 AKB, S. 347 zitierten Entscheidungen OLG Hamburg 5. IV. 1935 JRPV 1935 S. 269—270 und OGHBrZ 16. VI. 1950 VersR 1950 S. 148—149. In beiden Entscheidungen war der Vmer aber unstreitig gerade vom geschädigten Dritten in Anspruch genommen worden, so daß beide Urteile weit eher für die hier vertretene Auffassung sprechen.

Nach der bedingungsrechtlichen Konstruktion des Haftpflichtvsschutzes entsteht der Anspruch erst, wenn der Dritte seine Schadenersatzforderung geltend macht. Vorher besteht keine Leistungsverpflichtung des Vers. Ein Rechtsschutzinteresse für eine Feststellungsklage des Inhalts, daß festgestellt werden möge, daß der Ver dem Vmer für ein bestimmtes Schadenereignis Vsschutz zu gewähren habe, sofern der Vmer von einem Dritten in Anspruch genommen werde, kann in der Regel nicht zugebilligt werden. Dem Vmer ist grundsätzlich vor Einleitung eines Rechtsstreits gegen den Ver zuzumuten, abzuwarten, ob überhaupt von dem geschädigten Dritten Ersatzansprüche erhoben werden. Erst dann ist der Ver verpflichtet, für den Vmer tätig zu werden. Die Anspruchserhebung stellt für die Schuld des Vers den maßgeblichen Ansatzpunkt im Rahmen des gedehnten Vsfalles dar (vgl. dazu auch die Ausführungen in Anm. B 28 und B 31 a. E.). Im übrigen hat es der Vmer regelmäßig in der Hand, diese Frage dadurch zu klären, daß er sich bei dem geschädigten Dritten danach erkundigt, ob Ansprüche erhoben werden. Darüber, daß nach BGH 25. IV. 1955 VA 1955 S. 258—260 Nr. 11 = VersR 1955 S. 340—342 sogar das Ermuntern des Dritten zur Geltendmachung begründeter Ansprüche keinen Verstoß gegen die Schadenminderungslast darstellt, vgl. Anm. F 79.

Der Ver wird allerdings gelegentlich seine Eintrittspflicht schon dann in Abrede stellen, wenn ihm der Schaden vom Vmer gemeldet wird, ohne daß überhaupt bisher ein Anspruch vom geschädigten Dritten geltend gemacht worden ist. Durch diese Meinungsäußerung des Vers erleidet der Vmer keine Nachteile, da es dem Ver nicht möglich ist, die Ausschlußfrist des § 12 III in Lauf zu setzen, bevor der Haftpflichtvsanspruch fällig geworden ist, so daß eine vorher erfolgte Fristsetzung wirkungslos ist (vgl. dazu die Ausführungen in Anm. B 44). Für den Vmer ist in Zweifelsfällen trotz dieser Überlegung die eigene Rechtsposition nicht erquicklich, weil er nach der vom Ver ausgesprochenen Ablehnung nicht weiß, ob für das eingetretene Schadenereignis Vsschutz besteht oder nicht. Den angedeuteten Weg, sich bei dem Dritten zu erkundigen, ob dieser begründete Ansprüche geltend machen wolle, wird auch nicht jeder Vmer gern gehen, insbesondere deshalb nicht, weil er bei zweifelhafter Vsschutzlage Gefahr läuft, die begründeten Ansprüche aus eigener Tasche bezahlen zu müssen, während doch immerhin die theoretische Möglichkeit besteht, daß ohne eine solche Erkundigung der Dritte keinen Anspruch erhebt. Es könnte mit dieser Überlegung eine Durchbrechung des oben dargestellten Grundsatzes, daß eine Klage auf Feststellung der Verpflichtung zur Gewährung von Vsschutz für ein bestimmtes Ereignis erst nach Entstehung des Haftpflichtvsanspruchs erhoben werden kann, gefordert werden. Dabei würde aber verkannt werden, daß der Vmer — losgelöst von einem konkreten Schadenfall — die Möglichkeit hat, durch eine Feststellungsklage die Zweifel über den Umfang des durch den Haftpflichtvsvertrag gewährten Vsschutzes zu klären. Ein Feststellungsurteil im Sinne des § 256 ZPO könnte z. B. mit verbindlicher Wirkung für die Parteien des Haftpflichtvsvertrages darüber ergehen, ob ein bestimmtes Risiko in den Vsschutzbereich des Vertrages fällt, ob gewisse Ausschlußtatbestände abbedungen sind oder ähnliches. Ein Rechtsschutzbedürfnis des Vmers für eine derartige Klage wird bei einem ernsthaften Streit der Parteien über den Deckungsumfang des Vertrages stets zu bejahen sein. Wichtige Entschlüsse, wie z. B. der Abschluß eines zusätzlichen Haftpflichtvsvertrages können von der Beurteilung der Frage abhängen, ob ein neues Risiko schon vom vorhandenen Vsvertrag erfaßt wird oder nicht. Eine derartige Feststellungsklage ist grundsätzlich im Rahmen eines jeden Vertragsverhältnisses bei Vorliegen eines Rechtsschutzbedürfnisses zulässig. Doch bedeutet dieser allgemeine Grundsatz keine Durchbrechung des oben dargestellten Prinzips bezüglich der Unzulässigkeit einer Feststellungsklage für einen konkreten Schadenfall, so lange das für die Entstehung der Verpflichtung des Vers maßgebliche Element der Anspruchserhebung durch den geschädigten Dritten nicht gegeben ist.

Eine Ausnahme wird man aber aus prozeßökonomischen Grundsätzen machen müssen; dann nämlich, wenn mehrere Dritte bei einem Schadenereignis verletzt worden sind, nur ein Teil von ihnen aber Ansprüche gegen den Vmer erhoben hatte, als der Ver schon im Ganzen den Vsschutz unter Fristsetzung nach § 12 III ablehnte. (So [wohl] der Sachverhalt in BGH 10. VI. 1963 VersR 1963 S. 770—771). Zwar laufen für den Vsschutz gegenüber den verschiedenen Ansprüchen der geschädigten Dritten ab Inanspruchnahme des Vmers gesonderte Verjährungsfristen (vgl. dazu Anm. B 49). Auch wird man der Fristsetzung des Vers nach § 12 III in Bezug auf den Teil des Vsschutzes, der sich auf solche Dritte bezieht, die noch keine Ansprüche geltend gemacht haben, keine Rechtswirkung zubilligen dürfen (vgl. dazu Anm. B 44). Es leuchtet aber ein, daß in einer solchen Ausnahmesituation mit Rücksicht auf das zur Klage im Ganzen herausfordernde Verhalten des Vers eine Durchbrechung des dargelegten Grundsatzes geboten ist.

Ist der Haftpflichtvsschutzanspruch fällig, so ist ein Rechtsschutzbedürfnis für eine Klage auf Gewährung von Haftpflichtvsschutz auch dann gegeben, wenn der Ver seine Verpflichtung aus dem Vsvertrag nicht geleugnet hat. Doch treffen den Vmer bei einem solchen vom Ver nicht provozierten Vorgehen die Kosten des Rechtsstreits, wenn der Ver den Klaganspruch sofort im Sinne des § 93 ZPO anerkennt (BGH 26. XI. 1959 VA 1960 S. 146 Nr. 258 = VersR 1960 S. 74 [das verkennt AG Charlottenburg 16. IV. 1968 VersR 1969 S. 316]; vgl. dazu auch Anm. B 46 a. E.).

[B 46] bbb) Rechtswirkungen einer Klage auf Gewährung von Haftpflichtversicherungsschutz und einer solchen auf Feststellung dieser Verpflichtung des Versicherers.

In Anm. B 45 sind zwei Arten von Feststellungsklagen erörtert worden: Nämlich die auf einen konkreten Schadenfall bezogene Klage auf Feststellung der Verpflichtung des Vers zur Gewährung von Vsschutz und die Feststellungsklage, die sich — ohne an ein konkretes Schadenereignis gebunden zu sein — auf den zwischen den Parteien des Haftpflichtvsvertrages streitigen Umfang des Vsschutzes bezieht. Die letztgenannte Klage bietet keine Besonderheiten; sie ist nach den von Rechtsprechung und Lehre zu § 256 ZPO entwickelten Grundsätzen zu beurteilen.

Es fällt dagegen auf, daß durchweg von einer Feststellungsklage auf Gewährung von Vsschutz die Rede war, obwohl doch in Anm. B 45 dargelegt worden ist, daß eine Klagemöglichkeit erst dann gegeben sei, wenn der Haftpflichtvsanspruch entstanden und fällig sei, wenn nämlich der Dritte den Vmer auf Schadenersatz in Anspruch genommen habe. Ist die Forderung fällig, so müßte doch auch eine Leistungsklage möglich sein. Eine Zahlungsklage scheidet dabei aus; denn der Anspruch des Haftpflichtvmers ist regelmäßig nicht auf Zahlung, sondern auf Befreiung von begründeten Haftpflichtansprüchen und auf Abwehr unbegründeter Schadenersatzansprüche (besser Befreiung von begründeten und unbegründeten Haftpflichtansprüchen) gerichtet (vgl. dazu Anm. B 33—36). Die Überprüfung der höchstrichterlichen Entscheidungen zu diesem Fragenkreis ergibt indessen, daß in der Mehrzahl der Fälle (RG 15. III. 1932 RGZ Bd 135 S. 368—370, 16. VI. 1933 RGZ Bd 141 S. 185—194, 30. VIII. 1938 JRPV 1938 S. 308—309; BGH 20. II. 1956 VersR 1956 S. 186—187, 12. V. 1960 NJW 1960 S. 1346—1348 = VersR 1960 S. 554—555, 9. III. 1961 VA 1961 S. 181—183 Nr. 299 = VersR 1961 S. 399—401, 5. X. 1961 BGHZ Bd 36 S. 24—29) ohne besondere Erörterung der Frage, daß eine Leistungsklage doch grundsätzlich einer Feststellungsklage vorgehe, Feststellungsanträge des Vmers zugelassen worden sind, während nur selten von den Vmern Klagen in der Form eines Leistungsantrages erhoben werden (als Beispiel dafür vgl. aber RG 23. IV. 1937 RGZ Bd 154 S. 340—343; BGH 26. XI. 1959 VA 1960 S. 145—147 Nr. 258 = VersR 1960 S. 73—75).

Des Rätsels Lösung liegt nicht darin, daß von einem Ver nach Feststellung seiner Leistungsverpflichtung ohnedies die Leistung selbst erwartet werden kann, ohne daß es also einer weiteren Klage bedarf (so aber BGH 10. VI. 1963 VersR 1963 S. 770). Das mag zwar in der Mehrzahl der Fälle richtig sein. Der entscheidende Grund dafür, daß derartige Feststellungsklagen ohne nähere Erörterung des Rechtsschutzbedürfnisses in Bezug auf eine ebenfalls mögliche Leistungsklage zugelassen werden, liegt aber darin, daß die Rechtswirkungen beider Urteile gleich sind. Ein Urteil, das den Schuldner dazu verurteilt, den Gläubiger von einer bestimmten Schuld freizustellen, kann freilich — außerhalb des Haftpflichtvsrechts — in der Form vollstreckt werden, daß sich der Gläubiger gemäß § 887 ZPO vom Prozeßgericht dazu ermächtigen läßt, den Dritten selbst zu befriedigen, während gleichzeitig der Schuldner durch einen vollstreckbaren Beschluß zur Zahlung eines entsprechenden Vorschusses an den Gläubiger angehalten wird (streitig, so aber die höchstrichterliche Rechtsprechung; vgl. nur RG 20. I. 1936 RGZ Bd 150 S. 80 und BGH 22. X. 1957 NJW 1958 S. 497 m. w. N.; dagegen Trinkl a. a. O. S. 40—41 m. w. N.). Auf die Freistellungsverpflichtung des Haftpflichtvers können indessen diese Vollstreckungsgrundsätze schon deshalb keine Anwendung finden, weil im Vsschutzprozeß nicht geprüft worden ist und aufgrund des das Haftpflichtvsrecht beherrschenden Trennungsprinzips auch nicht geprüft werden durfte (vgl. dazu Anm. B 57), ob die Forderung des Dritten berechtigt war oder nicht. Wenn daher in einem Haftpflichtvsschutzprozeß ein Leistungsurteil mit dem Ausspruch ergeht, daß der Ver den Vmer von den durch den geschädigten Dritten aus Anlaß des Schadenfalles vom 17. III. 1960 erhobenen Schadenersatzansprüchen freizustellen habe, so ist eine derartige Verurteilung doch regelmäßig gedanklich durch den Zusatz zu ergänzen „durch Abwehr der unbegründeten und durch Befriedigung der begründeten Ersatzansprüche". Zur Vermeidung von Mißverständnissen im Vollstreckungsverfahren ist es sogar empfehlenswert, ein Leistungsurteil in einem derartigen Prozeß stets mit diesem Zusatz zu versehen. Nur dann lassen sich Zweifel vermeiden, denen RG 25. XI. 1938 RGZ Bd 159 S. 20—21 folgenden Ausdruck verleiht:

> „Er (der Berufungsrichter) wird auch — gegebenenfalls unter Anwendung des § 139 ZPO wegen der Antragstellung — zu erwägen haben, ob nicht der vom Kläger gestellte Antrag auf Freistellung von seinen Verpflichtungen über den Rahmen dessen hinausgeht, was er bei der vorstehend erörterten Sach- und Rechtslage derzeit zu begehren befugt ist. Denn das Verlangen auf Freistellung von Verpflichtungen setzt das Bestehen von solchen voraus, während es sich doch zur Zeit für den Kläger nur darum handeln kann, daß ihm die Beklagte den Vsschutz gewähren soll. Dieser umfaßt aber ebenso die Abwehr unbegründeter wie die Erfüllung begründeter Ansprüche des Dritten. Ob die eine oder andere Art der Gewährung von Vsschutz oder teils die eine, teils die andere geschuldet wird, das hängt davon ab, inwieweit die vom Verletzten oder von der Berufsgenossenschaft erhobenen Ansprüche begründet sind; dieses ist aber, wie erwähnt, nicht im gegenwärtigen Rechtsstreit zu entscheiden."

Aus diesem Wahl- und Bestimmungsrecht des Vers (vgl. dazu Anm. B 37—38) ergibt sich, daß eine Zwangsvollstreckung gemäß § 887 ZPO auch aus einem Leistungsurteil auf Gewährung von Vsschutz nicht möglich ist, es sei denn, daß einer der Ausnahmefälle vorliegt, in denen bereits die Forderung des Dritten festgestellt ist, so daß eine echte Befreiung von einer begründeten Forderung nach Maßgabe des § 156 II geschuldet wird (vgl. dazu Anm. B 34).

Aber auch eine Vollstreckung nach § 888 ZPO kommt nicht in Betracht. Es handelt sich nicht um eine unvertretbare Handlung, sondern um eine vertretbare, bei der die Anwendung des § 887 ZPO nur an dem Bestimmungsrecht des Vers scheitert. Diese Regulierungsbefugnis geht allerdings nach den Ausführungen in Anm. F 101 auf den vom Ver im Stich gelassenen Vmer über; jedoch können die in diesem Zusammenhang auftretenden schwierigen Abgrenzungsfragen nicht im Vollstreckungswege geprüft werden. Der Vmer ist also unter Umständen gehalten, nach einer von ihm vorgenommenen Befriedigung im Anschluß an den Deckungsprozeß erneut den Klageweg — diesmal auf Zahlung — zu beschreiten. — Die Frage nach der Vollstreckungsfähigkeit des Urteils auf Haftpflichtvsschutz hat im übrigen, soweit ersichtlich, die Gerichte bisher nicht beschäftigt. Es wäre auch ein grober Verstoß gegen den Grundgedanken des Vsschutzes, wenn der im Deckungsprozeß unterlegene Ver sich nicht sofort intensiv in die Regulierung einschalten würde, soweit das überhaupt noch möglich ist. Dazu muß ihm der Vmer auch wieder Gelegenheit geben; dies um so mehr, als seine Vsschutzklage allein diesem Ziel diente.

Eine Feststellungsklage ist hier der Leistungsklage also durchaus gleichwertig. Zu Recht wird daher in der Gerichtspraxis die im Antrag leichter zu formulierende Feststellungsklage, die zudem keine Zweifel im Zwangsvollstreckungsverfahren aufwirft, bevorzugt. Vgl. z. B. RG 16. VI. 1933 a. a. O. S. 192: „Da es bislang als ungewiß zu gelten hat, ob der Kläger dem Verletzten T zu irgendwelcher Schadenersatzleistung verpflichtet ist, so entspricht es auch der Sachlage, daß der Hilfsantrag als Feststellungsantrag gefaßt ist." BGH 10. VI. 1963 VersR 1963 S. 770—771 wird diesen Besonderheiten des Haftpflichtvsrechts in der Begründung nicht ganz gerecht. Es handelte sich um einen Kfz-Haftpflichtvsfall, bei dem 8 Personen verletzt worden waren, von denen erst einige den Vten in Anspruch genommen hatten. Das Gericht läßt hier zutreffend im Ganzen eine Feststellungsklage zu, äußert sich aber nicht dazu, daß nach der traditionellen Eigenart des Haftpflichtvsrechts eine Feststellungsklage auch dann sachgerecht wäre, wenn sämtliche in Betracht kommenden Personen ihre Ansprüche bereits erhoben hätten. Da sich das Schadenereignis 1958 zugetragen hatte, mögen die Ausführungen des BGH aber auch darauf zurückzuführen sein, daß tatsächlich mittlerweile schon ein Teil der Ansprüche der geschädigten Dritten bindend im Sinne der §§ 154 I, 156 II festgestellt war.

Denkbar ist es, daß der Ver auf Gewährung von Vsschutz im Klagewege in Anspruch genommen wird, obwohl er seine Verpflichtung dazu nicht geleugnet hat. BGH 26. XI. 1959 VA 1960 S. 146 Nr. 258 = VersR 1960 S. 74 hat in diesem Zusammenhang über die Frage des Rechtsschutzbedürfnisses folgendes ausgeführt:

> „Bei der Einklagung eines fälligen Anspruchs auf eine positive Leistung ist im Regelfall das Rechtsschutzbedürfnis für die Verurteilungsklage schon mit der Existenz des Anspruchs gegeben und bedarf deshalb auch keiner Darlegung durch den Kläger. . . . . . Es entfällt bei solchen Klagen nur dann, wenn aufgrund besonderer Tatsachen (Rechtsschutzhindernisse) das Interesse des Klägers an dem erstrebten Urteil ausgeschlossen ist. . . . . . Solche Rechtsschutzhindernisse liegen hier nicht vor und sind auch von der Beklagten nicht dargelegt. Ihr Einwand, sie habe dem Kläger schon in dem Schriftwechsel zur Klagerhebung erklärt, daß sie ihm nunmehr Vsschutz gewähren wolle, indem sie die Ansprüche der Stadt gegen ihn abwehre, könnte höchstens für die Frage von Bedeutung sein, ob die Beklagte durch ihr Verhalten zur Erhebung der Klage Veranlassung gegeben hat. Wie sich aus § 93 ZPO ergibt, ist jedoch diese Frage von der des Rechtsschutzbedürfnisses scharf zu trennen. Die Frage der Klagveranlassung wäre nur dann erheblich, wenn die Beklagte den Freistellungsanspruch im Prozeß sofort anerkannt hätte. Auch dann hätte das Fehlen einer Klagveranlassung nach § 93 ZPO nur zu einer Auferlegung der Prozeßkosten an den Kläger führen können. Der Rechtsschutzanspruch besteht dagegen unabhängig von der Klagveranlassung. Auch wenn diese fehlt, wird dadurch das Rechtsschutzbedürfnis, nämlich das rechtliche Interesse des Klägers an dem erstrebten Urteil nicht berührt."

Es handelte sich um einen Sachverhalt, bei dem die Forderung des geschädigten Dritten im Sinne des § 156 II noch nicht festgestellt war, so daß also noch offen war, ob der Anspruch des geschädigten Dritten begründet war oder nicht. Die Klage auf Gewährung von Vsschutz hat demgemäß nach der hier vertretenen Auffassung in Bezug auf ihre Vollstreckbarkeit die gleiche Wirkung wie eine entsprechende Feststellungsklage. Würden allerdings die vom BGH a. a. O. entwickelten Grundsätze zum Rechtsschutzinteresse nur für eine Leistungsklage gelten, so wäre die empfohlene Fassung eines Feststellungsantrages unter Umständen für den Vmer nachteilig. Allein es ist kein vernünftiger Grund für eine unterschiedliche Behandlung des nicht vollstreckungsfähigen Leistungstitels und des Feststellungsurteils ersichtlich. Der Ver kann sich in beiden Fällen nachteiligen Folgen gleichermaßen dadurch entziehen, daß er den Vsschutzanspruch unter Protest gegen die Kostenlast anerkennt.

Es wird häufig Aufgabe des Richters sein, auf einen sachgerechten Antrag des Vmers im Sinne dieser Ausführungen hinzuwirken. Zu Recht hat sich dabei RG 15. X. 1939 ÖffrV 1940 S. 167—168 auf den Standpunkt gestellt, daß der Anspruch auf Vsschutz nicht etwa ein Weniger gegenüber dem ursprünglich gestellten Antrag auf Freistellung von bestimmten Verbindlichkeiten darstelle. Das ergibt sich daraus, daß in dem Anspruch auf Vsschutz — gleichgültig ob er in Form einer Feststellungs- oder Leistungsklage erhoben wird — immer auch die Freistellungsvariante der Haftpflichtv, wenn auch nach Wahl des Vers enthalten ist. Eine derartige Präzisierung des Antrags stellt daher keine teilweise Klagrücknahme dar; aus diesem Gesichtspunkt dürfen dem Vmer keine Kosten auferlegt werden (RG 19. X. 1939 a. a. O.). Etwas anderes gilt natürlich dann, wenn der Haftpflichtver keine Veranlassung zur Klage gegeben hat und sofort anerkennt, nachdem erstmals ein zutreffend formulierter Antrag in den Prozeß eingeführt worden ist (§ 93 ZPO).

BGH 26. XI. 1959 VA 1960 S. 147 Nr. 258 = VersR 1960 S. 75 liegt auf dieser Linie, wenn er dem Vmer nach § 92 II ZPO die gesamten Kosten des Revisionsverfahrens in einem Falle auferlegt, in dem der Vmer gegenüber dem dem Hilfsantrag entsprechenden Urteil auf Gewährung von Vsschutz im Wege der Anschlußrevision seinen in erster Linie gestellten Zahlungsanspruch (!) weiterverfolgte. Wörtlich führt BGH 26. XI. 1959 a. a. O. S. 75 (in VA 1960 S. 145—147 Nr. 258 insoweit nicht mitabgedruckt) folgendes aus: „Bei der Kostenentscheidung war zu berücksichtigen, daß das hierbei maßgebende Interesse des Klägers an dem von ihm weiterverfolgten Zahlungsantrag nur geringfügig über seinen erfolgreichen Freistellungsantrag hinaus geht und daß die Anschlußrevision keine besonderen Kosten veranlaßt hat.“ Dabei sei betont, daß hier nicht etwa ein Feststellungsantrag in Bezug auf bestimmte, bereits festgestellte Ansprüche zur Debatte stand, sondern die Frage der Begründetheit durchaus noch offen war und vom Ver entschieden werden mußte.

Bei der Abfassung einer Klage auf Gewährung von Haftpflichtvsschutz ist schließlich immer zu bedenken, daß durch eine derartige Klage die Verjährungsfrist für einen dem Vmer aus dem Verzug des Vers entstehenden Schadenersatzanspruch nicht unterbrochen wird (vgl. dazu Anm. B 49). Entsteht also ein solcher Schaden oder besteht eine ernsthafte Möglichkeit, so bedarf es eines zusätzlichen Klagantrages.

[B 47] ccc) Exkurs: Streitwert der Klage auf Gewährung von Haftpflichtversicherungsschutz (oder auf Feststellung dieser Verpflichtung des Versicherers).

Der Streitwert einer Klage auf Gewährung von Haftpflichtvsschutz oder auf Feststellung dieser Verpflichtung des Vers ist nach § 3 ZPO zu schätzen. Maßgebend ist dabei in erster Linie der Umfang der zu erwartenden berechtigten Ansprüche des geschädigten Dritten. BGH 23. IX. 1965 VersR 1966 S. 36—37 nimmt an, daß bei einer Feststellungsklage auf Gewährung von Haftpflichtvsschutz regelmäßig von dem bereits bezifferten Anspruch des Dritten ein Abzug von 20% zu machen sei (zustimmend Platz VersR 1967 S. 21; anders OLG Frankfurt a. M. 30. IV. 1962 VersR 1962 S. 722 [nur L. S.] für den sachlich gleichliegenden Fall einer negativen Feststellungsklage des Vers gegen den Vmer). Mit Rücksicht auf die stets anzunehmende Möglichkeit, daß ein Teil der geltend gemachten Ansprüche unbegründet ist, ist ein derartiger Abzug von 20% aber grundsätzlich auch dann von den von dem Dritten angegebenen Beträgen vorzunehmen, wenn es sich nicht um eine Feststellungsklage des Vmers sondern um eine Klage auf Gewährung von Vsschutz handelt. Insoweit sei auf die Ausführungen in Anm. B 46 darüber verwiesen, daß in diesen Fällen die Rechtswirkungen einer Leistungs- und einer Feststellungsklage im Ergebnis für den Vmer gleich ausfallen. Dieser Abzug von 20% ist auch dann berechtigt, wenn dem Richter des Vsschutzprozesses die geltend gemachten Ansprüche eindeutig begründet zu sein scheinen. Nach dem Trennungsprinzip ist im Vsschutzprozeß grundsätzlich nicht zu prüfen, inwieweit der Anspruch des geschädigten Dritten begründet ist oder nicht (vgl. dazu Anm. B 57). Dazu würde es im Widerspruch stehen, wenn im summarischen Streitwertverfahren in bezug auf die Begründetheit der Ansprüche des Dritten genaue Angaben eines Gerichts erfolgen würden, das sich mit dieser Frage in der Hauptsache gerade nicht befassen durfte. Soweit dagegen die Forderung des geschädigten Dritten im Sinne der §§ 154 I, 156 II festgestellt ist, so daß der Befreiungsanspruch des Vmers bereits auf Zahlung an den geschädigten Dritten konkretisiert ist (vgl. dazu Anm. B 34), bildet grundsätzlich der volle Betrag der auf Zahlung an den Dritten gerichteten Klage den Streitwert. Ein beachtlich erscheinender Grund für einen Abzug eines bestimmten Betrages als Unsicherheitsfaktor ist hier nicht gegeben (vgl. zutreffend OLG Hamm 23. V. 1950 VW 1950 S. 346; anders für eine Befreiungsklage [in einem nicht haftpflichtvsrechtlichen Fall] OLG Naumburg 16. III. 1937 JW 1937 S. 1658—1659).

[B 48] 8. Verjährung.

a) Verjährung des Anspruchs auf Haftpflichtversicherungsschutz.

aa) Grundsätzliches zur Verjährung des einheitlichen Anspruchs.

Nach § 12 I verjähren die Ansprüche aus dem Haftpflichtvsvertrag in zwei Jahren. Die Verjährung beginnt mit dem Schluß des Jahres, in welchem die Leistung verlangt werden kann. Der einheitliche Haftpflichtvsanspruch auf Rechtsschutz und Befreiung wird schon fällig, wenn der Vmer von dem geschädigten Dritten auf Schadenersatz in Anspruch genommen wird (vgl. Anm. B 43). Mit der Fälligkeit des Haftpflichtvsanspruchs ist die in § 12 I genannte Voraussetzung eingetreten, daß die Leistung des Vers, nämlich sein den Vmer befreiendes Tun, verlangt werden kann. Am Schluß des Jahres der Inanspruchnahme durch den geschädigten Dritten beginnt somit einheitlich die zwei Jahre betragende Verjährungsfrist des § 12 I für alle vom Ver nach §§ 3 II AHB, 3 II AHBVerm geschuldeten Leistungen, da es sich dabei um Ausstrahlungen einund desselben einheitlichen Vsanspruchs handelt. So die ständige höchstrichterliche Rechtsprechung; vgl. RG 7. II. 1936 RGZ Bd 150 S. 227—231, 29. IX. 1936 JW 1936 S. 3531 = VA 1936 S. 230 Nr. 2908, 19. I. 1937 VA 1937 S. 147 Nr. 2967 = ÖffrV 1937 S. 133, BGH 12. V. 1960 NJW 1960 S. 1346—1348 = VersR 1960 S. 554—555, 5. X. 1961 BGHZ Bd 36 S. 28—29, 20. I. 1966 VersR 1966 S. 229—230; ebenso: OLG Karlsruhe 17. VII. 1935 HansRGZ 1936 A Sp. 62—63 (Vorinstanz zu RG 7. II. 1936 a. a. O., vgl. dazu auch als erste Entscheidung LG Karlsruhe 16. XI. 1934 HansRGZ 1936 A Sp. 59—61), LG Bremen 5. VIII. 1954 VersR 1954 S. 589, OLG Düsseldorf 16. VII. 1963 VersR 1964 S. 178 (Vorinstanz zu BGH 20. I. 1966 a. a. O.), OLG Schleswig 14. III. 1968 VersR 1968 S. 833—834. A. M. sind nur solche Instanzurteile, die vor Beginn der zitierten höchstrichterlichen Rechtsprechung ergangen sind; vgl. OLG Düsseldorf 18. VI. 1934 HansRGZ 1934 A Sp. 408 (dessen Urteil aber unter Umständen wegen des widersprüchlichen Verhaltens des Vers, der nämlich nach Deckungsablehnung Rechtsschutz gewährte und auch die Kosten der ersten Instanz bezahlte, sich dann aber doch wieder auf die ursprüngliche Deckungsablehnung berufen wollte, auch nach der hier vertretenen Auffassung als zutreffend angesehen werden kann), OLG Köln 19. VII. 1935 HansRGZ 1936 A Sp. 63—64 (vgl. dazu aber RG 31. I. 1936 RGZ Bd 150 S. 183—184), KG 27. XI. 1935 JRPV 1936 S. 122—123; a. M. ferner ÖOGH 9. IX. 1960 VersR 1961 S. 814—815 m. w. N. (vgl. dazu auch die Anm. von Wahle a. a. O. S. 815—816).

Diese Auffassung dominiert heute auch eindeutig im Schrifttum. Vgl. dazu die Nachweise in Anm. B 36. Sie ist die logische Konsequenz aus dem einheitlich zu verstehenden Haftpflichtvsschutz gegenüber begründeten und unbegründeten Schadenersatzansprüchen. Auch Prölss[17] Anm. 1 zu § 149, S. 548 hat seine ursprünglich vertretene Auffassung, daß es sich um zwei Ansprüche mit getrenntem rechtlichen Schicksal handle (vgl. Prölss[10] Anm. 1 zu § 149, S. 413) im Anschluß an Beisler VersArch 1957 S. 257—300 aufgegeben. Eine Mittelmeinung vertritt demgegenüber Möller in Bruck-Möller Anm. 13 zu § 12. Er geht augenscheinlich von zwei selbständigen Ansprüchen aus, kommt der h. A. aber sehr nahe, wenn er ausführt, daß die Verjährung dessen ungeachtet aber häufig einheitlich beginne, wenn nämlich in der Verweigerung des Rechtsschutzes zugleich die Ablehnung einer Entschädigungsleistung zu sehen sei. Demgegenüber ist aber aus den in Anm. B 36 dargelegten Gründen an der Rechtsidee eines einheitlichen Vsschutzanspruches festzuhalten.

Müller-Stüler S. 15—16 vertritt entgegen der h. A. ebenfalls die Meinung, daß der Befreiungs- und der Rechtsschutzanspruch als zwei rechtlich ganz selbständige Ansprüche nebeneinander stehen und daß sie demgemäß auch in unterschiedlicher Weise verjähren können. Zu diesem Ergebnis kommt Müller-Stüler a. a. O. insbesondere dadurch, daß er durch eine ihm eigene Terminologie in der Form einer Fiktion sämtliche Haftpflichtansprüche bis zu ihrer Feststellung im Sinne der §§ 154 I, 156 II als materiellrechtlich unbegründet einordnet. Mit dieser Einteilung wird aber Müller-Stüler dem effektiv eingetretenen Schaden nicht gerecht (vgl. dazu Anm. B 7); darüber hinaus wird durch diesen Kunstgriff die oftmals hohe Anforderungen an den Ver stellende Verpflichtung, den Vmer von Anfang an von begründeten und unbegründeten Haftpflichtansprüchen freizuhalten, nicht in ihrer wesentlichen Substanz erfaßt. Auch gegenüber den Einwendungen von Müller-Stüler ist also von einem einheitlich verjährenden Haftpflichtvsanspruch auf Befreiung von begründeten und unbegründeten Ersatzansprüchen aller Art auszugehen. Es versteht sich, daß ein gleiches für Kostenforderungen und alle sonstigen Ausstrahlungsverpflichtungen des Vers im Rahmen des einheitlichen Vsanspruchs gilt. § 154 I (in Verbindung mit § 156 II) steht diesem Ergebnis nicht entgegen; zwar ist dieser Vorschrift zu entnehmen, daß die Zahlung an den geschädigten Dritten vom Vmer erst nach Feststellung der Haftpflichtforderung verlangt werden kann. Das hindert aber nicht daran, anzunehmen, daß der einheitliche Haftpflichtvsanspruch bereits vorher verjährt. Nur dann wird also durch den in § 154 I bezeichneten Zeitpunkt eine neue zwei Jahre betragende Verjährungsfrist in Lauf gesetzt, wenn zu diesem Zeitpunkt nicht bereits eine Verjährung des einheitlichen Haftpflichtvsanspruchs eingetreten ist (RG 7. II. 1936 a. a. O. S. 230—231, BGH 12. V. 1960 a. a. O.).

[B 49] bb) Einzelheiten zum Beginn der Verjährungsfrist und zur Unterbrechung.

Zu beachten ist bei der Anwendung des § 12 I auf Haftpflichtvsansprüche insbesondere, daß der Beginn der Verjährungsfrist nicht etwa voraussetzt, daß der Schaden dem Ver gemeldet worden ist; die Verjährungsfrist beginnt also unabhängig davon, daß der Schaden dem Ver nicht gemeldet worden ist, mit dem Schluß des Jahres, in dem der geschädigte Dritte den Vmer in Anspruch nimmt (BGH 12. V. 1960 a. a. O., OLG Schleswig 14. III. 1968 VersR 1968 S. 833 m. zust. Anm. von Groth VersR 1968 S. 833—834).

Der Grundsatz der Einheit der Verjährung des Haftpflichtvsanspruchs gilt aber nicht in den Fällen, in denen aus einem Schadenereignis mehrere Geschädigte Ersatzansprüche stellen. Hier beginnt vielmehr für jeden Anspruch eines geschädigten Dritten mit der Geltendmachung gegenüber dem Vmer eine gesonderte Verjährungsfrist zu laufen. Werden z. B. am 30. XI. 1958 sowohl A als auch B durch denselben vom Hause des Vmers fallenden Ziegelstein verletzt und erhebt A am 10. XII. 1958 Schadenersatzansprüche für die der Ver am 21. XII. 1958 den Vsschutz versagt, so verjährt der Haftpflichtvsanspruch des Vmers bezüglich der Ersatzansprüche des A mit dem Ablauf des 31. XII. 1960. Hingegen kann der Ver sich gegenüber dem Vmer für denselben Schadenfall nicht mit Erfolg auf die Einrede der Verjährung berufen, soweit es sich um den von B erst im Februar 1961 erhobenen Schadenersatzanspruch handelt; für diesen Haftpflichtvsschutzanspruch beginnt die Verjährungsfrist überhaupt erst mit dem Ende des Jahres 1961 zu laufen. Vgl. dazu BGH 5. X. 1961 a. a. O. für den gleichgelagerten Fall, daß zwar nur ein Dritter verletzt wurde, einem Sozialver aber nach § 903 RVO a. F. ein originärer Anspruch zustand: Schadenfall Februar 1952; Anspruchserhebung durch den Verletzten November 1952, Geltendmachung des originären Regreßanspruchs nach § 903 RVO a. F. im März 1954; der BGH entschied zutreffend, daß gegenüber der im Jahre 1956 erhobenen Vsschutzklage bezüglich der Ansprüche der Berufsgenossenschaft die Einrede der Verjährung nicht durchgreife.

Nach § 12 II ist für den Zeitraum zwischen der Geltendmachung des Vsanspruchs und der schriftlichen Entscheidung des Vers darüber, ob Vsschutz bestehe, die Verjährung des Anspruchs gehemmt. Diese Zeit wird also für die Berechnung der zweijährigen Frist nicht mitgerechnet, vgl. § 205 BGB. Von Bedeutung ist diese Bestimmung nur dann, wenn die Entscheidung des Vers nicht vor dem Ende desjenigen Jahres getroffen wird, in dem der Haftpflichtvsanspruch fällig geworden ist, da eine Hemmung der Verjährung begrifflich nur in den Zeitraum des ansonsten vorgesehenen Laufs der Verjährungsfrist fallen kann. Ist die Verjährung eines fälligen Haftpflichtvsanspruchs über das Jahresende gehemmt, so beginnt die Verjährung aber nicht etwa mit dem Ende des Jahres, in dem der Ver über den Vsanspruch entscheidet, sondern schon zu dem Zeitpunkt, zu dem dem Vmer die Entscheidung des Vers zugeht (Möller in Bruck-Möller Anm. 17 zu § 12). Das gleiche gilt, wenn der Ver den Vsschutzanspruch zunächst anerkennt im Sinne des § 208 BGB, später aber die Gewährung von Vsschutz ablehnt (RG 19. I. 1937 VA 1937 S. 147 Nr. 2967 = ÖffrV 1937 S. 133).

Schwierig kann dagegen die Entscheidung der Frage sein, was unter einer schriftlichen Entscheidung des Vers nach § 12 II im Sinne des Haftpflichtvsrechts zu verstehen ist. Eindeutig ist die Abgrenzung bei ausdrücklichen Erklärungen des Vers. Schreibt dieser etwa, daß er den Vsschutz ablehne oder daß er den Vsschutz bejahe und um Zusendung etwaiger bei dem Vmer eintreffender weiterer Anspruchsschreiben des geschädigten Dritten bitte, so entfällt der Hemmungseffekt des § 12 II. Keine eindeutige Entscheidung liegt dagegen vor, wenn der Ver den Eingang der Schadenanzeige bestätigt, aber über den Vsschutz nichts sagt, sondern lediglich um Zusendung weiterer Unterlagen bittet. Dagegen sind die Voraussetzungen des § 12 II erfüllt, wenn der Ver dem Vmer eine Kopie eines Schreibens an den Dritten übersendet, in dem sich der Ver gegenüber dem geschädigten Dritten als Haftpflichtver des Vmers legitimiert und den geltend gemachten Anspruch als unbegründet zurückweist. Unterrichtet der Ver dagegen den Vmer über eine derartige Korrespondenz mit dem geschädigten Dritten nicht oder behält er sich auch dort die Prüfung einer Eintrittspflicht aus dem Vsvertrag vor und trifft er auch sonst gegenüber dem Vmer keine eindeutige Entscheidung, so greift § 12 II ein.

In der Regel, wenn also der Ver den Abwehrkampf mit dem geschädigten Dritten führt, bedeutet die relativ kurze Verjährungsfrist von zwei Jahren keine Gefahr für den Haftpflichtvmer; durch jede neue Abwehrhandlung gegenüber dem geschädigten Dritten wird, soweit sie dem Vmer mit Wollen des Vers bekannt wird, ein Anerkenntnis des Vers bezüglich des Haftpflichtvsanspruchs im Sinne des § 208 BGB abgegeben. Beauftragt der Ver z. B. einen Anwalt für den Vmer, so wirkt die Unterbrechung im Sinne der §§ 208, 217 BGB bis zur letzten Handlung des Anwalts, die unmittelbar auf den Prozeß bezogen ist. Wenn allerdings der Haftpflichtver, nach dem er zunächst Rechtsschutz gewährt hatte, im Laufe des Prozesses die Fortführung des Rechtsstreits für den Vmer ablehnt und den Vsschutz verweigert, beginnt eine neue Verjährungsfrist zu laufen (RG 19. I. 1937 VA 1937 S. 147 Nr. 2967 = ÖffrV 1937 S. 133).

Schwierigkeiten ergeben sich dann, wenn der Haftpflichtanspruch einer längeren Verjährungsfrist als der Haftpflichtvsanspruch unterliegt. Wehrt der Haftpflichtver z. B. in einem ihm nach Anspruchserhebung durch den geschädigten Dritten im November 1956 gemeldeten Schadenfall im Februar 1957 durch ein kurzes Schreiben einen gegen einen Architekten gerichteten Schadenersatzanspruch ab, so verjährt der Haftpflichtvsanspruch im Februar 1959, der gegen den Architekten gerichtete Schadenersatzanspruch aber gemäß § 638 BGB erst nach fünf Jahren, also 1961. Wenn der Vmer hier nicht Acht gibt, verliert er den Vsschutz. Ein Verstoß gegen Treu und Glauben auf der Seite des Vers liegt dabei nur dann vor, wenn besondere Umstände im Einzelfall hinzutreten, die sein Berufen auf die gesetzliche Regelung als unvereinbar mit dem Anstandsgefühl aller billig und gerecht Denkenden erscheinen lassen. Es ist grundsätzlich Sache des Vmers, seine Rechte gegenüber dem Ver dadurch zu wahren, daß er rechtzeitig ein Anerkenntnis im Sinne des § 208 BGB verlangt. Erkundigt sich der Vmer z. B. im November 1958 nach dem Stand der Dinge und ist ihm darauf vom Ver im Dezember 1958 die Auskunft erteilt worden, daß der Sachstand gegenüber dem Ablehnungsschreiben aus dem Jahre 1957 unverändert sei, so liegt in diesem Schreiben zugleich ein Anerkenntnis nach § 208 BGB. Schickt der Ver im Beispielsfalle Ende 1957 unaufgefordert eine Mitteilung an den Vmer, daß der Schadenfall ohne Zahlung erledigt sei, so liegt darin nicht nur ein Anerkenntnis im Sinne des § 208 BGB, sondern der Ver darf sich nach einer derartigen Mitteilung auch dann, wenn der Dritte erst 1960 oder später auf seinen Erastzanspruch zurückkommt, nicht auf die Verjährung des Haftpflichtvsanspruchs berufen, da er bei dem Vmer den Eindruck erweckt hatte, daß der Vorgang für diesen vertragsgemäß erledigt worden sei.

[B 50] b) Verjährung der Schadenersatzansprüche.

Zu beachten ist, daß ebenso wie für den Haftpflichtvsanspruch auch für den Anspruch auf Schadenersatz wegen Verzuges mit der Erfüllung des Haftpflichtvsanspruchs oder wegen anderer Leistungsstörungen die Verjährungsfrist von zwei Jahren nach § 12 I gilt (BGH 13. VII. 1959 VersR 1959 S. 702 = VRS Bd 17 S. 242). Da solche Ansprüche mit dem Anspruch auf Vsschutz nicht identisch sind, wird durch die Einklagung des Hauptanspruchs nicht auch die Verjährungsfrist für die Schadenersatzansprüche gewahrt (BGH 13. VII. 1959 a. a. O.; Möller in Bruck-Möller Anm. 14 zu § 12). Die Verjährungsfrist für solche Schadenersatzansprüche fängt regelmäßig zu einem anderen Zeitpunkt an als die für den Hauptanspruch. So beginnt sie für einen Schadenersatzanspruch wegen Verzuges des Vers am Schluß des Jahres, in dem erstmals aus dem vertragswidrigen Verhalten des Vers dem Vmer ein Schaden entstanden ist. Die Verjährung eines solchen Anspruchs auf Ersatz eines Verzugsschadens beginnt zu diesem Zeitpunkt auch für die erst später entstehenden, aber voraussehbaren Folgen, wenn nur die Möglichkeit besteht, eine die Verjährung unterbrechende Feststellungsklage zu erheben (BGH 13. VII. 1959 a. a. O. m. w. N.). In den seltenen Fällen, in denen neben einem zunächst entstehenden Schadenersatzanspruch aus Verzug des Vers dem Vmer später auch noch ein Schadenersatzanspruch wegen vom Ver verschuldeter Unmöglichkeit aus § 280 BGB erwächst (vgl. dazu Anm. B 40), beginnt am Schluß desjenigen Jahres, in dem diese Unmöglichkeit eingetreten ist, eine neue zweijährige Frist zu laufen, sofern die Verjährung des Vsschutzanspruchs noch nicht eingetreten ist; doch erfaßt eine bereits eingetretene Verjährung des Anspruchs auf Ersatz des Verzugsschadens teilweise auch den Schadenersatzanspruch wegen Nichterfüllung aus zu vertretender Unmöglichkeit, soweit nämlich in diesem Schadenersatzanspruch Rechnungsfaktoren enthalten sind, deren Ersatz auch nach Verzugsgrundsätzen geschuldet worden ist (BGH 13. VII. 1959 a. a. O.).

[B 51] 9. Abtretung und Pfändung des Haftpflichtversicherungsanspruchs.

a) Vorbemerkung.

Ein wesentlicher Grund für die Konstruktion des Haftpflichtvsanspruchs als Befreiungsforderung ist der gewesen, den geschädigten Dritten zu schützen (vgl. dazu Anm. B 33). Der Zugriff unbeteiligter Vierter auf die Haftpflichtvsforderung sollte vereitelt werden. Auch eine Abtretung an unbeteiligte Vierte widerspricht erkennbar diesem Zweck der ersonnenen Konstruktion. Den in den Haftpflichtvsbedingungen getroffenen Bestimmungen, daß der Haftpflichtvsanspruch vor seiner endgültigen Feststellung ohne ausdrückliche Zustimmung des Vers nicht übertragen werden könne (so §§ 7 Ziff. 3 AHB, 7 Ziff. 3 AHBVerm, 3 Ziff. 4 AKB), kommt demgemäß weitgehend nur deklaratorische Bedeutung zu. Das gilt um so mehr, als nach § 156 I 1 ohnedies jede Verfügung über den Haftpflichtvsanspruch unwirksam gegenüber dem geschädigten Dritten ist. Doch darf deshalb nicht der daneben stehende, historisch gewachsene schwächere Schutzgedanke des Befreiungsanspruchs aufgegeben werden (Möller Grundlagen B 2 S. 9; vgl. auch Anm. B 33).

b) Aufgliederung der Abtretungsempfänger (Pfändungsgläubiger).

Als denkbare Abtretungsempfänger oder Pfändungsgläubiger sind folgende Personengruppen zu unterscheiden:

aa) Weder am Haftpflicht- noch am Haftpflichtvsverhältnis beteiligte Personen (unbeteiligte Vierte),

bb) Geschädigte Dritte und

cc) Vte (in der Haftpflichtv für fremde Rechnung).

Da die Interessenlage in diesen drei Gruppen erkennbar unterschiedlich liegt, ist eine gesonderte Betrachtung geboten.

[B 52] aa) Unbeteiligte Vierte.

Da es sich bei dem Anspruch aus dem Haftpflichtvsvertrag im ganzen um einen Befreiungsanspruch handelt (vgl. dazu Anm. B 33—36) ist eine Abtretung an eine weder am Haftpflicht- noch am Haftpflichtvsverhältnis beteiligte Person unwirksam. Soll damit erreicht werden, daß nunmehr an den Abtretungsempfänger gezahlt oder dieser gar von einer eigenen Verbindlichkeit befreit wird, so steht der Abtretung § 399 (2. Alt.) BGB entgegen. Eine unzulässige inhaltliche Änderung des Anspruchs tritt hier klar zutage. Demgemäß wird von der Rechtsprechung ständig die Abtretung (oder Pfändung) eines Befreiungsanspruchs — gleich welcher Art — an (durch) einen unbeteiligten Vierten für unzulässig gehalten (RG 5. II. 1909 RGZ Bd 70 S. 257—263, 9. X. 1912 RGZ Bd 80 S. 183—184 [nicht vsrechtliches Urteil], 28. I. 1913 RGZ Bd 81 S. 250—254, 22. V. 1933 RGZ Bd 140 S. 378 [nicht vsrechtliche Entscheidung], 27. V. 1938 RGZ Bd 158 S. 12; BGH 8. X. 1952 BGHZ Bd 7 S. 246, 22. I. 1954 BGHZ Bd 12 S. 136—145 [nicht vsrechtlicher Fall], 27. II. 1964 BGHZ Bd 41 S. 205—206 [nicht vsrechtlicher Fall]). Das ist auch die ganz überwiegende Meinung im schuldrechtlichen Schrifttum (vgl. dazu die Nachweise bei Gerhardt, Der Befreiungsanpruch, — zugleich ein Beitrag zum arbeitsrechtlichen Freistellungsanspruch, Göttingen 1966, S. 46 Anm. 26); vgl. ferner Möller in Bruck-Möller Anm. 17 zu § 15, Möller Grundlagen B 2 S. 21, Ehrenzweig S. 375 und die Nachweise in Anm. B 53. Eine Abtretung könnte daher nur in der Form gedacht werden, daß nunmehr der Abtretungsempfänger einen Anspruch auf Befreiung des Vmers von der diesem gegenüber bestehenden Haftpflichtforderung des geschädigten Dritten hat. Es ist jedoch aus der Interessenlage aller Beteiligter kein einleuchtender Grund für eine soche Rechtskonstruktion ersichtlich. Im Grunde genommen wird durch die erwähnte Konstruktion nur verdeckt, daß der Befreiungsanspruch seinem Wesen nach nicht sinnvoll an eine am Haftpflicht- oder Haftpflichtvsverhältnis unbeteiligte Person abgetreten werden kann. Eine solche Abtretung würde zwar keine inhaltliche Änderung nach § 399 (2. Alt) BGB bewirken (offengelassen von RG 27. V. 1938 RGZ Bd 158 S. 12). Da aber die normale Wirkung einer Abtretung, nämlich die Vollrechtsübertragung schon nach dem Inhalt des Befreiungsanspruchs nicht eintreten kann und für eine Ermächtigung eines unbeteiligten Vierten kein schutzwürdiges Bedürfnis ersichtlich ist, muß auch eine derartige Konstruktion abgelehnt werden (im Ergebnis ebenso Bohlken S. 168 Anm. 1, Ehrenzweig S. 375, Sieg Ausstrahlungen S. 146 Anm. 327, für alle Befreiungsansprüche: Enneccerus-Lehmann[15] § 78 IV 1 b, Reimer Schmidt in Soergel-Siebert[10] Anm. 3 zu § 399 BGB, Gerhardt a. a. O. S. 40—46; a. M. Heldrich Deutsche Justiz 1939 S. 779, Müller-Stüler S. 24, Jaeger-Lent[8] Anm. 12 zu § 49 KO; auch Wussow[5] Anm. 5 zu § 3 AHB, S. 260 bejaht anscheinend die theoretische Möglichkeit einer derartigen Abtretung an einen Vierten).

Das Gesagte bedeutet, daß der Bestimmung des § 7 Ziff. 3 AHB für den hier erörterten Personenkreis nur deklaratorische Bedeutung zukommt und daß auch nach dem in dieser Vorschrift genannten Zeitpunkt der endgültigen Feststellung des Haftpflichtanspruchs eine Abtretung an derartige unbeteiligte Personen nicht rechtswirksam erfolgen kann. Für die Pfändung des Haftpflichtvsanspruchs gilt das gleiche.

Eine Abtretung des Haftpflichtvsanspruchs an unbeteiligte Vierte oder eine Pfändung durch diese ist nur dann möglich, wenn sich der Befreiungsanspruch nach Befriedigung des geschädigten Dritten durch den Vmer in einen Zahlungsanspruch verwandelt hat (RG 5. II. 1909 RGZ Bd 70 S. 259, BGH 30. X. 1954 BGHZ Bd 15 S. 158; Flechtheim LZ 1908 Sp. 807, Hagemann DR 1939 S. 2035, Schmidtmüller LZ 1913 Sp. 931; vgl. dazu Anm. B 39).

[B 53] bb) Geschädigter Dritter als Rechtsnachfolger des Versicherungsnehmers.

Für den geschädigten Dritten liegt die Rechtslage dagegen ganz anders. Für ihn sind im Wechselspiel der Interessenwertung die Leistungen des Haftpflichtvers im Grunde genommen im gleichen Maße wie für den Vmer bestimmt. So erlöschen im Normalfalle einer Zahlung nach außergerichtlicher Feststellung der Haftpflichtforderung Haftpflichtschuld und Haftpflichtvsforderung auch uno actu. Der geschädigte Dritte ist demgemäß in strittigen Fällen im höchsten Maße an einer Realisierung des Vermögensobjekts

Haftpflichtvsforderung zu seinen Gunsten interessiert. Der gebotene Weg ist die Abtretung oder Pfändung und Überweisung des Haftpflichtvsanspruchs. In der Hand des geschädigten Dritten verwandelt sich durch eine Abtretung (oder Pfändung und Überweisung) der Befreiungsanspruch in einen Zahlungsanspruch; vgl. nur RG 28. I. 1913 RGZ Bd 81 S. 250—254, 12. I. 1926 VA 1926 S. 266 Nr. 1624, 27. V. 1938 RGZ Bd 158 S. 12, BGH 8. X. 1952 BGHZ Bd 7 S. 246, 28. I. 1958 VersR 1958 S. 159, 21. II. 1963 VersR 1963 S. 422, 12. XII, 1963 VersR 1964 S. 157, OLG Hamburg 8. I. 1940 Hans RGZ 1940 B Sp. 118 = JRPV 1940 S. 102; ferner aus dem Schrifttum Arens S. 28, Ehrenzweig S. 375, Eichler S. 272, Fleischmann-Deiters in Thees-Hagemann Anm. 4 zu § 156, S. 253, Goltermann JW 1937 S. 443, Hagemann DR 1939 S. 2034—2035, Hagen II S. 325, Möller in Bruck-Möller Anm. 17 zu § 15, Prölss[17] Anm. 5 C zu § 156, S. 587, Roeder S. 108, Schultz S. 19; aus dem allgemeinen schuldrechtlichen Schrifttum zum Problem der Umwandlung eines Befreiungsanspruchs in einen Zahlungsanspruch in der Hand des Dritten vgl. nur Enneccerus-Lehmann[15] § 78 IV 1 b und Reimer Schmidt in Soergel-Siebert[10] Anm. 3 zu § 399 BGB.

RG 27. V. 1938 a. a. O. S. 11—12 gliedert diesen Vorgang begrifflich allerdings subtiler auf, indem es ausführt, daß der abgetretene Anspruch auch in der Hand des geschädigten Dritten in Wirklichkeit weiter ein Befreiungsanspruch bleibe, der lediglich durch die Besonderheit gekennzeichnet sei, daß jetzt die Befreiung nur durch Zahlung erfolgen könne (ebenso Sieg Ausstrahlungen S. 197 m. w. N. in Anm. 615). Mit dieser Formalargumentation stützte das RG sein gewiß besser aus der Interessenlage zu begründendes Ergebnis, daß im entschiedenen Falle eine Aufrechnung mit Forderungen des Vers aus vsfremden Geschäften mit dem Vmer nicht möglich sei (vgl. zur Lösung dieser Frage Anm. B 90). Indessen ist dieser allzu theoretisierenden Formel nicht zu folgen. Der plastisch-anschaulichen Ausdrucksweise, daß der Befreiungsanspruch sich in der Hand des geschädigten Dritten in einen echten Zahlungsanspruch umwandle, ist der Vorzug zu geben.

Abzulehnen ist auch die von einem Teil des Schrifttums vertretene Auffassung, daß es sich bei der Abtretung an den geschädigten Dritten nicht um eine Vollrechtszession, sondern um eine abgeschwächte Abtretung oder eine Einziehungsermächtigung handle (so Senger S. 20—21, Sieg Ausstrahlungen S. 197—198, Müller-Stüler S. 24). Für eine solche Konstruktion, aus der sich im übrigen bei richtiger Würdigung des Wesens der Haftpflichtv auch gegenüber den Rechtswirkungen einer Vollrechtszession keine abweichenden Konsequenzen ergeben würden, besteht kein Bedürfnis. Es ist insbesondere kein fundamentaler Unterschied zwischen der Situation des Zedenten einer Geldforderung und der eines Vmers aus der Haftpflichtv oder eines sonstigen Gläubigers einer Befreiungsschuld zu erkennen, die es rechtfertigen würde, eine abgeschwächte Abtretung anzunehmen. Der Umstand, daß der Vmer von dem Anspruch des Dritten erst erlöst wird, wenn der Ver diesen und damit zugleich den in einen Zahlungsanspruch verwandelten Befreiungsanspruch erfüllt (oder umgekehrt), besagt nichts Besonderes. Auch bei der Zession einer gewöhnlichen Geldforderung tritt eine derartige Beruhigung des die Veranlassung für die Abtretung bildenden Rechtsverhältnisses zwischen Zedent und Zessionar erst ein, wenn der Schuldner der zedierten Forderung diese erfüllt, wodurch uno actu auch die die Veranlassung für die Abtretung bildende Grundforderung erlischt. Auch der von Sieg Ausstrahlungen S. 199 vertretenen Meinung, daß § 7 Ziff. 3 AHB auch im Verhältnis zum geschädigten Dritten nur deklaratorische Bedeutung zukomme, daß also vor einer Feststellung der Haftpflichtforderung die Haftpflichtvsforderung begrifflich nicht abgetreten werden könne (ebenso Müller-Stüler S. 22; andeutungsweise auch Heldrich Deutsche Justiz 1939 S. 779), kann nicht beigepflichtet werden. Es ist zwar richtig, daß eine solche Abtretung mit Rücksicht auf das das allgemeine Haftpflichtvsrecht noch beherrschende Trennungsprinzip (vgl. dazu Anm. B 57—66) zu Verwirrungen führen würde. Doch ist zu bedenken, daß dieses Trennungsprinzip kein aus der Natur der Sache folgendes, begriffsnotwendiges Wesensmerkmal der Haftpflichtv darstellt. Das hat der Federstrich des Gesetzgebers in der Kfz-Haftpflichtv, mit dem der Direktanspruch des geschädigten Dritten eingeführt worden ist, gewiß gezeigt. Es handelt sich vielmehr um ein als zweckmäßig erkanntes Schema, das dem lebenden Bedingungsrecht zugrunde liegt und zu dessen Sicherung eine Bestimmung wie

§ 7 Ziff. 3 AHB gerade dient. Ohne eine solche zusätzliche Stütze wie § 7 Ziff. 3 AHB ist eine Abtretung der Haftpflichtvsforderung also auch vor einer Feststellung der Haftpflichtschuld zulässig (ebenso Fleischmann-Deiters in Thees-Hagemann Anm. 4 zu § 156 S. 253; verfehlt: OLG Stettin 24. X. 1918 VA 1921 Anh. S. 14—15, Nr. 1125; ähnlich aber, wenn auch nur andeutungsweise, auch: RG 28. I. 1913 RGZ Bd 81 S. 252, vgl. ferner für den Fall einer Ermächtigung: RG 22. IX. 1933 RGZ Bd 141 S. 414—415). Das Trennungsprinzip würde dann zusätzlich durchbrochen werden, es sei denn, daß man in diesem besonderen Falle eine Umwandlung des Befreiungsanspruchs in einen Zahlungsanspruch verneint (vgl. dazu aber die Ausführungen am Schluß dieser Anm.).

Sieg Ausstrahlungen S. 203—204 weist im übrigen in diesem Zusammenhang treffend auf eine Eigenart des lebenden Haftpflichtvsrechts hin, daß nämlich der Ver nach § 3 II Ziff. 1 AHB vor endgültiger Feststellung der Haftpflichtforderung im Sinne des § 154 I (oder des § 7 Ziff. 3 AHB) zur Befriedigung des geschädigten Dritten durch Zahlung verpflichtet sei, wenn nämlich dieser eine Pfändung des Haftpflichtvsanspruchs aufgrund eines nur vorläufig vollstreckbaren Schuldtitels bewirke (vgl. dazu Anm. B 38). Das Gesagte bedeutet doch nichts anderes, als daß der geschädigte Dritte, obwohl die Haftpflichtforderung noch nicht endgültig festgestellt ist, als Rechtsnachfolger des Vmers den Ver auf Zahlung in Anspruch nehmen kann. Es ist aber nicht einzusehen, warum in denjenigen Fällen etwas anderes gelten soll, in denen der Ver keinen Wert darauf legt, sich durch ein Abtretungsverbot zu schützen.

Sieg Ausstrahlungen S. 200 führt im übrigen seine These vom deklaratorischen Charakter des Abtretungsverbots nicht konsequent durch, wenn er zutreffend eine Abtretung vor Feststellung der Haftpflichtschuld dann für wirksam hält, wenn der Ver zustimmt. Müller-Stüler S. 22 Anm. 102 erkennt diesen Widerspruch und will die These der Unübertragbarkeit damit retten, daß er in jeder Zustimmung zur Abtretung die Feststellung der Haftpflichtschuld sieht. Das ist aber vom logischen Standpunkt aus nicht zwingend. Ein Ver kann durchaus mit einer Abtretung der Vsforderung einverstanden sein, die Berechtigung der Haftpflichtforderung aber mit allem Nachdruck in Abrede stellen. Eine solche Zustimmung des Vers, die zu einer Durchbrechung des Trennungsprinzips führt, wird nur sehr selten erteilt werden. Eine tatsächliche Vermutung aus der Interessenlage spricht gegen ein derartiges Einverständnis des Vers. Es darf daher allgemein auch aus einem Schweigen des Vers auf den Zugang einer solchen Abtretungserklärung nicht auf seine Genehmigung geschlossen werden. Ein gutes Beispiel für die Zulässigkeit der Abtretung der Haftpflichtvsforderung vor ihrer Feststellung finden wir in der KVO-Haftpflichtv. Dort fehlt es nicht nur an einem Abtretungsverbot im Sinne der §§ 7 Ziff. 3 AHB, 7 Ziff. 3 AHBVerm. Der Vmer ist vielmehr sogar nach § 38 KVO — ohne Rücksicht auf eine vorangegangene Feststellung der Ersatzforderung des Dritten — zur Abtretung verpflichtet. Vgl. zu diesem Problemkreis: BGH 1. XII. 1955 VersR 1956 S. 31 (stillschweigende Zulassung einer Zahlungsklage), OLG Düsseldorf 9. IV. 1957 VersR 1957 S. 579—580 (verfehlt), 18. X. 1960 VersR 1961 S. 114—115 (nur im Ergebnis richtig) und die Ausführungen in Anm. B 33 a. E. Hier dem geschädigten Dritten anstelle einer Zahlungsklage nur eine Feststellungsklage zuzubilligen (so außer OLG Düsseldorf 9. IV. 1957 a. a. O. auch Bronisch-Cuntz-Sasse-Starke Anm. 9 zu § 149 und Prölss[17] Anm. 5 C zu § 156, S. 587), läßt eine unangebrachte Formalargumentation zum Maßstab der Entscheidung werden. Ganz abgesehen davon, daß der geschädigte Dritte nach fester Rechtsprechung ohnedies bei Vorliegen eines entsprechenden rechtlichen Interesses zur Klage auf Feststellung der Vsforderung, und zwar ohne jede Abtretung oder Ermächtigung durch den Vmer, berechtigt ist (vgl. dazu Anm. B 82), wird verkannt, daß nach natürlicher Auffassung ein Verzicht des Vers auf das Abtretungsverbot zugleich eine Aufgabe des Trennungsprinzips bedeutet. Selbstverständlich steht ein solches Prinzip zur freien Disposition des Vers. Den von ihm geschuldeten Rechtsschutz in der Form der Abwehr der unbegründeten Ansprüche gewährt der Ver dabei wie sonst dadurch, daß er die Abweisung des unbegründeten Teils des Haftpflichtanspruchs erreicht. Insoweit kann allerdings gewiß begrifflich keine Umwandlung des Befreiungsanspruchs erfolgen. Das steht aber einem Zahlungsanspruch im übrigen nicht entgegen.

Vom Abtretungsverbot nach § 7 Ziff. 3 AHB wird auch eine Ermächtigung erfaßt. Eine andere Entscheidung würde dem Sinn der Abrede nicht gerecht werden (ebenso Möller in Bruck-Möller Anm. 36 zu § 15 m. w. N., Prölss[17] Anm. 4 zu § 3 AHB, S. 730 m. w. N., Wussow[5] Anm. 8 zu § 7 AHB, S. 471, BGH 11. II. 1960 VersR 1960 S. 300—302 [zur Unfallv und im übrigen aus den in Anm. H 15 dargestellten Gründen bedenklich, weil die besondere Position des Vten nicht erkannt wird; vgl. dazu auch kritisch Thiel VersR 1961 S. 74—75], LG Aachen 8. XI. 1960 VersR 1961 S. 913—914 [das aber außer acht läßt, daß nach den in Anm. B 82 dargestellten Grundsätzen eine Feststellungsklage des geschädigten Dritten auch ohne Abtretung und ohne Ermächtigung zulässig sein kann], a. M. RG 22. IX. 1933 RGZ Bd 141 S. 410—420 [ebenfalls durch die in Anm. B 82 dargestellte Rechtsprechung im Grunde genommen überholt]).

Die Abtretung ist nach § 7 Ziff. 3 AHB nur bis zur Feststellung der Haftpflichtforderung im Sinne des § 154 I von der Zustimmung des Vers abhängig. Es fragt sich, ob eine nach einer unwirksamen Abtretung eintretende verbindliche Feststellung der Haftpflichtforderung die ursprüngliche Unwirksamkeit der Abtretung mit ex-nunc-Wirkung heilt. Das ist nach dem Sinn der getroffenen Regelung zu bejahen (ebenso Prölss[17] Anm. 4 zu § 3 AKB, S. 730 m. w. N., a. M. OLG Oldenburg 25. IV. 1966 VersR 1966 S. 1173—1174).

[B 54] cc) Übertragung auf den Versicherten.

Nach §§ 7 Ziff. 1 S. 2 AHB, 7 Ziff. 1 S. 2 AHBVerm steht bei der Haftpflichtv für fremde Rechnung die Ausübung der dem Vten nach § 75 I zustehenden Rechte aus dem Vsvertrag abweichend von der in § 76 getroffenen diffizilen Regelung ausschließlich dem Vten zu. — Anders ist die Regelung in § 10 Ziff. 4 AKB; dort ist bestimmt, daß Vte ihre Vsansprüche selbständig geltend machen können. — Es leuchtet ein, daß weder aus dem Charakter der Haftpflichtvsforderung als Befreiungsbegehren noch aus der relativen Sicht des § 156 I irgendwelche Bedenken dagegen geltend gemacht werden können, daß die Haftpflichtvsforderung von dem Vten als dem Träger des materiellen Rechts erhoben wird. Eine Vollrechtsübertragung vom Vmer auf den Vten kommt begrifflich nicht in Betracht, da der Vte ungeachtet der Ausübungsbefugnis des Vmers der materiellrechtliche Träger der Vsforderung geblieben ist. Es handelt sich also lediglich um die Übertragung der nach dem Gesetz bzw. nach dem ergänzenden Vertragsrecht bestehenden Ermächtigung des Vmers. Auch eine solche „Rück"-Übertragung einer Ermächtigung auf den Träger des materiellen Rechts unter § 7 Ziff. 3 AHB fallen zu lassen, erscheint als wenig sinnvoll. Dafür aber zunächst BGH 11. II. 1960 VersR 1960 S. 300—302 (zur Unfallv mit kritischer Anm. von Thiel VersR 1961 S. 74—75). BGH 4. V. 1964 BGHZ Bd 41 S. 329—333 hält es dagegen für rechtsmißbräuchlich, daß der Ver sich auf § 7 Ziff. 1 S. 2 AHB berufe, wenn der Vmer zu erkennen gebe, daß er selbst den Vsanspruch nicht verfolgen werde. Konsequent gedacht bedeutet das aber nichts anderes, als daß vom BGH § 7 Ziff. 3 AHB auf eine „Rück"-Übertragung der Geltendmachungsbefugnis vom Vmer auf den Vten als Träger des materiellen Rechts überhaupt nicht mehr angewendet wird. Dem ist zuzustimmen. § 7 Ziff. 1 S. 2 AHB soll allein der Klarheit dienen. Ist der Vmer aber mit einer unmittelbaren Geltendmachung einverstanden, so ist diese vom Ver gewünschte Klarheit gegeben. Das in erster Linie dem Trennungsprinzip dienende Abtretungsverbot nach § 7 Ziff. 3 AHB betrifft einen solchen Rechtsakt nicht. Vgl. im übrigen auch die Ausführungen in Anm. H 15.

[B 55] 10. Besonderheiten des Haftpflichtversicherungsschutzes für mehrere Versicherungsnehmer.

Der Vsschutz erweitert sich in bezug auf den geschützten Gefahrenbereich, wenn mehrere Vmer in einem Vertrag Haftpflichtvsschutz suchen. Vor dem Abschluß solcher eine Mehrheit von Vmern erfassender Verträge ist allerdings zu bedenken, daß die erzielte Prämienersparnis häufig in keinem Verhältnis zu dem sich gleichzeitig ergebenden Nachteil steht, daß die Ansprüche mehrerer Vmer desselben Vertrages gegeneinander vom Vsschutz ausgeschlossen sind (vgl. §§ 4 II Ziff. 2 AHB und die Erläuterungen dazu in Anm. G 241—242). Anders als bei der Sachv, bei der zwischen dem

Vsschutz für Gesamthands- und Bruchteilsgemeinschaften zu unterscheiden ist (vgl. dazu Möller in Bruck-Möller Anm. 63—65 zu § 6), liegt bei der V mehrerer Personen gegen Haftpflichtgefahren regelmäßig eine Mehrheit von selbständigen Haftpflichtvsansprüchen der einzelnen Vmer vor: BGH 13. VI. 1957 BGHZ Bd 24 S. 378—386 (Haftpflichtvsschutz für die Gefahren aus dem Betrieb eines Kfz der Gesellschafter einer Gesellschaft bürgerlichen Rechts), 28. I. 1958 NJW 1958 S. 549 = VersR 1958 S. 160, 15. VI. 1961 VersR 1961 S. 651—653 = VRS Bd 21 S. 104—108 (Haftpflichtvsschutz für Miteigentümer eines Pkw — ebenso als Vorinstanz OLG Düsseldorf 11. XI. 1958 VersR 1959 S. 101—102), 21. IX. 1967 VersR 1967 S. 990—991, OLG Düsseldorf 9. XI. 1965 VersR 1966 S. 1024—1025; ebenso: Bronisch-Cuntz-Sasse-Starke Anm. 2 zu § 149, Prölss[17] Anm. 6 zu § 6, S. 70; anders (ohne dabei die zitierte BGH-Rechtsprechung zu erwähnen): OLG Düsseldorf 3. IV. 1962 VersR 1962 S. 1170—1171. Diese rechtliche Selbständigkeit bedeutet, daß eine Obliegenheitsverletzung des einen Vmers nicht zum Verlust des Vsschutzes für den vertragstreuen anderen Vmer führt (BGH 13. VI. 1957 a. a. O.). Sie geht sogar so weit, daß ein etwaiger Ausgleichsanspruch des vertragstreuen Vmers gegen den anderen Vmer, der durch seine Obliegenheitsverletzung den Vsschutz verloren hat, auf den Ver in entsprechender Anwendung des § 67 übergeht (BGH 13. VI. 1957 a. a. O. S. 385). Nur dann, wenn der eine Vmer ausnahmsweise als Repräsentant des anderen anzusehen ist, gehen seine Obliegenheitsverletzungen auch zu dessen Lasten (BGH 21. XI. 1967 a. a. O.); dabei darf jedoch allein aus dem Umstand, daß Miteigentum besteht oder daß ein Gesellschaftsverhältnis vorliegt, nicht auf die Repräsentanteneigenschaft geschlossen werden (BGH 13. VI. 1957 a. a. O. S. 385—386, OLG Düsseldorf 9. XI. 1965 VersR 1966 S. 1024—1025).

Aus der rechtlichen Selbständigkeit des einzelnen Haftpflichtvsanspruchs folgt auch, daß eine Fristsetzung nach § 12 III gegenüber einem Vmer keine Wirkung gegenüber dem anderen hat (BGH 15. VI. 1961 a. a. O.). Das Gesagte über das jeweils gesondert zu beurteilende rechtliche Schicksal des einzelnen Haftpflichtvsanspruchs gilt auch für Gefahrerhöhungen, und zwar auch dann, wenn die Mitglieder einer Erbengemeinschaft vert sind; verfehlt daher OLG Düsseldorf 3. IV. 1962 a. a. O.

Ein einheitliches Schicksal erleiden mehrere Vmer grundsätzlich allerdings gemäß §§ 38, 39, soweit die solidarisch geschuldete Prämie nicht oder nicht rechtzeitig entrichtet worden ist.

Zu beachten ist im übrigen, daß sich das Gesagte über die rechtliche Selbständigkeit der Haftpflichtvsansprüche mehrerer Vmer nicht auf den Vsschutzanspruch eines Vten bezieht; dieser ist vielmehr grundsätzlich vom Verhalten des Vmers abhängig (vgl. dazu Anm. H 19).

V. Verhältnis des Versicherungsschutzanspruchs zur Haftpflichtforderung.

Gliederung:

[B 56] Schrifttum:

Grundlegend: Sieg, Ausstrahlungen der Haftpflichtv, Hamburg 1952, vgl. ferner Böhmer MDR 1963 S. 21—22, Bronisch-Cuntz-Sasse-Starke Anm. 8 zu § 149, Ehrenzweig VersR 1953 S. 80—81, Eichler S. 285—286, Elperting ZVersWiss 1917 S. 666—671, Fromm S. 246—247, Fleischmann-Deiters in Thees-Hagemann Anm. 6 zu § 149, S. 230 bis 231, Gerhardt-Hagen Anm. 3 zu § 154, v. Gierke II S. 316, Hanau VersR 1969 S. 291—298, Oberbach I S. 103—107, VersR 1950 S. 57—59, Pohle MDR 1958 S. 838 bis 840, Prölss WuRdVers 1937 Heft 2 S. 28—33, IRPV 1939 S. 305—307, VersR 1965 S. 101—103, Roeder, Die Stellung des Geschädigten in der Kraftfahrzeug-Haftpflichtv nach dem alten und dem neuen Recht, Diss. Jena 1941, Schack JW 1939 S. 449—453, Schirmer, Die Vertretungsmacht des Haftpflichtvers im Haftpflichtverhältnis, Karlsruhe 1969, G. Schmidt JRPV 1942 S. 47—49, Schünemann HansRZ 1923 Sp. 637—654, Senger, Die Stellung des geschädigten Dritten in der Haftpflichtv, Diss. Hamburg 1934, Sieg VersPrax 1940 S. 8—10, Wietzig JRPV 1936 S. 213—216, Wussow[5] Anm. 87—88 zu § 1 AHB, S. 166—172, Hj. Wussow VersR 1959 S. 976—977.

[B 57] 1. Trennungsprinzip im vorweggenommenen Versicherungsschutzprozeß.

a) Grundsatz

Die Frage, ob der Ver dem Vmer Vsschutz zu gewähren hat, ist von der Untersuchung des Problemkreises, ob der Vmer dem Dritten Schadenersatz schuldet, scharf zu trennen. Der Vmer hat, wie in Anm. B 43 dargelegt, einen fälligen Anspruch auf Gewährung von Haftpflichtvsschutz bereits dann, wenn er von dem Dritten auf Schadenersatz in Anspruch genommen wird, gleichgültig ob der Haftpflichtanspruch begründet ist oder nicht. Zum Wesen des Haftpflichtvsschutzes gehört gerade auch die Abwehr unbegründeter Ansprüche durch den Haftpflichtver. Nichts wäre daher sinnwidriger, als wenn der Haftpflichtver seine Leistungspflicht deshalb verneinen wollte, weil der Anspruch des geschädigten Dritten offensichtlich unbegründet sei.

Vom RG ist in bemerkenswert klarer Erkenntnis des Wesens der Haftpflichtv (in der durch die AHB und AHBVerm und früher auch AKB geprägten Form) ständig der Grundsatz eingehalten und den Instanzgerichten eingeschärft worden, daß im Vsschutzprozeß nicht geprüft werden dürfe, ob der Anspruch des geschädigten Dritten begründet sei oder nicht (RG 22. III. 1904 VA 1904 S. 180—181 Nr. 85, 27. IV. 1926 RGZ Bd 113 S. 286—293, 15. III. 1932 RGZ Bd 135 S. 368—370, 16. VI. 1933 RGZ Bd 141 S. 185—191, 22. IX. 1933 RGZ Bd 141 S. 414—415, 2. VIII. 1935 RGZ Bd 148 S. 285, 23. IV. 1937 RGZ Bd 154 S. 341, 30. VIII. 1938 JRPV 1938 S. 309 = SeuffArch Bd 92 S. 356—359 Nr. 149, 25. XI. 1938 RGZ Bd 159 S. 19; anders nur RG 26. III. 1909 VA 1909 Anh. S. 57—58 Nr. 56). Dieser Rechtsprechung hat sich der BGH ohne Abweichungen angeschlossen: BGH 20. II. 1956 NJW 1956 S. 827 = VA

1956 S. 88—90 Nr. 137, 26. XI. 1959 VA 1960 S. 147 Nr. 258 = VersR 1960 S. 74, 30. VI. 1960 VA 1960 S. 270 Nr. 275 = VersR 1960 S. 626, 9. III. 1961 VA 1961 S. 181 Nr. 299 = VersR 1961 S. 399, 6. IV. 1964 VersR 1964 S. 501, 22. VI. 1967 VersR 1967 S. 770. — Etwas unscharf nur BGH 7. I. 1965 VA 1966 S. 30 Nr. 421 = VersR 1965 S. 274, wenn es dort heißt, daß die Haftungsfrage im Deckungsprozeß nicht erörtert zu werden „brauchte" (richtig: „durfte"); dieser lapsus linguae ist dann aber auch beim Abdruck in der amtlichen Sammlung in BGHZ Bd 43 S. 42—46 nicht übernommen worden. — Ebenso die Instanzgerichte: Vgl. z. B. KG 5. VIII. 1936 VA 1936 S. 232 Nr. 2910 = JRPV 1936 S. 366, OLG Hamm 3. III. 1959 VersR 1959 S. 785, OLG Braunschweig 11. IV. 1961 VersR 1961 S. 747, OLG Köln 22. XII. 1965 OLGZ 1966 S. 301—302.

Auch das moderne haftpflichtvsrechtliche Schrifttum erkennt dieses Trennungsprinzip als Wesensmerkmal des Haftpflichtvsschutzes in der durch das Gesetz und die Bedingungen geprägten Form an; umstritten ist nur, ob dieser Trennungsgrundsatz auch in den Ausnahmefällen gilt, in denen in bezug auf die zwischen den Parteien des Haftpflichtvsprozesses strittigen Punkte Identität zwischen den Voraussetzungen des Haftpflichtanspruchs und des Vsanspruchs besteht (vgl. dazu die Ausführungen und Schrifttumsnachweise in Anm. B 58). Sieg Ausstrahlungen S. 85 vertritt den Standpunkt, daß sich dieser Trennungsgrundsatz nicht nur aus den AVB, sondern vor allem aus dem diesen zugrunde liegenden Fundamentalsatz ergebe, daß die Haftpflichtv keine V zugunsten Dritter sei, woraus das das Haftpflichtvsrecht beherrschende Prinzip folge, daß der Ver vom geschädigten Dritten nicht unmittelbar in Anspruch genommen werden könne. Indessen läßt sich diese Auffassung in denjenigen Fällen nicht halten, in denen der Ver nicht durch Vereinbarung eines Abtretungsverbots klare Grenzen setzt (vgl. dazu die Ausführungen in Anm. B 53).

Aus dem hier behandelten Grundsatz folgt in prozessualer Beziehung zwingend, daß der Vsschutzprozeß grundsätzlich nicht mit der Begründung nach § 148 ZPO ausgesetzt werden darf, daß zur Zeit noch ungewiß sei, ob der Haftpflichtanspruch begründet sei oder nicht (Wussow[5] Anm. 88 zu § 1 AHB, S. 172, OLG Frankfurt a. M. 11. X. 1957 VersR 1958 S. 369; ebenso der der Entscheidung des KG 23. V. 1936 JRPV 1936 S. 296 bis 297 vorangestellte Leitsatz). Ein solcher Antrag könnte daher nur dann Erfolg haben, wenn von den Parteien ein atypisches Haftpflichtvsverhältnis begründet worden wäre, bei dem der Ver etwa nur die Befriedigung begründeter Forderungen, nicht aber die Abwehr unbegründeter Ansprüche schuldet.

[B 58] b) Anwendung in den Fällen der Voraussetzungsidentität.

Der Trennungsgrundsatz ist auch in denjenigen Fällen zu beachten, in denen die Voraussetzungen für die Beantwortung der Frage, ob für den Vmer Vsschutz besteht, aus der besonderen Fallgestaltung identisch sind mit denen zur Klärung der Frage, ob der Anspruch des geschädigten Dritten begründet ist oder nicht. In ständiger Rechtsprechung hat das Reichsgericht folgenden Grundsatz herausgestellt: „Der Anspruch auf Vsschutz ist schon dann gegeben, wenn gegen den Vmer oder Vten ein Anspruch geltend gemacht wird, der, sei es auch nur neben anderen Rechtsgründen, mit einem unter den Schutzbereich des Vsvertrages fallenden Rechtsverhältnis begründet wird. Es kommt nicht darauf an, ob der Anspruch tatsächlich auf einem solchen Rechtsverhältnis beruht" (so RG 2. VIII. 1935 RGZ Bd 148 S. 282—286, 23. IV. 1937 RGZ Bd 154 S. 340—343, 30. VIII. 1938 JRPV 1938 S. 308—309 = SeuffArch Bd 92 S. 359—361 Nr. 150, 30. VIII. 1938 SeuffArch Bd 92 S. 356—359 Nr. 149, 25. XI. 1938 RGZ Bd 159 S. 16—21, 3. II. 1939 RGZ Bd 159 S. 345—346. Schon vor dem RG hat das KG in diesem Sinne entschieden: KG 8. XI. 1933 VA 1933 S. 414 Nr. 2634; vgl. auch KG 5. VIII. 1936 JRPV 1936 S. 365—366.

Diese Grundsätze bedeuten, daß zum Beispiel gegenüber einem Vmer, der als Anwalt haftpflichtvert ist und der wegen Verletzung seiner anwaltlichen Pflichten in Anspruch genommen wird, vom Ver im Vsschutzprozeß nicht geltend gemacht werden kann, daß der Anspruch des geschädigten Dritten nicht aus der Anwaltstätigkeit begründet sei, sondern aus einer sonstigen Tätigkeit, die nicht vom Vsschutz erfaßt werde. Es leuchtet ein, daß es ein Unding wäre, wenn später im Haftpflichtprozeß der Anwalt wegen Verletzung seiner Anwaltspflichten zum Schadenersatz verurteilt wird, nachdem vorher rechtskräftig im Vsschutzprozeß der Vsschutz für den betreffenden Schadenfall verneint worden ist. Mit Schack JW 1939 S. 449—453 und Wussow[5] Anm. 88 zu § 1 AHB, S. 169 bis 170 ist daher in diesen Fällen die Rechtsprechung des RG zu billigen (ebenso Schirmer Vertretungsmacht S. 128—130, a. M. Oberbach I S. 103, Prölss WuRdVers 1937 Heft 2 S. 33, Wietzig, JRPV 1936 S. 213—216). Zutreffend hat schon KG 8. XI. 1933 a. a. O. hervorgehoben, daß es in dem von ihm zu beurteilenden Falle nicht zu verantworten wäre, wenn im Vsschutzprozeß die Haltereigenschaft des Vmers rechtskräftig verneint werde, während die Gefahr bestehe, daß im Haftpflichtprozeß diese Haltereigenschaft später doch bejaht werde.

Prölss WuRdVers 1937 Heft 2 S. 33 Anm. 84 erkennt. daß dieses Ergebnis unvertretbar wäre, meint aber, auf anderem Wege helfen zu können. Wörtlich führt er dazu u. a. folgendes aus: „Selbst wenn die Klage im Deckungsprozeß abgewiesen worden ist, weil der Vmer nicht Halter sei, kann er einen zweiten Deckungsprozeß anhängig machen und ihn auf die neuen, und diesmal bindend festgestellten Tatsachen stützen, daß das rechtskräftige Haftpflichturteil ihn als Halter ansieht." Mit dieser Auslegung der Rechtskraftwirkung steht Prölss indessen nicht in Übereinstimmung mit den von der Rechtsprechung ansonsten zu § 322 ZPO entwickelten Grundsätzen. Ähnlich allerdings auch von Gierke II S. 316, wenn er schreibt, daß ein späterer Haftpflichtprozeß, in welchem selbständig über die Haftpflichtfrage entschieden werden könne, zu einer vollen Berichtigung der Entscheidung des Deckungsprozesses führen müsse. Eine unrichtige (oder eine bessere) Beurteilung derselben Rechtsfrage durch ein anderes Gericht stellte aber bisher noch keinen Grund für eine Durchbrechung der Rechtskraftwirkung dar. Demgemäß ist an dem klaren, der Rechtssicherheit dienenden Grundsatz festzuhalten, daß in denjenigen Fällen, in denen der Schadenersatzanspruch des Dritten mit auf ein Ereignis gestützt wird, das in den Deckungsbereich des Vertrages fällt, im Vsschutzprozeß nicht nachgeprüft werden darf, ob dieses Ereignis tatsächlich stattgefunden hat oder nicht.

Davon ist gedanklich zu unterscheiden, daß im Vsschutzprozeß Ausschlußtatbestände zu beachten sind und daß selbstverständlich auch entschieden werden muß, ob der geltend gemachte Anspruch in den Risikobereich der Haftpflichtv fällt. Im Ergebnis richtig: OLG München 2. V. 1952 VersR 1952 S. 270—271, das den Vsschutz wegen Eingreifens des Ausschlußtatbestandes des § 4 I Ziff. 5 AHB verneint. Das Gericht nimmt aber zu Unrecht an, daß es sich damit im Gegensatz zu der oben zitierten Rechtsprechung des RG befinde; auch vom RG ist bei Vorliegen eines Ausschlußtatbestandes oder wenn nach Auffassung des RG der Anspruch, der geltend gemacht worden ist, primär nicht in den Deckungsbereich des Haftpflichtvsvertrages fiel, selbstverständlich die Vsschutzklage abgewiesen worden: vgl. z. B. RG 7. X. 1938 RGZ Bd 158 S. 189—193. Das hat aber mit der hier erörterten Besonderheit nichts zu tun, daß die sachliche Begründetheit eines geltend gemachten Anspruchs und die Frage des Vsschutzes von dem in tatsächlicher Beziehung streitigen Vorliegen derselben Eigenschaft oder desselben Rechtsverhältnisses, auf das sie gestützt werden, abhängen. Auch in solchen Fällen ist an dem Grundsatz festzuhalten, daß die Entscheidung des Haftpflichtprozesses nicht im Vsschutzprozeß vorweggenommen werden darf. Der Einwand, daß der geltend gemachte Haftpflichtanspruch unbegründet sei, ist dem Ver also auch dann abgeschnitten, wenn er zur Erhärtung dieses Standpunkts vorträgt, daß deshalb kein Vsschutz bestehe, weil es an der vom Dritten zur Anspruchsbegründung vorgetragenen Eigenschaft, deren Vorliegen Voraussetzung für den Vsschutz sei, fehle. Vsschutz besteht selbst dann, wenn der Vmer im Deckungsprozeß das Vorliegen dieser Eigenschaft in Abrede stellt, der Dritte aber dessen ungeachtet auf die nach übereinstimmender Meinung des Vers und des Vmers nicht gegebene Eigenschaft (oder das nicht vorhandene Rechtsverhältnis) seinen Haftpflichtanspruch stützt.

[B 59] c) Ausnahmen.

Von diesem Grundsatz, daß also im vorweggenommenen Vsschutzprozeß nicht geprüft werden darf, ob der geltend gemachte Haftpflichtanspruch begründet ist oder nicht, ist das RG nur einmal in einem besonders gelagerten Fall abgewichen (vgl. dazu RG 27. IV. 1926 RGZ Bd 113 S. 286—293). Der dieser Entscheidung zugrunde liegende Sachverhalt war wie folgt: Der Vmer war gegen seine gesetzliche Haftpflicht als Eigentümer eines bestimmten Hauses vert. In diesem Hausgrundstück betrieb der Vmer eine Klinik. Eine dort angestellte Schwester erlitt beim Schließen eines Unterfensters dadurch einen Körperschaden, daß dabei das nur von 4 Riegeln festgehaltene Oberfenster auf ihren Kopf stürzte. Keinen Gebrauch hatte der Vmer von der Möglichkeit gemacht, sich auch in seiner Eigenschaft als Inhaber eines gewerblichen Betriebes oder als Haushaltungsvorstand zu vern. Der Vmer war der Meinung, daß er für den Schaden als Hausbesitzer hafte, der Ver lehnte dagegen jeden Vsschutz mit der Begründung ab, daß eine Haftung des Vmers nur aus seiner Eigenschaft als Betriebsunternehmer oder als Inhaber der Räume in Betracht komme. Das RG stellte als Besonderheit des Falles heraus, daß es mit Rücksicht auf die verschiedenen möglichen Anspruchsgrundlagen so gut wie ausgeschlossen sei, daß im Haftpflichtprozeß entschieden werde, ob eine vom Vsschutz erfaßte Haftung des Vmers aus § 836 BGB gegeben sei oder nicht. Wörtlich bemerkte es dazu a. a. O. S. 292—293 unter anderem folgendes: „Entweder sind die Riegel bei dem letzten Einsetzen der Oberfenster nicht gehörig festgemacht worden oder sie hatten sich inzwischen gefährlich gelockert. Beide Fälle stellt das Landgericht gleich, in beiden will es den § 836 BGB anwenden. Das ist aber nicht richtig. Nach § 836 BGB haftet der Hausbesitzer für fehlerhafte Einrichtung und für mangelhafte Unterhaltung seines Hauses. Es mußten also die vier Riegel, wie sie angebracht waren, an sich geeignet sein, das Oberfenster dauernd in seiner Lage im Fensterrahmen festzuhalten, und es mußten die Riegel stets in dieser Verfassung erhalten bleiben. Ist das Unglück darauf zurückzuführen, daß die an sich brauchbaren und auch brauchbar gebliebenen Riegel mangelhaft gehandhabt, z. B. beim letzten Einsetzen des Oberfensters nicht ordentlich festgemacht worden sind, so trifft den Hausbesitzer als solchen keinerlei Verantwortung. Sind aber die Riegel beim letzten Einsetzen des Fensters richtig festgemacht worden, und haben sie sich unter der Einwirkung von Erschütterungen, denen sie regelmäßig, zum Beispiel beim Schließen des unteren Fensters, ausgesetzt sind, allmählich gelockert, so daß schließlich das Oberfenster aus dem Rahmen herausfallen konnte, dann ist an sich ein Fall des § 836 BGB gegeben ..... Der Unterschied zwischen dem für die stete Brauchbarkeit der Einrichtung verantwortlichen Hausbesitzer und ihrem für die sachgemäße Handhabung verantwortlichen Benutzer muß im Sinne des § 836 BGB und des Vsvertrages der Parteien auch dann gemacht werden, wenn ... der Hausbesitzer gleichzeitig der Benutzer ist. Die Klägerin hat sich bei der Beklagten ausdrücklich nur in ihrer Eigenschaft als Hausbesitzerin gegen Haftpflicht vert ..... Die V erstreckt sich deshalb nur auf eine Haftung, welche die Klägerin gerade in ihrer Eigenschaft als Hausbesitzerin trifft. Unerheblich wird es allerdings sein, ob daneben noch andere Haftungsgründe zutreffen. Die Klägerin hat schon dann Anspruch auf Vsschutz, wenn sie auch als Hausbesitzerin haftet."

Es leuchtet ein, daß es prozeßökonomisch ist, in einem derartigen seltenen Ausnahmefall den geschilderten Trennungsgrundsatz zu durchbrechen. Diese Ausnahme läßt sich wie folgt präzisieren: Kann ein Schadenereignis auf mehrere Ursachen zurückgeführt werden, die teils vom Vsschutz erfaßt werden, teils nicht, so kann sich im vorweggenommenen Vsschutzprozeß die Notwendigkeit ergeben zu prüfen, auf welcher Kausalreihe der Schadenfall beruht und ob der Anspruch begründet ist oder nicht. Wird aber festgestellt, daß der Unfall auf beide Kausalketten zurückzuführen ist, so verbietet sich allerdings auch hier eine Prüfung der Frage der Begründetheit, da der Ver für die Abwehr zu sorgen hat. Wird dagegen festgestellt, daß der Schadenfall nur auf die ungedeckte Ursache zurückzuführen ist, so besteht ein Anspruch auf Vsschutz auch dann nicht, wenn der Anspruchsteller seinen Ersatzanspruch ausdrücklich auch auf die nach Ansicht des erkennenden Gerichts nicht gegebene Ursache, die nach dem Vertrage vom Vsschutz erfaßt werden würde, stützt. Denn ein Anspruch auf Rechtsschutz besteht dann nicht, wenn der geltend gemachte Schadenersatzanspruch zwar nach dem durch den Vsvertrag erfaßten Risikoverhältnis unbegründet ist, zugleich aber feststeht, daß der Schadenersatzanspruch aus einem anderen Rechtsverhältnis zweifellos begründet ist, das nicht dem Vsvertrag unterliegt. Diese Durchbrechung des Grundsatzes, daß im Vsschutzprozeß die Begründetheit des Haftpflichtanspruchs nicht zu prüfen ist, gilt aber nur dann, wenn eine Klärung der Frage, ob das Schadenereignis kausal auf ein vom Vsvertrag erfaßtes Risiko zurückzuführen ist, im Haftpflichtprozeß mit Sicherheit nicht zu erwarten ist. Dem genauen Beobachter entgeht im übrigen nicht, daß die Frage der Begründetheit in dem vom RG entschiedenen Falle mit dem Problem der Kausalität zusammenfiel. Es handelt sich um einen seltenen Ausnahmefall. Kennzeichnend ist in diesem Zusammenhang, daß in keiner späteren Entscheidung des RG oder des BGH wieder eine derartige Ausnahme zugelassen worden ist. Nur OLG Hamm 22. XI. 1954 VersR 1955 S. 167—168 hat als Vorinstanz zu BGH 20. II. 1956 NJW 1956 S. 826—828 = Va 1956 S. 88—90 Nr. 137 gemeint, eine Ausnahme im Sinne RG 27. IV. 1926 RGZ Bd 113 S. 286—293 in dem bekannten Fall der im Anschluß an einen Haftpflichtschaden erfolgten Sicherstellung und Verwertung eines Fahrzeuges des Vmers durch die sowjetische Besatzungsmacht annehmen zu können, weil ein normaler Haftpflichtprozeß zwischen dem Vmer und der sowjetischen Besatzungsmacht nicht denkbar sei. Zu Recht hat aber BGH 20. II. 1956 a. a. O. auch für derartig schwierig gelagerte Fälle das Trennungsprinzip betont und eine Prüfung der Begründetheit des Haftpflichtanspruchs im vorweggenommenen Vsschutzrechtsstreit nicht zugelassen.

[B 60] 2. Durchbrechung des Trennungsprinzips in atypischen Fällen.

In den Ausführungen in Anm. B 57 ist als Grundsatz des Haftpflichtvsrechts hervorgehoben worden, daß im Vsschutzprozeß die Begründetheit des Haftpflichtanspruchs nicht geprüft werden dürfe. Dieses Trennungsprinzip leitet sich logisch daraus ab, daß es Aufgabe des Haftpflichtvers ist, auch die unbegründeten Schadenersatzansprüche abzuwehren. Es versteht sich, daß dieses Trennungsprinzip auch außerhalb des Vsschutzprozesses für die Rechte und Pflichten der Parteien des Haftpflichtvsverhältnisses gilt. Der Deckungsprozeß ist nur deshalb besonders hervorgehoben worden, weil in ihm das Trennungsprinzip einen Kulminationspunkt erreicht. Die strenge Trennung zwischen Vsschutzanspruch und Haftpflichtanspruch ist im Sinne dieser Ausführungen gewiß auch eine Folge der gesetzlichen Regelung, die ein unmittelbares Forderungsrecht des geschädigten Dritten verneint. Vor allem aber dient das vertragliche Abtretungsverbot in den §§ 7 Ziff. 3 AHB, 7 Ziff. 3 AHBVerm der Abwehr einer unmittelbaren Inanspruchnahme des Vers vor Feststellung der Haftpflichtschuld im Sinne des § 154 I. Die strikte Trennung zwischen Vsschutzanspruch und Haftpflichtforderung darf aber nicht dazu führen, das Prinzip — gewissermaßen um seiner selbst willen — auch da anzuwenden, wo es weder von dem berechtigten Anspruch des Vmers auf vollständigen Vsschutz, also einschließlich der Abwehr unberechtigter Ansprüche, noch von einem sachlich fundierten Interesse des Vers, vor Feststellung der Haftpflichtschuld nicht unmittelbar in Anspruch genommen zu werden, getragen wird. Das Trennungsprinzip wird zur Farce, wenn sich — um einen besonders einleuchtenden Fall als ersten zu nennen — die Personen von Haftpflichtgläubiger und Haftpflichtschuldner durch Gesamtrechtsnachfolge vereinen. In den Fällen der Konfusion ist daher ein unmittelbarer Zahlungsanspruch des Vmers zu bejahen (vgl. dazu Anm. B 41).

Das gleiche gilt in den Fällen, in denen der Ver sich mit einer Abtretung der Vsforderung an den geschädigten Dritten vor einer Feststellung der Haftpflichtforderung einverstanden erklärt oder gar nicht erst ein solches Abtretungsverbot in seinen Bedingungen verankert hat. Hier dem geschädigten Dritten nur eine Feststellungsklage zuzubilligen, bedeutet einen Rückfall in rechtsformale Denkkategorien ohne verständigen Grund aus der Interessenlage (vgl. dazu Anm. B 33 a. E.). — Erinnert sei in diesem Zusammenhange im übrigen daran, daß dem geschädigten Dritten das Recht zur Erhebung einer derartigen Feststellungsklage, und zwar, ohne daß eine Abtretung oder Ermächtigung vorliegt, in allen Fällen zuzusprechen ist, in denen er ein rechtliches Interesse daran hat (vgl. dazu Anm. B 82). — Eine Durchbrechung des Trennungsprinzips in diesem Sinne stellt es schließlich auch dar, wenn der geschädigte Dritte auf Grund eines nur vorläufig vollstreckbaren Titels, also vor einer endgültigen Feststellung der Haftpflichtforderung im Sinne des § 154 I, die Vsforderung pfändet. Gedacht ist dabei an diejenigen Fälle, in denen ein solcher Zugriff nach der Eigenart des Prozeßrechts nicht abgewehrt werden kann. An der Pflicht des Vers, hier zu zahlen, ist kein Zweifel möglich (vgl. dazu Anm. B 38). Der Ver darf es zu dieser Pfändung gar nicht erst kommen lassen. Entsteht dem Vmer daher durch eine Pfändung auf Grund eines derartigen vorläufig vollstreckbaren Titels ein Schaden, so ist der Ver nach Verzugsgrundsätzen zu dessen Ersatz verpflichtet.

[B 61] 3. Umfang der Bindungswirkung in dem der Feststellung der Haftpflichtforderung nachfolgenden Versicherungsschutzprozeß.

a) Grundsatz.

Der in Anm B 57 erörterte Grundsatz, daß das Bestehen oder Nichtbestehen der Haftpflichtforderung im vorweggenommenen Vsschutzrechtsstreit nicht geprüft werden darf, wird sinnvoll durch ein von einer gefestigten Rechtsprechung des RG entwickeltes Prinzip des Inhalts ergänzt, daß im Vsschutzprozeß, der sich dem Haftpflichtrechtsstreit anschließt, die Entscheidung des Haftpflichtprozesses nicht in Frage gestellt werden darf; an das Urteil des Richters des Haftpflichtprozesses über das Bestehen oder Nichtbestehen der Haftpflichtforderung sind die Parteien des nachfolgenden Vsschutzprozesses vielmehr grundsätzlich gebunden (RG 18. XI. 1913 VA 1914 S. 39—40 Nr. 803, 13. VII. 1915 Recht 1915 Nr. 2610, 30. VIII. 1938 JRPV 1938 S. 308—309 = SeuffArch Bd 92 S. 356—359 Nr. 149, 22. VII. 1941 RGZ Bd 167 S. 243—249). Dieser Rechtsgrundsatz bezieht sich aber nicht nur auf die Entscheidung des Haftpflichtprozesses selbst, sondern auch auf die Frage, in welcher Eigenschaft der Vmer haftpflichtig geworden ist. Auch insoweit darf der Richter des Vsschutzprozesses nicht mehr abweichend entscheiden, etwa in dem Sinne, daß diese Eigenschaft tatsächlich nicht vorgelegen habe, so daß aus diesem Grunde der Vsschutz entfalle. Es handelt sich hierbei um einen außerhalb der Rechtskraftwirkung des § 322 ZPO entwickelten Grundsatz des Haftpflichtvsrechts, der vom RG mit bemerkenswerter Präzision erarbeitet worden ist. Auch diesem Grundsatz ist der BGH ständig gefolgt: BGH 23. V. 1957 VersR 1957 S. 385—386, 22. IX. 1958 BGHZ Bd 28 S. 139, 19. II. 1959 VA 1959 S. 153—155 Nr. 229 = VersR 1959 S. 257, 9. XI. 1961 VA 1961 S. 161—163 Nr. 332 = VersR 1961 S. 1110—1111, 26. IV. 1962 VA 1962 S. 246—248 Nr. 343 = VersR 1962 S. 557—559, 28. VI. 1962 BGHZ Bd 38 S. 82—83, 13. XII. 1962 NJW 1963 S. 812 = VA 1963 S. 112 Nr. 364, 21. II. 1963 VersR 1963 S. 421—423, 21. III. 1963 VA 1963 S. 202 Nr. 371 = VersR 1963 S. 516. Vgl. auch OGHBrZ 10. II. 1950 OGHZ Bd 3 S. 318—319 und aus der Fülle gleichlautender Entscheidungen der Instanzgerichte: OLG Celle 19. XI. 1937 VA 1937 S. 239 Nr. 3029, 30. XII. 1952 VersR 1953 S. 82, LG Nürnberg-Fürth 25. II. 1959 VersR 1960 S. 243.

Auch im vsrechtlichen Schrifttum der Gegenwart wird zu Recht allgemein das von der Rechtsprechung entwickelte Prinzip der Bindungswirkung anerkannt; vgl. nur Bronisch-Cuntz-Sasse-Starke Anm. 8 zu § 149, Ehrenzweig S. 370—371, Eichler S. 285—286, Fleischmann-Deiters in Thees-Hagemann Anm. 6 zu § 149, S. 230—231, v. Gierke II S. 316, Müller-Stüler S. 48, Prölss[17] Anm. 5 A zu § 149, S. 551—553, JRPV 1939 S. 305—307, WuRdVers 1937 Heft 2 S. 28—33, Schack JW 1939 S. 453, Sieg Ausstrahlungen S. 163, Wussow[5] Anm. 87 zu § 1 AHB, S. 168, Hj. Wussow VersR 1959 S. 977; anders noch Elperting ZVersWiss 1917 S. 666—671 und — schon differenzierend — Hagen II S. 317 m. w. N. Umstritten ist heute nur noch der Umfang der Bindungswirkung, namentlich in den atypischen Fällen der Feststellung der Haftpflichtforderung ohne Mitwirkung des Vers, vgl. dazu Anm. B 64. — Wie segensreich sich dieser Bindungsgrundsatz auswirkt, zeigt eine Parallele zum arbeitsrechtlichen Freistellungsanspruch: Dort war es möglich, daß im Haftungsprozeß schwere Schuld des Arbeitnehmers angenommen wurde, während im Freistellungsverfahren leichte Schuld mit der Folge einer (doch sonst bei schwerer Schuld grundsätzlich zu verneinender) Befreiungspflicht des Arbeitgebers bejaht wurde; vgl. dazu BAG 18. I. 1966 VersR 1966 S. 881—885 = AP Nr. 37 zu § 611 BGB (Haftung des Arbeitnehmers) mit kritischer Anm. von Götz Hueck. —

Dem Urteil im Haftpflichtprozeß kommt nach dem Gesagten eine stabilisierende Wirkung zu. RG 18. XI. 1913 a. a. O. hat dafür die plastische Ausdrucksweise geprägt, daß die Entscheidung des Haftpflichtprozesses die unverrückbare Grundlage für die Beurteilung des Verhältnisses zwischen dem Vmer und dem Ver bilde. Die genannten höchstrichterlichen Entscheidungen beruhen auf der Überlegung, daß die aus der einheitlichen Schuld des Haftpflichtvers entspringede Zahlungsverpflichtung nach § 154 I (und den entsprechenden Bedingungsbestimmungen) durch die im Prozeß durch Urteilsspruch erfolgende Feststellung der Haftpflichtforderung gerade ausgelöst werde und daß es daher widersinnig wäre, wenn diese Feststellung erneut nachgeprüft werden würde. Zu dieser Auslegung eines Haftpflichtvsvertrages war das RG (in einer vielfach mißverständlich zitierten Entscheidung) im übrigen schon vor Inkrafttreten des VVG gekommen: vgl. RG 22. I. 1881 RGZ Bd 3 S. 21—27.

Aus dem Gesagten folgt aus sachlogischen Überlegungen, daß eine verbindliche Feststellung der Haftpflichtforderung für das Vsverhältnis und damit für den Vsschutzprozeß nicht nur durch einen Urteilsspruch erfolgen kann, sondern auch durch einen Vergleich zwischen den Parteien des Haftpflichtverhältnisses (oder durch ein Anerkenntnis im Sinne des § 154 I). Dagegen wird durch eine Zahlung, die ausdrücklich ohne Anerkennung der Haftpflichtschuld erfolgt, deren Bestehen nicht bindend festgestellt.

[B 62] b) Grenzen der Bindungswirkung.

aa) Ermittlung der Anspruchsgrundlage.

Der Grundsatz der Bindungswirkung des Haftpflichturteils gilt für die Parteien des Haftpflichtvsverhältnisses gleichermaßen. Es handelt sich also nicht etwa um eine Rechtsprechung zum Schutze einer Partei, etwa des Vmers, sondern um einen Rechtsgedanken, der letzten Endes aus Gründen der Rechtssicherheit entwickelt worden ist und dabei zugleich ein Musterbeispiel für eine verständige rechtschöpferische Tätigkeit darstellt.

Beispiele: RG 18. XI. 1913 a. a. O.: Im Haftpflichtprozeß war festgestellt worden, daß der Vmer zwar nicht aus der vten Tätigkeit als Unternehmer eines Elektrizitätswerkes hafte, aber zum Schadenersatz aus seiner (unvten) öffentlich-rechtlichen Pflicht zur Sicherung des Straßenverkehrs ersatzpflichtig sei. Den gegenteiligen Standpunkt des Vmers im Vsschutzprozeß erklärte das Gericht auf Grund der Bindungswirkung für unbeachtlich.

RG 22. VII. 1941 RGZ Bd 167 S. 243—249: Der Vmer war als Halter eines Pkw vert und als solcher zum Schadenersatz verurteilt worden. Die Verteidigung des Vers im Vsschutzprozeß, daß der Vmer gar nicht Halter gewesen sei, wurde als grundsätzlich unbeachtlich bezeichnet und behandelt.

BGH 22. IX. 1958 BGHZ Bd 28 S. 139 geht ebenfalls von diesen Grundsätzen aus, muß dann aber doch prüfen, ob der Vmer Halter war; denn im Haftpflichtprozeß war nur über einen Teil der Ansprüche rechtskräftig entschieden worden, so daß hinsichtlich der noch offenen Ansprüche des geschädigten Dritten in Bezug auf die Haltereigenschaft des Vmers keine Bindungswirkung im Sinne der hier entwickelten Grundsätze eingetreten war.

Keine bindende Wirkung löst die Entscheidung des Haftpflichtprozesses für die Parteien des Vsschutzprozesses aber dann aus, wenn sich aus dem Urteil nicht ergibt, ob der dem Kläger zuerkannte Anspruch auf einem von dem Schutzbereich des Haftpflichtvsvertrages umfaßten Haftpflichtverhältnis beruht (BGH 23. V. 1957 VersR 1957 S. 385—386, 9. XI. 1961 VA 1961 S. 161—163 Nr. 322 = VersR 1961 S. 1110 bis 1111, 26. IV. 1962 VA 1962 S. 246—248 Nr. 343 = VersR 1962 S. 557—559, OLG Düsseldorf 28. VII. 1959 VersR 1959 S. 823).

Beispiele: BGH 23. V. 1957 VersR 1957 S. 385—386 Der Vmer war als Halter eines Kraftwagens vert. Er fuhr mit diesem Kfz über einen Abwässerschacht auf dem Hof eines ihm zur Hälfte gehörenden Hauses. Wenig später stürzte eine Besucherin in diesen Schacht. Das Abdeckblech dieses Schachtes war beim Betreten umgekippt, weil es verbogen war und daher nicht richtig auflag. Im Haftpflichtprozeß sprach das Gericht der Besucherin aus § 836 und auch aus § 823 BGB Schadenersatz zu, weil der Vmer die ihm als Hausbesitzer obliegende Verkehrssicherungspflicht verletzt habe; Ansprüche aus

§ 7 StVG verneinte das Gericht dagegen unter anderem deswegen, weil es sich für den Vmer um ein unabwendbares Ereignis im Sinne des § 7 II StVG gehandelt habe. Der BGH führte (in Übereinstimmung mit dem Berufungsgericht) aus, daß es ihm erlaubt sei zu prüfen, ob den Vmer nicht auch eine Schadenersatzpflicht aus § 823 BGB als Halter oder Fahrer des Pkw treffe; denn diese Frage sei im Haftpflichturteil nicht entschieden worden. Hier geht der BGH allerdings zu formal vor; wenn nämlich das Gericht des Haftpflichtprozesses das Vorliegen eines unabwendbaren Ereignisses im Sinne des § 7 II StVG annimmt, so gibt es damit unschwer zu erkennen, daß auch ein Schadenersatzanspruch gegen Fahrer und Halter aus § 823 BGB verneint wird, soweit es sich um den Bereich des dem Kraftverkehr zuzurechnenden Pflichtenkreises handelt.

BGH 9. XI. 1961 VA 1961 S. 161—163 Nr. 322 = VersR 1961 S. 1110—1111: Es bestand Haftpflichtvsschutz allein für Schäden, für die der Vmer nach §§ 29—39 KVO ersatzpflichtig gemacht werden konnte. Der Haftpflichtprozeß war durch Versäumnisurteil entschieden worden, in dem — wie in der Mehrzahl derartiger Urteile üblich — nichts über die Anspruchsgrundlage gesagt worden war. Da nicht auszuschließen war, daß das Gericht des Haftpflichtprozesses das Versäumnisurteil nicht aus den Haftungsbestimmungen der KVO, sondern allein aus anderen Anspruchsgrundlagen hergeleitet hat, verneinte der BGH zu Recht eine Bindungswirkung.

BGH 26. IV. 1962 VA 1962 S. 246—248 Nr. 343 = VersR 1962 S. 557—559: Im Haftpflichtprozeß war der Vmer aus § 701 BGB zum Schadenersatz verurteilt worden. Nicht entschieden war, ob daneben auch eine Haftung des Vmers aus schuldhafter Verletzung des Beherbergungsvertrages gegeben war. Da sich nach den besonderen Umständen des Falles nach der Auffassung des BGH ergab, daß der Anspruch aus § 701 BGB nicht vom Vsschutz erfaßt war, prüfte das Gericht nach, ob eine Schadenersatzverpflichtung des Vmers auch aus schuldhafter Verletzung des Beherbergungsvertrages gegeben war (als Vorinstanz ebenso: OLG Celle 10. XII. 1959 VersR 1961 S. 242—243).

BGH 21. II. 1963 VersR 1963 S. 421—423: Der Haftpflichtprozeß gegen den Vmer war durch Versäumnisurteil entschieden worden. Die Klage war mit Ansprüchen aus dem Binnenschiffahrtsgesetz, aus unerlaubter Handlung nach § 823 II BGB und aus positiver Forderungsverletzung begründet worden. Da nicht ersichtlich war, auf welche dieser Bestimmungen sich das Versäumnisurteil gründete, und da nur Vsschutz für Ansprüche aus dem Binnenschiffahrtsgesetz bestand, mußte die Haftungsfrage erneut geprüft werden.

Wird im Haftpflichtprozeß der Klage aufgrund einer nicht vom Vsschutz erfaßten Anspruchsgrundlage stattgegeben, so bleibt es dem Richter des nachfolgenden Vsschutzprozesses ebenfalls unbenommen zu prüfen, ob nicht die Klagforderung auch aus einer unter den Deckungsbereich des Haftpflichtvsvertrages fallenden Anspruchsnorm begründet ist. Verfehlt ist die von Sieg VersPrax 1940 S. 9—10 vertretene Auffassung, daß in derartigen Fällen für den Richter des Vsschutzprozesses damit verbindlich feststehe, daß kein Vsschutz bestehe. Zu dieser Auslegung gelangt Sieg a. a. O. dadurch, daß er entgegen der h. A. bei mehrfacher Anspruchsbegründung aus vten und unvten Eigenschaften nicht immer für die auf die vten Eigenschaften gestützten Ansprüche den Vsschutz bejaht (vgl. zu diesem Problemkreis die Ausführungen in Anm. G 86). Etwas anderes gilt allerdings dann, wenn der Richter des Haftpflichtprozesses ausdrücklich den Anspruch aus der vom Vsschutz erfaßten Anspruchsgrundlage verneint und aus einem anderen vom Vsschutz nicht erfaßten Rechtsverhältnis der Klage entspricht.

OLG Celle 30. XII. 1952 VersR 1953 S. 82—83: Der geschädigte Dritte war verletzt worden, als er dem Vmer, dem die Pferde durchgegangen waren, zu Hilfe kam. Im Haftpflichtprozeß war rechtskräftig entschieden worden, daß der Vmer für den eingetretenen Schaden in entsprechender Anwendung der §§ 670, 683 BGB hafte. Das OLG Celle ließ die umstrittene Frage, ob derartige Ansprüche von § 1 AHB erfaßt werden oder nicht (vgl. dazu Anm. G 64), unentschieden, da nach seiner Auffassung auch eine Haftung aus § 823 I und § 833 BGB gegeben war; zu einem derartigen Vorgehen war das Gericht berechtigt, da es an einer Entscheidung über diese Anspruchsgrundlagen im Haftpflichtprozeß fehlte.

Die hier erörterten Beispielsfälle befassen sich durchweg nur mit der Wirkung des Haftpflichturteils. Zu bedenken ist aber, daß für eine Feststellung der Haftpflichtforderung durch Anerkenntnis oder Vergleich die gleichen Grundsätze gelten. Es wird hier allerdings häufig nicht einfach sein festzustellen, auf welche Anspruchsgrundlage sich die Parteien geeinigt haben. Dazu besteht aber durchweg auch keine Veranlassung, da im Regelfall der Ver bei einer derartigen Mitwirkung an der Feststellung der Haftpflichtforderung auch den Vsschutz bejaht. Zur Feststellung der Haftpflichtforderung ohne Mitwirkung des Vers vgl. Anm. B 64.

[B 63] bb) Versicherungsrechtliche Einwendungen.

Die Bindungswirkung beschränkt sich auf die im Haftpflichtprozeß getroffene Entscheidung, daß der Vmer dem Geschädigten aufgrund einer bestimmten Eigenschaft oder Tätigkeit aus einem bestimmten Rechtsgrund hafte (oder nicht hafte). Dagegen bleibt es dem Ver unbenommen, vsrechtliche Einwendungen zu erheben, soweit nicht gerade über diese Fragen auch der Haftpflichtprozeß geführt wurde. Die Abgrenzung kann schwierig sein. Schack JW 1939 S. 453 führt dazu u. a. folgendes aus: „Wird im Schadenprozeß die Haftpflicht des Vmers gegenüber dem Geschädigten rechtskräftig festgestellt, so ist diese Feststellung auch im Verhältnis zwischen dem Vmer und dem Ver maßgebend. Die Frage der Haftpflicht kann in einem späteren Deckungsprozeß nicht mehr aufgerollt werden. Dem Ver steht aber auch dann noch der Einwand offen, daß der Vmer durch vorsätzliche oder fahrlässige Verletzung der Abwehrpflicht oder durch ebenso schuldhaften Verstoß gegen eine sonstige Obliegenheit den Vsanspruch verwirkt habe." Diese Formulierung ist in RG 22. VII. 1941 RGZ Bd 167 S. 246 wörtlich übernommen worden. Mit dieser Begründung ließ das RG a. a. O. S. 248—249 den Einwand des Vers zu, daß der Vmer ihn über die Tatsachen, die für die Bejahung oder Verneinung der Halterschaft erheblich waren, bewußt getäuscht habe: „Die Bindung des Richters im Deckungsprozeß in der Frage, ob der Kläger dem Verletzten als Halter hafte, hinderte also nicht, daß der Richter prüfte, ob es gerade infolge einer Obliegenheitsverletzung zu jener Bindung gekommen sei . . .".

Als Ergebnis ist zunächst festzuhalten, daß der Ver sich nur insoweit auf vsrechtliche Einwendungen im Deckungsprozeß berufen kann, als es sich nicht um identitätsgleiche Fragen aus dem Haftpflichtprozeß handelt. Unberührt bleibt von dieser Abgrenzung aber der Grundsatz, daß der Ver einwenden darf, daß die Feststellung der Haftpflichtforderung (im Bereich des Vsschutzes des Haftpflichtvsvertrages) gerade auf eine Obliegenheitsverletzung durch den Vmer zurückzuführen sei.

Bedenklich: OLG Breslau 11. X. 1930 JRPV 1931 S. 75—77: Der vte Anwalt hatte die Gegenseite von Zwangsmaßnahmen gegen seine Partei durch ein Schreiben abgehalten, in dem er mitteilte, daß das Kaufgeld für ein Grundstück bei ihm eingegangen sei und daher in Kürze gezahlt werde. Später stellte sich heraus, daß das Geld nicht für alle Gläubiger reichte, so daß die Empfänger des anwaltlichen Schreibens leer ausgingen. Das Gericht des Haftpflichtprozesses hatte — allerdings wohl zu Unrecht — angenommen, daß der Anwalt eine Garantie übernommen habe. Darauf versagte der Ver den Vsschutz mit der Begründung, daß eine über den Umfang der gesetzlichen Haftung hinausgehende Ersatzverpflichtung des Vmers vorliege. An diese Feststellung, daß eine Garantie vorlag, war das Gericht des Vsschutzprozesses gebunden: Es durfte daher diese Garantie nicht verneinen. Es war allerdings befugt zu prüfen, ob der Anspruch auch ohne Annahme einer Garantie als Schadenersatzverpflichtung im Sinne des Haftpflichtrechts begründet war, es sei denn, daß das im Haftpflichtprozeß bereits verneint worden war.

Wenn im Haftpflichtprozeß fahrlässiges Verhalten des Vmers als Grundlage des Haftpflichtanspruchs festgestellt worden ist und dabei offengeblieben ist, ob der Vmer vorsätzlich gehandelt hat, so ist es dem Ver nach diesen Grundsätzen gewiß gestattet, im Vsschutzprozeß einzuwenden, daß der Vsfall vorsätzlich herbeigeführt worden sei (so ausdrücklich: RG 22. XII. 1911 JW 1912 S. 313 = VA 1912 Anh. S. 61 Nr. 669b, OGH 10. II. 1950 OGHZ Bd 3 S. 318—319 mit zustimmender Anmerkung von Süss VersR 1950 S. 84—85, BGH 28. IV. 1958 VersR 1958 S. 361).

Zweifelhaft ist dagegen, ob das auch dann gilt, wenn das Gericht des Haftpflichtprozesses ausdrücklich ein vorsätzliches Verhalten des Vmers verneint hat. Die Gründe der letzten beiden eben zitierten höchstrichterlichen Entscheidungen lassen eine Tendenz zu der Auffassung erkennen, daß auch in diesen Fällen keine Bindung gegeben sei (ebenso Friedrich VersR 1951 S. 142). Dem kann jedoch nicht beigepflichtet werden. Nach dem Sinn und Zweck des Bindungsgrundsatzes dürfen hier abweichende Beurteilungen desselben Sachverhalts nicht zugelassen werden. In den seltenen Fällen, in denen der Richter des Haftpflichtprozesses über die Vorsatzfrage entscheidet, sie also verneint oder bejaht, bindet diese Erkenntnis auch den Richter des Vsschutzprozesses. Bejaht das Gericht also im Haftpflichtprozeß eine vorsätzliche Schadenzufügung durch den Vmer, so ist damit zugleich für die Parteien des Vsverhältnisses das Vorliegen des Ausschlußtatbestandes des § 152 festgestellt (ebenso BGH 28. VI. 1962 BGHZ Bd 38 S. 83, Fromm S. 247, a. M. Wussow[5] Anm. 79 zu § 4 AHB, S. 402), wie umgekehrt eine ausdrückliche Verneinung des Vorsatzes dem Ver das Recht nimmt, sich auf eine angeblich vorsätzliche Herbeiführung des Vsfalles zu berufen. Das Gesagte über die Wirkung einer Vorsatzfeststellung kann aber im Prinzip nur dann gelten, wenn es über diese Frage Streit im Haftpflichtprozeß gegeben hat. Räumt ein Ver — kaum vorstellbar — im Haftpflichtprozeß Vorsatz des Vmers ein, so kann er sich auf eine derartige Feststellung im Vsschutzprozeß nicht berufen, wenn nicht das ausdrückliche Einverständnis des Vmers zu einer derartigen Erklärung vorlag. Vgl. weiter OLG Hamm 9. V. 1955 VersR 1956 S. 124—125 (Kfz-Haftpflichtvsfall): Der Ver hatte hier gegen den ausdrücklichen Widerspruch des Vmers nicht bestreiten lassen, daß dieser an dem beschädigten Lastzug Gewahrsam hatte. Auf diese Art durfte der Ver sich nach Treu und Glauben. gewiß nicht die Grundlage für eine Deckungsverweigerung nach § 11 Ziff. 6 AKB a. F. verschaffen. Zu weit geht aber der vom OLG Hamm 9. V. 1955 a. a. O. gezogene Schluß, daß eine Bindungswirkung überhaupt nicht bezüglich im Haftpflichtprozeß unbestrittener Tatsachen eintreten könne. Eine solche Bindungswirkung ist vielmehr nur zu verneinen, wenn der Vmer keine Kenntnis von dem prozessualen Verhalten des vom Ver bestellten Anwalts hatte oder gar — wie in dem vom OLG Hamm entschiedenen Falle — ausdrücklich widersprochen hatte.

Es versteht sich ferner, daß dann keine Bindungswirkung eingetreten ist, wenn das im Haftpflichtprozeß erstrittene Urteil zwar rechtskräftig ist, der Dritte aber nach den von der Rechtsprechung entwickelten Grundsätzen wegen groben Verstoßes gegen Treu und Glauben in entsprechender Anwendung des § 826 BGB sich auf diese Rechtskraft nicht berufen darf (vgl. dazu RG 30. VIII. 1938 SeuffArch Bd 92 S. 356—359 Nr. 149 = JRPV 1938 S. 308—309, dort war das Berufungsgericht von der Bindungswirkung ausgegangen, prüfte aber mit Rücksicht auf die von der Rechtsprechung entwickelte Durchbrechung der Rechtskraft in besonderen Fällen, ob die Einrede der Arglist gegenüber dem rechtskräftigen Urteil gegeben sein könnte).

[B 64] c) Bindungswirkung in atypischen Fällen.

aa) Feststellung der Haftpflichtforderung ohne Unterrichtung des Versicherers.

Auch in denjenigen Fällen ist von einer Bindungswirkung im Sinne der Ausführungen in Anm. B 61—63 auszugehen, in denen der Ver an der Feststellung der Haftpflichtforderung überhaupt nicht mitwirken konnte, weil er zum Beispiel weder von dem Schadenereignis noch vom Prozeß oder von den außergerichtlichen Vergleichsverhandlungen benachrichtigt worden ist (ebenso: Hj. Wussow VersR 1959 S. 977, damit übereinstimmend, wenn auch ausdrücklich nur für die Entscheidung des Haftpflichtprozesses ohne Mitwirkung des Vers: OLG Celle 19. XI. 1937 VA 1937 S. 237—239 Nr. 3029, Prölss JRPV 1939 S. 305—307, Prölss[17] Anm. 5 A zu § 149, S. 552, Sieg Ausstrahlungen S. 163, Wussow[5] Anm. 87 zu § 1 AHB, S. 168—169 [wohl auch schon im Sinne der hier vertretenen umfassenden Auslegung zu verstehen]; a. M. Elperting ZVersWiss 1917 S. 667 [dessen grundsätzliche Bedenken gegen die Bindungswirkung sich aber durch die sorgsam differenzierende Rechtsprechung als unberechtigt erwiesen haben, vgl. dazu die Ausführungen in Anm. B 62—63], Gerhard-Hagen Anm. 3 zu § 154, Hagen II S. 318, Schack JW 1939 S. 453).

Eine gesetzliche Bestätigung hat die hier vertretene Auffassung durch § 158e gefunden. Diese Vorschrift setzt begrifflich die Bindungswirkung auch in denjenigen Fällen voraus, in denen der Ver zur Feststellung der Haftpflichtforderung nicht hinzugezogen worden ist (ebenso Wussow a. a. O.).

Etwas Gegenteiliges läßt sich auch nicht daraus herleiten, daß in § 3 II Ziff. 1 Abs. 1 AHB von dem Ersatz der Entschädigung die Rede ist, welche der Vmer aufgrund eines von dem Ver abgegebenen oder genehmigten Anerkenntnisses oder eines von ihm geschlossenen oder genehmigten Vergleichs zu zahlen hat. Sicher besteht hier ein Unterschied in der Wortfassung zu den §§ 154 I, II, 156 II, in denen von einer derartigen Mitwirkung des Vers nicht die Rede ist. Zu bedenken ist in diesem Zusammenhang aber insbesondere, daß — abgesehen davon, daß § 154 II schlechthin unabänderlich ist, vgl. dazu die Ausführungen in Anm. F 102 — sowohl § 154 I als auch § 156 II nach § 158a nicht zum Nachteil des Vmers abgeändert werden können. Aus dieser gesetzlichen Regelung folgt zwingend, daß der Vmer den ihm in § 156 II zugebilligten Anspruch auf Zahlung an den geschädigten Dritten auch dann hat, wenn der Ver bei der Feststellung der Forderung nicht mitgewirkt hat. Dieser besonders gestaltete Befreiungsanspruch (vgl. Anm. B 34) verwandelt sich dann in einen echten Zahlungsanspruch, wenn der Vmer den Dritten befriedigt hat (vgl. Anm. B 39).

Der Ver erleidet durch die Anwendung dieser Grundsätze keine Nachteile. Wenn er nicht unterrichtet worden ist, kann er sich in aller Regel auf eine vorsätzliche oder grob fahrlässige Verletzung der Anzeigelast und vor allem des Anerkenntnis- und Befriedigungsverbots berufen. Diese vsrechtlichen Einwendungen bleiben unberührt, vgl. dazu die Ausführungen in Anm. F 90—110.

Eines zusätzlichen Schutzes des Vers wie im Fall der unbegründeten Vsschutzablehnung durch die einschränkende Annahme, daß eine leichtfertige Feststellung der Haftpflichtforderung einen Schadenersatzanspruch des Vers begründen könne (vgl. dazu die Ausführungen in Anm. B 66 und F 101), bedarf es nicht, da die Interessen des Vers durch die erwähnten Obliegenheiten gewahrt werden. Allerdings kann der Fall des § 154 II vorliegen, so daß der Ver aus den dort aufgeführten Billigkeitsmomenten nicht von der Verpflichtung zur Leistung frei wird. Konsequenterweise ist aber auch hier eine Bindungswirkung anzunehmen, sofern nur eine Feststellung der Haftpflichtforderung erfolgte, also nicht in den Fällen, in denen kein Vergleich oder Anerkenntnis vorlag und ein solches Anerkenntnis auch aus der Zahlung nicht geschlossen werden kann. Nicht gefolgt werden darf daher der verschiedentlich vertretenen einschränkenden Meinung (Ehrenzweig S. 373, 377 [im gewissen logischen Gegensatz zu den Ausführungen auf S. 369 über die Bedeutung des § 5 Ziff. 5 S. 3 AHB; vgl. dazu die Ausführungen in Anm. F 110], Eichler S. 285 Anm. 428, Fromm S. 246—247; wohl auch Fleischmann-Deiters in Thees-Hagemann Anm. 6 zu § 149, S. 230—231), daß jedenfalls in den Fällen, in denen der Vmer den Dritten unter dem Schutz des § 154 II befriedigt habe, die Nachprüfung der Haftpflichtforderung möglich sein müsse. Die diffizile Regelung der Rechtsfolgen einer Verletzung der zitierten Obliegenheiten und die sinnvolle Abgrenzung des Anwendungsbereichs des § 154 II bedürfen keines weiteren Korrektivs; ein zwingender Grund für eine Systemdurchbrechung ist in diesen Fällen nicht ersichtlich. Der Hinweis auf RG 18. XI. 1913 VA 1914 S. 39—40 Nr. 803 vermag in diesem Zusammenhang nicht zu überzeugen. Die dort in der Anfangszeit des Haftpflichtvsrechts obiter dictum geäußerte Ansicht besagt nichts gegenüber der umfassenden Weiterentwicklung. Es ist geradezu ein Gebot der Gerechtigkeit, daß zulässige Feststellungen der Haftpflichtforderungen im „gesunden" Verhältnis gleich behandelt werden, einerlei, ob sie durch den Ver oder berechtigterweise ausnahmsweise durch den Vmer erfolgen. Zu Recht hat daher Prölss seine ursprünglich der hier vertretenen Auffassung entgegengesetzte Meinung, die er bis zur 15. Aufl. vertreten hatte (Anm. 5 A zu § 149, S. 530), aufgegeben. Auch er läßt jetzt wieder den Grundsatz der Bindungswirkung in den Fällen der Feststellung der Haftpflichtforderung durch Gerichtsspruch in einem Prozeß, über den der Ver nicht unterrichtet wurde, uneingeschränkt gelten. Nach dem Gesagten muß eine solche Bindungswirkung aber grundsätzlich für alle Arten der Feststellung der Haftpflichtforderung ohne Mitwirkung des Vers gelten (ebenso Hj. Wussow VersR 1959 S. 977); dagegen nicht für eine Zahlung auf die Haftpflichtschuld ohne vertragliche Vereinbarung über den Umfang der Forderung.

[B 65] bb) Feststellung der Haftpflichtforderung durch Schiedsspruch.

In Anm. F 99 ist ausgeführt worden, daß die Vereinbarung einer Schiedsgerichtsklausel nicht als Verstoß gegen das Anerkenntnis- und Befriedigungsverbot nach § 5 Ziff. Ziff. 5 AHB anzusehen sei. Prölss (Vers 1965 S. 101—103, [17] Anm. 5 A zu § 149, S. 552) geht davon ebenfalls aus, billigt aber zur Wahrung der Rechtsposition des Vers einem Schiedsspruch keine Bindungswirkung zu (ebenso Sieg Ausstrahlungen S. 89). Dafür gibt es aber keinen einleuchtenden Grund. Es ist daher mit Ehrenzweig S. 372 auch hier von einer Bindungswirkung auszugehen. Abgesehen davon, daß die Rechtsprechung der Schiedsgerichte durchweg auf einem sehr hohen Niveau liegt, ist nicht einzusehen, warum eine Abweichung von den in Anm. B 64 dargelegten Grundsätzen hier am Platze sein sollte. Die Rechte des Vers sind durch die Anzeigelast und die auch im Schiedsgerichtsverfahren bestehende Obliegenheit des Vmers, dem Ver die Prozeßführung zu überlassen, hinreichend gewahrt. Ein Ver, dem diese Rechtsbehelfe nicht ausreichen, muß auf den Weg einer Abänderung der AHB durch ein ausdrückliches vertragliches Verbot der Vereinbarung einer Schiedsgerichtsklausel (mit entsprechender Verwirkungsfolge) verwiesen werden.

[B 66] cc) Feststellung der Haftpflichtforderung ohne Mitwirkung des Versicherers nach unbegründeter Deckungsablehnung.

Lehnt der Ver zu Unrecht den Vsschutz ab, so begeht der Vmer keine Obliegenheitsverletzung, wenn er ohne Mitwirkung des Vers die Haftpflichtforderung durch Urteil (auch Versäumnisurteil) feststellen läßt oder durch Vergleich oder Anerkenntnis an der Feststellung mitwirkt. Der Ver, der den Vmer vertragswidrig im Stich gelassen hat, gibt dem Vmer damit „freie Hand" zur Regulierung des Schadenfalles (BGH 11. X. 1956 NJW 1956 S. 1796—1798 = VersR 1956 S. 707—708, 21. V. 1959 VersR 1959 S. 499—500, 25. IV. 1960 VersR 1960 S. 506, 11. I. 1962 VersR 1962 S. 150, 21. II. 1963 VersR 1963 S. 421—423, 16. V. 1966 VersR 1966 S. 625—626, OLG Celle 30. XII. 1952 VersR 1953 S. 82, OLG Düsseldorf 3. XII. 1957 VersR 1958 S. 410, 28. VII. 1959 VersR 1959 S. 823, OLG Hamburg 20. XII. 1961 VersR 1962 S. 367. In einem solchen Falle steht dem Ver auch nicht das Recht zu, sich trotz der unbegründeten Deckungsablehnnng die Führung des Prozesses oder die Verhandlungen mit dem geschädigten Dritten vorzubehalten (BGH 7. XI. 1966 NJW 1967 S. 202—203 = VersR 1967 S. 27—29; vgl. dazu auch die Ausführungen in F 81). Es fragt sich, ob das bedeutet, daß der Ver hier überhaupt keine Einwendungen mehr gegen die Höhe der Haftpflichtforderung erheben darf. Vom BGH (21. V. 1959 NJW 1959 S. 1492—1493 = VersR 1959 S. 499—500, 25. IV. 1960 VersR 1960 S. 505—507, 11. I. 1962 VersR 1962 S. 150—151, 21. II. 1963 VersR 1963 S. 421—423) ist mehrfach in derartigen Fällen betont worden, daß nichts für die Annahme spreche, daß die Schadenregulierung in concreto „leichtfertig" erfolgt sei. Leichtfertigkeit ist dabei mit grober Fahrlässigkeit gleichzusetzen. Es entspricht in der Tat Treu und Glauben, in den Fällen, in denen der Vmer in ungewöhnlich fahrlässiger Weise eine nicht bestehende Haftpflichtforderung durch Anerkenntnis oder Vergleich feststellt oder durch Urteil feststellen läßt, dem Ver einen Schadenersatzanspruch zuzubilligen, mit dem er gegen den zum Zahlungsanspruch umgewandelten Befreiungsanspruch aufrechnen kann.

Eine dogmatische Besonderheit ist dabei darin zu sehen, daß hier ein Verhalten, das sich — abgestellt auf ein Vsverhältnis, in dem der Ver nicht zu Unrecht den Vsschutz verweigert hat — ganz oder zum Teil mit dem objektiven Tatbestand einer Obliegenheitsverletzung (Verstoß gegen das Anerkenntnis- oder Befriedigungsverbot) deckt, in dem Falle des Außerkrafttretens dieser Obliegenheit durch vertragswidriges Handeln des Vers als Verletzung einer echten nebenvertraglichen Pflicht gewertet wird. Allein die dogmatische Unterscheidung zwischen Obliegenheiten und echten vertraglichen Nebenpflichten ist nicht um ihrer selbst getroffen worden. Es gibt keinen einleuchtenden Grund dagegen anzunehmen, daß in einem Falle der vorliegenden Art eine ergänzende Vertragspflicht des Vmers in der Art und Weise bestehe, daß er nicht in grobfahrlässiger Weise bei der Festsetzung der Haftpflichtschuld verfahre.

Der Ver muß demgemäß gegenüber der grundsätzlich bestehenden Bindungswirkung in diesen Fällen dartun und beweisen, daß eine grobe Fahrlässigkeit des Vmers zu der Feststellung der Haftpflichtschuld in einem nach der objektiven Rechtslage nicht begründeten Umfang geführt habe. Die Situation ist dabei durchaus in Parallele zu der zu setzen, die für den Vmer nach höchstrichterlicher Rechtsprechung bezüglich seiner Einwendungen gegenüber einem Regreßanspruch nach § 158f besteht (vgl. dazu nur BGH 27. V. 1957 BGHZ Bd 24 S. 323—324, 4. VII. 1957 VA 1957 S. 228—230 Nr. 173 = VersR 1957 S. 502—503, 23. X. 1958 BGHZ Bd 28 S. 251, 12. III. 1959 VersR 1959 S. 330, 8. XI. 1962 VA 1963 S. 11 Nr. 349 = VersR 1963 S. 35, 22. III. 1965 VersR 1965 S. 454). Dort wird allerdings ein Schadenersatzanspruch des Vmers, mit dem er gegen die Regreßforderung des Vers aufrechnen kann, schon bei leichter Fahrlässigkeit des Vers bejaht. Daß dem Ver in den hier erörterten Fällen ein solcher Anspruch erst bei grober Fahrlässigkeit zugesprochen wird, beruht auf der Überlegung, daß in den in Anm. B 64 erörterten Fällen dem Vmer bei einer Eigenregulierung unter Verstoß gegen das Anerkenntnis- und Befriedigungsverbot nach § 6 III leichte Fahrlässigkeit nicht schadet. Hier muß aus sachlogischen Gründen eine Gleichstellung erfolgen. Die Obliegenheit strahlt also auf die für einen speziellen Fall ihr nachgebildete echte ergänzende Vertragspflicht noch aus.

Für den Umfang der Bindungswirkung im Konkurs des Vers vgl. Anm. B 113.

[B 67] 4. Bereicherungsansprüche.

a) Überzahlung im Haftpflichtverhältnis.

Liegt im Haftpflichtverhältnis eine Überzahlung vor, so kann der Ver, der nach den in Anm. G 17 dargestellten Grundsätzen im Namen des Vmers, also als dessen Stellvertreter, gehandelt und geleistet hat, die ungerechtfertigte Bereicherung nicht im eigenen Namen zurückverlangen; der Bereicherungsanspruch entsteht vielmehr in der Person des Vmers (Schünemann HansRZ 1923 Sp. 646, Sieg Ausstrahlungen S. 216, ZVersWiss 1965 S. 370, Schirmer Vertretungsmacht S. 117 Anm. 6; OLG München 30. I. 1963 VersR 1964 S. 198—199 setzt sich zu dieser Auffassung nicht in Widerspruch; denn in jenem Falle hatte der Ver ohne Bestreiten durch den Dritten vorgetragen, daß von ihm im eigenen Namen und nicht als Vertreter des Vmers geleistet worden sei). Der Vmer ist aber — je nach der Weisung des Vers — gehalten, diesen Bereicherungsanspruch an den Ver abzutreten oder ihn gerichtlich im eigenen Namen für Rechnung des Vers geltend zu machen (Sieg Ausstrahlungen, S. 216). Dabei handelt es sich im Rechtssinne um eine Auswirkung der in § 5 Ziff. 3 AHB zusätzlich festgelegten Rettungsobliegenheit (Sieg a. a. O.). Hat der Vmer den Anspruch durchgesetzt, so muß er an den Ver das vom Dritten Erlangte herausgeben (Schünemann a. a. O. Sp. 646).

Hat der Ver dagegen nicht als Vertreter des Vmers, sondern als echter Dritter im Sinne des § 267 BGB gehandelt, so entsteht bei einer Überzahlung der Haftpflichtschuld der Bereicherungsanspruch in der Person des Vers (Senger S. 43, Sieg Ausstrahlungen S. 216—217). Zu beachten ist aber, daß nach den Ausführungen in Anm. G 17 von einer Vermutung tatsächlicher Art auszugehen ist, daß der Ver nicht im eigenen Namen, sondern für den Vmer in dessen Namen geleistet hat.

Zum Bereicherungsanspruch ist im übrigen zu bedenken, daß nicht jede Überzahlung einen Rückforderungsanspruch auslöst. Wenn ein Ver in zweifelhaften Fällen zahlt, so kann er nicht später aus besserer Rechtskenntnis oder auch nach Klärung einer Rechtsfrage durch den BGH einen anderen Rechtsstandpunkt einnehmen. Auch ein allgemeiner Rückforderungsvorbehalt kann nicht als wirksam behandelt werden. Etwas anderes gilt aber bei speziell vereinbarten Klauseln, wenn sich etwa der Ver zur Zahlung eines Vorschusses entschließt, obwohl ihm noch keine Schadenschilderung seines im Ausland befindlichen Vmers vorliegt, und dabei den Vorbehalt einer Rückforderung für den Fall macht, daß sich aus der Anzeige seines Vmers keine Haftung dem Grunde nach ergebe. Die wichtigsten Fälle sind aber wohl die, in denen der Dritte das Bestehen einer Sachv und deren Entschädigungsleistung oder das Bestehen von Sozialvsschutz verschwiegen hat. In diesen Fällen wird man im übrigen auch ohne speziell darauf gerichtete Fragen einen entsprechenden Bereicherungsanspruch zu bejahen haben, wenn nur die gemeinsame Schadenberechnung ergibt, daß bei den Verhandlungen davon ausgegangen worden ist, daß eine Leistung von dritter Seite nicht zu erwarten sei.

Ein Sonderfall liegt vor, wenn der Ver nicht an den geschädigten Dritten, sondern an den Vmer geleistet hat — sei es mit Zustimmung des Dritten, sei es nach Erfüllung des Anspruchs des Dritten durch den Vmer. Für den Fall, daß in einer solchen Situation der Dritte nach der Leistung des Vers an den Vmer diesem die Haftpflichtschuld erläßt, gewährte Bruck 7. Aufl. Anm. 3 zu § 154 dem Ver ein Rückforderungsrecht. Dagegen verneint Ehrenzweig S. 371 Anm. 24a einen derartigen Bereicherungsanspruch mit der Begründung, daß den Ver, der seine Leistungspflicht erfüllt habe, ein nachfolgender Schulderlaß nichts mehr angehe. Der Auffassung von Ehrenzweig ist dabei in den Fällen der Vorzug zu geben, in denen der Ver an den Vmer leistet, obwohl dieser den geschädigten Dritten noch nicht befriedigt hat. Mit einer solchen Leistung will der Ver dann eine abschließende Regelung treffen. Nach dem Sinn der Vereinbarung ist daher — ähnlich wie beim Abandon, wenn sich später herausstellt, daß die begründeten Ansprüche die Deckungssummen nicht übersteigen, vgl. dazu die Ausführungen in Anm. G 7 — eine Rückforderung ausgeschlossen.

[B 68] b) Zahlung trotz Nichtbestehens von Versicherungsschutz.

Dagegen kann der geschädigte Dritte nicht aus dem Gesichtspunkt der ungerechtfertigten Bereicherung in Anspruch genommen werden, wenn der Ver geleistet hat, obwohl kein Vsschutz bestanden hat oder dieser nachträglich entfallen ist. Bereicherungsschuldner ist hier der Vmer (BGH 5. III. 1964 VersR 1964 S. 474, Roeder S. 97, Senger S. 43, Schünemann HansRZ 1923 Sp. 646, Sieg Ausstrahlungen S. 216). Die Leistung des Vers für den Vmer, sei sie im fremden, sei sie im eigenen Namen erbracht, verbleibt also bei dem Dritten, der deshalb nicht bereichert ist, weil er nur das erhalten hat, was ihm nach Haftpflichtgrundsätzen zustand. Nach RG 23. IV. 1940 JRPV 1940 S. 100—101 = ÖffrV 1941 S. 51—52 bleibt eine vom Ver im eigenen Namen gegenüber dem geschädigten Dritten übernommene Verpflichtung auch dann rechtsbeständig, wenn sich nachträglich für den Ver herausstellt, daß er gar keinen Vsschutz zu leisten braucht (vgl. dazu Sieg Ausstrahlungen S. 186—188 und Anm. G 18 a. E.). Soweit es sich dabei um eine Rentenzahlungsverpflichtung handelt, wird der Vmer demgemäß einem laufend neu entstehenden Bereicherungsanspruch ausgesetzt.

Der Vmer kann sich gegenüber dem Bereicherungsanspruch des Vers nicht erfolgreich mit der Einlassung verteidigen, daß er um deswillen nicht bereichert sei, weil ein anderer Haftpflichtver im Risiko gewesen sei, der nunmehr mit Rücksicht auf die Leistung des zu Unrecht von seiner eigenen Leistungspflicht ausgehenden ersten Vers nichts mehr zu erbringen habe. Vom BGH 5. III. 1964 a. a. O. wird eine solche Verteidigung vielmehr zu Recht als Scheinargument mit dem Hinweis darauf, daß der zweite Ver nunmehr Vsschutz gegenüber dem Bereicherungsanspruch des ersten Vers zu gewähren habe (vgl. dazu auch die Ausführungen in Anm. G 63), zurückgewiesen.

Soweit ein Fall des sogenannten Doppelmangels vorliegt, wenn also sowohl eine Überzahlung im Haftpflichtverhältnis als auch die hier erörterte Alternative des Nichtbestehens des Vsschutzes gegeben sind, ist mit Sieg Ausstrahlungen S. 216—217 ein unmittelbarer Anspruch des Vers gegen den geschädigten Dritten zuzubilligen. Das erscheint schon deshalb als sachgerecht, weil der Vmer in einem solchen Falle lediglich zur Abtretung seines eigenen Bereicherungsanspruchs gegen den Dritten an den Ver für verpflichtet zu halten wäre. Das Gesagte gilt aber gewiß nicht in den Fällen, in denen der Ver lediglich von seinem Regulierungsermessen großzügigen Gebrauch gemacht hat, jedoch kein Rückforderungsanspruch gegen den Dritten besteht. Hier kann sich der Vmer gegenüber dem Bereicherungsanspruch des Vers damit verteidigen, daß der Ver schuldhaft zuviel gezahlt habe. Eine solche Verkennung der materiellen Rechtslage kann im Verhältnis zum Vmer eine schuldhafte Schlechterfüllung der nebenvertraglichen Pflichten aus dem Vsverhältnis darstellen (vgl. dazu Anm. G 278). Mit dem daraus entstehenden Schadenersatzanspruch könnte der Vmer gegenüber dem Bereicherungsanspruch des Vers aufrechnen. Doch ist zu beachten, daß den Vmer die Beweislast für ein solches Versagen des Vers bei den Regulierungsverhandlungen trifft (vgl. dazu wiederum Anm. G 278).

Zur Frage, wie sich eine Überzahlung durch den Ver im Rahmen des § 156 III auswirkt, vgl. die Ausführungen in Anm. B 100—101.

[B 69] 5. Exkurs: Reflexwirkungen der Haftpflichtversicherung.

a) Grundsätzliche Unerheblichkeit des Bestehens einer Haftpflichtversicherung für die Entstehung einer Haftpflichtforderung.

Im Unterbewußtsein der Gerichte schwingt gelegentlich bei der Entscheidung eines Haftpflichtprozesses die Erwägung mit, daß nicht der Beklagte, sondern sein Ver im Ergebnis den Schaden zu tragen habe. Diese Überlegung ist zu tadeln und kann nicht scharf genug verurteilt werden. Die Entscheidung eines Rechtsstreits darf nicht von derartigen unkontrollierten Ressentiments getragen werden. Niemals darf eine Schadenersatzpflicht nur deshalb bejaht werden, weil Haftpflichtvsschutz besteht.

Zutreffend ist daher vom BGH (13. VI. 1958 NJW 1958 S. 1630—1633 = VersR 1958 S. 485—487 [mit kritischer Anm. von Pohle in MDR 1958 S. 838—840], 26. VI. 1962 NJW 1962 S. 2201—2202 = VersR 1962 S. 811—813 [vgl. dazu auch die kritischen Ausführungen von Böhmer MDR 1963 S. 21—22]) eine Billigkeitshaftung nach § 829 BGB, die allein darauf gestützt worden war, daß der nicht verantwortliche Täter deshalb vermögend sei, weil er Haftpflichtvsschutz genieße, abgelehnt worden (ebenso LG Kiel 12. V. 1966 VersR 1968 S. 80). Die gegenteilige Auffassung denaturiert die Haftpflichtv in der Tat zur Unfallfremdv. Die beiden vom BGH 13. VI. 1958 und 26. VI. 1962 a. a. O. entschiedenen Fälle betrafen freiwillig abgeschlossene Haftpflichtven. Offen gelassen wurde dabei, ob das gleiche auch für eine Pflichthaftpflichtv gelte. Doch darf auch hier nicht anders entschieden werden, als daß die Billigkeitshaftung nach § 829 BGB niemals allein auf das Bestehen einer Haftpflichtv als haftungsbegründenden Umstand gestützt werden kann. In diesem Sinne ist wohl auch schon BGH 10. I. 1957 BGHZ Bd 23 S. 99 zu verstehen; vgl. auch Sieg Ausstrahlungen S. 115—117.

Treffend ist es daher auch, daß vom BGH auch dann auf einen Regreßanspruch nach § 1542 RVO oder ähnlicher beamtenrechtlicher Regreßvorschriften der Grundsatz des § 67 II (kein Regreß gegen die in häuslicher Gemeinschaft mit dem Vmer lebenden Familienangehörigen, es sei denn bei vorsätzlicher Schädigung) entsprechend angewendet wird, wenn diese Familienangehörigen ausnahmsweise im Rahmen einer privaten (Kfz-) Haftpflichtv Deckung haben (BGH 11. II. 1964 BGHZ Bd 41 S. 84, 8. I. 1965 BGHZ Bd 43 S. 79, 9. I. 1968 NJW 1968 S. 649—650 = VersR 1968 S. 248—249). Ähnlich für einen speziellen Fall der Anwendung des § 4 des Gesetzes über die erweiterte Zulassung von Schadenersatzansprüchen bei Dienst- und Arbeitsunfällen vom 7. XII. 1943 (RGBl I S. 674): BGH 30. VI. 1964 VersR 1964 S. 1080—1081; durch die genannte Vorschrift wurde der Rückgriff öffentlicher Verwaltungen untereinander weitgehend ausgeschlossen; der BGH entschied, daß dieser Ausschluß auch dann gelte, wenn die öffentliche Hand ihrer Freistellungsverpflichtung gegenüber dem Bediensteten durch Abschluß einer privaten Haftpflichtv für diesen nachgekommen sei.

Aus dem gleichen Grunde wird es vom BGH zu Recht abgelehnt, die fundamentale Haftungsausschlußbestimmung des § 898 RVO a. F. (§ 636 RVO n. F.) deshalb zu durchbrechen, weil der Arbeitgeber Haftpflichtvsschutz genieße (BGH 29. I. 1963 NJW 1963 S. 654—656 = VersR 1963 S. 243—245, 4. XII. 1964 VersR 1965 S. 291—292 [gegen OLG Köln 15. VI. 1961 NJW 1961 S. 1873—1874 und OLG München 13. XI. 1961 VersR 1962 S. 673—674], vgl. aber auch die einen extremen Ausnahmefall behandelnde BAG-Entscheidung 18. I. 1966 VersR 1966 S. 881—885 = AP Nr. 37 zu § 611 BGB [Haftung des Arbeitnehmers] mit kritischer Anm. von Götz Hueck).

Es bildete nur eine scheinbare Ausnahme von diesem Grundsatz, daß im Rahmen der nur noch rechtshistorisch bedeutsamen Rechtsprechung zur Haftung von Arbeitskollegen untereinander bei gefahrengeneigter Arbeit (vgl. jetzt die gesetzliche Lösung des Problemkreises durch § 637 RVO) der Haftungsausschluß nicht angenommen wurde, wenn der Schädigende Haftpflichtvsschutz im Rahmen einer gesetzlichen Pflichthaftpflichtv genoß (so BGH 1. IV. 1958 BGHZ Bd 27 S. 62—69 [vgl. dazu die Anm. von Hauß in LM Nr. 13 zu § 823 E c BGB], BAG 14. II. 1958 VersR 1958 S. 719—721 = AP Nr. 18 zu §§ 898, 899 RVO [mit zustimmender Anm. von Götz Hueck a. a. O.], 19. V. 1961 AP Nr. 25 zu § 611 BGB [Haftung des Arbeitnehmers] — BB 61 S. 826, 23. XI. 1962 BAGE Bd 13 S. 333, 23. VIII. 1963 BAGE Bd 14 S. 325, 30. X. 1963 BAGE Bd 15 S. 73—75, 29. XI. 1963 AP Nr. 31 zu § 611 BGB [Haftung des Arbeitnehmers] = Betrieb 1964 S. 409, 11. I. 1966 VersR 1966 S. 572 = AP Nr. 36 zu § 611 BGB [Haftung des Arbeitnehmers], 16. III. 1966 VersR 1966 S. 1067 = AP Nr. 38 zu § 611 BGB [Haftung des Arbeitnehmers], OLG Karlsruhe 26. III. 1958 VersR 1958 S. 721—722 = BB 1959 S. 957; a. M. LAG Hamburg 18. III. 1958 VA 1958 S. 124—126 Nr. 192 = VersR 1958 S. 555—556, LAG Bayern 21. IV. 1959 BB 1959 S. 957—958).

Bei der Rechtsprechung zur gefahrengeneigten Arbeit handelte es sich um Richterrecht, durch das im Wege der wertenden Betrachtung eines schier unlösbaren Konfliktes zwischen mehreren Rechtsprinzipien (vgl. insbesondere die tiefgründige Entscheidung des Großen Senats des BAG 25. IX. 1957 BAGE Bd 5 S. 1—19) eine Billigkeitsentscheidung getroffen wurde. Wenn dabei einem Arbeitnehmer entgegen der ursprünglichen gesetzlichen Ausgangssituation des bürgerlichen Rechts ein Schadenersatzanspruch gegen seinen Kollegen versagt wurde, weil andernfalls über dessen Freihaltungsanspruch der dem sozialen Betriebsfrieden dienende § 898 RVO a. F. durchbrochen worden wäre, so leuchtet ein, daß dieser außerhalb des Gesetzes vollzogene Rechtsentzug dann keine Grundlage im Bereich der Interessenjurisprudenz mehr hatte, wenn tatsächlich der schädigende Arbeitnehmer mit Rücksicht auf seinen Vsschutz gar nicht in einer Konfliktsituation stand und ihm daher auch kein zusätzlicher Freihaltungsanspruch gegen seinen Arbeitgeber, der für ihn Vsschutz genommen hatte, hätte zugebilligt werden müssen. Bemerkenswert war in diesem Zusammenhang allerdings die Inkonsequenz, die darin lag, daß ein freiwillig herbeigeführter Haftpflichtvsschutz nicht zu einer Durchbrechung des Grundsatzes der Haftpflichtbeschränkung bei schadengeneigter Arbeit führen sollte (so BGH 12. V. 1959 NJW 1959 S. 2205—2206 = VersR 1959 S. 754—755, OLG Bamberg 22. V. 1959 BB 1959 S. 967; a. M. OVG Münster 5. III. 1965 VersR 1965 S. 968.

Zur Vermeidung von Mißverständnissen sei betont, daß durch die heutige gesetzliche Regelung des Problemkreises in § 637 RVO — unabhängig davon, daß diese Haftungsausschlußbestimmung über den sorgsam wägenden Bereich der Rechtsprechung zur gefahrengeneigten Arbeit hinausgeht — die eben erörterte Rechtsprechung obsolet geworden ist. Der Ausschluß der Schadenersatzansprüche von Arbeitnehmern untereinander durch § 637 RVO ist nach dem Eingreifen des Gesetzgebers als fundamentaler Satz des Haftpflichtrechts ebenso wie § 636 (früher § 898 RVO) zu beachten, so daß niemals eine Durchbrechung dieser Bestimmung damit gerechtfertigt werden könnte, daß Haftpflichtvsschutz bestehe. Durch diese gesetzliche Neuregelung ist auch dafür gesorgt, daß ein Ausnahmefall wie der vom BAG entschiedene (18. I. 1966 VersR 1966 S. 881—885 = AP Nr. 37 zu § 611 BGB [Haftung des Arbeitnehmers] mit kritischer Anm. von Götz Hueck) sich nicht wiederholen kann.

[B 70] b) Besonderheiten der Schmerzensgeldbemessung.

aa) Beachtlichkeit des Bestehens einer Haftpflichtversicherung.

Eine Ausnahme von dem in Anm. B 69 behandelten Grundsatz bildet die Bemessung des Schmerzensgeldes im Haftpflichtprozeß. Hier ist es seit der Entscheidung des Großen Senats des BGH 6. VII. 1955 BGHZ Bd 18 S. 165—167 fester Auslegungsgrundsatz, daß bei der Bemessung der Höhe des Schmerzensgeldes auch der Umstand zu berücksichtigen ist, daß der Schädiger gegen den Ver einen Anspruch auf Freistellung hat, einerlei, ob es sich um eine freiwillige oder um eine Zwangshaftpflichtv handelt (BGH 15. I. 1957 BGHZ Bd 23 S. 99—100, 5. III. 1957 VersR 1957 S. 336 = DAR 1957 S. 182—183, 17. V. 1957 VersR 1957 S. 572, 21. VI. 1957 VersR 1957 S. 573—574, 16. V. 1961 VersR 1961 S. 727—728 = VRS Bd 21 S. 178—179, 3. IV. 1962 VersR 1962

S. 622—623). Anders zu entscheiden, hieße den Richter zu überfordern. Zu der Rechtsprechung zu § 829 BGB besteht kein Widerspruch, da es hier nur um die Höhe eines an sich gegebenen Anspruchs geht, während dort der Umstand, daß eine Haftpflichtv besteht, die Haftung erst begründen sollte. Um es zu verdeutlichen: Auch im Bereich der Zubilligung eines Schmerzensgeldanspruchs wäre es grundfalsch, allein gestützt auf das Vorhandensein einer Haftpflichtv, einen derartigen Anspruch zuzubilligen, wenn das sonst nicht geschehen würde. In der Praxis der Haftpflichtrechtsprechung bedeutet dieser Grundsatz, daß die Vermögensverhältnisse des Vmers regelmäßig nicht mehr als besonderer Umstand im Rahmen der Bemessung des Schmerzensgeldes erörtert werden. Das ist rechtspolitisch sehr zu begrüßen. Für alle Beteiligte stellte sich früher zwangsläufig ein ungutes Gefühl ein, wenn der vom Ver gestellte Anwalt des Vmers vortragen mußte, daß mit Rücksicht auf die schlechte Vermögenslage des Vmers nur ein ganz niedriges Schmerzensgeld angemessen sei, während doch allen klar war, daß der Vmer in Wirklichkeit durch die Schmerzensgeldzahlung gar nicht belastet werden würde.

Konsequent ist es auch, wenn der BGH es demjenigen Vmer, der schuldhaft seinen Vsschutz aus der Pflichthaftpflichtv verloren hat, grundsätzlich nicht gestattet, sich mit Rücksicht auf das Fehlen dieses Vsschutzes auf seine schlechte Vermögenslage zu berufen (BGH 21. VI. 1957 VersR 1957 S. 573—574 [vorsätzlicher Verstoß gegen Führerscheinklausel]; ähnlich BGH 13. XI. 1962 VersR 1963 S. 187 in einem Fall, in dem allerdings nicht recht zu erkennen ist, warum kein Vsschutz bestand, da der dafür angegebene Grund Trunkenheit in diesem Zusammenhang nichts besagt [vgl. dazu nur BGH 18. X. 1952 BGHZ Bd 7 S. 311—326]; differenzierend nach dem Grad des Verschuldens: BGH 16. V. 1961 VersR 1961 S. 728 = VRS Bd 21 S. 179.

[B 71] bb) Geschichtliche Entwicklung.

Bis zur Entscheidung des Großen Senats des BGH vom 6. VII. 1955 a. a. O. ist die Frage, ob eine Haftpflichtv bei der Bemessung des Schmerzensgeldes berücksichtigt werden dürfe, eines der umstrittensten Probleme des Haftpflichtrechts gewesen. Das RG hat sich aus logischen Erwägungen zunächst in ständiger Rechtsprechung gegen die Berücksichtigung eines solchen Haftpflichtvsschutzes ausgesprochen. Vgl. RG 27. III. 1906 RGZ Bd 63 S. 104—105, 28. V. 1925 JW 1925 S. 2560, 7. IV. 1932 RGZ Bd 136 S. 61, 27. X. 1932 JW 1933 S. 779, 11. VII. 1935 JW 1935 S. 2950, 26. VIII. 1937 JW 1937 S. 3172, 7. V. 1938 RGZ Bd 157 S. 350, 4. II. 1941 DR 1941 S. 1298—1299.

Rühmend sei in diesem Zusammenhang die fortschrittliche Rechtsprechung einiger Oberlandesgerichte erwähnt, die immer wieder das höchste Gericht zu einer Überprüfung seines Standpunktes herausforderten (vgl. in diesem Zusammenhang nur OLG Köln 11. III. 1937 JW 1937 S. 1257—1258, OLG Hamburg 17. X. 1940 DR 1941 S. 384—385 = HansRGZ 1940 B Sp. 375—377, 1. VII. 1942 DR 1942 S. 1281—1283 = JRPV 1942 S. 123—124, KG 21. XII. 1942 DR 1943 S. 411; weitere Nachweise bei Sieg Ausstrahlungen S. 112 in Anm. 146). Schließlich schloß sich das RG in Abkehr von seiner ständigen Rechtsprechung der Gegenmeinung an (vgl. RG 19. I. 1944 DR 1944 S. 290—292). Eine scheinbar vermittelnde Meinung nahm zunächst die BGH-Rechtsprechung ein, indem sie erklärte, daß das Vermögen des Schädigers in keiner Weise, also auch nicht anspruchsmindernd, bei der Bemessung des Schmerzensgeldes berücksichtigt werden dürfe (BGH 29. IX. 1952 BGHZ Bd 7 S. 223—231, 11. II. 1953 VersR 1953 S. 196—197; so auch Sieg Ausstrahlungen S. 112—115 mit umfassenden Schrifttumsnachweisen). Aus dieser Sicht der Dinge kam es dann auf das Bestehen oder Nichtbestehen einer Haftpflichtv nicht an. In diesem Sinne hatte im Grunde genommen auch schon RG 4. II. 1941 DR 1941 S. 1298—1299 trotz seines Lippenbekenntnisses zur ständigen Rechtsprechung entschieden, wenn es mit dem Berufungsgericht die schwerwiegenden wirtschaftlichen Folgen für den Schädiger nicht in dem früher üblichen Umfang würdigte. BGH 10. IV. 1954 VersR 1954 S. 277—278 knüpfte dann wieder an RG 19. I. 1944 a. a. O. an und führte wegen des Widerspruchs zu BGH 29. IX. 1952 a. a. O. und 11. II. 1953 a. a. O. zu der die Rechtsprechung stabilisierenden Entscheidung des Großen Senats (BGH 6. VII. 1955 BGHZ Bd 18 S. 165—167).

Wenn diese Entwicklung hier verhältnismäßig eingehend geschildert worden ist, so geschah das wegen der bemerkenswerten Wandlung der Auffassungen. Das schier unübersehbare Schrifttum zu dieser Frage zu zitieren, hieße aber, den Rahmen dieses Exkurses zu sprengen. Erwähnt seien nur neben den ausführlichen Schrifttumsnachweisen bei Sieg a. a. O. die letzten temperamentvollen Ausführungen von Ehrenzweig VersR 1953 S. 80—81, mit denen er vergeblich aus logischen Erwägungen die Rückkehr zur früheren ständigen RG-Rechtsprechung forderte; ferner die zusammenfassende Darstellung durch Oberbach VersR 1950 S. 57—59. Vgl. weiter Hanau VersR 1969 S. 291—298, der die Auffassung vertritt, daß wohl eine Kfz-Haftpflichtv, nicht aber eine freiwillig abgeschlossene Haftpflichtv berücksichtigt werden dürfe.

[B 72] c) Weitere Reflexwirkungen.

aa) Haftpflichtversicherung und Haftungsausschluß.

Vom RG ist in ständiger Rechtsprechung der Standpunkt vertreten worden, daß es nicht zu beanstanden sei, wenn vom Tatrichter angenommen werde, daß das Bestehen einer Haftpflichtv gegen einen stillschweigenden Haftungsausschluß spreche (RG 28. V. 1934 JW 1934 S. 2033—2036, 9. XI. 1936 JRPV 1937 S. 9, 3. XII. 1938 JRPV 1939 S. 40—41 = VAE 1939 S. 104—105, 10. I. 1941 RdK 1941 S. 112, 21. I. 1941 DR 1941 S. 1068 = RdK 1941 S. 144). Beanstandet wurden lediglich Urteilsbegründungen, in denen ausgeführt worden war, daß allein aus dem Bestehen einer Haftpflichtv stets geschlossen werden dürfe, daß kein Enthaftungsvertrag geschlossen worden sei. Zu Recht wurde vom RG die Prüfung aller Umstände des Einzelfalls verlangt. Der Sache nach bedeutete aber diese Rechtsprechung, daß in der Regel kein stillschweigender Haftungsausschluß bei Vorliegen einer Haftpflichtv angenommen wurde. Wichtig ist dabei, daß vom RG diese Schlußfolgerung der Tatrichter auch dann gebilligt wurde, wenn es sich um eine gemeinsame Trunkenheitsfahrt handelte, ungeachtet dessen also, daß ein solches Fahren im trunkenen Zustand an sich zu beanstanden ist.

Diese Rechtsprechung ist vom BGH übernommen und durch Hervorhebung des Grundsatzes, daß das Bestehen einer Haftpflichtv regelmäßig gegen die Annahme eines zwischen den Parteien stillschweigend abgeschlossenen Haftungsausschlusses spreche, verdeutlicht worden (BGH 14. III. 1961 VersR 1961 S. 428 = LM Nr. 12 zu § 254 BGB [Da], 5. III. 1963 VersR 1963 S. 1080, 16. IV. 1964 NJW 1964 S. 1898 = VersR 1964 S. 738, 26. X. 1965 NJW 1966 S. 42 = LM Nr. 14a zu § 823 BGB [Ha]).

Diese Überlegungen sind zu billigen. Vom Standpunkt eines objektiv wägenden Betrachters aus ist nicht einzusehen, warum der Vmer zu Gunsten seines Vers stillschweigend einen Haftungsausschluß vereinbaren sollte. Hier ist selbst dann keine Ausnahme zu machen, wenn eine gemeinsame Trunkenheitsfahrt in voller Kenntnis des Risikos durchgeführt wird. BGH 9. X. 1952 VersR 1952 S. 420—421 = LM Nr. 3 zu § 823 BGB [Ha] bekräftigt dagegen allerdings den Standpunkt des als Vorinstanz einen stillschweigenden Haftungsausschluß annehmenden OLG Freiburg 4. V. 1951 VersR 1951 S. 206—207 mit dem Argument, daß von der Klägerin nicht dargetan worden sei, daß das Bestehen einer Haftpflichtv für die Erwägungen der Beteiligten einen Einfluß gehabt habe (ähnlich der Sache nach OLG Karlsruhe 14. VII. 1954 VRS Bd 7 S. 170 bis 171). Damit setzt sich das Urteil aber in Widerspruch zu der zitierten ständigen höchstrichterlichen Rechtsprechung. Auch erscheint eine derartige Abgrenzung schon deshalb als problematisch, weil sie letzten Endes auf das Geschick des für den geschädigten Dritten vortragenden Anwalts abstellt. Die Frage kann daher richtig nur so lauten, ob die Parteien stillschweigend auch dann einen Haftungsausschluß vereinbart hätten, wenn sie über das Bestehen einer Haftpflichtv unterrichtet gewesen wären. Das wird man nach dem eingangs aufgestellten Grundsatz in der Regel zu verneinen haben. Zu einem gerechten Ergebnis im Einzelfall kommt man dabei dennoch, indem man nämlich nach § 254 I BGB den Anspruch des geschädigten Dritten nach Maßgabe eines Mitverschuldens kürzt. So schon RG 21. I. 1941 a. a. O. Vgl. weiter als Grundsatzentscheidung in dieser Richtung BGH 14. III. 1961 BGHZ Bd 34 S. 355—367, in der der

Schadenersatzanspruch eines Minderjährigen, der sich einem als des Fahrens untüchtig erkannten Führer eines Kraftwagens anvertraut hatte, anteilig herabgesetzt worden ist. In dieser Entscheidung und in dem Parallelurteil (14. III. 1961 VersR 1961 S. 428 = LM Nr. 12 zu § 823 BGB [Da]) wird vor allem zu Recht prinzipiell der Fiktion eines stillschweigenden Haftungsausschlusses entgegengetreten. In diesem Sinne auch BGH 5. III. 1963 BGHZ Bd 39 S. 156—162 (kein stillschweigender Haftungsausschluß bei einer Zuverlässigkeitsfahrt). Vgl. zu dieser Entwicklung der haftpflichtrechtlichen Rechtsprechung die zusammenfassende Darstellung von Hauss, Der Haftpflichtschutz der Kraftfahrzeuginsassen in der neueren Rechtsprechung, in Festschrift für Ph. Möhring, München und Berlin 1965, S. 345—362 m. w. N.; grundlegend ferner die rechtsvergleichende Darstellung von Hans Stoll, Das Handeln auf eigene Gefahr, Berlin und Tübingen 1961; vgl. weiter Eike von Hippel, Die Haftung bei Gefälligkeitsfahrten — zugleich ein Beitrag zur Bedeutung des Vsgedankens für das Schadenrecht, in Festschrift für Fritz von Hippel, Tübingen 1967, S. 233—244; dagegen Büchner VersR 1967 S. 1030—1033 und dazu wiederum Eike von Hippel VersR 1968 S. 231—232.

Haben die Parteien allerdings ausdrücklich einen Haftungsausschluß vereinbart, so kann dieser durch den Hinweis darauf, daß ein solcher Verzicht in Kenntnis des Bestehens einer Haftpflichtv nicht vereinbart worden wäre, nicht aus der Welt geschaffen werden (BGH 3. VII. 1952 VersR 1952 S. 351 = LM Nr. 2 zu § 254 BGB [nur L. S.]). Insoweit handelt es sich vielmehr regelmäßig um einen unerheblichen Motivirrtum.

Daß ein Haftpflichtver zu Unrecht den Haftpflichtvsschutz verweigert und daß der Vmer deshalb einen Deckungsprozeß führen müßte, darf gewiß nicht für die Annahme eines stillschweigenden Haftungsausschlusses gewertet werden, auch nicht bei Vorliegen familienrechtlicher Bande zwischen den Beteiligten (BGH 16. IV. 1964 NJW 1964 S. 1898 = VersR 1964 S. 738 gegen OLG Stuttgart 10. VII. 1963 NJW 1964 S. 727—729 [Vorinstanz]). Andernfalls hätte es ein Haftpflichtver in der Hand, durch eine unberechtigte Deckungsablehnung den materiellen Umfang der Haftpflichtansprüche zubestimmen. Andererseits darf aber dann, wenn tatsächlich mit Rücksicht auf das familienrechtliche Band kein Vsschutz besteht (vgl. z. B. § 4 II Ziff. 2 AHB), dieser Umstand für die Annahme eines Haftungsausschlusses berücksichtigt werden (so BGH 13. VI. 1961 VersR 1961 S. 847 = VRS Bd 21 S. 166).

Die Analyse der Interessenlage ergibt, daß in allen den Fällen, in denen der Vmer Haftpflichtvsschutz genießt, kein vernünftiger Grund für einen Haftungsverzicht spricht. Sinnvoll ist aber der Abschluß eines Enthaftungsvertrages insoweit, als kein Vsschutz besteht, insbesondere wegen Überschreitung der Vssumme. Es sei deshalb zur Vollständigkeit betont, daß es dem Vmer grundsätzlich ohne Gefährdung seines Vsschutzes möglich ist, insoweit einen Haftungsverzicht zu vereinbaren, als kein Vsschutz wegen Überschreitung der Vssumme besteht (so treffend BGH 26. IV. 1960 NJW 1960 S. 1197—1198 = VersR 1960 S. 549—551; vgl. auch Anm. F 76). Das Gesagte gilt für die Überschreitung der Vssumme sowohl bei einer Haftpflichtv nach den AHB als auch nach den AHBVerm. Für die Vermögensschadenhaftpflichtv ist aber die Besonderheit des ausgeklügelten Selbstbeteiligungssystems zu beachten (vgl. § 3 II Ziff. 3, 5 und § 6 Ziff. 3 AHBVerm). Durch § 3 II Ziff. 5 AHBVerm wird bewirkt, daß ein Haftungsausschluß, der sich nur auf die Selbstbeteiligung bezieht, eine entsprechende Kürzung der Leistungsverpflichtung des Vers herbeiführt, so daß also der Selbstbehalt per saldo bestehen bleibt (vgl. dazu Anm. G 55).

[B 73] bb) Vergleichsweise Herabsetzung einer Haftpflichtforderung in Unkenntnis des Umstandes, daß der Schädiger haftpflichtversichert ist.

Es kommt in Ausnahmefällen vor, daß nicht der Ver sondern der Vmer im Einverständnis mit dem Ver in Verhandlungen mit dem geschädigten Dritten die Haftpflichtforderung feststellt. Ein solches Einverständnis wird der Ver insbesondere dann erteilen, wenn er sich von dem Einschalten des Vmers eine günstige Erledigung verspricht, insbesondere deshalb, weil die gelegentlich durch das Bekanntwerden der Eintrittspflicht eines Vers zusätzlich entstehende Begehrlichkeit gar nicht erst geweckt wird. Fragt der Dritte dabei den Vmer, ob Haftpflichtvsschutz bestehe und wird diese Frage wahrheitswidrig verneint, so kann ein im Anschluß an eine solche Erklärung abgeschlossener Vergleich regelmäßig wegen arglistiger Täuschung nach § 123 BGB und auch nach § 119 II BGB angefochten werden. Unterbleibt aber eine derartige Frage, so kann sich der Dritte, der vom Bestehen einer Haftpflichtv nichts gewußt hat, nicht durch eine Anfechtung nach § 119 II BGB vom Vertrag lösen; ein Irrtum über das Bestehen oder Nichtbestehen einer Haftpflichtv ist in einem solchen Falle nicht als ein Irrtum über eine wesentliche Eigenschaft einer Person im Sinne der genannten Vorschrift anzusehen (so zutreffend RG 15. VI. 1920 VA 1921 Anh. S. 41—42 Nr. 1200). Insbesondere ist also der Vmer nicht verpflichtet, ungefragt zu offenbaren, daß er haftpflichtvert sei (RG 15. VI. 1920 a. a. O.).

[B 74] cc) Wegfall der Verpflichtung zur Sicherheitsleistung nach § 843 II 2 BGB.

RG 7. V. 1938 RGZ Bd 157 S. 348—353 vertrat zu Recht den Standpunkt, daß im Rahmen des § 843 II BGB durchaus berücksichtigt werden dürfe, daß ein Haftpflichtver den Vmer von begründeten Forderungen zu befreien habe (zustimmend Sieg Ausstrahlungen S. 109 m. w. N. in Anm. 126, vgl. weiter Anm. G 34). Es leuchtet ein, daß das Bestehen einer Haftpflichtv eine sehr wesentliche Rolle bei der Prüfung der Frage spielt, ob ein Sicherungsbedürfnis des Dritten für seine künftigen Forderungen anzunehmen ist oder nicht. In aller Regel wird bei Bestehen von Haftpflichtvsschutz keine zusätzliche Sicherheitsleistung verlangt werden können (anders noch RG 6. V. 1935 JW 1935 S. 2949 = JRPV 1935 S. 183—184). Das Gesagte gilt aber nur für im Inland zugelassene Ver oder solche, die einer gleichwertigen Aufsicht im EWG-Bereich unterliegen. Eine Abweichung von diesen Grundsätzen ist ferner geboten, wenn der Ver seine Verpflichtung zur Gewährung von Vsschutz in Zweifel zieht. Das gilt hier auch bei einer unberechtigten Deckungsverweigerung, da dann nicht mit der erforderlichen Sicherheit davon ausgegangen werden kann, daß der Schutzzweck des § 843 II BGB erfüllt ist.

Entsprechende Überlegungen sind im Anwendungsbereich des § 843 III BGB (Möglichkeit der Zubilligung einer Kapitalabfindung anstelle einer Rente) anzustellen(Sieg Ausstrahlungen S. 111).

[B 75] d) Haftpflichtversicherung und arbeitsrechtlicher oder sonstiger vertraglicher Freistellungsanspruch.

Bereits in Anm. B 69 ist eine wesentliche Auswirkung des Bestehens einer Haftpflichtv im Bereich des Problemkreises der schadengeneigten Arbeit bei Schadenersatzansprüchen von Arbeitnehmern untereinander dargestellt worden. Danach wendete die Rechtsprechung den extra legem entwickelten Haftungsausschluß dann nicht an, wenn der schädigende Arbeitnehmer Haftpflichtvsschutz im Rahmen einer Kfz-Haftpflichtv genoß. Diese Rechtsprechung hat mit Rücksicht auf die gesetzliche Regelung des Problemkreises in § 637 RVO im wesentlichen nur noch rechtsgeschichtliche Bedeutung. Vor allem darf sie nicht auf andere, nur scheinbar ähnlich gelagerte Sachverhalte übertragen werden. Demgemäß ist es z. B. zu Recht vom BAG abgelehnt worden, einen arbeitsrechtlichen Freistellungsanspruch deshalb zu verneinen, weil der Arbeitnehmer sich in eigener Initiative Haftpflichtvsschutz beschafft habe; hier verbieten auch Treu und Glauben nicht einen Rückgriff des Haftpflichtvers nach § 67 gegen den Arbeitgeber (BAG 21. VI. 1963 BAGE Bd 14 S. 226—231, ebenso Hanau VersR 1969 S. 295 m. w. N. in Anm. 29; a. M. BVerwG 14. II. 1968 DVBl 1968 S. 432—433 und (als Vorinstanz dazu) OVG Münster 5. III. 1965 VersR 1965 S. 965—968).

Gerechtfertigt ist es schließlich, in allen den Fällen eine Haftung des Vertragspartners gerade wegen Nichtbestehens einer Haftpflichtv anzunehmen, in denen dieser vertraglich verpflichtet war, für Haftpflichtvsschutz zu sorgen (vgl. BGH 10. XII. 1963 MDR 1964 S. 223—224 = VersR 1964 S. 239—241 [für ein Auftragsverhältnis], BAG 6. VII. 1964 NJW 1964 S. 2445—2446 = AP Nr. 34 zu § 611 BGB [Haftung des Arbeitnehmers] mit zust. Anm. von Goetz Hueck, 18. I. 1966 VersR 1966 S. 881—885 = AP Nr. 37 zu § 611 BGB [Haftung des Arbeitnehmers] mit krit. Anm. von Goetz Hueck, 9. VIII. 1966 AP Nr. 39 zu § 611 BGB [Haftung des Arbeitnehmers]). Eine solche ergänzende Vertragspflicht, für wirksamen Vsschutz zu sorgen, ist mit Rücksicht auf die Pflichthaftpflichtv bei der Überlassung eines Kfz an einen anderen zum Fahren regelmäßig anzunehmen. Bemerkenswert ist dabei in dem vom BAG 6. VIII. 1964 a. a. O. entschiedenen Fall, in dem ein Arbeitgeber einen Arbeitnehmer ein Kfz führen ließ, obwohl er wußte, daß dieser keinen Führerschein hatte, daß die Verantwortung für dieses gemeinsame gesetzwidrige Verhalten im Innenverhältnis allein dem Arbeitgeber auferlegt wurde (dagegen Pantke NJW 1965 S. 462, der eine Verteilung im Innenverhältnis der Gesamtschuldner in entsprechender Anwendung des § 254 BGB fordert, die aber unter Umständen auch zur alleinigen endgültigen Belastung des Arbeitgebers führen kann).

Vgl. in diesem Zusammenhang auch OLG Düsseldorf 1. VIII. 1967 NJW 1968 S. 252—255 = VersR 1967 S. 1037—1039 (mit krit. Anm. von Hj. Wussow VersR 1968 S. 83—84): Das Gericht nahm an, daß der objektive Tatbestand einer Verletzung der Aufklärungsobliegenheit nach § 7 I Ziff. 2 AKB gegeben sei und daß dem vten Fahrer nicht der Gegenbeweis unvorsätzlichen Handelns gelungen sei. Dessen ungeachtet billigte es dem Arbeitnehmer einen Freistellungsanspruch zu, da er den Schaden bei einer gefahrengeneigten Arbeit und nur mit leichter Fahrlässigkeit angerichtet habe. Mit Rücksicht auf die zum Verlust des Vsschutzes führende (zusätzliche) Pflichtverletzung des Arbeitnehmers hätte es allerdings näher gelegen, diesem allenfalls einen auf einen Teil des Schadens gerichteten Freistellungsanspruch zuzubilligen.

VI. Die Rechtsstellung des geschädigten Dritten.

Gliederung:

[B 76] Schrifttum:

Arens, Die Rechtsstellung des Geschädigten bei der Haftpflichtv für fremde Rechnung, Diss. Köln 1938, Bott, Der Schutz des Unfallgeschädigten durch die Kfz-Pflichtv, Karlsruhe 1964, Brauckmann, Die Rechtsstellung des geschädigten Dritten bei der Haftpflichtv, Köln. Diss., Erkelenz 1935, Bruck S. 702—705, Conradt, Das juristische Wesen der Haftpflichtv, Göttinger Diss., Magdeburg 1907, Flechtheim LZ 1908 Sp. 801—821, Hagemann JRPV 1939 S. 313—315, DR 1939 S. 2033—2038, Helberg VersR 1950 S. 28—29, Josef Ass Jhrb Bd 34 S. 3—23, Karpf LZ 1924 Sp. 804—808, Keining ÖffrV 1939 S. 182—183, Keßler Iher Jhrb Bd 88 S. 293—350, Kirchberger LZ 1910 Sp. 509 bis 519, 578—587, Malchow, Die rechtliche Stellung des geschädigten Dritten im Falle des § 158c VVG, ungedr. Hamburger Diss. 1951, Möller JW 1934 S. 1076—1080, VersR 1950 S. 3—4, 16—17, ZVersWiss 1963 S. 409—468, Müller-Stüler, Der Direktanspruch gegen den Haftpflichtver, Karlsruhe 1966, Pick VersR 1950 S. 28—29, Plath ZVersWiss 1930 S. 952—953, ZVersWiss 1931 S. 901—902, Prölss WuRdVers 1937 Heft 2 S. 47—62, NeumZ 1939 S. 1042—1045, Roeder, Die Stellung des Geschädigten in der Kraftfahrzeug-Haftpflichtv nach dem alten und dem neuen Recht, Diss. Jena 1941, Schirmer, Die Vertretungsmacht des Haftpflichtvers im Haftpflichtverhältnis, Karlsruhe 1969, Schmidtmüller LZ 1913 Sp. 927—933, Schmidt-Tüngler ÖffrV 1939 S. 423—425, Schünemann HansRZ 1923 Sp. 637—654, Schultz, Die Stellung des geschädigten Dritten in der Haftpflichtv nach dem Gesetz vom 7. November 1939, Stuttgart und Berlin 1941, Senger, Die Stellung des geschädigten Dritten in der Haftpflichtv, Diss. Hamburg 1934, Sieg, Ausstrahlungen der Haftpflichtv, Hamburg 1952, HansRGZ 1938 A Sp. 401—411, HansRGZ 1941 A Sp. 39—42, VW 1948 S. 54, VersR 1964 S. 693—696, Süß, Die Privatv im Kriege, Berlin 1940, Thees ZVersWiss Bd 40 S. 11—19, Deutsche Justiz 1939 S. 71—85, Deutsche Justiz 1939 S. 1763—1769, VW 1948 S. 86.

[B 77] 1. Vorbemerkung.

Der ursprünglich allein am Interesse des Vmers orientierte Haftpflichtvsgedanke hat schon früh eine Wandlung in dem Sinne durchgemacht, daß auch die Interessen des geschädigten Dritten berücksichtigt wurden. Dieser soziale Schutzgedanke hat das Haftpflichtvsverhältnis als Rechtsinstitut mehr und mehr beeinflußt. Darauf hingewiesen sei hier zunächst, daß in § 157 zum ersten Male klar der Schutz des geschädigten Dritten für einen Sonderfall festgelegt wurde (vgl. dazu im einzelnen Anm. B 102—107). Verstärkt wurde die Stellung des Dritten durch die Konsequenz, mit der das RG die Haftpflichtvsforderung als Befreiungsanspruch behandelte mit der Folge, daß außer dem geschädigten Dritten andere Gläubiger des Vmers in diesen Befreiungsanspruch nicht im Zwangswege vollstrecken konnten (vgl. die Nachweise in Anm. B 33 und B 52). Der Gesetzgeber schließlich vervollständigte diesen Schutz 1939 durch das in § 156 I angeordnete Verfügungsverbot zugunsten des Dritten. Zugleich wurde in § 158c für die Pflichthaftpflichtv bestimmt, daß der Ver in Ansehung des geschädigten Dritten auch im „kranken"Vsverhältnis leistungspflichtig sei. Den vorläufigen Abschluß dieser Entwicklung bildet § 3 des Kfz-Pflichtvsgesetzes in der Fassung des Gesetzes zur Änderung von Vorschriften über die Pflichtv für Kfz-Halter vom 5. IV. 1965 (BGBl. I 1965 S. 213—221), durch den dem geschädigten Dritten ein unmittelbares Forderungsrecht gegenüber dem Ver eingeräumt worden ist. Für Einzelheiten über die geschichtliche Entwicklung der Haftpflichtv unter besonderer Berücksichtigung der Stellung des geschädigten Dritten sei hier nochmals besonders auf das grundlegende Werk von Sieg „Ausstrahlungen der Haftpflichtv" verwiesen (speziell S. 57—81); vgl. ferner die Ausführungen von Schultz S. 1—109 und Anm. A 10. Zum Meinungsstreit über die Zweckmäßigkeit einer unmittelbaren Klage möge der historisch interessierte Leser die instruktiven Ausführungen von Möller (ZVersWiss 1963 S. 409—468 m. w. N.) heranziehen, ferner die rechtsvergleichende Arbeit von Bott a. a. O.

Die nachstehenden Ausführungen beziehen sich nur auf solche Haftpflichtvsverträge, die weder den besonderen Bestimmungen für die Pflichthaftpflichtv (§§ 158b—158k) noch den Vorschriften des Kfz-Pflichtvsgesetzes unterliegen. Hier sei besonders betont, daß es systemwidrig und verfehlt wäre, die speziell vom Gesetzgeber für die Pflichthaftpflichtv aufgestellten Normen entsprechend auf die Allgemeine Haftpflichtv anzuwenden.

[B 78] 2. Zum Begriff des geschädigten Dritten.

Wenn im Haftpflichtvsrecht vom geschädigten Dritten die Rede ist, so ist darunter jede nicht mit dem Vmer identische Person zu verstehen, die gegen den Vmer Schadenersatzansprüche erhebt. Nach der Struktur der Haftpflichtv ist es dabei unerheblich, ob die Ansprüche des geschädigten Dritten begründet sind oder nicht. Ohne Belang ist es dabei auch, ob es sich um unmittelbar oder mittelbar Geschädigte handelt. Auch in denjenigen Fällen, in denen ausnahmsweise ein Dritter, der nicht zu den in §§ 844, 845 BGB aufgeführten Personen gehört, aus der Körperverletzung eines Geschädigten mit Rücksicht auf eine in dieser Körperverletzung zu sehende schuldhafte Vertragsverletzung begründete Schadenersatzansprüche erheben kann, besteht primär Vsschutz (vgl. dazu RG 19. II. 1937 JW 1937 S. 1496—1497 = VA 1937 S. 148 bis 149 Nr. 2968 und [für einen ähnlich gelagerten Fall einer Sachbeschädigung] RG 7. III. 1939 RGZ Bd 160 S. 48—51; ferner Anm. G 71). Es macht demgemäß keinen Unterschied, ob es sich um den ursprünglich Geschädigten selbst oder um seine Rechtsnachfolger handelt und ob diese die Forderung derivativ (durch Abtretung oder kraft Gesetzes) oder originär (z. B. nach § 640 RVO) erworben haben.

Zu Recht ist es vom BGH abgelehnt worden, unter den geschützten Dritten im Sinne des § 158c nur die unmittelbar Geschädigten zu verstehen (BGH 8. X. 1952 BGHZ Bd 7 S. 244—252). Wenngleich in einer späteren Entscheidung (BGH 17. V. 1956 BGHZ Bd 20 S. 376—377 angedeutet worden ist, daß möglicherweise im Sinne der genannten Schutzvorschrift des § 158c I doch zwischen den einzelnen Fallgruppen der mittelbar Geschädigten oder Rechtsnachfolger differenziert werden könnte (vgl. zu diesem Problemkreis die zusammenfassende Darstellung von Johannsen VersArch 1956 S. 294—326), ist für den Bereich der Allgemeinen Haftpflichtv daran festzuhalten, daß unter dem Dritten im Sinne des § 149 (und der §§ 1 AHB, 1 AHBVerm) jeder zu verstehen ist, der gegen den Vmer einen in den Bereich des Haftpflichtvsvertrages fallenden Anspruch geltend macht (so auch [ausdrücklich, soweit es sich um die Definition des Begriffs des Dritten handelt] BGH 17. V. 1956 a. a. O. S. 376). Das Gesagte gilt im gleichen Maße auch für § 156. Unrichtig ist es daher, wenn vom OLG Hamburg 1. X. 1947 VA 1948 S. 8 = VW 1948 S. 54 mit krit. Anm. von Sieg a. a. O. S. 54 angenommen wird, daß keine Mehrheit von Dritten im Sinne des § 156 III gegeben sei, wenn dem Ver ein Geschädigter und dessen Sozialvsträger, auf den die Ansprüche des Verletzten teilweise übergegangen sind, gegenüberstehen. Vgl. dazu die Ausführungen in Anm. B 97.

Der Begriff des geschädigten Dritten kann schließlich auch nicht in der Weise eingegrenzt werden, daß alle am Vsvertrag selbst beteiligten Personen gewissermaßen nach einem Naturgesetz nicht als Dritte zu dem Kreis der möglichen Anspruchsteller gehören können (so aber für den Vmer: Ehrenzweig S. 358, Rohde VersR 1963 S. 408—411 m. w. N.,

Stelzer VersR 1965 S. 321—322; vgl. die Ausführungen in Anm. H 22; wie hier: Bronisch-Cuntz-Sasse-Starke Anm. 1 zu § 156). Dieser Schluß ist logisch nur dort berechtigt, wo lediglich ein Vsvertrag für eigene Rechnung abgeschlossen ist und Vmer und Anspruchsteller identisch sind. In einem solchen Fall fehlt es in der Tat an einem geschädigten Dritten. Zu Recht hat aber BGH 7. I. 1965 BGHZ Bd 43 S. 42—46 im „St. Pauli Nachtportierfall" den Vmer bei einer Haftpflichtv für fremde Rechnung als geschädigten Dritten im Sinne des § 1 Ziff. 1 AHB (und damit des § 149) angesehen und aus der Besonderheit der Interessenlage heraus sogar gegen den ausdrücklichen Wortlaut des § 7 Ziff. 2 AHB den Vsschutz bejaht (vgl. dazu die Ausführungen in Anm. H 23). Das Gesagte ist auch für den Fall von Bedeutung, daß eine Mehrheit von Haftpflichtvmern sich in einem einheitlichen Vertrag gegen eine Mehrheit von Haftpflichtgefahren vert. Ohne die ausdrückliche Ausschlußbestimmung des § 4 II Ziff. 2 AHB müßte hier der Vsschutz für gegenseitige Ansprüche dieser Vmer bejaht werden (vgl. dazu die Ausführungen in Anm. G 241—242).

Es ist demgemäß ohne weiteres möglich, in Abweichung von § 4 II Ziff. 2 AHB für gegenseitige Ansprüche von Vmern Vsschutz zu gewähren. Wenn z. B. aus einem Konzern eine der Konzernfirmen als Vmer auftritt und die anderen Vte sind, so hat das für die Vten den Vorteil, daß ihre Ansprüche gegen den Vmer vom Haftpflichtvsschutz erfaßt werden, für den Ver hat es dagegen den Nachteil, daß ihm nur ein Prämienschuldner zur Verfügung steht. Es hieße, juristische Scheuklappen anzulegen, wenn man den Rechtsbestand einer Vereinbarung des Inhalts, daß alle Konzernfirmen Vmer seien, daß aber abweichend von § 4 II Ziff. 2 AHB auch für gegenseitige Ansprüche Vsschutz bestehe, in Zweifel ziehen wollte. Eine parallele Rechtskonsequenz aus einer solchen personell nach der Gefahrenlage differenzierenden Betrachtungsweise wird vom BGH auch in einem ganz anderen Bereich des Haftpflichtvsrechts gezogen, und zwar in bezug auf Obliegenheitsverletzungen durch einen von mehreren Vmern. Hier wird in ständiger Rechtsprechung (zur Kfz-Haftpflichtv) angenommen, daß die Obliegenheitsverletzung des einen Vmers den Vsschutz des anderen Vmers für die diesen gesondert treffende Haftpflichtgefahr grundsätzlich nicht berühre (BGH 13. VI. 1957 BGHZ Bd 24 S. 378—386, 28. I. 1958 NJW 1958 S. 549—550 = VersR 1958 S. 160, 15. VI. 1961 VersR 1961 S. 652 = VRS Bd 21 S. 105; vgl. dazu auch Anm. B 55). Hier wie dort würde es eine Fiktion ohne gesetzliche Legitimation darstellen anzunehmen, daß eine Mehrheit von Vmern zwangsläufig eine Einheit bilde, die einer differenzierenden Betrachtungsweise nicht zugänglich sei.

Der Zufall kann es wollen, daß der Ver derjenige ist, der vom Vmer geschädigt worden ist. Dann besteht Identität zwischen Ver und geschädigtem Dritten. Sieg Ausstrahlungen S. 239—240 betont zu Recht, daß in diesem Falle die beiden rechtlichen Verpflichtungen selbständig nebeneinander stehen, daß aber dem Forderungsverlangen des Vers mit Rücksicht auf seine Befreiungsverpflichtung eine dauernde Einrede entgegenstehe. Es versteht sich, daß in einem solchen Falle der Ver bei Überschreitung der Deckungssummen im Verhältnis zu anderen geschädigten Dritten keine über die Berechnungsgrenze des § 156 III hinausgehenden Vorteile aus der zufälligen Identität ziehen darf (so treffend Sieg Ausstrahlungen S. 240).

Für die Frage, wie die Rechtslage ist, wenn nachträglich eine Identität zwischen Vmer und geschädigtem Dritten eintritt (Konfusion), vgl. Anm. B 41.

[B 79] 3. Verneinung eines unmittelbaren Forderungsrechts des geschädigten Dritten gegenüber dem Versicherer.

a) Grundsatz: Durchsetzung eines Zahlungsanspruchs gegen den Versicherer nur als Rechtsnachfolger des Versicherungsnehmers.

Es ist fester Grundsatz des deutschen Haftpflichtvsrechts, daß der geschädigte Dritte nicht in Rechtsbeziehungen zu dem Ver steht und diesen daher nicht direkt in Anspruch nehmen kann, daß dem Dritten mit anderen Worten ein unmittelbares Klagerecht gegenüber dem Ver nicht zusteht. Dieser Grundsatz ist von der Rechtsprechung nahezu einmütig vertreten worden (vgl. nur RG 5. II. 1909 RGZ Bd 70

S. 261, BGH 8. X. 1952 BGHZ Bd 7 S. 245 — zum damit übereinstimmenden österreichischen Recht: ÖOGH 11. I. 1961 VersR 1961 S. 527—528). Er ist aber auch fester Bestandteil fast aller wissenschaftlichen Abhandlungen über die Rechtsstellung des geschädigten Dritten (vgl. nur Fleischmann-Deiters in Thees-Hagemann Anm. 1 zu § 156, S. 250, Keßler IherJhrb Bd 88 S. 299, Möller Grundlagen B 2 S. 21, Müller-Stüler S. 47, Prölss[17] Anm. 1 zu § 156, S. 582—583, Sieg Ausstrahlungen S. 85 und die in dieser Anm. B 79 folgenden Nachweise).

Auch die von Bruck 7. Aufl. Anm. 15 zu § 156 für einen Sonderfall vertretene Auffassung, daß nämlich dann, wenn der Vmer nach § 156[3] a. F. (jetzt § 156 II) Zahlung an den Dritten verlange, diesem aufgrund eines Vertrages zugunsten eines Dritten im Sinne von § 328 BGB ein unmittelbares Forderungsrecht zustehe (ebenso Keining ÖffrV 1939 S. 182, Schünemann HansRZ 1923 Sp. 645 und [in einer Hilfsbegründung] OLG Köln 12. I. 1928 JW 1928 S. 1418 mit abl. Anm. von Serini a. a. O. S. 1417—1418), hat sich zu Recht nicht durchsetzen können (ablehnend u. a. Brauckmann S. 5, Bronisch-Cuntz-Sasse-Starke Anm. 3 zu § 156, Ehrenzweig S. 378, Eichler S. 287, Hagemann DR 1939 S. 2034, Möller JW 1934 S. 1078—1079, Möller ZVersWiss 1963 S. 412, Oberbach I S. 47—48 Anm. 252, Prölss WuRdVers 1937 Heft 2 S. 47, Schirmer Vertretungsmacht S. 2, Schultz S. 38, Senger S. 41—42, Sieg Ausstrahlungen S. 183, OLG München 2. XI. 1931 VA 1932 S. 290 Nr. 2344 = HansRGZ 1932 Sp. 27, KG 26. IX. 1934, JRPV 1934 S. 350). Es ist demgemäß daran festzuhalten, daß es in allen Fällen an unmittelbaren Rechtsbeziehungen zwischen dem Ver und dem Dritten fehlt, so daß dieser nur im Umwege über die Rechtsstellung des Vmers ein Forderungsrecht gegen den Ver erhält, also regelmäßig erst nach Pfändung und Überweisung der Haftpflichtvsforderung oder in Ausnahmefällen nach einer entsprechenden Abtretung (vgl. dazu aber Anm. B 53). Dem Dritten steht also — abgesehen vom Falle des § 157 und abgesehen auch von den hier nicht zur Debatte stehenden Besonderheiten der Kfz-Haftpflichtv — grundsätzlich niemals das Recht zu, den Ver unmittelbar auf Zahlung zu verklagen. Gänzlich verfehlt wäre es daher, die Ausnahmeregelung der Kfz-Haftpflichtv (vgl. § 3 Nr. 1, 2 PflichtvsG) auf andere Haftpflichtvsverträge entsprechend anzuwenden.

In den seltenen Fällen also, in denen der Ver nach Abschluß des Haftpflichtprozesses nicht zahlt, etwa weil seiner Meinung nach kein Vsschutz besteht, muß der Dritte den Vsanspruch des Vmers pfänden und sich überweisen lassen. Der Dritte kann sich diesen Rechtsakt allerdings dann ersparen, wenn der Vmer ihm den Befreiungsanspruch, der sich in der Hand des Dritten zum Zahlungsanspruch verwandelt (vgl. dazu die Nachweise in Anm. B 42 und B 53), abtritt. Das in § 7 Ziff. 3 AHB verankerte Abtretungsverbot steht nur bis zur endgültigen Feststellung der Haftpflichtforderung entgegen, also nicht mehr z. B. nach rechtskräftigem Abschluß des Haftpflichtprozesses. Bis zu diesem Zeitpunkt verbietet § 7 Ziff. 3 AHB auch eine Ermächtigung des Dritten zur Geltendmachung des Vsschutzanspruchs (ebenso Möller in Bruck-Möller Anm. 36 zu § 15 m. w. N. und Prölss[17] Anm. 1 zu § 156, S. 583 [der sich allerdings zu Unrecht auf RG 22. IX. 1933 RGZ Bd 141 S. 410—420 beruft], vgl. im übrigen zu diesem Fragenkreis Anm. B 53 a. E.). Dafür, daß dem Dritten aber bei Vorliegen eines Rechtsschutzbedürfnisses das Recht zuzubilligen ist, auf Feststellung des zwischen dem Vmer und dem Ver bestehenden Rechtsverhältnisses zu klagen, vgl. die Ausführungen in Anm. B 82.

[B 80] b) Anwendung des Trennungsprinzips.

Bei der Durchsetzung des auf den Dritten durch einen staatlichen Hoheitsakt (Pfändungs- und Überweisungsbeschluß) oder in Ausnahmefällen durch Abtretung übertragenen Vsanspruchs ist wiederum das Trennungsprinzip zu beachten. Dessen Anwendung bedeutet, daß der Ver nach fester Rechtsprechung grundsätzlich nicht einwenden kann, daß der Haftpflichtprozeß unrichtig entschieden sei (vgl. dazu Anm. B 61). Die hier im übertragenen Sinne „im Deckungsstreit" stehenden Parteien sind außerhalb der geschriebenen Regeln der Rechtskraft an die Entscheidung im Haftpflichtprozeß und auch an die außergerichtliche Feststellung der Haftpflichtforderung gebunden. Wäre es anders, so würde allerdings zu Recht über die Mehrgleisigkeit des Haftpflichtvssystems in bezug auf die Stellung des geschädigten Dritten geklagt werden können und wäre auch der Ruf nach der unmittelbaren Klage des Dritten gegen den Ver berechtigt. So aber ist sichergestellt, daß dem Dritten vom Ver im Prinzip nur vsrechtliche Einwendungen entgegengesetzt werden dürfen. Damit wird ein anschließender Rechtsstreit zwischen dem Dritten und dem Ver auf die Frage beschränkt, ob Haftpflichtvsschutz besteht. Vgl. im übrigen zum Geltungsbereich des Trennungsprinzips und vor allem seiner Ausnahmen die Ausführungen in Anm. B 61—66.

[B 81] c) Theoretische Erklärungsversuche der Rechtsstellung des geschädigten Dritten.

Ausgehend von der Erkenntnis, daß es zwischen dem Dritten und dem Ver an unmittelbaren Rechtsbeziehungen fehlt, sind eine Reihe theoretisch reizvoller Einordnungsversuche in bezug auf die Rechtsposition des geschädigten Dritten vorgenommen worden. Überwiegend wird dabei im Anschluß an Georgii (Haftpflichtv S. 32 Anm. 10) angenommen, daß als wesentliches Element des Haftpflichtvsvertrages eine Erfüllungsübernahme im Sinne des § 329 BGB zu erkennen sei (so Arens S. 21, Roeder S. 94, Schmidtmüller LZ 1913 Sp. 929—930, Senger S. 42). Mit Rücksicht auf ihre zu § 156 a. F. im Gegensatz zu der h. L. und der ständigen Rechtsprechung des RG vertretene Auffassung, daß der Ver auch durch Zahlung an den Vmer seiner Verpflichtung aus dem Haftpflichtvsvertrag nachkommen könne (vgl. zu diesem Problemkreis die Ausführungen in Anm. B 33), lehnten dagegen andere die Charakterisierung des Rechtsverhältnisses als Erfüllungsübernahme ab (vgl. Brauckmann S. 5—6, Conradt S. 19—20, Schultz S. 39—40) und nahmen ein Schuldverhältnis „sui generis" an (Brauckmann S. 7—19, Schultz S. 40, 76). Auch ist versucht worden, das Wesen der Rechtsbeziehungen zwischen dem Ver und dem Dritten mit Bildern und Begriffen aus anderen Rechtsinstituten, wie dem des Reihenschuldverhältnisses (Müllereisert, Juristische Grundbegriffe aus dem Vertrags-, Schuld-, Urheber- und Sachenrecht, Würzburg-Aumühle 1936, S. 122) oder dem der Ermächtigung (Krückmann HansRGZ 1935 A Sp. 421—422) zu erklären. Eine ausführliche Darstellung und Würdigung der Vorzüge und Schwächen dieser und anderer Theorien findet sich in dem Standardwerk von Sieg Ausstrahlungen S. 245—258. Allen diesen Theorien ist gemeinsam, daß sie ein Merkmal besonders auffällig hervorheben und andere dafür unerklärt sein lassen müssen. Am besten gefallen die Einordnungsüberlegungen von Sieg Ausstrahlungen S. 259—262, in denen dieser das durch § 156 I ausgesprochene relative Veräußerungsverbot als Wesensmerkmal der Rechtsstellung des Dritten hervorhebt. Treffend führt Sieg a. a. O. S. 261 aus, daß es ohne Wert sei und eher zur Verwirrung als zur Klärung führe, wenn man versuchen wolle, wiederum das relative Veräußerungsverbot in irgendeine Konstruktion zu zwingen; es genüge zu dessen Erklärung völlig, in ihm die Anerkennung einer Obligation mit Drittwirkung zu erblicken.

[B 82] d) Besonderheiten.

aa) Feststellungsklage des Dritten.

So fundiert auch der in Anm. B 79 dargestellte Rechtsgrundsatz ist, so muß doch beachtet werden, daß er sich nur auf ein Zahlungsverlangen des geschädigten Dritten bezieht, dagegen nicht auf eine Feststellungsklage des geschädigten Dritten, die dieser erhebt, um Rechtsnachteilen, die sich aus einer Untätigkeit des Vmers ergeben könnten, vorzubeugen. Hier gibt es eine instruktive Rechtsprechung des RG, die dem Dritten in besonderen Fällen ein solches Klagerecht zuspricht. Diese Entwicklung sei kurz skizziert:

RG 6. XI. 1934 JW 1935 S. 849—850 (mit Anm. von Titze a. a. O. S. 849) = VA 1935 S. 12—13 Nr. 2671: Der geschädigte Dritte hatte gegen den Vmer während des Haftpflichtprozesses eine einstweilige Verfügung auf Zahlung einer Unterhaltsrente erwirkt. Aufgrund dieser einstweiligen Verfügung waren mehrfach Pfändungs- und Überweisungsbeschlüsse gegen den Ver ausgebracht worden. Während der Dauer des Haftpflichtprozesses entzog der Ver dem Vmer den Vsschutz und setzte ihm eine Klagefrist nach § 12 II a. F. (jetzt § 12 III). Der Vmer verhielt sich untätig. Das RG billigte dem Dritten hier das Recht zu, eine Feststellungsklage zu erheben; zugleich sprach es aus, daß damit die Frist des § 12 II a. F. gewahrt werde. Dieses Ergebnis wurde vom RG damit begründet, daß der Ver durch die Klagerhebung die mit der Fristsetzung bezweckte gerichtliche Klärung des Vsanspruchs erhalte, weshalb es gegen Treu und Glauben verstoßen würde, wenn er sich später gegenüber dem Dritten auf den Ablauf dieser Frist berufen werde.

— Instruktiv sind hier auch die Ausführungen des OLG Hamm 19. II. 1934 VA 1934 S. 35—37 Nr. 2688, das als Vorinstanz nach den tatsächlichen Verhältnissen des Einzelfalls davon ausging, daß die Fristsetzung nach § 12 II a. F. wegen des widerspruchsvollen Verhaltens des Vers unwirksam sei, das Rechtsschutzinteresse für eine Feststellungsklage aber mit dem Hinweis auf den Ablehnungsversuch des Vers begründete. —

RG 1. II. 1935 VA 1935 S. 205—206 Nr. 2787 = Praxis 1935 S. 50—51 bemerkte sinngemäß in einem Falle, in dem die Wirksamkeit der Pfändungen des Dritten in den Vsanspruch aus mehreren formellen Gründen umstritten war, daß das Feststellungsinteresse des Dritten an einer fristwahrenden Feststellungsklage jedenfalls mit Rücksicht darauf, daß ein Arrestbefehl und ein Pfändungsbeschluß erwirkt worden seien, bejaht werden müsse, unabhängig von der Frage, ob die Pfändung wirksam sei oder nicht.

RG 10. V. 1940 HansRGZ 1940 A Sp. 160—161 = JRPV 1940 S. 91 stellte schließlich in dem besonderen Falle einer V für fremde Rechnung allein auf die Frage ab, ob der geschädigte Dritte ein rechtliches Interesse an der Feststellung der Verpflichtung des Vers zur Gewährung von Vsschutz habe. Ein solches Interesse sei z. B. dann zu verneinen, wenn nicht zu erwarten sei, daß der Vmer den Vsanspruch gegen den Ver geltend machen werde und zugleich kein Rechtsanspruch des Vten gegen den Vmer auf Verschaffung des Vsschutzes durch Verzicht auf eigene Ausübung der Rechte aus der V gegeben sei. (Diese Einordnung der Stellung des Vten stimmt mit der heutigen Auffassung, wie sie in Anm. H 13—17 dargestellt worden ist, allerdings nicht mehr überein.)

BGH 17. X. 1957 VersR 1957 S. 731 ließ ohne Erörterung der Frage, ob ein Feststellungsinteresse gegeben sei, eine Feststellungsklage des geschädigten Dritten zu. Es handelte sich um einen Fall, in dem ein Teil des Haftpflichtanspruchs bereits durch Gerichtsurteil zugesprochen war. Insoweit hatte der Dritte durch Pfändungs- und Überweisungsbeschluß eine Übertragung der Haftpflichtvsforderung auf sich erwirken können. Neben dem Zahlungsanspruch war aber auch ein Feststellungsantrag bezüglich des Zukunftsschadens gestellt worden. In diesem Zusammenhang führte der BGH u. a. folgendes aus: „Hingegen konnte die Revision hinsichtlich der Feststellungsklage nur im Rahmen des Hilfsantrages der Klage Erfolg haben, weil eine Verpflichtung der Beklagten, der Klägerin auch alle weiteren Aufwendungen aus dem Schadenfall zu ersetzen, nur unter der Voraussetzung festgestellt werden kann, daß die Klägerin insoweit ebenfalls einen Titel gegen B erwirken und dessen Vsanspruch gegen die Beklagte pfänden und sich zur Einziehung überweisen lassen wird."

BGH 12. XII. 1963 VersR 1964 S. 157 bemerkte in einem ähnlich gelagerten Falle:

„Mit Recht hält das Berufungsgericht auch den Feststellungsanspruch der Klägerin nach § 256 ZPO für zulässig. Die erstrebte Feststellung bezieht sich zwar auf ein Rechtsverhältnis, das nicht zwischen den Parteien, sondern zwischen der Beklagten und der Erbengemeinschaft H. besteht. . . . . . Es genügt deshalb, daß die Klägerin, wie das Berufungsgericht in Übereinstimmung mit der höchstrichterlichen Rechtsprechung . . . . annimmt, ein berechtigtes Interesse an der alsbaldigen Feststellung der Verpflichtung der Beklagten hat, die Erbengemeinschaft bis zur Höhe der Deckungssumme von allen Haftpflichtverbindlichkeiten . . . . . freizustellen."

Interessant ist in diesem Zusammenhang die sowohl vom RG 10. V. 1940 a. a. O. als auch vom BGH 12. XII. 1963 a. a. O. gezogene Parallele zur Zulässigkeit von Feststellungsklagen durch einen Dritten in nicht ein Haftpflichtvsverhältnis betreffenden Streitigkeiten. Danach liegt dort eine gefestigte Rechtsprechung vor, daß immer dann ein außerhalb des betreffenden Rechtsverhältnisses stehender Dritter eine auf Feststellung dieses Rechtsverhältnisses gerichtete Klage erheben darf, wenn er ein rechtliches Interesse daran hat (RG 24. III. 1930 RGZ Bd 128 S. 92—95, 21. X. 1937 RGZ Bd 156 S. 200—201, 4. II. 1943 RGZ Bd 170 S. 374, BGH

14. III. 1956 LM Nr. 34 zu § 256 ZPO, 13. VI. 1966 VersR 1966 S. 877, 26. X. 1967 VersR 1967 S. 1169—1170). Dabei wird der Begriff rechtliches Interesse sehr weit aufgefaßt. Es ist aber nicht einzusehen, warum ein gleiches nicht auch für den geschädigten Dritten in bezug auf das Haftpflichtvsverhältnis gelten soll. Demgemäß ist in Übereinstimmung mit dieser Rechtsprechung und vor allem den Ausführungen von Sieg (HansRGZ 1938 A Sp. 401—411, HansRGZ 1941 A Sp. 39—42, Ausstrahlungen S. 168—172) anzunehmen, daß dem geschädigten Dritten immer dann eine Feststellungsklage gegenüber dem Ver zuzubilligen sei, wenn ein Rechtsschutzinteresse dafür gegeben ist. Mit dieser Meinung stimmen überein: Bronisch-Cuntz-Sasse-Starke Anm. 1 zu § 156, v. Gierke II S. 314—315, Gülde-Schmidt = Rost Anm. 6 zu § 156, Malchow, Die rechtliche Stellung des geschädigten Dritten im Falle des § 158c, Hamburger Diss. 1951 (Maschinenschrift) S. 63, Müller-Stüler S. 35—36, Schultz S. 23—27; ferner: LG Dortmund 10. II. 1936 JW 1936 S. 2420—2421, OLG Kassel 4. XI 1937 VA 1939 S. 273 Nr. 3138 = DAR 1940 S. 12 (Heft 1), OLG Düsseldorf 22. I. 1949 VA 1949 S. 60.

Prölss[17] Anm. 1 zu § 156, S. 583 vertritt dagegen den Standpunkt, daß eine solche Feststellungsklage grundsätzlich unzulässig sei und nur in Ausnahmefällen durchgesetzt werden könne; sinngemäß etwa immer nur dann, wenn für einen Teil der Haftpflichtansprüche bereits ein Titel gegen den Vmer erwirkt sei und die Rechtsnachfolge bezüglich dieses Teiles durch Pfändungs- und Überweisungsbeschlüsse feststehe, so daß die Feststellung der Verpflichtung zur Gewährung von Vsschutz, wie in den meisten der oben zitierten Entscheidungen (mit Ausnahme von RG 10. V. 1940 a. a. O.) neben einem Zahlungsanspruch des Dritten trete (ebenso Bruck S. 464—465 Anm. 290, Ehrenzweig S. 377, Fleichsmann-Deiters in Thees-Hagemann Anm. 1 zu § 156, S. 250). Zur Begründung seiner Auffassung verweist Prölss vornehmlich auf OLG Hamburg 12. III. 1909 VA 1909 Anh. S. 93—94 Nr. 481, OLG Düsseldorf 10. II. 1934 JRPV 1936 S. 204—205 und auf BGH 12. XII. 1963 a. a. O. Allein der letztgenannten Entscheidung ist eher der gegenteilige Standpunkt zu entnehmen, wie das oben wörtlich wiedergegebene Zitat ergibt. Es ist jedenfalls kein Anhaltspunkt dafür vorhanden, daß vom BGH das Rechtsschutzinteresse für einen Feststellungsantrag von der Möglichkeit, teilweise nach entsprechender Pfändung und Überweisung Klage erheben zu können, abhängig gemacht werden würde. OLG Hamburg 12. III. 1909 a. a. O. kann schließlich angesichts der geschilderten Rechtsentwicklung überhaupt kein Argument mehr entnommen werden. Das muß um so mehr gelten, als dort dem geschädigten Dritten (infolge Fehlens eines entsprechenden Abtretungsverbots) offenbar wirksam der Vsanspruch abgetreten war, so daß zugleich eine Feststellung des Inhalts zugelassen wurde, „die Beklagte sei verpflichtet, dem Kläger für diejenigen Forderungen, die er infolge seines Unfalls gegen W (Vmer) geltend zu machen berechtigt sei, zum vollen Betrage, jedoch nicht über die in den Vsbedingungen festgesetzte Höchstgrenze, aufzukommen". Auch OLG Düsseldorf 10. II. 1936 a. a. O. ist bezüglich der Frage der Zulässigkeit einer Feststellungsklage nicht geeignet, gegenüber der höchstrichterlichen Rechtsprechung zu überzeugen (abgesehen davon, daß ein auch nach der hier vertretenen Auffassung nicht begründeter Feststellungsantrag gestellt worden war: „Festzustellen, daß die Beklagte verpflichtet sei, dem Kläger allen weiteren aus dem Unfall entstehenden Schaden zu ersetzen").

Als Ergebnis ist festzuhalten, daß der Dritte immer dann auf Feststellung der Verpflichtung des Vers zur Gewährung von Vsschutz an den Vmer klagen darf, wenn ein rechtliches Interesse an einer derartigen Feststellung gegeben ist. Ein solches rechtliches Interesse ist insbesondere dann anzunehmen, wenn der Vsanspruch zu verjähren droht oder wenn die Klagfrist nach § 12 III gewahrt werden muß. Dabei ist der in RG 6. XI. 1934 a. a. O. vertretenen Auffassung zu folgen, daß die Feststellungsklage des Dritten im Ergebnis die Ausschlußfrist des § 12 III wahrt und daß darüber hinaus nach Treu und Glauben außerhalb der Vorschriften des BGB eine derartige Klage auch die Verjährung unterbricht. Ebenso: Malchow a. a. O. S. 63, Müller-Stüler S. 35—36, Sieg Ausstrahlungen S. 171; zweifelnd Titze JW 1935 S. 849. Vgl. auch Schultz S. 26, der die Auffassung vertritt, daß sich der Ver zwar nicht gegenüber dem geschädigten Dritten, wohl aber nach Treu und Glauben gegenüber dem Vmer auf den Fristablauf berufen könne. Eine solche Aufspaltung ist indes abzulehnen. Entscheidend ist vielmehr, daß dem Ver die gewünschte Gelegenheit zur Klärung der Rechtslage gegeben worden ist. Ohne ausdrückliche gesetzliche Vorschrift nach der Art der Bestimmung des § 158c läßt sich eine solche „fiktive“ Aufspaltung des Haftpflichtvsanspruchs nicht rechtfertigen.

Ein Feststellungsinteresse im Sinne des § 256 ZPO ist in der hier behandelten Spezialsituation immer dann zu bejahen, wenn der Ver in Abrede stellt, Vsschutz gewähren zu müssen, und wenn dann der Vmer nicht alsbald gerichtliche Schritte einleitet. Einer Feststellungsklage setzt sich aber auch derjenige Ver aus, der auf die Anfrage des Dritten, ob Vsschutz bestehe, keine oder keine eindeutige Antwort gibt oder die Auskunft verweigert. Erklärt der Ver dem Dritten, daß Vsschutz bestehe (vorbehaltich einer genaueren Nachprüfung des gesamten Komplexes), so muß er den Dritten über eine Änderung seiner Auffassung unterrichten. Unterläßt er das, so verstößt sein späteres Berufen auf ein Ablaufen der Ausschluß- oder Verjährungsfrist gegen Treu und Glauben. Zu weit geht dagegen die Annahme von Gülde-Schmidt = Rost Anm. 6 zu § 156, daß der Ver stets auch ohne entsprechende Anfrage verpflichtet sei, den ihm bekannten Dritten über eine Deckungsablehnung zu unterrichten. Nach Treu und Glauben ist das allerdings in denjenigen Fällen zu verlangen, in denen der Ver nach außen gegenüber dem Dritten als Ver des Schädigers handelnd aufgetreten ist.

[B 83] bb) Zahlungsklage im Konkurs des Versicherungsnehmers.

Für die Zahlungsklage im Konkurse vgl. die Ausführungen in Anm. B 102—106. Zu beachten ist, daß der Ver auch im Konkurs erst auf Zahlung in Anspruch genommen werden kann, wenn die Haftpflichtforderung im Sinne des § 154 I festgestellt worden ist.

[B 84] cc) Haftpflichtversicherung für fremde Rechnung.

Nach § 7 Ziff. 1 S. 2 AHB steht die Ausübung der Rechte aus dem Vsvertrag allein dem Vmer zu. Wenn der Geschädigte nur einen Schadenersatzanspruch gegen den Vten hat, so kann er nach Pfändung des Vsanspruchs des Vten nicht ohne Zustimmung des Vmers klagen. Ist dieser zur Vsschutzklage nicht bereit, so ist dann dem Dritten die Klage gegen den Ver auch ohne Pfändung des Anspruchs des Vten gegen den Vmer auf Verschaffung des Vsschutzes zu gestatten (so sinngemäß in beifallswerten Überlegungen BGH 4. V. 1964 BGHZ Bd 41 S. 332). Nur auf diese Weise wird der Schutzcharakter des § 156 I gewahrt. Es wäre unzumutbar, daß der Dritte erst den Anspruch des Vten gegen den Ver pfändet, ferner den des Vten gegen den Vmer, weiter den Vmer auf Zustimmung zur Prozeßführung verklagt, um erst dann den Ver verklagen zu können. Ein verständiger Ver würde ein derartiges Ansinnen auch in Übereinstimmung mit der zitierten BGH-Entscheidung nicht stellen. Vgl. auch die Ausführungen in Anm. B 106 und H 15 a. E. Zu beachten ist aber, daß nach dem Gesagten kein Grund vorliegt, dem Dritten etwa die Pfändung der Rechte des Vten aus dem Vsvertrag für fremde Rechnung vor einer unmittelbaren Klage zu erlassen.

[B 85] dd) Dritter als Erbe des Versicherungsnehmers.

Beerbt der Dritte den Vmer, so erlischt seine Forderung gegen diesen infolge Konfusion. Es ist bestritten, ob der Ver dennoch zur Leistung verpflichtet bleibt (vgl. die Nachweise in Anm. B 41). Im Anschluß vor allem an die Ausführungen von Sieg Ausstrahlungen S. 194—195 ist eine Leistungsverpflichtung des Vers zu bejahen; diesem soll nach der Konstruktion des Haftpflichtvsverhältnisses nicht das zufällige Erlöschen der Forderung zugutekommen. Zu beachten ist, daß die Vsforderung auch hier an sich auf Zahlung erst dann gerichtet werden könnte, wenn die Entschädigungsforderung festgestellt ist. Da dem Dritten jetzt aber ein Kontrahent fehlt, mit dem er den Streit um die Haftpflichtforderung gerichtlich austragen könnte, wird man dem Dritten als Rechtsnachfolger des Vmers nach Ablauf einer angemessenen Frist zur Prüfung der Ansprüche durch den Haftpflichtver eine Zahlungsklage zugestehen müssen; alles andere wäre unnütze Förmelei. Vgl. dazu wiederum die Nachweise in Anm. B 41.

[B 86] ee) Dritter als Streithelfer im Deckungsprozeß.

Neben dem Vmer hat der geschädigte Dritte ein verständliches Interesse daran, daß der Ver Haftpflichtvsschutz zu gewähren hat. Deshalb wird dem geschädigten Dritten nach den in Anm. B 82 dargestellten Grundsätzen von der höchstrichterlichen Rechtsprechung auch das Recht zugebilligt, eine Klage auf Feststellung der Verpflichtung des Vers zur Gewährung von Vsschutz erheben zu dürfen. Ein Rechtsschutzbedürfnis für eine solche Feststellungsklage entfällt freilich in aller Regel, wenn der Vmer seine Rechte hier selbst wahrt. Doch ist das Interesse des geschädigten Dritten auch dann noch so hoch zu bewerten, daß es dem geschädigten Dritten zu gestatten ist, dem Vmer als Streithelfer nach § 66 ZPO zur Seite zu treten. Mit Rücksicht auf die durch §§ 156, 157 gegebene Verknüpfung der Rechtsposition des geschädigten Dritten mit dem Haftpflichtvsverhältnis ist ein rechtliches Interesse im Sinne des § 66 ZPO stets zu bejahen; triftigere Gründe als die des geschädigten Dritten für einen Beitritt lassen sich kaum denken (ebenso Sieg Ausstrahlungen S. 168—169, OLG München 5. X. 1966 VersR 1967 S. 76; a. M. OLG Oldenburg 25. IV. 1966 VersR 1966 S. 1173—1174; zu Unrecht differenzierend Oberbach I S. 67, der den Beitritt erst nach Pfändung und Überweisung der Vsforderung zulassen will).

[B 87] 4. Schutz des Dritten durch § 156 VVG.

a) Dogmatische Einordnung.

Durch § 156 I wird die Sozialbindung der Haftpflichtv verdeutlicht. Es wird durch diese Vorschrift weitgehend erreicht, daß die Vsforderung dem geschädigten Dritten als demjenigen, für den sie bestimmt ist, zugutekommt. Die rechtspolitisch wertvolle Rechtsprechung des RG (vgl. die Nachweise in Anm. B 33), durch die die Haftpflichtvsforderung als Befreiungsanspruch charakterisiert worden ist mit der Folge, daß andere Gläubiger des Vmers diese Forderung nicht pfänden können, ist durch ein gesetzliches Veräußerungsverbot sanktioniert und wirksam ergänzt worden.

Zur dogmatischen Einordnung dieser speziellen Schutzvorschrift des Vsrechts vgl. die Ausführungen von Sieg Ausstrahlungen S. 150—151; ferner Hagemann DR 1939 S. 2034—2035, Schultz S. 55. Es handelt sich danach um ein relatives Veräußerungsverbot im Sinne des § 135 II BGB. Verfügungen, die gegen § 156 I verstoßen, sind also nur dem Dritten gegenüber unwirksam, hingegen sind sie im Verhältnis zu sonstigen am Rechtsverkehr beteiligten Personen wirksam. So ist z. B. ein Vertrag zwischen dem Vmer und dem Ver, in dem der Vmer in einer zweifelhaften Deckungsfrage gegen Zahlung eines bestimmten Betrages dem Ver die möglicherweise bestehende Verpflichtung zur Gewährung von Vsschutz erläßt, im Verhältnis zwischen den Parteien des Vsvertrages durchaus wirksam. Der Dritte wird aber durch diese Vereinbarung nicht daran gehindert, den vermeintlichen Vsanspruch zu pfänden und sich überweisen zu lassen, um ihn dann gegen den Ver gerichtlich geltend zu machen. Setzt der geschädigte Dritte dann seinen Standpunkt in bezug auf die Vsschutzfrage gerichtlich durch, so muß der Ver zahlen. Ihm steht jedoch dann regelmäßig das Recht zu, die von ihm an den Dritten erbrachten Leistungen von dem Vmer aus ungerechtfertigter Bereicherung zurückzuverlangen.

[B 88] b) Umfang des Veräußerungsverbots.

aa) Zum Begriff der Verfügung im Sinne des § 156 I 1 VVG.

Durch § 156 I 1 wird jede Verfügung des Vmers über die Vsforderung im Verhältnis zum geschädigten Dritten für unwirksam erklärt. Unter einer Verfügung ist dabei im Sinne des bürgerlichen Rechts jede inhaltliche Veränderung der Haftpflichtvsforderung durch Rechtshandlungen des Vmers zu verstehen. Speziell gilt das für einen Erlaß der Haftpflichtvsforderung oder für einen Verzicht, aber auch für die Zahlung der Vsentschädigung an den Vmer (BGH 30. X. 1954 BGHZ Bd 15 S. 157). Gleichgültig ist dabei, ob die Verfügung die Haftpflichtvsforderung ganz oder teilweise betrifft. Auch eine rückwirkend vereinbarte Herabsetzung der Vssumme fällt unter § 156 I 1. Prölss[17] Anm. 2 zu § 156, S. 584 bemerkt, daß auch eine im voraus getroffene Verfügung unter den Schutzbereich des § 156 I falle. Es läßt sich kaum vorstellen, welch ein vernünftiger Zweck von den Parteien des Haftpflichtvsverhältnisses mit einer derartigen Abrede getroffen werden sollte. Sicher wird aber damit gegen den Sinn des § 156 I verstoßen, so daß derartige Absprachen gegenüber dem Dritten unwirksam sind (ebenso Fleischmann-Deiters in Thees-Hagemann Anm. 3 zu § 156, S. 252, v. Gierke II S. 315). Nicht unter § 156 I fällt dagegen eine vor Eintritt des Vsfalles getroffene Abrede des Inhalts, daß § 155 dahin abgeändert werde, daß der Ver auf die Rente nicht anteilmäßig, sondern in vollem Umfang bis zur Erschöpfung der Vssumme zu leisten habe (vgl. auch Anm. G 40).

Das Verfügungsverbot des § 156 I bezieht sich auf die gesamte nach dem Vsvertrag zu leistende Entschädigungsforderung einschließlich der Zinsen und der Kosten, die der Gegenseite vom Vmer zu ersetzen sind, dagegen nach dem Zweck der Vorschrift nicht auf die eigenen Prozeßkosten des Vmers. Auch der Anspruch auf Sicherheitsleistung wird erfaßt (vgl. dazu v. Gierke II S. 315, Prölss[17] Anm. 2 zu § 156, S. 584 und vor allem die differenzierenden Ausführungen von Sieg Ausstrahlungen S. 150). Dazu gehört ferner der nach § 150 II 2 unter Umständen gegebene Anspruch auf Ersatz der Zinsen, die über die Vssumme hinausgehen (vgl. dazu Anm. G 47).

Dem Verfügungsverbot nach § 156 I unterliegt auch eine Entschädigungsforderung aus einem Vsverhältnis für fremde Rechnung. Der Ver kann sich also unter Umständen zwar wirksam im Verhältnis zum Vten seine Verpflichtung aus dem Haftpflichtvsvertrag erlassen lassen (vgl. dazu aber die Ausführungen in Anm. H 17), keine Wirksamkeit hat aber auch hier ein derartiger Erlaß gegenüber dem geschädigten Dritten. Prölss[17] Anm. 2 zu § 156, S. 583—584 weist darauf hin, daß der Zweck des § 156 I dadurch gefährdet werden könnte, daß im Rahmen einer V für fremde Rechnung der Vte gegenüber dem Vmer auf den Anspruch auf Verschaffung von Vsschutz verzichte. Diesen Konflikt löst Prölss zutreffend durch eine entsprechende Anwendung des § 156 I 2 (ebenso v. Gierke II S. 315, Gülde-Schmidt = Rost Anm. 1 zu § 156; anders Sieg Ausstrahlungen S. 149, der einen solchen Schutz nicht für erforderlich hält, da eine Verfügung des Vten sich ohnedies nicht auf den Bestand der Vsforderung auswirke).

Nicht unter das Verfügungsverbot im Sinne des § 156 I 1 fällt die Verjährung des Vsanspruchs oder das fruchtlose Verstreichen der Ausschlußfrist des § 12 III (Bronisch-Cuntz-Sasse-Starke Anm. 2 zu § 156, Gülde-Schmidt = Rost Anm. 6 zu § 156, Müller-Stüler S. 26, Prölss[17] Anm. 2 zu § 156, S. 584). Um so wichtiger ist es hier, dem Ver ein Berufen auf diese Einwendungen nach Treu und Glauben zu versagen, wenn er den ihm bekannten Dritten auf dessen Anfrage nicht auf die Ablehnung des Vsschutzes hingewiesen und ihm dadurch die Möglichkeit genommen hat, eine den Ablauf der Ausschluß- oder Verjährungsfrist verhindernde Feststellungsklage zu erheben (vgl. dazu Anm. B 82).

Auch der Fall, daß der Vmer wegen vertragswidrigen Verhaltens den Vsschutz verliert, z. B. wegen einer Obliegenheitsverletzung, ist nicht § 156 I 1 zuzuordnen (Bronisch-Cuntz-Sasse-Starke Anm. 2 zu § 156, Müller-Stüler S. 26, Prölss[17] Anm. 2 zu § 156, S. 584); anderenfalls wäre auch die gesetzliche Sonderregelung für das „kranke" Vsverhältnis in der Pflichthaftpflichtv (vgl. § 158c und § 3 Nr. 4—6 PflichtvsG) unverständlich.

[B 89] bb) Abandon.

Einen Verstoß gegen § 156 I stellt es auch dar, wenn es dem Ver gestattet wird, durch Zahlung an den Vmer zu abandonnieren. Daß dabei — je nach der vertraglichen Konstruktion — die Wirkungen des Abandons unter Umständen schon durch die Erklärung des Vers eintreten (vgl. dazu Sieg Ausstrahlungen S. 147, Müller-Stüler S. 26 und die Ausführungen in Anm. G 6), ändert nichts daran, daß die im Anschluß an diese Erklärung vom Ver zu erbringende Zahlung gegen § 156 I 1 verstößt. Eine derartige Zahlung an den Vmer ist daher gemäß der relativen Wirkung des § 156 I gegenüber dem Dritten unwirksam. Dessen ungeachtet kann aber im Verhältnis zwischen Ver und Vmer vereinbart werden, daß die Vssumme an den Vmer ausgezahlt werde. Da eine derartige Abrede aus objektiver Sicht der Gesamtsituation weder für den Ver noch für den Vmer als sinnvoll erscheint, wird in Anm. G 6 die Auffassung vertreten, daß § 3 III Ziff. 1 S. 2 AHB in dem Sinne der gewandelten Gesetzeslage anzupassen sei, daß die für den Ver vorteilhafte Wirkung des Abandons, daß sich nämlich sein Kostenanteil nicht mehr vergrößere, schon durch die Erklärung, daß Vssumme und Kosten zur Verfügung stünden, eintrete, daß also nicht die vom Bedingungswortlaut vorausgesetzte Zahlung an den Vmer erforderlich sei und daß der Vmer vor allem durch eine solche Erklärung auch keinen durchsetzbaren Zahlungsanspruch erhalte, sondern lediglich einen solchen auf Hinterlegung der Vssumme (mit entsprechendem Zinsvorteil für den Vmer). Diese Erkenntnis ändert aber nichts daran, daß es den Parteien des Vsvertrages freisteht, entgegen dieser anpassenden Auslegung ausdrücklich einen derartigen Zahlungsanspruch des Vmers im Abandonfall zu vereinbaren. Die gelegentlich nach der Neufassung des § 156 I vertretene Auffassung, daß § 3 III Ziff. 1 S. 2 AHB wegen Verstoßes gegen das Verfügungsverbot unwirksam sei (so v. Gierke II S. 314), verkannte den nur relativ zwingenden Charakter der genannten Gesetzesvorschrift. Wird derart abandonniert, so ist damit aber entgegen OLG Hamburg 23. V. 1939 JRPV 1939 S. 218—220 = DR 1939 S. 1452—1453 (vor der Gesetzesänderung ergangene Entscheidung) kein Recht des Vmers auf Vorschußzahlung für Prozeßkosten bis zur Höhe der Vssumme geben, so daß auch die Konsequenz, dem Dritten einen Arrest zuzubilligen, damit der Vmer die Vssumme nicht verprozessiere (so OLG Hamburg 18. I. 1940 HansRGZ 1940 B Sp. 115—118 = JRPV 1940 S. 101—102), nicht zu ziehen ist. § 156 I strahlt damit auch wesentlich auf die Position des Vmers aus, der somit im Falle des Abandons einen Anspruch auf Kostenvorschußzahlung nur bis zur Höhe des vom Ver neben der Vssumme zu tragenden Kostenanteils hat. Damit wird erreicht, daß die Vssumme dem Dritten ungeschmälert zur Verfügung steht (ebenso Beisler VersArch 1956 S. 306, Fleischmann-Deiters in Thees-Hagemann Anm. 6 zu § 150, S. 236 und Anm. 1 zu § 156, S. 250, Prölss[17] Anm. 4 B zu § 150, S. 563, vgl. dazu auch Anm. G 28—29). Unberührt bleibt von diesen Überlegungen der aus einem Abandon dem Vmer erwachsende Rechtsvorteil, daß er nämlich dann, wenn sich die Haftpflichtansprüche der Gegenseite als endgültig ganz oder teilweise unbegründet erweisen, einen Anspruch gegen den Ver auf Auszahlung des nicht verbrauchten Teils der Vssumme und des Kostenanteils hat (vgl. dazu Anm. G 7).

Aber auch dann, wenn der Ver nicht von seinem Abandonrecht Gebrauch macht, ist bei der Vorschußpflicht des Vers zu beachten, daß die Vssumme dem Geschädigten ungeschmälert bis zur Höhe seiner begründeten Ansprüche zur Verfügung stehen muß. Nur zur Höhe der Differenz zwischen diesen Ansprüchen und der Vssumme besteht die Vorschußpflicht des Vers in bezug auf Kostenzahlungen. Überholt sind die dieser Auffassung entgegenstehenden Ausführungen in RG 14. V. 1929 RGZ Bd 124 S. 238:

> „Aber auch wenn sich der Vmer nur aus eigenem Antrieb auf Rechtsstreitigkeiten einläßt, ist die Verpflichtung des Vers zur Kostentragung und insbesondere zur Vorschußzahlung erst dann erschöpft, wenn durch seine Zahlungen die Vssumme erreicht ist. Denn die beiden Seiten der Haftpflichtv sind nicht etwa so zu bewerten, daß im Interesse des Dritten die Verpflichtung des Vers zum Einstehen für den eigentlichen Haftpflichtschaden den Vorrang vor der Rechtsschutzv zu beanspruchen hätte. Trotz der Vorschriften in §§ 156, 157 VVG wird eine Haftpflichtv durchaus im Interesse des Vmers neben dem Interesse des Dritten abgeschlossen. Mit der Rechtsschutzseite der Haftpflichtv will aber der Vmer die Nachteile von seinem Vermögen abwenden, die schon aus der Geltendmachung von Haftpflichtansprüchen gegen ihn erwüchsen, wenn er zur Verteidigung gegen solche Ansprüche Aufwendungen aus eigener Tasche machen müßte. Diese Aufwendungen drücken ihn zunächst; von ihnen hat ihn deshalb der Ver zuerst freizustellen."

Durch § 156 I in der Neufassung hat sich die Situation grundlegend geändert. Im Ergebnis ist dem Urteil allerdings auch heute noch, also unter Berücksichtigung der Gesetzesänderung, zuzustimmen. Denn in dem dort entschiedenen Rechtsstreit war zwischen dem Ver und dem Vmer unstreitig, daß die Haftpflichtansprüche in Höhe von insgesamt DM 500000,— unbegründet seien (vgl. RG 14. V. 1929 a. a. O. S. 235), so daß das eben wörtlich wiedergegebene Zitat nur eine (an sich nicht erforderliche) Hilfsbegründung darstellte.

[B 90] cc) Aufrechnung.

Umstritten ist, ob der Ver berechtigt ist, gegenüber dem Dritten, wenn dieser durch Pfändung und Überweisung (oder nach einer Abtretung) Rechtsnachfolger des Vmers geworden ist, mit Ansprüchen gegen den Vmer aufzurechnen. Bei der Lösung dieses Problemkreises ist außer § 156 I auch § 35b und nicht zuletzt die Eigenart des Befreiungsanspruchs in der Haftpflichtv in Betracht zu ziehen. RG 27. V. 1938 RGZ Bd 158 S. 6—16 hatte sich vor der Änderung des § 156 und vor der Einfügung des § 35b mit einem Fall zu befassen, in dem der Ver mit Forderungen aus vsfremden Geschäften (Finanzierung von Kraftwagenkreditverkäufen) gegenüber dem geschädigten Dritten aufzurechnen versuchte. Das Gericht verneinte eine derartige Aufrechnungsmöglichkeit mit der Begründung, daß es an der Gleichartigkeit fehle, da der Vsanspruch auch in der Hand des geschädigten Dritten immer noch auf Befreiung gerichtet sei. Dabei ließ es dahingestellt sein (a. a. O. S. 14), ob ein gleiches zu gelten habe, wenn mit einer Forderung aus dem Vsvertrag aufgerechnet werde.

Das Ergebnis der Entscheidung des Gerichts ist durchaus zu billigen, dagegen vermag die formal kunstvolle Begründung nicht zu überzeugen. Mit ihr wird im Grunde genommen nur verdeckt, daß mit einem kühnen Schritt im Wege der wertenden Interessenjurisprudenz eine zusätzliche Sozialbindung der Haftpflichtvsforderung eingeführt worden ist. Wie weit sich das RG damit von den sonstigen Grundsätzen des Schuldrechts entfernte, nach denen in einem solchen Falle der Umwandlung des Befreiungsanspruchs in einen Zahlungsanspruch in der Hand des Ursprungsgläubigers durchaus eine Aufrechnung zugelassen wird, zeigt deutlich BGH 22. I. 1954 BGHZ Bd 12 S. 136—146 (ADSp.-Fall). Der diesbezügliche Leitsatz dieser Entscheidung lautet wie folgt: „Hat sich eine Forderung, die auf Befreiung von einer Verbindlichkeit gerichtet war, infolge der — zulässigen — Abtretung an den Gläubiger dieser Verbindlichkeit in eine Geldforderung umgewandelt, so steht der Aufrechnung mit einer Geldforderung nicht entgegen, daß die beiden Forderungen im Zeitpunkt der Abtretung noch nicht gleichartig waren."

Den Widerspruch zu RG 27. V. 1938 a. a. O. meint BGH 25. I. 1954 a. a. O. S. 145 damit erklären zu können, daß in dem Haftpflichtvsfall die Umwandlung des Befreiungsanspruchs in einen Zahlungsanspruch vertraglich ausgeschlossen sei. Tatsächlich fehlte es aber an einer ausdrücklichen oder stillschweigenden Bestimmung dieser Art in den betreffenden AVB. Demgemäß ist die Lösung des Problems heute aus der in § 156 I zum Ausdruck kommenden Zweckbindung der Haftpflichtvsforderung unter Berücksichtigung des § 35b zu finden. Zu weit geht es dabei, jede Aufrechnungsmöglichkeit zu verneinen; so aber Keßler IherJhrb Bd 88 S. 340, Müller-Stüler S. 27, Roeder S. 194—195, (ursprünglich auch Prölss NeumZ 1939 S. 1043 und Sieg Ausstrahlungen S. 190). Das wäre genau so verfehlt wie die heute von niemand mehr vertretene Auffassung, daß der Ver mit jeder Geldforderung, ohne Rücksicht auf einen Zusammenhang mit dem Vsvertrag also, aufrechnen könne (so z. B. aus der „Urzeit" der Haftpflichtv: Josef AssJhrb Bd 34 S. 23, aber auch noch Keining ÖffrV 1939 S. 182—183). Die der Interessenlage entsprechende Lösung liegt vielmehr darin, eine Aufrechnung des Vers nur mit Prämiengegenforderungen und sonstigen Ansprüchen aus dem Vsvertrag zuzulassen. So Fleischmann-Deiters in Thees-Hagemann Anm. 7 zu § 156, S. 254, Hagemann JRPV 1939 S. 315—316, Möller in Bruck-Möller Anm. 5b zu § 35b, Prölss[17] Anm. 5 D zu § 156, S. 588, Thees ZVersWiss Bd 40 S. 15, Deutsche Justiz 1939 S. 1766, Deutsche Justiz 1940 S. 82, Schmidt-Tüngler ÖffrV 1939 S. 424, Schultz S. 88—93, Süß S. 215, Wussow[5] Anm. 6 zu § 3 AHB, S. 260—261. Dabei bietet heute eine analoge Anwendung des § 156 I 1 oder des § 156 I 2 (so Müller-Stüler S. 27, Sieg Ausstrahlungen S. 190) die formale Handhabe für dieses der Interessenlage entsprechende Ergebnis (unmittelbar kann § 156 I 1 nicht angewendet werden, da es an einer Verfügung des Vmers fehlt, vgl. Schultz S. 92 m. w. N.). Es leuchtet ein, daß bei einer relativen Unwirksamkeit einer Verfügung des Vmers über die Vsforderung erst recht auch eine Aufrechnung durch den Ver verboten sein soll. Mit Rücksicht auf die in § 35b zum Ausdruck kommende gesetzgeberische Wertung muß aber eine Gegenrechnung mit Forderungen aus dem Haftpflichtvsvertrag zugelassen werden. Nur bei dieser Auslegung gewinnt § 158g einen vernünftigen Sinn. Zu Recht hat deshalb Prölss seinen ursprünglich vertretenen Standpunkt (NeumZ 1939 S. 1043) im Sinne der Zulässigkeit der Aufrechnung revidiert.

Folgt man der hier vertretenen Auffassung, so taucht als weiterer Streitpunkt die Frage auf, ob eine Aufrechnung mit allen bis zur Aufrechnungserklärung entstandenen Prämienforderungen und sonstigen Zahlungsansprüchen aus dem Vsvertrag zugelassen werden soll oder nur mit solchen, die zum Zeitpunkt des Eintritts des Vsfalles bereits entstanden waren. Aus der Interessenlage ist ein Schutzbedürfnis des Vers für solche Gegenforderungen, die erst nach Eintritt des Vsfalles fällig geworden sind, zu verneinen. Auf den den Ver benachteiligenden Ausnahmefall, daß er vom Vsfall nicht rechtzeitig erfährt und demgemäß seine Rechte gegen den Vmer für später entstehende oder fällig werdende Forderungen nicht anderweitig realisieren kann, darf bei einer solchen generalisierenden Abgrenzung nicht abgestellt werden. Vielmehr ist vom Normalfall auszugehen, daß der Vmer den Eintritt des Vsfalles dem Ver in der Frist des § 153 I anzeigt. Demgemäß ist eine Aufrechnung nur mit solchen Forderungen zuzulassen, die zum Zeitpunkt des Eintritts des Vsfalles bereits entstanden und fällig waren. Als maßgebender Zeitpunkt ist danach im Rahmen der AHB das Schadenereignis und im Rahmen der AHBVerm der Verstoß anzusehen (anders Ehrenzweig S. 134—135 und jetzt auch Sieg VersR 1964 S. 695, die [wohl] immer auf das Schadenereignis abstellen wollen). Ist im Vsvertrag ausnahmsweise keine Definition des Vsfalles vorgenommen worden, so beginnt auch für diesen Fragenkreis die Schutzwirkung des § 156 I schon mit dem Verstoß (vgl. dazu Anm. B 92).

Soweit nach dem Gesagten eine Aufrechnung des Vers unzulässig ist, kann er auch kein Zurückbehaltungsrecht ausüben (so schon RG 27. V. 1938 RGZ Bd 158 S. 14—15), da das den Zweck des Aufrechnungsverbots vereiteln würde.

[B 91] dd) § 156 I 2 VVG.

§ 156 I 2 stellt klar, daß auch durch einen Akt der Zwangsvollstreckung nicht auf die Haftpflichtvsforderung zu Ungunsten des geschädigten Dritten eingewirkt werden kann. Das ist vom Standpunkt der Erkenntnis des RG (vgl. die Nachweise in Anm. B 33), daß es sich bei der Forderung des Vmers im Haftpflichtvsverhältnis um einen Befreiungsanspruch handle, selbstverständlich. Die Vorschrift ist dennoch nicht ohne Bedeutung. Es läßt sich nämlich ohne weiteres denken, daß zwischen den Parteien eines Vsvertrages ausdrücklich vereinbart wird, daß die Haftpflichtvsforderung einen reinen Zahlungsanspruch darstelle. Einer solchen Vereinbarung könnte man die rechtliche Verbindlichkeit sicher dann nicht versagen, wenn zugleich die Abrede getroffen werden würde, daß es nicht zu den Vertragspflichten des Vers gehöre, den Umfang der Haftpflichtansprüche des Dritten festzustellen und die unberechtigten Ansprüche des Dritten abzuwehren. Auch bei einer solchen Vereinbarung würde aber § 156 I 2 zu Gunsten des Dritten eingreifen.

Darüber hinaus gewinnt § 156 I 2 praktische Bedeutung für den Fall, daß die Vssumme überschritten wird. Hier greift § 156 III mit seinem Grundsatz der verhältnismäßigen Aufteilung unter die Anspruchsteller ein. Vgl. dazu die Ausführungen in Anm. B 94—101. § 156 I 2 stellt in diesem Zusammenhang zusätzlich klar, daß § 156 III nicht gegenüber Zwangsvollstreckungsakten eines der Dritten zurücktritt. Nicht aber verträgt § 156 I 2 eine Auslegung in dem Sinne, daß damit auch eine Pfändung durch Gläubiger des Dritten verhindert werde. Vielmehr ist die Haftpflichtvsforderung in der Hand des Dritten pfändbar (Hagemann DR 1939 S. 2035, Prölss[17] Anm. 2 zu § 156, S. 584).

[B 92] c) Beginn und Dauer des Schutzes.

aa) Beginn.

In Anm. B 88 ist bereits ausgeführt worden, daß auch im voraus getroffene Verfügungen unter den Schutz des § 156 I fallen. Gedacht ist dabei an einen (wohl kaum praktisch werdenden) auf den Eintritt des Vsfalles abstellenden bedingten Erlaßvertrag bezüglich der Haftpflichtvsforderung. Im übrigen läßt sich auch im Rahmen des § 156 darüber streiten, ob die Schutzwirkung dieser Vorschrift schon mit der Schadenursache („Verstoß") oder erst mit dem Eintritt des Schadenereignisses beginnt. Soweit von den Parteien des Haftpflichtvsvertrages kein abweichender Anknüpfungspunkt im Rahmen des gedehnten Vsfalles in der Haftpflichtv gewählt worden ist, muß auch hier im Interesse einer einheitlich fundierten Schutzwirkung zu Gunsten des geschädigten Dritten auf die Ursache abgestellt werden (vgl. dazu die Ausführungen in Anm. B 23). Für die Vermögensschadenhaftpflichtv stimmt das überein mit der Bestimmung in § 5 Ziff. 1 AHBVerm, nach der der Verstoß als grundsätzlich maßgebender Ansatzpunkt anzusehen ist. Mit Rücksicht darauf, daß die Unterschiede zwischen dem Deckungssystem nach der Verstoß- und nach der Schadenereignistheorie wertneutral sind und sich demgemäß im Einzelfall sowohl zu Gunsten als auch zu Lasten des Vmers (und des geschädigten Dritten) auswirken können, ist aber auch im Rahmen des § 156 die in § 5 Ziff. 1 AHB vorgenommene Definition des Vsfalles als Schadenereignis zu beachten. Das bedeutet, daß in der Allgemeinen Haftpflichtv der Schutz des § 156 I regelmäßig erst mit dem Eintritt des Schadenereignisses beginnt (so grundsätzlich für die gesetzliche Regelung: Ehrenzweig S. 376, Schultz S. 106 und überhaupt die Vertreter der den Vsfall als Schadenereignis definierenden Theorie; vgl. Anm. B 18 und die Ausführungen zum Problemkreis im Ganzen in Anm. B 10—31).

Wenn also der Vmer fehlerhaft konstruierte Ackerschlepper am 31. VIII. 1969 an 10 Käufer ausliefert, der Vertrag dann vom Vmer zum Ende des Jahres 1969 fristgemäß gekündigt wird und die Schadenereignisse erst 1970 eintreten, so ist das ein nicht von § 156 I erfaßter Fall. Etwas anderes kann allerdings dann gelten, wenn Ver und Vmer in einem derartigen Falle den Schwebezustand zwischen Verstoß und Schadenereignis zu ungewöhnlichen Handlungen ausnutzen, die darauf abzielen, den Eintritt der Schutzwirkung des § 156 zu verhindern. Hier kann ausnahmsweise eine analoge Anwendung des § 156 gerechtfertigt sein. Gedacht sei dabei an die in der „Entwicklungszeit" der Haftpflichtv gelegentlich vorgekommenen Vereinbarungen zwischen dem Vmer und dem Ver über die Aufhebung des Vsschutzes zum Nachteil des Geschädigten (und des Vten). In einem solchen Falle, in dem der Ver z. B. mit dem Vmer in sicherer Erkenntnis dessen, daß in aller Kürze aus der fehlerhaften Lieferung von Waren der Eintritt von Schadenereignissen zu erwarten ist, die sofortige Aufhebung des Vsvertrages vereinbart, muß § 156 I analog zu Gunsten des geschädigten Dritten (trotz § 5 Ziff. 1 AHB) angewandt werden, ohne daß es dabei auf das Vorliegen der Voraussetzungen des § 826 BGB ankommt.

[B 93] bb) Dauer.

Die Schutzvorschrift des § 156 I hat Bestand bis zur Befriedigung des geschädigten Dritten. Weist der Vmer nach, daß er den Dritten befriedigt habe, so darf — abgesehen von der Möglichkeit, daß eine Verletzung des Anerkenntnis- und Befriedigungsverbots vorliegen kann — der Ver, ohne § 156 I zu verletzen, an den Vmer zahlen. Das Erlöschen der Schutzfunktion des § 156 I ist dabei endgültig. Zahlt der Dritte etwa infolge eines Versehens an den Vmer den geleisteten Betrag zurück, so lebt das Veräußerungsverbot nicht wieder auf. Etwas anderes hat allerdings dann zu gelten, wenn der Dritte eine Teilleistung berechtigt nach § 266 BGB zurückweist; insoweit war dann aber auch keine Tilgungswirkung eingetreten. Der Schutz des § 156 I endet auch dann, wenn die Befriedigung des Dritten durch eine von diesem oder dem Vmer erklärte Aufrechnung erreicht worden ist. Die Parteien des Haftpflichtverhältnisses haben es nicht in der Hand, durch eine entsprechende Vereinbarung die Sperrwirkung des § 156 I wieder in Kraft treten zu lassen.

Schon vor einer Befriedigung eines geschädigten Dritten endet der Schutz des § 156 I, wenn der Dritte nach Eintritt des Vsfalles auf die Rechte aus dieser Vorschrift verzichtet oder seine Zustimmung zu einer Verfügung erteilt (Ehrenzweig S. 371, Fleischmann-Deiters in Thees-Hagemann Anm. 4 zu § 156, S. 252). Hierfür genügt eine einseitige Willenserklärung gegenüber dem Ver, gegenüber dem Vmer nur, wenn diese Erklärung zur Weiterleitung an den Ver bestimmt ist und bestimmungsgemäß weitergeleitet wird. Hingegen wird man einer Erklärung über einen entsprechenden Verzicht, die vor Eintritt eines Vsfalles abgegeben wird (ein kaum vorstellbarer Fall), mit Rücksicht auf den Schutzzweck des § 156 I die Rechtswirksamkeit versagen müssen.

[B 94] d) Zum Anwendungsbereich des § 156 III VVG.

aa) Rechtspolitische Rechtfertigung.

Wenn die Schadenersatzforderungen aus einem Schadenfall die Vssumme übersteigen, so gilt nicht der sonst im Zwangsvollstreckungsrecht geltende Grundsatz der Priorität. Vielmehr bestimmt § 156 III, daß der Ver die Haftpflichtgläubiger anteilmäßig zu berücksichtigen und zu befriedigen habe. Diese im Grundgedanken verständige Vorschrift kann in der praktischen Handhabung zu ganz außerordentlichen Schwierigkeiten führen, wenn sich nämlich z. B. bei mehreren schwer körperverletzten Personen nicht sagen läßt, wie hoch sich die Schadenersatzansprüche im einzelnen und insgesamt stellen werden. Der Ver läuft hier Gefahr, in unangenehme Kontroversen verwickelt zu werden. Die gesetzliche Regelung ist dennoch zu begrüßen. Es kann erwartet werden, daß im allgemeinen ein nach kaufmännischen Maßstäben handelnder Haftpflichtver eine derartige Verteilung schneller durchführt als etwa eine Behörde in einem Verteilungsverfahren. So ist es erfreulich zu berichten, daß es erst in einem veröffentlichten Fall zu einem Gerichtsstreit über die Auslegung der hier erörterten Vorschrift gekommen ist (OLG Hamburg 1. X. 1947 VA 1948 S. 8 = VW 1948 S. 54).

Ein gewisses gesetzliches Vorbild für die Regelung in § 156 III stellt im übrigen die erbrechtliche Vorschrift des § 1991 IV BGB dar (vgl. Sieg Ausstrahlungen S. 174). Der entscheidende Unterschied liegt allerdings darin, daß die Verteilung der kärglichen Reste eines Nachlasses, bei dem die Eröffnung des Nachlaßkonkurses mangels einer den Kosten entsprechenden Masse untunlich erschien, meist weniger Mühe machen wird als die der regelmäßig über einen erheblichen Betrag lautenden Vssumme.

[B 95] bb) Dritter im Sinne des § 156 III VVG.

Dritter im Sinne des § 156 III ist — wie auch sonst im Haftpflichtvsrecht — jeder, der den Vmer auf Schadenersatz in Anspruch nimmt, sei es als originär, sei es als derivativ Berechtigter. Vgl. dazu auch Anm. B 78. OLG Hamburg 1. X. 1947 VA 1948 S. 8 = VW 1948 S. 54 mit kritischer Anm. von Sieg a. a. O. S. 54 nimmt an, daß die Verteilungsvorschrift des § 156 III keine Anwendung finde, wenn nur ein Geschädigter vorhanden sei, dessen Ansprüche teilweise auf einen Sozialvsträger übergegangen seien; eine auf diese Art und Weise zustande gekommene Mehrheit von Gläubigern sei nicht als Anwendungsfall des § 156 III anzuerkennen, ebenso wenig wie ein Anwendungsfall des § 156 III vorliege, wenn der Vmer einen Teil seiner Haftpflichtforderung an einen Dritten abtrete und dadurch eine Mehrheit von Gläubigern entstehe. Diese Entscheidung wird durchweg abgelehnt (vgl. Prölss[17] Anm. 6 zu § 156, S. 588, Sieg VW 1948 S. 54, Sieg Ausstrahlungen S. 174 und Thees VW 1948 S. 86). Thees a. a. O. meint, daß das Gericht gegen den eindeutigen Wortlaut der Vorschrift entscheide. Über diese Argumentation mag man streiten; letzten Endes kann der Wortlaut einer Vorschrift im Sinne der Interessenjurisprudenz nur einen, wenn auch sehr wichtigen Anhaltspunkt für den zu ermittelnden Normzweck darstellen. Thees und den anderen Kritikern ist aber einzuräumen, daß auf den entschiedenen Fall nach der Interessenlage § 156 III mindestens entsprechend hätte angewandt werden müssen.

Dritter ist danach auch jeder Rechtsnachfolger eines der ursprünglich Geschädigten, sei es außer den bereits erwähnten Privat- oder Sozialvern ein Abtretungsempfänger oder ein Pfandgläubiger. § 156 III ist also immer anzuwenden, wenn bei einer Überschreitung der Vssumme dem Vmer eine Mehrheit von Haftpflichtgläubigern gegenübersteht. Gleichgültig ist dabei, worauf es beruht, daß der Vmer von mehreren Personen auf Schadenersatz in Anspruch genommen wird.

[B 96] cc) Verteilungsgrundsätze.

Bei den Verteilungsüberlegungen muß der Ver nicht nur die bereits festgestellten Ansprüche im Sinne des § 156 II berücksichtigen, wie der Wortlaut des § 156 III es fast nahelegen könnte, sondern auch die künftig noch zu erwartenden Ansprüche, für die der Ver entsprechende Rückstellungen zu bilden hat. Die Schwierigkeit für den Ver bei der Anwendung des § 156 III liegt gerade darin, daß er immer den noch ungewissen Umfang der Einzel- und Gesamtforderungen mit in Rechnung stellen muß. Stehen dagegen die einzelnen Forderungen ihrem Umfang nach genau fest, so läßt sich die Höhe der einzelnen Anteile leicht rechnerisch ermitteln. Es ist weiter nichts zu tun, als das Verhältnis der Höhe der Gesamtforderungen zur Vssumme zu ermitteln. Stellt sich die Vssumme auf DM 100000,– und betragen die Gesamtforderungen DM 225000,–, so besteht ein Verhältnis von 4:9. Das bedeutet, daß von den Einzelforderungen, die die Gesamtsumme von DM 225000,– ausmachen, nur je 4/9 zu berücksichtigen sind.

Setzt sich also die Gesamtforderung von DM 225000,– aus 4 Einzelforderungen von DM 75000,– für A, DM 70000,– für B, DM 60000,– für C und DM 20000,– für D zusammen, so erhält

A $^4/_9$ von DM 75000,– = DM 33333,33
B $^4/_9$ von DM 70000,– = DM 31111,12
C $^4/_9$ von DM 60000,– = DM 26666,66
D $^4/_9$ von DM 20000,– = DM 8888,89

= DM 100000,–

[B 97] dd) Besonderheiten bei der Beteiligung regreßnehmender Privat- und Sozialversicherer.

Bei der Verteilung nach § 156 III ist durch den Ver zu beachten, ob zwischen den einzelnen Dritten nach speziellen gesetzlichen Vorschriften ein von dem Gleichbehandlungsgrundsatz des § 156 III abweichendes Rangverhältnis besteht. So darf nach § 67 I 2 ein auf einen Privatver übergegangener Anspruch nicht zum Nachteil des Vmers geltend gemacht werden. Diese Vorschrift muß der Ver bei seiner Aufteilung berücksichtigen (ebenso Gülde-Schmidt = Rost Anm. 23 zu § 156, Sieg Ausstrahlungen S. 175 und VW 1948 S. 54, Thees VW 1948 S. 86). Hier können sich interessante Abrechnungsprobleme ergeben; z. B. wenn mehrere Personen geschädigt sind und eine von ihnen teilweise von einem Sachver befriedigt worden ist. Dabei ist zu beachten, daß § 67 I 2 nur im Verhältnis zwischen dem betreffenden Vmer und dem Ver gilt, nicht dagegen in bezug auf andere Dritte.

Beispiel:

Anspruchsteller A Forderung DM 100000,–
Anspruchsteller B Forderung DM 50000,–
Anspruchsteller C Forderung DM 50000,–

Letzterer ist nach § 67 I 2 als Kaskover des B dessen Forderung nachgeordnet. Zur Verteilung steht eine Vssumme von DM 100000,–. Würde C dem B gegenüber nicht nachgeordnet sein, so würde A DM 50000,– erhalten und B und C je DM 25000,–. So muß aber B so gestellt werden, als wenn nur A und B am Verteilungsverfahren teilnehmen. Das bedeutet bei dem dann gegebenen Verhältnis von 3:2 zwischen Forderungen und Vssumme, daß A DM 66666,67 und B DM 33333,33 bekommen würden. B erhält diesen Betrag auch trotz der Beteiligung des C am Verfahren, da dieser ihm nachgeordnet ist. Hingegen darf A keinen Vorteil aus der Sondervorschrift des § 67 I 2 erlangen. Demgemäß lautet die endgültige Verteilungsquote

DM 50000,– für A
DM 33333,33 für B
DM 16666,67 für C.

Zu beachten bei der Beteiligung eines Sozialvers am Verteilungsverfahren ist, daß dessen Ansprüche nicht gegenüber denen des Sozialvten nachrangig sind, da es für das Sozialvsrecht an einer § 67 I 2 entsprechenden einschränkenden Vorschrift fehlt. Dem Sozialver steht aber im Rahmen des § 156 III gegenüber dem Sozialvten auch kein Vorrang zu (Gülde-Schmidt = Rost Anm. 23 zu § 156, Thees a. a. O. S. 86). Keineswegs darf OLG Hamburg 1. X. 1947 a. a. O. dahin mißverstanden werden, daß es dem Sozialver einen derartigen Vorrang einräumen wolle; vielmehr wendet das genannte Gericht nur (zu Unrecht) das ansonsten in der Zwangsvollstreckung geltende Prioritätsprinzip an, daß nämlich derjenige zuerst befriedigt wird, der als erster pfändet. Daß allerdings bei der Feststellung der Haftpflichtforderungen das Quotenvorrecht des Sozialvers berücksichtigt werden muß, ist selbstverständlich und soll durch diese Ausführungen nicht in Frage gestellt werden. Hier geht es vielmehr nur darum festzustellen, daß bei voller Haftung dem Grunde nach die Regreßforderung des Sozialvers gegenüber dem sozialvten Dritten im Rahmen des § 156 III nicht privilegiert ist.

Für die nach österreichischem Recht (nach § 336 österr. ASG) geltenden Verteilungsgrundsätze vgl. ÖOGH 17. II. 1966 VersR 1966 S. 647—648.

[B 98] ee) Haftung des Versicherers bei unrichtiger Verteilung.

Nach § 156 III bleibt die Verpflichtung des Vers aus dem Vsvertrag im Verhältnis zu einem nach der gesetzlichen Verteilungsregel zu kurz gekommenen Dritten auch über die Vssumme hinaus bestehen, wenn er nicht dartut und beweist, daß er mit dessen Ansprüchen in entschuldbarer Weise nicht gerechnet habe. Für das Verschulden seiner Hilfspersonen hat der Ver dabei in entsprechender Anwendung des § 278 BGB einzutreten; eine Exkulpation ist also insoweit nicht möglich. Zu beachten ist dabei, daß durch § 156 III nicht das Trennungsprinzip der Allgemeinen Haftpflichtv durchbrochen wird. Vielmehr kann der Dritte auch in diesem Falle den Ver erst als Rechtsnachfolger des Vmers unmittelbar mit Erfolg in Anspruch nehmen. Konstruktiv handelt es sich wie bei § 158c um eine als fortbestehend fingierte Haftung zugunsten des geschädigten Dritten (vgl. zur rechtstheoretischen Einordnung des § 158c Möller VersR 1950 S. 3—4 und die Nachweise bei Johannsen VersArch 1956 S. 281—282).

Nicht jede leichte Fahrlässigkeit schadet aber dem Ver. Denn mit dem Ausdruck „entschuldbarerweise" sollte (vgl. Begr. II S. 1773) an RG 25. X. 1938 RGZ Bd 158 S. 284—291 angeknüpft werden. Das Gericht hatte zu einer entsprechenden Formulierung in einer Obliegenheitsklausel a. a. O. S. 288 folgendes ausgeführt:

> „Der Unterschied von den gesetzlichen und — diesen entsprechend — sonst auch in den Bedingungen der Beklagten gewählten Begriffsbestimmungen: ‚unverschuldet' (§ 6 Abs. 1 VVG) — ‚weder auf Vorsatz noch auf grober Fahrlässigkeit beruhend' (§ 6 Abs. 2 VVG — § 6 AVB), ‚Vorsatz', ‚Fahrlässigkeit', ‚Verletzung der im Verkehr erforderlichen Sorgfalt' (§ 276 BGB) beruht aber nicht . . . auf der Betonung der subjektiven Seite, ähnlich wie im Strafrecht, so daß eine sonst ‚unentschuldbare' Fahrlässigkeit ‚entschuldbar' würde um deswillen, weil gerade von dem Täter nach seiner besonderen Persönlichkeit die Aufwendung der sonst erforderlichen oder auch nur üblichen Sorgfalt nicht zu verlangen sei; er beruht vielmehr auf der stärkeren Betonung des Verkehrsüblichen, also des Maßes von Sorgfalt, das nach der Lebenserfahrung unter den gegebenen Umständen von vernünftigen, praktischen Leuten angewendet zu werden pflegt und das man demgemäß von solchen verlangt. Damit ist ein gewisser, der Erfahrung des täglichen Lebens entnommener Gegensatz zum Ausdruck gebracht zu dem objektiv — abstrakten Maßstab der im Verkehr erforderlichen Sorgfalt (§ 276 BGB), auf dem sich die sonst kraft Gesetzes oder kraft Vertrages anzuwendenden Begriffe von Verschulden und Fahrlässigkeit aufbauen. So gesehen kann also, vom abstrakten Standpunkt der im Verkehr erforderlichen Sorgfalt aus, immerhin ein gewisses Verschulden anzunehmen sein, und gleichwohl kann der Täter . . . ‚entschuldbar' handeln."

Bei Anwendung dieser Grundsätze ist speziell folgendes zu beachten: Die Verpflichtung des Vers zur anteilsmäßigen Befriedigung der Dritten beginnt in dem Augenblick, in dem vom Standpunkt eines objektiv wägenden Betrachters aus der Ver nach den ihm bis dahin vom Vmer und von den Dritten und auch aus sonstigen Quellen zugegangenen Informationen mit einer Überschreitung der Vssumme rechnen mußte. Hat der Ver aber bis zu diesem Zeitpunkt schon an einen Dritten mehr geleistet, als diesem bei endgültiger Berücksichtigung aller Forderungen zukommen würde, so verbleibt es dabei im Verhältnis zum Ver. Es dürfen keine übertrieben starken Anforderungen an den Ver gestellt werden (so zutreffend Schultz S. 59). Auf diesen ist die Last der Verteilung gelegt worden, damit nach einer Feststellung der Haftpflichtforderungen im Sinne des § 156 II die Ansprüche zügig und ohne bürokratische Umstände reguliert werden. Es läßt sich oft nicht annähernd sagen, wie lange z. B. ein Schwerverletzter unfallbedingt Verdienstausfall haben wird oder über welchen Zeitraum Witwenrenten gezahlt werden müssen. Damit § 156 III praktikabel bleibt, ist als Faustregel eine Auslegung bezüglich der Verschuldensfrage empfehlenswert, nach der dem Ver grundsätzlich für Schadenzahlungen, die insgesamt die erste Hälfte der Vssumme nicht übersteigen, nur dann ein Verschulden vorgeworfen werden darf, wenn die Anzeichen für ein Überschreiten der Vssumme zu diesem Zeitpunkte bereits unübersehbar waren. Diese Faustregel läßt sich damit rechtfertigen, daß Überschreitungen der Vssumme als ausgesprochene Ausnahmen anzusehen sind, so daß erst bei einem Verbrauch der Hälfte der Vssumme ein ernstes Warnzeichen gegeben ist. Unübersehbar im Sinne der eben gebrauchten Formulierung wäre dagegen auch schon bei Auszahlungen innerhalb der ersten Hälfte der Vssumme die Möglichkeit einer Überschreitung der Deckungssumme, wenn die Addition der ziffernmäßig geltend gemachten Ansprüche ohne weiteres das Überschreiten der Vssumme ergibt, mag dem Sachbearbeiter des Vers auch der eine oder andere Anspruch als stark übersetzt erscheinen.

Aus dem Gesagten folgt zugleich, daß für Zahlungen aus dem Bereich der zweiten Hälfte der Vssumme ein wesentlich schärferer Maßstab an das Verschulden anzulegen ist.

[B 99] ff) Rechtsbehelfe der Beteiligten bei Überpfändung der Haftversicherungsforderung.

Der Ver kann einer Pfändung durch den geschädigten Dritten, die über den Umfang des diesem nach § 156 III gebührenden Anteils hinausgeht, theoretisch durch eine Erinnerung nach § 766 ZPO entgegentreten (Fromm S. 253, Gülde-Schmidt=Rost Anm. 27 zu § 156, Prölss[17] Anm. 4 zu § 156, S. 585, Schultz S. 60). Mit Rücksicht auf die komplizierte Materie und die umfangreiche Darlegungspflicht des Vers empfiehlt sich allerdings in der Praxis ein derartiges Vorgehen nicht. Die zweckmäßigste Abwicklung dürfte vielmehr darin liegen, daß der nach Meinung des Vers dem pfändenden Dritten zustehende Teil gezahlt und im übrigen Klage anheimgestellt wird. Als ganz ausgeschlossen nach dem Wesen des Erinnerungsverfahrens erscheint z. B. die Prüfung der Frage, ob strittige Forderungen anderer Dritter berechtigt sein könnten und welche Rückstellungen dafür zu bilden seien, oder gar die Frage, ob der Ver durch die entschuldbare Annahme, daß weitere Ansprüche nicht erhoben werden würden, frei geworden sei oder nicht. Auf diese Bedenken gegen ein Vorgehen des Vers auf dem Wege der Erinnerung weist mit besonderem Nachdruck Sieg Ausstrahlungen S. 177—178 hin.

Die gleichen Bedenken bestehen gegen ein Vorgehen eines der geschädigten Dritten im Wege des Erinnerungsverfahrens nach § 766 ZPO. Zur Wahrung seiner Rechte im Sinne des § 156 III steht dem beteiligten Dritten aber ein Klagerecht gemäß § 772 ZPO zu. Sieg Ausstrahlungen S. 177—178 betont zu Recht, daß ein Rechtsschutzbedürfnis für eine solche Widerspruchsklage regelmäßig gegeben sei und insbesondere nicht mit dem Hinweis verneint werden dürfe, daß der Ver die Rechte des Dritten in dem anschließenden Leistungsstreit schon ordnungsgemäß wahrnehmen werde.

[B 100] e) Ausgleich einer Überzahlung im Sinne des § 156 III VVG.

aa) Bereicherungsansprüche des Versicherers.

Wie bereits ausgeführt, bleibt der Ver einem Dritten gegenüber im Rahmen des § 156 III zur Leistung verpflichtet, wenn er nicht dartun und beweisen kann, daß er entschuldbarerweise mit der Geltendmachung der Ansprüche des betreffenden Dritten nicht mehr habe rechnen können. Nimmt der Dritte dann den Ver (nach entsprechender Pfändung und Überweisung) in Höhe des auf ihn entfallenden Anteils an der Vsentschädigung in Anspruch, so bleibt zu prüfen, von wem der Ver seine Mehrleistung zurückfordern kann. Prölss[17] Anm. 8 zu § 156, S. 590 nimmt an, daß der Ver diese Mehrleistung anteilig von den anderen Geschädigten nach § 812 BGB zurückfordern könne (ebenso Fleischmann-Deiters in Thees-Hagemann Anm. 9 zu § 156, S. 255).

Diese Auffassung bedarf einer Überprüfung. Zunächst ist zu fragen, in wessen Person im Haftpflichtvsverhältnis normalerweise bei einer Überzahlung durch den Haftpflichtver ein Bereicherungsanspruch besteht. Diese Frage ist, wie in Anm. B 67 dargetan, dahin zu beantworten, daß dieser Bereicherungsanspruch immer dann in der Person des Vmers entsteht, wenn der Ver auch beim Zahlungsakt, was in tatsächlicher Beziehung zu vermuten ist, als Vertreter des Vmers handelt. Mit dieser Erkenntnis ist für den vorliegenden Fall aber nichts gewonnen, denn dieser wird schließlich durch die Besonderheit gekennzeichnet, daß es nicht deshalb zur Rückforderung kommt, weil die Haftpflichtforderung ganz oder teilweise nicht existent ist, sondern weil die Vssumme nicht ausreicht. Es kann daher nur die Frage sein, ob der Bereicherungsanspruch des Vers sich gegen den Vmer oder gegen den Dritten, der im Sinne des § 156 III zuviel erhalten hat, richtet. Wenn der Ver mehr leistet, als dem Vmer an Befreiung gebührt, so ist dieser Vmer ungerechtfertigt bereichert, schließlich wird er von seiner Haftpflichtschuld teilweise ohne Rechtsgrund befreit. Dem Ver steht daher ein Bereicherungsanspruch gegen den Vmer zu (ebenso Sieg Ausstrahlungen S. 217). Dieses Ergebnis kann freilich für den Ver dann unerfreulich sein, wenn der Vmer vermögenslos ist. Auf der anderen Seite besteht aber auch durchaus die Möglichkeit, daß der von Prölss a. a. O. zugebilligte Bereicherungsanspruch gegen den Dritten, der zuviel erhalten hat, wegen dessen Vermögenslosigkeit und des Verbrauchs der erhaltenen Entschädigung nicht realisierbar ist. Von solchen Erwägungen braucht das Ergebnis daher nicht beeinflußt zu werden.

Aus logischen Gründen läßt sich eine andere Entscheidung jedenfalls in den Fällen nicht rechtfertigen, in denen der Ver nicht zu erkennen gegeben hat, daß seine erste Zahlung auf einer Verteilung nach § 156 III beruhte oder aber in solchen Fällen, in denen er bei seiner Zahlung an die Anwendung dieser Vorschrift selbst nicht dachte, weil er keine Überschreitung der Vssumme erwartete. Sicher besteht dagegen ein Rückforderungsrecht des Vers gegenüber dem Dritten in den Fällen, in denen bei einer Verteilung nach § 156 III ein ausdrücklicher Vorbehalt in dieser Beziehung gemacht wurde. Was hier interessiert, ist die Frage, ob ein gleiches auch dann gilt, wenn dem Dritten ohne einen entsprechenden Vorbehalt die Grundlage der Berechnung mitgeteilt worden ist und diese Grundlage sich später ändert. Hatte der Dritte den Befreiungsanspruch des Vmers gepfändet und sich überweisen lassen, so läßt sich in dem hier erörterten Fall ein Bereicherungsanspruch gegen den Dritten damit rechtfertigen, daß die Leistung des Vers nicht nur auf die Haftpflichtschuld, sondern zugleich auf den Befreiungsanspruch erfolgte, so daß die Unmittelbarkeit der Vermögensverschiebung gewahrt ist. In den Fällen dagegen, in denen eine derartige Rechtsnachfolge nicht vorlag und in denen der Ver keinen Vorbehalt bezüglich eines Rückforderungsanspruchs machte, ist ein Bereicherungsanspruch aus konstruktiven Gründen wieder zu verneinen, es sei denn, daß sich nach den Umständen des Einzelfalles aus Treu und Glauben die Annahme eines stillschweigenden Vorbehalts begründen läßt. Daneben besteht bei der Eigenart des hier behandelten Rechtsverhältnisses auch ein Bereicherungsanspruch gegenüber dem Vmer. Der Ver kann wählen, gegen wen er seinen Bereicherungsanspruch durchsetzen will.

[B 101] bb) Bereicherungsansprüche des benachteiligten Dritten.

Der im Sinne des § 156 III zu kurz gekommene Dritte kann gegen denjenigen Geschädigten, der zuviel erhalten hat, den Mehrbetrag aus ungerechtfertigter Bereicherung herausverlangen (ebenso Fleischmann-Deiters in Thees-Hagemann Anm. 9 zu § 156, S. 255). Sieg Ausstrahlungen S. 181—182 ist dagegen der Meisnung, daß es für den allgemeinen Bereicherungsanspruch an der Unmittelbarkeit der Vermögensverschiebung fehle (ebenso Roeder S. 148). Vgl. auch Thees Deutsche Justiz 1939 S. 83, der dort die Frage erörtert, ob in derartigen Fällen ein ausdrücklicher gesetzlicher Rückgriffsanspruch eingeführt werden sollte und daß eine andere Anspruchsgrundlage — abgesehen von meist nur theoretischen Möglichkeiten wie § 3 Ziff. 1 AnfG oder § 826 BGB (so Roeder S. 148) — nicht gegeben sei. Sieg a. a. O. weist weiter darauf hin, daß im Bereich des § 156 III ähnelnden § 1991 IV BGB kein derartiger Bereicherungsanspruch zugebilligt werde. Allein diese Überlegungen werden der Besonderheit des § 156 III und der sozialen Zweckbindung der Haftpflichtvsforderung nicht gerecht. Es liegt daher näher, § 816 II BGB entsprechend anzuwenden und damit ein mit der Gerechtigkeitsidee des § 156 III übereinstimmendes Ergebnis zu erzielen.

[B 102] 5. Rechtsstellung des geschädigten Dritten im Konkurs des Versicherungsnehmers.

a) Rechtstheoretische Einordnung des Absonderungsrechts nach § 157 VVG.

Mit dem durch § 157 gewährten Absonderungsrecht an der Entschädigungsforderung des Vmers (wozu auch die Schadenminderungskosten und Kostenforderungen nach § 150 gehören) schützt das Gesetz den geschädigten Dritten auch im Konkurs des Vmers. § 157 stellt damit eine sinnvolle Ergänzung des in § 156 I zum Ausdruck kommenden Prinzips dar, daß nämlich die Forderung aus dem Haftpflichtvsverhältnis nicht zur freien Disposition des Vmers steht, sondern einer sozialen Zweckbindung unterliegt. Es versteht sich, daß diese Vorschrift in dem Sinne zwingend ist, daß sie nicht durch Vereinbarungen zwischen Vmer und Ver zum Nachteil des Dritten abgeändert werden kann.

Zur Zeit des Inkrafttretens des VVG wurde stark die rechtstheoretische Besonderheit des durch § 157 gewährten Absonderungsrechts bemerkt. So bezeichnete Kirchberger LZ 1910 Sp. 578 das durch § 157 gewährte Absonderungsrecht als ein vollständiges Novum. Schmidtmüller LZ 1913 Sp. 932 nannte es ein gesetzgeberisches Unikum. Die Besonderheit lag darin, daß es im Gegensatz zu den sonstigen Absonderungsrechten nach §§ 47—51 KO an einem außerhalb des Konkurses geschützten Rechtsgut fehlte. Dem Gesetzgeber erschien es als unbillig, daß die Entschädigung in die Konkursmasse falle, da dadurch der ersatzberechtigte Dritte geschädigt und den übrigen Gläubigern ein für sie nicht bestimmter Vorteil zugewendet werden würde (Begr. I S. 143). Vgl. RG 2. VII. 1909 RGZ Bd 71 S. 363—366, das für das vor Inkrafttreten des VVG geltende Recht derart zum Nachteil des geschädigten Dritten entschieden hat. § 157 stellt demgemäß einen Vorläufer der Sozialschutzvorschriften des § 156 I und des (allerdings nur in der Pflichthaftpflichtv geltenden) § 158c dar. Die in der Literatur für das Absonderungsrecht nach § 157 bis dahin vermißte rechtstheoretische Grundlage ist jetzt durch die auch außerhalb des Konkurses festgelegte Einzugs- und Verfügungssperre des § 156 I geklärt (vgl. Sieg Ausstrahlungen S. 205—206). Da § 157 ausdrücklich ein Absonderungsrecht gewährt, bedarf auch die Frage keiner näheren Erörterung, ob ohne diese Bestimmung die heute einmütig als Befreiungsanspruch qualifizierte Forderung des Vmers gegen den Ver (vgl. dazu Anm. B 33) überhaupt als ein der Zwangsvollstreckung unterliegender Vermögensgegenstand im Sinne des § 1 I KO angesehen werden könnte (vgl. dazu Sieg Ausstrahlungen S. 207 und Pick VersR 1950 S. 28; siehe ferner die Abführungen in Anm. B 108).

Gegenüber anderen Absonderungsrechten ergibt sich aus der Natur des zugrunde liegenden Befreiungsanspruchs die Besonderheit, daß sich nach Verwertung des Absonderungsrechts ein Überschuß zugunsten der Konkursmasse grundsätzlich nicht ergeben kann, was von Jaeger-Lent[8] Anm. 12 zu § 49 KO verkannt wird.

[B 103] b) Realisierung des Absonderungsrechts.

Nach § 4 II KO erfolgt die abgesonderte Befriedigung unabhängig vom Konkursverfahren. Demgemäß genügt es bei den ansonsten durch §§ 47—51 KO gegebenen Absonderungsrechten, wenn der Konkursverwalter sich mit der abgesonderten Befriedigung einverstanden erklärt. Ein derartiges Zur Verfügung Stellen des Absonderungsrechts ist bei der Entschädigungsforderung aus dem Haftpflichtvsverhältnis nicht möglich. Vielmehr bedarf es als weitere Voraussetzung für die Fälligkeit einer auf Zahlung an den Dritten gerichteten Verpflichtung des Vers der Feststellung im Sinne des § 154 I, in welchem Umfang die Haftpflichtforderung berechtigt ist.

Der an die Stelle des Gemeinschuldners tretende Konkursverwalter darf, um nicht den Vsschutz zu verlieren, den Anspruch — vom Ausnahmefall des § 154 II abgesehen — nicht anerkennen (LG Arnsberg 4. I. 1935 VersPrax 1935 S. 39—40; das verkennt Hartung Haftpflichtv S. 109 bei seinen Ausführungen über die Stellung des Konkursverwalters; zu Unrecht zweifelt daran auch LG Wuppertal 27. X. 1961 VersR 1962 S. 631) und muß auf Verlangen des Vers bestreiten (Sieg Ausstrahlungen S. 91). Hingegen stellt es keine die Leistungsfreiheit des Vers begründende Obliegenheitsverletzung dar, wenn zwar der Konkursverwalter, nicht aber der Gemeinschuldner der Haftpflichtforderung im Prüfungstermin widerspricht. Nach Lage der Dinge kann es insoweit grundsätzlich nur auf den Widerspruch des an die Stelle des Vmers getretenen Konkursverwalters ankommen (vgl. dazu RG 21. VI. 1918 RGZ Bd 93 S. 214—215 und als Vorinstanz KG 13. II. 1918 VA 1918 Anh. S. 36—37 Nr. 1033; anders LG Wuppertal 27. X. 1961 a. a. O.; nach Möller in Bruck-Möller Anm. 18 zu § 14 m. w. N. beeinträchtigen ansonsten Obliegenheitsverletzungen des Gemeinschuldners den Vsschutz, a. M. aber Ritter-Abraham I Anm. 61 und 64 vor § 1 ADS).

Der geschädigte Dritte muß sich nach dem Gesagten also zunächst über den Umfang seiner Forderung mit dem Konkursverwalter auseinandersetzen, der seinerseits allerdings durch die Prozeßführung wenig tangiert wird, da diese nach § 5 Ziff. 4 AHB Sache des Vers ist. Dem Dritten stehen zwei Möglichkeiten zum Vorgehen gegenüber dem Konkursverwalter zur Verfügung. Er kann am Konkursverfahren nach § 64 KO wegen seiner Ausfallforderung teilnehmen und zugleich mit dieser sein Absonderungsrecht anmelden, um alsdann eine Feststellungsklage nach § 146 KO zu erheben. Er kann aber auch ohne den Umweg über den Prüfungstermin gleich gegen den Konkursverwalter klagen (vgl. z. B. BGH 30. VI. 1964 VersR 1964 S. 966). Dabei muß es seiner Wahl überlassen bleiben, ob er einen Zahlungs- oder Feststellungsantrag stellen will. In jedem Fall muß aber im Antrag und in der Urteilsformel zum Ausdruck kommen, daß die Verpflichtung des Konkursverwalters sich auf Leistung aus der gegen den Ver bestehenden Entschädigungsforderung beschränkt. Unter Umständen kann sich ein entsprechendes Begehren des Klägers auch stillschweigend aus dem Vortrag des Klägers ergeben, da er andernfalls den Konkursverwalter nicht auf Zahlung in Anspruch nehmen könnte (vgl. dazu BGH 13. VII. 1956 VersR 1956 S. 625—627; zum österreichischen Recht: ÖOGH 14. II. 1962 VersR 1963 S. 692 mit Anm. von Wahle a. a. O.: Verurteilung zur Zahlung beschränkt auf die Exekution in den Entschädigungsanspruch gegen den Haftpflichtver).

Nach rechtskräftigem Abschluß des Verfahrens gegen den Konkursverwalter bedarf es zur Inanspruchnahme des Vers nicht wie sonst der Pfändung und Überweisung der Entschädigungsforderung aus dem Vsverhältnis. Vielmehr entspricht es gefestigter Rechtsprechung, daß der Ver unmittelbar verklagt werden kann (RG 21. VI. 1918 RGZ Bd 93 S. 209—215, 12. XII. 1931 RGZ Bd 135 S. 295—298, BGH 13. X. 1954 VersR 1954 S. 578—580 [anders die Rspr. in Österreich, vgl. ÖOGH 14. II. 1962 VersR 1963 S. 692 mit zust. Anm. von Wahle a. a. O.; ferner ÖOGH 20. III. 1963 VersR 1965 S. 168 mit Anm. von Wahle a. a. O. S. 168—169]). Diese Auffassung findet ihre Rechtfertigung in der durch den Konkurs gegebenen besonderen Lage. Vom RG ist dabei, literarischem Vorbild folgend (vgl. Jaeger[5] Anm. 12 zu § 49 KO m. w. N., Josef Assekuranz Jb. Bd 34 S. 18—22), § 1282 BGB analog angewandt worden. Dagegen bestehen keine Bedenken, soweit nicht versucht wird, andere Vorschriften des Pfandrechts, wie z. B. § 1276 BGB, ebenfalls analog anzuwenden. Es darf vielmehr niemals außer acht gelassen werden, daß es sich tatsächlich nicht um ein Pfandrecht handelt und daß das Gericht nach einer außerkonkursrechtlichen Legitimation des Absonderungsrechts aus § 157 suchte. Wenn diese nunmehr auch durch § 156 I gegeben ist, so sollte man daraus doch nicht mit Sieg Ausstrahlungen S. 209 (ebenso Müller-Stüler S. 32) entgegen einer mehr als vierzigjährigen Rechtsentwicklung schließen, daß auch im Falle des Konkurses nach rechtskräftiger Feststellung der Entschädigungsforderung zunächst ein Pfändungs- und Überweisungsbeschluß erwirkt werden müsse. Vielmehr ist an der geschilderten

Rechtsprechung festzuhalten (ebenso: Bronisch-Cuntz-Sasse-Starke Anm. 2 zu § 157, Ehrenzweig S. 374, Fleischmann-Deiters in Thees-Hagemann Anm. 1 zu § 157, S. 259, Prölss[17] Anm. 3 zu § 157, S. 594—595, Schultz S. 9—15 m. w. N.).

Eigenartigerweise ist aber RG 21. VI. 1918 RGZ Bd 93 S. 200—212 immer wieder dahin mißverstanden worden, daß auch ohne vorherige Feststellung der Haftpflichtforderung im Sinne des § 154 I der Ver in Anspruch genommen werden könne. Dazu mag beigetragen haben, daß der eben geschilderte Rechtsgang im Schrifttum z. T. zu kurz und daher mißverständlich wiedergegeben worden ist. Derartige Versuche sind von folgenden Gerichtsentscheidungen zurückgewiesen worden, die alle die Trennung der beiden Verfahren betonen: BGH 13. X. 1954 VersR 1954 S. 578—580, OLG Karlsruhe 28. V. 1931 HansRGZ 1931 A Sp. 664—665 = VersPrax 1932 S. 10—11, OLG Celle 4. V. 1932 VA 1932 S. 314—315 Nr. 2494 = VersPrax 1932 S. 74—75, OLG Celle 26. V. 1933 VA 1933 S. 417—418 Nr. 2639 = JRPV 1933 S. 354, LG Wuppertal 13. II. 1959 VersR 1959 S. 629—630.

Im übrigen ist der Haftpflichtver in den gleichen Grenzen wie im Normalfall an die Entscheidung des Haftpflichtprozesses gebunden (vgl. Anm. B 61—66). Selbstverständlich hat er auch die materiellrechtlichen Änderungen der Haftpflichtforderung durch das Konkursrecht (vgl. z. B. §§ 65, 69 und 70 KO) hinzunehmen (so ausdrücklich für die Umwandlung des Rentenanspruchs in eine Kapitalforderung nach § 70 KO: RG 21. VI. 1918 a. a. O.).

[B 104] c) Zur Rechtsposition des Konkursverwalters.

Vor Inkrafttreten des § 157 hatte RG 2. VII. 1909 RGZ Bd 71 S. 363—366 dem Konkursverwalter die Befugnis zugesprochen, die Entschädigungsforderung zur Konkursmasse einzuziehen. Dem sollte gerade § 157 steuern. Die billigende Erwähnung dieser Entscheidung in späteren Urteilen (z. B. RG 21. VI. 1918 RGZ Bd 93 S. 209—215) trifft daher nur zu, wenn sie so verstanden wird, daß der Konkursverwalter unter der Geltung des neuen Rechts unter Umständen auf Feststellung der Verpflichtung des Vers zur Gewährung von Vsschutz und — nach Feststellung der Haftpflichtforderung — auf Befreiung klagen kann (Oberbach I S. 60). Dieses Recht sollte man ihm — bei Vorliegen eines Rechtsschutzbedürfnisses — im Streitfall auch dann zubilligen, wenn der Dritte bereits nach den obigen Ausführungen ein Recht auf unmittelbare Inanspruchnahme des Vers gewonnen hat. Zu bedenken ist dabei immer, daß der Konkursverwalter an die Stelle des Vmers getreten ist und demgemäß grundsätzlich wie dieser die Erfüllung bestehender Verbindlichkeiten verlangen kann. Daß der Konkursverwalter dazu nur befugt, nicht aber im Verhältnis zum geschädigten Dritten verpflichtet ist (RG 21. VI. 1918 a. a. O.), sei lediglich klarstellend bemerkt.

[B 105] d) Zur Anwendung des § 157 VVG auf erst nach Konkurseröffnung eintretende Versicherungsfälle.

Zum Begriff des Vsfalles in der Haftpflichtv vgl. die Ausführungen in Anm. B 10—31. Fehlt es an einer vertraglichen Festlegung des Begriffs des Vsfalles, so ist das Kausalereignis maßgebend (vgl. Anm. B 23 a. E.), ansonsten die vertragliche Vereinbarung. In der Literatur umstritten ist die Frage, ob § 157 auch dann Anwendung findet, wenn der Vsfall erst nach der Eröffnung des Konkurses eintritt (für den Meinungsstreit im einzelnen vgl. Bruck S. 703—704, Jaeger-Lent[8] Anm. 12 zu § 49 KO, Karpf LZ 1924 Sp. 804—808, Oberbach I S. 59, Schünemann LZ 1923 Sp. 445—447, Sieg Ausstrahlungen S. 206—208; alle m. w. N.). Gerichtsentscheidungen liegen zu dieser Frage nicht vor; ein gewisses Zeichen dafür, daß sich in der Praxis Schwierigkeiten nicht ergeben haben. Über den Streitpunkt ist im übrigen nach der Interessenlage dahin zu entscheiden, daß § 157 immer dann Anwendung findet, wenn ein Anspruch gegen die Konkursmasse besteht (so richtig Sieg Ausstrahlungen S. 207); gleichgültig, ob es sich um eine Konkurs- oder Masseforderung handelt, wobei letzteres bei Eintritt des Vsfalles nach Konkurseröffnung der Regelfall sein dürfte. Soweit der Gemeinschuldner etwa eine Privathaftpflichtv in dem ihm verbliebenen Rahmen privater

Initiative fortsetzt und nunmehr einen Dritten schädigt, ist ohnedies für § 157 kein Raum, da der geschädigte Dritte nicht Konkursgläubiger ist. Der Fall ist also nicht anders zu behandeln, als wenn ein Konkurs gar nicht eröffnet worden wäre.

[B 106] e) Besonderheiten der Haftpflichtversicherung für fremde Rechnung.

Bei der V für fremde Rechnung greift § 157 nur dann ein, wenn der Vte in Konkurs fällt (ebenso Bronisch-Cuntz-Sasse-Starke Anm. 1 zu § 157, Ehrenzweig S. 374, Fleischmann-Deiters in Thees-Hagemann Anm. 4 zu § 157, S. 259, Prölss[17] Anm. 1 zu § 157, S. 594). Denn diesem allein stehen die Rechte aus dem Vsvertrag zu (§ 75 I), mag deren Ausübung auch dem Vmer vorbehalten sein (so §§ 7 Ziff. 1 AHB, 7 Ziff. 1 AHBVerm). Bei der Realisierung dieses Absonderungsrechts muß aber die sich aus dem Zwiespalt des materiellen Rechts ergebende Komplikation berücksichtigt werden. Das bedeutet, daß auch nach Feststellung der Haftpflichtforderung des geschädigten Dritten im Sinne des § 154 I zunächst keine unmittelbare Klage des geschädigten Dritten gegen den Ver möglich ist, weil dieses Klagrecht dem Vmer zusteht. Erklärt dieser aber sein Einverständnis mit der unmittelbaren Klage, so ist ungeachtet der Ordnungsvorschrift des § 7 Ziff. 1 AHB eine unmittelbare Klage des geschädigten Dritten aufgrund des ihm zustehenden Absonderungsrechts möglich. Das gleiche gilt, wenn der Vmer zwar nicht zustimmt, aber doch zu erkennen gibt, daß er den Vsschutzanspruch selbst nicht verfolgen werde (vgl. BGH 4. V. 1964 BGHZ Bd 41 S. 332 und die Ausführungen in Anm. B 84). Selbst ein ausdrücklicher Widerspruch des Vmers muß in dieser Situation aber als Rechtsmißbrauch und demgemäß unbeachtlich angesehen werden (vgl. auch die Ausführungen in Anm. H 15 und 17).

[B 107] f) Absonderungsrecht und Zwangsvergleich.

Wird das Konkursverfahren durch einen Zwangsvergleich beendet (oder im Vergleichsverfahren ein Vergleich zur Abwendung des Konkurses geschlossen) und demgemäß auch die Haftpflichtforderung reduziert, so bleibt davon das Absonderungsrecht nach § 157 grundsätzlich unberührt. § 193 S. 2 KO findet analoge Anwendung (RGZ 12. XII. 1931 Bd 135 S. 295—298, BGH 13. VII. 1956 VersR 1956 S. 626, OLG Düsseldorf 19. X. 1950 DAR 1951 S. 144). Dieser Auffassung ist heute auch die ganz überwiegende Mehrheit im Schrifttum (vgl. Sieg Ausstrahlungen S. 208 m. w. N.). Die Gegenmeinung, die in neuerer Zeit (allerdings noch vor Inkrafttreten der Novelle von 1939) z. B. noch von Oberbach I S. 59—60 vertreten worden ist, verkennt die Interessenlage und berücksichtigt nicht die durch § 157 gegebene „eigenartige Verknüpfung zwischen dem Schadenersatzanspruch und der Vsforderung" (RG 12. XII. 1931 a. a. O. S. 298), die im übrigen jetzt eine zusätzliche Rechtfertigung durch § 156 I erhalten hat. Es ist auch wirklich nicht einzusehen, warum der Geschädigte durch den Zwangsvergleich in seinem Absonderungsrecht beeinträchtigt werden sollte. Konkursrechtliche Belange erfordern eine solche Entscheidung nicht, da die Leistung nicht aus der Konkursmasse erbracht wird. Es gelten also die Ausführungen in Anm. B 103 sinngemäß, so daß der geschädigte Dritte zu ungeschmälerter Befriedigung kommt und im Prozeß genau genommen allein der Parteiwechsel (vormaliger Gemeinschuldner anstelle des Konkursverwalters) zu beachten ist.

Wird durch die Beendigung des Konkursverfahrens dagegen die Haftpflichtforderung als solche nicht berührt, sei es, weil das Verfahren mangels Masse eingestellt worden ist, sei es, weil die Voraussetzungen für die Eröffnung des Konkursverfahrens von Anfang an nicht gegeben waren, so bedarf es eines Schutzes des geschädigten Dritten durch die Annahme des Fortbestehens eines Absonderungsrechts nicht (Sieg Ausstrahlungen S. 208). Anders sollte nur in dem seltenen Falle entschieden werden, in dem dem Dritten zur Zeit der Beendigung des Konkursverfahrens bereits die rechtskräftige Feststellung seiner Forderung im Sinne des § 154 I gelungen war. Hier bleibt es trotz der Beendigung des Konkursverfahrens dabei, daß der Ver ohne vorherige Pfändung und Überweisung verklagt werden kann.

[B 108] g) Exkurs: Haftpflichtversicherung und beschränkte Erbenhaftung.

Im Zusammenhang mit dem durch § 157 gewährten Absonderungsrecht taucht die Frage auf, ob der Ver sich gegenüber dem Geschädigten darauf berufen könne, daß die Erben des Vmers dem Dritten nur beschränkt auf den Wert des Nachlasses haften. Das ist ein Problem, das von § 157 lediglich für den Nachlaßkonkurs, und zwar eindeutig zugunsten des geschädigten Dritten, entschieden wird. Daran, daß § 157 wie für alle Konkurse auch für den Nachlaßkonkurs gilt, kann gewiß ernsthaft nicht gezweifelt werden. Mit gutem Judiz hat daher OLG Kassel 29. XI. 1934 JW 1935 S. 1254—1255 = HRR 1935 Nr. 1139 entschieden, daß der Ver sich nicht auf die beschränkte Erbenhaftung berufen könne (ähnlich andeutungsweise schon KG 18. II. 1916 VA 1916 Anh. S. 49—51 Nr. 935). Das Gericht gewinnt dieses der Interessenlage entsprechende Ergebnis durch analoge Anwendung des § 157, während sich im Schrifttum die Auffassung findet, daß diese Lösung bereits aus der Natur des Befreiungsanspruchs des Vmers folge (vgl. dazu Sieg Ausstrahlungen S. 213—214 m. w. N., ferner Hartung Haftpflichtv S. 140—141, Pick VersR 1950 S. 28 und Helberg VersR 1950 S. 28—29). Beide Begründungen tragen das sachlich allein vertretbare Ergebnis, daß der Ver sich im Rahmen seiner Befreiungsverpflichtung nicht auf die beschränkte Erbenhaftung berufen kann. Dabei geht die Argumentation aber zu weit, daß § 157 auch in dem von ihm geregelten Konkursfall überflüssig sei (so Pick a. a. O.). Hier ist doch zu bedenken, daß bei anderen Befreiungsansprüchen die h. M. dahin geht, daß diese (umgewandelt zu Zahlungsansprüchen) zur Masse zum Zweck der anteilsmäßigen Befriedigung aller Gläubiger des Gemeinschuldners gezogen werden (vgl. nur RG 2. II. 1933 RGZ Bd 139 S. 321, Jaeger-Lent[8] Anm. 14 zu § 23 KO m. w. N., Mentzel-Kuhn[7] Anm. 38 zu § 1 KO, Palandt-Danckelmann[28] Anm. 3 zu § 257 BGB, weitere Nachweise bei Schultz S. 9 Anm. 16 [bedenkliche Ausnahme: Hans. Schiedsgericht 18. VI. 1931 HansRGZ 1931 A Sp. 604 bis 605]) und daß das vor Inkrafttreten des § 157 auch im Konkurs des Vmers angenommen wurde (RG 2. VII. 1909 RGZ Bd 71 S. 363—366). Jedenfalls besteht trotz des dem Sinn der Haftpflichtv nicht gerecht werdenden Angriffs von Geigel VW 1949 S. 469—470 Einhelligkeit darüber, daß der Ver sich nicht auf die beschränkte Erbenhaftung berufen kann (vgl. dazu außer Pick a. a. O. auch die Stellungnahme des Aufsichtsamtes in VW 1951 S. 90, ferner Fleischmann-Deiters in Thees-Hagemann Anm. 5 zu § 157, S. 259, Prölss[17] Anm. 3 zu § 157, S. 595).

[B 109] 6. Rechtsstellung des geschädigten Dritten im Konkurs des Versicherers.

Schrifttum:

Bohlken, die Rechte der Vmer sowie am Vsverhältnis beteiligter Dritter im Konkurs des Vers, Diss. Hamburg 1965, Helm ZfV 1964 S. 237—242, Sieg VersR 1964 S. 693—696.

[B 110] a) Anmeldung der Haftpflichtversicherungsforderung durch den geschädigten Dritten als Rechtsnachfolger des Versicherungsnehmers.

Auch im Konkurs des Vers ist von dem Grundsatz auszugehen, daß der geschädigte Dritte den Ver nach geltendem Haftpflichtvsrecht nicht unmittelbar in Anspruch nehmen kann. Vielmehr ist ein unmittelbares klageweises Vorgehen gegen den Konkursverwalter (bei dem natürlich auch § 146 KO beachtet werden muß) erst möglich, wenn der geschädigte Dritte Rechtsnachfolger des Vmers geworden ist. Das setzt regelmäßig eine Feststellung der Haftpflichtforderung und einen daran anschließenden Übertragungsakt (Pfändung und Überweisung oder Abtretung) bezüglich der Haftpflichtvsforderung voraus. Dem Dritten steht dann als Rechtsnachfolger des Vmers dessen Vorrecht nach § 80 VAG zu. — Dafür, daß diese Vorschrift auch für die Haftpflichtv gilt, vgl. die Nachweise bei Möller in Bruck-Möller Anm. 8 zu § 13. — Einen großen wirtschaftlichen Vorteil werden allerdings der Vmer und der geschädigte Dritte von diesem Vorrecht in der Regel deshalb nicht haben, weil die Hauptmasse der Schulden eines Vers solche gegenüber seinen Vmern sein werden (Sieg VersR 1964 S. 693).

[B 111] b) Schutz des geschädigten Dritten bei Anmeldung der Haftpflichtversicherungsforderung durch den Versicherungsnehmer.

Ist der geschädigte Dritte noch nicht Rechtsnachfolger des Vmers geworden, so ist grundsätzlich nur dieser zur Anmeldung im Konkursverfahren befugt. Dabei ist zu beachten, daß der bis zur Konkurseröffnung als Befreiungsanspruch ausgestaltete Haftpflichtvsanspruch (Befreiung von begründeten und unbegründeten Schadenersatzansprüchen, vgl. Anm. B 36) vom Vmer im Konkurs nur als (geschätzter) Zahlungsanspruch angemeldet werden kann (vgl. Bohlken a. a. O. S. 169, Möller in Bruck-Möller Anm. 8 zu § 13).

Doch bleibt auch hier die Verfügungssperre nach § 156 I erhalten, so daß der Vmer nicht etwa vor Eintritt der Rechtsnachfolge Zahlung an sich verlangen kann (Bohlken a. a. O. S. 169). Indes gilt das Gesagte nur für den auf Befreiung von einer begründeten Forderung des Dritten (wozu auch die diesem zu ersetzenden Kosten und Zinsen zu rechnen sind) gerichteten Ausschnitt aus der einheitlichen Haftpflichtvsforderung. Bezüglich der dem Vmer vom Ver im Rahmen der Rechtsschutzfunktion der Haftpflichtv zu ersetzenden eigenen Abwehrkosten greift § 156 I — ebenso wie im Normalfall, vgl. die Ausführungen in Anm. B 88 — nicht ein. — Dieser Anspruch auf Rechtsschutz fällt im übrigen nicht etwa im Ganzen mit der Konkurseröffnung weg (so OLG Breslau 20. XI. 1939 HansRGZ 1940 A Sp. 87), sondern er ist bezüglich der künftig entstehenden Kosten ebenfalls in Geld abzuschätzen und als Zahlungsanspruch zur Konkurstabelle anzumelden (so Möller in Bruck-Möller Anm. 8 zu § 13, Sieg VersR 1964 S. 694, ferner Helm ZfV 1964 S. 240; a. M. Prölss[17] Anm. 3 zu § 13, S. 126 [wie hier aber Prölss[14] Anm. 3 zu § 13, S. 116]). Auch insoweit greift das Vorrecht nach § 80 VAG ein, und zwar sowohl bezüglich der vor Konkurseröffnung bereits entstandenen wie der später entstehenden Kosten (Sieg VersR 1964 S. 694). Konsequenterweise ist der Schätzbetrag dabei um eine Pauschale für die nicht zum Zuge kommende Arbeitsleistung des Vers im Rahmen der Rechtsschutzvariante zu erhöhen.

[B 112] c) Anmeldung der Haftpflichtversicherungsforderung durch den geschädigten Dritten ohne vorangegangene Rechtsnachfolge.

Es fragt sich, ob dem geschädigten Dritten ausnahmsweise — anstelle eines untätig bleibenden Vmers — ein formelles Anmelderecht im Konkurs des Vers zugebilligt werden kann, auch wenn eine Rechtsnachfolge noch nicht eingetreten ist. Bohlken a. a. O. S. 171 bejaht das mit der Begründung, daß der Dritte als Anwartschaftsberechtigter im Sinne des § 67 KO anzusehen sei. Dieser Argumentation wird man mit Rücksicht auf die gesetzliche Ausgangsposition, nach der tatsächlich ein Rechtsband im Sinne einer Anwartschaft nicht gegeben ist, nicht folgen können. Auf der anderen Seite leuchtet allerdings auch ein, daß der geschädigte Dritte in diesen Fällen nicht durch die Untätigkeit des Vmers einen Rechtsnachteil erleiden darf. Das war ja auch der Grund, weshalb die Rechtsprechung dem geschädigten Dritten zur Wahrung der Klagfrist nach § 12 III und zur Unterbrechung der Verjährung ein berechtigtes Interesse für die Erhebung einer Feststellungsklage zugebilligt hat (vgl. dazu Anm. B 82). Der gegebene Ausweg ist hier der, daß der geschädigte Dritte nicht im eigenen Namen, sondern im Namen des säumigen Vmers die Haftpflichtforderung anmeldet. Die Legitimation zu einem solchen Vorgehen ergibt sich aus der gesetzlichen Schutzregelung in § 156. Wollte der Konkursverwalter die Anmeldung wegen Fehlens einer formellen Vollmacht zurückweisen, so würde das mit Rücksicht auf den vom Gesetz gewollten Schutz des geschädigten Dritten einen Rechtsmißbrauch darstellen.

[B 113] d) Durchbrechung des Trennungsprinzips.

Erfolgt die Feststellung der Haftpflichtforderung ohne Mitwirkung des Konkursverwalters, so stellt sich auch hier die Frage nach der Bindungswirkung. Die Situation ähnelt derjenigen, die bei einer unberechtigten Deckungsverweigerung durch den Ver gegeben ist. Der vom Ver im Stich gelassene Vmer (und in seiner Rechtsnachfolge der geschädigte Dritte) darf grundsätzlich nicht der Gefahr einer überflüssigen doppelten Prüfung der Haftpflichtfrage ausgesetzt werden. Demgemäß erscheint es als sachgerecht, eine Bindung des Konkursverwalters nach Maßgabe der in Anm. B 66 dargestellten Grundsätze anzunehmen. Sache des Konkursverwalters ist es danach, nachzuweisen, daß der Vmer grobfahrlässig gehandelt habe. Leichte Fahrlässigkeit verschlechtert hier also die Position des Vmers nicht (anders Sieg VersR 1964 S. 695—696, der für eine unbeschränkte Nachprüfung der Haftpflichtfrage eintritt).

Das Gesagte gilt aber grundsätzlich dann nicht, wenn der Konkursverwalter sich zur Weitergewährung von Rechtsschutz bereiterklärt hatte, da dann die durch die gerichtliche oder außergerichtliche Regulierung entstehenden Kosten ungeschmälert aus der Konkursmasse zu bezahlen sind. Auch hier ist aber auf alle Umstände des Einzelfalles abzustellen. So ist die Überlegung eines Vmers als durchaus verständlich zu akzeptieren, daß in einer sehr zweifelhaften Haftungsfrage — ungeachtet des Angebots des Konkursverwalters, die Kosten voll zu tragen — ein Vergleich vorzuziehen sei, da bei ungünstigem Ausgang des Rechtsstreits mit einer erheblich höheren Leistung auf die Hauptforderung zu rechnen sei, deren Deckung durch die Konkursmasse ungewiß sei. Zu einer Klärung derartiger Zweifelsfragen ist jedenfalls die Benachrichtigung und gegebenenfalls auch Einschaltung des Konkursverwalters in schwebende Haftpflichtprozesse für die Abwicklung im Konkurs von außerordentlicher Bedeutung (vgl. dazu auch Helm ZfV 1964 S. 240—241).

VII. Arten der Haftpflichtversicherung.

Gliederung:

[B 114] 1. Aufteilung nach der gesetzlichen Basis.

Zu unterscheiden sind die Haftpflichtven, die auf freiwilliger Basis abgeschlossen werden, von denen, zu deren Abschluß eine gesetzliche Verpflichtung besteht. Die erstgenannten Haftpflichtven finden ihre gesetzliche Regelung in §§ 149—158a. Für die Pflichthaftpflichtven treten daneben die besonderen Vorschriften für diese Vssparte, niedergelegt in §§ 158b—158k. Als Besonderheit gegenüber allen anderen Pflichthaftpflichtven ist dabei für die Kfz-Haftpflichtv zu bemerken, daß in ihr dem geschädigten Dritten vom Gesetz ein unmittelbares Forderungsrecht gegen den Ver gewährt worden ist (vgl. § 3 Nr. 1 PflichtvsG in der Fassung des Gesetzes zur Änderung von Vorschriften über die Pflichtv für Kraftfahrzeughalter vom 5. IV. 1965, BGBl. 1965 I S. 213—220). Diese Sonderregelung über die direkte Inanspruchnahme des Vers ist einer analogen Anwendung auf andere Haftpflichtvsverträge aller Art nicht zugänglich (vgl. Anm. B 77 und B 79). Die Vorschriften über die Pflichthaftpflichtv werden im Rahmen dieses Kommentars im Zusammenhang mit der Kfz-Haftpflichtv als der wichtigsten Pflichthaftpflichtv erläutert werden. Eine Zusammenstellung aller Pflichthaftpflichtven nach dem Stande des Jahres 1952 findet sich bei Möller in Bruck-Möller Anm. 59 zu § 1; vgl. ergänzend dazu Möller in Bruck-Möller Anm. 12 zu § 50 und für die zwischenzeitlich insgesamt eingetretenen gesetzlichen Änderungen wiederum künftig die Bemerkungen in Bruck-Möller zur Pflichthaftpflichtv.

[B 115] 2. Unterschied zwischen der Vermögensschaden- und der Allgemeinen Haftpflichtversicherung.

Die Zahl der denkbaren Haftpflichtgefahren ist sehr groß. Das Haftpflichtvsvertragsrecht wird in der Vspraxis mit Rücksicht auf diese vielfältigen Risikomöglichkeiten von dem Grundsatz der Spezialität beherrscht, nach dem nur bestimmte, genau umrissene Eigenschaften oder Rechtsverhältnisse oder Handlungen des Vmers in den Deckungsbereich des einzelnen Vsvertrages fallen. Das gilt sowohl für die Vermögensschadenhaftpflichtv als auch für die Allgemeine Haftpflichtv. Vgl. dazu im einzelnen die Ausführungen in Anm. G 83—112 und zur Auflockerung dieses Grundsatzes durch den Einschluß der Erhöhungen und Erweiterungen des vten Risikos und durch die Vorsorgev die Bemerkungen in Anm. G 113—144. Die Vermögensschadenhaftpflichtv ist im Rahmen dieser Erläuterungen berücksichtigt worden, soweit es sich nicht um solche Probleme handelt, die sich daraus ergeben, daß ein Teil der Vermögensschadenhaftpflichtven zum Bereich der Pflichthaftpflichtv gehört, wie z. B. die Wirtschaftsprüferhaftpflichtv.

Der Unterschied zwischen der Allgemeinen Haftpflichtv und der Vermögensschadenhaftpflichtv liegt im folgenden: In der Allgemeinen Haftpflichtv wird Vsschutz für die Inanspruchnahme wegen Körper- und Sachschäden gewährt unter prinzipiellem Ausschluß solcher Schäden, die nicht auf einen Körper- oder Sachschaden zurückzuführen sind. In der Vermögensschadenhaftpflichtv wird dagegen gerade nur Vsschutz für eine Anspruchserhebung wegen solcher Schäden geboten, die nicht ihre Ursache in einem Körper- oder Sachschaden haben. In beiden Vstypen gibt es allerdings Ausnahmen. So kann nach § 1 Ziff. 3 AHB der Vsschutz in der Allgemeinen Haftpflichtv durch besondere Vereinbarung auf die gesetzliche Haftpflicht wegen Vermögensschädigung ausgedehnt werden, die weder durch Personen-, noch durch Sachschäden entstanden ist. Andererseits gewährt die Vermögensschadenhaftpflichtv ausnahmsweise auch wegen Sachschäden Vsschutz, so z. B. wenn der Vmer wegen der Beschädigung von Akten oder sonstigen beweglichen Sachen, die das Objekt der vten Tätigkeit des Vmers sind, haftpflichtig gemacht wird, vgl. § 1 II Ziff. 1 a und b AHBVerm. Ein weiterer sehr wesentlicher Unterschied zwischen der Vermögensschaden- und der Allgemeinen Haftpflichtv ist darin zu sehen, daß ihnen unterschiedliche Systeme als Anknüpfungspunkte für den gedehnten Vsfall zu Grunde liegen. In der Vermögensschadenhaftpflichtv gilt die Verstoß-, in der Allgemeinen Haftpflichtv die Schadenereignistheorie (vgl. im einzelnen die Ausführungen in Anm. B 30—31 und D 4—6).

Die Beurteilung eines Schadenfalles aus der Vermögensschadenhaftpflichtv ist zumeist rechtlich und tatsächlich schwieriger als eines solchen aus der Allgemeinen Haftpflichtv. In der Vermögensschadenhaftpflichtv bedarf es regelmäßig eines sorgsamen Nachvollziehens eines Denkvorgangs des Vmers und eines sorgfältigen Aufspürens der Ursachenreihe. Es fehlt in diesem geistigen Bereich an dem zumeist mit brutaler Gewalt sich offenbarenden Schadenereignis der Allgemeinen Haftpflichtv, das eine einem jeden gleich greifbare Änderung der äußeren Lebensumstände durch Hinzufügung eines konkret faßbaren Sach- oder Personenschadens bewirkt. Freilich trifft dieses Bild nicht auf alle gedeckten Haftpflichtansprüche im Bereich der Allgemeinen Haftpflichtv zu. Insbesondere darf diese Abgrenzung nicht etwa in dem Sinne verstanden werden, daß in der Allgemeinen Haftpflichtv stets ein Unfall im Sinne eines plötzlich von außen kommenden Ereignisses vorliegen müsse. Solche Kombinationen zwischen Unfall- und Haftpflichtv hat es allerdings in der Anfangszeit der Haftpflichtv in der Form von Unfall-Haftpflichtven gegeben (vgl. Gierke ZHR Bd 60 S. 10—12, Sieg Ausstrahlungen S. 42—45). Heute hat aber ein derartiger Gesichtspunkt auszuscheiden, da weder nach dem Gesetz (§ 149) noch nach den AHB (vgl. §§ 1 und 5 AHB) das Vorliegen eines Unfalls Voraussetzung für die Eintrittspflicht des Vers ist.

[B 116] 3. Adhäsions- und Seehaftpflichtversicherung.

Abzugrenzen von der Allgemeinen Haftpflichtv ist ferner das im Rahmen eines anderen Vszweiges vom Ver zusätzlich übernommene Haftpflichtvsrisiko (Adhäsionshaftpflichtv: Möller JRPV 1930 S. 162—163). Möller Grundlagen B 2 S. 7 weist zutreffend darauf hin, daß beispielsweise jede Transportv gegen die Gefahren der Binnenschiffahrt auch die Beiträge zur großen Haverei (§ 133 I 1) und jede V eines Schiffes gegen die Gefahren der Binnenschiffahrt auch das Kollisionshaftpflichtrisiko (§ 129 II 2) umfasse. Auf derartige angehängte Haftpflichtven, die — aus der Sicht des Grundvertrages einer anderen Vsart — zusätzliche Risiken betreffen, können die Bestimmungen des Haftpflichtvsrechts entsprechend angewendet werden (Möller Grundlagen B 2 S. 7). Das Gesagte gilt im gleichen Maße für die Adhäsionshaftpflichtv des

Seevsrechts (vgl. zur großen Haverei § 29 und zum mittelbaren Kollisionsschaden § 78 ADS). Keine Adhäsionsv im Rechtssinne stellt die selbständige Seehaftpflichtv dar, die im Rahmen eines gesonderten Vsvertrages den Reeder gegen eine Inanspruchnahme wegen des von § 78 ADS nicht erfaßten Teils des mittelbaren Kollisionsschadens schützt. Vgl. dazu Kebschull, Grundsätze der Protection- und Indemnity-V, Diss. Hamburg 1967. Diese Seehaftpflichtv wird herkömmlicherweise nicht zur Allgemeinen Haftpflichtv gerechnet (vgl. Möller Grundlagen B 2 S. 7). Sie wird im Rahmen dieser Erläuterungen daher auch nicht mitberücksichtigt, so reizvoll es auch wäre, dieses überwiegend vom englischen Rechtskreis geprägte Rechtsinstitut darzustellen, in dessen Bereich Risiken vert werden, für die herkömmlicherweise auf dem deutschen Vsmarkt kein Vsschutz zu erreichen ist.

Von einer Adhäsionsdeckung spricht man auch in denjenigen Fällen, in denen sich der Haftpflichtvsschutz des Vmers auf andere Personen erstreckt, wie z. B. nach § 151 I auf bestimmte Vertreter des Vmers (so Möller in Bruck-Möller Anm. 103 zu § 49). Für die Darstellung dieser Haftpflichtven für fremde Rechnung vgl. Anm. H 1—29.

C. Abschluß und Verbriefung des Haftpflichtversicherungsvertrages

Gliederung:

[C 1] I. Abschluß.

Vorbemerkung.

Die Rechtsfragen, die sich aus dem Geschehen bei dem Abschluß eines Vsvertrages ergeben können, sind von Möller in Bruck-Möller Anm. 52—130 zu § 1 und Anm. 1—26 zu § 5 für alle Vszweige in allen Einzelheiten dargestellt worden. Für den Abschluß eines Haftpflichtvsvertrages ergeben sich gegenüber dieser erschöpfenden Darstellung so gut wie keine Besonderheiten. Demgemäß ist eine eingehende Kommentierung hier nicht erforderlich. Es wird vollen Umfangs auf die Ausführungen von Möller a. a. O. verwiesen. Die nachfolgenden Bemerkungen stellen nur eine stichwortartige Ergänzung des Grundtextes dar.

1. Endgültiger Abschluß des Haftpflichtversicherungsvertrages.

Vgl. dazu Möller in Bruck-Möller Anm. 53—93 zu § 1 und Anm. 1—26 zu § 5. Die Bemerkungen über die Pflichthaftpflichtven in Anm. 59 bedürfen anhand der seit 1953 eingetretenen Gesetzesänderungen kurzer Ergänzungen. Da die Rechtsfragen aller Pflichthaftpflichtven aber in diesem Kommentar im Zusammenhang mit der Kfz-Haftpflichtv als der wichtigsten Pflichthaftpflichtv erörtert werden, kann auf diese Darstellung verwiesen werden.

[C 2] a) Form.

Gesetzliche Formvorschriften gibt es nicht. Das gilt sowohl für den Antrag auf Abschluß eines Haftpflichtvsvertrages als auch für die Annahme eines derartigen Angebots. Zu prüfen ist jedoch, ob § 11 AHB die Schriftform vorschreibt. Nach dieser Vorschrift sind alle für den Ver bestimmten Anzeigen und Erklärungen schriftlich an den Vorstand des Vers oder diejenige Generalagentur, welche im Vsschein oder dessen Nachträgen als zuständig bezeichnet ist, zu richten (ebenso § 11 AHBVerm). Zu Recht vertritt aber Möller in Bruck-Möller Anm. 72 zu § 1 die Auffassung, daß § 11 AHB auf den Antrag auf Abschluß eines Haftpflichtvsvertrages keine Anwendung finde (ebenso Stiefel-Wussow[7] Anm. 2 zu § 9 AKB, S. 333 und [zur Unfallv] LG Dortmund 15. II. 1955 VersR 1955 S. 538). Das ergibt sich schon aus der Wortfassung der Bestimmung, die auf einen bereits wirksam abgeschlossenen Vertrag abstellt. Demgemäß ist auch ein mündlich gestellter Antrag oder gar ein derart abgeschlossener Vertrag verbindlich. Zu einem solchen mündlichen Vertragsabschluß wird es allerdings in der Praxis nur selten kommen.

Doch ist zu bedenken, daß vorläufige Deckungszusagen gelegentlich in aller Eile fernmündlich gegeben werden. Daß das RAA empfohlen hat, Deckungszusagen nach Möglichkeit nur schriftlich zu erteilen (vgl. VA 1927 S. 95), ändert nichts an der Wirksamkeit solcher mündlichen Vereinbarungen (so BGH 25. VI. 1956 BGHZ Bd 21 S. 125; vgl. auch Möller in Bruck-Möller Anm. 13 zu § 3).

[C 3] b) Einfluß der Aufsichtsbehörden auf die Gestaltung des Versicherungsantrages.

Üblicherweise wird der zum Abschluß eines Vsvertrages führende Antrag des Vmers im Sinne des § 145 BGB auf einem von dem Haftpflichtver entworfenen Formular gestellt. Auf die Gestaltung solcher Formulare hat das RAA im Laufe der Zeit immer größeren Einfluß genommen. So heißt es in VA 1915 S. 7—8, daß eine allgemein gehaltene Frage nach erheblichen Gefahrumständen unterbleiben möge und daß die dem Vmer im Antragsformular gestellten Fragen sich auf das Erhebliche beschränken und klar und leicht verständlich sein sollen. Derartige Bemühungen, die auf eine eindeutige Klarstellung des Umfangs des vom Vmer übernommenen Risikos zielen, sind mit Rücksicht auf den das Haftpflichtvsrecht beherrschenden Grundsatz der Spezialität nur zu begrüßen. Da der Ausschluß der Obhuts- und Bearbeitungsschäden immer wieder zu Streit führte, legte das RAA Wert darauf, daß auf diese Bestimmung (jetzt § 4 I Ziff. 6a und b AHB, vgl. dazu die Erläuterungen in Anm. G 190—217) schon im Antrag deutlich hingewiesen werde (vgl. VA 1922 S. 53). Ferner ist auf die Einschränkung der Agentenvollmacht gemäß § 11 AHB sogar in hervorgehobener Druckanordnung hinzuweisen (VA 1920 S. 101). Die vom Amt in diesem Zusammenhang geäußerte Befürchtung, daß der Vmer Nachteile erleiden könne, wenn der Agent bei Entgegennahme von Anzeigen nicht auf seine mangelnde Vollmacht hinweise, ist allerdings durch die Rechtsprechung überholt, die die Anzeigen und Willenserklärungen ungeachtet der Bestimmung des § 11 AHB als beim Ver zugegangen behandelt, wenn der Agent sie nicht unverzüglich zurückweist (vgl. dazu Möller in Bruck-Möller Anm. 27 zu § 47 und die Nachweise in Anm. F 33).

Schließlich ist im Antrag deutlich darauf hinzuweisen, daß sich der Vsvertrag nach Ablauf der vorgesehenen festen Vertragszeit von Jahr zu Jahr verlängert, wenn er nicht drei Monate vor Ablauf gekündigt wird (vgl. VA 1937 S. 47 und Anm. D 11). Dem Schutz des Vmers soll weiter die vom Amt geforderte genaue Aufzählung der Nebenkosten dienen, ferner der Hinweis darauf, daß Vsvertreter und Vsmakler nicht berechtigt seien, daneben weitere Gebühren oder Kosten für die Aufnahme des Antrages oder aus anderen Gründen zu erheben (VA 1939 S. 83).

Verletzungen dieser Grundsätze, die vom RAA entwickelt und vom BAA beibehalten worden sind, geben dem Vmer regelmäßig keine zivilrechtliche Handhabe gegen die Wirksamkeit eines ohne Beachtung dieser Prinzipien abgeschlossenen Vsvertrages. Das gilt ungeachtet dessen, daß sich die in Deutschland zugelassenen Haftpflichtver geschäftsplanmäßig zur Einhaltung dieser Grundsätze verpflichtet haben. Dem Vmer ist nur die Möglichkeit gegeben, durch eine Beschwerde an das BAA eine Einhaltung dieser Grundsätze zu erreichen (vgl. Möller in Bruck-Möller Einl. Anm. 30). Besteht Kausalität zwischen dem gerügten Verstoß und einer Benachteiligung des Vmers, so wird das BAA regelmäßig darauf dringen, daß der Vmer so gestellt wird, wie er bei Einhaltung der vom Amt entwickelten Grundsätze stehen würde.

Zur Auffassung des BAA über die Gestaltung des Vsvertrages in der Allgemeinen Haftpflichtv vgl. ferner VA 1969 S. 14.

[C 4] c) Culpa in contrahendo.

Auch im Vsvertragsrecht gelten die Grundsätze des allgemeinen Schuldrechts über das Rechtsinstitut der culpa in contrahendo. Kommt daher eine Haftung des Vers nach dem gewohnheitsrechtlichen Rechtssatz, nach dem der Ver unter Umständen für Erklärungen seines Vsagenten über den Inhalt des Vsvertrages einzustehen hat (vgl. dazu Möller in Bruck-Möller Anm. 54—71 zu § 44 [speziell zur Haftpflichtv Anm. 66 zu § 44]) wegen eines erheblichen Eigenverschuldens des Vmers nicht zur Anwendung, so ist zu prüfen, ob das Klagbegehren des Vmers zum Teil (oder gar ganz) nach den Grundsätzen über das Verschulden beim Vertragsabschluß begründet ist. Vgl. zu diesem Rechtsinstitut eingehend Möller in Bruck-Möller Anm. 90 zu § 1 und vor allem Anm. 35—53 zu § 44. Aus neuerer Zeit zu ergänzen ist BGH 20. VI. 1963 BGHZ Bd 40 S. 22—28 [zur Kfz-Kaskov], wo die gedankliche Trennung dieser Rechtsinstitute, die in der Vergangenheit von der Rechtsprechung in der Begründung nicht immer streng durchgeführt worden ist (vgl. die Abgrenzung bei Möller a. a. O. Anm. 32 zu § 45 m. w. N.) eindeutig herausgearbeitet worden ist.

[C 5] 2. Vorläufige Deckungszusage.

Vgl. dazu Möller in Bruck-Möller Anm. 91—107 zu § 1. Der BGH hat — entgegen der von Möller vertretenen Einheitstheorie (a. a. O. Anm. 94—97 zu § 1) — seine Auffassung beibehalten, daß zwei selbständige Vsverträge gegeben seien (vgl. nur BGH 25. VI. 1956 BGHZ Bd 21 S. 122—137, weitere Nachweise bei Prölss[17] Anm. 2 zum Zusatz zu § 1, S. 38). Vom BGH 25. VI. 1956 a. a. O. ist auch entgegen der Auffassung von Möller a. a. O. Anm. 97 zu § 1 eine Vereinbarung des Inhalts für wirksam gehalten worden, daß der Vsschutz aus der vorläufigen Deckungszusage rückwirkend außer Kraft trete, wenn die Prämie für den endgültigen Vsvertrag nicht unverzüglich gezahlt werde. Ein solcher rückwirkender Verlust des Vsschutzes ist allerdings mit Treu und Glauben kaum noch zu vereinbaren, so daß es zu begrüßen wäre, wenn der BGH seine zu § 1 Ziff. 2 S. 3 AKB vertretene Auffassung erneut überprüfen würde. Allerdings wird die Härte dieser von der Rechtsprechung sanktionierten vertraglichen Vereinbarung über den rückwirkenden Verlust des Vsschutzes durch die vom BGH verlangte ausdrückliche Belehrung des Vmers durch den Ver gemildert (vgl. BGH 17. IV. 1967 BGHZ Bd 47 S. 352—364, 22. II. 1968 VersR 1968 S. 439—440, 13. XI. 1968 VersR 1969 S. 51).

Danach wendet der BGH § 39 analog mit der Wirkung an, daß nur bei einer Belehrung über den rückwirkenden Wegfall des Vsschutzes aus der vorläufigen Deckungszusage diese Rechtswirkung eintritt. Diese Konstruktion ist zum Schutz des Vmers gewiß zu begrüßen, läßt aber doch zugleich die Schwäche der Grundkonzeption erkennen, die — wie früher die Rechtsprechung des RG zum Begriff des Vsfalles in der Haftpflichtv, vgl. dazu Anm. B 11—17 — nur durch die Anwendung des Grundsatzes von Treu und Glauben auf den Regelfall zu gerechten Ergebnissen kommt. Das zeigt insbesondere BGH 22. II. 1968 a. a. O., da dort die Grundsätze über die Belehrungspflicht auch in einem Falle angewendet werden, in dem der Vsfall 14 Tage nach der Übersendung des Vsscheines an den Vmer eingetreten war.

In den AHB und in den AHBVerm gibt es eine § 1 Ziff. 2 S. 3 AKB entsprechende Regelung über das rückwirkende Außerkrafttreten einer vorläufigen Deckungszusage nicht, so daß sich hier die Frage nach der Rechtswirksamkeit einer Vereinbarung über den rückwirkenden Verlust des Vsschutzes nur dann stellt, wenn eine derart dem Rechtsempfinden widersprechende Klausel eindeutig aufgenommen worden ist. Zu beachten ist aber, daß mit Rücksicht auf das durch die vorläufige Deckungszusage geschaffene Vertrauensverhältnis vom Standpunkt der Trennungstheorie nach Treu und Glauben wiederum eine Belehrung des Vmers in Ergänzung der zitierten Rechtsprechung (BGH 17. IV. 1967 BGHZ Bd 47 S. 352—364, 22. II. 1968 VersR 1968 S. 439—440, 13. XI. 1968 VersR 1969 S. 51) auch dann verlangt werden müßte, wenn die getroffenen Vereinbarungen so auszulegen sind, daß bei nicht unverzüglicher Einlösung des Vsscheins die vorläufige Deckung nach Ablauf einer angemessenen Frist (also nicht rückwirkend) endet. Ohne eine solche Belehrung erscheint die Verweigerung des Vsschutzes als unbillig und hart. In diesem Zusammenhang wird auch auf Anm. D 10 verwiesen, in der für die erweiterten Einlöseklauseln gemäß §§ 3 I Abs. 3 S. 2 AHB, 3 I Abs. 4 AHB Verm ebenfalls eine Belehrungspflicht des Vers angenommen wird. Vgl. auch das in VA 1927 S. 95—96 veröffentlichte Rundschreiben des RAA, in dem die Ver zu möglichst klarer Festlegung des Umfangs einer vorläufigen Deckungszusage angehalten werden. Ist diese wünschenswerte Klarheit nicht gegeben, so darf im Zweifel von der dem Vmer günstigsten Auslegung ausgegangen werden, da es sich um eine einzelvertragsrechtliche Erklärung des Vers handelt, auf deren Gestaltung er allein Einfluß hatte. Der Streit über die Geltung der Unklarheitenregel (vgl. dazu Möller in Bruck-Möller Einl. Anm. 73 einerseits und Prölss[17] Vorbem. III A 8, S. 19—24 andererseits) spielt hier keine Rolle, da es nicht um die Auslegung von AVB geht.

Keine vorläufigen Deckungszusagen stellen die Bestimmungen in §§ 3 I Abs. 3 S. 2 AHB, 3 I Abs. 4 AHBVerm dar. Danach beginnt der Vsschutz mit dem vereinbarten Zeitpunkt, wenn die Prämie erst nach dem als Anfang der V festgesetzten Zeitpunkt eingefordert und alsdann ohne Verzug bezahlt wird. Hier handelt es sich vielmehr zum Teil um eine Rückwärtsv, bei der § 2 II 2 zugunsten des Vmers abbedungen worden ist (vgl. dazu die Ausführungen in Anm. D 9—10).

[C 6] 3. Nachträgliche Änderung.

Vgl. dazu die Ausführungen von Möller in Bruck-Möller Anm. 108—130 zu § 1. Die Änderungen, die aufgrund spezieller Abreden der Vertragsparteien nachträglich herbeigeführt werden, unterliegen in bezug auf ihre Rechtsbeständigkeit und Bedeutung den für alle schuldrechtlichen Verträge geltenden Regeln, so daß sich auch hier ergänzende Bemerkungen zu den Erläuterungen von Möller erübrigen. Zur Beweislast bei einem Streit über den Umfang der zwischen den Parteien eines Haftpflichtvsverhältnisses vereinbarten Abänderung des Vsvertrages vgl. OLG Neustadt 26. IX. 1958 VersR 1959 S. 127—128.

Eine eigenartige Besonderheit der Haftpflichtv, durch die kraft vorweggenommener Vereinbarung eine Änderung des Haftpflichtvsvertrages herbeigeführt werden kann, stellt — wie schon von Möller a. a. O. Anm. 120 zu § 1 erwähnt — die Vorsorgev dar. Vgl. dazu die Ausführungen in Anm. G 123—144.

[C 7] II. Verbriefung des Haftpflichtversicherungsvertrages.

Für diesen Fragenkreis wird insgesamt auf die eingehende und erschöpfende Darstellung bei Möller in Bruck-Möller Anm. 1—43 zu § 3, Anm. 1—19 zu § 4 und Anm. 1—26 zu § 5 verwiesen. Aus der Sicht des Haftpflichtvsrechts kann Bedeutsames ergänzend nicht vorgetragen werden.

D. Dauer des Haftpflichtversicherungsvertrages

Gliederung:

[D 1] I. Bedeutung des Streits um den Begriff des Versicherungsfalles für Beginn und Ende des Versicherungsschutzes.

1. Schrifttum:

Vgl. dazu die eingehenden Schrifttumsnachweise in Anm. B 9.

[D 2] 2. Ausgangsposition.

Auch für die zeitliche Begrenzung des Vsschutzes ist der Streit um den Begriff des Vsfalles in der Haftpflichtv von Bedeutung, und zwar sowohl für den Beginn als auch das Ende. Dieser Streit ist eingehend in Anm. B 9—31 dargestellt worden. Auf diese Ausführungen wird verwiesen. Soweit die Parteien des Haftpflichtvsvertrages keine bestimmte Definition des Begriffs des Vsfalles als verbindlich vereinbart haben, ist nach der hier vertretenen Auffassung für die zeitliche Begrenzung des Vsschutzes maßgebender Anknüpfungspunkt im Rahmen des gedehnten Vsfalles, ob die Ursache (der Verstoß) gesetzt worden ist, als der materielle Vsschutz bereits im Sinne der Ausführungen in Anm. D 8—10 (vgl. auch Anm. C 5) bestand. Insoweit wird ergänzend auf die Erläuterungen in Anm. B 23 und 25 verwiesen. Den Parteien des Vsvertrages steht es aber frei, etwas davon Abweichendes zu vereinbaren, da der Begriff des Vsfalles zu ihrer Disposition steht, soweit dabei nicht gegen zwingende Schutzvorschriften verstoßen wird (vgl. Anm. B 30).

[D 3] 3. Vertragliche Regelungen in §§ 5 Ziff. 1 AHB, 5 Ziff. 1 AHBVerm.

Solche eindeutigen Bestimmungen über den Begriff des Vsfalles sind in § 5 Ziff. 1 AHB und in § 5 Ziff. 1 AHBVerm getroffen. Für die AHB kommt es danach allein darauf an, ob das Schadenereignis in die Zeit des materiellen Vsschutzes fällt (vgl. BGH 27. VI. 1957 BGHZ Bd 25 S. 34—47 [anders noch RG 26. III. 1943 RGZ Bd 171 S. 43—51], 26. I. 1961 VA 1961 S. 150 Nr. 295 = VersR 1961 S. 266, 15. X. 1962 MDR 1963 S. 30 = VA 1963 S. 28 Nr. 353, 24. I. 1963 VA 1963 S. 128 Nr. 367 = VersR 1963 S. 377, 10. II. 1966 VA 1966 S. 219 Nr. 433 = VersR 1966 S. 353; ferner Reimer Schmidt VersR 1956 S. 266—269 m. w. N. und die Ausführungen in Anm. B 30 und 31).

Für die Vermögensschadenhaftpflichtv wird dagegen in Übereinstimmung mit der gesetzlichen Regelung auf die Ursache abgestellt (vgl. dazu BGH 22. VI. 1967 VA 1967 S. 269—271 Nr. 468 = VersR 1967 S. 769—771 [Architektenhaftpflichtv]). Diese klare Abgrenzung gilt in beiden Vsarten im Prinzip sowohl für den Beginn als auch für das Ende des Vsschutzes. Das bedeutet, daß alle Schadenereignisse, einerlei, ob die Ursache weit vor dem Beginn des materiellen Vsschutzes gesetzt worden ist oder nicht, in den AHB vom Vsschutz erfaßt werden, sofern nur das augenfällig in Erscheinung tretende äußere Ereignis in die Laufzeit des Vertrages fällt (BGH 27. VI. 1957 a. a. O., 26. I. 1961 a. a. O.). Dabei kommt es für den Begriff des Schadenereignisses nicht auf die Entdeckung des Schadens an, sondern auf dessen Eintritt selbst, also auf den Zeitpunkt, in dem die Ursache sich im Vermögensbereich als konkreter Schaden auswirkt (BGH 26. I. 1961 a. a. O.). Vgl. dazu auch BGH 15. X. 1962 a. a. O.: „Maßgebend für die Deckungspflicht des Haftpflichtvers ist nicht die einzelne Schadenursache, irgendein fehlerhaftes Tun oder Unterlassen, dessen Folgen sich erst später auswirken, sondern allein das Schadenereignis selbst, dasjenige äußere Vorkommnis, das den Personen- oder Sachschaden unmittelbar ausgelöst hat". Vgl. ferner BGH 18. I. 1965 BGHZ Bd 43 S. 92: „Unter einem Ereignis versteht der allgemeine Sprachgebrauch, den ursprünglichen Sinn des Wortes wahrend (vgl. Duden-Etymologie 1963), einen sinnfälligen objektiven Vorgang, der sich vom gewöhnlichen Tagesgeschehen deutlich abhebt und dessen schwerwiegende Bedeutung sofort ins Auge springt. Das Ereignis unterscheidet sich als Geschehen, als Vorgang von einem statisch vorhandenen Zustand. Das Schadenereignis darf weder mit der Schadenursache noch mit dem Gefahrenzustand verwechselt werden. Wie unter dem Ereignis des § 1 Ziff. 1 AHB ist darunter der entscheidende äußere Vorgang zu verstehen, der die Schädigung des Dritten und damit die Haftpflicht des Vmers unmittelbar herbeiführt."

Danach besteht für Ereignisse, deren Ursache eindeutig während der Dauer des materiellen Vsschutzes gesetzt worden ist, kein Vsschutz, wenn diese Ursache sich erst nach Ablauf des Vsvertrages zu einem Schadenereignis unmittelbar auswirkt (BGH 15. X. 1962 a. a. O.). Für die AHBVerm wird dagegen nur auf die Ursache abgestellt.

[D 4] 4. Systemschwächen und -durchbrechungen.

a) Nachhaftung in der Allgemeinen Haftpflichtversicherung.

In beiden Vertragsordnungen gibt es allerdings Durchbrechungen dieses Prinzips. Der kritische Zeitraum für den Vmer, dessen Vertrag die AHB zugrunde liegen, ist ersichtlich die Zeit nach Beendigung des Vsschutzes. Denn in diesem Zeitraum können sich Ursachen auswirken, zu Schadenereignissen verdichten, die eindeutig während der Laufzeit des vorangegangenen Haftpflichtvsvertrages gesetzt worden sind. Soweit ein Vmer fortlaufend Vsschutz genießt, also nur den Ver wechselt, spielt diese Frage freilich keine besondere Rolle, da der neue Ver insoweit im Risiko ist. Kritisch wird die Situation dagegen in den Fällen, in denen ein Vmer etwa seinen Betrieb wesentlich einschränkt und deshalb von weiterem Vsschutz absieht. Ein sorgsamer Vmer wird hier eine Nachhaftung vereinbaren. Zu weit würde es allerdings gehen, wenn man vom Ver bei Beendigung des Vertrages verlangen wollte, daß dieser den Vmer über derartige Gefahren belehrt. Damit würde die Belehrungspflicht des Vers zu sehr strapaziert werden. Etwas anderes gilt allerdings, wenn bei Ausspruch der Kündigung für den Ver klar erkennbar ist, daß der Vmer, der den Vsvertrag mit Rücksicht etwa auf den Wegfall des Produktionsrisikos als der Hauptgefahr des betreffenden Vsvertrages kündigt, der irrigen Meinung ist, für vor Ablauf des Vsvertrages gesetzte Ursachen Vsschutz zu genießen.

Ähnliche Gefahren ergeben sich bei der Veräußerung eines haftpflichtvten Betriebs im Sinne des § 151 II (vgl. dazu allgemein Anm. D 29—40). Nur für solche Schäden genießt der Veräußerer Vsschutz, bei denen die Schadenereignisse vor Übergang der Haftpflichtv auf den Erwerber eingetreten sind. Wirkt sich aber eine früher gesetzte Ursache nach dem Übergang der Haftpflichtv aus, so kann sich die unerfreuliche Situation ergeben, daß zwar der Erwerber für das Schadenereignis Vsschutz genießt, aber nach bürgerlichem Recht nicht auf Schadenersatz haftet, während der ersatzpflichtige frühere Vmer ohne Deckung ist. Hier ist eine Verbesserung des Vsschutzes durch Einführung einer Nachhaftungsklausel geboten. Für einen Sonderfall sehen schon die Erläuterungen zu den AHB eine Nachhaftung des Vers vor, nämlich im Rahmen der Haftpflichtv als Haus- und Grundbesitzer. Dort heißt es, daß unter den Vsschutz auch die gesetzliche Haftpflicht des Vmers als früherer Besitzer aus § 836 II BGB falle, wenn die V bis zum Besitzwechsel bestanden habe. Das hier ersichtlich bestehende Bedürfnis, die V auf die einjährige Nachhaftung aus der genannten Vorschrift auszudehnen, ist damit sinnvoll befriedigt worden.

[D 5] b) Rückwärtsversicherung in der Vermögensschadenhaftpflichtversicherung.

Bei dem entgegengesetzten System der Vermögensschadenhaftpflichtv genießt der Vmer keinen Vsschutz für die Folgen solcher Verstöße, die vor dem Beginn der materiellen Vsdauer begangen worden sind. Das kann nicht als Systemschwäche angesehen werden, da es dem natürlichen Rechtsempfinden entspricht, daß für die Frage des Vsschutzes auf die durch das Handeln (oder Unterlassen) des Vmers begründete Verantwortlichkeit im Sinne der Vorwerfbarkeit abgestellt wird (vgl. dazu Anm. B 23). Davon abgesehen, bieten die Ver in der Vermögensschadenhaftpflichtv dem Vmer die Möglichkeit, durch Abschluß einer Rückwärtsv Deckung gegen in der Vergangenheit vorgekommene Verstöße, die dem Vmer, dem Vten oder seinen Sozien bis zum Abschluß der Rückwärtsv nicht bekannt gewesen sind, zu erlangen (vgl. § 2 Ziff. 2 S. 1 AHBVerm). Die zeitliche Erstreckung des Rückwärtsvsschutzes richtet sich dabei nach den speziellen Vereinbarungen der Parteien (vgl. § 2 Ziff. 2 S. 2 AHBVerm). Dagegen ist in den Besonderen Bedingungen für die Haftpflichtv von Architekten und Bauingenieuren (VA 1964 S. 37—38) unter I Ziff. 3 S. 2 schon generell bestimmt, daß die V auch die Folgen aller im Zeitraum eines Jahres vor dem Beginn der V vorgekommenen Verstöße umfaßt. Hier wird der Rückwärtsvsschutz, wenn auch nur für ein Jahr, also schon ohne besonderen Antrag gewährt.

Verständlich ist für die Rückwärtsv die Einschränkung, daß nur gegen unbekannte Verstöße Deckung gewährt wird. Bewährt hat sich dabei im Grundsatz die zur Abgrenzung der Kenntnis des Vmers in § 2 Ziff. 2 Abs. 2 AHBVerm gewählte Definition. Danach gilt ein Vorkommnis als bekannter Verstoß, wenn es vom Vmer,Vten oder seinen Sozien als — wenn auch nur möglicherweise — objektiv fehlsam erkannt oder ihm (gegenüber), wenn auch nur bedingt, als fehlsam bezeichnet worden ist, auch wenn Schadenersatzansprüche weder erhoben noch angedroht, noch befürchtet worden sind. Was allerdings unter dem Zusatz „wenn auch nur möglicherweise" verstanden werden soll, ist im ersten Augenblick nicht recht verständlich. Doch gewinnt die Bestimmung auch insoweit einen vertretbaren Sinngehalt, wenn man darunter Vorgänge einordnet, bei denen der Vmer zwar einen Fehler kannte, aber der Meinung war, daß dadurch kein Schaden entstehen könne. Allerdings hat der Zusatz für diese Fälle nur klarstellende Bedeutung.

Entwertet wird die Rückwärtsv dagegen erheblich durch die Bestimmung in I 3 Abs. 2 S. 2 der Besonderen Bedingungen für die Haftpflichtv von Architekten und Bauingenieuren, daß als Kenntnis bereits auch nur die Vermutung genüge, in einem bestimmten Falle könne ein Verstoß nicht unmöglich sein. Solche unpraktikablen und unklaren Regelungen sind eine Gefahr für den Vsgedanken.

[D 6] c) Einschränkung des „Verstoß"-Prinzips in der Architektenhaftpflichtversicherung.

Das „Verstoß"-Prinzip wird in der Architektenhaftpflichtv nicht konsequent durchgeführt. Vielmehr sehen die Besonderen Bedingungen für die Haftpflichtv von Architekten und Bauingenieuren eine Schlechterstellung des Vmers insofern vor, als nach I Ziff. 3 die Haftung des Vers in jedem Falle 5 Jahre nach Ablauf der V endet. Bemerkenswert ist dabei der Rückgriff auf die Anspruchserhebung als Tatbestandsmerkmal des gedehnten Vsfalles (vgl. I Ziff. 3 S. 2). An einer solchen zeitlichen Begrenzung fehlt es in den AHBVerm, so daß dort Vsschutz auch für wesentlich später eintretende Schadenereignisse gegeben ist, wenn nur nachgewiesen wird, daß der Verstoß in die Vertragszeit fällt.

[D 7] 5. Beweislast.

Beweispflichtig dafür, daß ein Schadenereignis oder ein Verstoß in den zeitlichen Deckungsbereich des Vsvertrages fällt, ist der Vmer (BGH 22. VI. 1967 VA 1967 S. 270—271 Nr. 468 = VersR 1967 S. 770—771; vgl. zur Beweislast des Vmers für die anspruchsbegründenden Voraussetzungen der Gewährung von Vsschutz weiter die Nachweise in Anm. G 85). Soweit es dabei im Rahmen der Rückwärtsv auf die Kenntnis des Vmers ankommt, ist zu beachten, daß an den Negativbeweis keine übertriebenen

Anforderungen gestellt werden dürfen, so treffend BGH 22. VI. 1967 a. a. O. mit folgendem Zusatz: „Gegenüber der Behauptung des Vmers, den ihm zur Last gelegten Verstoß bei Abschluß des Vsvertrages nicht gekannt zu haben, kann der Ver sich nicht mit einem einfachen Bestreiten begnügen, sondern muß substantiiert Umstände darlegen, die für die Kenntnis oder für die Vermutung des Verstoßes sprechen."

[D 8] II. Beginn des Haftpflichtversicherungsschutzes.

1. Vorbemerkung.

Nach der gesetzlichen Regelung hängt in der Haftpflichtv — wie in allen anderen Vszweigen — der materielle Vsbeginn von der Zahlung der Erstprämie ab. Dieses sich aus § 38 II ergebende Prinzip wird allerdings weitgehend durch die im kaufmännischen Vsverkehr üblichen vorläufigen Deckungszusagen ersetzt. — Für Einzelheiten aus der Abgrenzung zwischen vorläufiger und endgültiger Deckung vgl. Möller in Bruck-Möller Anm. 91—107 zu § 1 (ferner Anm. C 5). — Soweit aber keine solche zusätzliche Schutzabrede eingreift, wie z. B. im Normalfall bei Abschluß einer Privathaftpflichtv, gilt die wenig populäre Vorschrift des § 38 II. Zu deren Auslegung sei ebenfalls auf die Erläuterungen von Möller in Bruck-Möller Anm. 1—30 zu § 38 verwiesen. In zwei Beziehungen sind aber für den Beginn des materiellen Haftpflichtvsschutzes Besonderheiten zu beachten. Erstens beginnt nach den Einlöseklauseln der §§ 3 I Abs. 3 S. 2 AHB, 3 I Abs. 4 AHBVerm der materielle Vsschutz in vielen Fällen schon vor der Zahlung der Erstprämie (vgl. dazu Anm. D 9—10). Zweitens wird die Darstellung des Beginns des materiellen Haftpflichtvsschutzes zusätzlich dadurch kompliziert, daß ein verwickelter Theorienstreit darüber besteht, was als Vsfall in der Haftpflichtv (bzw. als Tatsache im Sinne des § 149) zu gelten habe (vgl. dazu Anm. D 1—7 und vor allem die Ausführungen in Anm. B 9—31).

[D 9] 2. „Erweiterte" Einlöseklauseln.

a) Systematische Einordnung.

Nach §§ 3 I Abs. 3 S. 2 AHB, 3 I Abs. 4 AHBVerm beginnt — abweichend von § 38 II — der Vsschutz schon vor der Zahlung der Erstprämie zu dem im Vsvertrag vorgesehenen Zeitpunkt, wenn die erste Prämie erst nach diesem Zeitpunkt eingefordert und alsdann ohne Verzug gezahlt wird. Durch diese Regelung wird erreicht, daß dem Vmer durch eine saumselige Prämienanforderung durch den Ver kein Nachteil entsteht (vgl. dazu Oberbach I. S. 157 Anm. 54). Zu beachten ist in diesem Zusammenhang allerdings, daß der Vmer vor Annahme eines Vsantrages durch den Ver, also vor dem formellen Vsbeginn (vgl. zum Unterschied zwischen formellem, materiellem und technischem Vsbeginn Möller in Bruck-Möller Anm. 3 zu § 2), an sich im Rahmen der vorvertraglichen Anzeigelast zur Anzeige von neuen Schadenfällen verpflichtet wäre (vgl. Möller in Bruck-Möller Anm. 8 zu § 16). Den §§ 3 I Abs. 3 S. 2 AHB, 3 I Abs. 4 AHBVerm würde aber ein wesentlicher Teil ihres Anwendungsbereichs genommen werden, wenn man Vsfälle, die sich vor dem technischen Vsbeginn, aber innerhalb der vorgesehenen Zeit des materiellen Vsschutzes ereignen, für derart anzeigepflichtig halten würde. Damit würde der Schutzgedanke dieser Vorschrift, die den Vmer vor den Folgen einer langsamen Arbeit durch den Ver schützen will, beeinträchtigt werden. Es entspricht daher einer sinnvollen Interpretation dieser Klauseln, wenn sie dahin ausgelegt werden, daß der Ver im Umfang ihres Schutzbereiches auf die Erfüllung der vorvertraglichen Anzeigelast verzichtet hat. Damit stimmt es überein, daß der Ver sich, soweit der Anwendungsbereich der Klausel materiell der Rückwärtsv zuzurechnen ist (vgl. dazu Möller in Bruck-Möller Anm. 19 zu § 2 und Anm. 39 zu § 35), nicht auf § 2 II 2 berufen kann (RG 25. V. 1937 RGZ Bd 155 S. 105—106, vgl. weiter Oberbach I S. 157—158 m. w. N.). Darüber, daß § 2 II 2 abdingbar ist, vgl. weiter die Nachweise bei Möller a. a. O. Anm. 43 zu § 2, ferner Wussow[5] Anm. 2 zu § 3 AHB, S. 258.

[D 10] b) Anwendungsvoraussetzungen.

Voraussetzung für die Rechtswohltat nach §§ 3 I Abs. 3 S. 2 AHB, 3 I Abs. 4 AHBVerm ist, daß die Zahlung ohne Verzug nach der Anforderung erfolgt. Verzug ist dabei nicht im rechtstechnischen Sinne zu verstehen, sondern als unverzüglich im Sinne des § 121 I 1 BGB; der Vmer muß also ohne schuldhaftes Zögern zahlen (so RG 4. X. 1912 RGZ Bd 80 S. 142—144 [zur Unfallv], BGH 24. I. 1963 NJW 1963 S. 1055 = VA 1963 S. 129 Nr. 367, LG Breslau 14. IX. 1937 JRPV 1937 S. 347—348, Oberbach I S. 158, Prölss[17] Anm. 5 zu § 38, S. 210, Wehn Grundlagen C 1 S. 39, Wussow[5] Anm. 2 zu § 3 AHB, S. 258; a. M. Hagen ZVersWiss 1910 S. 479). Es bedarf daher keiner Mahnung des Vers. Um den Schutzcharakter der Bestimmungen zu erhalten und zu verstärken, erscheint es aber als geboten, dem Ver eine Belehrungspflicht über die Folgen einer nicht unverzüglichen Zahlung der Prämie für bereits eingetretene Vsfälle aufzuerlegen. Dadurch würde dem Vmer die drastische Wirkung der nicht unverzüglichen Zahlung ganz klar werden. Gerade deshalb, weil der durchschnittliche Vmer nicht damit rechnet, daß er — außerhalb der Kfz-Haftpflichtv — ohne Zahlung der Erstprämie Vsschutz für vorher eingetretene Schadensfälle haben könnte, ist ein Hinweis auf die ungewöhnliche Regelung vom Standpunkt eines verständigen Betrachters dringend erforderlich (vgl. zur Belehrungspflicht im Falle der nur scheinbar einschneidenderen Bestimmung des § 1 Ziff. 2 S. 3 AKB BGH 17. IV. 1967 BGHZ Bd 47 S. 352—364, 22. II. 1968 VersR 1968 S. 439—440, 13. XI. 1968 VersR 1969 S. 51).

Ist diese Belehrungspflicht erfüllt oder ist sie ausnahmsweise nicht gegeben, weil dem Vmer die Bestimmungen der §§ 3 I Abs. 3 S. 2 AHB, 3 I Abs. 4 AHBVerm vertraut waren (beweispflichtig für diese Alternativen ist der Ver), so muß im konkreten Falle geprüft werden, ob eine Zahlung in einer solchen Frist erfolgt ist, daß nicht von einem schuldhaften Zögern gesprochen werden kann. RG 4. X. 1912 RGZ Bd 80 S. 142—144 hielt einen Zwischenraum von drei Tagen zwischen dem Zugang der Zahlungsaufforderung (29. IV. 1910) und der Zahlung (3. V. 1910) schon für so lang, daß es ein unverzügliches Handeln des Vmers verneinte. Ein solcher strenger Maßstab mag um die Jahrhundertwende angemessen gewesen sein. In unserer hektischen Zeit, in der der Einzelne eine Fülle von Ereignissen verarbeiten und bewältigen muß, ist dagegen eine Zahlung innerhalb von vier Tagen nach dem Zugang der Anforderung regelmäßig noch als „unverzüglich" anzusehen. Es erscheint sogar als sachgerecht, eine solche Unverzüglichkeit immer noch dann anzunehmen, wenn die Zahlung der Erstprämie binnen einer Frist von einer Woche erfolgt (vgl. dazu LG Berlin 10. VII. 1967 VersR 1969 S. 51—52: 12 Tage nicht mehr „unverzüglich" und LG Würzburg 11. I. 1967 VersR 1969 S. 52—53: 9 Tage ebenfalls nicht mehr rechtzeitig). Dafür, daß die Zahlung unverzüglich geleistet worden ist, obliegt die Beweislast dem Vmer (RG 25. V. 1937 RGZ Bd 155 S. 105—106).

[D 11] III. Beendigungsgründe.

1. Zeitablauf (Verlängerungsklausel).

Die Beendigung eines Haftpflichtvsvertrages durch Zeitablauf ist die Ausnahme. Das ergibt sich daraus, daß sich nach §§ 9 I AHB, 9 I AHBVerm die Laufzeit von Haftpflichtvsverträgen, die für mindestens ein Jahr abgeschlossen sind, jeweils um ein Jahr verlängert, sofern nicht drei Monate vor Ablauf der vorgesehenen Vertragszeit gekündigt wird. In der Praxis werden die Haftpflichtvsverträge zumeist sogar auf die Dauer von 5—10 Jahren abgeschlossen (Bestimmungen über eine Höchstdauer von Haftpflichtvsverträgen gibt es nicht, jedoch hat sich das RAA in VA 1907 S. 86—87 gegen Verträge auf Lebenszeit gewandt; vgl. Wehn Grundlagen C 1 S. 40). Eine Beendigung durch Zeitablauf kommt danach — sofern §§ 9 I AHB, 9 I AHBVerm nicht im Einzelfall abbedungen sind — nur in Betracht, wenn es sich um den seltenen Fall kurzfristiger Haftpflichtvsverträge handelt. Dabei sind die Schöpfer der AHB ersichtlich davon ausgegangen, daß bei Verträgen mit unterjähriger Dauer der Vmer aufmerksam genug sein werde, um rechtzeitig eine wider Erwarten doch erforderliche Anschlußdeckung herbeizuführen. Die Verlängerungsklauseln sind im übrigen für das durchschnittliche Haftpflichtvsrisiko als überaus sachgerecht zu begrüßen. Einesteils wird der säumige Vmer geschützt, der ohne eine derartige Bestimmung leicht vergessen könnte, den Vsvertrag zu verlängern. Andererseits kommt die Bestimmung aber im vertretbaren Umfang auch dem Bestandsschutzdenken des Vers zugute. Vor allem wird dem Vmer und dem Ver auch eine Fülle überflüssiger Arbeit erspart. Wird das Kündigungsrecht in den Fällen der Verlängerungsklausel nicht ausgeübt, so bleibt das Vsverhältnis unter Wahrung der Identität bestehen, vgl. dazu im einzelnen Möller in Bruck-Möller Anm. 9 zu § 8.

[D 12] 2. Kündigung.

a) Vorbemerkung.

Die Fälle der ordentlichen und der außerordentlichen Kündigung sind von Möller in Bruck-Möller Anm. 18—40 zu § 8 eingehend erörtert worden. Haftpflichtvsrechtliche Besonderheiten ergeben sich mit Ausnahme der Bestimmungen über das Schadenkündigungsrecht nicht. Demgemäß ist eine volle Verweisung auf die Ausführungen von Möller a. a. O. geboten. Die nachstehenden Bemerkungen sind daher ganz kurz gehalten und lediglich als zusätzlicher Hinweis gedacht. Nur das Schadenkündigungsrecht ist verhältnismäßig eingehend dargestellt worden (vgl. Anm. D 14—24). Das ist mit Rücksicht auf die dort hervortretenden haftpflichtvsrechtlichen Besonderheiten geschehen.

[D 13] b) Ordentliche Kündigung.

Nach §§ 9 I AHB, 9 I AHBVerm beträgt die Kündigungsfrist drei Monate. Die Kündigung soll durch eingeschriebenen Brief erfolgen. Indes handelt es sich nur um eine „Soll"-Vorschrift, deren Verletzung die Rechtswirksamkeit der ausgesprochenen Kündigung nicht berührt (vgl. die Nachweise bei Möller in Bruck-Möller Anm. 34 zu § 8). Die Kündigung muß nach § 9 I AHB, 9 I 3 AHBVerm schriftlich erfolgen. Dazu genügt nach § 127 I BGB (in Verbindung mit § 126 I BGB) nicht die Verkörperung der Erklärung, sondern es ist im Zweifel auch eine eigenhändige Namensunterschrift durch den Aussteller erforderlich. RG 27. II. 1923 RGZ Bd 106 S. 330—333 nimmt aber zu Recht an, daß es dem Willen der Vertragsparteien entspreche, wenn der Ver sich in der Kündigungserklärung einer gedruckten oder gestempelten faksimilierten Unterschrift bediene. Entspricht die Kündigung des Vmers nicht den für eine schriftliche Erklärung vorgesehenen Formvorschriften oder wird die Kündigungsfrist nicht eingehalten, so muß der Ver diese Kündigung ohne Säumen als unwirksam zurückweisen (Wussow[5] Anm. 2 zu § 9 AHB, S. 516). Andernfalls ist von einer wirksamen Vertragsauflösung auszugehen (vgl. OLG Düsseldorf 27. VII. 1954 VersR 1954 S. 588—589 und die Nachweise in Anm. D 23, ferner die Nachweise bei Wriede VersR 1965 S. 9—12 [der sich mit beachtlichen dogmatischen Bedenken gegen diesen Rechtsgrundsatz wendet]). Hingegen kann man von einem entsprechenden Rechtsgrundsatz bei einer formunwirksamen Kündigung des Vers nicht ausgehen (so zutreffend Wussow a. a. O.). Vielmehr kommt es in solchen Fällen nur dann zur Beendigung des Vsvertrages, wenn eindeutig das erklärte Einverständnis des Vmers mit einer derartigen vorzeitigen Vertragsaufhebung festgestellt werden kann (vgl. dazu Möller in Bruck-Möller Anm. 40 zu § 8).

Beweispflichtig für den Zugang der Kündigungserklärung ist der Erklärende. Aus dem Nachweis, daß eine Kündigung per Einschreiben abgesandt worden ist, darf nicht prima facie auf den Zugang der Erklärung geschlossen werden (BGH 27. V. 1957 BGHZ Bd 24 S. 308—315; anders noch Möller in Bruck-Möller Anm. 25 zu § 39). Für die ansonsten bei der ordentlichen Kündigung zu beachtenden Grundsätze wird vollen Umfangs auf die Ausführungen von Möller in Bruck-Möller Anm. 18—40 zu § 8 verwiesen.

[D 14] c) Außerordentliche Kündigung.

aa) Kündigung im Schadenfalle.

Schrifttum:

Bruck S. 680—688, Böhme ZfV 1960 S. 605—606, VersR 1962 S. 1044—1045, Ehrenzweig S. 365, Fleischmann-Deiters in Thees-Hagemann Anm. 1—6 zu § 158, S. 260—262,

Gottschalk JRPV 1930 S. 24—28, Heimbücher VW 1957 S. 445—449, Hetzell NeumZ 1935 S. 306—307, Lindemann ÖffrV 1935 S. 364—366, Möller Grundlagen B 2 S. 12, 23, Oberbach II S. 287—298, Plaas JRPV 1930 S. 5, Rohde VersR 1962 S. 587—590, Stelzer VersR 1963 S. 113—116, Wussow ZfV 1958 S. 374.

[D 15] aaa) Vorbemerkung.

Das der gesamten Schadensv eigene Prinzip der Kündigungsmöglichkeit im Schadenfall gilt nach § 158 auch für die Haftpflichtv. Es handelt sich um eine nicht zwingende Vorschrift, so daß an der Rechtswirksamkeit abweichender Vereinbarungen, wie sie in § 9 II Ziff. 2 AHB und § 9 II Ziff. 1 AHBVerm getroffen worden sind, kein Zweifel bestehen kann. Nach dem Gesetz gibt es drei Kündigungsmöglichkeiten, nämlich das Anerkenntnis des Vers zur Leistung der Entschädigung, die Verweigerung der Leistung der fälligen Entschädigung durch den Ver und seine Weisung, es über den Anspruch des geschädigten Dritten zum Haftpflichtprozeß kommen zu lassen. Alle drei Kündigungsalternativen setzen nach dem Gesetz den Eintritt eines Vsfalles voraus, so daß es gerechtfertigt erscheint, dieses gemeinsame Tatbestandsmerkmal aller Kündigungsalternativen vorweg in Anm. D 16 zu erörtern.

[D 16] bbb) Kündigungsvoraussetzungen.

α) Eintritt eines Versicherungsfalles.

§ 158 knüpft in allen drei Kündigungsalternativen an den Eintritt eines Vsfalles. Demgemäß ist auch für die Auslegung dieser Vorschrift der Streit um den Begriff des Vsfalles in der Haftpflichtv von einer gewissen Bedeutung (vgl. zum Streitstand im einzelnen die Ausführungen in Anm. B 9—31). Möller Grundlagen B 2 S. 12 und 23 stellt auf den Verstoß, also auf die Ursache, ab. Dagegen vertritt Prölss[17] Anm. 1 zu § 158, S. 596 in Übereinstimmung mit seiner Grundthese (vgl. Anm. B 18) die Auffassung, daß auch hier das Schadenereignis gemeint sei. Indes ergibt die Analyse des Tatbestandes, daß § 158 als maßgeblichen Faktor im Rahmen des gedehnten Vsfalles auf die Anspruchserhebung abstellt, da alle gesetzlichen Kündigungsalternativen logisch eine solche Anspruchserhebung voraussetzen (ebenso Ehrenzweig S. 365; vgl. auch Anm. B 29). Das Gesagte gilt auch dann, wenn die AHB oder die AHBVerm vereinbart sind; begriffsnotwendig muß auch hier zu dem Ereignis oder dem Verstoß noch die Anspruchserhebung treten (vgl. die Ausführungen in Anm. B 31).

Schadensursache und Schadenereignis dürfen aber andererseits auch für die Anwendung des § 158 nicht außer acht gelassen werden. Sie gewinnen insbesondere Bedeutung für die Fragen, ob das Kündigungsrecht auch dann entsteht, wenn die Inanspruchnahme durch den geschädigten Dritten aufgrund eines nicht vom Vsschutz erfaßten Ereignisses (oder eines solchen Verstoßes) erfolgt. Ein Kündigungsrecht des Vmers ist dann zu verneinen (ebenso: Fleischmann-Deiters in Thees-Hagemann Anm. 1 zu § 158, S. 260, Lindemann ÖffrV 1935 S. 365, Oberbach II S. 289, Prölss[17] Anm. 1 zu § 158, S. 596, Rohde VersR 1962 S. 587, Wussow[5] Anm. 8 zu § 9 AHB, S. 518, OLG Düsseldorf 27. IX. 1929 JRPV 1929 S. 84—85, 30. XII. 1933 JRPV 1934 S. 171, a. M. Fritz VersR 1958 S. 350—351). Ein Kündigungsrecht ist demnach nicht gegeben, wenn Streit über den Umfang des Vsschutzes besteht, der Standpunkt des Vers sich aber später aufgrund einer rechtskräftigen Abweisung der Vsschutzklage als berechtigt erweist. Abweichendes bestimmt aber § 9 II Ziff. 1 AHBVerm. Dort ist ausdrücklich vorgesehen, daß ein Kündigungsrecht für beide Vertragsteile auch dann gegeben ist, wenn der Vmer mit einem von ihm geltend gemachten Vsanspruch rechtskräftig abgewiesen worden ist. Diese Regelung trägt vernünftigerweise dem zumeist im Laufe eines Vsschutzprozesses auftretenden Spannungsverhältnis Rechnung.

Bei einer V, die — wie in der Haftpflichtv üblich (vgl. die Nachweise in Anm. H 5—12) — teils für eigene, teils für fremde Rechnung genommen worden ist, genügt es, daß für den Vten der Vsfall (Anspruchserhebung aufgrund eines vom Vsschutz erfaßten Schadenereignisses bzw. — in der Vermögensschadenhaftpflichtv — Inanspruchnahme wegen eines vom Vsschutz umfaßten Verstoßes) eingetreten ist (KG 13. III.

1937 JW 1937 S. 2622 = JRPV 1937 S. 166—167, Rohde VersR 1962 S. 287; a. M. Bronisch-Cuntz-Sasse-Starke Anm. 1 zu § 158). Das gleiche gilt, wenn mehrere Risiken des Vmers in einem einheitlichen Vertrag zusammengefaßt sind. Hier bezieht sich demgemäß das Schadenkündigungsrecht auf den gesamten Vertrag, also nicht etwa nur auf denjenigen Teil des Risikos, dem der betreffende Schadenfall zuzuordnen ist (ebenso Heimbücher VW 1957 S. 445—446, Stelzer VersR 1963 S. 113, a. M. Wussow[5] Anm. 12 zu § 9 AHB, S. 529, unklar Oberbach II S. 287).

[D 17] β) Anerkenntnis (oder Zahlung).

Unter einem Anerkenntnis im Sinne des § 158 I ist nicht nur eine förmliche Erklärung des Vers darüber zu verstehen, daß nach seiner Auffassung dem Vmer ein Entschädigungsanspruch zustehe, wobei es sich regelmäßig — abgesehen von Kostenzahlungen — darum handeln wird, daß der Ver die gegnerische Haftpflichtforderung als berechtigt anerkennt. Vielmehr werden von dieser Alternative des § 158 I alle diejenigen Fälle erfaßt, in denen der Ver — ohne irgendein Anerkenntnis im förmlichen Sinne abzugeben — aufgrund einer gerichtlichen Entscheidung oder eines gerichtlichen oder außergerichtlichen Vergleichs zahlt. Zumeist wird demnach das äußerliche Kennzeichen eines Anerkenntnisses im Sinne des § 158 I ein Zahlungsakt sein. Es sind aber natürlich auch Fälle denkbar, in denen entsprechend der gesetzlichen Vorstellung tatsächlich nur ein verbales Anerkenntnis gegenüber dem Vmer gegeben ist, etwa bei eindeutigen Erklärungen nach § 150 III 3 oder gemäß § 3 III Ziff. 3 AHB. Prölss[17] Anm. 2 zu § 158, S. 596 ist der Auffassung, daß die Verurteilung des Vers im Deckungsprozeß dem Anerkenntnis der Entschädigung gleichstehe (ebenso Böhme ZfV 1960 S. 605, Fleischmann-Deiters in Thees-Hagemann Anm. 2a zu § 158, S. 260, Fromm S. 257, Rohde VersR 1962 S. 588). Dem ist zuzustimmen. Insbesondere ist das Kündigungsrecht in der hier erörterten Alternative — anders bei der Verweigerung der fälligen Entschädigung, vgl. dazu die Ausführungen in Anm. D 18 — nicht an die vorherige Feststellung der Haftpflichtforderung im Sinne des § 154 I geknüpft (vgl. Möller Grundlagen B 2 S. 23, Bronisch-Cuntz-Sasse-Starke Anm. 1 zu § 158 und die oben zitierten Autoren).

Das Kündigungsrecht, das an das Anerkenntnis der Eintrittspflicht des Vers knüpft, ist demnach durch eine recht schwierige Handhabung gekennzeichnet, die darin zu sehen ist, daß zumeist nicht genau gesagt werden kann, wann während der relativ langen Dauer der Abwicklung eines Haftpflichtschadens von einem stillschweigenden Anerkenntnis des Vers ausgegangen werden darf. Es ist daher zu begrüßen, daß das Bedingungsrecht einen anderen Zeitpunkt wählt, in dem es die Kündigungsalternative aufGrund eines Anerkenntnisses ganz wegfallen läßt und anstelle dessen auf die im Gesetz nicht erwähnte Zahlung des Vers abstellt. § 9 II Ziff. 2 AHB spricht dabei von einer vom Ver aufgrund eines Vsfalles geleisteten Schadenersatzzahlung, während in § 9 II Ziff. 1 AHBVerm nur von einer Zahlung aufgrund eines Vsfalles die Rede ist. Zahlungen, die allein zur erfolgreichen Abwehr eines erhobenen Haftpflichtanspruchs, z. B. an einen eingeschalteten Sachverständigen oder an den vom Ver für den Vmer beauftragten Anwalt, geleistet sind, berechtigen demgemäß nach § 9 II Ziff. 1 AHBVerm (anders als nach § 9 II Ziff. 2 AHB) zur Schadenkündigung. Nach beiden Bestimmungen lösen Zahlungen auf die der Gegenseite zu erstattenden Kosten ebenfalls das Kündigungsrecht aus. Tilgt der Ver die gegnerische Haftpflichtforderung durch Erklärung einer Aufrechnung (vgl. dazu die Ausführungen in Anm. G 3 a. E.), so wird dadurch ebenfalls das Kündigungsrecht ausgelöst. Leistet der Ver nur einen Teilbetrag auf die gegnerische Haftpflichtforderung, so entsteht bereits dadurch das Kündigungsrecht (Plaas JRPV 1930, S. 6, Wussow[5] Anm. 10 zu § 9 AHB, S. 520). Zur Frage, ob jede weitere Zahlung ein erneutes Kündigungsrecht auslöst, vgl. die Ausführungen in Anm. D 20.

[D 18] γ) Verweigerung der Leistung der fälligen Entschädigung.

Ein Kündigungsrecht besteht ferner, wenn der Ver die Leistung der fälligen Entschädigung verweigert. Abgestellt wird dabei auf die Zahlungs-Fälligkeit im Sinne des § 154 I, also nicht auf die viel früher eintretende Fälligkeit des einheitlichen Haftpflichtvsschutzanspruchs (ebenso Fleischmann-Deiters in Thees-Hagemann Anm. 2 zu § 158, S. 261, Plaas JRPV 1930 S. 8, Prölss[17] Anm. 3 zu § 158, S. 596, Wussow[5] Anm. 11 zu § 9 AHB, S. 521). Das Kündigungsrecht entsteht demgemäß nicht mit jeder Deckungsverweigerung, sondern setzt die Feststellung der Haftpflichtforderung des geschädigten Dritten im Sinne des § 154 I voraus und die alsdann erklärte Weigerung des Vers, die fällige Entschädigung an den Dritten — oder in seltenen Ausnahmefällen an den Vmer (vgl. dazu die Ausführungen in Anm. B 39—41) — zu leisten. Eine unberechtigte Deckungsverweigerung löst daher nur dann ein Kündigungsrecht nach § 158 aus, wenn schon die Fälligkeit nach § 154 I eingetreten war. Zu einer anderen Auslegung kommt man dann, wenn man in einer vorhergehenden Deckungsablehnung zugleich die Erklärung des Vers sieht, daß die künftig fällige Entschädigungsleistung verweigert werde (so Böhme ZfV 1960 S. 606, VersR 1962 S. 1044—1045, Wussow[5] Anm. 11 zu § 9 AHB, S. 526—527). Indes wird damit der vom Gesetz vorgesehene Kündigungszeitpunkt wesentlich anders ermittelt. Es liegt daher näher, eine früher ausgesprochene Deckungsablehnung mit Prölss[17] Anm. 3 zu § 158, S. 596 in krassen Fällen als positive Vertragsverletzung zu qualifizieren, die außerhalb des § 158 ebenfalls zur außerordentlichen Kündigung legitimiert (vgl. dazu die Ausführungen in Anm. D 27). Die Rechtsprechung hat diesen Unterschied nicht immer eindeutig herausgearbeitet. Unklar OLG Hamm 19. V. 1930 JRPV 1931 S. 43—44: „Der Annahme des LG, daß das Kündigungsrecht des Vmers unter allen Umständen erst dann entstehe, wenn die Entschädigung fällig sei, konnte nicht beigetreten werden. Es muß als genügend angesehen werden, wenn die Vsgesellschaft den Vsschutz glatt ablehnt. Der Sinn der Bestimmung des § 10 II 1 der AVB ist der, daß der Vmer dann kündigen darf, wenn die Gesellschaft, obwohl sie zur Entschädigungsleistung verpflichtet ist, die Leistung der ‚fälligen', d. h. mit anderen Worten geschuldeten Entschädigung verweigert." Wie hier aber: OLG Düsseldorf 27. IX. 1929 JRPV 1929 S. 84—85, LG Wiesbaden 12. V. 1964 VersR 1965 S. 1065 [Rechtsschutzv], ferner Fleischmann-Deiters in Thees-Hagemann Anm. 2b zu § 158, S. 261, Rohde VersR 1962 S. 588, Stelzer VersR 1963 S. 114, 116.

Der Unterschied in den beiden Auffassungen mag zunächst als akademisch erscheinen. Zu bedenken ist aber, daß das Kündigungsrecht nach § 158 von einem Verschulden des Vers nicht abhängig ist, während das daneben in Betracht kommende außerordentliche Kündigungsrecht wegen unberechtigter Deckungsverweigerung grundsätzlich nur bei einem Verschulden des Vers zugebilligt werden kann (vgl. dazu Anm. D 27). Fehlt es — z. B. bei einer zweifelhaften Deckungsfrage — an einem Verschulden des Vers, so kann er nach der hier vertretenen Auffassung, wenn er im Deckungsprozeß eines Besseren belehrt wird, durchaus noch seinen Fehler durch Leistung an den geschädigten Dritten wiedergutmachen, löst damit allerdings auch ein Kündigungsrecht aus, aber erst zu einem sehr viel späteren Zeitpunkt (vgl. Anm. D 17 und 21). Ist aber die Fälligkeit im Sinne des § 154 I bereits eingetreten, so geht das Risiko einer unbegründeten Ablehnung des Vsschutzes auf jeden Fall zu Lasten des Vers, nicht etwa wird — wie Gottschalk JRPV 1930 S. 27 und Oberbach II S. 296—297 annehmen — die Fälligkeit bis zur rechtskräftigen Entscheidung einer Zweifelsfrage im Vsschutzprozeß herausgeschoben (ablehnend auch Wussow[5] Anm. 11 zu § 9 AHB, S. 523—526).

Keinen Kündigungsgrund stellt es dar, wenn der Ver den Vsschutz — sei es wegen einer Obliegenheitsverletzung, sei es wegen des Eingreifens einer Ausschlußbestimmung — zu Recht verweigert (insoweit zutreffend: LG Kleve 10. III. 1967 VersR 1967 S. 650). In diesem Fall kann nicht von einer fälligen Haftpflichtschuld im Sinne des § 154 I gesprochen werden, da es sich dabei begrifflich immer um eine solche handeln muß, die der Ver auszugleichen hat. Dagegen entsteht das Kündigungsrecht auch dann, wenn sich die Weigerung des Vers nur auf einen Teil der fälligen Entschädigung bezieht (ebenso Wussow ZfV 1958 S. 374).

In § 9 II Ziff. 2 Abs. 1 AHB ist die hier erörterte Kündigungsalternative beibehalten worden, anders aber § 9 II Ziff. 1 AHBVerm, der insoweit § 158 I abändert. Zum Ausgleich dafür ist aber den Vertragsparteien in der Vermögensschadenhaftpflichtv ein zusätzlicher Kündigungsgrund gewährt worden, und zwar der der rechtskräftigen Abweisung der Vsschutzklage. Auch hier ist aber — wenn auch zu einem späteren Zeitpunkt — ein Kündigungsrecht der Parteien für den Fall einer unberechtigten

Deckungsverweigerung gegeben. Hat der Vmer nämlich den Vsschutzprozeß gewonnen, so muß der Ver zahlen. Diese Zahlung an den Dritten oder die Ersatzleistung an den Vmer, der den geschädigten Dritten mittlerweise befriedigt hat, löst wiederum das in Anm. D 17 erörterte Kündigungsrecht aus.

D 19] δ) Führung eines Haftpflichtprozesses.

Die Führung eines Haftpflichtprozesses sehen sowohl das Gesetz als auch das Bedingungsrecht als so wesentlichen Einschnitt an, daß sie dafür ein Kündigungsrecht beider Vertragsteile statuieren. Das Bedingungsrecht ist auch hier präziser. Es stellt auf einen genau feststellbaren Zeitpunkt ab, nämlich auf die Rechtshängigkeit des Haftpflichtanspruchs (§ 9 II Ziff. 2 Abs. 1 AHB, § 9 II Ziff. 1 AHBVerm). Diese tritt nach § 253 I ZPO durch Zustellung der Klagschrift ein; die Zustellung eines Zahlungsbefehls steht dem grundsätzlich gleich (OLG Zweibrücken 19. II. 1929 Praxis 1929 S. 77), ungeachtet dessen, daß gemäß § 696 II ZPO nach Erhebung eines Widerspruchs die Wirkungen der Rechtshängigkeit nur dann eintreten, wenn alsbald ein Termin anberaumt wird. Durch ein Armenrechtsverfahren wird der Haftpflichtanspruch noch nicht rechtshängig gemacht, so daß hier abweichend von der gesetzlichen Regelung nach dem Bedingungsrecht keine Kündigungsmöglichkeit besteht. Hingegen lösen ein Arrestprozeß oder ein Verfahren betr. den Erlaß einer einstweiligen Verfügung das Kündigungsrecht sowohl nach dem Gesetz als auch nach den genannten Bedingungsbestimmungen aus.

Eine weitere Abweichung von der gesetzlichen Regelung ist darin zu sehen, daß nach dem Gesetz nur ein auf Veranlassung des Vers geführter Rechtsstreit zur Kündigung berechtigt. Diese Einschränkung ist in §§ 9 II Ziff. 2 AHB, 9 II Ziff. 1 AHBVerm nicht enthalten, so daß hier auch die — seltene — Durchführung eines Haftpflichtprozesses auf Veranlassung des Vmers beide Parteien zur Kündigung berechtigt (ebenso Prölss[17] Anm. 3 zu § 158, S. 596). Erhebt der geschädigte Dritte lediglich eine Feststellungsklage, so genügt auch das zur Auslösung des Kündigungsrechts (a. M. Prölss[17] Anm. 1 zu § 9 AHB, S. 697).

[D 20] ccc) Verhältnis der einzelnen Kündigungsgründe zueinander.

Nach der gesetzlichen Regelung können die Parteien zu drei verschiedenen Zeitpunkten aus Anlaß eines Schadenfalles kündigen. Es ist durchaus möglich, daß alle diese Anknüpfungspunkte für eine Kündigung nacheinander in einem Haftpflichtvsfall auftreten. Alsdann ist davon auszugehen, daß jeder neue Anlaß wieder eine neue Kündigungsmöglichkeit auslöst, sofern es sich nicht um eine Wiederholung des bereits früher eingetretenen Kündigungsrechts handelt. Es lösen also verschiedene zeitlich aufeinander folgende Zahlungen des Vers an denselben geschädigten Dritten nicht jedesmal wieder ein neues Kündigungsrecht im Sinne der §§ 9 II Ziff. 2 Abs. 1 AHB, 9 II Ziff. 1 AHBVerm aus (so aber Heimbücher VW 1957 S. 448, der nur bei Rentenzahlungen der hier vertretenen Meinung folgt). Das wird man nach der Interessenlage aber schon nicht mehr für mehrere Zahlungen an verschiedene geschädigte Dritte (bei einheitlichem Schadenereignis oder einheitlichem Verstoß) annehmen können, soweit es nicht nur deshalb zu mehreren Personen als Anspruchstellern gekommen ist, weil ein abgeleiteter Rechtserwerb gegeben ist. Für Zahlungen an originär aus dem Schadenfall eines Dritten Anspruchsberechtigte (z. B. nach §§ 844 II, 845 BGB, 640 RVO) wird dagegen wieder ein gesondertes Kündigungsrecht anzunehmen sein. Demgemäß entsteht nach dem Sinn der getroffenen Regelung auch dann ein erneutes Kündigungsrecht, wenn in einem Falle der Schädigung mehrerer Personen mehrere Rechtsstreitigkeiten wegen der Haftpflichtansprüche verschiedener geschädigter Dritter durchgeführt werden. Das gilt aber nur für Klagen verschiedener Geschädigter, nicht also für den Fall, daß ein geschädigter Dritter seine Haftpflichtansprüche in mehreren Teilprozessen geltend macht.

Prölss[17] Anm. 4 zu § 158, S. 597 ist der Meinung, daß § 158 I 1 nur dann anwendbar sei, wenn es zu einem Haftpflichtprozeß ohne Weisung des Vers gekommen sei. Begründet wird diese Auffassung damit, daß nach § 158 I 2 das Prozessieren auf Weisung des Vers ohnedies einen Kündigungsgrund darstelle. Dieser Auffassung kann jedoch nicht beigepflichtet werden. Sie geht von der unzutreffenden Prämisse aus, daß nicht mehrfach ein Kündigungsrecht des Vmers aus Anlaß eines Schadenfalles entstehen könne. Für eine solche Annahme geben aber weder Wortlaut noch Sinn der gesetzlichen Regelung einen Anhaltspunkt. Es ist also daran festzuhalten, daß sowohl nach dem Gesetz als auch nach dem Bedingungsrecht sämtliche Kündigungsmöglichkeiten neben- und nacheinander eintreten können.

[D 21] ddd) Zeitpunkt der Kündigung.

Nach § 158 II 1 ist eine Schadenkündigung nur innerhalb eines Monats seit der Anerkennung der Entschädigungspflicht oder der Verweigerung der Entschädigung oder seit der Rechtskraft des im Rechtsstreit mit dem Dritten ergangenen Urteils zulässig. Eine vorher ausgesprochene Kündigung ist unwirksam. Besondere Bedeutung gewinnt § 158 II 1 für die Kündigung, die aus Anlaß eines auf Weisung des Vers geführten Prozesses ausgesprochen werden kann. § 158 I 2 würde bei isolierter Betrachtung, also ohne die ergänzende Bestimmung in § 158 II 1, dahin zu verstehen sein, daß das Kündigungsrecht bereits mit dem Beginn des auf Weisung des Vers durchzuführenden Prozesses entstehe. Einer solchen Auslegung tritt § 158 II 1 dadurch entgegen, daß er die Kündigung aus Anlaß eines Prozesses nur für die Zeit nach der Rechtskraft vorsieht. Dabei genügt es, daß ein Teilurteil rechtskräftig wird, nicht ausreichend ist es dagegen, daß ein Grundurteil nicht mehr anfechtbar ist (ebenso Prölss[17] Anm. 4 zu § 158, S. 597, Wussow[5] Anm. 14 zu § 9 AHB, S. 531).

In den Fällen, in denen der Ver — wie üblich — Herr des Zivilprozesses war, über dessen Verlauf der Vmer regelmäßig nur vom Ver etwas erfährt, kann allerdings nicht auf den objektiv bestimmbaren Zeitpunkt der Rechtskraft abgestellt werden, sondern regelmäßig nur auf die Mitteilung des Vers an den Vmer über die Rechtskraft, genauer gesagt: auf den Zugang dieser Mitteilung.

Hat der Vmer allerdings bereits von dritter Seite Kenntnis von der Rechtskraft erhalten, so läuft von diesem Zeitpunkt an die Frist des § 158 II 1. Im Ergebnis ebenso Wussow[5] Anm. 14 zu § 9 AHB, S. 532. Er stellt auf den Zeitpunkt der Rechtskraft oder Zahlung ab mit der Einschränkung, daß sich der Ver, der den Vmer nicht unterrichtet habe, nach Treu und Glauben nicht auf den Ablauf der Kündigungsfrist berufen könne (ebenso Ibex NeumZ 1934 S. 1185—1186). Ganz anders Hetzell NeumZ 1935 S. 306, der immer nur den Zeitpunkt der Zahlung oder der Rechtskraft für maßgebend hält.

§§ 9 II Ziff. 2 Abs. 2 AHB, 9 II Ziff. 2 AHBVerm enthalten (anders als § 4 Ziff. 3 AKB) nicht die in § 158 II 1 vorgesehene Einschränkung, daß die Kündigung aus Anlaß eines Prozesses nur binnen eines Monats seit rechtskräftiger Entscheidung ausgeübt werden könne. Es wird vielmehr lediglich gesagt, daß das Kündigungsrecht erlischt, wenn es nicht spätestens einen Monat, nachdem der Rechtsstreit durch Klagrücknahme, Anerkenntnis oder Vergleich beigelegt oder das Urteil rechtskräftig geworden sei, ausgeübt wird. Aus dieser unterschiedlichen Wortfassung ist zu schließen, daß abweichend von § 158 II 1 das Schadenkündigungsrecht aus Anlaß eines Prozesses nach den erwähnten Bedingungsbestimmungen bereits mit der Rechtshängigkeit des Rechtsstreits entsteht (ebenso Gottschalk JRPV 1930 S. 27—28, wohl auch OLG Zweibrücken 19. II. 1929 Praxis 1929 S. 77, a. M. Oberbach II S. 298—299, Wussow ZfV 1958 S. 374, Wussow[5] Anm. 14 zu § 9 AHB, S. 531). Mit Rücksicht auf die abschließende Regelung des Schadenkündigungsrechts in den genannten Bedingungsbestimmungen, durch die in mehrfacher Beziehung § 158 I, II abgeändert worden ist, läßt sich eine ergänzende Anwendung des in § 158 II 1 zum Ausdruck gekommenen Gegenprinzips kaum vertreten. Abzustellen ist auf den objektiv wägenden Betrachter der Wortfassungen der genannten Bestimmungen. Dieser wird aber aus dem Ausdruck spätestens und aus dem Weglassen des Wortes nur eindringlich auf die hier vertretene Schlußfolgerung verwiesen. Sie wird ihm geradezu als teilweiser Ausgleich für die gleichzeitig durch §§ 9 II Ziff. 2 Abs. 2 AHB, 9 II Ziff. 1 AHBVerm zu Ungunsten des Vmers erfolgte Abänderung des § 158 II erscheinen, daß dieser nämlich nach dem Vertragsrecht eine Kündigung des Vsverhältnisses nur mit sofortiger Wirkung aussprechen kann (anders als nach § 4 Ziff. 3

AKB). Dadurch wird dem Vmer für den wichtigsten Fall der Schadenkündigung Gelegenheit gegeben, seine Erklärung zeitlich so abzugeben, daß ihm in der Regel kein wesentlicher Rechtsnachteil durch die bis zum Ende der Vsperiode vorgesehene Fortdauer der Prämienzahlungspflicht entsteht.

Auch für den zusätzlich durch das Bedingungsrecht eingefügten Kündigungsgrund der Zahlung ist nicht auf den Zeitpunkt dieser Leistung, sondern auf den Zugang der Mitteilung bei dem Vmer oder auf seine anderweitig erhaltene Kenntnis abzustellen. Kein Problem bieten aus dieser Sicht der Dinge der Beginn der Monatsfrist aus den weiteren Kündigungsgründen Verweigerung der fälligen Entschädigung (§§ 158 I 1, 9 II Ziff. 2 Abs. 2 AHB) und rechtskräftige Abweisung einer Vsschutzklage (§ 9 II Ziff. 1 AHBVerm). Hier kann ganz an objektive Kriterien angeknüpft werden, nämlich an den Zugang der Weigerungserklärung des Vers oder an den tatsächlichen Eintritt der Rechtskraft.

[D 22] eee) Kündigungsfrist.

Nach § 158 II 2 muß der Ver eine Kündigungsfrist von einem Monat einhalten (ebenso §§ 9 II Ziff. 2 Abs. 2 AHB, 9 II Ziff. 1 AHBVerm). Durch diese Frist soll der Vmer geschützt werden. Er soll sich in Ruhe einen neuen Ver suchen können. Wählt der Ver eine längere Kündigungsfrist, so bestehen dagegen nach dem Zweck der Vorschrift keine Bedenken (Bruck S. 684, Prölss[17] Anm. 4 zu § 158, S. 597). Dagegen sieht das Gesetz eine solche Frist für den Vmer nicht vor. Er muß nur nach § 158 II 3 beachten, daß er nicht zu einem späteren Zeitpunkt als zu dem Schluß der laufenden Versicherungsperiode kündigen kann. Diese Regelung ist durch §§ 9 II Ziff. 2 Abs. 2 AHB, 9 II Ziff. 1 AHBVerm zum Nachteil des Vmers dahin abgeändert worden, daß dieser nur mit sofortiger Wirkung kündigen kann. Die nachteilige Wirkung dieser Bestimmungen für den Vmer wird aber durch die in Anm. D 21 vertretene Auffassung weitgehend gemildert, daß der Vmer ab Beginn eines Haftpflichtprozesses bis einen Monat nach Rechtskraft kündigen kann, so daß er sich also das Ende einer Vsperiode für seine sofortige Kündigung zumeist wird aussuchen können.

[D 23] fff) Behandlung nicht fristgerechter Kündigungen.

Kündigungen, die vor Eintritt der in Anm. D 16–19 erörterten Kündigungsmöglichkeiten ausgesprochen werden, sind unwirksam (vgl. allgemein dazu Möller in Bruck-Möller Anm. 28 zu § 8, ferner Fleischmann-Deiters in Thees-Hagemann Anm. 4 zu § 158, S. 261). Abweichend Prölss[17] Anm. 4 zu § 158, S. 597, nach dessen Auffassung eine nach Eintritt des Vsfalles ausgesprochene Schadenkündigung wirksam werden könne, wenn später einer der bei Ausspruch der Kündigung selbst noch nicht gegeben gewesenen gesetzlichen oder vertraglichen Kündigungsgründe eintrete (ebenso Hetzell NeumZ 1935 S. 306–307, ähnlich auch OLG Zweibrücken 19. II. 1929 Praxis 1929 S. 77 und LG Stuttgart 7. IV. 1951 VersR 1951 S. 162 [Unfallv]). Aus Gründen der Rechtssicherheit ist dem entgegenzutreten (Bruck S. 683, Fleischmann-Deiters in Thees-Hagemann Anm. 4 zu § 158, S. 261, Rohde VersR 1962 S. 589). Doch gilt das Gesagte nicht uneingeschränkt. Hat der Ver z. B. dem Vmer mitgeteilt, daß er eine bestimmte Zahlung zum Ausgleich des Schadenersatzanspruches des geschädigten Dritten geleistet habe, so darf der Vmer darauf vertrauen: Wird die Zahlung dann erst nach dem Ausspruch der Kündigung geleistet, so ist es dem Ver versagt, sich auf das Nichtvorliegen eines Kündigungsgrundes zum Zeitpunkt des Zugangs der Kündigung zu berufen (ähnlich Heimbucher VW 1957 S. 446).

Unwirksam sind auch solche Kündigungen, die nach Ablauf der vorgesehenen Monatsfrist vorgenommen werden (vgl. dazu wiederum Möller in Bruck-Möller Anm. 29 zu § 8). Das gleiche gilt für die Fälle, in denen einer der Vertragspartner irrig die Voraussetzungen für das Vorliegen des Schadenkündigungsrechts für gegeben hält.

Darüber, daß eine unwirksame Kündigung in ein Angebot auf vorzeitige Auflösung des Vsvertragsverhältnisses umgedeutet und vom Vertragspartner angenommen werden kann, vgl. Möller a. a. O. Anm. 28 zu § 8, Fleischmann-Deiters in Thees-Hagemann

Anm. 4 zu § 158, S. 261, ferner OLG Breslau 30. I. 1932 JRPV 1932 S. 95—96 (Kfz-Kaskov). Zu beachten ist in diesem Zusammenhang, daß eine an sich nicht den Bestimmungen über die Schadenkündigung entsprechende Willenserklärung des Vmers vom Ver zurückgewiesen werden muß; andernfalls tritt durchweg eine Bindung des Vers auch an eine solche Kündigung ein (vgl. dazu die Nachweise aus der Rechtsprechung bei Prölss[17] Anm. 5 F zu § 8, S. 96—97 und die Ausführungen von Wriede VersR 1965 S. 9—12 [letzterer mit berechtigten dogmatischen Bedenken]; ferner Anm. D 13).

[D 24] ggg) Wirkung der Kündigung.

Kündigt der Ver, so gebührt ihm die Prämie nur anteilig bis zu dem Zeitpunkt, zu dem das Vertragsverhältnis aufgelöst wird (§ 158 III, §§ 8 IV Abs. 2 S. 2 AHB, 8 III Ziff. 1 Abs. 1 AHBVerm). Eine Abrechnung nach einem Tarif für kurzfristige Risiken (mit höheren Prämiensätzen) ist nach diesen Bestimmungen nicht gestattet (ebenso Fleischmann-Deiters in Thees-Hagemann Anm. 5 zu § 158, S. 261). Die Schadenkündigung durch den Vmer hat für diesen den Nachteil, daß er die Prämien bis zum Schluß der laufenden Vsperiode entrichten muß. Mit Rücksicht darauf, daß der Vmer nach dem Vertragsrecht nur mit sofortiger Wirkung kündigen kann, ist die vom Gesetz vorgesehene Chancengleichheit nicht ganz gewahrt. Ein gewisser Ausgleich wird aber dadurch gewährt, daß — abweichend von § 158 II — nach dem Bedingungsrecht der Vmer von der Rechtshängigkeit des Haftpflichtanspruchs bis zu einem Monat nach rechtskräftigem Abschluß des Prozesses die Schadenkündigung aus Anlaß eines Haftpflichtstreits aussprechen kann (vgl. dazu Anm. D 21).

Kündigen in zulässiger Weise sowohl der Vmer als auch der Ver, so geht nach logischen Grundsätzen diejenige Kündigung vor, die den Vertrag früher beendet. Das wird regelmäßig die Kündigung des Vmers sein. Doch kommt der Kündigung des Vers auch in diesen Fällen Bedeutung zu, da durch sie der Prämienanspruch des Vers nach Maßgabe der erörterten Vorschriften begrenzt wird (anders KG 23. X. 1929 JRPV 1929 S. 426—427 [mit abl. Anm. von Pfeiffer a. a. O.] = Praxis 1930 S. 12—13; wie hier aber zu einem ähnlich gelagerten Problem bei einer sofortigen Kündigung des Vers nach § 39, der eine fristgemäße des Vmers vorangegangen war: BGH 19. I. 1956 VersR 1956 S. 121—122 [anders als Vorinstanz OLG Braunschweig 6. IV. 1954 VersR 1954 S. 313 bis 314 und Möller in Bruck-Möller Anm. 11 zu § 40]). Mit Rücksicht darauf, daß der Vmer nur mit sofortiger Wirkung kündigen kann, kommt eine derartige Reduzierung des Prämienanspruchs regelmäßig nur in Betracht, wenn der Ver vor dem Vmer gekündigt hat. Gleichzubehandeln ist aber der Fall, in dem die Kündigungen den Parteien gleichzeitig zugehen. Hingegen tritt keine Prämienreduzierung ein, wenn die Kündigung des Vers erst später zugeht, da der Vertrag dann bereits beendet ist, so daß die Kündigung des Vers ins Leere stößt. Ein rechtfertigender Grund dafür, in einem solchen Falle aus dem Gesichtspunkt der Doppelwirkung im Recht den Prämienanspruch des Vers zu reduzieren, ist nicht ersichtlich. Der Kündigung des Vers kommt bei einem solchen Sachverhalt allerdings dann wieder rechtliche Bedeutung zu, wenn die Kündigungserklärung des Vmers etwa durch eine berechtigte Irrtumsanfechtung vernichtet wird.

[D 25] bb) Kündigung bei der Veräußerung des haftpflichtversicherten Betriebes.

In Anm. D 29—40 sind eingehend die Fälle dargestellt worden, in denen gemäß § 151 II die Haftpflichtv auf den Erwerber eines Unternehmens übergeht. Hier steht sowohl dem Erwerber als auch dem Ver ein Kündigungsrecht zu, dessen Einzelheiten in der in § 151 II ausdrücklich für entsprechend anwendbar erklärten Bestimmung des § 70 geregelt sind. Für die Auslegung dieser Bestimmung wird auf die Ausführungen von Möller in Bruck-Möller zu § 70 verwiesen. Dafür, daß das Kündigungsrecht des Erwerbers nicht abbedungen werden kann, vgl. die Ausführungen in Anm. D 34.

[D 26] cc) Kündigung nach § 9 II Ziff. 1 AHB.

Führt eine Anwendung der Prämienangleichungsklausel nach § 8 III AHB (vgl. zur Auslegung dieser Bestimmung die Ausführungen in Anm. E 5—7) zur Erhöhung um mehr als das Doppelte der Vorjahresprämie, so steht dem Vmer ein außerordentliches Kündigungsrecht zu. Die Kündigung ist mit sofortiger Wirkung binnen Monatsfrist, nachdem der Vmer von der Erhöhung durch Übersendung der Prämienrechnung Kenntnis erhalten hat (vgl. § 8 III Ziff. 4 AHB), auszusprechen. Die Veröffentlichung der Feststellungen des Treuhänders im Sinne des § 8 III Ziff. 1 AHB im Bundesanzeiger genügt nicht (Wussow[5] Anm. 7 zu § 9 AHB, S. 518). Das ergibt sich schon daraus, daß der Ver zwar berechtigt ist, gemäß § 8 III Ziff. 2 Abs. 1 AHB eine erhöhte Prämie zu fordern, für den Vmer jedoch durchaus nicht klar zu sein braucht, ob der Ver von dem Erhöhungsrecht Gebrauch machen wird. Die Bedeutung des § 9 II Ziff. 1 AHB wird sich erst bei Eintritt eines rapiden Währungsverfalls zeigen. Bisher sind die Voraussetzungen für die Anwendung dieser Vorschrift noch nie gegeben gewesen (vgl. auch Anm. E 5).

[D 27] dd) Außerordentliche Kündigung aus sonstigem wichtigen Grund.

Verwiesen sei hier wiederum in erster Linie auf die Ausführungen von Möller in Bruck-Möller Anm. 25 zu § 8. Danach ist in Analogie zu §§ 626, 723 I 2 BGB anzunehmen, daß bei einem Vsvertrag als einem Dauerschuldverhältnis jeder Vertragsteil ohne Einhaltung einer Kündigungsfrist bei Vorliegen eines wichtigen Grundes kündigen kann. Ein solches außerordentliches Kündigungsrecht des Vmers besteht z. B. bei einem Unsicherwerden des Vers, aber auch sonst bei schweren Vertragsverletzungen des Vers. Als eine solche ist insbesondere eine schuldhaft unberechtigte Deckungsverweigerung anzusehen (vgl. die Nachweise bei Möller a. a. O.; ebenso Prölss[17] Anm. 6d zu § 8, S. 98 m. w. N.). Vgl. ergänzend OLG Düsseldorf 27. VII. 1954 VersR 1954 S. 587 bis 589, das in einem haftpflichtvsrechtlichen Fall die Vorenthaltung des Vsscheins um 7 Monate zusammen mit der Hinauszögerung der Bearbeitung von Schadenfällen als wichtigen Grund zur fristlosen Kündigung angesehen hat. Ein solches Recht zur Kündigung des Vsvertrages aus wichtigem Grund wird man dem Ver z. B. auch bei schweren Beleidigungen durch den Vmer zuzubilligen haben.

[D 28] 3. Wegfall des versicherten Risikos.

§ 68, der in erster Linie auf die Aktivenv abstellt, findet auf die Haftpflichtv ungeachtet dessen, daß es bei ihr als Passivenv kein vtes Interesse gibt (vgl. dazu Anm. B 3 und vor allem Möller in Bruck-Möller Anm. 6 a. E. vor §§ 49—80), sinngemäße Anwendung (ebenso Bronisch-Cuntz-Sasse-Starke Anm. 2 zu § 68, v. Gierke II S. 176, Prölss[17] Anm. 3 zu § 68, S. 327—328; BGH 14. XI. 1960 VersR 1960 S. 1108). Für eine solche Anwendung spricht die Interessenlage, da bei dem Fortfall eines Risikos kein sachgemäßer Grund für eine unterschiedliche Behandlung der Aktiven- und der Passivenv gegeben ist. Das Gesetz geht ersichtlich auch von einer solchen Anwendung aus, wenn es nämlich in § 68 I für erst in der Zukunft entstehende Risiken ausdrücklich neben der Interessev die V für ein künftiges Unternehmen nennt. Diesen Überlegungen entsprechen §§ 9 III AHB, 9 IV 1 AHBVerm; dort heißt es, daß bei vollständigem und dauerndem Wegfall der vten Risiken die V bezüglich dieser Wagnisse erlösche. Zu beachten ist dabei, daß § 68 nach § 68a zwingenden Charakter hat, so daß zum Nachteil des Vmers abweichende Bestimmungen unwirksam sind. Wegen eines solchen Verstoßes gegen § 68 II ist § 8 III Ziff. 1 Abs. 4 AHBVerm unwirksam (vgl. dazu Anm. E 10). Nach § 9 IV Abs. 2 AHBVerm gilt bei Wegfall eines Hauptberufs vom Zeitpunkt des Wegfalls für die Prämienberechnung ein bisheriger Nebenberuf als Hauptberuf. Soweit auch für den Nebenberuf im Rahmen des Grundvertrages bereits Vsschutz bestand, ist diese Abrede rechtswirksam. Dagegen bestehen nach dem Sinn des § 68 II Bedenken, wenn die Vorschrift dahin ausgelegt werden würde, daß auf diese Weise auch ein bisher nicht vtes Risiko erfaßt werden soll, um dem Ver den Nachteil des Prämienwegfalls bei Erlöschen des Wagnisses zu ersparen.

Wesentlich für die Anwendung des § 68 ist, daß ein vollständiger Wegfall des vten Risikos vorliegt. BGH 24. I. 1951 NJW 1951 S. 314—316 (m. Anm. von Prölss a. a. O.) = VersR 1951 S. 76—77 (m. Anm. von Oberbach a. a. O. S. 77—79) hat zu Recht im Rahmen einer Grundstückseigentümerhaftpflichtv keinen Risikowegfall angenommen, als es zu einer kriegsbedingten Zerstörung des Hausgrundstücks gekommen war. Hier lag lediglich eine Risikoveränderung in der Form einer Gefahrverminderung vor (vgl. dazu Anm. G 145).

Trotz Wegfall des vten Wagnisses kann für den Vmer weiterhin die Gefahr bestehen, in Zukunft haftpflichtig gemacht zu werden. Zu denken ist z. B. an die Aufgabe eines Produktionsbetriebes durch den Vmer. Hier können sich daraus, daß nach §§ 1 Ziff. 1, 5 Ziff. 1 AHB auf das während der Wirksamkeit der V eingetretene Schadenereignis abgestellt wird (vgl. dazu Anm. D 3—4 m. w. N. und Anm. B 30—31), Deckungslücken ergeben, wenn eine während des Laufs des Vsvertrages gesetzte Ursache sich erst nach vielen Jahren zu einem Schadenereignis auswirkt. Solche Systemschwächen (vgl. auch das Beispiel in Anm. D 4) können aber die Anwendung des § 68 im erörterten Fall nicht ausschließen, da es sich um eine Eigenart der Haftpflichtv handelt, die auf die verschiedenen gedanklich möglichen Anknüpfungspunkte im Rahmen des gedehnten Vsfalles zurückzuführen ist (vgl. zum Streitstand über den Begriff des Vsfalles in der Haftpflichtv im Ganzen die Ausführungen in Anm. B 9—31). Der Vmer muß hier durch Vereinbarung einer Nachhaftungsklausel seinen Interessen gesondert Rechnung tragen lassen.

Für Einzelheiten über den Wegfall des vten Risikos wird auf die Ausführungen von Möller in Bruck-Möller zu § 68 verwiesen. Der Hauptfall des Wegfalls eines vten Risikos, nämlich die Unternehmensveräußerung, ist nicht nach § 68 zu lösen, da hier § 151 II eine Spezialregelung getroffen hat (vgl. dazu Anm. D 29—40).

Auch der Tod des Vmers kann zum Erlöschen des Vsvertrages im Sinne des § 68 II führen. Fehlen Vereinbarungen über die Behandlung des Vsvertrages im Falle des Todes des Vmers, so ist im Anschluß an die differenzierenden Ausführungen in RG 3. II. 1939 RGZ Bd 159 S. 337—352 zu untersuchen, ob allein persönliche Eigenschaften des Vmers unter Vsschutz genommen worden waren oder ob es sich um solche Risikoverhältnisse handelt, die in der Person der Erben fortgesetzt werden. Im erstgenannten Falle erlischt die Haftpflichtv grundsätzlich. Doch sind Ausnahmen denkbar. So ist nach der Interessenlage ein Übergang des Privathaftpflichtvsvertrages auf die Witwe des Vmers anzunehmen, wenn diese ihn (ganz oder teilweise) beeerbt und als Vte ohnedies schon Vsschutz genoß (ebenso Wehn Grundlagen C 1 S. 53, a. M. Oberbach I S. 42 bis 43, Sieg HansRGZ 1938 A Sp. 171, Stelzer ZfV 1958 S. 415, Wussow[5] Anm. 20 zu § 1 AHB, S. 48; differenzierend Heimbücher VW 1964 S. 668). In folgenden Fällen wird das Vsverhältnis mit den Erben fortgesetzt: Grundstückseigentümerhaftpflichtv, Betriebshaftpflichtv.

Vgl. zu diesem Fragenkreis ergänzend: Capitain ÖffrV 1935 S. 296—297, Oberbach I S. 42—44, Schirmer Vertretungsmacht S. 12—13, Sieg HansRGZ 1938 A Sp 169—176, JRPV 1938 S. 129—132, Stelzer ZfV 1958 S. 413—415, Wehn Grundlagen C 1 S. 52—53.

[D 29] IV. Übergang des Haftpflichtversicherungsverhältnisses gemäß § 151 II VVG.

Schrifttum:

Bauer VersR 1968 S. 813—817, Carstensen, Die Anwendbarkeit des § 69 VVG auf die Haftpflichtv, Kieler Diss. 1936, Ehrenberg, Die Veräußerung der vten Sache und die Haftpflichtv, in Festgabe für Manes, Berlin 1927 S. 189—203, Hagen II S. 308—310, Josef ÖffrV 1930 S. 5—6, Lenski, Zur Veräußerung der vten Sache, Karlsruhe 1965, Sieg Ausstrahlungen S. 79—80 und S. 143—145, Wehn, Der Übergang der Haftpflichtv infolge Zwangsversteigerung, Diss. Erlangen 1934, Wehn Grundlagen C 1 S. 47—53.

[D 30] 1. Zweck.

Wird ein gegen Haftpflicht vtes geschäftliches Unternehmen veräußert, so tritt der Erwerber nach § 151 II an die Stelle des Vmers. Das gleiche gilt, wenn das Unternehmen aufgrund eines Nießbrauches, eines Pachtvertrages oder eines ähnlichen Verhältnisses von einem Dritten übernommen wird. Der gesetzgeberische Zweck dieser Vorschrift ist es, den Erwerber zu schützen; vgl. Begr. I S. 137, wo es heißt, daß es für den Eintretenden nur von Vorteil sei, den Vsschutz ohne weiteres zu genießen. Durch diese Regelung wird dafür gesorgt, daß kontinuierlich Vsschutz für den jeweiligen Unternehmer des vten Betriebes geboten wird (BGH 10. II. 1966 VA 1966 S. 220 Nr. 433 = VersR 1966 S. 354; — für einen Ausnahmefall, der sich aus einer Systemschwäche der in §§ 1 Ziff. 1, 5 Ziff. 1 AHB festgelegten Anknüpfung an das Schadenereignis ergibt, vgl. aber Anm. D 4 [dazu auch Anm. D 28]). Angesichts dieses gesetzgeberischen Motivs kann den Ausführungen von Sieg Ausstrahlungen S. 79 nicht beigepflichtet werden, daß § 151 II in der heutigen Rechtspraxis in erster Linie im Blickpunkt des geschädigten Dritten beurteilt werde. Vielmehr tritt dieser Gesichtspunkt hier ganz zurück. Ein schönes Beispiel gibt dazu BGH 5. X. 1961 BGHZ Bd 36 S. 24–28. Dort wird § 151 II erweiternd auch für den Fall angewendet, daß neben den bisherigen Alleininhaber eines Betriebes ein Mitinhaber tritt (vgl. dazu Anm. D 37). Dieses Ergebnis wird zu Recht allein aus dem erwähnten Schutzgedanken des § 151 II gewonnen. Die Belange des geschädigten Dritten spielen dabei keine Rolle.

[D 31] 2. Abgrenzung zu verwandten Vorschriften.

a) Verhältnis zu § 69 VVG.

Die Unterschiede zwischen der Interessev und der Haftpflichtv (vgl. dazu die Ausführungen in Anm. B 3), die vom Gesetzgeber in den in § 151 II und § 158h getroffenen Sonderregelungen berücksichtigt worden sind, verbieten es, in weiteren Fällen als den in den genannten beiden Vorschriften geregelten das Haftpflichtvsverhältnis durch eine entsprechende Anwendung des § 69 übergehen zu lassen. Demgemäß geht bei der Veräußerung eines Miethauses eine darauf bezogene Haftpflichtv nach der gesetzlichen Regelung nicht auf den Erwerber nach § 69 über (KG 9. IV. 1925 VA 1925 S. 136 Nr. 1486 = JRPV 1925 S. 199, LG Berlin 22. X. 1951 VersR 1952 S. 50–51). Vor Einfügung des § 158h war dementsprechend zu Recht vom RG, und zwar in Übereinstimmung mit dem überwiegenden Schrifttum, eine analoge Anwendung des § 69 auf die Kfz-Haftpflichtv bei der Veräußerung eines Kraftwagens abgelehnt worden (RG 5. XI. 1937 RGZ Bd 156 S. 146–150; eingehende Nachweise zu dieser alten Streitfrage finden sich bei Carstensen a. a. O. S. 6 und vor allem bei Lenski a. a. O. S. 61–65).

[D 32] b) Konkurrenz zu § 158h VVG.

Eine weitere Sondervorschrift für den Übergang eines Haftpflichtvsverhältnisses findet sich in § 158h. Dort ist bestimmt, daß bei einer Veräußerung eines Kraftwagens die Haftpflichtv auf den Erwerber übergeht. § 151 II steht selbständig neben § 158h. Es besteht daher die Möglichkeit, daß § 151 II und § 158h nebeneinander in der Weise Anwendung finden, daß aufgrund beider Bestimmungen das Vsverhältnis auf den Erwerber übergeht. Das ist z. B. dann der Fall, wenn der Inhaber einer Selbstfahrer-Vermietfirma sein Geschäft, das im wesentlichen aus seinen 10 Kraftwagen besteht, für die eine Sammel-Kfz-Police abgeschlossen ist, von einem Dritten fortführen läßt und zugleich auch das Eigentum an diesen Fahrzeugen auf den Dritten überträgt. Hier sind die Voraussetzungen für beide Vorschriften erfüllt. Insbesondere ist der Kfz-Sammelvertrag bei einem derartigen Betrieb als echte Betriebshaftpflichtv anzusehen. Demgemäß ist von der Rechtsprechung auch schon vor Einfügung des § 158h ein Übergang des Vsverhältnisses in derartigen Fällen nach § 151 II angenommen worden (OLG Köln 1. VI. 1938 VA 1938 S. 196–198 Nr. 3060). Der gedachte Fall läßt sich in der Weise variieren, daß zwar der Betrieb durch den Dritten fortgesetzt, aber das Eigentum an den Fahrzeugen nicht übertragen wird, diese werden vielmehr dem Übernehmer mietweise überlassen. Hier findet § 158h keine Anwendung (es sei denn, daß man § 158h entgegen der h. A. nicht auf die rechtsgeschäftliche Eigentumsübertragung, sondern auf den Halterwechsel anwendet; vgl. die Nachweise für die hier vertretene Auffassung bei Prölss[17] Anm. 1 zu § 158h, S. 625), der Kfz-Haftpflichtvsvertrag geht aber dennoch nach § 151 II auf den Erwerber über. Es fragt sich, ob in dem erörterten Beispielsfall § 151 II auch dann Anwendung findet, wenn kein einheitlicher Vertrag vorliegt, sondern für jedes der 10 Fahrzeuge ein besonderer Vertrag abgeschlossen worden ist. Die Interessenlage gebietet es, auch hier § 151 II anzuwenden, vorausgesetzt, daß die Verträge alle mit demselben Ver abgeschlossen sind. Die Summe der einzelnen Ven muß hier als die V eines geschäftlichen Betriebes im Sinne des § 151 II behandelt werden.

Dafür, daß der Anwendungsbereich des § 151 II durch § 158h eingeschränkt werden sollte, ergibt die gesetzliche Regelung jedenfalls keinen Anhaltspunkt. Demgemäß ist z. B. vom OLG Düsseldorf (1. XII. 1953 VersR 1954 S. 507 mit Anm. von Haidinger a. a. O. S. 507) auch ohne diesbezügliche Bedenken in einem derartig speziell gelagerten Falle die Anwendung des § 151 II auf ein Kfz-Haftpflichtrisiko erörtert worden (ebenso Haidinger a. a. O.; anders wohl Prölss[17] Anm. 4 zu § 151, S. 568).

[D 33] 3. Vertragliche Abänderungen.

a) Ausdehnung auf Haftpflichtversicherungen, die sich nicht auf einen geschäftlichen Betrieb beziehen.

Das in Anm. D 31 Gesagte schließt nicht aus, daß vertraglich Erweiterungen, z. B. der Übergang einer Haftpflichtv eines Grundstückseigentümers bei der Veräußerung des Grundstücks, zwischen dem Ver und dem Vmer getroffen werden nach dem Vorbild der schon vor Inkrafttreten des VVG geschaffenen vertraglichen Regelungen (vgl. dazu die Nachweise bei Sieg Ausstrahlungen S. 79—80). Zu beachten ist dabei aber, daß kein Vertrag zu Lasten eines Dritten ohne ausdrückliche gesetzliche Regelung möglich ist. Als ein echter Vertrag zugunsten eines Dritten im Sinne des § 328 BGB ist aber eine Vereinbarung des Inhalts möglich, daß der Erwerber vom Zeitpunkt des Erwerbes an materiellen Vsschutz genießen soll, sofern er sich bereit findet, das Vsverhältnis fortzusetzen. Keine Bedenken bestehen dabei, den Vsschutz rückwirkend (konstruktiv wie in der Vorsorgev) entfallen zu lassen, auch für bereits eingetretene Vsfälle, wenn der Erwerber die Übertragung des Vsverhältnisses auf sich ablehnt. Vgl. in diesem Zusammenhang die recht instruktiven Ausführungen in RG 17. II. 1914 VA 1914 Anh. S. 100 Nr. 844. Dort heißt es: „Die Gesellschaft verpflichtete sich ihrem Vertragsgegner gegenüber, auch dessen Nachfolger in jenem Betriebe Vsschutz zu gewähren, und der Vmer sagte den Eintritt seiner Nachfolger zu, beides unter Vorbehalt eines Kündigungsrechts. Eine solche Bestimmung läßt sich aber sehr wohl als eine Vertragsklausel zugunsten Dritter auffassen. Tatsächlich bietet sie bei regelmäßiger Prämienzahlung dem Nachfolger beziehentlich den Nachfolgern des Vmers für die Zeit bis zur nächstfälligen Prämie lastenfrei den Vorteil des Vsschutzes. Eine Verpflichtung zum Eintritt in das Vsverhältnis kann freilich für Dritte durch das Abkommen der Vertragsparteien nicht begründet werden. Das steht indes einer Heranziehung der §§ 328ff BGB nicht im Wege. Selbst bei einer ausschließlich zum Vorteil eines Dritten getroffenen Vertragsbestimmung ist ihr wirksamer Bestand von der Stellungnahme des Dritten abhängig (§ 333 BGB). Insoweit es sich um Leistungen des Vten handelt, welche vertragliche Verpflichtungen des Vmers darstellen, erscheint bei dem Nachfolger die Bewirkung der Leistungen als Bedingung für die Erhaltung des Rechtserwerbs." Mit diesen klaren Überlegungen ist demgemäß daran festzuhalten, daß einem am Vertragsverhältnis bisher Unbeteiligten außerhalb der gesetzlichen Vorschriften der §§ 69, 151 II, 158h nicht ein Vsvertrag aufgezwungen werden kann. Unwirksam ist danach auch eine Vereinbarung zwischen Ver und Vmer, nach der es der Zustimmung des Übernehmers für den Vertragsübergang nicht bedarf und ihm lediglich — wie in der gesetzlichen Regelung — ein Kündigungsrecht zugebilligt wird. Aus einer derartigen Vereinbarung erwachsen für den Erwerber — auch wenn er die vorgesehene Kündigung nicht ausspricht — keine Pflichten (ebenso Möller Grundlagen B S. 4, Lenski a. a. O. S. 63).

[D 34] b) Abänderung des § 151 II VVG im gesetzlich vorgesehenen Anwendungsbereich.

Zu beachten ist schließlich, daß § 151 II nicht zugunsten des Übernehmers zwingend ist. Das ergibt sich daraus, daß nicht auf § 72 Bezug genommen worden ist. Es kann daher von vornherein im Haftpflichtvsvertrag vereinbart werden, daß § 151 II keine Anwendung finde (vgl. nur Bruck S. 596 und das Zitat aus Begr. I S. 138 am Ende dieser Anm.). Auch für § 151 II bedeutsam ist aber die alte Streitfrage zu § 69, ob durch eine Vereinbarung zwischen dem Vmer und dem Übernehmer der Übergang der V ausgeschlossen werden könne (dafür u. a. Bruck S. 595, Hagen I S. 666, II S. 310, Prölss[17] Anm. 1 zu § 72, S. 343, Ritter-Abraham Anm. 60 zu § 49 ADS, OLG Hamburg 10. II. 1927 HGZ 1927 S. 88, OLG Hamburg 22. VI. 1927 VA 1927 S. 282—283 Nr. 1780 = JRPV 1927 S. 279, OLG Dresden 19. V. 1933 JRPV 1933 S. 370 = HansRGZ 1933 A Sp. 528; a. M. u. a. Ehrenzweig S. 238, Kisch III S. 338, Raiser[2] Anm. 13 zu § 12 AFB und Lenski a. a. O. S. 98—100 [m. w. N. für beide Auffassungen], ferner LG Bremen 9. XI. 1926 JRPV 1927 S. 20). Der Auffassung, daß durch eine solche Vereinbarung zwischen Veräußerer und Erwerber der Übergang des Haftpflichtvsverhältnisses nicht ausgeschlossen werden könne, ist dabei der Vorzug zu geben. Ungeachtet dessen, daß die gesetzliche Regelung in erster Linie zum Schutz des Erwerbers gedacht ist, darf nicht außer acht gelassen werden, das sie dem Ver neben den Pflichten auch Rechte gegeben hat, in die systemfremd durch eine Vereinbarung dritter Personen nach der Gegenmeinung eingegriffen werden würde. Eine solche Konstruktion einer Abrede zu Lasten eines Dritten sollte aber tunlichst vermieden werden.

Daraus, daß in § 151 II nicht § 72 erwähnt wird, ist der Schluß gezogen worden, daß durch Vereinbarung zwischen dem Ver und dem alten Vmer das in § 71 für die Sachv unabdingbar festgelegte Kündigungsrecht des Übernehmers in der Haftpflichtv abbedungen werden könne (so KG 2. V. 1913 NeumannsZ 1913 S. 432—433, OLG Stettin 27. X. 1913 VA 1914 Anh. S. 20 Nr. 792; ablehnend zu beiden Entscheidungen Petersen LZ 1914 Sp. 366—368). Dieser Auffassung, die auch heute noch von Prölss[17] Anm. 5 zu § 151, S. 568 (ebenso Hagen II S. 310 Anm. 8, Schleich VersR 1955 S. 534—535) vertreten wird, kann jedoch nicht gefolgt werden (wie hier Bruck S. 597 Anm. 143, Möller Grundlagen B 2 S. 15—16). Zu Unrecht bezieht sich Prölss dabei für seinen Standpunkt auf BGH 7. I. 1965 VA 1966 S. 29 Nr. 421 = VersR 1965 S. 274 — insoweit in BGHZ Bd 43 S. 42—46 nicht abgedruckt —; das Gericht befaßt sich a. a. O. lediglich mit der Frage, ob ein Übergang einer Haftpflichtv erfolge, wenn diese erst nach der Übergabe eines verpachteten Betriebes an den Pächter vom Verpächter abgeschlossen werde. Die Gegenmeinung konstruiert auch hier ohne zwingenden Grund einen heute als systemfremd erscheinenden Vertrag zu Lasten eines Dritten (Möller a. a. O. S. 15—16). Der Umkehrschluß aus der Nichterwähnung des § 72 in § 151 II erscheint dabei als gar zu mechanisch. Dabei mögen die beiden Entscheidungen noch davon beeinflußt gewesen sein, daß nach dem früheren Rechtszustand gemäß § 2163 ALR II 8 ebenfalls kein Kündigungsrecht vorgesehen war. Jedenfalls gibt es keinen plausiblen Grund dafür, einen Erwerber in der Haftpflichtv schlechter zu stellen als einen solchen in anderen Schadenvszweigen. Dadurch, daß § 72 in § 151 II nicht aufgenommen worden ist, sollte dem Ver auch keineswegs ein unangreifbarer Besitzstand geschaffen werden. Vielmehr schwebte den Gesetzesredaktoren eher das Gegenteil vor, wie nachstehendes Zitat zeigt (Begr. I S. 138):

> „Auf das Verhältnis des Vers zu dem Dritten und zu dem Vmer sollen die Vorschriften des § 69 Abs. 2, 3 und der §§ 70, 71 über die Veräußerung der vten Sache entsprechende Anwendung finden. Zu zwingendem Rechte können jedoch hier die Bestimmungen über den Übergang der V nicht gemacht werden; vielmehr muß es wegen der besonderen Bedeutung, welche gerade bei der Haftpflichtv der Persönlichkeit des Vmers zukommt, den Beteiligten freistehen, den Übergang der V auf einen dritten Erwerber des Unternehmens auszuschließen."

Durch die Nichterwähnung des § 72 sollten demnach allein Vereinbarungen des Vers und des Vmers über den Nichtübergang des Haftpflichtvsverhältnisses auf einen Erwerber erleichtert, nicht aber dessen Kündigungsrecht beeinträchtigt werden (ebenso Bruck S. 597 Anm. 143).

[D 35] 4. Anwendungsbereich.

a) Begriff des geschäftlichen Betriebes.

Unter einem geschäftlichen Betrieb versteht der Rechtsverkehr heute die auf Gewinnerzielung ausgerichtete Teilnahme des Vmers am Wirtschaftsleben. BGH 27. XI. 1961 VersR 1962 S. 33—34 grenzt die Privathaftpflichtv, aus der die

Gefahren eines Betriebes ausgeschlossen sind, zutreffend mit folgender Begriffsbestimmung ab: „Der Begriff des Betriebes erfordert schon nach dem die Verkehrsanschauung zum Ausdruck bringenden allgemeinen Sprachgebrauch, daß ein Betrieb nach außen als selbständiger, von der privaten Sphäre des Betriebsinhabers getrennter Lebensbereich in Erscheinung tritt." Als Indiz tritt daneben in aller Regel die Absicht der Gewinnerzielung. Es muß aber betont werden, daß ein geschäftlicher Betrieb auch dann vorliegen kann, wenn eine solche Absicht nicht gegeben ist (so Möller Grundlagen B 2 S. 14, Wehn a. a. O. S. 17 m. w. N. in Anm. 71). Das kann z. B. dann der Fall sein, wenn es sich um eine Institution handelt, die — sei es aus sozialen, sei es aus sonstigen Gründen — keinen Gewinn erzielen will, sondern allein nach dem Prinzip der Kostendeckung arbeitet. Dann findet § 151 II nach seinem Sinngehalt auch Anwendung, insbesondere wenn es sich um einen Tätigkeitsbereich handelt, der vom Verkehr typischerweise als geschäftlicher Betrieb angesehen wird.

Die hier zur Ermittlung des Sinngehaltes des in § 151 II verwendeten Ausdrucks geschäftlicher Betrieb angestellten Überlegungen würden zu keinem anderen Ergebnis kommen, wenn in § 151 allein der Ausdruck Betrieb stehen würde. Der Zusatz geschäftlicher, der in den der BGH-Entscheidung vom 27. XI. 1961 a. a. O. zugrundeliegenden Bedingungen auch fehlte, hat demnach nur verdeutlichende und sinnklarstellende Funktion. Zutreffend führt Wehn a. a. O. S. 16 zur Abgrenzung des Begriffes eines geschäftlichen Betriebes u. a. folgendes aus: „Als Merkmal eines geschäftlichen Betriebes können im Einzelnen gelten: Die Benutzung eines Geschäftslokals, die Beschäftigung von Personal, das Vorhandensein einer geregelten Buchführung, mag sie auch noch so einfach sein. Jedes dieser Merkmale für sich genügt, um das Vorliegen eines geschäftlichen Betriebes zu bejahen, ohne daß im übrigen die Aufzählung der Beispiele erschöpfend wäre."

Nach dem Gesagten fallen unter § 151 II nicht nur die in der Praxis im engeren Sinne als Betriebshaftpflichtven bezeichneten Haftpflichtven für Industrie, Handel und Gewerbe, sondern auch die Ven für landwirtschaftliche Betriebe (vgl. z. B. BGH 21. III. 1963 NJW 1963 S. 1548—1549 = VA 1963 S. 201—202 Nr. 371).

In § 151 II ist von dem Unternehmen die Rede, das an einen Dritten veräußert wird. Der Ausdruck Unternehmen muß hier gleichgesetzt werden mit dem in § 151 II gebrauchten Begriff des geschäftlichen Betriebes (KG 1. IV. 1925 VA 1925 S. 136 Nr. 1486, ebenso Hagen II S. 306). Es darf also nicht ein engerer Maßstab bei der Anwendung des § 151 II mit der Begründung angewendet werden, daß ein Unternehmen ein Mehr gegenüber einem geschäftlichen Betriebe darstelle.

Nach dem Gesagten könnte die Auffassung vertreten werden, daß auch auf die Bürohaftpflichtv eines Anwalts oder gar auf die von diesem abgeschlossene Vermögensschadenhaftpflichtv bei der wegen Alters oder Krankheit erfolgenden entgeltlichen Übertragung der Praxis auf einen jungen Kollegen § 151 II Anwendung finde (dafür, daß ein derartiger Verkauf einer Praxis heute grundsätzlich nicht mehr als sittenwidrig angesehen wird, vgl. BGH 20. I. 1965 BGHZ Bd 43 S. 46—51). Für diese Auslegung spricht, daß in den Gesetzesmaterialien (Begr. I S. 137) ausdrücklich die Büros der Rechtsanwälte erwähnt werden, wenn auch nur als Beispielsfall für § 151 I. Es ist aber zu bedenken, daß hier trotz der Fortführung der Praxis letzten Endes allein ein Hoffnungskauf in dem Sinne vorliegt, daß der Erwerber der Praxis erwartet, daß jedenfalls ein Teil der Klienten seines Kontrahenten zu ihm Vertrauen fassen wird. Immerhin wird man bei der Fortsetzung einer derartigen Praxis im gleichen Geschäftslokal doch so viel Ähnlichkeit mit der Übertragung eines Unternehmens feststellen können, daß die Anwendung des § 151 II auf den Erwerber gerechtfertigt ist, soweit es sich um die Bürohaftpflichtv handelt. Hingegen kann ein gleiches für die Vermögensschadenhaftpflichtv des übertragenden Anwalts nicht angenommen werden, da diese als wesentlich individuell gebunden erscheint. Insoweit liegt demgemäß ein Wegfall des vten Risikos im Sinne der Anm. D 28 vor.

Die Verwaltung eines Hauses ist grundsätzlich nicht als ein geschäftlicher Betrieb anzusehen (Hagen II S. 309 Anm. 5, Wilcke VersR 1960 S. 198—200, Wehn a. a. O. S. 18). Doch sind Ausnahmefälle denkbar, z. B. bei der Verwaltung eines großen Geschäftshauses (Wehn a. a. O. S. 17). In der Rechtsprechung ist aber bisher auf die Übertragung eines Hauses oder Grundstückes in keinem Falle § 151 II angewendet worden (vgl. KG 1. IV. 1925 VA 1925 S. 136 Nr. 1486 = JRPV 1925 S. 199, LG Berlin 22. X. 1951 VersR 1952 S. 50—51). Zu beachten ist, daß dann — wenn ausnahmsweise die Verwaltung mehrerer Häuser oder eines Gebäudekomplexes als ein geschäftlicher Betrieb im Sinne des § 151 I anzusehen ist — § 151 II nur Anwendung finden könnte, wenn sämtliche Häuser im ganzen auf einen anderen übertragen werden (Wehn a. a. O. S. 18).

[D 36] b) Veräußerung oder Übernahme des versicherten Unternehmens.

In § 151 II wird entsprechend der Besonderheit der Haftpflichtv nicht auf den Eigentumsübergang abgestellt. Der Ausdruck Veräußerung ist daher nicht im strengen Sinne des bürgerlichen Rechts als dingliches Rechtsgeschäft aufzufassen. Wie der zweite Teil des Satzes, der auf die Übernahme des Betriebes aufgrund eines Pachtvertrages, Nießbrauches oder eines ähnlichen Verhältnisses abstellt, zeigt, kommt es vielmehr entscheidend auf die Führung des Betriebes an. Demgemäß ist vom BGH 21. III. 1963 NJW 1963 S. 1548—1549 = VA 1963 S. 201—202 Nr. 371 ausgesprochen worden, daß ein Übergang der Haftpflichtv nur dann erfolge, wenn zugleich ein Wechsel in der Führung oder Leitung des Betriebes eintrete. Gemeint ist dabei die Führung oder Leitung eines Betriebes durch eine Person, die nach außen den Eindruck erweckt, Inhaber oder — besser ausgedrückt — Unternehmer zu sein (kritisch gegenüber diesem Erfordernis: Bauer VersR 1968 S. 815).

Der Eigentumsübergang, wie er im vom BGH a. a. O. entschiedenen Falle vorlag, genügt nicht, wenn der ursprüngliche Eigentümer den vten Hof weiter bewirtschaftet. Maßgebend ist also die tatsächliche, nach außen in Erscheinung tretende Betriebsführung und Inhaberschaft; auf das Außenverhältnis kommt es entscheidend an (BGH 5. X. 1961 BGHZ Bd 36 S. 26, 10. II. 1966 VA 1966 S. 219—220 Nr. 433 = VersR 1966 S. 353—354). Wesentliche Indizien, aus denen die Betriebsinhaberschaft gefolgert werden kann, sind dabei die Namensführung auf dem Firmenschild und den Geschäftspapieren des Unternehmens (BGH 10. II. 1966 VA 1966 S. 220 Nr. 433 = VersR 1966 S. 354).

Demgemäß ist es z. B. auch unerheblich, ob ein rechtswirksamer Übergabevertrag zwischen dem früheren und dem neuen Betriebsinhaber besteht (BGH 18. II. 1953 VA 1953 S. 82—83 Nr. 29 = VersR 1953 S. 102). Das bedeutet, daß auch bei einem nichtigen oder angefochtenen oder wegen Dissenses nicht rechtswirksam zustandegekommenen Vertrages § 151 II Anwendung finden kann, sofern die Übernahme tatsächlich erfolgt. Gelingt es dann dem ursprünglichen Vmer sich (z. B. im Rechtswege) wegen der Fehlerhaftigkeit des Übernahmevertrages wieder des Betriebes zu bemächtigen, so ändert das nichts daran, daß bis zu diesem Zeitpunkt der Übernehmer der neue Vmer war. § 151 II findet auf die Wiederübernahme durch den ursprünglichen Vmer erneut Anwendung. Für die Zwischenzeit genoß aber der Übernehmer Vsschutz. § 151 II greift sogar dann ein, wenn es überhaupt an Rechtsbeziehungen zwischen den alten und dem neuen Betriebsinhaber fehlt, also auch nicht der Schein eines Vertrages vorliegt. Entscheidend ist allein, ob es sich äußerlich gesehen um die Fortsetzung des ursprünglichen Betriebes handelt. Der Hauptbeispielsfall für diesen Auslegungsgrundsatz ist der, daß ein Gastwirt seinen Pachtvertrag mit dem Eigentümer des Hauses löst und keinerlei Vereinbarungen mit seinem Nachfolger trifft, der also nur mit dem Eigentümer kontrahiert. Ähnliche Situationen können sich aber z. B. auch bei der Verpachtung eines Theaters (KG 19. XI. 1928 JRPV 1928 S. 324—325) oder einer Schmiede (AG Passau 20. IX. 1951 VersR 1952 S. 21) ergeben. Der neue Pächter, der also keinerlei vertragliche Beziehungen zu dem alten Vmer hat, tritt dann nach ganz gefestigter Rechtsprechung in das von dem ersten Pächter begründete Vsverhältnis ein (so: LG Frankenthal 21. I. 1914 VA 1914 Anh. S. 16 Nr. 789, KG 3. XI. 1917 VA 1918 Anh. S. 34—35 Nr. 1032, LG Stolp 12. III. 1919 VA 1919 Anh. S. 59 Nr. 1099, KG 19. XI. 1928 a. a. O., AG Ludwigshafen/Rh. 20. IX. 1929 JRPV 1929 S. 356, LG Altona 7. III. 1934 JRPV 1934 S. 125, AG Bremen 7. III. 1935 HansRGZ 1939 A Sp. 267—268, LG Hagen 9. VII. 1951, VersR 1951 S. 243, AG Passau 20. IX. 1951 a. a. O., LG Münster 16. I. 1952 VersR 1952 S. 65, LG Ansbach 25. I. 1961 VersR 1961 S. 588, LG Darmstadt 14. V. 1964 MDR 1965 S. 211—212, AG Neumarkt/Opf. 16. II. 1967 VersR 1967 S. 722—723; — a. M. nur LG

Aurich 24. VI. 1913 VA 1914 S. 16—18 Nr. 790, ferner die unveröffentlichten Entscheidungen: LG Ravensburg 16. V. 1913, AG Oldenburg 19. XI. 1928 und 22. X. 1929 [Fundstelle für diese unveröffentlichten Entscheidungen: AG Oldenburg 3. III. 1933 JRPV 1933 S. 127—128]). Erleichtert worden ist diese Rechtsprechung insbesondere dadurch, daß es in § 151 II — anders als in § 69 — nicht heißt, daß die Veräußerung durch den Vmer erfolge.

Ruht ein geschäftlicher Betrieb allerdings langfristig, so erlischt die Haftpflichtv wegen Interessewegfalls (vgl. dazu Anm. D 28). Ein Übergang im Sinne des § 151 II findet daher bei einer späteren Fortsetzung eines Betriebes am gleichen Ort nicht statt. Dagegen berühren kurzfristige Unterbrechungen die Anwendung des § 151 II nicht, sonst würde die Vorschrift bedeutungslos werden. Eine feste Frist läßt sich hier kaum nennen. Maßgebend sind die Anschauungen des Verkehrs. Doch wird man eine Unterbrechung bis zu höchstens 4 Monaten im allgemeinen in diesem Sinne noch als kurzfristig ansehen können. So ist vom LG Ansbach 25. I. 1961 a. a. O. eine Unterbrechung von fast 4 Monaten noch als unschädlich für die Anwendung des § 151 II angesehen worden (vgl. dazu aber auch die ablehnende Bemerkung von Brockmann VersR 1961 S. 589, der die Unterbrechung als zu lang ansieht); vgl. ferner LG Darmstadt 14. V. 1964 MDR 1965 S. 211—212, das § 151 II bei einer Unterbrechung von 3 Monaten anwendet.

Abgrenzungsschwierigkeiten ergeben sich, wenn mehrere Betriebe durch einen Haftpflichtvsvertrag erfaßt werden und einer davon durch einen Dritten übernommen und fortgeführt wird. Auch hier ist dem Sinne nach § 151 II anwendbar. Es würde dem Schutzgedanken dieser Vorschrift widerstreiten, wenn der Übernehmer nicht auch Vsschutz genießen würde. So hat OLG Bamberg 21. V. 1952 VersR 1952 S. 316—318 durchaus zutreffend § 151 II in folgendem Falle angewandt: „Der Vmer betrieb eine Teigwarenfabrik und eine Lebensmittelgroßhandlung; für beide Risiken wurde durch einen einheitlichen Haftpflichtvsvertrag Vsschutz geboten. Der Vmer verpachtete nach Abschluß des Haftpflichtvsvertrages die Lebensmittelgroßhandlung an einen Dritten.“ Der Vorgang muß so behandelt werden, als wenn der Vmer von Anfang an für jeden der beiden Risiken einen gesonderten Haftpflichtvsvertrag geschlossen gehabt hätte. Nach der Verpachtung in dem erörterten Beispielsfalle spaltete sich also der vorher einheitliche Vertrag in zwei Verträge auf; unrichtig war es daher vom OLG Bamberg a. a. O. S. 317 anzunehmen, daß weiterhin ein einheitlicher Vertrag, aber mit mehreren Vmern gegeben sei (ablehnend insoweit auch Prölss[17] Anm. 4 zu § 151, S. 567; das von ihm für seine Auffassung zitierte Urteil des OLG Köln 1. VI. 1938 VA 1938 S. 196—198 Nr. 3060 läßt allerdings nicht eindeutig erkennen, ob der dort zugrunde liegende Vsvertrag sich außer auf das übertragene Vermietungsgeschäft auch auf den Speditions- und Güterfernverkehrsbetrieb bezogen hatte). Keine Anwendung findet § 151 II, wenn der haftpflichtvte Betrieb zerstückelt wird (LG Göttingen 2. III. 1915 VA 1915 Anh. S. 88 bis 89 Nr. 955: Parzellierung eines Gutes). Wenn z. B. das Betriebsgrundstück und das darauf befindliche Inventar an zwei Personen, die nichts miteinander zu tun haben, übertragen werden, so erlischt grundsätzlich der Vsvertrag; die V wird dagegen fortgesetzt im Sinne des § 151 II, wenn zwar ein derart getrennter Erwerb stattfindet, aber der Betrieb nach kurzer Zeit von den beiden Erwerbern gemeinsam fortgeführt wird.

Werden von einem landwirtschaftlichen Betrieb das gesamte Vieh und Inventar an einen Dritten veräußert und endgültig vom Hof entfernt und alsdann nur das Grundstück mit dem Gebäude einem weiteren Dritten verpachtet, so liegt keine Betriebsübernahme vor (AG Oldenburg 3. III. 1933 JRPV 1933 S. 127—128 mit ablehnender Anm. von Tamm a. a. O. S. 129; zustimmend aber Prölss[17] Anm. 4 zu § 151, S. 567).

Ein ähnliches Verhältnis im Sinne des § 151 II ist grundsätzlich jeder schuldrechtliche Vertrag, der die Übernahme des vten Betriebes zum Gegenstand hat. Der Veräußerung wird regelmäßig ein Kaufvertrag zugrunde liegen. Denkbar sind aber auch Tausch oder Schenkung. Als ein ähnliches Verhältnis ist vom LG Münster 16. I. 1952 VersR 1952 S. 65 die Übernahme eines Betriebes durch den Ehemann kraft seines Nutzungs- und Verwaltungsrechts nach dem früher geltenden gesetzlichen Güterstand angesehen worden.

Ein Anwendungsfall des § 151 II liegt auch dann vor, wenn ein Pächter eines Betriebes eine Haftpflichtv abschließt und später nach Ablauf des Pachtvertrages der Eigentümer (Verpächter) das Unternehmen selbst betreibt, also nicht erneut verpachtet (so Prölss bis zur 11. Aufl. — dort Anm. 3 zu § 151, S. 439; a. M. jetzt Prölss[17] Anm. 4 zu § 151, S. 568 für den ebenfalls von § 151 II erfaßten Fall, daß zunächst der Verpächter einen Vsvertrag geschlossen hatte, dann verpachtete und nach dem Ende der Pachtzeit den Betrieb selbst führt. RG 22. IX. 1936 VA 1936 S. 275—277 Nr. 2936 besagt nichts gegen die hier vertretene Auffassung, da dort augenscheinlich der Betrieb nicht fortgeführt worden ist). Keine Anwendung findet § 151 II dagegen in einem Falle, in dem nach erfolgter Verpachtung und Übergabe des Pachtbetriebes der Verpächter eine Betriebshaftpflichtv abschließt (BGH 7. I. 1965 VA 1966 S. 29 Nr. 421 = VersR 1965 S. 274 — insoweit in BGHZ Bd 43 S. 42—46 nicht abgedruckt). Hier liegt vielmehr eine Betriebshaftpflichtv für fremde Rechnung vor (vgl. dazu Anm. D 40). Bauer VersR 1968 S. 817 vertritt den Standpunkt, daß § 151 II eingreife, wenn sämtliche Aktien einer AG verkauft werden. Indes wird mit einer solchen Auslegung das Wesen der juristischen Person, deren Haftpflichtvsvertrag durch die Aktienrechtsübertragung gar nicht berührt wird, verkannt.

Keine Veräußerung im Sinne des § 151 II stellt der Erbgang dar (Wehn Grundlagen C 1 S. 52). Hier ist vielmehr von Fall zu Fall zu untersuchen, ob das Vsverhältnis auf die Erben übergeht oder ob ein Risikowegfall im Sinne des § 68 II anzunehmen ist (vgl. dazu die Ausführungen in Anm. D 28 a. E.).

[D 87] c) Eintritt weiterer Inhaber in eine Personalgesellschaft.

§ 151 II findet auch dann Anwendung, wenn zu dem bisherigen Inhaber des Betriebes weitere Inhaber treten (BGH 5. X. 1961 BGHZ Bd 36 S. 24—28 — zum gleichen Ergebnis war auch als Vorinstanz OLG Düsseldorf 11. XI. 1958 VersR 1959 S. 141—143 mit ebenfalls lesenswerter Begründung gekommen; a. M. Bruck 7. Aufl. Anm. 8 zu § 151, Hagen II S. 309, Prölss[17] Anm. 4 zu § 151, S. 567). Wenn also ein Einzelunternehmer einen Partner aufnimmt, so daß nunmehr eine OHG (oder eine Gesellschaft bürgerlichen Rechts) vorliegt, so hat der neue Mitinhaber mit der Übernahme Vsschutz; das gleiche gilt bei der Aufnahme eines weiteren persönlich haftenden Gesellschafters in eine OHG oder KG. Ausreichende Grundlage für die Anwendung des § 151 II ist auch der Eintritt eines Mitpächters (a. M. Prölss a. a. O., RG 17. II. 1914 VA 1914 Anh. S. 99—102 Nr. 844, das den Fall allerdings nicht anhand des § 151 II, sondern in bezug auf eine ähnlich gestaltete vertragliche Vereinbarung entschieden hat). Nach dem Wortlaut des § 151 II lassen sich beide Auffassungen begründen. Gegenüber dem Wortspiel von Prölss a. a. O., daß keine Interessensukzession vorliege, sondern neben das weiterbestehende Interesse des ehemaligen Einzelinhabers weitere Interessen treten, ist der erweiternden Auslegung, wie sie vom BGH 5. X. 1961 a. a. O. vorgenommen worden ist, der Vorzug zu geben, weil sie den Bedürfnissen des Lebens entspricht und auf eine für alle Teile befriedigende Art und Weise die Kontinuität des Vsschutzes wahrt. Die Belange eines eintretenden Gesellschafters sind genau so schutzwürdig wie die eines Übernehmers. Treffend weist der BGH a. a. O. S. 27 im übrigen darauf hin, daß die Verdoppelung des Haftpflichtvsrisikos, die dadurch entstehe, daß nunmehr mehrere Vmer Vsschutz genießen, auch bei der Veräußerung eines von der Einzelperson betriebenen Unternehmens an eine Personalgesellschaft gegeben sei, ohne daß deswegen bisher jemals in diesem Falle die Anwendung des § 151 II bezweifelt worden sei.

Hartung Haftpflichtv S. 130 vertritt für die Aufnahme eines Gesellschafters in eine Einzelhandelsfirma die Auffassung, daß wohl die entstandene OHG nach § 151 II Vsschutz genieße, dagegen nicht der eintretende Gesellschafter. Doch ist eine solche unterschiedliche Behandlung sachlich nicht berechtigt.

[D 88] d) Zwangsversteigerung und Übernahme eines geschäftlichen Betriebes.

Im § 151 II wird § 73 nicht erwähnt. Das ist vom logischen Standpunkt aus konsequent; denn ein geschäftlicher Betrieb kann nicht durch eine Zwangsversteigerung erworben werden, da Gegenstand der Zwangsvollstreckung nur die Übertragung des Eigentums an bestimmten Sachen ist (so zutreffend z. B. Josef ÖffrV 1930 S. 6, Prölss[17] Anm. 4 zu § 151 S. 567). In der Rechtsprechung ist mehrfach die Anwendung des § 151 II bei der Ersteigerung eines Grundstücks abgelehnt worden (vgl. LG Kiel 4. II. 1913 VA 1914 Anh. S. 18—19 Nr. 791, KG 13. III. 1937 JRPV 1937 S. 233). Daran ist richtig, daß in dem Erwerb eines Hauses oder eines Grundstücks allein niemals die Übernahme eines Betriebes gesehen werden kann. Im Anschluß an die Ausführungen von Wehn a. a. O. S. 18—33 ist aber daran festzuhalten, daß durchaus die Möglichkeit der Anwendung des § 151 II dann gegeben ist, wenn jemand in der Zwangsversteigerung ein Betriebsgrundstück mit Inventar erwirbt und alsdann dort sofort oder mit nur kurzer Unterbrechung den Betrieb fortsetzt (ebenso Bauer VersR 1968 S. 816, Hagen II S. 309; a. M. Bruck 7. Aufl. Anm. 13 zu § 151, Ehrenberg in Festgabe für Manes a. a. O. S. 202—203, Josef ÖffrV 1930 S. 6); praktische Bedeutung hat diese Erkenntnis allerdings kaum; denn im allgemeinen wird ein derartiger Betrieb schon eine geraume Zeit vor der Zwangsversteigerung zum Erliegen gekommen sein, so daß die in Anm. D 36 genannte Maximalfrist von etwa 4 Monaten nicht eingehalten wird.

[D 39] 5. Entsprechende Anwendung der §§ 69 II, III und 70, 71 VVG.

In § 151 II wird auf § 69 II, III und auf §§ 70, 71 verwiesen. Eine Darstellung aller Einzelheiten bedarf es hier nicht. Insoweit wird auf die Ausführungen bei Möller in Bruck-Möller zu den genannten Vorschriften Bezug genommen. Vgl. auch Anm. D 25 und — zur Unabdingbarkeit des Kündigungsrechts — Anm. D 34. Es versteht sich, daß der Übernehmer des vten geschäftlichen Betriebes nur in die von dem Zeitpunkt der Übernahme an erwachsenden Rechte und Pflichten eintritt; die davor entstandenen Rechte und Pflichten verbleiben bei dem früheren Vmer (OLG Düsseldorf 1. XII. 1953 VersR 1954 S. 507 mit zustimmender Anm. von Haidinger a. a. O. S. 507).

Für die Obliegenheit zur Anzeige des Übergangs speziell vgl. die Ausführungen in Anm. F 25.

[D 40] 6. Versicherung für fremde Rechnung und § 151 II VVG.

Bei den bisherigen Erläuterungen ist vom Normalfall ausgegangen worden, daß vom Inhaber des Betriebes eine Betriebshaftpflichtv abgeschlossen war und alsdann der Betrieb veräußert oder verpachtet wurde. Denkbar ist aber auch, daß während eines bestehenden Pachtvertrages vom Verpächter für den verpachteten Betrieb eine Betriebshaftpflichtv abgeschlossen wird. Dann handelt es sich um eine V für fremde Rechnung und es kann zunächst keine Rede davon sein, daß § 151 II in der Weise Anwendung findet, daß diese V auf den Pächter übergeht (BGH 7. I. 1965 VA 1966 S. 29 Nr. 421 = VersR 1965 S. 274). Wird dann aber eine Neuverpachtung an einen Dritten vorgenommen, so kann eine analoge Anwendung des § 151 II mit der Folge gerechtfertigt sein, daß der Vertrag als V für eigene Rechnung durch den Pächter fortgesetzt wird. Etwas anderes gilt allerdings dann, wenn der Vertrag so auszulegen ist, daß der Vsvertrag stets bei der planmäßig vorgesehenen Verpachtung des Betriebes als V für fremde Rechnung in der Hand des Vmers bleiben soll. Das ist erkennbar der Wille der Vertragsparteien, wenn es etwa, wie in dem von Schleich VersR 1955 S. 533—535 gebildeten Beispielsfalle der Betriebshaftpflichtv einer Brauerei heißt, daß Haftpflichtvsschutz für den (oder die) jeweiligen Pächter der der Brauerei gehörenden Gastwirtschaften vereinbart werde (insofern bestand allerdings für Schleich a. a. O. an sich auch keine Veranlassung zu erörtern, ob ein Kündigungsrecht des Vten vertraglich ausgeschlossen werden könne; denn ein solches Kündigungsrecht steht ihm bei einer derartigen Konstruktion ohnedies nicht zu). Aber auch in diesem Falle ist durchaus eine Anwendung des § 151 II denkbar, wenn nämlich der Betrieb der Brauerei im Sinne der genannten Vorschriften mit den Nebenbetrieben veräußert wird.

E. Rechtspflichten des Haftpflichtversicherungsnehmers

Gliederung:

[E 1] Schrifttum:

Vgl. in erster Linie die Gesamtdarstellung von Möller in Bruck-Möller zu §§ 35—42 mit umfassenden Schrifttumsnachweisen in Anm. 2 zu § 35, Anm. 2 zu § 35a, Anm. 2 zu § 38, Anm. 2 zu § 39, Anm. 2 zu § 40, Anm. 2 zu § 41 und Anm. 2 zu § 41a. Weitere Nachweise in Anm. E 18 und 19.

[E 2] **I. Prämienzahlungspflicht.**

1. Vorbemerkung.

Die Prämienzahlungspflicht stellt für den Haftpflichtvmer wie für jeden anderen Vmer auch die Hauptpflicht aus dem Vsvertrag dar. Die Geldleistung des Vmers ist für den Begriff des Vsvertrages und überhaupt der V wesentlich, da es unentgeltlichen Vsschutz nicht gibt (vgl. Möller in Bruck-Möller Anm. 4 zu § 35).

Die grundlegenden Probleme über die Fälligkeit, den Leistungsort, die Leistungszeit, den Prämienverzug bei Erst- und Folgeprämien und über das teilweise geltende Prinzip der Unteilbarkeit der Prämie sind von Möller in den Erläuterungen zu §§ 35—42 erschöpfend dargestellt worden. Auf diese Ausführungen wird vollen Umfangs verwiesen, so daß die folgenden Bemerkungen nur als kurze Ergänzung in dem Sinne zu verstehen sind, daß gewisse geringfügige haftpflichtvsrechtliche Besonderheiten hervorgehoben werden. Ein volles Verständnis gewinnt der Benutzer dieses Kommentars demgemäß nur, wenn er zugleich die Darstellung durch Möller berücksichtigt.

[E 3] **2. Zur Prämienhöhe.**

a) Bedeutung des Tarifs des Versicherers.

Die Höhe der Prämie ergibt sich grundsätzlich allein aus den Vereinbarungen der Parteien. Der Tarif des Vers gilt nur dann, wenn er durch eine vertragliche Bestimmung für maßgebend erklärt worden ist. Fehlt es an einer schriftlichen Festlegung darüber, daß sich die Prämienzahlungspflicht des Vmers der Höhe nach aus dem Tarif des Vers ergebe, so ist zu vermuten, daß eine derartige Abrede auch nicht stillschweigend getroffen worden ist. Zu beachten ist bei einer ausdrücklichen vertraglichen Vereinbarung darüber, daß der Tarif des Vers die Höhe der Prämienzahlungspflicht des Vmers bestimme, daß damit nur eine Verweisung auf den zur Zeit des Vertragsabschlusses gültigen Tarif erfolgt. Es wird damit also nicht etwa der Tarif in seiner jeweils gültigen Fassung verbindlich. Gut kommt dieses Prinzip in der teilweisen Verweisung auf den Tarif des Vers in § 8 II Ziff. 2 S. 1 AHBVerm zum Ausdruck. Danach ist dann, wenn die Prämie nach § 8 II Ziff. 2 S. 1 AHBVerm auf Grund einer Änderungsanzeige des Vmers richtiggestellt wird, als unterer Satz die Mindestprämie, die nach dem Tarif des Vers zur Zeit des Vsabschlusses galt, maßgebend. Entsprechendes bestimmt zwar auch § 8 II Ziff. 2 S. 2 AHB. Doch folgt in § 8 II Ziff. 2 S. 4 AHB eine wesentliche Einschränkung dieses Grundsatzes für diejenigen Verträge, denen die Prämienangleichungsklausel nach § 8 III AHB zugrunde liegt. Denn die nach dem Vsabschluß eingetretenen Erhöhungen oder Ermäßigungen der Mindestprämie werden berücksichtigt.

[E 4] **b) Einzelheiten zur Prämienberechnung.**

Damit der Ver in der Lage ist, die Höhe der ihm zustehenden Prämie, die sich namentlich in der Betriebshaftpflichtv aus einer Vielfalt von Einzelpositionen zusammensetzen kann, zu berechnen, ist dem Vmer eine Anzeigepflicht bezüglich der Änderungen des vten Risikos auferlegt (vgl. dazu im einzelnen die Ausführungen in Anm. E 19—25).

Für die Prämienberechnung ist dabei von Bedeutung, daß Erhöhungen und Erweiterungen des vten Risikos vom Zeitpunkt des Eintritts prämienmäßig zu berücksichtigen sind, während für Gefahrminderungen nach §§ 8 II Ziff. 2 S. 4 AHB, 8 II Ziff. 2 S. 2 AHBVerm eine geringere Prämie erst vom Eingang der Anzeige geschuldet wird. Wird die Prämie allerdings nach der Lohn- oder Umsatzsumme berechnet, so liegt in einem Rückgang der Lohnzahlungen oder des Umsatzes keine Minderung des Risikos in dem hier erörterten Sinne vor. Vielmehr ist dann für die gesamte Zeit, für die die Änderungsanzeige nach § 8 II AHB gilt, die Prämie nach der neuen Lohnsumme zu berechnen. In der Praxis werden jeweils Prämienvorausforderungen in der Höhe der letzten Jahresprämie erhoben, am Ende des Vsjahres wird dann an der Hand der Angaben des Vmers die endgültige Jahresprämie errechnet.

Eine Minderung des vten Risikos in dem Sinne, daß die neue geringere Prämie erst vom Zeitpunkt der Anzeige beim Ver geschuldet wird, bis zu diesem Termin also die höhere entrichtet werden muß, stellt z. B. die Zerstörung eines haftpflichtvten Grundstücks dar; vgl. dazu BGH 24. I. 1951 NJW 1951 S. 314—316 = VersR 1951 S. 76—77 mit zu Unrecht ablehnender Anm. von Oberbach a. a. O. S. 77—79. Dabei bedarf es als dogmatischer Erklärung einer derartigen Prämienregulierung nicht der Annahme des Abschlusses eines neuen Vertrages, vielmehr handelt es sich darum, daß der bereits festgelegte Vertragswille in rechnerischer Hinsicht nach Vorlage des Zahlenmaterials durch den Vmer ermittelt wird. Die Konstruktion eines neuen Vertragsabschlusses ist daher abzulehnen; so ausdrücklich für den Fall der geschilderten Gefahrminderung: BGH 24. I. 1951 a. a. O. Das Gesagte bedeutet, daß der Ver außerhalb der Vorschriften über die Anfechtung eines Willensmangels einen Berechnungsfehler jederzeit richtigstellen kann. Es genügt, daß er die sachliche Unrichtigkeit der Abrechnung oder der ihm mitgeteilten Tatsachen dartut. Demgemäß ist es terminologisch nicht zutreffend, wenn Prölss[17] Anm. 2 zu § 8 AHB, S. 696 in diesem Zusammenhang von Anfechtung spricht.

[E 5] **c) Prämienangleichungsklausel.**

aa) Entwicklung.

Eine der steigenden Preis- und Lohnentwicklung folgende Prämienangleichungsklausel ist in der Allgemeinen Haftpflichtv erstmals im Jahre 1952 eingeführt worden (vgl. VA 1951 S. 121—122). Damals wurde festgelegt, daß sich die Folgejahresprämien um den Prozentsatz erhöhen (oder vermindern), den die Vsaufsichtsbehörde nach billigem Ermessen und allgemein für Verträge der in Deutschland zum Betrieb der Haftpflichtv zugelassenen Ver auf dem Gebiet der Allgemeinen Haftpflichtv bestimmt. Unter dieser Klausel wurden 5 Prämienanpassungen von 100% auf 134% vorgenommen (vgl. die Nachweise bei Prölss[15] S. 659 F. N. zu § 8 AHB). Dem BAA mißfiel jedoch auf die Dauer diese schiedsgutachterliche Tätigkeit, die in der sonstigen Behördentätigkeit kaum eine Parallele findet und die überdies gelegentlich als widersprüchlich zur Politik des dem BAA übergeordneten Bundesministers für Wirtschaft erscheinen konnte. Vgl. umfassend dazu Möller, Rechtsprobleme zur Prämienangleichungsklausel in der Allgemeinen Haftpflichtv (§ 8 III AHB), Rechtsgutachten, Stuttgart 1963. Auf Drängen des BAA wurde daher die jetzige Fassung (vgl. VA 1965 S. 214—215) konzipiert. Zur Entstehungsgeschichte vgl. die instruktiven Ausführungen von Roth VW 1965 S. 1036—1039. Einer Erörterung der alten Fassung der Klausel bedarf es hier nicht, da das BAA die Geltung der neuen Fassung auch für laufende Haftpflichtvsverhältnisse angeordnet hat, soweit zu diesem Verträgen die Prämienangleichungsklausel alter Fassung galt (VA 1965 S. 215).

Nach der heute geltenden Fassung ist an die Stelle des BAA ein unabhängiger Treuhänder getreten. Dieser ermittelt zum 1. Juli eines jeden Jahres um welchen Prozentsatz sich der Durchschnitt der Schadenzahlungen, welche die zum Betrieb der Allgemeinen Haftpflichtv zugelassenen Ver im vergangenen Kalenderjahr geleistet haben, gegenüber dem vorvergangenen Jahr erhöht oder vermindert hat. Damit ist für das billige Ermessen, das bis dahin vom BAA sorgsam wägend anhand des statistischen Lebenshaltungsindexes konkretisiert worden ist, ein im Grunde für die Gesamtheit der Haftpflichtvsverträge noch treffenderer Begriff als Berechnungsmaßstab eingeführt worden. Dem individuellen Schadensverlauf wird zudem durch eine Sonderregelung in § 8 III Ziff. 2 Abs. 2 AHB Rechnung getragen. Hat ein Ver über 5 Kalenderjahre einen günstigeren Schadensverlauf als seine Konkurrenten, so darf er nur um den Prozentsatz erhöhen, um den sich der Durchschnitt seiner Schadenszahlungen nach seinen unternehmenseigenen Zahlen im letzten Kalenderjahr erhöht hat. Zum ersten Male zur Anwendung gekommen ist die neue Fassung der Prämienangleichungsklausel zum 1. VII. 1966 mit einer Erhöhung um 5% (vgl. VW 1966 S. 530).

Nach § 8 III Ziff. 5 AHB findet die Prämienangleichungsklausel keine Anwendung auf diejenigen Haftpflichtvsverträge, bei denen die Folgejahresprämien nach der Lohn-, Bau- oder Umsatzsumme berechnet werden. Hier liegt ohnedies eine laufende Anpassung an die sich ändernden wirtschaftlichen Verhältnisse vor, so daß eine zusätzliche Korrektur nicht erforderlich ist. Wird die Prämie nach dem jeweiligen Jahresbruttomietwert berechnet, so liegt im Sinne des § 8 III Ziff. 5 AHB ebenfalls eine Umsatzprämie vor, so daß daneben nicht auch noch eine Erhöhung nach § 8 III AHB in Betracht kommt (so zutreffend AG Homburg-Saar 25. X. 1967 VA 1968 S. 246—247 Nr. 494 = VersR 1969 S. 49 [nur L. S.]).

[E 6] bb) Zur Rechtstellung des Treuhänders.

In § 8 III Ziff. 1 AHB ist nichts darüber gesagt worden, wer den dort vorgesehenen unabhängigen Treuhänder bestellt. Dagegen findet sich in der von den Haftpflichtvern für die Genehmigung der Neufassung der Prämienangleichungsklausel abgegebenen geschäftsplanmäßigen Erklärung unter Ziff. 1 der Satz, daß die Zustimmung zur Bestellung eines Treuhänders durch den Verband der Haftpflicht-, Unfall- und Kraftverkehrsver e.V. erst dann erteilt werde, wenn dem betreffenden Haftpflichtver das Einverständnis seiner Aufsichtsbehörde mit der Person des Treuhänders mitgeteilt worden sei (vgl. VA 1965 S. 215). Es wäre besser gewesen, wenn die Bestellungsbefugnis des HUK-Verbandes und das Mitwirkungsrecht des BAA in § 8 III Ziff. 1 AHB ausdrücklich verankert worden wären. Immerhin ergibt aber eine auf die Interessenlage abstellende Auslegung auch ohne Regelung dieser Frage im Bedingungswerk, daß ein Mitwirkungsrecht des Vmers an der Bestellung eines Treuhänders für alle Ver nicht gegeben ist. Gegen die Wirksamkeit des § 8 III Ziff. 1 AHB bestehen keine Bedenken. § 315 I BGB sanktioniert die Parteivereinbarung, daß einer der Vertragspartner die Leistung bestimmen soll. Demgemäß ist erst recht eine Abrede rechtsbeständig, nach der einem der Vertragspartner nur das Recht zusteht, die Person desjenigen zu bestimmen, der seinerseits im Rahmen des § 317 BGB seine Entscheidung zu treffen hat.

Nach dem Sinne des § 8 III Ziff. 1 AHB steht dem nach Maßgabe dieser Vorschrift im Einvernehmen mit dem BAA bestellten Treuhänder ein umfangreiches Prüfungsrecht zu. Er ist berechtigt, sämtliche Schadenunterlagen eines jeden Vers zu überprüfen. Freilich wird er in erster Linie sich an die von den einzelnen Vern abgelieferten Statistiken halten müssen. Doch würde er seine Funktion verkennen, wenn er nicht im angemessenen Rahmen Stichproben durch Überprüfung einiger Ver durchführen würde. Ein Spruch des Treuhänders ohne jede Nachprüfung des ihm vorgelegten Zahlenmaterials gerät in die Gefahr, als nicht ordnungsgemäß im Sinne des § 8 III Ziff. 1 AHB angesehen zu werden. Die Mitwirkung der Ver an einer solchen Aufklärung ist schließlich dadurch einzelvertraglich gesichert, daß ein Ver, der weder Zahlenmaterial zur Verfügung stellt, noch Nachprüfungen durch den Treuhänder zuläßt, nicht das Recht hat, von seinen Vmern eine Prämienerhöhung zu verlangen. Der Treuhänder muß deshalb derartige, die Mitwirkung verweigende Ver ausdrücklich in seiner Verlautbarung über das Ergebnis seiner Tätigkeit aufführen, da andernfalls die Vmer des betreffenden Vers durch die Veröffentlichung getäuscht werden würden.

Die Unabhängigkeit des Treuhänders wird im Rechtssinne dadurch verstärkt, daß dem Ver (besser: den Vern) nach erfolgter Bestellung für ein bestimmtes Kalenderjahr grundsätzlich keine Möglichkeit gegeben ist, einen Wechsel in der Person des Treuhänders herbeizuführen. Das ergibt sich nicht nur daraus, daß das Bestimmungsrecht — konstruktiv gesehen — mit seiner Ausübung erloschen ist, sondern vor allem aus der Interessenlage. Andererseits ist bei einer verständigen Auslegung aber auch entgegen der konstruktiven Grundüberlegung anzunehmen, daß dem Ver ein neues Bestimmungsrecht in den Fällen zusteht, in denen der Treuhänder wegen anhaltenden Sichtums oder wegen seines Todes die ihm übertragene Aufgabe nicht mehr erfüllen kann.

[E 7] cc) Rechtswirkung des Spruchs des Treuhänders.

Eine ordnungsgemäß zustande gekommene Berechnung durch den Treuhänder müssen Ver und Vmer hinnehmen. Führt dieser Spruch zu einer Erhöhung, so ist der Vmer verpflichtet, auf Verlangen des Vers die um den ermittelten Prozentsatz erhöhte Prämie zu zahlen. Nur in den Fällen einer infolge einer akuten Inflation bedingten Erhöhung der Prämie um mehr als 100% ist dem Vmer in § 9 II Ziff. 1 AHB ein außerordentliches Kündigungsrecht zugebilligt worden. Stellt der Treuhänder fest, daß sich der Durchschnitt der Schadenzahlungen um mindestens 5% vermindert hat, so steht die Senkung der Prämie (ein bisher auch unter der Geltung der alten Prämienangleichungsklausel nicht eingetretener Fall) nicht im Ermessen des Vers. Vielmehr mindert sich die Prämie eo ipso um den von dem Treuhänder ermittelten Betrag.

Der Spruch des Treuhänders soll nicht nach billigem Ermessen, sondern anhand genau vorgeschriebener Tatsachen gefällt werden. Das schließt aber in extremen Fällen eine analoge Anwendung des § 319 BGB entgegen der von Wussow[5] Anm. 32 zu § 8 AHB, S. 506—507 vertretenen Auffassung nicht aus. Mit Rücksicht auf die spezielle Regelung der Berechnungsgrundlagen könnte allerdings eine Klärung dieser Fragen im Prämienzahlungsprozeß nur unter größten Schwierigkeiten herbeigeführt werden. Da der Treuhänder vom HUK-Verband unter Mitwirkung des BAA bestellt wird, dürfte der theoretisch möglichen Entscheidung des Fragenkreises durch einen nur für das Einzelvsverhältnis verbindlichen Richterspruch auch kaum praktische Bedeutung zukommen. Das gleiche gilt für die von Wussow a. a. O. erörterte Möglichkeit einer Anfechtung des Spruchs des Treuhänders nach § 318 BGB. Schließlich ist darauf hinzuweisen, daß ein Ver, der seine Unterlagen dem Treuhänder nicht oder nicht im ausreichenden Maße zur Verfügung gestellt hat, sich auf den Spruch des Treuhänders nicht berufen darf, da er durch ein derartiges Verhalten sein Erhöhungsrecht verwirkt hat.

[E 8] d) Vorsorgeversicherung und Prämienanspruch.

Schwierige Abgrenzungsfragen über die Höhe einer angemessenen Prämie können sich im Rahmen der Vorsorgev ergeben. Der Ver ist dort zur Abgabe eines Vertragsangebots unter Berücksichtigung aller Umstände des Einzelfalles verpflichtet. Für Einzelheiten vgl. Anm. G 142—143.

[E 9] 3. Vorzeitige Beendigung des Vertrages und Prämienzahlungsverpflichtung.

a) Regelung in § 8 IV AHB.

§ 8 IV Abs. 1 AHB in der Neufassung aus dem Jahre 1965 (vgl. VA 1966 S. 7) verweist für den Anspruch des Vers auf Zahlung einer Prämie oder Geschäftsgebühr in denjenigen Fällen, in denen das Vsverhältnis vorzeitig beendet oder nach Beginn der V rückwirkend aufgehoben wird, auf die gesetzlichen Bestimmungen. Eine solche Regelung ist im Interesse der Klarheit und Rechtseinheit zu begrüßen; dadurch werden vor allem auch die bei § 8 III Ziff. 1 Abs. 4 AHBVerm auftretenden Kollisionen mit zwingenden Gesetzesvorschriften vermieden (vgl. dazu die Ausführungen in Anm. E 10). Diese Übereinstimmung mit der gesetzlichen Regelung berechtigt auch hier zu einer Verweisung auf die grundlegenden Ausführungen von Möller in Bruck-Möller Anm. 1—21 zu § 40.

Die Anwendung der gesetzlichen Bestimmungen wird auch durch § 8 IV Abs. 2 AHB nicht durchbrochen. Dort heißt es, daß im Falle der Schadenkündigung durch den Vmer dem Ver noch die Prämie für die laufende Vsperiode gebühre, während bei einer solchen Kündigung durch den Ver dieser nur denjenigen Teil der Prämie beanspruchen könne, der der abgelaufenen Vszeit entspreche. Indes wird damit nur die gesetzliche Regelung nach § 158 III wiederholt, so daß § 8 IV Abs. 2 AHB insoweit überflüssig ist.

Besonders geregelt ist schließlich in § 8 IV Abs. 2 AHB der Fall, daß ein Vmer nach § 9 II Ziff. 1 AHB wegen einer Prämienerhöhung, die aufgrund der Prämienangleichungsklausel nach § 8 III AHB durchgeführt wird, mit sofortiger Wirkung kündigt. Da dieses Kündigungsrecht nur gegeben ist, wenn sich die Prämie infolge der Angleichung verdoppelt, ist die Bedeutung dieser Vorschrift gering (vgl. dazu Anm. D 26). Die Regelung, die § 8 IV Abs. 2 S. 3 AHB hier trifft, ist für den Vmer günstig. Er braucht die Prämie nur pro rata temporis bis zum Zeitpunkt der Beendigung des Vertrages durch den Zugang seiner fristlosen Kündigung beim Ver zu bezahlen (ebenso Wussow[5] Anm. 34 zu § 8 AHB, S. 511). Zu dieser Auffassung kommt man systematisch durch die Überlegung, daß in § 8 IV Abs. 2 S. 3 AHB lediglich auf die in S. 2 abgehandelte Rechtsfolge (einer Kündigung durch den Ver im Schadenfall) verwiesen wird, also keine weitere Bezugnahme auf S. 1 beabsichtigt ist. Das Ergebnis entspricht aber auch der Interessenlage, da in den seltenen Fällen des im VVG selbst nicht geregelten außerordentlichen Kündigungsrechts des Vmers aus wichtigem Grund die Prämie dem Ver auch nur anteilig für die Zeit der Gefahrtragung gebührt (vgl. dazu Möller in Bruck-Möller Anm. 25 zu § 8 und Anm. 19 zu § 40).

An der Festsetzung einer angemessenen Geschäftsgebühr im Sinne der §§ 40 II 3, 68 I fehlt es im Rahmen der AHB, so daß die von Möller in Bruck-Möller Anm. 12 zu § 40 dargestellten Grundsätze auch hier vollen Umfangs zum Tragen kommen.

[E 10] b) Regelung in § 8 III AHBVerm.

§ 8 III Ziff. 1 Abs. 1—3 AHBVerm folgt im Gegensatz zu § 8 IV AHB dem Prinzip einer enumerativen Aufzählung aller Beendigungsgründe. Die dabei in § 8 III Ziff. 1 Abs. 1—3 AHBVerm getroffenen Regelungen stimmen mit den gesetzlichen Bestimmungen überein; so entspricht Abs. 1 der Vorschrift des § 158 III, Abs. 2 der des § 40 I und Abs. 3 der des § 40 II 2. Bedenken bestehen aber gegen die abschließende Generalklausel in § 8 III Ziff. 1 Abs. 4 AHBVerm, daß in allen verbleibenden Fällen vorzeitiger Beendigung des Vsverhältnisses dem Ver die Prämie für das laufende Vsjahr zustehe. Versehentlich ist bei dieser Fassung der Bedingungen die zwingend auch für die Haftpflichtv geltende (vgl. Anm. D 28) Vorschrift des § 68 II, die für den Wegfall des vten Wagnisses nur eine anteilige Prämienberechnung vorsieht, unbeachtet geblieben. Insoweit ist daher die Regelung in § 8 III Ziff. 1 Abs. 4 AHBVerm unwirksam (ebenso [zu einer gleichlautenden älteren Fassung der AHB] Prölss[15] Anm. 4 zu § 8 AHB, S. 661, BAA GB 1959/1960 S. 45: unrichtig Oberbach II S. 274). Zutreffend hat aber auch OLG Düsseldorf 27. VII. 1954 VersR 1954 S. 587—589 zu der erwähnten älteren Fassung der gleichlautenden Klausel in den AHB entschieden, daß diese Regelung ferner dann keine Anwendung finde, wenn der Vmer wegen positiver Vertragsverletzung durch den Ver aus wichtigem Grund kündige (zu diesem außerordentlichen Kündigungsrecht des Vmers vgl. Möller in Bruck-Möller Anm. 25 zu § 8 und Anm. D 27). Im Ergebnis — wenn auch nicht in allen Teilen der Begründung — ist dem genannten Gericht beizupflichten. In allen Fällen, in denen der Anlaß für eine Kündigung aus wichtigem Grund in der Sphäre des Vers zu suchen ist, findet § 8 III Ziff. 1 Abs. 4 AHBVerm keine Anwendung. Die Prämie ist nur pro rata temporis zu entrichten (vgl. Möller in Bruck-Möller Anm. 39 zu § 13, Anm. 19 zu § 40). Daß das Gesetz für den Fall der Schadenkündigung durch den Vmer eine abweichende Regelung trifft, spricht nicht gegen die hier vertretene Auffassung. Zwar ist es richtig anzunehmen, daß hier ein typisierter Unterfall einer Kündigung aus wichtigem Grund vorliegt. Das berechtigte Grundprinzip der Sonderregelung in § 158 ist aber darin zu sehen, daß vom Ver in aller Regel hier neben der Gefahrtragung auch noch Leistungen im konkreten Schadenfall erbracht worden sind. Wussow[4] Anm. 37 zu § 8 AHB, S. 407 vertrat dagegen zu § 8 IV Ziff. 1 Abs. 4 AHB a. F. den Standpunkt, daß nur in den Fällen, in denen die Kündigung aus wichtigem Grund auf einem Verschulden des Vers beruhe, die Prämie pro rata temporis zu begleichen sei, daß dagegen in denjenigen Fällen, in denen ein Recht zur Kündigung aus wichtigem Grund ohne Verschulden des Vers zugebilligt werde, etwa weil dieser unsicher geworden sei, die volle Prämie zu entrichten sei. Allein eine solche Unterscheidung überzeugt nicht. Die Verfasser des § 8 III Ziff. 1 Abs. 4 AHBVerm haben vielmehr wie das RAA derartige Fälle nicht bedacht. Niemals wäre etwa eine Bedingungsbestimmung verlangt oder vom Amt genehmigt worden, daß die Prämie auch dann vom Vmer bis zum Ende der Vsperiode zu entrichten sei, wenn aus wichtigem Grund mit sofortiger Wirkung von ihm gekündigt werden dürfe, weil der Ver wegen seiner unsicheren Vermögensverhältnisse — objektiv betrachtet — keine Gewähr mehr für die Erfüllung seiner Vertragspflichten biete. Es handelt sich vielmehr um Fälle, die trotz des weitgehenden Wortlauts der Bedingungsbestimmungen von den Parteien bei Abschluß des Vertrages gar nicht geregelt werden sollten.

[E 11] 4. Rechtsfolgen der Verletzung der Prämienzahlungspflicht.

a) Verweisung.

Wei bereits in Anm. E 2 hervorgehoben, sind die grundlegenden Rechtsfragen zur Prämienzahlungspflicht erschöpfend von Möller in Bruck-Möller erörtert worden. Die Vorschriften der §§ 37—41 a sind nach § 42 zugunsten des Vmers zwingend, so daß Abänderungsmöglichkeiten für diese Bestimmungen im Bereich des Haftpflichtvsrechts zum Vorteil des Vers nicht möglich sind. Um so berechtigter ist die Verweisung auf die eingehende Darstellung von Möller a. a. O. Erwähnt sei an dieser Stelle lediglich ergänzend, daß vom BGH 13. II. 1967 BGHZ Bd 47 S. 88—94 der von Möller in Bruck-Möller Anm. 19 zu § 39 vertretenen Auffassung gefolgt worden ist, daß eine qualifizierte Mahnung nach § 39 stets unwirksam sei, wenn darin ein zu hoher Prämienrückstand angegeben werde. Unwirksam ist nach der zitierten BGH-Entscheidung aber auch eine Anmahnung von Prämienrückständen aus mehreren Vsverträgen, wenn durch die Zusammenfassung dieses Vorgangs beim Vmer der irrige Eindruck entsteht, daß der Vsschutz für das einzelne Vsverhältnis von der Zahlung des gesamten Prämienrückstandes abhänge, auch insoweit dieser auf ein anderes Vsverhältnis entfalle.

BGH 24. I. 1963 NJW 1963 S. 1054—1057 = VA 1963 S. 128—130 Nr. 367 mit krit. Anm. von Prölss VersR 1963 S. 469—470 behandelt ebenfalls einen eigenartig gelagerten Fall des Zahlungsrückstandes des Vmers, bei dem die Möglichkeit nicht auszuschließen war, daß der Vmer durch eine Unklarheit in das Vertragsverhältnis hineintragendes Verhalten des Vers zu der Annahme gekommen war, daß nach Zahlung einer qualifiziert angemahnten Folgeprämie trotz Nichtzahlung der Erstprämie Vsschutz bestehe. Dem Grundgedanken der Entscheidung ist zuzustimmen, daß nämlich ein Ver, der erkennt oder erkennen muß, daß der Vmer glaubt, er habe nach Zahlung der qualifiziert angemahnten Folgeprämie Vsschutz, ihn darüber belehren muß, daß eine solche Haftung aus dem Vertrage erst eintrete, wenn auch die Erstprämie entrichtet werde.

Die Entscheidung ist ein gutes Beispiel dafür, welche Sorgfalt die Rechtsprechung von der Arbeit der Ver — auch außerhalb der ausdrücklichen Schutzbestimmungen des § 39 — zu Recht verlangt. Eine Überforderung des Vers liegt entgegen der Meinung von Prölss a. a. O. nicht vor, da die Bejahung der Schadenersatzpflicht des Vers ganz auf die Umstände des zur Beurteilung stehenden Sonderfalles abstellt. Ähnliche Probleme ergeben sich, wenn von mehreren angemahnten Folgeprämien nur eine bezahlt wird (vgl. dazu Möller in Bruck-Möller Anm. 27 zu § 39).

Zu Recht wird es auf der anderen Seite von BGH 27. V. 1957 VersR 1957 S. 445 (insoweit in BGHZ Bd 24 S. 308—325 nicht abgedruckt), 24. I. 1963 VA 1963 S. 129 Nr. 367 = VersR 1963 S. 378 in Übereinstimmung mit Möller in Bruck-Möller Anm. 27 zu § 39 abgelehnt, aus der vorbehaltslosen Annahme einer qualifiziert angemahnten Folgeprämie entgegen der gesetzlichen Regelung Vsschutz für einen nach Ablauf der Frist des § 39 I, aber vor der Zahlung eingetretenen Schadenfall rückwirkend zu konstruieren.

Der Schutz des Minderjährigen ist auch bei der Anmahnung von Folgeprämien zu beachten. Erwähnenswert daher BGH 17. IV. 1957 BGHZ Bd 47 S. 360. Die Einwilligung des gesetzlichen Vertreters zum Abschluß eines Vsvertrages durch einen Minderjährigen deckt danach in der Regel nicht die Abwicklung des Vsvertrages, soweit der Ver dem Minderjährigen Fristen setzt (nach § 39 oder § 12 III), deren fruchtloser Ablauf die Leistungsfreiheit des Vers zur Folge hat.

Für den Zugang seiner Mahnschreiben ist der Ver im übrigen vollen Umfangs beweispflichtig, der prima facie-Beweis ist — auch bei Absendung eines Einschreibebriefes — nicht zulässig (vgl. BGH 27. V. 1957 BGHZ Bd 24 S. 312—315, anders noch Möller a. a. O. Anm. 25 zu § 39).

Noch mehr aus der Fülle der durchweg die Grundtendenz der Erläuterungen von Möller in Bruck-Möller im Sinne einer sorgsam abwägenden Analyse der Interessenlage unter besonderer Berücksichtigung des Schutzbedürfnisses des Vmers bestätigenden Rechtsprechung zu zitieren, würde den Rahmen dieses Kapitels, in dem letztlich nur an die von Möller a. a. O. gelegten Fundamente erinnert werden soll, sprengen.

[E 12] b) „Erweiterte“ Einlösungsklauseln nach §§ 3 I Abs. 3 S. 2 AHB, 3 I Abs. 4 AHBVerm.

Nach § 38 II beginnt der Vsschutz erst mit der Zahlung der Erstprämie. Dieser Grundsatz wird in §§ 3 I Abs. 3 S. 1 AHB, 3 I Abs. 3 AHBVerm wiederholt. Im nächsten

Satz wird dann aber bestimmt, daß in allen Fällen, in denen die Prämie erst nach dem als Beginn der V festgelegten Zeitpunkt angefordert und alsdann ohne Verzug bezahlt wird, der Vsschutz schon mit dem ursprünglich vereinbarten Zeitpunkt beginne. Die Vereinbarung einer derartigen „erweiterten" Einlöseklausel stellt eine wesentliche Verbesserung der Rechtsposition des Vmers dar. Es handelt sich dabei im übrigen nicht um eine ausschließlich haftpflichtvsrechtliche Besonderheit. Vielmehr findet sich eine derartige Bestimmung, die den Vmer gegen saumseliges Verhalten des Vers schützen soll, z. B. auch in § 7 I AUB. Zur Erläuterung der §§ 3 I Abs. 3 S. 2 AHB, 3 I Abs. 4 AHBVerm vgl. Anm. D 9—10.

[E 13] c) Abänderungen des § 39 VVG.

aa) Keine Kündigung vor Ablauf der Zweiwochenfrist.

Nach § 39 III 2 kann die Kündigung bereits bei der Bestimmung der Zahlungsfrist dergestalt erfolgen, daß sie mit Fristablauf wirksam wird. Hingegen heißt es in §§ 8 I S. 4 AHB, 8 I S. 4 AHBVerm, daß die Kündigung erst nach Ablauf der Zweiwochenfrist möglich sei. Daraus ist zu schließen, daß dem Ver vorher die Möglichkeit der im Gesetz vorgesehenen bedingten Kündigung nicht zustehen soll.

[E 14] bb) Ausschlußfrist nach §§ 8 I S. 5 AHB, 8 I Ziff. 1 S. 4 AHBVerm.

Als weitere Besonderheit bestimmen §§ 8 I S. 5 AHB, 8 I Ziff. 1 S. 4 AHBVerm, daß der Ver für den Fall, daß er den Vertrag nicht kündigt, bezüglich der gerichtlichen Geltendmachung der rückständigen Prämie und Kosten an eine Ausschlußfrist von 6 Monaten gebunden ist. Wird der Anspruch innerhalb dieser Frist nicht gerichtlich geltend gemacht, so ist er verwirkt. Wussow[5] Anm. 11 zu § 8 AHB, S. 487 schreibt, daß es sich „praktisch im Erfolge" um eine Verjährungsfrist handle. Das trifft indessen nicht zu, so daß die Vorschriften über die Unterbrechung der Verjährung keine Anwendung finden (so zutreffend auch Wussow a. a. O.).

Als wesentlicher Unterschied zur Verjährung ist ferner vor allem zu beachten, daß der Ablauf der Ausschlußfrist nicht nur auf Einrede des Beklagten, sondern von Amts wegen zu berücksichtigen ist. Aus dem Sinn der Ausschlußfrist ergibt sich auch, daß ein Vmer, der in Unkenntnis des Erlöschens der Forderung geleistet hat, entgegen § 222 II BGB gemäß § 813 I 1 BGB das Gezahlte aus ungerechtfertigter Bereicherung zurückverlangen kann. Hingegen wird man Wussow a. a. O. darin folgen können, daß § 390[2] BGB analog anzuwenden ist, so daß eine Aufrechnung mit der erloschenen Forderung des Vers noch möglich ist, wenn nur die Forderungen des Vmers und des Vers sich einmal aufrechenbar gegenüber gestanden haben (ebenso — für eine tarifliche Ausschlußfrist — BGH 30. I. 1958 BGHZ Bd 26 S. 308—310, a. M. BAG 18. I. 1962 AP Nr. 2 zu § 390 BGB, 15. XI. 1967 AP Nr. 3 zu § 390 BGB, weitere Nachweise dazu bei Ebach BB 1968 S. 1291—1294). Eine vertragliche Verlängerung der Ausschlußfrist ist wirksam (ebenso Wussow[5] Anm. 11 zu § 8 AHB, S. 487). Keine ausdrückliche Regelung sehen §§ 8 I S. 5 AHB, 8 I Ziff. 1 S. 4 AHBVerm für die weiter von Jahr zu Jahr ohne Kündigung fällig werdenden Prämien vor. Indes ist nach dem Sinn der Bestimmung auch insoweit Verwirkung innerhalb von sechs Monaten nach der jeweiligen Fälligkeit anzunehmen.

[E 15] d) Wegfall der Rechtswirkung der Kündigung bei nachträglicher Zahlung.

Nach § 39 III 3 fällt die Wirkung der Kündigung fort, wenn die Prämie binnen Monatsfrist nach Zugang der Kündigung gezahlt wird. Diese Bestimmung ist als Wohltat für den Vmer gedacht und daher zwingend. Daraus, daß diese Regelung in §§ 8 I AHB, 8 I Ziff. 1 AHBVerm nicht wiederholt wird, darf daher nicht geschlossen werden, daß sie in den AHB nicht gelte; daß für den Vmer sich aus dieser Bestimmung unter Umständen aus subjektiver Sicht eine Schlechterstellung im Sinne der Verpflichtung, auch für die Zukunft Prämie zahlen zu müssen, ergeben kann, ändert daran nichts.

[E 16] e) Ergänzende Bestimmungen.

aa) Verfallklausel.

Ist Teilzahlung der Jahresprämie vereinbart, so wird diese auf einmal fällig, wenn der Vmer mit der Zahlung einer Rate in Verzug gerät, vgl. §§ 8 I S. 6 AHB, 8 I Ziff. 1 S. 5 AHBVerm. Gegen die Wirksamkeit einer solchen Vereinbarung bestehen aus dem zwingenden Charakter der §§ 38, 39 keine Bedenken (ebenso Wussow[5] Anm. 12 zu § 8 AHB, S. 487–488). Auch insoweit beginnt mit dem Ablauf der ursprünglich für die Teilrate gesetzten Zahlungsfrist die in Anm. E 14 erörterte Ausschlußfrist zur Geltendmachung binnen sechs Monaten.

[E 17] bb) Aufrechnungsverbot.

In § 8 I Ziff. 2 AHBVerm ist schließlich ein begrenztes Aufrechnungsverbot statuiert. Danach steht dem Vmer das Recht, gegen eine Prämienschuld mit einem Vsanspruch aus dem Haftpflichtvsvertrag aufzurechnen oder ein Zurückbehaltungsrecht auszuüben, erst dann zu, wenn der Vsanspruch anerkannt oder rechtskräftig festgestellt worden ist. Gegen die Wirksamkeit einer solchen Bestimmung bestehen ebenfalls keine Bedenken, insbesondere wenn man berücksichtigt, daß in aller Regel dem Vmer ohnedies aus dem Haftpflichtvsvertrag nur dann ein Zahlungsanspruch gegen den Ver zusteht, wenn er den Dritten mit Wirkung gegen den Ver befriedigt hat (vgl. dazu Anm. B 39–41).

[E 18] II. Nebenpflichten.

1. Vorbemerkung.

Zwischen der Prämienzahlungspflicht als Hauptverpflichtung des Vmers und den zahlreichen Obliegenheiten stehen die vertraglichen Nebenpflichten. Ihre Zahl ist relativ klein. Vgl. die von Möller in Bruck-Möller Anm. 5 zu § 33 für derartige Nebenpflichten aufgeführten Beispiele. Die Abgrenzung dieser vertraglichen Nebenpflichten zu den Obliegenheiten ist oft schwierig. Vgl. dazu auch die Ausführungen in Anm. E 19. Bei den vertraglichen Nebenpflichten handelt es sich um echte Rechtspflichten, die im Gegensatz zu den Obliegenheiten grundsätzlich im Klageweg erzwungen werden können. Auf diese Nebenpflichten finden auch ansonsten die allgemeinen Regeln des Schuldrechts Anwendung (Möller JW 1938 S. 1117). Das bedeutet z. B., daß dem Ver bei schuldhafter Verletzung einer derartigen Nebenpflicht grundsätzlich ein Schadenersatzanspruch zustehen kann (Möller a. a. O. S. 1117; vgl. zu diesem Fragenkreis auch Anm. B 66). Zur Frage, ob daneben im Einzelfall auch ein Rücktritts- oder Kündigungsrecht gegeben sein kann, vgl. die Ausführungen in Anm. E 24.

[E 19] 2. Anzeigepflicht nach §§ 8 II Ziff. 1 AHB, 8 II Ziff. 1 AHBVerm.

a) Zur Rechtsnatur.

Nach §§ 8 II Ziff. 1 AHB, 8 II Ziff. 1 AHBVerm ist der Vmer verpflichtet, nach Erhalt einer Aufforderung durch den Ver mitzuteilen, ob und welche Änderungen in dem vten Risiko eingetreten sind. § 8 II Ziff. 1 AHB ergänzt damit systematisch § 1 Ziff. 2b AHB, durch den sichergestellt ist, daß für derartige Veränderungen grundsätzlich Vsschutz besteht. In den AHBVerm fehlt es dagegen an einer derartigen Grundvorschrift, so daß aus § 8 II Ziff. 1 AHBVerm selbst auf den Umfang des Vsschutzes für Erweiterungen und Erhöhungen des vten Risikos geschlossen werden muß (vgl. Anm. G 115 a. E.).

Bei dieser von dem Vmer übernommenen Anzeigeverpflichtung handelt es sich um eine echte Rechtspflicht im Sinne der Ausführungen in Anm. E 18 (vgl. Frölich VersR 1964 S. 906, Fux-Eschenegg VsRdschau 1952 S. 82, Möller in Bruck-Möller Anm. 5 zu § 35, Wussow[5] Anm. 13 zu § 8 AHB, S. 489, a. M. Sieg VersR 1963 S. 1094 unter Hinweis auf RG 11. II. 1938 RGZ Bd 157 S. 67–77, das eine entsprechende Verpflichtung des Vmers in der ED-V allerdings als Obliegenheit angesehen hat, vgl. dazu die ablehnende Anmerkung von Möller JW 1938 S. 1117 – vgl. ferner Oberbach II S. 258, der diese Verpflichtung zwar als Obliegenheit bezeichnet, zugleich aber annimmt, daß sie als echte Rechtspflicht zu behandeln sei).

Als maßgebendes Kriterium für die Ermittlung des Charakters der Anzeigepflicht nach § 8 II Ziff. 1 AHB als echter Rechtspflicht muß nach der Interessenlage vor allem berücksichtigt werden, daß es Treu und Glauben entspricht, daß ein Ver, der durch § 1 Ziff. 2b AHB umfassenden Vsschutz bietet, auch seinen Auskunfts- und Zahlungsanspruch durchsetzen kann (und zwar grundsätzlich unabhängig davon, daß vertragliche Sanktionen vorgesehen sind). Die Anzeigepflicht nach § 8 II Ziff. 1 AHB ist demgemäß als eine der Prämienzahlungspflicht zugeordnete erzwingbare Nebenpflicht anzusehen. Das gleiche gilt für die Anzeige nach § 8 II Ziff. 1 AHBVerm. Beide Anzeigepflichten werden im übrigen durch die nach §§ 8 II Ziff. 1 S. 3 AHB, 8 II Ziff. 1 S. 3 AHBVerm bestehende „Belegpflicht" ergänzt. Auch insoweit handelt es sich um eine echte erzwingbare Rechtspflicht (vgl. dazu die Ausführungen in Anm. E 26).

[E 20] b) Zeitpunkt der Anzeige.

Die Anzeige ist nicht spontan, sondern nur auf eine Aufforderung durch den Ver zu erstatten. Daß diese Aufforderung auch durch einen deutlichen Aufdruck auf einer Prämienrechnung erfolgen kann, wie es in §§ 8 II Ziff. 1 S. 1 AHB, 8 II Ziff. 1 S. 1 AHBVerm heißt, ist eine Selbstverständlichkeit. Unter dem Erhalt der Aufforderung ist der Zugang im Sinne des § 130 BGB zu verstehen. Auf die Kenntnisnahme selbst kommt es dabei nicht an, sondern nur auf die Möglichkeit der Kenntnisnahme im normalen Geschehensverlauf (vgl. im einzelnen zum Begriff des Zugangs die Ausführungen von Möller in Bruck-Möller Anm. 4—7 zu § 10). Binnen eines Monats muß die Veränderungsanzeige erstattet sein. Anders als bei den Anzeigen nach § 153 genügt es nicht, daß die Anzeige innerhalb der Monatsfrist abgesandt wird, sie muß dem Ver vielmehr innerhalb dieser Zeit zugehen (Wussow[5] Anm. 18 zu § 8 AHB, S. 492). Die praktische Bedeutung dieser Frage ist freilich gering; denn die in §§ 8 II Ziff. 3 AHB, 8 II Ziff. 3 AHBVerm vorgesehene nachteilige Folge (Verdoppelung der Prämie) entfällt, wenn die Angaben binnen zweier Monate nach Empfang der zusätzlichen Prämienrechnung nachgeholt werden.

[E 21] c) Inhalt der Anzeige.

Nicht jede Veränderung in den tatsächlichen Verhältnissen ist anzuzeigen. Vielmehr hat der Ver nur auf solche Mitteilungen einen Rechtsanspruch, die zu einer Prämienkorrektur führen (Wehn Grundlagen C 1 S. 32, Wussow[5] Anm. 16 zu § 8 AHB, S. 490 bis 491). Dabei ist nach §§ 8 II Ziff. 1 S. 1 AHB, 8 II Ziff. 1 S. 1 AHBVerm abzustellen auf Änderungen gegenüber denjenigen Angaben, die ursprünglich für die Prämienrechnung gemacht worden sind (also bei Vertragsschluß selbst oder aber bei der letzten Prämienregulierung). Maßgebend sind danach in erster Linie die Bestimmungen des zwischen den Parteien geschlossenen Vertrages, zu dessen Ergänzung wie immer der vom Vmer unterzeichnete Antrag nebst Erläuterungen heranzuziehen ist. Schließlich darf und muß der Tarif des Vers berücksichtigt werden, soweit nach den Umständen des Falles zwischen den Parteien Einigkeit besteht oder nach Treu und Glauben bestehen mußte, daß eine bestimmte Erweiterung prämienpflichtig sein müsse, aber ausnahmsweise im Vertrage selbst eine Grundlage für die dafür erforderliche Prämie nicht gefunden werden kann (vgl. dazu aber auch die Ausführungen in Anm. E 3).

Es ist im Einzelfall nach Treu und Glauben zu ermitteln, ob eine qualitative Gefahränderung, die nicht zugleich eine quantitative Veränderung (Erweiterung) des vten Risikos darstellt, eine Prämienerhöhung rechtfertigt. Das wird im allgemeinen zu verneinen sein (Wussow[5] Anm. 16 zu § 8 AHB, S. 491), so daß insoweit auch keine Anzeigepflicht besteht.

[E 22] d) Rechtsfolgen einer Verletzung der Anzeigepflicht.

aa) Vertragsstrafe.

aaa) Unrichtige Angaben.

Für den Fall, daß der Vmer zu Lasten des Vers unrichtige Angaben macht, sehen §§ 8 II Ziff. 1 S. 4 AHB, 8 II Ziff. 1 S. 4 AHBVerm eine Vertragsstrafe in dreifacher

Höhe des festgestellten Prämienunterschiedes vor. Strafbewehrt sind danach nur solche unrichtigen Angaben, die sich nachteilig auf die Durchsetzung des Prämienanspruchs des Vers hätten auswirken können. Dieser Prämienanspruch besteht neben und trotz der Vertragsstrafe; entfällt also nicht etwa dadurch, daß nach §§ 8 II Ziff. 1 AHB, 8 II Ziff. 1 AHBVerm eine dreifache Differenzprämie verlangt wird. Ist die dreifache Differenzprämie nach den Umständen des Einzelfalles unverhältnismäßig hoch, so kann sie vom Gericht nach § 343 BGB herabgesetzt werden (a. M. Wussow[5] Anm. 21 zu § 8 AHB, S. 495), soweit nicht bei einem Kaufmann § 348 HGB eingreift. Nur dann ist die Vertragsstrafe zu zahlen, wenn die unrichtigen Angaben auf einem vom Vmer zu vertretenden Verschulden beruhen. Die Beweislast dafür, daß ein Verschulden nicht vorgelegen habe, ist entsprechend § 345 BGB dem Vmer auferlegt.

Als Konsequenz daraus, daß es sich um eine echte Vertragspflicht des Vmers handelt, hat dieser nicht nur für das Verschulden seiner Repräsentanten, sondern auch für das seiner Erfüllungsgehilfen im Sinne des § 278 BGB einzustehen (Oberbach II S. 260, Wussow[5] Anm. 13 zu § 8 AHB, S. 489). Der Unterschied ist nur gering. Denn zu Lasten des Vmers ist der Grundsatz, daß dieser nur für Repräsentanten haftet, bei der Verletzung von Anzeige- und Auskunftsobliegenheiten ohnedies eingeschränkt (vgl. für Einzelheiten Möller in Bruck-Möller Anm. 78—92 zu § 6, speziell zur Haftpflichtv BGH 25. X. 1952 VersR 1952 S. 428—429 und Anm. F 73).

Die Vertragsstrafe ist auch bei leicht fahrlässigem Verhalten des Vmers verwirkt. Es leuchtet ein, daß bei unrichtigen Angaben, die z. B. auf Additionsfehler zurückzuführen sind, eine Vertragsstrafe in dreifacher Höhe unangemessen hoch liegen kann. Berichtigt der Vmer von sich aus derartige unrichtige Angaben, so wird in der Praxis ohnedies die Vertragsstrafe nicht angefordert, da andernfalls das Vertrauensverhältnis empfindlich gestört wäre. Es ist zu überlegen, ob nicht die Vertragsstrafe bei einer Bedingungsänderung auf grobfahrlässige und vorsätzliche Verstöße beschränkt bleiben sollte. Darüber hinaus bietet sich aber eine Lösung für eine gerechte Entscheidung des Einzelfalles schon jetzt durch das Bedingungswerk an, wenn nämlich §§ 8 II Ziff. 3 S. 3 AHB, 8 II Ziff. 3 S. 3 AHBVerm entsprechend angewandt werden. Danach entfällt eine Vertragsstrafe auch in dem hier erörterten Fall, daß der Vmer fahrlässig unrichtige Angaben gemacht hat, stets dann, wenn der Vmer binnen 2 Monaten nach Zugang der aufgrund seiner unrichtigen Angaben aufgemachten Prämienabrechnung einen Fehler berichtigt. Doch scheidet eine analoge Anwendung der erörterten Bestimmung auf den Fall aus, daß der Ver den Vmer überführt hat und demgemäß die Vertragsstrafe bereits verlangt. Hier hilft dem Vmer bei leichtem Verschulden nur die eingangs erörterte Möglichkeit einer Herabsetzung der Vertragsstrafe nach § 343 BGB.

[E 23] bbb) Unterlassene Anzeige.

Für den Fall, daß die in §§ 8 II Ziff. 1 AHB, 8 II Ziff. 1 AHBVerm vorgesehene Anzeige nicht innerhalb der Monatsfrist erstattet wird, bestimmen §§ 8 II Ziff. 3 S. 1 AHB, 8 II Ziff. 3 S. 1 AHBVerm, daß der Ver für den Zeitraum, für den die Angaben zu machen sind, als nachzuzahlende Prämie einen Betrag in Höhe der für diese Zeit bereits entrichteten Prämie verlangen kann. Auch bei diesem Anspruch, der in den Bedingungen nicht ausdrücklich als Vertragsstrafe qualifiziert ist, handelt es sich um ein solches Strafgedinge (Wussow[5] Anm. 27 zu § 8 AHB, S. 502). Es liegt der typische Fall des § 340 BGB vor. Der Ver hat ein Wahlrecht; er kann entweder seinen Anspruch auf Auskunftserteilung (und danach den Zahlungsanspruch) durchsetzen oder aber sich mit einer um 100% erhöhten Prämie begnügen. Im letzteren Falle kann er nicht daneben das Prämienregulierungsverfahren betreiben und einen etwa noch darüber hinausgehenden Anspruch durchsetzen (Wussow[5] Anm. 27 zu § 8 AHB, S. 502). Holt der Vmer innerhalb der in §§ 8 II Ziff. 3 S. 2 AHB, 8 II Ziff. 3 S. 2 AHBVerm vorgesehenen Frist von zwei Monaten die von ihm angeforderten Angaben nach, so entfällt der Anspruch auf die Vertragsstrafe. Der Ver hat den zuviel gezahlten Betrag zu erstatten. Er kann aber auch nunmehr wieder (entgegen der Auffassung von Wussow[5] Anm. 30 zu § 8 AHB, S. 505) einen über die in §§ 8 II Ziff. 3 AHB, 8 II Ziff. 3 AHBVerm vorgesehene Grenze bestehenden Prämienanspruch geltend machen. Der Fall ist so zu behandeln, als wäre die Anzeige nach der Aufforderung ordnungsgemäß erstattet worden. In §§ 8 II Ziff. 3 AHB, 8 II Ziff. 3 AHBVerm ist nicht ausdrücklich wiederholt, was in §§ 8 II Ziff. 1 AHB, 8 II Ziff. 1 AHBVerm bezüglich des Verschuldens des Vmers gesagt worden ist. Eine Vereinbarung des Inhalts, daß die Verdoppelung der Prämie als Rechtsfolge auch dann eingreifen solle, wenn den Vmer kein Verschulden trifft, ist zwar zulässig. Der Gesamtzusammenhang der Regelung ergibt jedoch, daß die für den Vmer äußerst milde gehaltene Rechtsfolge nur für den Fall eines Verschuldens als vertraglich vereinbarte Sanktion eintreten soll. Die Ausführungen in Anm. E 22 gelten daher entsprechend.

[E 24] bb) Gesetzliche Rechtsfolgen.

aaa) Unrichtige Angaben.

Der Ver kann (neben der in Anm. E 22—23 erörterten Vertragsstrafe) seinen Auskunftsanspruch im Wege der Klage durchsetzen und im Anschluß daran den sich aus dem Vertrage ergebenden Zahlungsanspruch. Die Interessenlage ergibt keinen Anhaltspunkt dafür, daß auf diesen Anspruch durch die Vereinbarung der Vertragsstrafe verzichtet worden wäre. Dabei ist entgegen der Annahme von Wussow[5] Anm. 20 zu § 8 AHB, S. 494 keine Anfechtungserklärung durch den Ver erforderlich; der aufgrund der Angaben des Vmers ausgestellten Abrechnung des Vers kommt nur feststellende Bedeutung im Rahmen des Haftpflichtvsvertrages zu.

Möller JW 1938 S. 1117 bemerkt ferner, daß dem Ver ein Schadenersatzanspruch zustehe (ebenso Wussow[5] Anm. 20 zu § 8 AHB, S. 494). Das ist richtig. Nur wird der dem Ver entstehende Schaden meist nur sehr gering sein; denn das Hauptinteresse des Vers, der Erhalt der vereinbarten Prämie, wird bereits durch den Prämienzahlungsanspruch erfaßt. Darüber hinaus will Frölich (VersR 1964 S. 907, ebenso früher Möller a. a. O.) dem Ver ein Rücktrittsrecht zubilligen mit der Folge des rückwirkenden Wegfalls des Vsschutzes. Gegen diese Auffassung bestehen aber Bedenken. Bei dem Vsvertrag handelt es sich im Prinzip um ein Dauerschuldverhältnis (vgl. Möller in Bruck-Möller Anm. 41 zu § 1). Für Dauerschuldverhältnisse ist aber als Grundsatz der Ausschluß des Rücktrittsrechts vorgesehen (vgl. Möller a. a. O. Anm. 46 zu § 1 und Anm. 24 zu § 8 m. w. N.). An die Stelle des Rücktritts tritt die Kündigung. Dieses Prinzip kommt auch hier zur Anwendung. Dem Ver steht demgemäß bei schwerwiegender Verletzung der erörterten Nebenpflicht das Recht zur sofortigen Kündigung des Vertrages aus wichtigem Grunde zu (vgl. allgemein zur Kündigung des Vsvertrages aus wichtigem Grunde Möller a. a. O. Anm. 25 zu § 8 m. w. N. und Anm. D 27). Das hat für den Vmer den Vorteil, daß der Vsschutz nicht rückwirkend entfällt. Dem Ver kann aber unabhängig davon nach Treu und Glauben im Einzelfall das Recht zustehen, die Vsleistung dann zu verweigern, wenn das Verlangen nach Vsschutz einen Rechtsmißbrauch darstellt. Das kann z. B. der Fall sein, wenn der Vmer dem Ver durch bewußt unwahre Angaben die geschuldete Prämie vorenthält, ihn also betrügen wollte. Hier bieten die vom RG 11. II. 1938 RGZ Bd 157 S. 67—77 entwickelten Verwirkungsgrundsätze einen brauchbaren Maßstab, ungeachtet dessen, daß das genannte Gericht davon ausging, daß es sich bei der dort für die ED-V vereinbarten Meldepflicht um eine Obliegenheit handle. In Betracht kommen kann hier nach Treu und Glauben auch eine nur teilweise Verwirkung, etwa im Verhältnis von bezahlter zur geschuldeten Prämie (vgl. Frölich a. a. O.).

[E 25] bbb) Unterlassene Anzeige.

Für diesen Fall der Saumseligkeit des Vmers ist die vertraglich vorgesehene Regelung, entweder Durchsetzung des Prämienanspruchs (nach vorangehender Erzwingung der Auskunft) oder der pauschaliert erhöhten Prämie, als abschließend anzusehen. Daneben besteht kein Anspruch auf Schadenersatz (Höfer ZfV 1956 S. 75, Wussow[5] Anm. 27 zu § 8 AHB, S. 503) und auch kein außerordentliches Kündigungsrecht.

[E 26] 3. Belegpflicht nach §§ 8 II Ziff. 1 AHB, 8 II Ziff. 1 AHBVerm.

aa) Rechtsnatur, Umfang.

Nach §§ 8 II Ziff. 1 S. 3 AHB, 8 II Ziff. 1 S. 3 AHBVerm ist der Vmer ferner verpflichtet, die Richtigkeit seiner Angaben über die Änderungen in dem vten Risiko durch seine Geschäftsbücher oder sonstige Belege nachzuweisen. Auch diese Verpflichtung ist nur auf Verlangen des Vers zu erfüllen, das gesondert neben dem nach Erteilung einer Auskunft über die Änderung der Risikoverhältnisse gestellt sein muß, um diese verhaltene Verbindlichkeit auszulösen. Auch bei dieser Belegpflicht handelt es sich um eine echte erzwingbare Rechtspflicht (Oberbach II S. 260, Wussow[5] Anm. 19 zu § 8 AHB, S. 493), die sich im übrigen auch ohne entsprechende Vereinbarung in sachgerechter Ergänzung des Parteiwillens aus Treu und Glauben ergeben würde. Die Abgrenzung des Umfangs dieser Nebenpflicht des Vmers ist im Rahmen von Treu und Glauben vorzunehmen. Regelmäßig wird man es dem Vmer nicht zumuten können, seine Geschäftsbücher aus der Hand zu geben. Diese müssen vielmehr vom Ver beim Vmer eingesehen werden (vgl. auch § 811 I BGB); dagegen ist es dem Vmer zuzumuten, sonstige Belege für kürzere Zeit dem Ver auszuhändigen (Wussow[5] Anm. 19 zu § 8 AHB, S. 494), wenn nicht besonders wichtige Gründe für den Verbleib dieser Unterlagen beim Vmer selbst sprechen.

[E 27] bb) Verletzungsfolgen.

Für die Verletzung der Belegpflicht ist keine besondere Vertragsstrafe vorgesehen. Es gelten hier daher nur die in Anm. E 24 dargestellten Grundsätze, auf die verwiesen wird.

F. Obliegenheiten des Haftpflichtversicherungsnehmers

[F 1] Vorbemerkung:

Im Rahmen dieses Kommentars ist von Möller das Recht der Obliegenheiten grundlegend kommentiert worden. Aus haftpflichtvsrechtlicher Sicht ist diesen dogmatischen Grundlagen nichts hinzuzufügen. Die folgenden Bemerkungen sind demgemäß stets nur als Ergänzung und im Zusammenhang mit diesen Erläuterungen von Möller zu verstehen. Wegen dieses Sachzusammenhangs ist häufig ausdrücklich auf die Erklärungen von Möller im allgemeinen Teil verwiesen worden; aber auch dort, wo das nicht geschehen ist, muß stets bedacht werden, daß hier lediglich eine Ergänzung in rechtstatsächlicher Beziehung für die Haftpflichtv gegeben werden soll. Wenn dennoch die Darstellung einen verhältnismäßig breiten Raum eingenommen hat, so liegt das daran, daß auf dem Gebiet des Haftpflichtvsrechts eine Fülle höchstrichterlicher Entscheidungen ergangen ist. Die Mehrzahl dieser Entscheidungen betrifft dabei allerdings Fälle aus der Kfz-Haftpflichtv. Doch mußten diese Urteile auch bei der Darstellung der Allgemeinen Haftpflichtv berücksichtigt werden, um ein vollständiges Bild zu geben.

In dogmatischer Beziehung sind die Ausführungen von Möller in Bruck-Möller Anm. 63—65 zu § 6 dahin zu ergänzen, daß in der Haftpflichtv bei einer Mehrzahl von Vmern die Obliegenheitsverletzung des einen Vmers nicht zum Verlust des Vsschutzes für den anderen Vmer führt. Das ergibt sich daraus, daß anders als in der Sachv nicht ein einheitliches Interesse vert wird (die Haftpflichtv ist überhaupt keine

Interessenv, vgl. dazu die Ausführungen in Anm. B 3), sondern jeder Vmer gegen die Gefahr einer eigenen Inanspruchnahme geschützt sein will (vgl. dazu BGH 13. VI. 1957 BGHZ Bd 24 S. 378—386, 28. I. 1958 NJW 1958 S. 549 = VersR 1958 S. 160, 15. VI. 1961 VersR 1961 S. 651—653 = VRS Bd 21 S. 104—108, 21. IX. 1967 VersR 1967 S. 990—991 und die Ausführungen in Anm. B 55). Das gilt für alle haftpflichtvsrechtlichen Obliegenheiten. Anders ist nur dann zu urteilen, wenn der die Obliegenheit verletzende Vmer zugleich als Repräsentant des anderen Vmers anzusehen ist.

Hingegen verliert der Vte durch Obliegenheitsverletzungen des Vmers in der Allgemeinen Haftpflichtv grundsätzlich seinen Vsschutz (anders zur Kfz-Haftpflichtv BGH 14. XII. 1967 BGHZ Bd 49 S. 130—140 m. w. N.), während Obliegenheitsverletzungen des Vten nur den Vsschutz in der V für fremde Rechnung berühren, aber keine Auswirkung auf den mit der V für fremde Rechnung zumeist gekoppelten Teil des Vertrages haben, mit dem sich der Vmer gegen die Gefahr einer eigenen Inanspruchnahme absichern will (vgl. die Ausführungen in Anm. H 19).

Eine besonders interessante Entwicklung hat sich durch die Rechtsprechung zum Problem der „versteckten" oder „verhüllten" Obliegenheiten ergeben. Hierbei geht es um die Frage, ob § 15a einen unabdingbaren Anwendungsbereich der Schutzvorschriften des § 6 garantiert oder ob es allein eine Frage des Formulierungsgeschicks sein soll, ob der gleiche Sachverhalt dem Obliegenheitsrecht oder den sogenannten Ausschlußtatbeständen („Gefahrumstandsausschlußklauseln") zuzurechnen ist. BGH 24. IV. 1967 VA 1967 S. 181—183 Nr. 454 = VersR 1967 S. 774—775, 22. VI. 1967 NJW 1967 S. 2205—2207 = VA 1967 S. 267—268 Nr. 467 hat sich dabei grundsätzlich für die von Möller in Bruck-Möller Anm. 13—15 zu § 6 vertretene Auffassung entschieden, daß es jeweils auf den materiellen Charakter der Verhaltensvorschrift ankomme und daß Lasten des Vmers, die traditionellerweise den Obliegenheiten zuzurechnen seien, nicht in das Gewand einer Ausschlußklausel gekleidet werden dürfen (vgl. Reimer Schmidt Obliegenheiten S. 241 und die Ausführungen in Anm. F 12).

Die Fülle der haftpflichtvsrechtlichen Entscheidungen, durch die wegen vorsätzlicher, aber in bezug auf den Vsschaden selbst folgenlos gebliebener Obliegenheitsverletzungen, die nach Eintritt des Vsfalles begangen worden sind, der Vsschutz versagt werden mußte, hat schließlich zu einer neuen Belebung der Diskussion um die Frage des „Alles-oder-Nichts-Prinzips" (in der seit 1939 ohnedies abgemilderten Form) geführt. Vgl. dazu die Nachweise in Anm. F 66 und die vom BGH extra legem für bestimmte Obliegenheiten eingeführte Belehrungspflicht des Vers über die Folgen vorsätzlicher Obliegenheitsverletzungen, die den Vsschaden selbst nicht vergrößern (BGH 16. II. 1967 BGHZ Bd 47 S. 101—109, 8. V. 1967 BGHZ Bd 48 S. 7—11, 12. X. 1967 VersR 1967 S. 1088).

Zu bedenken bei der Abgrenzung der Obliegenheiten, die vor Eintritt des Vsfalles zu erfüllen sind, von denjenigen, die nach Eintritt des Vsfalles vom Vmer beachtet werden müssen, ist weiter, daß der Begriff des Vsfalles in der Haftpflichtv sehr umstritten ist (vgl. dazu Anm. B 10—31). Nur dadurch, daß in den AHB und AHBVerm vertraglich der Vsfall definiert worden ist, konnte eine Beruhigung dieser Streitfragen und eine konstante Rechtsprechung entwickelt werden. Bei der Behandlung aller Fälle muß stets zunächst geprüft werden, welcher Anknüpfungspunkt aus dem Bereich des „gedehnten" Vsfalles in der Haftpflichtv von der einzelnen Vertragsordnung gewählt worden ist. Je nachdem, ob der Verstoß, das Schadenereignis oder die Anspruchserhebung für maßgebend erklärt worden sind, können sich unterschiedliche Rechtsfolgen ergeben.

[F 2] Schrifttum:

Vgl. in erster Linie Möller in Bruck-Möller Anm. 1—110 zu § 6 mit umfangreichen Nachweisen in Anm. 2 zu § 6, ferner die Erläuterungen von Möller a. a. O. zu §§ 16—23, 33 und 34. Grundlegend: Reimer Schmidt, Die Obliegenheiten, Studien auf dem Gebiet des Rechtszwanges unter besonderer Berücksichtigung des Privatvsrechts, Karlsruhe 1953. Weitere Schrifttumsnachweise in Anm. F 12, F 66, F 75 und F 90.

I. Obliegenheiten bei Vertragsabschluß.

1. Vorvertragliche Anzeigelast.

Gliederung:

a) Grundsätzliches F 3
b) Typische Fragen im Bereich der Allgemeinen Haftpflichtv F 4
c) Rechtsprechung zur vorvertraglichen Anzeigelast in der Haftpflichtv F 5—8
aa) Allgemeine Haftpflichtv F 6
bb) Kfz-Haftpflichtv F 7—8
aaa) Unrichtige Beantwortung von Antragsfragen F 7
bbb) Vsfall und Verletzung der vorvertraglichen Anzeigelast F 8
d) Vorvertragliche Anzeigelast und Vorsorgev F 9

[F 3] a) Grundsätzliches.

Die Vorschriften der §§ 16—21 über die vorvertragliche Anzeigelast gelten vollen Umfangs auch für die Haftpflichtv. Diese Bestimmungen sind von Möller in Bruck-Möller in den Erläuterungen zu §§ 16—21 erschöpfend kommentiert worden. Es wird daher auf diese Ausführungen zur Vermeidung von Wiederholungen verwiesen. Zum Schrifttum vgl. insbesondere die Nachweise bei Möller in Bruck-Möller in Anm. 2 zu § 16. Speziell zur Haftpflichtv sei noch auf die Dissertation von Falk, Die vorvertragliche Anzeigepflicht unter besonderer Berücksichtigung der Haftpflichtv, Würzburg 1936, verwiesen.

[F 4] b) Typische Fragen im Bereich der Allgemeinen Haftpflichtversicherung.

Vgl. zunächst die lehrreichen Ausführungen von Wehn (Grundlagen C 1 S. 4—12). Wie in jedem Vszweig interessiert den Ver auch in der Haftpflichtv der bisherige Verlauf des Risikos. Der Vmer muß wahrheitsgemäß über die Vorschäden berichten. Von besonderer Bedeutung sind ferner die Fragen des Vers danach, ob feuergefährliche oder explosible Stoffe gelagert oder behandelt werden. Die angeblich unrichtige Beantwortung dieses Fragen ist mehrfach Gegenstand von Deckungsprozessen geworden (vgl. OLG Hamm 15. VI. 1953 VA 1953 S. 267—271 Nr. 55 und BGH 20. XI. 1958 VA 1959 S. 79 Nr. 222 = VersR 1959 S. 13; letzterer behandelt die §§ 16—21 allerdings nur ganz am Rande).

Zutreffend bringt Wehn a. a. O. S. 7 im Zusammenhang mit derartigen Fragen folgendes Beispiel:

> „Der Inhaber eines Abbruchbetriebes beantragt eine Haftpflichtv. Im Antragsvordruck wird die Frage, ob explosive Stoffe hergestellt, verarbeitet, verwendet, befördert oder gelagert werden, verneint. Der Betrieb befaßt sich aber mit der Demontage von Sprengstoffabriken, wobei wegen der Gefahr der Explosion von Rückständen in Behältern und Leitungen außergewöhnliche Vorsichtsmaßnahmen erforderlich sind, die eine erhebliche Erhöhung der Haftpflichtgefahr bedeuten. Die Nichtanzeige dieses Umstandes würde, obwohl die Fragestellung des Antragsvordruckes bei wörtlicher Auslegung den gegebenen Tatbestand nicht trifft, als arglistig anzusehen sein und den Ver zum Rücktritt berechtigen."

Zu nennen sind ferner die Fragen danach, ob selbsttätige Arbeitsmaschinen benutzt und ob auch Montagearbeiten auf fremden Grundstücken durchgeführt werden.

Interessant ist, daß das RAA eine allgemeine Frage nach erheblichen Gefahrumständen beanstandet hat (VA 1915 S. 7—8). Beim Abschluß von Privathaftpflichtven wird im allgemeinen in der Praxis keine spezielle Frage an den Vmer über besondere Gefahrumstände gestellt. Hingegen werden zur Vorbereitung des Abschlusses von Betriebshaftpflichtven besondere Fragebogen verwendet. Zu unterscheiden bei der Durchsicht derartiger Antragsformulare ist im übrigen immer sorgsam zwischen solchen Fragen, die gestellt werden, um das vte Risiko eindeutig zu begrenzen, und solchen, deren Antwort als anzeigende Wissenserklärungen zu werten sind (vgl. Wehn a. a. O. S. 10—11); da es der Ver ist, der die Fassung des Antrages zu verantworten hat, gehen Zweifel zu seinen Lasten (Wehn a. a. O.).

[F 5] c) Rechtsprechung zur vorvertraglichen Anzeigelast in der Haftpflichtversicherung.

Vergleicht man die Fülle des von Möller für alle Vszweige gesammelten und dargestellten Materials, so fällt auf, in welch geringem Maße in der Haftpflichtv Deckungsstreitigkeiten wegen Verletzung vorvertraglicher Anzeigelasten geführt worden sind. Nachstehend seien kurz die speziell sich mit der Verletzung der vorvertraglichen Anzeigelast befassenden Entscheidungen wiedergegeben.

[F 6] aa) Allgemeine Haftpflichtversicherung.

OLG Köln 1. III. 1934 VA 1934 S. 39–40 Nr. 2690 = JRPV 1934 S. 300: Der Vmer hatte ein Großteil der gestellten Antragsfragen überhaupt nicht beantwortet. Das Gericht ging davon aus, daß keine Verletzung der Anzeigelast vorliege, da der Ver trotz der lückenhaften Antworten nicht nachgefragt, sondern den Vertrag abgeschlossen habe. Vgl. zu diesem Fragenkreis im übrigen die zahlreichen Nachweise bei Möller in Bruck-Möller Anm. 53 zu § 16.

OLG Hamm 15. VI. 1953 VA 1953 S. 267–271 Nr. 55: Der Vmer hatte die vorvertragliche Anzeigelast objektiv dadurch verletzt, daß er in dem Antragsformular die Frage, ob in seinem chemischen Betriebe mit explosiblen und feuergefährlichen Stoffen gearbeitet werde, statt mit „ja" mit „entfällt" beantwortet hatte. Das Gericht verneinte aber ein Verschulden des Vmers, weil der Vermittlungsagent bei Ausfüllung der Anzeige nach Besichtigung des Betriebes des Vmers erklärt hatte, daß sich die Beantwortung dieser Frage erübrige, da sich deren Bejahung bereits daraus ergebe, daß es sich bei dem Betriebe des Vmers um eine chemische Fabrik handle (vgl. zu diesem Fragenkreis — Verschulden des Vsvermittlers — die erschöpfenden Nachweise bei Möller in Bruck-Möller in Anm. 49 zu § 16).

Außerdem sah das Gericht die Rücktrittsfrist nicht als gewahrt an, weil der mit der Regulierung beauftragte Sachbearbeiter des Vers bereits am 17. XI. 1950 erfahren hatte, daß in dem Betriebe des Vmers Testbenzin verwendet wurde, während der Rücktritt dem Vmer erst am 18. XII. 1950 zugegangen war (vgl. zu der Frage, wessen Kenntnis beim Ver die Frist des § 20 in Lauf setzt, Möller in Bruck-Möller Anm. 37 zu § 16 und Anm. 5 zu § 20).

BGH 20. XI. 1958 VA 1959 S. 79–81 = VersR 1959 S. 13–15: Es handelte sich ebenfalls um die Frage nach der Lagerung feuergefährlicher Stoffe. Der BGH behandelt diese Fragen aber nicht im einzelnen, weil die Monatsfrist des § 20 für eine Kündigung nicht gewahrt worden war.

[F 7] bb) Kraftfahrzeug-Haftpflichtversicherung.

aaa) Unrichtige Beantwortung von Antragsfragen.

Hier ist es immer wieder zu Streit gekommen, weil die Angaben des Vmers über die Fahrzeugart und die bisherige Verwendung des Fahrzeuges unrichtig waren. Dieser Fragenkreis spielt heutzutage kaum noch eine Rolle. Nach der vorangegangenen Nutzung des Fahrzeuges wird in der Kfz-Haftpflichtv nicht mehr gefragt. Der Ver ist durch § 2 Ziff. 2a AKB weitaus wirksamer geschützt, als er es früher durch die Vorschriften über die vorvertragliche Anzeigelast war. In Wirklichkeit interessierte in allen diesen Fällen auch — soweit es um die Verwendung des Fahrzeuges ging — gar nicht die frühere Nutzung sondern die Verwendung von Beginn des neuen Vertrages an.

Nachstehend seien die Entscheidungen kurz aufgeführt: KG 13. VII. 1932 JRPV 1933 S. 9–10: Der Ver hatte den Vsschutz wegen Verletzung der vorvertraglichen Anzeigelast versagt, weil der Vmer angeblich unrichtige Angaben über die Verwendung des Fahrzeuges gemacht hatte. Das KG verneinte eine Verletzung der Anzeigelast, weil die Fragen des Vers nicht eindeutig genug waren. Der Vsschutz war versagt worden mit der Begründung, daß von dem Vmer nicht angegeben worden sei, daß er mit seinem Personenwagen gelegentlich auch Lasten befördere. Im gleichen Sinne OLG Düsseldorf 19. VI. 1933 JRPV 1934 S. 108–109. Unklare Fragen bewirken danach, daß schon objektiv eine Obliegenheitsverletzung nicht angenommen werden kann (Möller in Bruck-Möller Anm. 40 zu § 16).

OLG Düsseldorf 22. X. 1934 JRPV 1935 Zus. Heft S. 19—20: Der Vmer hatte bei Abschluß einer Kfz-Haftpflichtv nach dem Vortrag des Vers unrichtige Angaben über die Tragfähigkeit des Fahrzeuges (1,5 t statt effektiver 2,5 t) und über die Verwendungsart (Verschweigen gelegentlicher Personenbeförderung) gemacht. Das genannte Gericht ließ den Ver dessenungeachtet gemäß § 21 haften, weil die Verletzung der Anzeigelast angeblich keinen Einfluß auf den Eintritt des Vsfalles und auf den Umfang der Leistung des Vers gehabt hatte.

OLG Braunschweig 14. XII. 1934 JRPV 1935 Zus. Heft S. 21—22: Der Vmer hatte bei einer Kfz-Haftpflichtv angegeben, daß es sich um einen Lkw handle, während in Wahrheit ein Omnibus betrieben wurde. Die Versagung des Vsschutzes wurde bestätigt.

Einen Fall besonderer Art betraf RG 27. XI. 1934 JRPV 1935 S. 11—13: Es handelte sich um die Haftpflichtv für ein Kfz der damals verbotenen sozialdemokratischen Partei. Im Vsantrag war 1928 als Eigentümer nicht diese Partei, sondern eines ihrer Mitglieder angegeben worden (um Schwierigkeiten zu vermeiden, die sich daraus ergaben, daß es sich um einen nicht rechtsfähigen Verein im Sinne des BGB handelte). Das RG ließ es dahingestellt sein, ob in der Kfz-Haftpflichtv das Eigentum am Fahrzeug ein wesentlicher Umstand sei. Es verneinte zutreffend ein Verschulden des Vmers, da der Angestellte des Vers über den wahren Sachverhalt unterrichtet war, so daß der Vmer zu Recht davon ausgehen durfte, daß der Ver über diesen Vorgang unterrichtet sei.

[F 8] bbb) Versicherungsfall und vorvertragliche Anzeigepflicht.

Das RG knüpfte bekanntlich in ständiger Rechtsprechung in der Haftpflichtv zur Festlegung des Begriffes des Vsfalles nicht an den Verstoß oder an das äußerlich eintretende Schadenereignis an, sondern an die Anspruchserhebung (vgl. die Nachweise unter B 11—17). Diese Rechtsprechung ist durch die heute maßgebende Abgrenzung des Begriffes des Vsfalles in den §§ 5 Ziff. 1 AHB, 7 I Ziff. 1 AKB und § 5 Ziff. 1 AHBVerm überholt (vgl. Anm. B 30—31). Demgemäß kommt den nachstehend aufgeführten Entscheidungen im Prinzip nur noch rechtsgeschichtliche Bedeutung zu. Den Entscheidungen ist dabei darin zuzustimmen, daß vom Standpunkt der Theorie der Anspruchserhebung als Vsfall vom Vmer auch unaufgefordert die Anzeige eines Unfalles zu erwarten war. Nachstehende Entscheidungen ergeben einen gewissen Überblick über die Interessenlage:

RG 25. XI. 1932 JRPV 1933 S. 5—7: Der Vmer hatte dem Ver nicht angezeigt, daß sich nach der Stellung des Antrages auf Abschluß einer V, aber vor Schließung des Vertrages (durch Annahme dieses Antrages durch den Ver) ein Unfall ereignet hatte. Da die Ansprüche durch den geschädigten Dritten erst nach dem Beginn des materiellen Vsschutzes erhoben wurden, lag für das RG vom Standpunkt seiner Theorie der Anspruchserhebung als Vsfall ein prinzipiell in den Deckungsbereich der geschlossenen Kfz-Haftpflichtv gehörendes Schadenereignis vor. Das RG hielt diesen Unfall aus seiner Sicht der Dinge zutreffend für anzeigepflichtig nach § 16. Demgemäß wies es das Untergericht an zu prüfen, ob der Ver innerhalb der Frist des § 20 zurückgetreten und ob der Vmer etwa unverschuldet seiner Anzeigelast nicht nachgekommen sei.

OLG Oldenburg 29. II. 1928 VA 1929 S. 26—27 Nr. 1939 behandelte schon früher — ebenfalls zur Kfz-Haftpflichtv — einen im Sachverhalt der erwähnten RG-Entscheidung vom 25. XI. 1932 a. a. O. gleichgelagerten Fall. Zutreffend bejaht auch dieses Gericht (vom Standpunkt der Anspruchserhebungstheorie) eine Anzeigepflicht nach § 16 für einen nach Antragstellung, aber vor Annahme des Antrages eingetretenen Schadenfall.

KG 21. XII. 1938 VA 1939 S. 213 Nr. 3101 = JRPV 1939 S. 56—57: Auch hier ereignete sich nach der Antragstellung, aber vor der Annahme durch den Ver ein Kfz-Unfall. Der Unterschied zu dem vorhergehenden Fall liegt darin, daß eine Rückwärtsv vereinbart war, die eingreifen sollte ab Antragstellung. Das KG nimmt an, daß der Vmer zur Anzeige des zwischenzeitlich eingetretenen Schadenereignisses verpflichtet gewesen sei. Das KG spricht nicht ausdrücklich aus, welcher Auffassung es für die Bestimmung des Begriffes des Vsfalles folgt. Es geht aber augenscheinlich stillschweigend von der Anspruchserhebungstheorie des RG aus. Andernfalls hätte es sich mit § 2 II 2 auseinandersetzen müssen.

Dafür, daß nach der hier vertretenen Auffassung die Vorschriften über die vorvertragliche Anzeigepflicht abbedungen sind, soweit der Ver gemäß §§ 3 I Abs. 3 S. 2 AHB, 3 I Abs. 4 AHBVerm rückwirkend Vsschutz gewährt, vgl. Anm. D 9. Maßgebend ist auch im Rahmen des § 2 II 2 der in § 5 Ziff. 1 AHB und § 7 I Ziff. 1 AKB gewählte Anknüpfungspunkt des äußeren Schadenereignisses, vgl. Anm. B 30—31 und Möller in Bruck-Möller Anm. 22 zu § 2. Für die Vermögensschadenhaftpflichtv ist dagegen nach § 5 Ziff. 1 AHBVerm auch hier auf den Verstoß abzustellen. Zu unterscheiden ist der erörterte Fall von dem, daß mit der Antragstellung von dem Ver zugleich vorläufige Deckung zugesagt wird. Alsdann besteht für die nach Beginn der vorläufigen Deckung eingetretenen Schadenfälle ohnedies weder eine Anzeigepflicht nach § 16 noch handelt es sich begrifflich um eine Rückwärtsv.

[F 9] d) Vorvertragliche Anzeigelast und Vorsorgeversicherung.

Über die eigenartige Konstruktion der Vorsorgev vgl. die Ausführungen in Anm. G 125. Obwohl es sich hier nicht um den Neuabschluß eines Vertrages, sondern um die Ausfüllung der antizipiert vereinbarten Vorsorgev handelt, finden auf die Erklärungen über das neue Risiko nach dem Sinne der Regelung die Vorschriften über die vorvertragliche Anzeigepflicht entsprechende Anwendung (so von Gierke II S. 309, Hagen ZVersWiss 1910 S. 475—477, Kühfuß NeumannsZ 1933 S. 974—975, Prölss[17] Anm. 1 zu § 2 AHB, S. 660, im Ergebnis auch Garbe VersR 1954 S. 159—160; a. M. Oberbach I S. 140 und Wussow[5] Anm. 9 zu § 2 AHB, S. 222). Es ist dabei nur zu beachten, daß die in den §§ 16—21 verankerten Rechte und Rechtsinstitute für die Beteiligten sich in diesen Fällen nicht auf das gesamte Vertragsverhältnis beziehen, sondern nur auf denjenigen Teil, der das neue Risiko betrifft.

[F 10] 2. Gefahrerhöhung zwischen Stellung und Annahme des Versicherungsantrages.

Gemäß § 29a sind die Vorschriften der §§ 23—29 auf eine in der Zeit zwischen Stellung und Annahme des Vsantrages eingetretene Gefahrerhöhung, die dem Ver bei der Annahme des Antrages nicht bekannt war, entsprechend anzuwenden. Vgl. dazu allgemein die Ausführungen von Möller in Bruck-Möller Anm. 1—8 zu § 29a. Mit Rücksicht darauf, daß nach § 1 Ziff. 2b AHB die Vorschriften über die Gefahrerhöhung im Bereich der Allgemeinen Haftpflichtv im Prinzip abbedungen sind, wird man den Parteiwillen dahin zu interpretieren haben, daß das grundsätzlich auch für eine Änderung der Gefahrenlage in der hier behandelten Zeit zu gelten hat. Für die übrigen Haftpflichtvssparten sei auf die Ausführungen unter F 11 a. E. verwiesen.

II. Obliegenheiten vor Eintritt des Versicherungsfalles.

[F 11] 1. Gefahrerhöhung.

§ 23 I bestimmt, daß der Vmer nach dem Abschluß des Vsvertrages weder eine Erhöhung der Gefahr vornehmen noch deren Vornahme durch einen Dritten gestatten darf. Nach § 23 II ist eine Gefahrerhöhung dem Ver unverzüglich anzuzeigen. Diese Vorschriften über die Gefahrerhöhung gelten nach der gesetzlichen Regelung grundsätzlich auch für die Haftpflichtv (vgl. die Nachweise in Anm. G 115). Im Bereich der Allgemeinen Haftpflichtv sind aber seit mehr als 50 Jahren durch § 1 Ziff. 2b AHB weitgehend die Vorschriften über die Gefahrerhöhung abbedungen (vgl. wiederum Anm. G 115; als Anwendungsfall aus der Zeit vor Einfügung einer § 1 Ziff. 2b AHB entsprechenden Bestimmung in die „Verbandsbedingungen" vgl.: KG 24. IV. 1918 VA 1919 Anh. S. 25—26 Nr. 1078; das genannte Gericht ging davon aus, daß eine durch einen Umbau geschaffene Treppe ohne Geländer eine Gefahrerhöhung darstellen könne, verneinte aber aus tatsächlichen Gründen eine derartige Gefahrerhöhung im konkreten Falle).

Ausgenommen sind von der durch § 1 Ziff. 2b AHB geschaffenen Rechtswohltat Erhöhungen und Erweiterungen des vten Risikos, die in dem Halten oder Führen von

Luft-, Kraft- oder Wasserfahrzeugen bestehen. An anderer Stelle (vgl. Anm. G 120) ist ausgeführt, daß die zitierte Einschränkung in gewissem Umfange dann keine Anwendung finde, wenn durch den Grundvertrag bereits Deckung für ein Kfz-Risiko gegeben sei. Hier ist regelmäßig davon auszugehen, daß der Erwerb weiterer (nicht zugelassener oder nicht vspflichtiger) Kraftfahrzeuge der vten Art entgegen dem Wortlaut des § 1 Ziff. 2b AHB in den Vsschutz des Vertrages fällt (a. M. Hartung Haftpflichtv S. 55, Oberbach I S. 147); so jetzt auch Nr. 2 der „Besonderen" Bedingungen (VA 1969 S. 14), die nach der hier vertretenen Auffassung allerdings insoweit nur klarstellende Bedeutung hat. Gleiches kann für Wasserfahrzeuge gelten (grundsätzlich aber nicht für Luftfahrzeuge). Diese Auslegung des § 1 Ziff. 2b AHB bezieht sich aber nur auf die quantitativen Veränderungen, also auf das Hinzutreten gleichartiger Risiken, nicht aber auf qualitative Änderungen der Gefahrenlage. Hier gewinnen demnach die in § 1 Ziff. 2b AHB aufgeführten Ausnahmen lebendige Bedeutung. Ist also ausnahmsweise im Rahmen einer Betriebshaftpflichtv auch die Haftpflicht aus dem Betriebe eines nur auf dem Betriebsgrundstück eingesetzten Lastkraftwagens mitvert, so kann auch hier nach den Vorschriften über die Gefahrerhöhung kein Vsschutz bestehen, wenn das Fahrzeug trotz abgefahrener Reifen oder mangelhafter Bremsen weiter eingesetzt wird.

In der Vermögensschadenhaftpflichtv fehlt es (ebenso wie in den AKB) an einer § 1 Ziff. 2b AHB entsprechenden ausdrücklichen Bestimmung über den Ausschluß der Anwendung der Vorschriften über die Gefahrerhöhung. Dennoch gelten dort die §§ 23—29 nicht unbeschränkt. Nach dem Sinngehalt des § 8 II AHBVerm sind im Prinzip quantitative Erhöhungen und Erweiterungen des vten Risikos in den Vsschutz einbezogen (vgl. Anm. G 115 a. E.).

Die danach verbleibende praktische Bedeutung und Anwendungsmöglichkeit der Vorschriften über die Gefahrerhöhung in der Allgemeinen Haftpflichtv und auch in der Vermögensschadenhaftpflichtv erscheint als gering. Denn im Rahmen der Berufshaftpflichtv z. B. der Anwälte, Beamte, Notare und Richter kommt es naturgemäß nicht auf die sonst grundsätzlich das typische Bild einer Gefahrerhöhung bestimmenden äußeren Eigenschaften unbeseelter Körper an. Vielmehr wird hier die Gefahrerhöhung sich im schwer erfaßbaren subjektiven Bereich des Vmers oder der Vten abspielen. Eine Gefahrerhöhung könnte z. B. in der Weiterbeschäftigung eines zur Trunksucht neigenden Bürovorstehers, dem die Führung des Fristenkalenders obliegt, gesehen werden. Entsprechendes kann bei Auftreten derartiger subjektiver Mängel in der Person juristischer Mitarbeiter oder eines Praxisvertreters für die Urlaubszeit gelten (vgl. aber auch OLG Karlsruhe 30. VII. 1964 NJW 1964 S. 2422—2423, das zu Unrecht in einem Kfz-Haftpflichtvsfall die Auffassung vertritt, daß grundsätzlich § 25 I bei allein subjektiv begründeten „Gefahrerhöhungen" keine Anwendung finde; siehe dazu die ablehnende Anm. von Schmalzl NJW 1965 S. 444—445).

Die geschilderten Beispielsfälle zeigen, welche geringen Ansatzpunkte für die Anwendung der Vorschriften über die Gefahrerhöhung im geschilderten Bereich der schwer abwägbaren persönlichen Eigenschaften gegeben sind. So ist denn auch kennzeichnend, daß es, soweit feststellbar, bisher noch keine veröffentlichte Entscheidung über einen Deckungsstreit im Bereich der Vermögensschadenhaftpflichtv aus dem Gesichtspunkt einer Gefahrerhöhung gibt. Es erscheint daher angebracht, im Rahmen der Erläuterung der Allgemeinen Haftpflichtv zur näheren Abgrenzung des Instituts der Gefahrerhöhung und der damit zusammenhängenden Fragen auf die Ausführungen von Möller in Bruck-Möller zu §§ 23—28 zu verweisen.

2. Beseitigung besonders gefahrdrohender Umstände durch den Versicherungsnehmer (§ 4 II Ziff. 3 AHB).

Gliederung:

[F 12] a) Rechtsnatur.

Durch § 4 II Ziff. 3 AHB werden Haftpflichtansprüche ausgeschlossen, die auf besonders gefahrdrohende Umstände zurückzuführen sind, deren Beseitigung der Ver nach Billigkeitsgrundsätzen verlangen konnte und verlangt hat. Es ist streitig, ob es sich bei dieser Klausel um eine zulässige Gefahrabgrenzung im Sinne eines Gefahrausschlusses (so zunächst BGH 18. I. 1965 NJW 1965 S. 757 = VA 1965 S. 190 Nr. 414 [wenn auch nur obiter dictum ohne Begründung und in BGHZ Bd 43 S. 88—94 nicht mitabgedruckt], ferner Hartung Haftpflichtv S. 98, Oberbach I S. 270, Oberbach Grundlagen B 3 S. 14, Wussow[5] Anm. 96 zu § 4 AHB. S. 420—421; wohl auch Bruck S. 299 Anm. 13) oder um eine Obliegenheit handelt (so Kessler HansRGZ 1940 A Sp. 167—168, Möller in Bruck-Möller Anm. 43 zu § 32, Schwaiger S. 127).

Nach der Fassung der Bestimmung und ihrer systematischen Stellung im Bedingungswerk kann nicht daran gezweifelt werden, daß die Verfasser der Bedingungen das Verhalten des Vmers im Bereich des § 4 II Ziff. 3 AHB nicht den Obliegenheitsvorschriften unterwerfen wollten. Zur Annahme einer Obliegenheit kann man somit nur dann kommen, wenn man die Vorschrift als eine (nach §§ 15a, 34a unzulässige) Umgehung der zwingenden Vorschriften über die Folgen von Obliegenheitsverletzungen auffaßt (so Kessler a. a. O. Sp. 167—168, Möller a. a. O.). Die Frage ist auf den grundsätzlichen Streit zurückzuführen, ob (abgesehen von den Fällen der §§ 61, 152) überhaupt Risikobeschränkungen zulässig sind, die in erster Linie auf einem vom Vmer zu beachtenden Verhalten basieren, ohne dabei Obliegenheiten zu sein (grundsätzlich verneinend Möller in Bruck-Möller Anm. 13—15 zu § 6 VVG m. w. N.; ähnlich Reimer Schmidt Obliegenheiten S. 241 m. w. N.; vgl. auch die Bemerkungen von Fischer VersR 1965 S. 199; a. M. Prölss[17] Anm. 3 zu § 6, S. 65—66 m. w. N.; vgl. auch BGH 27. VI. 1953 VA 1953 S. 226—227 Nr. 50 = VersR 1953 S. 316—317). Es erscheint als zweifelhaft, ob alle Fälle, in denen Handlungen des Vmers den Vsschutz „bedingen" sollen, den Vorschriften über die Obliegenheiten unterworfen werden müssen. Die von Prölss a. a. O. angeführten Beispiele geben zu denken. Jedenfalls müssen aber überall dort die zwingenden Vorschriften über die Folgen von Obliegenheitsverletzungen angewandt werden, wo der Charakter der dem Vmer auferlegten Lasten eindeutig für echte Obliegenheiten spricht. Auch vom BGH ist nunmehr in zwei grundsätzlichen Entscheidungen über die Abgrenzung zwischen Obliegenheiten und Risikobeschränkungen im Sinne der von Möller vertretenen Auffassung auf den materiellen Gehalt der Bestimmung und nicht auf die Formulierung der Klausel abgestellt worden (BGH 24. IV. 1967 VA 1967 S. 181 bis 183 Nr. 454 = VersR 1967 S. 774—775, 22. VI. 1967 NJW 1967 S. 2205—2207 = VA 1967 S. 267—268 Nr. 467 [vgl. dazu auch die — aus kartellrechtlicher Sicht — ablehnende, wenn auch nicht überzeugende Anm. von Kracht NJW 1968 S. 48—49]). Bei dem Urteil vom 24. IV. 1967 a. a. O. handelte es sich um eine zu einer Rechtsschutzv vereinbarte Bestimmung, nach der der Vmer nicht ohne Zustimmung des Vers einen Anwalt beauftragen durfte. Der BGH wies auf die Parallele zu § 5 Ziff. 4 AHB und zu § 7 II Ziff. 5 AKB hin und stellte sich zu Recht auf den Standpunkt, daß die Vereinbarung eines derartigen Verhaltens materiell stets als Obliegenheit im Sinne des § 6 anzusehen sei. In dem weiteren Fall (BGH 22. VI. 1967 a. a. O.) war zu einer Betriebshaftpflichtv eine Klausel des Inhalts vereinbart, daß Vsschutz nur bestehe, wenn der Vmer mit seinen als Dritte in Betracht kommenden Vertragspartnern bestimmte haftungsbeschränkende Vereinbarungen treffe. Ungeachtet dessen, daß diese Klausel im Vsvertrag ausdrücklich als „Risikobegrenzung" bezeichnet war, stellte sich der BGH auf den Standpunkt, daß es sich materiell um eine Obliegenheit handle. Die Parallelen in der Interessenlage zwischen dem vom BGH a. a. O. entschiedenen Fall und der Regelung in § 4 II Ziff. 3 AHB sind nicht zu verkennen. Es ist demgemäß mit einer Änderung der vom BGH 18. I. 1965 a. a. O. obiter dictum vertretenen Auffassung zu rechnen, daß auch der Rechtscharakter des § 4 II Ziff. 3 AHB als „verhüllte" Obliegenheit erkannt wird. Denn dort wird ebenso wie in den vom BGH entschiedenen Fällen ein typisch schadenverhütendes Verhalten des Vmers im Interesse des Vers normiert. § 4 II Ziff. 3 AHB stellt demgemäß eine echte Obliegenheit dar. Das ist nur deshalb noch nicht allgemein erkannt worden, weil es sich um einen besonderen Fall von Obliegenheitsvereinbarungen handelt. Diese Besonderheit ist darin zu sehen, daß der Vmer von vornherein sein Einverständnis damit erklärt, daß ihm gewisse schadenverhütende Maßnahmen bei der Gefahr des Verlustes des Vsschutzes auferlegt werden. Damit treten neben den im VVG und in den AHB festgelegten allgemeinen und typischen Obliegenheiten individuelle Lasten, die ganz auf das einzelne Risiko abstellen und sich als Besonderheit des Haftpflichtvsrechts als Folge der zahlreichen Haftpflichtgefahren ergeben. Daß aber diese von vornherein — im Billigkeitsrahmen — anerkannten Auflagen Obliegenheitscharakter haben, mögen die nachfolgenden Beispiele verdeutlichen:

α) Der Hund des Vmers beißt mehrfach Passanten. Nach § 4 II Ziff. 3 AHB verlangt der Ver nunmehr das Tragen eines Maulkorbes. Es kann nur als unbillig erscheinen, wenn dem Vmer nunmehr der Vsschutz versagt werden würde, weil sein „mitleidiges" Dienstmädchen auf einem Spaziergang den Maulkorb trotz strengen Verbots des Vmers löst und dadurch einen Vsfall herbeiführt.

β) Dem Vmer wird auferlegt, sein Trümmergrundstück zu umzäunen, weil dort schon mehrfach spielende Kinder zu Schaden gekommen sind. Der Zaun wird über Nacht von Halbstarken abgerissen, ohne daß der Vmer davon etwas erfährt. Am nächsten Tag verunglückt auf dem Grundstück ein Kind (bei diesem Beispiel mag man sich ins Gedächtnis zurückrufen, daß es mit Rücksicht auf die dem Ver obliegende Abwehrpflicht zur Beurteilung der Deckungsfrage nicht darauf ankommt, ob ein Anspruch besteht oder nicht).

γ) Nach mehrfachen Unfällen durch vom Dach herabstürzende Schneemassen wird dem Vmer auferlegt, ein Schneegitter anzubringen. Das geschieht. Nach heftigem Sturm wird dieses Schneegitter eines Nachts herabgerissen. Am nächsten Morgen in der Frühe kommt es zu einem erneuten Schadenfall infolge herabstürzender Eisbrocken.

Die genannten Beispiele sprechen für sich selbst. Sie fordern geradezu zu einer Korrektur des unbilligen Ergebnisses durch die Anwendung des in § 6 verankerten Verschuldensprinzips heraus. Zu beachten ist ferner, daß eine Leistungsfreiheit des Vers gemäß § 6 I 3 nur eintritt, wenn er den Vsvertrag binnen der Monatsfrist nach § 6 I 2 fristlos gekündigt hat (BGH 22. VI. 1967 a. a. O.).

[F 13] b) Anwendungsbereich.

aa) Beseitigungsverlangen.

Das Verlangen des Vers muß so unmißverständlich, so klar und eindeutig sein, daß es für den Vmer über dessen Bedeutung keinen Zweifel geben kann (BGH 18. I. 1965 NJW 1965 S. 757 = VA 1965 S. 190 Nr. 414). Eine Empfehlung genügt daher nicht; vielmehr ist eine präzise Aufforderung durch den Ver unerläßlich. Auch kann der Ver keine Rechte daraus herleiten, daß ein anderer Ver, eine Behörde oder sonst jemand die Beseitigung eines gefahrdrohenden Zustandes verlangt hat (so zutreffend OLG Hamm 2. XII. 1960 VersR 1962 S. 415 in einem Falle, in dem eine Berufsgenossenschaft ein derartiges Verlangen gestellt hatte). Letzte Klarheit wird nur erreicht, wenn der Vmer auf die Folgen hingewiesen wird, die ihn treffen, wenn er dem Verlangen nicht nachkommt. Es ist daher grundsätzlich nach Treu und Glauben zu fordern, daß diese Folgen dem Vmer im Beseitigungsschreiben deutlich gemacht werden (a. M. Wussow[5] Anm. 97 zu § 4 AHB, S. 422; BGH 18. I. 1965 a. a. O. läßt diese Frage offen).

Das Beseitigungsverlangen kann auch durch eine mündliche Erklärung eines Bevollmächtigten des Vers gestellt werden. Hier sind aber besonders strenge Anforderungen in dem Sinne zu stellen, daß eine eingehende und umfassende Erläuterung des Vorganges zum Verständnis des Vmers erfolgt. Der Ver ist nicht gehalten zu erklären, innerhalb welcher Frist der gefahrdrohende Umstand beseitigt sein muß (Wussow[5] Anm. 102 zu § 4 AHB, S. 425; a. M. Hartung Haftpflichtv S. 99). Der objektive Tatbestand einer Obliegenheitsverletzung ist aber erst nach Ablauf einer angemessenen Frist gegeben. Setzt der Ver eine Frist, so kann er sich gewiß nicht im Schadenfalle darauf berufen, daß der gefahrdrohende Umstand schon vorher hätte beseitigt werden können.

Einer Begründung bedarf das Verlangen des Vers grundsätzlich nicht. Der Ver kann dem Vmer nicht vorschreiben, in welcher Form die Beseitigung des besonders gefahrdrohenden Umstandes zu erfolgen habe. Die unter F 12 a. E. aufgeführten Beispiele zeigen allerdings, daß nach den tatsächlichen Gegebenheiten des Einzelfalles zumeist nur ein praktikabler Weg gegeben ist. Das Verlangen des Vers muß der Billigkeit entsprechen. Treu und Glauben sind auch hier die maßgebenden Faktoren. Übermäßige Kosten dürfen dem Vmer nicht zugemutet werden (Oberbach I S. 271). Es muß als unbillig erscheinen, wenn der Ver ihm aus den Vertragsverhandlungen bekannte Gefahrenquellen nachträglich vom Vsschutz ausscheiden will. Das gilt besonders dann, wenn er weiß, daß der Vorvertrag gerade wegen ähnlicher Schadenfälle gekündigt worden war.

[F 14] bb) Gefahrdrohende Umstände.

Ob ein Umstand als besonders gefahrdrohend aufzufassen ist, entscheidet — abgesehen von den Fällen des § 4 II Ziff. 3 S. 2 AHB — die Verkehrsauffassung. Der gesunde Menschenverstand muß auch hier bei der Auslegung dominieren. Alle Umstände des Einzelfalles sind dabei in Betracht zu ziehen. Es wird die Auffassung vertreten, daß unter „gefahrdrohenden Umständen" im Sinne des § 4 II Ziff. 3 AHB nicht nur der Zustand von Sachen, sondern auch die Handlungen von Personen verstanden werden könnten (Hartung Haftpflichtv S. 100, Wussow[5] Anm. 95 zu § 4 AHB, S. 420). Dieser Meinung kann nur eingeschränkt beigepflichtet werden. Unter besonders gefahrdrohenden Umständen im Sinne des § 4 II Ziff. 3 AHB sind grundsätzlich nur solche Gefahren zu verstehen, die von dem spezifischen Gefahrenzustand einer Sache ausgehen. Dabei spielt menschliches Handeln nur insofern eine Rolle, als durch dieses eine ordnungswidrige gefährliche Anlage benutzt oder der gefahrdrohende Zustand einer Sache nicht geändert wird. Es würde aber zu unerträglichen Konsequenzen führen, wenn der Ver dem Vmer z. B. auferlegen wollte, nicht mehr als Radler betrunken am Straßenverkehr teilzunehmen oder aber nicht mehr bei „Rot" als Fußgänger eine Straße zu überqueren. In der Praxis werden solche Auflagen auch nicht gemacht. Das korrekte Hilfsmittel muß in derartigen Fällen die Schadenkündigung sein.

Durch § 4 II Ziff. 3 S. 2 AHB wird ein Streit darüber, ob es sich um einen besonders gefahrdrohenden Umstand gehandelt haben mag oder nicht, für bestimmte Fälle verhindert. Es handelt sich insoweit um eine unwiderlegliche Vermutung (Oberbach I S. 271, Oberbach Grundlagen B 3 S. 13, Wussow[5] Anm. 101 zu § 4 AHB, S. 424; a. M. Hartung Haftpflichtv S. 100). Voraussetzung für die Anwendung dieser Vermutung ist, daß es sich bei dem in § 4 II Ziff. 3 S. 2 AHB erwähnten Schadenfall um einen solchen handelt, der in den zeitlichen Deckungsbereich des zwischen den Parteien bestehenden Vsvertrages fällt (Kramer JRPV 1930 S. 344; a. M. Wussow[5] Anm. 101 zu § 4 AHB, S. 424). Das ergibt sich insbesondere aus dem Zweck des § 4 II Ziff. 3 AHB, dem Ver die Schadenkündigung zu ersparen. Ferner muß es sich um ein primär vom Deckungsbereich des Vertrages erfaßtes Schadenereignis gehandelt haben. Daß die Leistungspflicht des Vers im vorangegangenen Schadenfall nicht gegeben war, weil eine Ausschlußklausel eingriff, steht der Anwendung des § 4 II Ziff. 3 AHB grundsätzlich nicht entgegen (ebenso Wussow[5] Anm. 101 zu § 4 AHB, S. 425).

8. Explosionsklausel.

Gliederung:

[F 15] a) Rechtsnatur.

In den Erläuterungen zur Betriebs- und Privathaftpflichtv findet sich vielfach folgende Klausel: „Ausgeschlossen bleibt die Haftpflicht für Schäden durch Explosion und Brand von Stoffen, die nicht gemäß behördlicher Vorschrift behandelt, gelagert, befördert werden" (vgl. eine ähnlich lautende Klausel unter A 5). Die Rechtsnatur dieser Vorschrift ist umstritten. Möller in Bruck-Möller Anm. 43 zu § 32 ist der Meinung, daß es sich auch hier um eine versteckte Obliegenheit zum Zwecke der Verhütung einer Gefahrerhöhung handele, die den Vmer belaste und bei der es demgemäß nicht nur auf Kausalität, sondern auch auf Verschulden, Klarstellung usw. ankomme. Demgegenüber ist Bertsch (Die Abgrenzung von Risikobeschränkungen und vertraglich begründeten Obliegenheiten im Privatvsrecht unter besonderer Berücksichtigung des Rechts der Allgemeinen Haftpflichtv, Tübinger Diss. 1964, S. 70—72) der Auffassung, daß die Explosionsklausel eine Gefahrumstandsausschlußklausel darstelle. Der BGH hat seinen Entscheidungen zunächst stillschweigend (und demgemäß ohne Begründung) die Auffassung zugrunde gelegt, daß es sich um eine zulässige Risikobeschränkung im Sinne eines Ausschlußtatbestandes handele (vgl. BGH 27. VI. 1953 VA 1953 S.226—227 Nr. 50 = VersR 1953 S. 316—318 [ebenso als Vorinstanz OLG Düsseldorf 24. VI. 1952 VersR 1952 S. 348—349], 21. IV. 1958 VersR 1958 S. 336—337, 20. XI. 1958 VA 1959 S. 81 Nr. 222 = VersR 1959 S. 15, 8. III. 1962 VersR 1962 S. 406—409).

Vom OLG Celle 19. VII. 1956 VersR 1956 S. 705—706 ist dann das Problem in seiner Tragweite voll erkannt und ausdrücklich das Vorliegen einer Risikobeschränkung bejaht worden. Zur Begründung weist dieses Gericht insbesondere auf die Wortfassung der Bestimmung hin und darauf, daß es sich um ein besonders gefährliches Risiko handele, das der Ver berechtigterweise ausschließen wolle. Doppeldeutig ist OLG München (4. VII. 1956 VersR 1957 S. 158—159 als Vorinstanz zu BGH 21. IV. 1958 a. a. O.). Es nimmt zu dem Problemkreis zwar nicht ausdrücklich Stellung, erörtert aber eingehend, ob ein Verschulden des Vmers und seiner Leute bei dem fehlerhaften Anschluß einer Propangasanlage vorgelegen habe oder nicht. Das kann in dem Sinne gedeutet werden, daß das OLG die Explosionsklausel für eine Obliegenheit hält. — Dagegen spricht allerdings, daß nichts über das Kündigungserfordernis nach § 6 I 3 ausgeführt worden ist. — Es kann aber auch bedeuten, daß das Gericht die Klausel entgegen ihrem Wortlaut in dem Sinne auslegt, daß sie nur bei einem Verschulden des Vmers selbst Anwendung finde.

Eine Wende kann sich durch BGH 6. IV. 1964 VersR 1964 S. 500—501 anbahnen. Aus den Gründen ergibt sich, daß das OLG Stuttgart als Vorinstanz (nicht veröffentlicht) die Auffassung vertreten hat, daß die Explosionsklausel eine „verhüllte" Obliegenheit sei. Der BGH ließ diese Frage entgegen der oben zitierten Rechtsprechung ausdrücklich offen, weil nach seiner Auffassung kein Verstoß gegen behördliche Sicherheitsvorschriften vorlag. Wenn man aber überhaupt die Möglichkeit „verhüllter" Obliegenheiten und einen unverzichtbaren Anwendungsbereich des § 6 bejaht (vgl. dazu die Ausführungen und Nachweise in Anm. F 12), so ist der Schluß geboten, daß es sich auch hier um eine derartige „versteckte" Obliegenheit handelt.

Von der Tätigkeitsklausel des § 4 I Ziff. 6b AHB unterscheidet sich die hier erörterte Vertragsbestimmung insbesondere dadurch, daß sie einen umfassenden Ausschluß statuieren will. Es wird also nicht nur der Schaden an den unrichtig behandelten Sachen selbst ausgeschlossen, sondern jede Schadenfolge, gleichgültig, ob es sich um Sach- oder Personenschaden handelt. Das Besondere liegt aber darin, daß gegen solche Haftpflichtansprüche Vsschutz bestehen soll, die bei einer Explosion trotz ordnungsgemäßer Behandlung erhoben werden. Es wird also eindeutig ein schadenverhinderndes Verhalten des Vmers und seiner Leute zum Gegenstand des Ausschlusses gemacht, ohne daß dabei auf das zulässige Korrektiv einer Abänderung des § 152 (oder des § 4 II Ziff. 1 AHB) gegriffen wird. Würde die Klausel in der Form abgefaßt sein, daß in Abänderung des § 152 für durch grobfahrlässige oder durch leichtfahrlässige Herbeiführung von Explosionen kein Vsschutz geboten werde, so wäre das allerdings eine Risikobeschränkung im engeren zulässigen Sinne. In der vorliegenden Form bedarf die Klausel, um einen Mindestanwendungsbereich des § 6 zu retten und im wohlverstandenen Schutzinteresse des Vmers und des Vsgedankens überhaupt, einer Korrektur in dem Sinne, daß es sich um eine Obliegenheit handelt mit allen Vorteilen, die dem Vmer daraus nach der zwingenden Bestimmung des § 6 I entstehen.

[F 16] b) Anwendungsbereich.

Stets muß sorgsam geprüft werden, ob tatsächlich behördliche Vorschriften existieren, die eine bestimmte Behandlung vorschreiben (vgl. die genaue Prüfung dieser Frage in BGH 8. III. 1962 VersR 1962 S. 406—409). Unter behördlichen Vorschriften sind dabei Gesetze und Rechtsverordnungen zu verstehen. Darunter fallen auch Feuer- und Unfallverhütungsvorschriften, sofern sie auf entsprechender gesetzlicher Grundlage beruhen. Dagegen liegt keine behördliche Vorschrift in diesem Sinne vor, wenn eine Behörde im Einzelfall unter Bezugnahme auf polizeiliche Generalklauseln ein bestimmtes Verhalten fordert, ohne daß also diese Anordnung in veröffentlichten Vorschriften selbst ihren ausdrücklichen Niederschlag gefunden hat.

Ist eine derartige Vorschrift ermittelt, so ist sie nach der verständigen Anschauung der am Rechtsverkehr beteiligten Kreise auszulegen. Einen guten Beispielfall bildet BGH 6. IV. 1964 VersR 1964 S. 500—501: Nach der württembergischen Feuerpolizei VO vom 4. IX. 1912 dürfen Kindern unter 12 Jahren feuergefährliche Gegenstände nur dann anvertraut werden, wenn die zur Vermeidung von Feuergefahr erforderliche Vorkehr getroffen worden ist. Ein 5 ½ Jahre alter Sproß eines Gemeindemitglieds verlangte von der Ehefrau des Vmers, eines Kolonialwarenhändlers, im Laden Zündhölzer für seinen Vater. Das Geld dafür hatte der Sohn dem Vater entwendet. Treffend bejahte der BGH a. a. O. den Vsschutz für den Kolonialwarenhändler mit der Begründung, ein Verstoß gegen die genannte Vorschrift liege nicht vor, da die Zündhölzer in einem umwickelten Paket ausgehändigt worden seien. Mehr zu fordern, bedeutet, eine an der Rechtswirklichkeit orientierte Auslegung zu verlassen.

Es muß adäquate Kausalität zwischen der Verletzung der behördlichen Vorschrift und dem Eintritt des Schadens gegeben sein. Nach der Fassung der Klausel muß (entgegen § 6 II, der von einer Beweislast des Vmers ausgeht [vgl. Möller in Bruck-Möller Anm. 52 zu § 6] der Ver den Beweis für das Vorliegen adäquater Kausalität führen (BGH 8. III. 1962 VersR 1962 S. 409). Darauf, daß der Schaden nicht mehr im Machtbereich des Vmers, sondern bei seinem Käufer oder einem sonstigen Dritten entsteht, kommt es in diesem Zusammenhang nicht an, da dadurch die adäquate Kausalität nicht unterbrochen wird (BGH 27. VI. 1953 VA 1953 S. 226—227 Nr. 50 = VersR 1953 S. 316—317). Steht fest, daß eine Verletzung behördlicher Vorschriften vorliegt, so hat der Ver damit in aller Regel den Beweis des ersten Anscheins für eine adäquate Kausalität geführt (BGH 8. III 1962 VersR 1962 S. 409); Sache des Vmers ist es dann, diesen Beweis dadurch zu entkräften, daß die ernsthafte Möglichkeit eines anderen als des typischen Geschehensablaufs dargetan wird; dabei bedürfen die Tatumstände, aus denen eine solche Möglichkeit hergeleitet wird, des vollen Beweises (BGH 8. III. 1962 a. a. O.). Werden aber vom Vmer nur Umstände dargetan und bewiesen, durch die die Wahrscheinlichkeit des typischen Verlaufs nur unwesentlich geschwächt wird, so kann eine derartige Möglichkeit außer Betracht bleiben. Soweit nicht der Begriff einer „naheliegenden Möglichkeit" verkannt wird, bleibt es Sache des Tatrichters, welche geringeren oder größeren Anforderungen er an die Erschütterung seiner Überzeugung stellt (BGH 9. I. 1967 VersR 1967 S. 389—391).

Gelegentlich ist in der Explosionsklausel nur vom „Behandeln" die Rede. BGH 20. XI. 1958 VA 1959 S. 81 Nr. 222 = VersR 1959 S. 15 stellt klar, daß Behandeln der Oberbegriff ist, daß darunter also auch eine nicht den behördlichen Sicherungsvorschriften entsprechende Lagerung zu verstehen ist. Wird allerdings in einer besonderen Vereinbarung zur Explosionsklausel ausdrücklich das Wort Lagerung gestrichen, so kann im Einzelfall auch der Schluß geboten sein, daß verbotswidrige Lagerungen nicht unter den Ausschluß der Explosionsklausel fallen sollten. Hier bedarf es sorgsamer Abwägung der Umstände des Einzelfalles.

In der Klausel ist nicht ausdrücklich gesagt, wer die darin erwähnten Stoffe vorschriftswidrig behandelt haben muß. Nach dem Sinn der Bestimmung ist aber eine einschränkende Auslegung des Inhalts geboten, daß es sich um den Vmer oder um eine vte Person handeln muß. In denjenigen Fällen also, in denen der Vmer — sei es berechtigt, sei es unberechtigt — wegen der Fehler dritter Personen, die nicht Arbeitnehmer des Vmers sind und daher nicht unter den Vsschutz des Vertrages fallen, verantwortlich gemacht wird, greift die Klausel nicht ein. Gedacht sei z. B. an den Fall, daß dem Vmer für eine selbständige Tätigkeit eines Dritten bei besonders gelagertem Sachverhalt ein Auswahlverschulden nach § 831 BGB vorgeworfen wird.

Zu beachten ist nach den Ausführungen in Anm. F 15 ferner, daß Leistungsfreiheit nach § 6 I nur bei einem verschuldeten Verstoß eintritt. Leichte Fahlässigkeit schadet.

Doch wird der Ver gegenüber dem Vmer nur von der Verpflichtung zur Leistung frei, wenn diesen selbst oder einen seiner Repräsentanten ein Verschulden trifft. Zur Leistungsfreiheit gegenüber dem Vmer ist weiter Kündigung innerhalb der Monatsfrist des § 6 I 2 erforderlich.

[F 17] c) Ähnliche Klauseln.

Zur Haftpflichtv für Wasserfahrzeuge wird durchweg folgende der Explosionsklausel verwandte Bestimmung vereinbart:

„Nicht gewährt wird V gegen die Haftpflicht wegen Schäden, die dadurch entstehen, daß die Beförderung gefährlicher Güter nicht gemäß den in der ‚Verordnung über die Beförderung gefährlicher Güter mit Seeschiffen' vom 12. XII. 1955 festgesetzten oder an deren Stelle tretenden Bestimmungen erfolgt ist."

Ähnlich gefaßt ist die sogenannte „Wanderkinoklausel" für die Haftpflichtv von Theatern, Varietés, Kinos, Schaustellungen und sonstigen Vergnügungseinrichtungen. Sie lautet:

„Haftpflichtansprüche aufgrund von Schäden, die darauf zurückzuführen sind, daß der Vmer die polizeilichen Vorschriften bezüglich der Errichtung und des Betriebs von Wanderlichtspielen nicht beachtet hat, sind von der V ausgeschlossen."

Die „Beförderungsklausel" wird von Bertsch a. a. O. S. 73 für eine Risikobeschränkung in der Form einer Gefahrumstandsausschlußklausel gehalten, während er bezüglich der Wanderkinoklausel der Meinung ist (a. a. O. S. 73—74, 82), daß es jeweils auf die Art der zu erfüllenden polizeilichen Vorschrift ankomme, ob die Annahme einer Gefahrumstandsausschlußklausel oder einer Obliegenheit zur Vermeidung einer Gefahrerhöhung gerechtfertigt sei. Das letztere erscheint als besonders inpraktikabel. Das bedarf indessen keiner näheren Darlegung. Vielmehr ist aus den unter F 15 dargelegten Gründen genauso wie bei der Explosionsklausel für beide Bestimmungen anzunehmen, daß es sich im Ganzen um „verhüllte" Obliegenheiten handelt.

Vgl. weiter zur Auslegung der „Schweißschadenklausel", bei der das gleiche Problem auftritt, Stelzer VersR 1968 S. 719—720, von dem zu Recht jene Bestimmung als „verhüllte" Obliegenheit qualifiziert wird (dagegen Wilcke VersR 1969 S. 8—15).

4. Kabelklausel.

Gliederung:

[F 18] a) Rechtsnatur.

Nach VA 1956 S. 194 ist es den Haftpflichtvern genehmigt worden, folgende Bedingung für die Beschädigung von Erdleitungen geschäftsplanmäßig zu verwenden:

„Für Haftpflichtansprüche aus der Beschädigung von Erdleitungen (Kabel, Kanäle, Wasserleitungen, Gasrohre und andere Rohrleitungen) aus Anlaß von Arbeiten irgendwelcher Art besteht nur dann Vsschutz im Rahmen der AHB, wenn die nachfolgenden Maßnahmen durchgeführt worden sind:

1. Vor Ausführung der Arbeiten ist von den zuständigen Stellen — z. B. Fernmeldeamt, Elektrizitätswerk, Gaswerk, Tiefbauamt — eine schriftliche Auskunft darüber einzuholen, ob und wo an der Arbeitsstelle Erdleitungen verlaufen. Ist schriftliche Auskunft nicht zu erlangen, so muß das Ergebnis der Ermittlungen den zuständigen Stellen durch eingeschriebenen Brief bestätigt werden.
2. Leitet der Vmer die Bauarbeiten nicht selbst, so hat er das Ergebnis seiner Ermittlungen zu 1. vor Beginn der Arbeiten dem für die Baustelle Verantwortlichen gegen eine schriftliche Empfangsbescheinigung auszuhändigen. Wenn es sich um Postkabel handelt, müssen außerdem die „Anweisung zum Schutz unterirdischer Fernmeldeanlagen der Deutschen Bundespost bei Arbeiten anderer (Kabelschutzanweisung)" Ausgabe Dezember 1954 oder an deren Stelle von der Bundespost erlassene Anweisungen ausgehändigt werden.

3. Der Beginn der Arbeiten ist den zuständigen Stellen so rechtzeitig schriftlich mitzuteilen, daß sie erforderliche Sicherungsmaßnahmen treffen können, bei Postkabeln ist die Mitteilung in Eilfällen dem nächsten Postamt zu machen.
4. Jede Beschädigung von Erdleitungen ist den zuständigen Stellen sofort zu melden und schriftlich zu bestätigen.
5. An jedem unter den Vsschutz fallenden Schaden hat der Vmer 20 v. H., mindestens 100,— DM, selbst zu tragen."

Von besonderer Bedeutung sind Ziff. 1—3 dieser Bedingungsbestimmung. Bertsch (Die Abgrenzung von Risikobeschränkungen und vertraglich begründeten Obliegenheiten im Privatrecht unter besonderer Berücksichtigung des Rechts der Allgemeinen Haftpflichtv, Tübinger Diss. 1964 S. 70—72) ordnet diese Klausel als Ogliegenheit zur Vermeidung einer Gefahrerhöhung ein. Wussow[5] Anm. 55 zu § 4 AHB, S. 357 vertritt dagegen den Standpunkt, daß es sich um eine Gefahrumstandsausschlußklausel handele. Der von Bertsch vertretenen Auffassung ist der Vorzug zu geben. Der materielle Inhalt der Ziff. 1—3 betrifft ein Anwendungsgebiet, das herkömmlicherweise von Obliegenheiten erfaßt wird. Abgesehen davon, daß der Wortlaut der Bedingungsbestimmung nicht das maßgebende Kriterium zur Abgrenzung des unabdingbaren Anwendungsbereichs des § 6 sein darf, weist die Formulierung „Vsschutz besteht nur, wenn" sogar darauf hin, daß die Bedingungsverfasser ebenfalls von Obliegenheiten ausgegangen sind. Bemerkenswert ist, daß Wussow a. a. O. S. 358 zu Recht die in Ziff. 4 statuierte „Anzeigelast" für eine nach dem Eintritt des Vsfalles zu erfüllende Obliegenheit hält (vgl. dazu auch die Ausführungen in Anm. F 29 und F 32—33). Im übrigen ist aber die Parallele zu dem vom BGH 22. VI. 1967 NJW 1967 S. 2205—2207 = VA 1967 S. 267 bis 268 Nr. 467 entschiedenen Fall mehr als deutlich, so daß nach diesen Grundsätzen auch für die Kabelklausel das Vorliegen einer „verhüllten" Obliegenheit anzunehmen wäre, wenn man sich der hier vorgenommenen Wortinterpretation nicht anschließen wollte (vgl. auch die Ausführungen in Anm. F. 12).

[F 19] b) Anwendungsbereich.

Verstößt der Vmer oder sein Repräsentant gegen Ziff. 1—3 der Kabelklausel, so schadet das nur, wenn ein Verschulden vorliegt. Dieses Verschuldenserfordernis ist als Korrektiv dringend erforderlich, wenn man bedenkt, daß sich in Ziff. 1 und 3 ein so unklarer Begriff wie der „der zuständigen Stellen" befindet, über den leicht ein „entschuldbarer" Irrtum möglich ist. Ferner ist dem Vmer der sog. Kausalitätsgegenbeweis möglich. Ihn will offenbar auch Wussow a. a. O. S. 357 mit dem Hinweis zulassen, daß bei fehlender Kausalität „der BGH geneigt sein dürfte, dem Vmer gegenüber der Berufung auf den Risikoausschluß den Einwand der unzulässigen Rechtsausübung zuzubilligen." Indessen ist vom dogmatischen Standpunkt aus auch bei Annahme einer Gefahrumstandsausschlußklausel der Rückgriff auf eine „unzulässige Rechtsausübung" konstruktiv nicht erforderlich. Es genügt vielmehr, die Klausel nach der Interessenlage so auszulegen, daß nur die adäquat kausalen Folgen des gebrandmarkten Verhaltens des Vmers vom Vsschutz ausgeschlossen sein sollen.

Bei Übernahme der hier vertretenen Auffassung, daß es sich um Obliegenheiten handle, wird der Vmer ferner zusätzlich durch das in § 6 I 3 festgelegte Kündigungserfordernis geschützt. Zu beachten ist schließlich, daß durch die Vereinbarung der Kabelklausel § 4 I Ziff. 6b AHB nicht abbedungen wird, so daß sich trotz Beachtung der in der Klausel festgelegten Obliegenheiten noch ein Haftungsausschluß des Vers aus der Tätigkeitsklausel ergeben kann (ebenso Wussow[5] Anm. 55 zu § 4 AHB, S. 356—357).

[F 20] c) Ähnliche Klauseln.

Es läßt sich eine ganze Reihe der Kabelklausel ähnlicher Vertragsbestimmungen denken, bei denen immer darauf abzustellen ist, ob es sich um traditionell dem Bereich der Obliegenheiten zuzuordnende Lasten des Vmers handelt. Läßt sich das feststellen, so muß auch entgegen dem Willen der Vertragsparteien und dem Formulierungsgeschick der Bedingungsverfasser das Vorliegen einer Obliegenheit angenommen werden, um den zwingenden Charakter des § 6 zu wahren. Ein gutes Beispiel für eine derartige mehr oder weniger „verhüllte" Obliegenheit bildet die sogenannte „Garderobenklausel", die im Rahmen einer Gaststättenhaftpflichtv gegen die gesetzliche Haftpflicht aus Verlust, Verwechslung oder Beschädigung der von den Gästen abgegebenen Garderobenstücke vereinbart werden kann. Diese Klausel lautet zumeist wie folgt:

„Voraussetzung der Gewährung des Vsschutzes bei Garderoben ist, daß

a) die Garderobe ständig bewacht ist,
b) der Zutritt nur dem Garderobenpersonal gestattet ist,
c) ausschließlich die vom Ver gelieferten Garderobenscheine benutzt werden,
d) bei Abgabe eines Pelzes neben dem Garderobenschein eine vom Ver zu liefernde Pelzmarke ausgehändigt wird,
e) gegen den einzelnen Garderobenschein/Pelzmarke nicht mehr als die Garderobenstücke einer Person verwahrt werden,
f) die Garderobenscheine/Pelzmarken nur jeweils einmal verwendet werden."

Sieg Grundlagen C 2 IV S. 14 ist der Meinung, daß es sich hier um „objektive" Risikoausschlüsse, nicht aber um Obliegenheiten handle. Bertsch a. a. O. S. 76—77 nimmt dagegen an, daß alle in der Bestimmung festgelegten Punkte typische Obliegenheiten seien. Dem ist zuzustimmen. Das scheint im übrigen auch die Absicht der Bedingungsverfasser gewesen zu sein. Denn der Wortlaut „Voraussetzung der Gewährung des Vsschutzes" weist überdeutlich auf die spezielle Ausgestaltung der Obliegenheitstheorie durch die sogenannte Voraussetzungstheorie hin (vgl. dazu Möller in Bruck-Möller Anm. 10 zu § 6). Selbst wenn sich aber bei einer anderen Fassung eindeutig der Wille der Bedingungsredaktoren ergeben würde, eine Gefahrumstandsausschlußklausel schaffen zu wollen, müßte aus den in Anm. F 12 dargestellten Gründen auch hier das Vorliegen echter Obliegenheiten angenommen werden.

[F 21] 5. Verbot der Versicherung des Selbstbehalts in der Vermögensschadenhaftpflichtversicherung.

Nach § 3 II Ziff. 3 AHBVerm hat in der Vermögensschadenhaftpflichtv der Vmer grundsätzlich einen prozentual festgelegten Satz des Schadens selbst zu tragen. Zur zusätzlichen Sicherung dieses Prinzips — vgl. zunächst auch § 3 II Ziff. 5 AHBVerm und die Ausführungen in Anm. G 55 — bestimmt § 6 Ziff. 3 Abs. 2 AHBVerm, daß die V dieses eigenen Risikos zur Folge habe, daß der Vmer von dem Beginn des Vsschutzes an keinen Vsanspruch mehr habe. Es handelt sich um eine ausschließlich an das Verhalten des Vmers anknüpfende Rechtsfolge. Der Lebensvorgang — so eigenartig die Bestimmung im ersten Augenblick auch erscheinen mag — ist typischerweise dem Bereich der Obliegenheit zuzurechnen. Vgl. dazu auch die Ausführungen in Anm. F 12 zum Problemkreis der „verhüllten" Obliegenheiten. Dafür, daß auch die Bedingungsverfasser vom Obliegenheitscharakter der hier erörterten Vorschrift ausgegangen sind, spricht im übrigen außer der Stellung im Bedingungswerk auch die für den Verlust des Vsschutzes gewählte Formulierung. Das bedeutet, daß Leistungsfreiheit des Vers nur eintritt, wenn ein Verschulden des Vmers vorgelegen hat. Davon wird man allerdings in aller Regel ausgehen können, da die Unkenntnis der Vertragsbestimmungen grundsätzlich sogar als grobe Fahrlässigkeit anzusehen ist, während hier schon leichte Fahrlässigkeit schadet. Wichtig ist aber vor allem, daß nach § 6 I 3 die Leistungsfreiheit nur dann eintritt, wenn der Ver binnen eines Monats nach Kenntnis der Obliegenheitsverletzung kündigt.

6. Anzeige einer Doppelversicherung.

Gliederung:

[F 22] a) Grundsätzliches.

Nach § 58 ist der Vmer anzeigepflichtig, der für ein Interesse gegen dieselbe Gefahr bei mehreren Vern V nimmt. Die Haftpflichtv ist keine Interessenv (vgl. die Ausführungen in Anm. B 3). Nachdem nunmehr aber durch die VO vom 19. XII. 1939 (RGBl. I S. 2443) § 59 geändert worden ist und diese Vorschrift damit auch für die Haftpflichtv gilt, findet ebenso § 58 auf die Haftpflichtv entsprechende Anwendung (Möller Grundlagen B 2 S. 3, so auch für die Zeit vor Inkrafttreten des VVG: RG 10. VI. 1910 VA 1910 S. 101—102 Nr. 554 = WarnRspr 1910 S. 383—385). Maßgebend muß dabei die Überlegung sein, daß es auch für den Haftpflichtver aus sachlichen Gründen von erheblicher Bedeutung ist zu wissen, ob eine weitere Haftpflichtv besteht oder nicht.

Das Gesetz knüpft allerdings an die Verletzung dieser Anzeigelast keine Sanktion. Auch in den AHB ist eine Rechtsfolge nicht vereinbart, so daß die Nichtanzeige dem Vmer im Geltungsbereich der AHB keine Rechtsnachteile bringt (Möller a. a. O. S. 3—4). Die gegenteilige Meinung von Prölss[17] zu § 58, S. 271 beruht darauf, daß dieser im Gegensatz zur herrschenden Auffassung bei der Verletzung von Obliegenheiten eine Schadenersatzpflicht nach allgemeinen Grundsätzen für möglich hält (vgl. zu diesem Problemkreis Möller in Bruck-Möller Anm. 17 zu § 6 — unzutreffend Wussow[5] Anm. 13 zu § 1 AHB, S. 40, der die Anzeigelast nach § 58 nicht für eine Obliegenheit, sondern eine echte Rechtspflicht hält). Zu beachten ist aber, daß in § 6 Ziff. 3 Abs. 1 AHBVerm eine Sanktion vorgesehen ist. Dort heißt es, daß der Vmer bei Nichtanzeige der Doppelv binnen Monatsfrist den Vsschutz verliere. Vgl. dazu die Ausführungen in Anm. F 24.

[F 23] b) Anwendungsbereich.

Zur generellen Auslegung des § 58 wird auf die Ausführungen von Möller in Bruck-Möller zu § 58 verwiesen. Für die Haftpflichtv besteht die Anzeigelast für den Vmer dann, wenn gleiche Eigenschaften oder Risiken des Vmers durch den zweiten Haftpflichtvsvertrag erfaßt werden. Ist der Vmer z. B. bei dem ersten Ver in seiner Eigenschaft als Bauherr oder Bauausführender vert (unter Aufrechterhaltung der in § 4 I Ziff. 5 AHB vorgesehenen Ausschlüsse), bei dem zweiten gegen das gleiche Risiko (aber unter Einschluß z. B. von Haftpflichtansprüchen aus Senkungs- und Rammschäden oder auch aus Unterfangungsarbeiten), so findet § 58 Anwendung. Das gilt aber auch dann, wenn von der zweiten V lediglich derjenige Teil des Risikos erfaßt wird, der durch die erwähnten Ausschlußtatbestände im Rahmen des ersten Vertrages gerade nicht vert ist. Auch dann ist es aus sachbezogenen und schutzwürdigen Gründen für den Ver bedeutsam, von der zweiten V zu wissen. Demgemäß ist eine Anzeigelast auch dann gegeben, wenn die zweite V subsidiären Charakter hat (a. M. Wussow[5] Anm. 13 zu § 1 AHB, S. 39) oder als sogenannte Excedentenhaftpflichtv bei ansonsten gleichem Deckungsbereich wie der Grundvertrag erst eingreift, wenn die Deckungssummen des ersten Vertrages überschritten werden. Keine Anwendung findet § 58 aber dann, wenn der privathaftpflichtvte Unternehmer eine Betriebshaftpflichtv abschließt oder wenn ein haftpflichtvter Grundstückseigentümer sich auch gegen die Gefahren aus der Jagdausübung haftpflichtvert.

[F 24] c) Rechtsfolgen einer Verletzung der Anzeigelast in der Vermögensschadenhaftpflichtversicherung.

Die Anzeige einer Doppelv hat nach dem Gesetz unverzüglich (d. h. „ohne schuldhaftes Zögern") zu erfolgen. § 6 Ziff. 3 Abs. 1 AHBVerm paßt diese Frist der Lebenswirklichkeit dadurch an, daß dem Vmer eine Frist von einem Monat eingeräumt wird. Ein Rechtsnachteil tritt für den Vmer nur ein, wenn er die Anzeigelast schuldhaft verletzt hat. Nach § 6 I genügt leichte Fahrlässigkeit. Keine Leistungsfreiheit tritt ein, wenn der Ver es unterläßt, den Vsvertrag innerhalb der in § 6 I 2 vorgesehenen Frist zu kündigen.

§ 6 Ziff. 3 Abs. 1 AHBVerm beschreibt die bei Verletzung der Anzeigelast eintretende Rechtsfolge dahin, daß der Vmer den Vsanspruch hinsichtlich aller Verstöße verliere, auf welche die Doppelv sich erstrecke; decke die anderweitige V den Vmer jedoch nicht bis zu dem gleichen Umfange, so bleibe der Vsschutz hinsichtlich der Differenz erhalten.

Zu beachten ist bei der Auslegung dieser Bestimmung, daß nach der Interessenlage auf den Deckungsumfang im konkreten Schadenfalle abzustellen ist. Hat der erste Vsvertrag eine Deckungssumme von DM 30000,—, der zweite eine solche über DM 20000,—, so besteht danach bei einem Schaden von DM 30000,— zum ersten Vertrage Vsschutz über DM 10000,—, bei einem Schaden von DM 50000,—, aber wieder in voller Höhe der vereinbarten Vssumme von DM 30000,—.

[F 25] 7. Anzeige der Veräußerung oder der Übernahme eines versicherten Betriebes.

Tritt nach § 151 II ein neuer Vmer in das Vsverhältnis ein — sei es an die Stelle des Vmers, sei es neben diesen (vgl. im einzelnen zum Anwendungsbereich des § 151 II die Ausführungen in Anm. D 29—40) —, so ist dies nach § 71 I dem Ver unverzüglich anzuzeigen. Es handelt sich um eine gesetzliche Obliegenheit (Möller in Bruck-Möller Anm. 23 zu § 6). Der Ver wird von der Verpflichtung zur Leistung frei, wenn der Vsfall später als einen Monat nach dem Zeitpunkt eintritt, in welchem die Anzeige dem Ver hätte zugehen müssen. Diese scharfe Sanktion ist gerechtfertigt. BGH 18. II. 1953 VA 1953 S. 83 Nr. 29 = VersR 1953 S. 103 formuliert in diesem Zusammenhang treffend: „Bei der besonderen Bedeutung, die gerade in der Haftpflichtv der Persönlichkeit des Vmers zukommt, ist es bei ihr für den Ver besonders wichtig zu erfahren, wer als neuer Betriebsinhaber sein Vmer geworden ist, um sich entscheiden zu können, ob er mit ihm das Haftpflichtvsverhältnis fortlaufen lassen oder kündigen will."

Für Einzelheiten zur Auslegung des § 71 wird auf die Erläuterungen von Möller in Bruck-Möller zu § 71 verwiesen, insbesondere auch zur Auslegung des § 71 II. Wesentlich ist, daß keine Leistungsfreiheit des Vers eintritt, wenn die Anzeigelast unverschuldet nicht erfüllt worden ist (RG 31. I. 1936 RGZ Bd 150 S. 188—189, BGH 5. X. 1961 BGHZ Bd 36 S. 28). Auch ein Rechtsirrtum kann entschuldbar sein, wie insbesondere der vom BGH 5. X. 1961 a. a. O. entschiedene Fall zeigt, in dem die Vmer nicht wußten, daß auch die Aufnahme eines Gesellschafters § 151 II zuzuordnen ist und daher die Anzeigelast auslöst (vgl. auch die damit übereinstimmende Entscheidung der Vorinstanz: OLG Düsseldorf 11. XI. 1958 VersR 1959 S. 148). Zu beachten ist, daß die Anzeigelast sowohl dem früheren als auch dem neuen Vmer obliegt. Erstatten beide die Anzeige nicht, einer davon unverschuldet, der andere nicht, so geht der Vsschutz verloren nach Maßgabe des § 71 II (RG 31. I. 1936 a. a. O.; a. M. Ehrenzweig S. 237).

[F 26] 8. Anzeige eines neuen Risikos nach § 2 Ziff. 1 AHB.

Über die Rechtsnatur dieser Anzeigelast vgl. die Ausführungen in Anm. G 139. Soweit die Anzeige eines neuen Risikos danach als Obliegenheit zu werten ist, finden nach zutreffender Ansicht die Vorschriften über die vorvertragliche Anzeigelast entsprechende Anwendung. Es wird daher verwiesen auf die Ausführungen in Anm. F 9.

[F 27] 9. Anzeige nach § 8 II Ziff. 1 AHB.

Bei dieser Anzeige handelt es sich, wie in Anm. E 19 ausgeführt, nach richtiger Auffassung nicht um eine Obliegenheit, sondern um eine echte erzwingbare Rechtspflicht des Vmers. Es wird daher auf die Ausführungen in Anm. E 19—25 verwiesen.

III. Obliegenheiten nach Eintritt des Versicherungsfalles.

1. Anzeigeobliegenheiten nach § 153 VVG.

Gliederung:

[F 28] a) Entstehung.

§ 153 ist durch das Gesetz vom 7. IX. 1939 (RGBl. I S. 2203) geändert worden. Nach § 153 a. F. begann die einwöchige Frist zur Meldung des Vsfalles erst dann zu laufen, wenn der Dritte seinen Anspruch gegenüber dem Vmer geltend machte. Auf eine Vereinbarung, durch welche die Dauer oder die Berechnung der Frist zum Nachteil des Vmers anders bestimmt wurde, durfte sich der Ver nach § 153 II a. F. nicht berufen. Der Gesetzgeber war dabei davon ausgegangen, daß den Ver erst diese Inanspruchnahme durch den geschädigten Dritten interessiere (Begr. I S. 140). Durch die Neufassung des § 153 sollte dem dagegen von den Vern vorgetragenen Bedürfnis Rechnung getragen werden, schon vor der Erhebung von Ansprüchen im Interesse der Schadenverhütung und Schadenminderung von möglichen ersatzpflichtigen Schäden Kenntnis zu erhalten. Eine Stellungnahme zu dem Meinungsstreit, was unter dem Vsfall in der Haftpflichtv zu verstehen sei, wollte der Gesetzgeber nicht abgeben (Begr. II S. 1733). Um aber jeden Zweifel über die Rechtsfolgen einer Verletzung der in § 153 I festgelegten Anzeigelast zu beheben, ordnet das Gesetz in § 153 I die entsprechende Anwendung von § 6 III und § 33 II auf diese Anzeige an. Es ist daher die Darstellung der gesamten Anzeigelasten unter den Obliegenheiten, die nach Eintritt des Vsfalles zu erfüllen sind, auch dann gerechtfertigt, wenn man als Vsfall in der Haftpflichtv die Anspruchserhebung ansieht (vgl. im übrigen zum Meinungsstreit über den Begriff des Vsfalles in der Haftpflichtv die Ausführungen in Anm. B 10—31).

[F 29] b) Unabdingbarkeit.

Nach § 153 II a. F. konnte sich der Ver auf eine Vereinbarung, durch welche die Dauer oder die Berechnung der Frist zum Nachteil des Vmers abweichend von § 153 I a. F. bestimmt wurde, nicht berufen. Auch in der Neufassung ist § 153 wieder zugunsten des Vmers zwingend ausgestaltet, § 158a. Zu beachten ist, daß sich aus diesem zwingenden Charakter des § 153 ergibt, daß dem Vmer keine Anzeigelasten auferlegt werden können, die über den Inhalt der durch § 153 festgelegten Obliegenheiten hinausgehen. Entgegengesetzte Bedingungsbestimmungen können auch nicht mit der Begründung aufrechterhalten werden, daß es sich insoweit um im voraus vereinbarte Auskunftsobliegenheiten im Sinne des § 34 handle. Mit einer solchen Argumentation würde der durch § 158a bezweckte Schutz des Vmers vereitelt werden. § 153 zwingt für die Haftpflichtv zu einer klaren Abgrenzung zwischen der Anzeige- und der Auskunftsobliegenheit (vgl. dazu Möller in Bruck-Möller Anm. 7 zu § 34). Die Auskunftsobliegenheit ist im Gegensatz zur Anzeigelast nicht spontan, sondern nur auf Verlangen des Vers als „verhaltene Obliegenheit" (Möller in Bruck-Möller Anm. 6 zu § 34) zu erfüllen. Dieses Verlangen kann in der Haftpflichtv erst nach Eintritt der Anzeigelast mit für den Vmer verbindlicher Wirkung gestellt werden. Eine vorher allgemein bedingungsgemäß festgelegte Auskunftspflicht vermag die konkrete Auskunftsanforderung nicht zu ersetzen. Keinen Verstoß gegen die zwingende Regelung der Anzeigelast durch § 158a stellt es dagegen dar, daß im Rahmen der Aufklärungspflicht der Vmer vor einer Aufforderung des Vers unter Umständen am Ort des Schadenereignisses tätig sein muß (vgl. dazu Anm. F 53 und F 56). Dieser Teil der Erklärungspflicht ist zwar vor einer Aufforderung durch den Ver zu erfüllen, stellt aber lediglich eine Konkretisierung des Grundsatzes von Treu und Glauben dar, vor allem wird aber dadurch auch keine selbständige Meldelast begründet.

§ 153 bestimmt ausdrücklich nichts darüber, an wen vom Vmer die Anzeige zu erstatten ist. Demgemäß steht der zwingende Charakter dieser Vorschrift nicht im Wege, wenn in Bedingungsbestimmungen vereinbart wird, daß die Anzeigen nach § 153 nicht an den Ver sondern an eine andere Person erstattet werden sollen. Auch einer Vereinbarung, daß die Anzeigen entweder an den Ver oder an eine andere Person zu erfolgen haben, kommt danach Rechtsbeständigkeit zu. Hingegen bestehen Bedenken gegen Klauseln, nach denen sowohl der Ver als auch weitere Personen spontan zu unterrichten sind. Ziff. 4 der Kabelklausel ist demgemäß nur mit der Einschränkung mit § 153 I vereinbar, daß die Anzeigelast nach dieser Vorschrift erfüllt ist, wenn entweder der Ver oder die sonstige „zuständige Stelle" unterrichtet worden sind. Zur Auslegung der Kabelklausel vgl. im übrigen Anm. F 18—19.

[F 80] c) Verhältnis zu § 33 VVG.

§ 153 bildet einen Unterfall der Anzeigepflicht nach § 33. Einer speziellen Regelung bedurfte es mit Rücksicht auf den gedehnten Vsfall in der Haftpflichtv. Die von Möller in Bruck-Möller zu § 33 dargelegten Grundsätze (vgl. Anm. 1—29) gelten im Prinzip auch für die Anzeigelast in der Haftpflichtv. Insbesondere ist auch bei § 153 abzustellen auf die Kenntnis des Vmers von den anzeigepflichtigen Tatumständen. Für alle Anzeigen nach § 153 findet ferner § 33 II Anwendung. Ausdrücklich erwähnt wird eine entsprechende Anwendung des § 33 II allerdings nur in § 153 I. Daraus darf aber nicht geschlossen werden, daß nur für die Anzeige nach § 153 I die Vorschrift des § 33 II gelte. Vielmehr ist diese Einfügung mit Rücksicht auf die Rechtsprechung des RG erfolgt, daß erst die Anspruchserhebung den Begriff des Vsfalles in der Haftpflichtv erfülle (vgl. dazu die Ausführungen in Anm. B 11—17). Mit Rücksicht auf die „Dehnung" des Vsfalles in der Haftpflichtv gilt § 33 II aber nach seinem Sinn auch für die Anzeige der Inanspruchnahme nach § 153 II und der qualifizierten Anspruchserhebung in gerichtlicher Form nach § 153 IV. Aber auch für die Anzeige eines Strafverfahrens ist § 33 II entsprechend anzuwenden (zu eng OLG Düsseldorf 8. VII. 1936 VA 1936 S. 235—236 Nr. 2912). Keinen brauchbaren Maßstab für die Anwendung von § 33 II in der Haftpflichtv gibt RG 4. III. 1938 VA 1938 S. 221—222 Nr. 3072 = ÖffrV 1938 S. 192—193, da damals grobe Fahrlässigkeit noch zum vollständigen Verlust des Vsschutzes führte.

Eine Anzeigeobliegenheit besteht gemäß § 33 II nicht, wenn der Ver von dem anzeigepflichtigen Geschehen bereits Kenntnis hat (Möller in Bruck-Möller Anm. 10 zu § 33). Vgl. auch BGH 4. IV. 1963 VersR 1963 S. 523—524, 2. V. 1963 VersR 1963 S. 547—548, 9. XII. 1965 VersR 1966 S. 154. In diesen Urteilen wird auf die begriffliche Unterscheidung zwischen dem Nichtbestehen der Obliegenheit im Sinne der Auffassung von Möller a. a. O. und der nach dem Gesetz auch möglichen Auslegung, daß der Vmer lediglich von den Verletzungsfolgen freigestellt werde, nicht eingegangen. Nach streng logischer Auffassung ist der Standpunkt, daß in einem derartigen Falle keine Obliegenheit mehr bestehe, richtig. Unterschiedliche Rechtsfolgen ergeben sich aber aus beiden Betrachtungsweisen nicht.

[F 81] d) Form.

§ 153 schreibt keine bestimmte Form der Anzeige vor. Demgemäß kann sie formlos schriftlich oder mündlich erfolgen. Prölss[17] Anm. 6 zu § 153, S. 575 folgert aus § 153 III, daß Schriftform vereinbart werden könne, weil dort von der Absendung der Anzeige die Rede sei. Im Ergebnis ebenso, ohne dabei aber auf das Verhältnis von § 7 I Ziff. 2 AKB zu § 153 einzugehen: BGH 9. XII. 1965 VersR 1966 S. 154, OLG München 15. I. 1963 S. 1068—1069. Die gleiche Auffassung vertritt Ehrenzweig S. 367, der das Fehlen einer § 34a[*] entsprechenden Vorschrift für ein Redaktionsversehen hält. Aus den veröffentlichten Materialien ergibt sich aber für ein derartiges Versehen nichts. Der Meinung der genannten Autoren kann daher mit Rücksicht auf den nach § 158a zwingenden Charakter des § 153 nicht zugestimmt werden.

Die Rechtslage ist anders als bei § 153 a. F.; denn damals konnte nach ausdrücklicher Vorschrift nur keine von § 153 I a. F. abweichende Vereinbarung getroffen werden, die die Dauer oder die Berechnung der Frist zum Nachteil des Vmers änderte. Deshalb war es auch richtig, wenn RG 18. VI. 1929 VA 1929 S. 224—225 Nr. 1990 und 17. XI. 1931 VA 1931 S. 280—281 Nr. 2237 es zum alten Recht für erheblich hielt, ob der Ver in anderen Schadenfällen eine fernmündliche Meldung hatte genügen lassen. Aus § 153 III ist das Gegenteil auch nicht zu schließen; denn dort wird nur eine Bestimmung für den Hauptfall getroffen, daß nämlich die Schadenanzeige in verkörperter Form erfolgt. Daraus läßt sich aber nicht zwingend folgern, daß das Gesetz eine Schriftform verbindlich vorschreibe. §§ 5 Ziff. 2 Abs. 1 und 11 AHB lösen demgemäß keine von § 153 abweichende Verpflichtung aus; das gleiche gilt von §§ 5 Ziff. 2 Abs. 1, 11 AHBVerm und von §§ 7 I Ziff. 2 S. 1, 9 AKB. Interessant ist aber in diesem Zusammenhang, daß sich nach einer aus einem Urteil des AG Hamburg (22. III. 1955 VA 1955 S. 342—343 Nr. 123 = VersR 1956 S. 315) ersichtlichen Auskunft des BAA vom 19. II. 1955 in der Praxis ein „Handelsbrauch" zur Entgegennahme von mündlichen und fernmündlichen Schadenmeldungen herausgebildet haben soll. Daß es aus Beweisgründen vielfach ein Gebot des eigenen Interesses für den Vmer ist, Anzeigen in verkörperter Form zu erstatten, versteht sich. Bedeutsam wird diese Frage im übrigen nur, wenn der Ver eine mündliche Anzeige zurückweist, anderenfalls erlangt er ohnedies Kenntnis im Sinne des § 33 II (BGH 9. XII. 1965 a. a. O.).

[F 32] e) Fristen.

Die Anzeigen nach § 153 I, II sind binnen einer Woche zu erstatten. Eine Verkürzung dieser Frist ist nicht zulässig (vgl. § 158a), so daß Ziff. 4 der „Kabelklausel" (VA 1956 S. 194) in bezug auf die dort geforderte „sofortige" Meldung keine Rechtsverbindlichkeit für den Vmer auslöst. Für § 153 IV ist dagegen eine unverzügliche Meldung vorgesehen. Unverzüglich bedeutet „ohne schuldhaftes Zögern" (vgl. § 121 I 1 BGB). Da aber eine binnen einer Woche erstattete Anzeige im allgemeinen in diesem Sinne als unverzüglich vorgenommene anzusehen ist (vgl. auch die Ausführungen in Anm. D 10 zur Zahlung der Prämie „ohne Verzug" nach § 3 I Abs. 3 S. 2 AHB), schrumpft der vom Gesetz vorgesehene Unterschied zwischen den verschiedenen Fristen auf bedeutungslose Nuancen zusammen. Nach § 5 Ziff. 2 Abs. 5 S. 2 AHBVerm beträgt die Anzeigefrist für die Erben des Vmers in allen Fällen einen Monat. Gemäß § 153 III genügt zur Wahrung der Frist die Absendung der Anzeige. Das gilt auch für die Anzeige nach § 153 IV (Möller Grundlagen B 2 S. 17, Prölss[17] Anm. 6 zu § 153, S. 575), so daß der das ausdrücklich besagenden Bestimmung in § 5 Ziff. 2 Abs. 5 AHBVerm nur klarstellende Bedeutung zukommt. Die Frist beginnt mit der Kenntnis des Vmers vom anzeigepflichtigen Sachverhalt. Ein Kennenmüssen genügt nicht. Auch wenn der Vmer infolge grober Fahrlässigkeit keine Kenntnis von den anzeigepflichtigen Umständen hat, wird die Anzeigelast nicht ausgelöst (BGH 3. XI. 1966 VA 1967 S. 81—82 Nr. 445 = VersR 1967 S. 776—779; a. M. OLG Stuttgart 18. V. 1966 VersR 1967 S. 466). In dem vom BGH 3. XI. 1966 a. a. O. entschiedenen Fall war dem Vmer durch Aushändigung eines Einschreibbriefes an seine Ehefrau ein Anspruchsschreiben des Dritten gemäß § 130 BGB zugegangen. Seine Ehefrau hatte dieses Schreiben aber nicht ausgehändigt, um den Vmer vor „weiteren Aufregungen" zu bewahren. Das Gericht verwarf die Auffassung des Vers, daß der Zugang einer Erklärung im Sinne des § 130 BGB als Kenntnis anzusehen sei. Beweispflichtig für die Kenntnis des Vmers ist der Ver (vgl. dazu auch Anm. F 48). Aus dem Zugang eines Schreibens im Sinne des § 130 BGB darf auch nicht prima facie auf die Kenntnis des Vmers geschlossen werden, da sich diese Frage in aller Regel nur aufgrund der besonderen Umstände des Einzelfalles beurteilen läßt (BGH 3. XI. 1966 VA 1967 S. 83 Nr. 445 = VersR 1967 S. 778—779).

[F 33] f) Erklärungsadressat.

Erklärungsempfänger der Anzeigen ist der Ver. Ihm ist nach § 43 Ziff. 2 der Vermittlungsagent gleichgestellt. Diese Vorschrift ist jedoch wirksam (vgl. § 47) durch §§ 11

AHB, 9 AKB, 11 AHBVerm dahin eingeschränkt, daß die Anzeigen nur gegenüber dem Vorstand des Vers oder der in der Police bezeichneten Stelle erstattet werden dürfen. Über die einschränkende Auslegung dieser Bestimmung bei entgegengesetzter Praxis oder widerspruchsloser Entgegennahme der Anzeige durch den Agenten vgl. BGH 4. IV. 1963 VersR 1963 S. 523—524 und die Nachweise bei Möller in Bruck-Möller Anm. 27 zu § 47 und bei Prölss[17] Anm. 1 zu § 47, S. 243. Allgemein zur Auslegung des § 43 Ziff. 2 vgl. weiter Möller in Bruck-Möller Anm. 19 zu § 43.

Stellt der Ver dem Vmer vertragsgemäß im Haftpflichtprozeß einen Anwalt, so sind die Erklärungen des Vmers gegenüber diesem Anwalt ebenfalls als dem Ver als zugegangen anzusehen (anders wohl LG Kleve 10. IV. 1967 VersR 1967 S. 649—650). Besonders unklar: Ziff. 4 der Kabelklausel (VA 1956 S. 194). Dort wird eine Anzeige bei den „zuständigen Stellen" verlangt. Die Anzeige gegenüber dem Ver genügt nach dem Gesetz aber immer (vgl. auch Anm. F 29).

[F 84] g) Anzeigepflichtige Tatumstände im einzelnen.

aa) Anzeigelast nach § 153 I.

aaa) Maßgebender Zeitpunkt.

§ 153 I verlangt die Anzeige der Tatsachen, die eine Verantwortlichkeit des Vmers zur Folge haben können. Als Tatsache ist hier ebenso wie bei § 149 in den (seltenen) Fällen, in denen der Verstoß und das darauf folgende Schadenereignis zeitlich auseinanderfallen, schon der Verstoß zu rechnen (vgl. dazu Anm. B 22, B 23 und B 27). Mit dieser gesetzlichen Regelung stimmt § 5 Ziff. 2 Abs. 1 AHBVerm überein. Selbstverständlich ist es aber dem Vertragsrecht möglich, hier zugunsten des Vmers anderes zu bestimmen, also eine Anzeigepflicht erst für einen späteren Zeitpunkt festzulegen. So braucht nach § 5 Ziff. 2 AHB erst das Schadenereignis, nicht schon der Verstoß angezeigt zu werden (ebenso § 7 I Ziff. 2 AKB). Auf einen noch späteren Zeitpunkt wurde in § 4 I AHBVermPrüf a. F. abgestellt, nämlich allein auf die Anspruchserhebung entsprechend § 153 I a. F. (vgl. für einen solchen Fall: BGH 3. XI. 1966 VA 1967 S. 80—83 Nr. 445 = VersR 1967 S. 776—779 und den entsprechenden Hinweis in BGH 30. III. 1967 VA 1968 S. 69 Nr. 477 = VersR 1967 S. 548). Das verwundert, weil doch gerade für die Vermögensschadenhaftpflichtv dem Verstoß ansonsten aus vsrechtlicher Sicht entscheidende Bedeutung beigemessen wird. Aufklärung gab § 4 II AHBVermPrüf a. F. Dort hieß es sinngemäß, daß der Vmer (abweichend von § 1 I AHBVermPrüf a. F., der von der Anspruchserhebung als Vsfall ausging), auch für nach Ablauf der materiellen Vsdauer erhobene Ansprüche Dritter Vsschutz genieße, wenn er dem Ver während des Laufes der V einen festgestellten Verstoß oder die Ankündigung der Inanspruchnahme durch einen Dritten anzeige. Bei dieser Bestimmung handelte es sich, jedenfalls teilweise, um eine „verhüllte" Obliegenheit (vgl. zu diesem Problemkreis Möller in Bruck-Möller Anm. 13—15 zu § 6 m. w. N. und die Ausführungen in Anm. F 12), so daß z. B. der Vsschutz für später erhobene Ansprüche bestehen konnte, wenn der Vmer irrig annahm, daß ein vorher festgestellter Verstoß ohne Folgen bleiben würde und daher nicht anzeigepflichtig sei. Die Analyse ergibt demnach, daß auch nach den AHBVermPrüf a. F. schon der Verstoß anzeigepflichtig war, daß aber Sanktionen nur für den Fall vorgesehen waren, daß zwischen Verstoß und Inanspruchnahme der Vsvertrag zwischen den Parteien endet. Diese außergewöhnliche Regelung läßt eine Obliegenheitsverletzung des Vmers in diesen Fällen in einem grundsätzlich milderen Licht erscheinen. Durch die neuen AHBVermPrüf (vgl. VA 1968 S. 142—146) ist im übrigen jetzt eine Gleichstellung mit den AHBVerm vorgenommen worden (vgl. § 5 I, II AHBVermPrüf).

[F 85] bbb) Inhalt der Anzeige.

Die Anzeige nach § 153 I soll den Ver in die Lage versetzen, schon früh in die Regulierung eines Schadenfalles einzugreifen. Damit ist aber nicht gesagt, daß die erste Information des Vers schon umfassenden Charakter haben muß. Zu beachten ist vielmehr, daß das Anzeigensystem des § 153 und die dem Vmer vertraglich auferlegte Auskunfts- und Aufklärungslast den Ver auch dann hinreichend schützen, wenn nur geringe Anforderungen an die Anzeige nach § 153 I gestellt werden. Treffend führt BGH 23. XI. 1967 VersR 1968 S. 59 aus, daß eine kurze Nachricht ohne Angabe näherer Einzelheiten als Anzeige im Sinne des § 153 I genüge. Wörtlich heißt es a. a. O. S. 59:

„Bei diesem Vorbringen verwechselt die Revision die in den §§ 7 I Ziff. 2 S. 1 AKB, 33, 153 VVG bestimmte Anzeigepflicht des Vmers mit der davon zu unterscheidenden Aufklärungs- und Auskunftspflicht nach § 7 I Ziff. 2 S. 2 AKB, § 34 VVG. Die Anzeige des Vmers soll den Ver in erster Linie in die Lage versetzen, sich möglichst schnell in die Schadenermittlungen und -verhandlungen einzuschalten und notwendige eigene Feststellungen zu treffen. Dem entspricht weitgehend auch die Praxis in der Kraftverkehrsv, wonach der Vmer nit seiner ersten Schadenanzeige nicht immer schon eine ausführliche Darstellung verbindet, sondern vielfach nur eine kurze Nachricht über den Unfall gibt und nähere Einzelheiten dann erst in dem auf Veranlassung des Vers ausgefüllten Fragebogen mitteilt."

Nach diesen Grundsätzen kann die noch vom OLG Braunschweig 20. XII. 1955 VersR 1956 S. 172—173 vertretene Auffassung, daß § 153 I nicht erfüllt sei, wenn die Anzeige nichts über die Art und die Schwere des Unfalls besage, nicht gebilligt werden (zustimmend aber Krebs VersR 1962 S. 13, Stiefel-Wussow[7] Anm. 6 zu § 7 AKB, S. 237). Die Ausführungen des BGH a. a. O. (ebenso Fleck in seiner ablehnenden Anm. zu OLG Braunschweig a. a. O. in VersR 1956 S. 316), daß die Vmer in der Kfz-Haftpflichtv im allgemeinen so verfahren, daß sie dem Ver allein die Tatsache mitteilen, daß ein Haftpflichtereignis eingetreten sei, gelten im gleichen Maße für die Allgemeine Haftpflichtv und den Bereich der Vermögensschadenhaftpflichtv. In der Praxis wird meist um Formulare für eine eingehende Meldung gebeten oder erwartet, daß derartige Anfragen zugesandt werden. Es muß als ein großer Fortschritt angesehen werden, daß sich entsprechend § 153 I die Meldung eines Unfalles immer mehr einbürgert, doch sollte das nicht zu übersteigerten Ansprüchen an die erste Anzeige des Vmers führen. Der Anzeigelast nach § 153 I wird demgemäß schon durch die Mitteilung genügt, daß ein Unfall eingetreten sei. Im übrigen fällt das Nichtbeantworten eines darauf übersandten Formulars grundsätzlich nicht unter die Verletzung der Anzeige-, sondern der Auskunftsobliegenheit.

Keine Anzeigelast nach § 153 I besteht, wenn der Vmer nicht damit zu rechnen braucht, verantwortlich gemacht zu werden. Daß später unbegründete Ansprüche erhoben werden können, braucht der Vmer nicht zu berücksichtigen. Die Beurteilung der Rechtslage bei Haftpflichtereignissen ist allerdings häufig nicht einfach. Unterbleibt aus einer fehlerhaften Einschätzung des Ereignisses eine Schadenmeldung, so ist es Tatfrage, ob dieser Rechtsirrtum leicht- oder grobfahrlässig ist.

[F 36] bb) Anzeige der Anspruchserhebung.

aaa) Bedeutung.

Durch § 153 II wird dem Vmer eine weitere Anzeigepflicht auferlegt. Er muß binnen einer Woche den Ver unterrichten, wenn der Dritte seinen Anspruch ihm gegenüber geltend macht. Da das RG die Anspruchserhebung durch den geschädigten Dritten als Vsfall in der Haftpflichtv ansah, hat es sich mehrfach mit diesem Begriff eingehend auseinandergesetzt. Diese Rechtsprechung ist (abgesehen von der überholten Ausgangsposition bezüglich des Begriffs des Vsfalles) durchaus verwertbar. Es hat sich im übrigen gezeigt, daß die Änderung des § 153 dahin, daß schon die Tatsachen anzuzeigen sind, die eine Inanspruchnahme als möglich erscheinen lassen, die Bedeutung der Anzeige der Inanspruchnahme selbst als mögliche Obliegenheitsverletzung sehr weit in den Hintergrund gedrängt hat. Das mag darauf beruhen, daß fast alle Ver nach Erhalt der Anzeige über die Tatsachen im Sinne des § 153 I den Vmer darauf hinweisen, daß dieser alle bei ihm eingehenden Anspruchsunterlagen zu übersenden habe, und vor allem auch darauf, daß sich die Ver in sehr vielen Fällen bereits nach Erhalt der Anzeige über den Verstoß oder das Schadenereignis mit dem Dritten in Verbindung setzen, um den Schaden so gering wie möglich zu halten. Es ist z. B. in der Kfz-Haftpflichtv bei einem größeren Schaden fast immer so, daß der Ver einen Sachverständigen zur Besichtigung des beschädigten gegnerischen Wagens bestellt. Damit ist der durch die Änderung des § 153 I bezweckte Erfolg eingetreten, und zwar zum Vorteil aller Beteiligten. Die Schadenregulierung erfolgt schneller und der Vmer wird aus der unmittelbaren Korrespondenz und dem unmittelbaren Kontakt mit dem geschädigten Dritten entlassen. Insbesondere sind die für den Vmer möglichen Zweifelsfragen, ob nämlich mündliche Ankündigungen bereits als Geltendmachung des Ersatzanspruches anzusehen seien (so zutreffend z. B. RG 7. VIII. 1936 VA 1936 S. 229—230 Nr. 2907 = JRPV 1936 S. 279, 23. X. 1936 RGZ Bd 152 S. 241—242), in der Praxis so gut wie aus dem Wege geräumt. Denn derartige mündliche Ankündigungen erfolgen meist unmittelbar nach dem Unfall, sie wird der Vmer ohnedies angeben, zumal in den gebräuchlichen Formularen meist auch danach gefragt wird. Die Durchsicht der veröffentlichten Nachkriegsentscheidungen ergibt im übrigen, daß nur in ganz wenigen Fällen allein wegen der Verletzung der Anzeigepflicht bezüglich des Geltendmachens eines erhobenen Anspruchs der Vsschutz versagt worden ist.

[F 37] bbb) Zum Begriff „Anspruchserhebung".

Vom RG (23. X. 1936 a. a. O. S. 241—242) sind anhand eines Grenzfalles (die Ansprüche waren von dem Geschädigten gegenüber einem Angestellten des Vmers mündlich erhoben worden) die Grundsätze zum Begriff der Anspruchserhebung wie folgt zusammengefaßt worden: „Es genügt für die Geltendmachung von Schadenersatzansprüchen im Sinne von § 153 I vollkommen, daß der Vmer daraus ersieht, der Verletzte wolle ihn haftbar machen für die Schadenfolgen, die das Unfallereignis für ihn habe und weiter verursachen werde. Unter Geltendmachung des Anspruchs ist jede Erklärung zu verstehen, durch die von dem Vmer ernsthaft eine Leistung gefordert wird...... Daß schon die erste mündliche Erklärung auch mit der Bezifferung von Schadensbeträgen verbunden werde, ist keinesfalls zu verlangen. Es genügt vielmehr in aller Regel eine Erklärung, aus der der Vmer ersehen muß und tatsächlich ersieht, der Verletzte wolle Ersatzansprüche irgendwelcher Art gegen ihn geltend machen. Über die Ernstlichkeit der Erklärung darf kein Zweifel bestehen; auf den Umfang der so erhobenen Ansprüche und ihre Begründung im einzelnen kommt es nicht an."

Diese Grundsätze sind zu billigen. Auch der BGH sieht den Tatbestand der Geltendmachung im Sinne des § 153 II als erfüllt an, wenn gegenüber dem Vmer eine Erklärung abgegeben wird, durch die von ihm ernsthaft eine Leistung gefordert wird (vgl. nur BGH 3. XI. 1966 VA 1967 S. 81 Nr. 445 = VersR 1967 S. 777 und die weiteren Nachweise in Anm. B 43). Die danach zu fordernde formlose, aber ernstliche Erklärung des Verletzten, den Vmer schadenersatzpflichtig machen zu wollen, kann auch konkludent abgegeben werden (BGH 20. II. 1956 NJW 1956 S. 827 = VA 1956 S. 89 Nr. 137, 12. I. 1961 VersR 1961 S. 121—122 [beide Entscheidungen betreffen im übrigen keinen Fall einer Obliegenheitsverletzung, sondern die Frage, ab wann ein Rechtsschutzinteresse des Vmers für eine Klage auf Feststellung der Leistungspflicht des Vers für einen konkreten Schadenfall zu bejahen ist; vgl. dazu die Ausführungen in Anm. B 45], BGH 3. XI. 1966 a. a. O.).

Ein Geltendmachen ist auch dann gegeben, wenn ein Vierter für den Verletzten Ersatz verlangt. Das gilt selbstverständlich dann, wenn es sich um einen Vertreter mit Vertretungsmacht handelt, muß aber auch dann angenommen werden, wenn von einem Angehörigen des Verletzten aufgrund zu vermutender Vollmacht oder Geschäftsführung ohne Auftrag derartige Erklärungen abgegeben werden (RG 14. I. 1938 RGZ Bd 156 S. 383). Dagegen liegt keine Inanspruchnahme vor, wenn der Vmer lediglich aus kollegialen Gründen von einem Vierten darüber unterrichtet wird, daß mit der Erhebung von Schadenersatzansprüchen zu rechnen sei (BGH 3. XI. 1966 VA 1967 S. 83 Nr. 445 = VersR 1967 S. 779).

Voraussetzung für die Annahme, daß eine Anspruchserhebung gegenüber dem Vmer vorliegt, ist, daß diesem die Erklärung des Dritten zugeht. Dafür, daß es zur Auslösung der Anzeigelast weiter erforderlich ist, daß der Vmer Kenntnis von der Geltendmachung erhält, vgl. BGH 3. XI. 1966 VA 1967 S. 80—83 Nr. 445 = VersR 1967 S. 776—779 und die Ausführungen unter F 32. Wäre in dem vom RG 23. X. 1936 a. a. O.

entschiedenen Falle der Vmer von der Erklärung des Dritten nicht unterrichtet worden, so hätte eine Anzeigelast des Vmers nicht angenommen werden können.

Nicht als Inanspruchnahme anzusehen sind bloße Drohungen und Redensarten (KG 15. X. 1930 JRPV 1930 S. 433—434). Die Abgrenzung zur anzeigepflichtigen Inanspruchnahme ist schwierig und Tatfrage. Entscheidend muß sein, ob ein verständiger Vmer ein ernsthaftes Ersatzverlangen des Dritten annehmen würde. Unrichtig z. B. das vom RG 23. X. 1936 a. a. O. aufgehobene Urteil des OLG Stuttgart 1. XI. 1934 JW 1935 S. 2447—2448, das verkannte, daß die Inanspruchnahme auch durch Erklärungen gegenüber einem Empfangsboten des Vmers erfolgen kann. Wird der Vmer nur von einem Vierten, etwa dem aufnehmenden Polizeibeamten, darauf hingewiesen, daß mit der Erhebung von Ansprüchen zu rechnen sei, so liegt keine Geltendmachung eines Haftpflichtanspruchs vor (OLG Dresden 29. VII. 1938 VA 1939 S. 213—215 Nr. 3102). Die Äußerung von Stiefel-Wussow[7] Anm. 45 zu § 7 AKB, S. 272, daß der Vmer nicht berechtigt sei, die Ernsthaftigkeit der Anspruchserhebung nachzuprüfen, ist mißverständlich. Nur eine erkennbar ernstgemeinte Erklärung löst nämlich eine Anzeigepflicht aus. Ein etwaiger Irrtum des Vmers über die Ernstlichkeit schließt den Vorsatz bezüglich der Obliegenheitsverletzung aus.

Fraglich erscheint, ob zwischen der Geltendmachung eines Ersatzanspruchs und dem „Inaussichtstellen von Ersatzansprüchen" unterschieden werden kann (vgl. KG 5. XII. 1925 VA 1926 S. 37—38 Nr. 1552). Genau genommen ist das ernsthafte „Inaussichtstellen" noch unbezifferter Ansprüche bereits ein Geltendmachen im vorerwähnten Sinne. Anders ist allerdings dann zu entscheiden, wenn der Dritte erklärt, er sei sich noch nicht darüber im klaren, ob er den Vmer in Anspruch nehmen werde. Hier darf zur Abgrenzung von der Geltendmachung der Begriff des Inaussichtstellens gebraucht werden. Bemerkenswert ist in dieser Beziehung auch die durch die Neufassung des § 153 überholte RG-Entscheidung vom 13. II. 1934 RGZ Bd 143 S. 377—381, die in einer Streitverkündung allein noch nicht die Geltendmachung eines Haftpflichtanspruchs, sondern allenfalls die Ankündigung künftiger Geltendmachung sehen wollte (anders und richtig OLG Hamburg 25. III. 1931 HansRGZ 1931 B Sp. 551, das in der Streitverkündung eine auflösend bedingte Geltendmachung sah).

Es ist eine Tatfrage, ob durch Erklärungen gegenüber einem Angestellten des Vmers der Vmer und der Angestellte oder nur einer von ihnen haftpflichtig gemacht wird. Soweit nur gegen den vten Arbeitnehmer Ansprüche geltend gemacht werden, wird durch eine Unterlassung der Anzeige nur die V für fremde Rechnung berührt, dagegen kann der Deckungsschutz nicht auch für den auf eigene Rechnung geschlossenen Teil des Gesamtvertrages versagt werden, wenn der Vmer später ebenfalls in Anspruch genommen wird und das ordnungsgemäß anzeigt (RG 16. III. 1934 RGZ Bd 144 S. 163—170; a. M. OLG Celle 11. IX. 1934 VA 1935 S. 15—17 Nr. 2764, vgl. auch die Ausführungen in Anm. H 19).

Sind mehrere geschädigte Dritte vorhanden und machen sie ihre Ansprüche in zeitlichen Abständen geltend, so ist jede dieser Inanspruchnahmen dem Ver zu melden. Das gilt auch dann, wenn sich eine Mehrheit von Anspruchstellern dadurch ergibt, daß die Forderung des Dritten teilweise (oder ganz) abgetreten oder gepfändet wird. Die bei dem Vmer eingehende Anzeige von der Abtretung oder der Zustellung des Pfändungs- und Überweisungsbeschlusses ist in diesem Sinne als Geltendmachung eines Anspruchs aufzufassen, so daß es zur Begründung einer Anzeigelast des Hinweises auf die Schadenminderungslast nicht bedarf (so aber Wahle VersR 1965 S. 1162). Dieser Anzeigelast wird indessen genügt, wenn der Vmer den ihm vom Ver im Haftpflichtprozeß gestellten Anwalt benachrichtigt (vgl. dazu die Ausführungen in Anm. F 33). Hat der Ver ausnahmsweise dem Vmer im Strafverfahren einen Verteidiger gestellt, so genügt auch dessen Benachrichtigung (so sinngemäß auch Wahle a. a. O. S. 1162).

[F 38] cc) Anzeigelast nach § 153 IV VVG.

aaa) Gerichtliche Geltendmachung des Haftpflichtanspruchs.

Unverzüglich hat der Vmer den Ver zu unterrichten, wenn gegen ihn ein Anspruch gerichtlich geltend gemacht wird. Hier kann es sich um eine Klage (Widerklage), einen Zahlungsbefehl, einen Arrest oder um ein Verfahren betreffend den Erlaß einer einstweiligen Verfügung handeln. Auch die Einleitung eines Schiedsgerichtsverfahrens ist anzeigepflichtig. Ausdrücklich erwähnt werden daneben vom Gesetz die Streitverkündung (die nach der angreifbaren Ansicht des RG 13. II. 1934 RGZ Bd 143 S. 377 bis 381 noch keine Geltendmachung darstellen sollte) und das Armenrechtsverfahren. Nicht besonders spricht das Gesetz vom Beweissicherungsverfahren. Auch dieses fällt aber unter die von § 153 IV gemeinte gerichtliche Geltendmachung (so schon Hagen II S. 315, ebenso Fleischmann-Deiters in Thees-Hagemann Anm. 5a zu § 153, S. 244, Stiefel-Wussow[7] Anm. 46 zu § 7 AKB, S. 273; a. M. Prölss[17] Anm. 4 zu § 153, S. 574, der § 153 II anwendet). Keine gerichtliche Geltendmachung stellt dagegen die Aufrechnung durch den Dritten im Prozeß dar (a. M. Prölss[17] Anm. 5 zu § 153, S. 574, Schmalzl VersR 1965 S. 221, Stiefel-Wussow a. a. O. [das von Prölss a. a. O. für diese Auffassung zitierte KG 28. VIII. 1940 JRPV 1940 S. 175—176 behandelt keinen Aufrechnungsfall sondern eine Widerklage]). Es versteht sich aber, daß eine derartige Aufrechnung nach § 153 II als Anspruchserhebung anzeigepflichtig ist (so Prölss[17] Anm. 4 zu § 153, S. 574).

[F 89] bbb) Ermittlungsverfahren.

α) Verknüpfung mit der Anspruchserhebung.

Für den Ver ist es wichtig zu wissen, ob gegen den Vmer ein Strafverfahren eingeleitet worden ist. Die Feststellungen in der Strafakte bilden vielfach die Grundlage für eine außergerichtliche Erledigung der Haftpflichtansprüche. Deshalb verlangt § 153 IV, daß der Vmer auch anzeigt, wenn gegen ihn wegen des den Anspruch begründenden Ereignisses ein Ermittlungsverfahren eingeleitet wird. Während es sich bei den sonstigen Tatsachen, die nach § 153 IV anzeigepflichtig sind, um qualifizierte Unterfälle der in § 153 II festgelegten Anzeige der Erhebung von Haftpflichtansprüchen handelt, setzt die Einleitung des nach öffentlichrechtlichen Gesichtspunkten ausgestalteten Ermittlungsverfahrens eine Geltendmachung nicht voraus. Es fragt sich, ob die Kenntnis von der Einleitung eines Ermittlungsverfahrens auch dann anzeigepflichtig ist, wenn der Vmer noch nicht im Sinne des § 153 II in Anspruch genommen worden ist. In den Gesetzesmaterialien (Begr. II S. 1773) heißt es zwar, daß durch die Neufassung klargestellt werde, daß die Einleitung eines Strafverfahrens immer anzuzeigen sei (und zwar ohne Rücksicht darauf, ob eine Buße verlangt werde oder nicht). Es bleibt aber trotz dieser Bemerkung unklar, ob eine Anzeigepflicht für ein Ermittlungsverfahren auch dann besteht, wenn ein Anspruch bisher nicht erhoben worden ist. Dem Wortlaut des § 153 IV läßt sich das nicht entnehmen; vielmehr spricht die Ausdrucksweise „wenn wegen des den Anspruch begründenden Ereignisses ein Ermittlungsverfahren eingeleitet wird" dafür, daß auch eine Inanspruchnahme im Sinne des § 153 II vorliegen muß. Bei strikter Wortinterpretation der Gesetzesbestimmung könnte man sogar darüber hinaus versucht sein, einen begründeten Anspruch des Dritten zu verlangen. Allein dieser nach der etwas mißglückten Wortfassung an sich mögliche Schluß ist nach der Interessenlage dahin zu korrigieren, daß ein Ermittlungsverfahren auch dann anzuzeigen ist, wenn unbegründete Ansprüche erhoben werden. Im übrigen darf aber § 153 IV nicht entgegen seinem Wortlaut mit Prölss[17] Anm. 5 zu § 153, S. 574—575 dahin ausgelegt werden, als wenn dort (wie in § 153 I) stünde, „wenn gegen den Vmer ein Ermittlungsverfahren wegen solcher Tatsachen eingeleitet wird, die seine Verantwortlichkeit gegenüber einem Dritten zur Folge haben könnte." Mit einer solchen Auslegung würde das Gesetz ohne zwingenden Grund gegen seinen dem verständigen Vmer einleuchtenden Wortlaut ausgelegt werden. Dies muß um so mehr gelten, als für den Fall der Einleitung eines Strafverfahrens gegen den Vmer ohne entsprechende Anspruchserhebung durch den geschädigten Dritten vom Gesetzgeber mit Rücksicht auf die in § 153 I, 2 angeordnete entsprechende Anwendung der §§ 6 III und 33 II eine ähnliche Bestimmung in § 153 IV hätte erwartet werden dürfen. Nach dem Gesagten ist die Einleitung eines Ermittlungsverfahrens dann nicht anzeigepflichtig, wenn der Vmer bisher von keiner Seite in Anspruch genommen worden ist. Die Kenntnis von der Einleitung eines Strafverfahrens gegen ihn wird allerdings regelmäßig für den Vmer die Obliegenheit begründen, nach

§ 153 I Anzeige zu erstatten, sofern das nicht schon geschehen ist. Erhebt der Dritte nach der Einleitung eines Ermittlungsverfahrens Ansprüche, so muß der Vmer alsdann auch die Anzeige nach § 153 IV wegen des Strafverfahrens erstatten.

[F 40] β) Begriff des Ermittlungsverfahrens im Sinne des § 153 IV VVG.

Wenn der Vmer polizeilich (durch den Staatsanwalt oder durch den Richter) als Beschuldigter vernommen wird, so liegt im strafrechtlichen Sinne ein Ermittlungsverfahren vor. Es fragt sich, ob § 153 IV so weit auszulegen ist, daß dem Ver schon von jeder derartigen Vernehmung Anzeige zu erstatten ist. Die auf den Sinn des § 153 IV abstellende Auslegung muß berücksichtigen, daß die hier behandelte Anzeigeobliegenheit dem Ver Gelegenheit zu einer objektiven und umfassenden Orientierung anhand der Strafakte und (in geeigneten Ausnahmefällen) auch zur Unterstützung des Vmers im Strafverfahren geben soll. Es ist daher sachgemäß anzunehmen, daß die Anzeigelast erst ausgelöst wird durch die Zustellung einer Anklageschrift, eines Antrages auf Eröffnung der Voruntersuchung, eines Strafbefehls oder einer Strafverfügung; so schon KG 5. VI. 1929 S. 300—301, das zutreffend darauf hinweist, daß es den Vern natürlich bekannt sei, daß z. B. in aller Regel nach Verkehrsunfällen eine polizeiliche Vernehmung der Beteiligten erfolge. Die für die Gegenmeinung sprechende Entscheidung des OLG Hamm 20. X. 1930 JRPV 1931 S. 135—136 behandelt die hier interessierende Frage nur am Rande, da es dort hauptsächlich darum ging, ob auch die Zustellung einer polizeilichen Strafverfügung anzeigepflichtig sei. Das ist zu Recht bejaht worden. Unter § 153 IV fallen auch Bußgeldbescheide. Diese Grundsätze lassen sich aber nicht auf die gebührenpflichtige Verwarnung übertragen, da diese wegen ihrer Bedeutungslosigkeit vom verständigen Vmer nicht als Bestandteil eines Ermittlungsverfahrens angesehen wird. Anzeigepflichtig ist auch die Bekanntgabe eines Einstellungsbeschlusses an den Vmer. Zuzustimmen ist Prölss[17] Anm. 5 zu § 153, S. 574 (ebenso Ehrenzweig S. 367) darin, daß anzeigepflichtig nicht nur ein Verfahren der Strafjustiz im engeren Sinne ist, sondern auch ein Ermittlungsverfahren vor staatlich sanktionierten Disziplinargerichten, wie z. B. ein Verfahren vor dem Ärztegericht. Zu weit geht es aber, wenn Stiefel-Wussow[7] Anm. 35 zu § 7 AKB, S. 263 annehmen, daß auch Ermittlungsverfahren bei Schiedsgerichten anzeigepflichtig seien.

[F 41] γ) Vertragliche Abweichungen.

In § 5 Ziff. 2 Abs. 2 AHB (ebenso § 5 Ziff. 2 Abs. 2 AHBVerm, § 7 I Ziff. 2 S. 4 AKB) heißt es, daß der Vmer Anzeige zu erstatten habe, wenn ein Ermittlungsverfahren eingeleitet werde. Diese Fassung geht weiter als § 153 IV, da dort nur von einem gegen den Vmer eingeleiteten Ermittlungsverfahren die Rede ist (vgl. dazu aber auch KG 16. XII. 1933 JRPV 1934 S. 93—94, das zu einer im Wortlaut den hier behandelten Bedingungen entsprechenden Bestimmung bemerkte, daß es zweifelhaft sei, ob darunter auch ein gegen einen Dritten eingeleitetes Strafverfahren falle, vgl. ferner OLG Düsseldorf 12. IX. 1934 JRPV 1935 Zus.H. S. 18, das eine derartige Anzeigelast verneinte). Mit Rücksicht darauf, daß § 153 nach § 158a nicht zum Nachteil des Vmers abgeändert werden darf, bedürfen diese Bedingungsbestimmungen einer Korrektur dahin, daß der Vmer allein ein gegen ihn eingeleitetes Strafverfahren anzuzeigen hat, nicht aber ein solches gegen einen sonstigen Dritten (a. M. OLG München 24. VIII. 1954 VersR 1954 S. 529—530, OLG Nürnberg 25. X. 1966 VersR 1967 S. 367—369, Stiefel-Wussow[7] Anm. 35 zu § 7 AKB, S. 264; die zur Begründung der Gegenmeinung von Stiefel-Wussow a. a. O. herangezogenen Entscheidungen RG 16. XII. 1933 JRPV 1934 S. 93—94 und OLG Celle 11. IX. 1934 VA 1935 S. 15—17 Nr. 2764 sind vor der Änderung des § 153 ergangen; die Auffassung von Stiefel-Wussow a. a. O. ist richtig für die sonstigen Sparten der Kfz-V).

Schließt der Haftpflichtvsvertrag gemäß § 151 I oder nach vertraglicher Bestimmung (z. B. nach § 10 Ziff. 2 AKB oder nach den Erläuterungen zur Berufs- oder Privathaftpflichtv [vgl. dazu die Ausführungen in Anm. H 8—11]) eine V für fremde Rechnung ein, so ist der Vmer allerdings auch verpflichtet, ein gegen den Vten eingeleitetes Strafverfahren anzuzeigen. Unterläßt er das, so führt diese Obliegenheitsverletzung aber mit

Rücksicht auf den zwingenden Charakter des § 153 nur zum Verlust des Vsschutzes in der V für fremde Rechnung, nicht aber wird der Vsschutz für eigene Rechnung des Vmers berührt.

Im übrigen kann der Ver aufgrund der Auskunftspflicht nach § 34 von dem Vmer Auskunft über dessen Kenntnis von einem Ermittlungsverfahren gegen einen Dritten verlangen. Dieses Auskunftsverlangen kann aber nicht schon durch die AVB mit der Wirkung festgelegt werden, daß die Auskunft spontan, also ohne Aufforderung, abzugeben sei (vgl. dazu die Ausführungen unter F 29).

[F 42] h) Verletzungsfolgen.

aa) Vertragliche Grundlagen.

Gesetzlich ist wie in § 33 keine Rechtsfolge vorgesehen. Durch das Bedingungsrecht (vgl. § 6 AHB, § 6 AHBVerm, § 7 V AKB) wird Leistungsfreiheit des Vers für vorsätzliche und grobfahrlässige Obliegenheitsverletzungen gemäß § 6 III vereinbart. Alle Erläuterungen von Möller in Bruck-Möller zu § 6 und zu § 33 sind daher auch hier grundsätzlich zu beachten.

[F 43] bb) Vorsätzlicher Verstoß.

Vorsätzliche Verletzungen der Anzeigeobliegenheiten bilden die Ausnahme. Sie kommen isoliert kaum vor, sondern werden meist im Zusammenhang mit anderen Obliegenheitsverletzungen begangen (z. B. Verletzung der Aufklärungspflicht durch Fahrerflucht: Vgl. LG I Berlin 30. VI. 1930 RdK 1932 S. 29, LG Köln 11. I. 1957 VersR 1958 S. 293—295). Vorsätzlich handelt auch der Vmer, der eine Anzeige deshalb unterläßt, weil er hofft, daß seine Täterschaft nicht ermittelt werde; daß der Vmer sich gegenüber dem Ver einer strafbaren Handlung bezichtigen müßte, entbindet ihn nicht von der Anzeigelast (LG Passau 28. II. 1957 NJW 1957 S. 1285—1286 = VersR 1957 S. 703 m. Anm. von Grell NJW 1957 S. 1285—1286). Ein derartiges Motiv schließt den Vorsatz nicht aus (Möller in Bruck-Möller Anm. 28 zu § 6). Unvorsätzlich handelt dagegen derjenige Vmer, der eine Anzeige deshalb unterläßt, weil er irrig davon ausgeht, daß für den eingetretenen Schaden keine Deckung bestehe (RG 29. IV. 1938 JRPV 1938 S. 183—184, BGH 25. IV. 1955 VersR 1955 S. 340—342, OLG Hamm 2. XII. 1960 VersR 1962 S. 413—415). Nimmt der Vmer irrig an, daß erst die Inanspruchnahme und nicht schon das Schadenereignis anzuzeigen sei, so schließt ein solcher Irrtum ebenfalls den Vorsatz aus (BGH 30. III. 1967 VA 1968 S. 68—70 Nr. 477 = VersR 1967 S. 547 bis 548).

Im übrigen wird ein Gericht gegenüber dem Vorbringen des Vmers, daß er nicht daran gedacht habe, die Anzeigelast zu erfüllen oder daß er den betreffenden Tatumstand nicht für anzeigepflichtig gehalten habe, kaum zur Feststellung einer vorsätzlichen Obliegenheitsverletzung kommen, wenn nicht wesentliche Indizien darauf hindeuten. Vgl. dazu die sorgsam abwägenden Ausführungen in BGH 18. XII. 1968 VersR 1969 S. 220—221. Für einen solchen Ausnahmefall vgl. OLG Celle 24. V. 1967 VersR 1967 S. 994—995: Trotz erwiesener Kenntnis vom Haftpflichtschaden meldete der Vmer nur seinen Kaskoschaden und verschwieg ohne jedes einleuchtende Motiv den Drittschaden. Es darf mit der Lebenserfahrung im Normalfall davon ausgegangen werden, daß kein vernünftiger Vmer den Vsschutz durch vorsätzliche Nichterfüllung einer Anzeigeobliegenheit verlieren will (vgl. BGH 25. VI. 1956 VersR 1956 S. 472, OLG München 24. VIII. 1954 VersR 1954 S. 529—530, KG 27. IX. 1960 VA 1960 S. 273 Nr. 276). Vgl. in diesem Zusammenhang auch BGH 4. V. 1964 BGHZ Bd 41 S. 336:

> „Die Annahme, Sch. habe bewußt und gewollt die Schadenanzeige zum Nachteil der Klägerin zu spät erstattet, liegt in der Tat nach dem Sachverhalt so fern, daß das Berufungsgericht, ohne sie ernstlich in Erwägung zu ziehen, das Gegenteil feststellen konnte."

Unbefriedigend nach diesen Maßstäben LG Mainz 22. IX. 1966 VersR 1967 S. 945 bis 946 (vgl. dazu auch die Ausführungen unter F 69 a. E.); bei der Erfüllung der Anzeigelasten darf gerade nicht von einem allgemeinen Erfahrungssatz ausgegangen werden, daß jeder Vmer die Kenntnis von diesen Obliegenheiten hat. BGH 30. III. 1967 VA 1968 S. 68—70 Nr. 477 = VersR 1967 S. 547—548 hebt zutreffend hervor, daß hier die zur Fahrerflucht aufgestellten Grundsätze nicht angewendet werden dürfen. Außerdem war im Falle des LG Mainz a. a. O. noch eine besondere Erforschung des Willensvorganges am Platze, da es sich um einen ausländischen Vmer mit nur begrenzten Sprachkenntnissen handelte. Verfehlt auch OLG Köln 10. II. 1965 VersR 1965 S. 429 bis 430 (vgl. dazu die Ausführungen in F 69 a. E.).

[F 44] cc) Grobe Fahrlässigkeit.

aaa) Grundsätzliches.

Das Schwergewicht liegt demgemäß bei den Fällen grober Fahrlässigkeit. Hier gibt es eine Unzahl von Entscheidungen, die sich darum bemühen, dem Einzelfall gerecht zu werden. Allgemeine Richtlinien zur Ermittlung des komplexen Begriffs der groben Fahrlässigkeit lassen sich aus diesen Entscheidungen kaum entwickeln. Zur Abgrenzung sei zunächst verwiesen auf die Erläuterungen von Möller in Bruck-Möller Anm. 31—33 zu § 6 und Anm. 25 zu § 33. Der Tendenz der Untergerichte, grobe Fahrlässigkeit zu leicht anzunehmen, ist entgegenzutreten. Es darf niemals außer acht gelassen werden, daß es sich um den äußersten Grad eines schuldhaften Verhaltens nicht vorsätzlicher Art handelt. Es sind alle Umstände des Falles in Betracht zu ziehen. Grundsätzlich ist es dabei tatrichterlicher Beurteilung vorbehalten, ob einfache oder grobe Fahrlässigkeit vorgelegen hat (BGH 23. XI. 1967 VersR 1968 S. 59). Dennoch hat das RG mehrfach im Gegensatz zu den Vorinstanzen grobe Fahrlässigkeit verneint oder eine weitere Aufklärung für erforderlich gehalten (vgl. RG 18. VI. 1926 JW 1927 S. 173 bis 175 = VA 1927 S. 28—29 Nr. 1681, 18. VI. 1929 VA 1929 S. 224—225 Nr. 1990, 20. VI. 1939 JRPV 1939 S. 247—248).

[F 45] bbb) Einzelheiten.

An eine geschäftsungewandte Person dürfen keine zu hohen Anforderungen gestellt werden (OLG Hamm 6. VII. 1931 VA 1931 S. 281—283 Nr. 2338, KG 16. XII. 1933 JRPV 1934 S. 93—94, OLG Hamburg 2. II. 1934 VA 1935 S. 15 Nr. 2763). Überhaupt darf und muß der Tatrichter die persönliche Eigenart des Vmers berücksichtigen (RG 26. VII. 1935 VA 1935 S. 270 Nr. 2836 = JRPV 1935 S. 262—264). Unklare Bedingungen lassen die Schuld des Vmers als minder schwer erscheinen (KG 29. IX. 1930 VA 1930 S. 255—256 Nr. 2211 = JRPV 1931 S. 28—29). Das gilt insbesondere dann, wenn dazu mißverständliche Auskünfte durch den Ver treten (OLG Nürnberg 3. IX. 1927 VA 1928 S. 232—233 Nr. 1888). Ebenso ist zu entscheiden, wenn die mißverständliche Auskunft nicht vom Ver sondern von einem Vsvertreter (oder Vsmakler) erteilt worden ist (vgl. RG 29. IV. 1938 JRPV 1938 S. 183—184, 20. VI. 1939 JRPV 1939 S. 247—248). War der Vmer von einem Vsvertreter (oder Vsmakler) dahin belehrt worden, daß eine Meldung keinen Sinn habe, da der Schaden nicht gedeckt sei, so handelt der Vmer nicht schuldhaft (BGH 25. IV. 1955 VersR 1955 S. 340—342), jedenfalls liegt aber kein grobes Verschulden vor (vgl. auch OLG Celle 19. XI. 1937 VA 1937 S. 237—239 Nr. 3029, das allerdings vom RG 29. IV. 1938 a. a. O. aufgehoben worden ist). Bemerkenswert OLG Hamm 2. XII. 1960 VersR 1962 S. 413—415, das auch ohne eine derartige falsche Belehrung grobe Fahrlässigkeit bei einem Vmer verneinte, der der Ansicht war, daß der Regreßanspruch der Berufsgenossenschaft in seiner Betriebshaftpflichtv nicht gedeckt sei.

Zugunsten des Vmers, der einen Schadenfall ordnungsgemäß angezeigt und von dem der Ver die Ausfüllung einer formellen Schadenanzeige verlangte, kann berücksichtigt werden, daß er vom Ver nicht gleichzeitig darauf hingewiesen worden ist, daß auch die Anspruchserhebung durch den Dritten anzeigepflichtig sei (RG 18. VI. 1926 JW 1927 S. 173—175 = VA 1927 S. 28—29 Nr. 168).

Grobe Fahrlässigkeit nahm OLG Hamburg 14./17. X. 1931 RdK 1933 S. 240—241 in einem Falle an, in dem der Vmer das Schadenereignis nur der Kasko- und nicht auch der Haftpflichtschadenabteilung desselben Vers gemeldet hatte. Indessen erfüllt nach zutreffender Ansicht des BGH (24. I. 1963 VA 1963 S. 199—200 Nr. 369 = VersR 1963

S. 227—229) die Anzeige in der Kaskov zugleich die Anzeigeobliegenheit in der Haftpflichtv und umgekehrt (ablehnend Krebs VersR 1964 S. 468—469 m. w. N.). Dieser Grundsatz kann auch für die Allgemeine Haftpflichtv von Bedeutung sein, wenn etwa der Vmer bei demselben Ver sach- und haftpflichtvert ist. Meldet dieser Vmer einen Brandschaden und ergibt sich aus der Anzeige, daß auch Dritteigentum beschädigt ist, so kann damit zugleich die Anzeige nach § 153 I erfüllt sein. Vgl. zu dieser im Einzelfall schwierigen Abgrenzungsfrage Möller in Bruck-Möller Anm. 37 zu § 16 m. w. N. Dort heißt es zunächst: „Handelt es sich um mehrere Vszweige, die nicht im unmittelbaren Zusammenhang stehen, so würde es lebensfremd sein anzunehmen, daß alles, was in der Feuerakte steht, auch zur Haftpflichtv bekannt ist.“ Weiter führt Möller a. a. O. aber aus: „Der Betrieb muß so organisiert sein, daß wesentliche Tatsachen, die ein unzuständiger Mitarbeiter erfährt, dem zuständigen Sachbearbeiter bekannt werden. Soweit solche Organisation vorauszusetzen ist, steht die Kenntnis des unzuständigen Mitarbeiters jener der zuständigen Mitarbeiter gleich.“ Nach diesen Grundsätzen dürfte es nicht zuviel verlangt sein, wenn eine Organisation beim Ver derart erwartet wird, daß bei einer Meldung eines Feuerschadens, aus der sich auch die Schädigung eines Dritten ergibt, stets entweder die Haftpflichtschadenabteilung eine Kopie der Anzeige erhält oder aber dem Vmer ein besonderes Formschreiben zugesandt wird, nach dem zu einer etwa auch bestehenden Haftpflichtv eine gesonderte Anzeige erforderlich sei. Anders ist der Fall aber dann zu beurteilen, wenn der Vmer den Schaden des Dritten nicht erwähnt oder in der Meldung an die für den Sachschaden zuständige Abteilung gar bewußt verschweigt (vgl. OLG Celle 24. V. 1967 VersR 1967 S. 994—995).

Immer ist auf die Umstände des Einzelfalles abzustellen; vgl. BGH 23. XI. 1967 VersR 1968 S. 59: Der bei einem Unfall verletzte Vmer hatte seinen Sohn mit der Erstattung der Anzeige beauftragt. Dieser unterließ die Schadenmeldung, weil ihm im Büro des Vaters von der Buchhalterin irrig gesagt wurde, daß die Anzeige bereits abgesandt sei. Es wurde sowohl ein grobes Verschulden des Vaters als auch des Sohnes verneint.

Daß der Vmer nicht wußte, daß auch eine polizeiliche Strafverfügung anzeigepflichtig war, wurde ihm angesichts der geringen Bedeutung dieses Strafverfahrens nicht als schwere Schuld angerechnet (OLG Hamm 20. X. 1930 JRPV 1931 S. 135—136). Ähnlich wird man urteilen müssen, wenn man entgegen der in Anm. F 40 vertretenen Auffassung eine gebührenpflichtige Verwarnung für anzeigepflichtig hält. Dagegen wird die Nichtanzeige der Zustellung eines Strafbefehls oder einer Anklageschrift oder gar eines darauf ergehenden Strafurteils meist nicht mehr als leicht-, sondern als grobfahrlässig angesehen werden müssen (RG 14. VI. 1932 RGZ Bd 136 S. 370—373, 27. IV. 1934 VA 1934 S. 222—223 Nr. 2720, OLG Düsseldorf 16. VI. 1932 JRPV 1933 S. 161, OLG München 18. I. 1939 ÖffrV 1939 S. 278—279).

Wenn der Vmer seine Schuld in der Schadenschilderung entschieden in Abrede stellt und dann von der Staatsanwaltschaft einen Einstellungsbescheid erhält, wird man die Schuld des Vmers, der den Ver darüber nicht unterrichtete, ebenfalls für gering halten. Einen entsprechenden Maßstab kann man anlegen, wenn der Vmer den Ver nicht unterrichtet, weil er den Anspruchsschreiben des Geschädigten keine Bedeutung beimißt, weil diesem nach seiner Auffassung offensichtlich kein Anspruch zustehe (KG 23. V. 1936 JRPV 1936 S. 296—297).

Wird der Ver dagegen von einer Klagerhebung nicht unterrichtet, so kann dieses Verhalten des Vmers regelmäßig als grobfahrlässig angesehen werden (RG 27. IV. 1934 VA 1934 S. 222—223 Nr. 2437, OLG Hamburg 25. X. 1916 VA 1917 Anh. S. 13—15 Nr. 976, KG 22. XII. 1928 VA 1929 S. 25—26 Nr. 1938 = JRPV 1929 S. 64—65, 29. I. 1930 JRPV 1930 S. 210, OLG Stettin 5. VI. 1930 VA 1930 S. 201—204 Nr. 2166, OLG Celle 11. IX. 1934 VA 1935 S. 15—17 Nr. 2764, LG Berlin 13. X. 1938 JRPV 1939 S. 159—160, KG 28. VIII. 1940 JRPV 1940 S. 175—176, OLG München 24. VIII. 1954 VersR 1954 S. 529—530, OLG Nürnberg 5. IV. 1968 VersR 1969 S. 30—31; anders für einen besonders gelagerten Fall [leichte Fahrlässigkeit]: OLG Düsseldorf 3. X. 1967 VersR 1969 S. 30). Bei Verwertung der vorstehend aufgeführten Entscheidungen ist allerdings zu bedenken, daß sie überwiegend zu einer Zeit ergangen sind, als nach § 6 II a. F. der Ver bei folgenlosem grobfahrlässigen Verstoß des Vmers von der Verpflichtung zur Leistung frei wurde, so daß sich die Frage nach einem vorsätzlichen Handeln des Vmers im Rechtssinne nicht stellte. Zur geltenden Fassung wird vorsätzliches Handeln z. B. verfehlt von OLG Köln 10. II. 1965 VersR 1965 S. 429—430 angenommen, vgl. dazu die Ausführungen in Anm. F 43 und F 69 a. E. Daß eine Widerklage anzuzeigen ist, ergibt sich aus § 153 IV n. F. und den entsprechenden Bedingungsbestimmungen eindeutig, so daß der oben zitierten KG-Entscheidung vom 29. I. 1930 a. a. O. insoweit heute keine Bedeutung mehr zukommt.

Unterrichtet der Vmer den Ver ordnungsgemäß über die Klagerhebung und ergeht dann infolge eines Mißverständnisses ein Versäumnisurteil gegen den Vmer, so wird man mit Rücksicht auf das Versagen des Vers, der für ordnungsmäßige Vertretung des Vmers hätte sorgen müssen, die Unterlassung der Anzeige über die Zustellung des Urteils unter Umständen nicht als grobfahrlässig anzusehen haben (OLG Celle 11. IV. 1933 VA 1933 S. 347—348 Nr. 2586).

[F 46] dd) Unberechtigte Deckungsverweigerung.

Grobe Fahrlässigkeit hat RG 2. X. 1931 VA 1931 S. 277—278 Nr. 2334 angenommen, als der Ver, der zu Unrecht den Vsschutz verweigerte, nicht von dem weiteren Verlauf der Angelegenheit unterrichtet wurde, obwohl er das ausdrücklich verlangt hatte. Da der Vmer von seinem Rechtsbeistand dahin belehrt worden war, daß mit Rücksicht auf die Deckungsablehnung eine Anzeigelast nicht bestehe, kann der Auffassung des RG nicht gefolgt werden. Das Problem, ob die Nichterfüllung von Obliegenheiten durch den Vmer nach unberechtigter Deckungsverweigerung durch den Ver für den Vmer nachteilige Rechtsfolgen hat, stellt sich im übrigen nach richtiger Auffassung nur dann, wenn der Ver ausdrücklich trotz seiner Deckungsablehnung die Erfüllung der Obliegenheiten verlangt, andernfalls ist nach Treu und Glauben schon in der Deckungsverweigerung der Verzicht auf die Erfüllung jeglicher Obliegenheit zu sehen (vgl. dazu die Nachweise in Anm. F 101 und speziell zur unterlassenen Anzeige: RG 16. III. 1934 RGZ Bd 144 S. 169—170). Der Gedanke, daß durch die Deckungsablehnung mangels besonderen Vorbehalts auf die Erfüllung von Obliegenheiten verzichtet werde, hat sich erst nach und nach durchgesetzt; vgl. z. B. RG 4. VII. 1933 JRPV 1933 S. 232—234 = RdK 1934 S. 110—111, das von dem Weiterbestehen der Obliegenheit ausging und dem Vmer half, indem es grobe Fahrlässigkeit verneinte. Zur Frage, ob bei unberechtigter Deckungsablehnung eine Weigerung des Vmers, die vereinbarten Obliegenheiten entgegen einem derartigen Verlangen des Vers zu erfüllen, schuldhaft ist, vgl. die Nachweise bei Möller in Bruck-Möller Anm. 36 zu § 6; speziell zur Anzeigepflicht KG 15. X. 1930 JRPV 1930 S. 433—434, das zu Unrecht grobe Fahrlässigkeit annimmt.

Einen weiteren Schritt in der Entwicklung einer Auslegung zugunsten des Vmers geht BGH 7. XI. 1966 NJW 1967 S. 202—203 = VersR 1967 S. 27—29: Dem Vmer obliegt es danach bei unberechtigter Deckungsverweigerung nicht, dem Ver die Prozeßführung zu überlassen, auch wenn dieser das ausdrücklich verlangt. Es liegt hier also schon der objektive Tatbestand einer Obliegenheitsverletzung nicht vor. Übertragen auf die Anzeigeobliegenheit bedeutet dieser Grundsatz, daß den Vmer nach unberechtigter Vsschutzverweigerung überhaupt keine Anzeigelasten mehr treffen.

[F 47] ee) Kausalität.

Der vorsätzliche Verstoß gegen die Anzeigeobliegenheit führt nach der vom Gesetz zugelassenen Regelung in den Vsbedingungen zum Verlust des Vsschutzes ohne Rücksicht darauf, ob sich durch die Unterlassungssünde des Vmers der Vsschaden vergrößert hat oder nicht. Über die neuerdings gegen diese harte rechtspolitische Lösung geäußerten Bedenken vgl. die Nachweise in Anm. F 66. Zum verbalen Teil der Aufklärungspflicht ist vom BGH (16. II. 1967 BGHZ Bd 47 S. 101—109, 8. V. 1967 BGHZ Bd 48 S. 7—11, 12. X. 1967 VersR 1967 S. 1088) eine Korrektur dieses als unbillig empfundenen Ergebnisses dadurch erreicht worden, daß er in rechtsschöpferischer Rechtsprechung den Verlust des Vsschutzes bei vorsätzlichem Verstoß nur dann eintreten läßt, wenn der Vmer vom Ver darüber belehrt worden ist, daß bei vorsätzlich unrichtig erteilten Auskünften der Vsschutz unabhängig davon, ob sich der Schaden vergrößere oder nicht, verloren gehe. Nach den Ausführungen in Anm. F 43 wird eine Verletzung der Anzeigelast nur selten vorsätzlich erfolgen. In Ausnahmefällen können aber auch bei einer Verletzung der Anzeigelast die vom BGH zur Auskunftspflicht entwickelten Grundsätze über die Belehrungspflicht des Vers zur Anwendung kommen. Vgl. die Ausführungen in Anm. F 66 a. E.

Dagegen ist bei grobfahrlässiger Obliegenheitsverletzung immer zu beachten, daß der Vsschutz nur insoweit verloren geht, als sich der Schaden durch den Verstoß vergrößert hat. Besonders ist das Augenmerk darauf zu richten, daß nur eine im Ergebnis für den Ver nachteilige Beeinflussung der Feststellung der Schadenersatzforderung im Sinne des § 6 III 2 beachtlich ist, also nicht schon ein irgendwie gearteter Einfluß der Obliegenheitsverletzung auf den Gang des Verfahrens (BGH 4. V. 1964 BGHZ Bd 41 S. 337 m. w. N.; vgl. auch die Nachweise unter F 72 a. E.; verfehlt: LG Kleve 10. III. 1967 VersR 1967 S. 650). Es gehen dabei auch die durch die grobe Fahrlässigkeit des Vmers verursachten Mehraufwendungen, z. B. für die Schadenermittlung, nach § 6 III 2 zu Lasten des Vmers, dagegen nicht ein Mehr an allgemeinen Verwaltungskosten, bedingt durch zusätzliche Arbeitsleistung des Vers (vgl. auch OLG Hamm 3. XII. 1963 VersR 1964 S. 1133—1135).

[F 48] ff) Beweislast.

Vgl. Möller in Bruck-Möller Anm. 28 zu § 33 und Anm. 52—53 zu § 6.

Der Ver muß den objektiven Tatbestand der Obliegenheitsverletzung beweisen. Dazu gehört auch der Nachweis, daß der Vmer von den anzeigepflichtigen Umständen Kenntnis hatte (BGH 3. XI. 1966 VA 1967 S. 81—82 Nr. 445 = VersR 1967 S. 778, Möller in Bruck-Möller Anm. 9 zu § 33, Dinslage NJW 1968 S. 1758). Sache des Vmers ist es zu beweisen, daß eine festgestellte Verletzung weder vorsätzlich noch grobfahrlässig gewesen ist. Aufgabe des Gerichts ist es, nach § 139 ZPO den Vmer gegebenenfalls zur Ergänzung seines Vorbringens aufzufordern. Trägt der Vmer vor, daß er die betreffende Bedingungsbestimmung nicht gekannt habe, so hat das Gericht diesem Vorbringen nachzugehen (RG 18. VI. 1926 JW 1927 S. 173—175 = VA 1927 S. 28—29 Nr. 1681). Bei der Vielfalt von Anzeigelasten ist eine Verletzung ohne Vorsatz oder grobe Fahrlässigkeit leicht möglich, insbesondere bei ungewandten Personen. Die Feststellung eines vorsätzlichen Verstoßes ohne eine mögliche persönliche Anhörung des Vmers ist bedenklich. Verfehlt ist es, hier bei einem Widerspruch des Gegners nach § 447 ZPO von der Vernehmung des Vmers als Partei abzusehen (so aber BGH 18. XII. 1968 VersR 1969 S. 220—221, LG Mainz 22. IX. 1966 VersR 1967 S. 945—946), da die Lebenserfahrung gerade gegen einen vorsätzlichen Verstoß spricht (vgl. Anm. F 43), so daß regelmäßig die Voraussetzungen einer Parteivernehmung nach § 448 ZPO gegeben sind. (a. M. BGH 18. XII. 1968 a. a. O.).

Bei grober Fahrlässigkeit des Vmers ist mit Rücksicht auf das Kausalitätsprinzip (vgl. Anm. F 47) der Frage besondere Aufmerksamkeit zu widmen, ob sich durch den Fehler des Vmers der Schaden vergrößert hat. Es ist Sache des Vmers darzutun und zu beweisen, daß das nicht der Fall ist. Die Anforderungen daran dürfen aber nicht überspitzt werden, denn dieser negative Beweis kann praktisch nur in der Weise geführt werden, daß der Vmer die sich aus dem Sachverhalt ergebenden Möglichkeiten widerlegt und im übrigen abwartet, welche von ihm dann ebenfalls zu widerlegenden Behauptungen der Ver aufstellt (BGH 25. VI. 1956 VersR 1956 S. 472—473, 20. X. 1960 NJW 1961 S. 268—269 = VersR 1960 S. 1033—1034, 4. V. 1964 BGHZ Bd 41 S. 336 bis 337, 30. III. 1967 VA 1968 S. 70 Nr. 477 = VersR 1967 S. 548, KG 27. IX. 1960 VA 1960 S. 273—274 Nr. 276, OLG Stuttgart 18. V. 1966 VersR 1967 S. 466).

Ist der Ver in den Tatsachenrechtszügen der Behauptung des Vmers nicht entgegengetreten, daß keine Vergrößerung des Schadens eingetreten sei, so kann er diese unterlassene Erklärung in der Revisionsinstanz nicht nachholen (BGH 30. III. 1967 a. a. O.). Bei der Ermittlung, ob der Verstoß des Vmers die Höhe des Schadens nachteilig beeinflußt hat, darf vom Gericht eine Schätzung nach § 287 ZPO vorgenommen werden (vgl. die Nachweise in Anm. F 72, F 84 und F 109 a. E.). Sind hinreichende Tatsachen für eine solche Schätzung gegeben, so stellt das Unterlassen eines Vorgehens nach § 287

ZPO einen Rechtsfehler dar. Verfehlt LG Köln 5. III. 1965 VersR 1965 S. 658 (mit Anm. von Rohde VersR 1965 S. 681): Bei einem vom Vmer verschuldeten Unfall nahm das Gericht volle Leistungsfreiheit an, weil die Frage eines Mitverschuldens des Dritten nicht geklärt werden konnte. Hier mußte § 287 ZPO angewendet werden. Das Kausalitätsprinzip wird auch vom OLG Nürnberg 5. IV. 1968 VersR 1969 S. 30—31 verkannt, wenn es gar jede Erörterung über die Haftungsfrage bei einem grobfahrlässigen Verstoß unterläßt.

[F 49] gg) Verschulden Dritter.

Dafür, daß sich der Vmer bei der Verletzung von Anzeigeobliegenheiten unter Umständen über den Kreis der Repräsentanten hinaus das Verschulden dritter Personen anrechnen lassen muß, vgl. Möller in Bruck-Möller Anm. 78—90 zu § 6 und die Ausführungen in Anm. F 73.

[F 50] hh) Verzicht und Verwirkung.

Für Verzicht und Verwirkung vgl. Möller in Bruck-Möller Anm. 45—49 zu § 6 m. w. N. Zu beachten ist, daß es im Ermessen des Vers steht, ob er sich auf eine Obliegenheitsverletzung des Vmers berufen will oder nicht. Demgemäß wird zu Recht angenommen, daß auch im Rechtsstreit, in dem der Ver etwa aus mehreren Gründen den Vsschutz verweigert, eine sich aus dem Sachverhalt ergebende Obliegenheitsverletzung nur dann nachteilige Rechtsfolgen für den Vmer habe, wenn der Ver sich auf ihr Vorliegen und das Eingreifen ihrer Rechtsfolge berufe (so Möller in Bruck-Möller Anm. 44 zu § 6 m. w. N. zu dieser Streitfrage; a. M. Reimer Schmidt Obliegenheiten S. 265, 271). Offen gelassen worden ist dieses Problem in BGH 23. XI. 1967 VersR 1968 S. 60 mit dem Bemerken, daß diese Frage überhaupt erst dann auftauche, wenn der Ver jedenfalls den vollständigen Tatbestand einer Obliegenheitsverletzung vortrage, es also nur unterlasse, sich dazu ausdrücklich auf die eingetretene Verwirkung zu berufen.

Die Überschreitung der Anzeigefrist ist für den Ver meist ohne Schwierigkeit zu erkennen. Wenn er dessenungeachtet die Regulierung des Schadenfalles beginnt, ohne einen entsprechenden Vorbehalt zu machen, so ist darin ein Verzicht des Vers auf den etwa möglichen Einwand einer Verletzung der Anzeigepflicht zu sehen (OLG Celle 11. IX. 1934 VA 1935 S. 15—17 Nr. 2764). Das leuchtet ein, wenn der Ver ein ganzes Jahr (OLG Karlsruhe 27. V. 1931 RdK 1931 S. 369) oder gar über mehrere Jahre (so im Falle LG Nürnberg-Fürth 25. II. 1959 VersR 1960 S. 241—244) die Verletzung nicht rügt, muß aber mit Rücksicht auf die Offenkundigkeit derartiger Verletzungen auch für ein weitaus kürzeres Schweigen des Vers gelten, wenn er gleichzeitig in die Regulierung des Schadenfalles eintritt. Vgl. z. B. LG Wuppertal 27. X. 1961 VersR 1962 S. 630—631, das schon aus einem Schweigen über drei Monate einen derartigen Verzicht folgert. Auch hier sind alle Umstände des Einzelfalles zu würdigen. Vgl. KG 28. VIII. 1940 JRPV 1940 S. 175—176, das zutreffend ausführt, daß aus einem Untätigsein des Vers über zwei Monate kein Verzicht gefolgert werden dürfe.

Zeigt der Vmer an, daß gegen ihn ein Versäumnisurteil ergangen sei und daß er dagegen Einspruch eingelegt habe, so kann die Erklärung des Vers, er werde Vsschutz gewähren, als ein unter der stillschweigenden Bedingung abgegebener Verzicht gewürdigt werden, daß tatsächlich rechtswirksam Einspruch eingelegt sei (so KG 22. XII. 1928 JRPV 1929 S. 64—65). Ein bedingter Verzicht des Vers auf vorangegangene Obliegenheitsverletzungen ist regelmäßig darin zu sehen, daß der Ver dem Vmer eine Nachfrist zur Erfüllung setzt (OLG Hamm 6. VII. 1931 VA 1931 S. 281—283 Nr. 2338, OLG Koblenz 20. IX. 1967 VersR 1967 S. 1043—1044).

Zu beachten ist, daß der Ver in der Pflichthaftpflichtv häufig nach § 158c oder § 3 Ziff. 4—6 PflichtvsG im Verhältnis zum geschädigten Dritten im Risiko bleibt. Aus seiner Regulierung allein kann daher auf einen Verzicht nicht geschlossen werden, wenn gleichzeitig die Deckungsablehnung erklärt wird (so LG Marburg 26. VII. 1961 VersR 1962 S. 512—513); vgl. auch BGH 25. IV. 1960 VersR 1960 S. 505—507 (für eine Regulierung durch den Ver nach vorausgegangenem Verstoß des Vmers gegen das Anerkenntnis- und Befriedigungsverbot).

[F 51] ii) Anwendung von § 154 II VVG.

Soweit der Vmer nach § 154 II befugt ist, das Anerkenntnis- und Befriedigungsverbot aus Billigkeitsgründen zu durchbrechen, schadet eine Verletzung der Anzeigepflicht ihm nicht; vgl. die Ausführungen in Anm. F 108.

2. Auskunfts- und Aufklärungsobliegenheit.

Gliederung:

[F 52] a) Abgrenzung zu § 34 VVG.

Der Ver kann nach dem Eintritt des Vsfalles gemäß § 34 von dem Vmer jede Auskunft verlangen, die zur Feststellung des Vsfalles oder des Umfangs der Leistungspflicht des Vers erforderlich ist. Diese Vorschrift gilt auch für die Haftpflichtv. Zur Erläuterung wird daher in erster Linie auf die Ausführungen von Möller in Bruck-Möller Anm. 1—60 zu § 34 verwiesen. Da § 34 eine lex imperfecta (Möller a. a. O. Anm. 36 zu § 34) ist, treten Verletzungsfolgen nur ein, wenn diese, wie in §§ 6 AHB, 6 AHBVerm, 7 V AKB geschehen, vereinbart sind.

§§ 5 Ziff. 3 AHB, 5 Ziff. 3 AHBVerm konkretisieren § 34 I sinngemäß wie folgt: Der Vmer ist verpflichtet, alles zu tun, was zur Klarstellung des Schadenfalles dient, sofern ihm dabei nichts Unbilliges zugemutet wird; der Vmer hat den Ver bei der Abwehr des Schadens sowie bei der Schadenermittlung und Regulierung zu unterstützen, ihm ausführliche und wahrheitsgemäße Schadenberichte zu erstatten, alle Tatumstände welche auf den Schadenfall Bezug haben, mitzuteilen und alle nach Ansicht des Vers für die Beurteilung des Schadenfalles erheblichen Schriftstücke einzusenden. Sehr viel kürzer heißt es in § 7 I Ziff. 2 AKB, daß der Vmer verpflichtet ist, alles zu tun, was zur Aufklärung des Tatbestandes dienlich sein kann und daß er hierbei die etwaigen Weisungen des Vers zu befolgen hat. Sachlich ist damit das gleiche gemeint.

Zu beachten ist bei der Auslegung des über den Wortlaut des § 34 hinausgehenden § 5 Ziff. 3 AHB, daß § 34 II nach § 34a eine zwingende Norm ist. Demgemäß ist der auf die Einsendung von Schriftstücken bezügliche Passus der Bedingungsbestimmung dahin zu ergänzen, daß eine Vorlagelast nur besteht, soweit die Beschaffung dieser Schriftstücke dem Vmer billigerweise zugemutet werden kann. Zu dieser Auslegung würde man im übrigen auch ohne ausdrückliche Anordnung im Gesetz kommen müssen.

[F 53] b) Verhältnis zur Anzeigelast.

aa) Grundsätzliches.

Auch § 153 ist nach § 158a nicht zum Nachteil des Vmers abänderbar. Die Anzeigelasten in der Haftpflichtv sind danach in bezug auf den „gedehnten Vsfall" abschließend geregelt. Es darf daher nicht vom Bedingungsrecht eine zusätzliche Anzeigepflicht auferlegt werden. Die Abgrenzung zwischen der zulässigen Erweiterung der Auskunfts- und Aufklärungslast und der verbotenen Vereinbarung einer zusätzlichen auf den Schadenfall bezogenen Anzeigelast ist schwierig. Jedenfalls darf die über den Umfang der Anzeigelast hinausgehende Auskunftslast dem Vmer nicht in der Weise auferlegt werden, daß die Auskunft gegenüber dem Ver spontan zu erfüllen ist. Erforderlich ist eine entsprechende Aufforderung durch den Ver. Vgl. auch BGH 23. XI. 1967 VersR 1968 S. 59, wo von einer weitgehenden Praxis der Kfz-Ver gesprochen wird, nach der nähere Einzelheiten des Schadenereignisses erst in einem auf Veranlassung des Vers ausgefüllten Formular mitgeteilt werden. Vgl. weiter die Ausführungen in Anm. F 35.

Spontan ist aber vom Vmer derjenige Teil der Auskunfts- und Aufklärungslast zu erfüllen, der sich auf die Klärung und die Feststellung des Sachverhalts bezieht. Hier ist der Vmer also z. B. zur Sicherung der Beweise für den Ver verpflichtet; das Ergebnis seiner Ermittlungen im einzelnen braucht er aber nicht spontan anzuzeigen. Vielmehr kann der Vmer grundsätzlich die auf den Einzelfall abgestellten Fragen des Vers oder die Zusendung der bekannten Fragebogen abwarten, sofern er dem Ver nur mitgeteilt hat, daß ein Schadenereignis oder ein Verstoß eingetreten sei.

Während die (meist geringen) Kosten der Anzeigeobliegenheiten vom Vmer zu tragen sind (Prölss[17] Anm. 1 zu § 66, S. 308), sind die Kosten der Auskunfts- und Aufklärungsobliegenheit im Rahmen des § 66 vom Ver zu tragen. Im einzelnen wird dazu auf die (in naher Zukunft zu erwartenden) Erläuterungen von Möller in Bruck-Möller zu § 66 verwiesen. Vgl. auch §§ 5 Ziff. 3a Abs. 3 AHBVerm und 5 III Ziff. 3 AHBVermPrüf. Dort ist ausdrücklich bestimmt, daß der aus Anlaß eines Schadenfalles erforderliche Schriftwechsel vom Vmer (insgesamt) unentgeltlich zu führen sei.

[F 54] bb) Zur entsprechenden Anwendung des § 33 II VVG.

Nach § 33 II kann sich der Ver auf die für den Fall des Unterlassens einer Anzeige des Vsfalles vereinbarte Leistungsfreiheit nicht berufen, sofern er in anderer Weise von dem Eintritt des Vsfalles rechtzeitig Kenntnis erlangt hat. Möller (in Bruck-Möller Anm. 10 zu § 34) vertritt den Standpunkt, daß ebenso die Auskunftspflicht entfalle, wenn der Ver das Wissen, das durch die Erfüllung der Obliegenheit vermittelt werden solle, bereits sicher besitze; habe einer von mehreren Auskunftspflichtigen oder ein Dritter einwandfrei die Auskunft gegeben, so entfalle für die anderen die Auskunftspflicht.

BGH 15. XI. 1965 VersR 1965 S. 1191 verneint dagegen die Anwendbarkeit des § 33 II mit folgenden Erwägungen: „Während die unverzügliche Anzeige des Vmers in erster Linie den Ver so schnell wie möglich in die Lage versetzen soll, sich in Schadenermittlungen und -verhandlungen einzuschalten und notwendige eigene Feststellungen zu treffen, tragen die Bestimmungen über die Aufklärungspflicht dem Gedanken Rechnung, daß der Ver, um sachgemäße Entschlüsse fassen zu können, sich darauf verlassen muß, daß der Vmer ihm von sich aus richtige und lückenlose Angaben über den Vsfall macht. Enttäuscht der Vmer dieses Vertrauen, indem er vorsätzlich Fragen des Vers nicht oder nicht richtig beantwortet, so kann er sich hinterher nicht darauf berufen, daß der Ver den wahren Sachverhalt von dritter Seite noch zeitig genug erfahren habe."

Vgl. auch LG Berlin 29. XII. 1931 JRPV 1932 S. 190, das zutreffend bemerkt, daß die Schilderung des Schadenfalles durch den Dritten eine Darstellung des Geschehens durch den Vmer nicht ersetze, da der Dritte sich im allgemeinen hüte, für ihn ungünstige

Umstände dem Ver mitzuteilen. Ebenso Krebs VersR 1964 S. 469—470, der aber verkennt, daß OLG München 15. I. 1963 VersR 1963 S. 1068—1069 gar nicht § 33 II auf die Aufklärungspflicht anwendet, sondern nur darlegen will, daß die grobfahrlässige Verletzung der Aufklärungspflicht den Schaden im Sinne des § 6 III 2 nicht vergrößert habe.

Mitteilungen Dritter, insbesondere solche des Geschädigten, rechtfertigen danach regelmäßig nicht die Annahme, daß der Ver über das Wissen, zu dem ihm die Auskunftsobliegenheit verhelfen soll, sicher verfüge. Vgl. aber auch die analoge Anwendung des § 33 II durch OLG Hamm 28. IX. 1965 VersR 1967 S. 749 — das Urteil wird im übrigen wesentlich von der Annahme getragen, daß in der Kfz-Haftpflichtv Handlungen des Vmers nach Eintritt des Vsfalles den Vsschutz des Vten nicht berühren können (vgl. dazu Anm. H 19). Beizupflichten ist dagegen der Auffassung von Möller a. a. O., daß im Regelfall die Erteilung der Auskunft durch einen von mehreren Auskunftspflichtigen genüge.

[F 55] c) Zweck.

Der Ver kann die Ansprüche des geschädigten Dritten nur dann richtig beurteilen, wenn er über den Sachverhalt erschöpfend unterrichtet wird. Gibt der Vmer unvollständige oder unrichtige Auskünfte, so läuft der Ver Gefahr, überflüssige Haftpflichtprozesse für den Vmer zu führen. Der Ver ist daher auf vollständige Auskünfte und umfassende Sicherstellung der Beweise angewiesen. Bei der Beurteilung des Umfangs der Obliegenheit und des Gewichts eines Verstoßes des Vmers gegen dieses Aufklärungsgebot muß der Zweck der Vorschrift beachtet werden. Dieser ist nach dem Gesagten darin zu sehen, daß es dem Ver ermöglicht werden soll, die Ansprüche des Dritten objektiv zu beurteilen und damit eine sachgemäße Entscheidung herbeizuführen (BGH 22. III. 1962 VA 1962 S. 208—209 Nr. 334 = VersR 1962 S. 502, 3. XII. 1962 NJW 1963 S. 487—489 = VA 1963 S. 65—66 Nr. 358, 16. II. 1967 BGHZ Bd 47 S. 105 m. w. N.). Demgemäß müssen die Angaben des Vmers richtig und vollständig sein (BGH 25. X. 1952 VA 1953 S. 11 Nr. 19 = VersR 1952 S. 428—429). Darüber hinaus muß der Ver auch klären, ob er dem Vmer Vsschutz zu gewähren hat. Auch zu diesem Zweck ist dem Vmer die Aufklärungsobliegenheit auferlegt worden. Er muß deshalb die ihm vom Haftpflichtver in dieser Beziehung gestellten Fragen ebenfalls nach Treu und Glauben vollständig und wahrheitsgemäß beantworten (BGH 9. VII. 1956 VersR 1956 S. 485 bis 486, 3. XII. 1962 a. a. O., 10. III. 1966 VersR 1966 S. 433—434, ÖOGH 12. VI. 1963 VersR 1965 S. 170—171 [mit zustimmender Anm. von Wahle a. a. O. S. 171—172], KG 3. X. 1928 JRPV 1928 S. 336; a. M. RG 16. XII. 1932 VA 1933 S. 96—97 Nr. 2537, das die Auffassung vertrat, daß sich die Aufklärungslast nur auf den Hergang des Unfalles beziehe).

[F 56] d) Umfang.

aa) Grundsätzliches.

Wie alle anderen haftpflichtvsrechtlichen Obliegenheiten steht auch die Aufklärungs- und Auskunftslast unter dem Gebot von Treu und Glauben. Die schutzwürdigen Interessen der Beteiligten sind gegeneinander abzuwägen. Im Bedingungstext kommt das dadurch zum Ausdruck, daß es dort heißt, daß dem Vmer nichts Unbilliges zugemutet werden dürfe. BGH 7. XII. 1967 VersR 1968 S. 141 bemerkt treffend:

> „An die Aufklärungspflicht . . . sind sachgerechte, keine übertriebenen und unerfüllbaren Anforderungen zu stellen. Was der Vmer zur Aufklärung des Tatbestandes zu tun hat, bestimmt sich letztlich immer nach den unterschiedlichen Umständen und Verhältnissen des jeweiligen Einzelfalles. Allgemein verbindliche Maßnahmen können dafür bei der Vielfalt des Lebens nicht vorgeschrieben werden. Die Entscheidung darüber, was alles zur Aufklärung eines Unfalles an Ort und Stelle dienlich sein kann, darf natürlich nicht dem subjektiven Ermessen des jeweiligen Vmers überlassen bleiben. Inhalt und Umfang der Aufklärungslast sind, wie der Senat wiederholt ausgesprochen hat . . ., vom Standpunkt eines verständigen und verantwortungsbewußten Vmers in dem für die Sachaufklärung maßgeblichen Zeitpunkt zu beurteilen."

Der Ver ist auf die tätige Mithilfe des Vmers in bezug auf eine möglichst genaue Feststellung derjenigen Tatsachen angewiesen, die zum Schadenereignis geführt haben. Es gehört daher mit zur Aufklärungslast des Vmers, daß er sich um eine Rekonstruktion des Unfallherganges (Schadenereignisses) bemüht und dabei auch Sorge dafür trägt, daß die zu seinen Gunsten sprechenden Beweismittel gesichert werden. Der Vmer kann daher z. B. verpflichtet sein, sich die Namen von Zeugen zu notieren. Dagegen wird man von ihm die genaue Markierung der Stellung der am Unfall beteiligten Fahrzeuge nur ausnahmsweise verlangen können (so im Falle BGH 10. VII. 1961 VersR 1961 S. 794—795; vgl. aber auch BGH 7. XII. 1967 a. a. O. S. 141, wo der Ausnahmecharakter der Entscheidung vom 10. VII. 1961 hervorgehoben wird).

Nach dem Zweck des Aufklärungsgebots stellt es keine Obliegenheitsverletzung dar, wenn der Vmer auch die gegen ihn sprechenden Tatsachen festhält; im Gegenteil, das gerade erwartet der Haftpflichtver von ihm zur objektiven Beurteilung des Vorganges. Nur dadurch wird der Ver in die Lage versetzt, sachgemäß einen Haftpflichtfall zu entscheiden. Die Grenze für den Vmer liegt darin, daß er nicht verpflichtet ist, auch gegenüber den Strafverfolgungsbehörden die Wahrheit zu sagen. Vom BGH (18. IV. 1963 NJW 1963 S. 1404—1405 = VA 1963 S. 233—234 Nr. 376; weitere Nachweise unter F 60) ist ganz deutlich ausgesprochen worden, daß derartige unrichtige Angaben gegenüber den Strafverfolgungsbehörden oder eine unrichtige Einlassung gegenüber dem Strafrichter keine Obliegenheitsverletzung darstellen (ebenso dem Sinne nach OLG Hamm 3. XII. 1963 VersR 1964 S. 1133—1135). Es läßt sich nicht leugnen, daß die Abgrenzung der zivilrechtlichen Aufklärungspflicht und der Selbstschutz vor Strafe kollidieren können. Es ist aber nicht zu beanstanden, wenn das unerlaubte Entfernen vom Unfallort und eine Spurenbeseitigung als Verstoß gegen das ethische Minimum im Straßenverkehr zugleich regelmäßig als Verstoß gegen das Aufklärungsgebot angesehen werden (so zutreffend Fischer VersR 1965 S. 201).

[F 57] bb) Fehlerfreie Unterrichtung des Versicherers.

aaa) Wesentliche Fragen zum Unfallhergang.

α) Vorbemerkung.

Unwahre Angaben gegenüber dem Ver in der Schadenanzeige oder in den Formular-Fragebogen stellen eine Verletzung der Aufklärungslast dar. Ein verständiger Maßstab ist aber anzulegen. Werden nebensächliche oder unerhebliche Fragen unrichtig oder gar nicht beantwortet, so ist darin regelmäßig keine Verletzung der Auskunftslast zu sehen (KG 5. VIII. 1936 VA 1936 S. 232—233 Nr. 2910). Etwas anderes gilt von den Fragen, die in das Zentrum des Geschehens zielen.

[F 58] β) Beispiele aus der Rechtsprechung.

RG 18. V. 1920 VA 1921 Anh. S. 40 Nr. 1199: Der Vmer war gefragt worden, ob der Abortdeckel schon vor dem Unfall zerborsten gewesen sei. Diese Frage hatte der Vmer vorsätzlich unrichtig beantwortet. Sie war von entscheidender Bedeutung, da der Dritte von dem Toilettenrand herabgeglitten war und sich dabei verletzt hatte. RG 17. IX. 1918 VA 1920 Anh. S. 10—11 Nr. 1121: Der Vmer hatte die Frage, ob der Verletzte geschäftlich oder unentgeltlich für ihn tätig gewesen sei, unterschiedlich beantwortet.

BGH 25. X. 1952 VA 1953 S. 9—12 Nr. 19 = VersR 1952 S. 428—429: Der Vmer hatte den Eindruck erweckt, als wenn sein Fahrzeug zu Beginn der Unfallfahrt behelfsmäßig beleuchtet gewesen sei, während es in Wirklichkeit ohne Beleuchtung gefahren worden war.

BGH 22. III. 1962 VA 1962 S. 208—209 Nr. 334 = VersR 1962 S. 501—502: Der Vte hatte gegenüber dem Ver der Wahrheit zuwider angegeben, daß er dem verletzten Knaben nicht den Auftrag erteilt habe, mit dem Pferdefuhrwerk weiter zu fahren. BGH 2. V. 1963 VersR 1963 S. 547—548: Der Vmer hatte ausgeführt, ihm sei nicht bekannt, mit welcher Geschwindigkeit er gefahren sei; der Ver richtete daraufhin ergebnislos die Frage an ihn, ob er nicht ungefähr die Geschwindigkeit angeben könne (nach späteren Feststellungen waren es rund 170 km/st). Trotz einer weiteren Nachfrage äußerte sich der Vmer nicht. Ähnlich BGH 8. V. 1967 BGHZ Bd 48 S. 8: Dort hatte der Vmer seine Geschwindigkeit mit zunächst 50 und 25—30 km/st angegeben, während er in Wirklichkeit zwischen 80 und 100 km/st gefahren war.

Anders ist die Lage natürlich dann zu beurteilen, wenn der Vmer geringfügig abweichende Angaben über seine Geschwindigkeit macht. Vgl. den vom BGH 8. XI. 1962 VersR 1963 S. 251—252 (als Vorinstanz OLG Celle 5. I. 1961 VersR 1963 S. 250—251) entschiedenen Fall: Die Angaben des Vmers schwankten zwischen 20—40 km/st. Hier weiß der erfahrene Ver ohnedies, daß die Mehrzahl der Autofahrer in der Regel nicht ihre genaue Geschwindigkeit zur Unfallzeit angeben kann, so daß der Vmer bei seinen Mitteilungen selbst auf eine nachträgliche Schätzung und Rekonstruktion angewiesen ist (ebenso LG Berlin 3. V. 1965 VersR 1967 S. 31). Das gleiche gilt von einer Entfernungsschätzung. Diese ist nur dann „unrichtig", wenn sie nicht der Überzeugung desjenigen entspricht, der den Schadenbericht erstattet; vgl. BGH 12. VII. 1965 VersR 1965 S. 994—995.

BGH 15. XI. 1965 VersR 1965 S. 1190—1191: Der Vmer hatte der Wahrheit zuwider angegeben, daß keine Zeugen vorhanden seien, und sämtliche Fragen nach weiteren Insassen seines Wagens und nach etwaigen Körperschäden unbeantwortet gelassen (vgl. auch OLG Frankfurt a. M. 8. II. 1962 VersR 1962 S. 630—631).

BGH 20. I. 1966 VersR 1966 S. 253—254: Der Vmer hatte angegeben, daß der Dritte ihm auf der rechten Fahrbahn entgegengekommen sei. In Wahrheit war der Zusammenstoß durch einen von dem Vmer vorgenommenen Überholvorgang verursacht worden, bei dem also nicht der Dritte, sondern der Vmer die Gegenfahrbahn benutzte. Dieses Überholmanöver hatte der Vmer verschwiegen.

KG 3. X. 1928 JRPV 1928 S. 336: Der Vmer war gegen seine Haftpflicht aus beruflicher Tätigkeit (als Tierarzt) vert. Ausgeschlossen waren Kastrationsschäden. Der Wahrheit zuwider gab der Vmer an, daß er eine Injektion bei einem Hengst nicht für eine beabsichtigte Kastration, sondern zur Einleitung einer genauen Untersuchung des Pferdes gemacht habe.

OLG Kassel 1. X. 1953 VersR 1953 S. 443—444: Der Vmer hatte verschwiegen, daß er, als sich der Dritte näherte, die Flinte, aus der der Schuß gegen den verletzten Dritten gefallen war, im Gebüsch versteckt hatte.

OLG Düsseldorf 31. X. 1961 VersR 1962 S. 345—346: Der Vmer hatte gegenüber dem Ver angegeben, daß er am Steuer gesessen habe, während in Wahrheit sein Sohn den Wagen gefahren hatte.

LG Freiburg 22. XII. 1964 VersR 1965 S. 799—800: Der Vmer war von hinten aufgefahren, so daß von seiner hundertprozentigen Ersatzpflicht auszugehen war. In der irrigen Meinung, bei einer solchen „klaren" Fahrlässigkeit keinen Vsschutz zu genießen, gab der Vmer an, daß der Dritte mit seinem Wagen nach links abgebogen sei, ohne vorher die Richtungsänderung angezeigt zu haben. — Wenn der Vmer über die Bedeutung unrichtiger Angaben durch den Ver nicht belehrt worden war, bleibt ihm nach der neueren Rechtsprechung des BGH der Vsschutz erhalten (vgl. dazu die Ausführungen in Anm. F 66).

Von wesentlicher Bedeutung ist häufig, namentlich in der Kfz-Haftpflichtv, die Frage, ob der am Unfall beteiligte Vmer Alkohol zu sich genommen hatte oder nicht. Vgl. dazu: BGH 13. VI. 1957 BGHZ Bd 24 S. 386, 8. IX. 1962 VersR 1963 S. 251—252, 2. V. 1963 a. a. O., 11. III. 1965 VersR 1965 S. 451—452, 24. II. 1966 VersR 1966 S. 329—330, 16. II. 1967 BGHZ Bd 41 S. 105—107, LG Nürnberg-Fürth 24. IV. 1959 VersR 1960 S. 434—435, OLG Oldenburg 25. IX. 1960 VersR 1961 S. 75—76, OLG Frankfurt a. M. 8. II. 1962 VersR 1962 S. 630—631, OLG Bamberg 17. I. 1964 VersR 1964 S. 331 (vgl. auch die Vorinstanz LG Würzburg 16. IX. 1963 VersR 1964 S. 330—331), OLG München 15. XI. 1966 VersR 1967 S. 342—343.

Wird in dem Formular nach einem Alkoholeinfluß bei dem Vmer in bezug auf das Schadenereignis gefragt, so ist eine Verneinung nicht als objektive Verletzung der Aufklärungspflicht anzusehen, wenn nur ein Blutalkoholgehalt von 0,66 ‰ festgestellt wurde (BGH 6. V. 1965 VersR 1965 S. 654—656). Wird nach dem letzten Alkoholgenuß vor dem Schadenereignis gefragt und gibt der Vmer darauf an, er habe eine halbe Stunde vor dem Unfall Bier getrunken, so liegt in dem Nichterwähnen des einige Stunden vor dem Unfall erfolgten Alkoholgenusses grundsätzlich keine unrichtige Angabe (BGH 12. VII. 1965 VersR 1965 S. 994). Als verfehlt ist die Auffassung des OLG Köln 17. I. 1957 VersR 1957 S. 578—579 (ebenso LG Berlin 23. I. 1958 VersR 1958 S. 680—681, LG Köln 3. XII. 1962 VersR 1963 S. 868—869; ferner Prölss[17] Anm. 3 zu § 34, S. 191) zu bezeichnen, daß der Vmer eine Verletzung der Aufklärungspflicht begehe, wenn er den Ver nicht von sich aus, also ohne eine entsprechende Frage, darauf hinweise, daß er betrunken gewesen sei; zutreffend dagegen OLG Celle 2. X. 1958 VersR 1958 S. 800—801 (offengelassen worden ist diese Frage in BGH 8. V. 1967 BGHZ Bd 48 S. 8, 20. XII. 1968 VersR 1969 S. 215).

Verneint ein Vmer der Wahrheit zuwider, daß ihm eine Blutprobe entnommen worden sei, so stellt das ebenfalls eine unrichtige Angabe in bezug auf eine wesentliche Frage zum Unfallgeschehen dar (so LG Köln 24. IV. 1964 VersR 1965 S. 581—582). Ein Vmer schließlich, der trotz wiederholter Aufforderung durch den Ver überhaupt keine Schilderung des Schadenereignisses abgibt, verletzt, wenn nicht besondere Umstände vorliegen, in eklatanter Weise die Aufklärungspflicht (OLG Köln 13. III. 1967 VersR 1967 S. 594—595).

[F 59] bbb) Fragen zum Versicherungsschutz.

Von entscheidender Bedeutung aus der Sicht des Vers sind auch diejenigen Fragen, deren Beantwortung Aufschluß darüber gibt, ob für den Schadenfall Vsschutz besteht oder nicht. Vgl. OLG Bamberg 21. V. 1952 VersR 1952 S. 316—318: Der Vmer wechselte (erkennbar in taktischer Absicht) seine Darstellung darüber, ob und wann sein Betrieb an den Ehemann der Anspruchstellerin verpachtet worden war (was in bezug auf § 151 II und § 4 II Ziff. 2 AHB von wesentlicher Bedeutung war).

In der Kfz-Haftpflichtv gilt das Gesagte z. B. für die Frage danach, ob der Fahrer des Unfallwagens einen Führerschein hatte (BGH 10. III. 1966 VersR 1966 S. 433—434) oder ob die Fahrt mit Wissen und Wollen des Vmers ausgeführt wurde (BGH 9. VII. 1956 VersR 1956 S. 485—486) oder ob das Unfallfahrzeug gemietet war oder nicht (BGH 3. XII. 1962 NJW 1963 S. 487—489 = VA 1963 S. 65—66 Nr. 358). Gibt der Vmer dabei an, daß der Fahrer einen Führerschein der Klasse III gehabt habe — während es sich, exakt aufgeklärt, so verhält, daß zwar ein Führerschein der Klasse III vorhanden war, aber nur ein solcher nach österreichischem Recht —, so braucht diese Antwort nicht als unrichtig gewertet zu werden. Vgl. in diesem Zusammenhang BGH 10. III. 1966 a. a. O. S. 434:

> „Die Fragen und Antworten einer Schadenanzeige sind vom Standpunkt eines verständigen Vmers zur Zeit der Ausfüllung zu beurteilen. Dabei darf dem Vmer nicht unterstellt werden, den Ver täuschen zu wollen. Legt man diesen Maßstab an, so hält sich die Angabe der Führerscheinklasse III zur kurzen und geläufigen Kennzeichnung des entsprechenden österreichischen Führerscheins für Pkw noch in den Grenzen einer zutreffenden Beantwortung der Frage nach der Führerscheinklasse. Die gegebene Antwort wäre nur dann als falsch oder irreführend anzusehen, wenn entweder allgemein von einer Täuschungsabsicht des Vmers auszugehen wäre oder der übrige Inhalt der Schadenanzeige — z. B. durch die hier nicht gestellte Frage nach einer in- oder ausländischen Fahrerlaubnis oder der Ausstellungsbehörde — die Angabe des Bekl. verbieten würde."

[F 60] ccc) Unrichtige Angaben gegenüber Dritten, speziell im Strafverfahren.

Zu beachten ist, daß die Aufklärungspflicht des Vmers nur gegenüber dem Ver besteht, nicht aber gegenüber den Strafverfolgungsbehörden. Zutreffend hat BGH 18. IV. 1963 NJW 1963 S. 1404—1405 = VA 1963 S. 233—234 Nr. 376 in diesem Sinne entschieden, daß der Vmer keine Verletzung der Aufklärungspflicht begehe, wenn er im Strafverfahren die Unwahrheit sage (ebenso BGH 8. V. 1967 BGHZ Bd 48 S. 11, 23. XI. 1967 VersR 1968 S. 60, 19. II. 1968 VersR 1968 S. 368, 22. I. 1969 NJW 1969 S. 697 = VersR 1969 S. 270, OLG Köln 20. XI. 1964 VersR 1965 S. 1045—1046; vgl.

ferner BGH 24. X. 1960 NJW 1961 S. 268—269 = VersR 1960 S. 1034, wo auch schon als selbstverständlich davon ausgegangen wird, daß ein derartiges Verhalten des Vmers aus vsrechtlicher Sicht nicht zu beanstanden sei). Es ist dem Vmer nicht zuzumuten, an seiner eigenen strafrechtlichen Verurteilung aktiv mitzuwirken (vgl. dazu auch BGH 3. VII. 1968 VersR 1968 S. 886). Wenn der vte Fahrer gegenüber der Polizei und dem Vmer, der die Anzeige an den Ver erstatten will, falsche Angaben macht, so stellt nur die zur Weiterleitung an den Ver bestimmte unrichtige Angabe gegenüber dem Vmer eine Verletzung der Aufklärungslast dar. Vgl. OLG München 2. IV. 1963 VersR 1964 S. 82, das zutreffend eine Obliegenheitsverletzung des vten Fahrers angenommen hatte, der gegenüber der Polizei und dem Vmer vorsätzlich unrichtig angegeben hatte, daß der Lkw auf der Autobahn langsam gefahren sei (in Wahrheit stand das Fahrzeug und der Fahrer schlief).

Bemerkenswert sind die Ausführungen von Fischer (VersR 1965 S. 201) über die Abgrenzung der Pflichten des Vmers gegenüber seinem Ver und seinen Rechten im Strafverfahren:

> „Die Aufklärungspflicht gegenüber dem Ver darf nicht zu einer Verkürzung seiner Rechte in einem solchen Verfahren führen. Das Recht eines jeden Beteiligten, eine ihm zur Last gelegte Straftat zu leugnen, darf nicht mit Rücksicht auf seine Aufklärungspflicht gegenüber dem Ver beeinträchtigt werden. Das müssen die Ver sich stets vor Augen halten, wenn sie Einsicht in die Strafakten nehmen und meinen, aus unrichtigen Angaben in den Strafakten nachteilige Schlüsse gegen ihren Vmer ziehen zu können. Die Aufklärungspflicht des Vmers hat nicht die Aufgabe und den Sinn, die erfolgreiche Durchführung des Strafverfahrens gegen den Fahrer sicherzustellen oder auch nur zu erleichtern. Die gebotene Beschränkung der Aufklärungspflicht auf die Rechtsbeziehungen des Vmers zu seinem Ver ermöglicht es auch in zahlreichen Fällen, zu sinnvollen und billigen Ergebnissen zu gelangen und eine untragbare Ausweitung der Aufklärungslast zu verneinen."

In Konsequenz dieser Überlegungen ist stets zu unterscheiden zwischen einer Täuschungshandlung gegenüber der Polizei oder sonstigen Strafverfolgungsorganen und gegenüber dem Ver. Letztere führt regelmäßig zum Verlust des Vsschutzes, erstere nur dann, wenn damit zugleich die vsrechtliche Aufklärung des Sachverhalts beeinträchtigt wird.

Bezeichnet der Vmer gegenüber der Polizei einen Dritten als den Fahrer des Wagens und erreicht er damit, daß nur von diesem eine Blutprobe entnommen wird, so ist auch die vsrechtliche Aufklärungslast verletzt (OLG Hamm 8. V. 1958 VersR 1958 S. 778—779, 13. VII. 1962 VersR 1963 S. 425—426 [vgl. auch die kritische Bemerkung von Fischer VersR 1965 S. 201 Anm. 27 zu dem zu weit gefaßten Leitsatz dieser Entscheidung]). Denn damit entschwindet auch für den Ver trotz richtiger Erklärung ihm gegenüber die Möglichkeit, Genaueres über den Blutalkoholgehalt beim Vmer zu erfahren. Das gilt auch für den sogenannten Nachtrunk des Vmers oder für sonstige Vereitelungshandlungen gegenüber der Absicht der Polizei, eine Blutprobe zu entnehmen (BGH 19. X, 1967 VersR 1967 S. 1088—1089 = DAR 1968 S. 79—80, 3. VII. 1968 VersR 1968 S. 886. OLG Köln 17. I. 1957 VersR 1957 S. 578—579, OLG Düsseldorf 3. III. 1959 VersR 1959 S. 725—727, LG Berlin 29. V. 1961 VersR 1961 S. 723, OLG München 9. IV. 1964 VersR 1964 S. 1037—1038, LG Karlsruhe 30. IV. 1964 VersR 1964 S. 862—864, LG Köln 28. X. 1965 VersR 1966 S. 520—521, LG Mosbach 2. VIII. 1966 VersR 1966 S. 1149 bis 1150; weitere Nachweise bei Scheler ZfV 1967 S. 58—59).

Ansonsten schadet eine unwahre Schutzeinlassung gegenüber den Strafverfolgungsbehörden nur dann, wenn der Vmer nicht dafür Sorge trägt, daß der Ver über den wirklichen Sachverhalt ohne Säumen unterrichtet wird, damit dieser sich nicht etwa an unrichtige Angaben des Vmers im Strafverfahren bei der Regulierung des Schadenfalles hält (vgl. BGH 22. I. 1969 VersR 1969 S. 270, OLG Köln 17. I. 1957 a. a. O.). Auch ist der Vmer, wenn er sich im Strafverfahren unrichtig einläßt, zu besonderer Sorgfaltspflicht in bezug auf die Sicherung der Beweismittel verpflichtet. Daß der Ver dadurch, daß der Vmer im Strafverfahren unrichtige Angaben macht, in seiner Verhandlungsposition gegenüber dem Dritten psychologisch geschwächt wird, muß hingenommen werden (Fischer a. a. O.). Schließlich ist der Vmer aus dem Gesichtspunkt der Aufklärungslast nicht unaufgefordert dazu verpflichtet, für eine Blutentnahme bei sich zu sorgen (so aber LG Aschaffenburg 4. V. 1966 VersR 1967 S. 673—674). Wenn die Polizei nicht merkt, daß der Vmer unter Alkoholbeeinflussung steht, so ist es unzumutbar, vom Vmer zu verlangen, daß er von sich aus darauf hinwirkt, daß eine gegenteilige Feststellung getroffen werde. Lassen daher die Polizeibeamten ausdrücklich oder schlüssig erkennen, daß sie keine Blutprobe mehr entnehmen wollen, so begeht der Vmer durch einen Nachtrunk oder eine entgegen den Weisungen der Polizei erfolgende unerlaubte Entfernung von der Polizeiwache (nach Abschluß der Unfallaufnahme und Feststellung der Personalien durch die Beamten) keine Verletzung der Aufklärungspflicht (BGH 3. VII. 1968 VersR 1968 S. 886).

[F 61] ddd) Grenzfälle.

Nicht jede unrichtige Antwort auf eine Frage des Vers stellt zugleich eine Verletzung der Aufklärungs- und Auskunftslast dar. Häufig ist der Vmer bei dem Unfallereignis nicht zugegen gewesen. Seine Angaben können dann nur die Bedeutung einer Wiedergabe des ihm Berichteten haben. Ist daher das, was dem Vmer gesagt worden ist, objektiv unrichtig, so liegt doch in seiner unrichtigen Auskunft gegenüber dem Ver keine Obliegenheitsverletzung. Es ist daher in diesen Fällen auch nicht etwa so, daß nunmehr vom Vmer schon der Beweis verlangt werden müßte, daß er nicht vorsätzlich oder grobfahrlässig gehandelt habe. Vielmehr muß auf die Besonderheit Rücksicht genommen werden, daß der Vmer über das ihm Berichtete referiert. Der Ver erbringt also in diesen Sonderfällen den ihm obliegenden Beweis dafür, daß der objektive Tatbestand einer Obliegenheitsverletzung gegeben sei, nicht schon dadurch, daß er nachweist, daß die Angaben des Vmers unrichtig seien. Vgl. in diesem Zusammenhang auch OLG Hamm 3. XII. 1963 VersR 1964 S. 1133—1135: Der Vmer hatte angegeben, daß er nicht wisse, wer sein Fahrzeug gelenkt habe. Da der Kläger durch den Unfall eine schwere Gehirnerschütterung erlitten hatte und da die ärztliche Auskunft die Möglichkeit offen ließ, daß sich die festgestellte „retograde Amnesie" des Klägers, der zudem unter Alkoholeinfluß stand, auch auf eine gewisse Zeit vor dem Unfall erstreckte, bürdete das Gericht dem Ver auf, nachzuweisen, daß keine Amnesie vorgelegen habe (zur Beweislast vgl. weiter Anm. F 48 und F 64). Erfährt der Vmer aber nachträglich, daß er aufgrund einer unzutreffenden Unterrichtung durch seine Informanten unrichtige Angaben gegenüber dem Ver gemacht hat, so muß er diese ohne Säumen berichtigen (OLG Karlsruhe 29. VII. 1966 VersR 1967 S. 174—176).

Vgl. weiter BGH 12. VII. 1965 VersR 1965 S. 994—995 für den Fall einer Schätzung durch den Vmer: „Bei der Angabe des Kl. handelt es sich, was die Revision verkennt, um eine Schätzung. Die Antwort ist deshalb nur dann falsch, wenn sie nicht der Überzeugung desjenigen entspricht, der den Schadenbericht erstattet ..... Dieser Beweis, der der Bekl. für alle objektiven Voraussetzungen einer behaupteten Verletzung der Aufklärungspflicht obliegt, ist hier nicht erbracht ....."

Gibt der Vmer Alkoholgenuß und dessen Einfluß auf den Unfall an, so ist auch hier zu bedenken, daß der betrunken gewesene Vmer für seinen Alkoholkonsum meist auf eine nachträgliche Schätzung angewiesen ist. Zu hart: LG Berlin 3. V. 1965 VersR 1967 S. 32.

Beantwortet der Vmer eine Frage unklar, schreibt er z. B., daß ihm unbekannt sei, wieviel er getrunken habe, teilt er aber zugleich mit, daß ihm eine Blutprobe entnommen und der Führerschein abgenommen worden sei (so im Falle OLG Oldenburg 25. XI. 1960 VersR 1961 S. 75—76), so wird man in dieser lückenhaften Darstellung entgegen der Auffassung des OLG Oldenburg a. a. O. noch keine Obliegenheitsverletzung sehen dürfen. Dem Ver ist bei dieser Darstellung durch den Vmer aus seiner Erfahrung in vielen ähnlich gelagerten Fällen klar, daß für die Polizei der Verdacht eines erheblichen Alkoholgenusses bestand. Wenn der Ver nunmehr nicht die amtliche Ermittlungsakte zur Grundlage seiner Entscheidung macht, sondern eine ganz präzise Angabe vom Vmer haben will, so wird man nach Treu und Glauben von ihm verlangen müssen, daß er exakte Auskunft unter zusätzlichem Hinweis auf die andernfalls für den Vmer gegebenen nachteiligen Folgen verlangt. Das ist der in der Vspraxis übliche Weg, nur so wird der Zweck der Obliegenheit gewahrt.

Ob eine Obliegenheitsverletzung vorliegt, wenn der Vmer einzelne Fragen in dem ihm übersandten Auskunftsformular nicht beantwortet, ist nach den Umständen des Einzelfalles zu entscheiden. BGH 21. XII. 1961 VA 1962 S. 161 Nr. 331 = VersR 1962 S. 155 (Entscheidung zur Kfz-Kaskov) nahm hier für den Vmer einen verhältnismäßig günstigen Standpunkt ein. Dort hieß es: „In einem solchen Falle ist für den Ver die Unvollständigkeit der Angaben offensichtlich. Begnügt er sich hiermit, ohne auf einer Beantwortung der offengebliebenen Fragen zu bestehen, muß aus seinem Verhalten gefolgert werden, daß er darauf keinen entscheidenden Wert legt." Diese Auffassung ist vom BGH 20. XII. 1968 NJW 1969 S. 608 = VersR 1969 S. 215 aber ausdrücklich für diejenigen Fälle aufgegeben worden, in denen der Vmer vom Ver über die Rechtsfolgen einer vorsätzlich unrichtigen oder unvollständigen Auskunftserteilung belehrt worden ist (vgl. dazu Anm. F 66). BGH 8. I. 1969 VersR 1969 S. 268 präzisiert den Standpunkt zu diesem Fragenkreis wie folgt:

> „Die von den Vsgesellschaften entworfenen Formulare für die Schadenmeldung sind so gefaßt, daß sie sich für die verschiedensten Unfälle eignen. Es kann daher sein, daß bei dem anzumeldenden Vsfall diese oder jene Frage entfällt, und es kann auch sein, daß die eine oder die andere Frage im Hinblick auf die besonderen Umstände von ganz unwesentlicher Bedeutung ist. Deswegen kann nicht allgemein gesagt werden, daß der Vmer seine Obliegenheiten stets schon dann verletzt hat, wenn er einzelne, in der Schadenmeldung enthaltene Fragen offengelassen hat. Seine Auskunfts- und Aufklärungspflicht hat er insbesondere dann nicht verletzt, wenn sich die geforderten Angaben aus Darstellungen ergeben, die er in der Schadenmeldung an anderer Stelle, z. B. bei der Schilderung des Unfallhergangs gemacht hat."

Die Rechtsprechung der Instanzgerichte schwankt; wie BGH 21. XII. 1961 a. a. O.: OLG München 26. XI. 1963 VersR 1964 S. 329—330, OLG Nürnberg 7. XII. 1965 VersR 1966 S. 945—946; beide in Fällen, in denen der Fahrer die Frage nach dem Alkoholgenuß nicht beantwortet, aber auf die Entnahme einer Blutprobe hingewiesen hatte. Im Sinne der strengeren Auffassung dagegen: OLG Karlsruhe 8. IV. 1959 NJW 1959 S. 1544—1546 = VersR 1960 S. 699—700 mit zustimmender Anm. von Wussow NJW 1959 S. 1544, OLG Neustadt 16. II. 1960 VersR 1960 S. 460—461, OLG Köln 8. III. 1966 VersR 1967 S. 443—444.

Differenzierende Betrachtung ist auch am Platze, wenn der Vmer unter gleichzeitigem Hinweis auf die Entnahme einer Blutprobe und den erfolgten Führerscheinentzug die Frage nach einem Alkoholeinfluß ausdrücklich verneint. Bei einem höheren Blutalkoholgehalt, also jedenfalls ab 1,3‰, kann eine derartige Antwort als objektiv unrichtig aufgefaßt werden (BGH 11. III. 1965 VersR 1965 S. 451—452, 24. II. 1966 VersR 1966 S. 329—330, OLG München 10. I. 1964 VersR 1964 S. 255—256 m. Anm. von Bauer a. a. O. S. 256—257). Für einen Blutalkoholgehalt von 0,66‰ hat BGH 6. V. 1965 VersR 1965 S. 654—656 dagegen zu Recht eine verneinende Antwort des Vmers als keine objektive Verletzung der Auskunftspflicht qualifiziert.

Eine Obliegenheitsverletzung ist auch dann gegeben, wenn der Vmer seine Antwort bewußt mißverständlich zwischen zwei Zeilen setzt, um den Ver irrezuführen; vgl. den vom OLG Bamberg 17. I. 1964 VersR 1964 S. 331 entschiedenen Fall, in dem der Vmer, dem bekannt war, daß der Fahrer seines Wagens getrunken hatte, in die Mitte des für die Antwort auf die Frage nach dem Alkoholgenuß und dem Ergebnis der Blutprobe vorgesehenen Raumes geschrieben hatte: „Ist mir nicht bekannt."

[F 62] cc) Unfallflucht.

aaa) Interessenidentität zwischen Aufklärungspflicht und § 142 StGB.

Vom BGH wird in ständiger Rechtsprechung die Auffassung vertreten, daß der objektive Tatbestand der Unfallflucht nach § 142 StGB regelmäßig zugleich als Verletzung der vsrechtlichen Aufklärungslast zu bewerten sei. Speziell für die Allgemeine Haftpflichtv spricht das BGH 8. V. 1958 NJW 1959 S. 993—994 = VersR 1958 S. 389 bis 390 aus (ebenso OLG Schleswig 4. VII. 1967 VersR 1968 S. 338). Es handelte sich um eine landwirtschaftliche Haftpflichtv: Der mitvte Sohn des Vmers stieß in der Dämmerung bei einer Fahrt mit dem Ackerwagen des Vmers mit einem Motorradfahrer zusammen. Dieser wurde schwer verletzt. Der Sohn des Vmers setzte seine Fahrt ohne Aufenthalt fort. Da jeder Verkehrsteilnehmer, also auch ein Fußgänger, Unfallflucht im Sinne des § 142 StGB begehen kann, seien nachstehend auch die zur Kfz-Haftpflichtv ergangenen Entscheidungen des BGH, die den zitierten Grundsatz weiterentwickelt und befestigt haben, zitiert: BGH 7. IV. 1960 VersR 1960 S. 593, 10. VII. 1961 VersR 1961 S. 794—795, 19. X. 1961 VersR 1961 S. 1075—1077, 4. IV. 1963 VersR 1963 S. 523—524, 11. IV. 1963 VersR 1963 S. 524—525, 24. X. 1963 VersR 1963 S. 1113—1114, 5. X. 1964 VersR 1964 S. 1191, 23. XI. 1964 VersR 1965 S. 128—130, 17. V. 1965 VersR 1965 S. 656—657, 16. XII. 1965 VersR 1966 S. 130—131, 6. VI. 1966 VersR 1966 S. 745 bis 748, 17. XI. 1966 VersR 1967 S. 125—127, 7. XII. 1967 VersR 1968 S. 141.

Begründet wird diese Rechtsprechung mit dem zutreffenden Argument, daß sich der Vmer durch die Unfallflucht die Möglichkeit nehme, alsbald an Ort und Stelle alle notwendigen Feststellungen über den Unfallverlauf, die Verantwortlichkeit der Beteiligten und den Umfang des Schadens zu treffen und geeignete Beweise zu sichern (BGH 8. V. 1958 a. a. O.). Mit besonderem Nachdruck weist BGH 23. XI. 1964 a. a. O. S. 129 dabei auf die Identität der geschützten Interessen hin: „Die Vorschrift des § 142 StGB dient nicht der Strafverfolgung von Verkehrssündern, sondern begründet eine Warte- und Duldungspflicht, damit im öffentlichen Interesse die Feststellungen, die zur späteren Klärung der bürgerlich-rechtlichen Ansprüche der Unfallbeteiligten erforderlich sind, im unmittelbaren Anschluß an den Unfall ermöglicht werden (BGH 20. I. 1960 BGHSt Bd 14 S. 94; BVerfG 29. V. 1963 NJW 1963 S. 1195). Hierauf ist auch der Ver angewiesen, um dem Vmer den ihm geschuldeten Vsschutz gewähren zu können. Dazu gehört nicht zuletzt die Abwehr unbegründeter Entschädigungsansprüche; sie geht nicht nur Vmer und Ver an, sondern berührt auch die Vtengemeinschaft, weil diese durch ihre Prämien die Leistungen des Vers aufbringen muß. Der Vmer ist deshalb auch aus dem Vsvertrag verpflichtet, nach einem Unfall grundsätzlich an Ort und Stelle zu bleiben, damit die notwendigen Feststellungen über den Unfallverlauf, die Verantwortlichkeit der Beteiligten und den Umfang des Schadens getroffen werden können." — Auch die Instanzgerichte vertreten ausnahmslos diese Auffassung. Ihre Zahl ist nahezu Legion.

Unerheblich ist es für die dem Vmer obliegende Last, am Unfallort bleiben zu müssen, ob sein Verweilen dort tatsächlich zur Aufklärung des Sachverhalts geführt hätte. Es kommt vielmehr darauf an, ob die nicht nur entfernte Möglichkeit dafür bestand. Das ist gedanklich fast ausnahmslos zu bejahen (vgl. nur BGH 8. V. 1958 a. a. O., 11. IV 1963 a. a. O., 23. XI. 1964 a. a. O. S. 129, OLG Stuttgart 8. V. 1957 VersR 1958 S. 390 bis 392, OLG Köln 18. XII. 1959 VersR 1960 S. 433—434, OLG Düsseldorf 21. II. 1961 VersR 1961 S. 686, OLG München 8. VIII. 1961 VersR 1962 S. 78—79, OLG Celle 30. X. 1961 VersR 1962 S. 600—601, OLG Neustadt 17. IX. 1962 VersR 1962 S. 1194 bis 1195).

Einen Verstoß gegen die Aufklärungsobliegenheit begeht der das Steuer selbst nicht führende Vmer auch dann, wenn er es nicht verhindert, daß der Fahrer seines Wagens eine Unfallflucht begeht (BGH 28. IX. 1963 VersR 1964 S. 60—61, 16. V. 1966 VersR 1966 S. 649—650, 19. IX. 1966 VersR 1966 S. 1021—1022).

Die Abgrenzung kann im Einzelfall schwierig sein. Sicher wird man von dem Vmer keinen Ringkampf um das Steuer mit dem Fahrer des Wagens verlangen können, wohl aber den ganzen Einsatz seiner Persönlichkeit, um den Verstoß zu verhindern. Gelingt ihm das nicht, so wird man dem Vmer nach Treu und Glauben eine spätere Anzeige des Vorfalles bei der Polizei nicht zumuten können, wenn es sich bei dem vten Fahrer um einen nahen Verwandten des Vmers handelte. Doch ist der Vmer dann im besonderen Maße zur rückhaltlosen Klarstellung des Vorganges gegenüber seinem Ver verpflichtet. Einen Grenzfall behandelt BGH 19. IX. 1966 VersR 1966 S. 1021—1022: Hier hatte der Vmer den Fahrer gegen dessen Willen zum Halten gezwungen. Gemeinsam war er mit ihm etwa 250 m zurückgegangen, um festzustellen, ob es zu einem Zusammenstoß gekommen war. Tatsächlich lag der Unfallort weitere 250 m zurück.

Die vsrechtliche Pflicht zur Aufklärung des Sachverhalts geht grundsätzlich nicht weiter als die strafrechtliche Verpflichtung nach § 142 StGB. Darf der Vmer sich nach strafrechtlichen Grundsätzen vom Unfallort entfernen, weil ihm ein Verweilen auf Dauer, d. h. über mehrere Stunden, am Unfallort, ohne daß feststellungsbereite Personen erscheinen, nicht zugemutet werden kann, so darf er das auch aus dem Gesichtspunkt der Aufklärungspflicht. Für Grenzfälle der berechtigten Entfernung vom Unfallort und die alsdann unter Umständen bestehende Rückkehrpflicht, vgl. Anm. F 63.

Hat ein Vmer längere Zeit vergeblich am Unfallort auf das Erscheinen feststellungsbereiter Dritter gewartet, so verstößt er mit der Entfernung vom Unfallort grundsätzlich nicht gegen die Aufklärungsobliegenheit. Vgl. OLG Köln 10. II. 1966 VersR 1966 S. 377—378, das in einem solchen Falle (der Vmer hatte das am Straßenrand ordnungsgemäß abgestellte Fahrzeug des Dritten angefahren), in dem der Vmer nach 1 ½ Stunden Wartezeit an das beschädigte Fahrzeug einen Zettel mit seiner Anschrift heftete, jedenfalls Vorsatz und Fahrlässigkeit ausschloß. Richtig wäre es gewesen, schon den objektiven Tatbestand der Obliegenheitsverletzung zu verneinen.

Ist der geschädigte Dritte damit einverstanden, daß die Polizei nicht hinzugezogen werde, so liegt in der Entfernung vom Unfallort keine Fahrerflucht im Sinne des § 142 StGB. Dem Vmer ist in einem solchen Falle die Hinzuziehung der Polizei allein im Interesse des Vers nicht zuzumuten. Ein verständiger Ver wird ein solches Ansinnen auch gar nicht stellen. Das Gesagte gilt nicht nur, wenn nicht zu erwarten ist, daß die Polizei weitere Feststellungen trifft als die unmittelbar Beteiligten (so im Falle LG Stuttgart 28. I. 1965 VersR 1965 S. 972), sondern auch dann, wenn theoretisch die Möglichkeit nicht auszuschließen ist, daß weitere Feststellungen hätten getroffen werden können. Der Vmer muß sich aber auch in dieser Situation um die Sicherung etwaiger Beweismittel bemühen, wie das ein verständiger, nicht vter Bürger auch tun würde.

Zu betonen ist, daß der Vmer nach § 142 StGB nie verpflichtet ist, von sich aus die Polizei hinzuzuziehen. Ihm obliegt nur die Pflicht, am Unfallort zu verweilen, um seine Beteiligung am Unfallgeschehen feststellen zu lassen. Es wäre unangebracht, in bezug auf die Heranziehung der Polizei für die vsrechtliche Aufklärungslast schärfere Maßstäbe anzulegen. In Ausnahmefällen kann auch der Tatbestand des § 142 StGB vorliegen, ohne daß zugleich eine schuldhafte Verletzung der Aufklärungspflicht vorliegt. Vgl. zur Vorsatzfeststellung in Fahrerfluchtfällen aber auch die in Anm. F 71 dargestellten Grundsätze. Ein solcher Ausnahmefall kann namentlich bei kurzfristiger unerlaubter Entfernung vom Unfallort gegeben sein, wenn der Vmer bei seiner freiwilligen oder erzwungenen Rückkehr an den Unfallort freiwillig oder auch widerstrebend auf Vorhalt der Polizei seine Beteiligung am Unfallgeschehen einräumt und noch von einer Einheit von Ort und Zeit in bezug auf die Erfüllung der Aufklärungspflicht ausgegangen werden darf (vgl. BGH 30. XI. 1967 VersR 1968 S. 137—138 und Anm. F 65 a. E.).

[F 63] bbb) Rechtmäßige Entfernung und Rückkehrpflicht.

Eine rechtmäßige Entfernung von der Unfallstelle ist anzunehmen, wenn der Vmer den Verletzten ins Krankenhaus bringt. Der Hilfeleistung für den Verletzten gebührt der Vorrang gegenüber der Aufklärungslast (BGH 7. XII. 1967 VersR 1968 S. 141). Zu beachten ist aber, daß der Vmer im allgemeinen verpflichtet ist, unverzüglich an die Unfallstelle zur Sachaufklärung zurückzukehren (BGH 7. XII. 1967 a. a. O.; vgl. auch OLG Neustadt 17. IX. 1962 VersR 1962 S. 1194—1195). Indessen wird hier zu Recht angenommen, daß nach einer solchen Hilfeleistung anders als in den oben zitierten „normalen" Fahrerfluchtfällen die bloß gedankliche Möglichkeit, daß an der Unfallstelle noch Feststellungen getroffen werden können, nicht für die Annahme einer objektiven Verletzung der Aufklärungspflicht ausreiche (BGH 7. XII. 1967 a. a. O.). Wörtlich führt BGH 7. XII. 1967 VersR 1968 S. 142 dazu folgendes aus: „Auf dieser Grundlage hat nach dem Unfallhergang und den zur Unfallzeit herrschenden Witterungs- und Verkehrsverhältnissen eine Rückkehrspflicht des Kl. zur Unfallstelle auch dann nicht mehr bestanden, wenn dieser im Krankenhaus nicht die ärztliche Untersuchung des Verletzten abgewartet, alsdann noch dessen Ehefrau benachrichtigt und ins Krankenhaus gebracht hätte, sondern sich nach Aufnahme des Verletzten sogleich die Frage gestellt hätte, ob er zur Unfallstelle zurückkehren müsse. Das Berufungsgericht hat dazu festgestellt: Eine Rekonstruktion der genauen Fahrzeugposition — der einzige Streitpunkt zwischen den Unfallbeteiligten — sei nicht mehr möglich gewesen. Auch für die Annahme, noch Unfallzeugen vorzufinden, fehle jeder Anhalt. Es widerspreche der menschlichen Natur, bei regnerischem Wetter zur frühen Morgenstunde an einem Unfallort zu verweilen, der nach Entfernung der beteiligten Fahrzeuge und Personen keinen sichtbaren Anhaltspunkt zu Betrachtungen und Diskussionen mehr biete. Diesen Feststellungen und ihrer Würdigung ist nichts hinzuzufügen." — Vgl. auch den Abdruck der Entscheidung der Vorinstanz OLG Düsseldorf 24. XI. 1964 MDR 1965 S. 301 = VersR 1965 S. 432—433.

Die gleiche Situation ist gegeben, wenn der Vmer, wie in dem vom BGH 19. II. 1968 VersR 1968 S. 385—387 zutreffend entschiedenen Fall, zunächst den Verletzten ins Krankenhaus gebracht hat und dann pflichtgemäß an den Unfallort zurückkehrt, dort ihm aber ein Verweilen nicht zuzumuten ist, weil es als sinnlos erscheint, allein in einer Winternacht bei Nebel und Schnee auf einer kaum befahrenen Landstraße zu warten. Eine Verpflichtung zur Selbstanzeige besteht alsdann weder im strafrechtlichen Sinne (vgl. BGH 25. I. 1954 BGHSt Bd 7 S. 117—118 gegen BGH 10. XI. 1953 BGHSt Bd 5 S. 129), noch kann sie aus vsrechtlicher Sicht verlangt werden (richtig OLG Nürnberg 20. X. 1965 VersR 1966 S. 355—357; offen gelassen worden ist diese Frage im Revisionsurteil in dieser Sache in BGH 19. II. 1968 a. a. O.). Ebenso kann nicht von einem Vmer, der sich in einem postcommotionellen Dämmerzustand vom Unfallort entfernt hat, verlangt werden, sich am Tage nach dem Unfall bei der Polizei zu melden (offen gelassen von BGH 4. IV. 1963 VersR 1963 S. 523—524).

Wenn der Vmer sich wegen einer erlittenen eigenen Verletzung vom Unfallort rechtmäßig entfernen durfte, wird man jedenfalls dann keine Verletzung der Aufklärungsobliegenheit darin sehen können, daß er sich der ihm begegnenden Polizei unterwegs nicht zu erkennen gegeben hat, wenn dem Unfallgegner die Anschrift des Vmers bekannt war (offen gelassen von BGH 19. X. 1961 VersR 1961 S. 1075—1077).

Kehrt der Vmer nach Behandlung eigener Verletzungen an den Unfallort zurück, so ist er entgegen LG Aschaffenburg 4. V. 1966 VersR 1967 S. 673—674 nicht verpflichtet, auf eine Blutuntersuchung durch die Polizei hinzuwirken (zutreffend OLG Nürnberg 20. X. 1965 VersR 1966 S. 355—357 als Vorinstanz zu BGH 19. II. 1968 VersR 1968 S. 385—387). Ist allerdings inzwischen die Polizei an Ort und Stelle eingetroffen, so muß der Vmer seine Beteiligung am Unfall offenbaren. War ein verletzter Vmer zur Entfernung vom Unfallort berechtigt, ist er aber dann nicht zur ärztlichen Behandlung gegangen, so darf mit der Lebenserfahrung geschlossen werden, daß er sich nicht wegen seiner Verletzung vom Unfallort entfernt hat, sondern Fahrerflucht begehen wollte (BGH 16. XII. 1965 VersR 1966 S. 130—131). Zur Vorsatzfeststellung in Fahrerfluchtfällen vgl. Anm. F 71.

[F 64] ccc) Kenntnis vom Schadenereignis.

Bemerkt der Vmer nichts von dem Schadenereignis, so verletzt er die Aufklärungslast durch eine Entfernung vom Unfallort nicht. Die Obliegenheit des § 5 Ziff. 3 AHB wird ebenso wie die Anzeigelast nach § 5 Ziff. 2 AHB nur bei Kenntnis des Vmers vom Eintritt des Vsfalles ausgelöst (so: BGH 30. IV. 1969 NJW 1969 S. 1384—1385, OLG Düsseldorf 1. VIII. 1967 NJW 1968 S. 252—254 = VersR 1967 S. 1038 mit ablehnender Anm. von Hj. Wussow VersR 1968 S. 83, OLG Nürnberg 25. VIII. 1967 VersR 1968 S. 339 bis 340, OLG Düsseldorf 9. I. 1968 NJW 1968 S. 1433—1444 = VersR 1968 S. 565—566, ferner Dinslage NJW 1968 S. 1756—1759; zum entsprechenden Standpunkt für die Anzeigeobliegenheit vgl. Anm. F 32). Beweispflichtig für diese Kenntnis ist der Ver. Eine grobfahrlässige Unkenntnis schadet auch hier nichts. In aller Regel wird aber nach den Erfahrungen des täglichen Lebens aus den Tatumständen indiziell auf eine Kenntnis des Vmers vom Schadenereignis geschlossen werden dürfen, wenn er Beteiligter am unmittelbaren Geschehensablauf war. Dabei ist nicht erforderlich, daß der Vmer die Einzelheiten des Schadenverlaufs kennt. Es genügt vielmehr, daß er weiß, daß es zu einem Schadenereignis gekommen ist, also zu einem Geschehen, aus dem möglicherweise Ansprüche gegen ihn hergeleitet werden können (ebenso OLG Düsseldorf 1. VIII. 1967 a. a. O., OLG Nürnberg 25. VIII. 1967 a. a. O., OLG Düsseldorf 9. I. 1968 a. a. O.). Die Aufklärungsobliegenheit setzt erst mit dieser Kenntnis ein. Steht sie fest, so ist es Sache des Vmers zu beweisen, daß er weder vorsätzlich noch grobfahrlässig gehandelt habe (vgl. dazu Anm. F 69—72). Anders noch BGH 6. VI. 1966 VersR 1966 S. 746: „Wenn ein Verstoß gegen diese Obliegenheiten ..... in der Kraftfahrzeughaftpflichtv objektiv lediglich den Eintritt des Ereignisses voraussetzt, das irgendwelche Haftpflichtansprüche als möglich erscheinen läßt, so braucht sich auch das Verschulden des Vten, der sich bei einem Verkehrsunfall vor einer genauen Tatbestandsaufnahme entfernt, nur darauf zu erstrecken, daß sich im Zusammenhang mit dem Kraftfahrzeuggebrauch ein Vorgang ereignet hat, der einen unter die V fallenden Schaden irgendwelcher Art ausgelöst haben könnte, und der deshalb im Interesse sachgemäßer Abwicklung alsbald aufgeklärt werden muß. Nur diese Tatsache muß der Vte erkannt oder grobfahrlässig verkannt haben. Dagegen braucht er die Einzelheiten des Unfallverlaufs oder Art und Schwere der bereits eingetretenen oder noch zu erwartenden Folgen noch nicht — auch nicht ‚in Umrissen' — in seine Vorstellung aufgenommen zu haben. Die Bestimmungen über die Aufklärungspflicht sollen den Vten ja gerade dazu anhalten, bei einem Schadenereignis sofort die nötigen Feststellungen zu treffen oder zu ermöglichen, damit der Ver den Schadenfall sachgemäß bearbeiten kann. Sie verlöre ihren Sinn, wenn der Vte sich nach einem Verkehrsunfall darauf berufen könnte, er habe, eben weil er sich von der Unfallstelle entfernt hat, wesentliche Einzelheiten des Unfallhergangs weder festgestellt noch feststellen können .....“

Die Abweichung zwischen der hier vertretenen Auffassung und dem wiedergegebenen BGH-Zitat ist aber im Grunde genommen nur eine scheinbare, wie die genauere Abgrenzung in BGH 30. IV. 1969 auch zeigt. Unter einem Schadenereignis ist in aller Regel in der Allgemeinen Haftpflichtv und in der Kfz-Haftpflichtv ein körperlich faßbares Unfallereignis zu verstehen, meist in den hier erörterten Fällen eine Kollision. Weiß der Vmer von einer ordnungswidrigen Berührung mit einer fremden Sache oder gar von einer Einwirkung auf eine Person, so hat er in diesem Sinne Kenntnis von dem Schadenereignis. Alsdann finden die vom BGH 6. VI. 1966 a. a. O. aufgeführten Grundsätze Anwendung. Bemerkt der Vmer dagegen von einem Schadenereignis infolge grober Fahrlässigkeit nichts, so liegt tatbestandsmäßig noch gar keine Obliegenheitsverletzung vor (ebenso BGH 3. XI. 1966 VA 1967 S. 81—82 Nr. 445 = VersR 1967 S. 778 zur Verletzung der Anzeigepflichten infolge grobfahrlässiger Unkenntnis der anzeigepflichtigen Umstände). Zur Vermeidung von Mißverständnissen sei betont, daß in dem vom BGH 6. VI. 1966 a. a. O. entschiedenen Fall auch nach der hier vertretenen Auffassung ohne weiteres von der Kenntnis des Vmers vom Schadenereignis auszugehen war.

[F 65] dd) Vernichtung von Beweismitteln.

Nach dem Sinn der Aufklärungspflicht obliegt es dem Vmer, im zumutbaren Rahmen Beweismittel für den Ver zu sichern. Diese Obliegenheit wird in ihr Gegenteil verkehrt, wenn der Vmer Beweismittel vernichtet oder verändert. Keine Verletzung der Aufklärungslast liegt aber vor, wenn der Vmer am Unfallort Veränderungen vornimmt, die mit Rücksicht auf die Sicherheit des Verkehrs geboten sind (BGH 22. I. 1969 NJW 1969 S. 697—698 = VersR 1969 S. 270).

Vom BGH 29. X. 1962 VersR 1962 S. 1193—1194 ist angenommen worden, daß der Vmer seine Aufklärungslast nicht nur verletze, wenn er selbst die Unfallspuren verändere, sondern daß eine Obliegenheitsverletzung auch dann vorliege, wenn er zu einer von dritter Seite vorgenommenen Veränderung schweige, obwohl er sie bemerkt und die damit erfolgte Täuschung erkannt habe. Soweit es sich darum handelt, daß der Vmer selbst die Spuren oder sonstige Unfallgegebenheiten verändert, ist die Entscheidung uneingeschränkt zu billigen (ebenso BGH 8. V. 1967 BGHZ Bd 48 S. 11; vgl. auch OLG München 9. IV. 1964 VersR 1964 S. 1037—1038). Ein Verstoß gegen die Aufklärungslast ist auch dann anzunehmen, wenn der Vmer das Verhalten des Dritten, wie in dem vom BGH 29. X. 1962 a. a. O. entschiedenen Fall provoziert hat. Im übrigen ist aber zu beachten, daß eine Verpflichtung des Vmers nur im Verhältnis zum Ver und nicht im Verhältnis zu den Strafverfolgungsbehörden besteht (BGH 18. IV. 1963 a. a. O.).

Eine Verletzung der Aufklärungsobliegenheit ist zu Recht auch dann angenommen worden, als der bei der Fahrt selbst nicht im Kfz gewesene Vmer dem Fahrer nach einer Fahrerflucht geraten hatte, den beschädigten Wagen verstecken und reparieren zu lassen; der Vmer ist in einem solchen Falle im Gegenteil verpflichtet, die Unfallstelle aufzusuchen, um den Schadenfall aufzuklären (BGH 5. VII. 1965 VersR 1965 S. 949—950, ebenso [als Vorinstanz] OLG Düsseldorf 21. V. 1963 VersR 1964 S. 178—181 = DAR 1963 S. 383—384).

Entfernt der Vmer zunächst Unfallspuren, gibt er das aber auf Vorhalt der Polizei noch während der Ermittlungen am Tatort zu, so liegt keine Verletzung der Aufklärungspflicht vor (BGH 30. XI. 1967 VersR 1968 S. 137—138). Es handelte sich um einen Fall, bei dem ein Vter bei starkem Nebel eine Rinderherde über eine Landstraße 2. Ordnung getrieben hatte. Es kam zu einem Zusammenstoß mit einem Motorradfahrer. Der vom Vten an die Unfallstelle herbeigerufene Arzt stellte den Tod des Motorradfahrers fest. Darauf begab sich der Vte auf den wenige Meter vom Unfallort entfernten Hof des Vmers, so daß sich die am Unfallort eintreffende Polizei zunächst kein rechtes Bild über den Unfallhergang machen konnte. Sie stellte aber Tierhaare am Motorrad fest und befragte zunächst einen gleichfalls in der Nähe wohnenden Hundehalter. Während dieser Zeit entfernte der Vte die Kuhhaare vom Motorrad. In der anschließenden Vernehmung räumte der Vte das ein und schilderte den Unfallhergang wahrheitsgemäß. Vom BGH wird dazu a. a. O. S. 137 treffend folgendes ausgeführt:

> „Solange die Einheit von Zeit und Ort bei natürlicher Betrachtungsweise gewahrt ist, kann das Verhalten des Vten hinsichtlich der Erfüllung oder Verletzung der Aufklärungspflicht nur einheitlich beurteilt werden. Das ist ganz offensichtlich, wenn ein Vsagent die Schadenanzeige des Vmers nach dessen Angaben ausfüllt. Macht der Vmer dabei zunächst falsche Angaben, berichtigt er diese aber im weiteren Verlauf der Verhandlung, möglicherweise aufgrund entsprechender Vorhaltungen des Agenten, so wird niemand in der schließlich richtig abgegebenen Schadenanzeige eine Obliegenheitsverletzung erblicken. Entsprechend ist hier in der Wegnahme der Tierhaare, der vorübergehenden Entfernung von der Unfallstelle, unabhängig von der strafrechtlichen Beurteilung dieses Verhaltens, und dem sich anschließenden Eingeständnis des Vten bei natürlicher Betrachtungsweise ein einheitlicher Vorgang zu sehen, der dem Ver ein richtiges und vollständiges Bild über Ursache und Verlauf des Unfalls vermittelt und deshalb keine Obliegenheitsverletzung darstellt."

[F 66] e) Verletzungsfolgen.

aa) Vorsätzlicher Verstoß.

aaa) Belehrungspflicht des Versicherers über die Rechtsfolgen vorsätzlich falscher Auskünfte.

Nach § 6 III hat der Ver das Recht, für vorsätzliche Obliegenheitsverletzungen, die nach Eintritt des Vsfalles begangen werden, Leistungsfreiheit ohne Rücksicht darauf zu vereinbaren, ob der Verstoß des Vmers den Vsschaden vergrößert hat oder nicht. § 6 III stellt damit eine wesentliche Verbesserung gegenüber der ursprünglichen Fassung des § 6 II dar, in der dem Ver das Recht zur Vereinbarung der Verwirkungsfolge ohne Rücksicht auf Kausalität schon bei grober Fahrlässigkeit eingeräumt worden war (zur Entstehungsgeschichte der Neufassung vgl. die Nachweise bei Möller in Bruck-Möller Anm. 1 zu § 6). Die oft überaus einschneidende Härte der gesetzlichen Regelung, daß trotz folgenloser, wenn auch vorsätzlich begangener Obliegenheitsverletzung der Vmer seinen Rechtsanspruch auf Vsschutz gänzlich verliert, wird dem abwägenden Betrachter häufig erst dann klar, wenn er unmittelbar in beratender oder richterlicher Tätigkeit mit dem Leben und dem Schicksal des Vmers konfrontiert wird. Als Außenseiter hat sich in sehr temperamentvollen Ausführungen Arndt NJW 1965 S. 27—28 gegen Verwirkungsklauseln der Ver gewandt, die einem an sich anspruchsberechtigten Vmer in

Bausch und Bogen sein Recht absprechen, weil er eine arglistige Täuschung bei der Schadenermittlung begangen habe (verfehlt geht LG Wuppertal 28. VI. 1968 VersR 1968 S. 1032 mit ablehnender Anm. von Wilcke a. a. O. S. 1032—1033 davon aus, daß de lege lata auch bei vorsätzlichem Verstoß das Kausalitätsprinzip gelte). Eine vertiefte Darstellung der rechtspolitischen Bedenken gegen die jetzige Regelung gibt Haidinger (in „Ausblick und Rückblick", Festschrift für Prölss, München 1967, S. 197—204; ferner Fischer VersR 1965 S. 201—202; vgl. auch die die gesetzliche Regelung verteidigenden Ausführungen von Raiser in „Ausblick und Rückblick" S. 265—275, Baumgärtel VersR 1968 S. 818—820 und den Beitrag von Hellner in „Ausblick und Rückblick" S. 205—207 über die Situation im schwedischen Recht). Es lassen sich gute Gründe für und gegen die gesetzliche Regelung anführen. Sicher ist, daß diese Regelung entgegen der Auffassung von Arndt a. a. O. nicht sitten- oder verfassungswidrig ist. Es trifft aber auch zu, daß die strikte Verhängung der Verletzungsfolge im Einzelfall zu überaus unbilligen Ergebnissen führen kann. Die Gerichte sind an das Gesetz gebunden. Sie können aber im Einzelfall durch ergänzende Rechtsüberlegungen, die auf die typische Situation des dem Ver in aller Regel unterlegenen Vmers abstellen, helfen, die Verletzungsfolgen zu mildern. Schon vor den Ausführungen von Arndt a. a. O. hat ein erster Einbruch in das rigorose Rechtsdenken des „Alles- oder Nichts-Prinzips" des § 6 III durch BGH 28. XI. 1963 BGHZ Bd 40 S. 387—391 in einem Feuervsfall stattgefunden. Danach kann die Berufung des Vers auf die Leistungsfreiheit wegen arglistiger Täuschung durch den Vmer bei den Verhandlungen über die Ermittlung der Entschädigung aus besonderen Gründen nach § 242 BGB unzulässig sein, so daß die Entschädigung ganz oder teilweise zu zahlen ist. Diese Entscheidung, die wesentlich auf die für den Vmer drohende Existenzvernichtung abstellt, kann auch für die vorsätzliche Verletzung haftpflichtvsrechtlicher Obliegenheiten, die nicht zu einer Vergrößerung des Schadens geführt haben, von Bedeutung sein (vgl. dazu Anm. F 68).

Speziell für die Verletzung der Aufklärungslast des Vmers durch unrichtige Angaben gegenüber dem Ver ist vom BGH dadurch ein weiterer Schutz des Vmers institutionalisiert worden, daß vom Ver eine Belehrung gegenüber dem Vmer des Inhalts verlangt wird, daß dieser im Schadenfalle mit aller Deutlichkeit darauf hingewiesen wird, daß vorsätzlich unrichtige und unvollständige Angaben auch dann zum Verlust des Vsschutzes führen, wenn sie sich überhaupt nicht auf die Schadenhöhe auswirken (BGH 16. II. 1967 BGHZ Bd 47 S. 101—109, 8. V. 1967 BGHZ Bd 48 S. 7—11, 12. X. 1967 VersR 1967 S. 1088, 16. X. 1968 VersR 1968 S. 1156, 20. XII. 1968 NJW 1969 S. 608 = VersR 1969 S. 215, 8. I. 1969 VersR 1969 S. 268, ebenso OLG Düsseldorf 22. XII. 1964 VersR 1965 S. 433—435 [Vorinstanz zu BGH 16. II. 1967 a. a. O.] m. abl. Anm. von Schmalzl VersR 1965 S. 678—679, OLG Stuttgart 6. VII. 1966 NJW 1966 S. 2412—2413 = VersR 1967 S. 221—222, LG Frankenthal 18. VIII. 1967 NJW 1968 S. 305). Diese Belehrungspflicht besteht nicht nur gegenüber dem Vmer, sondern im gleichen Umfang auch gegenüber dem Vten (BGH 12. X. 1967 a. a. O.).

Wird das Auskunftsformular in Gegenwart eines Vsvertreters ausgefüllt, so hat dieser für den Ver die Belehrungspflicht zu erfüllen, und für eine unterlassene Belehrung hat der Ver einzustehen (BGH 16. II. 1967 a. a. O.). Wird die Schadenanzeige unmittelbar vom Vmer an den Ver auf entsprechende Anforderung gesandt, so tritt die Verwirkung nur ein, wenn der Ver den Vmer vor Abgabe der unrichtigen Erklärung ebenfalls unmißverständlich darüber belehrt hatte, daß er bei unrichtigen Angaben auch dann den Vsschutz verliere, wenn diese den Schaden selbst in keiner Weise vergrößern (BGH 8. V. 1967 a. a. O.). Dafür ist ein äußerlich auffallender und allgemein verständlicher Hinweis erforderlich. Die Belehrung darf nach dieser Rechtsprechung nur aus besonderen, vom Ver zu beweisenden Gründen unterbleiben, wenn nämlich der Vmer seine unrichtigen Angaben bereits in Kenntnis der vsrechtlichen Folgen für vorsätzliche Verstöße gemacht hat. Im Prozeß ist der Ver für die Erfüllung der Belehrungspflicht darlegungs- und beweispflichtig, wenn der Vmer behauptet, daß er bei dem Verstoß die Möglichkeit einer Anspruchsverwirkung ohne Rücksicht auf Kausalität nicht gekannt habe. Gemäß § 139 ZPO obliegt es dem Tatrichter, den Vmer auf diesen Fragenkreis hinzuweisen, da auch bei anwaltlicher Beratung nicht ohne weiteres davon ausgegangen werden kann, daß die doch recht schwierige Rechtslage abschließend überblickt wird.

Diese Grundsätze über die Belehrungspflicht des Vers gelten nur für die Folgen unrichtiger Angaben gegenüber dem Ver, also nur für den verbalen Teil der Aufklärungslast. Sie können dagegen nicht für die ebenfalls unter die Verletzung der Aufklärungslast fallende Veränderung der Spuren am Unfallort, den Nachtrunk oder die Fahrerflucht Anwendung finden (BGH 8. V. 1967 a. a. O. S. 11, Fleck Anm. zu LM Nr. 17 und 18 zu § 6 VVG). Auch kommt eine derartige Belehrungspflicht des Vers nicht für alle anderen Obliegenheiten, die nach Eintritt des Vsfalles zu erfüllen sind, in Betracht, insbesondere nicht für die Rettungslast, soweit es sich um deren spontan am Unfallort zu erfüllenden Teil handelt, oder das Anerkenntnisverbot. Möglich erscheint dagegen, daß die Anzeigeobliegenheit teilweise von dem neuen Institut der Belehrungspflicht des Vers miterfaßt wird (offen gelassen von LG Köln 9. XI. 1967 VersR 1968 S. 388). Das gleiche wird man von der Obliegenheit des Vmers, dem Ver im Rahmen der Rettungslast ganz die Prozeßführung zu überlassen, anzunehmen haben (vgl. dazu Anm. F 83).

Zur Diskussion um die in rechtsschöpferischer Tat vom BGH vorgenommene Korrektur des im Einzelfall als unbillig empfundenen Verlustes des Vsschutzes vgl.: Bukow in „Ausblick und Rückblick" a. a. O. S. 137—151 m. w. N., Fleck Anm. zu LM Nr. 17 und 18 zu § 6 VVG, Haidinger a. a. O. S. 202—203, Prölss VersR 1967 S. 489—491, VersR 1967 S. 650—651, Wussow W I 1967 S. 63—64, W I 1967 S. 118—120.

[F 67] bbb) Unrichtige Angaben durch Fehler des Versicherungsvermittlers.

Zu unterscheiden von dem in Anm. F 66 erörterten Fall der unterlassenen Belehrung durch den Ver oder den Vsvertreter ist der, daß dem Vsvertreter der Sachverhalt vom Vmer durchaus zutreffend geschildert wird, daß aber der Vertreter den Vmer zu einer unrichtigen oder unvollständigen Erklärung veranlaßt. Hier ist folgendes zu beachten: Nach § 43 Ziff. 2 gilt ein Vsagent, auch wenn er nur mit der Vermittlung von Vsgeschäften betraut ist, als bevollmächtigt, Anzeigen und sonstige Erklärungen entgegenzunehmen. §§ 11 AHB, 11 AHBVerm und 9 AKB ändern diese Bestimmung rechtswirksam ab. Bei abweichender Praxis im Betrieb des betreffenden Vers oder bei widerspruchsloser Entgegennahme der Anzeige durch den Agenten ist aber regelmäßig auf die gesetzliche Regelung zurückzugreifen (vgl. die Nachweise in Anm. F 33).

Schildert der Vmer unter diesen Voraussetzungen dem Agenten den Verlauf des Schadenereignisses oder des Verstoßes oder der sonstigen Umstände des Falles zutreffend, so hat damit grundsätzlich bereits der Ver Kenntnis. Läßt der Agent dann in seinem Bericht Teile der Schilderung des Vmers weg, weil er dessen Ausführungen insoweit für unwesentlich hält oder weil ihm das aus einem anderen Grunde ratsamer erscheint, so liegt darin grundsätzlich keine Verletzung der Aufklärungslast durch den Vmer, auch wenn dieser das von dem Agenten ausgefüllte Formular unterzeichnet. Vgl. den vom BGH 4. IV. 1963 VersR 1963 S. 523—524 entschiedenen Fall, in dem der Agent es unterlassen hatte, anzugeben, daß der Vmer betrunken war. Klüger als der Agent braucht der Vmer danach grundsätzlich nicht zu sein. OLG München 10. I. 1964 VersR 1964 S. 255 bis 256 (m. abl. Anm. von Bauer a. a. O. S. 256—257) wird diesen Grundsätzen nicht gerecht. Das Gesagte gilt aber natürlich nicht für diejenigen Fälle, in denen Vmer und Vsvertreter in Kenntnis der Rechtslage zum Nachteil des Vers zusammenwirken wollen.

[F 68] ccc) Konfliktsituationen.

Hat der Ver seine für denjenigen Teil der Aufklärungslast, der sich auf Auskünfte gegenüber dem Ver bezieht, stets zu beachtende Belehrungspflicht erfüllt (vgl. dazu Anm. F 66), so muß die gesetzliche Regelung in § 6 III grundsätzlich beachtet werden. Der Vsschutz geht also bei einer vorsätzlichen Verletzung der Aufklärungslast auch dann verloren, wenn sich der Schaden durch die Verletzung der Obliegenheit nicht vergrößert hat. Demgemäß kommt es bei einem vorsätzlichen Verstoß auch nicht darauf an, daß der Vmer (entgegen seiner Annahme) bei wahrheitsgemäßer Schilderung des Vorganges Vsschutz haben würde (BGH 25. X. 1952 VA 1953 S. 9—12 Nr. 19 = VersR 1952 S. 428—429, 9. VII. 1956 NJW 1956 S. 1317—1318 = VersR 1956 S. 485—486, 22. III. 1962 VA 1962 S. 208—209 Nr. 334 = VersR 1962 S. 501—502, 3. XII. 1962

NJW 1963 S. 487—489 = VA 1963 S. 65—66 Nr. 358). Das ist vielmehr der Regelfall und überhaupt der Ausgangspunkt für die vom Gesetz in § 6 III zugelassene Sanktion. Zutreffend hat der BGH mehrfach in diesem Zusammenhang bemerkt: „Auch dann, wenn der wahre Sachverhalt eine Deckungspflicht des Haftpflichtvers ausgelöst hätte, ist der Vmer nicht berechtigt, den Sachverhalt zu verschleiern und falsche Angaben zu machen, die geeignet sind, den Ver zu einer unsachgemäßen Behandlung des Schadenfalles zu veranlassen" (BGH 25. X. 1952 VA 1953 S. 9—12 Nr. 19 = VersR 1952 S. 428 bis 429, 27. VI. 1953 VersR 1953 S. 317). Allerdings deutet BGH 9. VII. 1956 a. a. O. an, daß in ganz besonderen Ausnahmefällen auch bei Vorliegen eines vorsätzlichen Verstoßes das Berufen des Vers auf die Leistungsfreiheit einen Verstoß gegen Treu und Glauben darstellen könne; die dabei gleichzeitig ausgesprochene Einschränkung, daß für eine derartige Abweichung von der gesetzlichen Regelung aus Treu und Glauben immer dann kein Raum sei, wenn der Vmer für sich durch seine unrichtigen Angaben einen Vermögensvorteil (Vsschutz) erlangen wolle, hat allerdings dazu geführt, daß im Haftpflichtvsrecht der Fall eines Rechtsmißbrauchs in diesem Sinne bisher noch nicht angenommen worden ist.

Zu beachten ist aber, daß BGH 28. XI. 1963 BGHZ Bd 40 S. 387—391 zu einem Feuervsfall von dieser Linie abweicht, wenn dort ausgesprochen wird, daß nach Treu und Glauben bei Täuschungshandlungen über die Schadenhöhe, die sich nur auf einen geringen Teil des Schadens beziehen, abweichend von der gesetzlichen Regelung des Gesamtverlustes des Vsschutzes auch auf eine nur teilweise Verwirkung des Anspruchs erkannt werden könne. Das tragende Motiv dieser Entscheidung war, wie es von Fischer VersR 1965 S. 201—202 herausgestellt wird, daß wegen eines im Verhältnis zum Gesamtschaden geringfügigen Verstoßes eine Existenzvernichtung für eine große Familie (bäuerliche Verhältnisse) drohte. Diese Grundsätze können aber nur ausnahmsweise auf haftpflichtvsrechtliche Fälle übertragen werden (ablehnend für einen Fahrerfluchtfall: OLG Nürnberg 15. II. 1967 VersR 1967 S. 651—652). Vgl. auch BGH 5. X. 1964 VersR 1964 S. 1191, wo es für einen haftpflichtvsrechtlichen Fall offen gelassen worden ist, ob es bei vorsätzlichem Verstoß in jedem Falle auch dann bei der gesetzlichen Regelung verbleibe, wenn durch den Verlust des Vsschutzes die wirtschaftliche Existenz des Vmers vernichtet werde. Treu und Glauben können jedenfalls bei so schwerwiegenden Obliegenheitsverletzungen wie Fahrerflucht oder Verletzung der Rettungsobliegenheit gegenüber einem beim Unfall Schwerverletzten die Deckungsverweigerung gemäß der gesetzlichen Regelung nur in ganz besonders gelagerten Ausnahmefällen als rechtsmißbräuchlich erscheinen lassen. Was schließlich die Vernichtung der wirtschaftlichen Existenz anbetrifft, so kann es auch nicht als unbillig angesehen werden, wenn ein Vmer in einem solchen Falle den wesentlichen Teil seines Vermögens veräußern muß, sofern er gesundheitlich in der Lage ist, seinen Lebensunterhalt durch Arbeiten zu verdienen. Vgl. auch die treffende Bemerkung in BGH 16. X. 1968 VersR 1968 S. 1157, daß mit Rücksicht auf den § 6 III zugrunde liegenden Präventionszweck die strenge Bewertung des vorsätzlichen Verhaltens nur in seltenen Ausnahmefällen durch die Anwendung des § 242 BGB aus besonderen Gründen gemildert werden könne, weil ein voller Anspruchsverlust grob unbillig wäre (Reimer Schmidt Obliegenheiten S. 277).

Auch die Gefahr strafrechtlicher Verfolgung berechtigt den Vmer nicht zu unrichtigen Angaben gegenüber dem Ver (vgl. RG 17. V. 1938 JW 1938 S. 2220—2221 = ÖffrV 1938 S. 343—344, BGH 25. X. 1952 a. a. O., 16. II. 1967 BGHZ Bd 47 S. 105, OLG Kassel 1. X. 1953 VersR 1953 S. 443—444, LG Köln 1. II. 1956 VersR 1956 S. 253—254, OLG Düsseldorf 31. X. 1961 VersR 1962 S. 345—346; a. M. noch OLG Köln 13. XII. 1935 HansRGZ 1936 A Sp. 141—142). In diesem Zusammenhang sei bemerkt, daß der Haftpflichtver zur unbefugten Mitteilung der ihm vom Vmer mitgeteilten vertraulichen Tatumstände an dritte Personen ohnedies nicht berechtigt ist (vgl. OLG Köln 20. XI. 1964 VersR 1965 S. 1046 und die Ausführungen in Anm. G 281). Eine befugte Auswertung des ihm vom Vmer mitgeteilten Sachverhalts liegt aber dann vor, wenn der Ver sein Wissen zur sachbezogenen Abwehr der geltend gemachten Ansprüche des Dritten benutzt. Die daraus für den Vmer resultierende Gefahr strafrechtlicher Verfolgung muß er als Konsequenz seines Handelns in Kauf nehmen.

Gibt der Vmer zunächst gegenüber einem Agenten eine unrichtige Darstellung des Unfallgeschehens, berichtigt er aber seine Angaben auf dessen Vorhalt durch zutreffende Schilderung des Geschehens, so liegt schon objektiv keine Verletzung der Aufklärungslast vor (BGH 30. XI. 1967 VersR 1968 S. 138). Berichtigt ein Vmer einen durch eine unrichtige Auskunft begangenen Verstoß gegen die Aufklärungsobliegenheit alsbald, aber ohne daß noch die vom BGH 30. XI. 1967 a. a. O. zum Maßstab gesetzte Einheit von Zeit und Raum im Sinne einer natürlichen Betrachtungsweise gegeben ist, so kann es ausnahmsweise gegen Treu und Glauben verstoßen, wenn der Vsschutz in einem solchen Falle (vollen Umfangs) versagt wird (vgl. dazu die Nachweise bei Möller in Bruck-Möller Anm. 53 zu § 34). Raiser (in „Ausblick und Rückblick" a. a. O. S. 273) bemerkt dazu, daß kein Grund bestehe, einen Anspruchsteller mit Leistungsfreiheit zu bestrafen, wenn er seinen Täuschungsversuch durch freiwilligen, auch nicht durch Vorhalt veranlaßten Widerruf aus der Welt geschafft habe (vgl. dagegen aber Prölss[17] Anm. 3 zu § 34, S. 192 m. w. N.). Bei dieser dem Vmer günstigen Überlegung sind aber die Besonderheiten der Haftpflichtv zu beachten: Ein alsbaldiger Widerruf kann danach nicht mehr angenommen werden, wenn der Ver die unzutreffenden Angaben des Vmers bereits im Schriftwechsel mit dem geschädigten Dritten verwertet hat. Zu Recht hat daher OLG München 2. IV. 1963 VersR 1964 S. 82—83 eine derartige „tätige Reue" in einem Fall verneint, in dem die Berichtigung erst geraume Zeit nach der Falschmeldung vorgenommen worden ist.

Der Tatbestand der Obliegenheitsverletzung durch unrichtige Auskunft ist im übrigen noch nicht erfüllt gewesen, wenn ein Vter gegenüber dem Vmer zur Weiterleitung an den Ver unrichtige Angaben macht, diese aber vor Absendung des Formulars gegenüber dem Vmer berichtigt. Wird das Formular dann doch noch durch ein Büroversehen abgesandt, so liegt kein vorsätzlicher Verstoß des Vten mehr vor.

[F 69] ddd) Abgrenzungsschwierigkeiten bei der Vorsatzfeststellung.

α) Grundsätzliches.

Sache des Vers ist es, den Beweis dafür zu führen, daß der Vmer die Aufklärungslast verletzt hat. Dazu gehört auch der Nachweis, daß der Vmer (oder sein Repräsentant) Kenntnis vom Eintritt des Vsfalles hatte (BGH 30. IV. 1969 NJW 1969 S. 1384—1385, OLG Düsseldorf 1. VIII. 1967 NJW 1968 S. 252—254, OLG Nürnberg 25. VIII. 1967 VersR 1968 S. 339—340, OLG Düsseldorf 9. I. 1968 NJW 1968 S. 1433—1434 = VersR 1968 S. 565—566, Dinslage NJW 1968 S. 1756—1759; ebenso [zur Anzeigelast]: BGH 3. XI. 1966 VA 1967 S. 81—82 Nr. 445 = VersR 1967 S. 778; anders aber noch BGH 6. VI. 1966 VersR 1966 S. 746 in einem Fahrerfluchtfalle; vgl. zur Abgrenzung Anm. F 64). Allerdings wird diese Kenntnis in der Mehrzahl der Fälle ohne weiteres indiziell den Umständen des Tatgeschehens zu entnehmen sein. Denn es genügt grundsätzlich die Kenntnis von Tatsachen im Sinne des § 153 I, die eine Verantwortlichkeit gegenüber einem Dritten zur Folge haben können.

Gelingt dem Ver der Nachweis, daß die Aufklärungslast im objektiven Sinne verletzt ist, so ist es Sache des Vmers, zu beweisen, daß er nicht vorsätzlich gehandelt habe. Diese Beweislastregelung ergibt sich aus der Wortfassung des § 6 III (vgl. dazu nur Möller in Bruck-Möller Anm. 52 zu § 6 und BGH 8. V. 1958 NJW 1958 S. 993—994 = VersR 1958 S. 389—390, 22. III. 1962 VA 1962 S. 208—209 Nr. 334 = VersR 1962 S. 501—502, 16. II. 1967 BGHZ Bd 47 S. 103). Zum Vorsatz gehört dabei nicht die Kenntnis von den Rechtsfolgen eines Verstoßes gegen die Aufklärungsobliegenheit (BGH 16. II. 1967 a. a. O.). Ein vorsätzlicher Verstoß liegt auch dann vor, wenn die Unrichtigkeit der Angaben des Vmers unschwer, z. B. durch Einsichtnahme in die amtliche Ermittlungsakte, vom Ver festgestellt werden kann (BGH 25. X. 1952 VersR 1952 S. 428 bis 429, 7. XI. 1960 VersR 1960 S. 1075—1076, 11. III. 1965 VersR 1965 S. 452.

Stets ist der Frage nachzugehen, ob der Vmer den im Einzelfall doch recht schwierig zu bestimmenden Umfang der Aufklärungspflicht kannte. Irrte sich der Vmer über deren Umfang, so handelte er nicht vorsätzlich. Es kann allerdings als Indiztatsache von dem Erfahrungssatz ausgegangen werden, daß der durchschnittliche Vmer weiß, daß er zur Abgabe wahrer und vollständiger Erklärungen gegenüber seinem Ver verpflichtet ist (BGH 11. III. 1965 VersR 1965 S. 451—452, OLG Düsseldorf 31. X. 1961 VersR 1962 S. 345—346, OLG Frankfurt a. M. 8. II. 1962 VersR 1962 S. 630—631, OLG München 15. XI. 1966 VersR 1967 S. 342—343, OLG Köln 13. III. 1967 VersR 1967 S. 594—595). Dieser Erfahrungssatz kann entkräftet werden. Vgl. BGH 6. V. 1965 VersR 1965 S. 655: Der Vmer hatte die Frage, wie sich der Unfall ereignet habe, nicht beantwortet. Dem Vmer wurde geglaubt, daß ihm das ganze Ausmaß seines Augenleidens, das ihn — nach objektiven Maßstäben — die Benutzung eines Fahrzeugs ohne Brille nicht gestattete, erst später klar geworden sei. Bedenken bestehen gegen die Annahme des OLG Köln 13. III. 1967 a. a. O., daß auch bei einem der deutschen Sprache nicht mächtigen Vmer von einem derartigen Erfahrungssatz auszugehen sei.

Fehlerhaft ist es schließlich, die ursprünglich speziell für den die Unfallflucht betreffenden Teil der Aufklärungslast entwickelte Rechtsprechung (vgl. dazu die Nachweise in Anm. F 71) auf weitere Bereiche der Aufklärungspflicht als auf die Fahrerflucht, die Veränderung des Unfallorts und die Verpflichtung zur vorbehaltlos wahrheitsgemäßen Auskunft gegenüber dem Ver anzuwenden (richtig: BGH 19. II. 1968 VersR 1968 S. 386; zu weitgehend dagegen Prölss[17] Anm. 3 zu § 34, S. 189—190).

[F 70] β) Einzelheiten.

Relativ einfach ist die Feststellung einer vorsätzlichen Obliegenheitsverletzung bei schwerwiegenden unrichtigen Angaben des Vmers gegenüber dem Ver (vgl. die Mehrzahl der in Anm. F 58 aufgeführten Beispielsfälle). Dem Vmer wird es hier in aller Regel nicht möglich sein, eine einleuchtende Erklärung dafür zu geben, daß er den Vorgang einmal unrichtig und einmal richtig dargestellt hat; das gilt jedenfalls dann, wenn es sich um Tatsachen und Rechtsverhältnisse handelt, deren Kenntnis der Vmer aus seinem eigenen Wirkungsbereich im unmittelbaren Erleben erlangt hat.

Vgl. z. B. OLG Bamberg 21. V. 1952 VersR 1952 S. 316—318, das aus den ohne einleuchtende Erklärung abgegebenen wechselnden Angaben des Vmers über den Zeitpunkt der Verpachtung seines Betriebes (vor oder nach dem Schadenereignis) eine vorsätzliche Verletzung der Auskunftspflicht gefolgert hat. Siehe weiter OLG Frankfurt a. M. 28. I. 1965 VersR 1965 S. 947—949, wo ebenfalls aus einer ganzen Reihe unrichtiger Angaben auf eine vorsätzliche Verletzung geschlossen wird. Aufzuklären ist in den Fällen unrichtiger Auskunftserteilung stets die Frage, ob der Ver seiner Belehrungspflicht über die Folgen falscher Angaben nachgekommen ist (vgl. die Nachweise in Anm. F 66).

Zu beachten bei der Würdigung des Verhaltens des Vmers ist aber auch, daß es zur Eigenart des menschlichen Wahrnehmungsvermögens und Gedächtnisses gehört, daß nicht alles richtig aufgenommen und Teile des Geschehens leicht vergessen werden können. Vgl. z. B. OLG Hamm 3. IV. 1933 VA 1933 S. 346—347 Nr. 2585: Der Geschäftsführer des Vmers hatte gegenüber dem Krankenhaus die Verpflichtung zur Zahlung der Kosten für die Behandlung des verletzten Dritten übernommen und RM 50,— angezahlt, gegenüber dem Ver aber eine bindende Erklärung verneint; das Gericht verneinte Vorsatz, hielt das Verhalten des Vmers aber für grobfahrlässig (was damals die vollständige Versagung des Vsschutzes bedeutete).

Ein bekanntes Phänomen des Alkoholgenusses ist es, daß das Wahrnehmungsvermögen des Betrunkenen herabgesetzt ist. Es ist daher nichts Seltenes, daß ein zur Unfallzeit angetrunkener Vmer das Schadenereignis später objektiv unrichtig schildert, subjektiv aber von seiner Darstellung überzeugt ist. So hatte der Vmer in dem vom OLG Celle 5. I. 1961 VersR 1963 S. 250—251 entschiedenen Fall zu Unrecht angegeben, daß er ganz rechts gefahren sei. Vom BGH 8. XI. 1962 VersR 1963 S. 251—252 wird dazu bemerkt, daß der Schluß des Berufungsgerichts, daß die Darstellung des Vmers subjektiv seine Überzeugung wiedergebe, mit Rücksicht auf die besonderen Umstände des Falles (Alkoholgenuß und Dunkelheit) nicht zu beanstanden sei.

Auch hier gilt im übrigen der Grundsatz, daß an den negativen Beweis keine übertriebenen Anforderungen gestellt werden dürfen (OLG Celle 5. I. 1961 a. a. O.; vgl. dazu weiter die Nachweise in Anm. F 48). In diesem Zusammenhang sei erwähnt, daß der Vmer auch bezüglich seines Alkoholgenusses unrichtige Angaben gemacht hatte, die er damit erklärte, daß er den Fragebogen mißverstanden habe. Diese Erklärung glaubte ihm das OLG Celle nach persönlicher Vernehmung. Der BGH a. a. O. bemerkte dazu, daß es keinen Rechtsfehler darstelle, daß das Berufungsgericht nicht daraus, daß der Vmer sich etwa ansonsten bemühe, seinen Alkoholgenuß zu verschleiern, geschlossen habe, daß kein Mißverständnis bezüglich der Frage nach dem Alkoholgenuß vorgelegen habe.

Stets ist auf den konkreten Fall abzustellen. Wenn z. B. vom LG Köln 3. XII. 1962 VersR 1963 S. 868—869 entgegen OLG Celle 2. X. 1958 VersR 1958 S. 800—801 angenommen wird, daß ein Vmer bei einer wahrheitsgemäßen Schilderung des Unfallherganges ohne besondere Frage dem Ver erklären müsse, daß er betrunken gewesen sei, so läßt sich diese Auffassung sicher als vertretbar bezeichnen. Es erscheint aber als fehlerhaft, daß ein vorsätzlicher Verstoß des Vmers gegen die Obliegenheit angenommen wird. Dem LG Köln a. a. O. hätte sich doch eigentlich die Überlegung aufdrängen müssen, daß ein Vmer, der die gleiche Auffassung wie das OLG Celle vertritt, keine vorsätzliche Obliegenheitsverletzung begeht, auch wenn es sich bei dem Vmer um einen erfahrenen Polizeibeamten gehandelt hat.

Der Tatrichter darf und muß im übrigen bei der Frage, ob der Vmer vorsätzlich gehandelt hat, dessen Intelligenzgrad und Ausbildungsstand berücksichtigen (BGH 24. X. 1960 VersR 1960 S. 1033—1034). Wenn der Vmer bei dem Schadenereignis selbst eine Gehirnerschütterung erlitten hat, so wird häufig die in diesem Zustand begangene Verletzung der Aufklärungslast nicht vorsätzlich erfolgt sein (BGH 4. IV. 1963 VersR 1963 S. 523—524). Anders im konkreten Fall für eine leichte Gehirnerschütterung: LG Berlin 29. V. 1961 VersR 1961 S. 723. Bei einer schweren Gehirnerschütterung in Verbindung mit vorangegangenem Alkoholgenuß können dauernde Erinnerungslücken entstehen (vgl. OLG Hamm 3. XII. 1963 VersR 1964 S. 1133—1135).

[F 71] ccc) Vorsatzfeststellung in Fahrerfluchtfällen.

Zum Vorsatz gehört die Kenntnis der Obliegenheit. Weiß der Vmer nicht, daß er die Aufklärungsobliegenheit zu erfüllen hat, so verletzt er diese Last nicht vorsätzlich (BGH 24. X. 1960 NJW 1961 S. 268—269 = VersR 1960 S. 1033—1034). Es kommt aber nicht auf die Kenntnis im einzelnen an. Vielmehr genügt eine „Parallelwertung in der Laiensphäre“. Nach der ständigen Rechtsprechung des BGH ist insbesondere davon auszugehen, daß das Bewußtsein, daß der Vmer die Schadenfeststellung nicht erschweren dürfe, sondern sogar den Ver bei der Aufklärung des Sachverhalts bereits an der Unfallstelle unterstützen müsse, in der heutigen Zeit in aller Regel vorauszusetzen ist (BGH 8. V. 1958 NJW 1958 S. 993—994 = VersR 1958 S. 389—390, 24. X. 1963 VersR 1963 S. 1113—1114, 5. VII. 1965 VersR 1965 S. 949—950). An anderer Stelle hat der BGH (19. X. 1961 VersR 1961 S. 1075—1077) ausgeführt, ein Fahrer, der die Unfallstelle verlasse, wisse in aller Regel, daß er dadurch die Aufklärung des Sachverhalts erschwere. Diese Grundsätze sind in einer ganzen Reihe von Entscheidungen in Fahrerfluchtfällen wiederholt worden (vgl. nur BGH 16. V. 1966 VersR 1966 S. 650 und die Nachweise in Anm. F 62).

Es erscheint allerdings als zweifelhaft, ob die Rechtsprechung bezüglich der Vorsatzfeststellung bei einem eine Fahrerflucht begehenden Vmer in jedem Falle sachgerecht ist (vgl. zur Beweislast in Fahrerfluchtfällen allgemein auch den die Rechtsprechung zusammenfassenden Aufsatz von Hüskes VersR 1963 S. 313—316). Zwar trifft den Vmer die Beweislast, daß er nicht vorsätzlich gehandelt habe. Der in den Urteilen mehr oder weniger deutlich zum Ausdruck kommende Schluß, daß derjenige, der im strafrechtlichen Sinne vorsätzlich handele, nämlich Fahrerflucht begehe, auch vorsätzlich die Aufklärungslast verletze, kann aber im Einzelfall durchaus an der Lebenswirklichkeit vorbeigehen. Die Motive des Flüchtenden werden nicht selten in eine ganz andere Richtung zielen. Er hat Angst vor der Strafe oder vor dem Bekanntwerden seiner Verfehlung oder er gibt in einem Augenblick der Schwäche seinem natürlichen Fluchttrieb nach. Nur dann, wenn der Vmer außerdem in diesem Augenblick daran denkt, ihm bewußt ist, daß es auch ein vsrechtliches Gebot des Verweilens am Unfallort gibt, handelt er auch vorsätzlich in bezug auf die Obliegenheit zur Aufklärung des Sachverhalts (vgl. die treffenden Bemerkungen in OLG Düsseldorf 31. X. 1967 VersR 1968 S. 934—935 und zur Problematik schon des inneren Tatbestandes der Unfallflucht die sehr instruktiven Ausführungen von Arbab-Zadeh NJW 1965 S. 1049—1053 und Krumme DAR 1968 S. 234—236).

Wenn der Vmer in seiner persönlichen Vernehmung aussagt, er habe bei der Fahrerflucht an alles mögliche gedacht, nicht aber an irgendwelche vsrechtlichen Konsequenzen, so kann das daher im Einzelfall nach der Lebenserfahrung durchaus glaubwürdig sein. Es ist sicher richtig, daß „der Schock und die Furcht vor Strafe nicht ausschließen, daß die Aufklärungspflicht durch ein bewußtes Weiterfahren verletzt wird" (so BGH 11. IV. 1963 VersR 1963 S. 524—525). Zu beachten ist aber, daß eine Fahrerflucht nicht selten allein eine Folge eines mit einer Schockwirkung zusammentreffenden Charaktermangels ist, die sich kombiniert so stark auswirken, daß der Betroffene gegen seine bessere Einsicht handelt. Dem Beweisnotstand des Vmers, der den negativen Gegenbeweis zu erbringen hat, ist tunlichst durch eine sorgfältige Erforschung seiner Persönlichkeit Rechnung zu tragen. Es wird das Gericht daher grundsätzlich den Vmer persönlich hören müssen, unabhängig davon, ob der Ver einem entsprechenden Antrag widerspricht oder nicht. Es ist aber nicht fehlerhaft, kein psychiatrisches Gutachten einzuholen, wenn weder bei der am Unfalltage durchgeführten Untersuchung noch später Umstände hervorgetreten sind, die auf eine durch Schockwirkung eingetretene Unzurechnungsfähigkeit hinweisen (BGH 5. X. 1964 VersR 1964 S. 1191). Als Grundsatz kann davon ausgegangen werden, daß ein den Vorsatz ausschließender Unfallschock nur unter ganz außergewöhnlichen äußeren und inneren Bedingungen beim Vorliegen entsprechender Anzeichen anzunehmen ist (BGH 25. IV. 1966 VersR 1966 S. 579—580 mit Anm. von Gaisbauer VersR 1966 S. 915—916, 12. X. 1967 VersR 1967 S. 1087—1088).

Ein solch starker Unfallschock in Kombination mit vorangegangenem Alkoholgenuß ist bei jugendlich labilen Fahrern aber in folgenden Fällen angenommen worden: BGH 13. I. 1966 VersR 1966 S. 177—178, 6. VII. 1967 VersR 1967 S. 944—945. Bei einem Erwachsenen ist ein solcher den Vorsatz ausschließender Unfallschock im Falle BGH 10. XI. 1966 VersR 1967 S. 29—31 festgestellt worden; ebenso OLG Düsseldorf 31. X. 1967 VersR 1968 S. 935. Vgl. auch BGH 27. I. 1966 VersR 1966 S. 458—459, wo eine weitere Aufklärung durch das Berufungsgericht gefordert wurde.

Verminderte Zurechnungsfähigkeit infolge Alkoholgenusses oder unüberlegtes Handeln schließt grundsätzlich die Annahme nicht aus, daß ein vorsätzlicher Verstoß gegen die Aufklärungsobliegenheit vorliegt (BGH 5. VII. 1965 VersR 1965 S. 950). Alkoholgenuß kann allerdings zur völligen Unzurechnungsfähigkeit führen. Indessen genügt nicht die Möglichkeit der Zurechnungsunfähigkeit; zum Ausschluß des Vorsatzes muß sie vielmehr in Fahrerfluchtfällen zur Gewißheit des Gerichts feststehen (BGH 17. V. 1965 VersR 1965 S. 656—657 mit Anm. von Gaisbauer VersR 1965 S. 845—846 und Groth VersR 1965 S. 846; vgl. auch OLG Oldenburg 2. VI. 1967 VersR 1968 S. 836, LG Köln 27. VI. 1967 VersR 1967 S. 995—997). Ein Blutalkoholgehalt von 2,7 oder 2,66‰ allein reicht zur Annahme von Zurechnungsunfähigkeit nicht aus (BGH 17. V. 1965 a. a. O., 17. XI. 1966 VersR 1967 S. 125—127, LG Ravensburg 16. V. 1968 VersR 1968 S. 957—958).

Ansätze zu einer Besinnung auf die ansonsten beachteten Grundsätze hinsichtlich des Entlastungsbeweises dafür, daß der Vmer nicht vorsätzlich gehandelt habe, finden sich in BGH 10. VII. 1961 VersR 1961 S. 794—795; dort ist nur grobe Fahrlässigkeit in einem Fahrerfluchtfall angenommen worden. Ein guter Anhaltspunkt für die Wahrheit der Behauptung des Vmers, daß er erst nach späterer Überlegung festgestellt habe, daß er auch eine Obliegenheitsverletzung begangen habe, kann seine freiwillige Rückkehr an den Unfallort sein (vgl. BGH 6. VII. 1967 VersR 1967 S. 944—945). Hier kann im übrigen auch der Ausnahmefall gegeben sein, daß zwar im strafrechtlichen Sinne eine Fahrerflucht gegeben ist, dessenungeachtet aber der objektive Tatbestand der Verletzung der Aufklärungsobliegenheit nicht vorliegt. Bemerkenswert ist besonders BGH 30. XI. 1967 VersR 1968 S. 138:

> „Solange die Einheit von Zeit und Ort bei natürlicher Betrachtungsweise gewahrt ist, kann das Verhalten des Vten hinsichtlich der Erfüllung oder Verletzung der Aufklärungspflicht nur einheitlich beurteilt werden. ... Entsprechend ist hier in der Wegnahme der Tierhaare, der vorübergehenden Entfernung von der Un-

fallstelle, unabhängig von der strafrechtlichen Beurteilung dieses Verhaltens, und dem sich anschließenden Eingeständnis des Vten bei natürlicher Betrachtungsweise ein einheitlicher Vorgang zu sehen, der dem Ver ein richtiges und vollständiges Bild über Ursache und Verlauf des Unfalls vermittelt und deshalb keine Obliegenheitsverletzung darstellt."

Entfernt sich der Vmer überhaupt nur eine kurze Strecke vom Unfallort und kommt er dann aus eigenem Antrieb oder auf Veranlassung dritter Personen zurück, so ist besonders sorgfältig zu prüfen, ob überhaupt schon der objektive Tatbestand einer Verletzung der Aufklärungspflicht gegeben ist (vgl. den entsprechenden Hinweis in BGH 27. I. 1966 VersR 1966 S. 458—459 für eine Weiterfahrt von 370 m). Zutreffend hat OLG Stuttgart 8. V. 1957 VersR 1958 S. 391—392 in einem derartigen Fall in einer vorbildlich begründeten Entscheidung eine vorsätzliche Fahrerflucht bejaht, aber eine vorsätzliche Obliegenheitsverletzung verneint. Aus den Entscheidungsgründen sei zitiert: „Wenn der Vmer nun behauptet, erst in dem Zeitpunkt, in dem er den Entschluß zur Rückkehr gefaßt habe, die Fähigkeit zu klarer Überlegung wieder erlangt zu haben, so ist dieses wenigstens mit der Einschränkung glaubhaft, daß er in diesem Zeitpunkt erstmals an das zwischen ihm und der Beklagten bestehende Haftpflichtvsverhältnis und die ihm aus diesem Vertragsverhältnis erwachsenden Pflichten und Rechte gedacht hat. Als Beweis für diesen subjektiven Ablauf kann der Kläger nichts anderes anführen als die Tatsache, daß er zurückgekommen ist, und zwar, wie sich aus den Aussagen der im Strafverfahren gehörten Zeugen ergibt, mindestens alsbald, nachdem die Kraftfahrer, die ihm nachgefahren waren, von seiner weiteren Verfolgung abließen. Da nicht zu ersehen ist, wie der Kläger das Fehlen des Vorsatzes bezüglich der Verletzung der Obliegenheit im Augenblick der Unfallflucht anders wollte beweisen können, muß die in der freiwilligen, alsbaldigen Rückkehr zur Unfallstelle liegende Besonderheit im Verhalten des Klägers nach vorheriger Unfallflucht als genügender Beweis angesehen werden."

Nach den Ausführungen des BGH 30. XI. 1967 a. a. O. liegt es allerdings näher, hier ebenfalls schon das Vorliegen des objektiven Tatbestandes der Verletzung der Aufklärungsobliegenheit zu verneinen. Jedenfalls wird nur eine die Umstände des Einzelfalles sorgsam differenzierende Betrachtungsweise, wie sie von beiden Gerichten vorgenommen worden ist, dem Sinn der Aufklärungspflicht und der Lebenswirklichkeit gerecht (verfehlt: OLG Hamm 29. IX. 1961 VersR 1961 S. 1130; Grenzfälle: OLG Oldenburg 2. VI. 1967 VersR 1968 S. 835—836: Rückkehr des Vmers nach einer Entfernung von 1 km; OLG Köln 23. XI. 1967 VersR 1968 S. 685—686: Weiterfahrt um 500 m. Nach den Grundsätzen BGH 30. XI. 1967 a. a. O. brauchte hier der objektive Tatbestand der Obliegenheitsverletzung nicht bejaht zu werden). Ein vorsätzlicher Verstoß gegen die Aufklärungslast ist bei einem den Unfallort verlassenden Vmer in aller Regel zu verneinen, wenn der Dritte nach einem Zusammenstoß auf Befragen des Vmers erklärt, daß er keine erheblichen Verletzungen erlitten habe und keine Einschaltung der Polizei wünsche; vgl. für einen solchen Fall, in dem sich später herausstellte, daß der Dritte einen doppelten Schädelbasisbruch erlitten hatte: BGH 10. VI. 1965 VersR 1965 S. 753—755.

Zu beachten ist aber, daß der Vmer, der einen Unfallschock erlitten hat oder der sonst beim Verlassen des Unfallortes unvorsätzlich gehandelt hat, nach Abklingen des Schocks oder nach Erkenntnis des Verstoßes grundsätzlich zur Unfallstelle zurückkehren muß (BGH 13. I. 1966 VersR 1966 S. 178—179, 10. XI. 1966 VersR 1967 S. 31; vgl. auch die Ausführungen in Anm. F 63). Hat der Vmer nicht gewußt, daß er rechtlich zur Rückkehr an den Unfallort, den er in Ausnahmefällen rechtmäßig oder jedenfalls unvorsätzlich verlassen hat, verpflichtet ist, so kann ein beachtlicher Rechtsirrtum vorliegen, der den Vorsatz ausschließt. Zu Recht wird darauf hingewiesen (BGH 13. I. 1966 a.a.O., 10. XI. 1966 a. a. O.), daß angesichts dessen, daß diese Rückkehrpflicht erst von der Rechtsprechung zu § 142 StGB „erarbeitet" worden ist, nicht von einer allgemeinen Kenntnis des durchschnittlichen Vmers ausgegangen werden könne.

Die Rechtsprechung über die Fahrerflucht kann einem Vmer nicht in allen Einzelheiten bekannt sein. War er der Meinung, daß er bei einem Verkehrsunfall, bei dem seine Haftung klar zutage lag und als einziger Anspruchsteller sein ins Krankenhaus abtransportierter Begleiter in Betracht kam, nicht am Unfallort zu verweilen brauche, so hat er nicht das für eine vorsätzliche Obliegenheitsverletzung erforderliche Bewußtsein. Teilt gar ein OLG (wenn auch irrig) diese Auffassung des Vmers bezüglich des objektiven Umfanges der Aufklärungspflicht in diesem Falle, so ist das Vorbringen des Vmers, er habe eine Obliegenheitsverletzung nicht begehen wollen, beachtlich. Verfehlt daher: BGH 19. X. 1961 VersR 1961 S. 1075—1077. Sehr viel differenzierter zu dieser Frage: BGH 23. XI. 1964 VersR 1965 S. 130; dort stellt es der BGH darauf ab, daß der Vmer seine Erklärung, warum er den Unfallort verlassen habe, erst in der Berufungsinstanz der Rechtsauffassung des Berufungsgerichts angeglichen habe. — Nach einer Rückkehr an den Unfallort muß der Vmer unaufgefordert seine Beteiligung am Unfall zu erkennen geben (LG Hagen 16. I. 1964 VersR 1964 S. 1167).

Fährt ein Vmer nach Alkoholgenuß auf einer Strecke von etwa 300 m nacheinander gegen 8 Fahrzeuge und stellt er sich dann der Polizei, so kann es durchaus glaubhaft sein, daß ihm vorher das Bremsen nicht möglich war, weil er die Gewalt über das Fahrzeug verloren hatte (vgl. KG 6. III. 1964 NJW 1964 S. 1327—1329).

Versucht ein Vmer nach einem Zusammenstoß den Unfallort zu ermitteln, indem er den widerstrebenden Fahrer seines Wagens dazu zwingt, etwa 250 m weit mit ihm zurückzugehen, bricht er dann aber die Suche vorzeitig ab, so kann trotz des zunächst gegen eine vorsätzliche Verletzung der Aufklärungspflicht sprechenden Anscheins eine solche gegeben sein, wenn angesichts der schweren Beschädigungen des eigenen Wagens sich eine weitere Suche nach dem Unfallort für den Vmer eigentlich zwingend aufdrängte (so in einem Grenzfall: BGH 19. IX. 1966 VersR 1967 S. 1021—1022).

Geringere Anforderungen an den Negativbeweis sind im übrigen dann zu stellen, wenn der Vmer an einem Verkehrsunfall nur als Fußgänger oder Radfahrer beteiligt war. Vgl. für einen solchen Fall: BGH 4. V. 1964 NJW 1964 S. 1901 = VersR 1964 S. 711 (insoweit in BGHZ Bd 41 S. 327—337 nicht mit abgedruckt). Da sich dort die Mutter des verletzten Kindes mit diesem vom Unfallort entfernte, ohne die Hinzuziehung der Polizei zu fordern, war allerdings auch schon der objektive Tatbestand der Unfallflucht nicht gegeben.

[F 72] bb) Grobfahrlässige Verletzung.

Scheidet Vorsatz aus, so bleibt zu prüfen, ob das Verhalten des Vmers grobfahrlässig war. Sache des Vmers ist es zu beweisen, daß er nicht grobfahrlässig gehandelt habe. Der Tendenz, allzu leicht die schwere Schuldform der groben Fahrlässigkeit anzunehmen, ist entgegenzutreten, vgl. z. B. RG 22. III. 1932 VA 1932 S. 243—244 Nr. 2437, das zutreffend die Vorinstanzen belehrt, daß grobe Fahrlässigkeit dann nicht vorliege, wenn der Vmer ein übersandtes Schadenformular nicht an den Ver zurücksende, wenn dieser zuvor die Entgegennahme von erläuternden Erklärungen des Vertreters des Vmers abgelehnt hatte. Ansonsten wird allerdings grobe Fahrlässigkeit regelmäßig gegeben sein, wenn der Vmer Anfragen des Vers über Monate unbeachtet liegen läßt (so im Falle OLG Celle 29. V. 1936 VA 1936 S. 233—234 Nr. 2911). Hat der Vmer im Zustande der Unzurechnungsfähigkeit objektiv eine Verletzung der Aufklärungspflicht begangen und war diese Unzurechnungsfähigkeit u. a. auf Alkoholgenuß zurückzuführen, so soll nach BGH (6. VII. 1967 VersR 1967 S. 944—945) entsprechend § 827² BGB zu prüfen sein, ob die Unzurechnungsfähigkeit auf grobe Fahrlässigkeit zurückzuführen ist. Indessen wird nach den Ausführungen in Anm. F 64 die Aufklärungsobliegenheit nur bei Kenntnis des Vmers vom Vsfall ausgelöst. Die vom BGH a. a. O. aufgezeigte Lösung betrifft demgemäß nur diejenigen Fälle, in denen die Unzurechnungsfähigkeit nicht schon vollen Umfangs bei Eintritt des „Vsfalles" vorlag, so daß der Vmer von dem Schadenereignis gar keine Kenntnis im Rechtssinne mehr nehmen konnte.

Der Ver wird insoweit nicht frei, als die grobfahrlässige Verletzung der Obliegenheit keinen Vermögensnachteil für ihn gehabt hat, § 6 III 2 (vgl. BGH 24. X. 1960 NJW 1961 S. 268—269 = VersR 1960 S. 1032—1034). Diese gesetzliche Regelung wird gelegentlich verkannt (fehlerhaft: LG Frankenthal 23. II. 1965 DAR 1965 S. 274). Den negativen Entlastungsbeweis kann der Vmer praktisch nur in der Weise führen, daß er die sich aus dem Sachverhalt ergebenden Möglichkeiten einer Benachteiligung des Vers widerlegt und dann abwartet, welche Behauptungen der Ver über Art und Weise der Kausalität aufstellt, die der Vmer dann ebenfalls zu widerlegen hat (vgl. BGH 25. VI. 1956 VersR 1956 S. 471—473, BGH 24. X. 1960 a. a. O. und die Nachweise in Anm. F 48). Rechtsmißbräuchlich und unerheblich ist der Einwand des Vers, daß es ihm bei Erfüllung der Obliegenheit möglich gewesen wäre, den Dritten zu einem Teilverzicht auf berechtigte Forderungen zu bewegen (vgl. Fleck VersR 1956 S. 436).

Soweit die Umstände, die zum Eintritt des Schadenereignisses geführt haben, für das erkennende Gericht beweiskräftig geklärt sind, tritt für den Vmer kein Nachteil ein. Häufig kommt es aber im Haftpflichtrecht mit Rücksicht auf § 254 BGB und verwandte Vorschriften auf Nuancen im Sachverhalt an. Die durch die Obliegenheitsverletzung eintretende Verschlechterung der Position des Vers im Haftpflichtprozeß geht zu Lasten des Vmers. Für einen gelungenen Entlastungsbeweis des Vmers vgl. OLG Stuttgart 8. V. 1957 VersR 1958 S. 390—392: Es handelte sich um eine qualifizierte Vorfahrtsverletzung des Vmers; die Fehlreaktion des Vmers (kurzfristiges Wegfahren vom Unfallort) war auf die eigentlichen Unfallfeststellungen ohne Einfluß geblieben. Vgl. ferner OLG München 15. I. 1963 VersR 1963 S. 1068—1069: Der Vmer hatte es unterlassen, gegenüber dem Ver eine schriftliche Schadenschilderung abzugeben. Es stand aber aufgrund der Zeugenaussagen fest, daß das Kraftfahrzeug des Vmers unbeleuchtet abgestellt gewesen war.

Läßt sich z. B. die genaue Position der am Unfall beteiligten Fahrzeuge infolge des Versagens des Vmers nicht mehr feststellen, so bleibt nichts anderes übrig, als daß bei einander widersprechenden Aussagen der Beteiligten von der dem Vmer ungünstigsten Situation ausgegangen wird. Dabei müssen die allgemeinen Grundsätze des Haftpflichtrechts beachtet werden. In dieser Beziehung vermag BGH 10. VII. 1961 VersR 1961 S. 794—795 nicht zu überzeugen. Es ist dort nicht berücksichtigt worden, daß es dem Vmer nach Lage der Dinge auch bei genauer Festlegung der Position der Fahrzeuge nicht möglich gewesen wäre, den Unabwendbarkeitsbeweis zu führen. In Höhe einer Mithaftungsquote hätte daher auf jeden Fall Vsschutz gewährt werden müssen.

Zutreffend weist Sieg VersR 1963 S. 1091 darauf hin, daß bei der Führung des Entlastungsbeweises durch den Vmer vom Richter auch bezüglich der Kausalität § 287 ZPO zu beachten sei (ebenso BGH 19. II. 1968 VersR 1968 S. 387 zur Rettungsobliegenheit).

Unbefriedigend LG Nürnberg-Fürth 16. III. 1961 VersR 1962 S. 151—152, das sich mangels einer genauen Feststellung des Unfallgeschehens durch die Polizei bei einer Vorfahrtsverletzung zur Beurteilung der Haftungsfrage außerstande fühlte.

Unbeachtlich ist es, daß dem Ver durch die Obliegenheitsverletzung zusätzliche Verwaltungsarbeit entstanden ist; nur das durch die grobfahrlässige Handlung entstandene Mehr an Vsleistung geht zu Lasten des Vmers (OLG Hamm 3. XII. 1963 VersR 1964 S. 1133—1135). Zur Vermeidung von Mißverständnissen sei bemerkt, daß sich dieser Satz nur auf die allgemeinen Verwaltungskosten und die Arbeitsleistung des Vers bezieht. Effektive Mehraufwendungen zur Schadenermittlung, verursacht durch grobe Fahrlässigkeit des Vmers, gehen zu dessen Lasten. Es genügt aber nicht, daß die grobfahrlässige Verletzung der Aufklärungspflicht die Feststellung des Vsfalles oder der Vsleistung irgendwie beeinflußt hat, vielmehr kommen nur solche Folgen der Obliegenheitsverletzung in Betracht, die sich im Ergebnis zum Nachteil des Vers ausgewirkt haben (BGH 6. VI. 1966 VersR 1966 S. 747 m. w. N.).

[F 78] f) Verschulden Dritter.

Zu beachten ist bei der Prüfung einer Verletzung der Aufklärungs- oder Anzeigeobliegenheit, daß sich der Vmer unter Umständen auch das Verschulden von dritten Personen zurechnen lassen muß, die nicht als seine Repräsentanten anzusehen sind. Vgl. dazu Möller in Bruck-Möller Anm. 78—90 zu § 6 m. w. N. Speziell zur Haftpflichtv BGH 25. X. 1952 VersR 1952 S. 428—429: „Der Vmer hat für das Verhalten derjenigen Personen einzustehen, die er mit der Erstattung von Auskünften betraut hat und die solche Auskünfte dann an seiner Stelle und aus eigenem Wissen geben·“

Dieser Grundsatz ist aber mit Bedacht anzuwenden. Er gilt dann nicht, wenn der die Auskunft Erteilende als Vter die ihn selbst treffende Aufklärungspflicht erfüllen will. Vgl. OLG Nürnberg 2. III. 1967 VersR 1967 S. 697—698: Dort hatte ein Vmer die Bezirksdirektion des Vers aufgesucht und mitgeteilt, daß sein Sohn einen Schadenfall herbeigeführt habe. Es wurde ihm eine Schadenanzeige übergeben mit dem Bemerken, daß sein Sohn sie ausfüllen möge. Zu Recht wird angenommen, daß die unrichtigen Angaben dann allein zu Lasten des mitvten Sohnes gehen. — Erfährt der Vmer, daß ein Dritter ein Schadenformular mit im wesentlichen unrichtigen und unvollständigen Angaben ohne sein Wissen eingesandt hat, so obliegt es dem Vmer, diese Angaben richtig zu stellen (BGH 2. V. 1963 VersR 1963 S. 547—548).

Natürliche Personen mit gesetzlichen Vertretern haben die Obliegenheiten selbst zu erfüllen, soweit sie im natürlichen Sinne handlungs- und auch schuldfähig sind (vgl. die Nachweise bei Möller in Bruck-Möller Anm. 69 zu § 6 und BGH 6. VII. 1967 VersR 1967 S. 944—945, wo in einem Fahrerfluchtfall eines Minderjährigen stillschweigend von diesem Grundsatz ausgegangen wird). Möller a. a. O. verlangt darüber hinaus für die Anzeige- und Auskunftsobliegenheiten Geschäftsfähigkeit (anders OLG Oldenburg 25. XI. 1960 VersR 1961 S. 75—76). Zu beachten ist dabei aber, daß dieses zusätzliche Erfordernis sich nur auf den die Auskunft betreffenden Teil der Aufklärungslast bezieht, also nicht auf das Verhalten am Unfallort.

Anders als in der Sachv (vgl. dazu Möller in Bruck-Möller Anm. 63—66 zu § 6) ist in der Haftpflichtv bei einer Mehrheit von Vmern davon auszugehen, daß jeder Vmer sein eigenes spezielles Haftpflichtrisiko vern will, so daß die Verletzung der Aufklärungslast durch einen dieser Vmer den Vsschutz der anderen grundsätzlich nicht berührt (so für die Kfz-Haftpflichtv BGH 13. VI. 1957 BGHZ Bd 24 S. 378—386 [für den Fall einer Vsnahme durch eine Gesellschaft bürgerlichen Rechts], 28. I. 1958 NJW 1958 S. 549 = VersR 1958 S. 160, vgl. ferner die Ausführungen in Anm. B 55 und F 1).

[F 74] g) Verzicht und Verwirkung.

Vgl. Möller in Bruck-Möller Anm. 45—49 zu § 6 m w. N. und die Ausführungen in Anm. F 50.

Ein stillschweigender Verzicht des Vers auf den Einwand der Verletzung der Aufklärungspflicht kann nur unter ganz besonderen Umständen angenommen werden. Wenn bei einer kombinierten Haftpflichtv (V für eigene und fremde Rechnung) der Vte eine Obliegenheitsverletzung begeht und der Ver nach Ablehnung der Deckung für den Vten dem Vmer für die V für eigene Rechnung vertragsgemäß Vsschutz gewährt, so ist kein Anhaltspunkt für einen Verzicht auf die Rechtswirkungen aus der Verletzung der Aufklärungslast gegeben (BGH 22. III. 1962 VersR 1962 S. 501—502). Auch für die Auskunftsobliegenheit gilt der Grundsatz, daß durch das Setzen einer Nachfrist auf die Rechtsfolgen der dem Ver bis dahin bekannten Obliegenheitsverletzungen unter der Voraussetzung verzichtet wird, daß der Vmer die gewünschten Auskünfte nunmehr innerhalb der gesetzten Frist ordnungsgemäß erteilt (OLG Koblenz 20. IX. 1967 VersR 1967 S. 1043—1044).

3. Rettungsobliegenheit.

Gliederung:

[F 75] Schrifttum:

Beisler VersArch 1957 S. 257—313 m. w. N., Boettinger VersR 1951 S. 153, Hartung Haftpflichtv S. 118—123, Oberbach II S. 78—90, 124—125, Schirmer, Die Vertretungsmacht des Haftpflichtvers im Haftpflichtverhältnis, Karlsruhe 1969, Siebeck, Die Schadenabwendungs- und -minderungspflicht des Vmers, Karlsruhe 1963, Wahle ZVersWiss 1960 S. 51—104, Woesner ZVersWiss 1960 S. 399—439.

[F 76] a) Zur Qualifikation als nach Eintritt des Versicherungsfalles zu erfüllender Obliegenheit.

BGH 18. I. 1965 BGHZ Bd 43 S. 91—94 hat zu § 5 Ziff. 3 S. 1 AHB entschieden, daß die Obliegenheit des Vmers, für die Abwendung und Minderung des Schadens zu sorgen, nicht schon mit dem Drohen des Vsfalles, sondern erst bei dem Eintritt des Vsfalles beginne (ebenso Wussow[5] Anm. 13 zu § 5 AHB, S. 446—449; vgl. ferner LG Mönchengladbach 23. V. 1967 VersR 1968 S. 389 [das aber zu Unrecht davon ausging, daß nicht schon ein nach § 10 AKB vom Vsschutz erfaßter Schaden gegeben sei; vgl. dazu Anm. G 66]; a. M. Oberbach II S. 81). Erstreckt sich dabei das Schadenereignis selbst wieder über einen längeren Zeitraum, so ist der Beginn dieses Ereignisses maßgebend (BGH 6. VI. 1966 VersR 1966 S. 745—746). Es braucht hier nicht untersucht zu werden, ob diese Auffassung für alle Vszweige zutrifft (so z. B. Ritter-Abraham Anm. 4 zu § 33 ADS, Siebeck a. a. O. S. 53—73 m. w. N. für und gegen diese Auffassung) oder ob in anderen Vsarten schon der unmittelbar bevorstehende Vsfall die Rettungslast auslöst (so OLG Köln 30. IX. 1931 VA 1932 S. 11—12 Nr. 2373 = JRPV 1932 S. 121—122 [Kaskov], Prölss[17] Anm. 1 zu § 62, S. 288). Für die Haftpflichtv wird man jedenfalls dem überzeugenden Hinweis in BGH 18. I. 1965 a. a. O. grundsätzlich zu folgen haben, daß bei entgegengesetzter Entscheidung § 152 teilweise seines Sinngehaltes beraubt werde. In dem vom BGH 18. I. 1965 a. a. O. entschiedenen Falle bedeutete das, daß der Vmer dadurch, daß er — es handelte sich um Schadenersatzansprüche von Mietern des Vmers wegen über mehrere Jahre sich erstreckender Deckeneinstürze in den vermieteten Räumen — nach Auffassung seines Vers seine Rechte gegenüber dem Architekten und Bauherrn nicht nachhaltig wahrte, nicht gegen § 5 Ziff. 3 AHB verstieß. Das Ergebnis ist nicht unbillig, insbesondere wenn man bedenkt, daß es dem Ver möglich gewesen wäre, dem Vmer eine Auflage nach § 4 II Ziff. 3 AHB zu machen.

Ähnliche Beispiele sind denkbar: Verkauft ein Vmer Viehfutter aus einer bestimmten Schiffsladung und ergibt sich hier in einem Falle, daß in der verkauften Ware giftige Rizinuskörner enthalten waren, die den Tod einer Viehherde zur Folge hatten, so braucht der Vmer danach im Rahmen des § 5 Ziff. 3 AHB der Aufforderung des Vmers nicht Folge zu leisten, seine anderen Käufer zu warnen. Besteht allerdings für den Vmer Gewißheit darüber, daß in dem an die anderen Personen verkauften Viehfutter Gift enthalten ist und handelt der Vmer dennoch nicht, so wird der Ver nach § 152 von der Verpflichtung zur Leistung frei. Das Unterlassen des Vmers steht hier der aktiven Herbeiführung des Vsfalles gleich, weil eine Rechtspflicht zum Handeln aus ergänzender Vertragspflicht gegeben ist. Das Gesagte gilt aber nicht in den Fällen, in denen für den Vmer lediglich die Möglichkeit besteht, daß auch in der anderen Ware Giftstoffe enthalten sind. Hier kann er sich gegenüber dem Ver zu Recht damit verteidigen, daß er darauf vertraut habe, daß schon kein weiterer Schaden eintreten werde (vgl. im einzelnen zur Vorsatzabgrenzung Anm. G 219—233). Das Ergebnis ist für den Ver insofern mißlich, als man ihm in bezug auf die bereits verkaufte und übergebene Ware aus begrifflichen Gründen nicht ein Auflagenrecht nach § 4 II Ziff. 3 AHB wird zubilligen können (anders bezüglich der noch im Besitz des Vmers befindlichen Ware). Das Gesagte zeigt auch, daß Boettinger VersR 1951 S. 153 im Prinzip zuzustimmen ist, daß es grundsätzlich im Rahmen des § 5 Ziff. 3 AHB keine Schadenabwendungs-, sondern nur eine Schadenminderungslast gibt.

Abstrakt gesprochen bedeuten die hier dargestellten Grundsätze, daß es im Rahmen des § 5 Ziff. 3 AHB wegen der begrifflichen Festlegung des Schadenereignisses als Vsfall zwischen dem Zeitpunkt des Verstoßes (der Ursache) und dem Schadenereignis keine Rettungslast gibt. Das gilt erst recht für die Zeit vor dem Verstoß. Vgl. BGH 26. IV. 1960

NJW 1960 S. 1197—1198 = VersR 1960 S. 549—550 [Kfz-Haftpflichtvsfall]: „Ein Vmer ist weder durch den Haftpflichtvsvertrag noch durch die Grundsätze von Treu und Glauben gehindert, mit einem Dritten einen teilweisen Haftungsverzicht zu vereinbaren und die Haftungsfreistellung auf den Schaden zu beschränken, für den kein Vsschutz besteht." Zu beachten ist aber, daß abweichende Sondervereinbarungen getroffen werden können, die solche oder ähnliche Vereinbarungen erfassen; vgl. für die Vermögensschadenhaftpflichtv Anm. G 55. Ein Spannungsverhältnis der geschilderten Art in der Zeit zwischen Ursache und äußerlich wirksam werdendem Schadenereignis tritt im übrigen im Rahmen der Vermögensschadenhaftpflichtv nicht auf, weil hier nach § 5 Ziff. 1 AHBVerm der Vsfall bereits der Verstoß ist, der Haftpflichtansprüche gegen den Vmer zur Folge haben könnte.

Systematisch gesehen wird der hier im Prinzip gebilligten Auffassung des BGH, daß es in der Haftpflichtv begrifflich vor Eintritt des Vsfalles keine Rettungslast gebe, allerdings dann nicht mehr gefolgt werden können, wenn die Parteien des Vsvertrages in diesem (entsprechend der Rechtsprechung des RG; vgl. die Nachweise in Anm. B 11—17) als Vsfall die Anspruchserhebung durch den geschädigten Dritten festlegen. Einer derartigen Vereinbarung wird man im Rahmen der Dispositionsbefugnis der Parteien die Rechtswirksamkeit gewiß nicht versagen können. Dennoch wird man dann eine Rettungslast schon mit Eintritt des Schadenereignisses anzunehmen haben, andernfalls würde der Schutzgedanke des § 62 nicht hinreichend beachtet werden. Hier würde also die Rettungslast doch wieder zur Obliegenheit werden, die teils vor und teils nach Eintritt des Vsfalles zu erfüllen ist. Wie relativ gebunden an die eigene Definition des Vsfalles die Aussage ist, zeigen (vom Standpunkt der Anspruchserhebung als Vsfall) folgende Bemerkungen in RG 24. II. 1939 RGZ Bd 160 S. 5: „Richtig ist, daß der Kläger nach § 5 Abs. 1 S. 2 AVB zu der erwähnten Aufklärung und Schadenminderung verpflichtet war. Dabei handelt es sich nicht um eine echte Vertragspflicht, sondern um eine Obliegenheit. Sie ist der vertragliche Niederschlag eines im Schadenvsrechts allgemein herrschenden Gedankens (vgl. §§ 23ff., 62 VVG). Daß sie sich besonders in der Haftpflichtv auch auf die Zeit vor dem Vsfall erstreckt, ergibt sich aus der Natur der Sache; denn sie bezieht sich ihrem Inhalt nach im wesentlichen auf das Schadenereignis (den Schadenfall) und seine Begleiterscheinungen."

Unzulässig ist es, die Schadenminderungslast als objektive Risikobegrenzung zu konstruieren (BGH 24. IV. 1967 VA 1967 S. 181—183 Nr. 454 = VersR 1967 S. 774—775); dem Vmer muß stets der Schutz des nach § 15a zwingenden § 6 erhalten bleiben. Demgemäß wurde die bedingungswidrig unmittelbar erfolgte Beauftragung eines Anwalts durch den Vmer für folgenlos erklärt, da kein vorsätzlicher Verstoß des Vmers gegen die Obliegenheit gegeben war und grobfahrlässiges Handeln nicht zur Leistungsfreiheit führte, da keine Vergrößerung des Schadens eingetreten war. Zum Problem der „verhüllten" Obliegenheiten vgl. Möller in Bruck-Möller Anm. 13—15 zu § 6 und Anm. F 12.

[F 77] b) Abgrenzung zur Rechtsschutzfunktion.

Systematisch abzugrenzen ist die Rettungslast von der Rechtsschutzfunktion der Haftpflichtv, die in der Vergangenheit vielfach als auf den Ver übertragene Schadenminderungslast des Vmers charakterisiert worden ist (vgl. die Nachweise in Anm. B 35). Dadurch, daß der Ver Rechtsschutz als Hauptleistung eigener Art im untrennbaren Zusammenhang mit der Verpflichtung zur Befreiung von begründeten Ansprüchen gewährt (vgl. zur Qualifikation des Leistungsversprechens des Vers die Ausführungen in Anm. B 36), entfällt tatsächlich ein wesentlicher Teil der theoretisch denkbaren Rettungslast des Vmers. Es versteht sich aber, daß die dem Vmer obliegenden Unterstützungslasten bei der Abwehr, wie z. B. die Vollmachtserteilung an den vom Ver ausgesuchten Anwalt und eine sonstige bei der Führung des Haftpflichtprozesses durch den Ver begehrte Unterstützung als Rettungslast zu charakterisieren sind. Diese Unterstützungsobliegenheiten stellen damit gewissermaßen das Korrelat zu der Rechtsschutzleistung des Vers dar (Siebeck a. a. O. S. 102).

[F 78] c) Anwendungsbereich.

aa) Vorbemerkung.

Wie jeder andere Vmer ist auch der Haftpflichtvmer gehalten, nach Möglichkeit für die Abwendung und Minderung des Schadens zu sorgen. Für die allgemeinen Grundsätze sei daher auf die (demnächst zu erwartenden) Erläuterungen von Möller in Bruck-Möller zu §§ 62, 63 verwiesen. Speziell zur „Prozeßmuntschaft" des Haftpflichtvers, auch aus der Sicht der „Prozeßobliegenheiten" des Haftpflichtvmers, die einen Unterfall der Rettungslast darstellen, vgl. die instruktiven Ausführungen von Wahle ZVersWiss 1960 S. 51—104. Bei Anwendung der allgemeinen Grundsätze muß immer die besondere Gestaltung der Haftpflichtv mit dem doppelten Leistungsversprechen (Erfüllung begründeter und Abwehr unbegründeter Ansprüche) berücksichtigt werden. Die Schadenminderungslast gegenüber begründeten Ansprüchen hat naturgemäß ein ganz anderes Ausmaß als die gegenüber unbegründeten Forderungen. Es erschien demgemäß eine Aufteilung der Rettungslast gegenüber begründeten (vgl. Anm. F 79) und gegenüber unbegründeten Ansprüchen (vgl. Anm. F 80—81) als angebracht.

Im weiteren Sinne gehört zur Rettungspflicht auch die Auskunfts- und Aufklärungsobliegenheit. Ihre selbständige Behandlung rechtfertigt sich aber wie im System des VVG (§ 34) daraus, daß sie primär der Schadenfeststellung und nicht der Schadenminderung dienen soll.

Schadenminderungslast und Aufklärungsobliegenheit können sich im übrigen überschneiden. Entgegen der Auffassung von Oberbach II S. 84 wird man aber bei einer unrichtigen Darstellung des Schadensherganges gegenüber dem Ver regelmäßig nur einen Verstoß gegen die Aufklärungs- und nicht auch zugleich gegen die Rettungslast anzunehmen haben.

[F 79] bb) Schadenminderung bei begründeten Ansprüchen.

Hinsichtlich des dadurch eingetretenen Schadens, daß das Vermögen des Vmers bereits mit begründeten Haftpflichtansprüchen belastet worden ist, kommt eine Schadenminderung durch den Vmer begrifflich nur insoweit in Betracht, als es darum geht, daß der Vmer sich so zu verhalten hat, daß sich durch sein Verhalten (Tun oder Unterlassen) der eingetretene Schaden nicht vergrößert. Der Vmer ist demgemäß z. B. verpflichtet, dem durch ihn Verletzten erste Hilfe zu leisten, ihn ins Krankenhaus zu fahren oder einen Arzt herbeizuholen. Häufig könnte dieser Schaden, nämlich das Anwachsen objektiv begründeter Ansprüche, dadurch gemindert werden, daß der Vmer die begründeten Ansprüche unverzüglich erfüllt. Dazu ist der Haftpflichtvmer aber aufgrund der speziell haftpflichtvsrechtlichen Obliegenheit, dem Anerkenntnis- und Befriedigungsverbot, nur in besonderen Ausnahmefällen befugt (vgl. Anm. F 102 bis 108). Diese Art der Schadenminderung kann daher grundsätzlich aus der Betrachtung ausscheiden.

Ein weites Feld würde die Rettungslast des Vmers allerdings dann gewinnen, wenn man ihn für verpflichtet halten würde, sich im Verein mit dem Haftpflichtver auch objektiv begründeten Ansprüchen entgegenzustemmen. Zu Recht ist aber RG 30. VIII. 1938 JW 1938 S. 2834—2836 = ÖffrV 1938 S. 451—452 dieser Auffassung, die z. B. noch von Oberbach II S. 82—83 vertreten wird, nachdrücklich entgegengetreten: „Wenn und soweit der Vte den Anspruch des Verletzten als begründet erkennt, besteht für ihn keine Obliegenheit, den Ver, dem er bedingungsgemäß die Prozeßführung überlassen mußte, bei der Abwehr des Anspruchs zu unterstützen." Anders zu entscheiden, bedeutet, die soziale Aufgabe und Zweckbindung der Haftpflichtv zu verkennen. Es gilt, sich zunächst darauf zu besinnen, daß unsere Rechtsordnung auf dem Grundgedanken beruht, daß der pflichtbewußte Rechtsbürger gegen ihn gerichtete begründete Haftpflichtansprüche genauso ohne Prozeß erfüllt wie andere Verbindlichkeiten, z. B. eine Kaufpreisschuld. Wer vom Vmer verlangt, daß er gegen begründete Haftpflichtansprüche kämpfe, geht vom Bild des Rechtsfeindes aus, der sich mit allen Mitteln seinen Verbindlichkeiten entziehen will. Eine derartige Fehlhaltung ist mit der Rechtsordnung nicht zu vereinbaren. Vom Standpunkt der Rechtsethik gibt es daher keine andere Entscheidung als die, daß es keine Verletzung der Schadenminderungsobliegenheit bedeutet, wenn der Vmer es ablehnt, eindeutig begründete Ansprüche zu bekämpfen.

Es ist erfreulich zu berichten, daß auch der BGH (25. IV. 1955 VA 1955 S. 258—260 Nr. 111 = VersR 1955 S. 340—342) von dieser Grundthese ausgeht und es sogar ablehnt, einen Verstoß gegen die Schadenminderungslast darin zu sehen, daß der Vmer den Dritten dazu ermuntert, seine begründeten Ansprüche doch auch zu erheben (ebenso OLG Nürnberg 16. XI. 1964 VersR 1965 S. 176—177). Ein Verstoß gegen die Schadenminderungspflicht liege nur dann vor, so bemerkt BGH 25. IV. 1955 a. a. O., wenn der Vmer den Dritten ermuntere, unbegründete Ansprüche zu erheben (vgl. dazu RG 24 .IX. 1915 VA 1915 Anh. S. 90—91 Nr. 904 = LZ 1916 Sp. 168—169). Da es sich um einen Haftpflichtanspruch eines Sohnes gegen den Vater handelte, der in der Kraftfahrzeughaftpflichtv unter bestimmten Voraussetzungen (vgl. § 11 Ziff. 4 AKB) gedeckt ist, führte der BGH weiter aus, daß nur durch das geschilderte Verhalten des Vmers, der seinen Sohn nämlich darauf aufmerksam machte, daß er, der Vmer, Deckungsschutz in der Haftpflichtv habe, der Vmer so handle, wie man es von einem „Hausvater im Rahmen seines natürlichen Pflichtenkreises" erwarten müsse. Dieser Auffassung ist beizupflichten. Sie geht insbesondere von einem zutreffenden Schadensbegriff in der Haftpflichtv aus, der bei begründeten Ansprüchen in der Belastung des Vermögens des Vmers mit diesen Ansprüchen liegt, und zieht daraus ausdrücklich die Konsequenz, daß hier insoweit begrifflich eine Schadenminderungspflicht entfalle. Ähnlich schon RG 7. XII. 1934 JRPV 1935 S. 24—25 = Praxis 1935 S. 8 (vom entgegengesetzten Standpunkt geht noch KG 5. IX. 1930 JRPV 1931 S. 29—30 aus, wenn es bemerkt, daß der Vmer den Dritten nicht zur Geltendmachung animiert oder sonst irgendwie „begehrlich" gemacht habe; vgl. auch OLG Düsseldorf 23. IV. 1934 JRPV 1935 S. 46—47 [Vorinstanz zu RG 7. XII. 1934 a. a. O.]). Die Kritik an BGH 25. IV. 1955 a. a. O. (vgl. Beisler VersArch 1957 S. 278 Anm. 61, Fromm S. 371, Prölss[17] Anm. 2 zu § 5 AHB, S. 688, Siebeck a. a. O. S. 103—104, Venzmer VersR 1955 S. 612; zustimmend aber Fleischmann-Deiters in Thees-Hagemann Anm. 3b zu § 7 AKB, S. 315, Pienitz[3] S. 173, Stiefel-Wussow[7] Anm. 32 zu § 7 AKB, S. 260) verkennt die dargelegten Grundbegriffe. Auch die Meinung von Fromm und Prölss a. a. O., daß es hier nahe gelegen hätte, die Grundsätze über das Anerkenntnis- und Befriedigungsverbot und damit § 154 II heranzuziehen, ist abzulehnen, weil dadurch die prinzipielle Entscheidung für ein konsequentes rechtsethisch fundiertes Urteil verdunkelt wird.

Es darf die vom BGH 25. IV. 1955 a. a. O. zutreffend für erlaubt gehaltene Ermunterung des Dritten, die begründeten Ansprüche geltend zu machen, aber nicht jedes Maß verlieren. Einen Verstoß gegen die Schadenminderungslast wird man daher auch heute noch anzunehmen haben, wenn der Vmer z. B. für den Dritten die Klage anfertigt (vgl. OLG Düsseldorf 31. V. 1938 JRPV 1938 S. 89—91 = RdK 1939 S. 114—115), oder sonst die prozessualen Lasten für den Dritten erledigt. Als ein Verstoß gegen die Schadenminderungslast ist es grundsätzlich auch zu werten, wenn der Vmer wie in dem vom RG 9. III. 1915 a. a. O. entschiedenen Falle eidesstattliche Versicherungen zugunsten des Dritten sammelt oder selbst abgibt (vgl. OLG Hamm 10. III. 1939Hans RGZ 1940 A Sp. 103—104 = RdK 1939 S. 290—291). Hingegen wird man es grundsätzlich nicht als Verstoß gegen die Schadenminderungslast anzusehen haben, wenn der Vmer dem geschädigten Dritten zur Überwindung der durch den Unfall angespannten finanziellen Situation ein Darlehen gewährt (a. M. OLG Köln 30. XII. 1935 HansRGZ 1936 A Sp. 142), sofern darin kein unzulässiges Anerkenntnis der gegnerischen Haftpflichtforderung zu sehen ist (vgl. RG 7. XII. 1934 JRPV 1935 S. 24—25 = Praxis 1935 S. 8).

Im übrigen bleibt festzuhalten, daß keine Obliegenheit des Vmers besteht, begründeten Ansprüchen entgegenzutreten (so auch schon RG 9. III. 1915 VA 1915 Anh. S. 42—43 Nr. 879 und sehr klar RG 30. VIII. 1938 JW 1938 S. 2834—2836 = ÖffrV 1938 S. 451—452) oder den Ver bei der Abwehr derartiger Ansprüche zu unterstützen. Ein seine Vertragspflichten sorgsam bedenkender Ver wird das auch nicht verlangen. Zu beachten ist dabei allerdings, daß die Entscheidung darüber, ob ein Haftpflichtanspruch begründet oder unbegründet ist, in erster Linie dem Ver obliegt. Soweit es sich um Ermessensfragen handelt, ist der Vmer nicht berechtigt, seine eigene Ermessensentscheidung an die Stelle der des Vers zu setzen (vgl. dazu auch Anm. B 37—38). Er ist daher regelmäßig gehalten, den Ver mit allen Kräften zu unterstützen. Das bedeutet, daß die Ausführungen in Anm. F 80—81 sich nicht nur auf unbegründete Ansprüche beziehen, sondern auch auf Sachverhalte, in denen teils begründete, teils unbegründete Forderungen gestellt werden. Ebenso liegt es, wenn die erhobenen Ansprüche zwar — gemessen am absoluten Maßstab der Rechtsordnung — begründet sind, das aber aus rechtlichen oder tatsächlichen Schwierigkeiten nicht ohne weiteres ersichtlich ist. Seine Mitwirkung an der Bekämpfung der geltend gemachten Haftpflichtansprüche darf der Vmer nur dann ablehnen, wenn deren Begründetheit jedem verständigen Betrachter einleuchtet und wenn demgemäß der gegenteilige Standpunkt des Vers aus dieser Sicht der Dinge geradezu ein grobfahrlässiges Verkennen der Situation bedeutet.

[F 80] cc) Rettungslast bei (ganz oder teilweise) unbegründeten Ansprüchen.

aaa) Umfang.

In großer Zahl werden von den geschädigten Dritten überhöhte und gänzlich unbegründete Ansprüche geltend gemacht. Hier ist der Hauptplatz der Rettungslast des Vmers in der Haftpflichtv. Es wird von ihm erwartet, daß er dem Ver in jeder Beziehung tatkräftig hilft, damit dieser den unbegründeten Ansprüchen wirksam entgegentreten kann, so daß sich nicht die Verlustmöglichkeit durch einen falschen Gerichtsentscheid zu einem Verlust auswirkt. Die Rettungsmöglichkeiten sind so vielfältig, daß sie in den Bedingungen nicht abschließend aufgezählt werden können. Es war vielmehr erforderlich, die Generalklausel des § 62 zu wiederholen. Maßgebend ist danach das Verhalten eines verständigen Rechtsbürgers. Was dieser nach Lage des Falles tun würde, um einen eingetretenen Schaden zu mindern, stellt den Inhalt der allgemeinen Rettungslast des Vmers dar.

Neben dieser allgemeinen Rettungsobliegenheit, deren Umfang erst im Schadenfall im einzelnen konkretisiert werden kann, sind in den Bedingungen die typischerweise in Haftpflichtvsfällen immer wieder vorkommenden Rettungsobliegenheiten ausdrücklich normiert (vgl. § 5 Ziff. 3 und 4 AHB). Derartige Lasten des Vmers sind: Die Unterstützung bei der Schadenermittlung und Regulierung, weiter insbesondere die Überlassung der Prozeßführung an einen vom Ver bezeichneten Anwalt, dem Prozeßvollmacht zu erteilen ist („Prozeßmuntschaft" des Haftpflichtvers); ferner das Gebot, gegen einen vom Dritten erwirkten Zahlungsbefehl und gegen verwaltungsrechtliche Verfügungen, die eine Schadenersatzverpflichtung betreffen, Widerspruch zu erheben. Versäumt es der Vmer, gegen einen Zahlungsbefehl rechtzeitig Widerspruch einzulegen, so muß er die Einspruchsfrist gegen den Vollstreckungsbefehl wahren (vgl. dazu auch OLG Düsseldorf 3. X. 1967 VersR 1969 S. 30 mit zum Teil angreifbaren Formulierungen).

Unter einem Prozeß über den Haftpflichtanspruch ist jedes zivilgerichtliche Verfahren, also auch ein Verfahren betreffend den Erlaß einer einstweiligen Verfügung (vgl. RG 9. III. 1915 VA 1915 Anh. S. 42—43 Nr. 879) zu verstehen; auch ein Armenrechtsverfahren fällt darunter (KG 15. I. 1938 VA 1937 S. 215—216 Nr. 3014). Die vom KG a. a. O. für einen durchschnittlichen Vmer daran für möglich gehaltenen Zweifel sind mittelbar auch dadurch beseitigt worden, daß der Vmer nunmehr ausdrücklich zur Anzeige eines Armenrechtsverfahrens durch § 153 IV angehalten wird. Richtig hat im übrigen schon vor der Änderung des § 153 OLG Frankfurt a. M. 15. I. 1931 JRPV 1931 S. 260—261 die hier behandelte Obliegenheit dahin ausgelegt, daß der Vmer auch im Armenrechtsverfahren verpflichtet sei, dem Ver die Prozeßführung zu überlassen. Der Vmer ist auch dann gehalten, dem Ver die Führung des Haftpflichtprozesses zu überlassen, wenn der Streit im Schiedsgerichtsverfahren ausgetragen wird. Dafür, daß der Ver in diesem Falle allerdings dann, wenn er der Vereinbarung einer Schiedsgerichtsklausel nicht zugestimmt hatte, zur Führung des Haftpflichtprozesses nicht verpflichtet ist, vgl. Anm. F 99). Festzuhalten ist aber, daß die Vereinbarung einer Schiedsgerichtsklausel weder einen Verstoß gegen die Rettungsobliegenheit noch einen solchen gegen das Anerkenntnisverbot darstellt.

Die Obliegenheit, dem Ver die Prozeßführung zu überlassen, besteht nach der Rechtsprechung (vgl. nur RG 4. XII. 1923 VA 1924 S. 132—133 Nr. 1416, LG Köln 24. I. 1964 VersR 1964 S. 398—400 und die Nachweise in Anm. G 10) auch dann, wenn der geltend gemachte Anspruch des Dritten die Deckungssumme des Vertrages übersteigt, und zwar auch bezüglich des nicht vom Vsschutz erfaßten Teiles der gegnerischen Forderung. Gegen diese Auffassung bestehen aber aus den in Anm. G 15 dargelegten Gründen Bedenken. Es liegt näher, die differenzierende Auffassung, wie sie vom KG 18. II. 1925 JRPV 1925 S. 124—125 vertreten wird, zum Maßstab der Entscheidung zu machen (ablehnend aber Schirmer Vertretungsmacht S. 106). Danach ist darauf abzustellen, ob die Interessen des Vmers bei einer derartigen Überschreitung der Vssumme die Bestellung auch eines eigenen Anwalts gebieten.

Als Konsequenz der haftpflichtvsrechtlichen Obliegenheit, dem Ver grundsätzlich die Prozeßführung überlassen zu müssen, ist die Bestimmung anzusehen, daß der Vmer einem vom Ver benannten Anwalt Prozeßvollmacht zu erteilen habe. Indessen steht dem Ver ein klagbarer Anspruch auf Erteilung einer derartigen Prozeßvollmacht nicht zu (auch nicht im Rahmen der Kfz-Haftpflichtv). Die gegenteilige Auffassung ist mit dem Rechtscharakter der Obliegenheit unvereinbar (so zutreffend BGH 4. XII. 1967 VersR 1968 S. 162—163; ebenso als Vorinstanz OLG Köln 24. V. 1965 MDR 1965 S. 835—837 = VersR 1965 S. 950—952; a. M. Prölss[15] Anm. 3 zu § 5 AHB, S. 653 und [als Gericht 1. Instanz] LG Köln 24. I. 1964 VersR 1964 S. 398—400). Dafür, daß der Ver auch nicht befugt ist, die Prozeßvollmacht in Vertretung für den Vmer zu unterschreiben, vgl. die Ausführungen in Anm. G 10 (verfehlt: AG München 26. VI. 1967 VersR 1968 S. 637).

Ausdrücklich normiert ist auch die Obliegenheit des Vmers, nach § 323 ZPO Abänderungsklage zu erheben (§ 5 Ziff. 6 AHB). Nicht speziell festgelegt ist dagegen die sich aus dem allgemeinen Schadenminderungsgebot ergebende Verpflichtung des Vmers, auf Weisung des Vers Klage auf Feststellung im sozialgerichtlichen Verfahren zu erheben, daß z. B. der Unfall, aus dem der Vmer ersatzpflichtig gemacht werde, sich als vom Sozialvsschutz erfaßter Arbeitsunfall in seinem eigenen Betriebe zugetragen habe.

Gleiches gilt für den Fall, daß dem Vmer der Streit in einem Vorprozeß verkündet wird. Hier ist er nach Weisung des Vers grundsätzlich zum Beitritt verpflichtet. Das Besondere in den beiden letzterwähnten Fällen ist darin zu sehen, daß anders als im Falle des § 323 ZPO nicht ausdrücklich vereinbart worden ist, wer die Prozeßführung hat und ob der Vmer den vom Ver vorgeschlagenen Anwalt akzeptieren muß. Eine entsprechende Anwendung von § 5 Ziff. 4 AHB scheidet aus, da der Haftpflichtanspruch im eigentlichen Sinne nicht Gegenstand des Verfahrens ist. Demgemäß hat in erster Linie der Vmer das Vorschlagsrecht und der Ver bei der Prozeßführung nur ein Mitspracherecht, aber keine Entscheidungsbefugnis.

Während es in § 5 Ziff. 4 AHB ausdrücklich heißt, daß der Vmer dem Ver die Prozeßführung über den Haftpflichtanspruch zu überlassen und dem vom Ver bestellten oder bezeichneten Anwalt Vollmacht zu erteilen habe, bestimmt § 5 Ziff. 3 AHBVerm lediglich, daß der Vmer unter Beachtung der Weisungen des Vers (insbesondere auch hinsichtlich der Auswahl des Prozeßbevollmächtigten) nach Möglichkeit für die Abwendung und Minderung des Schadens zu sorgen habe. Das Gesagte bedeutet, daß in der Vermögensschadenhaftpflichtv eine Anwaltsbestellung durch den Vmer keinen Verstoß bedeutet, solange der Ver dem Vmer nicht einen bestimmten Anwalt vorgeschlagen hat. Mit dieser Auffassung stimmt überein, daß keine ausdrückliche Obliegenheit des Vmers festgelegt ist, dem Ver die Prozeßführung zu überlassen. Daß der Vmer in der Vermögensschadenhaftpflichtv bis zu einer gegenteiligen Weisung des Vers grundsätzlich selbst einen Anwalt seines Vertrauens bestimmen darf, ergibt sich mittelbar auch aus § 3 II Ziff. 7d AHBVerm. Dort ist bestimmt, daß in den Fällen, in denen der Vmer sich selbst im Prozeß vertrete, weder ihm, noch seinem Sozius noch seinen Mitarbeitern Gebühren erstattet werden (vgl. dazu Anm. G 23). Hat der Ver nicht rechtzeitig, d. h. vor einer Bestellung eines Prozeßbevollmächtigten durch den Vmer, von seiner Weisungsbefugnis Gebrauch gemacht, so kann er einen Anwaltswechsel in der Vermögensschadenhaftpflichtv nur verlangen, wenn er sich bereit erklärt, die dadurch entstehenden Mehrkosten ungekürzt zu übernehmen. Daß der Vmer einen Prozeß in eigener Sache selbst führe, kann der Ver auch dann nicht verlangen, wenn er sich bereit erklärt (entgegen § 3 II Ziff. 7d AHBVerm), den Vmer dafür zu honorieren.

Einen Verstoß gegen die zur Schadenminderung gehörende Hilfe bei der Schadenfeststellung und Regulierung stellt es entgegen OLG Düsseldorf 31. I. 1938 JRPV 1938 S. 89—90 noch nicht dar, wenn der Vmer ein unberechtigtes Anspruchsschreiben kritiklos weitergibt. Vielmehr darf der Vmer grundsätzlich auf sachgerechte Fragen des Vers warten. Etwas anderes gilt allerdings dann, wenn der Vmer klar erkennt, daß die Ansprüche des Dritten unbegründet sind und wenn nach den besonderen Umständen des Falles nicht zu erwarten ist, daß der Ver die Unbegründetheit des Anspruchs erkennen kann.

Nach der Ausgestaltung des Haftpflichtvsverhältnisses durch das Bedingungsrecht ist der Ver grundsätzlich Herr des Haftpflichtprozesses (BGH 11. XI. 1961 NJW 1962 S. 491—492 = VA 1962 S. 136—138 Nr. 326). Gemeint ist damit nach dem Sinn der Haftpflichtv der gegen den Vmer geführte Haftpflichtrechtsstreit. Die Herrschaft des Vers erstreckt sich dagegen gewiß nicht auf die Gegenansprüche des Vmers. Insbesondere ist dieser nicht gehalten, sich vor der Geltendmachung seiner eigenen Ansprüche mit seinem Haftpflichtver abzustimmen (so zutreffend LG Kiel 9. V. 1962 VersR 1962 S. 1075). Rechnet der Dritte allerdings mit seiner wirklichen oder vermeintlichen Forderung auf, so muß der Vmer dem Ver auch hier, soweit es sich um die gegnerische Haftpflichtforderung handelt, entscheidenden Einfluß auf die Prozeßführung einräumen. Einen Anwaltswechsel kann der Ver aber nur aus wichtigem Grund verlangen und unter gleichzeitigem Erbieten, die dadurch entstehenden Mehrkosten zu tragen.

Der Vmer darf nicht versuchen, die Prozeßführung des Vers durch arglistiges Verhalten zu vereiteln oder zu durchkreuzen (KG 21. III. 1931 VA 1931 S. 23—24 Nr. 2251). Darin, daß der Vmer dem Dritten eine Abschrift seiner wahrheitsgemäßen Anzeige an den Ver überläßt, kann aber kein Verstoß gegen die Schadenminderungslast gesehen werden (KG 21. III. 1931 a. a. O.).

Zur Schadenminderung zählt es auch, daß der Vmer Regreßansprüche gegen weitere Beteiligte wahrt (Oberbach II S. 83); mit Rücksicht darauf, daß die Abwicklung der Haftpflichtschäden ganz in der Hand des Vers liegt, wird man hier aber Schritte des Vmers grundsätzlich nur auf ausdrückliche Weisung des Vers verlangen können.

[F 81] bbb) Billigkeitsgesichtspunkte.

Der Grundsatz des § 62 wird in § 5 Ziff. 3 S. 1 AHB mit der Einschränkung wiederholt, daß der Vmer unter Beachtung der Weisungen des Vers nach Möglichkeit für die Abwendung und Minderung des Schadens zu sorgen habe, sofern ihm dabei nichts Unbilliges zugemutet werde. Auch nach § 62 darf der Ver dem Vmer nichts Unbilliges zumuten. Es ist aber dennoch zu begrüßen, daß dieser allgemeine Rechtsgrundsatz in der genannten Bedingungsvorschrift ausdrücklich niedergelegt ist; ebenso § 5 Ziff. 3a AHBVerm. In § 7 I Ziff. 2 AKB fehlt es an dieser ausdrücklichen Einschränkung des Weisungsrechts des Vers. Zutreffend hat BGH 11. XII. 1961 NJW 1962 S. 491—492 = VA 1962 S. 136—138 Nr. 326 aber in einem Kraftfahrzeughaftpflichtvsfall in der Sache so entschieden, als wäre auch in dieser Bedingungsbestimmung eine derartige Billigkeitsklausel enthalten. Vom BGH 11. XII. 1961 a. a. O. ist dabei ausgeführt worden, daß es bei einer Verhandlung vor einem ausländischen Gericht, das in ein und demselben Verfahren über die strafrechtlichen und die bürgerrechtlichen Folgen eines Unfalles entscheide, von der Abwägung aller Umstände des Falles abhänge, ob dem Vmer zuzumuten sei, entsprechend der Weisung des Vers persönlich zur Verhandlung zu erscheinen; es müsse abgewogen werden, ob die Interessen des Vers oder die des Vmers schutzwürdiger seien. Abzustellen sei insbesondere darauf, wie sich ein unvter vernünftiger Rechtsbürger verhalten würde. Im konkreten Falle wurde vom BGH a.a.O. das Verhalten des Vmers gebilligt, der entgegen der Weisung des Vers nicht zum Verhandlungstermin in der Berufungsinstanz gekommen war, weil er eine Verschärfung des Strafausspruchs befürchtete. Das Besondere in dem entschiedenen Falle lag in der der deutschen Rechtspraxis im Prinzip fremden gleichzeitigen Entscheidung über die straf- und zivilrechtliche Seite eines Schadenfalles. Bemerkenswert ist in diesem Zusammenhang, daß übereinstimmend mit dieser Auffassung des BGH auch die französische Rechtsprechung dem Ver die Befugnis abspricht, ein Rechtsmittel einzulegen, wenn die Möglichkeit besteht, daß der Vmer in der nächsten Instanz härter bestraft wird (vgl. die Nachweise bei Wahle ZVersWiss 1960 S. 61 Anm. 46).

Für das deutsche Rechtsgebiet ist festzuhalten, daß Weisungen des Vers über das Verhalten des Vmers im Strafverfahren vom Vmer grundsätzlich nicht befolgt zu werden brauchen (BGH 11. XII. 1961 a. a. O.). Demgemäß braucht der Vmer z. B. nicht auf Weisung des Vers gegen einen Strafbefehl Einspruch einzulegen (RG 29. IX. 1931 VA 1931 S. 276—277 Nr. 2333 = HansRGZ 1931 A Sp. 664, OLG Stuttgart 13. V. 1929 JW 1930 S. 3650—3651, Siebeck a. a. O. S. 105—106). RG 29. IX. 1931 a. a. O. hat dabei zutreffend darauf hingewiesen, daß es dem Vmer nicht zugemutet werden könne, die Gefahr einer höheren Bestrafung und die Unannehmlichkeiten einer öffentlichen Verhandlung auf sich zu nehmen. Ergänzend sei bemerkt, daß es überhaupt mit einer geläuterten Rechtsauffassung nicht zu vereinbaren ist, wenn einem allein wirtschaftlich interessierten Dritten entscheidender Einfluß auf die Sühne einer strafrechtlichen Schuld eingeräumt wird. Es muß Sache der individuellen Entscheidung bleiben, ob sich der Vmer im strafrechtlichen Sinne schuldig fühlt. Das Gesagte gilt nicht nur für das Einspruchsverfahren, sondern für alle Stadien des Strafverfahrens. Anders ist nur dann zu entscheiden, wenn die Weisung des Vers allein die zivilrechtliche Seite eines Schadenfalles betrifft, z. B. die Anweisung, gemäß § 406a II StPO ein Rechtsmittel gegen das Urteil einzulegen, soweit dieses im Adhäsionsverfahren einen Schadenbetrag zugesprochen hat. Nach dem allgemeinen Schadenminderungsgebot kann der Vmer auch verpflichtet sein, auf Weisung des Vers ohne besondere gerichtliche Aufforderung als Zeuge im Strafverfahren aufzutreten. — Wie unterschiedlich sich das Recht bei gleichem Gesetzeswortlaut entwickeln kann, zeigt in diesem Zusammenhang deutlich ÖOGH 23. I. 1963 VersR 1965 S. 370—371 mit ablehnender Anm. von Wahle a. a. O. S. 371—372: Im Gegensatz zur deutschen Rechtsprechung wird danach das „Vorenthalten" der Verteidigung durch einen Anwalt, den der Ver „beizustellen" bereit war, als Obliegenheitsverletzung gewertet.

Der Ver ist dagegen im Zivilverfahren der Herr des Geschehens. Der Vmer hat grundsätzlich seinen Weisungen Folge zu leisten. Sache des Vers ist es dann aber auch, dem Vmer eindeutige Weisungen zu erteilen. Das gilt insbesondere dann, wenn der Ver vom üblichen Regulierungsschema abweicht und aus bestimmten Gründen z. B. den Vmer darum bittet, von sich aus einen Anwalt im Haftpflichtprozeß zu beauftragen (vgl. den vom OLG Celle 11. IV. 1933 VA 1933 S. 347—348 Nr. 2586 entschiedenen Fall). Eine Unbilligkeit ist stets darin zu sehen, daß etwa vom Vmer verlangt wird, daß er in seiner persönlichen Vernehmung eine unrichtige tatsächliche Darstellung abgebe oder daß ihm angetragen wird, daß er ein den Sachverhalt unrichtig darstellendes Schriftstück im Armenrechtsverfahren unterzeichne (OLG Frankfurt a M. 15. I. 1931 JRPV 1931 S. 260—261). Der Vmer darf nicht dazu angehalten werden, an einer unrichtigen Entscheidung des Haftpflichtprozesses mitzuwirken (KG 21. III. 1931 VA 1931 S. 23—24 Nr. 2251). Dem Ver ist es auch bei unbegründeten Ansprüchen des Dritten nicht gestattet, dem Vmer zur „Vereinfachung" der Prozeßsituation einen Verstoß gegen die Wahrheitspflicht zuzumuten. Das gleiche gilt, wenn der Ver im Prozeß in einer ähnlichen Situation etwas in tatsächlicher Beziehung Unrichtiges vorträgt. Die darauf gerichteten Bemühungen des Vmers, den Verstoß gegen die Wahrheit zu beseitigen, stellen keine Verletzung der Schadenminderungspflicht dar, so z. B. wenn der Vmer im Prozeß der unrichtigen Darstellung des Sachverhalts durch den vom Ver ausgesuchten Anwalt entgegentritt (RG 30. VIII. 1938 JW 1938 S. 2834—2836 = ÖffRV 1938 S. 451 bis 452, OLG Hamm 10. III. 1939 RdK 1939 S. 290—291 = HansRGZ 1940 A Sp. 103—104).

Gibt der Ver dem Vmer die Weisung, daß er dem Dritten gegenüber das Bestehen einer Haftpflichtv zu verneinen habe, so ist diese Anordnung ohne rechtliche Verbindlichkeit, da sie den Vmer zur Unwahrheit anhält (vgl. OLG Hamm 15. X. 1934 VA 1935 S. 17 Nr. 2765; a. M. Oberbach I S. 85 Anm. 556; beachte in diesem Zusammenhang auch die rechtsvergleichende Zusammenstellung von Wahle ZVersWiss 1960 S. 52 über die Behandlung dieser Frage in den einzelnen europäischen Rechtsordnungen. Aus seinen Ausführungen gewinnt man Verständnis für eine derartige Bitte des Vers, deren Motiv darin zu suchen ist, daß nicht ein Haftpflichtprozeß unterschwellig deshalb gegen den Vmer entschieden werde, weil sich das „allein" zu Lasten des Vers auswirke).

Dem Vmer ist es nicht zuzumuten, einem Anwalt Prozeßvollmacht zu erteilen, der in einem anderen Rechtsstreit des Vmers die Gegenseite vertritt (RAA VA 1937 S. 76). Das gleiche gilt, wenn der Vmer mit dem Anwalt verfeindet ist oder wenn dieser einen

Rechtsstreit gegen einen nahen Angehörigen führt. Ähnliche Fälle lassen sich denken. Hingegen gehört es zur sachgemäßen Regulierung und Prozeßführung, daß der Ver berechtigt ist, gegenüber dem Haftpflichtanspruch die Einrede der Verjährung zu erheben (vgl. OLG Düsseldorf 25. IX. 1958 MDR 1959 S. 219 [gek.] = VersR 1959 S. 381—382). Dem Vmer wird dadurch nichts Unbilliges zugemutet. Wenn er meint, es nicht hinnehmen zu können, daß in seinem Namen eine derartige Einrede erhoben werde, so mag er den Schaden selbst tragen. Er kann sich nur sichern, wenn er bei Abschluß des Haftpflichtvsvertrages eine Sonderklausel aufnehmen läßt, die dem Ver die Einrede der Verjährung untersagt. Das Gesagte gilt für alle Vmer, also auch für die Haftpflichtv eines Rechtsanwaltes. In diesem Zusammenhang sei bemerkt, daß es für einen Rechtsanwalt keine Standeswidrigkeit darstellt, wenn er die Einrede der Verjährung erhebt (a. M. v. Gierke II S. 314, Prölss^{17} Anm. 2 zu § 5 AHB, S. 687). Die von Prölss a. a. O. für seine Auffassung zitierte Entscheidung des Ehrengerichtshofes für Rechtsanwälte (17. II. 1936 Entscheidungssammlung Bd 30 S. 68—71) betrifft einen hier nicht interessierenden Sonderfall, in dem die Einrede der Verjährung gegenüber der Rückforderung von zuviel eingenommenen Gebühren erhoben worden ist. Daß die Anwaltschaft in ihrer überwiegenden Mehrheit die Einrede der Verjährung nicht als standeswidrig ansieht, erhellt schon daraus, daß ihre Standesvertretungen maßgebend mit darauf hingewirkt haben, daß die Verjährungsfrist auf drei Jahre verkürzt worden ist (vgl. § 51 BRAO).

Keinen Verstoß gegen das Gebot, dem Ver die Prozeßführung in allen Fragen zu überlassen, stellt es dar, wenn der Vmer bei einer Pfändung gegen den Dritten (wegen einer Kostenerstattungsforderung aus einem dem Haftpflichtprozeß vorangegangenen Verfahren betr. den Erlaß einer einstweiligen Verfügung) aus Gründen der Menschlichkeit den Versteigerungstermin herausschieben läßt (RG 16. X. 1917 VA 1918 Anh. S. 26—28 Nr. 1029).

Entgegen der Auffassung von Prölss VersR 1954 S. 2 und Schirmer Vertretungsmacht S. 66—70 ist der Ver grundsätzlich nicht befugt, über eine Gegenforderung des Vmers durch Erklärung der Aufrechnung zu disponieren (ebenso Ruhkopf VersR 1961 S. 99—100; vgl. auch Anm. G 5). Auch nach Billigkeitsgrundsätzen braucht der Vmer einer derartigen Aufrechnung nicht zuzustimmen ungeachtet dessen, daß ihm dadurch kein Nachteil entsteht und der Ver sich insbesondere zur sofortigen Zahlung in Höhe des Aufrechnungsbetrages an den Vmer bereit erklärt.

Daß der wahrheitsgemäße Vortrag des Haftpflichtvers den Vmer in ein schlechtes Licht stellen kann, ist nicht als unbillig anzusehen; diese Konsequenz hat der Vmer sich selbst zuzuschreiben, wenn er z. B. betrunken Auto gefahren ist und der Ver aus der Kenntnis des Mitfahrers von dieser Trunkenheit eine Mitschuld im Sinne des § 254 BGB zu folgern sucht (vgl. dazu auch Neflin JRPV 1936 S. 3—4 und zur haftungsrechtlichen Frage Anm. B 72).

In Anm. F 108 wird die Auffassung vertreten, daß bei Vorliegen der Voraussetzungen des § 154 II der Vmer grundsätzlich auch von anderen haftpflichtvsrechtlichen Obliegenheiten befreit sei. Bei der Abgrenzung der Rettungsobliegenheit spielen Billigkeitsgesichtspunkte ohnedies eine entscheidende Rolle. Demgemäß kommt der „Ausstrahlung" des Billigkeitsverbots nach § 154 II hier keine große Bedeutung zu. Bemerkenswert ist aber OLG Stettin 26. V. 1930 VA 1930 S. 199—200 Nr. 2164: Der Vmer hatte aus Billigkeitsgründen einer nach dem Vertrage an sich unzulässigen Aufrechnungserklärung des Dritten mit einer offensichtlich begründeten Forderung nicht widersprochen. Vgl. auch OLG Frankfurt a. M. 15. I. 1931 JRPV 1931 S. 260—261, das die Abwägung nach Billigkeitsgesichtspunkten bei Verletzung der Prozeßobliegenheit anhand des § 154 II vornimmt.

Lehnt der Ver es ab, Vsschutz zu gewähren, so entbindet das den Vmer grundsätzlich davon, die haftpflichtvsrechtlichen Obliegenheiten zu beachten. Vgl. die Nachweise in Anm. F 46, F 101 und B 66. Der Vmer braucht daher dann auch nicht einem vom Ver benannten Anwalt die Prozeßführung zu überlassen (RG 30. VIII. 1938 JRPV 1938 S. 308—309 = SeuffArch Bd 92 Nr. 150, BGH 7. XI, 1966 NJW 1967 S. 202—203 = VersR 1967 S. 27—29, OLG Hamburg 10. IV. 1931 VA 1931 S. 33 Nr. 2261). Das gilt auch dann, wenn der Ver ausdrücklich erklärt, daß er durch die Deckungsablehnung nicht auf die Erfüllung von Obliegenheiten verzichten wolle, sondern ein bestimmtes Verhalten des

Vmers verlange (BGH 7. XI. 1966 a. a. O.). Zu beachten ist aber, daß eine leichtfertige, d. h. grobfahrlässige Schadenregulierung den Vmer nach den Ausführungen unter Anm. B 66 und Anm. F 101 trotz der grundsätzlich eintretenden Bindungswirkung schadenersatzpflichtig machen kann. Der Vmer darf daher nicht bei ganz eindeutig zu seinen Gunsten sprechender Sachlage leichtfertig gegen sich ein Versäumnisurteil ergehen lassen (vgl. dazu LG Oldenburg 21. I. 1938 JRPV 1938 S. 190—191). Von Leichtfertigkeit kann aber nicht die Rede sein, wenn ein haftpflichtvter Anwalt, dem der Ver den Deckungsschutz zu Unrecht verweigerte und der den Haftpflichtprozeß deshalb allein führen muß, in diesem Regreßprozeß keine andere Haltung bezüglich der Aussichten des Dritten, seines ehemaligen Mandanten, den Ausgangsprozeß zu gewinnen, einnimmt. Das Gesagte muß jedenfalls dann gelten, wenn der in der Berufungsinstanz von dem Vmer ursprünglich vorgetragene Standpunkt des geschädigten Dritten obsiegte und das Urteil des OLG nur deshalb aufgehoben wurde, weil die Berufungsformalien durch den Vmer nicht gewahrt waren (KG 17. IV. 1940 JRPV 1940 S. 92—93). Anders wäre die Lage nach Billigkeitsgesichtspunkten aber dann zu beurteilen, wenn der Ver den Vsschutz nicht verweigerte. Hier müssen die persönlichen Interessen des Vmers zurücktreten, wenn es sich um eine zweifelhafte Rechtsfrage handelt und der Ver den Prozeß führt.

Als zu weitgehend ist die Auffassung anzusehen, daß der Vmer von sich aus die Verhältnisse des Dritten, den er geschäftlich oder privat kenne, fortlaufend beobachten müsse, um dem Ver unaufgefordert bei wesentlichen Veränderungen auf die Möglichkeit einer Abänderungsklage hinzuweisen (so aber Wussow[5] Anm. 25 zu § 5 AHB, S. 458—459). Hier braucht der Vmer vielmehr nur auf entsprechendes Verlangen des Vers im Rahmen des § 5 Ziff. 6 AHB tätig zu sein. Ein Verlangen, das nach rechtskräftigem Abschluß des Haftpflichtprozesses dergestalt von dem Ver an den Vmer gestellt wird, daß dieser laufend die Verhältnisse des Dritten zu beobachten habe, ist ebenfalls als unzumutbare Anforderung zu behandeln. Für den Ver bietet sich hier vielmehr die normale Erledigung solcher Probleme durch Einschaltung einer Detektei an.

[F 82] d) Verletzungsfolgen.

aa) Vorbemerkung.

Die Rettungslast ist eine Obliegenheit mit gesetzlich geregelter Verletzungssanktion (vgl. allgemein dazu Möller in Bruck-Möller Anm. 17 zu § 6). Die Rechtsfolgen einer Verletzung der Rettungslast sind dabei in § 62 II übereinstimmend mit § 6 III geregelt. Bezüglich der Beweislast sei daher auf die Ausführungen in Anm. F 48 verwiesen.

[F 83] bb) Vorsatz.

Die vorsätzliche Verletzung der Schadenminderungslast führt wie auch sonst bei Obliegenheitsverletzungen zur Leistungsfreiheit ohne Rücksicht darauf, ob der Verstoß den Schaden vergrößert hat oder nicht. Eine Belehrungspflicht des Vers besteht bei dem spontan zu erfüllenden Teil der Rettungslast (Hilfe für den Verletzten) nicht. Für die Obliegenheit, dem Ver die Prozeßführung zu überlassen, erscheint es aber als angebracht, einen besonderen Hinweis des Vers nach Maßgabe der in Anm. F 66 dargestellten Grundsätze zu verlangen.

Beispiele für vorsätzliche Verletzungen der Rettungslast:

RG 24. IX. 1915 VA 1915 Anh. S. 90—91 Nr. 904 = LZ 1916 Sp. 168—169: Der Vmer hatte den Dritten dazu aufgefordert, einen überhöhten Anspruch geltend zu machen, damit auch der dem Vmer entstandene Schaden von seinem Haftpflichtver bezahlt werde.

RG 14. I. 1921 RGZ Bd 101 S. 213—217: Aus den besonderen Umständen des Falles wird zu Recht ein vorsätzlicher Verstoß bei Nichtüberlassung des Haftpflichtprozesses an den Ver gefolgert; der Ver hatte dort ausdrücklich die Übertragung der Prozeßführung auf sich verlangt.

OLG Frankfurt a. M. 15. I. 1931 JRPV 1931 S. 260—261: Aus der Nichtunterzeichnung eines vom Ver entworfenen Schriftstückes im Armenrechtsverfahren und aus der

Einreichung vom Vmer verfaßter Äußerungen zur Gerichtsakte, in denen die Schuld eingeräumt wurde, schließt das Gericht auf einen vorsätzlichen Verstoß, der noch durch weitere Indizien belegt wurde.

Irrt der Vmer über den Umfang seiner Obliegenheit, so handelt er nicht vorsätzlich (vgl. Möller in Bruck-Möller Anm. 28 zu § 6). Verfehlt daher RG 4. XII. 1923 VA 1924 S. 132—133 Nr. 1416. Dort hatte der Vmer den Standpunkt vertreten, daß er nicht zur Überlassung des Prozesses an den Ver bezüglich des über die Deckungssumme hinausgehenden Anspruchs verpflichtet sei. Da es sich um eine nach der Interessenlage zweifelhafte und damals höchstrichterlich auch noch nicht entschiedene Frage handelte, hat auch keine grobe Fahrlässigkeit vorgelegen.

Die vornehmste und ursprüngliche Form der Rettungspflicht ist es in der Haftpflichtv, dem Dritten zu helfen, den Schaden zu überwinden. Wer Fahrerflucht begeht und das schwerverletzte Verkehrsopfer im hilflosen Zustande liegen läßt und eine dadurch bedingte Verschlechterung des Gesundheitszustandes billigt, begeht nicht nur eine vorsätzliche Verletzung der Aufklärungspflicht, sondern grundsätzlich auch eine solche der Schadenminderungslast (BGH 6. VI. 1966 VersR 1966 S. 745—748, OLG Braunschweig 20. XII. 1955 VersR 1956 S. 172—173, LG Aachen 3. VII. 1956 VersR 1957 S. 96—97, OLG Hamm 8. XI. 1956 MDR 1957 S. 297—298 [bezüglich der Auffassung, daß der Verstoß eines Vmers gegen eine Obliegenheit auch zu Lasten des anderen Vmers gehe, aufgehoben durch BGH 13. VI. 1957 BGHZ Bd 24 S. 378—386; vgl. dazu Anm. B 55 und F 1]; überholt RG 24. II. 1939 RGZ Bd 160 S. 3—7, dort war im Vertrage nur eine Sanktion für Obliegenheitsverletzungen vorgesehen, die nach Eintritt des Vsfalles erfolgten; da nach Ansicht des RG erst die Anspruchserhebung den Vsfall darstellte [vgl. die Ausführungen in Anm. B 11—17], blieb das zu mißbilligende Verhalten des Vmers im Prinzip ungeahndet).

Zu beachten ist, daß der Vmer den Vsschutz nicht dadurch wiedererlangt, daß er seinen vorsätzlichen Verstoß bereut und ihn gegenüber dem Ver klarstellt; der Verlust ist vielmehr grundsätzlich unabänderlich (RG 24. IX. 1915 a. a. O.). Das gilt uneingeschränkt für die vorsätzliche Nichterfüllung der spontan am Unfallort zu erfüllenden Rettungsobliegenheit, soweit der Vmer nicht so rechtzeitig bereut, daß bei natürlicher Betrachtungsweise die Einheit von Zeit und Ort im Sinne von BGH 30. XI. 1967 VersR 1968 S. 138 noch gewahrt ist. Hinsichtlich der sogenannten Prozeßobliegenheit nach § 5 Ziff. 4 AHB erscheint aber in Ausnahmefällen die Anwendung der in Anm. F 68 a. E. erörterten Überlegungen zugunsten des Vmers als möglich.

Bei Abwägung aller Umstände des Falles muß der Tatrichter im übrigen stets berücksichtigen, daß die Unwissenheit über das Wesen und den Deckungsbereich der Haftpflichtv noch immer sehr groß ist. Gibt ein Vmer z. B. als Erklärung für eine Obliegenheitsverletzung an, daß er nicht gewußt habe, daß er in der Kraftfahrzeughaftpflichtv auch gegen Schadenersatzansprüche der Insassen vert sei, so erscheint das als durchaus einleuchtend und glaubhaft. Gewiß liegt auch keine vorsätzliche Verletzung der Schadenminderungslast vor, wenn der geschädigte Dritte erklärt hat, seine Verletzung sei nicht wesentlich, so daß er weder Hilfe brauche noch wünsche, daß die Polizei herbeigezogen werde. Daß sich später herausstellt, daß der Dritte einen doppelten Schädelbruch erlitten hat, ändert nichts an dieser Würdigung (vgl. dazu BGH 10. VI. 1965 VersR 1965 S. 753—754).

Ungeachtet der den Vmer treffenden Beweislast für nicht vorsätzliches Handeln muß der Tatrichter immer bedenken, daß eine vorsätzliche Obliegenheitsverletzung die Ausnahme bildet. Demgemäß läßt sich als Faustregel sagen, daß z. B. bei vertragswidriger Beauftragung eines Anwalts durch den Vmer oder bei sonstiger Nichtüberlassung der Prozeßführung an den Ver mit der Lebenserfahrung nur die Annahme einer grobfahrlässigen Handlung des Vmers gerechtfertigt ist (so [zur Rechtsschutzv] BGH 24. IV. 1967 VA 1967 S. 181—183 Nr. 454 = VersR 1967 S. 774—775; vgl. OLG Celle 11. IX. 1934 VA 1935 S. 15—17 Nr. 2764, OLG Nürnberg 5. IV. 1968 VersR 1969 S. 31; anders: OLG Köln 10. II. 1965 VersR 1965 S. 429—430 [wegen des hohen Alters des Vmers wenig überzeugend], OLG Nürnberg 25. X. 1966 VersR 1967 S. 367—369, LG Köln 9. XI. 1967 VersR 1968 S. 387—388; vgl. auch die Ausführungen in Anm. F 43).

[F 84] cc) Grobe Fahrlässigkeit.

Die Frage, ob grobe oder einfache Fahrlässigkeit gegeben ist, entscheidet der Tatrichter; das Revisionsgericht prüft grundsätzlich nur, ob der Rechtsbegriff der groben Fahrlässigkeit verkannt worden ist oder nicht (BGH 6. VI. 1966 VersR 1966 S. 747 m. w. N.). Dabei ist grobe Fahrlässigkeit regelmäßig dann anzunehmen, wenn dem Vmer „zur Last gelegt werden muß, daß er — wie jedem normalen Betrachter ohne weiteres einleuchten müsse — unbekümmert und leichtfertig gehandelt habe" (BGH 6. VI. 1966 a. a. O.). Unkenntnis der Obliegenheit stellt fast ausnahmslos eine grobe Fahrlässigkeit dar (vgl. die Nachweise bei Möller in Bruck-Möller Anm. 33 zu § 6). Müssen aber Entschlüsse in aller Eile getroffen werden, z. B. über die Frage, ob ein Verletzter vom Unfallort abzutransportieren oder ob besser die Ankunft eines Sanitätswagens abzuwarten ist, so sind dabei auftretende Irrtümer regelmäßig nicht als grobfahrlässig anzusehen (BGH 19. II. 1968 VersR 1968 S. 386—387). Beruht die Nichtbefolgung einer Weisung des Vers darauf, daß diese mehrdeutig formuliert ist, so ist regelmäßig eine grobe Fahrlässigkeit des Vmers zu verneinen (OLG Celle 11. IV. 1933 VA 1933 S. 347—348 Nr. 2586). Macht der Ver selbst in der Behandlung der Sache Fehler, die wiederum Fehler des Vmers auslösen, so wird man dieses Versehen des Vmers grundsätzlich nur als leichte Schuld anzusehen haben; vgl. den vom OLG Celle a. a. O. entschiedenen Fall, in dem der Ver fehlerhaft und mit mißverständlicher Formulierung die Prozeßführung nicht übernahm und in dem sich alsdann der Vmer gegen ein Versäumnisurteil mit unwirksamen Eingaben an das Gericht wandte, anstatt umgehend den Ver zu unterrichten. Vgl. auch OLG Hamm 10. III. 1939 RdK 1939 S. 390—391 = HansRGZ 1940 A Sp. 103—104, das die Abgabe einer im wesentlichen richtigen eidesstattlichen Versicherung zugunsten des Dritten damit entschuldigt, daß der Ver im Prozeß eine unrichtige tatsächliche Darstellung gegeben hatte.

Liegt grobe Fahrlässigkeit vor, so ist nach dem Kausalitätsprinzip jeweils zu prüfen, ob die Verletzung den Schaden vergrößert hat (vgl. BGH 6. VI. 1966 VersR 1966 S. 745—748 und die Ausführungen in Anm. F 47 und F 72 a. E.). Eine solche Schadensvergrößerung lag in dem vom OLG Düsseldorf 25. XI. 1958 VersR 1959 S. 381—382 entschiedenen Sachverhalt ganz eindeutig vor und bedurfte keiner besonderen Erwähnung, da der gegnerische Haftpflichtanspruch ohne den Verzicht des Vmers auf die Einrede der Verjährung nicht mehr hätte durchgesetzt werden können. Hingegen dürfte z. B. in dem vom KG 1. IV. 1925 VA 1925 S. 138—139 Nr. 1488 zum alten Recht entschiedenen Fall (grobe Fahrlässigkeit wurde angenommen, weil der Vmer nicht zum Beweistermin erschienen war) kein Schaden durch den Fehler des Vmers eingetreten sein.

Im Rahmen der Frage, ob durch eine grobe Fahrlässigkeit des Vmers der Schaden vergrößert worden ist, darf der Tatrichter auch § 287 ZPO zugunsten des beweispflichtigen Vmers anwenden (BGH 19. II. 1968 VersR 1968 S. 387). Voraussetzung ist nur, daß vom Tatrichter die Tatsachen angegeben werden, auf denen seine „Schätzung" der Kausalitätsfrage beruht. So hat es der BGH 19. II. 1968 a. a. O. gebilligt, daß das Berufungsgericht entgegen der Annahme des Sachverständigen zu dem Ergebnis kam, daß auch bei richtigem Verhalten des Vmers der Tod des Verletzten eingetreten wäre. Die Abweichung vom Sachverständigengutachten hatte das Gericht dabei damit gerechtfertigt, daß der Sachverständige zum Teil von unzutreffenden Voraussetzungen ausgegangen sei. Fehlerhaft OLG Nürnberg 5. IV. 1968 VersR 1969 S. 30—31, dessen Ausführungen über die Kausalität die unbedingt erforderliche fallbezogene Erörterung des Haftungsgeschehens vermissen lassen.

[F 85] e) Ersatz der Rettungskosten.

Die Kosten zur Erfüllung der Schadenabwendungs- und Schadenminderungslast gehen nach § 63 I zu Lasten des Vers. Es verdient, auch hier hervorgehoben zu werden, daß die Kosten auch dann zu ersetzen sind, wenn die Bemühungen des Vmers erfolglos waren. Zu beachten ist, daß es sich bei der Rechtsschutzverpflichtung des Vers um eine Hauptleistung des Vers handelt (vgl. dazu Anm. B 35—36). Die durch die Abwehr unbegründeter Ansprüche entstehenden Kosten gehören demgemäß nicht zu den hier erörterten Rettungskosten. Das gleiche gilt von der Kostentragungspflicht des Vers gemäß § 150 I und §§ 3 II Ziff. 4, III Ziff. 1 AHB, 3 II Ziff. 7 AHBVerm, 10 Ziff. 6 AKB (vgl. dazu im einzelnen Anm. G 21—29).

Der Anwendungsbereich des § 63 I ist in der Haftpflichtv nach dem Gesagten relativ eng begrenzt. Ein gutes Beispiel bilden die jetzt häufig auftretenden Fälle, daß Öl auf dem Grundstück des Vmers ausläuft und dabei die benachbarten Grundstücke und das Grundwasser verseucht. Auch wenn hier das Öl das Grundstück des Nachbarn noch nicht erreicht hat, wird man anzunehmen haben, daß der Begriff des Schadenereignisses bereits erfüllt sei (ebenso Huber VersR 1964 S. 911). Davon geht auch § 3 der Zusatzbedingungen zur Privat- sowie Haus- oder Grundbesitzerhaftpflichtv für die V der Haftpflicht aus Gewässerschäden (VA 1965 S. 2—3) aus (ebenso § 3 der Zusatzbedingungen zur Betriebshaftpflichtv: in VA 1965 S. 3—4). Bedeutungslos ist es für die Verpflichtung des Vers zur Erstattung der hier aufgewendeten Kosten, daß der Vmer auch nach öffentlichem Recht als Störer durch eine Verwaltungsverfügung zur Beseitigung des Zustandes angehalten werden kann oder auch dazu gezwungen wird (so zutreffend Huber a. a. O.; a. M. Otto VersPrax 1964 S. 37—38 und VersR 1964 S. 1227). Das ist schon in RG 3. II. 1926 RGZ Bd 112 S. 386 ausgesprochen worden: Es handelte sich um den Versuch, eine kaskovte Schute zu heben; der Vmer war dazu auch durch eine Verfügung der Ortsbehörde angehalten worden.

Zu beachten ist aber bei der Beurteilung öffentlich-rechtlicher Verfügungen und der durch deren Erfüllung entstehenden Kosten, daß Voraussetzung für die Erstattung nach § 63 I die Möglichkeit einer zivilrechtlichen Inanspruchnahme des Vmers ist. Stürzt ein fremder Tankwagen von der Straße auf das Grundstück des Vmers und ergießt sich über dieses Grundstück eine „Ölflut" und wird dann dieser Vmer als Zustandsstörer, nämlich als Eigentümer des ölgetränkten Grundstücks nach Polizeirecht auf Beseitigung in Anspruch genommen, so braucht der Ver die Kosten der Erdarbeiten nicht zu ersetzen. Denn es ist keine Anspruchsgrundlage für einen Ersatzanspruch des geschädigten Dritten ersichtlich. Insbesondere trifft den Vmer auch keine Haftung aus § 22 WHG. In diesem Zusammenhang ist zu überlegen, ob sich die Rechtslage dadurch ändert, daß der Nachbar Schadenersatzansprüche androht für den Fall, daß der Vmer die notwendigen Erdarbeiten nicht durchführt. Das ist zu verneinen. Der Vmer kann grundsätzlich nicht Rettungskostenersatz in den Fällen verlangen, in denen das Begehren der Gegenseite als Schadenersatzanspruch offensichtlich unbegründet ist. Etwas anderes gilt dann, wenn die Beurteilung der Rechtslage schwierig ist und im übrigen die Hinzuziehung eines Rechtskundigen nach den Umständen des Einzelfalles nicht möglich ist. So wird man z. B. die vom Vmer aufgewendeten Kosten für die Fahrt des bei einem Unfall schwerverletzten Dritten zum Krankenhaus (einschließlich der Beschmutzung des Fahrzeuges des Vmers durch Blut) grundsätzlich auch dann als ersatzpflichtig anzusehen haben, wenn das Ereignis für den Vmer unabwendbar war, soweit nur eine begründete Inanspruchnahme dem Vmer immerhin noch als möglich erscheinen konnte. Es ist danach in der Haftpflichtv in Ausnahmefällen auch bei unbegründeten Ansprüchen des Dritten möglich, daß die vom Vmer aufgewendeten Rettungskosten zu ersetzen sind. Voraussetzung ist aber, daß der Vmer die Möglichkeit einer Inanspruchnahme sah und daß diese Auffassung aus der Sicht eines verständigen Durchschnittsvmers als noch vertretbar angesehen werden kann (Siebeck a. a. O. S. 102).

Die Vorschriften über die Unterv finden auf die Haftpflichtv keine Anwendung (vgl. Möller Grundlagen B S. 13). Demgemäß kommt auch § 63 II nicht zum Zuge (Woesner ZVersWiss 1960 S. 429). Eine Begrenzung auf die Vssumme ist aber auch für den Rettungskostenersatz gegeben, wenn nicht die Aufwendungen gemäß § 63 I 2 auf Weisungen des Vers erfolgten. Anders wohl Wussow[5] Anm. 13 zu § 5 AHB, S. 451. Indessen mag hier ein Mißverständnis vorliegen. Zwar schreibt Wussow a. a. O. ausdrücklich: „Die Rettungskosten sind in der Haftpflichtv auch dann in vollem Umfange zu tragen, wenn der Schaden wegen Erschöpfung der Vssumme später nicht von dem Ver erstattet wird." Zugleich verweist Wussow a. a. O. aber u. a. auf Prölss[17] Anm. 4 B zu § 150, S. 563. Dort finden sich aber nur Ausführungen zu den Kosten im Sinne des § 150, die nach der hier vertretenen Auffassung in der Haftpflichtv nicht zum Rettungskostenersatz zählen.

Als wenig geglückt ist die Bestimmung in § 3 II 2 der Zusatzbedingungen zur Privatsowie Haus- oder Grundbesitzerhaftpflichtv für die V der Haftpflicht aus Gewässerschäden (gleichlautende Bestimmungen finden sich in den weiteren Zusatzbedingungen zur Betriebshaftpflichtv und in den „Besonderen Bedingungen" für die V der Haftpflicht aus Gewässerschäden im Rahmen der Betriebshaftpflichtv in VA 1965 S. 3—5) anzusehen, daß eine Billigung des Vers von Maßnahmen des Vmers oder Dritter zur Abwendung oder Minderung des Schadens nicht als Weisung des Vers gelte. Es läßt sich rechtstatsächlich nur von Fall zu Fall klären, ob eine ausdrückliche oder stillschweigende Billigung von Rettungsmaßnahmen zugleich als konkludente Weisung des Vers angesehen werden kann. Daran ändern auch derartige Bedingungseinschränkungen nichts.

Durch die Erfüllung der Schadenabwendungslast kann zugleich eine Verbesserung der Position des Vmers herbeigeführt werden, z. B. wird sein Grundstück von einer wertmindernden Flüssigkeit (Öl) befreit. Es ist sicher im Grundsatz zutreffend, daß als Rettungskosten auch der sonst nicht unter den Vsschutz fallende Eigenschaden des Vmers zu ersetzen ist (Oberbach II S. 87). Es wäre aber nicht sachgerecht, in einem Falle der geschilderten Art die Kosten der erforderlichen Erdarbeiten vollen Umfanges zu ersetzen. Vielmehr sind die Schadenminderungskosten nur insoweit zu erstatten, als dadurch keine Bereicherung des Vmers bewirkt wird. Dieser muß sich also die Wertverbesserung seines Grundstücks abziehen lassen, die darin liegt, daß das Grundstück von der Flüssigkeit befreit worden ist. Beweispflichtig für eine derartige Wertverbesserung ist der Ver.

Interessant ist, daß Hartung Haftpflichtv S. 119 in einem gewissen Gegensatz zu der hier vertretenen Auffassung entscheidend auf die subjektiv gebundene Zweckrichtung des Vermögensopfers des Vmers abstellt. Er bildet dazu folgenden instruktiven Beispielsfall: „Läßt der Vmer, nachdem sein Hund einen Dritten gebissen hat, den Hund auf Tollwut untersuchen, weil eine diesbezügliche Polizeivorschrift besteht, so bekommt er die Untersuchungskosten nicht erstattet. Läßt er jedoch die Untersuchung vornehmen, um — bei negativem Ergebnis — dem Verletzten die unangenehme Prophylaxe zu ersparen, so kann damit ein Anspruch des Verletzten auf Erstattung von Behandlungskosten vermieden und sein Schmerzensgeldanspruch vermindert werden. War dies nach den Umständen vom Vmer bezweckt oder auch nur mitbezweckt, so hat der Ver die Untersuchungskosten zu erstatten."

Es befriedigt aber nicht recht, wenn Maßstab für die Entscheidung das subjektive Handlungsbewußtsein des Vmers sein soll, da dieses in der Mehrzahl der Fälle nicht nachprüfbar ist. Richtig ist es, einen objektiven Maßstab anzulegen. Das bedeutet, daß auch im Eingangsbeispiel die Kosten zu ersetzen sind, wenn das Untersuchungsergebnis den Beteiligten zugänglich gemacht wurde und dadurch die Möglichkeit einer Schadenminderung bestand. Vgl. dazu auch Woesner ZVersWiss 1960 S. 421: „Zielt eine Handlung objektiv auf die Abwendung und Minderung des Schadens, so kommt es nicht darauf an, ob subjektiv dieser Erfolg bezweckt war" (ebenso Kisch WuRdVers 1916 S. 279).

Zu beachten ist beim Rettungskostenanspruch, daß auf diesen Ersatzanspruch die Ausschlußtatbestände der Haftpflichtv keine Anwendung finden. So ist vom OLG Braunschweig 1. III. 1955 VersR 1955 S. 245—246 eine Eintrittspflicht des Vers in folgendem Falle bejaht worden: Der Vmer hatte Sachen beschädigt. Bezüglich dieser Beschädigung griff § 4 I Ziff. 6b AHB aus tatsächlichen Gründen nicht ein. Bei dem anschließenden Versuch des Vmers, die Sachen wieder in den ursprünglichen Zustand zu versetzen (Abwaschen der Schmutzflecke) vergrößerte sich der Schaden. Bezüglich dieses weiter eingetretenen Schadens lagen an sich die Voraussetzungen des § 4 I Ziff. 6b AHB vor. Das Gericht entschied aber zutreffend, daß diese Ausschlußbestimmung auf den Rettungskostenersatzanspruch nicht anzuwenden sei (zustimmend auch Wussow[5] Anm. 13 zu § 5 AHB, S. 450 unter Hinweis darauf, daß unter ähnlichen Verhältnissen auch der Ersatzanspruch eines Vierten wegen Beschädigung einer vom Vmer gemieteten Sache entgegen § 4 I Ziff. 6a AHB vom Ver als Rettungskostenersatz zu erfüllen sei).

Die Prozeßkosten, die einen geltend gemachten Haftpflichtanspruch betreffen, stellen, wie bereits am Anfang der Ausführungen zu dieser Anm. erwähnt, keine Rettungskosten dar, da es sich materiellrechtlich nicht um eine typische Schadenminderung, sondern um eine echte Hauptleistung des Vers handelt. Hingegen sind z. B. die durch einen Beitritt eines Streitgenossen in einem Vorprozeß entstehenden Kosten nach § 63 I als Schadenminderungskosten zu ersetzen (Beisler VersArch 1957 S. 308). Das gleiche gilt für eine Sozialgerichtsklage des Vmers auf Feststellung, daß ein bestimmtes Geschehen sich als ein in seinem Betriebe eingetretener Arbeitsunfall darstelle. Materiellrechtlich als Rettungskostenersatz ist es auch anzusehen, wenn der Ver nach § 150 I 3 oder § 3 II Ziff. 1 Abs. 2 AHB ausnahmsweise unter den dort genannten Voraussetzungen (vgl. dazu Anm. G 24) die Kosten eines Strafverfahrens trägt (ebenso Beisler VersArch 1957 S. 308—309).

Zu unterscheiden von den Rettungskosten sind Schadenverhütungskosten, die ohne Bezug auf einen konkret eingetretenen Vsfall entstehen, z. B. Kosten, die aus der Streupflicht erwachsen. Diese muß der Vmer allein tragen. Nicht erstattungspflichtig sind auch solche Beweissicherungskosten, die durch Feststellung des Zustandes der Umgebung eines (besonders gefährlichen) Bauvorhabens entstehen (so zutreffend Otto ZfV 1963 S. 543—544). Dagegen sind die Kosten eines gerichtlichen Beweissicherungsverfahrens, das der gerichtlichen Geltendmachung eines Haftpflichtanspruchs vorausgeht, ersatzpflichtig, aber nicht als Rettungskosten, sondern als Prozeßkostenzahlung des Vers im Sinne einer Hauptleistung

4. Obliegenheit nach § 3 III Ziff. 3 AHB.

Gliederung:

a) Zur Rechtsnatur F 86
b) Anwendungsbereich F 87—88
aa) Grundsätzliches F 87
bb) Einzelheiten F 88
c) Rechtsfolgen der Verletzung F 89

[F 86] a) Zur Rechtsnatur.

In § 3 III Ziff. 3 AHB heißt es, daß für den Fall, daß eine vom Ver verlangte Erledigung eines Haftpflichtanspruchs durch Anerkenntnis, Befriedigung oder Vergleich an dem Widerstand des Vmers scheitere, der Ver für den von der Weigerung an entstehenden Mehraufwand an Hauptsache, Zinsen und Kosten nicht aufzukommen habe. Prölss[17] Anm. 7 zu § 3 AHB, S. 664 und Böhm VersR 1951 S. 237 ordnen § 3 III Ziff. 3 AHB nicht als Obliegenheit ein, sondern als eine objektive summenmäßige Beschränkung der Entschädigung (ebenso Bertsch, Die Abgrenzung von Risikobeschränkungen und vertraglich begründeten Obliegenheiten im Privatvsrecht unter besonderer Berücksichtigung des Rechts der Allgemeinen Haftpflichtv, Tübinger Diss. 1964 S. 70, ferner Venzmer VersR 1962 S. 936). Wussow[5] Anm. 23 zu § 3 AHB, S. 281 verweist auf die Ausführungen bei Stiefel-Wussow[7] Anm. 32 zu § 10 AKB, S. 386. Dort wird zu der fast gleichlautenden Bestimmung des § 10 Ziff. 8 AKB in Übereinstimmung mit der herrschenden Meinung die Auffassung vertreten, daß durch die genannte Vorschrift eine Obliegenheit des Vmers begründet werde (so: OLG Hamm 26. VI. 1950 VersR 1950 S. 163 mit zustimmender Anm. von Bischoff a. a. O. S. 163—164, Fleischmann-Deiters in Thees-Hagemann Anm. 8 zu § 5 AKB, S. 325, Fromm S. 423; a. M. auch hier Prölss[17] Anm. 8 zu § 10 AKB, S. 754). Die Auffassung, daß § 3 III Ziff. 3 AHB — ebenso wie § 10 Ziff. 8 AKB — ihrem Kerngehalt nach eine Obliegenheit darstelle, ist zu billigen. Die Entscheidung über die Rechtsnatur des § 10 Ziff. 8 AKB fällt dabei leichter, weil sich dort eine deutlich auf § 6 III hinweisende Formulierung findet („von der Verpflichtung zur Leistung frei"), während es in § 3 III Ziff. 3 AHB nur heißt, daß der Ver für den Mehraufwand nicht einzustehen habe. Allein auch diese Formulierung weist noch — wenn auch nicht mit der gleichen Deutlichkeit wie in § 10 Ziff. 8 AKB — auf den Rechtscharakter der Bestimmung als Obliegenheit hin. Letzten Endes ist im übrigen nicht der Wortlaut entscheidend, sondern der materielle Gehalt der Klausel (so Möller in Bruck-Möller Anm. 13 zu § 6 im Anschluß an Ehrenzweig S. 174—176). Nach der Interessenlage handelt es sich um einen Sachverhalt, der typischerweise als Obliegenheitsverletzung zu würdigen ist und der daher auch bei einer anderen, klar gegen die hier vertretene Auffassung sprechenden Fassung (nämlich im Sinne eines Ausschlußtatbestandes) als unzulässige Umgehung der Vorschriften über die Obliegenheiten behandelt werden müßte. Vgl. allgemein zu diesem Fragenkreis Möller in Bruck-Möller Anm. 13—15 zu § 6, siehe ferner die Nachweise in Anm. F 12). Schließlich ist zu beachten, daß die in § 3 III Ziff. 3 AHB vorausgesetzte Obliegenheit dort nur mittelbar wiedergegeben ist, so daß der Inhalt der Verhaltensnorm erst durch Rückschlüsse aus den sonstigen Vertrags- und Gesetzesbestimmungen ermittelt werden muß. Um so wichtiger ist es bei danach unvermeidlich divergierenden Auffassungen, daß § 3 III Ziff. 3 AHB dem Korrektiv des Verschuldenserfordernisses nach § 6 III unterworfen ist. Vgl. aber auch Schirmer, Vertretungsmacht S. 141—145, wo in bemerkenswerten Ausführungen § 3 III Ziff. 3 AHB überhaupt für gegenstandslos gehalten wird.

[F 87] b) Anwendungsbereich.

aa) Grundsätzliches.

Nach dem Wortlaut des § 3 III Ziff. 3 AHB könnte der Eindruck entstehen, als wenn jede Weigerung des Vmers die dort genannte Rechtsfolge auslöst. Eine derartige Auslegung berücksichtigt aber nicht ausreichend den von der genannten Vorschrift vorausgesetzten Interessenwiderstreit. Nach Treu und Glauben ist der Sinngehalt der Obliegenheit dahin abzugrenzen, daß nur die „unberechtigte“ Weigerung des Vmers als Obliegenheitsverletzung anzusehen ist. § 3 III Ziff. 3 AHB stellt sich — genau betrachtet — als besonders geregelter Unterfall der Schadenminderungs- und Rettungspflicht des Vmers dar (Bischoff a. a. O. S. 163). Diese Erkenntnis des materiellen Kerns gibt den richtigen Ansatzpunkt zur Abgrenzung der Obliegenheit des Vmers. Maßgebend ist demnach, daß dem Vmer nichts Unbilliges zugemutet werden darf (so ausdrücklich § 5 Ziff. 3 S. 1 AHB). Das ist ein Grundsatz, der im übrigen auch stets bei unmittelbarer Anwendung der §§ 62—63 zu beachten ist (vgl. Anm. F 81).

[F 88] bb) Einzelheiten.

Erfordert die von dem Ver angestrebte Erledigung des Haftpflichtstreits keine materiellen Leistungen des Vmers und tritt bei diesem auch sonst kein Vermögensnachteil ein, so ist grundsätzlich der Regulierungsvorschlag des Vers von dem Vmer zu billigen. Will er sich dessen Regulierung nicht unterwerfen, so muß er für die in § 3 III Ziff. 3 AHB vorgesehenen Folgen selbst einstehen. Immaterielle Beweggründe des Vmers, wie Zorn auf den Geschädigten oder die Furcht, einen begangenen Fehler eingestehen zu müssen, sind grundsätzlich unbeachtlich. Zu beachten ist aber der erwähnte Billigkeitsgrundsatz. In dessen Rahmen darf der Vmer sich im Innenverhältnis zum Ver auch für die Belange des geschädigten Dritten einsetzen. Erkennt der Vmer z. B., daß der Ver bei einem nicht anwaltlich vertretenen Dritten dessen Rechtsunkenntnis ausnützt, etwa in der Weise, daß der Ver bei lebenslänglicher Schädigung des Dritten und einwandfreier Haftung dem Grunde nach dessen Anspruch an der Grenze der Sittenwidrigkeit für „ein Ei und ein Butterbrot“ abkaufen will, so ist der Vmer berechtigt, einem solchen Vergleich zu widersprechen. Kein rechtlich denkender Mensch wird ihm daraus einen Vorwurf machen, sondern vielmehr seinem Verhalten dann vom rechtsethischen Standpunkte aus Beifall zollen.

Zur Ablehnung eines Vergleiches ist der Vmer z. B. auch dann berechtigt, wenn ihm — außerhalb der Bestimmungen des Haftpflichtvsvertrages — zugemutet wird, sich an der Entschädigungssumme zu beteiligen (so im Falle OLG Hamm 26. VI. 1950 VersR 1950 S. 163, der durch eine besondere umstellungsrechtliche Zweifelsfrage gekennzeichnet war). Beträgt also der geltend gemachte Anspruch DM 150000,—, die Deckungssumme des Vertrages DM 100000,— und ist es dem Ver möglich, den Prozeß mit DM 80000,— zu vergleichen, so darf der Vmer es ohne Rechtsnachteil im Sinne des § 3 III Ziff. 3 AHB ablehnen, sich an der Vergleichssumme zu beteiligen.

Eine andere Frage ist es, ob der Vmer, nachdem er sich zu einer solchen Beteiligung bereit erklärt hat, die Zahlung an den Ver wegen angeblichen Verstoßes gegen die guten Sitten verweigern kann; das ist grundsätzlich zu verneinen (so zutreffend RG 30. X. 1936 JRPV 1936 S. 373—375; vgl. dazu die Bemerkungen von Stiefel-Wussow[7] Anm. 32 zu § 10 AKB, S. 387 und von Wahle ZVersWiss 1960 S. 86 Anm. 178).

Vom rechtslogischen Standpunkt aus ließe sich unter Umständen so argumentieren, daß die von dem Ver vorgesehene Erledigung eines Haftpflichtanspruches an dem Widerspruch des Vmers nur dann scheitern könne, wenn der Ver wegen eines derartigen Widerspruchs des Vmers zur Regulierung nicht in der Lage sei. In Anm. G 11 wird ausgeführt, daß die nach § 5 Ziff. 7 AHB erteilte Vollmacht grundsätzlich unwiderruflich sei. Indes handelt es sich hier um einen Grundsatz, der Ausnahmen zuläßt. Insbesondere ist der Vmer nach Treu und Glauben berechtigt, die Vollmacht bei schwerwiegenden Vertragsverstößen zu widerrufen. Auch ist eine Widerrufsbefugnis insoweit anzuerkennen, als es sich um den nicht von der Haftpflichtv gedeckten Teil des Schadens handelt (vgl. dazu im einzelnen die Ausführungen in Anm. G 15). Darüber hinaus ist aber entgegen der Annahme von Wahle ZVersWiss 1960 S. 85 ein Scheitern auch dann am Widerstand des Vmers denkbar, wenn der Ver es im Rechtssinne durchaus in der Hand hätte, den Prozeß aufgrund der erteilten Vollmacht zu vergleichen. Hier fehlt es auch nicht an der adäquaten Kausalität. Denn der Vergleichsabschluß scheitert ja an dem energischen, wenn auch unberechtigten Widerstand des Vmers. Es wäre auch nicht gerechtfertigt, dem Ver etwa bei dieser Situation einen Teil des Mehraufwandes wegen seines Nachgebens gegenüber dem Vmer nach § 254 BGB aufzuerlegen. Der Ver, der offen und klar seinen Rechtsstandpunkt darlegt, es aber auf dem mit der Ankündigung von Schadenersatzansprüchen verbundenen Widerspruch des Vmers unterläßt, den als richtig erkannten Weg der Erledigung eines Rechtsstreits einzuschlagen, ist durchaus schutzwürdig. Zu bedenken ist dabei auch, daß es nicht nur, wie man nach der Rechtsprechung gelegentlich anzunehmen geneigt ist, schwache Vmer und wirtschaftlich sehr starke Ver gibt, sondern auch über die Maßen starke Vmer, die mit der rechtlich noch zulässigen Ankündigung des Abbruchs der gesamten Geschäftsbeziehungen („Kündigung aller Vsverträge") einen erheblichen Druck ausüben können.

Allerdings ist in einem solchen Falle im besonderen Maße ein Hinweis des Vers auf die Rechtsfolgen nach § 3 III Ziff. 3 AHB angebracht. In der genannten Vorschrift heißt es zwar anders als in § 10 Ziff. 8 AKB nicht ausdrücklich, daß die Verwirkungsfolge nur eintrete, wenn der Ver den Vmer darauf hingewiesen habe. Nach dem Sinne der Regelung ist aber eine solche Klarstellung durch den Ver als grundsätzlich unerläßlich anzusehen. Besonders schutzwürdig ist dabei der Vmer, der sich wegen Überschreitung der Deckungssumme an der Leistung an den geschädigten Dritten selbst beteiligen soll. Hier wird überhaupt der Hauptanwendungsbereich der Abgrenzung nach Billigkeitsgesichtspunkten liegen. Vom Standpunkt des Vers ist daher in diesen Fällen der sichere Weg nach § 3 III Ziff. 1 AHB dem Verfahren nach § 3 III Ziff. 3 AHB, in dem alle Billigkeitsmomente zu beachten sind, durchaus vorzuziehen.

[F 89] c) Rechtsfolgen der Verletzung.

Nach § 6 III tritt bei nach Eintritt des Vsfalles begangenen Obliegenheitsverletzungen nur dann eine Sanktion ein, wenn der Vmer vorsätzlich oder grobfahrlässig gehandelt hat. Es müssen bei einem Verstoß gegen das in § 3 III Ziff. 3 AHB behandelte Verbot also unter Umständen zweimal subjektive Momente berücksichtigt werden. Zunächst nämlich muß der Umfang der Obliegenheit im Rahmen der maßgebenden Billigkeitsgesichtspunkte ermittelt werden. Kommt das Gericht dabei zu der Überzeugung, daß es dem Vmer zumutbar war, dem Vergleich zuzustimmen, so ist damit nicht gesagt, daß das Nichterkennen dieser Rechtslage durch den Vmer auch schuldhaft war. Befand er sich in einem Rechtsirrtum, so scheidet grundsätzlich der Vorsatz aus (vgl. die Nachweise bei Möller in Bruck-Möller Anm. 28 zu § 6). Bei grober Fahrlässigkeit tritt eine Rechtsfolge nur dann ein, wenn der Schaden sich vergrößert hat. Diese Schadenvergrößerung ist der durch die Weigerung des Vmers entstandene Mehraufwand. Das Argument des Vmers ist dabei unbeachtlich, daß der Schaden sich objektiv nicht vergrößert habe, weil auch schon zur Zeit der Vergleichsverhandlungen der Anspruch des geschädigten Dritten in dem vom Gericht zuerkannten Umfange bestanden habe. Es ist im Prinzip das gute Recht des Vers, einen Schaden günstig zu erledigen, solange seine Auffassung rechtlich vertretbar ist. Die Interessen des Vmers werden durch die zunächst den Umfang der Obliegenheit bestimmenden Billigkeitserwägungen hinreichend gewahrt. Steht aber fest, daß es allen Beteiligten zumutbar war, den vom Ver vorgeschlagenen

Vergleich zu akzeptieren, so liegt der Schaden im Sinne des § 6 III eben in dem über den Vergleichsbetrag hinausgehenden Aufwand, wie er in § 3 III Ziff. 3 AHB umschrieben ist. Zu beachten ist im übrigen, daß die grobe Fahrlässigkeit auch hier wirksam gegenüber der leichten Fahrlässigkeit abzugrenzen ist. Vgl. allgemein die Hinweise zur begrifflichen Bestimmung der groben Fahrlässigkeit in Anm. F 44—45.

5. Anerkenntnis- und Befriedigungsverbot.

Gliederung:

[F 90] Schrifttum:

Bomhard VersR 1961 S. 576—582, Füchsel NJW 1967 S. 1215—1216, Eike von Hippel NJW 1967 S. 15—17, Jüngerkes, Das Anerkenntnis nach Verkehrsunfällen und seine Bedeutung für das Vsrecht, Kölner Diss. 1939, Kickton VersR 1963 S. 797—798, Oberbach II S. 144—158, Prölss VersR 1965 S. 101—103, Scheunert ÖffrV 1938 S. 51—53, Wahle ZVersWiss 1960 S. 51—104.

[F 91] a) Zweck des Anerkenntnis- und Befriedigungsverbots.

Bei der von § 154 II vorausgesetzten vertraglich vereinbarten Obliegenheit handelt es sich um eine speziell haftpflichtvsrechtliche Last des Vmers, für die es an Parallelen in anderen Vszweigen fehlt. Allerdings ist nicht zu verkennen, daß es sich teilweise um einen *Unterfall der Schadenminderungspflicht* handelt. Bei der Würdigung des Anerkenntnis- und Befriedigungsverbots ist im besonderen Maße der Zweck der Obliegenheit zu beachten; dieser ist in erster Linie darin zu sehen, daß eine Verständigung zwischen dem Geschädigten und dem Vmer *auf Kosten* des Vers verhindert werden soll (RG 26. VII. 1935 VA 1935 S. 270 Nr. 2836 = JRPV 1935 S. 262—264). Aus dem erwähnten Zweck darf aber *nicht* gefolgert werden, daß das Anerkenntnis- und Befriedigungsverbot gegenstandslos ist, wenn die Haftpflichtansprüche offensichtlich begründet waren. Vielmehr wird durch die vereinbarte Obliegenheit zugleich die Entscheidungsfreiheit des Vers geschützt, welche Form des Vsschutzes er wählen will. Nur wenn besondere Umstände hinzutreten, darf der Vmer bei begründeten Haftpflichtansprüchen der Entscheidung des Vers vorgreifen (vgl. dazu die Ausführungen in Anm. F 102—108). Als bemerkenswert erscheint im übrigen, daß § 154 II (ebenso wie § 158e II) im Prinzip die Bindung des Vers an die ohne seine Mitwirkung zustande gekommene Erledigung des Haftpflichtstreits durch den Vmer voraussetzt (vgl. dazu Anm. B 64 und B 66).

Aus dem geschilderten Zweck des Anerkenntnis- und Befriedigungsverbots, Verständigungen zwischen dem Vmer und dem geschädigten Dritten auf Kosten des Vers zu verhindern und zugleich die Entscheidungsfreiheit des Vers zu schützen, folgt, daß nach bindender Feststellung im Sinne des § 154 I eine Zahlung des Vmers an den geschädigten Dritten keine Obliegenheitsverletzung darstellt (vgl. OLG Hamm 15. III. 1937 VA 1937 S. 193—195 Nr. 3000 = HansRGZ 1937 A Sp. 457—460). Im Gegenteil ist es so, daß dem Ver gemäß § 156 II die Verpflichtung auferlegt ist, den Vmer vor einer Zahlung an den Dritten zu benachrichtigen, damit dieser unter Umständen Gegenforderungen realisieren kann (vgl. dazu Anm. G 279—280). Eine Berechtigung des Vmers zur Zahlung an den geschädigten Dritten kann sich auch aus einer Vertragsverletzung des Vers ergeben, wenn nämlich dieser es z. B. versäumt, den Vmer vor einem Zugriff aus einem vorläufig vollstreckbaren Urteil zu bewahren, so daß der Gerichtsvollzieher zur Pfändung erscheint. Hier ist es dem Vmer nicht zuzumuten, die Pfändung zu erdulden (OLG Colmar 26. III. 1912 VA 1912 Anh. S. 108 Nr. 695).

[F 92] b) Vertragliche Grundlage.

Das Anerkenntnis- und Befriedigungsverbot ist vertraglich in § 5 Ziff. 5 AHB, § 5 Ziff. 3a Abs. 2 AHBVerm und § 7 II Ziff. 1 AKB verankert. Auch zur KVO-Haftpflichtv wird regelmäßig ein solches Anerkenntnis- und Befriedigungsverbot vereinbart (so z. B. in dem Falle BGH 1. II. 1968 NJW 1968 S. 836—837 = VA 1968 S. 222—224 Nr. 490; anders im Falle OLG Düsseldorf 18. X. 1960 VersR 1961 S. 114—115). § 6 AHBVermPrüf a. F. nannte als Obliegenheit des Vmers allein das Anerkenntnisverbot. Daß auch die nicht ausdrücklich erwähnte Befriedigung des geschädigten Dritten untersagt sein sollte, ergab sich nur im Rückschluß aus § 5 I Ziff. 2 AHBVermPrüf a. F. Bei einem Verstoß war aber zu beachten, daß es für den Fall der Befriedigung hier an einer vertraglich vereinbarten Sanktion fehlte. Durch die Neufassung der AHBVermPrüf (VA 1968 S. 142—146) ist diese Besonderheit beseitigt worden (vgl. § 5 III Ziff. 2 AHBVermPrüf). Die genannten Vertragsbestimmungen halten sich an den durch § 154 II zwingend gesetzten Rahmen. Allerdings bestehen Bedenken gegenüber dem in § 5 Ziff. 5 AHB enthaltenen Satz 3: „Durch irrtümliche Annahme des Vorliegens einer gesetzlichen Haftpflicht oder der Richtigkeit der erhobenen Ansprüche oder der behaupteten Tatsachen wird der Vmer nicht entschuldigt.“ Insoweit liegt aber keine Kollision mit § 154 II vor, sondern eine solche mit § 6 III (vgl. dazu Anm. F 110).

Unbedenklich ist es, wenn im Vertragsrecht von § 154 II abweichende Formulierungen gebraucht werden, etwa daß der Vmer auch nicht „vergleichsweise“ den Anspruch anerkennen dürfe (so § 5 Ziff. 5 AHB) oder daß der Haftpflichtanspruch nicht „verglichen“ werden dürfe (so § 5 Ziff. 3 Abs. 2 AHBVerm). Bei diesen vertraglichen Bestimmungen handelt es sich nur um Verdeutlichungen; die Interessenlage ergibt, daß die vergleichsweise Erledigung des Haftpflichtanspruches stets auch die Tatbestandsmerkmale des § 154 II erfüllt (Ehrenzweig S. 369). Das Gesagte gilt auch für die in fast allen vertraglichen Bedingungen enthaltene Klarstellung, daß auch eine „teilweise“ Anerkennung oder Befriedigung untersagt ist.

[F 93] c) Zum Begriff des verbotenen Anerkenntnisses.

Vom RG 26. VII. 1935 VA 1935 S. 270 Nr. 2836 = JRPV 1935 S. 262—264 ist über den Begriff des verbotenen Anerkenntnisses im Sinne des § 154 II folgendes ausgeführt worden: „Das Verbot ist ...... entsprechend seinem Zwecke, die Lage der Gesellschaft nicht durch ein Zusammenwirken des Vmers und des Verletzten unbillig zu erschweren, allerdings nicht auf prozessuale oder rechtsgeschäftliche Anerkennungserklärungen oder gar auf solche Anerkenntnisse zu beschränken, die einen selbständigen Schuldgrund schaffen. Unter das Verbot fällt vielmehr auch jede einseitige dem Anspruchsberechtigten gegenüber vorgenommene Handlung oder Äußerung, durch welche der Vmer zu erkennen gibt, daß er den Anspruch des Verletzten als zu Recht bestehend anerkenne. Mit anderen Worten: Es fällt unter das Verbot jedes Verhalten des Vmers dem Haftpflichtberechtigten gegenüber, aus welchem sein Bewußtsein von dem Bestehen des Anspruchs unzweideutig erhellt.“

Diese Definition hat im Schrifttum Anklang gefunden (vgl. Bomhard a. a. O. S. 577 bis 578, Fleischmann-Deiters in Thees-Hagemann Anm. 2b zu § 154, S. 247—248, Jüngerkes a. a. O. S. 27, Oberbach II S. 149, Prölss[17] Anm. 3 zu § 154, S. 577, Scheunert a. a. O. S. 52, Stiefel-Wussow[7] Anm. 40 zu § 7 AKB, S. 267). Sie bedeutet eine Übernahme der vom RG in ständiger Rechtsprechung zu § 208 BGB gebrauchten Ausdrucksweise (vgl. z. B. RG 24. II. 1908 Warn 1908 Nr. 357, 17. II. 1910 RGZ Bd 73 S. 131—134, 2. I. 1912 RGZ Bd 78 S. 130—134, 12. IV. 1936 RGZ Bd 113 S. 238; weitere Nachweise im RGR-Komm.[11] Anm. 2 zu § 208 BGB; ferner BGH 12. VII. 1960 VersR 1960 S. 831 bis 832 m. w. N. und 20. XI. 1962 VersR 1963 S. 187—188). Erstmals ist diese Parallele zu § 208 BGB vom OLG Düsseldorf 20. VI. 1929 JRPV 1929 S. 322—323 gezogen worden. Mit dieser Ausdrucksweise dürfen aber nicht sämtliche von der Rechtsprechung zu § 208 BGB entwickelten Grundsätze auf das im Haftpflichtvsrecht verbotene Anerkenntnis übertragen werden. Zu unbilligen Ergebnissen würde hier die zu § 208 BGB vertretene Auffassung führen, daß es sich bei dem Anerkenntnis im Sinne dieser Bestimmung um eine nicht empfangsbedürftige Erklärung handele (vgl. z. B. RG 7. VI. 1928 Warn 1928 Nr. 101). Von der haftpflichtvsrechtlichen Judikatur ist im Gegensatz dazu auch stets eine Erklärung gegenüber dem Geschädigten verlangt worden.

Gefährlich ist die Parallele zu § 208 BGB auch deshalb, weil die dort immer wieder vorkommende Wendung: „Bei einem Anerkenntnis im Sinne des § 208 BGB handelt es sich nicht um ein Rechtsgeschäft" dahin mißverstanden werden kann, daß unter das Anerkenntnisverbot der Haftpflichtv auch rechtsunwirksame Anerkenntnisse fallen (so allgemein Oberbach II S. 149 Anm. 1096—1098; speziell für den Fall einer Anfechtung: Jüngerkes a. a. O. S. 32; vgl. aber auch Bomhard a. a. O. S. 578, der es zu Recht als unbillig empfindet, daß ein wegen arglistiger Täuschung wirksam angefochtenes Anerkenntnis wegen der verbliebenen „tatsächlichen Wirkung" den Ver befreie). Gänzlich verfehlt wäre es, die eingangs zitierte Wendung in RG 26. VII. 1935 a. a. O. gar in dem Sinne zu verstehen, daß auch „Anerkenntnisse" von Geschäftsunfähigen oder beschränkt Geschäftsfähigen als rechtlich relevant im Sinne des Anerkenntnisverbots anzusehen seien. Diese Auffassung müßte im übrigen auch im Rahmen des § 208 BGB als verfehlt bezeichnet werden und wird auch in keiner der zu § 208 BGB zitierten RG-Entscheidungen vertreten. Verwertbar aus der Rechtsprechung des RG zu § 208 BGB bleibt im Prinzip nur der dort entwickelte Grundsatz, daß ein deklaratorisches Anerkenntnis dem Grunde nach genüge. Das gleiche gilt für das Haftpflichtvsrecht. Doch muß dazu im Gegensatz zu der mißverständlichen Formulierung in RG 26. VII. 1935 a. a. O. festgehalten werden, daß es sich dabei um rechtsgeschäftliche Anerkenntnisse handeln muß, wobei im übrigen regelmäßig von der (stillschweigenden) Annahme einer derartigen Erklärung ausgegangen werden kann, ohne daß dieses dem Anerkennenden gegenüber zu erklären ist (§ 151[1] BGB).

Die Analyse der Rechtsprechung zu § 154 II ergibt, daß (abgesehen von dem kaum vorkommenden konstitutiven Anerkenntnis oder dem prozessualen Anerkenntnis) nur deklaratorische Anerkenntnisse mit vertraglichem Charakter als Obliegenheitsverletzungen angesehen worden sind (vgl. allerdings auch OLG Hamm 24. III. 1964 MDR 1964 S. 602, das über das Ziel schießend offenbar jede Maßnahme des Vmers, die geeignet ist, die Position des Vers zu verschlechtern, dem Anerkenntnisverbot zuordnet). Das hat seinen guten Grund. Nur durch derartige Erklärungen, die die dem Vmer bekannten Einwendungen gegenüber dem Haftpflichtanspruch ausschließen, wird etwas rechtlich Erhebliches bewirkt, nur dadurch die Position des Haftpflichtvers verschlechtert (vgl. dazu auch Martin VersR 1962 S. 1148—1149). Die vielfach zu § 208 BGB gezogene Parallele ist daher durchaus zu entbehren (vgl. auch OLG Düsseldorf 23. IV. 1934 JRPV 1935 S. 47—48 [Vorinstanz zu RG 7. XII. 1934 JRPV 1935 S. 24—25 = Praxis 1935 S. 8] mit seinem an dieser Parallele Zweifel andeutenden Einleitungssatz); sie war in der Praxis allerdings durchweg unschädlich, da ein Anerkenntnis im Sinne des § 208 BGB meist zugleich ein vertragsmäßiges deklaratorisches Anerkenntnis darstellt. So läßt sich z. B. auch die der Ausgangsentscheidung des OLG Düsseldorf 20. VI. 1929 JRPV 1929 S. 322—323 zugrunde liegende Erklärung des Vmers, die dieser auf eine Anfrage des Geschädigten abgegeben hatte: „Ich bin selbstredend bereit, für Schäden, die durch mich verursacht sind, aufzukommen, was ja auch beweist, daß ich mich seinerzeit direkt um die Angelegenheit bemühte", zwanglos als ein deklaratorisches Anerkenntnis werten. Liegt aber ein Anerkenntnis im Sinne des § 208 BGB vor, das nicht zugleich ein deklaratorisches Anerkenntnis darstellt, so finden die Vorschriften über die hier erörterte Obliegenheit auch keine Anwendung. Derartige Fälle können aber unter Umständen aus dem Gesichtspunkt der Schadenminderung doch noch rechtlich erheblich sein, wenn nämlich ohne eine solche Erklärung der Haftpflichtanspruch verjährt wäre.

Das Gesagte bedarf noch der Ergänzung dahin, daß außer dem deklaratorischen Anerkenntnis (und dem konstitutiven Anerkenntnis) auch ein prozessuales Anerkenntnis im Sinne des § 307 ZPO unter das Verbot fällt (überholt OLG Karlsruhe 27. V. 1931 RdK 1931 S. 369, das nur ein derartiges prozessuales Anerkenntnis unter die Verbotsbestimmung fallen lassen wollte). Gleichzustellen ist diesem prozessualen Anerkenntnis die widerspruchslose Feststellung der Haftpflichtforderung im Konkurs des Vmers nach § 144 KO (LG Wuppertal 27. X. 1961 VersR 1962 S. 630—631). Dort wirkt ein Nichtbestreiten als stillschweigendes Anerkenntnis (vgl. RG 1. VII. 1903 RGZ Bd 55 S. 160). Die Säumnis des Vmers im Sinne des § 331 ZPO mit der Folge, daß ein Versäumnisurteil ergeht, stellt dagegen kein Anerkenntnis des materiellen Anspruchs dar (OLG Celle 11. IV. 1933 VA 1933 S. 347—348 Nr. 2586 = JRPV 1933 S. 240 [gek.]); auch nicht im Sinne des § 158e II (vgl. dazu BGH 11. X. 1956 NJW 1956 S. 1796—1798 = VersR 1956 S. 707—708, wo diese Frage allerdings nicht abschließend entschieden wird). Eine im Einzelfall zu prüfende Frage ist es dabei, ob der Vmer durch ein derartiges Verhalten eine andere Obliegenheit verletzt hat (z. B. die Schadenminderungspflicht) und ob eine derartige Verletzung der genannten Obliegenheit ausnahmsweise auch durch § 154 II gerechtfertigt sein kann; vgl. dazu die Ausführungen in Anm. F 108.

d) Einzelheiten.

In Übereinstimmung mit den in Anm. F 93 entwickelten Prinzipien werden von der Rechtsprechung durchweg strenge Anforderungen für die Annahme eines Anerkenntnisses im Sinne des § 154 II gestellt. Das ergibt die kritische Würdigung der nachstehend aufgegliederten Fallgruppen.

[F 94] aa) Abgrenzung zwischen rechtsverbindlichen Erklärungen und wahrheitsgemäßen Äußerungen zum Geschehen.

Wer dem Anspruchsteller eine wahrheitsgemäße Darstellung des Unfallgeschehens schriftlich bestätigt, erkennt den Haftpflichtanspruch nicht an (RG 26. VII. 1935 VA 1935 S. 270 Nr. 2836 = JRPV 1935 S. 262—264). Daß eine derartige Bestätigung im Ergebnis einem Schuldanerkenntnis im Sinne des § 154 II gleichkommen kann, ändert nichts daran, daß der Vmer berechtigt ist, wahrheitsgemäße Erklärungen über tatsächliche Fragen abzugeben (ebenso Füchsel NJW 1967 S. 1216). Die Position des Vers wird dadurch auch nicht verschlechtert. Sein Ziel im Rahmen des Haftpflichtvsvertrages ist es, begründete Ansprüche zu erfüllen und unbegründete abzuwehren. Kein Ver, der das erforderliche Selbstverständnis vom Sinn und Zweck der Haftpflichtv hat, wird daran interessiert sein, begründete Ansprüche abzuwehren. Mag der Vmer auch in vielen Fällen nicht befähigt sein, zwischen begründeten und unbegründeten Ansprüchen zu unterscheiden, so darf man ihm doch nicht das Recht absprechen, sich zu Tatsachen wahrheitsgemäß zu erklären (so ausdrücklich § 52 französisches VVG; vgl. dazu Wahle ZVersWiss 1960 S. 59).

Schwierig wird die Würdigung einer wahrheitsgemäß dem Unfallgegner bestätigten Darstellung des Unfallgeschehens dann, wenn diese Darstellung mit einer Wertung verbunden ist. Unbedenklich ist nach dem Gesagten eine Erklärung des Vmers: „Ich bekenne, das ordnungsgemäß geparkte Fahrzeug des D angefahren zu haben." Nichts anderes kann gelten für eine Erklärung des Inhalts: „Ich bekenne, das ordnungsgemäß geparkte Fahrzeug des D infolge eines Versehens angefahren zu haben." Die wahrheitsgemäße Qualifizierung des eigenen Verhaltens als fahrlässig darf nicht als verbotenes Anerkenntnis im Sinne des § 154 II angesehen werden (treffend OLG Düsseldorf 24. XI. 1964 VersR 1965 S. 433, LG Stuttgart 28. I. 1965 VersR 1965 S. 971—972). Es muß vielmehr dazu sinngemäß die Erklärung treten, daß der Schaden ersetzt werde (so ausdrücklich im Falle OLG Celle 30. XI. 1966 VersR 1967 S. 491—492). Die Beurteilung und Abgrenzung ist nicht immer einfach. Zu Recht weist OLG Düsseldorf 24. XI. 1964 a. a. O. darauf hin, daß unmittelbar am Unfallort oder am Krankenbett abgegebene Erklärungen in der Regel so zu würdigen sind, daß sie ohne rechtliche Verbindlichkeit den Geschädigten nur beruhigen sollen.

Die Verführung, stets ein Schuldanerkenntnis anzunehmen, wenn der Vmer seine Schuld einräumt, ist groß. Vgl. dazu Bomhard a. a. O. S. 578, der davon ausgeht, daß in den Worten „Ich anerkenne die Schuld an dem Unfall" stets ein echtes Anerkenntnis liege (ähnlich Stiefel-Wussow[7] Anm. 40 zu § 7 AKB, S. 268). Genau betrachtet ist es aber durchaus ein Unterschied, ob der Vmer bekennt, einen Verkehrsunfall verschuldet zu haben oder ob er die Schuld (d. h. die Ersatzforderung) anerkennt. Die Entscheidung, inwieweit die gegenüber dem Dritten abgegebene Erklärung, daß man die Schuld am Unfall bekenne, zugleich ein verbotenes Anerkenntnis darstellt, muß dem Einzelfall überlassen bleiben. So ist z. B. eine Äußerung des Vmers, „seiner Ansicht nach treffe ihn die Schuld, der Verletzte müsse dies aber mit dem Ver abmachen", nicht als verbotenes Anerkenntnis zu werten. Vgl. auch OLG München 24. III. 1964 DAR 1964 S. 163—164 = VersR 1964 S. 501—502, das die Auffassung vertritt, daß der Vmer mit einem „Schuldbekenntnis" nicht auf einen Abzug aus mitwirkender Betriebsgefahr verzichte (ähnlich Füchsel NJW 1967 S. 1216). Es versteht sich, daß eine im unmittelbaren Anschluß an den Unfall abgegebene Erklärung nicht mit dem gleichen Maßstab bewertet werden darf wie spätere schriftliche Erklärungen (vgl. OLG Düsseldorf 24. XI. 1964 a. a. O., Füchsel a. a. O. S. 1216 und Jüngerkes a. a. O. S. 23—24).

In dem in der Aufregung des Unfallgeschehens abgegebenen Versprechen, dem Geschädigten 10 RM zu geben oder dessen Fahrrad reparieren zu lassen, hat RG 17. V. 1938 JW 1938 S. 2220—2221 = ÖffrV 1938 S. 343—344 zu Recht kein unter § 154 II fallendes Anerkenntnis gesehen. Hingegen hat RG 4. VII. 1933 JRPV 1933 S. 232—234 = RdK 1934 S. 110—111 ein Schuldanerkenntnis angenommen, als der Vmer dem Verletzten zur Vorlage für den Ver schriftlich bestätigte, daß er die zahlreichen (in einem Schreiben des Verletzten an den Ver) angegebenen Schuldmomente, die sich auf den Unfall bezogen und die seine Person belasteten, als Schuld auf sich nehme (Grenzfall). Vgl. auch OLG München 13. XI. 1962 VersR 1962 S. 1148, das eine schriftliche Erklärung des Inhalts: „Ich bin an dem Zusammenstoß allein schuld" als verbotenes (deklaratorisches) Anerkenntnis wertet. Da der Vmer ein ordnungsgemäß geparktes Fahrzeug angefahren hatte, war die Annahme eines deklaratorischen Schuldanerkenntnisses nicht zwingend geboten (vgl. Martin VersR 1962 S. 1149). Allerdings kann die Betonung der alleinigen Schuld ein Indiz für ein deklaratorisches Anerkenntnis sein (vgl. z. B. LG Nürnberg-Fürth 16. III. 1961 VersR 1962 S. 151—153). Daß von der Rechtsprechung ein deklaratorisches Anerkenntnis unter Umständen so ausgelegt werden kann, daß damit nur auf den Mitverschuldenseinwand verzichtet werde, nicht dagegen auf einen Abzug aus mitwirkender Betriebsgefahr (vgl. z. B. OLG Karlsruhe 12. XII. 1957 VersR 1958 S. 112), ändert nichts daran, daß ein versicherungsrechtlich verbotenes Anerkenntnis vorliegt (OLG München 24. III. 1964 a. a. O.; vgl. auch OLG Hamm 24. III. 1964 MDR 1964 S. 602, das die Auffassung vertritt, daß das Einräumen der eigenen Schuld nicht zu bedeuten brauche, daß auf den Einwand einer Mitschuld des Dritten verzichtet werde).

Bemerkenswert OLG Nürnberg 16. XI. 1964 VersR 1965 S. 176: Der Vmer hatte erklärt, daß selbstverständlich bei dieser Sachlage, da das Verschulden eindeutig sei, der gesamte Schaden bezahlt werde. Das Gericht folgerte entgegen dem Wortsinne der Erklärung aus den Umständen des Falles, daß der Vmer lediglich auf die ohnedies bestehende Verpflichtung des Vers hingewiesen habe. Eine gegenteilige Entscheidung hätte wohl näher gelegen (ablehnend auch Prölss[17] Anm. 3 zu § 154, S. 577). Wenn der Vmer nur gegenüber dem Verletzten äußert, daß diesen kein Verschulden treffe (so in dem vom RG 7. XII. 1934 JRPV 1935 S. 24—25 = Praxis 1935 S. 8 entschiedenen Fall), wird man darin kein deklaratorisches Schuldanerkenntnis des Vmers sehen können, auch nicht, wenn gleichzeitig Tatsachen wahrheitsgemäß bestätigt werden, die für das eigene Verschulden sprechen; treffend hatte daher OLG Düsseldorf 23. IV. 1934 JRPV 1935 S. 47—48 als Berufungsgericht angenommen, daß darin nur das „Zugeständnis eines

Tatbestandsmerkmales" liege (RG 7. XII. 1934 a. a. O. ließ die Frage mit dem Bemerken offen, daß § 154 II ein derartiges Verhalten im konkreten Sachverhalt auf jeden Fall aus Billigkeitsgründen rechtfertige). Bedenklich LG Oldenburg 21. I. 1938 JRPV 1938 S. 191: Das Gericht wertet die Erklärung des Vmers, daß er nicht scharf rechts gefahren sei und ihn deshalb die Schuld am Unfall treffe, zu Unrecht als deklaratorisches Anerkenntnis dem Grunde nach.

Schließlich muß der Richter im Deckungsprozeß (natürlich auch im Haftpflichtrechtsstreit) immer bedenken, daß der geschädigte Dritte dazu tendiert, die Erklärungen des Vmers nach einem Unfall in dem für ihn, den Dritten, günstigen Sinne als Schuldanerkenntnis auszulegen und seine Aussage oft entsprechend färbt (unbewußte Wahrheitsverlagerung). Bemerkenswert in diesem Zusammenhang RG 16. X. 1917 VA 1918 Anh. S. 28 Nr. 1029: Es läßt es unbeanstandet, daß das Berufungsgericht es abgelehnt hatte, den Dritten als Zeugen darüber zu hören, ob der Vmer die Schuld im Rechtssinne anerkannt hatte oder nicht. Das Berufungsgericht hatte dazu ausgeführt, daß es dem Zeugen mit Rücksicht auf sein Interesse an dieser Behauptung ohnedies nicht glauben werde. Die Auffassung, daß dieses Verfahren keine unzulässige Vorwegnahme einer Beweiswürdigung darstelle, ist unzutreffend. Die darin zum Ausdruck kommende Tendenz, die Angaben des geschädigten Dritten in derartigen Fällen kritisch zu würdigen, muß aber der Tatrichter beachten.

[F 95] bb) Eingeschränktes Anerkenntnis.

Kein Anerkenntnis ist gegeben, wenn der Vmer erklärt, den Schaden „in Höhe seiner gesetzlichen Verpflichtung" (KG 5. VII. 1930 VA 1930 S. 194—195 Nr. 2159), „nach Maßgabe der Rechtslage" oder „vorbehaltlich evtl. gerichtlicher Klärung" (OLG Nürnberg 14. V. 1930 JRPV 1930 S. 320; bestätigt vom RG 17. II. 1931 VA 1931 S. 20 Nr. 2248 = JRPV 1931 S. 89—90, das allerdings zu dieser Frage nicht ausdrücklich Stellung nimmt) oder „wenn und soweit er dazu verpflichtet sei" (RG 22. II. 1935 JRPV 1935 S. 121—122) zu ersetzen. Auch in der Bemerkung: „Sie kommen zu Ihrem Recht. Ich bin ja vert!" ist kein verbotenes Anerkenntnis gesehen worden (OLG Stuttgart 13. V. 1929 JW 1930 S. 3650—3651). Hier liegen im Rechtssinne unerhebliche Erklärungen vor. Die Entscheidungsfreiheit des Vers ist nicht beeinträchtigt. Die Gegenmeinung von Oberbach (II S. 149 Anm. 1097), daß auch hier von Fall zu Fall unterschieden werden müsse, ist bei derartig formlosen Erklärungen nicht begründet. Das gleiche gilt, wenn sich der Vmer „vorbehaltlich der Zustimmung seines Vers" zum Ersatz des entstandenen Schadens verpflichtet. Es wäre auch fehlerhaft, derartige Erklärungen dahin auszulegen, daß ein Mitverschulden des Geschädigten nicht mehr geltend gemacht werden solle. Stets ist der Gesamtzusammenhang der Erklärungen zu berücksichtigen. So braucht z. B. in der im Prozeß abgegebenen Erklärung: „Die Forderung werde im großen und ganzen anerkannt" kein deklaratorisches Anerkenntnis gesehen zu werden, wenn der Vmer wenige Zeilen darauf bemerkt, daß „die Forderungen derart in die Höhe geschroben seien" und wenn auch der Grund des Anspruches in Zweifel gezogen wird (so im Falle OLG Karlsruhe 27. V. 1931 RdK 1931 S. 369, das aber von einem unrichtigen Begriff des Anerkenntnisses im Sinne des Bedingungsrechts ausging). Eine derartige Erklärung kann aber nach den Umständen des Einzelfalles auch als unzulässiges Teilanerkenntnis bezüglich des Grundes des geltend gemachten Anspruchs angesehen werden (vgl. auch Scheunert a. a. O. S. 52). Kein Anerkenntnis ist angenommen worden, als der Vmer um Übersendung einer Schadenaufstellung bat und sich dazu bereit erklärte, das Geld seinerseits vorzustrecken; dieser Lebensvorgang wurde vielmehr dahin gedeutet, daß der Vmer vorschußweise (darlehensweise) auf einen weder dem Grunde noch der Höhe nach festgestellten Anspruch leisten wolle (RG 7. XII. 1934 JRPV 1935 S. 24—25 = Praxis 1935 S. 8, vgl. auch [als Vorinstanz] OLG Düsseldorf 23. IV. 1934 JRPV 1935 S. 47—48; unzutreffend OLG Köln 30. XII. 1935 HansRGZ 1936 A Sp. 142, das eine derartige Darlehenshingabe als Verstoß gegen die Schadenminderungslast wertete).

[F 96] cc) Erklärungen gegenüber Vierten und im Strafverfahren.

Wenn der Vmer im Strafverfahren einräumt, daß er schuldig sei, so stellt das kein Anerkenntnis der Haftpflichtforderung dar. Erklärt der Vmer aber im Strafverfahren verbindlich, daß gegen den Grund des gegnerischen Anspruchs im Zivilverfahren keine Einwendungen erhoben werden würden, so liegt ein Verstoß gegen das Anerkenntnisverbot vor (LG Kiel 19. X. 1962 VersR 1963 S. 548–549).

Entsprechend dem Vertragscharakter des Anerkenntnisses können Erklärungen gegenüber Vierten, soweit es sich dabei nicht um Vertreter der Geschädigten handelt, nicht als bedeutsam im Sinne des Anerkenntnisverbotes angesehen werden (RG 22. II. 1935 JRPV 1935 S. 121–122). Demgemäß ist die Übernahme der Verpflichtung gegenüber einem Vierten, bestimmte dem geschädigten Dritten entstandenen Kosten zu bezahlen, kein Anerkenntnis (so für Krankenhauskosten OLG Düsseldorf 2. VII. 1931 VA 1931 S. 225–226 Nr. 2301 = RdK 1933 S. 307–308; a. M. OLG Hamm 3. IV. 1933 VA 1933 S. 346–347 Nr. 2585, allerdings ohne das Problem ausdrücklich zu erörtern).

Das Gesagte über die Einlassung des Beschuldigten im Strafverfahren gilt auch für seine Erklärungen im Zivilprozeß, wenn er dort als Partei vernommen wird. Räumt der Vmer auf Befragen des Richters wahrheitsgemäß ein, daß er sich für schuldig oder allein schuldig halte, so liegt darin kein verbotenes Anerkenntnis (vgl. OLG Stuttgart 13. V. 1929 JW 1930 S. 3650–3651, das stillschweigend davon ausgeht, daß eine derartige Erklärung im Prozeß nichts schade).

[F 97] dd) Grenzsituationen.

Einen Grenzfall bildet es, wenn der Vmer dem geschädigten Dritten sinngemäß erklärt, er erkenne die Haftpflichtforderung nicht an, ihn treffe auch keine Schuld am Geschehen, er sei im übrigen haftpflichtvert; für den Fall allerdings, daß — wie von ihm angenommen — keine Haftung bestehe und sein Ver daher auch nicht zahlen werde, werde er aus Billigkeitsgründen den entstandenen Schaden bezahlen. RG 22. II. 1935 JRPV 1935 S. 121–122 hat für einen derartigen Fall den Vsschutz bejaht und sich für seine Auffassung darauf berufen, daß nicht die Haftpflichtschuld anerkannt worden sei, sondern daß eine gesonderte Verpflichtung bestehe, für die der Vmer selbstverständlich keinen Vsschutz habe und die nur zum Zuge komme, wenn ein Haftpflichtanspruch verneint werde. Das Ergebnis erscheint im ersten Augenblick als eigenartig. Wenn man es jedoch an dem Zweck des Verbotes mißt, daß nämlich die Entscheidungsfreiheit des Vers in bezug auf die Haftpflichtforderung nicht angerührt werden soll, läßt es sich vertreten, wenngleich ein derartiges Vorgehen einem geschickten Vmer die Möglichkeit gibt, das Anerkenntnisverbot in seinen Wirkungen zu beschränken. Es kann allerdings nicht geleugnet werden, daß der geschädigte Dritte aufgrund einer derartigen Absprache zur Geltendmachung seiner vermeintlichen Haftpflichtansprüche ermuntert wird, da der ihm entstandene Schaden bei einer derartigen Vereinbarung auf jeden Fall ersetzt wird. Indes ist nach den Ausführungen in Anm. F 79 nur die Ermunterung zur Geltendmachung unbegründeter Ansprüche ein Verstoß gegen die Schadenminderungslast. Nur insoweit wird demgemäß ein derartiges Verhalten des Vmers vom Obliegenheitsrecht erfaßt, und dabei bildet das Verschuldenserfordernis das notwendige Korrektiv zur gerechten Entscheidung des Einzelfalles. In dem vom RG 22. II. 1935 a. a. O. entschiedenen Ausgangsfall war diese Frage nicht problematisch. Dort hatte der Vmer die Geschädigte fahrlässigerweise angeschossen und das seinem Ver auch mitgeteilt.

Von dem vom RG 22. II. 1935 a. a. O. entschiedenen Fall kaum zu unterscheiden ist ein ähnlich gelagerter Sachverhalt, bei dem der Vmer die Haftpflichtschuld ebenfalls bestreitet, sich aber zu deren Zahlung bereit erklärt, falls sein Ver aus irgendeinem Grunde nicht zur Leistung verpflichtet sei. Hier wird nicht eine selbständige Verpflichtung übernommen, sondern die Haftpflichtschuld „bedingt" anerkannt. Das kann zur Versagung des Vsschutzes führen, wenn nicht eine derartige Erklärung aus Billigkeitsgründen gerechtfertigt ist (vgl. KG 5. IX. 1930 JRPV 1931 S. 29–30, wo nicht klar zum Ausdruck kommt, ob ein derartiges Anerkenntnis nicht als ein solches im Sinne des Bedingungsrechts gewertet wird oder ob der Ausnahmefall des § 154 II angewendet wird).

[F 98] ee) Unzulässige Erklärung über die Wirkung einer Aufrechnung durch den Dritten.

Es fragt sich, ob ein verbotenes Anerkenntnis im Sinne des Bedingungsrechts auch dann vorliegen kann, wenn die Haftpflichtschuld bereits erloschen ist. Aktuell wird diese Frage, wenn der geschädigte Dritte mit seinem Haftpflichtanspruch gegen eine Forderung des Vmers aufrechnet. War die Haftpflichtforderung begründet, so erlischt sie durch diese Aufrechnung; nach dem Wortlaut der Obliegenheiten kann daher ein Anerkenntnis gar nicht mehr abgegeben werden. Der Sinn der vereinbarten Regelung erfaßt aber auch diesen Fall; nicht anders kann das Anerkenntnisverbot von einem verständigen Vmer aufgefaßt werden (vgl. auch OLG Hamm 16. IV. 1937 HansRGZ 1938 A Sp. 53—56 = RdK 1939 S. 30, das von der hier vertretenen Auffassung auszugehen scheint, aber den unrichtigen Zusatz gebraucht, daß ein etwaiges Anerkenntnis nichts schade, da es sich auf die Feststellung nicht ausgewirkt habe). Nur auf der Basis der hier vertretenen Auffassung kann die Entscheidungsfreiheit des Vers geschützt werden, ob er befriedigen oder abwehren will (darüber, wie der Ver in einem derartigen Falle abzuwehren hat, vgl. Anm. G 5).

[F 99] ff) Schiedsgerichtsklausel.

Kein Verstoß gegen § 5 Ziff. 5 AHB liegt vor, wenn der Vmer vor oder nach Eintritt eines Vsfalles mit dem geschädigten Dritten vereinbart, daß die Entscheidung eines Haftpflichtstreits nicht durch das an sich zuständige ordentliche Gericht, sondern durch ein Schiedsgericht erfolge. RG 1. III. 1918 VA 1918 Anh. S. 54—56 Nr. 1046 meint zwar, in einem solchen Verhalten des Vmers ein ihm nach den dort zugrunde liegenden Bedingungen verbotenes „teilweises" Einigen mit dem Dritten zu sehen (ähnlich auch noch Hagen II S. 297—298). Eine solche Überlegung hält aber differenzierender Betrachtung nicht stand, abgesehen davon, daß § 5 Ziff. 5 AHB eine Obliegenheit darstellt, die nach Eintritt des Vsfalles zu erfüllen ist, so daß also diejenigen Schiedsgerichtsvereinbarungen, die vor einem solchen Vsfall getroffen werden, ohnedies sanktionslos bleiben würden. Mit Prölss VersR 1965 S. 101—103 ist nach der Interessenlage demgemäß davon auszugehen, daß die Vereinbarung einer Schiedsgerichtsklausel vor und nach Eintritt des Vsfalles keine Obliegenheitsverletzung im Sinne des § 5 Ziff. 5 AHB darstellt. Dabei ist zur Vermeidung von Mißverständnissen zu betonen, daß Prölss a. a. O. das nicht ausdrücklich hervorhebt, sondern als selbstverständlich von dieser Prämisse ausgeht und im übrigen auch nicht ausdrücklich zwischen Schiedsgerichtsvereinbarungen, die vor Eintritt eines Vsfalles und solchen, die nach diesem Zeitpunkt getroffen werden, unterscheidet.

Zur Wahrung der Interessen des Vers ist es auch nicht erforderlich, mit Prölss a. a. O. anzunehmen, daß einem Schiedsspruch keine Bindungswirkung im anschließenden Deckungsprozeß zukomme (vgl. dazu die Ausführungen in Anm. B 65). Zutreffend ist allerdings die Annahme von Prölss a. a. O., daß der Vsvertrag mangels einer besonderen Vereinbarung dahin ausgelegt werden könne, daß der Ver nicht zur Führung des Schiedsgerichtsprozesses verpflichtet sei. Zu beachten ist aber, daß der Vmer selbstverständlich im Rahmen des § 153 IV zur Anzeige eines Schiedsgerichtsverfahrens gehalten ist und daß er nach § 5 Ziff. 4 AHB dem Ver auf dessen Verlangen die Führung des Schiedsgerichtsprozesses überlassen muß. Man wird dagegen ein Schiedsgerichtsverfahren nicht als derart exzeptionell anzusehen haben, daß die dadurch entstehenden Kosten nur dann zu Lasten des Vers gehen, wenn er die Führung des Schiedsgerichtsprozesses übernimmt oder sich zur Übernahme der Kosten ausdrücklich bereit erklärt. Nicht zu billigen ist weiter die Annahme von Prölss a. a. O., daß eine Befriedigung des geschädigten Dritten durch den Vmer im Anschluß an einen für den geschädigten Dritten günstigen Schiedsspruch einen Verstoß gegen § 5 Ziff. 5 AHB darstelle. Es wäre sinnwidrig, dem Vmer zuzumuten, eine Vollstreckung zu erdulden. Ein solches Verlangen ist auch unbillig im Sinne des § 154 II. Zu beachten ist aber, daß der Vmer, dessen Ver die Übernahme der Führung eines Schiedsgerichtsverfahrens ablehnt, nicht im Sinne der Ausführungen in Anm. F 101 „freie Hand" bei der Regulierung des Haftpflichtschadens hat. Das ergibt sich daraus, daß dem Ver zwar im eigenen Interesse dringend die Führung des Schiedsgerichtsverfahrens anzuraten ist, daß er dazu aber nicht verpflichtet ist. Der Vmer darf sich ohne Verstoß gegen § 5 Ziff. 5 AHB demgemäß im Schiedsgerichtsverfahren nur mit Zustimmung des Vers vergleichen.

Die Vereinbarung der Zuständigkeit eines Schiedsgerichts nach Eintritt eines Vsfalles verletzt auch nicht § 5 Ziff. 4 AHB (vgl. dazu Anm. F 80).

[F 100] e) Verbotene Befriedigung.

Unter einer Befriedigung ist jede Leistung des Vmers an den geschädigten Dritten zur Tilgung der Haftpflichtschuld zu verstehen. Regelmäßig wird eine derartige Befriedigung zugleich ein Anerkenntnis der Haftpflichtforderung sein. Der Ver soll aber auch in den Fällen geschützt sein, in denen der Vmer ohne „Anerkennung einer Rechtspflicht" die Haftpflichtschuld bezahlt. Auch eine Aufrechnung des Vmers ist eine grundsätzlich verbotene Befriedigung des geschädigten Dritten. Das gilt aber nicht von der Eventualaufrechnung, ungeachtet dessen, daß auch sie die Haftpflichtforderung tilgt (vgl. auch OLG Hamm 16. IV. 1937 HansRGZ 1938 A Sp. 53—56 = RdK 1939 S. 30, von dem Prölss[17] Anm. 3 zu § 154, S. 577 zu Unrecht annimmt, daß es eine Aufrechnung durch den Vmer grundsätzlich für zulässig halte).

Zu beachten ist, daß Leistungen an Vierte, soweit es sich nicht um Zessionare handelt, grundsätzlich nicht unter das Befriedigungsverbot fallen (vgl. RG 22. II. 1935 JRPV 1935 S. 121—122 und die Ausführungen in Anm. F 96). Demgemäß ist z. B. auch OLG Düsseldorf 2. VII. 1931 VA 1931 S. 225—226 Nr. 2301 = RdK 1933 S. 307—308 stillschweigend davon ausgegangen, daß in einer Zahlung an ein Krankenhaus keine Befriedigung im Sinne des § 154 II zu sehen sei. Das ist um so mehr bemerkenswerter, als durch eine derartige Leistung im Ergebnis der geschädigte Dritte genau so gestellt wird, als wenn an ihn geleistet werden würde. Eine solche Auffassung läßt sich daher nur in den Fällen rechtfertigen, in denen der Dritte zur Zahlung der Krankenhauskosten nicht verpflichtet ist, weil z. B. der Krankenhausvertrag gleich mit dem Vmer abgeschlossen worden ist. In allen anderen Fällen aber, in denen die Schuld des Dritten durch eine Zahlung des Vmers an einen Vierten getilgt wird, greift das Verbot ein.

Keine Befriedigung im Sinne des § 154 II ist es, wenn der Vmer dem Dritten bis zur Entscheidung des Vers zur Überwindung des eingetretenen Schadens einen „Vorschuß" (Darlehen) gewährt (vgl. dazu OLG Düsseldorf 23. IV. 1934 JRPV 1935 S. 47—48 und die Bestätigung durch RG 7. XII. 1934 JRPV 1935 S. 24—25 = Praxis 1935 S. 8). Ob darin ein verbotenes Anerkenntnis liegt, muß im Einzelfall geprüft werden; regelmäßig wird das zu verneinen sein, da mit einer derartigen Konstruktion gerade ein nach dem Vertragsrecht verbotenes Verhalten vermieden werden soll. Das gleiche gilt, wenn das Darlehen für den Fall des Nichtbestehens einer Haftpflichtforderung dann als Geschenk nicht zurückgefordert werden soll (vgl. dazu RG 29. IX. 1931 VA 1931 S. 276—277 Nr. 2333, wo diese Konstruktion des Berufungsgerichts unbeanstandet referiert wird). Ebenso zu werten sind Anstandsgeschenke, bei denen der redliche Verkehr ohnedies davon ausgeht, daß sie nicht auf den Haftpflichtanspruch angerechnet werden sollen und auch kein Anerkenntnis darstellen (vgl. OLG Stuttgart 13. V. 1929 JW 1930 S. 3650—3651).

[F 101] f) Verzicht auf Beachtung der Obliegenheit durch Deckungsablehnung.

Rechtlich bedeutsam als Obliegenheitsverletzung kann ein Anerkenntnis des Haftpflichtanspruchs oder eine Befriedigung des Geschädigten durch den Vmer nur dann sein, wenn derartiges ohne vorherige Zustimmung des Vers geschieht. Eine derartige Einwilligung des Vers kann ausdrücklich oder stillschweigend erklärt werden. Es sei z. B. an den Fall gedacht, daß der Ver den Vmer bittet, den Schadenfall aufgrund seiner guten Beziehungen zum Geschädigten „bestmöglich" abzumachen.

Als Verzicht auf die Einhaltung des Anerkenntnis- und Befriedigungsverbots wird von der Rechtsprechung nach Treu und Glauben grundsätzlich auch die unbegründete Deckungsverweigerung angesehen (BGH 21. V. 1959 NJW 1959 S. 1492—1493 = VersR 1959 S. 499—500, 25. IV. 1960 VersR 1960 S. 505—507, 11. I. 1962 VersR 1962 S. 150—151, 21. II. 1963 VersR 1963 S. 421—423, 26. X. 1964 VersR 1964 S. 1288, 1. II. 1968 NJW 1968 S. 836 = VA 1968 S. 223 Nr. 490, OLG Hamburg 22. IV. 1918 VA 1918 Anh. S. 59 Nr. 1048, OLG Hamm 10. III. 1939 RdK 1939 S. 291 = HansRGZ 1940 A Sp. 103—104, OLG Düsseldorf 3. XII. 1957 VersR 1958 S. 409—410, OLG Hamburg 20. XII. 1961 VersR 1962 S. 366, LG Wuppertal 27. X. 1961 VersR 1962 S. 630—631, OLG Frankfurt a. M. 11. VI. 1964 VersR 1964 S. 965; a. M. noch OLG Köln 27. III. 1936 VA 1937 S. 151—152 Nr. 2970, LG Berlin 20. X. 1931 RdK 1932 S. 335—336 = JRPV 1932 S. 175—176; nur aus dieser überholten Auffassung, daß der Vmer trotz Deckungsverweigerung des Vers nicht anerkennen dürfe, ist z. B. OLG Hamm 15. III. 1937 VA 1937 S. 193—195 Nr. 3000 = HansRGZ 1937 A Sp. 457—460 zu erklären, wo — an sich zutreffend — ausgeführt wird, daß die Obliegenheit nach rechtskräftiger Feststellung der Haftpflichtschuld durch die Zahlung des Vmers nicht verletzt werde). Das ist selbstverständlich, wenn dem Vmer bei der Ablehnung ausdrücklich „freie Hand" für die Regulierung des Schadenfalles gegeben wird (so im Falle OLG Celle 30. XII. 1952 VersR 1953 S. 82 oder wenn der Ver ihn gar zur Zahlung an den Dritten auffordert (vgl. KG 23. XII. 1931 VA 1932 S. 33 Nr. 2390 = JRPV 1932 S. 60—61), gilt aber nach den vorher zitierten Entscheidungen auch dann, wenn der Ver sich bei der Ablehnung zu dieser Frage nicht ausdrücklich erklärt (vgl. dazu auch BGH 11. X. 1956 NJW 1956 S. 1796—1798 = VersR 1956 S. 707—708 zu § 158e II für einen Fall berechtigter Deckungsablehnung, bei dem der Ver nach § 158c im Risiko war). Einer Rechtfertigung der Selbstregulierung des Vmers aus dem Gesichtspunkt der Billigkeit nach § 154 II (so noch OLG München 2. XI. 1931 VA 1931 S. 289—291 Nr. 2344) bedarf es also nicht. Will der Ver ein derartiges Ergebnis vermeiden, bleibt ihm nur der Weg, daß er den Vmer veranlaßt, ihm trotz der Deckungsablehnung die Klärung der Haftpflichtfrage zu überlassen (BGH 21. V. 1959 a. a. O.). Verweigert ihm aber der Vmer diesen Einfluß auf die Haftpflichtfrage, so liegt darin regelmäßig keine Obliegenheitsverletzung (so im Anschluß an Möller in Bruck-Möller Anm. 36 zu § 6: BGH 7. XI. 1966 NJW 1967 S. 202—203 = VersR 1967 S. 28—29 zu der sachlich gleichliegenden Frage, ob der Vmer in einem solchen Fall gehalten sei, dem Ver die Prozeßführung zu überlassen). Vom BGH 7. XI. 1966 a. a. O. wird zutreffend hervorgehoben, daß der Vmer hier auch nicht den objektiven Tatbestand einer Obliegenheitsverletzung erfülle, daß vielmehr der Ver gar nicht das Recht habe, die Prozeßführung für sich zu verlangen. Diese Abgrenzung ergibt sich daraus, daß das Vertrauensverhältnis zwischen den Parteien durch eine unberechtigte Deckungsablehnung und durch den sich daran anschließenden Deckungsprozeß auf das Empfindlichste gestört wird (vgl. dazu auch Ruhkopf VersR 1960 S. 292—295). Ist die Deckungsablehnung aber berechtigt, so fehlt es an einem Interesse des Vers daran, an der Feststellung der Haftpflichtforderung mitzuwirken; anders allerdings im Falle des § 158c; dort wird der Ver aber durch eine Sondernorm geschützt (§ 158e II). Dafür, daß nach fast allen europäischen Rechtsordnungen der Vmer bei Ablehnung der Deckung „freie Hand" in der Regulierung des Haftpflichtschadens erhält, gleichgültig, ob die Ablehnung begründet war oder nicht, vgl. die Ausführungen von Wahle ZVersWiss 1960 S. 67 m. N. in Anm. 80.

Bei einer unberechtigten Deckungsverweigerung wird der Haftpflichtvmer aber auch von der Beachtung anderer haftpflichtvsrechtlicher Obliegenheiten befreit (vgl. die Ausführungen in Anm. F 46 und F 81).

Die für den Haftpflichtver aus einer Selbstregulierung durch den Vmer sich ergebende Konsequenz, daß unter Umständen auch unbegründete Ansprüche mit Bindungswirkung gegen den Ver befriedigt werden, gilt nicht für eine, „augenscheinlich leichtfertige" Schadenregulierung. Vom BGH ist diese Frage allerdings bisher noch offen gelassen worden: vgl. BGH 21. V. 1959 a. a. O., 25. IV. 1960 a. a. O., 11. I. 1962 a. a. O., 21. II. 1963 VersR 1963 S. 421—423). Unter „Leichtfertigkeit" ist dabei ein grobfahrlässiges Verhalten des Vmers zu verstehen. Leichte (normale) Fahrlässigkeit schadet also nichts (anders wohl Wussow[5] Anm. 23 zu § 5 AHB, S. 457). Vgl. für ein derartig leichtfertiges Verhalten den vom LG Oldenburg 21. I. 1938 JRPV 1938 S. 190—191 entschiedenen Fall. Verwiesen wird weiter auf die Ausführungen unter B 66.

Das Gesagte darüber, daß der Vmer bei einer unberechtigten Deckungsverweigerung das Anerkenntnis- und Befriedigungsverbot nicht zu beachten habe, betrifft aber grundsätzlich nicht solche Obliegenheitsverletzungen, die der Vmer vor der Ablehnung begangen hat; auf diese kann sich der Ver also weiterhin berufen (BGH 1. II. 1968 NJW 1968 S. 836—837 = VA 1968 S. 223—224 Nr. 490).

[F 102] g) Einschränkung des Verbots durch § 154 II VVG.

aa) Rechtscharakter, Entstehung.

§ 154 II ist durch das Gesetz vom 7. XI. 1939 RGBl. I S. 2223 neu gefaßt worden. In der ursprünglichen Fassung hieß es, daß sich der Ver auf die vereinbarte Obliegenheit (unter den gleichen Voraussetzungen wie heute) nicht berufen könne; jetzt wird bestimmt, daß eine derartige Vereinbarung unwirksam sei.

Über den Sinn der Änderung heißt es (vgl. Begr. II S. 1773), daß es geboten erscheine, die bis dahin zugunsten des Vmers halbzwingende Vorschrift schlechthin für zwingend zu erklären. Durch diese Ausgestaltung als absolut zwingende Vorschrift ist sichergestellt, daß die Billigkeitsbestimmung des § 154 II auch in der KVO-Haftpflichtv, auf die gemäß § 27 I 2 GüKG und § 187 die im VVG vorgesehenen Beschränkungen der Vertragsfreiheit keine Anwendung finden, zum Tragen kommt (so im Anschluß an Möller in Bruck-Möller Einl. Anm. 41b, 46: BGH 1. II. 1968 NJW 1968 S. 836 = VA 1968 S. 223 Nr. 490). Mißverständlich sind dagegen die Ausführungen von Prölss[17] Anm. 5 zu § 154, S. 580, daß § 154 II als halbzwingende Vorschrift (zugunsten des Vmers) abbedungen werden könne. Die Bezugnahme auf OLG Düsseldorf 18. X. 1960 VersR 1961 S. 114—115 zeigt aber, daß Prölss damit nur meint, daß für Haftpflichtvsverträge, zu denen kein Anerkenntnis- oder Befriedigungsverbot vereinbart worden sei, § 154 II keine Anwendung finden könne. Das ist richtig, rechtfertigt aber nicht die Annahme, daß § 154 II auch nach der Gesetzesänderung noch eine nur halbzwingende Vorschrift sei.

Der Effekt der 1939 vorgenommenen Änderung erscheint im übrigen allerdings als gering. Irgendwelche Versuche, zwischen dem Vmer und dem geschädigten Dritten zu differenzieren, sind aus der Spruchpraxis zu § 154 II a. F. nicht bekannt geworden. Es muß bezweifelt werden, daß durch die Neufassung ein besonderer Schutz des geschädigten Dritten eingeführt worden ist. Der Wortlaut ergibt jedenfalls nichts dafür. Der Schutz des Dritten ergibt sich auch jetzt nur mittelbar aus dem System der Haftpflichtv, bei dem sich der Dritte auf die Rechtsposition des Vmers berufen kann, wenn er dessen Rechtsnachfolger bezüglich der Vsforderung geworden ist.

Eine Parallelvorschrift, die den Schutz des Vers bezweckt, ist mit § 158e II für die Pflichthaftpflichtv eingeführt worden.

[F 108] bb) Zweck.

Das Verbot, den gegnerischen Haftpflichtanspruch anzuerkennen oder zu befriedigen, läßt sich bis in die ältesten Haftpflichtvsbedingungen zurückverfolgen. Der Gesetzgeber ging deshalb davon aus, daß es erforderlich sei, für gewisse Fälle aus Billigkeitsgründen ein Ausnahmerecht des Vmers zu schaffen. Das Gesetz bestimmt, daß ein vertraglich vereinbartes Anerkenntnis- und Befriedigungsverbot nicht eingreift, wenn der Vmer die Befriedigung oder die Anerkennung nicht ohne offenbare Unbilligkeit verweigern konnte. Es handelt sich um eine Ausnahmevorschrift, die dem Ausgleich übergroßer Härten dienen soll.

Einen guten Anhaltspunkt für die Auslegung des § 154 II geben auch heute noch die Gesetzesmaterialien zur Schaffung des VVG. In der Begr. I S. 141 wird über den Zweck der Bestimmung ausgeführt:

> „Derartige Bedingungen können indessen zu großen Härten führen, wenn nach dem tatsächlichen Hergang die Berechtigung des erhobenen Anspruchs keinem Zweifel unterliegt und zugleich die Billigkeit nach den Umständen, insbesondere nach den sozialen und persönlichen Verhältnissen der Beteiligten, eine sofortige Befriedigung oder Anerkennung erfordert. Überfährt z. B. der Vmer bei der Führung eines Automobils in offenbar schuldhafter Weise eine vielleicht bedürftige Person, so wäre es unerträglich, wenn für ihn daraus, daß er entgegen den Bedingungen des Vsvertrages sofort den Schadenersatzanspruch des Verletzten anerkennt und Zahlung leistet, der Verlust seines Schadenersatzanspruches gegenüber dem Ver folgte."

Bemerkenswert ist in diesem Zusammenhang auch der Hinweis von Wahle ZVersWiss 1960 S. 57—58, daß § 154 II führend für andere europäische Rechtsordnungen vorangegangen und daß die Rechtsprechung in Frankreich und Italien auch ohne eine derartige Vorschrift zu Ergebnissen gekommen sei, die dem Grundgedanken des § 154 II entsprechen.

[F 104] cc) Voraussetzungen.

aaa) Begründetheit des Anspruchs des Dritten.

In den Gesetzesmaterialien wird zu Recht ein sehr wesentlicher Gesichtspunkt herausgestellt, daß nämlich die vom geschädigten Dritten geltend gemachte Forderung offensichtlich begründet sein muß. Das ist in dem Sinne zu verstehen, daß die gesamte geltend gemachte Forderung berechtigt sein muß. Fehlt es an dieser Voraussetzung, so darf § 154 II grundsätzlich nicht angewendet werden (RG 13. VI. 1933 LZ 1933 Sp. 1204–1206 = JRPV 1933 S. 202–204). Ist allerdings die materielle oder seelische Not des Anspruchstellers so groß, daß es dem sittlich denkenden Menschen zum Vorwurf gereichen würde, wenn er nicht denjenigen Teil der Haftpflichtforderung, der erkennbar begründet ist, befriedigen oder anerkennen würde, so wird man dem Vmer insoweit den Schutz des § 154 II zusprechen können. Es versteht sich, daß seine Zahlung und sein Anerkenntnis sich alsdann immer nur auf den offensichtlich begründeten Teil der Haftpflichtforderung beziehen darf (BGH 9. XII. 1965 NJW 1966 S. 657 bis 658 = VersR 1966 S. 153–154, OLG Köln 27. III 1936 VA 1937 S. 151–152 Nr. 2970). Es muß besonders betont werden, daß nur ganz krasse Ausnahmesituationen den Vmer zu einem solchen Handeln bei nur teilweise begründeter Forderung ermächtigen.

Wussow[5] Anm. 23 zu § 5 AHB, S. 455–457 vertritt demgegenüber den Standpunkt, daß es auf die Begründetheit nicht ankomme; anderenfalls bestehe die Gefahr, daß der Vmer doch den Haftpflichtstreit entscheide. Um dieser Gefahr zu entgehen, will Wussow allein auf die nachstehend in Anm. F 105 erörterten Billigkeitsmomente abstellen. Mit dieser Begründung hält Wussow[5] Anm. 24 zu § 5 AHB, S. 457–458 auch § 5 Ziff. 5 S. 3 AHB entgegen der hier vertretenen Auffassung (vgl. Anm. F 110) für rechtsgültig. Indessen setzt die wohl verstandene Interpretation des Sinngehaltes des § 154 II gerade die Prüfung der Frage der Berechtigung des Anspruchs des geschädigten Dritten voraus. An dieser ersten Voraussetzung für die Anwendung des § 154 II muß daher festgehalten werden. Irrt sich der Vmer insoweit, so tritt ebenso wie im Falle des wirklichen Vorliegens der in § 154 II vorausgesetzten Ausnahmesituation eine Bindung des Vers an die Entscheidung des Haftpflichtstreits ein (vgl. zur Bindungswirkung Anm. B 61–66). Nur im Rahmen des für Obliegenheiten, die nach Eintritt des Vsfalles zu erfüllen sind, durch § 6 III gesetzten Verschuldens- und Kausalitätsprinzips kann eine Befreiung des Vers von der Verpflichtung zur Leistung eintreten (vgl. dazu Anm. F 109 und F 110).

[F 105] bbb) Hinzutreten weiterer Billigkeitsmomente.

Zur Annahme einer offenbaren Unbilligkeit genügt es aber nicht, daß der Anspruch des Geschädigten offenbar begründet ist (BGH 9. XII. 1965 NJW 1966 S. 657 = VersR 1966 S. 153, 1. II. 1968 NJW 1968 S. 836 = VA 1968 S. 223 Nr. 490, LG Kottbus 21. IV. 1939 JRPV 1940 S. 119–120, OLG Düsseldorf 25. XI. 1958 VersR 1958 S. 382 [für einen Fall analoger Anwendung des § 154 II auf andere Obliegenheiten]; ebenso Füchsel NJW 1967 S. 1215–1216, Martin VersR 1962 S. 1149, Prölss[17] Anm. 4 zu § 154, S. 579; a. M., soweit ersichtlich, nur E. v. Hippel NJW 1967 S. 15–17). Es müssen vielmehr daneben grundsätzlich weitere besondere Billigkeitsfaktoren gegeben sein.

Eine offenbare Unbilligkeit liegt dann vor, wenn der Ver dem Vmer mit der Bindung an das Leistungsverbot ein Verhalten zumutet, das nach allgemeiner Anschauung dem Anstand und den guten Sitten nicht entspricht (so im Anschluß an Bruck S. 455: BGH 1. II. 1968 a. a. O.). Gedacht ist dabei in erster Linie an die Verhältnisse des geschädigten Dritten. So hält BGH 9. XII. 1965 a. a. O. ein Anerkenntnis zum Grunde eines Schmerzensgeldanspruchs für gerechtfertigt in einem Falle, in dem die Verletzte bei vollem Bewußtsein starke Schmerzen erlitt und in dem außerdem ihr lebensgefährlicher Zustand eine schnelle Sicherung des Schmerzensgeldanspruchs erforderte. Gegen diese billigenswerte Entscheidung wendet sich zu Unrecht Seitz VersR 1966 S. 557 mit der theoretisch zutreffenden Überlegung, daß das gleiche Anerkenntnis auch vom Ver hätte abgegeben werden können. Mit einer solchen Abgrenzung würde aber § 154 II entgegen der gesetzgeberischen Intention überhaupt nicht mehr angewandt werden können.

Ferner darf und muß berücksichtigt werden, daß der geschädigte Dritte durch den Schadenfall in Vermögensverfall geraten ist, so daß es ihm z. B. nicht möglich ist, die Verpflegungskosten für seinen Krankenhausaufenthalt aufzubringen oder die fälligen Lohnzahlungen in seinem Betriebe zu leisten (vgl. RG 29. IX. 1931 VA 1931 S. 276—277 Nr. 2333). Beachtenswert kann sein, daß der Dritte arm ist (RG 4. VII. 1933 JRPV 1933 S. 232—234 = RdK 1934 S. 110—111), daß er durch den Unfall einen schweren Körperschaden erlitten hat (RG 4. VII. 1933 a. a. O., KG 5. IX. 1930 JRPV 1931 S. 29—30), daß es ihm nunmehr nicht mehr möglich ist, seinen Kindern eine ordentliche Ausbildung zu gewähren oder daß er in Zeiten schwerer Not durch den Unfall seine Arbeit verloren hat (KG 23. XII. 1931 VA 1932 S. 33 Nr. 2310 = JRPV 1932 S. 60—61). Keineswegs brauchen alle diese Merkmale zusammen aufzutreten. Es genügt vielmehr regelmäßig, daß eine unfallbedingte materielle Notlage des Geschädigten mit der offensichtlichen Begründetheit des Anspruches zusammentrifft (vgl. z. B. RG 7. XII. 1934 JRPV 1935 S. 24—25 = Praxis 1935 S. 8; siehe auch KG 5. XI. 1930 JRPV 1931 S. 29—30). KG 5. XI. 1930 a. a. O. mit dem an sich zutreffenden Satz, daß die Obliegenheit nicht dahin ausgelegt werden dürfe, „daß sie einen anständigen Menschen nötige zu handeln wie ein unanständiger", darf dabei nicht im Sinne einer verschärften Auslegung des § 154 II verstanden werden. Die vom KG 5. XI. 1930 a. a. O. festgestellten Tatsachen rechtfertigen die Anwendung des § 154 II auch ohne derartige grundsätzliche Bemerkungen. Es handelte sich um eine schwere Körperverletzung, es bestand persönliche Freundschaft, zudem war das Anerkenntnis nur für den Fall abgegeben worden, daß der Ver leistungsfrei sein würde; auch war der Anspruch begründet. Hingegen wird eine materielle Not nicht erwähnt. Vgl. auch OLG Darmstadt 9. V. 1933 VA 1934 S. 231—233 Nr. 2728; dort lag ebenfalls keine materielle Not vor; das Gericht hielt aber das Vorliegen folgender Tatsachen für ausreichend: Körperverletzung, Freundschaft und offensichtliche Begründetheit des Anspruchs.

Als Indiz für eine schlechte soziale Lage des geschädigten Dritten kann gewertet werden, daß die Haftpflichtansprüche im Armenrecht geltend gemacht werden (RG 4. VII. 1933 a. a. O.). Eine Notlage darf nicht mit dem Hinweis darauf verneint werden, daß heute jeder einen Anspruch auf Sozialhilfe („Fürsorge") habe. Zu bedenken ist vielmehr, daß der Empfang derartiger Leistungen im natürlich verwurzelten Volksempfinden immer noch als sozialer Abstieg gewertet wird (a. M. wohl Bomhard a. a. O. S. 518). Wird über das Vermögen des geschädigten Dritten der Konkurs eröffnet, so bietet seine schlechte soziale Lage nur dann eine Handhabe für den Vmer, auf eigene Faust anzuerkennen oder zu befriedigen, wenn es sich um Leistungen handelt, die nicht in die Konkursmasse fallen (vgl. z. B. §§ 843 BGB, 850b I Ziff. 1 ZPO, 1 I KO). Für die Anwendung des § 154 II ist regelmäßig kein Raum, wenn es sich um den Regreßanspruch eines Sozialvers handelt; Billigkeitsmomente sind hier kaum denkbar (vgl. dazu BGH 25. IV. 1960 VersR 1960 S. 506).

Von Bedeutung kann auch sein, daß ein angesehener Vertreter des Dritten, insbesondere ein Rechtsanwalt, vom Vmer nachdrücklich aus Billigkeitsgesichtspunkten ein Anerkenntnis verlangt, ohne auf die Gefahr des Verlustes des Vsschutzes hinzuweisen (vgl. BGH 9. XII. 1965 NJW 1966 S. 657—658 = VersR 1966 S. 153—154; [ferner RG 17. V. 1938 JW 1938 S. 2220—2221 = ÖffrV 1938 S. 343—344 mit einer allerdings nur zeitgeschichtlich verständlichen Besonderheit]).

[F 106] ccc) Einfluß der Interessen des Versicherungsnehmers.

Unberücksichtigt bleiben müssen grundsätzlich Tatsachen, die allein vom Standpunkt des Vmers aus „billigerweise" eine Befriedigung des Dritten geraten erscheinen lassen. Insbesondere ist es in der Regel kein beachtlicher Faktor, daß dem Vmer durch die Nichtbefriedigung der Forderung eines „Geschäftsfreundes" finanzielle Verluste wegen Trübung der geschäftlichen Zusammenarbeit drohen (Stiefel-Wussow[7] Anm. 44 zu § 7 AKB, S. 271). Der Bezahlung von Haftpflichtforderungen aufgrund eines Zusammenwirkens zwischen dem Vmer und dem geschädigten Dritten sollen die in § 154 II vorausgesetzten vertraglichen Obliegenheiten gerade entgegenwirken. Etwas anderes gilt dann, wenn bei offenbar begründeter Ersatzpflicht der Zusammenbruch des kaufmännischen Unternehmens des geschädigten Dritten durch die Nichtbefriedigung droht.

Hier ist ein echter Ansatzpunkt für das Vorliegen der vom Gesetz verlangten Ausnahmesituation gegeben. Dabei steht aber auch wieder das Interesse des Dritten im Vordergrund. Als zusätzliche, wenn auch nicht entscheidende Momente können dabei die Anschauungen der beteiligten Handelskreise, die langjährige Geschäftsverbindung und auch eine persönliche Freundschaft beachtet werden. Auch ansonsten können bei der Abwägung der Billigkeitsgründe persönliche Beziehungen des Vmers zum Dritten beachtlich sein (RG 4. VII. 1933 JRPV 1933 S. 232—234 = RdK 1934 S. 110—111).

Als erheblich ist es auch anzusehen, wenn der Vmer einer besonderen sozialen Zweckbindung unterliegt, z. B. dem satzungsmäßigen Gebot als Bauverein, minderbemittelten oder jedenfalls sozial schwächeren Schichten gesunde Wohnungen zu erschwinglichem Zins zu vermieten. Fällt hier wegen eines anfänglichen Mangels Putz von der Decke und richtet Schäden an den Sachen des Mieters an, so ist dem Vmer ein Prozessieren wegen einer offensichtlich begründeten Ersatzforderung auch dann nicht zuzumuten im Sinne des § 154 II, wenn im Einzelfall eine besondere Notlage auf der Seite des Dritten nicht dargetan ist (OLG Stettin 26. V. 1930 VA 1930 S. 199—200 Nr. 2164).

Keinen beachtenswerten Faktor stellt es dagegen dar, daß der geschädigte Dritte ohne Abgabe eines Anerkenntnisses nicht bereit ist, auf die Hinzuziehung der Polizei zu verzichten. Die vom OLG München 13. XI. 1962 VersR 1962 S. 1148 angedeutete Gegenmeinung kann nicht gebilligt werden. Der Vmer darf nicht aus Gründen der Bequemlichkeit oder um den strafrechtlichen Konsequenzen seines Handelns zu entgehen, das vertragliche Anerkenntnisverbot mißachten (vgl. LG Nürnberg-Fürth 16. III. 1961 VersR 1962 S. 151—153, LG Kiel 19. X. 1962 VersR 1963 S. 548—549, Martin VersR 1962 S. 1149—1150). In aller Regel lassen sich die nach einem Haftpflichtfall entstehenden Schwierigkeiten auch durch die zulässige Abgabe einer wahrheitsgemäßen Erklärung über den tatsächlichen Hergang des Geschehens überwinden.

Im Konkurs des Dritten ist dem Vmer nach Treu und Glauben dann ein Befriedigungsrecht zuzusprechen, wenn er seinerseits Forderungen gegen den Gemeinschuldner hat, die er nur durch eine im Konkursverfahren beachtliche Aufrechnung (vgl. §§ 53—56 KO) realisieren kann. Hier handelt es sich nicht darum, daß der Vmer aus sozialen Gründen im Verhältnis zum geschädigten Dritten leistet, sondern daß ihm ein anderes Verhalten als die Rettung seiner Ansprüche durch eine Aufrechnungserklärung nicht zuzumuten ist. § 154 II findet insoweit entsprechende Anwendung. Der Vmer ist aber verpflichtet, bei dieser Aufrechnung die Interessen des Vers angemessen zu berücksichtigen. Er darf daher in dieser Konfliktsituation regelmäßig nur eine Eventualaufrechnung erklären, also die Haftpflichtforderung nicht anerkennen. Gerade weil hier ein Interessenkonflikt zwischen Ver und Vmer möglich ist, weil der Vmer seine Konkursforderung vollen Umfangs durch eine Aufrechnung realisieren könnte, also daran interessiert ist, daß die Haftpflichtforderung besteht, muß von ihm verlangt werden, sich so vertragstreu wie möglich zu verhalten, um dem Ver Gelegenheit zur Prüfung der Haftpflichtforderung zu geben.

[F 107] ddd) Rechtsmißbräuchliches Verhalten des Versicherers.

Erwägenswert ist die Anwendung des § 154 II ferner dann, wenn sich die Ausübung des Wahlrechts des Vers, ob er den geltend gemachten Haftpflichtanspruch befriedigen oder abwehren will, als Rechtsmißbrauch darstellt. Eine derartige unzulässige Rechtsausübung darf nur in Ausnahmefällen angenommen werden. Es genügt nicht, daß die geltend gemachte Forderung offensichtlich begründet ist. Zu dieser für die Annahme eines Rechtsmißbrauchs allerdings immer zu fordernden Voraussetzung müssen weitere Momente treten, die so gestaltet sind, daß das Gesamtverhalten des Vers von allen billig und gerecht Denkenden als Verstoß gegen Treu und Glauben empfunden wird. Dazu gehört z. B. der bewußt unrichtige Vortrag im Haftpflichtprozeß oder das Ansinnen an den Vmer, in seiner persönlichen Vernehmung wahrheitswidrig auszusagen. Auch eine grobe Prozeßverschleppung kann unter Umständen dem Vmer das Recht geben, offensichtlich begründete Forderungen zu befriedigen. Die gewählten Beispiele zeigen, daß es sich um ganz extreme Vorkommnisse handeln muß. Solche Fälle sind im übrigen in der Spruchpraxis bisher nicht bekannt geworden. Zutreffend ist in diesem Zusammenhang die Überlegung in BGH 1. II. 1968 a. a. O., daß § 154 II grundsätzlich dann nicht anwendbar sei, wenn die im Verhältnis zum Dritten an sich als unbillig erscheinende Verzögerung in der Regulierung darauf zurückzuführen sei, daß der Vmer die zur Schadenregulierung erforderlichen Unterlagen trotz wiederholter Aufforderungen nicht beibringe und deshalb der Ver den Dritten nicht alsbald befriedige.

Unerheblich ist es, ob der Vmer sich selbst eines vom Ver gewählten Verteidigungsmittels bedient hätte, wenn er nicht haftpflichtvert gewesen wäre. Die Einrede der Verjährung z. B. stellt keine grobe Unbilligkeit dar, auch nicht für die Haftpflichtv eines ehrbaren Kaufmannes oder eines Rechtsanwaltes (vgl. zu letzterem auch Anm. F 81). Wer das von der Rechtsordnung anerkannte Institut der Verjährung persönlich mißbilligt, muß auch bereit sein, für seine Auffassung persönlich einzustehen, kann jedenfalls nicht zu Lasten der Gemeinschaft der Vmer eine Besserstellung verlangen.

[F 108] dd) Ausstrahlungen des in § 154 II VVG normierten Billigkeitsprinzips.

RG 7. XII. 1934 JRPV 1935 S. 24–25 = Praxis 1935 S. 8 hat ausgeführt, daß der in § 154 II zum Ausdruck kommende Grundsatz auch für die Verletzung anderer Obliegenheiten gelte, da es sich um ein die gesamte Haftpflichtv beherrschendes Prinzip handele, das aus Treu und Glauben und den Geboten der Menschlichkeit folge. Dieser Auffassung ist beizupflichten. War der Vmer dazu befugt, nach § 154 II den Anspruch des Dritten anzuerkennen oder zu befriedigen, so darf ihm die Verletzung von im Zusammenhang mit diesem Anerkenntnis oder dieser Zahlung stehenden anderen Obliegenheiten nicht zum Nachteil gereichen.

Darüber hinaus ist der Grundgedanke des § 154 II auch dann anzuwenden, wenn der Vmer zwar den Anspruch des Dritten nicht anerkannt oder befriedigt hat, dazu aber aufgrund dieser Bestimmung berechtigt gewesen wäre. In dem Falle RG 13. VI. 1933 LZ 1933 Sp. 1204–1206 = JRPV 1933 S. 202–204 war z. B. der Ver von dem Vmer nicht von einem gegen ihn eingeleiteten Prozeß unterrichtet worden und der Vmer hatte sogar gegen sich ein Versäumnisurteil ergehen und rechtskräftig werden lassen. Das Berufungsgericht hatte dazu die Auffassung vertreten, daß diese Obliegenheitsverletzung nichts schade, da der Vmer berechtigt gewesen sei, nach § 154 II anzuerkennen oder zu befriedigen. Diesen Standpunkt hat RG 13. VI. 1933 a. a. O. gebilligt und nur gerügt, daß nicht festgestellt worden sei, daß den Vmer zweifelsfrei eine Ersatzpflicht treffe (vgl. dazu [in derselben Sache] OLG Hamm 16. II. 1934 VA 1934 S. 233–235 Nr. 2729). Hier liegt ersichtlich ein Grenzgebiet für die Anwendung des § 154 II vor. Mit Rücksicht auf die im Ergebnis gleiche Wirkung zwischen einem Versäumnisurteil und einem verbotenen Anerkenntnis oder einer Befriedigung des Dritten wird man diesen weiten Anwendungsbereich des § 154 II noch billigen können (davon geht auch KG 22. XII. 1928 JRPV 1929 S. 64–65 aus). Angewendet werden kann der Grundgedanke des § 154 II demnach z. B. auch dann, wenn der Vmer auf die Einrede der Verjährung verzichtet, vorausgesetzt, daß er bei richtiger Würdigung des Sachverhaltes sogar zur vollständigen Befriedigung befugt gewesen wäre. Bedenken gegen diese Annahme äußert zu Unrecht OLG Düsseldorf 25. VI. 1958 VersR 1959 S. 381–382 [gekürzt in MDR 1959 S. 219]). Es muß aber immer der Zweck des § 154 II beachtet werden. Niemals darf z. B. mit der genannten Vorschrift ein Verhalten des Vmers entschuldigt werden, durch das er den Ver über den Unfallhergang täuscht.

[F 109] h) Verletzungsfolgen.

Verstößt der Vmer gegen das Anerkenntnis- oder Befriedigungsverbot, so ergeben sich die Rechtsfolgen aus § 6 III in Verbindung mit den vertraglichen Bestimmungen (vgl. § 6 AHB, § 6 Ziff. 1 AHBVerm, § 7 V AKB). Ein vorsätzlicher Verstoß befreit den Ver danach stets von seiner Leistungspflicht.

Vorsatz scheidet aus, wenn der Vmer den Dritten in Unkenntnis dessen, daß Vschutz besteht, befriedigt (OLG Düsseldorf 20. X. 1932 JRPV 1932 S. 193). Kennt der Vmer die Obliegenheit nicht, so handelt er ebenfalls nicht vorsätzlich; Vorsatz erfordert das Wollen der Obliegenheitsverletzung im Bewußtsein des Vorhandenseins der Verhaltensnorm (vgl. Möller in Bruck-Möller Anm. 28 zu § 6). Der Vmer handelt dann fahrlässig, und zwar regelmäßig grobfahrlässig (Jüngerkes a. a. O. S. 28, Möller in Bruck-

Möller Anm. 33 zu § 6). Es bleibt tatsächlicher Würdigung überlassen, inwieweit dem Vorbringen des Vmers geglaubt werden kann, er habe nicht gewußt, daß es ein derartiges Verbot gebe. Zutreffend weist OLG Hamm 24. III. 1964 MDR 1964 S. 602 darauf hin, daß keineswegs von einem allgemeinen Erfahrungssatz ausgegangen werden könne, daß jedem Vmer das Anerkenntnis- und Befriedigungsverbot im gleichen Maße bekannt sei wie die Pflicht, am Unfallort verweilen zu müssen. Die gegenteilige Auffassung (OLG München 24. III. 1964 VersR 1964 S. 501—502 = DAR 1964 S. 163—164, LG Wuppertal 25. XI. 1965 VersR 1966 S. 357—358, OLG Celle 30. XI. 1966 VersR 1967 S. 492, LG Stuttgart 30. XI. 1966 VersR 1967 S. 895) vermag nicht zu überzeugen. Demgemäß kann der vom OLG Hamm 24. III. 1964 a. a. O. gezogene Schluß im Einzelfall durchaus zulässig sein, daß glaubhaft sei, daß der Vmer das Anerkenntnisverbot nicht gekannt habe, weil andernfalls sein Verhalten, nämlich die Inkaufnahme des Verlustes des Vsschutzes zugunsten eines gänzlich unbekannten Dritten, unerklärlich sei. Vgl. in diesem Zusammenhang auch BGH 19. II. 1968 VersR 1968 S. 386, der zu Recht betont, daß der erwähnte Grundsatz auch nicht auf alle anderen Teile der Aufklärungsobliegenheit übertragen werden dürfe (hierzu wird auf Anm. F 69 verwiesen).

Ist der Vmer in dem als Schadenanzeige benutzten Formular eindringlich und unmißverständlich auf das Verbot hingewiesen worden, so kann der Tatrichter daraus auf die Kenntnis des Vmers schließen (BGH 25. IV. 1960 VersR 1960 S. 506). Sache des Vmers ist es, den Beweis dafür zu führen, daß er weder vorsätzlich noch grobfahrlässig gehandelt habe (BGH 25. IV. 1960 a. a. O.). Es leuchtet ein, daß einem ungewandten Einzelvmer eher geglaubt werden kann, daß er die Obliegenheit nicht gekannt habe, als einem großen kaufmännischen Unternehmen. Hat ein derartiger Vmer allerdings eine Reihe von Schadenfällen in der Vergangenheit selbst reguliert und hat ihm der Ver dann stets den Schadenbetrag ersetzt, ohne dabei auf die Obliegenheitsverletzung hinzuweisen, so kann die Ablehnung des Schadens wegen einer derartigen Selbstregulierung unbegründet sein, weil der Vmer glauben durfte, er handele im Einverständnis mit seinem Ver, wenn er Routineschäden so schnell und so günstig wie möglich selbst abwickle. Nimmt der Vmer irrig an, daß der Ver mit einer Selbstregulierung einverstanden sei, so liegt kein vorsätzlicher Verstoß vor (OLG Köln 24. IV. 1968 VersR 1968 S. 1135—1136).

Vorsätzlich handelt der Vmer auch dann nicht, wenn er bei grundsätzlicher Kenntnis des Verbots irrig glaubt, daß die Voraussetzungen des § 154 II gegeben seien (so im Falle BGH 9. XII. 1965 NJW 1966 S. 658 = VersR 1966 S. 154 mit zu Unrecht kritischer Anm. von Seitz VersR 1966 S. 557). Ein solcher Irrtum schließt den Vorsatz auch dann aus, wenn der Vmer § 154 II entgegen der h. A. (vgl. dazu Anm. F 105 a. A.) dahin auslegt, daß er stets zum Anerkenntnis oder zur Befriedigung bei offensichtlich begründeten Haftpflichtansprüchen berechtigt sei (vgl. OLG München 13. IX. 1962 VersR 1962 S. 1149 mit zustimmender Anm. von Martin a. a. O. S. 1148—1150). BGH 25. IV. 1960 a. a. O. S. 506 darf nicht im gegenteiligen Sinne verstanden werden. Dort war zwar im Deckungsprozeß vorgetragen worden, daß die Voraussetzungen des § 154 II gegeben gewesen seien. Es war aber dabei nicht behauptet worden, daß der Vmer bei Abgabe seines Anerkenntnisses irrig das Vorliegen des Ausnahmetatbestandes angenommen habe (ebenso im Falle BGH 1. II. 1968 NJW 1968 S. 836—837 = VA 1968 S. 222—224 Nr. 490). Es ist eine Tatfrage, ob ein solcher den Vorsatz ausschließender Irrtum auf grobe oder leichte Fahrlässigkeit zurückzuführen ist (Beispiele für grobe Fahrlässigkeit: OLG Hamm 16. II. 1934 VA 1934 S. 233—235 Nr. 2729, OLG München 13. IX. 1962 a. a. O., für leichte Fahrlässigkeit: BGH 9. XII. 1965 a. a. O., KG 23. XII. 1931 VA 1932 S. 33 Nr. 2390 = JRPV 1932 S. 60—61, OLG Nürnberg 3. XII. 1962 VersR 1963 S. 445—446 mit kritischen Bemerkungen von Kickton a. a. O. S. 797—798).

Die nach altem Recht häufig als unbillig erscheinende Folge, daß auch bei grober Fahrlässigkeit der Vsanspruch in vollem Umfange verwirkt wurde, ist durch das in § 6 III nunmehr aufgestellte Kausalitätsprinzip beseitigt worden (vgl. Möller in Bruck-Möller Anm. 21 zu § 6). Der Vmer muß dann beweisen, daß die grobe Fahrlässigkeit den Schaden nicht vergrößert hat. Über die Anforderungen, die an diesen negativen Beweis durch den Vmer gestellt werden, vgl. BGH 24. X. 1960 NJW 1961 S. 268—269 = VersR 1960 S. 1033—1034 und Anm. F 48 a. E. — Unbefriedigend: LG Nürnberg-Fürth

16. III. 1961 VersR 1962 S. 151—153; für den Leser dieser Entscheidung wird nicht klar, ob eine Vorfahrtsverletzung des Vmers gegeben war oder nicht; mit dieser Frage mußte sich das Gericht aber auseinandersetzen, dies um so mehr, als das Vorfahrtsrecht an unschwer zu ermittelnde Ortsgegebenheiten anknüpft. Hier war § 287 ZPO anzuwenden (vgl. Sieg VersR 1963 S. 1091, ferner OLG Köln 24. IV. 1964 VersR 1968 S. 1136 und die Nachweise in Anm. F 48, F 72 und F 84).

Zutreffend OLG München 24. III. 1964 VersR 1964 S. 501—502 = DAR 1964 S. 163—164, das die Frage, ob grobe oder leichte Fahrlässigkeit vorlag, mit der Bemerkung offen ließ, daß jedenfalls bei dem gegebenen Auffahrunfall keine Vergrößerung des Schadens durch das Anerkenntnis eingetreten sei. Vgl. ferner OLG Hamm 24. III. 1964 MDR 1964 S. 602, das bei einer Vorfahrtsverletzung den Beweis mit der Begründung als geführt ansah, daß trotz des Anerkenntnisses ein Mitverschuldenseinwand möglich sei.

Verletzt der Vmer das Anerkenntnis- und Befriedigungsverbot nur infolge leichter Fahrlässigkeit, so tritt keine Rechtsfolge ein. Demgemäß kann den Ausführungen von Prölss[17] Anm. 4 zu § 154, S. 570 nicht beigepflichtet werden, daß (nach § 4 I Ziff. 1 AHB) ein Anerkenntnis oder ein Vergleich niemals zu Lasten des Vers gehe, wenn der Anspruch nicht begründet war (ebenso Fleischmann-Deiters in Thees-Hagemann Anm. 2a zu § 154, S. 247). § 4 I Ziff. 1 AHB findet auf die Feststellung der Haftpflichtforderung keine Anwendung. Der Ver ist nach allgemeinen Grundsätzen an das leichtfahrlässig abgegebene Anerkenntnis des Vmers gebunden (vgl. dazu auch Anm. B 64).

Sofern allerdings eine selbständige Verpflichtung, gelöst also von der Haftpflichtforderung, begründet wird, besteht kein Vsschutz, da es sich dann nicht mehr um einen Haftpflichtanspruch handelt (vgl. z. B. die in dem vom RG 22. II. 1935 JRPV 1935 S. 131—132 entschiedenen Fall vom Vmer eingegangene Verbindlichkeit, für die von diesem auch kein Vsschutz begehrt wurde).

[F 110] i) Unwirksamkeit des § 5 Ziff. 5 S. 3 AHB.

Eine Änderung der in § 6 III vorgesehenen Rechtsfolgen zuungunsten des Vmers ist nach § 15a unwirksam. Wenn es daher in § 5 Ziff. 5 S. 3 AHB heißt, daß durch irrtümliche Annahme des Vorliegens einer gesetzlichen Haftpflicht oder der Richtigkeit der erhobenen Ansprüche oder der behaupteten Tatsachen der Vmer nicht entschuldigt werde, so gibt das zu Bedenken Anlaß. Wenn nämlich der Vmer irrig die Voraussetzungen des § 154 II angenommen hat, so entfällt damit sein Vorsatz. Damit kommt es nur noch auf die Frage an, ob grobe oder leichte Fahrlässigkeit vorliegt oder nicht. Diese Fragen sind nach objektiven Gesichtspunkten zu entscheiden. Der genannte Satz ist daher irreführend, ihm kommt im Rahmen des § 6 III keine Bedeutung zu (ebenso Ehrenzweig S. 369, Möller Grundlagen B 2 S. 19, Wahle ZVersWiss 1960 S. 56, Weimar VersPrax 1960 S. 56; a. M. Siebeck, Die Schadenabwendungs- und -minderungspflicht des Vmers, Karlsruhe 1963 S. 105, Wussow[5] Anm. 24 zu § 5 AHB, S. 457—458).

In diesem Zusammenhang sei erwähnt, daß Hartung Haftpflichtv S. 119 die vertragsrechtliche Regelung dahin versteht, daß § 6 III gar nicht beachtet sei. Wörtlich heißt es a. a. O.: „Die besondere Wichtigkeit des Anerkenntnisverbots hat auch eine eigene Rechtsfolge erforderlich gemacht. Bei Verletzung tritt Leistungsfreiheit des Vers ein, ohne daß es auf Verschulden des Vmers ankommt. Ein Konflikt mit § 6 III entsteht gleichwohl nicht, da das Anerkenntnis als ausdrücklicher Willensakt eine vorsätzliche Obliegenheitsverletzung im Sinne dieser Bestimmungen ist." Hier wird nicht nur die vertragliche Konstruktion verkannt, sondern auch außer acht gelassen, daß ein vorsätzliches Handeln gegenüber dem Dritten nicht zugleich zu bedeuten braucht, daß der Vmer auch vorsätzlich in bezug auf die von ihm gegenüber dem Ver zu beachtenden Obliegenheiten handelt.

G. Rechtspflichten des Haftpflichtversicherers.

Gliederung:

I. Verpflichtung des Versicherers zur Befriedigung begründeter und Abwehr unbegründeter Schadenersatzansprüche.

[G 1] Schrifttum:

Vgl. die Nachweise in Anm. B 1, B 9 und G 8.

1. Grundsätzliches.

Gliederung:

[G 2] a) Einheitlicher Anspruch auf Befreiung von begründeten und unbegründeten Schadenersatzansprüchen.

Die Verpflichtung des Vers zur Befriedigung begründeter und die zur Abwehr unbegründeter Ansprüche dürfen nicht isoliert nebeneinander betrachtet werden. Es handelt sich nicht um zwei selbständige Ansprüche. Vielmehr liegt ein einheitlicher Anspruch des Haftpflichtvmers auf Befreiung von begründeten und unbegründeten Ansprüchen vor. Vgl. dazu die Ausführungen und Nachweise in Anm. B 36. Zu diesem einheitlichen Haftpflichtvsschutzanspruch, der der Freihaltung des Vmers von begründeten und unbegründeten Ansprüchen dient, gehören im Prinzip auch die Verpflichtungen des Vers zu Kostenzahlungen (vgl. Anm. G 21—33), zur Befreiung des Vmers von Zinsansprüchen des geschädigten Dritten (Anm. G 47) und zur Sicherheitsleistung (Anm. G 34—35). Auch insoweit handelt es sich um Ausstrahlungen des einheitlichen Haftpflichtvsanspruchs, die insgesamt dem Schutz des Vmers gegenüber einem Zugriff des geschädigten Dritten auf das Vermögen des Vmers dienen sollen (soweit dieses Vermögen nicht gerade in der Haftpflichtvsforderung selbst besteht). Soweit der Ver allerdings zum Ersatz der dem Vmer entstehenden Kosten verpflichtet ist, läßt sich eine Einordnung dieser Leistungspflicht des Vers unter den Oberbegriff der Befreiung des Vmers von begründeten und unbegründeten Ansprüchen des geschädigten Dritten freilich nicht vornehmen. Auch insoweit handelt es sich aber um einen Bestandteil der Hauptverpflichtung des Vers (vgl. dazu auch Anm. B 35).

[G 3] b) Beurteilungsermessen des Versicherers.

Der einheitliche Haftpflichtvsanspruch wird mit der Erhebung von Ansprüchen durch den geschädigten Dritten fällig (vgl. dazu Anm. B 43—46). Mit dem Eintritt dieser Fälligkeit beginnt das Beurteilungsermessen des Vers. Er muß darüber entscheiden, ob er den geltend gemachten Anspruch abwehrt oder befriedigt. Der Ver darf demnach, ohne auf eine Zustimmung des Vmers angewiesen zu sein, grundsätzlich allein darüber entscheiden, ob er es auf einen Prozeß ankommen lassen will oder nicht, ob ein solcher Rechtsstreit durch alle Instanzen geführt wird und ob und auf welche Art ein Haftpflichtstreit gerichtlich oder außergerichtlich verglichen wird oder nicht. Ist der Ver der Meinung, daß eine Ersatzforderung unbegründet sei, der Vmer dagegen der Auffassung, daß dieser Ersatzanspruch vollen Umfangs berechtigt sei, so darf der Vmer sein Ermessen grundsätzlich auch dann nicht an die Stelle der Ermessensentscheidung des Vers setzen, wenn der Standpunkt des Vmers — objektiv betrachtet — als zutreffend erscheint. Die Obliegenheit nach § 5 Ziff. 5 AHB (§ 5 Ziff. 3 Abs. 2 AHBVerm) zeigt vielmehr deutlich, daß die Auffassung des Vers prinzipiell ausschlaggebend ist. Widersetzt sich der Vmer dieser Regelung im Einzelfall, indem er entgegen dem Anerkenntnis- und Befriedigungsverbot selbst reguliert, so läuft er bei vorsätzlichem Verstoß Gefahr, den Vsschutz ganz, bei grobfahrlässigem Verstoß teilweise zu verwirken (vgl. dazu und zur Billigkeitsausnahme nach § 154 II die Ausführungen in Anm. F 90—110). Seine Grenze findet das freie Ermessen des Vers allerdings in offenbarer Ermessenswillkür, die als Unterfall des § 154 II den Vmer zur Selbstregulierung ermächtigt. Dabei handelt es sich aber nur um ganz seltene Ausnahmefälle (vgl. Anm. F 107). Ist ein Vmer mit der Regulierung durch seinen Ver nicht einverstanden, so gibt ihm das vielmehr in aller Regel nicht das Recht, die Angelegenheit selbst zu erledigen. Er ist vielmehr grundsätzlich darauf beschränkt, seine Auffassung nachhaltig gegenüber dem Ver zu vertreten und notfalls später von dem Schadenkündigungsrecht Gebrauch zu machen, um künftigen Differenzen vorzubeugen. Zum Beurteilungsermessen und dessen Grenzen vgl. im einzelnen die Nachweise in Anm. B 37—38 und auch die Ausführungen in Anm. G 5; vor allem aber: RG 5. II. 1909 RGZ Bd 70 S. 261, BGH 20. II. 1956 NJW 1956 S. 827 = VA 1956 S. 89 Nr. 137, 13. VII. 1959 VersR 1959 S. 701—702 = VRS Bd 17 S. 241—242, 26. XI. 1959 VA 1960 S. 147 Nr. 258 = VersR 1960 S. 74.

Auch die Art der Befriedigung des geschädigten Dritten ist grundsätzlich dem Ver überlassen (vgl. RG 5. II. 1909 a. a. O., 28. I. 1913 RGZ Bd 81 S. 251, 27. V. 1938 RGZ Bd 158 S. 9—10). Die Hauptart ist dabei die Zahlung an den geschädigten Dritten. Denkbar sind aber auch Vergleich, Verzichtsvertrag oder eine befreiende Schuldübernahme.

Möglich ist auch eine Befriedigung des geschädigten Dritten durch eine Aufrechnung. Dabei kann der Ver mit eigenen Forderungen nur nach vorheriger Abtretung an den Vmer aufrechnen (vgl. RG 24. II. 1912 RGZ Bd 78 S. 382—384 [nicht vsrechtliche Entscheidung], anders Sieg Ausstrahlungen S. 193—194, der eine Zustimmung des Vmers genügen läßt). Der Vmer darf sich aber mit Rücksicht auf das dem Ver eingeräumte Beurteilungsermessen gegen eine solche Abtretung zum Zwecke der Aufrechnung nicht sperren. Etwas anderes gilt nur dann, wenn er selbst mit Gegenforderungen aufrechnen könnte. Ein derartiges Verlangen des Vmers geht mit Rücksicht auf den Zweck der durch § 156 II zwingend vorgeschriebenen Benachrichtigungspflicht des Vers über die Feststellung der Haftpflichtforderung dem eigenen Interesse des Vers vor. Denn der Zweck dieser Benachrichtigungspflicht ist gerade der, dem Vmer eine solche Realisierung von Gegenforderungen zu ermöglichen (vgl. Anm. G 279—280). Demgegenüber soll der Ver aus dem zufälligen Umstand, daß er auch eine Forderung gegen den geschädigten Dritten hat, keinen Vorteil im Verhältnis zu seinem Vmer genießen. Auf der anderen Seite ist der Vmer aber auch nicht als verpflichtet anzusehen, seine Gegenforderung zur Aufrechnung zur Verfügung zu stellen (ebenso Ruhkopf VersR 1961 S. 99 bis 100, a. M. Prölss VersR 1954 S. 2 und Schirmer Vertretungsmacht S. 66—70; vgl. auch Anm. F 81), während der Ver gehalten ist, den Aufrechnungswunsch seines Vmers immer dann zu berücksichtigen, wenn dieser ohne eine solche Aufrechnung seine Gegenforderung nicht realisieren könnte (vgl. auch Anm. G 278).

Denkbar ist es schließlich, daß der Ver gegen den Vmer eine Forderung hat. Hier räumt ihm § 35b ein beschränktes Aufrechnungsrecht bezüglich der aus dem Haftpflichtvsvertrag herrührenden Forderungen gegenüber dem geschädigten Dritten ein. Vgl. dazu Anm. B 90.

[G 4] c) Konkretisierung der Befreiungsverpflichtung.

aa) Befriedigung begründeter Ansprüche.

Hat der Ver sich im Rahmen seines in Anm. G 3 dargestellten Ermessens dazu entschlossen, die gegnerische Haftpflichtforderung als begründet anzuerkennen, oder ist sie auf andere Weise gegenüber dem Ver bindend im Sinne des § 156 II festgestellt, so bietet die Art der Befreiung des Vmers von begründeten Schadenersatzansprüchen des geschädigten Dritten in aller Regel keine besonderen Schwierigkeiten. Der Ver wird die Haftpflichtschuld meist durch Zahlung tilgen. Die Befriedigung des geschädigten Dritten erfolgt dabei in aller Regel als Leistung für den Vmer. Das bedeutet, daß ein etwaiger Bereicherungsanspruch aus einer zu Unrecht an den Dritten erfolgten Zahlung in der Person des Vmers und nicht in der des Vers entsteht (vgl. dazu Anm. B 67).

Der Ver ist verpflichtet, den Vmer vor einer Zahlung oder sonstigen Befriedigung des geschädigten Dritten zu unterrichten. Für eine Verletzung dieser zwingend durch § 156 II vorgeschriebenen Benachrichtigungspflicht hat der Ver grundsätzlich einzustehen (vgl. dazu Anm. G 279—280). Über andere Arten der Befriedigung des begründeten gegnerischen Haftpflichtanspruchs vgl. Anm. G 3 a. E., insbesondere zur Frage der Befriedigung der gegnerischen Haftpflichtforderung durch Aufrechnung.

[G 5] bb) Abwehr und Erfüllung unbegründeter Ansprüche.

Der Ver ist im Rahmen des einheitlichen Haftpflichtvsanspruchs verpflichtet, die gegen den Vmer gerichteten unbegründeten Ansprüche des geschädigten Dritten abzuwehren (vgl. §§ 3 II Ziff. 1 AHB, 3 II Ziff. 1 AHBVerm). In Anm. B 35—38 ist dargetan worden, daß diese Abwehrverpflichtung bedeutet, daß der Ver den Vmer in jeder Beziehung von der Last der unbegründeten Ansprüche zu befreien hat. Dieser Verpflichtung wird der Ver im allgemeinen dadurch gerecht, daß er gemäß § 3 II Ziff. 3 AHB für den Vmer den Haftpflichtprozeß führt und das damit verbundene Prozeßkostenrisiko trägt. Erweist sich dabei die Auffassung des Vers, daß die Ansprüche unbegründet seien, als unrichtig, so trägt der Ver die Folgen. Er muß alsdann im Rahmen der Befriedigungsvariante des einheitlichen Haftpflichtvsanspruchs die gerichtlich zuerkannten Beträge bezahlen. Das gilt mit Rücksicht auf die Bindungswirkung der Entscheidung des Haftpflichtprozesses auch dann, wenn das rechtskräftige Urteil augenscheinlich unrichtig ist (vgl. zur Bindungswirkung Anm. B 61—66).

Zweifel über den Umfang der Abwehrverpflichtung des Vers tauchen dann auf, wenn der geschädigte Dritte sich nicht zur Haftpflichtklage entschließt, aber auch nicht bereit ist, einzuräumen, daß ihm keine Haftpflichtforderung zustehe. In unzähligen Fällen werden unbegründete Haftpflichtansprüche erhoben, die durch ein oder zwei Schreiben des Vers zurückgewiesen werden mit der Folge, daß der geschädigte Dritte auf die Angelegenheit nicht mehr zurückkommt oder sich jedenfalls nicht zur Klage entschließt. Es hieße, den Bogen zu überspannen, wenn man den Ver für verpflichtet halten würde, in allen den Fällen, in denen rechtlich eine negative Feststellungsklage möglich ist, diese zur Abwehr der unbegründeten Ansprüche durchzuführen. Ein derartiges rechtliches Interesse an einer negativen Feststellungsklage ist freilich nach anerkannten Grundsätzen des Zivilprozesses immer dann gegeben, wenn sich der Gegner ernsthaft einer Forderung berühmt. Zu bedenken ist aber aus der Sicht des objektiv wägenden Betrachters des Haftpflichtvsverhältnisses, daß der Vmer selbst von einer derartigen „Berühmung" durch den (vermeintlich) geschädigten Dritten nicht in dem Maße berührt wird wie sonst ein zu Unrecht als Schuldner bezeichneter Rechtsbürger. Das ergibt sich daraus, daß für den Vmer die Last der Ungewißheit, ob eine Forderung berechtigt ist oder nicht, deshalb bedeutend leichter zu tragen ist, weil die etwa doch begründete Haftpflichtforderung vom Ver zu bezahlen wäre. Der Vmer ist also in seinen Zukunftsdispositionen regelmäßig nicht beeinträchtigt. Diese besondere Sicherung des Vmers durch die Eintrittsverpflichtung des Vers ist bei der Abgrenzung des Umfangs der Rechtsschutzfunktion der Haftpflichtv angemessen mitzuberücksichtigen. In den hier erörterten Fällen ist deshalb nach der Interessenlage als Regelfall festzuhalten, daß keine Verpflichtung des Vers zur Erhebung einer negativen Feststellungsklage besteht. Etwas anderes gilt dann, wenn der geschädigte Dritte sich zwar nicht zu einer Klage entschließt, aber über den Vmer verbreitet, daß dieser „begründete" Ansprüche nicht erfülle. Der Ruf des Vmers als Privatperson oder sein Ansehen als Geschäftsmann können hier zwingend ein Vorgehen im Wege der negativen Feststellungsklage gebieten. Das gilt insbesondere im Bereich der Vermögensschadenhaftpflichtv, in der die Möglichkeit einer negativen Feststellungsklage auch ausdrücklich hervorgehoben wird (vgl. § 3 II Ziff. 7 AHBVerm).

Das Gesagte über die grundsätzlich gegebene Möglichkeit eines Verharrens und Abwartens darauf, ob der geschädigte Dritte seinerseits klagen werde, gilt demgemäß nur in den Fällen, in denen ein besonderes wirtschaftliches oder sonstiges Interesse des Vmers an einem aktiven Tun des Vers nicht gegeben ist. Eine Pflicht des Vers zum aktiven Handeln im Sinne eines prozessualen Vorgehens gegen den geschädigten Dritten ergibt sich insbesondere dann, wenn der geschädigte Dritte deshalb seine vermeintliche Haftpflichtforderung nicht prozessual geltend macht, weil er sich bereits selbst aus dem Vermögen des Vmers (zu Recht oder zu Unrecht) befriedigt hat. Der Hauptanwendungsfall ist hier der, daß der geschädigte Dritte mit dem Haftpflichtanspruch gegen eine Forderung des Vmers aufgerechnet hat. In einem derartigen Fall besteht, wenn der Ver die Berechtigung der Aufrechnung in Zweifel zieht, eine Verpflichtung des Vers zur Finanzierung eines nunmehr vom Vmer anzustrengenden Prozesses wegen der Forderung des Vmers. Der Ver hat auch die Arbeitslast dieses Rechtsstreits zu tragen.

Strittig ist, ob der Ver seiner Rechtsschutzverpflichtung schon dadurch genügt, daß er eine Feststellungsklage des Inhalts erhebt, daß durch die erklärte Aufrechnung die Forderung des Vmers nicht erloschen sei (so Sieg Ausstrahlungen S. 188, Schirmer Vertretungsmacht S. 104—105), oder aber, ob nur eine Zahlungsklage den Anforderungen gerecht wird (so Oberbach I S. 180 und [sinngemäß] Schmidt VersR 1966 S. 18—20, Wussow[5] Anm. 8 zu § 3 AHB, S. 262, AG Charlottenburg 16. IV. 1968 VersR 1969 S. 315—316). Der letztgenannten Auffassung ist dabei der Vorzug zu geben. Es muß das Bestreben des Vers sein, so schnell wie möglich einen für den Vmer befriedigenden Ausgleich zu finden. Diesem Erfordernis wird nur eine Leistungsklage gerecht. Der Hinweis von Sieg a. a. O. auf § 3 II Ziff. 7 AHBVerm vermag demgegenüber nicht zu überzeugen; denn dort ist ersichtlich nur der Regelfall gemeint, daß nämlich eine leugnende Feststellungsklage dann erhoben wird, wenn der Dritte sich einer Forderung gegen den Vmer berühmt, ohne daß er zugleich in dessen Vermögenskreis eingreift. Es ist daher in diesen Aufrechnungsfällen als Regelverpflichtung davon auszugehen, daß der Ver gehalten ist, eine Zahlungsklage des Vmers zu finanzieren und auch die Arbeitslast dieses Prozesses zu tragen, soweit dessen Problematik im Haftpflichtverhältnis begründet ist. Wird diese Klage deshalb abgewiesen, weil entgegen der Auffassung des Vers die gegnerische Haftpflichtforderung doch begründet war, so muß der Ver nicht nur die gesamten Kosten des Prozesses tragen, sondern dem Vmer auch den Betrag seiner durch die Aufrechnung erloschenen Forderung ersetzen (vgl. Anm. B 40).

Ob der Ver dem Vmer daneben auch einen Verzugsschaden, insbesondere den Zinsverlust, zu ersetzen hat, entscheidet sich nach den Grundsätzen des bürgerlichen Rechts unter spezieller Würdigung der Befreiungsverpflichtung des Vers, der er auch dann nachkommen muß, wenn sich aus den Umständen des Einzelfalles besondere Komplikationen ergeben, die zu meistern seine Sache ist und nicht die des Vmers. Vgl. dazu Anm. B 35, B 38 und B 40 und insbesondere BGH 20. II. 1956 NJW 1956 S. 826—828 = VersR 1956 S. 186—187, 13. VII. 1959 VersR 1959 S. 701—703 = VRS Bd 17 S. 241—242. Danach trägt der Ver die volle Gefahr eines von ihm eingeleiteten Abwehrversuchs und erst recht treffen ihn die Folgen eines untätigen Verhaltens. Einen gegnerischen Anspruch, der objektiv unbegründet ist, muß der Ver ungeachtet dieser Unbegründetheit erfüllen, wenn ihm eine Abwehr nicht mehr möglich ist. In diesem Sinne hat BGH 13. VII. 1959 a. a. O. Verzug des Vers angenommen, weil dieser keine wirksamen Schritte unternommen hatte, um den im Anschluß an einen Verkehrsunfall von der sowjetischen Besatzungsmacht „sichergestellten" Lastzug des Vmers freizukämpfen.

Diese auf die Freistellung des Vmers vom konkreten Zugriff in sein Vermögen gerichtete Verbindlichkeit des Vers wird nach Verwertung des Vermögensstücks des Vmers durch den geschädigten Dritten unmöglich, so daß dann neben einen Schadenersatzanspruch aus Verzug ein solcher aus Unmöglichkeit treten kann (streitig, vgl. dazu BGH 13. VII. 1959 a. a. O. und Anm. B 40).

Für die Frage des Verzuges ist eine sachbezogene Abgrenzung am Platze, die sich daran orientieren muß, ob der geschädigte Dritte sich im Anschluß an das Schadenereignis (oder den Verstoß) und im unmittelbaren Zusammenhang damit in den Besitz von Vermögensstücken des Vmers gebracht hat oder ob er eine schon vorher bestehende Verbindung zum Vmer durch Erklärung einer Aufrechnung oder eines Zurückbehaltungsrechts zu seinen Gunsten ausgewertet hat. In den zuerst genannten Fällen ist eine besonders gesteigerte Aktivität des Vers am Platze. Dem Vmer ist, da ein unmittelbarer Zusammenhang mit dem Schadenereignis (oder dem Verstoß) gegeben ist, nicht zuzumuten, über eine längere Frist ohne den Vermögensgegenstand auszukommen. Der Ver muß dem Vmer daher, wenn es ihm nicht gelingt, dessen Vermögen in kürzester Frist freizukämpfen, den Gegenwert des entzogenen Vermögensbestandteils zur Verfügung stellen.

Ganz deutlich wird diese Verpflichtung des Vers, wenn der Vmer gar in seiner persönlichen Freiheit wegen der Forderungen aus dem Schadenereignis beeinträchtigt wird. Wird er z. B. im Anschluß an ein Schadenereignis in Haft genommen und nur gegen Sicherheitsleistung für die zivilrechtlichen Ansprüche freigelassen, so muß der Ver diese Sicherheit sofort stellen. Tut er das nicht spätestens binnen einer Woche nach Unterrichtung über die ungewöhnliche Situation, so haftet er aus dem Gesichtspunkt des Verzuges für alle von diesem Zeitpunkt an kausal im Vermögen des Vmers aus dieser Inhaftierung eintretenden Schäden. Hingegen wird man bei der Beschlagnahme von Sachen dem Ver eine etwas längere Frist zum Freikämpfen zuzubilligen haben. Doch darf der Vmer nicht auf den ungewissen Ausgang eines Prozesses verwiesen werden. Vielmehr ist regelmäßig nach entsprechender Mahnung Verzug anzunehmen, wenn der Ver nicht spätestens binnen einer Frist von einem Monat die im Anschluß an ein Schadenereignis entzogenen Vermögensbestandteile des Vmers freikämpft. Hier muß der Ver dem Vmer nach fruchtlosem Ablauf der genannten Frist entsprechend den Ausführungen des BGH 13. VII. 1959 a. a. O. den Gegenwert der beschlagnahmten oder entzogenen Sachen zur Verfügung stellen.

Hingegen wird man entgegen der Auffassung von Schmidt VersR 1966 S. 20 eine solche Verpflichtung des Vers zur „Vorfinanzierung" des Vmers in denjenigen Fällen, in denen der geschädigte Dritte im Wege der Aufrechnung oder des Zurückbehaltungsrechts eine Gegenposition auswertet, die schon vor Eintritt des Vsfalles bestanden hat, grundsätzlich nicht annehmen können (wie hier Kramer VersR 1957 S. 206; anders Venzmer VersR 1957 S. 72—73; vgl. weiter AG Charlottenburg 16. IV. 1968 VersR 1969 S. 315—316 und Schirmer Vertretungsmacht S. 104—105). Rechnet der Gegner gegen eine unstreitige Forderung des Vmers mit einer bestrittenen Haftpflichtforderung auf und erhebt der Ver nach angemessen kurzer Frist sofort im Namen des Vmers für diesen

Zahlungsklage, so widerstrebt es dem natürlichen Empfinden, hier von einem Verzug des Vers zu sprechen, insbesondere gilt das dann, wenn der Ver alles tut, um den Prozeß zügig voranzutreiben. Gibt ein Gericht allerdings dem geschädigten Dritten Recht, so ist eine Nichtbefriedigung des Vmers durch den Ver von diesem Zeitpunkt an regelmäßig als ein Fall einer verschuldeten Leistungsverzögerung anzusehen. Gewiß ist es das gute Recht des Vers, auch in den Aufrechnungsfällen die Richtigkeit seines Standpunktes in allen drei Instanzen überprüfen zu lassen. Hat aber das Gericht erster Instanz, die Auffassung des geschädigten Dritten für zutreffend gehalten, so ist es dem Ver regelmäßig als Verschulden anzurechnen, wenn er nicht jetzt die Folgen der nach seiner Auffassung unberechtigten Aufrechnungserklärung für den Vmer im Wege des Vorgriffs beseitigt, und zwar am besten durch eine Darlehensgewährung in Höhe des Aufrechnungsbetrages. Stellt sich dann allerdings nach einer Prozeßdauer von mehreren Jahren heraus, daß doch der Standpunkt des Vers zutreffend war, daß nämlich dem geschädigten Dritten überhaupt keine Haftpflichtforderung zustand, ist dann aber der Dritte vermögenslos, was möglicherweise von Anfang an der Grund für seine Zahlungsweigerung und sein verbissenes Festhalten an der unberechtigten Aufrechnungserklärung war, so geht dieses Insolvenzrisiko nicht zu Lasten des Vers, der die Zahlungsklage von Anfang an zügig für den Vmer verfolgt hat. Den gewährten „Darlehensvorschuß" kann der Ver in solchen Fällen zurückfordern. Doch gibt diese Möglichkeit dem Ver nach negativem Abschluß des Haftpflichtprozesses in erster Instanz (also bei Ausgang zugunsten des Dritten) nicht das Recht, einen solchen Darlehensvorschuß zu verweigern. Zweckmäßig ist es allerdings, daß der Ver einen eindeutigen Rückforderungsvorbehalt bei einer solchen Leistung macht.

Ein Verzug des Vers mit seiner Abwehrverpflichtung ist schließlich immer dann anzunehmen, wenn der geschädigte Dritte mit gerichtlicher Hilfe in das Vermögen des Vmers eingreift. Ein Ver, der es zu einer Pfändung in das Vermögen des Vmers kommen läßt, verletzt in aller Regel seine Befreiungsverpflichtung auf gröbliche Art und Weise. Auch innerhalb der Überlegungsfrist des § 154 I muß der Ver durch Kontaktaufnahme mit der Gegenseite ein Vorgehen auf dem Wege der Pfändung gegen den Vmer verhindern. Tut der Ver das nicht, so hat er für den dadurch entstehenden Schaden vollen Umfangs einzustehen.

Erfährt der Ver, daß der geschädigte Dritte aus dem Vsfall einen Arrest oder eine einstweilige Verfügung erwirkt hat, so ist der Ver ebenfalls zu gesteigerter Aktivität verpflichtet. Jedes Zögern macht den Ver schadenersatzpflichtig. Er muß auf jeden Fall einen Zwangszugriff auf das Vermögen des Vmers verhindern und bei schon eingetretener Pfändung mit allem Nachdruck und notfalls auch unter eigenen Vermögenseinbußen die Aufhebung der Pfändungsmaßnahmen erreichen.

Ist weder die Forderung des Vmers noch die des geschädigten Dritten berechtigt, so besteht keine Verpflichtung des Vers zur Finanzierung eines Aktivprozesses des Vmers. Der Ver haftet aber für jeden dem Vmer adäquat kausal aus einer etwaigen irrigen Beurteilung der Rechtslage entstehenden Schaden, wenn sich später ein anderer Standpunkt als der vom Ver vertretene als berechtigt erweist. In solchen Fällen könnte sich daher doch entsprechend der Empfehlung von Sieg Ausstrahlungen S. 188 eine negative Feststellungsklage empfehlen. Diese dürfte allerdings nicht darauf gerichtet sein, daß die Forderung des Vmers nicht erloschen sei, sondern daß dem Dritten aus einem bestimmten Ereignis oder Verstoß keine Schadenersatzforderung zustehe.

[G 6] d) Recht des Versicherers zum Abandon nach § 3 III Ziff. 1 S. 2 AHB.

aa) Anpassung der Vorschrift an die durch § 156 I VVG veränderte Rechtslage.

Wie in Anm. G 29 ausgeführt worden ist, besteht für den Ver nach § 3 III Ziff. 1 S. 1 AHB die Verpflichtung, sich in dem dort dargestellten Umfang an den entstehenden Kosten über die Vssumme hinaus zu beteiligen. Wenn die geltend gemachten Haftpflichtansprüche die Vssumme erheblich überschreiten und nach Lage der Dinge mit einer erfolgreichen Rechtsverteidigung nicht zu rechnen ist, fehlt es daher für den Ver am Anreiz, einen Prozeß mit allen Konsequenzen durchzustehen. Es liegt für ihn vielmehr nahe, sich von der Regulierung und dem Prozeßgeschehen durch ein Abandon zurückzuziehen. Ein solches Vorgehen ist dem Ver allerdings nur dann gestattet, wenn er sich ein Abandonrecht ausdrücklich im Vertrag ausbedungen hat (BGH 30. X. 1954 BGHZ Bd 15 S. 160). Ohne eine solche Abrede kann sich der Ver nicht von der mit der Befreiungsverpflichtung verbundenen Arbeitslast lösen (BGH 30. X. 1954 a. a. O.).

An einer derartigen Vereinbarung fehlt es in den AHBVerm, so daß der Ver dort nicht berechtigt ist zu abandonnieren. Dagegen ist ein Abandon in § 3 III Ziff. 1 S. 2 AHB vorgesehen. Dort heißt es, daß der Ver sich durch Zahlung der Vssumme und seines der Vssumme entsprechenden Anteils an den bis dahin erwachsenen Kosten von weiteren Leistungen befreien könne. Diese Vorschrift ist — in Übereinstimmung mit einer früher gleichlautenden Bestimmung in den AKB — ursprünglich stets so verstanden worden, daß die Zahlung an den Vmer zu erfolgen habe (vgl. Oberbach I S. 51 Anm. 273, S. 197, Prölss JRPV 1941 S. 175—176, Sieg Ausstrahlungen S. 147, Stiefel KFZ-V S. 167). Demgegenüber hat aber (schon vor der Änderung des § 156) OLG Hamburg 23. V. 1939 JRPV 1939 S. 218—220 = DR 1939 S. 1452—1453 die Auffassung vertreten, daß nach dem Sinn der zitierten Bestimmung durch die Abandonerklärung grundsätzlich kein Zahlungsanspruch des Vmers entstehe, sondern der Befreiungsanspruch unverändert bestehen bleibe (so auch OLG Köln 17. III. 1952 VersR 1953 S. 131—132). Der zuletzt dargestellten Meinung kann jedoch angesichts der eindeutigen Wortfassung für die Zeit vor Änderung des § 156 nicht zugestimmt werden.

In § 3 III Ziff. 1 S. 2 AHB ist nicht gesagt worden, an wen der Ver zu zahlen habe. Wollte man die Wirkung des erklärten Abandons nur eintreten lassen, wenn entsprechend dem Wortlaut der Bestimmung an den Vmer gezahlt wird, so würde der Ver dadurch Gefahr laufen, zweimal zahlen zu müssen, weil seine Zahlung an den Vmer gegenüber dem geschädigten Dritten nach § 156 I unwirksam wäre (vgl. dazu auch Anm. B 88—89). Im Anschluß an Prölss[17] Anm. 5 zu § 3 AHB, S. 664 wird daher überwiegend die Meinung vertreten, daß es zur Erreichung der Rechtswirkung des § 3 III Ziff. 1 S. 2 AHB genüge, wenn der Ver gegenüber dem Vmer erkläre, daß er abandonniere und demgemäß die Vssumme und den Anteil an den bisher entstandenen Kosten „zur Verfügung halte" (ebenso Eberhardt ZfV 1963 S. 784—786, Fleischmann-Deiters in Thees-Hagemann Anm. 7 zu § 10 AKB, S. 325, Sieg Ausstrahlungen S. 148; a. M. Fromm S. 421). Gegen diese Auslegung spricht nicht, daß BGH 30. X. 1954 a. a. O. S. 160 in dem dort entschiedenen Falle, in dem es in den Vsbedingungen an einer § 3 III Ziff. 1 S. 2 AHB entsprechenden Bestimmung fehlte, die Möglichkeit erörtert, daß in der Haftpflichtv ein Abandonrecht durch Zahlung an den Vmer vereinbart werden könne. Es steht den Parteien des Haftpflichtvsvertrages gewiß frei, auch unter der Gültigkeit des nur relativ zwingenden § 156 I ein Abandonrecht durch Zahlung des Vers an den Vmer zu vereinbaren. Den Dritten berührt allerdings eine derartige Vereinbarung nicht, da er durch § 156 I geschützt wird. Wenn sich zweifelsfrei bei der Auslegung eines Haftpflichtvsvertrages der übereinstimmende Wille der Parteien ergibt, daß ein Abandon durch Zahlung an den Vmer trotz der relativen Unwirksamkeit gegenüber dem geschädigten Dritten gewollt ist, muß diese Vereinbarung beachtet werden. Darum geht es hier aber nicht. Das Problem liegt vielmehr darin, einer früher sinnvollen Vorschrift zum Abandon durch Zahlung an den Vmer einen der veränderten Gesetzeslage angepaßten Sinn zu geben. Das geschieht im Prinzip durch die oben wiedergegebene Auslegung.

Ein gewisser Konflikt mit dem ursprünglich Gewollten ist allerdings darin zu sehen, daß nach der Auffassung der zitierten Autoren der Ver zunächst im Besitz des Geldeswertes der von ihm geschuldeten Vsleistungen bleibt. Der daraus entstehende Zinsvorteil darf dem Ver nicht zugute kommen. Der Vmer ist vielmehr so zu stellen, als wenn die Zahlung bereits an ihn erfolgt wäre. Der Ver muß seine Erklärung also zumindest dahin ergänzen, daß er sich verpflichte, auf die zur Verfügung gehaltene Gesamtvsleistung die gesetzlichen Zinsen zu zahlen. Es fragt sich aber, ob nicht darüber hinaus der Vmer verlangen kann, daß der Ver den geschuldeten Betrag bei einem Dritten hinterlegt (vgl. auch Ehrenzweig S. 363, der nur bei einer solchen Hinterlegung die Wirkungen des Abandons für eingetreten hält). Eine solche Hinterlegung ist in § 10 Ziff. 6 S. 4 AKB ausdrücklich vorgesehen. Die von Prölss zuerst in JRPV 1941 S. 176 vorgeschlagene Lösung, die damals noch von einer ausdrücklichen Änderung der Bedingungen in diesem Sinne ausging, ist zwar demgegenüber praktikabler, belastet aber den Vmer mit dem

Risiko eines Vermögensverfalls des Vers. Mag dieses Risiko auch zur Zeit bei allen deutschen Vern als gering angesehen werden, so darf dieser Gesichtspunkt doch nicht ganz außer acht bleiben, da die Erfahrung gezeigt hat, daß selbst Mammutkonzerne des industriellen Bereichs in Zahlungskrisen geraten können. Auf der anderen Seite soll nicht verkannt werden, daß auch der Weg, der zur Hinterlegung nach Maßgabe der gesetzlichen Vorschriften führt, dornenvoll sein kann (Sieg Ausstrahlungen S. 148). Das ändert aber nichts daran, daß grundsätzlich das Gleichgewicht der Vertragsbeziehungen erhalten bleiben muß, das aber einseitig zugunsten des Vers verändert werden würde, wenn dieser anstelle der ursprünglich vorgesehenen Zahlung an den Vmer auf lange Zeit im Besitz des geschuldeten Gesamtbetrages bleibt, und das unter Umständen auch noch, ohne sich bereit zu erklären, die gesetzlichen Zinsen zu zahlen. Demgemäß ist im Prinzip auch ohne ausdrückliche Vereinbarung eines Anspruchs auf Hinterlegung ein solcher dem Vmer zuzuerkennen. Diese Hinterlegung muß (unter Rücknahmeverzicht des Vers) zugunsten der geschädigten Dritten und des Vmers erfolgen. Scheitert die Hinterlegung bei der Hinterlegungsstelle des Amtsgerichts aus formellen Gründen, so geht der Anspruch des Vmers nach ergänzender Vertragsauslegung dahin, daß die Hinterlegung bei einer deutschen Großbank auf einem Sonderkonto zu erfolgen hat. Eine andere Frage ist es, ob ein Vmer sich nicht mit dem „Zurverfügungstellen" durch der Ver in aller Regel wird zufrieden geben. Davon wird man ausgehen können, wenn der Ver sich gleichzeitig bereit erklärt, den zur Verfügung gestellten Betrag zu verzinsen.

Demgemäß können grundsätzlich die Wirkungen des Abandons entgegen dem Wortlaut des § 3 III Ziff. 1 S. 2 AHB schon mit der Erklärung des Vers als eingetreten gelten, daß er die Vssumme nebst Kostenanteil und entsprechender Verzinsung zur Verfügung halte. Erst wenn der Vmer auf eine solche Erklärung eine Hinterlegung verlangt, muß der Ver sie unverzüglich vornehmen, um sich nicht einem Klagebegehren des Vmers auszusetzen. Mit einer solchen differenzierenden Auslegung, die die Wirkungen des Abandons bereits mit der entsprechenden Erklärung eintreten läßt, und den Ver alsdann nur auf ausdrückliches Verlangen des Vmers zur Hinterlegung verpflichtet hält, wird den Interessen beider Vertragspartner hinreichend Rechnung getragen.

Sieg a. a. O. S. 147—148 vertritt in diesem Zusammenhang die Auffassung, daß ein Abandon stets schon mit der Erklärung durch den Ver und nicht mit der Zahlung eintrete (ebenso Schirmer Vertretungsmacht S. 123 m.w.N.). Indessen kann ein allgemeiner Rechtsgrundsatz dieses Inhalts nicht anerkannt werden. Es ist zwar richtig, daß § 145 und auch § 38 ADS in diesem Sinne auszulegen sind. Das ergibt sich aber aus der Wortfassung dieser Vorschriften, die dominierend auf die Erklärung des Vers abstellen. Es verbietet sich aber eine Anwendung der dazu entwickelten Grundsätze auf diejenigen Fälle, in denen die Parteien ausdrücklich ein Abandon allein durch Zahlung oder Hinterlegung vereinbart haben. Die hier vorgenommene Auslegung des § 3 III Ziff. 1 S. 2 AHB ist demgemäß keine Selbstverständlichkeit, die sich gewissermaßen aus der Natur des Abandons ergibt, sondern eine Weiterentwicklung einer ursprünglich anders zu verstehenden Vorschrift. Es ist daher auch durchaus zutreffend, wenn OLG Karlsruhe 6. III. 1963 VersR 1963 S. 1068 auf den Wortlaut des § 10 Ziff. 6 S. 4 AKB abstellt und die Wirkung des dort vorgesehenen Abandons deshalb nicht für eingetreten hält, weil tatsächlich nicht hinterlegt worden war.

Als Ergebnis ist in Übereinstimmung mit der h. A. festzuhalten, daß § 3 III Ziff. 1 S. 2 AHB einen Bedeutungswandel des Inhalts erfahren hat, daß die Wirkungen des Abandons bereits mit der Erklärung gegenüber dem Vmer eintreten. In Ergänzung der Auffassung der Vertreter der h. A. ist aber dem Vmer ein Anspruch auf Verzinsung des zur Verfügung gehaltenen Gesamtentschädigungsbetrages zuzusprechen und auf Verlangen die Hinterlegung durch den Ver durchzuführen.

[G 7] bb) Wirkungen des Abandons.

Der Abandon wird nach dem Gesagten bereits verbindlich für den Ver mit der Abgabe einer Erklärung im Sinne des § 3 III Ziff. 1 S. 2 AHB. Dem Ver ist es nicht mehr möglich, sich von den Rechtswirkungen der Abandonerklärung zu befreien, sobald diese dem Vmer zugegangen ist. Der erstrebte Vorteil für den Ver liegt darin, daß dieser nach Abgabe der Erklärung, daß er die Vssumme und die anteiligen Kosten zur Verfügung halte, nicht mehr an den weiter wachsenden Kosten anteilig teilzunehmen braucht. Das Risiko für den Ver liegt darin, daß sich seine Einschätzung nachträglich als unrichtig erweisen kann, daß nämlich im Ergebnis die berechtigten Ansprüche unter der Vssumme liegen. Alsdann steht nach dem Wesen des Abandons dem Vmer die Differenz zwischen den berechtigten Ansprüchen der Dritten und der Vssumme in der Form eines Zahlungsanspruchs zu (so OLG Hamburg 23. V. 1939 JRPV 1939 S. 218—220 = DR 1939 S. 1452—1453, Eberhardt a. a. O. S. 785, Sieg Ausstrahlungen S. 147—148, Schirmer Vertretungsmacht S. 124; vgl. ferner grundsätzlich Bruck S. 417—418, Kisch WuRd-Vers 1916 S. 301, Ritter-Abraham I S. 624). Wegen dieser Gewinnmöglichkeit kann sich im übrigen natürlich auch ein besonderes Interesse des Vmers an der Hinterlegung des Abandonbetrages ergeben.

e) Vertretungsmacht des Versicherers.

Gliederung:

[G 8] Schrifttum:

Bruck S. 465, Lent NJW 1955 S. 713, Pfeiffer JRPV 1925 S. 125, Riebesell VersR 1954 S. 385—387, Senger, Die Stellung des geschädigten Dritten in der Haftpflichtv, Diss. Hamburg 1934, Schirmer, Die Vertretungsmacht des Haftpflichtvers im Haftpflichtverhältnis, Karlsruhe 1969, m. w. N., Schünemann HansRZ 1923 Sp. 637—654, Schultz, Die Stellung des geschädigten Dritten in der Haftpflichtv nach dem Gesetz vom 7. November 1939, Stuttgart und Berlin 1941, Wahle ZVersWiss 1960 S. 51—104 m. w. N.

[G 9] aa) Gesetzliche Ausgangsposition.

In den gesetzlichen Bestimmungen über die Haftpflichtv ist eine Befugnis des Vers, den Vmer rechtsgeschäftlich gegenüber dem geschädigten Dritten vertreten zu dürfen, nicht vorgesehen. Der Gesetzgeber ging demgemäß davon aus, daß es dem Ver auch ohne eine solche Vollmacht möglich sei, seinen Verpflichtungen aus dem Haftpflichtvsvertrag nachzukommen. Dabei mag eine wesentliche Rolle gespielt haben, daß in der Anfangszeit der Haftpflichtv die Regulierung der Schäden im Einverständnis mit dem Ver überwiegend noch durch den Vmer selbst oder erst im Anschluß an einen rechtskräftig durchgeführten Haftpflichtprozeß erfolgte. Aus rechtskonstruktiver Sicht wäre es aber auch heute dem Haftpflichtver ohne weiteres möglich, seine auf Befreiung des Vmers von begründeten und unbegründeten Schadenersatzansprüchen gerichtete Verbindlichkeit ohne Zuhilfenahme einer Vollmacht zu erfüllen. Das liegt für den Fall der Bezahlung einer der Höhe nach feststehenden Haftpflichtschuld auf der Hand. Nach § 267 II BGB kann allerdings der Gläubiger die Leistung ablehnen, wenn der Schuldner widerspricht. Ein solcher Widerspruch bildet aber, soweit die Leistung aus dem Vermögen des Vers zu erfolgen hat, die Ausnahme. Daß dann auch noch der geschädigte

Dritte die Annahme der geschuldeten Leistung ablehnt, darf als närrischer Einzelfall die Erkenntnis dafür nicht trüben, daß eine Erfüllung der Verpflichtungen des Haftpflichtvers auch ohne gesetzliche oder rechtsgeschäftliche Vertretungsmacht möglich ist. Überdies ist die Annahme gerechtfertigt, daß in Abänderung von § 267 BGB dem geschädigten Dritten im Verhältnis zum Haftpflichtver ein Recht, die Annahme der Leistung zu verweigern, nicht zusteht (so Bruck S. 465, Schirmer Vertretungsmacht S. 88, Schünemann HansRZ 1923 Sp. 643—644, Schultz S. 39, Senger S. 43; a. M. Sieg Ausstrahlungen S. 185). Das ergibt sich weniger aus der in § 156 II festgelegten Zahlungsberechtigung (so aber Senger a. a. O.); denn diese betrifft im Kern nur das Innenverhältnis; wohl aber ist eine solche Auslegung eine sinnvolle Konsequenz der speziell zugunsten des Dritten vom Gesetzgeber festgelegten sozialen Zweckbindung der Haftpflichtvsforderung.

Die in zweifelhaften Haftpflichtschadenfällen angestrebte vergleichsweise Erledigung des gesamten Haftpflichtschadenkomplexes läßt sich ebenfalls ohne Vertretungsmacht durchführen. Mit Hilfe der Rechtsinstitution des Vertrages zugunsten Dritter im Sinne des § 328 BGB lassen sich Fragen wie der „Verzicht" des Dritten auf weitere Forderungen ohne weiteres lösen, indem ein Erlaßvertrag zugunsten des Vmers abgeschlossen wird, der diesem jedenfalls ein dauerndes Leistungsverweigerungsrecht gibt (vgl. OLG Frankfurt a. M. 1. II. 1951 VersR 1951 S. 147—148). Wenn daher vom BGH (27. V. 1957 BGHZ Bd 24 S. 317—323, 23. X. 1958 BGHZ Bd 28 S. 246—250, 8. XI. 1962 VersR 1963 S. 34—35, 25. IX. 1964 VersR 1964 S. 1199—1200) bei der Erörterung der Frage, ob die in § 10 Ziff. 5 AKB (früher § 10 Ziff. 3 AKB) vorgesehene Vollmacht auch im Falle des § 158c stets als erteilt zu gelten habe, im Anschluß an die Ausführungen von Riebesell VersR 1954 S. 385—387 entscheidend darauf abgestellt wird, daß ohne eine solche Vollmacht des Vers die ganze Regulierung und vor allem die doch so erwünschte vergleichsweise Erledigung in Frage gestellt werde, so vermag dieses Argument nicht recht zu überzeugen. Zugegeben ist nur, daß begrifflich die Einordnung der Rechtsbeziehungen zwischen dem Ver, dem Vmer und dem Dritten etwas vereinfacht wird, wenn der Ver als rechtsgeschäftlicher Vertreter des Vmers handelt.

[G 10] bb) Vertragliche Regelung in §§ 5 Ziff. 7 AHB, 5 Ziff. 3c AHBVerm.

aaa) Umfang der Regulierungsvollmacht.

Abweichend von der gesetzlichen Regelung wird in den Haftpflichtvsverträgen dagegen durchweg eine Vertretungsmacht des Vers festgelegt. So gilt nach § 5 Ziff. 7 AHB der Ver als bevollmächtigt, alle zur Beilegung oder Abwehr des Anspruchs ihm zweckmäßig erscheinenden Erklärungen im Namen des Vmers abzugeben (ebenso § 5 Ziff. 3c AHBVerm; vgl. auch § 10 Ziff. 5 AKB). Es handelt sich um eine vom Vmer dem Ver rechtsgeschäftlich erteilte Vollmacht. Das lebende Vertragsrecht hat sich damit für den auf den ersten Blick einfacher erscheinenden Weg der Begründung eines Vertretungsverhältnisses entschieden.

Diese Regulierungsvollmacht hat in bezug auf einen vom Vsschutz erfaßten Haftpflichtanspruch umfassenden Charakter. Der Ver ist im Rahmen dieser Vollmacht nach seinem Ermessen zur Erledigung der geltend gemachten Haftpflichtansprüche befugt (vgl. dazu die Ausführungen in Anm. B 37—38 und G 3). Nur ausnahmsweise macht er sich dabei aus einer im Widerspruch zu der Auffassung des Vmers durchgeführten Regulierung wegen Verletzung der gebotenen Rücksichtnahme auf dessen Interessen schadenersatzpflichtig (vgl. dazu Anm. G 278). Erkennt der Ver eine nicht bestehende Schadenersatzforderung an, so gelangt sie durch dieses Anerkenntnis grundsätzlich wirksam gegenüber dem Vmer zur Entstehung (BGH 8. XI. 1962 VersR 1963 S. 34 — zur Kfz-Haftpflichtv). Die Vollmacht nach § 5 Ziff. 7 AHB ermächtigt den Ver insbesondere zum Verzicht auf die Einrede der Verjährung; davon geht BGH 26. VI. 1962 VersR 1962 S. 809—811 = VRS Bd 23 S. 328—331 als selbstverständlich zur Vollmacht nach § 10 Ziff. 5 AKB aus; ebenso zu § 5 Ziff. 7 AHB OLG Tübingen 6. III. 1952 VersR 1952 S. 224, Prölss[17] Anm. 5 zu § 5 AHB, S. 691; a. M. OLG Köln 3. III. 1954 NJW 1955 S. 713—714 m. abl. Anm. von Lent a. a. O. S. 713. Das ergibt sich logisch schon daraus, daß der Ver grundsätzlich zu einem deklaratorischen Anerkenntnis im Namen des Vmers berechtigt ist und daß durch ein solches Anerkenntnis nach § 208 BGB ohnedies die Verjährung unterbrochen wird (vgl. OLG Celle 5. I. 1957 VersR 1957 S. 399 und zur Vollmacht nach § 10 Ziff. 5 AKB BGH 23. X. 1958 BGHZ Bd 28 S. 250 bis 251, 6. XII. 1962 VersR 1963 S. 187—189, 25. IX. 1964 VersR 1964 S. 1199—1200, 11. V. 1965 VersR 1965 S. 958—960, LG Hannover 6. II. 1956 VersR 1957 S. 620). Demgemäß ist es auch konsequent, daß in ständiger Rechtsprechung angenommen wird, daß in den Fällen, in denen der Ver mit wirksamer Vollmacht für den Vmer über den Ablauf der Verjährungsfrist hinaus verhandle, die Einrede der Verjährung bei gerichtlicher Geltendmachung in angemessener Frist nach Scheitern der Verhandlungen rechtsmißbräuchlich sei (vgl. dazu BGH 21. XII. 1956 VersR 1956 S. 116—118 = LM Nr. 2 [Cb] zu § 242 BGB, 14. X. 1958 NJW 1959 S. 96—97 = VersR 1958 S. 862—863, 10. VII. 1959 VersR 1959 S. 858—859, 12. VII. 1960 VersR 1960 S. 949—950, 7. X. 1960 VersR 1960 S. 1094—1095, 11. IV. 1961 VersR 1961 S. 595—597, 13. II. 1962 VersR 1962 S. 615—616, 1. XII. 1964 NJW 1965 S. 295—296 = VA 1965 S. 270—272 Nr. 418, 1. II. 1966 VersR 1966 S. 536—538; vgl. ferner die umfassenden Nachweise bei Staudinger-Weber[11] Anm. D 487 zu § 242 BGB).

Wird zwischen den Parteien über sämtliche Ersatzansprüche des Dritten ein Vergleich abgeschlosssen, so kann aber in der Regel nicht angenommen werden, daß der Dritte gegen Zahlung der Vergleichssumme nebst Kosten auch auf seinen strafprozessualen Anspruch auf Ersatz der Nebenklagekosten verzichtet. Etwas anderes gilt natürlich dann, wenn der Ver entgegen dem in Anm. G 25 dargestellten Grundsatz zu erkennen gegeben hat, daß er für diese Kosten eintreten wolle und daß sie mit abgegolten werden sollten.

Überwiegend wird der Standpunkt vertreten, daß die Vollmacht des Vers auch insoweit gelte, als die geltend gemachten Haftpflichtansprüche die Vssummen des Haftpflichtvsvertrages übersteigen (vgl. RG 4. XII. 1923 VA 1923 S. 132—133 Nr. 1416 [eine Entscheidung, die allerdings durch die Besonderheit gekennzeichnet gewesen zu sein scheint, daß im Zusammenhang mit dem Prozeßführungsrecht des Vers ausdrücklich der Fall einer Überschreitung der Vssumme erwähnt worden ist, ohne daß das genannte Recht des Vers eingeschränkt worden wäre], Prölss[17] Anm. 5 zu § 5 AHB, S. 690, Schirmer Vertretungsmacht S. 139—145 m. w. N., Stiefel-Wussow[7] Anm. 48 zu § 7 AKB, S. 277, ebenso, wenn auch nur obiter dictum, zur Kfz-Haftpflichtv: BGH 27. V. 1957 BGHZ Bd 24 S. 319—320, 25. IX. 1964 VersR 1964 S. 1200; vgl. ferner LG Köln 24. I. 1964 VersR 1966 S. 917—918, LG Hanau 8. XII. 1964 VersR 1966 S. 917—918; a. M. Wahle ZVersWiss 1960 S. 83—87). Dem ist im Grundsatz beizupflichten, da eine ausdrückliche Beschränkung der Vollmacht des Vers auf den von ihm zu leistenden Betrag in den Vsbedingungen nicht enthalten ist. Eine solche Annahme ist um so unbedenklicher, als davon auszugehen ist, daß die Einschaltung des in Haftpflichtsachen erfahrenen Vers sich regelmäßig für den Vmer günstig auswirkt. Vgl. aber auch die Ausführungen in Anm. G 15 über das in diesen Fällen unter Umständen gegebene Widerrufsrecht des Vmers.

Das Gesagte gilt auch bei Vereinbarung einer Franchise; vgl. auch AG Hamburg 27. IX. 1951 VersR 1952 S. 68—69 (mit Anm. von Borchert a. a. O.) = ZfV 1951 S. 476, das in einem Flußkaskoschadenfall, in dem der dem Dritten entstandene Kollisionsschaden vom Ver zu ersetzen war, ohne eine Vollmacht des Vers nach einer § 5 Ziff. 7 AHB entsprechenden Vorschrift nach Einholung einer Auskunft der Handelskammer Hamburg einen Handelsbrauch des Vers zur Vertretung des Vmers auch bezüglich der Franchise annahm, sofern diese sich nicht auf einen ins Gewicht fallenden Betrag stelle. Vor allem ist die Erstreckung der Vollmacht auf die in der Vermögensschadenhaftpflichtv regelmäßig vorgesehene prozentuale Selbstbeteiligung des Vmers (vgl. dazu Anm. G 53) gerechtfertigt. Das ergibt sich besonders deutlich aus der Überlegung, daß der Vmer in den Vsbedingungen die Vollmacht uneingeschränkt erteilt hat, obwohl er nach der Konstruktion des Vsschutzes davon ausgehen mußte, daß er an jeder Schadenzahlung sich würde beteiligen müssen. Daß AG Hamburg 27. IX. 1951 a. a. O. in dem erwähnten Flußkaskoschadenfall gerade für ins Gewicht fallende Selbstbeteiligungen eine Vollmacht des Vers verneinte, steht dazu nicht im Widerspruch; denn in den AVB zur Flußkaskov fehlte es eben im Unterschied zu den AHBVerm (und den AHB) an einer ausdrücklich erteilten Vollmacht.

Dafür, daß nach österreichischem Recht der Ver in der Allgemeinen Haftpflichtv nur im Rahmen seiner Entschädigungspflicht bevollmächtigt ist, vgl. ÖOGH 11. I. 1961 VersR 1961 S. 527—528 mit Anm. von Wahle a. a. O., 14. VI. 1962 VersR 1964 S. 80. Anders aber in der Kfz-Haftpflichtv, vgl. dazu ÖOGH 22. VI. 1966 VersR 1967 S. 96. Prölss[17] Anm. 5 zu § 5 AHB, S. 690 verweist auf die davon nach seiner Auffassung abweichende Entscheidung ÖOGH 18. III. 1965 VersR 1965 S. 1064. Indes wird dort nur ausgeführt, daß die Vollmacht des Vers nicht die Gegenansprüche des Vmers erfasse. An einer derartigen Auffassung ist im übrigen auch für das deutsche Recht sowohl im Rahmen der AHB als auch der AKB festzuhalten (vgl. dazu Stiefel-Wussow[7] Anm. 24 zu § 10 AKB, S. 377 und die Nachweise in Anm. F 81; abweichend Schirmer Vertretungsmacht S. 66—70). Dafür, daß nach österreichischem Recht im Rahmen einer nur nach § 158c gegebenen Eintrittsverpflichtung des Vers keine Vollmacht des Vers besteht, vgl. ÖOGH 21. XII. 1966 VersR 1967 S. 765—766 mit Anm. von Wahle a.a.O. S. 766—767 (vgl. in diesem Zusammenhang aber auch die Nachweise in Anm. G 9 aus der dem entgegengesetzten Rechtsprechung des BGH).

Die Vollmacht nach §§ 5 Ziff. 7 AHB, 5 Ziff. 3c AHBVerm stellt keine Prozeßvollmacht dar. Doch ist der Vmer im Rahmen der Schadenminderungspflicht verpflichtet, dem Ver die Prozeßführung zu überlassen und einem vom Ver benannten Anwalt Prozeßvollmacht zu erteilen (vgl. dazu im einzelnen Anm. F 80). Dafür, daß der Ver die Erteilung der Prozeßvollmacht mit Rücksicht auf den Obliegenheitscharakter dieser Last des Vmers nicht im Klageweg erzwingen kann, vgl. BGH 4. XII. 1967 VersR 1968 S. 162—163 und die Nachweise in Anm. F 80. Verfehlt AG München 26. VI. 1967 VersR 1968 S. 637: Es verkennt die Zusammenhänge, wenn es annimmt, daß die Regulierungsvollmacht nach §§ 5 Ziff. 7 AHB, 5 Ziff. 3c AHBVerm, 10 Ziff. 5 AKB den Ver zur Unterzeichnung der Prozeßvollmacht für den Vmer ermächtige (ebenso aber Schirmer Vertretungsmacht S. 94—98).

[G 11] bbb) Grundsätzliche Unwiderruflichkeit.

Die dem Ver auch in seinem eigenen Interesse erteilte Vollmacht nach §§ 5 Ziff. 7 AHB, 5 Ziff. 3c AHBVerm ist grundsätzlich unwiderruflich. Das ergibt sich aus ihrer Zielsetzung, der Arbeitsvereinfachung auf der Seite des Vers zu dienen (so Böhm VersR 1951 S. 237, Prölss[17] Anm. 5 zu § 5 AHB, S. 690, Wullkopf VersR 1956 S. 206, ferner [zur Kfz-Haftpflichtv] Riebesell VersR 1954 S. 385, Schirmer Vertretungsmacht S. 131—146 m. w. N., Stiefel-Wussow[7] Anm. 48 zu § 7 AKB, S. 277).

[G 12] ccc) Widerrufsrecht aus wichtigem Grund.

α) Vorbemerkung.

Zu beachten ist aber, daß auch eine im Interesse des Bevollmächtigten erteilte Vollmacht entgegen der ursprünglichen Zielsetzung des übereinstimmenden Parteiwillens widerrufen werden darf, wenn sich dafür ein wichtiger Grund ergibt. Es kommt immer darauf an, ob dem Vmer nach Treu und Glauben ein unbeschränktes Festhalten an der Unwiderruflichkeit zugemutet werden kann. Die Interessen des geschädigten Dritten können dagegen bei der Beurteilung dieser Frage — anders als zur Kfz-Haftpflichtv nach der in Anm. G 9 zitierten BGH-Rechtsprechung — keine Berücksichtigung finden. Dieser wird, wenn er über den Widerruf nicht unterrichtet wird, genügend durch die Grundsätze über die Duldungs- und Anscheinsvollmacht geschützt. Ferner kann zu seinem Schutz unter Umständen § 179 BGB eingreifen.

Ein Ver, der den Vmer trotz eines Widerrufs nach den Grundsätzen über die Anscheinsvollmacht verpflichtet, kann sich im übrigen wegen schuldhafter Forderungsverletzung gegenüber dem Vmer schadenersatzpflichtig machen. Ein Schaden im Rechtssinne kann dem Vmer dabei allerdings in der Regel nur entstehen, wenn entgegen der materiellen Rechtslage eine Feststellung der Haftpflichtforderung erfolgt ist und der Vmer den Haftpflichtanspruch ganz oder teilweise selbst erfüllen muß. Maßgebend für die Frage eines Widerrufs der Vollmacht aus wichtigem Grund sind alle Umstände des Einzelfalles. Die folgenden Beispiele bilden demgemäß keine erschöpfende Aufzählung des Widerrufsrechts aus wichtigem Grund.

[G 13] β) Einzelfälle.

αα) Vermögensverfall des Versicherers.

Gerät der Ver in Vermögensverfall, wird gar das Konkursverfahren über sein Vermögen eröffnet, so ist der Vmer zum sofortigen Widerruf der Vollmacht berechtigt. Einem Ver, der nicht imstande ist, seine eigenen wirtschaftlichen Belange zu ordnen, braucht der Vmer nicht zu vertrauen, auch wenn der Konkursverwalter wie üblich eine überaus ehrenwerte Persönlichkeit ist. Es liegt im übrigen nahe, hier anzunehmen, daß der geschädigte Dritte gegen Treu und Glauben verstößt, wenn er sich auf die formell noch nicht widerrufene Vollmacht des Konkursverwalters beruft (anders LG Hanau 8. XII. 1964 VersR 1966 S. 917—918 [Kfz-Haftpflichtv]).

[G 14] ββ) Unberechtigte Verweigerung des Versicherungsschutzes.

Ein Ver, der den Vsschutz unberechtigt verweigert, handelt regelmäßig rechtsmißbräuchlich, wenn er dessen ungeachtet von der Vollmacht Gebrauch macht. Weiß der geschädigte Dritte, daß der Ver den Vsschutz abgelehnt hat, so kann er sich auf die generell erteilte Vollmacht nicht berufen. Er ist so zu behandeln, als sei ihm ein Widerruf des Vmers zugegangen. Zu einem solchen Widerruf ist der Vmer bei einer unberechtigten Deckungsverweigerung stets berechtigt. Ein wichtigerer Grund für die Aufhebung des Vertretungsverhältnisses als die Verweigerung der geschuldeten Leistung durch den Ver läßt sich kaum denken. Darauf, ob der Ver schuldhaft oder nicht schuldhaft meinte, den Vsschutz verweigern zu dürfen, kommt es in diesem Zusammenhang nicht an. Entscheidend ist nur, daß durch eine unberechtigte Deckungsverweigerung das Vertrauensverhältnis regelmäßig empfindlich gestört wird. Zu Recht nimmt deshalb auch BGH 7. XI. 1966 NJW 1967 S. 202—203 = VersR 1967 S. 27—29 an, daß in einem solchen Falle für den Vmer keine Obliegenheit bestehe, einem vom Ver benannten Anwalt Prozeßvollmacht zu erteilen und dem Ver die Prozeßführung zu überlassen (anders Schirmer Vertretungsmacht S. 145—146).

[G 15] γγ) Überschreitung der Deckungssummen.

Nach den Ausführungen in Anm. G 10 besteht die Regulierungsvollmacht des Vers auch insoweit, als die geltend gemachten Haftpflichtansprüche die Deckungssummen des Haftpflichtvsvertrages überschreiten. Es darf bei diesen Überlegungen aber nicht verkannt werden, daß zwischen Ver und Vmer ein einschneidender Interessenwiderstreit bei einer erheblichen Überschreitung der Deckungssumme durch die geltend gemachten Haftpflichtansprüche bestehen kann. Gedacht sei z. B. daran, daß der Ver den Vmer zu einer weit über die Vssumme liegenden Zahlung verpflichten könnte. Soweit der Ver dabei schuldhaft dem geschädigten Dritten zuviel zubilligt, macht er sich allerdings dem Vmer gegenüber schadenersatzpflichtig (vgl. dazu die Ausführungen in Anm. G 278). Doch ist der Vmer damit unter Umständen nicht genügend geschützt. Das ergibt sich insbesondere daraus, daß dem Ver bei Gebrauch seiner Regulierungsvollmacht ein Ermessensspielraum zusteht und daß gerade bei schwierigen haftpflichtrechtlichen Fragen nicht jede die materielle Rechtslage verkennende Abwicklung als schuldhaft qualifiziert werden darf. Es erscheint daher als sachgerecht, dem Vmer in diesen Fällen ein beschränktes Widerrufsrecht zuzubilligen, nämlich insoweit als die geltend gemachten Haftpflichtansprüche die Deckungssummen des Vsvertrages übersteigen (ähnlich Pfeiffer JRPV 1925 S. 125 [Anm. zu KG 18. II. 1925 JRPV 1925 S. 125]). Dadurch ergeben sich für den Ver allerdings Koordinierungsprobleme. Indes ist das eine Situation, die bei der Abgrenzung einander widerstreitender Interessen im Rechtsleben nicht selten auftritt und die bei entsprechendem Geschick auch gemeistert werden kann. Schließlich ist dabei auch zu bedenken, daß es dem Ver nach den Ausführungen in Anm. G 9 selbst bei der gesetzlichen Regelung, also ohne jede Vertretungsmacht für den Vmer, immer möglich ist, den als berechtigt erkannten Teil der Ansprüche des geschädigten Dritten zu erfüllen. Nach dem Gesagten wird man es dem Vmer auch nicht als Obliegenheitsverletzung (nach § 5 Ziff. 4 AHB) anlasten können, wenn er bei einer Überschreitung der Deckungssumme durch die geltend gemachten Haftpflichtansprüche darauf besteht, daß neben dem Anwalt des Vers auch auf seine Kosten ein Anwalt seines Vertrauens in den Rechtsstreit eingeschaltet wird (vgl. Anm. F 80).

Diese Möglichkeit eines beschränkten Widerrufs durch den Vmer verletzt auch keine schutzwürdigen Rechte des geschädigten Dritten (vgl. Anm. G 12).

[G 16] cc) Bedeutung der §§ 5 Ziff. 7 AHB, 5 Ziff. 3c AHBVerm für Versicherte.

In § 5 Ziff. 7 AHB heißt es lediglich, daß der Ver als bevollmächtigt gelte, alle zur Beilegung oder Abwehr des Anspruchs ihm zweckmäßig erscheinenden Erklärungen im Namen des Vmers abzugeben (ebenso § 5 Ziff. 3c AHBVerm). Dagegen bezieht § 10 Ziff. 5 AKB auch die Vten des Vertrages ausdrücklich in die Vollmachtserteilung ein. Wussow[5] Anm. 26 zu § 5 AHB, S. 459 ist der Meinung, daß sich aus der in § 7 Ziff. 1 AHB vorgeschriebenen Anwendung aller in dem Vsvertrag bezüglich des Vmers getroffenen Bestimmungen auch auf die Vten ergebe, daß eine Vollmacht des Vers auch zur Vertretung der Vten bestehe. Ungeachtet dessen, daß § 5 Ziff. 7 AHB keine ein Verhalten des Vmers postulierende Vorschrift darstellt, läßt sich rechtskonstruktiv in Übereinstimmung mit der Interessenlage die Annahme rechtfertigen, daß vom Vmer gemäß § 5 Ziff. 7 AHB gleichzeitig eine Vollmacht auch für den Vten in Geschäftsführung (mit oder) ohne Auftrag erteilt wird. § 180 BGB steht nicht entgegen, da nach dieser Vorschrift auch bei einem einseitigen Rechtsgeschäft eine Vertretung ohne Vertretungsmacht zulässig ist, wenn der Kontrahent damit einverstanden war, daß der Vertreter ohne Vertretungsmacht handelte. Die Vollmacht des Vers für die Vten hängt also davon ab, ob der Vmer zur Vertretung befugt war oder ob der Vte nachträglich seine Zustimmung erteilt. So zutreffend OLG Hamm 31. V. 1965 VersR 1965 S. 845 in einem Falle, in dem der Vmer für sein in der Privathaftpflichtv mitvtes Kind mit Rücksicht auf die Gesamtvertretungsmacht der Eltern nicht allein eine Vollmacht erteilen konnte. Vgl. auch Schirmer Vertretungsmacht S. 26–28.

Dieser differenzierenden Auslegung steht die Rechtsprechung des BGH zu § 10 Ziff. 5 AKB nicht entgegen. Daß danach (vgl. BGH 23. X. 1958 BGHZ Bd 28 S. 244–251, 8. XI. 1962 VersR 1963 S. 33–35, 25. IX. 1964 VersR 1964 S. 1199–1200) die Vollmacht in der Kfz-Haftpflichtv stets auch vom Vten wirksam erteilt sein soll, selbst für den Fall des § 158c, wird allein mit der sozialen Zielsetzung dieser Pflichthaftpflichtv begründet und findet keine Stütze in den überkommenen Auslegungsgrundsätzen. Das Gericht betont vielmehr selbst, daß es an einer rechtsgeschäftlichen Bevollmächtigung fehle (so BGH 23. X. 1958 a. a. O. S. 246) und daß die Vollmacht nach den AKB eine „vom Vertragswillen unabhängige gesetzliche Grundlage" habe (so BGH 25. IX. 1964 a. a. O. S. 1200). Es erscheint nach den Ausführungen in Anm. G 9 allerdings als zweifelhaft, ob eine solche Vollmacht „auf einer vom Vertragswillen unabhängigen gesetzlichen Grundlage" zur Erfüllung der Aufgaben des Kfz-Haftpflichtvers erforderlich ist. Jedenfalls fehlt es aber für die AHB an jedem Anhaltspunkt für eine derartige außervertragliche Konstruktion.

Zu beachten ist weiter, daß in den AHB eine Sanktion gegen den Vten nicht vorgesehen ist, wenn er der Vollmachtserteilung nach § 5 Ziff. 7 AHB nicht zustimmt. Die Auferlegung einer solchen Obliegenheit wäre allerdings gemäß § 79 ohne weiteres möglich und ist für die Prozeßvollmacht nach § 5 Ziff. 4 AHB (in Verbindung mit §§ 6, 7 Ziff. 1 AHB) auch ausdrücklich vorgesehen. Es geht aber zu weit, dem nicht eindeutigen Wortlaut des § 5 Ziff. 7 AHB eine zusätzliche Obliegenheit zu entnehmen (so aber Schirmer Vertretungsmacht S. 30–35). Das Gesagte muß um so mehr gelten, als es dem Ver nach den Ausführungen in Anm. G 9 ohne weiteres möglich ist, auch ohne Bestehen eines Vertretungsverhältnisses seinen Verpflichtungen als Haftpflichtver nachzukommen.

[G 17] dd) Auftreten des Versicherers gegenüber dem geschädigten Dritten.

aaa) Grundsatz: Handeln im Namen des Versicherungsnehmers.

Daß dem Ver nach den Ausführungen in Anm. G 11 eine regelmäßig unwiderrufliche Vollmacht des Vmers zur Regulierung des Haftpflichtschadens zusteht, bedeutet nicht, daß der Ver stets als Vertreter des Vmers handelt oder gar zu einem Auftreten im Namen des Vmers verpflichtet wäre. Es steht dem Ver vielmehr frei, von der Vollmacht keinen Gebrauch zu machen und im eigenen Namen nach Maßgabe der in Anm. G 9 dargestellten gesetzlichen Ausgangsposition zu handeln. Indes würde die Rechtswirklichkeit verkannt werden, wenn man nicht von einer Vermutung tatsächlicher Art ausgehen wollte, daß der Ver gegenüber dem geschädigten Dritten regelmäßig als Vertreter des Vmers auftritt und beim Abschluß von Abfindungsverträgen demgemäß auch den Vmer und nicht sich selbst verpflichtet. So ausdrücklich: BGH 22. IV. 1958 VersR 1958 S. 565; der Sache nach ebenso, wenn auch nur in kurzen Sätzen: BGH 28. III. 1956 VersR 1956 S. 432, 21. I. 1958 VersR 1958 S. 154. Vgl. auch KG 26. I. 1928 JRPV 1928 S. 354—356 = Praxis 1929 S. 58—59, OLG Köln 3. V. 1933 JRPV 1933 S. 307—308 (letzteres ist allerdings mit der fehlerhaften Annahme belastet, daß durch ein Verlangen des Vmers ein unmittelbarer Anspruch des Dritten begründet werden könne, vgl. dazu die Ausführungen in Anm. B 79), OLG Frankfurt a. M.-Kassel 1. II. 1950 RdK 1950 S. 156, OLG Karlsruhe 15. IV. 1953 VersR 1953 S. 261—263, OLG Celle 11. X. 1956 VersR 1956 S. 716—717, LG Nürnberg 27. X. 1926 JRPV 1927 S. 9—10, LG Dresden 21. VI. 1933 Praxis 1934 S. 20—21, LG Köln 20. XI. 1952 VersR 1953 S. 366 (fehlerhaft aber zur Frage, ob der Vmer zur Erhebung einer Feststellungsklage gegen den Ver berechtigt ist, vgl. dazu Anm. B 82), LG Hannover 28. V. 1954 VersR 1955 S. 75, LG Düsseldorf 13. III. 1957 VersR 1957 S. 477, LG Bonn 1. IV. 1960 MDR 1960 S. 766. Ebenso: Bronisch-Cuntz-Sasse-Starke Anm. 1 zu § 156, Fleischmann-Deiters in Thees-Hagemann Anm. 5 zu § 10 AKB, S. 324, Fromm S. 418—419, Prölss[17] Anm. 5 D zu § 156, S. 587, Schirmer Vertretungsmacht S. 80—88. A. M. — also nicht von dem aufgestellten Grundsatz ausgehend — RG 14. II. 1928 JRPV 1928 S. 86—87, OLG Köln 12. I. 1928 JW 1928 S. 1417—1418, OLG Frankfurt a. M. 1. II. 1951 VersR 1951 S. 147—148. Das Gesagte bedeutet, daß der Ver auch bei seinen Zahlungen an den Geschädigten regelmäßig als Vertreter des Vmers und nicht als Dritter im Sinne des § 267 BGB leistet. Anders Senger S. 42—43, der den Standpunkt vertritt, daß der Ver stets im eigenen Namen leiste. Dabei geht Senger a. a. O. aber nur von der in Anm. G 9 dargestellten gesetzlichen Ausgangsposition aus und berücksichtigt nicht die vertraglich erteilte Vollmacht (vgl. dagegen Sieg Ausstrahlungen S. 184).

Nicht selten werden bei dem mehrere Risiken kombinierenden üblichen Haftpflichtvsvertrag Ansprüche gleichzeitig gegen den Vmer und den Vten erhoben. Dabei ist zu bedenken, daß der Ver in der Allgemeinen Haftpflichtv (und in der Vermögensschadenhaftpflichtv) zwar regelmäßig Vollmacht für den Vmer hat, meist aber nicht für den Vten (vgl. Anm. G 16). BGH 3. XII. 1962 NJW 1963 S. 488 = VA 1963 S. 66 Nr. 358, 30. VI. 1964 VersR 1964 S. 966—967, 25. IX. 1964 VersR 1964 S. 1199—1200, 1. XII. 1964 NJW 1965 S. 296 = VA 1965 S. 271 Nr. 418 nimmt zur Kfz-Haftpflichtv an, daß eine Leistung des Vers mangels einer abweichenden Bestimmung sich regelmäßig sowohl auf den Vmer als auch auf den Vten beziehe und daß bei rechtsgeschäftlichem Handeln von einer Vertretung des Vers für beide auszugehen sei. Prölss[17] Anm. 5 zu § 5 AHB, S. 691 will diese Überlegungen auch auf die Allgemeine Haftpflichtv übertragen wissen. Indessen ist zu bedenken, daß der BGH dabei von einer außervertraglichen gesetzlichen Grundlage der Regulierungsvollmacht in der Kfz-Haftpflichtv ausgeht (vgl. dazu Anm. G 16). Das trifft aber für die Allgemeine Haftpflichtv und auch für die Vermögensschadenhaftpflichtv nicht zu. Hier ist daher in erster Linie zu fragen, ob tatsächlich für alle Beteiligte eine Vertretungsmacht des Haftpflichtvers bestanden hat. Überläßt der Vte allerdings dem Ver ohne Widerspruch die Regulierung, so kann darin unter Umständen durchaus eine stillschweigende Genehmigung der Vollmachtserteilung nach § 5 Ziff. 7 AHB gesehen werden. Schließlich ist auch sorgsam zu prüfen, ob ein Vter, der im Vorstadium eines Prozesses durch einen Ver ohne Vollmacht vertreten war, nicht gegen Treu und Glauben verstößt, wenn er im Prozeß auf Verlangen des Vers, der doch diese Verhandlungen geführt hat und der eigentliche Träger des Prozeßrisikos ist, die Einrede der Verjährung erhebt. Es liegt nahe, aus diesem Grunde die Einrede der Verjährung in dem Umfang zurückzuweisen, in dem ein wirksam vertretener Vmer oder Vter sich nicht auf sie hätte berufen dürfen (vgl. dazu die Ausführungen in Anm. G 10). Das Gesagte gilt aber dann nicht, wenn der Ver oder

der Vte dem Dritten rechtzeitig mitteilen, daß eine Regulierungsvollmacht für den Vten nicht bestehe.

Soweit nach dem Gesagten der Ver wohl eine Vollmacht vom Vmer, nicht aber eine solche vom Vten hat, läßt sich nach der Interessenlage regelmäßig nicht annehmen, daß die rechtsgeschäftlichen Erklärungen des Vers zugleich im Namen beider abgegeben werden. Man wird hier aber bezüglich des Vten auch keinen Verpflichtungswillen des Vers im eigenen Namen anzunehmen haben, sondern regelmäßig einen im Namen des Vmers abgeschlossenen Vertrag, der gekoppelt ist mit einem Vertrag zugunsten des Vten im Sinne des § 328 BGB (vgl. Anm. G 9). Das Problem taucht im übrigen regelmäßig nur bei außergerichtlichen Vergleichen und Verhandlungen auf, also nicht, wenn sowohl Vmer als auch Vter vom Dritten verklagt worden sind und der vom Ver bestellte Anwalt Prozeßvollmacht gemäß der nach § 5 Ziff. 4 AHB bestehenden Obliegenheit, die sowohl für den Vmer als auch den Vten gilt, erhalten hat.

[G 18] bbb) Ausnahmen.

Wenn von dem unter G 17 dargestellten Grundsatz abweichend ein Handeln des Vers im eigenen Namen angenommen werden soll, so bedarf das besonderer Begründung aus den Umständen des Falles und den speziell vom Ver bei den Vertragsverhandlungen abgegebenen Erklärungen. So hatte sich z. B. im Falle RG 19. XI. 1929 JW 1929 S. 579—580 der betreffende Haftpflichtver ausdrücklich im eigenen Namen verpflichtet und der Vmer hatte dazu erklärt, daß er die vom Ver übernommene Verpflichtung auch für sich dergestalt als bindend anerkenne, daß er dem Dritten neben dem Ver als Gesamtschuldner hafte. Vgl. ferner KG 26. IX. 1934 S. 348—350: Dort hatte der Ver sich ebenfalls ausdrücklich zur Zahlung verpflichtet und dazu erklärt, daß dieses Anerkenntnis „als ein besonderer Verpflichtungsgrund im Sinne des BGB gelten“ solle. Eine solche ausdrückliche Schuldübernahme lag auch im Falle OLG München 2. (9.) XI. 1931 VA 1931 S. 289—291 Nr. 2344 = HansRGZ 1932 A Sp. 27—29 vor. Ähnlich im Falle BGH 7. IV. 1956 VersR 1956 S. 339—340, in dem der Ver sich nach der Meinung des Gerichts in geradezu unzweideutiger, einer Auslegung gar nicht mehr fähiger Weise im eigenen Namen verpflichtet hatte.

Bei aller Anerkennung des in Anm. G 17 dargestellten Grundsatzes, daß davon auszugehen sei, daß der Ver regelmäßig nicht im eigenen Namen handle, sondern als Vertreter des Vmers, muß natürlich immer auch der Standpunkt des Erklärungsempfängers angemessen berücksichtigt werden. Kann dieser nach seinem Bildungsstand nicht wissen, daß der Ver sich grundsätzlich nicht im eigenen Namen verpflichten will, so bedarf es unter Umständen einer besonderen Klarstellung durch den Ver. Dazu kann auch deswegen Veranlassung bestehen, weil durch die in der Kfz-Haftpflichtv eingeführte unmittelbare Haftung des Vers dort nicht mehr ohne weiteres von dem in Anm. G 17 dargestellten Grundsatz ausgegangen zu werden brauchte, was durchaus zu einer Verwirrung in der Vorstellungswelt des geschädigten Dritten führen könnte. Wenn im übrigen in einem Vergleich davon die Rede ist, daß sich die X-VsAG zur Zahlung verpflichte, ohne daß ein einschränkender Hinweis auf ein beabsichtigtes Vertretungsverhältnis in dieser Erklärung oder in den vorangegangenen Verhandlungen abgegeben worden ist, so muß der Ver sich an solchen Erklärungen festhalten lassen. Eine Schuldübernahme des Vers aus den besonderen Umständen des Falles ist zu Recht weiter in folgenden Entscheidungen angenommen worden: OLG Hamburg 9. VII. 1936 JRPV 1936 S. 256 (der Ver hatte hier keine Vollmacht nach § 5 Ziff. 7 AHB), OLG Celle 1. XII. 1949 VersR 1950 S. 9—10 mit Anm. von Gerlach a. a. O. S. 10, OLG Celle 25. III. 1960 BB 1960 S. 579.

Übernimmt der Ver ausnahmsweise eine eigene Haftung, so ist diese grundsätzlich unabhängig von dem Bestand des Vsverhältnisses. Der Ver bleibt dem Dritten auch dann zur Leistung verpflichtet, wenn er nachträglich feststellt, daß er dem Vmer keinen Vsschutz zu gewähren brauchte oder wenn der Vmer den Vsschutz durch später begangene Obliegenheitsverletzungen verliert (RG 23. IV. 1940 JRPV 1940 S. 100—101 = ÖffrV 1941 S. 51; ebenso Prölss[17] Anm. 5 D zu § 156, S. 587; vgl. auch OLG Hamm 5. VI. 1939 HansRGZ 1940 A Sp. 104—105, das zu Recht von diesem Grundsatz bei dem heute mit Wirkung gegenüber dem Dritten nach § 156 I ohndedies nicht mehr zulässigen Erlaßvertrag zwischen Ver und Vmer in bezug auf die Vsforderung ausgegangen ist). Eine solche Verpflichtung des Vers wird aber zumeist stillschweigend auf die Vssummen des Vertrages begrenzt sein (RG 23. IV. 1940 a. a. O., dagegen Sieg Ausstrahlungen S. 187—188 m. w. N. in Anm. 562). Wird eine solche summenmäßige Begrenzung aber in ein Feststellungsurteil in einem gegen den Ver gerichteten Prozeß nicht ausdrücklich mit aufgenommen, so haftet der Ver der Höhe nach für diesen Zukunftsschaden unbeschränkt.

[G 19] ee) Auftreten des Versicherers gegenüber sonstigen am Regulierungsgang beteiligten Personen.

Entgegen dem in Anm. G 17 dargestellten Grundsatz kann bei einem Handeln des Vers gegenüber anderen Personen als dem geschädigten Dritten nicht davon ausgegangen werden, daß der Ver im Namen des Vmers handle. Es ist vielmehr im Gegenteil in tatsächlicher Beziehung zu vermuten, daß der Ver gegenüber von ihm ausgewählten Sachverständigen und Anwälten im eigenen Namen auftritt und demgemäß auch eigene Verbindlichkeiten begründet (ebenso Schirmer Vertretungsmacht S. 76). Der in der Rechtsprechung vertretenen Auffassung, daß regelmäßig allein der Ver und nicht der Vmer Kostenschuldner des im Haftpflichtprozeß für den Vmer tätigen Anwalts sei, ist demgemäß durchaus zuzustimmen (so OLG Köln 10. V. 1932 VA 1932 S. 255—258 Nr. 2448 = HRR 1932 Nr. 1669, LG Hamburg 8. III. 1955 VersR 1955 S. 365; ebenso: ÖOGH 8. I. 1958 VersRdsch 1958 S. 224—226, Prölss[9] Anm. 3 zu § 5 AHB, S. 475; a. M. Wahle VersRdsch 1958 S. 227, Prölss[17] Anm. 3 zu § 5 AHB, S. 688—689).

Es hieße, die Lebenswirklichkeit zu verkennen, wenn man davon ausgehen wollte, daß ernsthaft einer der Beteiligten annehme, daß nicht der Ver sondern der Vmer Kostenschuldner des Anwalts oder des vom Ver eingeschalteten Sachverständigen sei. Dabei soll nicht geleugnet werden, daß der Ver theoretisch die Möglichkeit hat, den Vmer zu verpflichten. Solange aber nicht eine ausdrückliche Erklärung in dieser Beziehung vorliegt, ist von einer Vermutung tatsächlicher Art auszugehen, daß bei der Erteilung derartiger Aufträge ein eigener Verpflichtungswille des Vers gegeben ist. Von praktischer Bedeutung wird diese Frage nur dann, wenn der Ver die Zahlung der geschuldeten Honorare verweigert. Gerade in diesen äußerst seltenen Fällen ist es aber gerechtfertigt, von einer unmittelbaren Haftung des Vers auszugehen und nicht eine persönliche Haftung des Vmers bei einer etwaigen Insolvenz des Vers zu konstruieren. Die Annahme, daß der Ver den Vmer zur Tragung der Kosten verpflichte, ist auch nicht zur Begründung eines Forderungsübergangs nach § 67 und für die Ersatzpflicht des unterlegenen Gegners im Sinne des § 91 ZPO erforderlich. Vielmehr darf in diesem Zusammenhang nicht auf formale Kriterien abgestellt werden. Entscheidend ist hier allein, ob die Aufwendungen im Interesse des Vmers erfolgten. Ist das der Fall, so sind sie — nach den in Anm. G 31—32 dargelegten Kriterien — auch grundsätzlich ersatzpflichtig, gleichgültig also, ob der Ver von seiner Vollmacht Gebrauch gemacht oder im eigenen Namen für den Vmer gehandelt hat.

[G 20] f) Unanwendbarkeit des Rechtsberatungsmißbrauchsgesetzes und des § 157 ZPO auf die Tätigkeit des Haftpflichtversicherers.

Einen wesentlichen Teil aus der Verpflichtung des Vers, den Vmer von begründeten und unbegründeten Haftpflichtansprüchen freizuhalten, stellt die Arbeitslast dar, die mit der Klärung der Frage verbunden ist, ob es sich im Sinne des § 154 I um begründete oder unbegründete Ansprüche handelt. Diese Feststellung kann entweder außerhalb eines Prozeßverfahrens im Verhandlungswege erfolgen oder aber im Rahmen eines Rechtsstreits. Die mit dieser Verpflichtung verbundene Arbeit leistet der Ver in der Regel außergerichtlich durch seine Angestellten (oder Organe). Diese verstoßen bei dieser legitimen Tätigkeit nicht gegen das Gesetz zur Verhütung von Mißbräuchen auf dem Gebiete der Rechtsberatung vom 13. XII. 1935 (RGBl. I S. 1478—1481). Aber auch dann, wenn der Ver seiner Verpflichtung zur Gewährung von Haftpflichtvsschutz im Amtsgerichtsprozeß oder im Armenrechtsverfahren vor dem Landgericht durch Entsendung seiner Angestellten als Prozeßvertreter des Vmers nachkommt, liegt darin weder ein Verstoß gegen das Rechtsberatungsmißbrauchsgesetz noch gegen § 157 ZPO (so mit überzeugender Begründung: BGH 28. VI. 1962 BGHZ Bd 38 S. 71—86). Nur eine Verkennung des Wesens der Haftpflichtv und des durch diese verwirklichten sozialen Schutzgedankens konnte zu einer gegenteiligen Entscheidung kommen (vgl. die ausführlichen Nachweise zu diesem überholten Meinungsstreit in BGH 28. VI. 1962 a. a. O. S. 76—77).

Das Gesagte bezieht sich nur auf die gegen den Vmer (oder den Vten) erhobenen Ansprüche, nicht also auf dessen Gegenforderungen. Wegen des Sachzusammenhangs ist aber dazu auch die im Einverständnis mit dem Vmer erfolgende Aufrechnung mit dessen Gegenansprüchen (mögen sie aus dem gleichen Schadenereignis herrühren oder auf anderen Rechtsgründen beruhen) zu rechnen. Doch gilt das grundsätzlich nicht für eine Widerklage des Vmers. Mit dieser darf sich der Ver nach dem Sinn der Haftpflichtv nur dann befassen, wenn der geschädigte Dritte die Leistung wegen einer von ihm erklärten Aufrechnung mit einer Haftpflichtforderung aus einem unter den Vsschutz fallenden Schadenereignis verweigert. In solchen Ausnahmefällen ist der Ver zur Führung des Aktivprozesses verpflichtet (vgl. Anm. G 5), verstößt also weder gegen das Rechtsberatungsmißbrauchsgesetz noch gegen § 157 ZPO.

2. Verpflichtung des Versicherers zur Kostenzahlung.

Gliederung:

[G 21] Schrifttum:

Beisler VersArch 1957 S. 303—305, Blaesner JRPV 1935 S. 281, Ehrenberg ZVersWiss 1923 S. 261—268, Ehrenzweig S. 360—363, Eichler S. 272—274, Fleischmann-Deiters in Thees-Hagemann Anm. 1—6 zu § 150, S. 231—236, Hagen II S. 301—304, Haidinger Anm. zu LM Nr. 1 zu § 150, Kast JRPV 1929 S. 297—298, Reimer Schmidt MDR 1958 S. 308, Sieg Ausstrahlungen S. 134—137, Sieg VersR 1960 S. 673—676, Theda ZfV 1968 S. 376—378; weitere Schrifttumsnachweise in Anm. G 25 und G 30.

[G 22] a) Angemessenheit der zu ersetzenden Kosten.

Im Rahmen der Verpflichtung, den Vmer von begründeten und unbegründeten Schadenersatzansprüchen zu befreien, schuldet der Ver auch die Bezahlung der in diesem Zusammenhang entstehenden Kosten. § 150 I 1 bringt das mit den Worten zum Ausdruck, daß die V die gerichtlichen und außergerichtlichen Kosten umfasse, die durch die Verteidigung gegen den vom Dritten geltend gemachten Anspruch entstehen, soweit die Aufwendung der Kosten den Umständen nach geboten war. Bei der zuletzt genannten Einschränkung, daß die Aufwendung der Kosten den Umständen nach geboten gewesen sein müsse, geht das Gesetz erkennbar noch von der Vorstellung aus, daß die Prozeßführung und damit die wesentliche Entscheidung darüber, welche Kosten aufgewendet werden sollen, in der Hand des Vmers liegt. Nach den AHB ist das aber regelmäßig nicht mehr der Fall. In § 5 Ziff. 4 S. 1 AHB ist vielmehr ausdrücklich festgelegt, daß der Vmer dem Ver die Prozeßführung zu überlassen und dem von dem Ver bestellten oder bezeichneten Anwalt Vollmacht zu erteilen hat (zur Auslegung dieser Vorschrift im einzelnen vgl. Anm. F 80—81). Immerhin sind natürlich auch unter der Geltung dieser Bestimmung Meinungsdifferenzen zwischen dem Ver und dem Vmer über die Frage denkbar, ob ein Prozeß überhaupt aufgenommen oder fortgeführt werden soll. Hier könnte der vom Standpunkt eines verständigen Betrachters auszulegende einschränkende Nachsatz in § 150 I 1 „soweit die Kosten den Umständen nach geboten waren" bedeutsam werden. Das gilt im besonderen Maße für die Vermögensschadenhaftpflichtv, da es dort an einer § 5 Ziff. 4 S. 1 AHB entsprechenden Bestimmung fehlt, so daß die Prozeßführung hier vom Vmer dem Ver nicht ganz uneingeschränkt zu überlassen werden braucht (vgl. dazu Anm. F. 80). Zu beachten ist aber, daß der nach objektiven Grundsätzen zu bestimmende Anwendungsbereich des § 150 I 1 durch § 3 III Ziff. 3 AHB (ebenso § 3 II Ziff. 8 AHBVerm) eingeschränkt ist. Dort heißt es nämlich, daß der Ver, wenn eine von ihm geforderte Erledigung eines Haftpflichtanspruchs an dem Widerstand des Vmers scheitert, für den von der Weigerung an entstehenden Mehraufwand an Hauptsache, Zinsen und Kosten nicht aufzukommen habe. Zur Auslegung und zum Anwendungsbereich dieser als Obliegenheit aufzufassenden Vorschrift in § 3 III Ziff. 3 AHB (§ 3 II Ziff. 8 AHBVerm) vgl. im übrigen die Ausführungen in Anm. F 86—89.

Wird der Vmer vom Ver entgegen seinen Verpflichtungen aus dem Vsvertrag ohne Vsschutz gelassen, versagt der Ver also zu Unrecht den Vsschutz, so kann er grundsätzlich die Regulierung durch den Vmer nicht angreifen und muß auch die entstehenden Kosten als „angemessen" bezahlen. Vgl. dafür, daß in diesen Fällen auch die Entscheidung des Vmers über den Haftpflichtanspruch grundsätzlich für den Ver bindend ist, die Nachweise in Anm. B 66 und F 81. Bei einem derartigen vertragswidrigen Verhalten des Vers darf sich der Vmer unter Umständen auch dazu entschließen, den Rechtsstreit gegen sich durch ein Versäumnisurteil beenden zu lassen. Auch diese Kosten muß der Ver, der unberechtigt den Vsschutz verweigert hat, tragen, sofern der Vmer nicht leichtfertig, d. h. grobfahrlässig, gehandelt hat. Im Normalfall sieht es aber in der Vspraxis so aus, daß der Ver die Regulierung der Haftpflichtschäden fest in seiner Hand hält, so daß die Frage, ob die entstandenen Kosten als angemessene im Sinne des § 150 I 1 zu qualifizieren sind, gar nicht auftaucht. Es würde gewiß eine unzulässige Rechtsausübung darstellen, wenn der Ver die Kosten, die aus den von ihm durchgeführten Maßnahmen herrühren, später als unangemessen bezeichnet und nicht ersetzen wollte.

Wenn der Ver in der Vermögensschadenhaftpflichtv oder ausnahmsweise in der Allgemeinen Haftpflichtv dem Vmer die Regulierung überläßt, sind grundsätzlich ebenfalls die Kosten einer Prozeßführung als geboten anzusehen, es sei denn, daß der Ver sich ausdrücklich einer gerichtlichen Klärung widersetzt hat. Nur im letzteren Falle muß dann auf die Frage der Angemessenheit — unter Beachtung der §§ 3 III Ziff. 3 AHB, 3 II Ziff. 8 AHBVerm — eingegangen werden.

[G 23] bb) Zum Umfang der ersatzpflichtigen Kosten.

Unter den in § 150 I 1 erwähnten Kosten sind solche aller Art zu verstehen. Dazu sind nicht nur die dem Vmer zu ersetzenden Kosten zu rechnen, sondern auch die an die Gegenseite zu zahlenden (Begr. I S. 134). Ungeachtet dessen, daß die der Gegenseite zu erstattenden Kosten zum Teil als Bestandteil des bürgerlich-rechtlichen Schadenersatzanspruchs qualifiziert werden können, regelt sich ihre Ersatzpflicht nach der abschließenden Sonderregelung des § 150 I und nicht nach § 149. Bedeutsam ist das für den Ersatz von Nebenklagekosten. Vgl. dazu die Nachweise für und gegen die hier vertretene Auffassung in Anm. G 25.

Das Gesetz hebt besonders hervor, daß die Kosten auch dann zu bezahlen sind, wenn der Anspruch des Dritten sich als unbegründet erweist. Das bezieht sich in erster Linie auf die dem Vmer entstehenden Kosten, da er dem Gegner in derartigen Fällen regelmäßig keine Kosten zu zahlen hat. Hat der Ver aber ausnahmsweise, etwa aufgrund der vorläufigen Vollstreckbarkeit einer Entscheidung, die später aufgehoben worden ist, bereits bezahlt und ist von dem Dritten (nach Aufhebung des vorläufig vollstreckbaren Urteils) nichts zu erlangen, so geht dieses Risiko zu Lasten des Vers. Dieses Beispiel zeigt zugleich, daß entgegen der Auffassung von Sieg Ausstrahlungen S. 136—137 selbst in denjenigen Fällen, in denen der Vmer den Rechtsstreit gewinnt, nach § 150 ausnahmsweise auch Kosten der Gegenseite getragen werden müssen.

An außergerichtlichen Kosten können solche durch die Prüfung und Feststellung des Sachverhalts entstehen. Anwaltskosten und Sachverständigenhonorare sind dabei die praktisch wichtigsten Kostenpositionen. Nach dem Vertragsrecht ist die Prüfung der Haftpflichtfrage und damit die Feststellung des Sachverhalts Aufgabe des Vers, bei der er allerdings vom Vmer unterstützt werden muß (vgl. §§ 5 Ziff. 3 AHB, 5 Ziff. 3 AHBVerm). Zu beachten ist dabei, daß die dem Vmer durch die Erfüllung der Aufklärungsobliegenheit entstehenden Kosten grundsätzlich nicht vom Ver ersetzt zu werden brauchen, also nicht unter § 150 fallen.

In den AHB und in den AHBVerm wird § 150 I 1, 2 nicht ausdrücklich wiederholt; seine Geltung wird aber in Bestimmungen wie § 3 II Ziff. 4, III Ziff. 1, 3 AHB und § 3 II Ziff. 2, 7 AHBVerm vorausgesetzt. Mittelbar ergibt sich die Anwendbarkeit des § 150 I 1, 2 neben den Bedingungsbestimmungen — soweit diese nicht der Sache nach als speziellere Regelung eine Abänderung bedeuten (wie z. B. § 3 III Ziff. 3 AHB, § 3 II Ziff. 8 AHBVerm) — auch aus den Definitionen der Leistungsverpflichtung des Vers in §§ 3 II Ziff. 1 AHB, 3 II Ziff. 1 AHBVerm. Denn zur Befriedigung begründeter und zur Abwehr unbegründeter Schadenersatzansprüche gehört traditionell auch die Bezahlung der Abwehrkosten. Wenngleich also in § 3 II Ziff. 7 AHBVerm ausdrücklich nur von den Kosten eines Haftpflichtprozesses die Rede ist, ergibt sich aus dem Gesagten, daß daneben auch in der Vermögensschadenhaftpflichtv vorprozessuale und außergerichtliche Kosten zu ersetzen sind, soweit die Voraussetzungen des § 150 I 1 vorliegen.

Läßt es der Ver dazu kommen, daß der Dritte den Anspruch des Vmers gegen ihn pfänden lassen muß, so rechnen auch diese Pfändungskosten zu den nach § 150 I zu erbringenden Leistungen des Vers. Das ist von Sieg VersR 1960 S. 673—674 überzeugend dargetan worden (ebenso LG Berlin 11. XI. 1954 VersR 1955 S. 52, Prölss[17] Anm. 3 zu § 150, S. 561, ferner ÖOGH 5. VI. 1961 VersR 1962 S. 192—194; a. M. Fleischmann-Deiters in Thees-Hagemann Anm. 2 zu § 150, S. 232, die zu Unrecht einen nicht entscheidungserheblichen lapsus linguae des LG Koblenz 10. XII. 1954 NJW 1955 S. 1235 bis 1236 = VersR 1955 S. 338—339 verallgemeinern; ebenso Prölss[12] Anm. 3 zu § 150, S. 468). Prölss[17] Anm. 3 zu § 150, S. 561 vertritt unter Bezugnahme auf ÖOGH 23. X. 1963 VersR 1966 S. 49—51 die Auffassung, daß zu diesen ersatzpflichtigen Kosten aber nicht solche gehören, die aus einer überflüssigen oder durch Verschulden des Dritten notwendig gewordenen zweiten Pfändung oder Überweisung des Befreiungsanspruchs entstehen. Das klingt einleuchtend. Indes trifft diese Auffassung nur dann zu, wenn es dem Ver mit einer solchen Begründung gelingt, den Vmer von diesen Kosten zu befreien. Ist dieser zur Bezahlung derartiger Kosten verpflichtet, so muß ihn der Ver davon befreien.

Aus der Abwehrverpflichtung des Vers ergibt sich auch, daß er die Zwangsvollstreckungskosten zu tragen hat, wenn der Dritte nicht eine Forderungspfändung, sondern eine Sachpfändung vornehmen läßt (Sieg a. a. O. S. 674). Die Haftpflichtv umfaßt auch die durch ein Verfahren auf Umschreibung des Titels nach §§ 727—732 ZPO oder durch eine Zwangsvollstreckungsgegenklage entstehenden Aufwendungen (so zutreffend Sieg a. a. O. S. 675 gegen LG Berlin 16. IV. 1953 VersR 1954 S. 9—10). Das gleiche gilt für die Kosten, die durch ein Verfahren gemäß §§ 722, 723 ZPO (inländische Vollstrekkungsklage für ausländischen Titel) entstehen (Sieg a. a. O. S. 674). Vorausgesetzt wird bei dieser Aussage natürlich, daß § 4 I Ziff. 3 AHB nicht eingreift. Vgl. in diesem Zusammenhang auch § 4 Ziff. 1 AHBVerm. Dort sind Haftpflichtansprüche, die vor ausländischen Gerichten geltend gemacht werden und ein sich im Anschluß daran im Inland nach § 722 ZPO ergebendes Verfahren ausdrücklich vom Vsschutz ausgeschlossen.

Vertritt ein Vmer sich in einem Haftpflichtprozeß selbst oder läßt er sich durch einen Sozius oder Mitarbeiter vertreten, so werden nach § 3 II Ziff. 7d AHBVerm dem Vmer und den genannten Personen eigene Gebühren nicht erstattet. Zu erklären ist diese Vorschrift damit, daß dem Ver in der Vermögensschadenhaftpflichtv nicht in der gleichen umfassenden Weise wie nach § 5 Ziff. 4 AHB das Recht zusteht, die Anwaltswahl zu auszuüben (vgl. dazu die Ausführungen in Anm. F 80). Durch § 3 II Ziff. 7d AHBVerm hat sich der Ver ein gewisses Gegengewicht geschaffen. Er kann unter Umständen einen Vmer unter Hinweis auf die mangelnde Kostenerstattungspflicht von der Führung eines Prozesses in eigener Sache abschrecken. Das ist ein verständliches Bestreben, da die Erfahrung lehrt, daß auch die besten juristischen Köpfe nicht selten in eigenen Angelegenheiten nicht die ihnen sonst gegebene Fähigkeit besitzen, objektiv abzuwägen und die Prozeßführung nach solchen Grundsätzen auszurichten. Soweit ein Ver entgegen diesem Erfahrungssatz darauf Wert legt, daß der — etwa besonders sachkundige — Vmer sich doch selbst vertrete, ist es dessen Sache, die Übernahme der Prozeßführung von einer Abänderung des § 3 II Ziff. 7d AHBVerm für den betreffenden Einzelfall abhängig zu machen. Es versteht sich, daß der Vmer auch bei einem Angebot des Vers, die Gebühren in Abweichung von § 3 II Ziff. 7d AHBVerm zu tragen, nicht zur Prozeßführung in eigener Sache verpflichtet ist und daher auch keine Rechtsnachteile in bezug auf den Vsschutz erleidet, wenn er die Prozeßführung ablehnt (vgl. dazu Anm. F 80). In den AHB fehlt es an einer § 3 II Ziff. 7d AHBVerm entsprechenden Vorschrift. Wird daher dort der Vmer vom Ver gebeten, sich selbst zu vertreten, so muß der Ver die gebührenmäßige Vergütung an den Vmer zahlen. Das gleiche gilt, wenn der Ver zwar nicht verlangt, daß der Vmer sich in einem Zivilprozeß selbst vertrete, aber einem solchen Vorgehen auch nicht widersprochen hat.

Regelmäßig betrifft die Kostenzahlungspflicht die Abwehr gegenüber den Ansprüchen des geschädigten Dritten. In besonderen Fällen ist im Rahmen der Verpflichtung des Vers, den Vmer von begründeten und unbegründeten Haftpflichtansprüchen zu befreien, anzunehmen, daß der Ver gehalten ist, für den Vmer (und in dessen Namen) eine negative Feststellungsklage gegenüber der unbegründeten Haftpflichtforderung erheben zu lassen. Vgl. auch § 3 II Ziff. 7 S. 1 AHBVerm. Dort heißt es, daß die Kosten einer mit Zustimmung des Vers von Vmer betriebenen negativen Feststellungsklage oder Nebenintervention voll zu Lasten des Vers gehen. Hier muß der Ver also die Kostenlast für einen Prozeß tragen, in dem der Vmer als Kläger auftritt. Das gleiche gilt — ungeachtet dessen, daß es an einer § 3 II Ziff. 7 S. 1 a. E. AHBVerm entsprechenden Vorschrift fehlt — im Bereich der AHB, und zwar sowohl für eine negative Feststellungsklage als auch für die ebenfalls in § 3 II Ziff. 7 S. 1 AHBVerm erwähnte Nebenintervention. § 3 II Ziff. 7 S. 1 AHBVerm ist im übrigen einschränkend dahin auszulegen, daß die Verweigerung der Zustimmung durch den Ver dann als rechtlich unbeachtlich anzusehen ist, wenn vom Standpunkt eines verständigen Vmers nach den Ausführungen in Anm. G 5 die Verpflichtung des Vers zur Befreiung des Vmers von den unbegründeten Ansprüchen gerade durch Führung eines Aktivprozesses zu bejahen ist. Das Gesagte gilt im besonderen Maße, wenn der Dritte mit seiner bestrittenen Schadenersatzforderung gegen eine unstreitige Forderung des Vmers aufrechnet. Hier ist der Ver verpflichtet, die Kosten einer Klage des Vmers gegen den geschädigten Dritten zu finanzieren. Er muß also im Rahmen seiner Befreiungsverpflichtung die Kosten für einen Aktivprozeß tragen und ist insoweit auch zur Vorschußzahlung verpflichtet (vgl. Anm. G 27). Zur Frage, ob der Ver in diesen Fällen seiner Befreiungsverpflichtung durch Durchführung einer Zahlungs- oder einer Feststellungsklage, die darauf gerichtet sein soll, daß die Forderung des Vmers durch die Aufrechnung nicht erloschen sei, genügt, vgl. Anm. G 5.

[G 24] c) Verteidigungskosten im Strafverfahren.

Nach § 150 I 3 umfaßt die Haftpflichtv ausnahmsweise auch die Kosten der Verteidigung in einem Strafverfahren, das wegen einer Tat eingeleitet wurde, die die Verantwortlichkeit des Vmers gegenüber einem Dritten zur Folge haben könnte. Voraussetzung dafür, daß eine derartige Verpflichtung des Vers entsteht, ist, daß diese Verteidigungskosten auf Weisung des Vers aufgewendet wurden. Diese Regelung ist durch das Pflichtvsgesetz vom 7. XI. 1939 (RGBl. I S. 2223) in das VVG in Anlehnung an entsprechende Vorschriften des früheren österreichischen und tschechischslowakischen Rechts eingefügt worden (Begr. II S. 1773).

Zu den Verteidigungskosten im Sinne des § 150 I 3 zählen nach dem Wortlaut dieser Bestimmung weder Nebenklagekosten (BGH 23. I. 1958 BGHZ Bd 26 S. 267) noch Gerichtskosten. Doch ist in den Fällen, in denen der Ver den Vmer zur Durchführung eines Strafverfahrens durch Übernahme der Verteidigungskosten veranlaßt, eine analoge Anwendung des § 150 I 3 auf im Laufe des Verfahrens nach der Verpflichtungserklärung des Vers entstehende Nebenklagekosten geboten (vgl. dazu Anm. G 26).

In § 3 II Ziff. 1 Abs. 2 S. 1 AHB ist § 150 I 3 dahin präzisiert worden, daß der Ver dann die (gebührenordnungsmäßigen, gegebenenfalls die mit ihm besonders vereinbarten höheren) Kosten des Verteidigers trägt, wenn die Bestellung eines Verteidigers für den Vmer von dem Ver gewünscht oder genehmigt wurde. Durch diese Fassung wird verdeutlicht, daß grundsätzlich nur die Anwaltskosten und nicht auch die entstehenden Gerichts- und Nebenklagekosten zu bezahlen sind (vgl. dazu aber wiederum Anm. G 26) und daß über den gesetzlichen Gebührenrahmen hinausgehende Forderungen hinsichtlich des überschießenden Betrages von der Haftpflichtv nicht erfaßt werden.

Nach den Umständen des Einzelfalles abzugrenzen ist, wann der Ver im Sinne des § 3 II Ziff. 1 Abs. 2 S. 1 AHB die Bestellung eines Verteidigers gewünscht oder genehmigt hat. Geht die Initiative zur Einschaltung eines Verteidigers vom Ver aus, so trifft diesen auch die Kostenpflicht. Immer wenn der Ver also die Einschaltung eines Anwalts im Strafverfahren empfiehlt, muß er für dessen Honorarforderung (im Umfang der gesetzlichen Rahmengebühren der §§ 83—86 BRAGebO) einstehen. Schreibt der Ver also etwa an den Vmer: „Wir regen an, gegen den uns übersandten Strafbefehl Einspruch durch Rechtsanwalt X einlegen zu lassen, da dieser als spezieller Kenner der Materie am besten für ihre Verteidigung geeignet sein dürfte", so ist die Haftung des Vers für die Kosten des Verteidigers gegeben, wenn in einem derartigen Schreiben nicht ausdrücklich vermerkt ist, daß durch diese Anregung aber keine Kostenübernahme im Sinne des § 150 I 2 erfolgen solle. Wollte der Ver eine solche Erklärung mit der Folge einer Kostenübernahme nicht abgeben, so ändert das an der eingetretenen Verbindlichkeit grundsätzlich nichts. Ein Irrtum über die Rechtsfolgen einer Erklärung ist als unbeachtlicher Motivirrtum im Sinne des § 119 I BGB anzusehen.

Indes ist § 3 II Ziff. 1 Abs. 2 S. 1 AHB nach Treu und Glauben so aufzufassen, daß der Ver das Recht hat, sich nach Abschluß einer jeden Instanz von der Bezahlung weiterer Verteidigungskosten durch eine rechtzeitige Erklärung gegenüber dem Vmer zu befreien. Dagegen kann sich der Vmer nur durch eine ausdrückliche abweichende Vereinbarung schützen; für diese kann durchaus ein rechtlich beachtliches Interesse bestehen, da nach § 411 III StPO bei einem Einspruch gegen einen Strafbefehl das Gericht bei der Urteilsfällung an den in dem Strafbefehl enthaltenen Ausspruch nicht gebunden ist.

Schwierig ist es abzugrenzen, was in § 3 II Ziff. 1 Abs. 2 S. 1 AHB unter dem Ausdruck zu verstehen ist, daß der Ver die Bestellung eines Verteidigers für den Vmer genehmigt. In Anm. F 81 ist dargetan worden, daß der Vmer im Strafverfahren keinerlei Weisungen des Vers unterliege und daß es ihm demgemäß völlig freistehe, ob er Einspruch gegen einen Strafbefehl einlegen wolle oder nicht. An eine Genehmigung im rechtstechnischen Sinne des § 184 I BGB ist daher sicher in § 3 II Ziff. 1 Abs. 2 S. 1 AHB nicht gedacht. Vielmehr ist diese Bedingungsbestimmung schon dann erfüllt, wenn der Ver, der nachträglich von der Bestellung eines Verteidigers erfährt, gegenüber dem Vmer erklärt, daß er die Bestellung des ausgewählten Verteidigers billige, etwa in dem Sinne, daß ohne das Tun des Vmers der Ver selbst die Verteidigung in dieser Weise gewünscht hätte. In der Praxis werden derartige „genehmigende" Erklärungen eines Vers nur ausnahmsweise vorkommen. Aus der Interessenlage läßt sich sagen, daß regelmäßig vom Standpunkt eines verständigen Vers keine Veranlassung besteht, Kosten für einen bereits vom Vmer bestellten Anwalt zu übernehmen, ohne dazu vom Vmer gebeten worden zu sein. Nur ausnahmsweise kann demgemäß eine nachträgliche Kostenübernahme durch den Ver aus konkludenten Handlungen geschlossen werden.

Zu betonen ist, daß der Ver nicht verpflichtet ist, sich an den Verteidigungskosten zu beteiligen. Der Vmer hat insbesondere auch keinen Anspruch darauf, daß der Ver die beiderseitigen Interessen abwägt und sich dann nach objektiven Gesichtspunkten für oder gegen die Übernahme der Verteidigungskosten entscheidet. Wussow[5] Anm. 12

zu § 3 AHB, S. 266—267 vertritt demgegenüber den Standpunkt, daß der Ver als verpflichtet angesehen werden müsse, nach verständigem Ermessen von der Möglichkeit zur Bestellung eines Verteidigers Gebrauch zu machen. Das trifft indessen nicht zu. Der Ver begeht daher keine Vertragsverletzung, wenn er es ablehnt, sich in irgendeiner Form in das Strafverfahren einzuschalten. Das Auslassen der Möglichkeit, einen Verteidiger zu vermitteln und dessen Kosten zu übernehmen, macht den Ver daher auch dann nicht schadenersatzpflichtig, wenn wider Erwarten einmal adäquat kausal durch eine ungeschickte Verteidigung des („hilflosen") Vmers die Schadenersatzansprüche des geschädigten Dritten (aufgrund der faktischen Auswirkungen des Strafverfahrens) derart anwachsen sollten, daß die Vssumme überschritten wird.

Nur dann besteht eine Verpflichtung des Vers, für die Kosten des Verteidigers des Vmers im Strafverfahren aufzukommen, wenn einer der seltenen Ausnahmefälle vorliegt, in denen der Ver nach § 3 II Ziff. 1 Abs. 2 S. 2 AHB (bzw. nach § 150 I) die Kosten eines Nebenklägers zu tragen hat. Vgl. dazu Anm. G 25. Das ergibt sich im Rückschluß aus § 3 II Ziff. 1 Abs. 2 S. 2 AHB, wo es heißt, daß in diesem Falle auch die Nebenklagekosten zu ersetzen sind. Durch diese Bestimmung wird aber § 150 I nicht erweitert. Es war vielmehr stets anerkannt, daß zu den außergerichtlichen Kosten, die durch die Verteidigung gegen einen vom Dritten geltend gemachten Anspruch entstehen, auch die Verteidigungskosten und die Nebenklagekosten in den seltenen Fällen gehören, in denen eine Buße vom Nebenkläger im Strafverfahren geltend gemacht wird oder in denen der Dritte das Adhäsionsverfahren betreibt (BGH 23. I. 1958 BGHZ Bd 26 S. 266; vgl. ferner Begr. I S. 134, Ehrenzweig S. 360, Hagen II S. 301—302). Die Anwaltskosten des Verteidigers des Vmers werden hierbei jedoch — anders als die Kosten der Nebenklage, vgl. Anm. G 25 — nicht vollen Umfangs ersetzt, sondern nur die zusätzlichen Gebühren nach § 89 BRAGebO (Eichler S. 273 Anm. 383, Wussow[5] Anm. 13 zu § 3 AHB, S. 267, Theda ZfV 1968 S. 377). Das ergibt der Wortlaut des § 3 II Ziff. 1 Abs. 2 S. 2 AHB. Ebenso sind nur die speziell die Buße oder die Entschädigung im Adhäsionsverfahren betreffenden Gerichtskosten zu ersetzen. Bezüglich dieser Gerichtskosten fehlt es an einer besonderen Regelung in den AHB, so daß die Ersatzpflicht hier unmittelbar aus § 150 I 1 folgt.

[G 25] d) Nebenklagekosten.

aa) Grundsatz.

In § 3 II Ziff. 1 Abs. 2 S. 2 AHB heißt es, daß der Ver auch die durch die Nebenklage erwachsenden notwendigen Kosten trage, wenn sich der Geschädigte der öffentlichen Klage zwecks Erlangung einer Buße als Nebenkläger anschließe. Es fällt auf, daß im Bedingungstext nicht der Anschluß eines Nebenklägers im Adhäsionsverfahren gemäß §§ 403—406c StPO zur Geltendmachung seiner sämtlichen aus der Tat folgenden zivilrechtlichen Ansprüche genannt wird. Das ist daraus zu erklären, daß die Vorschriften über das Adhäsionsverfahren erst 1943 (RGBl. I 1943 S. 342) anstelle der §§ 403—406 StPO a. F., die nur die Möglichkeit der Durchsetzung einer strafrechtlichen Buße im Strafverfahren kannten, in die StPO eingefügt worden sind. § 3 II Ziff. 1 Abs. 2 S. 2 AHB erfaßt aber seinem Sinngehalt nach ebenso wie § 150 I 1 auch den Fall des Adhäsionsverfahrens. Es handelt sich um die Kosten, die durch die Verteidigung gegen den von einem Dritten geltend gemachten Anspruch entstehen. Demgemäß sind in den Fällen, in denen sich der geschädigte Dritte dem Strafverfahren zur Erlangung einer Buße oder Entschädigung angeschlossen hat, außer den Nebenklagekosten auch die eigenen Anwaltskosten des Vmers zu ersetzen. Die Ersatzpflicht des Vers besteht auch dann, wenn der Dritte im Strafverfahren mit seinen Ansprüchen nicht durchgedrungen ist. Die gegenteilige Auffassung von Prölss[17] Anm. 3 zu § 150, S. 561 geht zu Unrecht von einem abweichenden Wortlaut des § 3 II Ziff. 1 Abs. 2 S. 2 AHB aus.

Wussow[5] Anm. 13 zu § 3 AHB, S. 267 vertritt den Standpunkt, daß die Kosten einer Nebenklage nur insoweit erstattet werden, als sie sich auf die Buße beziehen (ebenso Eichler S. 273 Anm. 383). Eine solche Einschränkung findet sich aber im Bedingungstext nicht, so daß nach dem für die entgegengesetzte Auffassung sprechenden Wortlaut des § 3 II Ziff. 1 Abs. 2 S. 2 AHB die Nebenklagekosten vollen Umfangs zu ersetzen sind.

In der **Kfz-Haftpflichtv** fehlt es an einer § 3 II Ziff. 1 Abs. 2 S. 2 AHB entsprechenden Bestimmung. Dort ist daher der Umfang der Ersatzverpflichtung des Vers in bezug auf Nebenklagekosten allein an Hand der gesetzlichen Vorschriften über die Haftpflichtv zu bestimmen. BGH 23. I. 1958 BGHZ Bd 26 S. 261—268 hat in diesem Zusammenhang § 150 I 1 dahin ausgelegt, daß Nebenklagekosten nur dann unter die Ersatzpflicht des Vers fallen, wenn der geschädigte Dritte im Strafverfahren eine Buße verlangt oder das Adhäsionsverfahren betreibt. BGH 16. IV. 1959 VA 1959 S. 278—279 Nr. 241 = VersR 1959 S. 361—362 setzt diese Rechtsprechung konsequent fort, wenn er betont, daß für die Allgemeine Haftpflichtv das gleiche gelte und daß demgemäß § 3 II Ziff. 1 Abs. 2 S. 2 AHB keine Abänderung des § 150 I 1 zum Nachteil des Vmers darstelle.

Vorausgegangen war diesen für die Vspraxis wegweisenden Entscheidungen ein erbitterter Streit darüber, ob Nebenklagekosten in der Kfz-Haftpflichtv stets erstattungspflichtig seien oder nicht. Dafür hatten sich u. a. ausgesprochen: BAA VA 1953 S. 220, Lichti DAR 1953 S. 107, Maase VersR 1956 S. 252—253, Möller ZfV 1954 S. 583, Pienitz[1] S. 152, Ruhkopf VersR 1955 S. 536—537, Weigelt DAR 1955 S. 190—191, OLG Stuttgart 31. III. 1955 VersR 1955 S. 377—379 = JZ 1955 S. 676—678, 8. V. 1957 VersR 1958 S. 392, LG Bochum 29. IX. 1953 VersR 1953 S. 446—447, LG Münster 19. X. 1953 VersR 1953 S. 447—448, LG Duisburg 15. II. 1955 VersR 1955 S. 273—274, LG Essen 26. I. 1956 MDR 1956 S. 231—232 = VersR 1956 S. 252, LG Würzburg 4. V. 1956 VersR 1957 S. 261—262, AG Kaiserslautern 28. VI. 1956 VersR 1957 S. 57—58, LG Bochum 10. VII. 1956 VersR 1957 S. 56—57, LG Hannover 30. X. 1956 VersR 1957 S. 542—543, LG Essen 25. XI. 1957 VersR 1957 S. 90—91; dagegen u. a.: Chomse VersR 1953 S. 302—303, Clauß NJW 1957 S. 411—413, ZfV 1956 S. 367—374, S. 408 bis 410, Hielscher VersR 1954 S. 272—273, Kording VersR 1954 S. 493, VersR 1955 S. 274—275, VersR 1957 S. 640, Prölss JZ 1955 S. 678—679, OLG Düsseldorf 4. XII. 1956 VersR 1957 S. 259—261 (Vorinstanz zu BGH 23. I. 1958 a. a. O.), OLG Nürnberg 18. VI. 1957 VersR 1957 S. 541—542 (Vorinstanz zu BGH 16. IV. 1959 a. a. O.), LG Berlin 8. VII. 1954 VersR 1954 S. 491—493, 18. XI. 1954 VersR 1955 S. 18, AG Aachen 15. IV. 1955 VersR 1955 S. 566, LG Stuttgart 19. XII. 1956 VersR 1957 S. 457—458, LG Hannover 7. II. 1956 VersR 1956 S. 300—301, LG Köln 18. X. 1957 VersR 1957 S. 813—814.

BGH 23. I. 1958 a. a. O. kommt zu seiner konkreten Fallentscheidung, ohne auf die Frage einzugehen, ob § 150 in bezug auf die Erstattung von Kosten aller Art als **lex specialis mit abschließender Regelung** im Verhältnis zu § 149 anzusehen ist. Da eine Kostenerstattung durch den Nebenkläger nur aus dem strafprozessualen Titel und nicht nach zivilrechtlichen Grundsätzen verlangt wurde, meinte das Gericht — unter gleichzeitiger Hervorhebung, daß sich jedenfalls aus § 150 I 3 kein Anspruch auf Ersatz solcher Kosten ergebe —, daß diese Frage dahingestellt bleiben dürfe. Entsprechend sorgsam ist der Leitsatz der Entscheidung in der amtlichen Sammlung auf den konkreten Fall abgestellt:

> „Die Kraftfahr-Haftpflichtv umfaßt grundsätzlich nicht auch die Kosten der Nebenklage des Geschädigten, deren Erstattung dem Haftpflichtvten im Strafverfahren auferlegt worden ist.“

Unabhängig von der Vorfrage, ob es überhaupt möglich ist, den Ersatz der im Strafverfahren entstehenden Kosten auch auf bürgerlich-rechtliche Anspruchsnormen mit Erfolg zu stützen (dafür: RG 15. II. 1934 JW 1934 S. 1280, dagegen BGH 17. V. 1957 BGHZ Bd 24 S. 263—269 m. w. N., 24. IX. 1957 NJW 1957 S. 720, 20. V. 1958 NJW 1958 S. 1044 = VersR 1958 S. 417—418), muß aber für die Haftpflichtv, schon mit Rücksicht auf die Verpflichtung des Vers, Rechtsschutz gegenüber unbegründeten Ansprüchen zu gewähren, die **Grundsatzfrage** nach dem Verhältnis von § 149 zu § 150 gestellt werden (so zutreffend Reimer Schmidt MDR 1958 S. 308). Eine begrifflich klare und dabei auch der Interessenlage entsprechende Lösung ergibt sich dabei allein aus der Annahme, daß § 150 für Kosten aller Art, gleich aus welchem Rechtsgrund, eine die Anwendung des § 149 ausschließende Sonderregelung darstellt. Das entspricht allgemeinen Auslegungsgrundsätzen. Schon die Verfasser des VVG sind davon ausgegangen, wenn sie von § 150 auch die der Gegenseite zu erstattenden Kosten erfaßt wissen wollten

(Begr. I S. 134). Die entgegengesetzte Annahme mißachtet ohne Grund diesen sich aus dem Gesetzesaufbau und der Gesetzesgeschichte ergebenden Sonderregelungscharakter des § 150. Mit der nunmehr h. A. ist daher anzunehmen, daß die Erstattung von Kosten aller Art grundsätzlich allein anhand der Sondervorschrift des § 150 und der entsprechenden Bedingungsvorschriften zu bestimmen ist. Ebenso: Eichler S. 272 Anm. 383, Fleischmann-Deiters in Thees-Hagemann Anm. 3 zu § 150, S. 233—235, Haidinger Anm. zu BGH 23. I. 1958 in LM Nr. 1 zu § 150, Pienitz[3] S. 217, Prölss[17] Anm. 3 zu § 150, S. 562, Stiefel-Wussow[7] Anm. 8 zu § 10 AKB, S. 352; a. M. — vor BGH 23. I. 1958 a. a. O. — Ehrenzweig VersR 1954 S. 336, Sieg Ausstrahlungen S. 136 und durchweg die oben zitierten Schriftsteller und Gerichte, die sich für einen Ersatz der Nebenklagekosten ausgesprochen haben.

[G 26] bb) Ausnahme.

Hat der Ver gemäß § 3 II Ziff. 1 Abs. 2 S. 1 AHB (§ 150 I 3) die Verteidigungskosten übernommen, so stellt sich die Frage, ob dazu auch die Nebenklagekosten gehören. Das ist grundsätzlich zu verneinen, vgl. Anm. G 24. Doch sind Ausnahmen überlegenswert. Clauß NJW 1957 S. 413 hat dazu als erster bemerkt: „Dieser Grundsatz gilt allerdings in denjenigen Fällen nicht, in denen der Ver den Vmer veranlaßt hat, Einspruch gegen den ergangenen Strafbefehl einzulegen. In diesen Fällen, in denen der Ver auch die den Vmer treffenden Verteidigungskosten zu tragen hat (§ 150 I 3 VVG), würde er gegen Treu und Glauben verstoßen, wenn er die Übernahme der nur durch sein Eingreifen entstandenen Nebenklagekosten ablehnt. Vielmehr hat er sie in diesen Fällen analog zu § 150 I 3 zu decken." Ebenso Fromm S. 415, während BGH 23. I. 1958 a.a.O. diese Frage unter Hinweis auf die Ausführungen von Clauß a. a. O. ausdrücklich als unentschieden offen läßt.

Haidinger LM Nr. 1 zu § 150 (Anm. zu BGH 23. I. 1958 a. a. O.) greift diesen Gedanken wieder auf und bemerkt dazu: „Die Frage, ob der Haftpflichtver in den Fällen, in denen er dem bei ihm vten Schädiger ausdrücklich Weisung gibt, gegen einen Strafbefehl oder ein Strafurteil ein Rechtsmittel einzulegen, verpflichtet ist, den Vmer von den ihm dann auferlegten prozessualen Nebenklagekosten freizustellen, läßt der BGH ausdrücklich offen. Als Rechtsgrundlage hierfür kommen zwar auch in diesen Fällen nicht die §§ 149, 150 VVG, wohl aber § 670 BGB in Betracht."

In diesen seltenen Fällen läßt sich eine erweiterte Verpflichtung des Vers zur Tragung von Nebenklagekosten vertreten. Dabei ist der analogen Anwendung von § 150 I 3 (§ 3 II Ziff. 1 Abs. 2 AHB), wie sie von Clauß a. a. O. befürwortet wird, gegenüber einer Anwendung des § 670 BGB aus dogmatischen Gründen der Vorzug zu geben.

Das Problem taucht im übrigen dort nicht auf, wo der Ver bei der Übernahme der Verteidigungskosten ausdrücklich darauf hinweist, daß er für die Kosten einer derartigen Nebenklage nicht aufkommen wolle. Entschließt sich der Vmer ungeachtet dieser ausdrücklich eingeschränkten Verpflichtungserklärung des Vers zur Durchführung des Strafverfahrens, so darf das damit Vereinbarte nicht nachträglich „nach Treu und Glauben" korrigiert werden.

[G 27] e) Vorschußpflicht des Versicherers.

Nach der gesetzlichen Regelung hat der Ver die Kosten auf Verlangen des Vmers vorzuschießen. Gewährt der Ver dem Vmer ordnungsgemäß Vsschutz, so kommt dem Vorschußrecht des Vmers praktisch kaum eine Bedeutung zu. Insbesondere ist grundsätzlich allein der Ver Kostenschuldner des von ihm für den Vmer beauftragten Anwalts (vgl. dazu Anm. G 19). Wenn der Ver dem Vmer allerdings die Beauftragung eines Anwalts überläßt, so daß diesem ein Honoraranspruch gegen den Vmer zusteht, so kann er bei grundloser Weigerung des Vers, Vorschuß zu zahlen, notfalls einen derartigen Anspruch im Wege der einstweiligen Verfügung durchsetzen (OLG Köln 1. III. 1934 VA 1934 S. 39 Nr. 2690). Ein solches Eilbedürfnis wird man dann zu bejahen haben, wenn der Vmer bei einer unberechtigten Deckungsverweigerung andernfalls zur Abwehr des gegnerischen Haftpflichtanspruchs nicht in der Lage ist oder das Armenrecht in Anspruch nehmen müßte. Voraussetzung für den Erlaß einer derartigen einstweiligen Verfügung ist, daß die Vsschutzklage nach Auffassung des Gerichts zu Lasten des Vers zu entscheiden ist. Das ist regelmäßig dann nicht der Fall, wenn das Ergebnis des Deckungsprozesses von einer Beweisaufnahme abhängig ist, deren Ausgang ungewiß ist. Demgemäß ist der Anwendungsbereich für eine derartige einstweilige Verfügung eng begrenzt. Immerhin sind auch heute noch Fälle — die allerdings sehr selten sind — denkbar, in denen ein Ver sich eindeutig ins Unrecht setzt. Erinnert sei z. B. an den vom BGH 30. X. 1954 BGHZ Bd 15 S. 154—161 entschiedenen Fall, in dem ein Ver sich ohne vertragliche Grundlage treuwidrig kurz vor der Währungsreform aller Verpflichtungen durch ein Abandon befreien wollte, nachdem er vorher über Jahrzehnte jede vergleichsweise Erledigung des Haftpflichtanspruchs abgelehnt hatte. In einem derartigen Falle könnte es angebracht sein, eine einstweilige Verfügung zu erlassen. Es müssen selbstverständlich auch die sonstigen Voraussetzungen, die für den Erlaß einer einstweiligen Verfügung gefordert werden, gegeben sein.

Das Armenrecht kann ein Haftpflichtvmer regelmäßig nicht in Anspruch nehmen, da es auf die Zahlungsfähigkeit des für ihn zur Zahlung der Prozeßkosten verpflichteten Vers ankommt (OLG Köln 1. III. 1934 VA 1934 S. 39—40 Nr. 2690). Etwas anderes gilt aber dann, wenn der Ver den Vsschutz schlüssig verneint und eine Entscheidung über die Kostentragungspflicht im einstweiligen Verfügungsverfahren daher nicht zu verantworten wäre.

[G 28] f) Besonderheiten bei Überschreitung der Versicherungssumme.

aa) Gesetzliche Regelung.

§ 150 II 1 regelt den Fall, daß die Kosten zusammen mit der übrigen Entschädigung die Vssumme überschreiten. Das Gesetz bestimmt, daß diese Kosten dann, wenn sie in einem auf Veranlassung des Vers geführten Rechtsstreit entstehen, auch insoweit zu ersetzen sind, als sie zusammen mit der übrigen Entschädigung die Vssumme übersteigen. Wenn in den Vertragsbedingungen nichts Abweichendes bestimmt ist, müssen daher nach dem Gesetz die Kosten in einem auf Veranlassung des Vers geführten Prozeß von diesem vollen Umfangs getragen werden, auch wenn die Vssumme beispielsweise nur DM 150000,—, die Schadenersatzansprüche aber DM 500000,— betragen. So zutreffend RG 14. V. 1929 RGZ Bd 124 S. 237; ebenso: Beisler VersArch 1957 S. 304 m. w. N. in Anm. 122, Möller Grundlagen B 2 S. 13; a. M. Ehrenberg ZVersWiss 1923 S. 261—268, Kast JRPV 1929 S. 297—298, Prölss[17] Anm. 4 B zu § 150, S. 563; differenzierend Bruck 7. Aufl. Anm. 6 und 9 zu § 150: er will § 150 II nur dann anwenden, wenn Entschädigung und Kosten die Vssumme übersteigen, aber nicht, wenn die Entschädigungsforderung allein schon die Vssumme übersteigt. Wird ein Prozeß dagegen — ein in der Praxis allerdings höchst seltener Fall — ohne Veranlassung durch den Ver geführt, so tritt nach dem Gesetz eine derartige unbeschränkte Kostentragungspflicht nicht ein. Es ist vielmehr die Leistungspflicht des Vers auf die Vssumme beschränkt (nicht erörtert werden hier die Probleme, die sich aus einer summenmäßig unbegrenzten Haftung des Vers ergeben, da derartige Haftpflichtven in Deutschland seit langem nicht mehr üblich sind; vgl. dazu Anm. G 36).

RG 14. V. 1929 a. a. O. S. 238 vertrat die Auffassung, daß bei einer Überschreitung der Vssumme die Vorschußpflicht des Vers bezüglich der Prozeßkosten bis zur Höhe der Vssumme gegeben sei, ohne Rücksicht auf die mögliche Folge, daß der geschädigte Dritte dabei leer ausgehe (ebenso in einem Abandonfall: OLG Hamburg 23. V. 1939 JRPV 1939 S. 218—220 = DR 1939 S. 1452—1453). Dieses Ergebnis, das das Gericht aus der vom Blickpunkt des Vmers theoretisch richtig gesehenen Gleichwertigkeit der beiden Leistungen des Haftpflichtvers, nämlich der Befreiungs- und Rechtsschutzfunktion, gewonnen hat, läßt sich heute mit Rücksicht auf § 156 I nicht mehr vertreten. Wie in Anm. B 89 dargelegt, muß § 156 I vielmehr in dem Sinne ausgelegt werden, daß die Vssumme dem Dritten in Höhe der Entschädigungsforderung ungeschmälert zugute kommt. Diese Erkenntnis bedeutet, daß die Vorschußpflicht und überhaupt die Leistungspflicht für Prozeßkosten in derartigen Fällen auf die Differenz zwischen den begründeten Ersatzforderungen und der Vssumme beschränkt ist. Sind die geltend gemachten Haftpflichtansprüche allerdings sämtlich unbegründet, so trifft auch heute noch (nach der gesetzlichen Regelung) die Auffassung des RG zu (insoweit übereinstimmend Prölss[17] Anm. 4 B zu § 150, S. 563; so auch schon Ehrenberg ZVersWiss 1923 S. 263 Anm. 1; beide Autoren bejahen also bei unbegründeten Ansprüchen eine volle Kostenlast des Vers). Bei teilweise begründeten und teilweise unbegründeten Haftpflichtansprüchen entfällt (nach dem Gesetz) eine Vorschußpflicht bzw. eine Kostentragungspflicht des Vers ganz, wenn die begründeten Ansprüche die Vssumme übersteigen (es sei denn, daß der Prozeß auf Veranlassung des Vers geführt wird). Hier können sich aber, wenn nicht eindeutig zu klären ist, ob die Ansprüche begründet sind oder nicht, schwierige Abgrenzungsprobleme ergeben.

[G 29] bb) Bedingungsrecht.

In § 3 III Ziff. 1 AHB wird bestimmt, daß für den Fall, daß die Haftpflichtansprüche die Vssumme übersteigen, der Ver die Prozeßkosten nur im Verhältnis der Vssumme zur Gesamthöhe der Ansprüche zu tragen habe, und zwar auch dann, wenn es sich um mehrere aus einem Schadenereignis entstehende Prozesse handle (ähnlich § 10 Ziff. 6 S. 3 AKB). Diese Regelung hat gegenüber der gesetzlichen Lösung für den Vmer den Nachteil, daß die Beschränkung auf den Kostenanteil auch dann eintritt, wenn der Rechtsstreit auf Veranlassung des Vers geführt wird; der Vorteil ist dagegen darin zu sehen, daß die Leistungen des Vers unter Umständen die Vssumme auch dann übersteigen, wenn es sich um einen Prozeß handelt, der nicht auf Veranlassung des Vers geführt wird. Allerdings wird diese Verbesserung häufig deshalb nicht zum Zuge kommen, weil der Ver nach § 3 III Ziff. 1 S. 2 AHB die Möglichkeit hat, in einem derartigen Falle zu abandonnieren (vgl. Anm. G 6—7) oder sich auf § 3 III Ziff. 3 AHB zu berufen (vgl. dazu Anm. F 86—89).

RG 19. VI. 1934 RGZ Bd 145 S. 21—26 hat § 3 III Ziff. 1 S. 1 AHB für den Fall, daß unbegründete Haftpflichtansprüche geltend gemacht werden, so ausgelegt, daß die nur anteilsmäßige Kostenzahlungspflicht des Vers erst nach Erschöpfung der Vssumme eingreife (in dem der Beurteilung zugrundeliegenden Rechtsstreit waren bei einer Vssumme von RM 50000,— die geltend gemachten Haftpflichtansprüche in Höhe von RM 176000,— insgesamt rechtskräftig abgewiesen worden). Es erscheint als nicht unbillig, daß der Ver, der vom Abandonrecht deshalb keinen Gebrauch macht, weil die geltend gemachten Ansprüche erkennbar unbegründet sind, die Kosten bis zur Höhe der Vssumme voll trägt. Zutreffend weist RG 19. VI. 1934 a. a. O. daher darauf hin, daß gerade aus der Verknüpfung der anteiligen Kostenlast mit dem im nächsten Satz der Bedingungsbestimmung gewährten Abandonrecht der Vmer schließen durfte, daß sich die anteilige Kostentragungspflicht nur auf begründete Haftpflichtansprüche beziehe. Zugestimmt haben dieser Entscheidung: OLG Karlsruhe 27. VI. 1935 JRPV 1935 S. 281 (nach einem Bericht von Blaesner a. a. O.), Beisler VersArch 1957 S. 305, Fromm S. 421, Oberbach I S. 197, Stiefel-Wussow[7] Anm. 29 zu § 10 AKB, S. 383; Ablehnung hat sie gefunden bei Blaesner JRPV 1935 S. 281, Pienitz[3] S. 232—233, Prölss[17] Anm. 4 B zu § 150, S. 563; zweifelnd Fleischmann-Deiters in Thees-Hagemann Anm. 6 zu § 150, S. 324. Prölss a. a. O. führt aus, daß die Grundsätze der RG-Entscheidung deshalb nicht angewandt werden könnten, weil das Gericht sich expressis verbis auf die Unklarheitenregel berufen habe. Unabhängig davon, ob man in der Grundsatzfrage, ob nämlich die Unklarheitenregel noch zur Anwendung kommen darf, der Auffassung von Möller in Bruck-Möller Einl. Anm. 69—75 oder der von Prölss[17] Vorbem. III A 8 S. 19—23 folgt, läßt sich aber das vom RG gefundene Ergebnis aus der inneren Verknüpfung mit dem Abandonrecht als tragende Begründung rechtfertigen, ohne daß dem Ver mit dieser Auslegung Unrecht geschieht. Es versteht sich, daß auch hier bei teilweise begründeten und teilweise unbegründeten Schadenersatzansprüchen die Vssumme in Höhe der begründeten Schadenersatzansprüche des geschädigten Dritten diesem ungeschmälert zufließen muß; vgl. dazu Anm. G 28 und B 89.

Etwas anderes gilt für § 3 II Ziff. 7a AHBVerm. In dieser Bestimmung fehlt es an einer Verknüpfung mit einem Abandonrecht. Es ist daher eine Auslegung des Inhalts geboten, daß hier auch bei unbegründeten Haftpflichtansprüchen eine Kostenverteilung zwischen Vmer und Ver vorzunehmen ist (a. M. Beisler VersArch. 1957 S. 305).

Diese geschieht nach ausdrücklicher Bestimmung in der Weise, daß der Ver die Kosten bis zum Streitwert der Vssumme übernimmt, während der überschießende Betrag zu Lasten des Vmers geht.

Das Gesagte gilt nicht für die Verteilung nach § 3 III Ziff. 1 S. 1 AHB. Dort ist auf das Verhältnis zwischen Vssumme und (begründeten) Haftpflichtanspruch abzustellen, mag sich daraus auch gelegentlich als zunächst eigenartig anmutende Konsequenz ergeben, daß der Ver bei dieser Aufteilung weniger Kosten zu zahlen hat, als wenn ein Haftpflichtanspruch nur zur Höhe der Vssumme anhängig gemacht worden wäre (wie hier OLG Karlsruhe 6. III. 1963 VersR 1963 S. 1067—1068). Zur Berechnung im einzelnen vgl. OLG Karlsruhe a. a. O., das in diesem Zusammenhang auch zutreffend darauf hinweist, daß bei unterschiedlichen Vssummen für Personen- und Sachschäden auch für jede Schadenart gesondert festzustellen sei, ob eine Überschreitung der Vssummen vorliege. Siehe ferner AG Köln 14. XII. 1951 VersR 1952 S. 207. Das gleiche Berechnungsproblem bezüglich der Kostenzahlungsverpflichtung des Vers stellt sich auch dann, wenn im Haftpflichtprozeß teils dem Vsschutz unterliegende, teils nicht gedeckte Schadenersatzansprüche geltend gemacht werden. Hier ist ebenfalls nur eine anteilige Kostenbefreiungsverpflichtung gegeben (BGH 28. IX. 1961 VersR 1961 S. 976).

g) Exkurs: Zur Ersatzpflicht des geschädigten Dritten für die Kosten der notwendigen Rechtsverteidigung des Versicherungsnehmers.

[G 30] Schrifttum:

Beisler VersArch 1957 S. 306—307, Bischoff ÖffrV 1933 S. 121—122, ÖffrV 1933 S. 181, Herzog ÖffrV 1933 S. 180—181, Hochgräber JRPV 1933 S. 248—249, Mölich ÖffrV 1934 S. 285—287, Neuhöfer JZ 1955 S. 108—109, Prölss VersR 1960 S. 193—195.

[G 31] aa) Grundsatz.

Unterliegt der geschädigte Dritte ganz oder teilweise im Rechtsstreit gegen den Vmer, so muß er die zur notwendigen Rechtsverteidigung des Vmers im Sinne des § 91 ZPO aufgewandten Kosten ersetzen, gleichgültig, ob es sich um den Ersatz von Aufwendungen handelt, die der Vmer selbst hatte oder die für ihn der Ver bezahlt hat oder noch zu bezahlen verpflichtet ist. Es wäre unserem Rechtsgedanken überaus wesensfremd, wenn man den Dritten deshalb von der Verpflichtung zum Kostenersatz freistellen wollte, weil es nicht der Vmer ist, den im Ergebnis das Kostenrisiko im Haftpflichtprozeß trifft, sondern der Ver. Es ist deshalb auch unerheblich, ob der Vmer dem ihn im Haftpflichtprozeß vertretenen Anwalt die Bezahlung des Honorars schuldet oder ob allein der Ver im Verhältnis zu diesem Anwalt Kostenschuldner ist (vgl. Anm. G 19). Entscheidend ist nur, daß dem Vmer diese Kosten in dem gleichen Umfang bei zweckentsprechender Verteidigung entstanden wären, wenn nicht der Ver im Interesse seines Vmers die betreffenden Kosten aufgewendet hätte bzw. noch aufwenden müßte.

Die danach grundsätzlich bestehende Ersatzpflicht des unterlegenen Dritten im gleichen Umfang, als wenn eine nicht haftpflichtvte Partei der Gegner gewesen wäre, wird — mit Ausnahme zweier dem Problem nicht gerecht werdender Entscheidungen des OLG Hamburg 11. VI. 1954 VersR 1954 S. 412—413, 25. X. 1954 VersR 1955 S. 209 — von allen veröffentlichten oberlandesgerichtlichen Erkenntnissen bejaht; vgl. dazu: KG 13. IV. 1935 JW 1935 S. 2069 = Praxis 1935 S. 52, 24. X. 1936 JW 1936 S. 3330 bis 3331, OLG Breslau 11. IV. 1938 JW 1939 S. 569 = ÖffrV 1939 S. 157, OLG Hamburg 31. VIII. 1938 HansRGZ 1938 B Sp. 372, KG 7. XI. 1938 DR 1939 S. 1185—1186, OLG Dresden 15. XI. 1939 DR 1940 S. 461—462, KG 18. XI. 1940 DR 1941 S. 158—159, OLG Hamm 3. V. 1950 VersR 1950 S. 135, OLG Köln 23. I. 1954 NJW 1954 S. 1042 bis 1043, OLG Karlsruhe 19. XI. 1956 VersR 1957 S. 272, OLG Köln 2. IX. 1957 VersR 1957 S. 291, OLG Frankfurt a. M. 22. VIII. 1958 MDR 1958 S. 932—933 = VersR 1958 S. 808, OLG Köln 29. X. 1958 MDR 1960 S. 772, OLG Koblenz 14. VII. 1959 VersR 1960 S. 124—125, OLG Schleswig 2. II. 1960 VersR 1960 S. 1021—1022, OLG Düsseldorf 1. IX. 1961 DRspr IV (409) 66c = MDR 1961 S. 1201 (nur L. S.), OLG Braunschweig 12. XI. 1962 VersR 1963 S. 393—394, OLG Schleswig 18. V. 1963 SchleswHolst-Anz 1964 A S. 148.

Mit diesem Grundsatz der Kostenerstattung durch den unterlegenen Gegner ohne Rücksicht darauf, ob für den Vmer ein Haftpflichtver im Risiko ist oder nicht, stimmt es überein, daß nach der höchstrichterlichen Rechtsprechung im Rahmen des § 67 I 1 auch Ersatzansprüche für notwendige Regulierungskosten (z. B. Gutachterhonorare), die vom Ver für den Vmer aufgewendet worden sind, zusammen mit einem Ausgleichsanspruch des Vmers gegen einen Mitschädiger (vgl. § 426 BGB) auf den Ver übergehen (so RG 19. III. 1940 JRPV 1940 S. 108—109 = DR 1940 S. 986—987, BGH 3. VII. 1962 NJW 1962 S. 1679 = VersR 1962 S. 726).

G 82] bb) Einzelheiten.

Nach § 91 II 1 ZPO sind die gesetzlichen Gebühren und Auslagen des Rechtsanwalts der obsiegenden Partei in allen Prozessen zu erstatten. Das gilt uneingeschränkt auch für die Kosten des vom Ver für den Vmer im Haftpflichtprozeß beauftragten Anwalts. Der Ersatz von Korrespondenzanwaltsgebühren kann dagegen grundsätzlich nicht zugebilligt werden, da der Ver im allgemeinen schreibgewandt genug ist, um den Prozeßbevollmächtigten ohne Einschaltung eines Verkehrsanwalts sachdienlich informieren zu können. Besonderheiten können sich aber ergeben, wenn der Vmer Ausländer ist und sein Ver das deutsche Recht nicht beherrscht (vgl. dazu OLG Koblenz 14. VII. 1959 VersR 1960 S. 124—125).

Kosten für Informationsreisen des Sachbearbeiters des Vers zum Prozeßbevollmächtigten sind mit Rücksicht auf die nach der Lebenserfahrung anzunehmende Schreibgewandtheit des Vers grundsätzlich nicht erstattungsfähig (unrichtig LG Elbing 14. III. 1938 JW 1938 S. 1336 mit zust. Anm. von Graf Westarp a. a. O.). Die durch die schriftliche Information des Prozeßbevollmächtigten entstehenden Portokosten sind dagegen grundsätzlich im Rahmen des § 91 ZPO zu ersetzen (KG 24. X. 1936 JW 1936 S. 3331). Das gleiche gilt für Telefonkosten. Auch Reisekosten, die einem Ver durch das Aufsuchen eines geschädigten Dritten durch einen Sachbearbeiter entstanden sind, können grundsätzlich nicht als erstattungsfähig angesehen werden. Treffend hat schon KG 13. IV. 1935 JW 1935 S. 2069 = Praxis 1935 S. 52 darauf hingewiesen, daß die Kosten ergebnislos gebliebener Vergleichsverhandlungen nicht als zur zweckentsprechenden Rechtsverteidigung erforderlich anzusehen seien. Hat allerdings das Gericht die Anwesenheit eines Vertreters des Haftpflichtvers im Verhandlungstermin erbeten, so sind die dadurch entstehenden Reisekosten und Spesen als zweckentsprechende Kosten der Rechtsverteidigung anzusehen (anders LG Stuttgart 28. VIII. 1964 VersR 1964 S. 1187 m. abl. Anm. von F. Schmalzl VersR 1964 S. 1279). Besitzt ein technischer Experte des Vers besondere Kenntnisse, z. B. in Schiffskollisionssachen, so können die Kosten, die dadurch entstehen, daß dieser Experte sachgemäß einen Beweistermin wahrnimmt, notwendig im Sinne des § 91 ZPO sein (OLG Hamburg 31. VIII. 1938 HansRGZ 1938 B Sp. 372).

Überwiegend wird die Erstattungsfähigkeit der pauschalierten Anwaltskosten für die vorprozessual vom Ver angeforderten Strafaktenauszüge bejaht (so OLG Düsseldorf 1. IX. 1961 DRspr IV (409) 66c = MDR 1961 S. 1201 [nur L. S.], OLG Schleswig 18. V. 1963 SchleswHolstAnz 1964 A S. 148, LG Bonn 26. IX. 1955 VersR 1956 S. 166, LG Oldenburg 27. III. 1956 VersR 1956 S. 376, LG Aachen 18. VII. 1956 VersR 1957 S. 18—19, LG Münster 27. II. 1958 DAR 1958 S. 304, LG Stade 7. VIII. 1964 VersR 1964 S. 1279—1280, LG Kiel 19. I. 1968 VersR 1968 S. 706—707). Indessen wird es sich bei der Anforderung derartiger Aktenauszüge überwiegend um eine Maßnahme handeln, die aus der technischen Eigenart der Bearbeitung von Haftpflichtschäden in einem Vsunternehmen folgt. Ein nicht vter Schädiger würde in aller Regel bei seinem Anwalt nicht gesondert einen Aktenauszug bestellen. Die Kosten für derartige vorsorglich vom Ver angeforderte Aktenauszüge können daher grundsätzlich im Rahmen des § 91 ZPO nicht als zur zweckentsprechenden Rechtsverteidigung notwendig angesehen werden (ebenso OLG Frankfurt a. M. 22. VIII. 1958 MDR 1958 S. 932—933 = VersR 1958 S. 808; vgl. auch AG Amberg 18. V. 1967 VersR 1968 S. 360).

Auch bei der Frage der Erstattungsfähigkeit von Gutachterkosten ist zu beachten, daß solche Kosten grundsätzlich nicht im Sinne des § 91 ZPO als erstattungsfähig anzusehen sind, die routinemäßig aus der technischen Eigenart des Vsunternehmens zur außergerichtlichen Regulierung aufgewendet wurden. So ist es z. B. bei vielen Vern üblich, Haftpflichtschäden an Kraftwagen oder anderen Sachen durch einen Sachverständigen besichtigen zu lassen, wenn die Überschreitung einer gewissen Schadenhöhe zu erwarten ist. Durch eine solche Sicherungsmaßnahme soll eine außergerichtliche Erledigung erleichtert werden. Ebenso ist es weitgehend üblich, in allen Fällen, in denen ein Körperschaden in Frage steht und in denen ein Schmerzensgeld gefordert wird, ein ärztliches Formularzeugnis oder, wenn der Schaden schwerwiegender ist, ein eingehendes Gutachten einzuholen. Die Kosten für derartige Gutachten, die von einem unvten Schädiger regelmäßig nicht aufgewendet worden wären, fallen nicht unter § 91 ZPO (ebenso OLG Hamm 3. V. 1950 VersR 1950 S. 135, OLG Frankfurt a. M. 22. VIII. 1958 a. a. O., OLG Köln 29. X. 1958 MDR 1960 S. 772). Anders sieht es dagegen aus, wenn derartige Gutachten zwischen den Parteien streitige Fragen betreffen und den Prozeß später wesentlich fördern, sei es auch nur, weil sie die erforderliche Grundlage für die Beurteilung durch einen gerichtlichen Sachverständigen schaffen (KG 13. IV. 1935 JW 1935 S. 2069 = Praxis 1935 S. 52; vgl. auch OLG Karlsruhe 19. XI. 1956 VersR 1957 S. 272 und LG Detmold 4. V. 1955 VersR 1955 S. 635). Erstattungsfähig sind danach grundsätzlich insbesondere die Kosten solcher Gutachten, die eingeholt werden, um einen darüber bestehenden Streit zu klären, ob das Handeln des Vmers für den eingetretenen Schaden überhaupt kausal war. Das gleiche gilt, wenn von dem Dritten anhand eines in seinem Auftrag angefertigten Gutachtens gegenüber dem Ver überhöhte Ansprüche erhoben werden, für deren Abwehr der Ver seinerseits ein Gutachten in Auftrag gegeben hat, sofern dieses Gutachten entscheidend im Prozeß berücksichtigt worden ist (so im Falle LG Göttingen 14. VII. 1959 VersR 1960 S. 88—89). Verfehlt OLG Braunschweig 12. XI. 1962 VersR 1963 S. 393—394, das die Kosten eines für das Strafverfahren im Auftrage des Vers eingeholten Gutachtens im Zivilprozeß für ersatzpflichtig hält. Sicher beteiligt sich der Ver an den Kosten des Strafverfahrens, um später im Haftpflichtprozeß eine günstigere Position für den Vmer zu haben. Das darf aber nicht zu der irrigen Wertung solcher im Strafverfahren entstandener Kosten als Kosten der Rechtsverteidigung im Sinne des § 91 ZPO führen (vgl. zur stabilisierenden Wirkung der Kostenentscheidung im Strafverfahren die Nachweise aus der BGH-Rechtsprechung in Anm. G 25).

Auch während eines Rechtsstreits eingeholte private Gutachten sind immer dann als erstattungsfähig anzusehen, wenn sie das gerichtliche Verfahren wesentlich und wirksam ergänzen, indem sie etwa zur Klärung schwieriger medizinischer oder technischer Fragen beitragen und im Urteil berücksichtigt werden können (LG Hamburg 8. III. 1955 VersR 1955 S. 365—366 [dem Gericht kann nur insoweit nicht gefolgt werden, als es obiter dictum grundsätzlich alle vorprozessualen Gutachterkosten von der Erstattung ausschließt]). Das kann ferner der Fall sein, wenn in erster Instanz kein Beweis erhoben worden ist und nunmehr der Rechtsstreit durch ein solches Gutachten, das in der Berufungsbegründung verwertet worden ist, wesentlich geklärt worden ist (KG 7. XI. 1938 DR 1939 S. 1185—1186). Zu beachten ist dabei aber, daß es grundsätzlich im Rechtsstreit Sache des Gerichts ist, Sachverständigenbeweis zu erheben. Die Kosten für ein Parteigutachten, das zu Beginn eines Prozesses eingeholt worden ist und das keinerlei Einfluß auf den Gang des Rechtsstreits und die gerichtliche Entscheidung hatte, sind gewiß nicht zu ersetzen (OLG Hamm 3. V. 1950 VersR 1950 S. 135).

Daß schließlich — wie auch sonst — an die Erstattungsfähigkeit von „Detektivkosten" strenge Anforderungen zu stellen sind, sei nur der Vollständigkeit halber erwähnt (KG 24. X. 1936 JW 1936 S. 3331).

Bei allen Abgrenzungen ist versucht worden, als Leitschnur den Grundsatz zu beachten, daß nur diejenigen Kosten ersetzt werden, die auch ein unvter Schädiger verständigerweise aufgewendet hätte. Unbeachtlich ist dabei die Argumentation, daß der Vmer ohne Haftpflichtvsschutz vermögenslos sei und schon deshalb bestimmte Kosten nicht aufgewendet hätte. Die Abgrenzung muß vielmehr unabhängig von der Vermögensfrage nach objektiven Kriterien erfolgen. Mehrkosten, die dadurch entstehen, daß zunächst der Vmer den Ver und dieser dann den Prozeßbevollmächtigten informiert, also doppelte Portokosten, sind nach diesen Grundsätzen nicht ersatzpflichtig. Nicht befriedigend ist es daher, wenn OLG Stuttgart 13. XI. 1931 JW 1932 S. 2563 (nur L. S.)

den Ersatz von Kosten für zusätzliche Abschriften zubilligt. Der Hinweis darauf, daß der Ver sich als Streitgenosse hätte zulassen lassen können, vermag in diesem Zusammenhang nicht zu überzeugen.

[G 33] cc) Prozessualer Kostenerstattungsanspruch und Forderungsübergang nach § 67 I 1 VVG.

Die Festsetzung der von dem unterlegenen Dritten an den Vmer zu erstattenden Kosten erfolgt nach den Regeln des Prozeßrechts im Namen des Vmers. Soweit der Ver die Leistungen auf vom Gegner zu erstattende Kosten erbracht hat, geht auch der Kostenerstattungsanspruch als „Vsschaden im weiteren Sinne" (Bruck S. 350) gemäß § 67 I 1 auf den Ver über (vgl. die Nachweise bei Beisler VersArch 1957 S. 306 bis 307 in Anm. 133; ferner RG 19. III. 1940 JRPV 1940 S. 108—109 = DR 1940 S. 986—987, BGH 3. VII. 1962 NJW 1962 S. 1679 = VersR 1962 S. 726 [beide für den in der Interessenlage gleich gelagerten Fall des Übergangs eines gemäß § 426 BGB gegebenen Ausgleichsanspruchs gegen einen anderen Mitschädiger nach § 67 I 2 zusammen mit den außerhalb eines Rechtsstreits entstandenen notwendigen Regulierungskosten]). Das Rechtsverhältnis zwischen Ver und Vmer ist aber in der Weise zu verstehen, daß der Vmer regelmäßig ermächtigt ist, den Kostenerstattungsanspruch auch insoweit im eigenen Namen geltend zu machen. Im Kostenfestsetzungsverfahren sind ohnedies materiellrechtliche Einwendungen grundsätzlich nicht zu berücksichtigen (vgl. nur Baumbach-Lauterbach[28] Anm. 1 E zu § 104 ZPO m. w. N., Rosenberg[8] § 80 IV m. w. N., Stein-Jonas-Schönke[18] Anm. II, 5 zu § 104 ZPO). Der unterlegene Dritte kann sich aber mit Rücksicht auf die regelmäßig gegebene Ermächtigung des Vmers durch den Ver grundsätzlich auf diesen Forderungsübergang auch nicht mit Erfolg in einem Verfahren nach § 767 ZPO berufen.

Der Vmer ist verpflichtet, den vom Gegner eingezogenen Betrag an den Ver weiterzuleiten, soweit der Ver die Kosten bereits beglichen hat. Soweit eine solche Befriedigung noch nicht erfolgt ist, darf der Vmer die Kosten nach Erhalt der vom Dritten gezahlten Beträge unmittelbar begleichen, ohne damit eine Verpflichtung aus dem Vsvertrag zu verletzen. Soweit der Ver die Kostenforderung beglichen hat, ist der Vmer auch verpflichtet, auf entsprechendes Verlangen des Vers an einer Umschreibung des Titels mitzuwirken.

Schwierigkeiten können sich ergeben, wenn ein unbeteiligter Vierter den prozessualen Kostenerstattungsanspruch des Vmers pfändet. Soweit der Ver bereits durch Bezahlung des betreffenden Kostenanteils Inhaber der Forderung geworden ist, kann er mit der Drittwiderspruchsklage gemäß § 771 ZPO gegen die Pfändung vorgehen. Gegenüber einem solchen pfändenden Vierten ist der Ver, der bereits gezahlt hat, auch dann bevorrechtigt, wenn die Pfändung des „Kostenerstattungsanspruchs" vor Erlaß der Kostenentscheidung des Haftpflichtprozesses erfolgt. Das gilt unabhängig davon, ob man annimmt, daß der Kostenerstattungsanspruch vor Erlaß der Kostenentscheidung mit der Rechtshängigkeit bereits aufschiebend bedingt entsteht (so RG 12. VI. 1934 RGZ Bd 145 S. 13—16 m. w. N.) oder daß bis zum Erlaß dieser Kostenentscheidung nur ein Anwartschaftsrecht besteht (so Rosenberg[8] § 79 IV 2 m. w. N. und Stein-Jonas-Schönke[18] Vorbem. III, 4 vor § 91 ZPO). In jedem Falle ist die Annahme sachgerecht, daß der „bedingte Anspruch" (oder die Anwartschaft) im Zeitpunkt der Zahlung auf den Ver nach § 67 I 1 übergehe und somit dem Pfändungszugriff des Dritten entzogen sei. Soweit allerdings der Ver noch nicht geleistet hat, geht ihm der pfändende Vierte vor (Hochgräber JRPV 1933 S. 248—249). Dem wollen Herzog ÖffrV 1933 S. 180—181 und Bischoff ÖffrV 1933 S. 181 durch Annahme einer stillschweigenden, § 67 I 1 ergänzenden Forderungsabtretung des Vmers an den Ver entgehen. Indes wird damit den Parteien ein rechtsgeschäftliches Handeln unterstellt, an das sie selbst gar nicht gedacht haben. Bischoff war daher ursprünglich auf dem richtigen Wege, wenn er in ÖffrV 1933 S. 121—122 eine ausdrückliche Ergänzung der Bedingungen um eine derartige Vorausabtretung forderte. Es kann daher auch nicht mit Hochgräber a. a. O. S. 249 angenommen werden, daß der Forderungsübergang auch schon dann erfolge, wenn der Ver sich zur Zahlung der Kosten bereit erklärt (ebenso aber Mölich ÖffrV

1934 S. 286). Vielmehr stellt § 67 I 1 auf den Ersatz des Schadens ab, damit kann aber nur die Zahlung und nicht die Zahlungsverpflichtung gemeint sein.

[G 84] 3. Verpflichtung zur Sicherheitsleistung.

a) Sicherheit für Haftpflichtforderungen nach materiellem Recht.

In § 155 II (ebenso § 3 II Ziff. 1 Abs. 3 AHB) ist vorgesehen, daß der Ver für den Vmer Sicherheit zu erbringen hat, wenn dieser nach materiellem Recht dem geschädigten Dritten gegenüber zur Sicherheitsleistung verpflichtet ist. Es handelt sich im Grunde genommen nur um eine klarstellende Bestimmung, die sich als Konsequenz aus der umfassenden Befreiungsverpflichtung des Vers ohnedies ergibt. Der Vorschrift kommt im übrigen nur noch geringe praktische Bedeutung zu. Zwar ist nach § 843 II BGB unter Umständen ein Schädiger verpflichtet, dem geschädigten Dritten für die diesem nach § 843 I BGB zustehenden Schadenersatzrenten Sicherheit zu leisten (ebenso § 7 II ReichshaftpflichtG). Es ist aber zu beachten, daß § 843 II BGB ganz auf die Umstände des Einzelfalles abstellt. Ein schutzwürdiges Bedürfnis nach Sicherheitsleistung ist danach regelmäßig zu verneinen, wenn der Schädiger haftpflichtvert ist. Mit der Lebenserfahrung kann in einem solchen Falle davon ausgegangen werden, daß der Ver gesetzestreu seiner Verpflichtung zur Befreiung des Vmers von der Rentenzahlung nachkommen wird und dazu finanziell auch in der Lage ist (so sinngemäß RG 7. V. 1938 RGZ Bd 158 S. 348—353). RG 6. V. 1935 JW 1935 S. 2949 = JRPV 1935 S. 183—184 hatte demgegenüber noch den gegenteiligen Standpunkt gebilligt, der vom Berufungsrichter auch unter Hinweis darauf begründet worden war, daß es dem Vmer jederzeit möglich sei, auf die Haftpflichtvsforderung zu verzichten. Da eine solche Verfügung nach geltendem Recht gemäß § 156 I gegenüber dem geschädigten Dritten unwirksam ist, entfällt dieses plausible Argument.

Wenn allerdings der Vmer bei einem in Deutschland nicht zugelassenen Ver haftpflichtvert ist, kann regelmäßig nicht mit Rücksicht auf das Bestehen einer Haftpflichtv die materiellrechtliche Verpflichtung zur Sicherheitsleistung nach § 843 II BGB verneint werden (so zutreffend Wussow[5] Anm. 14 zu § 3 AHB, S. 268; vgl. auch Anm. B 74). Das gleiche gilt, wenn der Ver gemäß § 155 I nur zur teilweisen Tilgung der Rente verpflichtet ist, weil der Kapitalwert der vom Vmer dem Dritten geschuldeten Rente die Vssumme übersteigt. In solchen Fällen kann es nach § 843 II BGB gerechtfertigt sein, den Vmer zur anteiligen oder vollen Sicherheitsleistung zu verurteilen. Ist der Ver nach § 155 I nur zur anteiligen Rentenzahlung verpflichtet, so beschränkt sich bei einer Verurteilung des Vmers zur vollen Sicherheitsleistung der Anteil des Vers an dieser Sicherheitsleistung nach Maßgabe der in § 155 I vorgesehenen Verhältnisrechnung (vgl. Anm. G 38). Ergibt sich aus der Entscheidung des Haftpflichtprozesses, daß der Vmer für denjenigen Teil der Haftpflichtrente keine Sicherheit zu leisten hat, für den der Ver nach § 155 I aufkommen muß, so entfällt aber wiederum eine Verpflichtung des Vers nach § 155 II.

Sieg Ausstrahlungen S. 137 vertritt die Auffassung, daß dem geschädigten Dritten keine Möglichkeit gegeben sei, aufgrund seines Anspruchs auf Sicherheitsleistung die kongruente Forderung aus dem Vsverhältnis für sich zu verwerten; er könne nur nach § 887 ZPO vollstrecken, d. h. sich ermächtigen lassen, die Sicherheit selbst zu beschaffen, und beantragen, den Vmer zur Vorauszahlung der Kosten zu verurteilen. Aber über den Umweg einer Vollstreckung nach § 887 ZPO mit anschließender Pfändung der Vsforderung (von Sieg a. a. O. S. 138 selbst hervorgehoben) steht sehr wohl eine „kongruente" Forderung aus dem Vsverhältnis dem geschädigten Dritten zum Zugriff zur Verfügung.

[G 85] b) Sicherheitsleistung zur Abwendung der Zwangsvollstreckung.

Der Ver ist auch zur Sicherheitsleistung zur Abwendung der Zwangsvollstreckung aus vorläufig vollstreckbaren Urteilen oder sonstigen vorläufig vollstreckbaren Titeln aller Art gegen den Vmer verpflichtet, § 150 III 1 (vgl. auch §§ 3 II Ziff. 1 Abs. 3 AHB, 3 II Ziff. 6 AHBVerm). Dazu rechnen auch Entscheidungen, die im Eilverfahren ergangen sind (Arrest und einstweilige Verfügung). Es wäre auch unverständlich, wenn der Haftpflichtvsschutz sich nicht auf den Schutz gegen die Zwangsvollstreckung aus solchen Titeln beziehen würde. Von Bedeutung ist diese Vorschrift namentlich bei Urteilen der Oberlandesgerichte und bei Rentenurteilen, die grundsätzlich ohne Sicherheitsleistung des Klägers für vorläufig vollstreckbar erklärt werden (vgl. § 708 Ziff. 6, 7 ZPO), so daß nur ein Antrag nach § 713 II überhaupt die Chance zur Abwendung der Vollstreckung gibt. Unterläßt es hier der (vom Ver beauftragte) Anwalt, rechtzeitig in der Berufungsinstanz einen Antrag nach § 713 II ZPO zu stellen, so kann das in der Revisionsinstanz grundsätzlich nicht mehr nachgeholt werden (BGH 4. III. 1955 BGHZ Bd 16 S. 376—378, 14. IV. 1955 BGHZ Bd 17 S. 123—124, 10. XI. 1955 BGHZ Bd 18 S. 398—400). Ungeachtet dessen, daß hier der Haftpflichtanspruch im Sinne des § 154 I noch nicht festgestellt ist, muß der Ver für diese fehlerhafte Prozeßführung einstehen und demgemäß den Anspruch des Dritten befriedigen. Dabei trägt der Ver das Risiko, daß nach Obsiegen in der Revisionsinstanz vom geschädigten Dritten wegen dessen Vermögenslosigkeit nichts zurückzuerlangen ist. Von Bedeutung sind diese Bemerkungen aber im Grunde genommen nur für einen Haftpflichtvsschutz, der allein nach den gesetzlichen Bestimmungen ausgestaltet ist und sich also nicht nach den Regelungen in den AHB oder in den AHBVerm orientiert. Nach diesen Bedingungswerken gilt ohnedies über den Wortlaut des § 154 I hinaus der Grundsatz, daß der Ver den Vmer vor jeder Art der Zwangsvollstreckung schützen muß, so daß danach auch eine nicht rechtskräftig festgestellte Schuld immer zu bezahlen ist, wenn eine Abwendung der Zwangsvollstreckung nicht möglich ist, z. B. weil der Dritte zur Ermöglichung der Zwangsvollstreckung seinerseits gemäß § 713 II ZPO Sicherheit leistet. Vgl. auch Anm. G 5.

Unterläßt es der Ver, für rechtzeitige Sicherheitsleistung zu sorgen, so begeht der Vmer keine Obliegenheitsverletzung im Sinne des Anerkenntnis- und Befriedigungsverbots, wenn er die Haftpflichtforderung gemäß dem vorläufig vollstreckbaren Titel an den bei ihm erscheinenden Gerichtsvollzieher bezahlt; dem Vmer ist nicht zuzumuten, die Vornahme einer Pfändung zu dulden (OLG Colmar 26. III. 1912 VA 1912 Anh. S. 108 Nr. 695, vgl. Anm. F 91).

Kommt es durch grobe Fahrlässigkeit des Vmers dazu, daß ein Versäumnisurteil ergeht oder ein Zahlungsbefehl für vollstreckbar erklärt wird, so braucht der Ver grundsätzlich die zur Abwendung der Zwangsvollstreckung aus diesen Titeln erforderliche Sicherheitsleistung nicht zu stellen. Das ergibt sich als Folge der Verletzung der Anzeigelast bzw. der Rettungsobliegenheit aus § 6 III. Mit Rücksicht darauf, daß der Ver aber in diesen Fällen nach materiellem Recht weiter die Befreiung von etwa doch begründeten Haftpflichtansprüchen schuldet, muß der Ver sorgsam abwägen, inwieweit die Forderung des Dritten ganz oder teilweise begründet ist. Wenn erkennbar ein Teil der gegnerischen Haftpflichtforderung begründet ist, darf der Ver bezüglich dieses Teils die gerichtliche Auseinandersetzung nicht fortsetzen. Eine Zwangsvollstreckung muß er insoweit durch Zahlung, mindestens aber durch Hinterlegung unterbinden. Es würde gegen Treu und Glauben verstoßen, wenn der Ver sich hier darauf beruft, daß ihm eine Teilleistung deshalb nicht zuzumuten sei, weil die Erfahrung lehre, daß durch solche Teilleistungen die Prozeßlust des Dritten gesteigert werde.

Erbietet sich der Vmer in denjenigen Fällen, in denen eine Sicherheitsleistung durch seine Obliegenheitsverletzung erforderlich wird, den dem Ver durch die Hinterlegung entstehenden Zinsverlust zu vergüten und zahlt er den angemessen abzuschätzenden Betrag dafür im voraus an den Ver, so muß der Ver nach Treu und Glauben die Sicherheitsleistung stellen. Sein weiteres Verharren auf seinen formalen Rechtsstandpunkt müßte hier als rechtsmißbräuchlich angesehen werden.

In § 150 III 1 heißt es, daß die Sicherheitsleistung oder Hinterlegung „auf Verlangen des Vmers" zu bewirken ist. Dieser Zusatz ist in §§ 3 II Ziff. 1 Abs. 3 AHB, 3 II Ziff. 6 AHBVerm nicht aufgenommen. Prölss[17] Anm. 7 zu § 150, S. 564 ist der Auffassung, daß der Anspruch auf Sicherheitsleistung bereits mit dem Erlaß der betreffenden gerichtlichen Entscheidung fällig werde. Dem kann jedoch nach der gesetzlichen Konstruktion nicht beigepflichtet werden. Diese setzt vielmehr gerade ausdrücklich ein Verlangen des Vmers voraus. Die richtige Abgrenzung ist darin zu sehen, daß zwar mit dem Erlaß der Entscheidung der Anspruch auf Sicherheitsleistung entsteht, aber erst mit dem Verlangen fällig wird („verhaltener Anspruch"). Zu Recht sieht Oberbach I S. 186 deshalb auch einen Unterschied zwischen dem Gesetz und den AHB. Die Leistung des Vers wird nach dem Bedingungsrecht ohne das im Gesetz vorgesehene Verlangen des Vmers nach Sicherheitsleistung fällig. Es ist sogar darüber hinaus nach der Interessenlage der Lebensvorgang so aufzufassen, daß für den Regelfall, also bei Durchführung des Haftpflichtstreits durch den Ver (bzw. durch einen von ihm beauftragten Anwalt) eine „spontane“ Leistungsverpflichtung des Vers besteht, mit der er auch ohne Mahnung durch den Vmer in Verzug geraten kann. Hat dagegen der Ver dem Vmer mit dessen Einverständnis die Prozeßführung überlassen oder handelt es sich sonst um einen „ohne Veranlassung des Vers“ durchgeführten Rechtsstreit, so bedarf es zur Herbeiführung des Verzuges einer Mahnung.

Wird die Vssumme überschritten, so hat der Ver für eine Sicherheit nur nach Maßgabe seiner summenmäßig begrenzten Leistungsverpflichtung einzustehen, § 150 III 2. § 3 II Ziff. 6 AHBVerm wiederholt das ausdrücklich. § 3 II Ziff. 1 Abs. 3 AHB setzt das als selbstverständlich voraus, ebenso wie die weiter in § 150 III 2 getroffene Regelung, daß sich die Vssumme um die vom Ver darüber hinaus zu erbringenden Kosten und Zinsen (vgl. Anm. G 47) erhöht.

Die Verpflichtung des Vers zur Sicherheitsleistung entfällt nach § 150 III 3, wenn er den Anspruch des Dritten dem Ver gegenüber als begründet anerkennt. In solchen Fällen wird es meist nur dann zur Fortsetzung des Rechtsstreits kommen, wenn die Vssumme überschritten wird. Es leuchtet ein, daß es einem Ver — auch aus rechtsethischen Grundsätzen — regelmäßig nicht zugemutet werden kann, daran mitzuwirken, daß nach seiner Auffassung begründete Ansprüche des Dritten nicht befriedigt werden. Im übrigen wird der Ver hier zumeist gleichzeitig eine Erklärung nach § 3 III Ziff. 3 AHB (§ 3 II Ziff. 8 AHBVerm) abgeben, so daß der Vmer Gefahr läuft, die durch seinen weiter geführten Abwehrkampf zusätzlich entstehenden Kosten und Zinsen allein zu tragen (vgl. dazu Anm. F 86—89).

Hat der Ver gemäß § 150 III für den Vmer Sicherheit geleistet, so steht grundsätzlich bei Aufhebung des vorläufig vollstreckbaren Urteils weder ihm noch dem Vmer ein Schadenersatzanspruch nach § 717 II ZPO zu (vgl. OLG Frankfurt a. M. 23. IV. 1959 VersR 1959 S. 894 mit Anm. von Wussow a. a. O. S. 894—895).

4. Summenmäßige Begrenzung der Leistungspflicht des Versicherers.

Gliederung:

bb) Vermögensschadenhaftpflichtv G 53—56
aaa) System der Selbstbeteiligungen G 53—54
α) § 3 II Ziff. 3 AHBVerm G 53
β) § 3 II Ziff. 4 AHBVerm G 54
bbb) Sicherung des Selbstbeteiligungsprinzips G 55—56
α) § 3 II Ziff. 5 AHBVerm G 55
β) § 6 Ziff. 3 Abs. 2 AHBVerm G 56

[G 36] a) Entwicklung.

In der Anfangszeit der Haftpflichtv wurde — genauso wie es auch heute der Fall ist — Vsschutz grundsätzlich nur bei Vereinbarung fester Höchsthaftungssummen des Vers gewährt. Im Zuge der verschärften Konkurrenz änderte sich das. Es wurde dann weitgehend Vsschutz gegen Schadenersatzansprüche ohne summenmäßige Begrenzung gewährt (vgl. Sieg Ausstrahlungen S. 54 m. w. N.). Das RAA hat sich dieser Entwicklung in der Besorgnis entgegengestellt, daß durch ein derart unübersehbares Risiko die dauernde Erfüllbarkeit der Vsverträge gefährdet werden könne. Mit Rücksicht auf diese Einstellung des Aufsichtsamtes ist die unbegrenzte Haftpflichtv seit 1910 nach der Darstellung von Sieg a. a. O. S. 54 in Mißkredit geraten und seit etwa 40 Jahren ganz außer Gebrauch gekommen. Heute ist daher die zahlenmäßig exakte Abgrenzung der Leistungspflicht des Vers die Regel. Von der Festlegung einer derartigen Vssumme geht auch das Gesetz in §§ 150 II, III, 156 III aus. Soweit es in der Kfz-Haftpflichtv gegenwärtig möglich ist, für alle Schadenarten Vsschutz bis zu 1 Million DM zu erhalten, kommt dieser Vsschutz der summenmäßig unbegrenzten Vshaftung allerdings wieder recht nahe, da höhere Einzelschäden im Straßenverkehr selten sind. Für spezielle Betriebshaftpflichtven ist es im übrigen auch am deutschen Vsmarkt möglich, Vssummen bis zu etwa 10—20 Millionen DM in Deckung zu geben. Hingegen ist es nach dem Gesagten fast unmöglich, bei in Deutschland zugelassenen Vern wesentlich höhere Deckungssummen zu erreichen oder gar eine summenmäßig unbegrenzte Haftpflichtv abzuschließen. Ein besonderes Interesse an derartigen Haftpflichtven haben verständlicherweise die Reeder. Schadenersatzansprüche aus dem Zusammenstoß zweier großer Schiffe können in fast unvorstellbarer Höhe erhoben werden. Nach § 78 ADS besteht für einen derartigen „mittelbaren Kollisionsschaden“ zwar Haftpflichtvsschutz, jedoch ist nach § 78 II ADS der dem Dritten entstandene Schaden nur im Verhältnis des Schiffswertes zu demjenigen Werte zu ersetzen, der sich aus dem Schiffswert und der Fracht ergibt. Damit ist der Reeder mit Rücksicht auf seine dinglich beschränkte Haftung (vgl. §§ 486 I Ziff. 3, 734 HGB) zwar für nach deutschem Recht zu beurteilende Ersatzansprüche gesichert. Er muß sich aber größte Sorgen machen, wenn es zu einem Prozeß in einem Staate kommt, in dem es eine derart beschränkte Reederhaftung nicht gibt. In der Praxis wird diese Lücke im Angebot des deutschen Vsmarktes durch die angelsächsischen „Protecting and Indemnity-Clubs“ geschlossen (vgl. dazu Kebschull, Grundsätze der Protection- und Indemnity-V, Diss. Hamburg 1967 und Anm. B 116).

[G 37] b) Abgrenzung.

Bei der Abwicklung jedes Schadenfalles ist somit die leistungsbegrenzende Funktion der Vssumme zu beachten. Soweit unterschiedliche Vssummen für Körper- und Sachschäden vereinbart sind, hat die Prüfung der Leistungsgrenze für jede Schadenart gesondert zu erfolgen (so zutreffend OLG Karlsruhe 6. III. 1963 VersR 1963 S. 1068). Zu einer Leistung über die Vssumme hinaus ist der Ver grundsätzlich nicht verpflichtet. Billigkeitsargumente können an der starren Entschädigungsgrenze nichts ändern. Nur wenn einer der in Anm. G 46—51 erörterten Ausnahmefälle vorliegt, gilt die Vssumme als Entschädigungsbegrenzung nicht. Gelegentlich bereitet schon die Ermittlung der Frage Schwierigkeiten, welche Vssumme eigentlich vereinbart ist. So hatte RG 21. X. 1942 DR A 1942 S. 1802 unter Anwendung alten österreichischen Rechts die Frage zu entscheiden, wie die Vertragsbestimmung auszulegen sei, daß Haftpflichtvsschutz gewährt werde „bei Körperverletzung bzw. Tötung bzw. Gesundheitsbeschädigung bis zur Höhe von 10000,— RM für jeden eine Person, 40000,— RM für jeden mehrere Personen betreffenden Haftpflichtfall, jedoch für eine Person nicht mehr als 10000,— RM". Zutreffend befand das Gericht, daß es hier auf die Anzahl der körperlich geschädigten Personen und nicht auf die Anzahl der Anspruchsteller ankomme. Der Berufungsrichter war dadurch zum gegenteiligen Ergebnis gekommen, daß er die Rechtsprechung des RG zum Vsfall (nach deutschem Vsrecht) zugrunde gelegt hatte (vgl. dazu Anm. B 11—17).

Zu beachten ist im übrigen bei der Handhabung der Vssumme als Entschädigungsbegrenzung, daß in der Haftpflichtv mit Rücksicht auf das Fehlen eines Vswertes die Vorschriften über die Unterv begrifflich keine Anwendung finden können (vgl. nur Bruck S. 523, Hagen II S. 284, Möller Grundlagen B 2 S. 3, Oberbach I S. 34 und S. 188, ferner RG 9. III. 1925 RGZ Bd 110 S. 259—260, OLG Stettin 25. I. 1926 VA 1926 S. 43 Nr. 1556). Etwas anderes gilt bei der gegenständlich beschränkten Adhäsionshaftpflichtv des Reeders nach § 78 II ADS. Hier ist eine Unterv möglich (Ritter-Abraham Anm. 18 zu § 78 ADS; vgl. auch Bruck S. 523).

[G 38] c) Besonderheiten.

aa) Rentenzahlungsverpflichtung des Versicherungsnehmers und Versicherungssumme (§ 155 I VVG).

aaa) Anwendungsbereich.

§ 155 I regelt den Fall, daß der Vmer dem Dritten zur Zahlung einer Schadenersatzrente verpflichtet ist, deren Kapitalwert die Vssumme überschreitet. Es kann sich dabei um eine Rente wegen Verdienstausfalls, erhöhter Bedürfnisse, erlittener Schmerzen, entgangenen Unterhalts oder entgangener Dienste handeln. Diese Aufzählung ist aber nicht vollständig. Wesentlich ist nur, daß aufgrund gesetzlicher Haftpflichtbestimmungen privatrechtlichen Inhalts im Sinne des § 1 Ziff. 1 AHB (§ 1 Ziff. 1 AHBVerm) eine Schadenersatzforderung besteht, die in regelmäßig wiederkehrenden Leistungen zu erfüllen ist. Für diesen Fall ist bestimmt, daß der Vmer nur Anspruch auf Befreiung von demjenigen Teil der Rente hat, der dem Verhältnis der unzureichenden Vssumme zum Kapitalwert der Rente entspricht. Das Gesetz hat sich damit für eine Lösung entschieden, die den Vmer in einem derartigen Falle von Anfang an an den Schadenszahlungen beteiligt.

Beispiel: Beträgt bei einer Rente von DM 750,— monatlich der Kapitalwert dieser Rente DM 150000,— und war zu diesem Vsvertrage eine Vssumme von DM 100000,— vereinbart, so gehen von dieser Rente monatlich DM 500,— zu Lasten des Vers und DM 250,— zu Lasten des Vmers. Diese Regelung ist für den Vmer dann von Vorteil, wenn der geschädigte Dritte überdurchschnittlich lange lebt, dagegen von Nachteil, wenn der Dritte schon wenige Jahre nach dem Rentenbeginn stirbt. Es verbleibt dann jeweils bei der zahlenmäßig die Vssumme überschreitenden bzw. sie bei weitem nicht erreichenden Leistung des Vers. Unter Umständen muß der Ver hier also Leistungen erbringen, die weit über der Vssumme liegen. Das gilt insbesondere für den Fall, daß die durchschnittliche Lebensdauer sich weiter steigert, während gleichzeitig in § 3 III Ziff. 2 AHB für die Berechnung des wahrscheinlichen Lebensalters die Anwendung einer Sterbetafel aus den Jahren 1924—1926 vereinbart ist. Zur rechtspolitischen Entscheidung, die der in § 155 I getroffenen Regelung zugrunde liegt, vgl. Begr. I S. 141—142, BGH 30. X. 1954 BGHZ Bd 15 S. 159—160, ferner G. Schmidt VersR 1958 S. 144 und Kramer VersR 1958 S. 280.

Maßgebender Zeitpunkt für die Berechnung des Kapitalwerts ist nicht die Fälligkeit der Leistung des Vers im Sinne des § 154 I, sondern der Zeitpunkt, von dem an Rente geschuldet wird (ÖOGH 29. IX. 1960 VersR 1960 S. 1031—1032, Oberbach I S. 200, Prölss[17] Anm. 1 § 155, S. 580—581, Wahle VersR 1960 S. 1032). Treffend hat schon das RAA in VA 1918 S. 179—180 und VA 1919 S. 86—87 diesen Standpunkt eingenommen unter Hinweis darauf, daß andernfalls unter Umständen (das dem Vsgedanken abträgliche) Ergebnis eintreten könne, daß es der Ver durch hartnäckige Prozeßführung in der Hand habe, eine Überschreitung der Vssumme zu seinen Gunsten herbeizuführen. In dem betreffenden Beschwerdefall hatte der Ver den Kapitalwert für drei Renten in Höhe von insgesamt RM 19807,15 um Zinsen von 4 % für die Zeit ab 1. II. 1913 bis zum 1. IV. 1918 auf RM 24259,09 erhöht („aufgezinst"), weil erst zum 1. IV. 1918 der Anspruch im Sinne des § 154 I fällig geworden war. Bei einer Vssumme von RM 20000,— ergab diese Berechnungsart nur noch eine Leistungsverpflichtung des Vers für die laufenden Renten in Höhe von 82%. Dieses Ergebnis, das ohnedies mit dem Geist der allerdings nicht unmittelbar anwendbaren (und überdies nicht zwingenden) Vorschrift des § 150 II 2 unvereinbar ist, wäre gewiß unbillig. Es ist daher erfreulich, daß auch Prölss a. a. O. die hier vertretene Meinung teilt und seine bis zur 12. Aufl. (vgl. dort Anm. 1 zu § 155, S. 482) vertretene gegenteilige Auffassung aufgegeben hat.

In § 155 I ist nicht bestimmt, wie der Kapitalwert einer Rente ermittelt wird. Es handelt sich dabei um eine mathematische Frage, die nach Wahrscheinlichkeitsgrundsätzen anhand des konkreten Falles und unter Beachtung der sich aus anerkannt zuverlässigen statistischen Unterlagen ergebenden Durchschnittswerte beantwortet werden muß. § 3 III Ziff. 2 AHB löst für diejenigen Renten, bei denen es auf die mutmaßliche Lebensdauer des Anspruchstellers oder des verstorbenen Dritten oder auf die mutmaßliche Lebensdauer sowohl des Getöteten als auch des Anspruchstellers ankommt, die Zweifelsfrage, welche statistischen Unterlagen maßgebend sind, dadurch, daß ausdrücklich die Anwendung der vom Statistischen Amt aufgestellten allgemeinen deutschen Sterbetafel für die Jahre 1924—1926 (Sonderheft zu „Wirtschaft und Statistik" Nr. 5 1929) vereinbart wird. Der Kapitalwert errechnet sich alsdann aus der Addition der Rentenbeträge für die mutmaßliche Dauer dieser Rentenbezüge. Zugleich wird in § 3 III Ziff. 2 AHB bestimmt, daß ein Zinsfuß von 4% p. a. bei der Berechnung des Kapitalwerts zu berücksichtigen ist. Das bedeutet, daß die Summe der mutmaßlichen Rentenbezüge um diesen „Zwischenzins" gekürzt wird. An einer Vereinbarung über die Art der Berechnung des Kapitalwerts fehlt es in den AHBVerm. Dabei können auch im Rahmen der Haftpflichtv für „reine" Vermögensschäden durchaus Schadenersatzansprüche in Rentenform erhoben werden. Gedacht sei z. B. daran, daß durch fehlerhaftes Verhalten eines Anwalts eine Mandantin ihren Unterhaltsanspruch verliert. Ebenso fehlt es an einer ausdrücklichen Regelung der Berechnungsgrundlage des Kapitalwerts in den AKB. Eine analoge Anwendung wird man hier nur insoweit befürworten können, als es an neuerem gleichwertigen statistischen Material fehlt. Das ist aber nicht der Fall, so daß Hüskes VW 1964 S. 118—119 zutreffend in dem von ihm erörterten Beispiel, dem die AKB zugrunde lagen, die allgemeine Sterbetafel für die Bundesrepublik Deutschland 1949/1951 anwendet. Der von ihm dabei angenommene Zinssatz von 5% erscheint ebenso vertretbar wie der in § 3 III Ziff. 2 AHB vereinbarte Satz von 4%.

[G 89] bbb) Mehrheit von Anspruchstellern.

Für den Fall eines auf das Haftpflichtereignis zurückzuführenden Todes des Dritten nach vorangegangenem Rentenbezug treten an die Stelle der dem geschädigten Dritten gewährten Rente die Ansprüche der Hinterbliebenen auf Ersatz des entgangenen Unterhalts aus § 844 II BGB (möglicherweise auch aus § 845 BGB). Nicht etwa läßt sich die Auffassung vertreten, daß die Verpflichtung des Vers mit dem Tode des unmittelbar körperlichen Geschädigten erlösche. — RG 16. XI. 1920 RGZ Bd 100 S. 224—227 behandelte einen Sonderfall, dem eine abweichende Vereinbarung zugrunde lag, und besagt demgemäß nichts gegen die hier vertretene Auffassung. — In einem derartigen Falle muß die Berechnung des Kapitalwerts erneut vorgenommen werden. Es sind also nicht etwa die an die Hinterbliebenen des getöteten Dritten zu zahlenden Renten im gleichen Verhältnis zu kürzen wie die vorher an den Dritten erbrachte Leistung. Tritt in dem oben angeführten Beispiel (Rente DM 750,—, Kapitalwert DM 150000,— und Vssumme DM 100000,—) nach dreijährigem Rentenbezug des geschädigten Dritten unfallbedingt der Tod des Verletzten ein und ergibt die Berechnung, daß der Kapitalwert der der Witwe dann zugesprochenen Rente nach § 844 II BGB in Höhe von DM 350,— monatlich sich auf DM 70000,— stellt, so ist diese mit der (um die Leistungen des Vers an den verstorbenen Ehemann gekürzten) Vssumme von restlich DM 82000,— zu vergleichen. Der Ver muß dann die Rente an die Witwe in voller Höhe erbringen. Dem Vmer steht aber nach dem Sinn der in § 155 I getroffenen Regelung auch kein Rückforderungsanspruch zur Höhe des von dem Vmer für 3 Jahre monatlich aus eigener Tasche erbrachten Anteils von DM 250,— zu.

Entsprechendes gilt, wenn von Anfang an mehrere anspruchsberechtigte Rentenempfänger vorhanden sind, bei denen der Kapitalwert der gesamten Renten die Vssumme überschreitet. Beträgt also die Vssumme DM 100000,— und werden drei Rentenansprüche von monatlich DM 150,— für A, DM 250,— für B und DM 350,— für C zuerkannt, so ist für alle drei Renten der Kapitalwert zu ermitteln und die Summe dieser Kapitalwerte dann mit der Vssumme zu vergleichen. Auch hier treten dann die Ansprüche der Angehörigen aus § 844 II BGB an die Stelle des verstorbenen Dritten. Es fragt sich aber, ob eine Neuberechnung unter voller Berücksichtigung des noch nicht verbrauchten Teils der Vssumme auch dann vorzunehmen ist, wenn einer der geschädigten Dritten ersatzlos wegfällt. Man stelle sich vor, daß in unserem Beispielfall C ohne Angehörige ist und bereits nach 3 Jahren stirbt. Mit Rücksicht auf den Schutzzweck der Haftpflichtv sowohl zugunsten des Vmers als auch zugunsten der geschädigten Dritten (vgl. in diesem Zusammenhang insbesondere § 156 I und das in § 156 III vorgesehene Verteilungsverfahren zugunsten der geschädigten Dritten) ist eine einschränkende Auslegung des § 155 I in dem Sinne vorzuziehen, die den durch den frühzeitigen Tod des C „freigewordenen" Teil der Vssumme wieder allen anspruchsberechtigten Dritten zur Verfügung stellt (a. M. wohl Wussow[5] Anm. 22 zu § 3 AHB, S. 281). Selbstverständlich kann der Vmer aber auch hier die bereits aus eigener Tasche für die Vergangenheit zugezahlten Beträge nicht zurückfordern. Insoweit bleibt die Risikoverteilung in bezug auf die Lebenserwartung des geschädigten Dritten zwischen den Parteien des Vsvertrages bei dieser Auslegung des § 155 I erhalten.

[G 40] ccc) Abweichende Vereinbarung (§ 3 III Ziff. 2 AHB).

§ 155 I zählt nicht zu den zwingenden Vorschriften des Haftpflichtvsrechts. Prölss[17] Anm. 3 zu § 155, S. 581 hebt das ebenfalls hervor, knüpft aber daran die Bemerkung, daß der Ver wegen § 156 I nicht (mit Wirkung gegenüber dem geschädigten Dritten) mit dem Vmer vereinbaren könne, daß in den Fällen, in denen die Vssumme niedriger sei als der Kapitalwert der Rente, die volle Rente solange bezahlt werde, bis die Vssumme erschöpft sei. Zur Begründung weist Prölss a. a. O. darauf hin, daß andernfalls der Ver der Verpflichtung enthoben werde, gegebenenfalls über die Vssumme hinaus zu leisten. Dieser Auffassung kann indes nur für die Fälle zugestimmt werden, in denen eine solche Vereinbarung nach Eintritt des Vsfalles getroffen wird. Vorher steht es im Ermessen der Vertragsparteien, ob sie einen Vsvertrag nach Maßgabe der dispositiven Bestimmung des § 155 I oder aber in der Weise abschließen wollen, daß der Ver die Rentenzahlungen in voller Höhe bis zur Erschöpfung der Vssumme erbringt. Eine solche Vereinbarung im Haftpflichtvsvertrag stellt auch keine vorweggenommene Verfügung im Sinne des § 156 I dar (vgl. dazu Anm. B 88), sondern eine zulässige Bestimmung des Inhalts des Haftpflichtvsanspruchs, nicht anders als etwa die Absprache über die Höhe der Vssumme selbst. Zudem ist eine solche Absprache auch wertneutral in dem Sinne, daß sie sich — so gut wie unvorhersehbar für alle Beteiligten — sowohl zugunsten als auch zuungunsten des geschädigten Dritten auswirken kann. Zugunsten des Dritten kann sie sich z. B. in den Fällen auswirken, in denen der Vmer vermögenslos ist.

Keine ausdrückliche Regelung der Berechnungsweise enthält § 155 I für den Fall, daß neben einer Rentenforderung auch andere Zahlungsansprüche erhoben werden. In § 3 III Ziff. 2 AHB ist dagegen bestimmt, daß beim Zusammentreffen von Rentenansprüchen mit anderen Forderungen zunächst die letzteren von der Vssumme abzuziehen sind. Das ist eine Regelung, der im Grunde nur erläuternde Bedeutung zukommt, da eine Abwägung der Interessenlage im Rahmen des § 155 I grundsätzlich zu demselben Ergebnis führen würde. Mit Rücksicht auf den erörterten dispositiven Charakter des § 155 I wäre im übrigen auch eine von diesem abweichende Vereinbarung im Verhältnis von Ver zu Vmer immer wirksam. Sie ist demgemäß auch rechtsbeständig gegenüber einem geschädigten Dritten. Unwirksam ist sie aber dann, wenn eine Mehrheit von anspruchsberechtigten Dritten im Sinne des § 156 III gegeben ist (im Ergebnis ebenso: ÖOGH 29. VI. 1960 VersR 1960 S. 1030—1032, Wussow[5] Anm. 22 zu § 3 AHB, S. 279; a. M. Wahle VersR 1960 S. 1032). Die dort zwingend zugunsten der Dritten vorgeschriebene Verteilung kann durch eine Vereinbarung zwischen Ver und Vmer nicht abgeändert werden. Zu überlegen wäre, ob nicht § 3 III Ziff. 2 AHB in diesen Fällen weiterhin im Verhältnis zwischen Ver und Vmer als gültig behandelt werden sollte, da der Schutzzweck des § 156 III nur eine relative Unwirksamkeit fordert. Diese durchaus rechtlich zulässige Doppelwirkung und die damit unter Umständen gegebene Benachteiligung des Vers oder des Vmers läßt sich aber vermeiden, wenn man § 3 III Ziff. 2 AHB dahin versteht, daß das Tilgungsverhältnis im Rahmen des § 155 I nur für den Fall geregelt werden sollte, daß nicht die relativ zwingende Vorschrift des § 156 III entgegen steht. Ein vernünftiger Zweck aus der Sicht einer der Parteien des Vsvertrages für die Vereinbarung einer relativ unwirksamen Tilgungsvorschrift läßt sich nicht erkennen. Deshalb ist die nach dem Wortlaut des § 3 III Ziff. 2 AHB ohne weiteres vertretbare Auffassung vorzuziehen, daß die erwähnte Tilgungsregelung nur dann gelten soll, wenn dem Vmer nur ein anspruchsberechtigter Dritter gegenüber steht.

[G 41] bb) Mehrheit von Versicherungsnehmern oder Versicherten als ersatzpflichtige Personen.

Die Vssumme bildet nach § 3 II Ziff. 2 S. 2 AHB auch dann die Grenze der Leistungspflicht des Vers, wenn sich der Vsschutz auf mehrere entschädigungspflichtige Personen erstreckt. Ein gleiches bestimmt § 3 II Ziff. 2a AHBVerm. Haben also A und B zusammen einen Sachschaden von DM 100000,— verursacht und beträgt die Vssumme für Sachschäden nur DM 50000,—, so hat der Ver bei Bestehen eines einheitlichen Haftpflichtvsvertrages nur für insgesamt DM 50000,— aufzukommen. Bestünden dagegen für A und B gesonderte Haftpflichtvsverträge, so würde dieses Ergebnis vermieden werden. Keineswegs wird damit etwas Selbstverständliches bestimmt. Vielmehr könnte gerade unter Berücksichtigung dessen, daß jeder Vmer und auch jeder Vte durchweg ein eigenes Interesse an der Haftpflichtv haben, was nach der Rechtsprechung des BGH bei mehreren Vmern sogar dazu führen kann, daß ein Vmer sich die Obliegenheitsverletzung des anderen nicht zuzurechnen lassen braucht (BGH 13. VI. 1957 BGHZ Bd 24 S. 378—386, 28. I. 1958 NJW 1958 S. 549 = VersR 1958 S. 160; weitere Nachweise in Anm. B 55 und F 1), durchaus die Auffassung vertreten werden, daß die Vssumme für jeden Vmer und Vten gesondert gestellt werde. Man mag darüber streiten, ob es sinnvoll ist, eine derartige Leistungsbegrenzung auch dann aufzunehmen, wenn allein aus organisatorischen Gründen eine Vielfalt von Haftpflichtrisiken verschiedener Personen in einem Vertrage zusammengefaßt werden. Allein gegenüber der eindeutigenBestimmung der AHB versagen derartige Argumente im Schadenfall. Wenn das hier geschilderte Ergebnis nicht gewollt wird, muß § 3 II Ziff. 2 S. 2 AHB ausdrücklich abgeändert werden.

[G 42] cc) Mehrheit von Schäden als „einheitliches" Schadenereignis im Sinne der AHB.

aaa) Systematische Einordnung.

Nach § 3 II Ziff. 2 S. 3 AHB bildet die zum Vertrage vereinbarte Vssumme auch dann die Höchstgrenze, wenn mehrere zeitlich zusammenhängende Schäden aus derselben Ursache entstehen oder mehrere Schäden auf Lieferungen der gleichen mangelhaften Ware zurückzuführen sind. In der zitierten Bedingungsbestimmung heißt es, daß diese Schäden als „ein Schadenereignis" gelten. Es handelt sich hier — rechtstechnisch gesehen — um eine Fiktion (BGH 18. I. 1965 BGHZ Bd 43 S. 92—93, Geyer VersR 1967 S. 920, Möller in Bruck-Möller Anm. 32 vor §§ 49—80), nämlich um eine partielle Abänderung des in § 5 Ziff. 1 AHB als Vsfall für maßgebend erklärten Begriffs des Schadenereignisses. Für die Berechnung der Entschädigungsbegrenzung durch die Vssumme wird nicht auf die einzelnen Schadenereignisse, sondern maßgebend auf einen zeitlich vorherliegenden Termin im Sinne der Verstoß- oder Ursachentheorie abgestellt. Auch im Rahmen der AHB gilt die Schadenereignistheorie also nicht unumschränkt (vgl. dazu auch Anm. B 31). Bemerkenswert ist, daß es eine § 3 II Ziff. 2 AHB entsprechende Bestimmung auch in der Architektenhaftpflichtv gibt (vgl. I Ziff. 2 Abs. 1 der „Besonderen" Bedingungen für die Haftpflichtv von Architekten und Bauingenieuren). Das erscheint inkonsequent, da hier nach dem Bedingungstext ohnedies der Verstoß der maßgebende Faktor im Rahmen des „gedehnten" Vsfalles ist (vgl. I Ziff. 1 der genannten „Besonderen" Bedingungen), so daß es der erörterten Fiktion nicht bedarf. Dazu und zur Auslegung der Höchstsummenklausel in der Architektenhaftpflichtv vgl. Geyer VersR 1967 S. 920—922.

[G 43] bbb) Mehrere zeitlich zusammenhängende Schäden aus derselben Ursache.

Mehrere zeitlich zusammenhängende Schäden aus derselben Ursache gelten in bezug auf die Vssumme als ein Schadenereignis. Was dabei als dieselbe Ursache anzusehen ist, läßt sich nicht immer zweifelsfrei sagen. Maßgebend ist auch hier der Kausalitätsbegriff im Sinne einer adäquaten Zurechnung. Zutreffend wird von Wussow[5] Anm. 15 zu § 3 AHB, S. 271—272 eine an mehrere Personen erteilte falsche Anweisung über die Einlagerung von Sprengstoffen, die dann an mehreren Orten zu Explosionen führt, als Beispielfall genannt. Zweifelhaft erscheint es dagegen, ob noch eine einheitliche Ursache in diesem Sinne gegeben ist, wenn im Büro des Vmers von zwei Angestellten unabhängig voneinander je ein Merkblatt, das sich nur auf bestimmte Sprengmaterialien, nicht aber auf die in Frage stehenden Stoffe bezog, an die im Außendienst stehenden Arbeitnehmer herausgegeben wurde. Beruhte dieses objektiv fehlerhafte Verhalten der beiden Angestellten auf einer unrichtigen Anweisung ihres Vorgesetzten, so liegt dieselbe Ursache im Sinne des § 3 II Ziff. 2 S. 3 AHB vor. Sind diese Angestellten dagegen richtig belehrt gewesen und machen sie unabhängig voneinander den gleichen Fehler, so steht die Vssumme zweimal zur Verfügung. Wenn der eine der Angestellten die Belehrung des Vorgesetzten richtig, der andere unrichtig verstanden hat und nunmehr der letztere den ersteren davon überzeugt, daß seine Auffassung „richtig" sei, so fällt die Abgrenzung schwerer. Natürlicher Auffassung würde es entsprechen, eine einheitliche Ursache anzunehmen. Gedanklich ließe sich der Vorgang aber auch in der Weise unterscheiden, daß für den einen Angestellten sein ursprüngliches Mißverständnis maßgebend war, während bei dem anderen die Überzeugungskraft des Kollegen die wesentliche Ursache war. Der erstgenannten Auffassung ist der Vorzug zu geben, da sie die Einheit des Geschehens wahrt.

Unklar ist, was unter dem Ausdruck „zeitlicher Zusammenhang" zu verstehen ist. BGH 18. I. 1965 BGHZ Bd 43 S. 94 bejaht das Vorliegen eines derartigen zeitlichen Zusammenhangs für einen Zeitraum von 4½ Monaten. Wussow[5] Anm. 15 zu § 3 AHB, S. 272 wählt dagegen ein Beispiel, aus dem zu entnehmen ist, daß nach seiner Meinung ein zeitlicher Zusammenhang nach Ablauf einer Woche unter Umständen nicht mehr gegeben sein könne. Diese Auslegung stimmt aber nicht mehr mit dem Sprachgebrauch überein und wird dem verständlichen Bestreben des Vers, seine Haftung für zeitlich zusammenhängende Schadenereignisse aus derselben Ursache auf die Vssumme zu begrenzen, nicht gerecht. Selbst wenn daher im Bedingungstext von einem „engen" zeitlichen Zusammenhang die Rede wäre, so müßte dieser bei einer Frist von einer Woche in jedem Falle noch als gewahrt angesehen werden. Es ist aber schwer, eine feste Frist für den Begriff „zeitlicher Zusammenhang" zu nennen. Erkennbar ist, daß mit dem genannten Begriff einer uferlosen Ausdehnung des Kausalitätsprinzips entgegengetreten werden sollte. Deshalb wird regelmäßig — auch bei speziell gelagerten Schadenfällen — dann ein zeitlicher Zusammenhang zu verneinen sein, wenn zwischen dem ersten und dem zweiten Schadeneintritt eine längere Frist als etwa 6 Monate liegt. Eine derartige Abgrenzung gibt zudem dem Ver — rechtzeitige Schadenmeldung unterstellt — in aller Regel hinreichend Gelegenheit, sich über die Umstände des Schadens klar zu werden, nach § 4 II Ziff. 3 AHB vorzugehen oder nach Anerkenntnis seiner Ersatzpflicht gegenüber dem Vmer den Vertrag zu kündigen.

[G 44] ccc) Lieferung der gleichen mangelhaften Ware.

Dieser Teil der Bedingungsbestimmung bezieht sich, wie die betont kaufmännische Ausdrucksweise schon andeutet, grundsätzlich nur auf Haftpflichtven für den gewerblichen oder kaufmännischen Sektor. Der Einzelhändler, der verdorbenen Käse an zehn verschiedene Kunden verkauft, die sämtlich lebensgefährlich erkranken, fällt daher unter diese Bestimmung, dagegen nicht die Hausfrau, wenn sie selbst eingemachte, verdorbene Marmelade an ihre Freundinnen verschenkt. Verkauft aber die genannte Hausfrau diese selbst eingemachten Früchte, wenn auch vielleicht zu einem Vorzugspreis, so ist das ein Vorgang, der — geringen Umfang der Verkaufstätigkeit unterstellt — zwar durchaus noch primär dem Deckungsbereich der Privathaftpflichtv zugerechnet werden kann, aber doch auch unter § 3 II Ziff. 2 S. 3 AHB fällt. Anders Wussow[5] Anm. 17 zu § 3 AHB, S. 273, nach dessen Auffassung stets Voraussetzung für die Anwendbarkeit des § 3 II Ziff. 2 S. 3 AHB ist, daß es sich um Lieferungen im Gewerbeverkehr handle.

Der Begriff „gleiche Ware" ist nach der Verkehrsanschauung zu bestimmen. Wenn eine Firma Margarine verkauft, die infolge ihrer chemischen Zusammensetzung unter bestimmten Voraussetzungen, wie z. B. entsprechende Witterungsverhältnisse (besonders warm), zu Erkrankungen bei einem Teil der Bevölkerung führt, so ist die gesamte Margarine in der besonderen chemischen Zusammensetzung als „gleiche" Ware anzusehen. Wird diese Ware dagegen im Laufe eines längeren Zeitraums aus verschiedenen Ursachen verunreinigt, so findet die Bedingungsbestimmung keine Anwendung. Wenn aber die Wochen- oder Monatsproduktion einer Firma, die z. B. Impfstoffe für Tiere herstellt, infolge unterschiedlicher Fehler teils mangelhaft, teils ordnungsgemäß ist, so ist die ganze hergestellte Ware nach natürlicher Auffassung trotz unterschiedlicher Fehlerquellen als „gleich" anzusehen, so daß die aufgetretenen Schäden als Einheit im Sinne des § 3 II Ziff. 2 S. 3 AHB behandelt werden müssen. Es erweist sich somit, daß trotz des hier fehlenden einschränkenden Hinweises auf den Zeitablauf unter Umständen dieser doch eine ganz wesentliche Rolle spielt. Dabei sind die Beispiele so zu verstehen, daß bei unterschiedlichen Fehlerquellen dann nicht die gleiche fehlerhafte Ware anzunehmen ist, wenn die nach der ersten Fehlerursache bereits ausgelieferte Ware schon verkauft und geliefert worden war, als sich bei dieser Warenart aufgrund eines anderen Fehlers erneut eine Schädlichkeit herausstellte.

Gleichheit der Ware ist im übrigen im strengen Wortsinne aufzufassen. Zwischen verschiedenen Alkoholsorten oder auch nur verschiedenen Markenartikeln derselben Sorte besteht daher keine Gleichheit. Eine Braunschweiger Leberwurst ist einer ganz anderen Leberwurstsorte nicht gleichzusetzen, ebensowenig ein Impfstoff für Hühner einem solchen für Gänse, es sei denn, daß es sich tatsächlich um das gleiche chemische Produkt handelt; dann würde an der Gleichheit der Ware auch eine unterschiedliche Namensgebung nichts ändern. Sofern aber — wenn auch nur geringfügige — Unterschiede in der chemischen Zusammensetzung gegeben sind, liegt nicht mehr die „gleiche" Ware vor; die Vssumme steht dann also mehrfach zur Verfügung.

[G 45] dd) Sonderregelungen im Rahmen der AHBVerm.

In § 3 II Ziff. 2b AHBVerm wird bestimmt, daß bei einem aus mehreren Verstößen folgenden einheitlichen Schaden die Vssumme nur einmal zur Verfügung steht. Diese Vorschrift stellt im Grunde genommen nur eine Klarstellung dar und entspricht einer lebensgemäßen einheitlichen Betrachtungsweise. Wenn z. B. zwei Fehler eines Anwalts jeder für sich denselben Schaden herbeiführen, so wäre es auch nicht zu verstehen, warum dieser Vmer gegenüber demjenigen, dem in der Behandlung einer Sache nur ein den Schaden auslösender Fehler unterläuft, bevorzugt sein sollte.

Auch die Bestimmung in § 3 II Ziff. 2c S. 1 AHBVerm, daß sämtliche Folgen eines Verstoßes als Einheit anzusehen sind, hat nur deklaratorische Bedeutung. Diese Lösung ergibt sich ohnehin als Konsequenz aus dem in § 5 Ziff. 1 AHBVerm festgelegten Prinzip, daß in der Vermögensschadenhaftpflichtv der Verstoß als Vsfall anzusehen ist. Hingegen stellt die Fiktion in § 3 II Ziff. 2c S. 2 AHBVerm, daß mehrfaches, auf gleicher oder gleichartiger Fehlerquelle beruhendes Tun oder Unterlassen als einheitlicher Verstoß gelte, wenn die betreffenden Angelegenheiten miteinander in rechtlichem oder wirtschaftlichem Zusammenhang stehen, eine wesentliche Einengung des Vsschutzes dar. Vertritt ein Anwalt z. B. mehrere Geschädigte aus einem Schiffszusammenstoß oder aus einem sonstigen Verkehrsunfall und versäumt er es hier, die Ansprüche rechtzeitig gerichtlich geltend zu machen, so daß Ausschluß- oder Verjährungsfristen eingreifen, so ist zu untersuchen, ob die Vssumme wegen des erwähnten Zusammenhangs nur einmal oder mehrfach zur Verfügung steht. Der Ausdruck „rechtlicher oder wirtschaftlicher“ Zusammenhang ist schwer zu präzisieren. Bei verständiger Würdigung wird jedoch ein Zusammenhang dieser Art bei solch einer mehr oder weniger zufällig bestehenden Verbindung wie der im Beispielsfall aufgeführten zu verneinen sein. Es fragt sich aber, ob das auch dann noch gilt, wenn der Fehler des Anwalts nicht im vorprozessualen Stadium erfolgt, sondern im Rechtsstreit selbst. Werden hier die verschiedenen Ansprüche verschiedener Klienten in einer gemeinsamen Klage geltend gemacht, so könnte man die nach § 60 ZPO bestehende Streitgenossenschaft als Rechtsband im Sinne eines rechtlichen oder wirtschaftlichen Zusammenhangs auffassen. Das Ergebnis ist aber insofern unbefriedigend, als es dann der Anwalt in der Hand hätte, durch getrennte Klagen einen derartigen Zusammenhang zu verhindern. Billigt man daher den Ausgangspunkt dieser Überlegungen, daß eine gemeinsame Entstehungsursache allein nicht zur Annahme eines wirtschaftlichen und rechtlichen Zusammenhangs genüge, so erscheint es als konsequent, diese Erkenntnis auch dann gelten zu lassen, wenn die Geschädigten mehr oder weniger zufällig den gleichen Anwalt wählen und dieser aus kosten- und arbeitsersparenden Gründen eine gemeinsame Klage betreibt.

Der Begriff „wirtschaftlicher oder rechtlicher“ Zusammenhang ist in erster Linie aus der Sicht des Klienten zu bestimmen. Wird ein Anwalt von einem Konzern mit der Geltendmachung von drei Forderungen von drei Tochterfirmen aus einer Entstehungsursache beauftragt, so findet im Gegensatz zu dem vorher erörterten Beispielsfall die Ausschlußbestimmung Anwendung, und zwar auch dann, wenn der Anwalt diese Forderungen in drei getrennten Prozessen geltend macht. Das gilt erst recht, wenn der Anwalt aus demselben Rechtsgrund Teilforderungen desselben Klienten in mehreren Klagen geltend macht. Bestand ursprünglich eine einheitliche Forderung eines Klienten A über DM 200000,— und ist diese in Höhe von DM 100000,— an B abgetreten worden, so greift die Ausschlußklausel nach ihrem Sinn ebenfalls ein. Ein rechtlicher Zusammenhang ist im übrigen immer in den Fällen gegeben, in denen eine notwendige Streitgenossenschaft besteht. Ein rechtlicher oder wirtschaftlicher Zusammenhang kann sich insbesondere für die Tätigkeit eines Notars ergeben. Will sein Klient z. B. eine Reihe von Grundstücken verkaufen und ist für ihn dabei von entscheidender Bedeutung, daß die Käufer sich verpflichten, ihn als Architekten zu beschäftigen, so stehen alle diese Grundstücksverträge, auch wenn die Verkäufe sich über mehrere Jahre hinziehen, im Zusammenhang im Sinne des § 3 II Ziff. 2c S. 2 AHBVerm, so daß für den Schadenersatzanspruch aus unrichtiger Belehrung über die Sicherung des Zieles, Architekt für alle Bauvorhaben auf den verkauften Grundstücken zu werden, die Vssumme nur einmal zur Verfügung steht.

Weitere Voraussetzung für die Anwendung der hier erörterten Zusammenhangsklausel ist es, daß es sich um gleiche oder gleichartige Fehlerquellen handelt. Das ist zu bejahen, wenn der Vmer z. B. die Rechtslage einheitlich unrichtig beurteilt. Hingegen liegt keine gleichartige Fehlerquelle (und erst recht keine gleiche) vor, wenn in zwei Sachen rechtlichen Zusammenhangs aus unterschiedlichen Gründen die Berufungsfristen versäumt werden, z. B. dadurch, daß in der ersten Sache die Berufungsfrist unrichtig notiert war und in der zweiten der Anwalt, der nach Büroschluß die Berufungsschrift selbst zum Gericht bringen wollte, das vergißt.

[G 46] d) Durchbrechung des Begrenzungsprinzips.

aa) Prozeßkosten.

Nach § 150 II 2 hat der Ver Kosten, die in einem auf seine Veranlassung geführten Rechtsstreit entstehen, auch über die vereinbarte Vssumme hinaus zu erstatten. Das gleiche wird für diejenigen Fälle bestimmt, in denen der Ver ausnahmsweise für Strafverteidigungskosten im Sinne des § 150 I 3, 4 aufzukommen hat. Der Sinn der gesetzlichen Regelung ist verständlich. Es sollte erreicht werden, daß der durch den Ver veranlaßte Mehraufwand zu seinen Lasten geht. § 150 II 2 ist aber nicht zugunsten des Vmers zwingend (vgl. die Aufzählung der zwingenden Vorschriften in § 158a). Demgemäß gilt die gesetzliche Regelung nur dort, wo keine abweichenden Vereinbarungen getroffen worden sind. Eine derartige teilweise Abänderung im zulässigen Bereich der hier gewährten Vertragsfreiheit findet sich in § 3 III Ziff. 1 AHB. Zunächst heißt es zwar in § 3 II Ziff. 4 AHB, daß die Aufwendungen des Vers für Kosten nicht als Leistungen auf die Vssumme angerechnet werden. In § 3 III Ziff. 1 AHB wird dann aber bestimmt, daß das nicht gilt, soweit die Haftpflichtansprüche selbst über die Vssumme hinausgehen; hier werden die über die Vssumme hinausgehenden Kosten nur anteilig erstattet. Streitig ist dabei, ob unter Haftpflichtansprüchen im Sinne dieser Bedingungsbestimmung derjenige Betrag zu verstehen ist, den der Dritte verlangt oder der, der nach materiellem Recht begründet ist oder — präziser gesagt — später im Sinne des § 154 I festgestellt wird. Vgl. dazu Anm. G 29. Eine Abänderung des § 150 II 2 findet sich auch in § 3 II Ziff. 7a AHBVerm. Dort wird für den Fall des Prozesses bestimmt, daß der Ver, wenn der Haftpflichtanspruch die Vssumme übersteigt, nur die Gebühren und Pauschsätze nach der der Vssumme entsprechenden Wertklasse trägt. Vgl. auch dazu Anm. G 29.

[G 47] bb) Zinsen.

Nach § 150 II 2 sind Zinsen über die Vssumme hinaus zu ersetzen, soweit sie der Vmer infolge einer vom Ver veranlaßten Verzögerung der Befriedigung des Dritten diesem zu entrichten hat. Diese Bestimmung ist von der Reichstagskommission in den Regierungsentwurf eingefügt worden (vgl. Kommissionsbericht S. 97—98). Es soll dadurch in bezug auf Zinszahlungen eine Benachteiligung des Vmers durch Handlungen des Vers verhindert werden. Ein Verschulden des Vers setzt § 150 II 2 nicht voraus. Ungeachtet dessen, daß es als das gute Recht des Vers angesehen wurde, in zweifelhaften Haftpflichtfällen eine Gerichtsentscheidung herbeizuführen, erschien es als sachgemäß, daß der Ver und nicht der Vmer die dadurch zusätzlich entstehenden Zinsen trage. — Eine analoge Anwendung des in § 150 II 2 enthaltenen Grundgedankens auf andere während der Dauer eines Prozesses eintretende, für den Vmer nachteilige Rechtsfolgen, wie z. B. eine während des Rechtsstreits fortschreitende Geldentwertung, die dazu führt, daß die Vssumme des Vertrages für die Ansprüche des geschädigten Dritten nicht ausreicht, scheidet aus; insoweit verbleibt es bei dem unser Recht beherrschenden Verschuldensprinzip (RG 10. III. 1925 RGZ Bd 110 S. 258—259, 16. VI. 1925 JW 1925 S. 1989; vgl. auch Anm. G 278). — § 150 II 2 ist nicht als zwingende Vorschrift ausgestaltet worden (vgl. § 158a). Eine Änderung durch die Parteien des Vsvertrages ist daher möglich. Es ist bestritten, ob § 150 II 2 durch § 3 II Ziff. 2 S. 1 AHB abbedungen ist oder nicht. Dafür: LG Koblenz 10. XII. 1954 NJW 1955 S. 1235—1236 (mit zust. Anm. von Prölss a. a. O.) = VersR 1955 S. 338—339, Möller in Bruck-Möller Anm. 24 zu § 50, Prölss[17] Anm. 3 zu § 3 AHB, S. 663; dagegen: Oberbach I S. 195, Stiefel-Wussow[7] Anm. 25 zu § 10 AKB, S. 379. — Ob auch Hagen II S. 290 Anm. 36 dieser Auffassung ist, läßt sich schwer sagen. Zwar heißt es a. a. O., daß den Bedingungen nichts darüber zu entnehmen sei, daß § 150 II 2 abbedungen sei. Es ist aber nicht sicher, ob dabei die AHB in der Fassung des Jahres 1921 berücksichtigt sind, vgl. dazu Hagen II S. 271 Anm. 11 a. E. — Eine Mittelmeinung vertritt Sieg Ausstrahlungen S. 140, indem er auf die Zinsen die in § 3 III Ziff. 1 AHB getroffene Vereinbarung entsprechend anwendet.

Der Auffassung von Oberbach I S. 195 ist beizupflichten. § 3 II Ziff. 2 S. 1 AHB kann (ebenso wie §§ 3 II Ziff. 2 AHBVerm, 10 Ziff. 6 S. 1 AKB) durchaus bei unbefangener Betrachtungsweise in dem Sinne verstanden werden, daß daneben die gesetzliche Sonderregelung bezüglich der Zinsen gelten soll. Wenn beabsichtigt war, eine den Vmer schützende Vorschrift generell zu seinem Nachteil abzuändern, hätte eine ausdrückliche Einbeziehung des in § 150 II 2 abgehandelten Sonderfalles in das Bedingungswerk erwartet werden können. Gerade daraus aber, daß in § 3 II Ziff. 2 S. 1 AHB (wie auch in § 3 II Ziff. 4 und III Ziff. 1 AHB) die Frage der Verzinsung der Haftpflichtforderung überhaupt nicht erwähnt wird, läßt sich schließen, daß der Sonderfall der Zinstragung gar nicht von § 3 II Ziff. 2 AHB erfaßt werden sollte.

[G 48] cc) Anspruch auf Sicherheitsleistung.

Sofern aus den in Anm. G 46—47 dargestellten Gründen der Ver über die Vssumme hinaus Leistungen auf Kosten und Zinsen zu erbringen hat, erhöht sich nach der gesetzlichen Regelung konsequent auch seine Verpflichtung zur Sicherheitsleistung, § 150 III 2. Vgl. dazu im übrigen Anm. G 34—35.

[G 49] dd) Mehrleistung nach § 155 I VVG.

Eine Mehrleistung des Vers kann sich hier ergeben, wenn der geschädigte Dritte länger lebt, als nach der der Berechnung des Kapitalwertes zugrunde gelegten Statistik zu erwarten war. Vgl. dazu Anm. G 38—40.

[G 50] ee) Überzahlung im Rahmen des § 156 III.

Ferner kann der Ver im Verhältnis zu einem geschädigten Dritten von diesem nach § 156 III bei einem nicht entschuldbaren Verteilungsfehler zu Leistungen über die Vssumme hinaus gezwungen werden. Der Vmer ist hier aber einem Bereicherungsanspruch des Vers ausgesetzt (vgl. dazu Anm. B 100).

[G 51] ff) Schadenersatzanspruch des Versicherungsnehmers.

Schließlich ist die Begrenzung der Leistungspflicht des Vers durch die Vssumme nur für die vertragsgemäß geschuldete Leistung des Vers auf Befreiung des Vmers von begründeten und unbegründeten Forderungen eines geschädigten Dritten gegeben. Dagegen greift die Vssumme als Entschädigungsgrenze nicht ein, wenn gegenüber dem Ver ein Schadenersatzanspruch des Vmers aus positiver Vertragsverletzung oder Verzug oder Unmöglichkeit geltend gemacht wird, der darauf gestützt wird, daß der Ver sich zu Unrecht geweigert habe, Vsschutz zu gewähren. Wenn daher der Vmer infolge einer unberechtigten Leistungsverweigerung durch den Ver wirtschaftlich zusammenbricht, so treffen den Ver diese Folgen — das Vorliegen eines begründeten Schadenersatzanspruchs, der Verschulden voraussetzt, also unterstellt — vollen Umfangs, ohne daß er sich auf eine summenmäßige Haftungsbegrenzung berufen könnte. Als Beispielsfall für ein derartiges vertragswidriges Verhalten eines Vers vgl. BGH 13. VII. 1959 VA 1960 S. 65—67 Nr. 251 = VersR 1959 S. 701—703.

[G 52] e) Selbstbeteiligung des Versicherungsnehmers.

aa) Regelung in der Allgemeinen Haftpflichtversicherung.

In den AHB ist eine generelle Selbstbeteiligung des Vmers nicht vorgesehen. Von der einigen Vern genehmigten Abänderung (vgl. VA 1952 S. 121), durch die eine Selbstbeteiligung des Vmers für Sachschäden bis zu DM 30,— eingeführt werden sollte, wurde in der Praxis aus Konkurrenzgründen so gut wie kein Gebrauch gemacht; wie denn auch in der Vergangenheit aus diesem Grunde alle Versuche gescheitert sind, einheitlich für alle Haftpflichtvsverträge derartige Selbstbeteiligungen einzuführen (vgl. die Darstellung bei Hartung Haftpflichtv S. 144—145 und vor allem bei Rösner VersArch 1959 S. 191—204 und Roth, Materialien des zweiten Weltkongresses für Vsrecht, Bd 5, Landesreferat Deutschland S. 9—10). Demgemäß spielt eine Selbstbeteiligung des Vmers in der Praxis nur noch bei ausdrücklicher Vereinbarung eine Rolle, z. B. bei schlechtverlaufenen Großrisiken. Außerdem ist es üblich, bei der in Abänderung des § 4 I Ziff. 6b AHB möglichen Mitv der Be- und Entladeschäden dem Vmer eine Selbstbeteiligung abzuverlangen. Das sieht auch die sog. Kabelklausel vor. Vgl. Ziff. 5 der „Besonderen Bedingungen für Haftpflichtschäden an Erdleitungen" (VA 1956 S. 194), nach der der Vmer für jeden unter den Vsschutz fallenden Schaden 20 von 100, mindestens DM 100,—, selbst zu tragen hat. Solchen Sonderabreden trägt § 3 II Ziff. 2 Abs. 2 AHB Rechnung (vgl. VA 1969 S. 15). Eine Selbstbeteiligung ist schließlich generell in der Gewässerschadenhaftpflichtv vorgesehen. Vgl. dazu nur § 5 der Zusatzbedingungen zur Privathaftpflicht- sowie Haus- oder Grundbesitzerhaftpflichtv für die V der Haftpflicht aus Gewässerschäden (VA 1965 S. 3) und § 4 der Zusatzbedingungen zur Betriebshaftpflichtv für die V der Haftpflicht aus Gewässerschäden (VA 1965 S. 4).

Der Sinn der Selbstbeteiligung des Vmers wird verkannt, wenn diese nicht von der Entschädigung abgesetzt, sondern durch Abzug von der Vssumme ermittelt werden würde. Das ist bedeutsam, wenn der begründete Haftpflichtanspruch die Vssumme überschreitet. Plaas ÖffrV 1941 S. 93 bildet ein Beispiel, bei dem eine Selbstbeteiligung von

20 % vereinbart ist, während die Sachschadenvssumme RM 10000,— und der begründete Haftpflichtanspruch wegen eines Sachschadens RM 12000,— betragen. Gedanklich sind hier nach der Darstellung von Plaas a. a. O. zwei Berechnungsarten möglich: 1. Der Ver zahlt RM 12000,— abzüglich 20 % Selbstbeteiligung, also abzüglich RM 2400,—, = RM 9600,—; 2. Der Ver geht ebenfalls von der Gesamtschadensumme aus, ermäßigt diese aber zunächst auf RM 10000,—, d. h. auf seine Höchstleistungsgrenze, und zieht erst dann den Selbstbehalt ab, so daß lediglich RM 8000,— zu zahlen bleiben.

Nur die erstgenannte Berechnungsmethode wird dem Sinn der getroffenen Vereinbarung gerecht, da andernfalls für derartige Schäden nie die vereinbarte Vssumme erreicht werden könnte (ebenso Petersen NeumZ 1939 S. 255—256, Prölss[17] Anm. 3 zu § 3 AHB, S. 663; a. M. Höfer NeumZ 1939 S. 306, von Gierke II S. 313—314, Pienitz[3] S. 233, Plaas ÖffrV 1941 S. 91—95). Das ist selbstverständlich, wenn — wie es heutzutage meist der Fall ist — gesagt wird, daß der Vmer von jedem Schaden einen gewissen Prozentsatz zu tragen habe. Die hier vertretene Auffassung greift aber auch dann ein, wenn ohne ausdrückliche Bezugnahme auf einen Abzug vom Schaden im Vsvertrage nur die Rede davon ist, daß eine gewisse Selbstbeteiligung vereinbart sei.

Soweit nicht ausdrücklich festgelegt ist, daß sich eine Selbstbeteiligung auch auf die entstehenden Kosten eines Haftpflichtprozesses bezieht, ist davon auszugehen, daß sich der Anteil des Vmers nur auf die Hauptentschädigung bezieht, der Ver hat die Kosten also vollen Umfangs zu tragen (so KG 2. XII. 1933 VA 1933 S. 415 Nr. 2635 = JRPV 1934 S. 92—93, Prölss[17] Anm. 4 A zu § 150, S. 563, Wussow[5] Anm. 10 zu § 3 AHB, S. 264; a. M. Bruck 7. Aufl. Anm. 8 zu § 150).

Zu Schwierigkeiten kann es in der Vspraxis im Verhältnis zum geschädigten Dritten kommen, wenn der Ver, ohne zu erkennen zu geben, daß er nur für den die Selbstbeteiligung übersteigenden Betrag haftet, mit dem geschädigten Dritten verhandelt, die Angelegenheit vergleicht und dann nur den geschuldeten Teilbetrag erbringt. Nicht ganz zutreffend erscheint der vom RAA in diesem Zusammenhang eingenommene Standpunkt (VA 1939 S. 108): „Wir halten den Ver nach Treu und Glauben für verpflichtet, vor Abschluß eines Vergleichs den Geschädigten über Umstände, die die Eigenleistung des Vers mindern — wie z. B. ein Selbstbehalt oder eine Aufrechnung —, zu unterrichten und haben, wenn ein Ver dies nicht getan hatte, ihn zur Zahlung der vollen Vergleichssumme angehalten.“ Denn zu bedenken ist, daß der Ver regelmäßig im Namen des Vmers handelt (vgl. Anm. G 17) und über Aufrechnungsmöglichkeiten häufig erst nach Benachrichtigung des Vmers gemäß § 156 II etwas erfährt (vgl. Anm. G 279—280). Es versteht sich, daß ein der Auffassung des Amtes folgender Ver, der in einem solchen Falle auch den Betrag der Selbstbeteiligung zahlt, einen Anspruch aus ungerechtfertigter Bereicherung gegen den Vmer hat. Wenn ein Ver allerdings die Auffassung des Amtes nicht teilt, dürfte es dem Dritten mit Rücksicht auf den in Anm. G 17 dargestellten Grundsatz schwer fallen, einen unmittelbaren Anspruch gegen den Ver durchzusetzen.

[G 53] bb) Vermögensschadenhaftpflichtversicherung.

aaa) System der Selbstbeteiligungen.

α) § 3 II Ziff. 3 AHBVerm.

Ganz anders ist die Situation in der Vermögensschadenhaftpflichtv. Dort ist stets eine Selbstbeteiligung vorgesehen. Bis zu einem Schadenbetrage von DM 10000,— gehen 20 % zu Lasten des Vmers, von dem Mehrbetrage 10 %, § 3 II Ziff. 3 AHBVerm. Für Sachschäden ist dort sogar eine Selbstbeteiligung des Vmers in Höhe von 25 % vorgesehen (vgl. § 3 II Ziff. 3 Abs. 2 AHBVerm). Für beide Schadenarten beträgt die Mindestselbstbeteiligung DM 100,—, vgl. § 3 II Ziff. 3 Abs. 3 AHBVerm. Diese Bestimmung hat auch dann Bedeutung, wenn der geltend gemachte Anspruch des Dritten auf Zahlung von beispielsweise DM 90,— unbegründet ist; nach dem Sinn der Klausel ist nämlich anzunehmen, daß der Ver hier überhaupt nicht zur Leistung verpflichtet ist, also auch nicht zur Abwehr dieses unbegründeten Anspruchs (a. M. Hartung Haftpflichtv S. 146—147). Dieser Auffassung entspricht die Regelung in § 3 II Ziff. 7b AHBVerm (keine Kostentragungspflicht des Vers, wenn der Anspruch des Dritten den Mindestselbstbehalt nicht übersteigt).

Durch dieses von allen Vermögensschadenhaftpflichtvern angewandte Selbstbeteiligungssystem soll erzieherisch auf den Vmer eingewirkt werden. Das RAA hat sich sogar auf den Standpunkt gestellt, daß eine Haftpflichtv ohne Selbstbeteiligung bei der V von öffentlichen Beamten und Rechtsanwälten gegen die Haftpflicht aus „reinen" Vermögensschäden nicht „zulässig" sei (VA 1906 S. 60—61, VA 1922 S. 53, VA 1930 S. 129; ebenso für die Vermögensschadenhaftpflichtv einer Gemeinde VA 1917 S. 184). Begründet worden ist dieser Standpunkt nur in VA 1906 S. 60—61. Dort heißt es auf S. 61: „Das Aufsichtsamt ging bei dieser Einschränkung davon aus, daß es sich hier um die V von Personen öffentlichen Vertrauens gegen die Gefahr der Haftbarkeit aus der Schädigung fremder Vermögensinteressen handelt und daher Bedacht darauf genommen werden muß, daß eine Abschwächung der Gewissenhaftigkeit in der Erfüllung der Amts- und Berufspflichten vermieden wird. Da es z. Zt. an ausreichenden Erfahrungen darüber fehlt, inwieweit etwa die Haftpflichtv einem fahrlässigen Verhalten des Vten Vorschub leistet, eine Schwächung des Verantwortlichkeitsgefühls der gegen Haftpflicht Vten jedoch keineswegs ausgeschlossen ist, so gebietet die Vorsicht, zum mindesten überall da, wo die Ausübung der Amts- und Berufspflichten vom Staate im öffentlichen Interesse bestimmten, für besonders qualifiziert erachteten Personen vorbehalten ist, die Haftpflichtv, wenigstens soweit sie die reinen Vermögensschäden betrifft, vorab nur in einer Form zuzulassen, die zwar einen ausreichenden Schutz gegen größere Vermögensverluste bietet, andererseits aber für den Vten die Gefahr eines fühlbaren Verlustes nicht gänzlich beseitigt."

Diese „altväterliche" Begründung ist deshalb so ausführlich zitiert worden, um zu zeigen, daß heutzutage das BAA einem Ver eine Vermögensschadenhaftpflichtv ohne Selbstbeteiligung mit derart lapidaren Sätzen nicht verwehren könnte. Die Erfahrung von mehr als 60 Jahren hat zwischenzeitlich gelehrt, daß das Bestehen einer Haftpflichtv nicht zu einer Vernachlässigung der Sorgfaltspflichten führt. Mittlerweile hat sich überhaupt der Gedanke des Haftpflichtvsschutzes bahnbrechend durchgesetzt. Auch kann die vorgesehene Selbstbeteiligung von 10 % oder 20 % die Regulierung der Schäden erschweren und schließlich dazu führen, daß der Schädiger unangemessen hart für ein fahrlässiges Verhalten auf Dauer belastet wird.

Auch in der Vermögensschadenhaftpflichtv bezieht sich, soweit nichts anderes vereinbart ist, der Selbstbehalt nicht auf die Kosten. Vgl. KG 2. XII. 1933 VA 1933 S. 415 Nr. 2635 = JRPV 1934 S. 92—93 und die Nachweise in Anm. G 52. Für den Fall des erhöhten Selbstbehalts ist in § 3 II Ziff. 7c AHBVerm eine solche Sonderregelung getroffen worden. Vgl. ferner § 3 II Ziff. 7b AHBVerm.

Für die Regulierungspraxis ist ebenfalls der vom RAA in VA 1939 S. 107—108 eingenommene Standpunkt von Bedeutung. Der Ver muß also — wenn er für sich nachteilige Folgen vermeiden will — vor Abschluß des Vergleichs zu erkennen geben, daß er nur für einen Teil der Vergleichssumme aufzukommen hat. Von einer allgemeinen Kenntnis, daß in der Vermögensschadenhaftpflichtv eine Selbstbeteiligung vorgesehen ist, kann in den Kreisen der geschädigten Dritten nicht ausgegangen werden.

[G 54] β) § 3 II Ziff. 4 AHBVerm.

Eine erzieherische Wirkung ist auch durch § 3 II Ziff. 4 AHBVerm beabsichtigt. Danach ist der Haftpflichtanspruch vom Ver in der Höhe nicht zu befriedigen, in der dem Vmer eigene Gebühren in derjenigen Sache zustehen würden, bei deren Behandlung der Verstoß erfolgt. Gleichgültig ist dabei, ob die Gebühren von dem Haftpflichtanspruch ergriffen werden oder nicht. Immer sind sie im Verhältnis zum Ver vorweg von der Entschädigung zu kürzen. Damit wird erreicht, daß nicht der Ver im Ergebnis das Honorar für die fehlerhafte Leistung seines Vmers zu zahlen hat. Das „Unternehmer-Risiko" in der Gestalt des Anspruchs auf Entlohnung für die fehlerhafte oder angeblich fehlerhafte Tätigkeit ist damit vom Vsschutz ausgeschlossen. Diese zusätzliche Form der Selbstbeteiligung steht in engster geistiger Verwandtschaft zu den Ausschlußbestimmungen des § 4 I Ziff. 6 Abs. 3 und II Ziff. 5 AHB. Es ist daher durchaus zu überlegen, § 3 II Ziff. 4 AHBVerm bei den Ausschlußtatbeständen abzuhandeln. Wenn hier der Textanordnung der AHBVerm gefolgt worden ist, so vor allem deshalb, weil die Kürzung um den Gebührenanteil des Vmers auch dann erfolgt, wenn — wie z. B. beim

Makler nach § 654 BGB wegen einer Vertragsverletzung — ein Vergütungsanspruch des Vmers gar nicht entsteht. In jenen Fällen kann also nicht davon die Rede sein, daß der Anspruchsteller mit einem Schadenersatzanspruch gegen die Honorar- oder Courtageforderung des Vmers aufrechnet.

Gemildert wird diese Form der Selbstbeteiligung durch § 3 II Ziff. 4 Abs. 2 AHBVerm für Vermögensverwaltungen, Vormundschaften oder „sonstige Sachen, die sich als Gesamtheit von Einzelangelegenheiten darstellen". Wenn in diesen Fällen nicht die gesamte Vermögensmasse verloren gegangen ist, so tritt nur eine aus dem Verhältnis zwischen Verlust und Vermögensmasse gebildete oder sonst den Umständen und der Billigkeit entsprechende Kürzung ein. Maßgebender Gesichtspunkt muß dabei sein, daß es grundsätzlich als unbillig erscheint, wenn das Honorar für jahrelange Arbeit wegen eines isolierten Fehlers per saldo nicht gezahlt wird, sofern nicht dieser Fehler zu dem katastrophalen Ergebnis führte, daß das gesamte anvertraute Vermögen verloren gegangen ist. Als billig und gerecht wird man es aber im allgemeinen anzusehen haben, wenn derjenige Teil des Gesamthonorars von der Entschädigung abgezogen wird, der bei isolierter Beauftragung mit dem zum Fehler führenden Rechtsakt zu entrichten gewesen wäre.

[G 55] bbb) Sicherung des Selbstbeteiligungsprinzips.

α) § 3 II Ziff. 5 AHBVerm.

In § 3 II Ziff. 5 AHBVerm heißt es, daß es ohne Zustimmung des Vers nicht zulässig sei, daß der Vmer Abmachungen treffe oder Maßnahmen geschehen lasse, die darauf hinauslaufen, daß ihm seine Selbstbeteiligung erlassen, gekürzt oder ganz oder teilweise wieder zugeführt werde; widrigenfalls mindere sich die Haftpflichtsumme um den entsprechenden Betrag. Diese Vorschrift betrifft Absprachen aller Art zwischen dem Vmer und dem Dritten, durch die die Bestimmungen in § 3 II Ziff. 3 und 4 AHBVerm umgangen werden sollen.

Wird z. B. zwischen dem Dritten und dem Vmer vereinbart, daß der letztere auf 10 % desjenigen Betrages (zugunsten des Vmers) verzichten werde, der im Haftpflichtprozeß zuerkannt wurde, so mindert sich die Leistungspflicht des Vers entsprechend. Das gleiche gilt auch dann, wenn diese Abreden schon bei Übernahme des Auftrages in dem an sich natürlichen und verständlichen Bestreben des Vmers getroffen worden sind, bei einem verwickelten Auftrag, der unter höchstem Zeitdruck erteilt wird, seine eigene Haftung im an sich vertretbaren Umfange auszuschließen. Es bleibt dem Vmer dann keine andere Möglichkeit, als entweder 10—20 % des Risikos selbst zu tragen oder jede Haftung auszuschließen. Der Vmer wird damit unter Umständen in eine schwierige Verhandlungsposition geraten. An der Wirksamkeit der Bedingungsbestimmung ist dennoch nicht zu zweifeln. BGH 26. IV. 1960 NJW 1960 S. 1197—1198 = VersR 1960 S. 549—550 steht dem nicht entgegen, da in dem dort entschiedenen Falle (Kfz-Haftpflichtv) das hier speziell interessierende Problem der Selbstbeteiligung des Vmers nicht zur Entscheidung stand, sondern lediglich darüber zu befinden war, ob ein Haftungsverzicht für den über die Vssumme des Haftpflichtvsvertrages hinausgehenden Schadenersatzanspruch aus vsrechtlicher Sicht zu beanstanden sei. Das ist vom BGH zutreffend verneint worden. Ein gleiches gilt auch für die Vermögensschadenhaftpflichtv, soweit es sich nicht um den unter die Selbstbeteiligung fallenden Teil des Schadens handelt.

[G 56] β) § 6 Ziff. 3 Abs. 2 AHBVerm.

In § 6 Ziff. 3 Abs. 2 AHBVerm ist für den Fall, daß der Vmer die in § 3 II Ziff. 3 AHBVerm vorgesehene Selbstbeteiligung anderweitig vert, bestimmt, daß er wegen der von da an vorkommenden Verstöße keinen Vsanspruch mehr habe. Deutlicher kann das Bestreben der Ver, dem Vmer auf jeden Fall ein „Eigenrisiko" zu belassen, kaum zum Ausdruck kommen. Es fragt sich, welchen Rechtscharakter § 6 Ziff. 3 Abs. 2 AHBVerm hat. Es könnte sich um eine Obliegenheit oder um einen Ausschlußtatbestand handeln. Sollte ein Ausschlußtatbestand beabsichtigt gewesen sein, so wäre weiter zu prüfen, ob etwa dessen ungeachtet eine Umgehung des § 6 I vorliegt, also eine „verhüllte" Obliegenheit (vgl. dazu Möller in Bruck-Möller Anm. 13—15 zu § 6). Prölss[17] Anm. 5 B zu

§ 58, S. 271, hält es für zulässig, eine Doppelv als Ausschlußtatbestand zu konstruieren. Diese Frage kann hier jedoch dahingestellt bleiben; denn es rechtfertigt sich die Annahme, daß eine Obliegenheit gewollt war. Dafür spricht insbesondere, daß in allen vorhergehenden Absätzen des § 6 AHBVerm von Obliegenheiten die Rede ist und daß der Ausdruck „hat keinen Vsanspruch" dem in § 6 I gebrauchten, daß der Ver von der Verpflichtung zur Leistung frei werde, sehr ähnlich ist (vgl. auch OG Danzig 1. III. 1927 HansRZ 1927 Sp. 418—420 = Praxis 1927 S. 161—162, das für eine ähnlich formulierte Bestimmung eines Feuervsvertrages ebenfalls eine Obliegenheit angenommen hat). Das Gesagte bedeutet, daß eine Leistungsfreiheit des Vers nur unter den Voraussetzungen des § 6 I eintritt. Insbesondere ist also eine Kündigung des Vers innerhalb der in § 6 I vorgesehenen Frist für eine Leistungsfreiheit erforderlich. Vgl. weiter Anm. F 21.

5. Primäre gegenständliche und persönliche Begrenzung des Versicherungsschutzes.

Gliederung:

a) Erläuterung des § 1 Ziff. 1 AHB (§ 1 I AHBVerm).

Gliederung:

[G 57] Schrifttum:

Beyer, Der Folgeschaden in der Individualv unter besonderer Berücksichtigung der Haftpflichtv, Bonner Diss. 1961, Böhm VersR 1953 S. 169—172, VersR 1955 S. 193—195, Boettinger VersR 1953 S. 176—177, Breining VW 1964 S. 619—620, Brockmann VersR 1953 S. 373—374, Büttiker, Die Risikobegrenzung in der Haftpflichtv, Winterthur 1963, Diekstall VW 1960 S. 678—679, VersR 1961 S. 988, Dithmar VersR 1960 S. 1061—1062, Eberhardt VersPrax 1961 S. 34—36, Elperting ZVersWiss 1917 S. 662—671, Enge VersR 1957 S. 73—76, Erdsiek NJW 1963 S. 1390—1392, Fauth VersR 1964 S. 370—371, Fedtke ZfV 1964 S. 351—357, Feyock NJW 1964 S. 1706—1709, Friedrich, Zur Deckung von Ansprüchen auf Aufwendungsersatz in der Haftpflichtv, Hamburger Diss. 1967, Geyer VersR 1965 S. 646—649, v. Gierke ZHR Bd 60 S. 13—14, Glaser ZfV 1964 S. 149 bis 150, Goujet VersPrax 1957 S. 84—86, VersPrax 1960 S. 89—90, VersPrax 1961 S. 129—131, Haasen VW 1964 S. 722—726, VW 1965 S. 125—131, Hafferburg VersR 1961 S. 1067—1070, VersR 1964 S. 463—465, VW 1964 S. 863—864, Hagen ZVersWiss 1910 S. 461—483, Hansen VW 1964 S. 722—726, Hartung VersArch 1958 S. 129—145, Heimbücher VW 1961 S. 242—243, VW 1967 S. 531—532, Heinzelmann JRPV 1939 S. 273—275, Herold ZfV 1962 S. 203—205, Hönig VersR 1966 S. 514—518, Höring VW 1946 Heft 7 S. 3—5, R. Hübner VersPrax 1961 S. 66—68, W. Hübner JRPV 1937 S. 290—291, Jülicher JRPV 1937 S. 17—20, Julitz ZfV 1965 S. 54—56, Kemperdieck ZfV 1964 S. 336—337, Kessler HansRGZ 1940 A Sp. 164—180, Köhler BB 1961 S. 237—238, Kramer JRPV 1927 S. 104—105, JRPV 1931 S. 51, VersR 1957 S. 274 bis 276, Kühfuß, Obhutsschäden in der Haftpflichtv, München 1933, Lindemann ÖffRV 1936 S. 80—81, Mainka JRPV 1937 S. 241—243, Mankowski, Haftung nach dem Wasserhaushaltsgesetz und Haftpflichtv (Veröff. des Seminars für Vswissenschaft der Universität Hamburg und des Vswissenschaftlichen Vereins in Hamburg, Neue Folge — Heft 25), Karlsruhe 1964, derselbe VW 1965 S. 342—343, Meins, Der Gegenstand der Haftpflichtv (§§ 1, 4 AVB), Hamburg 1939 (Hamburger Rechtsstudien Heft 35), Möller Summen- und Einzelschaden, Hamburg 1937, Neumann-Duesberg VersR 1969 S. 103 bis 109, Oehm VersR 1961 S. 112—113, Otto VersPrax 1964 S. 37—38, VersR 1964 S. 1129—1131, Paul BB 1965 S. 18—23, Pfund NeumZ 1918 S. 129—130, Prölss JW 1937 S. 1497—1498, NJW 1958 S. 793, J. Prölss VersR 1967 S. 432—437, Rohde VersR 1962 S. 103—112, Roth VersR 1962 S. 485—487, VW 1963 S. 366—368, Sanden VersR 1968 S. 12—16, Schlegelmilch, Haftpflichtv und unternehmerisches Risiko, Münchener Diss. 1964, Schlipphacke, Der Aufopferungsanspruch und seine Deckung durch die Haftpflichtv, Diss. Marburg 1937, Schmalzl VersR 1956 S. 270—273, Schreiter ZfV 1963 S. 371—374, Schwarz VW 1960 S. 173—174, VW 1961 S. 259—262, Schwaiger, Führer durch die Haftpflichtv, 6. Aufl., Augsburg 1961, Schweighäuser NeumannsZ 1924 S. 425—426, Simon ZfV 1962 S. 272—276, Steffens VW 1962 S. 242—246, Stelzer ZfV 1958 S. 521—522, Strätz ZfV 1961 S. 607, Süß DR 1939 S. 1089—1090, Teitge VersR 1962 S. 114—116, Vassel VW 1965 S. 125—131, VA 1967 S. 157—160, BB 1967 S. 907 bis 908, Weber VersR 1951 S. 192, Weimar VersPrax 1953 S. 20—21, Wunderlich, Der Deckungsumfang in der Haftpflichtv, Diss. Göttingen, Berlin 1934, Wussow WI 1957 S. 175—176, WI 1960 S. 197—199, Zdralek, Die Deckung der Haftung aus Vertrag bei einer Haftpflichtv, Diss. Breslau 1919, Zollmarsch, Inhalt, Bedeutung und Auslegung des § 4 II 5 AHB, Kölner Diss. 1965.

[G 58] aa) „Auf Schadenersatz gerichtete Haftpflichtbestimmungen privatrechtlichen Inhalts".

aaa) Zum Begriff des vom Versicherungsschutz erfaßten Schadenersatzanspruchs.

Der weite Rahmen des § 149 wird durch § 1 AHB und durch 1 AHBVerm eingeengt. In beiden Bestimmungen heißt es, daß der Ver dem Vmer Vsschutz zu gewähren habe, wenn dieser wegen der dort aufgeführten Sach-, Personen- oder Vermögensschäden aufgrund „gesetzlicher Haftpflichtbestimmungen privatrechtlichen Inhalts auf Schadenersatz" in Anspruch genommen (so § 1 AHB) bzw. aufgrund derartiger Bestimmungen verantwortlich gemacht werde (so § 1 AHBVerm). Es besteht heute Einhelligkeit darüber, daß in beiden Vsarten im Grundsatz nur Schadenersatzansprüche vert werden sollen (vgl. nur Kessler HansRGZ 1940 A Sp. 165 m. w. N., Meins Gegenstand S. 21, 24—25, Oberbach I S. 92—93, Möller Grundlagen B 2 S. 5, Wunderlich Deckungsumfang S. 19, 30—31, Wussow Architektenhaftpflichtv S. 12). Es bedarf demgemäß keiner weiteren Ausführung darüber, wie vielfältig im Grunde genommen die Begriffe „Haftung" und „Haftpflicht" verwendet werden und daß insbesondere das Wort „Haftpflicht" Anreiz zu interessanten Begriffsspekulationen geben kann (vgl. Meins Gegenstand S. 14—26 m. w. N., Wunderlich Deckungsumfang S. 15, Wussow[5] Anm. 58 zu § 1 AHB, S. 112—115, Zdralek a. a. O. S. 1). Bemerkenswert ist allerdings, daß § 1 AHBVerm in seinem Wortlaut eine größere Ähnlichkeit mit § 149 aufweist als mit § 1 AHB. Mit Rücksicht auf die Verwendung des allerdings ursprünglich unklaren Ausdrucks „gesetzliche Haftpflichtbestimmungen" läßt sich aber die überkommene Auslegung billigen, daß auch hier grundsätzlich Schadenersatzansprüche im Spiele sein müssen.

Unter „auf Schadenersatz gerichtete gesetzliche Haftpflichtbestimmungen privatrechtlichen Inhalts" sind alle deliktischen, quasideliktischen und sonstigen Ansprüche zu verstehen, die den Ausgleich eines Schadens gewähren (z. B. auch Schadenersatzansprüche nach §§ 228, 231 und 904 BGB). Unerheblich ist es dabei, ob die betreffende Norm ein Verschulden des Vmers voraussetzt oder nicht. Soweit nicht Ausschlußtatbestände eingreifen, sind demgemäß z. B. auch Schadenersatzansprüche aus dem Atomgesetz und dem Wasserhaushaltsgesetz vert (verfehlt Glaser ZfV 1964 S. 149). Auch ein Schadenersatzanspruch aus §§ 989, 990 BGB wird grundsätzlich vom Vsschutz erfaßt (ebenso Wussow[5] Anm. 80 zu § 1 AHB, S. 157—161).

§ 1 AHB stellt darauf ab, ob im materiellen Sinne Ersatz für einen eingetretenen Schaden geleistet wird. Das ist stets zu beachten, wenn geprüft wird, ob es sich um eine gesetzliche Haftpflichtbestimmung handelt, die den Ausgleich dieses Schadens gewährt. Wird in der Rechtslehre oder Rechtsprechung eine andere Bezeichnung als der Ausdruck „Schadenersatzansprüche" gewählt, so bedeutet das noch nicht, daß § 1 AHB nicht eingreift. Vsschutz kann also durchaus auch für Ausgleichsansprüche, privatrechtliche Aufopferungsansprüche oder Entschädigungsansprüche bestehen. Daß durch die Wahl eines anderen Ausdrucks für den Begriff Schadenersatzanspruch unter Umständen angedeutet werden soll, daß nur ein Teil des Schadens zu ersetzen ist oder es keines Verschuldens zur Anspruchsbegründung bedarf, spricht nicht gegen die Annahme, daß es sich um gesetzliche Haftpflichtbestimmungen privatrechtlichen Inhalts handle. Eine gesetzliche Haftpflichtbestimmung privatrechtlichen Inhalts ist auch dann gegeben, wenn — wie vom BAG 10. X. 1961 BAGE Bd 12 S. 15—28 — der Ausgleich eines Schadens in neuer Begriffsbildung durch einen so bezeichneten „Wertersatzanspruch" gewährt wird (ebenfalls den Vsschutz bejahend Preiß ZfV 1966 S. 541—542).

Auch vertragliche Schadenersatzansprüche fallen unter den Begriff „gesetzliche Haftpflichtbestimmungen privatrechtlichen Inhalts". Vom ursprünglich unklaren Wortsinn des genannten Begriffs ausgehend, könnte man daran bei unbefangener Auslegung allerdings zunächst zweifeln. Nach fester Rechtsprechung sind aber § 1 AHB und § 1 AHBVerm dahin auszulegen, daß grundsätzlich auch vertragliche Schadenersatzansprüche als „gesetzliche Haftpflichtbestimmungen" aufzufassen sind und somit vom Vsschutz erfaßt werden (so: RG 31. I. 1911 RGZ Bd 73 S. 173—175 [unklar dagegen noch RG 18. IV. 1913 Recht 1913 Nr. 1943], 7. XI. 1914 RGZ Bd 86 S. 2, 1. III. 1918 VA 1918 Anh. S. 54—56 Nr. 1046, 8. III. 1921 VA 1922 Anh. S. 45 Nr. 1203, 19. II.

1937, JW 1937 S. 1496—1497 = VA 1937 S. 148—149 Nr. 2968, 7. III. 1939 RGZ Bd 160 S. 48—52, BGH 21. II. 1957 BGHZ Bd 23 S. 351, 24. X. 1960 NJW 1961 S. 269 = VA 1961 S. 79 Nr. 284, 30. IV. 1962 VersR 1962 S. 534, 20. IX. 1962 NJW 1962 S. 2106 = VA 1963 S. 8—9 Nr. 348, 9. I. 1964 NJW 1964 S. 1026 = VA 1965 S. 11 Nr. 400, 3. III. 1966 NJW 1966 S. 1074 = VersR 1966 S. 435). Etwas anderes gilt nur dann, wenn und soweit durch vertragliche Sondervereinbarungen der Umfang der nach dem dispositiven Gesetzesrecht gegebenen vertraglichen Schadenersatzansprüche erweitert worden ist (§ 4 I Ziff. 1 AHB; vgl. dazu Anm. G 157—163). Diese Auffassung über den Einschluß der vertraglichen Schadenersatzansprüche wird von fast dem gesamten haftpflichtvsrechtlichen Schrifttum der Gegenwart geteilt. Vgl. nur Böhm VersR 1953 S. 171, Brockmann VersR 1955 S. 373, Büttiker a. a. O. S. 16, Fromm S. 409, Meins Gegenstand S. 26—49, Oberbach I S. 88 m. w. N. in Anm. 88, Prölss[17] Anm. 2 zu § 1 AHB, S. 651, JW 1937 S. 1497, NJW 1958 S. 793, J. Prölss VersR 1967 S. 432—433, Fleischmann-Deiters in Thees-Hagemann Anm. 1 zu § 10 AKB, S. 321, Wunderlich Deckungsumfang S. 15—22, Wussow[5] Anm. 59 zu § 1 AHB, S. 116, Schweighäuser NeumannsZ 1924 S. 425—426, Sieg Ausstrahlungen S. 53, Süß DR 1939 S. 1090; Zollmarsch a. a. O. S. 36—37 m. w. N. in Anm. 130. A. M. lediglich Heinzelmann JRPV 1939 S. 273—275, der eine Eintrittspflicht für vertragliche Schadenersatzansprüche nur dann für gegeben hält, wenn diese in Anspruchskonkurrenz mit deliktischen stehen. Zum älteren Schrifttum vgl. Elperting ZVersWiss 1917 S. 662—665, Georgii Haftpflichtv S. 44, J. Gierke ZHR Bd 60 S. 13—14, Hagen ZVersWiss 1910 S. 467—470, Pfund NeumannsZ 1918 S. 129—130; vgl. ferner die Nachweise bei Wunderlich a. a. O.

Wenn es dennoch gelegentlich vorkommen mag, daß sich ein Ver darauf beruft, daß er angeblich keine vertraglichen Schadenersatzansprüche decke, so kann das nur mit einer Unkenntnis der eigenen Bedingungen erklärt werden (vgl. dazu Prölss NJW 1958 S. 793—794). Das eigentliche Problem stellt heute daher nur noch die Frage dar, inwieweit neben dem Hauptanwendungsfall des gedeckten vertraglichen Schadenersatzanspruchs, dem Anspruch aus sog. positiver Vertragsverletzung (Schlechterfüllung), auch Schadenersatzansprüche wegen Nichterfüllung mitvert sind. Hier ist zu bedenken, daß kein Vsschutz für Erfüllungsansprüche besteht, und daß grundsätzlich das sog. „reine" Vertragsinteresse auch nicht mitvert werden kann, so daß die Erfüllungssurrogate vom Vsschutz ausgeschlossen werden müssen (vgl. § 4 II Ziff. 5 und § 4 I Ziff. 6 Abs. 3 S. 2 AHB und dazu Anm. G 250—261).

Demgemäß bedarf es einer näheren Begründung der wiedergegebenen Auffassung, daß vertragliche Schadenersatzansprüche grundsätzlich vom Vsschutz erfaßt werden, in einzelnen nicht mehr. Bemerkt sei aber, daß sich die erwähnte feste Rechtsprechung und herrschende Meinung in der Literatur zur Erhärtung des wieder gegebenen Standpunktes stets auf einzelne dafür sprechende Bestimmungen der AHB berufen haben (z. B. auf § 4 I Ziff. 1 und § 4 II Ziff. 5 AHB). Es bedeutet daher im Grunde genommen ein Verkennen des logischen Entwicklungsganges, wenn Bestimmungen wie § 4 I Ziff. 1 AHB heute als gänzlich überflüssig bezeichnet werden. Dabei wird nicht bedacht, daß bei einem Wegfall der erwähnten ergänzenden Bestimmungen der AHB die überkommene Auslegung des hier erörterten Begriffs durchaus neu zu durchdenken und zu überlegen wäre. Aus der Geschichte der Haftpflichtv sei ergänzend hinzugefügt, daß es Zeiten gegeben hat, in denen sich aus den Vertragsbedingungen einwandfrei der Wille des Vers ergab, nur deliktische Ansprüche decken zu wollen (vgl. dazu Sieg Ausstrahlungen S. 53).

[G 59] bbb) „Ausschluß" von Erfüllungsansprüchen (und Erfüllungssurrogaten).

Steht somit fest, daß nur Schadenersatzansprüche unter den Vsschutz der Haftpflichtv nach geltendem Bedingungsrecht fallen, so scheiden andere gesetzliche oder vertragliche Ansprüche grundsätzlich aus. Insbesondere besteht kein Vsschutz für vertragliche Erfüllungsansprüche (BGH 21. II. 1957 BGHZ Bd 23 S. 351—352, 13. XII. 1962 NJW 1963 S. 805—806 = VA 1963 S. 111—113 Nr. 363, LG Amberg 28. III. 1955 VersR 1957 S. 190—191). Der Bestimmung des § 4 I Ziff. 6 Abs. 3 S. 2 AHB kommt daher im Prinzip nur klarstellende Bedeutung zu (vgl. dazu Anm. G 259—260). Ausgeschlossen sind auch schon nach § 1 AHB Ansprüche auf Wandlung oder Minderung (für einen Mietminderungsfall vgl. LG Hamburg 22. IX. 1936 HansRGZ 1937 A Sp. 56–58), da es sich dabei nicht um Schadenersatzansprüche handelt (Oberbach I S. 94, Schmalzl VersR 1956 S. 270 m. w. N. in Anm. 4). Gleiches gilt vom Mängelbeseitigungsanspruch nach § 633 II BGB (BGH 13. XII. 1962 NJW 1963 S. 805 bis 806 = VA 1963 S. 111–112 Nr. 363; Meins Gegenstand S. 39, Wussow[5] Anm. 70 zu § 1 AHB, S. 134); denn bei diesem Anspruch handelt es sich um einen „echten", wenn auch eingeschränkten Erfüllungsanspruch (BGH 6. II. 1958 BGHZ Bd 26 S. 337 bis 340 [Entscheidung zum Werkvertragsrecht]). Das gilt auch dann, wenn zur Durchführung der Nachbesserung zwangsläufig andere Sachen des Bestellers beschädigt werden müssen (BGH 13. XII. 1962 a. a. O.). Derartige Schäden an den Sachen des Auftraggebers sind (nach § 4 I Ziff. 6 Abs. 3 S. 2 AHB) auch dann vom Vsschutz ausgeschlossen, wenn ihretwegen von dem Auftraggeber kein Mängelbeseitigungsanspruch, sondern ein Schadenersatzanspruch wegen Nichterfüllung erhoben wird (so treffend BGH 13. XII. 1962 NJW 1963 S. 811–812 = VA 1963 S. 112–113 Nr. 364, 30. XII. 1963 VersR 1964 S. 265–266, 28. XI. 1966 NJW 1967 S. 340–342 = VersR 1967 S. 160–162 [beides Entscheidungen zu VOB Teil B § 13 Ziff. 7]; die letztgenannte Entscheidung, der im Ergebnis durchaus zuzustimmen ist, darf nicht in dem Sinne verstanden werden, daß jeder Schadenersatzanspruch wegen Nichterfüllung als Erfüllungssurrogat nach § 4 I Ziff. 6 Abs. 3 AHB ausgeschlossen ist; vgl. dazu Anm. G 255–258). Zu beachten ist, daß nicht etwa sämtliche Schadenersatzansprüche wegen Nichterfüllung unter den Begriff des Erfüllungssurrogats fallen. Das gilt vielmehr im Prinzip nur für das eigentliche Liefer- oder Leistungsobjekt. Die Einordnung der zwangsläufigen Zerstörung der Sachen des Bestellers als nicht gedeckten Erfüllungsschaden im Sinne des Haftpflichtvsrechts bedeutet im Grunde genommen schon eine Erweiterung dieses Prinzips, die aber aus sachlogischen Gründen zu akzeptieren ist.

Zur Abgrenzung des Begriffs des Erfüllungssurrogats und der durch §§ 4 II Ziff. 5 und 4 I Ziff. 6 Abs. 3 S. 2 AHB ausgeschlossenen Schäden vgl. weiter Anm. G 250–261. Es ist im übrigen eine Frage der positiven Ausgestaltung des Bedingungsrechts, ob und inwieweit für Schadenersatzansprüche wegen Nichterfüllung eines Vertrages Deckungsschutz gewährt wird oder nicht. Keineswegs kann aus dem „Wesen der Haftpflichtv" gefolgert werden, daß Schadenersatzansprüche wegen Nichterfüllung grundsätzlich nicht vert würden. Eine derartige Argumentation ist grundsätzlich nur für die Haftpflichtv eines Betriebes schlüssig, soweit es sich um die Erfüllung von Lieferungsverträgen handelt, bei denen der Vmer mit Gewißheit damit rechnen muß, daß er den abgeschlossenen Vertrag durch Lieferung des geschuldeten Gegenstands zu erfüllen hat. Dort läßt sich mit Recht sagen, daß nichts voraussehbarer sei, als daß der Vmer auf Lieferung in Anspruch genommen werde. Etwas anderes ergibt sich aber z. B. im Dekkungsbereich der Vermögensschadenhaftpflichtv. In dieser fehlt es an einer Ausschlußbestimmung wie § 4 I Ziff. 6 Abs. 3 S. 2 AHB. Traditionell wird dort gerade für Schadenersatzansprüche wegen Nichterfüllung Vsschutz gewährt (vgl. Frey Grundlagen C 2 — I A 1d und e S. 27–28 und Hafferburg VersR 1961 S. 1070 für die Behandlung derartiger Schäden in der Architektenhaftpflichtv, wobei es für die hier interessierende Frage bedeutungslos ist, ob man die dort abgehandelten Schäden für „reine" Vermögens- oder Sachschäden hält; vgl. auch die Bemerkung von Strätz ZfV 1961 S. 607 zum Deckungsbereich der Anwaltshaftpflichtv). Daß es sich bei der Anwaltshaftpflichtv meist um Schadenersatzansprüche aus sog. positiver Vertragsverletzung handelt, spricht nicht gegen die hier vertretene Ansicht. Es sind nämlich durchaus gedeckte Ersatzansprüche aus Verzug und Unmöglichkeit denkbar. Es kann sogar gesagt werden, daß sehr viele als Ansprüche wegen positiver Vertragsverletzung bezeichnete Ersatzansprüche im Grunde solche aus Verzug oder Unmöglichkeit sind, wenn nämlich z. B. ein Anwalt einen Termin in einer Zwangsversteigerungssache nicht wahrnimmt oder es versäumt, eine Frist einzuhalten.

[G 60] ccc) Ausgleichsansprüche unter Gesamtschuldnern und Freihaltungsansprüche.

Gedeckt sind nicht nur deliktische und vertragliche Schadenersatzansprüche, sondern auch die wegen dieser Schadenersatzansprüche unter Gesamtschuldnern bestehenden Ausgleichsansprüche nach § 426 BGB (BGH 17. V. 1956 VersR 1956 S. 364, Kramer

VersR 1957 S. 274—276 m. w. N., Sieg Ausstrahlungen S. 232 m. w. N.). Das ergibt sich für den Fall des § 426 II BGB aus dem Forderungsübergang, muß aber auch für den Anspruch aus § 426 I BGB gelten. Soweit bei unechter Gesamtschuldnerschaft ein Ausgleichsanspruch zugebilligt oder jedenfalls geltend gemacht wird, besteht ebenfalls Vsschutz. Vsschutz ist aber auch dann gegeben, wenn der Vmer in der Weise in Anspruch genommen wird, daß ein Dritter von ihm die Freihaltung von Schadenersatzansprüchen eines Vierten verlangt (vgl. dazu den vom BGH 7. I. 1965 BGHZ Bd 43 S. 42—46 entschiedenen Fall). Auch ein derartiger Anspruch auf Freihaltung eines Dritten von einer Schadenersatzverpflichtung eines Vierten stellt also eine auf Schadenersatz gerichtete Haftpflichtbestimmung privatrechtlichen Inhalts dar. Derartige Situationen können sich z. B. ergeben, wenn der Vmer gegenüber einem Dritten die Verkehrssicherungspflicht übernommen hat (vgl. dazu, daß eine derartige Übernahme der Verkehrssicherungspflicht keine über den gesetzlichen Umfang der Haftpflicht hinausgehende Verpflichtung im Sinne des § 4 I Ziff. 1 AHB darstellt, Anm. G 161).

[G 61] ddd) Beseitigungsanspruch aus § 1004 BGB.

Kein Vsschutz besteht gegenüber Unterlassungsansprüchen aller Art, gleichgültig also ob sie auf Vertrag oder Delikt gestützt werden oder ob es sich um quasinegatorische Klagen handelt. Zweifeln läßt sich dagegen darüber, ob der Beseitigungsanspruch aus § 1004 BGB unter den Vsschutz fällt oder nicht. Wussow[5] Anm. 76 zu § 1 AHB, S. 150 verneint den Vsschutz mit der Begründung, daß es sich nicht um einen Schadenersatzanspruch handle (im Ergebnis ebenso: Meins Gegenstand S. 25, Schmalzl VersR 1956 S. 270, Wunderlich Deckungsumfang S. 28). Prölss[17] Anm. 2 zu § 1 AHB, S. 652 führt aus, daß insoweit keine Deckung bestehe, als Ansprüche aus §§ 862, 1004 BGB (und § 26 GewO) auf Herstellung von Einrichtungen gerichtet seien. Dem ist zuzustimmen. Denn dabei handelt es sich im Grunde genommen nur um eine Komponente des Unterlassungsanspruchs, nämlich um ein Begehren, das darauf gerichtet ist, daß weitere Beeinträchtigungen zu unterlassen seien. Es bleibt aber zu prüfen, ob für einen Beseitigungsanspruch auch dann kein Vsschutz besteht, wenn dieser auf Wiederherstellung des früheren Zustands im Sinne eines Schadenersatzanspruchs geht, also z. B. darauf gerichtet ist, daß die Entfernung von vom Grundstück des Vmers auf das Nachbargrundstück gefallenen Felsbrocken oder von sonstigen Grundstücksteilen verlangt wird. Ein derartiger Anspruch muß als vert angesehen werden (vgl. auch OLG Hamburg 22. IV. 1918 VA 1918 S. 59 Nr. 1048). Eine andere Frage ist es allerdings, ob § 1004 mit dem dort festgelegten Beseitigungsanspruch einen derartigen Anspruch auf Ersatz des entstandenen Schadens gibt. Das ist ausnahmsweise in RG 19. XII. 1929 RGZ Bd 127 S. 33- 35 bejaht worden für einen Fall, bei dem ein Haldenbrand auf einen Bahndamm übergriff; es hat ausgeführt, daß sich jedenfalls dann, wenn die Beeinträchtigung mit der Schädigung so unmittelbar zusammenhänge, daß der eine Vorgang von dem anderen gar nicht zu trennen sei, aus § 1004 BGB auch die Verpflichtung ergebe, die Zerstörungen zu beseitigen (vgl. aber dagegen BGH 9. VII. 1958 BGHZ Bd 28 S. 113, der im Gegensatz dazu [allerdings in einem ganz anders gelagerten Falle] ausführt, daß der Anspruch aus § 1004 BGB nicht auf Ersatz des entstandenen Schadens gehe). Über diese Frage mag man streiten. Es ist aber zu betonen, daß das Verlangen auf Ersatz des entstandenen Schadens in den Deckungsbereich des § 1 AHB fällt. Keineswegs kann der Vsschutz deshalb abgelehnt werden, weil § 1004 BGB einen derartigen Anspruch nicht zubilligt; insoweit besteht vielmehr Vsschutz in der Form der Abwehr eines unbegründeten Anspruchs. Für einen Anspruch auf § 1004 BGB ist nach dem Gesagten immer dann der Vsschutz zu bejahen, wenn der Anspruch sich nicht nur als ein Unterfall des Unterlassungsanspruchs darstellt.

[G 62] eee) Nachbarrechtlicher Ausgleichsanspruch nach §§ 906 II 2, 912 BGB (privatrechtlicher „Aufopferungsanspruch“).

Nach § 906 II 1 BGB hat der Eigentümer eines Grundstücks eine wesentliche Beeinträchtigung durch eine ortsübliche Benutzung eines anderen Grundstücks zu dulden, wenn diese Beeinträchtigung nicht durch Maßnahmen verändert werden kann, die Benutzern dieser Art wirtschaftlich zumutbar sind. Für diese Beeinträchtigung des Eigentums gewährt das Gesetz dem Eigentümer einen angemessenen Ausgleich in Geld. Dieser Ausgleichsanspruch wird kraft ausdrücklicher gesetzlicher Vorschrift erst seit dem 1. VI. 1960 zugebilligt. Doch war ein derartiger Anspruch schon vor der gesetzlichen Änderung rechtsschöpferisch vom RG entwickelt worden (vgl. z. B. RG 10. III. 1937 RGZ Bd 154 S. 161—167 m. w. N.; zur Entstehungsgeschichte und zum Umfang eines derartigen Anspruchs vgl. im übrigen Schack BB 1965 S. 341—345). LG Stuttgart 24. X. 1963 VersR 1964 S. 156 hat eine Eintrittspflicht des Vers für einen derartigen Anspruch verneint (ebenso Fauth VersR 1964 S. 370—371, Prölss[17] Anm. 2 zu § 1 AHB, S. 652 [der aber im Widerspruch zu dieser Auffassung den sachlich auf das gleiche gehenden privatrechtlichen Aufopferungsanspruch für vert hält — so auch OLG Düsseldorf 13. X. 1965 NJW 1966 S. 738 —], Schlipphacke a. a. O. S. 25—27; a. M. Wussow[5] Anm. 75 zu § 1 AHB, S. 145—147). Der abweichenden Meinung von Wussow kann nicht gefolgt werden. Ihr kommt in der Praxis allerdings nur geringe Bedeutung zu. Durch § 4 I Ziff. 5 AHB (Ausschluß von Ersatzansprüchen aus allmählicher Einwirkung von Gasen, Dämpfen, Rauch, Ruß, Staub usw.) wird dafür gesorgt, daß der Hauptteil derartiger Ansprüche ohnedies ausgeschlossen ist. Aus der Interessenlage kann dem Ver aber auch im übrigen nicht zugemutet werden, für derartige Ansprüche einzutreten, die ihrer Natur nach eine Entschädigung des Dritten für eine besondere Inanspruchnahme seines Vermögens darstellen. Es sei hier das aus der Geschichte des Enteignungsrechts bekannte Wort vom „Zwangskauf" zur Verdeutlichung der Situation gebraucht. Darum handelt es sich letzten Endes. Die Rechtsordnung gestattet die übermäßige Einwirkung auf den Vermögensbereich eines Dritten gegen Zahlung eines entsprechenden Ausgleichs. Für einen derartigen materiell als „Erfüllungsanspruch" besonderer Art zu qualifizierenden Gegenanspruch wollen die Ver nach der Interessenlage trotz der weiten Fassung des § 1 AHB nicht eintreten. Der Fall ähnelt dem, daß dem Nachbarn eine Rente nach § 912 II BGB wegen eines Überbaues zu zahlen ist. Auch ein solcher Anspruch fällt nicht unter § 1 AHB (a. M. Böhm VersR 1953 S. 170, Wussow[5] Anm. 75 zu § 1 AHB, S. 149—150).

Eine gesetzliche Klarstellung im Sinne der hier vertretenen Auffassung bringt § 13 V 2 des Atomgesetzes vom 23. XII. 1959 (BGBl. I S. 814—828). Diese Vorschrift bestimmt (abgesehen von dem aus rechtspolitischen Gründen vorgenommenen Ausschluß der Regreßansprüche aus § 903 RVO [jetzt § 640]), daß zu den auf „gesetzlichen Haftpflichtbestimmungen privatrechtlichen Inhalts" beruhenden Schadenersatzverpflichtungen solche Verpflichtungen, die sich aus § 7 IV des Atomgesetzes in Verbindung mit § 26 GewO ergeben, sowie ähnliche Entschädigungs- oder Ausgleichsverpflichtungen nur insoweit gehören, als der Schaden oder die Beeinträchtigung durch einen Unfall entstanden sind. Dadurch wird allerdings für eine Sonderhaftpflichtv in einem beschränkten Umfange der schon lange aus dem Begriff der Haftpflichtv ausgeschiedene Terminus des Unfalles wiedereingeführt. Ein solcher Rückschluß darf nicht in bezug auf § 1 AHB gezogen werden. Der in § 13 V Atomgesetz getroffenen Regelung kommt aber für die Erläuterung des Deckungsbereichs des § 1 AHB insofern Bedeutung zu, als bei den nach § 13 V für vert gehaltenen Ansprüchen in der Regel eine über den Umfang der nach § 906 BGB erlaubten Einwirkung hinausgehende Beeinträchtigung vorliegt, die nicht duldungspflichtig ist und daher auch Ersatzansprüche nach § 823 BGB auslöst und demgemäß auch nach der hier vertretenen Auffassung unter den Vsschutz fällt.

Es versteht sich, daß für vorsätzliche Schädigungen kein Vsschutz besteht. Wussow versuchte früher (4 Anm. 74 zu § 4 AHB, S. 116) einen Teil der Einwirkungsschäden dadurch auszuschließen, daß er bei bewußter Einwirkung auf die Nachbarschaft eine vorsätzliche Schädigung im Sinne des § 4 II Ziff. 1 AHB (§ 152) annahm. Mit dieser Begründung kommt man aber dann in Schwierigkeiten, wenn man mit BGH 28. IV. 1958 VersR 1958 S. 361—362 zum Vorsatz im Sinne des Zivilrechts und des § 4 II Ziff. 1 AHB das Bewußtsein der Rechtswidrigkeit rechnet (vgl. dazu Anm. G 226); denn an dieser Rechtswidrigkeit fehlt es gerade in der Mehrzahl der nachbarrechtlichen Ausgleichsfälle. Das stellt die Besonderheit derartiger Fälle dar, in denen vom RG rechtsschöpferisch ein Entschädigungsanspruch zugebilligt worden ist.

Zum gleichen Ergebnis wie Wussow früher könnte man kommen, wenn man wie RG 20. I. 1911 LZ 1911 Sp. 392—393 = VA 1911 S. 62—63 Nr. 604 für einen vor Inkrafttreten des VVG durch jahrelanges Ausscheiden schädlicher Dämpfe entstandenen Schaden am Nachbargrundstück die Deckungspflicht deshalb verneint, weil es sich um die „notwendige" Entstehung eines Schadens gehandelt habe, die aus offenbaren Umständen voraussehbar gewesen sei, da es sich um eine sicher bevorstehende unausbleibliche Schädigung gehandelt habe. Dabei muß man sich allerdings im klaren sein, daß damit aus dem allgemeinen Begriff der Vorhersehbarkeit des Vsfalles ein selbständiger ungeschriebener Ausschlußtatbestand geschaffen wird, obwohl doch die Überlegung so naheliegend und überzeugend erscheint, daß es sich bei den „voraussehbaren", „unausbleiblichen", „sicher bevorstehenden" Schäden in der Haftpflichtv immer nur dann um einen Ausschlußgrund handelt, wenn zugleich der Tatbestand des § 152 (oder einer gleichlautenden Ausschlußklausel) vorliegt.

Das Gesagte gilt auch für sonstige aus dem nachbarschaftlichen Gemeinschaftsverhältnis abgeleitete Ansprüche, die aus Treu und Glauben aus besonderem Anlaß, wie Kriegseinwirkung, zugebilligt werden. Vgl. z. B. den vom BGH 9. VII. 1958 BGHZ Bd 28 S. 110—117 entschiedenen Fall, in dem eine Brandmauer durch Kriegsereignisse in den Luftraum des Nachbargrundstücks herüberragte, weshalb dieser sein neues Gebäude im entsprechenden Abstand aufbauen mußte und den Zwischenraum mit Bimsbeton auffüllte. Der aus dem nachbarlichen Gemeinschaftsverhältnis zuerkannte Anspruch auf Ersatz dieser Aufwendungen fällt nicht in den Deckungsbereich des § 1 AHB.

[G 63] fff) Ansprüche aus ungerechtfertigter Bereicherung und Geschäftsführung mit oder ohne Auftrag.

α) Grundsätzliches.

Kein Vsschutz besteht für Ansprüche aus ungerechtfertigter Bereicherung (vgl. nur Meins Gegenstand S. 25). Es fehlt hier an jeder Vergleichbarkeit mit den von § 1 AHB oder § 1 AHBVerm erfaßten, auf Schadenersatz gerichteten Haftpflichtbestimmungen. Verlangt daher ein Vertragspartner wegen der schlechten Leistung des Vmers das von ihm diesem bereits bezahlte Entgelt aus ungerechtfertigter Bereicherung zurück, so besteht kein Vsschutz (KG 16. X. 1937 VA 1937 S. 235 Nr. 3027 = JRPV 1938 S. 7). Das gilt auch dann, wenn der Dritte sein Begehren auf Rückzahlung des geleisteten Entgelts auf einen Anspruch aus positiver Vertragsverletzung stützt (unrichtig insoweit OLG Hamm 17. VII. 1936 VA 1936 S. 237 Nr. 2913 — vgl. dagegen die einen Schadenersatzanspruch nach § 82 KO betreffende Entscheidung des genannten Gerichts vom 11. II. 1935 JRPV 1935 Zusatzheft S. 59—60, in der zutreffend bezüglich des Vsschutzes zwischen unangemessenen Auslagen und ohne inneren Grund angesetzten — einbehaltenen — Posten unterschieden wird). Ausnahmsweise kann aber auch für einen Anspruch aus ungerechtfertigter Bereicherung Vsschutz bestehen, wenn nämlich die Bereicherung des Vmers darin liegt, daß er aufgrund einer Leistung eines Vierten von einem unter den Vsschutz fallenden Schadenersatzanspruch eines geschädigten Dritten befreit wird (so zustreffend BGH 5. III. 1964 VersR 1964 S. 474).

Ausgeschlossen sind grundsätzlich auch Ansprüche auf Ersatz von Aufwendungen im Sinne des § 670 BGB (vgl. nur Meins Gegenstand S. 26, Schmalzl VersR 1956 S. 270). Denn dabei handelt es sich im materiellen Sinne nicht um den Ausgleich eines Schadens, sondern um die Erstattung von Kosten, die der Beauftragte oder Geschäftsführer ohne Auftrag für den Geschäftsherrn aufgewendet hat, also um einen nicht gedeckten Erfüllungsanspruch. Ausnahmsweise kann aber auch hier Vsschutz bestehen, wenn nämlich (möglicherweise sogar mit Zustimmung des Vers) eine in den Deckungsbereich der Police fallende Schuld des Vmers durch einen Vierten getilgt worden ist (vgl. dazu BGH 26. XI. 1959 VersR 1960 S. 73—75, 5. III. 1964 a. a. O., OLG Düsseldorf 2. VII. 1931 VA 1931 S. 225—226 Nr. 2301 = RdK 1933 S. 307—308). Zur Frage, ob für den auf Ersatz eines bei Durchführung eines (gefährlichen) Auftrags zufällig entstehenden Schadens gerichteten Anspruchs Vsschutz besteht, vgl. Anm. G 64.

Auch ein Herausgabeanspruch aus § 667 BGB fällt nicht unter den Vsschutz (OLG Hamburg 23. V. 1962 VersR 1963 S. 226—227). Wird die vom Vmer herauszugebende Sache aber zerstört oder beschädigt, so ist der auf Ersatz dieses Schadens gerichtete Anspruch des Dritten gedeckt, soweit nicht etwa § 4 I Ziff. 6a AHB eingreift. Keineswegs könnte der Vsschutz mit der Begründung versagt werden, daß es sich um ein Erfüllungssurrogat im Sinne des § 4 I Ziff. 6 Abs. 3 S. 2 AHB handle (vgl. speziell zu einem derartigen Fall RG 7. XI. 1914 RGZ Bd 86 S. 1—6 und die Ausführungen in Anm. G 255—261). Eine Besonderheit ist dann gegeben, wenn Geld beschädigt oder zerstört oder abhandengekommen ist. Hier wird nach § 279 BGB in aller Regel davon auszugehen sein, daß nicht ein Schadenersatzanspruch entsteht, sondern der Anspruch aus § 667 BGB unverändert von diesen Ereignissen bestehen bleibt. Dafür braucht der Haftpflichtver nicht einzustehen (OLG Hamburg 23. V. 1962 a. a. O.).

[G 64] β) Ansprüche auf Ersatz von Zufallschäden.

Bestritten ist, ob die von der Rechtsprechung in analoger Anwendung des § 670 BGB dem Geschäftsführer ohne Auftrag (oder Beauftragten) zugesprochenen „Aufwendungs"-Ansprüche auf Ersatz von bei der Durchführung des Auftrags zufällig entstehenden Körper- und auch Sachschäden vom Vsschutz erfaßt werden oder nicht. Vgl. zur haftpflichtrechtlichen Frage folgende Entscheidungen: RG 28. XI. 1918 RGZ Bd 94 S. 169—172, 26. II. 1920 Bd 98 S. 195—200, 7. V. 1941 Bd 167 S. 85—92, 12. XI. 1943 DR 1944 S. 287, BGH 7. XI. 1960 BGHZ Bd 33 S. 251—257, 27. XI. 1962 BGHZ Bd 38 S. 270—281, BAG 10. XI. 1961 BAGE Bd 12 S. 15—28; vgl. auch den instruktiven Fall des LG Arnsberg 15. IX. 1960 VersR 1961 S. 209—210.

Für eine Bejahung des Vsschutzes haben sich ausgesprochen: Eberhardt VersPrax 1961 S. 34—36, Friedrich, Zur Deckung von Ansprüchen auf Aufwendungsersatz in der Haftpflichtv, Hamburger Diss. 1967, S. 87—92, Fromm S. 409, Kramer JRPV 1927 S. 104—105, JRPV 1931 S. 51, Mainka JRPV 1937 S. 241—243, Weimar VersPrax 1953 S. 20—21, Wussow[5] Anm. 73 zu § 1 AHB, S. 140—143; dagegen: Böhm VersR 1953 S. 172, VersR 1955 S. 195 Anm. 15, Enge VersR 1957 S. 76, Heimbücher VW 1961 S. 242, Höring VW 1946 Heft 7 S. 5, W. Hübner JRPV 1937 S. 290—291, Jülicher JRPV 1937 S. 17—20, Meins Gegenstand S. 26, Oberbach I S. 98—102, Pienitz S. 218—219, Schlegelmilch a. a. O. S. 39, Schmalzl VersR 1956 S. 270 Anm. 5, Teitge VersR 1962 S. 114—116, Wunderlich Deckungsumfang S. 48—51. Gerichtsentscheidungen liegen zu dieser Frage nicht vor (fehl geht der Hinweis von Wussow a. a. O. auf KG 16. X. 1937 ÖffrV 1942 S. 107).

Der erstgenannten Auffassung ist zu folgen. Ergänzend zu den Ausführungen von Friedrich a. a. O., Kramer a. a. O. und Wussow a. a. O. ist zu bemerken, daß es sich bei den hier erörterten Fällen im materiellen Sinne nicht um Aufwendungsansprüche, sondern um von der Rechtsprechung entwickelte zusätzliche Fälle der Gefährdungshaftung handelt (a. M. insoweit BAG 10. XI. 1961 a. a. O., das bei Sachschäden im Arbeitsverhältnis mit dem Begriff eines besonderen „Wertersatzanspruchs" arbeitet, was aber sachlich auf das gleiche hinausläuft). Das verkennen alle diejenigen Schriftsteller, die anknüpfend an § 670 BGB eine Deckungspflicht deshalb verneinen, weil es sich um einen Aufwendungsanspruch handle, also von einem Schadenersatzanspruch keine Rede sein könne. Sehr klar unterscheidet dagegen RG 26. II. 1920 RGZ Bd 98 S. 199, daß es sich hier nicht um Aufwendungen im eigentlichen Sinne handle, da Aufwendungen an sich freiwillige Opfer an Vermögenswerten seien, ein Schaden dagegen unfreiwilligen Charakter trage und sich deshalb nicht als Aufwendung darstelle. Zutreffend wird demgemäß in vielen Entscheidungen in diesem Zusammenhang der Ausdruck „Aufwendungen" in Anführungszeichen gesetzt (vgl. z. B. RG 28. XI. 1918 a. a. O. S. 171, 7. V. 1941 a. a. O. S. 92). Bemerkenswert ist in diesem Zusammenhang auch die Entstehungsgeschichte zu § 670 BGB (vgl. dazu RG 28. XI. 1918 a. a. O. S. 170—172, BAE 10. I. 1961 a. a. O. und Friedrich a. a. O. S. 14—20). Danach hat der Gesetzgeber die Frage, ob und inwieweit dem Beauftragten bei Durchführung seines Auftrages zufällig entstehende Schäden vom Auftraggeber zu ersetzen seien, bewußt nicht entschieden, sondern der Lehre und der Rechtsprechung überlassen wollen (Motive Bd 2 S. 548, Prot. Bd 2 S. 567—568). Der formale Vorgang, daß die Rechtsprechung derartige Ansprüche im Wege der Analogie zu § 670 BGB zubilligt, darf nicht zum Beurteilungsmaßstab über den Rechtscharakter des Ersatzanspruchs gemacht werden. Dabei handelt es sich nur um eine zufällige Rechtskonstruktion. Im materiellen Sinne wird Schadenersatz geleistet. Vgl. in diesem Zusammenhang auch Möller Summen- und Einzelschaden S. 14, 15 und 98 mit dem zutreffenden Hinweis darauf, daß es nicht richtig sei, nachteilige Veränderungen deshalb nicht als Schaden anzusehen, weil die beziehungsverknüpfte Person sie selbst verursacht habe. Zu Recht stellt daher Friedrich a. a. O. S. 65—66 darauf ab, daß der Anspruch auf Ersatz der zufällig bei der Durchführung eines Auftrags entstehenden Schäden jedenfalls den Charakter eines Schadenersatzanspruchs trage. Verwiesen sei in diesem Zusammenhang auch auf die ausdrückliche Regelung des Problemkreises in §§ 80, 81 ALR I 13, der sich unsere heutige Rechtsprechung stark angenähert hat. Insbesondere ist jetzt die zeitweilig verwendete Konstruktion einer stillschweigenden Garantie- oder Haftungsübernahme (vgl. noch RG 2. XI. 1936 JW 1937 S. 152—153) aufgegeben (vgl. dazu RG 7. V. 1941 Bd 167 S. 85—92, 12. XI. 1943 DR 1944 S. 287, BGH 7. XI. 1960 BGHZ Bd 33 S. 251—257).

Der von einem Teil der Gegenmeinung gegebene Hinweis auf § 4 I Ziff. 1 AHB (Übernahme einer Haftung, die über den gesetzlichen Umfang hinausgeht), ist daher verfehlt. Selbst wenn es aber einmal ausnahmsweise in derartigen Situationen zu Vertragsabschlüssen kommt, ist eine Ablehnung mit dieser Begründung nicht berechtigt, da die Haftung für derartige zufällige Schäden im Rahmen eines gefährlichen Auftrags als gesetzliche angesehen werden muß, vergleichbar etwa der verschärften Haftung eines Gastwirtes. Der Unterschied liegt allein darin, daß es an einer ausdrücklichen Gesetzesnorm fehlt, so daß die Lücke von der Rechtsprechung ausgefüllt werden mußte.

Nach dem Gesagten handelt es sich auch nicht um einen „Erfüllungsanspruch". Dieses Kriterium ist nur für echte Aufwendungen im Sinne des § 670 BGB gegeben. Entscheidend muß immer sein, daß es sich nicht um ein freiwilliges Opfer handelt, sondern um zufällig eintretende Schäden. Der Umstand, daß die Gefahr groß und die Möglichkeit einer Schädigung erkennbar ist, bedeutet noch nicht, daß freiwillige Aufwendungen gemacht werden. Richtig ist aber, wenn Wussow a. a. O. Ansprüche aus § 670 BGB in den hier erörterten Fällen dann vom Vsschutz ausnimmt, wenn es sich nicht um zufällige Schäden handelt sondern um bewußte Opfer, wie etwa die bewußte Beschädigung irgendeiner Sache bei Rettungsversuchen (ebenso Friedrich a. a. O. S. 73 für mit Sicherheit vorhersehbare Schäden). Ähnlich Preiß ZfV 1966 S. 541—542, der im Anschluß an BAG 10. X. 1961 BAGE Bd 12 S. 15—28 für Schäden von Arbeitnehmern zwischen solchen „Aufwendungen" unterscheidet, mit denen nach der Art und Natur des Betriebes von vornherein zu rechnen sei, und solchen, die als außergewöhnlich anzusehen seien, mit denen man also nicht von vornherein rechnen konnte. Für letztere, die im Sinne von BAG 10. X. 1961 a. a. O. in neuer Begriffsbildung einen „Wertersatzanspruch" auslösen, bejaht Preiß a. a. O. zutreffend den Vsschutz. Dabei wird von ihm richtig erkannt, daß es sich bei diesem Wertersatzanspruch der Sache nach um einen Unterfall der traditionell durch analoge Anwendung des § 670 BGB gelösten „unechten" Aufwendungen handelt.

[G 65] ggg) Abgrenzung zwischen privat- und öffentlich-rechtlichen Ansprüchen im Sinne des § 1 Ziff. 1 AHB (§ 1 AHBVerm).

α) Vorbemerkung.

Durch den Hinweis in § 1 AHB darauf, daß es sich um Anspruchsnormen „privatrechtlichen Inhalts" handeln müsse, werden grundsätzlich öffentlich-rechtliche Ansprüche vom Vsschutz ausgenommen. Die Trennungslinie darf aber nicht streng auf der sonst im Rechtsleben vielfach umstrittenen Grenze zwischen privatem und öffentlichem Recht gezogen werden. Vielmehr ist der traditionelle Sinngehalt des § 1 AHB zu beachten und insbesondere auf den Sinn und Zweck des betreffenden Haftpflichtvsvertrages abzustellen. Überholt zur Auslegung des Begriffs eines Anspruchs „privatrechtlichen Inhalts" OLG Naumburg (11. V. 1909 VA 1909 S. 55—57 Nr. 668), das den nach damaligem Recht gegebenen Anspruch des nicht krankenvspflichtigen Arbeitnehmers gegen den Arbeitgeber auf Zahlung der ansonsten von der Krankenkasse zu gewährenden Entschädigung unrichtig als nicht zivilrechtlich qualifiziert hat (der Ausschluß eines derartigen Anspruchs würde sich nach heutigem Bedingungsrecht ohnedies daraus ergeben, daß es sich nicht um einen Schadenersatzanspruch im Sinne des § 1 AHB handelt).

[G 66] β) Einzelheiten.

Daß der Ausdruck Ansprüche „privatrechtlichen Inhalts" nicht immer der Trennungslinie zwischen privatem und öffentlichem Recht folgt, ergibt sich z. B. daraus, daß in der Vermögensschadenhaftpflichtv, ohne daß § 1 AHBVerm ausdrücklich insoweit abgeändert wäre, materiell zweifellos öffentlich-rechtliche Ansprüche gedeckt sind, wie etwa der Regreßanspruch des Staates gegen den vten Richter; ähnliches gilt z. B. für die Notarhaftpflichtv. Der Notar ist „Träger eines öffentlichen Amtes" (vgl. § 1 in Verbindung mit § 19 BNO). Der Begriff des Anspruchs „privatrechtlichen Inhalts" erfährt hier eine Sinneswandlung aus der primären Umschreibung des vten Risikos. Wussow[5] Anm. 77 zu § 1 AHB, S. 154 (vgl. weiter Anm. 86 zu § 1 AHB, S. 166) begründet den Vsschutz für derartige Ansprüche damit, daß sie zwar an sich dem öffentlichen Recht zuzurechnen, inhaltlich aber als privatrechtliche anzusehen seien. Dieser Erklärungsversuch überzeugt nicht, da auf diese Art keine begrifflich einwandfreie Trennung möglich ist. Zudem erinnert diese Argumentation an die seit langem überholte Auffassung, daß ein gegen den Staat gerichteter Geldanspruch stets den „Fiskus" betreffe. Besser erscheint daher die Überlegung, daß der hier interpretierte Ausdruck mit Rücksicht auf die primär vte Eigenschaft einem Bedeutungswandel unterliegt und daher auf derartige Haftpflichtven letzten Endes nur sinngemäß angewendet werden kann. Vgl. auch die Ausführungen von Weber VersR 1951 S. 192, der darauf abstellt, daß es sich um traditionell dem Zivilrechtsweg zugeordnete Ansprüche handelt. Aber auch das kann sich ändern und läßt zudem den öffentlich-rechtlichen Charakter des Anspruchs unberührt.

Eine privatrechtliche Anspruchsnorm im Sinne des § 1 AHB stellt bei der Haftpflichtv eines Konkursverwalters § 82 KO dar (vgl. OLG Hamm 11. II. 1935 JRPV 1935 Zusatzheft S. 59—60).

Wird eine öffentlich-rechtliche Gebietskörperschaft oder ein sonstiger öffentlichrechtlicher Verband vert, so fallen, wenn sich aus dem sonstigen Vertragsinhalt nichts anderes ergibt, auch Ansprüche aus § 839 BGB (gegebenenfalls in Verbindung mit Artikel 34 GG) unter den Vsschutz (Hönig VersR 1966 S. 515, unrichtig OLG Düsseldorf 27. IV. 1965 VersR 1965 S. 1041—1042 [zur Rechtsschutzv ergangene Entscheidung], vgl. insgesamt die Wiederlegung durch Hönig a. a. O. S. 514—515), ebenso Aufopferungsansprüche aus § 75 EinlALR (Fauth VersR 1964 S. 370—371, Schmalzl VersR 1956 S. 270 Anm. 9, Wussow[5] Anm. 77 zu § 1 AHB, S. 152—155, a. M. Böhm VersR 1953 S. 172 [am Ergebnis aber wieder zweifelnd in VersR 1955 S. 195 Anm. 11], Hartung Haftpflichtv S. 44, Hönig VersR 1966 S. 515), allerdings kann im letztgenannten Falle § 152 eingreifen.

Kein Vsschutz besteht aber für Enteignungsansprüche (Hartung a. a. O., Hönig a. a. O., a. M. Wussow[5] Anm. 77 zu § 1 AHB, S. 152—155). Sie stehen Erfüllungsansprüchen in jeder Beziehung gleich und werden daher von § 1 AHB nicht erfaßt. Im öffentlichen Recht wurzeln auch Prozeßstrafen. Dafür, daß für solche Ansprüche abweichend vom Wortlaut des § 1 AHBVerm Vsschutz geboten sein soll, ergibt sich nichts. Zutreffend hat daher AG Hamburg 14. IV. 1938 JRPV 1939 S. 63 im Rahmen einer Anwaltshaftpflichtv den Vsschutz für eine derartige Strafe aus (dem zwischenzeitlich aufgehobenen) § 102 ZPO verneint. Kein Vsschutz besteht für einen auf dem Polizeirecht gegründeten Beseitigungsanspruch gegen den Vmer und auch nicht für den nach einer Ersatzvornahme durch die Behörde gegebenen Anspruch auf Zahlung der Kosten der Ersatzvornahme (OLG Düsseldorf 13. X. 1965 NJW 1966 S. 738—739). Mit Rücksicht auf den traditionellen Deckungsumfang der Haftpflichtv ist aber stets weiter zu prüfen, ob neben diesem öffentlich-rechtlichen Anspruch auch ein zivilrechtlicher begründet wäre. Ist das zu bejahen, so ist die Deckungspflicht des Vers gegeben. Verunreinigt ein Vmer eine Straße bei einem Kfz-Unfall und wird er zur Beseitigung nach öffentlichem Recht angehalten, so ist auch hier zu berücksichtigen, daß ein paralleler Anspruch nach bürgerlichem Recht begründet wäre und demgemäß in dessen Umfang der Vsschutz zu bejahen (verfehlt LG Mönchengladbach 23. V. 1967 VersR 1968 S. 389). Gestaltet der

Bund oder ein Land das Wegerecht so, daß die Beschädigung eines Weges stets nur einen öffentlich-rechtlichen Ersatzanspruch auslöst, so ist auch hier Vsschutz im Sinne des § 1 AHB mit Rücksicht auf den traditionellen Deckungsumfang der Haftpflichtv gegeben, sofern nach früherem Recht ein privatrechtlicher Schadenersatzanspruch begründet gewesen wäre und keine wesentlichen Unterschiede in der Ausgestaltung der Haftungsgrundlagen eingeführt worden sind. Vgl. zum Problem der Anspruchskonkurrenz auch Anm. G 70.

[G 67] γ) Ansprüche aus § 640 RVO.

Es besteht Einigkeit darüber, daß der originäre Regreßanspruch des Sozialvers aus § 640 RVO (früher 903 RVO) durch § 1 AHB erfaßt wird (vgl. nur Böhm VersR 1953 S. 172, Hönig VersR 1966 S. 515, Oberbach I S. 90, Otto VersPrax 1964 S. 38, Prölss[17] Anm. 2 zu § 1 AHB, S. 652—653, Sanden VersR 1968 S. 12—16 [13], Wussow[5] Anm. 83 zu § 1 AHB, S.163—164). Diese traditionelle Auslegung ist zu billigen, insbesondere auch mit Rücksicht darauf, daß es nicht von der zufälligen Entscheidung des Gesetzgebers dahin, daß kein Forderungsübergang stattfinde, sondern ein Anspruch originär entstehe, abhängen darf, ob aus einem einheitlichen Geschehen resultierende Ersatzansprüche gedeckt sind oder nicht.

Daß dieses Ergebnis von den Verfassern der AHB gewollt war, ergibt sich überdies im Rückschluß aus § 4 I Ziff. 3 AHB (OLG Hamm 2. XII. 1960 VersR 1965 S. 414, Wussow[5] Anm. 83 zu § 1 AHB, S. 163—164). Auch das RAA und das BAA gehen von der Prämisse aus, daß der Anspruch aus § 640 RVO (§ 903 RVO a. F.) unter § 1 AHB falle, wenn sie z. B. empfehlen, in klaren Fällen entgegen der Verwandtenausschlußklausel einen derartigen Regreßanspruch zu befriedigen (vgl. dazu Anm. G 236).

Es handelt sich hier um eine speziell vsrechtliche Abgrenzung. Aus den AHB ergibt sich der Wille der Ver, für den Regreßanspruch aus § 640 RVO Vsschutz zu bieten. Demgemäß ist ein derartiger Anspruch auch als privatrechtlicher im Sinne des § 1 AHB zu qualifizieren. Einer Stellungnahme dazu, ob dem genannten Anspruch auch für andere Rechtsgebiete diese Qualifikation als „privatrechtlich" zukommt, bedarf es nicht. Es ist aber zu betonen, daß der traditionelle Deckungsschutz im Rahmen der AHB auch dann zu bejahen wäre, wenn mit Fedtke ZfV 1964 S. 351—357 m. w. N. und Feyock NJW 1964 S. 1706—1709 (ebenso Neumann-Duesberg VersR 1969 S. 103—109 und Sanden VersR 1968 S. 12—16, die aber beide immerhin den Vsschutz im Rahmen der AHB nicht leugnen [anders aber zu Unrecht für die AKB]) entgegen der festen Rechtsprechung des BGH (vgl. nur 27. XI. 1956 NJW 1957 S. 384—385 = VersR 1957 S. 180—181, 7. XI. 1967 NJW 1968 S. 251—252 = VersR 1968 S. 64—66, 9. I. 1968 VersR 1968 S. 373—375, 30. I. 1968 VersR 1968 S. 455—456, 30. IV. 1968 NJW 1968 S. 1429—1430 = VersR 1968 S. 641—642; ebenso BAG 19. XII. 1967 NJW 1968 S. 908—909 = VersR 1968 S. 296—298) der Rückgriffsanspruch im Sinne der Zuständigkeitsregelung als öffentlich-rechtlicher anzusehen wäre, der vor den Sozialgerichten geltend gemacht werden müßte. Rechtspolitisch verfehlt ist der Vorschlag von Neumann-Duesberg a. a. O. S. 109, entgegen einer fast ein Jahrhundert alten Entwicklung den Vsschutz gegen derartige Ansprüche in den AHB auszuschließen.

[G 68] δ) Buße nach § 231 StGB.

Einmütig wird auch angenommen, daß für nach § 231 StGB dem Geschädigten im Strafverfahren zuerkannte Bußen Vsschutz bestehe (vgl. nur Böhm VersR 1953 S. 170, Oberbach I S. 183—185 m. w. N., Sieg Ausstrahlungen S. 93 m. w. N., Wussow[5] Anm. 81 zu § 1 AHB, S. 161). Das gilt auch dann, wenn nach bürgerlichem Recht ein Schadenersatzanspruch nicht begründet wäre. Eine Bestätigung für die Auffassung, daß Bußen nach dem Willen der Vertragspartner unter § 1 AHB fallen, ergibt sich aus § 3 II Ziff. 1 Abs. 2 S. 2 AHB, wo bestimmt wird, daß in diesem Falle die Kosten der Nebenklage vom Ver zu tragen seien (vgl. dazu Anm. G 25).

[G 69] ε) Strafprozeßkosten.

Nicht unter § 1 AHB fallen Strafprozeßkosten, soweit sie aufgrund strafprozessualer Vorschriften (§§ 465—467 StPO) ersetzt verlangt werden (BGH 23. I. 1958

BGHZ Bd 26 S. 261—268, 16. IV. 1959 VersR 1959 S. 361—362). Es handelt sich um eindeutig als „öffentlich-rechtlich" zu qualifizierende Ersatzansprüche. Das ist deshalb besonders bedeutsam, weil nach der Rechtsprechung des BGH der Kostenentscheidung im Strafprozeß stabilisierende Wirkung zukommt, so daß die dort dem Nebenkläger oder dem unschuldig Angeklagten (der z. B. seinem Anwalt ein über den gesetzlichen Gebührenrahmen hinausgehendes Honorar schuldet) entstehenden Kosten nicht vom Unfallgegner aus bürgerlich-rechtlichen Anspruchsnormen (z. B. § 823 BGB) verlangt werden können. Insoweit kann jetzt von einer festen höchstrichterlichen Rechtsprechung ausgegangen werden (vgl. BGH 17. V. 1957 BGHZ Bd 24 S. 263—269, 24. IX. 1957 VersR 1957 S. 720, 22. IV. 1958 VersR 1958 S. 414—415, 20. V. 1958 VersR 1958 S. 417 bis 418, 16. IV. 1959 VersR 1959 S. 361—362). Dafür, daß derartige Kosten (vom Ausnahmefall des § 3 II Ziff. 1 Abs. 2 S. 2 AHB abgesehen) grundsätzlich auch nicht nach § 150 zu ersetzen sind, vgl. (zur Kfz-Haftpflichtv) BGH 23. I. 1958 BGHZ Bd 26 S. 261 bis 268 (wo allerdings die oben verneinte Frage, ob ein zivilrechtlicher Anspruch auf Ersatz solcher Kosten geltend gemacht werden könne, offengelassen worden ist), und zur Allgemeinen Haftpflichtv BGH 16. IV. 1959 VersR 1959 S. 361—362. Vgl. ferner die Ausführungen in Anm. G 25.

Die Ausführungen des BGH über die „stabilisierende Wirkung" der Kostenentscheidung im Strafprozeß lassen sich auf den Zivilprozeß nicht übertragen. Hier ist es im Gegenteil allgemein anerkannt, daß bei einer Zahlung vor Zustellung der Klage die Prozeßkosten aus dem Gesichtspunkte des Verzuges verlangt werden können. Dieser Fragenkreis braucht aber nicht weiter erörtert zu werden, da hier ohnedies Vsschutz nach § 150 besteht.

[G 70] hhh) Konkurrenz von Haftpflichtansprüchen mit nicht vom Versicherungsschutz erfaßten Ansprüchen anderer Art.

Vgl. dazu die Ausführungen in Anm. G 86. Danach besteht immer dann Vsschutz, wenn nur einer der geltend gemachten Ansprüche unter den Schutz des Vertrages fällt. Ergänzend ist noch auf die Ausführungen von Oberbach I S. 102—107 zu verweisen. Dafür, daß entgegen der dort von Oberbach vertretenen Auffassung allein die Behauptung des Geschädigten über das Vorliegen von unter den Vsschutz fallenden Tatumständen für die Fälligkeit des Vsschutzanspruchs genügt, vgl. die Nachweise in Anm. B 58. Verwiesen sei ferner auf Elperting ZVersWiss 1917 S. 668; dort vertritt Elperting die Auffassung, daß bei Konkurrenz zwischen einem Schadenersatzanspruch aus unerlaubter Handlung und einem auf die gleiche Leistung gerichteten (von § 1 AHB nicht erfaßten) familienrechtlichen Unterhaltsanspruch für den erstgenannten Anspruch Vsschutz bestehe. Dem ist nach dem erwähnten Grundsatz zuzustimmen. Die Frage ist aber vor allem deshalb als für die Vspraxis so gut wie bedeutungslos anzusehen, weil durch § 4 II Ziff. 2 AHB die Ansprüche der in Betracht kommenden Personengruppe fast ausnahmslos vom Vsschutz ausgeschlossen worden sind.

Zu beachten ist, daß — wie in Anm. G 86 hervorgehoben — sich durchaus aus der Fassung einer Bedingungsbestimmung ergeben kann, daß mit ihr sämtliche auf einen bestimmten Leistungserfolg gerichteten Ansprüche, gleich aus welchem Rechtsgrund, vom Vsschutz ausgeschlossen werden sollen. So ist z. B. zu § 4 I Ziff. 2 AHB umstritten, ob dieser Ausschlußtatbestand auch dann eingreife, wenn die in § 4 I Ziff. 2 AHB ausgeschlossenen Ansprüche von Bediensteten des Vmers nicht geltend gemacht werden, wohl aber Schadenersatzansprüche, die inhaltlich auf das gleiche gehen. Vgl. dazu Anm. G 164.

In diesem Zusammenhang sei auch auf die Ausführungen von J. Prölss VersR 1967 S. 435—437 verwiesen. J. Prölss führt a. a. O. S. 435—436 u. a. folgendes aus: „Konkurriert ein Anspruch aus §§ 463, 480, 635, 538 BGB, der von der Deckung nach § 1 I AHB ausgeschlossen ist, weil er nicht auf einer gesetzlichen Haftpflichtbestimmung beruht, mit einem deckungsfähigen Anspruch, etwa aus unerlaubter Handlung, so ist nicht einzusehen, weshalb diesem die Deckung versagt werden sollte. Es gilt dann der allgemeine Grundsatz, daß es im Rahmen der sachlichen Umgrenzung des vten Risikos im Sinne des § 1 AHB genügt, wenn nur einer von mehreren konkurrierenden Ansprüchen unter das vte Wagnis fällt." Dieser Auffassung ist im Ergebnis durchaus beizupflichten. Ihre praktische Bedeutung ist aber auch nur gering, insbesondere wenn man berücksichtigt, daß nach herrschender Meinung entgegen der Auffassung von J. Prölss a. a. O. Ansprüche aus §§ 463, 538 BGB (soweit sie auf Ersatz eines an dritten Sachen oder Personen entstandenen Schadens gerichtet sind) ohnedies vom Vsschutz als gesetzliche Haftpflichtbestimmungen erfaßt werden (vgl. dazu Anm. G 159—160). Beizupflichten ist J. Prölss a. a. O. S. 436 auch in seiner (in Übereinstimmung mit Schmalzl VersR 1956 S. 272 vertretenen) Auffassung, daß bei Eingreifen des § 4 I Ziff. 6 Abs. 3 AHB (oder § 4 II Ziff. 5 AHB) — also bei Vorliegen eines Erfüllungssurrogats — auch ein etwa auf die gleiche Leistung gerichteter Anspruch aus unerlaubter Handlung ausgeschlossen sei. Zur Abgrenzung des Anwendungsbereichs des § 4 I Ziff. 6 Abs. 3 AHB vgl. im übrigen die Ausführungen in Anm. G 255—261.

Zu betonen ist schließlich, daß das Gesagte über das Bestehen des Vsschutzes auch dann zutrifft, wenn eine vom Vsschutz erfaßte privatrechtliche Schadenersatzforderung mit einem nichtvten öffentlich-rechtlichen Anspruch zusammenfällt. Für den privatrechtlichen Anspruch besteht hier also Vsschutz. Dabei kann allerdings die Besonderheit auftreten, daß die Personen der Anspruchsteller gespalten sind: Dem Dritten A steht also eine privatrechtliche Schadenersatzforderung zu, dem Dritten B (Behörde) ein öffentlich-rechtlicher (Erstattungs-)Anspruch. Hier ist der Ver nur zum Tätigwerden in bezug auf den Anspruch des A verpflichtet. Erfüllt der Vmer aber (nolens volens) den Anspruch des Dritten B und erlischt damit auch der Anspruch des A, so verwandelt sich der Befreiungsanspruch des Vmers in einen Zahlungsanspruch gegen den Ver, nicht etwa wird der Ver im ganzen frei (vgl. dazu auch Anm. G 66 a. E.). Zu einer derartigen Anspruchskonkurrenz vgl. ferner unter dem Gesichtspunkt des Ersatzes von Schadenminderungskosten Anm. F 85.

[G 71] bb) Umgrenzung des Versicherungsschutzes nach Schadenarten.

aaa) Personenschäden.

Personenschäden definiert § 1 AHB dahin, daß es sich um den Tod, die Verletzung oder die Gesundheitsschädigung von Menschen handeln müsse. Das entspricht der Verkehrsauffassung. Als Gesundheitsschädigung ist dabei auch eine Rentenneurose anzusehen (Wussow[5] Anm. 32 zu § 1 AHB, S. 68). Behauptet der Anspruchsteller einen derartigen Personenschaden, ohne daß dieser tatsächlich eingetreten ist, so greift wie auch sonst die Rechtsschutzfunktion der Haftpflichtv ein. Gedeckt sind also nicht nur alle aus dem Personenschaden adäquat herrührenden Ansprüche, insbesondere auch der Folgeschäden (Verdienstausfall, Unterhaltsentzug usw.), sondern es besteht darüber hinaus Vsschutz in der Form der Abwehr eines unbegründeten Anspruchs für nicht adäquate Folgen eines vom Vsschutz erfaßten Schadenereignisses.

Es erscheint zunächst als selbstverständlich, wenn betont wird, daß geschädigte Personen und Anspruchsteller nicht identisch zu sein brauchen. Es sei hier nur auf die Ansprüche der Hinterbliebenen aus § 844 BGB verwiesen (vgl. weiter § 845 BGB). Es muß aber beachtet werden, daß dieser Grundsatz auch dann gilt, wenn ausnahmsweise ein Dritter, der nicht zu dem in den §§ 844, 845 umschriebenen Personenkreis gehört, Schadenersatzansprüche aus der Verletzung einer vierten Person geltend machen kann (RG 19. II. 1937 JW 1937 S. 1496—1497 = VA 1937 S. 148—149 Nr. 2968, BGH 7. I. 1965 BGHZ Bd 43 S. 43—44). Derartige Schadenersatzansprüche eines nicht von §§ 844, 845 BGB erfaßten Dritten werden häufig unbegründet sein. Vsschutz ist dann in der Form der Abwehr eines unbegründeten Anspruchs zu gewähren. Ausnahmen sind aber denkbar. So kann der Ersatzanspruch dann begründet sein, wenn der Dritte Vertragspartner des Vmers war. Ein lehrreiches Beispiel bildet RG 19. II. 1937 a. a. O. (mit zust. Anm. von Prölss JW 1937 S. 1497—1498, zustimmend auch Süß DR 1939 S. 1089 [Anm. zu RG 7. III. 1939 RGZ Bd 160 S. 48—52], vgl. ferner Meins Gegenstand S. 46—48). Dort hatte der Vmer sich verpflichtet, eine Getreidespeichereinrichtung zu liefern und diese im Lagerhaus der Käuferin aufzustellen. Der Geschäftsführer der Käuferin brach bei einer Besichtigung der Speichereinrichtung durch den Fußboden und verletzte sich schwer. Der Vmer wurde darauf zum Ersatz des der Käuferin dadurch entstandenen Schadens verurteilt, daß sie für die Dauer der Krankheit ihres Geschäftsführers einen Ersatzmann einstellen mußte. Es handelte sich also um einen vertraglichen

Schadenersatzanspruch auf der Grundlage der sog. „positiven" Forderungsverletzung. Das RG a. a. O. bejahte zutreffend für diesen seltenen Fall den Vsschutz. Mag von den Vern bei Abfassung der Bedingungen auch vornehmlich an die Fälle der §§ 844, 845 BGB als Anspruchsgrundlage für einen Drittschaden gedacht gewesen sein, so ergeben die Bedingungen doch keine Beschränkung auf diese Ansprüche (ebenso Boettinger VersR 1953 S. 177, Prölss a. a. O.).

In der Nachkriegszeit ist vom BGH in ständiger Rechtsprechung ein allgemeines Persönlichkeitsrecht anerkannt worden, das als sonstiges Recht im Sinne des § 823 I BGB behandelt wird und bei dessen Verletzung in entsprechender Anwendung des § 847 BGB ein Schmerzensgeldanspruch zugebilligt werden kann (vgl. nur BGH 14. II. 1958 BGHZ Bd 26 S. 349—359, 19. IX. 1961 BGHZ Bd 35 S. 363—370, 5. III. 1963 BGHZ Bd 39 S. 124—134). Es ist zu prüfen, ob eine solche Persönlichkeitsverletzung einen Personenschaden im Sinne des § 1 Ziff. 1 AHB darstellen kann (verneinend Otto VersR 1964 S. 1129—1131, Wussow[5] Anm. 79 zu § 1 AHB, S. 155—157). Wussow a. a. O. ist der Auffassung, daß es sich bei solchen Persönlichkeitsverletzungen um „reine" Vermögensschäden handle, Otto a. a. O. S. 1129—1130 nimmt das nur für diejenigen Fälle an, in denen das Vermögen des Vmers tatsächlich beeinträchtigt worden sei.

Die interessengemäße Lösung ist aber darin zu sehen, daß eine Verletzung des allgemeinen Persönlichkeitsrechts eine Verletzung eines Menschen im Sinne des § 1 Ziff. 1 AHB darstellt. Man muß sich bei der Entscheidung dieses Problemkreises nur von der mechanistischen Betrachtungsweise befreien, daß eine Person immer nur durch unmittelbare Gewaltanwendung verletzt werden könne. Davon spricht § 1 Ziff. 1 AHB selbst nicht. Richtig ist allerdings, daß es bei der Schaffung der AHB Schadenersatzansprüche aus solchen Persönlichkeitsverletzungen nicht gegeben hat. Sie sind aber durchaus deckungswürdig. Anhand des hypothetischen Parteiwillens ist der Vsschutz für solche Schmerzensgeldansprüche besonderer Art daher als Personenschäden im Sinne des § 1 Ziff. 1 AHB zu bejahen. Das entspricht einer vergeistigten Auffassung des dort gebrauchten Ausdrucks „Verletzung von Menschen". Überdies sind derartige Fälle selten und stellen demgemäß keine große Mehrbelastung für den Ver dar. Soweit das Risiko als zu groß angesehen wird, wie etwa bei der V von Presseunternehmen, ist die Festlegung eines ausdrücklichen Ausschlusses geboten.

[G 72] bbb) Sachschäden.

α) Zum Begriff des Sachschadens.

Eine Sachbeschädigung im Sinne des § 1 AHB stellt nicht nur jede Zerstörung oder Beschädigung einer Sache dar, sondern — ebenso wie im Strafrecht — auch jede Art von Funktionsverfremdung einer Sache, die ihren Gebrauchswert beeinträchtigt. Vom BGH (24. X. 1960 VA 1961 S. 79—80 Nr. 284 = VersR 1960 S. 1075, 26. I. 1961 VersR 1961 S. 266) wird dahin formuliert, daß ein Sachschaden im Sinne des § 1 AHB dann vorliege, wenn eine wertmindernde Wirkung auf die Sachsubstanz gegeben sei, durch die die Brauchbarkeit der Sache zur Erfüllung des ihr eigentümlichen Zweckes beeinträchtigt werde (ebenso OLG Braunschweig 17. XI. 1953 VersR 1954 S. 122 im Anschluß an Oberbach I S. 83, vgl. auch Büttiker a. a. O. S. 48).

Ein Eingriff in die Substanz der Sache selbst ist nicht erforderlich (Wunderlich Deckungsumfang S. 24). Demgemäß ist ein Sachschaden auch dann gegeben, wenn ein Haus dadurch einen Minderwert erleidet, daß seine Standfestigkeit durch eine in der Nähe ausgehobene Grube beeinträchtigt wird (OLG Hamm 4. X. 1959 VersR 1960 S. 338). Ein Sachschaden liegt ferner dann vor, wenn eine Sache durch eine andere überlagert wird (Oberbach I S. 83), also sich z. B. Sandstaub auf ein Haus absetzt. Eine Sachbeschädigung stellt es auch dar, wenn ein Haus auf fremdem Grund und Boden errichtet wird (LG Köln 19. XI. 1959 VersR 1960 S. 505, das im übrigen zutreffend § 4 I Ziff. 6b AHB anwendet).

Vom OLG Celle 6. II. 1961 VersR 1962 S. 1050—1051 ist darüber hinaus (in Konsequenz der Ausführungen des BGH vom 24. X. 1960 a. a. O.) das Vorliegen einer Sachbeschädigung bejaht worden, als nur einzelne Rinder einer Herde infiziert worden waren, wegen der Infektionsgefahr aber alle Rinder ihre Eigenschaft als „brucellosefreier Rinderbestand" verloren und nur noch zu einem geringen Preis als Schlachtvieh verkauft werden konnten. Ein Sachschaden ist ferner gegeben, wenn ein LKW in eine Grube fällt und dabei — wie durch ein Wunder — in der Sachsubstanz selbst nicht beeinträchtigt ist. Für die „Bergungskosten" hat also der Haftpflichtv des in Anspruch genommenen Grundstückseigentümers einzutreten, je nach Sachlage in der Form der Befriedigung oder der Abwehr. Das letzte Beispiel zeigt besonders deutlich, daß eine wertmindernde Wirkung auch dann gegeben sein kann, wenn die Sachsubstanz selbst unverändert erhalten geblieben ist. Überholt ist die noch von Wunderlich Deckungsumfang S. 24—25 vertretene Auffassung, daß anders als bei der Deckung für Körperschäden Voraussetzung für die Eintrittsverpflichtung des Vers bei Sachschäden das Vorliegen eines „Unfalles" sei. Die Haftpflichtv hat sich gänzlich von ihrer anfänglichen Verbundenheit mit der Unfallv gelöst (vgl. dazu nur Sieg Ausstrahlungen S. 42—44 m. w. N.). Daß ein Großteil der Schäden durch allmähliche Einwirkung nach § 4 I Ziff. 5 AHB vom Vsschutz ausgeschlossen wird, gibt kein Gegenargument. Maßgebend ist vielmehr, daß § 1 AHB als Grundtatbestand lediglich verlangt, daß der Vmer wegen einer Sachbeschädigung auf Schadenersatz in Anspruch genommen wird.

Nicht erforderlich ist es, daß der Vmer oder eine der vten Personen den Sachschaden im körperlichen Sinne herbeiführt; geistige Urheberschaft genügt. Eine Sachbeschädigung liegt daher auch dann vor, wenn aufgrund einer unrichtigen Beurteilung eines Tierarztes einwandfreies Fleisch als trichinös vernichtet wird. Wird es wegen dieser Falschbeurteilung zu einem niedrigeren Preis verkauft, so liegt ebenfalls ein Sach- und kein „reiner" Vermögensschaden vor (anders Wunderlich Deckungsumfang S. 25). Vgl. auch den oben erwähnten, vom OLG Celle 6. II. 1961 VersR 1962 S. 1050—1051 entschiedenen Grenzfall.

Sachen im Sinne des § 1 AHB sind alle körperlichen Gegenstände. Dazu rechnen sowohl Gase wie auch die Elektrizität (ebenso Wussow[5] Anm. 34 zu § 1 AHB, S. 70—71). Die zu § 303 StGB entwickelte abweichende Meinung der Strafgerichte (vgl. nur RG 1. V. 1899 RGSt Bd 32 S. 165) ist vom naturwissenschaftlichen Standpunkt aus und auch im Sinne des § 1 AHB als überholt anzusehen. Dabei spielt es keine Rolle, daß aus Traditionsgründen und mit Rücksicht auf die spezielle Strafvorschrift des § 248c StGB von der Strafrechtslehre daran festgehalten wird, daß die Elektrizität keine Sache im Sinne der §§ 242, 303 StGB sei.

Unter den Begriff des Sachschadens im Sinne des § 1 AHB fallen — ebenso wie bei den Körperschäden (vgl. dazu RG 19. II. 1937 JW 1937 S. 1496—1497 = VA 1937 S. 148—149 Nr. 2968 — auch sämtliche Folgen, die aus der Beschädigung oder Zerstörung einer Sache herrühren. Der Vsschutzbereich für Sachschäden umfaßt also auch die sog. „unechten" Vermögensschäden, die als Folgen einer Sachbeschädigung auftreten.

Ein ausgeschlossener „reiner" Vermögensschaden im Sinne des § 1 Ziff. 3 AHB liegt nur dann vor, wenn der geltend gemachte Anspruch nicht kausal auf eine Sachbeschädigung (oder einen Personenschaden) zurückgeführt werden kann (RG 7. III. 1939 RGZ Bd 160 S. 48—51, BGH 21. II. 1957 BGHZ Bd 23 S. 354, OLG Karlsruhe 20. III. 1957 VersR 1957 S. 526). Zu beachten ist dabei, daß ein „unechter" Vermögensschaden in diesem Sinne auch dann gegeben sein kann, wenn für die Beschädigung der Sache selbst kein Haftpflichtanspruch begründet ist (oder nicht erhoben wird) oder wegen Eingreifens einer Ausschlußklausel insoweit kein Vsschutz besteht (vgl. dazu BGH 21. II. 1957 a. a. O., a. M. Mankowski Wasserhaushaltsgesetz S. 56—57; zum Problem des Folgeschadens vgl. Anm. G 252—254).

Anerkannt ist auch, daß der Eigentümer der beschädigten Sache und der den Vmer in Anspruch nehmende Dritte nicht identisch zu sein brauchen (RG 7. III. 1939 RGZ Bd 160 S. 48—52, OLG Frankfurt a. M. 11. VI. 1964 VersR 1964 S. 964, Boettinger VersR 1953 S. 177, Mankowski a. a. O. S. 56 m. w. N. in Anm. 52, vgl. auch Anm. G 71 zum gleichgelagerten Problem bei Körperschäden). Daß möglicherweise der Eigentümer der beschädigten Sache den Vmer nicht wirksam in Anspruch nehmen kann, wohl aber der den Anspruch erhebende Dritte als Vertragspartner des Vmers ändert an dieser Beurteilung der Vsschutzfrage nichts. § 1 AHB stellt in dieser Beziehung lediglich als Voraussetzung für das Vorliegen des Vsschutzes das Erfordernis einer Sachbeschädigung auf. Die hier wiedergegebene Auffassung erscheint als so selbstverständlich, daß sie vom RG 7. III. 1939 a. a. O. wahrscheinlich auch gar nicht besonders hervorgehoben worden wäre, wenn nicht kurz vorher (RG 19. II. 1937 JW 1937 S. 1496—1497 = VA 1937 S. 148—149 Nr. 2968) aus Anlaß eines Körperschadens über den Vsschutz für berechtigte vertragliche Haftpflichtansprüche eines (im Sinne des Deliktrechts) nur mittelbar Geschädigten zu entscheiden gewesen wäre, vgl. dazu Anm. G 71.

[G 78] β) Grenzfälle.

αα) Gewässerschäden.

ααα) Rechtslage nach § 1 AHB.

Aktuelle Bedeutung hat die Frage, was unter einer Sachbeschädigung zu verstehen ist, namentlich im Zusammenhang mit der durch § 22 des Wasserhaushaltsgesetzes vom 27. VII. 1957 (BGBl. 1957 I S. 1110) eingeführten verschärften Haftung erhalten. Sachen im Sinne des § 90 BGB sind nur körperliche Gegenstände. Dazu werden herkömmlicherweise das fließende Wasser (wie auch die Luft) nicht gerechnet, weil es an dem Merkmal der Beherrschbarkeit fehlt. Es fragt sich, ob dasselbe im Sinne des § 1 AHB zu gelten hat, daß also insbesondere die Beschädigung des Grundwassers wie auch die Verunreinigung eines Flusses oder Kanals keine Sachbeschädigung, sondern, da weder Personen- noch Sachschaden, einen „reinen" Vermögensschaden darstellt. Das wird fast ausnahmslos angenommen. Vgl. dazu nur Erdsiek NJW 1963 S. 1392, Goujet VersPrax 1960 S. 89 (zweifelnd allerdings in VersPrax 1961 S. 129), Hansen VW 1964 S. 724, R. Hübner VersPrax 1961 S. 67—68, Julitz ZfV 1965 S. 55, Kemperdiek ZfV 1964 S. 336, Paul BB 1965 S. 18, Rohde VersR 1962 S. 108—109, Roth VersR 1962 S. 486—487, Schwarz VW 1960 S. 173—174 und VW 1961 S. 260, Simon ZfV 1962 S. 272—276, Steffens VW 1962 S. 242, Wussow[5] Anm. 73 zu § 4 AHB, S. 389—390; zweifelnd Köhler BB 1961 S. 237—238.

Mankowski a. a. O. S. 58—59 unterscheidet dagegen zwischen beherrschbaren und nicht beherrschbaren Oberflächengewässern. Die beherrschbaren Oberflächengewässer, wie Stauseen und Teiche, rechnet er dem Sachbegriff des § 1 Ziff. 1 AHB zu. Die Beschädigung eines fließenden Oberflächengewässers sieht er dagegen in Übereinstimmung mit den oben zitierten Autoren als einen „reinen" Vermögensschaden an. Das Grundwasser kann dagegen nach seiner Auffassung nur im Zusammenhang mit dem Grundstück gesehen werden, nämlich als dessen wesentlicher Bestandteil. Demgemäß wird nach der Auffassung von Mankowski die Beschädigung des Grundwassers stets von § 1 Ziff. 1 AHB erfaßt. Wörtlich führt Mankowski dazu auf S. 59 folgendes aus: „Als Sache, die durch eine Verschlechterung der Beschaffenheit des Grundwassers beschädigt wird, ist vielmehr das Grundstück anzusehen, dessen Bestandteil das Grundwasser ist. Eine Beeinträchtigung eines wesentlichen Bestandteils ist ein Eingriff in die Substanz des Grundstücks, also dessen Beschädigung. Der in einer Grundwasserverseuchung liegende Gewässerschaden ist also vsrechtlich entweder — bei Verletzung von Eigentumsrechten — ein Sachschaden, oder — bei Verletzung von Nutzungsrechten — ein unechter Vermögensschaden. In diesen Fällen kommt es nicht darauf an, ob die festen Bestandteile des Grundstücks beschädigt worden sind."

Einigkeit besteht darüber — das sei zur Klarstellung hervorgehoben —, daß Wasser, das sich beherrschbar in Behältern oder Leitungswassersystemen befindet, als Sache im Sinne des § 1 Ziff. 1 AHB anzusehen ist. Mit Mankowski a. a. O. ist das gleiche für beherrschbare Teiche oder Stauseen anzunehmen. Daß ein Fischsterben einen Sachschaden darstellt (so Wussow[5] Anm. 73 zu § 4 AHB, S. 390), würde gar nicht hervorgehoben werden, wenn nicht Julitz a. a. O. die gegenteilige Auffassung geäußert hätte. Zuzustimmen ist Mankowski auch in seiner Auffassung bezüglich der Schädigung des Grundwassers. Dabei ist zu beachten, daß zum Teil nach der Meinung der im Grundsatz für eine gegenteilige Entscheidung plädierenden Autoren ebenfalls eine Sachbeschädigung im Sinne des § 1 AHB anzunehmen ist, wenn etwa durch die Verseuchung des Grundwassers ein Grundstück an Wert verliert. Dann läßt sich wohl auch nicht mehr leugnen, daß eine Beschädigung des Grundstücks selbst vorliegt (vgl. Simon ZfV 1962 S. 274—275; beachte auch die von Roth VersR 1962 S. 486—487 gebildeten Beispiele). Das wird besonders deutlich, wenn sich z. B. auf diesem Grundstück vorher ein besonders guter Brunnen (etwa für die Bierherstellung) befand, oder aber, wenn gar das Wachstum auf einem landwirtschaftlichen genutzten Grundstück infolge der Verseuchung nachläßt.

Es fragt sich im übrigen, ob der herrschenden Ansicht bezüglich der Beschädigung der nicht beherrschbaren Oberflächengewässer zugestimmt werden kann oder nicht. Wenn man nach einer Gesetzesbestimmung fragt, die die Auffassung der h. M. rechtfertigen könnte, so wird § 90 BGB genannt. Aber dort steht lediglich geschrieben, daß Sachen im Sinne des bürgerlichen Rechts nur körperliche Gegenstände seien. An der „Körperlichkeit" des Wassers können Zweifel gewiß nicht angemeldet werden. So bleibt zur Begründung der h. A. nur eine begriffsjuristische Interpretation, die mit dem Rechtsgefühl nicht ohne weiteres in Einklang zu bringen ist. Die überkommene Auffassung, daß das fließende Wasser (und die Luft) deshalb nicht als Sachen im Rechtssinne anzusehen seien, weil das Eigentum an Sachen Beherrschbarkeit voraussetze, kann nicht auf Fälle übertragen werden, in denen das Gesetz wegen der Beschädigung derartiger Sachen einen Schadenersatzanspruch zubilligt. Vielmehr ergibt die interessengemäße Würdigung, daß gerade aus der Zubilligung eines Schadensersatzanspruchs die Sacheigenschaft im Sinne des geltenden Rechts abgeleitet werden kann. Denn damit werden diese „Sachen" (anders als im römischen Recht) in die Zivilrechtsordnung eingegliedert. Zumindestens ist aber eine Gleichstellung im Sinne der Analogie mit den durch § 1 Ziff. 1 AHB erfaßten Schäden an Sachen im klassischen Sinne geboten, da hier wie dort körperliche Gegenstände beschädigt werden. Sinn und Zweck des § 1 AHB gebieten die Gleichstellung und Gleichbehandlung derartiger Schäden.

Die Bedeutung der Streitfrage, ob es sich bei Gewässerschäden um Sachschäden im Sinne des § 1 AHB oder um „reine" Vermögensschäden handelt, ist im übrigen geringer, als man im ersten Augenblick annimmt. Zu beachten ist dabei, daß grundsätzlich alle Folgen eines Sachschadens als „unechte" Vermögensschäden angesehen werden (vgl. dazu Anm. G 72). Legt man § 1 AHB überdies, wie hier angenommen (vgl. dazu Anm. G 78), in dem Sinne aus, daß es nicht Voraussetzung für das Eingreifen des Vsschutzes ist, daß eine „fremde" Sache beschädigt worden ist, so läge dann bei Bruch eines Tanks oder einer sonstigen Leitung des Vmers im Sinne von BGH 21. II. 1957 BGHZ Bd 23 S. 354 ein gedeckter „unechter" Vermögensschaden als Folge eines nichtvten Eigenschadens vor (ablehnend Mankowski a. a. O. S. 56—57). In Anm. G 253 wird allerdings entgegen BGH 21. II. 1957 a. a. O. die Auffassung vertreten, daß im Falle des § 4 II Ziff. 5 AHB jede Folge in Form eines „unechten" Vermögensschadens vom Vsschutz ausgeschlossen sei. Dabei ist aber von „echten" unkörperlichen Schäden in der Form eines „unechten" Vermögensschadens ausgegangen worden. Nimmt man dagegen die hier als unrichtig angesehene Prämisse zum Ausgangspunkt der Überlegung (die immerhin von einer erdrückenden Mehrheit aufgestellt worden ist), daß fließendes Wasser keine Sache im Rechtssinne sei, so müßte allerdings die in Anm. G 253 aufgestellte These, daß auch alle „unechten" Vermögensschäden als Folge eines Schadens im Sinne des § 4 II Ziff. 5 AHB ausgeschlossen seien und daß nur die Beschädigung weiterer Sachen (oder Personen) vom Vsschutz erfaßt werde, dahin modifiziert werden, daß diese Abgrenzung nicht für solche „unechten" Vermögensschäden gelte, bei denen körperliche Gegenstände beschädigt werden, die allein aus „rechtsformalen" Gründen nicht dem Sachbegriff zugerechnet werden, obwohl sie eindeutig in verkörperter Form auftreten. Das Gesagte bedeutet zugleich, daß die hier erörterte Streitfrage nur in den seltenen Fällen aktuell wird, in denen dem Gewässerschaden kein Sachschaden vorausgegangen ist (ebenso Mankowski a. a. O. S. 57 mit der Einschränkung, daß nach seiner Auffassung die Beschädigung einer eigenen Sache nicht genügt, sondern eine solche einer fremden Sache vorausgegangen sein muß).

[G 74] βββ) Spezielle Gewässerschadenhaftpflichtversicherung.

Das in Anm. G 73 erörterte Problem, ob ein Schaden an einem nicht beherrschbaren Gewässer als Sachschaden oder als „reiner" Vermögensschaden anzusehen sei und inwieweit und welche Grundsätze über gedeckte Haftpflichtfolgen eines nichtvten Eigenschadens eingreifen könnten, wird nicht mehr aktuell in denjenigen Fällen, in denen spezielle Gewässerschadenhaftpflichtven abgeschlossen worden sind. Die Bedingungen dazu sind in VA 1965 S. 2—5 und VA 1967 S. 143—145 veröffentlicht worden. Das Besondere liegt vor allem darin, daß in diesen speziellen Haftpflichtvsverträgen Sach- und Vermögensschäden einander gleichgestellt sind (vgl. nur § 1 I der Zusatzbedingungen zur Privat- sowie Haus- oder Grundbesitzerhaftpflichtv für die V der Haftpflicht für Gewässerschäden und § 2 II der Zusatzbedingungen zur Betriebshaftpflichtv für die V der Haftpflicht aus Gewässerschäden). Zur Einführung dieser speziellen Bedingungen für das Gewässerschadenrisiko und zur Abgrenzung des Vsschutzes in dieser speziellen Haftpflichtvssparte vgl. u. a. Czychowski NJW 1965 S. 1314—1315, Glaser ZfV 1964 S. 149—150, Haasen VW 1964 S. 722—726 und VW 1965 S. 440—441, Herold ZfV 1962 S. 203—205, Kemperdiek ZfV 1964 S. 336—337, Mankowski VW 1965 S. 342 bis 343, Otto VersPrax 1964 S. 37—38, Paul BB 1965 S. 18—23, Roth VW 1963 S. 366 bis 368, Vassel VW 1965 S. 125—131, derselbe VA 1967 S. 157—160, BB 1967 S. 907—908. Siehe im übrigen auch das in Anm. G 73 zitierte Schrifttum.

[G 75] ββ) Herstellung einer fehlerhaften Sache.

Streitig ist, ob die Herstellung einer fehlerhaften Sache eine Sachbeschädigung im Sinne des § 1 AHB darstellen kann. Das ist vom BGH bejaht worden (24. X. 1960 VA 1961 S. 79—80 Nr. 284 = VersR 1960 S. 1074—1075, 26. I. 1961 VersR 1961 S. 265 bis 266, ebenso OLG Saarbrücken 1. XII. 1964 VersR 1966 S. 54, OLG Karlsruhe 25. V. 1966 VersR 1966 S. 865—866). Den zur Architektenhaftpflichtv ergangenen Entscheidungen kommt deshalb so große Bedeutung zu, weil gleichzeitig § 4 I Ziff. 6b und § 4 II Ziff. 5 AHB abbedungen waren (letzterer stillschweigend, vgl. dazu Anm. G 153), so daß aus diesen Bestimmungen keine Deckungsverweigerung hergeleitet werden konnte. Die genannten Entscheidungen des BGH beruhen letzten Endes auf der Überlegung, daß andernfalls bei der Übernahme des Vsschutzes für die Haftpflicht des (den Bau nicht ausführenden) Vmers aus Konstruktionsfehlern oder aus Verletzung der Bauaufsicht nur dann Vsschutz gegeben sei, wenn das zunächst äußerlich fehlerfrei hergestellte Werk später infolge fehlerhafter Konstruktion eine Veränderung erleide (so der Sachverhalt in den Entscheidungen OLG München 22. XI. 1957 VersR 1959 S. 201—202, LG Traunstein 4. IV. 1957 VersR 1957 S. 578; in derartigen Fällen wird, auch von Wussow Architektenhaftpflichtv S. 44 das Vorliegen eines Sachschadens im Sinne des § 1 AHB bejaht).

In der Tat fehlt es an einer Rechtfertigung für eine differenzierende Behandlung dieser nur zeitlich in der Kausalreihe unterschiedlich gelagerten Fälle, weshalb schon OLG Karlsruhe 6. VII. 1955 VersR 1955 S. 563—565 diese Argumentation als „bestechend" bezeichnete, ohne ihr allerdings zu folgen (vgl. auch LG Krefeld 10. III. 1953 VersR 1954 S. 52 und das vom BGH 24. X. 1960 a. a. O. aufgehobene Urteil des OLG Köln 28. III. 1958 VersR 1958 S. 747—749). Die genannten Entscheidungen des BGH sind ein Beispiel für den Versuch einer wirtschaftlich sinnvollen Interpretation des Deckungsumfanges einer Spezialhaftpflichtv durch extensive Auslegung des Begriffs der Sachbeschädigung (ablehnend: Hafferburg VersR 1961 S. 1067—1070, Oehm VersR 1961 S. 112—113, Schlegelmilch a. a. O. S. 68—73, Wussow WI 1960 S. 197—199, Wussow[5] Anm. 41 zu § 1 AHB, S. 84—90, Anm. 49 zu § 1 AHB, S. 97—103, Wussow Architektenhaftpflichtv S. 45—47; zustimmend Strätz ZfV 1961 S. 607, Zollmarsch a. a. O. S. 63—72). Wir erleben hier den bemerkenswerten Vorgang, daß aus der Summe der Spezialbestimmungen zu einer Sonderhaftpflichtv ein Begriffswandel der Definition der Sachbeschädigung gefolgert wird. Die um eine gerechte Entscheidung im Einzelfall bemühten Urteile dürften vor allem deshalb so angegriffen worden sein, weil sie der traditionellen Ausrichtung des deutschen Rechtsdenkens auf feste Begriffsschemen widersprechen. Bemerkenswert mag dabei erscheinen, daß von der Praxis die Deckungswürdigkeit derartiger Schäden im angeschnittenen Umfang als „reine" Vermögensschäden durchaus bejaht wird (vgl. nur Hafferburg a. a. O.).

Die genannten Entscheidungen haben im übrigen zu einer Neufassung der Haftpflichtvsbedingungen für Architekten geführt, in der zur Vermeidung derartiger Abgrenzungsschwierigkeiten ebenfalls eine Gleichstellung der Sachschäden mit den „reinen" Vermögensschäden vorgenommen worden ist (vgl. I, 2 der Besonderen Bedingungen für die Haftpflichtv von Architekten und Bauingenieuren VA 1964 S. 37—38). Bemerkenswert ist hier besonders I, 4 der genannten Bedingungen. Diese Bestimmung lautet wie folgt:

„Die Ausschlußbestimmung § 4 I 6 Abs. 3 AHB (Ausschluß von Erfüllungsleistungen und den an ihre Stelle tretenden Ersatzleistungen) findet auch auf diese V Anwendung. Abweichend davon wird jedoch der Schadenersatzanspruch wegen Nichterfüllung (§ 635 BGB) eingeschlossen, wenn es sich um einen Schaden am Bauwerk handelt, den der Vmer selbst oder die mitvte Person schuldhaft verursacht haben. Sofern die Aufträge vom Vmer nicht lediglich in der Eigenschaft als bauleitender Architekt vergeben worden sind, verbleibt es bei dem Ausschluß nach § 4 I 6 Abs. 3, § 4 II 5 AHB."

Hier wird also entsprechend den Bedürfnissen der Praxis durch den Haftpflichtvsvertrag Vsschutz gegen einen Schadenersatzanspruch wegen Nichterfüllung aus § 635 BGB gewährt. Die Streitfrage, ob die fehlerhafte Herstellung einer Sache einen Sach- oder Vermögensschaden darstellt, spielt dabei, wie erwähnt, keine Rolle, da für beide Schadenarten der gleiche Vsschutz gilt. Zugleich stellt diese Bedingungsbestimmung ein gutes Argument gegen die Auffassung derjenigen dar, die da meinen, ein Schadenersatzanspruch wegen Nichterfüllung könne begrifflich gar nicht in den Schutzbereich einer Haftpflichtv fallen. Daß kein Vsschutz geboten wird, wenn der Vmer nicht nur die Bauausführungen leitet (und in dieser Eigenschaft Aufträge aufgrund seiner Pläne und Zeichnungen erteilt), sondern den Bau in eigener Regie durchführt, ist verständlich. Das Risiko eines Bauunternehmers ist wesensverschieden von dem des Architekten. Niemand kann es den Vern verübeln, daß sie für Bauunternehmer nur einen wesentlich eingeschränkten Haftpflichtvsschutz anbieten. Zur Einführung der neuen Architektenhaftpflichtvsbedingungen vgl. außer den oben aufgeführten Fundstellen u. a. Breinig VW 1964 S. 619—620, Hafferburg VersR 1964 S. 463—465, VW 1964 S. 863—864, Schreiter ZfV 1963 S. 371—374.

Keinen Sachschaden im Sinne der fehlerhaften Herstellung einer Sache stellt es dagegen dar, wenn infolge einer Verwechslung anstelle des verkauften Sommerweizens Winterweizen geliefert wird, der nach der Aussaat nicht den erhofften Ertrag bringt (BGH 7. III. 1968 VersR 1968 S. 437—438). Die These des Berufungsrichters, daß der Sachschaden darin bestehe, daß das mit falscher Saat bestellte Land für eine gewisse Zeit keinen Ertrag gebracht habe, hat zu Recht keine Billigung gefunden; insoweit handelt es sich vielmehr um einen „reinen" Vermögensschaden (BGH a. a. O.).

[G 76] γγ) Vermengungs- und Vermischungsschäden.

Eine Sachbeschädigung ist auch dann gegeben, wenn der Vmer versehentlich anstelle eines bestimmten chemischen Wirkstoffes für die Seifenherstellung andere Chemikalien liefert, wodurch die Zutaten des Käufers bei der Vermischung unbrauchbar werden. Auch wäre es verfehlt, den Vsschutz mit der Begründung abzulehnen, es liege begrifflich keine Sachbeschädigung, sondern die fehlerhafte Herstellung einer neuen Sache vor. In derartigen Fällen der Vermengung oder Vermischung ist vielmehr bezüglich der beschädigten Zutaten (hinsichtlich der Lieferung selbst greift u. a. § 4 II Ziff. 5 AHB ein) ein von § 1 AHB erfaßter Sachschaden gegeben (vgl. Wussow[5] Anm. 54 zu § 1 AHB, S. 109—110, Wussow Architektenhaftpflichtv S. 54—56). Der aus diesem Sachschaden resultierende Vermögensschaden des Käufers ist teilweise ebenfalls gedeckt, soweit er sich nämlich auf die Beschädigung der nicht vom Vmer gelieferten Zutaten bezieht. Nicht dagegen besteht Vsschutz für den Anspruch auf Ersatz der Arbeitskosten für die Fabrikation der fehlerhaften Sache. Insoweit liegt streng genommen auch gar nicht die Folge eines Sachschadens, sondern ein „reiner" Vermögensschaden vor. Wenn man sich aber darüber mit Rücksicht darauf, daß Sachbeschädigung und Vermögensschaden zeitlich zusammenfallen, hinwegsetzt, so greift insoweit § 4 II Ziff. 5 AHB ein. Vgl. auch Anm. G 252—254.

Einen Grenzfall bildet auch das von Goujet VersPrax 1957 S. 86 gebildete Beispiel: Vom Vmer gelieferter Lack, mit dem der Käufer Möbel hatte lackieren lassen, bildete auf diesen Möbeln Risse. Der Fall ist dahin zu entscheiden, daß im wirtschaftlichen Sinne ein Sachschaden und nicht, wie Goujet a. a. O. meint, ein reiner Vermögensschaden vorliegt. Der auf die Erstattung der Kosten für die Herstellung des ursprünglich unlackierten Zustandes gerichtete Schadenersatzanspruch ist daher als Sachschaden gedeckt (§ 4 II Ziff. 5 und § 4 I Ziff. 6 Abs. 3 AHB greifen insoweit nicht ein; vgl. dazu auch Anm. G 250–261).

[G 77] δδ) Abgrenzung zum Abhandenkommen.

Aus § 1 Ziff. 3 AHB ergibt sich, daß nach dem Willen der Bedingungsverfasser das Abhandenkommen von Sachen nicht als Sachschaden im Sinne des § 1 Ziff. 1 AHB anzusehen ist (RG 8. III. 1940 DR 1940 S. 988–989 = ÖffrV 1940 S. 215–216, BGH 21. V. 1959 NJW 1959 S. 1492–1493 = VersR 1959 S. 499, 26. IV. 1962 VA 1962 S. 246–248 Nr. 343 = VersR 1962 S. 558). Durch diese ausdrückliche Bedingungsbestimmung ist klargestellt, daß es im Rahmen des § 1 AHB nicht auf die höchst zweifelhafte Frage ankommt, ob es sich bei dem Abhandenkommen von Sachen begrifflich noch um eine Sachbeschädigung handeln könnte (vgl. für die Zeit vor dieser Klarstellung: RG 11. II. 1921 VA 1921 Anh. S. 43–44 Nr. 1202; Wunderlich Deckungsumfang S. 26).

Für den Ver hat diese Regelung den Vorteil, daß er die Verantwortlichkeit des Vmers für den Diebstahl von Sachen nicht zu prüfen hat. In Betracht kommt — abgesehen von den Fällen, in denen der Vmer durch Fahrlässigkeit einen Diebstahl ermöglichte — mit Rücksicht auf den Ausschluß der Vorsatzschäden durch § 152 ohnedies nur die Verantwortlichkeit des Vmers für den Diebstahl durch einen seiner Erfüllungs- oder Verrichtungsgehilfen. Da es sich dabei in der Regel um „bei Gelegenheit" der Ausführung von Arbeiten für den Vmer durchgeführte unerlaubte Handlungen handelt, für die der Vmer nur ausnahmsweise nach bürgerlichem Recht haftet, so z. B. wenn ihm eine diebische Neigung seines Arbeitnehmers bekannt war und er keine Gegenmaßnahmen traf, entfällt die in diesen Fällen lästige Aufklärung der Schadenursache für den Ver, die letzten Endes doch in der Regel nur dazu führen würde, daß Vsschutz allein in der Form der Abwehr unbegründeter Ansprüche zu gewähren wäre.

Zu beachten ist aber, daß ein nach § 1 Ziff. 1 AHB gedeckter Sachschaden dann vorliegt, wenn eine zunächst abhandengekommene Sache zerstört wird (RG 8. III. 1940 a. a. O., BGH 21. V. 1959 a. a. O., Prölss[17] Anm. 8 zu § 1 AHB, S. 658, differenzierend Wussow[5] Anm. 106 zu § 1 AHB, S. 209, a. M. Diekstall VW 1960 S. 678–679, Geyer VersR 1965 S. 647–649, ursprünglich wohl auch Wussow WI 1957 S. 175–176; vgl. ferner Kühfuß Obhutsschäden S. 43–44, Oberbach I S. 123 Anm. 739, die einen gleichgelagerten Fall für einen „reinen" Vermögensschaden halten). Der zuerst genannten Auffassung ist zuzustimmen. Sie entspricht dem Wortlaut der Bedingungsbestimmung. Überzeugende Gründe für eine davon abweichende Auslegung sind nicht ersichtlich. Das Ergebnis ist auch durchaus sachgerecht. Das Gesagte bedeutet z. B., daß Eltern, wenn sie wegen einer Verletzung der Aufsichtspflicht verantwortlich gemacht werden, dann keinen Vsschutz genießen, wenn ihre Kinder etwas gestohlen, daß aber Vsschutz besteht, wenn die Kinder die gestohlenen Sachen vernichtet haben (so RG 8. III. 1940 a. a. O.). Ein gutes und seltenes Beispiel bildet auch BGH 21. V. 1959 a. a. O.: Der Vmer hatte irrig eine fremde Herde von der Weide treiben und dann schlachten lassen. Für die Haftpflichtansprüche wegen Schlachtens der Tiere bestand als Sachbeschädigung nach § 1 AHB Vsschutz.

[G 78] εε) Beschädigung eigener Sachen des Versicherungsnehmers.

In § 1 AHB ist nur die Rede davon, daß dem Vmer Vsschutz für den Fall zu gewähren sei, daß er wegen der Beschädigung oder Vernichtung von Sachen in Anspruch genommen werde. Es knüpft sich daran die Streitfrage, ob es sich dabei immer um fremde Sachen handeln müsse oder ob in besonderen Fällen auch Vsschutz für Ansprüche wegen Beschädigung solcher Sachen bestehen könne, die dem Vmer selbst gehören. In früheren Bedingungswerken trat diese Zweifelsfrage nicht auf. Dort war nämlich ausdrücklich davon die Rede, daß Vsschutz für die Ansprüche wegen Beschädigung „fremder" Sachen bestehe (Oberbach I S. 81). Obwohl sich der Zusatz „fremder" zum Ausdruck „Sachen" heute nicht mehr in den Bedingungen befindet, wird in der Praxis vielfach eine Auslegung der AHB in dem Sinne vorgenommen, daß nur ein Schadenersatzanspruch wegen Beschädigung fremder Sachen vert sei (Heimbücher VW 1967 S. 531, Oberbach I S. 81; vgl. auch KG 6. VIII. 1938 JRPV 1938 S. 311, das für einen ganz anders gearteten Problemkreis als Vorinstanz zu RG 7. III. 1939 RGZ Bd 160 S. 48—52 ausspricht, daß § 1 AHB die Beschädigung fremder Sachen voraussetze).

Der Satz, daß es sich bei der Beschädigung von Sachen des Vmers um einen „Eigenschaden" handle, bringt gedanklich nicht weiter. Diese Aussage vermag dem Vmer zwar zu verdeutlichen, daß Vsschutz begrifflich dann nicht gewährt werden kann, wenn kein Dritter als Anspruchsteller vorhanden ist — was bei der Beschädigung einer Sache des Vmers der Regelfall ist —, mangels Festlegung eines entsprechenden Grundsatzes in den Bedingungen kann damit aber ansonsten keine Deckungsverweigerung begründet werden (Hartung Haftpflichtv S. 42—43, VersArch 1958 S. 129—145 [insbesondere S. 142]).

Die Ablehnung des Vsschutzes könnte daher aus § 1 AHB nur damit begründet werden, daß es für die Verfasser des Bedingungswerks selbstverständlich gewesen sei, daß es sich um fremde Sachen gehandelt haben müsse. Aus dem Weglassen des Zusatzes „fremder" läßt sich aber ebensogut schließen, daß in denjenigen seltenen Fällen, in denen ein Vmer wegen der Beschädigung seiner eigenen Sache schadenersatzpflichtig gemacht werden kann, Vsschutz bejaht werden sollte.

Der zuletzt genannten Auslegungsmöglichkeit ist der Vorzug zu geben (ebenso Hartung a. a. O., Lindemann ÖffrV 1936 S. 80—81 [allerdings mit einem unzutreffenden Beispiel], Sieg Ausstrahlungen S. 241—242, Wussow[5] Anm. 38 zu § 1 AHB, S. 73 [anders [3] Anm. 36 zu § 1 AHB S. 53]). Sie allein rechtfertigt sich nach dem Wortlaut des § 1 AHB.

Im Ergebnis muß man sich allerdings darüber im klaren sein, daß dennoch in aller Regel dem Vmer, der wegen der Beschädigung seiner eigenen Sache in Anspruch genommen wird, kein Vsschutz zustehen wird. Denn ein derartiger Anspruch eines Dritten wegen der Beschädigung einer eigenen Sache des Vmers wird, soweit er sich auf einen Vertrag stützen kann, meist einen „verhüllten" Erfüllungsanspruch (oder dessen Erfüllungssurrogat) darstellen, z. B. wenn der Mieter vom Vermieter die Beseitigung von Mängeln der Mietsache fordert; vgl. auch das von Lindemann a. a. O. gebildete Beispiel. Das bedarf aber genauer Prüfung im Einzelfall. Ausnahmen sind denkbar. Gedacht sei z. B. daran, daß der Vmer einem Dritten eine wertvolle Maschine unter Eigentumsvorbehalt liefert und diese bei einem späteren Besuch (etwa durch Rangieren mit seinem Pferdefuhrwerk) fahrlässig auf dem Hofe des Dritten beschädigt. Es ist nicht einzusehen, warum ein derartiger Schadenersatzanspruch nicht gedeckt sein sollte. Sonstige Ausschlußtatbestände greifen nicht ein. Überlegungswert erscheint ferner der Fall, daß der Vmer dem Dritten Geschäftsräume vermietet mit der Auflage, diese am Mietbeginn zu renovieren und ständig für einen ordnungsgemäßen Zustand zu sorgen. Wenn hier der Vmer schuldhaft die Innendekoration beschädigt, so kann der Dritte von ihm nicht den vertragsgemäßen Zustand als „Erfüllungsleistung" fordern (da ein solcher nicht geschuldet wird), sondern lediglich Schadenersatz aus positiver Vertragsverletzung oder aus unerlaubter Handlung (geschütztes Rechtsgut im Sinne des § 823 I BGB ist dabei der Besitz). Ein solcher Anspruch ist nach dem Gesagten gedeckt (a. M. Anonym [Dr. B.] VW 1964 S. 634—635, Heimbücher VW 1967 S. 531).

Wichtiger und deckungswürdiger erscheinen darüber hinaus diejenigen Fälle, in denen gegen den Vmer wegen des eigentlichen Sachschadens kein Schadenersatzanspruch geltend gemacht werden kann, wohl aber wegen der sich daraus ergebenden Folgen. Als Beispiel ist zu nennen, daß ein Dritter einen unechten Vermögensschaden durch den Brand von Sachen des Vmers erleidet, weil er z. B. eine wichtige Besprechung verpaßt. Dieser unechte Vermögensschaden ist gedeckt (vgl. OLG Karlsruhe 20. III. 1957 VersR 1957 S. 526: „Der Folgeschaden eines Eigenschadens ist gedeckt." Der Satz ist allerdings gefährlich, da die in ihm enthaltene Aussage nicht für jeden Folgeschaden gelten kann). Dabei kann die Frage unerörtert bleiben, daß es sich dabei häufig wegen des Fehlens eines geschützten Rechtsgutes im Sinne des § 823 BGB um unbegründete Ansprüche handeln wird. Denn auch insoweit ist Vsschutz zu gewähren. Denkbar ist übrigens, daß der Geschädigte ein Vertragspartner des Vmers ist, dem er auch solche Vermögensschäden zu ersetzen hat.

LG Aurich 28. X. 1954 VersR 1955 S. 475 hat den Vsschutz verneint, als ein im Miteigentum des Vmers stehendes Pferd von dem Vmer fahrlässig getötet worden ist. Zur Begründung führt das Gericht aus, daß aus dem Wesen der Haftpflichtv folge, daß der Sachschaden nicht an der eigenen Sache entstanden sein dürfe. Indes ist diese Annahme unzutreffend. Der Fall zeigt gerade, daß in Ausnahmefällen auch ein Schadenersatzanspruch gegen den Vmer wegen Zerstörung einer in seinem Eigentum stehenden Sache gegeben sein kann. Geht man davon aus, daß das Pferd DM 4500,— wert war und daß Miteigentum zu je ½ bestand, so ist nicht einzusehen, warum der Schadenersatzanspruch des Dritten in Höhe von DM 2250,— nicht wie die Ansprüche sonstiger Dritter auch als deckungswürdig anzusehen ist. Eine andere Frage ist es dabei allerdings, ob nicht in gewissen Fällen des Miteigentums § 4 I Ziff. 6a AHB analog angewandt werden könnte (vgl. Hartung VersArch 1958 S. 142), wenn nämlich nach der Einigung der Miteigentümer A und B einer von den beiden wie ein Verwahrer, Mieter oder Entleiher in bezug auf das gemeinsame Eigentum anzusehen ist. Das kann z. B. der Fall sein, wenn der Miteigentümer A sich verpflichtet hat, die wertvolle Sache sorgsam zu verwahren, während B dafür die Lasten trägt oder aber auch dann, wenn A für die alleinige Nutzung der Sache ein Entgelt an den Miteigentümer B zu entrichten hatte. Schließlich lag im Falle des LG Aurich a. a. O. auch die Prüfung der Frage nahe, ob nicht ein Tätigkeitsschaden im Sinne des § 4 I Ziff. 6b AHB gegeben war. Dieses alles darf aber den Blick dafür nicht verdunkeln, daß grundsätzlich auch ein Schadenersatzanspruch wegen Beschädigung eigener Sachen des Vmers von § 1 AHB erfaßt werden kann.

[G 79] ccc) Abhandenkommen von Sachen.

Besonderer Vereinbarung bedarf es nach § 1 Ziff. 3 AHB, wenn Vsschutz auch gegen Schadenersatzansprüche wegen des Abhandenkommens von Sachen gewährt werden soll. In der Praxis geschieht das meist nur in ganz genau abgegrenzten Risikobereichen. Es ist also nicht schlechthin möglich, dieses Risiko zu vern. Vert werden kann z. B. die gesetzliche Haftpflicht des Vmers als Arbeitgeber bezüglich des Abhandenkommens von Sachen der Arbeitnehmer aus verschlossenen oder bewachten Garderoben oder aus abgeschlossenen Parkplätzen. Gelegentlich wird hier sogar der Vsschutz in der Weise geboten, daß das Abhandenkommen dieser Sachen ohne Rücksicht darauf vert wird, ob eine Haftpflicht des Vmers gegeben ist. Hier wird der Haftpflichtver genau genommen als Sachver tätig. Diese (im Rückgang befindliche) Ausdehnung der Haftpflichtv erklärt sich daraus, daß vielfach aus sozialen Gründen nach Möglichkeit Streitigkeiten innerhalb des Betriebes vermieden werden sollen.

Der Begriff des Abhandenkommens ist im übrigen grundsätzlich nach Maßgabe des bürgerlichen Rechts zu bestimmen. Gelegentlich mag man zweifeln, ob nicht nach dem Sinn der Ausschlußbestimmung eine etwas engere Auslegung geboten ist. Wenn z. B. ein Schäferhund drei Hühner tötet und drei weitere verjagt, die sich nicht wieder auffinden lassen, so läßt sich nicht leugnen, daß die drei letztgenannten im Sinne des § 935 I BGB abhandengekommen sind. Dennoch dürfte es schwer fallen, dem Vmer klarzumachen, warum er bezüglich des Anspruchs auf Schadenersatz wegen der Tötung dreier Hühner Vsschutz genießt, nicht aber hinsichtlich des verjagten Federviehs. In der Praxis werden daher solche Fälle auch häufig als vert behandelt.

Andere Grenzfälle sind denkbar. Beispiel: Ein Kleinkind wirft in einem unbeobachteten Augenblick auf einer Bootsfahrt ein wertvolles Schmuckstück eines Dritten in den Rhein. Hier liegt ebenfalls ein Abhandenkommen im Sinne des § 935 BGB vor. Doch ähnelt der Fall so sehr einer Zerstörung der Sache, daß aus der Interessenlage der Vsschutz bejaht werden kann. Vgl. auch Sieg Grundlagen C 2 IV S. 10, der — allerdings in anderem Zusammenhang — betont, daß das Abhandenkommen im Sinne der Tarifbestimmungen nicht immer streng juristisch aufgefaßt werden dürfe. Zutreffend führt Stelzer ZfV 1958 S. 522 aus, daß Fälle denkbar seien, in denen wohl ein Abhandenkommen nach § 935 BGB gegeben sei, die aber im Sinne des Haftpflichtvsrechts als Vernichtung einer Sache angesehen werden müßten.

In diese Überlegungen paßt es, daß nach h. A. Vsschutz dann besteht, wenn eine zunächst abhandengekommene Sache später vernichtet oder beschädigt und der Vmer dafür verantwortlich gemacht wird (so RG 8. III. 1940 DR 1940 S. 988—989 = ÖffrV

1940 S. 215—216, BGH 21. V. 1959 NJW 1959 S. 1492—1493 = VersR 1959 S. 499; weitere Nachweise dafür und dagegen vgl. unter *δδ* in Anm. G 77). Der hier bejahte Vsschutz für die oben erwähnten Fälle geht allerdings gedanklich noch einen Schritt weiter, steht aber nicht in Widerspruch zu dem Zweck des grundsätzlichen Ausschlusses der Schadenersatzansprüche wegen des Abhandenkommens von Sachen. Dieser Zweck geht dahin, daß der Ver nicht mit den Problemen unklarer Ersatzverpflichtungen des Vmers aus der Haftung für Abhandenkommen von Sachen belastet werden will. Von einer derartigen Unklarheit kann aber in den gebildeten Beispielen keine Rede sein. Kein Abhandenkommen, sondern ein Sachschaden ist es auch, wenn Erdöl in die Erde sickert, ohne daß eine Rückgewinnung möglich ist (Roth VersR 1962 S. 487, Stelzer a. a. O.).

Während Vermögensschäden, die als Folge eines Personen- oder Sachschadens auftreten, stets vert sind (sog. „unechte" Vermögensschäden), ist das Abhandenkommen von Sachen auch dann vom Vsschutz ausgeschlossen, wenn es die Folge eines Personen- oder Sachschadens ist (a. M. Diekstall VW 1960 S. 678, Wussow[5] Anm. 106 zu § 1 AHB, S. 209 [für das von Wussow a. a. O. gewählte Beispiel besteht allerdings — wenn es sich um einen Autozusammenstoß handelt — Vsschutz nach § 10 Ziff. 1b AKB]). Die gegenteilige Auffassung wäre nur dann gerechtfertigt, wenn es in § 1 Ziff. 3 AHB — ebenso wie bei den reinen Vermögensschäden — heißen würde, daß der Vsschutz durch besondere Vereinbarung auf die gesetzliche Haftpflicht wegen Abhandenkommens von Sachen, welches nicht durch Personen- oder durch Sachschäden entstanden sei, ausgedehnt werden könne. An diesem einschränkendem Zusatz fehlt es aber, so daß nur die hier vertretene Auslegung dem Wortlaut des Bedingungsrechts entspricht. Dabei spielt es keine Rolle, ob das Abhandenkommen von Sachen begrifflich nur einen Unterfall des reinen Vermögensschadens darstellt (Oberbach I S. 124, Wussow[5] Anm. 106 zu § 1 AHB, S. 207—208). Das Bedingungsrecht trennt in § 1 Ziff. 3 AHB beide Schadengruppen genau ab, so daß allein aus der Überlegung heraus, daß auch eine andere Einteilung möglich wäre, nichts Gegenteiliges geschlossen werden kann. Eine andere Frage ist es, daß in besonderen Fällen des Abhandenkommens, wie oben ausgeführt, eine Gleichstellung mit der Totalzerstörung der Sache verantwortet werden kann. Die erwähnte, aus dem Sprachgebrauch folgende Auffassung, daß begrifflich ein Abhandenkommen stets auch einen „reinen" Vermögensschaden darstelle, wird allerdings dann bedeutungsvoll, wenn durch besondere Bedingungen Vsschutz für Vermögensschäden gewährt wird und es im Anschluß daran heißt, daß ausgeschlossen aber das Abhandenkommen von Geld, Wertpapieren und Wertsachen sei. Hier ist der Schluß vertretbar, daß der Begriff des Vermögensschadens sich auch auf Schäden infolge von Abhandenkommens anderer als der genannten Sachen beziehe (BGH 26. IV. 1962 VA 1962 S. 246 bis 248 Nr. 343 = VersR 1962 S. 557—559; ebenso im Ergebnis als Vorinstanz OLG Celle 10. XII. 1959 VersR 1961 S. 242 mit ablehnender Anm. von Diekstall VersR 1961 S. 988).

[G 80] ddd) „Reine" Vermögensschäden.

α) Regelung nach den AHB.

In § 1 Ziff. 3 AHB heißt es, daß der Vsschutz durch besondere Vereinbarung ausgedehnt werden kann auf die gesetzliche Haftpflicht wegen Vermögensschädigung, die weder durch Personenschaden noch durch Sachschaden entstanden ist. Zu beachten ist aber die Besonderheit des Haftpflichtvsrechts, daß alle Folgeschäden, die wegen einer Personenverletzung oder einer Sachbeschädigung geltend gemacht werden, als „unechte" Vermögensschäden anzusehen sind, so daß hierfür bereits nach § 1 Ziff. 1 AHB als Personen- und/oder Sachschaden Vsschutz besteht (vgl. dazu Anm. G 70). Darauf, daß die als Folgeschäden nach einem Personenschaden erhobenen Ansprüche materiellrechtlich unbegründet sind, kommt es mit Rücksicht auf die Rechtsschutzfunktion der Haftpflichtv auch dann nicht an, wenn keine Identität zwischen Anspruchsteller und geschädigtem Dritten besteht. Entsprechendes gilt, wenn bei einem Sachschaden Anspruchsteller und Eigentümer oder Besitzer nicht personengleich sind. Der Vermögensschadenbegriff des Haftpflichtvsrechts kann danach mit dem des Haftpflichtrechts nicht gleichgesetzt werden (Wussow[5] Anm. 105 zu § 1 AHB, S. 206—207).

Ein „reiner" Vermögensschaden liegt z. B. vor, wenn der Vmer an einen Dritten anderen als den gekauften Samen liefert mit der Folge, daß nach der Aussaat ein Minderertrag erzielt wird oder gar für eine gewisse Zeit der Boden überhaupt keinen Nutzen abwirft, weil der Samen nicht aufgeht (vgl. für einen solchen Fall der Verwechslung von Sommer- mit Winterweizen BGH 7. III. 1968 VersR 1968 S. 438—439).

Über die Streitfrage, ob die Beschädigung fließenden (also nicht beherrschbaren) Wassers als reiner Vermögensschaden oder als Sachschaden im Sinne des § 1 Ziff. 1 AHB anzusehen ist, vgl. Anm. G 73. Darüber, daß ein immaterieller Schadenersatzanspruch wegen Persönlichkeitsverletzung nicht als „reiner" Vermögensschaden, sondern als Körperschaden anzusehen ist, vgl. weiter Anm. G 71.

Auszuschalten aus dem Begriff des „reinen" Vermögensschadens sind auch die Schadenersatzansprüche wegen des Abhandenkommens von Sachen. Mögen diese begrifflich auch zunächst zu den „reinen" Vermögensschäden zählen, so zeigt doch die gesonderte Behandlung in § 1 Ziff. 3 AHB, daß diese Schäden grundsätzlich eines gesonderten Deckungseinschlusses bedürfen. Zu der oben gegebenen Definition, daß „reine" Vermögensschäden solche sind, die weder auf einen Personen- noch auf einen Sachschaden zurückzuführen sind, ist also ergänzend hinzuzufügen, „noch auf dem Abhandenkommen von Sachen beruhen".

Aus den besonderen Vereinbarungen der Parteien eines Haftpflichtvsvertrages kann sich aber natürlich ergeben, daß — abweichend von der zu § 1 Ziff. 3 AHB vorgenommenen Abtrennung der Schadenersatzansprüche wegen Abhandenkommens von Sachen vom Begriff des „reinen" Vermögensschadens — in speziellen Haftpflichtvsverträgen bei einem Einschluß der „reinen" Vermögensschäden auch Schadenersatzansprüche wegen des Abhandenkommens von Sachen vom Vsschutz erfaßt werden. So hat zu Recht BGH 26. IV. 1962 VA 1962 S. 246—248 Nr. 343 = VersR 1962 S. 557—559 in einem Falle, in dem „reine" Vermögensschäden eingeschlossen waren, aus der im Anschluß an diese Vertragsbestimmung getroffenen Vereinbarung, daß Haftpflichtansprüche wegen des Abhandenkommens genau bestimmter Sachen ausgeschlossen seien, gefolgert, daß Schadenersatzansprüche wegen des Abhandenkommens anderer Sachen als „reine" Vermögensschäden vom Vsschutz erfaßt werden (vgl. dazu Anm. G 79).

In der Praxis wird von der Möglichkeit des Deckungseinschlusses von „reinen" Vermögensschäden (abgesehen von der Berufshaftpflichtv für Ärzte, Gastwirte und politische Gemeinden) kaum Gebrauch gemacht (vgl. auch die Ausführungen von Boettinger VersR 1953 S. 176—177, der von einer bemerkenswerten Zurückhaltung beim Einschluß der „reinen" Vermögensschäden in der Allgemeinen Haftpflichtv berichtet). Für Industriebetriebe besteht auch kaum ein Bedürfnis für einen derartigen Einschluß. Das zeigen besonders die von Boettinger a. a. O. S. 176—177 konstruierten Beispiele. Es kommt hinzu, daß durchweg Haftpflichtansprüche wegen Vermögensschäden aus Kauf- und Lieferungsverträgen (insbesondere wegen Nichteinhaltung vereinbarter Lieferfristen) vom Vsschutz ausgeschlossen sind (vgl. VA 1955 S. 184, VA 1966 S. 110 [„Besondere" Bedingungen für die Mitv von Vermögensschäden] und VA 1956 S. 194—195 [„Besondere" Bedingungen für den Einschluß von Vermögensschäden bei politischen Gemeinden]). Damit wird verhindert, daß durch den Einschluß der Vermögensschäden das ansonsten durch § 4 I Ziff. 6 Abs. 3 und § 4 II Ziff. 5 AHB vom Vsschutz ausgeschlossene Unternehmerrisiko im engeren Sinne vom Vsschutz erfaßt wird. Zweifelhaft erscheint dabei im übrigen, was unter „Lieferungsverträgen" zu verstehen ist. Anknüpfend an §§ 631, 651 BGB wird man darunter im Prinzip nur Werk- und Werklieferungsverträge einordnen. Demnach ist ein Schadenersatzanspruch, der darauf gegründet wird, daß ein Industrieunternehmen, das einen Film zur Vorführung vor seiner Belegschaft gemietet hat und diesen versehentlich nicht fristgemäß zurücksendet (wodurch weitere Vorstellungen ausfallen), grundsätzlich beim Einschluß der reinen Vermögensschäden gedeckt. Aber auch dieses Beispiel zeigt, daß nur in Randbezirken der eigentlichen Arbeit eines Industrieunternehmens gedeckte Vermögensschäden auftreten.

Interessant ist, daß nach § 10 Ziff. 1c AKB in der Kfz-Haftpflichtv seit langem für alle Verträge Deckung für „reine" Vermögensschäden gewährt wird, ohne daß ein größerer Schaden durch Literatur oder Rechtsprechung bekannt geworden ist. Ein entsprechender Einschluß könnte daher (bei gleichzeitigem Ausschluß der Haftpflichtansprüche wegen Vermögensschäden aus Kauf- und Lieferungsverträgen) ohne Schwierigkeiten auch im Rahmen der Betriebshaftpflicht- oder Privathaftpflichtv erfolgen. Dann wäre auch der von Boettinger a. a. O. S. 176 gebildete Beispielsfall gedeckt: A benutzt versehentlich morgens das Fahrrad des B. B kommt infolgedessen 3 Stunden zu spät zur Arbeit und verlangt von A den Lohnausfall ersetzt.

[G 81] β) Vermögensschadenhaftpflichtversicherung.

Das Hauptanwendungsgebiet der V gegen die Haftpflicht aus dem Entstehen reiner Vermögensschäden wird aber immer die Tätigkeit geistiger Berufe (z. B. Notare, Rechtsanwälte ,Wirtschaftsprüfer usw.) sein. Hier besteht auch ein dringendes Bedürfnis für eine V gegen die oft existenzvernichtenden Schadenersatzverpflichtungen aus geringstem Versehen, die bei der Kompliziertheit des geltenden Rechts jedem unterlaufen können. § 1 I AHBVerm ist in seiner Definition des Vermögensschadens ein Spiegelbild des § 1 AHB. Danach sind Vermögensschäden solche Schäden, die weder Personen- noch Sachschäden sind, noch sich aus solchen — von dem Vmer oder einer Person, für die er einzutreten hat, verursachten — Schäden herleiten. Dabei werden die Schäden wegen Abhandenkommens von Sachen interessanterweise wieder den Sachschäden zugerechnet. Bemerkenswert ist ferner, daß ausdrücklich erwähnt wird, daß als Sachen auch Geld und geldwerte Zeichen gelten.

Für den beschränkten Einschluß von Sachschäden vgl. § 1 II AHBVerm.

[G 82] γ) Einschluß der „Eigenschäden" in der Vermögensschadenhaftpflichtversicherung.

Es ist ohne weiteres vorstellbar, daß ein Arbeitnehmer des Vmers einen Vermögensschaden herbeiführt, der nicht einem Dritten entsteht, sondern dem Vmer selbst. Ein derartiger Schaden läßt sich z. B. in der Weise denken, daß der verantwortliche Sachbearbeiter einer Betriebskrankenkasse den an ein Mitglied zu zahlenden Betrag für Krankengeld zu hoch berechnet und daß dann der Rückforderungsanspruch wegen Vermögenslosigkeit des Empfängers nicht realisierbar ist. Es handelt sich hierbei dann um einen Schadenersatzanspruch des Vmers gegen den Vten, der nach § 7 Ziff. 2 AHBVerm grundsätzlich vom Vsschutz ausgeschlossen ist. In gewissen Sparten der Vermögensschadenhaftpflichtv wird dem Vmer aber die Möglichkeit zum Einschluß derartiger Eigenschäden geboten, wie z. B. bei der Haftpflichtv für Behörden, Berufsgenossenschaften, politischen Gemeinden, Allgemeinen Ortskrankenkassen und den erwähnten Betriebskrankenkassen. Die Abgrenzung zwischen einem derartigen Eigenschaden und einem normalen Haftpflichtschaden ist nicht immer so einfach, wie es auf den ersten Blick zu sein scheint. BGH 5. V. 1958 VersR 1958 S. 366 befaßt sich mit einem solchen Abgrenzungsfall, bei dem die Besonderheit bestand, daß nur Vsschutz gegen derartige Eigenschäden bestand. Der Leitsatz dieser instruktiven Entscheidung lautet: „Werden Mitgliederbeiträge zur landwirtschaftlichen BG durch Verschulden eines Gemeindebeamten von den Mitgliedern nicht eingezogen, so ist der dadurch entstehende Schaden nicht ein Eigenschaden der Gemeinde, sondern ein Drittschaden der BG, für den ihr die Gemeinde nach § 1026 RVO entschädigungspflichtig ist."

Einen Fall, bei dem durch zu hohe Auszahlung von Wartegeldbezügen ein derartiger Eigenschaden entstanden ist, behandelt OLG München 19. II. 1962 VersR 1962 S. 775 bis 776; es stellt sich dabei zu Recht auf den Standpunkt, daß für den Sonderfall der Mitv von Eigenschäden das sonst im Haftpflichtvsrecht geltende „Trennungsprinzip" keine Anwendung finden könne (vgl. allgemein zum „Trennungsprinzip" die Ausführungen in Anm. B 57—59). Es ist dann also nicht Voraussetzung für die Zahlungspflicht des Vers, daß der Haftpflichtanspruch im Sinne des § 154 I festgestellt ist. Das erscheint als durchaus richtig, insbesondere wenn man bedenkt, daß dem Vmer ein derartiger ersatzpflichtiger Eigenschaden aus fahrlässigem Verhalten seiner Beamten und Angestellten durchaus auch entstehen kann, ohne daß er diesen deswegen erfolgreich auf Schadenersatz in Anspruch nehmen kann. Erinnert sei in diesem Zusammenhang nur an die arbeitsrechtlichen Grundsätze zur „gefahrengeneigten" Arbeit und daran, daß gegen einen Beamten nach Art. 34 ² GG nur bei Vorsatz oder grober Fahrlässigkeit Regreß genommen werden kann. Da die Ersatzpflicht des Vers aber nicht an eine Schadenersatzverpflichtung des vten (oder gar überhaupt nicht in den Vsschutz einbezogenen) Mitarbeiters des Vmers anknüpft, sondern lediglich an die Entstehung des Eigenschadens beim Vmer, ist es sachgerecht, hier das Trennungsprinzip aufzugeben. Selbstverständlich könnte aber auch in derartigen Fällen das Trennungsprinzip vereinbart werden, wenn ausdrücklich in den Vsbedingungen festgelegt werden würde, daß eine Ersatzpflicht des Vers nur bei Bestehen eines Schadenersatzanspruches des Vmers gegeben sei. Das würde aber den Wert einer derartigen Eigenschadenv doch wesentlich für den Vmer herabmindern.

Dem kritischen Betrachter fällt im übrigen auf, daß eine derartige Eigenschadenv, bei der der Ver also auch dann zur Leistung in der Form einer Zahlung an den Vmer verpflichtet sein kann, wenn dieser keinen Haftpflichtanspruch gegen den Vten hat, nur noch teilweise eine „echte“ Haftpflichtv darstellt.

b) Zum „versicherten Risiko“ im Sinne des § 1 Ziff. 2a AHB (§ 1 I AHBVerm).

Gliederung:

[G 83] Schrifttum:

Ehrenberg ZVersWiss 1927 S. 194—200, Elperting ZVersWiss 1917 S. 666—671, Haidinger Anm. zu BGH 21. II. 1957 BGHZ Bd 23 S. 355—361 in LM Nr. 4 zu § 149, Hagen II S. 274—277, Hartung Haftpflichtv S. 44—54, Heimbücher VW 1956 S. 216 bis 219, VW 1960 S. 762—765, VW 1964 S. 266—267, Manitz VersPrax 1968 S. 8—11,

Mankowski, Haftung nach dem Wasserhaushaltsgesetz und Haftpflichtv, Karlsruhe 1964, Matt, Die Haftpflichtvstechnik, Weißenburg 1950, Oberbach HansRGZ 1939 A Sp. 63—80, Oberbach I S. 110—117, Oberbach, Die Grundlagen der Allgemeinen Haftpflichtv, Stuttgart und Köln 1950, Poppe VW 1961 S. 642—645, Schack JW 1939 S. 449—453, Sieg VersPrax 1940 S. 8—10, HansRGZ 1942 A Sp. 25—32, Schmalzl VW 1959 S. 722—728, Stelzer VW 1959 S. 505—508, VersR 1962 S. 17—18, Schwandt VW 1959 S. 154—155, Theißen VersR 1964 S. 705—706.

[G 84] aa) Grundsatz der Spezialität der versicherten Gefahr.

In § 1 Ziff. 2a AHB heißt es, daß der Vsschutz sich auf die gesetzliche Haftpflicht aus den im Vsschein und seinen Nachträgen angegebenen Eigenschaften, Rechtsverhältnissen oder Tätigkeiten des Vmers erstrecke („vtes Risiko“). § 1 I AHBVerm bemerkt kurz, daß Vsschutz für „wegen eines bei der Ausübung beruflicher Tätigkeit“ begangenen Verstoßes gewährt werde. Maßgebend ist also auch hier die nähere Erläuterung im Vsschein.

Die Praxis der Haftpflichtv kennt eine Vielzahl von verschiedenen Haftpflichtvsarten. Das Haftpflichtvsrecht wird geradezu typisch durch den Grundsatz der Spezialität des vten Risikos in dem Sinne gekennzeichnet, daß nur für derartige Schadenfälle Vsschutz besteht, die sich aus den im Vsschein und Vsantrag aufgeführten Eigenschaften, Rechtsverhältnissen oder Tätigkeiten des Vmers ableiten lassen (vgl. nur BGH 21. II. 1957 BGHZ Bd 23 S. 358, 23. V. 1957 VersR 1957 S. 385, 9. XI. 1961 VA 1962 S. 161—162 Nr. 332 = VersR 1961 S. 111 und aus dem Schrifttum: Hagen II S. 276, Oberbach I S. 110). Die sich aus diesem Grundsatz gelegentlich für den Vmer ergebenden Härten werden in der Praxis durchweg durch eine gezielte Fragestellung des Vers bei der Antragstellung nach dem Umfang des gewünschten Vsschutzes ausgeglichen. Weiter wird der Grundsatz der Spezialität des vten „Risikos“ in der Allgemeinen Haftpflichtv durch den Einschluß der Erhöhungen und Erweiterungen des vten Risikos gemäß § 1 Ziff. 2b AHB und namentlich durch die nach § 2 AHB gewährte Vorsorgev für neue „Risiken“ abgemildert. Im einzelnen wird auf die Ausführungen in Anm. G 113—144 verwiesen. Betont sei hier nur, daß durch die Vorsorgev nicht eine bei Abschluß des Vsvertrages übersehene Lücke ausgeglichen werden kann, da nur neu entstehende Risiken unter die Rechtswohltat dieser Bestimmung fallen.

[G 85] bb) Zur Beweislast.

Besteht Streit darüber, ob ein Schadenereignis oder ein Verstoß unter den Vsschutz des betreffenden Haftpflichtvsvertrages fällt, so ist es Sache des Vmers, darzutun und nachzuweisen, daß er aus einem im Vsvertrage unter Vsschutz gestellten Rechtsverhältnis haftpflichtig gemacht wird (BGH 21. II. 1957 BGHZ Bd 23 S. 358—359, 22. VI. 1967 VA 1967 S. 270—271 Nr. 468 = VersR 1967 S. 770—771, Bruck S. 646, Haidinger in Anm. zu BGH 21. II. 1957 in LM Nr. 4 zu § 149, Oberbach I S. 117, Schack JW 1939 S. 450).

Soweit auch Vsschutz in der Form der Abwehr eines unbegründeten Schadenersatzanspruchs geboten wird (was in der modernen Fassung des Haftpflichtvsvertrages fast ausnahmslos der Fall ist), bedarf es zur Begründung des Vsanspruchs nicht des Nachweises, daß die Forderung der Gegenseite berechtigt sei oder daß die von der Gegenseite zur Begründung der Haftpflicht aus dem vten Rechtsverhältnis oder der vten Eigenschaft behaupteten Tatsachen zutreffen. Der Haftpflichtvsanspruch wird vielmehr schon dann fällig, wenn vom Dritten Tatsachen behauptet werden, die, wenn sie vorliegen, einen vten Haftpflichtanspruch begründen können. Vgl. hier nur RG 2. VIII. 1935 RGZ Bd 148 S. 282—286; weitere Nachweise in Anm. G 86. Zu beachten ist aber, daß das Gesagte nur für den vorweggenommenen Vsschutzprozeß gilt. Ist der Haftpflichtprozeß bereits entschieden, so muß im daran anschließenden Deckungsprozeß geklärt werden, ob der Vmer aus einer vten Eigenschaft oder Tätigkeit haftpflichtig gemacht worden ist oder nicht. Vgl. dazu und speziell zur Bindungswirkung des Haftpflichtprozesses die Ausführungen in Anm. B 61—66.

[G 86] cc) Mehrfache Anspruchsbegründung aus versicherten und nicht versicherten Tätigkeiten, Eigenschaften und Rechtsverhältnissen (Mischtätigkeiten).

Ergibt sich nach Abschluß des Haftpflichtprozesses, daß der Vmer sowohl aus einer vten Eigenschaft als auch aus einer unvten Eigenschaft haftpflichtig ist, so besteht Vsschutz (so teils ausdrücklich, teils sinngemäß: RG 27. IV. 1926 RGZ Bd 113 S. 286—293, 2. VIII. 1935 RGZ Bd 148 S. 282—286, 7. XI. 1939 JRPV 1940 S. 5, BGH 21. II. 1957 BGHZ Bd 23 S. 358—359, Ehrenberg ZVersWiss 1927 S. 194—200, Elperting ZVersWiss 1917 S. 666—671, Oberbach I S. 117), es sei denn, daß die nicht vte Eigenschaft derart in die Form einer Ausschlußklausel gekleidet ist, daß erkennbar im Vsvertrag bestimmte Haftpflichtgefahren „schlechthin aus dem Vsschutz ausgeschlossen sein sollen, also auch dann, wenn der Vmer für den Haftpflichtfall zugleich auch in der vten Eigenschaft (z. B. als Mieter) haftpflichtig gemacht werden kann“ (Haidinger LM Nr. 4 zu § 149 [Anm. zu BGH 21. II. 1957 a. a. O.]). Es ist also für die Abwehrverpflichtung des Vers im vorweggenommenen Deckungsprozeß ein anderer Maßstab anzulegen als für die Befreiungsverpflichtung nach Durchführung des Haftpflichtprozesses. Für die erstgenannte genügt regelmäßig der Nachweis, daß die Inanspruchnahme auch aus einer vten Eigenschaft erfolgt (vgl. weiter die Nachweise in Anm. B 57—58). Für die Verpflichtung des Vers zur Befreiung von einer begründeten Forderung muß der Vmer aber den Nachweis führen, daß der geltend gemachte Anspruch aus einem vten Rechtsverhältnis auch begründet ist. Hier greift dann aber zugunsten des Vmers der erwähnte Rechtsgrundsatz ein, daß es dem Vmer in seinem Haftpflichtvsschutz nichts schadet, wenn er auch aus einer nichtvten Eigenschaft haftpflichtig gemacht wird, soweit diese nicht wiederum in das Gewand einer die Gefahr schlechthin ausschließenden sekundären Risikobeschränkung gekleidet ist (Haidinger a. a. O.).

Das Gesagte bedarf einer weiteren Einschränkung. Es kann sich aus den Umständen des Einzelfalles, aus dem Parteiwillen und der Vertragsausgestaltung durchaus ergeben, daß bei gleichzeitigem Vorliegen beider Eigenschaften kein Vsschutz bestehen soll. Das muß dann aber vom Ver mit aller Deutlichkeit im Vsvertrag zum Ausdruck gebracht werden. Regelmäßig wird es sich dann aber auch nicht mehr um die Abgrenzung verschiedener primärer Risikobeschränkungen handeln, sondern um das Eingreifen einer sekundären Ausschlußklausel. Abgesehen davon gibt es aber Grenzfälle, bei denen es nicht darum geht, daß der Vmer aus verschiedenen Rechtsverhältnissen haftpflichtig gemacht wird, sondern aus der Sicht des Dritten nur aus einem einzigen rechtlichen Band, dem der unerlaubten Handlung, die sich aber aus dem Gesichtspunkt des Vers aus verschiedenen Tätigkeiten zusammensetzt, die teils vert, teils nicht vert sind. Hier kann es angebracht sein, eine untergeordnete vte Tätigkeit des Vmers gegenüber einer überwiegenden nicht vten Tätigkeit zurücktreten zu lassen. Einen solchen interessanten Grenzfall behandelt RG 23. IV. 1909 VA 1909 Anh. S. 94—96 Nr. 482.

Der Vmer war aus den Gefahren seines landwirtschaftlichen Betriebes, einschließlich Besitz und Verwendung von Pferden, gegen Haftpflicht vert, während die Haftpflicht aus dem gewerblichen Lohnfuhrbetrieb ausgeschlossen war. Auf einer Fahrt, die sowohl dem landwirtschaftlichen Betrieb (Abtransport von Stämmen für ein Maschinengerüst) als auch der Durchführung einer Lohnfuhre (Transport von Schienen) diente, wurde ein Dritter überfahren. Das RG führte a. a. O. aus: „Nach den Feststellungen des Berufungsgerichts war Christoph K. am betreffenden Tage zu einem doppelten Zweck in den Staatswald gefahren: Einmal, um dem Karl K. bei Ausführung von Lohnarbeiten für die Forstverwaltung, insbesondere bei der Abfuhr von Waldbahnschienen behilflich zu sein, und ferner, um einige Stämmchen zu einem Maschinengerüst für eine Futterschneidemaschine zu holen. Daß die letztere Tätigkeit unter den landwirtschaftlichen Betrieb des Klägers fällt, ist zweifellos unstreitig. Die Schienenabfuhr nahm etwa 4 Stunden Zeit in Anspruch. Im Laufe dieser Arbeit verbrachten Christoph und Karl K. die zum Maschinengerüst bestimmten Stämmchen an die Straße; nach Beendigung der Waldarbeit luden sie die Stämme auf den Wagen des Christoph K. und fuhren sie mit nach Hause. Auf der Heimfahrt ereignete sich sodann der Unfall. Das Berufungsgericht führt nun aus: Die Mitnahme der Stämme sei gegenüber der Schienenabfuhr augenscheinlich eine ganz nebensächliche Tätigkeit, ... die Schienenabfuhr könne auch nicht als zu der Zeit des Unfalls beendigt angesehen werden, denn auch die Heimfahrt von einer im Lohnfuhrwerkbetrieb verrichteten Fahrtätigkeit gehöre noch zu diesem Betrieb. Hätte der Unfall auf der Heimfahrt sich ereignet, ohne daß Christoph K. die Stämmchen mitgenommen hätte, so könnte kein Zweifel darüber bestehen, daß er sich im Lohnfuhrwerksbetrieb ereignet hätte. Der Sachverhalt werde aber dadurch kein anderer, daß auf dieser Heimfahrt gelegentlich die schon zuvor an den Weg herangebrachten Stämmchen mitgenommen worden seien, zumal da diese Fahrt auch insofern noch mit der Abfuhr der Waldanteile im Zusammenhang gestanden habe, als ein Rollwagen dieser Bahn auf dem Wagen des Christoph K. mitabgeführt worden sei. Sieht man von dem zuletzt erwähnten Umstand ab, so sind die Ausführungen des Berufungsgerichts nicht haltbar. Wenn ein und dieselbe Tätigkeit unter verschiedene Betriebe fällt, so mag es gerechtfertigt sein, die gesamte Tätigkeit mit Rücksicht auf den hauptsächlichen Zweck dem einen Betrieb zuzurechnen, den anderen Zweck als nebensächlich außer Betracht zu lassen. Anders, wenn sich verschiedenartige, an sich nicht zusammengehörige Arbeiten zeitlich aneinander anschließen, derart, daß mit der Beendigung der einen die andere beginnt. In diesem Falle kann es auf die größere oder geringere Dauer und Arbeit der einen oder anderen Tätigkeit nicht ankommen. Die zeitliche Aufeinanderfolge gewährt ohne weiteres die maßgebende Unterlage für die Entscheidung, ob ein eingetretener Unfall bei Ausübung der einen oder der anderen Tätigkeit sich ereignet hat. An sich war die Schienenabfuhr beendet, als Christoph K. die Stämmchen auf seinen Wagen auflud; von diesem Augenblick an begann er eine zum landwirtschaftlichen Betrieb gehörige Arbeit, den Transport der Stämmchen. Allerdings gehört die Heimfuhr von einer Lohnfuhr noch zum Lohnfuhrbetriebe, wenn der Fuhrmann eben nur heimfährt; sie gehört dagegen nicht zum Lohnfuhrbetriebe, wenn er in der Lage ist anstelle der bloßen Heimfahrt einen anderweitigen Transport auszuführen. Die Heimfahrt als sonst notwendiger Bestandteil der ersten Tätigkeit kommt in diesem Falle einfach in Wegfall. Wenn ein Lohnkutscher, nachdem er einen Fahrgast am Ziel abgesetzt hat, einen neuen Fahrgast aufnimmt, so beginnt damit eine neue, selbständige, von der ersten Fahrt unabhängige Fahrt. ...

Wären die Stämme aus einem gerade entgegengesetzter Richtung liegenden Walde zu holen gewesen, so hätte er nach Beendigung der Schienenabfuhr zunächst nach Hause und dann in den anderen Wald zur Abholung der Stämme hinausfahren müssen. Dieser doppelte Weg war ihm dadurch erspart, daß die Stämme an der Stelle lagen, an der die Schienenabfuhr beendigt war. Der Transport der Stämme aber ist deshalb nicht weniger eine selbständige, von der Schienenabfuhr unabhängige Tätigkeit, als wenn die Stämme aus einem anderen Walde auf einem anderen Wege zu holen gewesen wären. Deutlich zeigt sich die Unabhängigkeit der beiden Tätigkeiten voneinander, wenn man unterstellt, Christoph K. selbst hätte einen Unfall beim Auf- oder Abladen der Stämme oder während des Transports durch Herabfallen eines Stammes erlitten. Es kann keinem Zweifel unterliegen, daß ein solcher Unfall nur mit dem Transport der Stämme, nicht mit der Waldbahnabfuhr in Zusammenhang gebracht werden könnte. ...

Das Urteil konnte auch nicht aus dem Grunde aufrecht erhalten werden, weil Christoph K. auf seinem Wagen außer den Stämmchen einen Rollwagen der Waldbahn mit aufgeladen hatte. Allerdings gewinnt die Sache durch diesen Umstand ein besonderes Ansehen: Es liegt der Fall vor, daß ein und dieselbe Tätigkeit verschiedenen Zwecken diente, und es bedarf der Prüfung, welcher Transport als der überwiegende anzusehen ist, der der Stämmchen oder der des Rollwagens, sofern nach (dem) Inhalt des Vsvertrages die Entscheidung überhaupt von diesem Verhältnis abhängig zu machen ist. Dieser Prüfung hat sich das Berufungsgericht noch nicht unterzogen. Dagegen kann es, wie schon erwähnt, nicht darauf ankommen, daß der Transport der Stämmchen im Verhältnis zu der gesamten, mehrere Stunden dauernden Lohnfuhrtätigkeit des Christoph K. eine nebensächliche Arbeit war.“

Die vom RG 23. IV. 1909 a. a. O. am Schluß zum Ausdruck gebrachte Überlegung, daß in solchen seltenen Fällen nach dem Inhalt des Vsvertrages u. U. darauf abzustellen sei, welches die überwiegende Tätigkeit sei, ist zu billigen (ebenso Bruck S. 375, Hartung Haftpflichtv S. 52—54, Sieg VersPrax 1940 S. 9). Letzten Endes gibt es kaum ein anderes Abgrenzungskriterium. Beachtenswert ist in diesem Zusammenhang, daß auch die Vorinstanz den Vsschutz nicht gänzlich versagte. Sie sah vielmehr eine etwaige Haftung des Vmers für Christoph K. aus § 831 BGB als vert an, nicht dagegen die Haftung aus § 832 BGB. Auch derartige Unterscheidungen können — je nach der Fassung des Vsvertrages — gerechtfertigt sein.

Auf die überwiegende Tätigkeit in derartigen Fällen stellt auch LG Krefeld-Ürdingen 27. X. 1938 JRPV 1939 S. 93—94 in einem Falle ab, in dem es darum ging, daß eine Waschfrau teils zum vten Betrieb und teils zum nicht vten Privathaushalt gehörende Wäsche bearbeitet hatte (das Gericht kommt dann allerdings auf einen Irrweg, weil es nicht erkennt, daß der Ver auch die Abwehr unbegründeter Ansprüche schuldet).

Wussow[5] Anm. 88 zu § 1 AHB, S. 172 meint, RG 23. IV. 1909 a. a. O. sei unrichtig und überholt (das in diesem Zusammenhang ebenfalls von ihm zitierte Urteil RG 18. XI. 1913 VA 1914 Anh. S. 39—40 betrifft keinen Sachverhalt der hier erörterten Art). Dem kann aber nicht beigepflichtet werden. Zwar ist immer dann Haftpflichtvsschutz zu gewähren, wenn aus der Sicht der geschädigten Dritten mehrere Anspruchsgrundlagen gegeben sind, die teils in das vte Risiko fallen, teils nicht vom Vsschutz erfaßt werden. Damit ist aber nichts für diejenigen Fälle gesagt, in denen entweder nur eine Anspruchsgrundlage gegeben ist oder aber mehrere Ansprüche, die sämtlich vom Vmer sowohl durch eine vte als auch durch eine nichtvte Tätigkeit erfüllt werden. Es erscheint als unbillig, hier eine gänzlich untergeordnete vte Tätigkeit des Vmers dann noch den Vsschutz im Ganzen begründen zu lassen, wenn sich aus ihr keine selbständige Anspruchsgrundlage mehr ergibt. Im Interesse der Verbesserung des Vsschutzes und zur Vermeidung von Unbilligkeiten läßt sich allerdings eine Modifikation des vom RG 23. IV. 1909 a. a. O. angenommenen Grundsatzes in der Weise verantworten, daß nicht auf die überwiegende Tätigkeit abgestellt wird, sondern darauf, ob die vte Tätigkeit gänzlich untergeordnet zum nicht vten Tun war. Das Gesagte gilt aber immer nur dann, wenn sich nicht eine selbständige Anspruchsgrundlage aus der untergeordnet erscheinenden vten Eigenschaft oder Tätigkeit des Vmers ergibt.

Sieg VersPrax 1940 S. 8—10 will in einem Falle, in dem ein Gast einer Wirtschaft auf dem Gang zur Toilette über eine Treppe stürzt, den Vsschutz nach dem Grundsatz der „überwiegenden" Tätigkeit versagen, wenn nur eine Grundstückshaftpflichtv und nicht eine Betriebshaftpflichtv abgeschlossen war. Richtig ist daran, daß kein Vsschutz für den Schadenersatzanspruch aus schuldhafter Verletzung der sich aus dem Gastwirtsvertrag ergebenden Nebenpflichten besteht. Vsschutz besteht aber für den auf den schadhaften Zustand der Treppe zurückzuführenden Anspruch aus unerlaubter Handlung, sofern dieses Risiko (typischer Weise) in eine Grundstückshaftpflichtv fällt. Vgl. in diesem Zusammenhang die treffenden Ausführungen in RG 7. XI. 1939 JRPV 1940 S. 4—5 zu einem ähnlich gelagerten Fall: „Wenn z. B. in einem zum Haus gehörigen, einem Gastwirtschaftsbetrieb des Hauseigentümers dienenden Saal durch Einsturz der Decke Gäste zu Schaden kommen, so würde es nicht verständlich erscheinen, wenn für einen solchen, an sich mit dem erwähnten Betrieb zusammenhängenden Haftpflichtfall die V des Besitzers gerade in seiner zunächst in Betracht kommenden Eigenschaft als Hauseigentümer ausgeschlossen sein sollte. Vernünftigerweise kann vielmehr die fragliche Vertragsklausel nur dahin verstanden werden, daß gegen solche Gefahren, die bei einem Betrieb innerhalb des Hausgrundstücks, wenn er in fremder Hand ist, den Betriebsinhaber und nicht den Hausbesitzer in deren beiderseitigem Verhältnis treffen, aus dem Vsvertrag nicht etwa um deswillen ein Anspruch auf Vsschutz hergeleitet werden darf, weil der vte Hausbesitzer selbst der Betriebsinhaber ist."

Vgl. auch die in Anm. G 105 zusammengestellten Entscheidungen zu den Fällen, in denen wohl eine Grundstückseigentümer-, nicht aber eine Betriebshaftpflichtv abgeschlossen war.

Einen interessanten Abgrenzungsfall behandelt auch OLG Stuttgart 23. X. 1940 HansRGZ 1942 A Sp. 89—91: Ein Gastwirt hatte zwei Gaststätten und für jede einen getrennten Haftpflichtvsvertrag bei zwei Vern. Der Ver A für die Gastwirtschaft A wurde vom Vmer (neben dem Versicherer B) auch für eine Massenerkrankung als Folge eines in der Gaststätte B verkauften Essens zum Vsschutz herangezogen. Das Essen war in der Wirtschaft A hergestellt und nach B transportiert worden. Zu Recht wurde der Vsschutz bejaht. Wäre allerdings das Essen zu 95 Einheiten in der Wirtschaft B hergestellt und 5 Einheiten in der Wirtschaft A, könnte es nach den dargestellten Grundsätzen als unbillig erscheinen, den Ver A zur Gewährung von Vsschutz zu verurteilen. Sieg a. a. O. S. 9 meint, RG 27. IV. 1926 RGZ Bd 113 S. 286—293 weiche von den in RG 23. IV. 1909 a. a. O. niedergelegten Grundsätzen ab. Doch verkennt er, daß es sich hier wieder um das Problem einer Abgrenzung der Risikosphären einer nicht abgeschlossenen Betriebshaftpflichtv von einer Grundstückshaftpflichtv handelt. Zutreffend nimmt das RG a. a. O. daher an, daß Vsschutz bestehe, soweit § 836 BGB als selbständige Anspruchsgrundlage eingreife.

[G 87] dd) Rechtsprechung.

aaa) Vorbemerkung.

Es ist nicht möglich, im Rahmen dieser Erörterungen die Vielfalt der speziellen Haftpflichtvsverträge und ihren primären Vsumfang im einzelnen zu erörtern. Diese spröde Materie entzieht sich im Grunde genommen der systematisch-wissenschaftlichen Darstellung. Nicht zu Unrecht hat deshalb Wunderlich bei seiner Untersuchung des Deckungsumfangs in der Haftpflichtv auf S. 13 über die Aufgabenstellung seiner Arbeit folgendes bemerkt: „Bei der vorliegenden Untersuchung handelt es sich darum, zu zeigen, wieweit das heutige Haftpflichtvsrecht Schutz gegen Haftpflichtgefahren gewährt. Das soll nicht heißen, etwa zu zeigen, wieweit bei den einzelnen Risiken der Kreis derjenigen Haftpflichtfälle zu ziehen ist, die sich typischerweise innerhalb dieses Risikos ergeben. Das sind rein tatsächliche Fragen, die wissenschaftlich kaum erfaßt werden können.“

Das gilt auch heute noch. Um so höher klingt das Lob für die Autoren der gründlichen und durchdachten Bearbeitung und Darstellung der einzelnen Haftpflichtvstarife in Oberbach Grundlagen der Haftpflichtv. Auf diese exakten Ausarbeitungen wird in den nachfolgenden Ausführungen weitgehend verwiesen (vgl. ergänzend auch Manitz VersPrax 1968 S. 8—11). Der Leser wird dabei feststellen, daß der primäre Deckungsbereich der Haftpflichtv geradezu ein Spiegelbild des Lebens darstellt. Desto verständlicher wird ihm, daß es auch im Rahmen dieses Kommentars nicht möglich ist, diese vorgegebenen Begriffe im einzelnen zu erörtern. Als Konsequenz aus diesen Überlegungen folgt aber auch, daß die im Haftpflichtvsvertrag und im Haftpflichtvsantrag verwendeten Begriffe im Sinne des täglichen Lebens und des Sprachgebrauchs der beteiligten Volkskreise auszulegen sind. Die Auslegung des primären Deckungsbereichs einer Haftpflichtv ist demgemäß geradezu der typische Bereich dessen, in dem jeder verständige Bürger selbst die Auslegung vornehmen kann, weil ihm die Begriffe aus dem täglichen Umgang vertraut sind. Ausdrücke wie „beruflich“ und „gewerblich“ oder „privat“ und „Schußwaffen“ oder was es sonst sei, müssen nach der Auffassung des verständigen Durchschnittsmenschen ausgelegt werden. Jede Klügelei ist dabei zu vermeiden. Die Auslegung des primären Deckungsumfangs einer Haftpflichtv ist geradezu ein Tummelfeld des „common sense“.

Auch dann, wenn man entgegen der Auffassung von Möller die „Unklarheitenregel“ zum Nachteil des Vers auf die AHB wie auf andere AVB nicht anwendet (vgl. zum Streitstand Möller in Bruck-Möller Einl. Anm. 69—75), müßte man das doch für die Auslegung der primären Risikobeschreibung eines Haftpflichtvsvertrages tun. Ebenso Hartung Haftpflichtv S. 48; anderer Meinung allerdings BGH 27. XI. 1961 VersR 1962 S. 34 für den Ausschluß des Betriebsrisikos aus einer Privathaftpflichtv. Für die Anwendung der Unklarheitenregel im Bereich der primären Risikobeschreibung vgl. aber aus der Rechtsprechung: RG 8. XII. 1936 RGZ Bd 153 S. 147—153 (auszulegen war die Klausel, daß die Benutzung von Schußwaffen als Schütze, aber nicht als Jäger vert sei) und KG 5. VIII. 1936 VA 1936 S. 231—233 Nr. 2910 = JRPV 1936 S. 365—366 (kritisch zu dieser Entscheidung: Hartung Haftpflichtv S. 51—52, Oberbach HansRGZ 1939 A Sp. 71—73). Die nachfolgende Darstellung des Problemkreises in Stichworten muß nach dem Gesagten lückenhaft sein. Der Blick über die veröffentlichten Entscheidungen gibt nur ein unvollständiges Bild. Bei der Verwertung dieser Urteile ist besonders darauf zu achten, ob der Text der Beschreibung der vten Gefahr noch der gleiche geblieben ist. Über die Jahrzehnte sind immer wieder Änderungen der trotz der Bestrebungen des RAA und des BAA ohnedies nie bei allen Vern einheitlich gewesenen Beschreibungen des primären Deckungsbereichs der Haftpflichtv vorgenommen worden.

Zu beachten ist schließlich, daß grundsätzlich nur die vertraglichen Erklärungen der Beteiligten über den primären Deckungsumfang der Haftpflichtv beachtet werden können. Ein Streit über den Umfang des Vsschutzes kann daher nicht durch den Hinweis auf eine bestimmte Regelung im Tarif des Vers entschieden werden, soweit diese Bestimmung des Tarifs des Vers nicht ausdrücklich im Vsvertrag oder Vsantrag ihren Niederschlag gefunden hat. Es ist daher bedenklich, wenn Wussow[5] Anm. 90 zu § 1 AHB, S. 174 —175, ohne zu differenzieren, auf den Tarif des Vers als Abgrenzungsmaßstab abstellt (ähnlich allerdings auch Oberbach I S. 115—116). Vgl. in diesem Zusammenhang auch RG 21. VI. 1910 VA 1910 Anh. S. 89—90 Nr. 546 = LZ 1910 Sp. 944, das es in klarer Sicht der Dinge für die Abgrenzung der Gefahrerhöhung in der Unfallv ablehnt, den dem Vmer nicht bekannten Tarif als Maßstab heranzuziehen (ebenso Möller in Bruck-Möller Anm. 14 zu § 23 m. w. N., Mankowski Wasserhaushaltsgesetz S. 46).

Darüber, daß der Umfang des Vsschutzes über den Inhalt dessen, was vertraglich bekundet ist, durch die bei den Verhandlungen gewonnenen Kenntnisse eines Vsvertreters, der selbst keine Abschlußvollmacht hat, und durch seine Erklärungen erweitert sein kann, vgl. die Ausführungen von Möller in Bruck-Möller zu §§ 43, 44; speziell zur gewohnheitsrechtlichen Erweiterung des Vsschutzes in der Haftpflichtv durch Erklärungen eines Vermittlungsagenten siehe die in Anm. 66 zu § 44 unter dem Stichwort „versichertes Risiko“ erschöpfend aufgeführten Beispielfälle aus der Rechtsprechung. Nachzutragen ist hier noch OLG Hamburg 17. IX. 1964 VersR 1965 S. 276—278, das zutreffend annimmt, daß die Kenntnis des Vsvermittlers davon, daß der Vmer — wie zum Vorvertrage — mit dem Antrage auch Vsschutz für den in eigener Regie durchgeführten Wiederaufbau seines Hauses begehre, als Kenntnis des Vers anzusehen sei.

[G 88] bbb) Betriebs- und Berufshaftpflichtversicherungen.

α) Zum Begriff der betrieblichen und gewerblichen Tätigkeit.

Die seit langem bestehende Ausdehnung des Vsschutzes der Betriebshaftpflichtv auf grundsätzlich alle Arbeitnehmer des Vmers hat zu einer Reihe interessanter Entscheidungen geführt, bei denen es durchweg um die Frage ging, ob der betreffende Arbeitnehmer im Rahmen des betreffenden Betriebes gehandelt hat und demgemäß als Vter unter den Vsschutz fiel oder nicht. Auf die Darstellung in Anm. H 7 wird verwiesen. Im Grundsatz ist jede Tätigkeit der Betriebshaftpflichtv zuzurechnen, die für den betreffenden Betrieb erfolgte oder in einem untrennbaren inneren Zusammenhang mit dem Betrieb steht. Jedoch sind solche Schäden ausgeschlossen, die sich zwar während der Arbeitszeit und an der Betriebsstätte ereignen, aber nur gelegentlich einer betrieblichen Tätigkeit verursacht werden, ohne daß ein innerer Zusammenhang mit dem Betrieb selbst besteht. Vgl. dazu BGH 4. XII. 1958 NJW 1959 S. 243—244 = VA 1959 S. 81—82 Nr. 223, 9. III. 1961 VA 1961 S. 181—183 Nr. 299 = MDR 1961 S. 484—485; ferner LG Düsseldorf 8. III. 1966 VersR 1968 S. 439.

Bemerkenswert sind ferner folgende Entscheidungen: BGH 12. I. 1961 VersR 1961 S. 121—122: Keine betriebliche Handlung stellt es dar, wenn ein mitvter Gesellschafter des Vmers, einer OHG, aus Gefälligkeit und aus Gründen der Berufssolidarität einem fremden Fahrer durch Einwinken beim Einfahren in eine belebte Straße hilft. Dieses Risiko steht nicht, wie es der BGH ausdrückt, in dem erforderlichen inneren ursächlichen Zusammenhang zwischen der schadenstiftenden Handlung des Vten und dem Betrieb des Vmers. Der betreffende Gesellschafter hätte aber zu Recht seine Privathaftpflichtv in Anspruch nehmen können.

Hätte es sich um das Einweisen eines Kundenfahrzeugs des Vmers gehandelt, so wäre Vsschutz im Rahmen der Betriebshaftpflichtv der OHG zu gewähren gewesen. Vgl. auch BGH 7. II. 1963 VersR 1963 S. 325—326, dort ist der Vsschutz aus einer Betriebshaftpflichtv bejaht worden, als der Autoverkehr von einem Betriebsangehörigen durch Zeichen gelenkt wurde, weil ein am Straßenrand zum Beladen abgestellter Lkw sich für die Verkehrsteilnehmer gefährlich auswirken konnte. BGH 4. V. 1964 BGHZ Bd 41 S. 333—335: Eine betriebliche Tätigkeit liegt auch dann vor, wenn der Arbeitnehmer im Auftrage des Arbeitgebers am allgemeinen Straßenverkehr teilnimmt, also z. B. als Radfahrer eine Botenfahrt für den Betrieb durchführt und dabei einen Schaden anrichtet. Merkwürdigerweise war diese Frage vor Erlaß der zitierten BGH-Entscheidung heftig umstritten. Dabei drängte sich doch die Parallele zur Dienstfahrt mit einem Kfz, die stets § 831 BGB zugerechnet worden ist, geradezu auf. Zum Streitstand vor Erlaß der klärenden BGH-Entscheidung vgl. nur Poppe VW 1961 S. 642—645, Schmalzl VW 1959 S. 722—728, Stelzer VW 1959 S. 505—508, VersR 1962 S. 17—18 m. w. N., Schwandt VW 1959 S. 154—155, Theißen VersR 1964 S. 705—706, ferner die Nachweise in Anm. H 7.

Zur Vermeidung von Mißverständnissen sei betont, daß für das Eingreifen des Vsschutzes weder für den Vmer noch für den Vten die Voraussetzungen des § 831 BGB erfüllt zu sein brauchen, vgl. dazu BGH 4. XII. 1958 NJW 1959 S. 243—244 = VA 1959 S. 81—82 Nr. 223.

[G 89] β) Erweiterung des Begriffs der betrieblichen Tätigkeit in den Fällen der Abwehr unberechtigter Ansprüche.

Steht fest, daß es sich aus der Sicht des Vten um eine betriebliche Tätigkeit gehandelt hat, für die er Vsschutz beanspruchen kann, so ist damit auch entschieden, daß der Vmer für einen aus dieser Handlung des Vten abgeleiteten Schadenersatzanspruch, sei er begründet oder nicht, Vsschutz genießt. Wäre also in dem Falle BGH 4. V. 1964 BGHZ Bd 41 S. 333—335 der Anspruch nicht gegen den Vten, sondern gegen den Vmer (aus § 831 BGB) erhoben worden, so hätte dieser erst recht Vsschutz genossen. Das Gesagte läßt sich jedoch nicht umkehren. Steht fest, daß es sich für den Vten nicht um eine betriebliche Tätigkeit gehandelt hat, genießt dieser also keinen Vsschutz in der Betriebshaftpflichtv, so ist dennoch eigenartigerweise nicht der sich zunächst als logisch konsequente Möglichkeit anbietende Schluß zu ziehen, daß auch der Vmer für eine aus diesem Tun des Vten folgende Inanspruchnahme keinen Vsschutz hat. Ein Beispiel mag das verdeutlichen: Man stelle sich vor, daß im Falle BGH 12. I. 1961 VersR 1961 S. 121 bis 122 nicht der privat handelnde Gesellschafter, sondern die OHG, etwa mit der Begründung, sie müsse für ein derartiges Verhalten eines Gesellschafters stets einstehen, in Anspruch genommen worden wäre. Für die OGH gibt es naturgemäß keine private Sphäre, so daß der Hinweis auf den Abschluß einer Privathaftpflichtv nicht verfängt. Hier ist der Vsschutz zu bejahen. BGH 12. I. 1961 a. a. O. besagt nichts Gegenteiliges. Dort brauchte die Frage, ob materiell der OGH Vsschutz zu gewähren sei, nicht entschieden zu werden, da die OHG selbst nicht in Anspruch genommen worden war. Deshalb konnte die Klage der OHG mangels Feststellungsinteresses abgewiesen werden, der Anspruch der OHG war insoweit auch noch gar nicht fällig (vgl. dazu die Ausführungen in Anm. B 43 und 45). Wäre die OHG aber auf Schadenersatz aus dem geschilderten Verhalten des Vmers in Anspruch genommen worden, so hätte Vsschutz in der Form der Abwehr eines unbegründeten Ersatzanspruchs gewährt werden müssen. Die sinnvolle Interpretation des Vsschutzes einer Betriebshaftpflichtv ergibt somit, daß eine Tätigkeit des Vten für diesen selbst dem privaten Sektor zugerechnet werden kann, so daß er keinen Vsschutz im Rahmen der Betriebshaftpflichtv genießt, während für den Vmer selbst allein schon die Inanspruchnahme aus diesem Ereignis als ein Schadenfall aus der Betriebshaftpflichtv anzusehen ist. Trotz aller Versuche, dem Schadenereignis die im Prinzip gewiß nicht zu versagende zentrale Bedeutung zu erhalten, muß in einem derartigen Sonderfall schon die Inanspruchnahme mit der lakonischen Begründung, daß der Vmer eben für diesen Schaden als Betrieb oder Betriebsinhaber hafte, genügen.

Vgl. weiter KG 5. VIII. 1936 VA 1936 S. 231—233 Nr. 2910 = JRPV 1936 S. 365 bis 366: In den Vsschutz fallen auch Schäden, bei denen der vte Betriebsinhaber wegen Verletzung der ihm einem Lehrling gegenüber obliegenden Aufsichtspflicht nach §§ 127 GewO, 832 BGB in Anspruch genommen wird, und zwar auch dann, wenn der Lehrling weder während der Arbeitszeit noch bei der Ausübung einer zum Fleischereibetrieb gehörenden Tätigkeit Schaden anrichtet. Der Lehrling hatte hier mit einem Schießgewehr während seiner Freizeit einen Dritten angeschossen. Der Entscheidung ist beizupflichten (ablehnend aber Hartung Haftpflichtv S. 51—52, Oberbach HansRGZ 1939 A Sp. 71—73).

OLG Köln 14. X. 1936 VA 1936 S. 288—289 Nr. 2942: Ein Kellner hatte einem Gast vorsätzlich im Zorn einen Teller in das Gesicht geworfen. Das OLG meinte zu Unrecht, daß der Gastwirt keinen Vsschutz genieße (zustimmend aber Wussow[5] Anm. 91 zu § 1 AHB, S. 179). Es ist nicht einzusehen, warum der Ver hier nicht Vsschutz in der Form der Abwehr eines unbegründeten Anspruchs gewähren soll. Das Risiko, aus einem derartigen Geschehen in Anspruch genommen zu werden, ist eindeutig in der beruflichen Sphäre verwurzelt. Vsschutz wäre nach der Gegenmeinung sicher gegeben, wenn der Geschädigte vorgetragen hätte, daß der Wirt gewußt habe, daß der Kellner zu derartigen unbeherrschten Reaktionen neige. Es ist nicht einzusehen, warum nicht Vsschutz gewährt werden soll, wenn der Dritte eine solche Begründung nicht gibt, sondern lediglich vorträgt, ein Gastwirt habe nach seiner Auffassung immer für ein derartiges Verhalten seiner Leute einzustehen (vom OLG Köln 14. X. 1936 a. a. O. wird im übrigen der Rechtsschutzcharakter der Haftpflichtv verkannt).

Ein weiteres Beispiel: Der Vmer ist Inhaber einer Autohandels- und Reparaturfirma. Er verkauft Schrottwagen an einen Altwagenhändler und gestattet diesem, die Wagen an Ort und Stelle abzuwracken. Bei den dafür erforderlichen Schweißarbeiten gerät das Gebäude eines Nachbarn in Brand. Dieser nimmt nicht nur den Altwagenhändler, sondern auch den Vmer in Anspruch. Begründet er das letztere damit, daß der Vmer das gefährliche Schweißen neben einem leicht brennbaren Haus nicht hätte dulden dürfen, so besteht sicher Vsschutz. Nichts anderes kann aber gelten, wenn er den Vmer mit der lapidaren Begründung in Anspruch nimmt, ein Betriebsinhaber habe immer für Schweißarbeiten einzustehen, die auf seinem Hof durchgeführt werden, unabhängig davon, ob diese Arbeiten von ihm selbst, von den Leuten oder sonstigen Dritten durchgeführt würden. Auch gegenüber offensichtlich (oder vermeintlich offensichtlich) unbegründeten Schadenersatzansprüchen eines Dritten muß sich die Rechtsschutzfunktion der Haftpflichtv bewähren.

[G 90] γ) Einzelfälle zur Betriebs- und Berufshaftpflichtv.

αα) Architektenhaftpflichtv: Vgl. hier zunächst die Ausführungen von Frey in Oberbach Grundlagen C 2-I A 1 d und e, S. 22—32; ferner Wussow Architektenhaftpflichtv und die in Anm. G 75 zitierten Aufsätze zur Neufassung der Architektenhaftpflichtvsbedingungen (vgl. VA 1964 S. 37—38).

[G 91] ββ) Arzthaftpflichtv: Vgl. die Ausführungen von Sieg in Oberbach Grundlagen C 2-V.

Zur Auslegung eines Arzthaftpflichtvsvertrages bei dem Schäden ausgeschlossen sind, die durch „Benutzung eines Röntgenapparates" entstehen, vgl. OLG Köln 13. VII. 1956 VersR 1956 S. 690—691.

[G 92] γγ) Gastwirts- und Hotelrisiko: Vgl. Sieg Grundlagen C 2-I B; ferner Heimbücher VW 1964 S. 266—267.

Abwehr unberechtigter Ansprüche gegen einen Gastwirt: OLG Köln 14. X. 1936 VA 1936 S. 288—289 Nr. 2942: Unrichtig entschiedener Grenzfall. Vgl. dazu Anm. G 89.

Kfz-Risiko- und Hotelhaftpflichtv: RG 7. X. 1938 RGZ Bd 158 S. 189—192 verneinte die im Leitsatz wie folgt gestellte Frage: „Umfaßt die Haftpflichtv eines Hotelbesitzers auch die Haftpflicht nach § 831 BGB für den Hausdiener, der, obwohl er fahrensunkundig ist, den Kraftwagen eines Gastes mit der Motorkraft des Wagens in den Unterstellraum zu bringen versucht und dabei andere verletzt?" Die Entscheidung wirkt eigenartig lebensfremd und war schon damals unrichtig. An dem Eingreifen des primären Vsschutzes der Betriebshaftpflichtv bei einer derart eindeutig auf den Betrieb bezogenen Handlung konnte nicht gezweifelt werden. Da es an einer Ausschlußklausel fehlte, war der Vsschutz zu bejahen. Vgl. dazu auch RG 7. I. 1910 JW 1910 S. 245—246. Heutzutage wäre zu prüfen, welche Fassung der Kfz-Ausschlußklausel dem Vertrage zugrunde liegt. Vgl. dazu die Ausführungen in Anm. G 262—270. Zur Abgrenzung zwischen Betriebshaftpflichtv und Kfz-Haftpflichtv vor Einfügung der Kfz-Ausschlußklausel vgl. auch Sieg HansRGZ 1942 A Sp. 25—32; siehe ferner Oberbach HansRGZ 1939 A Sp. 74—78 m. w. N. in Anm. 24.

Mehrzahl von Gaststätten: OLG Stuttgart 23. X. 1940 HansRGZ 1942 A Sp. 89—91: Interessante Abgrenzung des vten Risikos bei dem Betrieb mehrerer Gastwirtschaften, für die gesonderte Haftpflichtvsverträge bestanden. Der Haftpflichtver A, der die Police für die Gaststätte A gezeichnet hatte, wurde für eintrittspflichtig gehalten, als durch in der Küche der Gaststätte A hergestelltes Essen, das in der Gaststätte B verkauft wurde, von 120 Teilnehmern eines Festessens 80 an Paratyphus erkrankten. Das Interesse des Vmers, beide Haftpflichtver im Risiko zu wissen, ergab sich daraus, daß eine Überschreitung der Deckungssummen des Vertrages B zu erwarten war.

Waffengebrauch durch Gastwirt: RG 22. XII. 1911 VA 1912 Anh. S. 59—61 Nr. 6696 = WallmannZ 1912 S. 1237—1240. Vgl. dazu weiter die Ausführungen in Anm. G 102.

[G 93] **δδ) Hochbau-Unternehmen:** Vgl. OLG Nürnberg 20. XII. 1956 VA 1957 S. 135 bis 137 Nr. 163 = VersR 1957 S. 501 (L. S.): „Eine Abbrucharbeit, die in einem inneren Zusammenhang mit einer Hochbauarbeit steht und im Verhältnis zu dieser nur geringen Umfang hat, ist eine durch den Vsvertrag mitgedeckte Erhöhung des Risikos und kein neues Risiko." Siehe dazu Anm. G 119.

[G 94] **εε) Landwirtschaftlicher Betrieb:** Vgl. die Ausführungen von Boettinger Grundlagen C 2-II.

Gefälligkeitshandlungen: Vor der Motorisierung der Landwirtschaft kam es häufig zu schwierigen Abgrenzungsproblemen zwischen vten „Lohnfuhren" und nicht gedeckten Gefälligkeitsfahrten. RG VA 1909 Anh. S. 96—98 Nr. 483 hielt es für zweifelhaft, ob gelegentliche Gefälligkeitsfuhren unter die V eines landwirtschaftlichen Betriebes fallen. Das Gericht wies darauf hin, daß bei enger Auslegung kein Vsschutz bestehe, obgleich zweifellos ein Bedürfnis vorhanden sei und die Gefahr geringer sei als bei den besonders zu vernden regelmäßig ausgeführten Lohnfuhren. Der Vsschutz wurde dann nach dem in Anm. G 154 erwähnten vsrechtlichen Gewohnheitsrechtssatz bejaht, weil der Agent ausdrücklich (wenn auch wahrheitswidrig) erklärt hatte, daß der Ver ihm bestätigt habe, daß derartige Gefälligkeitsfuhren vert seien.

Vgl. in diesem Zusammenhang OLG Oldenburg 5. X. 1955 VersR 1955 S. 674—675: „Ein als Unternehmer seines landwirtschaftlichen Betriebes vter Landwirt und Milchleistungsprüfer hat keinen Anspruch auf Vsschutz, wenn ihm bei einem Begleiten eines fremden Rindes dieses entläuft und dabei einem Dritten einen Schaden zufügt."

Zu derartigen Gefälligkeitshandlungen im Rahmen eines fremden Betriebes siehe auch LG Osnabrück 3. IV. 1958 VersR 1958 S. 469—470 und die Bemerkungen von Oderwald ZfV 1957 S. 210.

Waffengebrauch: Zum Waffengebrauch durch Landwirte vgl. die in Anm. G 102 aufgeführten Entscheidungen.

[G 95] **ζζ) Lehrer- und Fahrlehrerhaftpflichtrisiko:** LG München 24. IX. 1957 VA 1960 S. 15—16 Nr. 246 entscheidet zu Recht, daß bei einer Lehrerhaftpflichtv die Fahrt von der Wohnung zur Unterrichtsstätte und zurück nicht zum vten Risiko gehört. Es handelte sich um einen von dem vten Lehrer auf dem Heimweg als Radfahrer verursachten Verkehrsunfall. Vsschutz wäre im Rahmen einer Privathaftpflichtv gegeben gewesen.

Zur Abgrenzung des Deckungsumfangs in einer Fahrlehrerhaftpflichtv vgl. BGH 22. XI. 1968 VersR 1969 S. 125—127.

[G 96] **ηη) Pächter eines Betriebes:** OLG München 1. XII. 1931 VA 1932 S. 38—39 Nr. 2396: „Ein haftpflichtvter Pächter genießt Vsschutz auch in seiner Eigenschaft als Vermieter des gepachteten Grundstücks".

Der Vmer, ein Altmaterialienhändler, war nach dem Vertrage als Pächter eines Betriebes haftpflichtvert. In der Prämienberechnung wurde auf die Zahl der Angestellten des Vmers und auf den Bruttomietwert des Hauses abgestellt. Nach Abschluß des Vsvertrages vermietete der Vmer Teile des Hauses an eine andere Firma. Durch unsachgemäße Veränderungen der Wasserleitungsanlage wurden die Zuckervorräte dieser Firma beschädigt. Das OLG bejahte zu Recht den Vsschutz. Wenn der Ver für das Vermieten keinen Vsschutz gewähren wollte, mußte er das klar zum Ausdruck bringen. Das geschieht in der heutigen Vspraxis auch durchweg, so daß derartige Zweifel kaum noch auftauchen können.

[G 97] ϑϑ) **Sägewerk:** OLG München 15. II. 1930 Praxis 1930 S. 31 stellt seiner Entscheidung folgenden Leitsatz voran: „Besäumen von Brettern zu Eierkisten fällt unter die Haftpflichtv eines Sägewerkes und stellt keinen selbständigen Nebenbetrieb dar.“

[G 98] ιι) **Schmiede:** OLG Hamm 27. IV. 1933 VA 1933 S. 351–353 Nr. 2589: „Die Haftpflichtv eines Schmiede- und Schlossermeisters erfaßt einen geringen Handel mit landwirtschaftlichen Maschinen.“ Das wird man in der jetzigen Zeit erst recht sagen müssen. Dafür, daß das Gericht zu Unrecht ein Freiwerden des Vers nach den Bestimmungen der Vorsorgev angenommen hat, vgl. die Ausführungen in Anm. G 119.

[G 99] κκ) **Straßenbaubetrieb:** „Unter den Vsschutz eines Steinsetz-, Straßen- und Tiefbaubetriebes fallen nicht nur Sprengungen, die im unmittelbaren Zusammenhang mit dem eigenen Betrieb stehen, sondern auch Lohnsprengungen.“ So LG Köslin 5. XI. 1935 JRPV 1935 Zusatzheft S. 21–22. Zwischen den Parteien des Vsvertrages war unstreitig, daß das Haftpflichtrisiko aus Sprengungen für eigene Arbeiten des Vmers vert war. Das Gericht nahm zu Recht an, daß auch für die für Straßenbauarbeiten Dritter vom Vmer durchgeführten Sprengungen Vsschutz bestehe. Einen abweichenden Willen hätte der Ver im Vsschein oder Antrag klar zum Ausdruck bringen müssen. In der heutigen Vspraxis ist das Sprengrisiko regelmäßig besonders zu vern.

[G 100] λλ) **Tankstellenrisiko:** Vgl. LG Kaiserslautern 19. X. 1966 VersR 1967 S. 173 bis 174: „Der Haftpflichtvsschutz, den ein Tankstelleninhaber zur Abdeckung von Schadenersatzansprüchen aus Anlaß des Auftankens oder der Wartung von Kraftfahrzeugen zugesagt erhalten hat, umfaßt nicht ohne weiteres auch Schäden, die nach Abschluß einer Wagenpflege an dem auf dem Tankstellengelände im Freien abgestellten Fahrzeug eintreten (hier: Diebstahl des Kfz in der Nacht nach Beendigung der Arbeitsvorgänge).“ Es handelt sich um einen unrichtig entschiedenen Grenzfall. Der Zusammenhang mit der Wartung ist nach der Auffassung des Verkehrs gegeben, wenn das Fahrzeug eine gewisse Zeit nach dem Waschen bis zur Abholung bei dem Vmer stehen bleibt. Dafür, daß auch ohne besondere Vereinbarung bezüglich der V für Haftpflichtansprüche wegen des Abhandenkommens von Sachen Vsschutz besteht, wenn eine zunächst abhanden gekommene Sache beschädigt wird, vgl. Anm. G 79.

Ein Tankstellenrisiko behandelt auch OLG Celle 8. V. 1968 VersR 1969 S. 173–174 (ebenfalls unrichtig entschiedener Grenzfall, in dem das Trennungsprinzip im vorweggenommenen Deckungsprozeß, vgl. dazu Anm. B 57–60, nicht hinreichend beachtet wird).

[G 101] μμ) **Tüncher- und Verputzgeschäft:** Vgl. dazu RG 21. II. 1941 JRPV 1941 S. 61–62 = ÖffrV 1941 S. 136–137. Das Gericht nahm eine durch § 1 Ziff. 2b AHB gedeckte Erweiterung des vten Risikos für eine derartige Firma an, als von dem Vmer ausnahmsweise ein Gerüst für Montagezwecke vermietet wurde.

[G 102] νν) **Waffenentscheidungen.**

Immer wieder hat die Gerichte die Frage beschäftigt, inwieweit die Folgen eines Schußwaffengebrauchs in der Betriebs- oder Privathaftpflichtv vert sind oder nicht. Aus den unterschiedlichen Entscheidungen ist nicht auf ein unverständliches Schwanken der Rechtsprechung zu schließen. Vielmehr ist zu beachten, daß die Frage in den jeweiligen Vsverträgen ganz unterschiedlich geregelt war. Die nachstehend aufgeführten Entscheidungen stellen auch keine erschöpfende Aufzählung dar. Diejenigen Fälle, in denen das Waffenrisiko im Vertrag durch eine typische Ausschlußklausel erfaßt (oder nicht erfaßt) ist, werden vielmehr in Anm. G 272 dargestellt.

RG 10. XI. 1911 VA 1912 Anh. S. 63—64 Nr. 670b (Vorinstanz: OLG Hamburg 24. III. 1911 VA 1912 Anh. S. 61—63 Nr. 670a) behandelte folgenden Fall: Ein vter Landwirt hatte sich von einem Nachbarn einen Tesching zum Abschießen von Ratten ausgeliehen. Seine Tochter gab die von dem Vmer geladen verwahrte Schußwaffe in dessen Abwesenheit an den Sohn des Eigentümers zurück, der unterwegs beim Spiel einem anderen Jungen ein Auge ausschoß. Das RG vermißte eine eingehende Auseinandersetzung des OLG Hamburg mit dem recht komplizierten Bedingungswerk des Vers und verwies deshalb zurück. Entgegen der Auffassung von Wussow[5] Anm. 91 zu § 1 AHB, S. 178 hat das RG aber nicht schlechthin den Vsschutz für den Rücktransport der Waffe verneint, sondern insoweit lediglich eine nähere Erörterung angeregt. Vgl. auch Hartung Haftpflichtv S. 50, der unter Bezugnahme auf die hier erörterte Entscheidung das Rattenschießen zum Landwirtschaftswagnis rechnet (unter entsprechenden tatsächlichen Verhältnissen).

RG 22. XII. 1911 VA 1912 Anh. S. 59—61 Nr. 669b = WallmannsZ 1912 S. 1237 bis 1240: Ein Gastwirt schoß auf randalierende Gäste. Der Vsschutz wurde bejaht, da es sich um ein betriebliches Ereignis handelte und es an entsprechenden Ausschlußklauseln fehlte. Zutreffend erklärte das RG es mit Rücksicht auf fehlende Ausschlußbestimmungen für belanglos, ob die Möglichkeit einer besonderen Schußwaffenbesitzerhaftpflichtv bei dem Ver bestand oder nicht. Die Entscheidung wird zu Unrecht von Oberbach I S. 116 Anm. 698, HansRGZ 1939 A Sp. 65 Anm. 5 und Wussow[5] Anm. 91 zu § 1 AHB, S. 176 abgelehnt

OLG Zweibrücken 6. V. 1913 VA 1914 Anh. S. 14—15 Nr. 788: In dem Vsantrag war die Frage des Vers, ob sich die V auch auf die Haftpflicht des Vmers in seiner Eigenschaft als Jäger, Schütze und Waffenbesitzer erstrecken solle, ausdrücklich verneint worden. Zu Recht hat das OLG daher den Vsschutz für das Schießen von Spatzen mit einem Flobert verneint.

RG 10. VII. 1934 VA 1934 S. 228—231 Nr. 2726 = Praxis 1935 S. 26—28: Dem Vertrag lag folgende Klausel zugrunde: „Mitvert ist ... außerdem bei Land- und Forstwirten die gesetzliche Haftpflicht des Vmers aus dem Besitz und der gelegentlichen Verwendung von Hieb-, Stoß- und Schußwaffen, soweit diese Sachen nicht zu Jagdzwecken, im Dienste einer Ortswehr oder als Feldhüter mitgeführt oder verwendet werden.“ Im November 1927 ereignete sich in der Teichwirtschaft dadurch ein Schaden, daß der im Betrieb des Klägers angestellte Forstmeister D. den Gastwirt B., den er im Dunkeln für einen Fischdieb hielt, anschoß. Zu Recht wurde nach der mitgeteilten Klausel der Vsschutz verneint.

RG 8. XII. 1936 RGZ Bd 153 S. 147—153 befaßte sich mit der Frage: „Wie ist die in den AVB einer Haftpflichtv enthaltene Bestimmung auszulegen, daß die Haftpflicht des Vten aus dem Besitz von Schußwaffen und deren Gebrauch ‚auch als Schütze, nicht als Jäger‘ in die V einbegriffen sei?“ Diese gewiß recht schwer abzugrenzende Klausel legte das Gericht (unter Anwendung der Unklarheitenregel) dahin aus, daß das Abschießen eines (nicht jagdbaren) Raubvogels, der den zahmen Tauben des Vmers nachstellte, vert sei. Der Vmer befand sich bei Abgabe des ersten Schusses auf seinem Hofe. Sein Gehilfe W. wurde verletzt, als der Vmer mit dem geladenen Gewehr stolperte und sich ein zweiter Schuß löste. Ungeachtet dessen, daß der Vmer zur Abgabe eines zweiten Schusses aus dem Hof selbst herauslaufen wollte, wurde der Vsschutz als Vorfrage im Schadenersatzanspruchprozeß des Vmers gegen seinen Anwalt, der keine Klage auf Haftpflichtvsschutz erhoben hatte, bejaht. Der Einwand, daß die Abgabe des zweiten Schusses aus „Jagdleidenschaft“ oder „Jagdfieber“ abgegeben werden sollte, wurde für unbeachtlich gehalten. BGH 4. XII. 1958 NJW 1958 S. 243—244 = VA 1959 S. 81—82 Nr. 223 bejaht für einen ähnlich gelagerten Fall den Vsschutz. Nach der Beschreibung des primären Risikobereichs war der für Betriebszwecke erfolgende Gebrauch von Hieb-, Stoß- oder Schußwaffen vert. Ausgeschlossen war das Jagdrisiko. Das Verscheuchen von nicht jagdbaren Tieren (Elstern) durch Schießen rechnete der BGH zu Recht nicht zur Ausübung der Jagd.

[G 103] δ) Vermögensschadenhaftpflichtversicherung.

αα) Anwaltshaftpflichtversicherung: RG 29. I. 1909 VA 1909 Anh. S. 56—57 Nr. 460 rechnet zumBerufsbild des Anwalts nicht die Vermögensverwaltung (so auch BGH 22. XII. 1966 NJW 1967 S. 876—878 [Entscheidung zum Gebührenrecht]). Indes ist der anwaltliche Tätigkeitsbereich so weit gestreut, daß der Begründung der Entscheidung nicht beigepflichtet werden kann. Gerade die Verwaltung von Grundbesitz durch Anwälte ist sehr häufig anzutreffen. Daß auch andere Berufe diese Tätigkeit ausüben, ist kein überzeugendes Argument für die Annahme, daß kein anwaltliches Tun vorliege. Die Entscheidung ist im Ergebnis aber durchaus zu billigen, da im Vsantrag, wie sich aus dem Tatbestand des Urteils erster Instanz ergibt (LG Dresden 1. XI. 1907 VA 1908 Anh. S. 24—25 Nr. 365), die Frage, ob Vsschutz in der Eigenschaft „als Vermögensverwalter" gewährt werden solle, verneinend beantwortet war. Heute würde sich der Ausschluß dieses Risikos aus § 4 Ziff. 3 AHBVerm ergeben (vgl. Anm. G 273 und insbesondere RG 2. VIII. 1935 RGZ Bd 148 S. 282—286).

OLG Kiel 1. V. 1931 HansRGZ 1931 A Sp. 605 erkennt dagegen die mannigfaltigen Möglichkeiten, die sich bei der anwaltlichen Berufsausübung ergeben, richtig, wenn es dahin entscheidet, daß zum Berufsbild des Anwalts auch die Tätigkeit als Treuhänder gehöre (a. M. Bruck 7. Aufl. Anm. 12 zu § 149).

Vgl. ferner OLG Breslau 11. X. 1930 JRPV 1931 S. 75—77: Für die fahrlässig unrichtige Erklärung gegenüber einem Gläubiger des Mandanten, daß Pfändungen nicht erforderlich seien, wurde Schadenersatzverpflichtung und Vsschutz bejaht. Über die Bedenken, die im konkreten Fall gegen die Bejahung des Vsschutzes bestanden, vgl. Anm. B 63 und G 162. Diese Bedenken dürfen aber nicht darüber hinwegtäuschen, daß es im Prinzip durchaus berechtigt ist, wenn der Vsschutz in der Vermögensschadenhaftpflichtv auch gegenüber den Schadenersatzansprüchen solcher Personen bejaht wird, die nicht Vertragspartner des Vmers sind.

[G 104] ββ) Steuerbevollmächtigte, Helfer in Steuersachen, Wirtschaftsprüfer: LG Köln 9. III. 1956 VersR 1956 S. 405—406: „Wird ein Darlehensgeber zur Hingabe des Darlehens an eine Person, deren Vermögen der Verwaltung eines Treuhänders unterliegt, durch die leichtfertige Auskunft dieses Treuhänders veranlaßt, daß das Geschäft ohne Risiko sei, so hat er gegen den Treuhänder einen Schadenersatzanspruch nach den Grundsätzen des Verschuldens bei einem Vertragsschluß. Hierfür ist Vsschutz im Rahmen der bestehenden Haftpflichtv von Vermögensschäden aus der wirtschaftlichen Prüfungs-, Treuhand- und Beratungstätigkeit zu gewähren." Die Entscheidung ist durchaus zu billigen. Vgl. in diesem Zusammenhang auch zur Anwaltshaftpflichtv OLG Breslau 11. X. 1930 JRPV 1931 S. 75—77 und die Ausführungen in Anm. G 103.

BGH 27. V. 1963 NJW 1963 S. 2027—2028 = VersR 1963 S. 649—651: „Unter die Haftpflichtv eines Steuerbevollmächtigten fällt nicht die Besorgung von Rechtsangelegenheiten außerhalb des Steuerrechts. Das gilt auch dann, wenn wegen Fehlens der Geschäftsmäßigkeit kein Verstoß gegen das Rechtsberatungsmißbrauchgesetz vorliegt. Das Entwerfen von Gesellschafts- und Sicherungsübereignungsverträgen gehört nicht zur steuerrechtlichen Beratung."

Zur Haftpflichtv eines Helfers in Steuersachen ist ferner BGH 9. I. 1964 NJW 1964 S. 1025—1026 = VA 1965 S. 11—12 Nr. 400 ergangen. Danach soll § 4 I Ziff. 6 Abs. 3 AHB einen allgemeinen Grundsatz des Haftpflichtvsrechts darstellen, der auch in der Vermögensschadenhaftpflichtv gelte. Es handelte sich um einen Schadenersatzanspruch eines Dritten wegen solcher Ausgaben, die gemacht werden mußten, um die mangelhafte Buchführung des Verstorbenen bei diesem Dritten wieder in Ordnung zu bringen. Der Vsschutz wurde verneint. Vgl. dazu Anm. G 260—261.

εε) Grundstückshaftpflichtversicherung.

Vgl. Boettinger in Oberbach Grundlagen C 2 (Tarif VIII) S. 1—6.

[G 105] α) Abgrenzung der Grundstücks- von der Betriebshaftpflichtversicherung.

Schwierige Abgrenzungsfragen ergeben sich, wenn für ein Haus oder ein Grundstück zwar eine Grundstückshaftpflichtv besteht, wenn aber für ein darauf betriebenes

Unternehmen keine Betriebshaftpflichtv abgeschlossen ist. Die systemrichtige Antwort geht dahin, daß für alle Schäden, die aus der Beschaffenheit des Grundstücks oder des Hauses entstehen, die Grundstückshaftpflichtv einzutreten hat, ungeachtet dessen, ob der eingetretene Schaden einen Besucher oder Angehörigen des Betriebes trifft. Es läßt sich also nicht so argumentieren, daß ein Verletzter ohne den Betrieb gar nicht in das Haus oder auf das Grundstück gekommen wäre und daß deshalb das Risiko der Betriebshaftpflichtv zuzurechnen sei. Denn bei einer derartigen Auslegung würde der Schutz der Grundstückshaftpflichtv völlig verkümmern.

Mit derartigen Abgrenzungsfällen, in denen es an dem Abschluß einer Betriebshaftpflichtv fehlte, befaßten sich folgende Entscheidungen: RG 17. VI. 1911 VA 1911 S. 31—32 Nr. 584: Ein Gastwirt hatte für sein Hausgrundstück eine Grundeigentümerhaftpflichtv abgeschlossen, dagegen keine Haftpflichtv für das Risiko aus der von ihm auf diesem Grundstück betriebenen Gastwirtschaft. Bei einer Vereinsfestlichkeit fiel eine zu einer im Saal aufgebauten Bühne führende Treppe um. Das RG verneinte zutreffend den Vsschutz. Es ließ dabei die Frage offen, wie zu entscheiden wäre, wenn Bühne und Treppe nicht eigens für die Festlichkeit aufgebaut worden wären, sondern wesentliche Bestandteile oder Zubehör des Grundstücks dargestellt hätten.

RG 7. XI. 1939 JRPV 1940 S. 4—5: Zu einer Grundstückshaftpflichtv war vereinbart, daß nicht mitvert die Gefahren seien, die mit einem auf dem Grundstück ausgeübten Betrieb des Vmers oder den dazu gehörigen Einrichtungen zusammenhängen. Zum Gastwirtschaftsbetrieb des Vmers gehörte ein mit einer Bühneneinrichtung versehener Saal. Der Maler M stürzte in den Hof des Hauses, als er Dekorationsgegenstände von der Bühne über eine Treppe wegschaffte, die an der Außenseite des Hauses vom Bühnenraum zum Hof hinabführte. Die Ursache des Sturzes war ein plötzliches Nachgeben der als Treppengeländer dienenden Eisenstange. Das Berufungsgericht hatte den Vorgang dem Betrieb des Vmers zugerechnet und deshalb den Vsschutz verweigert (OLG Naumburg 6. I. 1939 ÖffrV 1939 S. 139). Das RG a. a. O. bejahte dagegen den Vsschutz. Es legte die Klausel so aus, daß nur einer Erweiterung des Vsschutzes auf außerhalb der eigentlichen gesetzlichen Haftpflicht des Hausbesitzers liegenden Gefahren vorgebeugt werden sollte. Diese Auslegung ist zu billigen. Zur Begründung bedurfte es nach dem klar ermittelten Sinn der Vereinbarung nicht des Zurückgreifens auf die Unklarheitenregel.

Vgl. in diesem Zusammenhang auch KG 13. III. 1937 JW 1937 S. 2622 = JRPV 1937 S. 166—167: Das Gericht hat in einem Falle, in dem eine Hausbesitzerhaftpflichtv, aber keine Betriebshaftpflichtv bestand, einen Sturz auf dem dem öffentlichen Verkehr zugänglichen Vorplatz eines Hauses, in dem sich ein Kino befand, der Hauseigentümerhaftpflichtv zugerechnet. Anders wäre zu entscheiden, wenn der Sturz nicht auf die Beschaffenheit des Bodens, sondern auf den Ungestüm des zur Kasse drängenden Publikums zurückzuführen gewesen sein sollte.

Bedenklich: RG 18. IX. 1906 VA 1907 Anh. S. 24—26 Nr. 288: Der Vmer war als Grundstückseigentümer vert, nicht aber als Unternehmer eines landwirtschaftlichen Betriebes. Ein Haftpflichtfall wurde als vert angesehen, der durch eine nicht im Betrieb befindliche Häckselmaschine verursacht worden war, die in der Futterkammer im Stall stand und zur Versorgung des auf dem Grundstück lebenden Viehs bestimmt war. Zustimmend aber Hartung Haftpflichtv S. 50.

[G 106] β) Bauherrnrisiko.

KG 8. I. 1936 JRPV 1936 S. 187—189: „Ist in eine Hauseigentümerhaftpflichtv auch das Bauherrnrisiko (Umbau, Ausbesserungen) eingeschlossen, so fällt das Verabreichen einer Erfrischung an einen für diesen Bau Tätigen unter den Vsschutz." Der Entscheidung ist beizustimmen, wenn auch mit der einschränkenden Überlegung, daß damit noch nicht gesagt ist, daß ein Vmer, der nur eine Privathaftpflichtv abgeschlossen hat, in diesem Grenzfall keinen Vsschutz genießen würde.

Für einen atypischen Grundeigentümerhaftpflichtvsvertrag (Einschluß des Wiederaufbaus eines teilweise zerstörten Hauses durch eigene Leute des Vmers): Vgl. OLG Hamburg 17. IX. 1964 VersR 1965 S. 276—278.

[G 107] γ) Hundehalterrisiko.

KG 20. XI. 1906 VA 1907 Anh. S. 26 Nr. 289 entscheidet zutreffend, daß das Hundehalterhaftpflichtrisiko grundsätzlich von einer Grundstückseigentümerhaftpflichtv nicht erfaßt werde. Das erscheint bei der heutigen Ausgestaltung der Vsanträge als geradezu selbstverständlich. Zu bedenken ist aber, daß die Entscheidung zu einer Zeit erging, in der fast ausnahmslos zu jedem Hof ein Hund gehörte. Der Vmer war als Grundstückseigentümer haftpflichtvert. Im Vsantrag war aber trotz zweier darauf gerichteter Fragen der Einschluß der Haftpflichtv für Tierschäden nicht begehrt worden. Zu Recht schloß daraus das Gericht, daß durch den Hofhund angerichtete Schäden nicht eingeschlossen seien. Zustimmend auch Hartung Haftpflichtv S. 50, der allerdings darauf hinweist, daß die zusätzliche Bemerkung des KG, daß ein Hund „ein gefahrerhöhender Umstand von erheblicher Bedeutung sei", zur Begründung nicht ausreiche.

[G 108] δ) Atypische Risiken.

RG 12. XI. 1918 WallmannsZ 1919 S. 921—922 läßt unter eine Grundstückshaftpflichtv auch das Abschießen von Feuerwerksraketen fallen. Die Entscheidung darf nicht verallgemeinert werden. Sie ist aus den Besonderheiten des konkreten Falles zu erklären. Das RG stellte als Leitsatz folgende Frage: „Kann, wenn ein Beamter gegen die ihm obliegende Haftpflicht als Verwalter eines amtlichen Grundstücks vert ist, von solcher V der Fall ergriffen werden, daß zur Feier eines auf das Amt und dessen Vorsteher bezüglichen Jubiläums auf dem Amtsgrundstück Raketen abgebrannt und hierbei Personen verletzt werden?" Tatsächlich ging der Vsschutz noch etwas weiter, als aus dieser Frage ersichtlich, denn der Vmer war auch in seiner Eigenschaft als Familienvorstand, Dienstherr und Grundbesitzer mitvt. Das Raketenschießen fällt normalerweise in diesem Umfang in die Privathaftpflichtv.

Für einen anderen Abgrenzungsfall zur Privathaftpflichtv vgl. die in Anm. G 106 zitierte KG-Entscheidung 8. I. 1936 JRPV 1936 S. 187—189.

[G 109] ddd) Hundehalterhaftpflichtversicherung.

Zur Tierhalterhaftpflichtv vgl. Boettinger Grundlagen C 2 (Tarif III) S. 1—6. Wegen der Gefährlichkeit des Hundehalterrisikos wird durchweg eine Zuschlagsprämie für die V gegen die Gefahren aus dem Halten eines Hundes genommen. Wenn der Vmer in der Privathaftpflichtv zu Beginn des Vsverhältnisses keinen Hund besitzt und sich später einen anschafft, so ist mit Rücksicht auf die traditionell gesonderte Behandlung dieses Risikos auch davon auszugehen, daß es sich nicht um die Erhöhung oder Erweiterung eines bestehenden Risikos, sondern um eine neue Gefahr im Sinne der Vorsorgevsbestimmungen handelt (vgl. dazu Anm. G 119 und 127).

OLG München 19. II. 1960 VersR 1961 S. 1105 hat folgenden Leitsatz aufgestellt: „Wer als Halter eines Hundes gegen Haftpflichtschäden vert ist, kann Vsschutz auch dann beanspruchen, wenn der Vsfall durch einen Hund herbeigeführt wird, den sich der Vmer als Ersatz für den bei Abschluß des Vsvertrages vorhandenen angeschafft hat." Dieser Auffassung ist — soweit das Vsverhältnis nicht bereits wegen Risikowegfalls im ganzen erloschen ist — beizupflichten. Indessen lag der Sachverhalt im entschiedenen Fall, wie Schmalzl VersR 1962 S. 54 nachgewiesen hat, etwas anders. Der Vmer hatte sich nämlich zur Zeit der Wirksamkeit des Hundehalterhaftpflichtvsvertrages für den ersten Hund bereits einen zweiten angeschafft (1951—1952). Für diesen genoß er nach § 1 Ziff. 2b AHB als Erweiterung des vten Risikos Vsschutz. Er lehnte es aber ab, für diesen Hund Prämien zu zahlen. Damit erklärte sich der Ver einverstanden, der zweite Hund schied also aus dem Schutzbereich des Vsvertrages aus. Während der ganzen Zeit wurden demgemäß nur Prämien für den am 15. IX. 1958 gestorbenen Hund gezahlt. Für den am 20. IX. 1958 durch den zweiten Hund angerichteten Schaden konnte der Vmer unter diesen Umständen keinen Vsschutz beanspruchen (gänzlich unzutreffend der Leitsatz im MDR 1960 S. 677).

Dafür, daß die Grundstückshaftpflichtv grundsätzlich nicht das Hundehalterrisiko miterfaßt, vgl. KG 20. XI. 1906 VA 1907 Anh. S. 26 Nr. 289 und G 107.

[G 110] eee) Jagdhaftpflichtversicherung.

Es handelt sich hierbei nunmehr um eine Pflichthaftpflichtv im Sinne der §§ 158b bis 158g. Die näheren Ausführungen finden sich daher in Bruck-Möller bei der Erörterung der Pflichthaftpflichtv. Bemerkenswert ist in diesem Zusammenhang noch RG 23. XI. 1926 VA 1927 S. 30—31 Nr. 1683: „Die Haftpflichtv für einen Jagdhund umfaßt nicht die Benutzung des Hundes als Wachhund“. Diese Entscheidung hat aber für die heutigen Verhältnisse kaum noch Bedeutung. Nach Stelzer VW 1959 S. 62—63 wird heute im allgemeinen eine Fassung für die Formulierung des Vsschutzes gewährt, die klarstellt, daß die Jagdhaftpflichtv auch das sonstige Tierhalterrisiko umfaßt. RG 23. XI. 1926 a. a. O. war zudem durch die Besonderheit gekennzeichnet, daß die Jagdhundehaftpflichtv als Ergänzung zu einer schon bei einem anderen Ver bestehenden Hundehalterhaftpflichtv abgeschlossen worden war.

fff) Privathaftpflichtversicherung.

Vgl. zunächst die Ausführungen von Boettinger Grundlagen (Tarif IX) S. 1—23.

[G 111] α) Abgrenzung des privaten Bereichs von der Berufssphäre.

Zur Privathaftpflichtv gehört im Prinzip alles, was der privaten und nicht der beruflichen Sphäre zuzurechnen ist. Wenn es in den Erläuterungen heißt, daß die Gefahren eines Berufes, Betriebes und Dienstes ausgenommen seien, so handelt es sich dabei nicht etwa um eine echte Ausschlußklausel mit der Folge, daß der Ver dafür beweispflichtig ist, daß das Berufsrisiko verwirklicht ist. Vielmehr darf hier der von Prölss (zu Unrecht für das Kfz-Haftpflichtrisiko im Rahmen der Betriebshaftpflichtv) geprägte Begriff der „generellen negativen Komponente des Haftpflichtvsrisikos“ (Prölss[17] Anm. 5 zu § 1 AHB, S. 654) zum bildhaften Verständnis gebraucht werden. Daraus, daß nur das Privathaftpflichtrisiko aus den Gefahren des täglichen Lebens vert ist, ergibt sich bereits, daß das Berufsrisiko nicht unter den Vsschutz fällt. Bestehen also Zweifel darüber, ob eine Tätigkeit zum privaten oder beruflichen Sektor gehört, so muß der Vmer beweisen, daß er als Privatmann gehandelt habe. Hingegen stellen die Ausschlüsse der Haftpflicht aus einer Vereinstätigkeit oder aus einer ungewöhnlichen und gefährlichen Beschäftigung (vgl. dazu Anm. G 271) echte sekundäre Risikobeschränkungen mit der Folge dar, daß der Ver ihr Vorliegen darzulegen und zu beweisen hat.

Bemerkenswert sind folgende Entscheidungen zur Abgrenzung des privaten Risikos von dem Risiko aus der Ausübung eines Berufs:

BGH 9. III. 1961 VA 1961 S. 181—183 Nr. 299 = MDR 1961 S. 484—485 (gek.): Im Rahmen einer Privathaftpflichtv besteht für Schäden, die sich während der Arbeitszeit und an der Betriebsstätte des Vmers ereignen, dann Vsschutz, wenn es sich um Schädigungen handelt, die nur gelegentlich einer betrieblichen Tätigkeit verursacht werden, ohne in einem inneren Zusammenhang mit dem Betrieb zu stehen. Neckt ein Lehrling den anderen während der Arbeitszeit durch spielerisches Anzünden von feuergefährlichem Waschbenzin, so wird ein daraus entstandener Schaden von der Privathaftpflichtv nicht erfaßt (Grenzfall, der vom BGH 18. XII. 1968 VersR 1969 S. 219—220 unlängst in einem ähnlich gelagerten Sachverhalt wieder in diesem Sinne entschieden worden ist; vgl. dagegen die Ausführungen in Anm. H 7). Darauf allerdings, daß der Lehrling selbst wegen des angerichteten Körperschadens mit Rücksicht darauf, daß es sich um Ansprüche aus einem Arbeitsunfall handelt, keinen Vsschutz genießt (vgl. Anm. H 8), kann nach den insoweit zutreffenden Ausführungen des BGH a. a. O. nicht abgestellt werden.

Einleuchtend ist, daß grundsätzlich die Bejahung des primären Vsschutzes in der Privathaftpflichtv zugleich bedeutet, daß kein Vsschutz im primären Bereich der Betriebshaftpflichtv besteht und umgekehrt. Demgemäß sind die in Anm. G 88 aufgeführten Urteile, in denen der Vsschutz für die Betriebshaftpflichtv bejaht oder verneint wurde, für die Abgrenzung zwischen Privat- und Betriebshaftpflichtv genau so wichtig wie die hier aufgeführten Urteile für die Betriebshaftpflichtv. Vgl. deshalb in Zweifelsfällen auch die in Anm. H 7—8 zur Erstreckung des Schutzes der Betriebshaftpflichtv auf die persönliche Haftpflicht der Arbeitnehmer aufgeführten Entscheidungen.

BGH 27. XI. 1961 VersR 1962 S. 33—34: „Eine nur der privaten Haushaltsführung dienende Schweinehaltung stellt keinen Betrieb dar, so daß die in einem inneren Zusammenhang stehenden Haftpflichtgefahren von der Privathaftpflichtv mitumfaßt werden, auch wenn der Vte unabhängig von der Schweinehaltung noch Land bewirtschaftet.“

OLG Celle 14. I. 1961 VersR 1961 S. 169—170: „Welche Tätigkeit in den Rahmen einer Privathaftpflichtv fällt, hängt im wesentlichen von der Art der Tätigkeit und dem inneren Zusammenhang mit der sonstigen Berufs- und Erwerbstätigkeit des Vmers ab. Grundsätzlich wird die Berufstätigkeit des Vmers von der Privathaftpflichtv nicht erfaßt.“

Mit dieser Begründung verneinte das OLG Celle a. a. O. den Vsschutz für einen Vmer, der sich gegen Entgelt zum Ausheben eines Grabens für eine Wasserleitung verpflichtet hatte. Der Vmer war von Beruf städtischer Arbeiter und wurde als solcher auch mit dem Ausheben von Rohrgräben beschäftigt. Die Entscheidung erweckt Bedenken. Wenn ein Vmer gelegentlich gegen Entgelt einen Graben ausschachtet, so braucht es sich nicht um eine berufliche oder gewerbliche Tätigkeit zu handeln. Es hätte festgestellt werden müssen, ob es sich um einen Einzelfall handelt oder ob der Vmer in seiner Freizeit einen regelrechten Nebenerwerb ausübt oder nicht. Entgegen der Auffassung von Poppe VW 1961 S. 642—643 ist also nicht schon für jede „Schwarzarbeit“, die in den Beruf des Vmers fällt, von vornherein der Vsschutz in der Privathaftpflichtv zu verneinen. Heimbücher VW 1960 S. 765 führt zu diesem Problemkreis zutreffend folgendes aus: „Übt eine hauptberuflich in abhängiger Stellung arbeitende Person in ihrer Freizeit eine Tätigkeit aus, die mit dem Beruf verwoben ist und an die beruflichen Fähigkeiten anknüpft oder die sonst einen kleinen Nebenverdienst abwirft, so wird man dies deshalb in der Regel vorwiegend als Privatbeschäftigung im Rahmen der Gefahren des täglichen Lebens ansehen müssen. Voraussetzung ist, daß diese Tätigkeit keine übermäßigen Formen annimmt und dann ein eigener Gewerbebetrieb entsteht.“

LG Braunschweig 28. VII. 1965 VersR 1966 S. 482 hat zu Unrecht Zweifel daran, daß das Verleihen (oder Vermieten) einer ursprünglich für einen Eigenbau gekauften Betonmischmaschine an einen Freund oder Bekannten des Vmers, der ebenfalls im Eigenbau ein Häuschen errichten will, dem privaten Sektor und damit dem Schutz der Privathaftpflichtv zugerechnet werden kann. Dafür, daß auch zu Unrecht das Vorliegen einer „ungewöhnlichen“ und „gefährlichen“ Beschäftigung angenommen worden ist, vgl. Anm. G 271.

[G 112] β) Verletzung der Aufsichtspflicht.

Im Bereich der Privathaftpflichtv spielt die Möglichkeit einer Inanspruchnahme des Vmers aus § 832 BGB eine besondere Rolle. Sehr häufig sind Ausschlußtatbestände in der Weise aufgebaut, daß wohl die persönliche Haftpflicht des mitvten Kindes ausgeschlossen ist, nicht aber die Inanspruchnahme der Eltern aus § 832 BGB wegen der Verletzung der Aufsichtspflicht. Es handelt sich hierbei um „personalbezogene Ausschlußtatbestände“. Aus diesem Gesichtspunkt hat der BGH sowohl für die kleine Kfz-Ausschlußklausel (BGH 26. III. 1956 VersR 1956 S. 283, 28. V. 1956 BGHZ Bd 20 S. 392—393, 12. V. 1960 NJW 1960 S. 1346—1347 = VA 1960 S. 219 Nr. 268, 7. II. 1963 VersR 1963 S. 325—326) als auch für eine Schußwaffenklausel (BGH 10. III. 1966 VersR 1966 S. 674—675) die primäre Eintrittspflicht des Vers für einen gegen den Vmer aus § 832 BGB gerichteten Ersatzanspruch bejaht, als die unmittelbar handelnde Person selbst wegen Eingreifens der Ausschlußklausel keinen Vsschutz hatte. Vgl. in diesem Zusammenhang auch RG 8. III. 1940 HansRGZ 1940 A Sp. 109—110 = JRPV 1940 S. 140, wo für den auf § 832 BGB gestützten Schadenersatzanspruch der Vsschutz für den Fall bejaht wurde, daß im Anschluß an eine diebische Entwendung durch den Sohn des Vmers eine Sachbeschädigung an der gestohlenen Sache begangen wurde.

Strikt ist bei diesen Fragen auf Wortlaut und Sinn der betreffenden Ausschlußklauseln abzustellen. Personalbezogen in dem erwähnten Sinne ist wohl die kleine, nicht aber die große Kfz-Ausschluß-Klausel. Letztere wird allerdings im allgemeinen zur

Privathaftpflichtv nicht vereinbart. Vgl. im übrigen zur Auslegung der kleinen und großen Kfz-Ausschlußklausel die Ausführungen in Anm. G 262—270. Auch bei der Schußwaffenklausel kommt es auf die jeweilige Fassung an, vgl. dazu weiter Anm. G 272.

c) Ausdehnung des Versicherungsschutzes auf Erhöhungen und Erweiterungen des „versicherten Risikos" (§ 1 Ziff. 2b AHB).

Gliederung:

[G 113] Schrifttum:

Hagen ZVersWiss 1910 S. 472—478, Hannak VsRdschau 1952 S. 209—212, Manitz VersPrax 1968 S. 8—11, Mankowski, Haftung nach dem Wasserhaushaltsgesetz und Haftpflichtv, Karlsruhe 1964, Oberbach I S. 117—121, VersR 1950 S. 122—124, 139 bis 140, Wussow[5] Anm. 92—93 zu § 1 AHB, S. 179—181. Zum Einschluß der Erhöhungen und Erweiterungen in die sog. „Verbandsbedingungen" vgl. auch RAA 1910 S. 111. Weitere Schrifttumsnachweise in Anm. G 123.

[G 114] aa) Bedeutung.

In § 1 Ziff. 2b AHB wird der Vsschutz in der Haftpflichtv durch den Einschluß der Erhöhungen und Erweiterungen des vten Risikos gegenüber der gesetzlichen Regelung verbessert. Diese Verbesserung des Vsschutzes hat sich seit nunmehr mehr als 50 Jahren bewährt und zusammen mit der Vorsorgev (vgl. dazu Anm. G 123—144) wesentlich dazu beigetragen, unerwünschte Streitigkeiten über den Vsschutz in der Haftpflichtv zu vermeiden. Entscheidender Ausgangspunkt für die Ermittlung, ob im konkreten Falle eine nach § 1 Ziff. 2b AHB gedeckte Erhöhung oder Erweiterung vorliegt, ist zunächst immer die Feststellung des Umfanges des durch den Haftpflichtvsvertrag primär gebotenen Vsschutzes. An dem in den Vertragsbestimmungen zum Ausdruck kommenden Parteiwillen hat sich die interessenbezogene Auslegung zu orientieren. Daß der Vertragswille des Vers, der die Grundgefahr ausschließt, nicht deren Erhöhungen oder Erweiterungen umfassen will, leuchtet als logische Konsequenz ein. Begrifflich ausgeschlossen ist danach die Anwendung des § 1 Ziff. 2b AHB, wenn das betreffende Risiko im Haftpflichtvsvertrage durch Ausschlußklauseln vom Vsschutz ausgeschlossen ist (RG 20. XII. 1912 VA 1913 Anh. S. 71—72 Nr. 745; OLG Düsseldorf 12. II. 1963 — zitiert nach einem Bericht von Otto ZfV 1964 S. 840). Anders ist allerdings dann zu entscheiden, wenn für bestimmte Risikoerweiterungen in der Vspraxis üblicherweise ein von den Ausschlußklauseln der AHB abweichender Vsschutz geboten wird.

[G 115] bb) Verhältnis von § 1 Ziff. 2b AHB zu den Vorschriften über die Gefahrerhöhung.

§§ 23—32 gelten nach der gesetzlichen Regelung auch für die Haftpflichtv (vgl. Möller in Bruck-Möller Anm. 15 zu § 23 m. w. N.). Dieser Grundsatz ist für die Kraftfahrzeughaftpflichtv in neuerer Zeit vom BGH in ständiger Rechtsprechung herausgestellt worden. Vgl. dazu die umfassenden Nachweise bei Prölss[17] Anm. 2e zu § 23, S. 161—164; ferner BGH 25. IX. 1968 NJW 1969 S. 42—44 = VersR 1968 S. 1153—1154,

25. IX. 1968 NJW 1969 S. 44—46 = VersR 1968 S. 1131—1132, 25. IX. 1968 VersR 1968 S. 1155, 23. X. 1968 VersR 1969 S. 27—29. Das Vertragsrecht im Bereich der Allgemeinen Haftpflichtv ist jedoch im Interesse eines möglichst lückenlosen Deckungsschutzes schon seit mehr als 50 Jahren einen davon abweichenden Weg gegangen. Durch § 1 Ziff. 2b AHB ist grundsätzlich gesichert, daß sich der Deckungsbereich aller Haftpflichtven, denen diese Bestimmung zugrunde liegt, auch auf Erhöhungen und Erweiterungen des vten Risikos bezieht. Damit sind die Vorschriften über die Gefahrerhöhung abbedungen. Vgl. dazu BGH 20. XI. 1958 VA 1959 S. 80 Nr. 222 = VersR 1959 S. 14, OLG Celle 16. III. 1953 VersR 1953 S. 181—182, OLG Hamm 15. VI. 1953 VA 1953 S. 270 Nr. 55, 2. XII. 1960 VersR 1962 S. 415, Bruck S. 304, Ehrenzweig S. 356, Frölich VersR 1964 S. 906, v. Gierke II S. 166, Hagen ZVersWiss 1910 S. 478, Hagen II S. 312, Oberbach I S. 125, Grundlagen B 3 S. 3, Prölss[17] Anm. 7 zu § 1 AHB, S. 658, Wehn Grundlagen C 1 S. 32, Wussow[5] Anm. 92 zu § 1, S. 179. (In sich widerspruchsvoll Fux-Eschenegg VsRdschau 1952 S. 81, der davon ausgeht, daß die gesetzliche Obliegenheit zur Anzeige von Gefahrerhöhungen durch die vertragliche Regelung nicht berührt werde, auf S. 84 aber zutreffend bemerkt, daß §§ 24—28 über eine vorzeitige Lösung oder Leistungsfreiheit durch § 1 Ziff. 2b AHB abbedungen seien.) — Über die in der Bestimmung selbst aufgeführten Ausnahmen vgl. die Ausführungen in Anm. G 120—121. Der Vsschutz ist dadurch gegenüber der gesetzlichen Regelung wesentlich verbessert. Benutzt z. B. ein Bauer über Monate ein Pferdefuhrwerk, dessen Bremsen defekt sind, so kann der Vsschutz aus dem Gesichtspunkt der Gefahrerhöhung nicht verweigert werden.

In den AHBVerm sind dagegen Gefahrerhöhungen nicht durch eine ausdrückliche Bedingungsbestimmung in den Vsschutz einbezogen worden. Zu beachten ist aber, daß in § 8 II Ziff. 1 AHBVerm — fast wörtlich übereinstimmend mit § 8 II Ziff. 1 AHB — bestimmt ist, daß der Vmer Änderungen des vten Risikos zum Zwecke der Prämienbemessung anzuzeigen habe. Der Sinn der Vereinbarung einer derartigen variablen Prämie ist es, die Vorschriften über die Gefahrerhöhung insoweit abzubedingen, als es sich um quantitative Änderungen des vten Risikos handelt (vgl. dazu die Überlegungen in RG 3. XII. 1909 VA 1909 Anh. S. 29—30 Nr. 510, 7. I. 1910 JW 1910 S. 245). Im übrigen finden die Vorschriften über die Gefahrerhöhung Anwendung, also hinsichtlich einer qualitativen Änderung des vten Risikos. Solche qualitativen Veränderungen aber, die allein auf eine quantitative Änderung zurückzuführen sind, werden vom Vsschutz erfaßt.

[G 116] cc) Unterschied zwischen Erhöhungen und Erweiterungen des versicherten Risikos.

Ausgangspunkt für die Ermittlung dessen, was in § 1 Ziff. 2b AHB mit dem Begriff „Erhöhungen des vten Risikos" gemeint ist, muß zunächst der zu § 23 entwickelte Begriff der Gefahrerhöhung sein. Hier sei auf die Ausführungen von Möller in Bruck-Möller Anm. 4—15 zu § 23 verwiesen. Eine Gefahrerhöhung ist nach diesen Grundsätzen zutreffend verneint worden, wenn eine bei Vertragsbeginn nicht vorhandene Schutzeinrichtung später an eine Maschine angebracht und dann dauernd wieder entfernt wurde (OLG Hamm 2. XII. 1960 VersR 1962 S. 415); richtig bemerkt auch OLG Düsseldorf 28. VIII. 1959 VersR 1959 S. 825, daß in dem Verzicht auf Ausgleichsansprüche keine Gefahrerhöhung gesehen werden könne. In beiden Urteilen hätte die Frage, ob eine Gefahrerhöhung gegeben sei, allerdings mit Rücksicht auf § 1 Ziff. 2b AHB dahingestellt bleiben können; vgl. auch OLG Kassel 1. X. 1953 VersR 1953 S. 443, das — obiter dictum und ohne § 1 Ziff. 2b AHB zu erwähnen — bemerkt, daß in der unerlaubten Jagdausübung eine Gefahrerhöhung liegen könne.

Ergänzend ist zu bemerken, daß die nach h. A. (vgl. Möller a. a. O. Anm. 9—10 zu § 23) ohnedies nicht unter den Begriff der Gefahrerhöhung fallenden kurzfristigen Veränderungen der Gefahrenlage unter der Geltung des § 1 Ziff. 2b AHB erst recht vom Vsschutz erfaßt werden. Streng begrifflich sind diese kurzfristigen Zustände allerdings auch gar nicht unter § 1 Ziff. 2b AHB zu subsumieren; ihre Deckung folgt vielmehr schon aus den Grundbestimmungen des Vertrages. Wer aber (wie z. B. Prölss[17] Anm. 3 zu § 23, S. 165 m. w. N.) auch einmalige, in ihrer Wirkung nicht fortdauernde Gefährdungshandlungen als Gefahrerhöhungen ansieht, der muß für den Bereich der

AHB deren Deckung jedenfalls durch § 1 Ziff. 2b AHB bejahen. Mit dem Hinweis auf die zu § 23 gewonnenen Erkenntnisse ist aber der Begriff der Erhöhung des vten Risikos nicht erschöpft. Es ist vielmehr zu prüfen, ob es einer zusätzlichen Abgrenzung zu dem in § 1 Ziff. 2b AHB ebenfalls verwendeten Begriff der Erweiterung des vten Risikos bedarf. Prölss[17] Anm. 7 zu § 1 AHB, S. 657 und Wussow[5] Anm. 93 zu § 1 AHB, S. 180 bemerken, daß unter einer Erhöhung eine qualitative und unter einer Erweiterung eine quantitative Änderung des Risikos zu verstehen sei. Dieser Begriffsabgrenzung ist im Prinzip zuzustimmen. Zu bemerken ist aber, daß auch quantitative Änderungen des vten Risikos eine Gefahrerhöhung darstellen können. So ist z. B. vom RG 7. I. 1910 JW 1910 S. 245—246 bei der Beurteilung des Haftpflichtvsvertrages der Stadtgemeinde Deutsch-Wilmersdorf das Inbetriebstellen eines Automobil-Krankenwagens und einer Automobil-Dampfspritze als Gefahrerhöhung behandelt worden. Das RG a. a. O. legte dabei dem Berufungsrichter, ohne daß eine § 1 Ziff. 2b AHB entsprechende Regelung vereinbart war, nahe, daraus, daß eine Prämie pro Kopf der Bevölkerung vereinbart war, zu folgern, daß durch diese progressive Prämie nach den Vorstellungen der Parteien bereits derartige Gefahrerhöhungen ausgeglichen sein sollten. Ähnliche Gedankengänge sind schon in RG 3. XII. 1909 VA 1910 Anh. S. 29—30 Nr. 510 zu finden; dort heißt es sinngemäß, daß die technischen Schwierigkeiten bei der Haftpflichtv eines Wirtschaftsbetriebes mit wechselndem Viehbestande durch Vereinbarung einer variablen Prämie überwunden werden könnten.

Aus dem Gesagten folgt, daß der Begriff der Erhöhung des vten Risikos im Sinne des § 1 Ziff. 2b AHB enger ist als der Begriff der Gefahrerhöhung im Sinne des § 23. Der letztgenannte Begriff erfaßt nämlich teilweise auch Erweiterungen des vten Risikos im Sinne des § 1 Ziff. 2b AHB. Jedoch ist unter einer Erweiterung des vten Risikos nicht nur eine solche Veränderung der Gefahrenlage zu verstehen, die eine Gefahrerhöhung im Sinne des § 23 darstellt. Vielmehr geht der Begriff der Erweiterung des vten Risikos darüber hinaus.

Für die Frage des Vsschutzes ist der begriffliche Unterschied zwischen Erhöhungen und Erweiterungen des vten Risikos im Sinne des § 1 Ziff. 2b AHB ohne Bedeutung, da der Ver in beiden Fällen einzutreten hat.

[G 117] dd) Abgrenzung zur Vorsorgeversicherung.

Während die Abgrenzung zwischen den in § 1 Ziff. 2b AHB verwendeten Begriffen der Erhöhung und der Erweiterung des vten Risikos lediglich der begrifflichen Klarheit dient, ist der Unterschied zur Vorsorgev von wesentlich praktischer Bedeutung. Denn die Vorsorgev bietet nur einen eingeschränkten Vsschutz und entfällt unter gewissen Voraussetzungen rückwirkend (vgl. Anm. G 132 und 142). Es kann also für alle Beteiligten sehr wichtig sein zu wissen, ob § 1 Ziff. 2b oder § 2 AHB Anwendung findet. Prölss[17] Anm. 1 zu § 2 AHB, S. 659 definiert den Begriff „neues Risiko" dahin, daß es sich um ein Risiko handeln müsse, das in keinem inneren Zusammenhange mit dem ursprünglich vten stehe und das unter eine andere Position des Prämientarifes falle (ebenso Hannak VsRdschau 1952 S. 210). Dieser Auffassung ist zuzustimmen, soweit ein neues Risiko dann als gegeben angesehen wird, wenn es an einem inneren Zusammenhang mit dem bisher vten Haftpflichtrisiko fehlt. Hingegen ist der Hinweis auf eine andere Position des Prämientarifs entbehrlich und unter Umständen auch irreführend. Zunächst ist dieser Hinweis unzutreffend in den Fällen, in denen eine Lücke im Tarif besteht. Irreführend ist er deshalb, weil er leicht zu dem Fehlschluß führt, daß immer dann, wenn eine neue Tarifposition in Betracht komme, auch ein neues Risiko vorliege (so aber Hannak a. a. O., Höring VersR 1953 S. 252—253 [Anm. zu OLG Celle 16. III. 1953 VersR 1953 S. 181—182]). Maßgebend für die Begriffsabgrenzung und für die Auslegung des hier zur Verdeutlichung gebrauchten Ausdrucks „innerer Zusammenhang" muß die natürliche Betrachtungsweise der am Rechtsverkehr beteiligten Kreise sein. Zutreffend hebt RG 21. II. 1941 JRPV 1941 S. 61—62 = ÖffrV 1941 S. 136—137 hervor, das ganz auf die Gestaltung des Einzelfalles und die Erfordernisse von Treu und Glauben abzustellen sei. Die Tarife und die Geschäftspolitik des betreffenden Vers, auf die Höring a. a. O. S. 252—253 und Prölss[17] Anm. 1 zu § 2 AHB, S. 659 weiter abstellen, dürfen für die hier erörterte Frage nur insoweit beachtet werden, als sie Vertragsbestandteil oder Vertragsgrundlage geworden sind (z. B. als Antragsformular). Das wird von einer Reihe von Entscheidungen nicht beachtet, die von der eben zitierten Formel von Prölss a. a. O. ausgehen (vgl. OLG Celle 16. III. 1953 a. a. O., OLG Hamm 15. VI. 1953 a. a. O., OLG Nürnberg 20. XII. 1956 VA 1957 S. 135—137 Nr. 163). Allerdings kommen diese Urteile zum richtigen Ergebnis, so daß die Kritik an der Begriffsbestimmung von Prölss a. a. O. dahin eingeschränkt werden muß, daß diese Formel in den weitaus meisten Fällen zur zutreffenden Entscheidung führt. Es muß aber betont werden, daß es nicht auf eine dem Vmer gar nicht bekannte Vspraxis ankommt, sondern immer nur auf die objektive Auslegung des Vertrages und seiner Bestandteile sowie der sonstigen im Zusammenhang damit abgegebenen Erklärungen der Parteien.

Hier sei gestattet, aus einer älteren RG-Entscheidung zur Unfallv zu zitieren, in der sich das Gericht mit der Frage auseinandersetzte, ob als maßgebend für den Begriff der Gefahrerhöhung bei einem Berufswechsel der Tarif des Vers angesehen werden könne. RG 21. VI. 1910 VA 1910 Anh. S. 89—90 Nr. 546 = LZ 1910 Sp. 944: „Er [der Berufungsrichter] geht zunächst zutreffend davon aus, daß dem Prämientarif der Beklagten, auf den weder im Vsantrage, noch in der Police, noch in den AB irgendwie verwiesen ist, ... entscheidende Bedeutung nicht beizumessen ist. Es kann nicht als übereinstimmender Vertragswille beider Teile angesehen werden, daß ... der Inhalt des dem Vten unbekannt bleibenden Tarifs maßgebend sein soll. Es muß daher nach einem objektiven Maßstab als dem Gewollten entschieden werden.“ Vgl. auch Möller in Bruck-Möller Anm. 14 zu § 23 m. w. N., der in ähnlichem Zusammenhang folgendes bemerkt: „Ob eine unvoraussehbare Gefahrerhöhung eingetreten ist, entscheidet sich nicht nach der Auffassung des speziellen Vers, insbesondere nicht nach seinen Prämientarifen, oder nach der Auffassung des Vmers, sondern nach objektiven Gesichtspunkten.“ Ebenso Mankowski Wasserhaushaltsgesetz S. 46, der ausdrücklich hervorhebt, daß der Tarif des Vers nicht als solcher zur Risikoabgrenzung herangezogen werden könne.

Im übrigen kann hier von besonderer Bedeutung sein, wie der Antrag aufgesetzt ist und was für Fragen der Ver z. B. in der Vergangenheit bei der Übersendung der Jahresprämienrechnung nach der Änderung von Risiken gestellt hat. Es kann sich — je nach der Fassung des Haftpflichtvsvertrages — der Erwerb eines neuen Mietgrundstücks für den Vmer als neues Risiko im Sinne des § 2 AHB (so Oberbach VersR 1950 S. 139) oder als eine Erweiterung im Sinne des § 1 Ziff. 2b AHB darstellen (wenn es nämlich z. B. im Grundvertrage heißt, daß der gesamte Grundbesitz des Vmers vert sei und daß die Prämie jährlich anhand der Mieteinnahmen ermittelt werde).

Als nicht maßgebend kann es angesehen werden, ob im Antrag für ein bestimmtes Risiko Prämie vorgesehen ist (ebenso Mankowski Wasserhaushaltsgesetz S. 46). Wird für den Einschluß eines Risikos nach den Vertragsbestimmungen keine erhöhte Prämie verlangt, so kann zwar regelmäßig angenommen werden, daß es sich lediglich um eine Erhöhung oder Erweiterung und nicht um ein neues Risiko handelt; umgekehrt ist aber der Schluß nicht zwingend (a. M. Oberbach a. a. O. S. 140 für das Hinzutreten von Hauptrisiken), es kann auch hier lediglich ein Fall des § 1 Ziff. 2b AHB vorliegen.

Nach dem Gesagten kann Hannak a. a. O. S. 211 nicht darin beigepflichtet werden, daß die Auslegung der Worte „Risikoerhöhung“ und „neues Risiko“ ausschließlich der Prämientechnik zu folgen habe. Eine derartige Handhabung ist zwar, was gern eingeräumt wird, „ganz einfach“, aber mit den ansonsten geltenden Auslegungsgrundsätzen, die abstellen auf den Standpunkt eines vernünftigen Erklärungsempfängers, nicht vereinbar. Das von Hannak a. a. O. angeführte Beispiel eines Einbaues eines Fahrstuhls in ein Altersheim oder Krankenhaus ist demgemäß einheitlich dahin zu entscheiden, daß es sich lediglich um eine Gefahrveränderung im Sinne des § 1 Ziff. 2b AHB handelt (es sei denn, daß sich eine ausdrückliche gegenteilige Bestimmung im Haftpflichtvsvertrag findet).

[G 118] ee) Einzelfälle.

aaa) Erhöhungen.

Alles, was sonst unter den Begriff der erheblichen Gefahrerhöhung fällt, ist hier vert (von den ausdrücklich aufgeführten Ausnahmen und der begrifflichen Abgrenzung zur

Erweiterung des Risikos abgesehen). Zahlreiche Beispiele lassen sich denken. Eine vte Gefahrerhöhung ist danach gegeben, wenn ungeübte Arbeitskräfte dauernd an gefährlichen Maschinen beschäftigt werden (OLG Hamm 2. XII. 1960 VersR 1962 S. 415). Gleiches gilt, wenn ständig Sicherheitsvorschriften mißachtet oder Sicherheitsanlagen von gefährlichen Maschinen entfernt werden.

Ist der Vmer gegen die gesetzliche Haftpflicht für die Beschädigung einer von ihm gemieteten Lagerhalle (unter Abänderung von § 4 I Ziff. 6a AHB) vert, so fällt die durch die wesentliche Erhöhung des Umfangs der eingelagerten explosiven Stoffe herbeigeführte Gefahrerhöhung unter § 1 Ziff. 2b AHB (BGH 20. XI. 1958 VA 1959 S. 80 Nr. 222 = VersR 1959 S. 14). Obwohl hier eine quantitative Veränderung vorliegt, wird man den Vorgang nicht begrifflich unter die Erweiterung des vten Risikos subsumieren dürfen, da der Vertrag allein auf das Risiko der Beschädigung der gemieteten Sache abstellte. Vgl. auch den vom OLG Hamm 15. VI. 1953 VA 1953 S. 269 Nr. 55 entschiedenen Fall, in dem ein Unternehmen, das sich mit der Herstellung chemischer Erzeugnisse befaßte, dazu überging, in erheblich größerem Maße als z. Zt. des Vertragsabschlusses explosive Stoffe zu verarbeiten; hier zeigt sich wieder, daß quantitative und qualitative Veränderung zusammenfallen.

Als Gefahrerhöhung ist vom OLG Köln 28. XII. 1912 VA 1912 Anh. S. 107—108 Nr. 694 zutreffend die gesetzliche Verschärfung der Haftungsbestimmungen (Einführung der Gefährdungshaftung für Kraftfahrzeughalter) angesehen worden. Derartige Änderungen des Risikos werden jetzt ebenfalls durch § 1 Ziff. 2b AHB als Erhöhungen des vten Risikos erfaßt, soweit nicht zum Vertrage eine abweichende Bestimmung vereinbart ist (vgl. VA 1956 S. 195).

[G 119] bbb) Erweiterungen.

Immer dann, wenn sich die Zahl der durch den Vsvertrag bereits vten gleichartigen Risiken vermehrt, liegt im Prinzip eine Erweiterung des vten Risikos vor. Ein Vmer, der zu Beginn des Vertrages Vsschutz für 3 Pferde begehrt, hat auch dann Vsschutz, wenn er später zwei Pferde dazu kauft (unrichtig Hagen ZVersWiss 1910 S. 476—477, der den Fall der Vorsorgev zuordnet; vgl. im übrigen auch RG 3. XII. 1909 VA 1910 Anh. S. 29—30 Nr. 510, das mangels einer § 1 Ziff. 2b AHB entsprechenden Bestimmung den Deckungsschutz versagte). Auszugehen ist bei der Entscheidung des Einzelfalles von der Beschreibung des Risikos im Vsvertrage. Ist dort vereinbart, daß der Geschäftsbetrieb des Vmers mit allen Nebenbetrieben gegen die gesetzliche Haftpflicht vert sei, dann ist jede Ausdehnung dieses Geschäftsbetriebes, die sich mit den gleichen Artikeln oder artverwandten Produkten befaßt, als Erweiterung des vten Risikos anzusehen. Das gilt auch dann, wenn die Erweiterung auf einem anderen Grundstück oder an einem anderen Ort als dem bisherigen Sitz des Vmers vollzogen wird. Unrichtig OLG Hamm 27. IV. 1933 VA 1933 S. 351—353 Nr. 3589, das die Ausdehnung des Betriebes eines Schmiede- und Schlossereibetriebes auf ein 100 m entferntes Grundstück nicht als Erweiterung, sondern als neues Risiko nach § 2 AHB angesehen hat,

Eröffnet ein haftpflichtvter Gastwirt im Zusammenhang mit seiner Gastwirtschaft eine Kegelbahn, so liegt kein der Vorsorgev unterfallendes Risiko vor (a. M. Matt NeumannsZ 1934 S. 487), sondern eine (prämienpflichtige) Erweiterung nach § 1 Ziff. 2b AHB.

Nimmt ein Vmer dagegen einen ganz anders gearteten Produktionszweig auf, so liegt eine neues Risiko im Sinne des § 1 Ziff. 2c AHB vor, so z. B., wenn eine Maschinenfabrik eine Werft aufbaut. Geht ein Unternehmer, der als Inhaber eines Tüncher- und Verputzgeschäftes vert ist, dazu über, in Wiederholungsabsicht Gerüste zu vermieten, so liegt ein neues Risiko im Sinne der Vorsorgev und keine Erweiterung nach § 1 Ziff. 2b AHB vor. Handelt es sich dagegen darum, daß von diesem Vmer ausnahmsweise ein Gerüst für Montagezwecke vermietet wird (wobei bei dem Aufbau des Gerüstes auch noch davon ausgegangen wurde, daß dieses auch für Malerarbeiten des Vmers verwendet werden sollte) so ist zu Recht eine durch § 1 Ziff. 2b AHB gedeckte Erweiterung des vten Risikos angenommen worden (RG 21. II. 1941 JRPV 1941 S. 61 bis 62 = ÖffrV 1941 S. 136—137). Die Entscheidung zeigt, daß nach Treu und Glauben ganz auf die besonderen Umstände des Einzelfalles abzustellen ist. Als Auslegungsgrundsatz ist dem Urteil zu entnehmen, daß einmalige Änderungen der Gefahrenlage regelmäßig den Erweiterungen oder Erhöhungen des vten Risikos im Sinne des § 1 Ziff. 2b AHB zuzurechnen sind; der Begriff des inneren Zusammenhangs ist hier weiter aufzufassen als bei dauernden Veränderungen.

Diesem Grundsatz folgt OLG Nürnberg 20. XII. 1956 VA 1957 S. 135—137 Nr. 163 = VersR 1957 S. 501 (nur L. S.), das bei einem als Hochbauunternehmen vten Betrieb (in Übereinstimmung mit der im Prozeß eingeholten [im Rechtssinne natürlich unverbindlichen] Auskunft des BAA) vorübergehende Abbrucharbeiten, die im Zusammenhang mit einer Hochbauarbeit standen, nach § 1 Ziff. 2b AHB für gedeckt hielt (übrigens als „Erhöhung" und nicht als „Erweiterung", ohne aber diese Begriffe voneinander abzugrenzen, was mit Rücksicht auf die in § 1 Ziff. 2b erfolgte Gleichbehandlung beider Fallgruppen auch nicht erforderlich war). Zutreffend wird vom OLG Celle 16. III. 1953 VersR 1953 S. 181—182 (ablehnend dazu Wussow[5] Anm. 101 zu § 1 AHB, S. 192 und Höring a. a. O. S. 252—253) angenommen, daß es eine Erweiterung (oder Erhöhung) des vten Risikos darstelle, wenn der Vmer, der als Besitzer eines Grundstücks haftpflichtvert war, in diesem Grundstück zwei Zimmer vermiete. Daß hier überhaupt eine beachtliche Änderung des vten Risikos vorlag, hat das genannte Gericht treffend aus der Gestaltung des Vsantrages geschlossen. Dort war nämlich die Frage gestellt, ob Teile des Hauses abvermietet seien.

Zu beachten ist, daß die Fassungen der Erläuterungen zum primären Umfang des Vsschutzes häufig wechseln. So hieß es früher in den Erläuterungen zur Privathaftpflichtv (vgl. Prölss[16] S. 686), daß für den Vmer Haftpflichtvsschutz als Inhaber einer Wohnung und in bezug auf ein allein vom Vmer bewohntes Einfamilienhaus bestehe, sofern die Wohnung oder das Einfamilienhaus zu keinen anderen als zu Wohnzwecken verwendet werden. Im Anschluß daran wurde bestimmt, daß die Haftpflicht aus der Vermietung von Zimmern und sonstigen Räumen ausgeschlossen sei. Diese Erläuterungen zeichneten sich nicht durch besondere Klarheit aus. Sicher war jedenfalls gemeint, daß nicht nur alleinlebenden Junggesellen für Wohnung und Haus Vsschutz geboten werden soll, sondern daß auch der Vmer „allein" wohnt, der mit seiner zahlreichen Familie ein Einfamilienhaus bevölkert. Heimbücher (VW 1964 S. 868) erörtert die Frage, wie sich der Vsschutz gestaltet, wenn der Vmer ein Zimmer seines Hauses vermietet und das dem Ver nicht anzeigt. Heimbücher a. a. O. vertritt den Standpunkt, daß es sich hier um ein „neues Risiko" im Sinne der Vorsorgev handle. Diese Ausführungen überzeugen indessen nicht. Es erscheint als sachgerechter, § 1 Ziff. 2b AHB anzuwenden. Andernfalls würden die Vsbedingungen zur Fallgrube für den Vmer werden.

Die in den „Erläuterungen" jetzt übliche Fassung ist klarer. Es wird dort weggelassen, daß der Vmer „allein" das Haus bewohnen müsse. Diese Änderung hat jedoch nur klarstellende Bedeutung, da auch nach der alten Fassung ein „Alleinbewohnen" vorlag, wenn es sich um eine Großfamilie des Vmers handelte (übrigens auch, wenn der Vmer mit seiner Geliebten oder Verlobten zusammenlebte). Darüber hinaus ist jetzt auch die Vermietung von Wohnräumen miterfaßt und lediglich vorgesehen, daß für die Vermietung von mehr als zwei Wohnräumen ein Prämienzuschlag zu zahlen ist.

Eine Erweiterung des vten Risikos ist auch in folgenden von Höring a. a. O. S. 252 gebildeten Beispielsfällen, die er zu Unrecht als neues Risiko der Vorsorgev zurechnet, gegeben: „Ein Sägewerksbesitzer erwirbt eine fahrbare Motorsäge. — Ein Fabrikbetrieb übernimmt ein Anschlußgleis."

Das von Höring a. a. O. weiter für die Vorsorgev angeführte Beispiel, daß sich nämlich ein Obstgroßhändler zu Geschäftszwecken Pferd und Wagen anschaffe, scheint im ersten Augenblick ebenfalls der Erweiterung des vten Händlerbetriebs im Sinne des § 1 Ziff. 2b AHB zuzurechnen zu sein. Ein innerer Zusammenhang mit dem vten Betriebe ist sicher gegeben. Es darf hier aber nicht außer acht gelassen werden, daß das Tierhalterrisiko üblicherweise als etwas Besonderes angesehen wird und daß sich das für den Vmer auch aus der ihm vorgelegten Antragsfassung ergeben kann.

Betreibt ein Vmer zwei Lichtspielunternehmen und wird ihm dafür durch einen einheitlichen Vsvertrag Vsschutz geboten, so liegt in dem Erwerb eines weiteren Kinos eine Erweiterung des Unternehmens. Zu eng ist dagegen die Auffassung von Oberbach I S. 147—148, daß eine Erweiterung nur vorliege, wenn das Kino durch Umbau erweitert oder der Personalbestand vermehrt werde (ebenso aber Wussow[5] Anm. 24 zu § 2 AHB, S. 236—237). Nicht anders ist zu entscheiden, wenn der Vmer ursprünglich nur ein Kino betrieb und dann ein neues dazu erwirbt. Es kann sich allerdings u. U. im Einzelfalle aus der Ausgestaltung des Vertrages ergeben, daß die Parteien den Betrieb eines weiteren Kinos als neues Risiko ansehen wollten. Als Grundsatz ist aber von einer Erweiterung des Unternehmens und nicht von einem neuen Risiko auszugehen.

Nach der Konstruktion des § 1 Ziff. 2b AHB steht es (anders als bei der Vorsorgev) nicht im Ermessen des Vmers, ob er Prämie für die ipso iure erfaßten Erweiterungen (oder Erhöhungen) des vten Risikos zahlen will. Zwischen den Parteien des Vsvertrages werden gelegentlich abweichende Vereinbarungen getroffen; so im Falle OLG München 19. II. 1960 VersR 1960 S. 1156, wo der Vmer es abgelehnt hatte, für einen später erworbenen Hund Prämie zu zahlen. Nachdem mit dem Einverständnis des Vers der neu erworbene Hund aus dem Deckungsbereich der Haftpflichtv ausgeschieden war, durfte aber entgegen der Auffassung des OLG München a. a. O. ohne einen entsprechenden Vertragsakt nicht nach dem Tode des ersten Hundes die Deckung für durch den zweiten Hund angerichtete Schäden bejaht werden (vgl. die zutreffenden Bemerkungen von Schmalzl VersR 1962 S. 54 und Anm. G 109).

[G 120] ff) Ausnahmen.

aaa) Ausschluß des Kfz-Risikos und anderer Fahrrisiken.

Ausgeschlossen sind von der Rechtswohltat des § 1 Ziff. 2b AHB Erhöhungen und Erweiterungen des vten Risikos, die in dem Halten und Führen von Luft-, Kraft- oder Wasserfahrzeugen (abgesehen von Ruderbooten) bestehen. Dieser Vorschrift kommt im Prinzip lediglich klarstellende Bedeutung zu. Denn durch die „große" oder „kleine" Kfz-Ausschlußklausel (vgl. dazu Anm. G 262—270) wird erreicht, daß dieses Risiko von vornherein in dem durch die Klauseln bestimmten Umfang aus dem Vsschutz ausscheidet. Anders war die Sachlage augenscheinlich im Falle RG 7. X. 1938 RGZ Bd 158 S. 189—192; nach dem a. a. O. wiedergegebenen Sachverhalt fehlte es jedenfalls an einer derartigen Ausschlußklausel, so daß der Vsschutz dort allein anhand des § 1 Ziff. 2b AHB bestimmt werden mußte (so auch in folgenden Fällen: LG Essen 13. X. 1950 VersR 1951 S. 11 mit Anm. von Bischoff a. a. O., LG Stade 21. XII. 1955 VersR 1956 S. 345). Heute sind § 1 Ziff. 2b wie auch § 2 Ziff. 3d AHB dagegen nur noch als Spiegelbilder der jeweils vereinbarten Kfz-Ausschlußklausel aufzufassen. Das gleiche gilt nach den Antragsformularen für die ebenfalls erwähnte Haftung als Halter oder Fahrer von Luft- oder Wasserfahrzeugen. Es leuchtet ein, daß die durch Ausschlußbestimmungen ausdrücklich ausgenommenen Haftpflichtgefahren nicht über den Umweg des § 1 Ziff. 2b AHB oder über die Vorsorgev wieder vom Vsschutz erfaßt werden.

Entsprechend diesem klarstellenden Sinne des Nachsatzes zu § 1 Ziff. 2b AHB ist dieser dann einschränkend auszulegen, wenn durch den Ausgangsvertrag für eines dieser Risiken abweichend von den üblichen Grundsätzen Deckung gewährt wird. Ist z. B. das Haftpflichtrisiko aus dem Halten nicht zugelassener, allein auf dem Betriebsgelände eingesetzter Lastkraftwagen mitvert, so sind später hinzukommende Risiken dieser Art (weitere Kraftfahrzeuge) als Erweiterungen nach § 1 Ziff. 2b AHB vert (a. M. OLG Kassel 16. II. 1954 VersR 1954 S. 362, Hartung Haftpflichtv S. 55, Oberbach I S. 147, Wussow[5] Anm. 29 zu § 2 AHB, S. 241).

Gegen diese einschränkende Auslegung könnte allerdings ins Feld geführt werden, daß die in § 1 Ziff. 2b AHB statuierte Ausnahme begrifflich gerade nur dann Anwendung finden könne, wenn vom Vmer bereits Kraftfahrzeuge gegen Haftpflicht vert seien. Dieses Argument ist aber nicht durchschlagend. Wie bereits ausgeführt, wollten die Verfasser der AHB in erster Linie klarstellen, daß das einer Sonderhaftpflichtv unterliegende Kraftfahrzeug-Haftpflichtrisiko grundsätzlich nicht über die Allgemeine Haftpflichtv erfaßt werde. Da keine begriffliche Klarheit herrschte (RG 7. I. 1910 JW 1910 S. 245 bis 246 hatte z. B. das erstmalige Inbetriebnehmen eines Automobilkrankenwagens im Rahmen einer Betriebshaftpflichtv nicht als „neues Risiko", sondern als gedeckte Gefahrerhöhung angesehen), wurde vorsorglich auch in § 1 Ziff. 2b AHB der Ausschluß vermerkt. Das ändert aber nichts daran, daß bei einer auf den Gesamtzusammenhang abstellenden Auslegung des Grundvertrages die für ganz andere Fälle gedachte Ausschlußklausel nicht angewendet werden darf. In diesem Sinne vorbildlich: LG Nürnberg-Fürth 7. II. 1956 VA 1956 S. 90—91 Nr. 138 mit ablehnender Anm. von Böhme VersR 1956 S. 498—499; zustimmend in anderem Zusammenhang Ruhkopf VersR 1962 S. 301, der dort in Anm. 38 auf ein unveröffentlichtes Urteil des LG Bamberg 11. XII. 1959 (2 O. 83/59) verweist, das im gleichen Sinne entschieden haben soll.

Der Ausschluß des Kfz-Risikos wird bei dieser Auslegung auch nicht bedeutungslos. Vielmehr beziehen sich die oben gemachten Ausführungen nur auf den Fall, daß der Vmer weitere Risiken der vten Art erwirbt. Dagegen bleibt bestehen, daß nach § 1 Ziff. 2b AHB „Erhöhungen" der ausnahmsweise über die Betriebshaftpflichtv gedeckten Kfz-Risiken nicht vom Vsschutz erfaßt werden. Das bedeutet, daß auch im Rahmen der Betriebshaftpflichtv das ständige Fahren mit abgenutzten Reifen oder defekten Bremsen eine nicht vte Gefahrerhöhung darstellen kann. Keineswegs darf allerdings die V derartiger Kfz-Risiken im Rahmen der Allgemeinen Haftpflichtv in dem Sinne ausgelegt werden, daß für derartige Fahrzeuge beim Befahren öffentlicher Straßen über § 1 Ziff. 2b AHB oder über § 2 AHB Deckung gewährt werde; denn darauf wollte der Ver erkennbar für den Vmer den Vsschutz nicht erstrecken.

Nr. 2 der „Besonderen" Bedingungen (VA 1969 S. 14) kommt demgemäß nach der hier vertretenen Auffassung teils deklaratorische, teils konstitutive Bedeutung zu (letzteres in bezug auf die qualitative Veränderung der Gefahrenlage). Es ist anzunehmen, daß sich diese klarstellende und ergänzende Sonderregelung durchsetzen wird (vgl. Manitz VersPrax 1968 S. 10). Warum allerdings eine behördliche Fahrerlaubnis für einen Fahrer eines nicht zulassungs- und nicht versicherungspflichtigen Kraftwagens auch dann verlangt wird, wenn sie nach öffentlichem Recht nicht erforderlich ist, ist nicht recht einzusehen.

[G 121] bbb) Gesetzliche Verschärfung der Haftpflichtnormen.

Ausgeschlossen sind von der Anwendung des § 1 Ziff. 2b AHB ferner Erhöhungen der übernommenen Gefahr, die durch Änderung bestehender oder Erlaß neuer Rechtsnormen eintreten. Dieser vom BAA genehmigte Zusatz zu den AHB (vgl. VA 1956 S. 195) gilt natürlich nur, soweit er in den Verträgen verankert worden ist. Hier finden die §§ 27—29 nach ausdrücklicher Vorschrift Anwendung. Der Ver wird also nur leistungsfrei, wenn er den gesamten Vertrag binnen Monatsfrist nach § 27 I kündigt, wozu er sich nur sehr schwer entschließen wird. Dieser Fragenkreis wurde bedeutsam, als durch § 22 des Wasserhaushaltsgesetzes vom 27. VII. 1957 (BGBl. I S. 1107—1118) die Haftung für die Beschädigung von Gewässern wesentlich verschärft wurde (vgl. dazu die Ausführungen von Schwarz VW 1961 S. 259—260, der allerdings mit der h. A. von der unzutreffenden Vorstellung ausgeht, daß die Beschädigung von Wasser keinen Sachschaden im Sinne des § 1 AHB darstelle; vgl. dazu Anm. G 73). In § 1 IV AHBStr (VA 1965 S. 70—74) ist dagegen eine für den Ver günstigere Regelung gewählt worden, die ihm die Möglichkeit gewähren soll, für die von dem Vmer „nicht veranlaßte Gefahrerhöhung" durch Gesetzesänderung keinen Vsschutz zu gewähren, ohne daß er gezwungen ist, den Vertrag im ganzen aufzukündigen. Nach § 34a sind aber die Vorschriften der §§ 16 bis 29a zugunsten des Vmers zwingend, so daß die getroffene Regelung in § 1 IV AHBStr wegen Verstoßes gegen § 28 II bedenklich und teilweise unbeachtlich ist.

[G 122] ccc) Ablehnung einer analogen Anwendung der Ausschlußtatbestände des § 2 AHB auf § 1 Ziff. 2b AHB.

In § 2 AHB sind über die in § 1 Ziff. 2b AHB festgelegten Ausnahmen hinaus weitere Sachverhalte von dem Deckungsbereich der Vorsorgev ausgeschlossen. Eine entsprechende Anwendung auf unter § 1 Ziff. 2b AHB fallende Erhöhungen und Erweiterungen des vten Risikos ist wegen der eindeutigen Begrenzung auf die Vorsorgev nicht möglich (BGH 20. XI. 1958 VA 1959 S. 80 Nr. 222 = VersR 1959 S. 14).

Demgemäß ist es im Rahmen des § 1 Ziff. 2b AHB grundsätzlich unbeachtlich, ob der Vmer bei der Erweiterung seines Betriebes die in § 2 Ziff. 3c AHB vorausgesetzte behördliche Erlaubnis hat oder nicht (BGH 20. XI. 1958 a. a. O., OLG Hamm 15. VI. 1953 VA 1953 S. 270 Nr. 55, vgl. aber auch RG 9. VII. 1920 RGZ Bd 100 S. 29—31, das — ohne eine entsprechende Ausschlußbestimmung, allein gestützt auf Treu und Glauben — die Anwendung der Vorsorgev auf eine nicht behördlich genehmigte Fabrikation von explosiblen Stoffen ablehnte). Dem BGH 20. XI. 1958 a. a. O. ist mit Rücksicht auf die abgrenzende Differenzierung zwischen § 1 Ziff. 2b AHB und § 2 Ziff. 3c AHB zuzustimmen. Doch wäre trotz der veränderten Bedingungsfassung eine Auseinandersetzung mit den von Treu und Glauben getragenen Ausführungen in RG 9. VII. 1920 a. a. O. wünschenswert gewesen.

d) Versicherungsschutz für neue Risiken (Vorsorgeversicherung im Sinne des § 2 AHB).

Gliederung:

[G 123] Schrifttum:

Hagen ZVersWiss 1910 S. 472—478 (grundlegend); ferner: Boettinger VersR 1950 S. 11—13, Eberhardt ZfV 1958 S. 743—744, Frick VersR 1952 S. 337—338, Garbe VersR 1954 S. 159—160, Gruse VersPrax 1958 S. 49—53, Heimbücher VW 1967 S. 344 bis 345, Kreuzhage Kernfragen S. 16—19, Kühfuß NeumannsZ 1933 S. 974—975, NeumannsZ 1935 S. 493—496, Manitz VersPrax 1968 S. 8—11, Matt NeumannsZ 1934 S. 486—488, NeumannsZ 1936 S. 462—464, Oberbach I S. 124—129, Wussow[5] Anm. 1—29 zu § 2 AHB, S. 214—242; weitere Schrifttumsnachweise in Anm. G 113.

[G 124] aa) Bedeutung.

Eine eigenartige Besonderheit der Allgemeinen Haftpflichtv stellt die in § 1 Ziff. 2c in Verbindung mit § 2 AHB getroffene Regelung dar, durch die eine Vorsorge zugunsten des Vmers getroffen wird. § 2 AHB bestimmt, daß neue Risiken, von wenigen speziell aufgeführten Tatbeständen abgesehen, bereits mit ihrer Entstehung in den materiellen Vsschutz einbezogen sind. Diese Vertragsgestaltung bedeutet eine Pioniertat im Vsrecht. Der Vsschutz ist hier für den Vmer wesentlich zu seinen Gunsten abweichend vom Gesetz gestaltet. Vgl. zur Einführung dieser Institution in die allgemeinen Vsbedingungen die grundlegenden Bemerkungen von Hagen ZVersWiss 1910 S. 472–478.

[G 125] bb) Konstruktion.

Es handelt sich nicht um den Abschluß eines neuen Vertrages, sondern um die Ausfüllung des bestehenden Haftpflichtvsvertrages (Formulierung von Hagen a. a. O. S. 474, ebenso u. a. Oberbach I S. 126, Wussow[5] Anm. 1 zu § 2 AHB, S. 214–215). Die Vorsorgev ist keine Rückwärtsv; vielmehr umfaßt schon der ursprüngliche Vertragsschluß auch das später neu entstehende Risiko; das Nichtzustandekommen der nachträglichen Prämienvereinbarung (Unterfall: Nichtanzeige des Risikos) ist als auflösende Bedingung der (antizipiert vereinbarten) Vorsorgev anzusehen (Möller in Bruck-Möller Anm. 19 zu § 2).

Prölss[17] Anm. 1 zu § 2 AHB, S. 659 (ebenso Wehn Grundlagen C 1 S. 33) formuliert sinngemäß dahin, daß es sich um einen in mehrfacher Beziehung bedingten Vsvertrag handele, der dem Vertrag über das vorhandene Risiko angehängt sei. Diese Definition beachtet aber nicht genügend, daß nach der vertraglichen Ausgestaltung der Vorsorgev in den AHB nur ein einheitlicher Vsvertrag angenommen werden kann, der vereinbarungsgemäß auch neue Risiken erfaßt. Allerdings darf der Ausgangspunkt der Definition, daß nämlich ein einheitlicher Vsvertrag vorliege, nicht daran hindern, den Wegfall des Vsschutzes bei mangelnder Anzeige oder beim Scheitern der Prämienverhandlungen unter Umständen nach den Grundsätzen über den Abschluß von Vsverträgen zu behandeln. Maßgebend muß hier wie sonst die Interessenlage sein; demgemäß sind z. B. auf die Angaben in der Anzeige nach § 2 Ziff. 1 S. 2 AHB die Vorschriften über die vorvertragliche Anzeigelast gemäß §§ 16–22 anwendbar (vgl. dazu Anm. G 139).

Der Vsschutz für das neue Risiko ist mit dem Schicksal des Ursprungsvertrages verknüpft. Bestand bei Eintritt des neuen Risikos für den Ausgangsvertrag kein Vsschutz, so z. B. weil die Frist des § 39 fruchtlos abgelaufen war, so besteht auch für das neue Risiko keine Deckung (Oberbach I S. 126; Prölss[17] Anm. 1 zu § 2 AHB, S. 659; Wehn Grundlagen C 1 S. 34).

Wird dann der Vsschutz wiederhergestellt, so beginnt er gleichzeitig auch für das neue Risiko. Das gilt auch dann, wenn zum Ausgangsvertrag ausnahmsweise mit Rücksicht auf § 38 materiell noch gar kein Vsschutz bestanden hat, sofern nur das neue Risiko nach Abschluß des Ursprungsvertrages entstanden ist. Maßgebend ist also der formelle Vsbeginn. Ist der Hauptvertrag im gegenseitigen Einverständnis aufgehoben, so fehlt es für eine Anwendung der Vorsorgev auf neue Risiken an einer entsprechenden Grundlage. Das gleiche gilt in dem von Oberbach I S. 127 gebildeten Beispielsfall, daß der Vmer zunächst seinen Betrieb mit den in § 151 II vorgesehenen Folgen veräußert und dann einen neuen Betrieb übernimmt. Anders ist aber der Vorgang zu beurteilen, wenn der Vmer kurz vor der Veräußerung seines Betriebes oder auch gleichzeitig damit ein anderes Unternehmen übernimmt. Hier schützt ihn die Vorsorgev. Es liegt dann der eigenartige Fall vor, daß Vsschutz im Rahmen der Vorsorgev besteht, obwohl der Grundvertrag später auf einen Dritten übergegangen ist. Das Ergebnis steht mit dem Sinn der getroffenen Regelung durchaus im Einklang.

Aus der Einheit des Vertrages folgt, daß auf die für das neue Risiko zu entrichtende Prämie nicht § 38, sondern § 39 Anwendung findet (Frick VersR 1952 S. 337, Garbe VersR 1954 S. 159, Hannak a. a. O. S. 212, Möller in Bruck-Möller Anm. 31 zu § 35, Oberbach I S. 126, Grundlagen B 3 S. 5, Wehn Grundlagen C 1 S. 33–34, Wussow[5] Anm. 3 zu § 2 AHB, S. 217–218, a. M. von Gierke II S. 309, Prölss[17] Anm. 1 zu § 2 AHB, S. 660).

[G 126] cc) Anwendungsbereich.

aaa) Zum Begriff „Neues Risiko".

Zur Begriffsbestimmung und Abgrenzung zu den „Erhöhungen" und „Erweiterungen" des vten Risikos wird zunächst verwiesen auf Anm. G 117. Es sei hier wiederholt, daß die von Prölss[17] Anm. 1 zu § 2 AHB, S. 659 zur Begriffserläuterung geprägte Formel, daß ein neues Risiko dann gegeben sei, wenn kein innerer Zusammenhang mit dem ursprünglich vten Risiko bestehe und eine andere Position des Prämientarifs eingreife, nicht uneingeschränkt gebilligt werden kann. Stichhaltig für jeden Sachverhalt ist in dieser Charakteristik nur die Kennzeichnung des neuen Risikos als ein solches, dem es am inneren Zusammenhang mit dem ursprünglich vten fehlt. Dem Zusatz, daß dieses Risiko auch unter eine andere Position des Prämientarifs fallen müsse, kann in dieser Allgemeinheit nicht zugestimmt werden; es fehlt an einer entsprechenden Verankerung im Vertragsrecht. Der Tarif kann daher ebenso wie die von Höring VersR 1953 S. 252—253 zitierte Geschäftspolitik des betreffenden Vers nur ein Anhaltspunkt sein, eine Faustregel, die für viele Fälle zutrifft. Es kommt maßgebend auf die Vertragsgestaltung im Einzelfall an. Vor allem ist zu bedenken, daß der Zusatz „das neue Risiko müsse unter eine andere Position des Prämientarifs fallen" zu dem Fehlschluß verführen kann, daß immer dann, wenn eine Änderung in den Verhältnissen des Vmers erfolgt, die unter eine gesonderte Tarifposition fällt, auch ein neues Risiko vorliege. Vgl. Anm. G 117 zu der Frage, daß dem Tarif des Vers grundsätzlich nur dann Bedeutung im Rechtsverhältnis zwischen Ver und Vmer zukommt, wenn eine derartige Vereinbarung im Vsvertrag getroffen worden ist.

[G 127] bbb) Abgrenzungsschwierigkeiten.

Unter einem „neuen" Risiko ist ein solches zu verstehen, das erst nach Vertragsabschluß entstanden ist. Ein Risiko, das bei Vertragsabschluß schon existierte, fällt nicht unter die Vorsorgev. Das gilt auch dann, wenn dieses Risiko z. Zt. des Vertragsabschlusses nur im ganz geringen Maße vorhanden war (BGH 20. XI. 1958 VA 1959 S. 80 Nr. 222 = VersR 1959 S. 14).

Wer bereits bei Abschluß des Vertrages über die V seiner privaten Haftpflicht einen Hund besaß, dessen V aber ablehnte, kann gewiß nicht später für einen durch diesen Hund angerichteten Schaden im Rahmen der Vorsorgev Vsschutz begehren. Erwirbt er einen zweiten Hund, so ist es eine Frage der individuellen Auslegung, ob mit dem Verzicht auf den Haftpflichtvsschutz für einen bestimmten bei Vertragsabschluß vorhandenen Hund auch auf den Vorsorgevsschutz für künftig zu erwerbende Hunde verzichtet werden sollte. Das ist regelmäßig zu bejahen, wenn sich nicht aus den Einzelumständen etwas anderes ergibt. So ist denkbar, daß der Vmer dem Ver bei Abschluß des Vertrages schreibt, daß er für seinen Schoßhund keinen Haftpflichtvsschutz benötige, daß ihm ein Vsschutz nur etwa für einen Schäferhund erforderlich erscheine. Wird dieser Vmer später Halter eines derartigen Schäferhundes, so ist von der Anwendung der Vorsorgev auszugehen.

Kein neues Risiko im Sinne des § 2 AHB ist gegeben, wenn der Vmer als Grundstückseigentümer vert war und sein Haus zerstört wird; hier liegt vielmehr lediglich eine Gefahrminderung vor, die prämienmäßig im Rahmen des § 8 II AHB zu berücksichtigen ist, bei der aber uneingeschränkte Vsdeckung besteht (BGH 24. I. 1951 NJW 1951 S. 314—316 = VersR 1951 S. 76—77). Die von Oberbach VersR 1951 S. 77—79 und Wussow[5] Anm. 26 zu § 8 AHB, S. 501 dagegen vertretene Auffassung, daß es sich in einem derartigen Falle bei dem Trümmergrundstück um ein „neues Risiko" handle, das besonders zu vern sei, zeigt deutlich, wie verfehlt es ist, allein auf den Tarif des Vers zur Abgrenzung des Begriffs des neuen Risikos abzustellen. Bemerkenswert ist, daß Prölss (NJW 1951 S. 314, Prölss[17] Anm. 3 zu § 8 AHB, S. 696), von dem doch die Verknüpfung des Begriffs des neuen Risikos mit dem Tarif stammt, der (nach Lage des Falles allerdings aus anderen Gründen nicht recht überzeugenden) Entscheidung in dem hier erörterten Punkte zustimmt (vgl. auch die Anm. von Wehn zu OLG Hamm 9. III. 1950 VersR 1950 S. 85—86 [Vorinstanz]). Eine andere Auffassung läßt sich mit guten Gründen auch nicht vertreten; denn wenn Erhöhungen und Erweiterungen des vten Risikos nach

§ 1 Ziff, 2b AHB gedeckt sein sollen, so ergibt der Sinn der auf lückenlosen Vsschutz zielenden Regelung, daß ein gleiches bei Gefahrminderungen der geschilderten Art gewollt ist.

Die Prüfung der Frage, ob es sich wirklich um ein „neues" Risiko handelt, ist oft nicht einfach. Matt Haftpflichtvstechnik S. 54—55 vertritt zu Recht die Auffassung, daß ein Landwirt, der — um die Prämie niedrig zu halten — es verneine, daß seine in den Vsschutz einbezogenen Pferde auch andere als landwirtschaftliche Fuhren durchführten, dann keine Deckung in der Vorsorgev für derartige Fuhren genieße, wenn diese Angaben unrichtig waren. Ergänzend ist von dem hier vertretenen Standpunkt aus zu bemerken, daß auch § 1 Ziff. 2b AHB keine Anwendung findet, da es sich um keine Gefahrveränderung handelt, sondern um ein von Anfang an vorhandenes Risiko, das nicht mitvert worden ist. Hingegen kann Matt a. a. O. nicht darin beigepflichtet werden, daß die bereits bei Vertragsabschluß gegebene hohe Möglichkeit der Entstehung eines bestimmten Risikos grundsätzlich die Vorsorgev ausschließe (in dem geschilderten Beispiel ist im übrigen zu beachten, daß — wenn der Antrag keinen abweichenden Hinweis enthält — nicht § 2, sondern § 1 Ziff. 2b AHB anzuwenden ist).

Ähnliches gilt in dem von Matt NeumannsZ 1934 S. 487 erörterten Fall, daß es ein Gastwirt ablehne, das Abhandenkommen der von ihm verwahrten Sachen seiner Gäste zu vern. Trifft die von dem Vmer ursprünglich gegebene Begründung zu, daß er es stets abgelehnt habe, solche Sachen zu verwahren, so liegt bei einer Änderung dieser Praxis, die etwa äußerlich durch Einrichtung einer bewachten Garderobe dokumentiert wird, eine dann von § 1 Ziff. 2b AHB (also nicht § 2 AHB) erfaßte Erweiterung vor.

Gewährt der Ver schließlich für ein bestimmtes Risiko, z. B. das Bauherrnrisiko, Vsschutz ohne besonderen Prämienzuschlag bis zu einer bestimmten Bausumme, so ist der Vertrag regelmäßig dahin auszulegen, daß für die diese Bausummen überschreitenden Arbeiten nach § 1 Ziff. 2b AHB bereits als Erweiterung des vten Risikos Vsschutz (gegen Prämienzahlung) gewährt wird (a. M. Matt a. a. O. S. 55, der hier im Gegensatz zu Oberbach I S. 128—129 nicht einmal die Vorsorgev eingreifen lassen will). Das bedarf keiner näheren Erläuterung, soweit die Parteien bereits die Prämie im Haftpflichtvsvertrag festgelegt haben, muß aber auch dann gelten, wenn das nicht geschehen ist, da ein derartiger Vertragswille regelmäßig als gegeben unterstellt werden darf. Etwas anderes kann sich aber natürlich aus den Umständen des Einzelfalles ergeben,

In der Vspraxis findet sich hier auch häufig die ergänzende Bemerkung, daß bei Überschreitung der (ohne Zuschlag eingeschlossenen) Bausumme die Bestimmungen über die Vorsorgev Anwendung finden. Eine solche ausdrückliche Vereinbarung geht der hier vertretenen Auslegung vor.

[G 128] ccc) Spezielle Bedeutung des Grundvertrages.

Obwohl die Vorsorgev geschaffen worden ist, um dem die Haftpflichtvstechnik beherrschenden Grundsatz der Spezialität zugunsten des Vmers entgegenzuwirken (vgl. die Ausführungen von Hagen ZVersWiss 1910 S. 472—474 zur allgemeinen Einführung der Vorsorgev) ist zu beachten, daß dieser Grundsatz der Spezialität in modifizierter Form auch für die Vorsorgev gilt. Wer privathaftpflichtvert ist und zur Zeit des Abschlusses der Privathaftpflichtv keinen Beruf ausübte, später aber einen Betrieb als selbständiger Gewerbetreibender übernimmt, kann sich nicht für diesen Gewerbebetrieb auf die Bestimmungen der Vorsorgev berufen (a. M. Kreuzhage a. a. O. S. 18, der die Auffassung vertritt, daß ein Vmer, der eine Hauseigentümerhaftpflichtv abgeschlossen habe und nunmehr einen großen Gewerbebetrieb aufmache, im Rahmen der in der Grundstückseigentümerhaftpflichtv vorgesehenen Deckung nach § 2 AHB für den Gewerbebetrieb Vsschutz genieße). Vielmehr greift die Privathaftpflichtv auch mit ihrer Vorsorgev nicht in den Bereich der Betriebshaftpflichtv ein, wohl aber erstreckt sie sich nach ihrem erkennbaren Zweck auf nur tarifmäßig besonders ausgegliederte Risiken, die herkömmlicherweise der privaten Sphäre zugerechnet werden, wie z. B. grundsätzlich der Besitz eines Miethauses.

Umgekehrt läßt sich das Beispiel kaum bilden; denn wenn ein Einzelunternehmer eine Betriebshaftpflichtv abschließt, es aber unterläßt, eine Privathaftpflichtv abzuschließen, so fehlt es schon an dem für die Anwendung der Vorsorgev erforderlichen neuen Risiko (Wehn Grundlagen C 1 S. 34). Es ist aber zu betonen, daß die Vorsorgev sich dann auch nicht etwa auf neue Risiken der Privatsphäre erstreckt.

Über die Einwirkung des Grundvertrages auf den Umfang des durch die Vorsorgev gewährten Vsschutzes vgl. die Ausführungen in Anm. G 132.

[G 129] ddd) Versicherungsfähigkeit des Risikos.

Von Prölss[17] Anm. 1 zu § 2 AHB, S. 659 und Wussow[5] Anm. 19 zu § 2 AHB, S. 233 bis 234 wird betont, daß der Vorsorgevsschutz nur dann eingreife, wenn es sich um ein vsfähiges Risiko handle. Zur Abgrenzung dieses Begriffs stellt Wussow a. a. O. auf die allgemeine Praxis der deutschen Ver ab. Ähnlich Prölss a. a. O., der es für maßgeblich hält, ob das Risiko nach der Übung im Vsgewerbe für sich allein vsfähig sei oder nicht. Eine derartige ungeschriebene Einschränkung ist abzulehnen. Eine auf Treu und Glauben abstellende Auslegung wird anhand des Grundvertrages und der dazu vereinbarten Bedingungen allen Anforderungen der Vspraxis gerecht, Das schließt allerdings ein, daß vom Ver unter Umständen auch im Rahmen der Vorsorgev Deckung für unerwünschte oder anomale Risiken gewährt wird (vgl. dazu auch Anm. G 138).

[G 130] eee) Einschluß vorübergehender Risiken.

Ein neues Risiko im Sinne der Vorsorgev kann auch dann vorliegen, wenn es sich nicht um einen Dauerzustand, sondern um eine vorübergehende Situation handelt (Boettinger VersR 1950 S. 42, Kühfuß NeumannsZ 1935 S. 493). Die Argumentation der Vertreter der gegenteiligen Auffassung (Matt Haftpflichtvstechnik S. 54, derselbe NeumannsZ 1934 S. 487, 1936 S. 463, Prölss[17] Anm. 1 zu § 2 AHB, S. 659, Wussow[5] Anm. 17 zu § 2 AHB, S. 230—232 und neuerdings — wenn auch nur obiter dictum — OLG Schleswig 4. VII. 1967 VersR 1968 S. 337—338, daß andernfalls derartige kurzfristige Risiken stets nur gemeldet würden, wenn ein Schaden eingetreten sei, vermag nicht zu überzeugen. Derartige Überlegungen mögen Anlaß zu einer Änderung des Bedingungstextes geben (so zutreffend Wussow a. a. O.). Mit Rücksicht darauf aber, daß nach dem eindeutigen Wortlaut von § 2 AHB (und § 1 Ziff. 2c AHB) neue Risiken schlechthin erfaßt werden, ist eine derartige Auslegung des Begriffs „neues Risiko" im Sinne der Vorsorgevsbestimmung, die gewissermaßen nur auf den ungetreuen Vmer abstellt, abzulehnen. Eine Besonderheit für vorübergehende Zustände ist nur insoweit anzuerkennen, als hier in einem weiteren Umfange ein „innerer Zusammenhang" mit dem ursprünglich vten Risiko im Sinne des § 1 Ziff. 2b AHB angenommen werden darf (vgl. dazu RG 21. II. 1941 JRPV 1941 S. 61—62 = ÖffrV 1941 S. 136—137 und Anm. G 119). Daß die hier vertretene Auffassung auch dem Willen der Bedingungsschöpfer entspricht, zeigt der Bericht von Boettinger a. a. O. über die Verhandlungen über eine Neufassung der Bedingungen zur Vorsorgev. Danach ist es von der Bedingungskommission der HUK-Ver mit großer Mehrheit abgelehnt worden, kurzfristige Risiken auszunehmen, um die Vorsorgev nicht zu entwerten. Es ist also ein Irrtum von Wussow a. a. O. anzunehmen, daß die Praxis die Bestimmungen nicht in dem hier vertretenen Sinne auslege; demgemäß sind auch — soweit ersichtlich — mit Ausnahme des nicht recht überzeugenden OLG Schleswig 4. VII. 1967 a. a. O. — keine Entscheidungen veröffentlicht worden, in denen Deckungsablehnungen mit der Begründung ausgesprochen wurden, daß vorübergehende Risiken nicht in den Bereich der Vorsorgev fallen. Vgl. in diesem Zusammenhang auch KG 18. VI. 1915 VA 1915 Anh. S. 86—87 Nr. 901, das zu einer damals zur Unfallv vereinbarten (in den wesentlichen Punkten gleichlautenden) Vorsorgev zutreffend folgendes bemerkt: „Tatsächlich wird auch ein Unfall, den ein Vter, der ein einziges Mal ein Automobil lenkt, bei diesem Lenken erleidet, stets unter die Vorsorgev fallen, da eine Verletzung der Anzeigepflicht in einem solchen Falle gar nicht denkbar ist."

Zu Recht weist im übrigen Boettinger a. a. O. darauf hin, daß ein Regulativ für die Belastung mit zu hohen Gefahren durch die niedrigen Deckungssummen gegeben sei. Schließlich bietet der Bedingungswortlaut auch keinen Ansatzpunkt für die von Oberbach I S. 138, Grundlagen B 3 S. 5 eingenommene vermittelnde Haltung. Er unterscheidet zwischen Risiken, die normalerweise von längerer Dauer sind, im konkreten Falle aber nur kurzfristig, und solchen, die üblicherweise von vorübergehender Art sind (letztere sollen unter die Vorsorgev fallen, erstere nicht).

[G 131] fff) „Doppelte" Vorsorgeversicherung.

Heimbücher VW 1967 S. 344—345 erörtert die Frage, ob ein Vmer, der zwei Haftpflichtvsverträge bei zwei Vern abgeschlossen hat, die Vorsorgev beider Ver für ein neues Risiko in Anspruch nehmen könne. Gedacht sei z. B. daran, daß der Vmer A, der in Hamburg eine Werft und im Ruhrgebiet ein Bergwerk betreibt, für die zwei Vsverträge bei zwei Vern bestehen, nunmehr in Bayern eine Fabrik zur Bierherstellung betreibt. Zutreffend kommt Heimbücher a. a. O. zu dem Ergebnis, daß der Vmer im Prinzip berechtigt sei, beide Haftpflichtver zum Abschluß heranzuziehen. Diese Frage hat für den Vmer dann besondere Bedeutung, wenn bereits ein Schaden eingetreten ist, der die relativ niedrigen Deckungssummen der Vorsorgev (vgl. § 2 Ziff. 2 AHB) überschreitet.

Heimbücher a. a. O. ist dagegen für den Fall, daß im geschilderten Beispiel für die ersten beiden Risiken bei einem Ver zwei Haftpflichtvsverträge bestehen, der Auffassung, daß der Vmer nur einmal die Vorsorgesbestimmungen beider Verträge in Anspruch nehmen könne. Das ist richtig. Die interessengemäße Auslegung ergibt, daß der Ver für den Vmer erkennbar hier nur zweimal eine Erklärung gleichen Inhalts abgegeben hat, ohne dabei aber eine Verdoppelung der Wirkung zu beabsichtigen. Für den Vmer kann das „Bestehen" des „doppelten" Vorsorgevsschutzes aber auch hier bedeutsam werden, wenn nämlich für den einen Vertrag z. B. nach § 39 kein Vsschutz mehr gegeben ist, wohl aber Deckung für die zweite Police besteht.

[G 132] ggg) Primärer Umfang des Vorsorgeversicherungsschutzes.

Der Umfang des Vsschutzes für das neue Risiko richtet sich in erster Linie nach den im Ursprungsvertrage vereinbarten Bedingungen. Die dort festgelegten Ausschlüsse gelten grundsätzlich auch für das neue Risiko. Verfehlt: OLG Düsseldorf 30. IV. 1925 JRPV 1925 S. 333—334, das diese Zusammenhänge nicht erkennt; zutreffend dagegen OLG Düsseldorf 12. II. 1963 VersR 1964 S. 669—670, das einem gegen die Haftpflichtgefahren aus Tiefbauarbeiten vten Bauunternehmer den Deckungsschutz für Abbrucharbeiten im Rahmen der Vorsorgev mit Rücksicht auf eine zum Vertrage vereinbarte Ausschlußklausel (ausgenommen waren Haftpflichtansprüche aus Anlaß von Einreißarbeiten an Bauwerken mit Seilen) versagte. Richtig auch OLG Schleswig 4. VII. 1967 VersR 1968 S. 338 mit der Annahme, daß die vereinbarte Kfz-Ausschlußklausel den Bestimmungen über die Vorsorgev vorgehe, vgl. auch Anm. G 137. Vgl. ferner RG 20. XII. 1912 VA 1913 Anh. S. 71—72 Nr. 745, das für den sachlich gleich gelagerten Fall einer Erhöhung oder Erweiterung des vten Risikos die Anwendbarkeit einer § 1 Ziff. 2b AHB entsprechenden Bestimmung wegen einer im Grundvertrage vereinbarten Ausschlußklausel verneinte.

Bestehen allerdings bei dem Ver für das neue Risiko Allgemeine Vsbedingungen, so gelten diese für das neue Risiko auch dann, wenn sie im alten Vertrag nicht erwähnt und dem Vmer auch ansonsten unbekannt sind. Nur eine derartige Auslegung wird dem wohlverstandenen Interesse beider Vertragspartner gerecht und grenzt angemessen das von dem Ver durch die Vorsorgev übernommene erhebliche Risiko ein. Ist es aber möglich, für das neue Risiko einzelne Ausschlußbestimmungen des Grundvertrages oder der für das neue Risiko nach dem Gesagten geltenden Allgemeinen Bedingungen nach der Geschäftspraxis des betreffenden Vers gegen Zuschlagprämie abzubedingen, so schließt der Vorsorgevsschutz dieses Risiko auch insoweit ein (Matt Haftpflichtvstechnik S. 56 bis 57). Beispiel: Der Vmer, der in seiner Eigenschaft als Fabrikant der eisenschaffenden Industrie vert ist, erwirbt ein Hotel. Im Rahmen der dafür in Betracht kommenden Haftpflichtv wird abweichend von § 1 Ziff. 3 AHB Vsschutz für das Abhandenkommen von Sachen gewährt. Andernfalls wäre mit Rücksicht auf die scharfe Haftung nach § 701 BGB auch die V für diesen speziellen Berufszweig wertlos. Da sich diese Erweiterung bereits aus den üblicherweise für solche Betriebe verwendeten Zusatzbedingungen ergibt, ist der Anspruch aus § 701 BGB im Rahmen der hier erörterten Vorsorgev ohne weiteres gedeckt. Darüber hinaus ist es aber möglich, abweichend auch von § 4 I Ziff. 6a AHB solche Schadenersatzansprüche gegen Prämienzuschlag zu vern, die wegen des Abhandenkommens anvertrauter Sachen im Sinne des § 702 II BGB erhoben werden. Die Vorsorgev erstreckt sich auch auf dieses Risiko (a. M. Oberbach I S. 128). Für weitere Beispiele vgl. die Ausführungen von Matt Haftpflichtvstechnik a. a. O.

Die durch § 2 Ziff. 2 AHB verankerte Beschränkung des Vsschutzes für die Vorsorgev auf die verhältnismäßig geringen Deckungssummen von DM 50000,— für Personenschäden und DM 5000,— für Sachschäden wird in der Betriebshaftpflichtv weitgehend durch Sonderklauseln, die eine Gleichstellung mit den Deckungssummen des Grundvertrages vorsehen, beseitigt. Unbillige Konsequenzen sind daraus nicht bekannt geworden. Es wäre daher zu überlegen, die AHB in diesem Punkte für alle Vmer zu verbessern (so Wehn Grundlagen C 1 S. 36). Vgl. auch § 2 Ziff. 2 der AHB des Haftpflichtverbandes der deutschen Industrie VVaG, in dem die hier geforderte Verbesserung des Vsschutzes bereits enthalten ist.

[G 183] hhh) Von der Vorsorgeversicherung ausgenommene Risiken.

α) Grundsätzliches.

Der einleitende Satz „Der Vsschutz erstreckt sich nicht auf die Gefahren, welche verbunden sind . . . . ." wird gelegentlich zur Begründung dafür gebraucht, daß für ein von Anfang an beim Vmer befindliches Risiko kein Vsschutz bestehe. Das ist ein Mißverständnis. Der zitierte Satz bezieht sich erkennbar nicht auf den Risikobereich des Grundvertrages, sondern allein auf den der Vorsorgev. Der Umfang des primär für den Ursprungsvertrag gewährten Vsschutzes ist daher niemals aus § 2 AHB, sondern vielmehr grundsätzlich allein anhand der im Vsschein gemachten Angaben, der beigefügten Erläuterungen und der Antragsbestimmungen sowie natürlich der Bedingungen abzugrenzen. Die genaue Analyse der zitierten Vertragsunterlagen zeigt, daß die hier behandelte Bestimmung des § 2 Ziff. 3 AHB weitgehend deklaratorischen Charakter hat. Es ergibt sich bereits aus den Bestimmungen des Grundvertrages, daß auch ohne Festlegung des Ausschlusses der in § 2 Ziff. 3 AHB erwähnten Risiken für diese im Rahmen der Vorsorgev keine Deckung bestünde. Auf die Ausführungen in Anm. G 120 über die entsprechende Ausnahmeregelung in § 1 Ziff. 2b AHB wird verwiesen.

Ergänzend sei bemerkt, daß Ausgangspunkt einer sachgerechten Abgrenzung des Vsschutzes in der Vorsorgev die Überlegung sein muß, daß im Rahmen der Vorsorgev nicht vert sein soll, was von den Parteien ausdrücklich bei Abschluß des Vsvertrages vom Vsschutz ausgeschlossen worden ist. Deswegen wird grundsätzlich niemals ein Risiko durch die Vorsorgev erfaßt, das in den Erläuterungen zum Vertrage oder in den AHB ausdrücklich ausgeschlossen worden ist. Das gleiche gilt, wenn der Vmer im Antrag darauf hingewiesen wird, daß die V eines bestimmten Haftpflichtrisikos, z. B. die Haftpflicht aus der Verwendung eines Kranes, eine besondere Zuschlagprämie erfordere und er darauf erklärt, seine Drehkräne sollten nicht mitvert werden. Wird eine derartige Erklärung abgegeben, so fallen neuerworbene Kräne auch nicht unter den Vsschutz des Vertrages.

Beachtet werden muß von dieser Grunderkenntnis aus, daß eine Formulierung in den Vertragserläuterungen, die den Vsschutz ursprünglich weiter einschränkt, als dies in der hier behandelten Vorschrift des § 2 Ziff. 3 AHB der Fall ist, bewirkt, daß auch im Rahmen der Vorsorgev die schärfere Eingrenzung maßgebend ist. Wenn also z. B. in den Erläuterungen zur Betriebshaftpflichtv die große Kfz-Ausschlußklausel verankert ist, so wäre es sinnwidrig, über § 2 Ziff. 3d AHB für künftig entstehende Risiken dieser Art mit Rücksicht auf die im Vergleich zur großen Kfz-Haftpflichtausschlußklausel schwächere Formulierung der zitierten Bestimmung des § 2 Ziff. 3d AHB einen besseren Vsschutz im Rahmen der Vorsorgev, etwa nach Maßgabe der kleinen Kfz-Ausschlußklausel, anzunehmen. Andererseits versteht es sich, daß die Erläuterungen als Bestandteil des Grundvertrages die in den AHB verankerten Bestimmungen auch dann abändern, wenn sie dem Vmer im Grundvertrage günstigeren Vsschutz gewähren. Demgemäß ist der Ausschluß des Vsschutzes in der Vorsorgev durch § 2 Ziff. 3a AHB für Haftpflichtansprüche aus dem Besitz, Betriebe oder Lenken von Wasserfahrzeugen aller Art (abgesehen von Ruderbooten) insoweit bedeutungslos, als sich z. B. aus den Erläuterungen zur Privathaftpflichtv ergibt, daß grundsätzlich Deckung für Haftpflichtansprüche aus der Benutzung von nicht motorgetriebenen Wasserfahrzeugen aller Art besteht, sofern sie dem Vmer nicht gehören. Es besteht also nach dem Ursprungsvertrage sowohl für einen durch ein z. Zt. des Beginns des materiellen Vsschutzes gemietetes Boot als auch für durch ein später geliehenes oder gemietetes Tretboot angerichteten Schaden Vsschutz. Die Ausschlußbestimmung der Vorsorgev grieft insoweit nicht ein.

Wie zu § 1 Ziff. 2b AHB (Erhöhungen und Erweiterungen) ist auch hier zu betonen, daß grundsätzlich dadurch, daß für ein bestimmtes Risiko, das nach § 2 Ziff. 3 AHB nicht unter den Deckungsbereich der Vorsorgev fallen würde, von Anfang an Vsschutz gewährt wird, die Ausschlußbestimmungen des § 2 Ziff. 3 AHB für „neue Risiken" dieser Art stillschweigend abbedungen sind. Die Bedeutung dieser Aussage ist allerdings deshalb nicht so groß, weil in derartigen Fällen nach der hier vertretenen Auffassung grundsätzlich kein „neues Risiko", sondern die Erweiterung eines bestehenden Risikos anzunehmen ist. Schließlich kann sich daraus, daß der Ver sich zu Beginn der Vertragszeit bereit erklärt, für bestimmte Risiken Vsschutz zu gewähren (z. B. durch eine entsprechende Frage im Antragsformular) eine Abänderung des Umfanges der Vorsorgev in dem Sinne ergeben, daß bestimmte Ausschlußtatbestände in der Vorsorgev abbedungen sind, wenn es nur deshalb nicht zum Einschluß gekommen ist, weil bei dem Vmer solche Risiken bei Vertragsabschluß nicht gegeben waren. In diesem Sinne hat LG Nürnberg-Fürth 7. II. 1956 VA 1956 S. 90—91 Nr. 138 selbstfahrende Arbeitsmaschinen der Vorsorgev zugeordnet und die Anwendung des Ausnahmetatbestandes des Haltens von Kraftfahrzeugen (§ 2 Ziff. 3d AHB) abgelehnt (vgl. auch Matt VersPrax 1968 S. 10 darüber, daß diese Auffassung sich jetzt auch in den Tarifwerken der Haftpflichtver durchgesetzt habe).

[G 184] β) Einzelheiten zu § 2 Ziff. 3 AHB.

αα) Ausschluß nach § 2 Ziff. 3a AHB.

Nach § 2 Ziff. 3a AHB sind der Besitz und der Betrieb von Bahnen, von Theatern, Kino und Filmunternehmungen, Zirkussen und Tribünen von der Vorsorgev ausgenommen. Mit Ausnahme des Begriffs „Bahnen" und des Ausdrucks „Filmunternehmungen" sind die verwendeten Begriffe im Sprachgebrauch verhältnismäßig eindeutig festgelegt, so daß es einer näheren Erläuterung nicht bedarf. Streitigkeiten über die Auslegung dieser Begriffsmerkmale sind bisher auch nicht bekannt geworden.

Unter „Bahnen" sind in Erweiterung des § 1 RHG nicht nur schienengebundene Fahrzeuge, sondern maschinengetriebene Beförderungsmittel mit Bahncharakter aller Art zu verstehen, also auch Seilbahnen und Sessellifte (so Wussow[5] Anm. 22 zu § 2 AHB, S. 235; anders wohl Oberbach I S. 146—147, der nur von schienengebundenen Fahrzeugen spricht). Eine Bahn in diesem Sinne liegt darüber hinaus auch dann vor, wenn sie nicht maschinen-, sondern handgetrieben wird (Oberbach I S. 147, Wussow a. a. O.).

Unter Filmunternehmungen sind Betriebe der Filmbranche zu verstehen. Es wird also durch § 2 Ziff. 3a AHB nicht etwa jede Filmvorführung ausgeschlossen. Wenn ein Vmer, der privathaftpflichtvert ist, sich daher eine Kamera anschafft und seinen Gästen einen Urlaubsfilm vorspielt, so greift § 2 Ziff. 3a AHB nicht ein (es handelt sich allerdings auch nicht um ein der Vorsorgev unterfallendes Risiko, vielmehr ergibt die Durchsicht der Antragserläuterungen, daß für ein derartiges Risiko von Anfang an Vsschutz geboten wird). Die Unternehmen der Filmbranche sind wiederum, wie auch die anderen ausgeschlossenen Risiken, nicht nur hinsichtlich des als besonders gefährlich angesehenen Risikos ausgeschlossen (Brandgefahr), sondern in allen Lebensäußerungen, auch soweit es sich allein um den kaufmännischen Betrieb handelt (Wussow a. a. O.).

Wird bereits durch den Grundvertrag Vsschutz für den Betrieb mehrerer Lichtspieltheater gewährt, so fällt der weitere Erwerb eines solchen Unternehmens unter die Erweiterungen des vten Risikos im Sinne des § 1 Ziff. 2b AHB (a. M. Oberbach I S. 147 bis 148, Wussow[5] Anm. 24 zu § 2 AHB, S. 236—237). Sofern sich aber ausnahmsweise aus den besonderen Umständen des Einzelfalles ergibt, daß die Parteien den weiteren Erwerb eines derartigen Kinos nicht als Erweiterung des haftpflichtvten Unternehmens, sondern als neues Risiko gewertet wissen wollten, so findet auf dieses neue Risiko der Ausschlußtatbestand des § 2 Ziff. 3a AHB entgegen dem Wortlaut dieser Bestimmung keine Anwendung. Nach ihrem erkennbaren Sinngehalt soll der Ver nur dann geschützt werden, wenn er nach Lage der Dinge nicht damit zu rechnen brauchte, daß sich der Vmer mit derart gefährlichen Risiken befaßt. Die gegenteilige Auffassung (Oberbach a. a. O. und Wussow a. a. O.) stimmt im übrigen auch nicht mit der Handhabung in der Vspraxis überein. Werden dort nämlich im Grundvertrag Risiken der in § 2 Ziff. 3a AHB für die Vorsorgev ausgeschlossenen Art vert, so werden zugleich, wenn für weitere Risiken dieser Art der Vsschutz nach § 1 Ziff. 2b AHB (oder nach § 2 AHB) nicht gelten soll, die genannten Vorschriften ausdrücklich abbedungen.

Der weiter in § 2 Ziff. 3a AHB behandelte Ausschluß von Luft- oder Wasserfahrzeugen aller Art stimmt im wesentlichen mit § 1 Ziff. 2b AHB überein. Demgemäß wird auf die Ausführungen in Anm. G 120 verwiesen.

[G 135] ββ) Ausschluß des Haftpflichtrisikos aus der Verwendung von Röntgenapparaten.

Dieser Ausschluß nach § 2 Ziff. 3b AHB a. F. hat nur noch Bedeutung für diejenigen Haftpflichtvsverträge, in denen nicht die vom BAA 1960 (VA 1960 S. 263–264) genehmigte Ausschlußklausel gemäß § 4 I Ziff. 7 AHB verankert ist. Soweit § 4 I Ziff. 7 AHB bereits gilt, ist nach der zutreffenden Auffassung des BAA § 2 Ziff. 3b AHB a. F. zu streichen. Die Vorschrift ist deshalb auch nicht mit abgedruckt. Hier zeigt sich, daß vom BAA heute zutreffend der logische Zusammenhang zwischen der Grunddeckung und den Ausschlußbestimmungen einerseits und den Bestimmungen über die Erhöhung oder Erweiterung des vten Risikos und über die Vorsorgev andererseits klar erkannt wird. Es wäre zu begrüßen, wenn eine ähnliche Bereinigung der AHB mit Rücksicht auf die zur Allgemeinen Haftpflichtv vereinbarten Kfz-Ausschlußklauseln erfolgen würde.

[G 136] γγ) Ausschluß des Haftpflichtrisikos bezüglich explosibler Stoffe.

Durch § 2 Ziff. 3b AHB sind alle Arten der Benutzung oder des Umgangs mit explosiblen Stoffen vom Vorsorgevsschutz ausgeschlossen, soweit eine behördliche Genehmigung erforderlich ist. Die Ver ließen sich bei der Fassung der Bedingungen von der verständigen Überlegung leiten, daß durch das Erfordernis des Vorliegens einer behördlichen Genehmigung eine klare Abgrenzung geschaffen werde. Die ursprünglich geplante engere Fassung des Ausschlußtatbestandes, nämlich eine Beschränkung auf Explosivstoffe, ist vom RAA mit Rücksicht auf eine als ganz erheblich angesehene Gefahr, die von den Vern im Rahmen der Vorsorgev nicht ohne weiteres übernommen werden sollte, abgelehnt worden (VA 1921 S. 117).

Bemerkenswert ist es, daß vom RG 9. VII. 1920 RGZ Bd 100 S. 29–31 der Vorsorgevsschutz einem Vmer, der zur Fabrikation und zum Handel mit Explosivstoffen ohne die erforderliche behördliche Genehmigung überging, versagt wurde. Eine derartige Einschränkung auf einen „behördlich genehmigten Betrieb" fand sich in den damals der Beurteilung zugrunde zu legenden Vertragsbestimmungen über die Vorsorgev nicht. Das RG gewann das Ergebnis aus Treu und Glauben. Vgl. in diesem Zusammenhang auch die Bemerkungen in Anm. G 138.

Eine ins einzelne gehende Erläuterung und Abgrenzung der in § 2 Ziff. 3b AHB verwendeten Begriffe der Herstellung, der Bearbeitung, der Lagerung, der Beförderung, der Verwendung und des Handelns mit diesen gefährlichen Stoffen erscheint als entbehrlich. Die genaue Überlegung ergibt, daß praktisch jedes menschliche Tun im Zusammenhang mit derartigen explosiblen Stoffen, soweit eine behördliche Genehmigung erforderlich ist, von der Vorsorgedeckung ausgenommen ist. Zutreffend bemerkt im übrigen Wussow [5]Anm. 27 zu § 2 AHB, S. 239, daß es nicht darauf ankomme, ob der Schaden selbst auf die ursprüngliche, für den Ausschlußtatbestand maßgebliche Überlegung des Ausscheidens des gefährlichen Risikos zurückzuführen sei. Auch wenn keine Explosion erfolgt, greift der Ausschlußtatbestand ein, sofern es sich nur um eine adäquat-kausale Folge einer genehmigungspflichtigen Tätigkeit mit explosiblen Stoffen handelt. Für die Auslegung von § 2 Ziff. 3b AHB wird im übrigen ergänzend auf die Ausführungen zur „Explosionsklausel" in Anm. F 15—17 verwiesen. Bei der Verwertung der dort erörterten Entscheidungen sind allerdings die Unterschiede im Wortlaut der Bedingungsbestimmungen besonders zu berücksichtigen. So ist zu beachten, daß nur in der Explosionsklausel (nicht aber in § 2 Ziff. 3b AHB) die Frage eine Rolle spielt, ob die Stoffe „gemäß behördlicher Vorschrift" behandelt worden sind oder nicht (Wussow[5] Anm. 27 zu § 2 AHB, S. 239).

[G 187] ββ) Ausschluß des Kfz-Risikos.

Über den Zusammenhang zwischen der Grunddeckung und der zitierten Ausschlußbestimmung vgl. Anm. G 120 und vor allem die dort aufgeführte Entscheidung LG Nürnberg-Fürth 7. II. 1956 VA 1956 S. 90—91 Nr. 138. Nach der hier vertretenen Auffassung soll § 2 Ziff. 3c AHB für den speziellen Haftpflichtvsvertrag im Prinzip klarstellen, daß in dem gleichen Umfange wie für den Grundvertrag im Rahmen der Vorsorgev kein Vsschutz für das Kfz-Risiko geboten werde (ebenso OLG Schleswig 4. VII. 1967 VersR 1968 S. 338; vgl. auch Manitz VersPrax 1968 S. 10 und dazu Nr. 2 der „Besonderen" Bedingungen [VA 1969 S. 14]; ferner Anm. G 120 a. E.). Die Bestimmungen der großen oder kleinen Kfz-Ausschlußklausel sind also gedanklich in der jeweiligen zum Einzelvertrag vereinbarten Fassung auf § 2 Ziff. 3c AHB zu übertragen. § 2 Ziff. 3c AHB erhält dadurch einen variablen Inhalt (als Spiegelbild des Grundvertrages). Es erscheint daher als sachgemäß, für Einzelheiten über die in § 2 Ziff. 3c AHB verwendeten Begriffe auf die Ausführungen in den Bemerkungen zu den zitierten Kfz-Ausschlußklauseln zu verweisen (vgl. Anm. G 262—270).

[G 188] γ) Ungeschriebene Ausnahmen von der Vorsorgeversicherung.

Es bleibt zu prüfen, ob über die in § 2 Ziff. 3 AHB festgelegten Ausschlüsse hinaus weitere Risiken stillschweigend vom Vsschutz ausgenommen sind. Zur Vermeidung von Mißverständnissen sei betont, daß es sich hier nicht um die Frage handelt, daß sich aus einem Ausschlußtatbestand des Grundvertrages ergibt, daß für derartige „neue" Risiken auch im Rahmen der Vorsorgev (oder nach § 1 Ziff. 2b AHB) keine Deckung besteht. Diese Einwirkung des Grundvertrages ist immer gegeben und grenzt die Geltung der Vorsorgev ohnedies ab. Es wird aber darüber hinaus die Meinung vertreten, daß sog. „anomale" Risiken nicht unter den Vsschutz fallen (Wehn Grundlagen C 1 S. 37, Oberbach I S. 149 Anm. 111). Diese Auffassung findet jedoch im Vertragsrecht keine Stütze. Eine derartige „Angstklausel" (Ausschluß der anomalen Schäden) darf daher auch nicht als stillschweigend vereinbart angesehen werden. Mit Boettinger VersR 1950 S. 42 ist vielmehr davon auszugehen, daß auch insoweit grundsätzlich Vsschutz gegeben ist (ebenso Matt Haftpflichtvstechnik S. 53). Das schließt allerdings nicht aus, daß im Einzelfall die Inanspruchnahme des Vers bei einem anomalen Risiko gegen Treu und Glauben verstoßen könnte. Es muß sich dann aber um Fälle eines Rechtsmißbrauchs im Sinne des § 242 BGB handeln. Die Ausführungen in RG 9. VII. 1920 RGZ Bd 100 S. 29—31 geben mit Rücksicht auf die verfeinerte Bedingungstechnik keinen Anhaltspunkt zur Lösung dieses Fragenkreises. Ausgangspunkt für einen derartigen Abgrenzungsversuch muß immer die Überlegung sein, daß der Ver bewußt dadurch ein „Risikogeschäft" eingegangen ist, daß er sich vertraglich zu umfassendem Vorsorgevsschutz für neue Risiken verpflichtet hat (unter ausdrücklicher Festlegung bestimmter Ausnahmen). Nur dann, wenn das Festhalten des Vers an diesem Leistungsversprechen entweder wegen eines besonders treulosen Verhaltens des Vmers als rechtsmißbräuchlich oder wegen überobligationsmäßiger Schwierigkeiten („Wegfall der Geschäftsgrundlage") als unzumutbar erscheint, darf entgegen der vertraglichen Ausgangssituation der Vsschutz (ganz oder teilweise) versagt werden (vgl. den dogmatisch interessanten Aufsatz von Esser VW 1958 Sonderbeilage zu Nr. 1, der sich eingehend mit dem neuen Kernenergiewagnis in der Sachv befaßt, ohne sich aber speziell zur Haftpflichtv und zu dem hier erörterten Fragenkreis zu äußern).

Nach dem Gesagten ist in Übereinstimmung mit Eberhardt ZfV 1958 S. 743—744 davon auszugehen, daß in der Vergangenheit über die Vorsorgev Vsschutz für das sog. Isotopen-Risiko geboten wurde (a. M. Gruse VersPrax 1958 S. 49—53); ein Problem, das heute teils durch § 4 I Ziff. 7 AHB und teils dadurch gegenstandslos geworden ist, daß besondere Haftpflichtvsverträge nach Maßgabe der AHBStr (VA 1965 S. 70—74) abgeschlossen worden sind.

[G 139] dd) Rückwirkender Wegfall des Vorsorgeversicherungsschutzes durch Nichtanzeige.

aaa) Rechtsnatur der Anzeige.

Nach § 2 Ziff. 1 AHB tritt der Vsschutz für das neue Risiko rückwirkend außer Kraft, wenn der Vmer es unterläßt, dem Ver binnen eines Monats nach Erhalt einer entsprechenden Aufforderung durch den Ver das neue Risiko anzuzeigen. Vom OLG Hamm 27. IV. 1933 VA 1933 S. 351—353 Nr. 2589 ist angenommen worden, daß es sich bei dieser Anzeige um eine Obliegenheit im Sinne des § 6 handle und daß daher eine unverschuldete Unterlassung dem Vmer nicht schade. Im Schrifttum wird dagegen betont, daß es sich nicht um eine Obliegenheit handle (Oberbach I S. 140, Grundlagen B 3 S. 5, Prölss[17] Anm. 1 zu § 2 AHB, S. 660, Wehn Grundlagen C 1 S. 35, Wussow[5] Anm. 6 zu § 2 AHB, S. 220; vgl. auch KG 18. VI. 1915 VA 1915 Anh. S. 86—87 Nr. 901, das sich im Sinne der Auffassung dieser Autoren — für eine zu einer Unfallv vereinbarte Vorsorgev —, ohne allerdings die hier erörterte Frage ausdrücklich zu behandeln, für die Versagung des Vsschutzes mit der Feststellung begnügte, daß das Risiko nicht angezeigt sei).

Anzeigen werden im Bereich des Vsrechts allerdings typischerweise den Obliegenheiten zugerechnet. Das kann aber für die Anzeige nach § 2 Ziff. 1 AHB nur im eingeschränkten Umfange gelten. Soweit es sich darum handelt, daß sich der Vmer binnen eines Monats nach Zugang der Aufforderung darüber zu erklären hat, ob er das neue Risiko vern wolle, handelt es sich nicht um eine Obliegenheit, sondern um die Frage, ob der Vmer von einer für ihn außergewöhnlich günstigen Ausgestaltung des Vsschutzes Gebrauch machen will oder nicht. Materiell ist die Aufforderung des Vers, etwaige neue Risiken anzuzeigen, dahin zu verstehen, daß der Ver auf die durch die Bedingungen bestehende „vorsorgliche Deckung" des neuen Risikos hinweist und eine Erklärung des Vmers darüber verlangt, ob diese „vorsorgliche Deckung" endgültig in den bestehenden Vertrag einbezogen werden soll. Es liegt in der Hand des Vmers, ob er sein Recht auf Erstreckung des Vsschutzes auf dieses Risiko wahren will oder nicht. Dieser Lebensvorgang ist seinem Wesenskern nach dem Problemkreis des Vertragsabschlusses zuzurechnen (§§ 145ff BGB), unbeschadet dessen, daß es sich um eine „Ausfüllung" eines bestehenden Vertrages handelt. Mit diesem Ergebnis steht es nur scheinbar im Widerspruch, daß nach richtiger Auffassung (so von Gierke II S. 309, Hagen ZVersWiss 1910 S. 475—477, Kühfuß NeumannsZ 1933 S. 974—975, Prölss[17] Anm. 1 zu § 2 AHB, S. 660, im Ergebnis auch Garbe VersR 1954 S. 159—160; a. M. Oberbach I S. 140 und Wussow[5] Anm. 9 zu § 2 AHB, S. 222) auf die Anzeige nach § 2 Ziff. 1 AHB und die in diesem Zusammenhang abgegebenen Erklärungen des Vmers die §§ 16—22 entsprechend angewendet werden. Der Vorgang ist genau so zu behandeln, als wenn ein Vmer bei Stellung eines Antrages auf Abschluß eines Vsvertrages über das Risiko unrichtige Angaben macht. Der Vmer ist nicht verpflichtet, einen Vsantrag zu stellen oder zu erklären, daß er die V der im Rahmen der Vorsorgev bereits gedeckten neuen Risiken endgültig im Rahmen des Grundvertrages wünsche; wenn er aber Erklärungen über das Risiko abgibt, so obliegt es ihm (im rechtstechnischen Sinne des Wortes), diese Angaben wahrheitsgemäß zu machen. Insoweit kann also durchaus von einem Doppelcharakter der Anzeige nach § 2 Ziff. 1 AHB gesprochen werden.

[G 140] bbb) Einzelheiten über Aufforderung und Anzeige nach § 2 Ziff. 1 AHB.

Die Aufforderung zur Anzeige muß so eindeutig abgefaßt sein, daß der Vmer klar erkennen kann, was gemeint ist. Eine Klausel etwa des Inhalts: „Alle Veränderungen und notwendigen Erweiterungen des Vsschutzes, bitte ich, mir mitzuteilen, damit Sie immer ausreichend vert sind" erscheint als nicht präzise genug. Beweispflichtig für den

Zugang der Aufforderung zur Anzeige ist der Ver. Der prima-facie-Beweis steht ihm dabei nach der Rechtsprechung des BGH auch dann nicht zur Seite, wenn er die Absendung der Aufforderung beweist (vgl. BGH 27. V. 1957 BGHZ Bd 24 S. 308—315, a. M. Möller in Bruck-Möller Anm. 7 zu § 10 und Anm. 25 zu § 39 m. w. N.). Steht der Zugang der Aufforderung fest und ist nur der Zeitpunkt des Eintreffens beim Vmer umstritten, so ist grundsätzlich von den Angaben des Vmers über den Zugang der Aufforderung auszugehen.

Sache des Vmers ist es zu beweisen, daß er die Anzeige innerhalb der in § 2 Ziff. 1 AHB aufgeführten Monatsfrist erstattet hat. Dabei genügt zur Wahrung der Frist nicht die Absendung der Anzeige. Vielmehr ist es — anders als z. B. bei den in § 153 für den Schadenfall genannten Anzeigeobliegenheiten — erforderlich, daß die Anzeige innerhalb der Monatsfrist dem Ver zugeht (Wussow[5] Anm. 10 zu § 2 AHB, S. 224). Aufforderung und Anzeige können formlos erfolgen. Wesentlich ist allein, wie der redliche Verkehr die Erklärungen wertet. Zeigt der Vmer z. B. einen Schadenfall bezüglich eines Ereignisses an, das in den Bereich der Vorsorgev fällt, so liegt in dieser Schadenanzeige zugleich die Anzeige eines neuen Risikos im Sinne des § 2 Ziff. 1 AHB. Klarer als durch das Begehren nach Vsschutz für einen eingetretenen Schadenfall kann der Vmer seinen Wunsch nach Beibehaltung der Vorsorgedeckung kaum ausdrücken.

[G 141] ccc) Anzeige nach § 2 Ziff. 1 AHB und Versicherungsfall.

Ergänzend heißt es in § 2 Ziff. 1 AHB für den Fall, daß ein Schadenfall (Vsfall) eintrete, bevor die Anzeige erstattet sei, der Vmer zu beweisen habe, daß das neue Risiko erst nach Abschluß der V und in einem Zeitpunkt eingetreten sei, in dem die Anzeigefrist noch nicht verstrichen war. Dafür, daß es sich um ein neues Risiko handelt, das der Vorsorgev zuzuordnen ist, ist der Vmer ohnedies beweispflichtig. Hingegen bedeutet der Satz, daß der Vmer beweisen müsse, daß der Schadenfall erst in einem Zeitpunkt eingetreten sei, in dem die Anzeigefrist nicht verstrichen war, eine Abänderung der dargestellten allgemeinen Grundsätze; denn darunter ist zu verstehen, daß dem Vmer auch der Beweis hinsichtlich des Beginns der Anzeigefrist aufgebürdet wird. Das ist nicht unbillig. Der Zugang der Aufforderung spielt sich im Lebensbereich des Vmers ab. Allerdings wird man für den Fall, daß zwischen den Parteien streitig ist, ob überhaupt aufgefordert worden ist, keine Beweislast des Vmers anzunehmen haben (vgl. Anm. G 140).

Maßgebend für den in § 2 Ziff. 1 AHB verwendeten Begriff Vsfall ist auch hier die in § 5 Ziff. 1 AHB gegebene Definition: also das Schadenereignis (vgl. dazu Anm. B 31).

Die Konstruktion der Vorsorgev bringt es mit sich, daß ein Vmer, der ein bestimmtes, der Vorsorgev unterfallendes neues Risiko, eigentlich nicht mitvern wollte, seine Meinung bei Eintritt eines Schadens ändern kann, wenn die Anzeigefrist noch nicht abgelaufen war. Darin liegt entgegen der Auffassung von Wussow[5] Anm. 15 zu § 2 AHB, S. 229 kein Verstoß gegen den Grundgedanken der Haftpflichtv, daß diese nur gegen ungewisse Ansprüche genommen werden dürfe; maßgebend ist vielmehr, daß bei Abschluß der V unter Einschluß der Vorsorgev der Eintritt eines Schadenfalles ungewiß war. Im übrigen ist zu beachten, daß dann, wenn der Vmer dem Ver inzwischen ausdrücklich mitgeteilt hatte, daß er ein bestimmtes neues Risiko nicht mitvern wolle, diese Erklärung den Vsschutz in der Vorsorgev aufhebt, so daß der Vmer nicht etwa innerhalb der Anzeigefrist, wenn ein Schaden eintritt, den Vsschutz durch eine „Gegenanzeige" wieder in Kraft setzen könnte. Allerdings sind auch hier die Regeln des bürgerlichen Rechts zu beachten, so daß eine wirksam nach § 119 BGB erklärte Anfechtung den alten Zustand wiederherstellt. Man denke etwa daran, daß der Vmer diktiert hat, daß ein bestimmtes neues Risiko eingeschlossen werden solle. Schreibt dann seine Sekretärin versehentlich das Gegenteil, so ist eine Anfechtung möglich. Wird der Fehler erst aus Anlaß eines Schadenfalles entdeckt, so bewirkt die Anfechtung, sofern die Monatsfrist des § 2 Ziff. 1 AHB noch nicht abgelaufen ist, daß der Vmer im Rahmen der Vorsorgev Vsschutz genießt. Die Äußerung des Vmers, er wolle ein bestimmtes Risiko nicht vern, bedarf nicht der Annahmeerklärung durch den Ver. Vielmehr ist dieser Willenserklärung nach der Konstruktion der Vorsorgev Gestaltungswirkung zuzusprechen.

[G 142] ee) Rückwirkender Wegfall des Vorsorgeversicherungsschutzes bei Nichteinigung über die Höhe der Prämie für das neue Risiko.

Nach der Anzeige des Risikos muß eine Vereinbarung über die Prämienhöhe getroffen werden. Kommt es nicht innerhalb der Monatsfrist nach Zugang der Anzeige zu einer Einigung darüber, so entfällt der Vsschutz rückwirkend. Das stellt nichts Unbilliges dar. Es ist vom Standpunkt der Entscheidungsfreiheit des Vmers, der im allgemeinen bei Abschluß des Vsvertrages die Bedeutung der Vorsorgev nicht erkennen wird, sogar zu begrüßen, daß ihm so die Möglichkeit einer anderweitigen Deckung des Risikos gegeben wird. Der Ver gewährt also in beispielhafter Ergänzung der gesetzlichen Regelung dem Vmer vom Beginn des neuen Risikos materiellen Vsschutz, läßt ihm aber die Freiheit, ob er zur angemessenen Prämie den Vsschutz behalten will.

Nach Treu und Glauben ist eine Verpflichtung des Vers anzunehmen, von dem Vmer keine höhere Prämie als die nach seinem augenblicklichen Tarif maßgebliche zu fordern. Ist der Haftpflichtvsvertrag des Vmers ursprünglich zu einem unter der Tarifprämie liegenden Beitrag abgeschlossen, so ist auch das zu berücksichtigen. Der Ver ist dann im Prinzip nach Treu und Glauben gehalten, nur eine im gleichen Verhältnis zu der Tarifprämie stehende Prämie zu verlangen.

Bei der Prämienforderung muß der Ver, weil er sich von vornherein zur Deckung neuer Risiken verpflichtet hat, in besonderem Maße den Grundsatz von Treu und Glauben berücksichtigen. Vert er das in Betracht kommende Risiko sonst grundsätzlich nicht, findet sich daher bei ihm auch keine Tarifprämie, so muß er doch als allgemeinen Maßstab die Tarifprämie anderer Ver, die für ein Risiko der betreffenden Art Vsschutz gewähren, beachten. Es stellt dabei keinen Verstoß gegen Treu und Glauben dar, wenn der Ver mit Rücksicht auf die Besonderheit des Falles einen angemessenen Wagniszuschlag verlangt. Eine überhöhte Prämienforderung kann aber nicht mit dem Argument des Vers gerechtfertigt werden, daß er sonst für derartige Risiken keinen Vsschutz biete (ebenso Wussow[5] Anm. 12 zu § 2 AHB, S. 226, a. M. Oberbach I S. 142); denn durch die Vereinbarung der Vorsorgev hat sich der Ver gerade dazu verpflichtet, auch derartige Risiken zu decken, so daß die gegenteilige Argumentation Rechte aus dem eigenen widerspruchsvollen Verhalten herleiten würde („venire contra factum proprium").

Keine Prämie steht dem Ver für die Zeit der Vorsorgedeckung selbst zu (Boettinger VersR 1951 S. 41, Wehn Grundlagen C 1 S. 35—36, a. M. Hannak VsRdschau 1952 S. 212, Matt Haftpflichtvstechnik S. 57, Oberbach Grundlagen B 3 S. 5). Der Vorsorgevsschutz wurde ursprünglich nur gegen Prämienzuschlag gewährt, ab 1921 aber „ohne weiteres" (vgl. den Geschäftsbericht des RAA für 1920 VA 1921 S. 117). Es hieße, diese Entwicklung zu ignorieren, wenn in den Fällen, in denen der Vsschutz endgültig gewährt wird, für die Zeit von der Entstehung des neuen Risikos bis zum Einschluß eine auf die niedrigere Deckungssumme der Vorsorgev abgestellte Prämie verlangt werden würde. Eine begriffliche Aufspaltung des Vorganges in eine prämienfreie Vorsorgev und ein darunter fallendes, aber prämienpflichtiges neues Risiko auch für die Zeit der Vorsorgedeckung erscheint als verfehlt. Die Haftung im Rahmen der Vorsorgedeckung ist danach bereits durch die Zahlung der Grundprämie des Ausgangsvertrages abgegolten. Deshalb ist es auch streng begrifflich nicht zutreffend, wenn Wehn a. a. O. und Herzfelder-Katsch S. 31 davon sprechen, daß die Vorsorgedeckung „unentgeltlich" gewährt werde (gemeint ist aber, daß keine Zuschlagprämie erhoben wird). Zu Unrecht beruft sich Oberbach für seine gegenteilige Auffassung auf Hagen II S. 278; dort heißt es allerdings, daß sich die V gegen besondere Prämie auch auf neue Risiken erstreckt; dabei ist aber, wie der Vergleich mit den früheren Ausführungen von Hagen in ZVersWiss 1910 S. 473 zeigt, die Änderung aus dem Jahre 1921 noch nicht berücksichtigt. Wird allerdings kraft Vereinbarung rückwirkend Vsschutz zu den vollen Vssummen des Vertrages geboten, so ist insoweit eine Prämienforderung gerechtfertigt. Dann liegt aber auch in Höhe der Differenz zwischen Vorsorgevssummen und den Vssummen des Ausgangsvertrages eine echte Rückwärtsv im Sinne des § 2 vor, für die entgegen der Annahme von Wehn (Grundlagen C 1 S. 37) die dort festgelegten Grundsätze gelten (vgl. allgemein zur Rückwärtsv: Möller in Bruck-Möller Anm. 23—32 zu § 2). Beträgt daher in einem solchen Falle der eingetretene Sachschaden, von dem wohl der Vmer nicht aber der Ver Kenntnis hat, z. B. DM 25000,–, so kann der Vmer gleichwohl nur zur Höhe von DM 5000,– (Vorsorgevssumme) Vsschutz begehren.

[G 143] ff) Haftung des Versicherers bei mangelnder Einigung infolge ungerechtfertigter Prämienforderung.

Verlangt der Ver eine unangemessen hohe Prämie, so kann der Vmer im Klagewege die Festlegung einer angemessenen Prämie durch Richterspruch erzwingen. Die ergänzende Vertragsauslegung ergibt, daß der Ver sich trotz Ablaufs der in § 2 Ziff. 1 AHB vorgesehenen Monatsfrist in einem derartigen Falle im Risiko befindet. Das gleiche gilt auch dann, wenn der Ver innerhalb der genannten Monatsfrist überhaupt keinen Vorschlag zur Prämienhöhe macht. Zweifelhaft kann in derartigen Fällen nur sein, ob Vsschutz zu den eingeschränkten Vssummen des § 2 Ziff. 2 AHB oder zu den Deckungssummen des Ursprungsvertrages besteht. Stellt man auf den Zweck des § 2 AHB ab, eine entscheidende Verbesserung der Position des Vmers herbeizuführen, so liegt es nahe, sich für den letztgenannten Standpunkt zu entscheiden. Es darf dabei nicht außer acht gelassen werden, daß eine vertragliche Verpflichtung des Vers zum Einschluß des neuen Risikos zu den Grunddeckungssummen des Vertrages gegen angemessene Prämie besteht. Es ist daher auch nur konsequent, dem Vmer diesen Vsschutz zukommen zu lassen. Die Zahlung der angemessenen Prämie oder auch die Erklärung, zur Zahlung der angemessenen Prämie bereit zu sein, ersetzt in diesen Fällen die Vereinbarung über die Prämienhöhe. Der Vsschutz geht allerdings nach Maßgabe des § 39 verloren, wenn der Vmer die von ihm selbst als angemessen bezeichnete Prämie auf entsprechende Aufforderung durch den Ver nicht zahlt.

Gibt der Ver erst am letzten Tag der Frist ein angemessenes Prämienangebot ab, so wird es dem Vmer im allgemeinen nicht mehr möglich sein, dieses Angebot innerhalb der Monatsfrist anzunehmen. Eine auf Treu und Glauben abstellende Auslegung wird daher in diesem Angebot regelmäßig die stillschweigende Verlängerung der Vorsorgedeckung (also zu den eingeschränkten Vssummen des § 2 Ziff. 2 AHB) bis zum Ablauf einer angemessenen Erklärungsfrist (von etwa acht Tagen) sehen (vgl. Wussow[5] Anm. 12 zu § 2 AHB, S. 225–226).

Bei der Beurteilung der Frage, ob das Prämienangebot des Vers unangemessen hoch ist, kommt es auf den Standpunkt eines objektiv wägenden Betrachters an. Ob der Ver schuldhaft oder schuldlos eine objektiv zu hohe Prämie fordert, ist entgegen der Auffassung von Wussow[5] Anm. 12 zu § 2 AHB, S. 226 unerheblich, da der zugebilligte Vsschutz nicht als Konsequenz eines Schadenersatzanspruchs zugesprochen wird, sondern als Erfüllungsanspruch mit der Besonderheit, daß der Anspruch auf Abschluß des Vertrages so behandelt wird wie der Anspruch aus einem bereits abgeschlossenen Vertrage.

Die hier erörterte Konfliktsituation bietet zugleich ein gutes Beispiel dafür, daß auch ein Vmer in relativ kurzer Zeit seine Rechte aus dem Vsvertrag verwirken kann. Findet sich der Vmer nämlich mit der Ablehnung der Deckung durch den Ver ab, wenn dieser etwa erklärt, daß er das neue Risiko nicht vern wolle, so verwirkt er nach Ablauf einer angemessenen Frist seinen Anspruch auf Erstreckung des Vsschutzes auf das neue Risiko. Die Situation ist hier derart, daß ein Handeln vom Vmer zur Wahrung seiner Rechte erwartet werden muß. Treu und Glauben versagen es dem Vmer, sich erst nach Ablauf einer längeren Frist noch auf den durch ergänzende Vertragsauslegung ermittelten Anspruch zu berufen. Mit Rücksicht darauf, daß der Rechtsverkehr klare Abgrenzungen erwartet, wird man im allgemeinen jedenfalls nach Ablauf einer Frist von drei Monaten, in der der Vmer keinerlei Ansprüche gegen den Ver geltend macht, das Recht auf Einschluß des neuen Risikos als verwirkt anzusehen haben.

[G 144] gg) Vorsorgeversicherung und Rechtsstellung des Versicherten.

Vgl. dazu Anm. H 21.

[G 145] e) Versicherungsschutz bei Gefahrminderung.

Durch §§ 1 Ziff. 2b und 2 AHB ist sichergestellt, daß Haftpflichtgefahren aus Erhöhungen und Erweiterungen des vten Risikos sowie aus neuen Risiken vom Vsschutz erfaßt werden. Der Sinn dieser Vorschriften zielt erkennbar darauf ab, den Vsschutz so umfassend wie möglich zu gestalten. Wird die Gefahr geringer, so besteht für das verminderte Risiko erst recht Vsschutz. So treffend BGH 24. I. 1951 NJW 1951 S. 314—316 = VersR 1951 S. 76—77 für einen Fall, in dem in einer Grundstückshaftpflichtv das Haus des Vmers zerstört worden war, so daß nur noch Vsschutz für die Haftpflichtgefahr aus dem Eigentum an einem „Trümmergrundstück" zu bieten war. Dafür, daß es sich in diesem Falle nicht etwa um ein „neues Risiko" im Sinne des § 2 AHB handelt, vgl. BGH 24. I. 1951 a. a. O. und Anm. G 127.

6. Sekundäre Risikobegrenzungen, insbesondere Ausschlußtatbestände nach §§ 4 AHB, 4 AHBVerm.

Gliederung:

a) Vorbemerkung.

Gliederung:

[G 146] Schrifttum:

Vgl. die eingehenden Nachweise in Anm. G 57; ferner zu Einzelfragen die Verzeichnisse in Anm. G 157, G 171, G 190, G 219, G 234, G 250 und G 262.

[G 147] aa) Zum Aufbau.

Die Erläuterung der Ausschlußtatbestände der AHB erfolgt in der Weise, daß zunächst der Systematik der AHB gefolgt wird. Der logisch konsequente Weg, deklaratorische Ausschlußtatbestände, wie § 4 I Ziff. 1, § 4 I Ziff. 2 und § 4 I Ziff. 6 Abs. 3 AHB (in Verbindung mit § 4 II Ziff. 5 AHB), schon im Bereich der primären Risikobegrenzung zu erörtern, ist dabei nicht gewählt worden. Das ist geschehen, um dem Benutzer auch im Rahmen dieses Versuchs einer Gesamtdarstellung das traditionelle Bild der AHB möglichst zu erhalten. Aus systematischen Gründen mußte allerdings in den Fällen anders verfahren werden, in denen die kritische Würdigung ergibt, daß äußerlich in dem Gewand von Ausschlußklauseln auftretende Risikobeschränkungen in Wirklichkeit „verhüllte" Obliegenheiten darstellen. Diese werden daher zusammen mit den anderen Obliegenheiten behandelt. Das gilt in erster Linie für das Verlangen des Vers nach Beseitigung besonders gefahrdrohender Umstände gemäß § 4 II Ziff. 3 AHB (vgl. dazu Anm. F 12—14), aber auch für die nicht in den AHB, sondern nur in den „Erläuterungen" aufgeführte „Explosionsklausel" (vgl. dazu Anm. F 15—16 und die weiteren Nachweise über „verhüllte" Obliegenheiten in Anm. F 17—20). Von besonderer Bedeutung ist neben den Ausschlußtatbeständen der AHB die Kfz-Ausschlußklausel. Sie ist deshalb im Anschluß an die Ausschlußtatbestände der AHB gesondert erörtert worden (vgl. dazu Anm. G 262—270). Es können aber aus verständlichen Gründen nicht sämtliche Ausschlußklauseln, die außerhalb der AHB zusätzlich zu diesen vereinbart werden, erläutert werden. Wie schon zur Erörterung des primären Deckungsbereichs dargelegt, kann dieser Vielfalt im Rahmen einer kommentierenden Darstellung nur durch den Versuch einer Beschränkung auf das Wesentliche und Grundsätzliche begegnet werden.

Die Ausschlußtatbestände der AHBVerm sind durchweg im Anschluß an die der Sache nach gleichliegenden Bestimmungen des § 4 AHB erörtert worden. Dadurch wird zwar das Bild der AHBVerm zerstört. Zugleich erweitert sich aber der Blickkreis durch den Vergleich mit den AHB; die Bedeutung der einzelnen Bestimmungen und der Grund für abweichende Regelungen der AHBVerm treten klarer hervor. Soweit wörtliche Übereinstimmung besteht, wie bei den deklaratorischen Ausschlußbestimmungen von § 4 I Ziff. 1 AHB und bei § 4 Ziff. 2 AHBVerm ist den AHBVerm kein besonderer Abschnitt gewidmet. Im übrigen sind § 4 Ziff. 1 AHBVerm im Anschluß an § 4 I Ziff. 3 AHB (vgl. Anm. G. 168), § 4 Ziff. 5 AHBVerm unter dem Ausschluß der Vorsatzschäden (vgl. dazu Anm. 232—233) und § 4 Ziff. 6 AHBVerm im Anschluß an die Ausschlußklausel des § 4 II Ziff. 2 AHB erörtert worden (vgl. dazu Anm. G 246—247). Soweit keine Parallelen zu den Ausschlußtatbeständen der AHB gezogen werden können, werden die noch verbleibenden Ausschlußbestimmungen am Schluß des Kapitels erörtert: § 4 Ziff. 3 AHBVerm in Anm. G 273—274, § 4 Ziffer 4 AHBVerm in Anm. G 275 und § 4 Ziffer 7 AHBVerm in Anm. G 276.

[G 148] bb) Auslegungsregeln.

Für die Auslegung der Ausschlußtatbestände der AHB und der AHBVerm sind, wie auch sonst, die grundlegenden Ausführungen von Möller in Bruck-Möller Einl. Anm. 69—74 zu beachten. Mit Rücksicht auf die speziell juristische Ausprägung der Haftpflichtv und das ausgeklügelte Bedingungswerk der AHB und der AHBVerm war es bei den Ausschlußtatbeständen dieser Bedingungswerke stets möglich, ohne Anwendung der Unklarheitenregel die Lösung der aufgetretenen Probleme aus dem — auch für den Vmer erkennbaren — Sinn und Zweck der betreffenden Ausschlußbestimmungen zu finden. Das schließt aber nicht aus, daß diese Regel in einer besonderen Fallgestaltung doch einmal in den AHB und den AHBVerm zur Anwendung kommen könnte.

BGH 21. II. 1951 VersR 1951 S. 79—80 = LM Nr. 1 zu § 4 AHaftpflichtVB (mit Anm. von Haidinger a. a. O.) ist zuzustimmen, daß einer ausdehnenden Auslegung einer Haftungsausschlußklausel wegen ihres Charakters als Ausnahmevorschrift

Grenzen gezogen sind. Auch der Satz ist zu billigen, daß dabei nicht nur der strenge Wortlaut der Klausel maßgebend sein könne, sondern auch der wirtschaftliche Zweck. Es muß aber zur Klarstellung der Ausführungen von Haidinger a. a. O. betont werden, daß nur bei eindeutigem Widerspruch zu dem erkennbar mit der Ausschlußklausel verfolgten Zweckes eine ausdehnende Auslegung gegen den Wortlaut der Klausel zum Nachteil des Vmers zugelassen werden kann. Im entschiedenen Falle, in dem es um die Frage ging, was unter Überschwemmungen stehender oder fließender Gewässer im Sinne des § 4 I Ziff. 5 AHB zu verstehen sei, ist das vom BGH a. a. O. gefundene Ergebnis voll und ganz zu billigen (vgl. dazu Anm. G 185).

[G 149] cc) Beweislast.

Zu beachten ist, daß dem Ver grundsätzlich die Beweislast dafür obliegt, daß ein Ausschlußtatbestand vorliegt (BGH 21. II. 1957 BGHZ Bd 23 S. 359—361, Bruck S. 646—647, Möller HansRGZ 1929 A Sp. 559, JRPV 1929 S. 325, Oberbach Grundlagen B 3 S. 8, Schack JW 1939 S. 450, Wussow[5] Anm. 1 zu § 4 AHB, S. 290—291). Die Folgen der Beweislosigkeit treffen demgemäß den Ver. Das gilt nicht nur für die in §§ 4 AHB und 4 AHBVerm aufgestellten Ausschlußtatbestände, sondern ebenso für solche Gefahrumstandsausschlußklauseln, die sich in den „Erläuterungen" oder sonstwo in der Police befinden, wie z. B. für eine Kfz-Ausschlußklausel (BGH 21. II. 1957 a. a. O.). Etwas anderes gilt nur dann, wenn sich aus der Fassung der Ausschlußbestimmung eindeutig ergibt, daß die Parteien dem Vmer auch für das Nichtvorliegen eines Ausschlußtatbestandes die Beweislast aufbürden wollen. Das ist z. B. nach § 4 II Ziff. 4 AHB der Fall. Diese Beweislastregelung findet aber auch dann keine Anwendung, wenn es sich nicht um konstitutive Gefahrumstandausschlußklausel handelt, sondern um deklaratorische, also lediglich um Wiederholungen von Grundsätzen die sich ohnedies aus § 1 AHB oder aus anderen Bestimmungen über den primären Umfang des Vsschutzes ergeben.

Dafür, daß bei einem auf mehrere Ursachen zurückzuführenden Schaden unter Umständen der von der Ausschlußklausel erfaßte Teil vom Gericht nach § 287 ZPO abzuschätzen ist, vgl. BGH 12. V. 1966 VersR 1966 S. 722—723 und Anm. G 150 und G 174.

[G 150] dd) Kausalität.

Für alle Ausschlußtatbestände gilt, daß sie nur bei adäquater Kausalität eingreifen. Die Abgrenzung ist nicht immer einfach. Insbesondere bei der Anwendung der Tätigkeitsklausel nach § 4 I Ziff. 6b AHB ergeben sich schwierige Abgrenzungsfragen. Auf die Ausführungen in Anm. G 214 wird insoweit verwiesen. Auf den ersten Augenblick problematisch erscheinen auch die Fälle der Gesamtkausalität, die insbesondere im Bereich des § 4 I Ziff. 5 AHB immer wieder auftreten und deshalb dort in einer besonderen Vorbemerkung erörtert sind, vgl. dazu Anm. G 174. Für alle Ausschlußtatbestände gilt im Grundsatz, daß sie schon immer dann eingreifen, wenn nur eine Ursache, die von einer Gefahrumstandsausschlußklausel erfaßt wird, den Schaden herbeigeführt hat, unabhängig davon, daß auch andere Ursachen mitgewirkt haben. Das haben zu § 4 I Ziff. 5 AHB folgende Entscheidungen zu Recht angenommen: BGH 20. IX. 1962 NJW 1962 S. 2106—2107 = VA 1963 S. 9 Nr. 348, 12. V. 1966 VersR 1966 S. 722—723, OLG Köln 22. II. 1934 VA 1934 S. 37—38 Nr. 2689 = JRPV 1934 S. 253, OLG München 2. V. 1952 VersR 1952 S. 270—271. Zutreffend sind diese Grundsätze vom LG Kiel 9. X. 1964 VersR 1965 S. 506—507 auch auf einen nach § 4 I Ziff. 6b AHB zu beurteilenden Sachverhalt angewandt worden. Es handelte sich dabei darum, daß das vom Vmer vorgenommene Ablassen von Kühlwasser aus dem von ihm reparierten Boote zusammen mit der von dem Vmer nicht zu vertretenden Undichtigkeit des Schiffskörpers zum Sinken des Schiffes geführt hatte. Es ist nicht unbillig, daß der Vmer im Ganzen für diesen Schaden keinen Vsschutz genießt, da ohne sein Tun das Boot überhaupt nicht gesunken wäre.

Das Charakteristikum dieser Art von Schadenfällen liegt also darin, daß es ohne die vom Vsschutz ausgeschlossene Ursache überhaupt nicht zum Schadenfalle gekommen wäre. Zu unterscheiden davon sind die Fälle, in denen eine geringe Mitwirkung einer ausgeschlossenen Ursache zwar gegeben ist, der Schaden aber überwiegend auf gedeckte Schadenereignisse zurückzuführen ist. Beifall muß aus diesem Gesichtspunkt BGH 17. II. 1966 NJW 1966 S. 929—930 = VA 1966 S. 238—239 Nr. 434 finden. Dort hat der BGH in einem Fall, in dem streitig war, ob das Einstürzen einer Außenmauer und der darauf zurückzuführende Personenschaden allein auf den vom Vmer zu vertretenden zu hohen Druck der Erdmassen oder dieser hohe Druck zusammen mit dem Gewicht der Planierraupe des Vmers zurückzuführen war, den Vsschutz — bei Unterstellung einer Mitwirkungsursache durch die Planierraupe — bejaht, und zwar unter anderem mit folgender Begründung:

„Risikobegrenzungen und Ausschlußklauseln haben in der Schadenv im allgemeinen den Sinn, bestimmte Tatbestände, die erfahrungsgemäß eine besondere Gefahrenquelle bilden, wegen der außergewöhnlichen Häufigkeit oder Schwere der durch sie ausgelösten Schäden aus der auf eine Normallage abgestellten V herauszunehmen. Dieser Zweckbestimmung entspricht es nicht, Haftpflichtfälle, die ihren Ursprung in einem Betriebsgeschehen haben und deshalb nach natürlicher Anschauung unter das allgemeine betriebliche Risiko fallen, ungedeckt zu lassen, nur weil zu der im Betrieb begründeten Ursache als ein auf der Grundlage dieser Ursache mitwirkender Umstand noch der Einsatz eines Kraftfahrzeuges getreten ist."

Derartige restriktive Gedankengänge sind bei Grenzfällen sorgfältig in Betracht zu ziehen. Die zu § 4 I Ziff. 5 AHB entwickelten Grundsätze über die Gesamtkausalität dürfen also nicht mechanisch angewandt werden. Sinn und Zweck der jeweiligen Ausschlußklausel sind in hohem Maße zu beachten. Erst aus ihrem Blickwinkel ergibt sich die recht verstandene adäquate Kausalität des Haftungsausschlußtatbestandes. Das zeigt deutlich auch ein Blick auf den Ausschluß der Vorsatzschäden. Hier kommt es entscheidend auf das Vorstellungsbild des Täters und seine Billigung der künftig eintretende Ereignisse an. Aus der besonderen Eigenart dieser Situation können dabei die erwähnten Grundsätze über die Gesamtkausalität nur höchst selten Anwendung finden. Über das Vorstellungsbild des Vmers im Falle einer vorsätzlichen Tat im einzelnen vgl. die Ausführungen in Anm. G 222.

Sorgsam von den erörterten Fällen der Gesamtkausalität, bei denen ein einheitlicher Schaden aus mehreren Ursachen entsteht, zu unterscheiden sind solche Fälle, bei denen nur äußerlich ein einheitlicher Schaden vorliegt, während in Wirklichkeit zwei Schäden gegeben sind, von denen der eine auf ein vom Vsschutz erfaßtes Ereignis, der andere auf ein ausgeschlossenes Risiko zurückzuführen ist. Ein gutes Beispiel bildet dafür die zweite „Kalkspatzen"-Entscheidung (BGH 12. V. 1966 VersR 1966 S. 722 bis 723). Hier ist der äußerlich einheitliche Schaden aufzugliedern und notfalls nach § 287 ZPO abzuschätzen (vgl. dazu Anm. G 174).

[G 151] ee) Abänderungen der Ausschlußbestimmungen.

aaa) Grundsätzliches.

Die in § 4 AHB und § 4 AHBVerm aufgeführten Ausschlußtatbestände können von den Parteien des Vsvertrages abbedungen werden. Das gilt grundsätzlich auch für die Ausschlußklauseln nach § 4 II AHB (ebenso Eichler S. 274, Oberbach Grundlagen B 3 S. 8a, Wussow[5] Anm. 1 zu § 4 AHB, S. 289; a. M. Hartung Haftpflichtv S. 57). Für die entgegengesetzte Meinung von Hartung a. a. O. läßt sich nach den Prinzipien der Vertragsfreiheit keine Rechtfertigung finden. Der Ver darf allerdings mit der Gewährung von Vsschutz nicht gegen die guten Sitten verstoßen. Als seltene Möglichkeit für einen derartigen theoretisch denkbaren Verstoß sei darauf verwiesen, daß ein Ver einem Vmer grundsätzlich nicht Vsschutz für von diesem vorsätzlich herbeigeführte Schäden versprechen darf (vgl. dazu Anm. G 220); hingegen bestehen aus diesen Überlegungen keine Bedenken, dem Vmer Vsschutz für seine eigene Inanspruchnahme aus vorsätzlicher Schadenzufügung durch eine Hilfsperson zu gewähren (so § 4 II Ziff. 1 AHB; vgl. dazu Anm. G 226 a. E.).

[G 152] bbb) Form.

Im Eingangssatz des § 4 AHB heißt es, daß die nachfolgenden Ausschlußbestimmungen gelten, soweit nicht im Vsschein oder seinen Nachträgen etwas anderes bestimmt ist. Wussow[5] Anm. 1 zu § 4 AHB, S. 289 schließt daraus, daß für Abänderungen die Schriftform vereinbart sei, so daß mündliche Änderungen gemäß §§ 126, 127 BGB ungültig seien. Dieser Auffassung kann jedoch nicht gefolgt werden. Zunächst ist es schon zweifelhaft, ob durch den Eingangssatz zu § 4 AHB überhaupt im Sinne des § 127 BGB Schriftform vereinbart werden soll. Für eine solche einschneidende Bestimmung hätte eine ausdrückliche Vereinbarung — wie in § 11 AHB — näher gelegen. Außerdem ist es anerkannt, daß auch bei zunächst erfolgter Vereinbarung der Schriftform die Parteien mündlich eine derartige Klausel außer Kraft setzen können. Das wird immer dann anzunehmen sein, wenn die Parteien ernsthaft das mündlich Vereinbarte wollen (BGH 26. XI. 1964 NJW 1965 S. 293 = MDR 1965 S. 198—199, 29. VI. 1966 NJW 1966 S. 1705—1707 [Entscheidungen zum Mietrecht]; vgl. ferner Anm. C 2). Daß es nicht empfehlenswert ist, auf mündliche Zusagen zu bauen, ist hier nicht weiter zu erörtern. Es mag aber besondere Situationen geben, in denen ein Ver Wert darauf legt, von bestimmten Bedingungsbestimmungen nicht schriftlich abzuweichen. Es muß jedenfalls festgehalten werden, daß Abweichungen von den AHB in jeder Form getroffen werden können, also auch mündlich.

[G 153] ccc) „Stillschweigende" Abänderungen bei Vertragsabschluß.

Im Eingangssatz zu § 4 AHB ist von „ausdrücklichen" Abänderungen die Rede. Das darf aber nicht in dem Sinne mißverstanden werden, daß „stillschweigenden" Abänderungen keine Wirksamkeit zukomme. Es muß vielmehr wie auch sonst bei der Vertragsauslegung der übereinstimmende Wille der Parteien ermittelt werden. Die Abbedingung eines Ausschlußtatbestandes kann sich daher, ohne daß dieser überhaupt im Vertragstext erwähnt wird, daraus ergeben, daß ein bestimmtes Risiko in den Dekkungsbereich eingeschlossen wird (BGH 16. X. 1968 VersR 1968 S. 1130). Ein gutes Beispiel bilden dafür BGH 24. X. 1960 VA 1961 S. 79—80 Nr. 284 = VersR 1960 S. 1074—1075, 26. I. 1961 VersR 1961 S. 265—266: In den betreffenden Architektenhaftpflichtvsverträgen waren Schäden am herzustellenden Bauwerk durch Konstruktionsfehler eingeschlossen. Vom BGH wurde daraus geschlossen, daß damit zugleich klargestellt sei, daß § 4 II Ziff. 5 AHB (und in letzter Konsequenz auch § 4 I Ziff. 6 Abs. 3 AHB) abbedungen seien. Das erscheint als richtig. Ähnliche Beispiele lassen sich denken. Vgl. die Klausel in BGH 9. XII. 1965 VersR 1966 S. 129—130, in der es hieß, daß Schäden an Motorschiffen während der Zeit der Reparatur eingeschlossen seien. Daß hier § 4 I Ziff. 6b AHB auch ohne ausdrückliche Erwähnung abbedungen sein sollte, liegt auf der Hand.

Als Grundsatz kann davon ausgegangen werden, daß eine Abänderung der Ausschlußbestimmungen von den Parteien ausdrücklich im Vertrage verankert wird. Daß die Geltung bestimmter Ausschlußbestimmungen den Anwendungsbereich einer speziellen Betriebshaftpflichtv entscheidend einzuschränken vermag, läßt daher keinen sicheren Schluß darauf zu, daß die Parteien stillschweigend diese Gefahrumstandsausschlußklausel abbedungen haben. So ist es vom BGH 25. X. 1962 VersR 1963 S. 32—33 nicht beanstandet worden, daß vom OLG Hamm 15. I. 1960 VersR 1960 S. 697—699 allein daraus, daß die Haftpflicht aus dem Betrieb eines Wehrs vert war, nicht geschlossen worden ist, daß Haftpflichtansprüche aus Überschwemmungsschäden abweichend von § 4 I Ziff. 5 AHB gedeckt seien. Allerdings war der gegenteilige Schluß recht naheliegend (vgl. Anm. G 185). Jedoch verstieß der Spruch des Tatrichters nicht gegen die Denkgesetze, so daß vom BGH a. a. O. die Grenzen der beschränkten Nachprüfbarkeit individueller Vertragsabreden beachtet werden mußten. Das Beispiel läßt sich variieren. Wird etwa die gesetzliche Haftpflicht eines Ofenfabrikanten vert, so braucht das noch nicht zu bedeuten, daß abweichend von § 4 I Ziff. 5 AHB Haftpflichtansprüche aus allmählicher Einwirkung der Temperatur gedeckt seien.

Vom Tatrichter sind aber in derartigen Grenzfällen sorgsam die Vorstellungen der Parteien über den Umfang des Vsschutzes zu berücksichtigen, soweit es sich um für die Gegenseite bestimmte Erklärungen oder Meinungsäußerungen handelt, die vor oder bei dem Abschluß des Vsvertrages abgegeben worden sind. Ein gutes Gegenbeispiel in dieser Richtung bildet BGH 16. X. 1968 VersR 1968 S. 1129—1131. Dort hatte das Berufungsgericht aus dem Gesamttext des umfangreichen und schwer zu verstehenden Vertrages geschlossen, daß für alle Haftpflichtansprüche aus der Prüf- und Forschungstätigkeit des Vmers „stillschweigend" § 4 I Ziff. 6b AHB abbedungen worden sei.

Andererseits braucht aus dem Einschluß der Haftpflichtgefahr aus der Betätigung einer Hebebühne einer Tankstelle nicht zwingend geschlossen zu werden, daß § 4 I Ziff. 6b AHB bezüglich der Beschädigung der von dieser Hebebühne hochzuhebenden Kraftfahrzeuge abbedungen sei, wenngleich diese Auslegung naheliegt. Sicher entspricht aber OLG Düsseldorf 1. II. 1966 VersR 1967 S. 1189—1190 der Rechtslage, da es dort im Anschluß an die Übernahme der Gefahr aus der Betätigung der Hebebühne ausdrücklich hieß, daß Haftpflichtansprüche aus der Beschädigung von Kraftfahrzeugen und deren Ladung vom Vsschutz ausgeschlossen seien.

In diesem Zusammenhang ist weiter zu beachten, daß der Vmer grundsätzlich daraus, daß er sich über den Umfang des Vsschutzes irrt, keine Rechte gegen den Ver herleiten kann. Eine allgemeine Aufklärungspflicht des Vers über den Inhalt und die Bedeutung der Haftpflichtvsbedingungen besteht nicht (so zutreffend BGH 19. XI. 1956 NJW 1957 S. 140 = VersR 1956 S. 791, [ebenso als Vorinstanz OLG Neustadt 14. VII. 1955 VersR 1955 S. 627], BGH 16. IV. 1959 VA 1959 S. 278—279 Nr. 241 = VersR 1959 S. 361—362). Nur dann, wenn der Ver einen ihm erkennbaren Irrtum des Vmers nicht korrigiert, verletzt er seine Vertragspflichten und kann daraus unter Umständen verantwortlich gemacht werden. Aber auch hier sind alle Umstände des Einzelfalles abzuwägen. Weitere Nachweise aus der Rechtsprechung dafür, daß ein Hinweis des Vers auf Ausschlußtatbestände grundsätzlich unnötig ist, vgl. bei Möller in Bruck-Möller Anm. 42 zu § 44 (S. 1031—1032).

[G 154] ddd) Änderungen durch Erklärungen des Versicherungsvertreters bei den Abschlußverhandlungen.

Eine große Bedeutung kommt für die Auslegung des betreffenden Haftpflichtvsvertrages den Erklärungen des Vsvertreters bei den Abschlußverhandlungen zu. Hat dieser Vertreter Abschlußvollmacht, so verpflichtet er den Ver kraft dieser Vollmacht. Aber auch Erklärungen eines Vermittlungsagenten ohne Abschlußvollmacht können den Umfang des primären Vsschutzbereichs des Haftpflichtvsvertrages wie auch die Bedeutung und Auslegung der Gefahrumstandsausschlußklauseln wesentlich verändern. Für die hierbei zu beachtenden Grundsätze vgl. im einzelnen Möller in Bruck-Möller Anm. 1—71 zu § 44. Besondere Bedeutung kommt dabei den Ausführungen über den aus der Vertrauensstellung des Vsagenten von der Rechtsprechung entwickelten vsrechtlichen Gewohnheitsrechtssatz zu (Möller a. a. O. Anm. 54—71 zu § 44), nach dem der Ver jenseits der Vorschriften des bürgerlichen Rechts auf das Erfüllungsinteresse haftet, also auch dann, wenn eine V der betreffenden Art in Deutschland weder von dem Vertragspartner des Vmers noch von anderen dort zugelassenen Vern abgeschlossen wird.

Möller a. a. O. Anm. 54 hält folgende Formulierung des Gewohnheitsrechtssatzes für erschöpfend: „Das das Vsverhältnis betreffende Verhalten des Vsvertreters steht dem Verhalten des Vers insoweit gleich, als der Vmer ohne eigenes Verschulden auf das Verhalten des Vsvertreters vertraut". Hätte also unter diesen Voraussetzungen ein Vsvermittlungsagent bei der Mitv der gesetzlichen Haftpflicht aus dem Betrieb eines Wehrs erklärt, daß damit § 4 I Ziff. 5 AHB bezüglich des Überschwemmungstatbestandes abbedungen sei, daß das aber keiner besonderen Aufnahme im Vertrage bedürfe, da das selbstverständlich sei, so hätten OLG Hamm 15. I. 1960 VersR 1960 S. 697—699 und BGH 25. X. 1962 VersR 1963 S. 32—33 zu Gunsten des Vmers entscheiden müssen. Vgl. in diesem Zusammenhang auch BGH 16. X. 1968 VersR 1968 S. 1129—1131; dort hatte der Ver zwar eine solche Erklärung seines „Niederlassungsleiters" bestritten, aber sich erst in der letzten mündlichen Verhandlung der Berufungsinstanz auf dessen Zeugnis gegenüber der bereits durchgeführten Vernehmung des Sachbearbeiters des Vmers bezogen. Der Beweisantritt wurde vom Berufungsrichter als verspätet zurückgewiesen.

Besonders zu beachten ist, daß die in derartigen Fällen zugebilligte gewohnheitsrechtliche Haftung auf das Erfüllungsinteresse dann entfällt, wenn gleichzeitig ein besonders erhebliches Verschulden des Vmers vorliegt; vgl. dazu Möller in Bruck-Möller Anm. 69 zu § 44 m. w. N., ferner BGH 20. VI. 1963 BGHZ Bd 40 S. 22—31 m. w. N., der in einem Kfz-Kaskovsfall nach anerkannten Grundsätzen eine solches erhebliches eigenes Verschulden annahm, weil der Vmer sich gemäß den Angaben des Agenten vert glaubte, obwohl die Vsbedingungen den Vsschutz für den in Frage stehenden Fall ausdrücklich ausschlossen. Bemerkenswert ist dabei, daß der BGH a. a. O. unabhängig von der Verneinung der zusätzlichen gewohnheitsrechtlichen Haftung auf das Erfüllungsinteresse das Bestehen eines Schadenersatzanspruchs aus „culpa in contrahendo" bejahte und diesen lediglich um 50% wegen des mitwirkenden erheblichen eigenen Verschuldens des Vmers kürzte. Unbefriedigend nach diesen Grundsätzen OLG Düsseldorf 1. II. 1966 VersR 1967 S. 1189—1190: Das Gericht verkennt, daß erfahrungsgemäß ein Vmer in der den Gegenstand der Entscheidung bildenden Situation zur Zahlung der Vsprämie nach Maßgabe des ursprünglich begehrten Vsschutzes bereit ist. Ein abschließendes Urteil über diese Entscheidung ist aber nicht möglich, da dieser Teil der Gründe nur gekürzt abgedruckt worden ist.

[G 155] eee) Konkludentes Anerkenntnis des Versicherers im Schadenfalle.

α) Abgrenzungskriterien.

Nicht selten wird in Vsschutzprozessen eingewandt, daß der Ver auf die Anwendung bestimmter, an sich zum Vertrage vereinbarter Ausschlußbestimmungen für den vorliegenden Schadenfall konkludent verzichtet habe. Dabei handelt es sich um die Abgabe eines deklaratorischen Anerkenntnisses, durch das der Ver in Kenntnis dessen, daß er sich auf eine bestimmte Ausschlußbestimmung berufen könnte, erklärt, daß er dessenungeachtet Vsschutz gewähren wolle. Rechtskonstruktiv lassen sich gegen ein solches bestätigendes Anerkenntnis keine Bedenken herleiten (vgl. BGH 27. IV. 1953 VersR 1953 S. 316—318 und die weiter in Anm. G 156 aufgeführten Entscheidungen (verfehlt insoweit LG Nürnberg-Fürth 25. II. 1959 VersR 1960 S. 243). Ein derartiger Verzicht setzt voraus, daß der Ver überhaupt von den Tatsachen, die den Ausschlußtatbestand erfüllen, Kenntnis hat. Wenn dem Ver also gewisse Tatsachen nicht bekannt sind, so kann er sich auf diese auch noch nach Abgabe eines Anerkenntnisses berufen (OLG Köln 4. II. 1965 VersR 1965 S. 751—752 [für ein ausdrückliches Anerkenntnis]).

Zu beachten ist, daß ein Verzicht auf die wohlausgewogenen und sorgfältig aus der Interessenlage abgefaßten Gefahrumstandsausschlußklauseln der AHB und AHBVerm nicht zu vermuten ist. Es läßt sich im Gegenteil der Grundsatz aufstellen, daß davon auszugehen ist, daß der Ver auf seine vertraglichen Rechte nicht verzichten wollte. Daraus folgt, daß daraus, daß der Ver die Bearbeitung eines Schadenfalles übernimmt und die Ansprüche der Gegenseite als unbegründet zurückweist, zunächst einmal nicht auf einen derartigen Verzicht geschlossen werden darf. Das gilt auch dann, wenn sich diese Vorgänge über einen längeren Zeitraum hinziehen. Es ist zwar als ergänzende Vertragspflicht des Vers anzusehen, daß er dem Vmer sofort „reinen Wein" einschenkt, indem er den Vsschutz versagt. Zu bedenken ist aber, daß die Rechts- und Sachlage in Haftpflichtprozessen häufig zunächst recht unübersichtlich ist und daß sich demgemäß auch die Frage des Vsschutzes nicht immer sicher beurteilen läßt. Auf der anderen Seite genügt es, den Vmer in der Weise zu schützen, daß dieser über Schadenersatzgrundsätze bei Verletzung der genannten Verpflichtung so gestellt wird, als wenn der Ver den Vsschutz alsbald abgelehnt hätte. In aller Regel wird der Vmer dann keinen ihm aus dem verzögerlichen Verhalten des Vers erwachsenen Schaden dartun können. Es liegt grundsätzlich aber auch nicht im Sinne einer abgewogenen Ermittlung der Interessenlage, daß der Vmer aus einem Fehler des Vers Gewinn zieht, wenn ihm kein Schaden erwachsen ist. Wo allerdings der Vmer nachweist, daß er etwa ein günstiges Vergleichsangebot des geschädigten Dritten angenommen hätte, wenn er durch eine Ablehnung des Vers erfahren hätte, daß er keinen Vsschutz habe, da ist die Schadenersatzverpflichtung des Vers klar umrissen. Vgl. dazu LG Nürnberg-Fürth 25. II. 1959 VersR 1960 S. 241—244, das allerdings im übrigen zu Unrecht aus Rechtsgründen die Möglichkeit eines bestätigenden Anerkenntnisses im Sinne eines Verzichts auf Ausschlußbestimmungen zu verneinen scheint.

Grundsätzlich wird man aber dann einen „Verzicht" des Vers auf die Anwendung von Ausschlußbestimmungen anzunehmen haben, wenn der Schaden abschließend in der Weise reguliert worden ist, daß der Anspruch des Dritten befriedigt (oder seine Klage rechtskräftig abgewiesen) worden ist. Hier ist ein Bereicherungsanspruch des

Vers regelmäßig nur dann zuzulassen, wenn neue Umstände tatsächlicher Art nach Abschluß der Regulierung aufgetreten sind.

Schließlich kann aber auch aus einem über einen längeren Zeitraum gewährten Rechtsschutz oder aus der teilweisen Befriedigung gegnerischer Ansprüche ein stillschweigender „Verzicht" auf die Anwendung bestimmter Ausschlußbestimmungen gefolgert werden. Es kommt dabei stets auf alle Umstände des Einzelfalles an. Deshalb ist es schwierig, allgemeine Grundsätze über einen stillschweigenden Verzicht des Vers auf die Anwendung bestimmter Ausschlußbestimmungen aufzustellen. Doch ist als Faustregel das Prinzip gerechtfertigt, daß der Ver, der vorbehaltlos für den Vmer über zwei Instanzen den Haftpflichtprozeß geführt hat, — bei unverändertem Sachverhalt — sich nicht mehr auf das Vorliegen von von Anfang an gegebener Ausschlußbestimmungen berufen kann und daß ein gleiches regelmäßig auch schon dann zu gelten hat, wenn der Ver bis zur Berufungsbegründung oder Berufungsbeantwortung vorbehaltlosen Rechtsschutz gewährt hat. Als Anhaltspunkt für diese Auslegung ist dabei genommen worden, daß jedenfalls nach Abschluß einer Instanz wieder eine sorgfältige Prüfung des Gesamtkomplexes beim Ver vorgenommen wird. Jedenfalls ist das von einem sorgsamen Ver aus der Sicht eines redlichen Vmers anzunehmen. Ausnahmsweise kann aber auch schon zu einem früheren Zeitpunkt ein stillschweigender Verzicht des Vers angenommen werden. Hier sei daran gedacht, daß sich Verhandlungen mit dem geschädigten Dritten oder ein Prozeß in erster Instanz über mehrere Jahre erstrecken. Aus der steten Wiederholung der Interessenwahrnehmung des Vmers in diesen Verhandlungen und im Prozesse kann dann ein Vmer durchaus den berechtigten Eindruck gewinnen, daß der Ver — unabhängig von etwaigen Zweifeln zur Vsschutzfrage — eintreten wolle. Das gilt insbesondere dann, wenn es sich um einen Grenzfall handelt, wie etwa die Frage, ob eine allmähliche Einwirkung im Sinne des § 4 I Ziff. 5 AHB vorliegt oder ob eine Sache noch vom Tätigkeitsbewußtsein des Vmers oder seiner Leute im Sinne des § 4 I Ziff. 6b AHB erfaßt wird oder nicht. Ähnliche Grundsätze sind anzuwenden, wenn für bestimmte Risiken in Abänderung des § 152 Vsschutz nur für leichte Fahrlässigkeit gewährt wird und die für das Verschulden des Vmers sprechenden Umstände über einen längeren Zeitraum nicht zum Anlaß genommen worden sind, den Vsschutz aus „grober Fahrlässigkeit" des Vmers zu versagen.

[G 156] β) Beispiele aus der Rechtsprechung.

OLG Köln 22. XI. 1940 HansRGZ 1941 A Sp. 229—232 hat einen stillschweigenden „Verzicht" des Vmers in folgendem Falle angenommen: Der Vmer war Inhaber eines Sandgrubenbetriebes. Am 14. IX. 1938 rutschte beim Beladen eines LKW eine etwa 20 m hohe Sandwand ab. Dabei fielen Sandmassen auf den Lkw. Dieser Sachverhalt war dem Ver von Anfang an bekannt. In seinem Schreiben vom 28. II. 1939 an die Gegenseite hatte der Ver selbst von einem Sandrutsch gesprochen. Der Ver gewährte während der gesamten ersten Instanz Rechtsschutz. Erst mit Schreiben vom 29. VIII. 1939, vier Tage vor Ablauf der Berufungsfrist, stellte sich der Ver auf den Standpunkt, daß eine Erdrutschung im Sinne des § 4 I Ziff. 5 AHB vorliege. Die Entscheidung ist im Ergebnis zu billigen. Daß ein Sandrutsch eine Erdrutschung darstellen kann, ist so naheliegend, daß der Vmer das Verhalten des Vers nicht anders verstehen konnte als dahin, daß der Ver sich bei der besonderen Situation des Vmers nicht auf § 4 I Ziff. 5 AHB berufen wolle.

BGH 27. VI. 1953 VersR 1953 S. 316—318 hält es unter Bezugnahme auf OLG Köln 22. XI. 1940 a. a. O. ebenfalls für möglich, daß in dem Gewähren von Rechtsschutz über eine längere Zeit ein bestätigendes Anerkenntnis der Leistungspflicht des Vers liegen könne mit der Folge, daß der Ver für die Zukunft mit solchen Einwendungen ausgeschlossen bleibe, die er zur Zeit des Anerkenntnisses gekannt habe. Zu einer abschließenden Entscheidung kam es nicht, da nicht feststand, ob der Ver in der in Frage stehenden Zeit, in der er zunächst Rechtsschutz gewährte (von 1947 bis zum 15. X. 1949), bereits Kenntnis von den später erhobenen Einwendungen hatte.

OLG Köln 14. I. 1955 VersR 1955 S. 140 verneint zutreffend einen „Verzicht", in einem Fall, in dem der Ver zwar veranlaßte, daß im Haftpflichtprozeß Berufung eingelegt wurde, gleichzeitig aber deutlich zu erkennen gab, daß er nur „vorläufig" Rechtsschutz bis zur endgültigen Klärung der Vsschutzfrage gewähren wolle. (Entscheidung zum primären Umfang des Vsschutzes).

LG Stuttgart 1. XII. 1956 VersR 1956 S. 791 mit zust. Anm. von Böhmer a. a. O. hat zutreffend entschieden, daß allein darin, daß der Ver sich mit der Durchführung der Reparatur eines beschädigten Daches einverstanden erklärte, noch kein „Verzicht" auf den Einwand aus § 4 I Ziff. 6b AHB gesehen werden könne.

b) „Ausschluß" der über den gesetzlichen Umfang der Haftung hinausgehenden Schadenersatzansprüche.

Gliederung:

[G 157] Schrifttum:

Böhm VersR 1954 S. 270, VersR 1955 S. 192–193, Brockmann VersR 1955 S. 373–374, Bülowius NeumZ 1933 S. 949–950, Elperting ZVersWiss 1917 S. 662–663, Heinzelmann JRPV 1939 S. 273–375, Kreuzhage Kernfragen S. 10–12, Kühfuß JRPV 1937 S. 35, Meins Gegenstand S. 32, Oberbach HansRGZ 1939 A Sp. 77–78, Prölss NJW 1958 S. 793, J. Prölss VersR 1967 S. 432–437, Schlegelmilch Haftpflichtv und unternehmerisches Risiko, Münchener Diss. 1964 S. 110–114, Schmalzl VersR 1956 S. 270–273, Süß DR 1939 S. 1090, Zollmarsch, Inhalt, Bedeutung und Auslegung des § 4 II 5 AHB, Kölner Diss. 1965.

[G 158] aa) Zum Begriff der über den gesetzlichen Umfang hinausgehenden Haftung.

§ 4 I Ziff. 1 AHB stellt (wie § 4 Ziff. 2 AHBVerm und § 11 Ziff. 1 AKB) klar, daß Haftpflichtansprüche, die auf Grund Vertrages oder besonderer Zusage über den Umfang der gesetzlichen Haftung hinausgehen, vom Vsschutz ausgeschlossen sind. Nur die im Rahmen des dispositiv geltenden Vertragsrechts gegebenen Haftungsbestimmungen werden demnach — neben der Haftung aus unerlaubter Handlung — vom Vsschutz erfaßt. Darüber hinausgehende Haftungsverschärfungen bedürfen besonderen Einschlusses in die Haftpflichtdeckung, und zwar auch dann, wenn solche Änderungen des dispositiven Gesetzesrechts durch allgemeine Geschäftsbedingungen (z. B. aller Stauereibetriebe eines bestimmten Hafens) üblich sind. Eine Haftungsverschärfung im Sinne des § 4 I Ziff. 1 AHB findet sich z. B. in den Standardverträgen der Bundesbahn mit den Anschlußgleisbenutzern. Diesen Benutzern legt die Bundesbahn im gewissen Umfang die Verpflichtung auf, auch für Zufallschäden einzustehen.

Die in § 4 I Ziff. 1 AHB verwendeten Begriffe „Vertrag" oder „besondere Zusage" sind gleichzusetzen (J. Prölss VersR 1967 S. 432 Anm. 1). Der Auffassung von Wussow[5] Anm. 64 zu § 1 AHB, S. 128–129, daß sich der Passus „besondere Zusage" auf tatsächliche Lebensverhältnisse beziehe, in deren Rahmen eine besondere Haftung übernommen werde, kann nicht gefolgt werden. Wenn man ein gesellschaftliches Verhältnis derartig in das Haftungssystem einbezieht, daß der Umfang der gesetzlichen Vertragshaftung überschritten wird, so läßt sich das kaum anders als durch eine vertragliche Vereinbarung erklären. Der weiter von Wussow[5] Anm. 62 zu § 1 AHB, S. 127 gegebene Erklärungsversuch, daß sich der Passus „besondere Zusage" insbesondere auf einseitige Rechtsgeschäfte beziehe, überzeugt auch nicht. Richtig ist nur, daß derartige — allerdings kaum vorstellbare Fälle — ebenfalls unter § 4 I Ziff. 1 AHB zu subsumieren wären.

Oberbach I. S. 87 vertritt die Auffassung, daß vertragliche Schadenersatzansprüche, die auf Grund dispositiven ausländischen Rechts über den Umfang der Haftung nach deutschem Recht hinausgehen, nicht vom Vsschutz umfaßt werden. Dieser Auffassung kann grundsätzlich nicht zugestimmt werden. Das dispositive ausländische Recht ist hier genau wie das inländische zu behandeln (so auch Stiefel VW 1959 Sonderbeilage Nr. 5). Eine andere Beurteilung kann allerdings dann Platz greifen, wenn die Vereinbarung des ausländischen Rechts als willkürlich erscheint. Das kann aber immer dann nicht angenommen werden, wenn es sich um das dispositive Recht eines der Kontrahenten handelt oder aber wenn man sich auf das Recht eines dritten Landes einigt, um keinem der Vertragspartner einen Vorteil zu geben oder aber, weil im internationalen Handel üblicherweise das Recht eines dritten Staates zugrunde gelegt wird.

bb) Abgrenzung zwischen erhöhten Vertragspflichten und der Vereinbarung einer erhöhten Haftung.

Streng zu unterscheiden von der Vereinbarung einer über den gesetzlichen Umfang der Haftung hinausgehenden Haftpflicht des Vmers sind Abreden, die den Kreis der Pflichten des Vmers erweitern oder ergänzen, ohne dabei die gesetzlichen Haftungsmaßstäbe selbst zu verändern. Schadenersatzansprüche wegen der Verletzung solcher Vertragspflichten fallen grundsätzlich in den Deckungsbereich der Haftpflichtv (insoweit zutreffend OLG Hamm 17. III. 1936 VA 1936 S. 236—238 Nr. 2913 — das Urteil ist allerdings aus einem anderen Grunde nicht zu billigen, weil es nämlich dem vten Arzt auch Deckungsschutz für den gegen ihn gerichteten Anspruch auf Rückzahlung eines zu Unrecht erhaltenen Honorars gewährt).

Im einzelnen gilt folgendes:

[G 159] aaa) Zugesicherte Eigenschaften im Sinne des § 463 BGB.

Nach RG 7. III. 1939 RGZ Bd 160 S. 51—52 liegt kein Fall des § 4 I Ziff. 1 AHB vor, wenn Schadenersatzansprüche erhoben werden, weil die gelieferten Platten (nebst Klebe) nicht wie zugesichert „geruchfrei" waren (vgl. auch KG 6. VIII. 1938 JRPV 1938 S. 310—312 [Vorinstanz], wo diese Frage offen gelassen worden ist). Das Gesagte bedeutet, daß für den Schadenersatzanspruch aus § 463 BGB Vsschutz besteht, soweit dieser sich auf die Beschädigung weiterer Sachen (oder gar von Personen) bezieht (so RG 7. III. 1939 a. a. O. [bei dessen Ausführungen man allerdings ebenso wie bei denen der Vorinstanz zweifeln kann, ob den Verfassern gegenwärtig war, daß die Zusicherung einer Eigenschaft zugleich eine Haftung ohne Verschulden im Rahmen des § 463 BGB bewirkt, die durchaus als „Garantie"-Haftung bezeichnet werden darf], Brockmann VersR 1955 S. 373—374, Prölss[16] Anm. 2 zu § 1 AHB, S. 641, Schmalzl VersR 1956 S. 270—273, Süß DR 1939 S. 1090; a. M. Böhm VersR 1954 S. 270, Heinzelmann JRPV 1939 S. 273—375, Kreuzhage Kernfragen S. 11—12, Meins Gegenstand S. 32, Prölss[17] Anm. 2 zu § 1 AHB, S. 651, J. Prölss VersR 1967 S. 433—434). — Wussow[5] Anm. 71 zu § 1 AHB, S. 137—138 verneint zwar das Vorliegen des § 4 I Ziff. 1 AHB, schließt aber den Vsschutz (zu Unrecht) nach § 4 I Ziff. 6 Abs. 3 AHB aus. — Unerheblich ist dabei, daß es zur Begründung eines Schadenersatzanspruchs nach § 463 BGB, auch soweit er sich auf dritte Sachen oder Personen bezieht, nicht des Vorliegens eines Verschuldens bedarf. Auch insoweit liegt ein Schadenersatzanspruch auf Grund gesetzlicher Haftpflichtbestimmungen des dispositiven Rechts vor. Die Frage, ob sich nämlich der Anspruch aus § 463 BGB — wie hier angenommen — bei Fehlen einer zugesicherten Eigenschaft auch auf die Beschädigung dritter Sachen (und Personen) bezieht, ist im übrigen umstritten (vgl. dazu für die hier vertretene Auffassung: RG 16. V. 1902 JW 1902 Beilage S. 239, BGH 29. V. 1968 NJW 1968 S. 1622—1625 m. w. N., Enneccerus-Lehmann Schuldrecht § 108 III 2, Heck Schuldrecht S. 274—275, Staudinger-Ostler[10] Anm. 24 zu § 463; die Gegenmeinung vertreten: OLG Köln 9. XII. 1963 VersR 1964 S. 541—543 und — obiter dictum — BGH 25. III. 1958 LM Nr. 5 zu § 459 I BGB, 21. II. 1962 NJW 1962 S. 909 = VersR 1962 S. 479; vgl. ferner Zollmarsch S. 127—129 m. w. N.).

Inkonsequent erscheint in diesem Zusammenhang die von Wussow[5] Anm. 71 zu § 1 AHB, S. 137—138 vertretene Auffassung, daß im Rahmen eines Kaufvertrages wohl ein Anspruch aus positiver Vertragsverletzung wegen der Beschädigung dritter Personen oder Sachen gedeckt sei, nicht aber ein solcher aus § 463 BGB. Letzten Endes wird dabei allein die Verschuldensfrage Maßstab für die Entscheidung über den Vsschutz. Für diese Differenzierung fehlt es aber an einer Grundlage im Bedingungsrecht, abgesehen davon, daß es zweifelhaft ist, ob neben dem Anspruch auf Schadenersatz wegen Nichterfüllung im Sinne des § 463 BGB, der sich auch auf Schäden an dritten Sachen und Personen bezieht, überhaupt ein Anspruch aus positiver Vertragsverletzung besteht. Entscheidend kann immer nur sein, ob es sich bei dem geforderten Teil des Schadens um das Erfüllungsinteresse am Kaufgegenstand selbst handelt. Insoweit besteht für den Anspruch aus § 463 BGB allerdings kein Vsschutz. Vgl. dazu Anm. G 250—261.

Zutreffend nimmt im Sinne der vorstehenden Ausführungen BGH 30. IV. 1962 VersR 1962 S. 534 an, daß ein Vmer, der bei Verwahrung seines Rindes in einem fremden Stalle zusichert, daß dieses nicht erkrankt sei, damit keine Haftpflicht übernommen habe, die über die Normen des Haftpflichtrechts hinausgehe. Eine endgültige Stellungnahme wird man dieser Entscheidung allerdings deshalb nicht entnehmen können, weil der Vmer fahrlässig gehandelt hatte und deshalb auf jeden Fall ein Schadenersatzanspruch begründet war.

[G 160] bbb) Schadenersatzanspruch nach § 538 BGB.

Vsschutz besteht auch für einen Schadenersatzanspruch aus § 538 BGB wegen eines anfänglichen Mangels der vermieteten Sache, der zu einem Personen- oder Sachschaden geführt hat (BGH 18. I. 1965 BGHZ Bd 43 S. 89—90, LG Detmold 7. I. 1958 NJW 1958 S. 793—794, Böhm VersR 1955 S. 192—193, Prölss NJW 1958 S. 793, Schmalzl VersR 1956 S. 270—273). Unter die ohne Rücksicht auf ein Verschulden des Vermieters gegebene Haftung für anfängliche Mängel fallen nach fester Rechtsprechung (vgl. nur RG 14. I. 1913 RGZ Bd 81 S. 200—204, 9. V. 1940 DR 1940 S. 1425, 30. III. 1942 RGZ Bd 169 S. 92 m. w. N., BGH 21. II. 1962 NJW 1962 S. 908—909 = VersR 1962 S. 477—479, 18. I. 1965 a. a. O.) Schadenersatzansprüche wegen der Beschädigung von Personen und Sachen. Der Unterschied zu dem eben erörterten Anspruch aus § 463 BGB liegt nur darin, daß in § 538 BGB die verschärfte Haftung für anfängliche Mängel kraft dispositiven Rechts grundsätzlich bei jedem Mietvertrag gilt, so daß gar keine Diskussion darüber möglich ist, daß § 4 I Ziff. 1 AHB keine Anwendung findet.

Im übrigen tritt bei einem Schadenersatzanspruch aus § 538 BGB die gleiche Rechtsfrage wie bei einem solchen aus § 463 S. 1 BGB auf, wenn der Ersatzanspruch nämlich nicht auf einen anfänglichen Fehler, sondern auf das Nichtvorhandensein einer zugesicherten Eigenschaft zurückzuführen ist. In Konsequenz der Ausführungen in Anm. G 159 ist auch hier der Vsschutz zu bejahen (a. M. J. Prölss VersR 1967 S. 435—436).

[G 161] ccc) Übernahme der Verkehrssicherungspflicht.

Häufig übernimmt der Vmer vertraglich, z. B. als Mieter oder Straßenbauunternehmer, die Verkehrssicherungspflicht. Er kann alsdann von einem geschädigten Dritten unmittelbar in Anspruch genommen werden (vgl. z. B. BGH 28. VI. 1956 VersR 1956 S. 621—622). Es liegt hier ebenfalls kein Fall des § 4 I Ziff. 1 AHB vor (Wussow[5] Anm. 74 zu § 1 AHB, S. 143—144; a. M. Bülowius NeumZ 1932 S. 949—950, Kreuzhage Kernfragen S. 10, Oberbach I S. 207—208, HansRGZ 1939 A Sp. 77—78). Es wird hier keine über den gesetzlichen Umfang hinausgehende vertragliche Haftpflicht übernommen. Vielmehr handelt es sich darum, daß der Vmer sich vertraglich verpflichtet, für einen ordnungsgemäßen Zustand einer Sache zu sorgen. Erst an diese tatsächlich bestehende Verpflichtung knüpft unsere Rechtsordnung die unmittelbare Haftung gegenüber dem Dritten an. Daß die Übernahme der Verkehrssicherungspflicht nicht unter § 4 I Ziff. 1 AHB fällt, wird — wenn auch nur stillschweigend — in BGH 7. I. 1965 BGHZ Bd 43 S. 42—46 vorausgesetzt.

Überholt: RG 18. IV. 1913 Recht 1913 Nr. 1943. Dort hatte ein Straßenbauunternehmer vertraglich die Verkehrssicherungspflicht übernommen. Das RG führte aus, daß durch diese vertragliche Vereinbarung nicht das Recht auf unmittelbare Inanspruchnahme des Bauunternehmers durch Dritte begründet werde (vgl. die ablehnenden Bemerkungen von Elperting ZVersWiss 1917 S. 662—663). Abgesehen davon, daß es der Begründung für einen unmittelbaren Anspruch des Geschädigten gegen den Vmer aus vertraglich übernommener Verkehrssicherungspflicht im konkreten Falle nicht bedurfte, da der Vmer, der eine Baumaschine nicht beleuchtet hatte, dem Dritten auch so schon unmittelbar nach Deliktsrecht haftete, ist der Ausgangspunkt nach dem Gesagten unrichtig. Im übrigen hat es nach dem in der angegebenen Fundstelle nur sehr verkürzt wiedergegebenen Text der Entscheidung darüber hinaus sogar den Anschein, als ob das RG verkenne, daß auch vertragliche Schadenersatzansprüche unter den Begriff der gesetzlichen Haftpflichtbestimmungen fallen. Die Entscheidung ist daher in jeder Beziehung als überholt anzusehen. Zutreffend wird der Problemkreis dagegen schon vom OLG Hamburg 22. IV. 1918 VA 1918 S. 59 Nr. 1048 behandelt (vgl. auch OLG Augsburg 11. X. 1911 WallmZ 1911–1912 S. 561–566).

Soweit nach den vertraglichen Vereinbarungen nicht von der Übernahme der Verkehrssicherungspflicht, sondern von der Übernahme der Haftung des Auftraggebers die Rede ist, muß bei Prüfung des § 4 I Ziff. 1 AHB stets auch überlegt werden, ob mit der Übernahme der Haftung nicht auch zugleich die Verkehrssicherungspflicht übernommen werden sollte, so daß es sich im Grunde genommen um eine Erweiterung des Pflichtenkreises handelt, während die Parteien nur die Folgen aus dieser Erweiterung in den Vertrag aufgenommen haben. In der Regel wird man sagen können, daß die Übernahme der Verkehrssicherungspflicht gewollt ist. Soweit in einem derartigen Vertrage allerdings dem Vmer auferlegt wird, seinen Vertragspartner auch von unbegründeten Ansprüchen Dritter freizustellen oder dem Vertragspartner entstehende Schäden auch dann zu ersetzen, wenn sie etwa zufällig entstehen, liegt eine über den Umfang der gesetzlichen Haftung hinausgehende Vereinbarung vor (Meins Gegenstand S. 33). Aber auch hier muß wieder geprüft werden, ob nicht auch ohne eine solche Vereinbarung gehaftet werden würde.

[G 162] ddd) Erklärungshaftung in der Vermögensschadenhaftpflichtversicherung.

Einen sehr instruktiven Fall behandelt OLG Breslau 11. X. 1930 JRPV 1931 S. 75–77. Ein Rechtsanwalt hatte den Gläubigern seines Klienten mitgeteilt, daß sein Mandant die fälligen Schulden bezahlen werde, sobald der Kaufpreis für ein Grundstück bei ihm, dem Anwalt, eingehe; Pfändungsmaßnahmen seien daher nicht erforderlich. Später reichte der Kaufpreis nicht aus zur Befriedigung aller Gläubiger. Der Vmer wurde aber im Haftpflichtprozeß aus seinen Erklärungen vom OLG Breslau gegenüber einem Gläubiger für haftbar gehalten, da es sich nach Meinung des genannten Gerichtes um eine Art Garantieerklärung gehandelt habe. Wäre die Erklärung des Vmers tatsächlich dahin auszulegen, daß er dem Dritten mitteilen wollte, daß er für die Verbindlichkeiten seines Klienten im Sinne einer persönlichen Erfüllungszusage einstehen wolle, so wäre der Vsschutz zu verneinen gewesen. Denn dann hätte es sich nicht um die Geltendmachung eines Schadenersatzanspruchs, sondern um einen nicht vten Erfüllungsanspruch gehandelt (ebenso Schlegelmilch S. 113–114). Es könnte hier allerdings einer der seltenen Fälle vorliegen, in denen ein Bevollmächtigter dem Vertragspartner seines Auftraggebers aus besonderem Grunde vertraglich (!) auf Schadenersatz haftet. Allerdings würde damit noch über BGH 17. IX. 1954 BGHZ Bd 14 S. 318–319 m. w. N. hinausgegangen werden, da es an der dort geforderten Bereicherung des Vertreters fehlt. Eine Rechtfertigung für die Haftung des Anwalts mag darin gefunden werden, daß der redliche Verkehr diesen Angaben besonderen Glauben schenkt. Die vom OLG Breslau 11. X. 1930 a. a. O. zur Begründung herangezogene Überlegung, daß es sich um eine Haftung aus durchaus üblicher Anwaltstätigkeit handle, kann daher durchaus zutreffen und zur Bejahung des Vsschutzes ausreichen. Es hat aber den Anschein, als ob das Gericht mit seinen wechselnden Begründungen gegen das haftpflichtvsrechtliche Trennungsprinzip verstoßen hat (vgl. Anm. B 63).

In diesem Zusammenhang sei auch auf LG Köln 9. III. 1956 VersR 1956 S. 405–406 verwiesen. Dort war ein Darlehensgeber zur Hingabe eines Darlehens durch die (unrichtige) Auskunft eines für den Darlehensnehmer als Treuhänder eingesetzten Wirtschaftsprüfers bewogen worden, daß das Geschäft ohne Risiko sei. Für den Schadenersatzanspruch gegen diesen Wirtschaftsprüfer, der aus den „Grundsätzen des Verschuldens beim Vertragsabschluß“ hergeleitet worden ist (obwohl ein derartiger Vertragsabschluß zwischen den Parteien nicht beabsichtigt war), ist zu Recht Vsschutz bejaht worden. –

Zur Haftung eines Steuerberaters in einer derartigen Situation vgl. auch BGH 13. VI. 1962 NJW 1962 S. 1500, wo in einem solchen Falle zur Haftungsbegründung ein Auskunftsvertrag [!] angenommen worden ist.

[G 163] cc) Konkurrenz zwischen zusätzlicher Haftung und Ersatzverpflichtung nach dispositivem Recht.

Voraussetzung dafür, daß der Vsschutz nach der hier erörterten Bestimmung verweigert werden kann, ist immer, daß der Schadenersatzanspruch nicht auch schon nach dispositivem Recht begründet ist. Diese Frage, die im Haftpflichtprozeß bei Übernahme einer über den Umfang des Gesetzes hinausgehenden Haftung unter Umständen keine Rolle spielt, wird alsdann im Vsschutzprozeß zum Kernproblem des Falles. Dabei ist ganz auf den konkreten Fall abzustellen. Vgl. dazu auch OLG München 11. III. 1958 VersR 1959 S. 72—74, das zutreffend eine nur „theoretische" Haftungsverschärfung für unerheblich hält, so lange auch nach dispositivem Recht gehaftet wird. Wird der Vsschutzprozeß vorgezogen, so findet das ansonsten geltende Trennungsprinzip ausnahmsweise dann keine Anwendung, wenn für die Beurteilung des Vsschutzes allein die Frage maßgebend ist, ob der unstreitig aus einer besonderen Zusage haftende Vmer auch nach dispositivem Recht ersatzpflichtig wäre oder nicht. Aus dem Gesagten ergibt sich auch, daß in derartigen Fällen die Rechtsschutzfunktion der Haftpflichtv weitgehend verkümmert ist (vgl. Hartung Haftpflichtv S. 59). Unrichtig aber LG Frankfurt a. O. 1. II. 1935 JRPV 1936 Zus. Heft S. 22—23, das nicht hätte dahingestellt sein lassen dürfen, ob entgegen § 898 RVO a. F. eine Haftung für Schmerzensgeld zugesagt war (vgl. auch die ablehnenden Bemerkungen von Kühfuß JRPV 1937 S. 35). Steht fest, daß der Vmer eine über den gesetzlichen Umfang hinausgehende Haftung übernommen hat, so wird die Verpflichtung des Vers gegenstandslos, die an sich nach dispositivem Recht unbegründeten Ansprüche abzuwehren.

Nicht zugestimmt werden kann der Auffassung von Wussow[5] Anm. 62 zu § 4 AHB, S. 126—127, daß in den Fällen, in denen einerseits für gewisse Folgen des Schadenereignisses die Schadenersatzpflicht aufgrund des Vertrages ausgeschlossen sei, während für andere Schadenfolgen mehr als nach dem Gesetz geschuldet gezahlt werden müsse, der Ver insoweit einzutreten habe, als die sich ergebende Gesamtschadensumme die gesetzliche Haftpflicht nicht überschreite. Die Bedingungen geben für einen derartigen „Ausgleichsanspruch" keinen Anhaltspunkt.

[G 164] c) Ausschluß nach § 4 I Ziff. 2 AHB.

aa) Arbeitsrechtliche Erfüllungsansprüche.

Vom Haftpflichtvsschutz sind ausgeschlossen: Ansprüche auf Gehalt, Ruhegehalt, Lohn und sonstige festgesetzte Bezüge, Verpflegung, ärztliche Behandlung im Falle der Dienstbehinderung und Fürsorgeansprüche. Diese Ansprüche werden vielfach als unechte Haftpflichtansprüche bezeichnet (Hartung Haftpflichtv S. 60, Prölss[17] Anm. 2 zu § 4 AHB, S. 667), deren Aufnahme in die Ausschlußtatbestände nur historisch erklärt werden könne (Wussow[5] Anm. 4 zu § 4 AHB, S. 293). Dieser Auffassung ist grundsätzlich zuzustimmen. Die in § 4 I Ziff. 2 AHB aufgezählten Ansprüche fallen schon nicht unter den durch § 1 AHB primär umrissenen Vsschutzbereich der Haftpflichtv (vgl. dazu Anm. G 59). Dennoch sollte der Aufforderung von Kessler (HansRGZ 1940 A Sp. 165 bis 166), den Ausschlußtatbestand ganz zu streichen, nicht gefolgt werden. Es ist ungleich schwerer, einem Vmer anhand des § 1 AHB den Ausschluß derartiger Ansprüche klarzumachen als anhand der überlieferten Ausschlußbestimmung. Zu bedenken ist dabei auch, daß die Ausdrücke „Haftpflicht" und „Haftpflichtbestimmung" mehrdeutig sind und daß früher für Ansprüche der in § 4 I Ziff. 2 AHB aufgeführten Art Vsschutz in der Haftpflichtv gewährt worden ist (vgl. dazu Elperting ZVersWiss 1913 S. 336—338; ferner die Nachweise bei Oberbach I S. 209 in Anm. 44 und bei Sieg Ausstrahlungen S. 54—55). Auch war die Frage, inwieweit derartige Ansprüche von der Haftpflichtv erfaßt werden, vor Klarstellung durch die Bedingungen streitig (vgl. die Nachweise bei Josef ZVersWiss 1912 S. 360). Erinnern möge man sich bei der Entscheidung darüber, ob die Bestimmung beibehalten werden soll, auch an folgende (mit diesem Streit im engen Zusammenhang stehende, wenn auch nicht entscheidungserhebliche)

Ausführungen in RG 7. XI. 1914 RGZ Bd 86 S. 4—5: „Dagegen besteht kein Grund, die Fälle auszunehmen, wo infolge späterer Ereignisse, die der Vte zu vertreten hat, neben der zugesagten Leistung oder an ihre Stelle eine Ersatzleistung tritt, sofern der Vte dadurch einen Schaden erleidet. Auch die in diesem Zusammenhang viel besprochene Verbindlichkeit des Dienstherrn, im Falle der Erkrankung des Bediensteten das Gehalt fortzuzahlen und die Kosten der Heilung usw. zu tragen, erscheint nicht ausgenommen. Vom Standpunkt des Bediensteten und überhaupt im Verhältnis der Parteien des Dienstvertrages erscheinen freilich auch diese Leistungen nicht als Schadenersatz, sondern als Erfüllung. Aber was die V angeht, so kommt es nicht darauf an, ob der Dritte Schaden erlitten hat und Schadenersatz fordert, sondern nur darauf, ob der Vte geschädigt erscheint, ob er infolge eines zufälligen Ereignisses zu einer Leistung verpflichtet wird, für die er einen wirtschaftlichen Gegenwert so, wie die Parteien jenes Vertrages es sich nach den getroffenen Vereinbarungen gedacht und bestimmt hatten, nicht erhält."

Derartiger Auslegung, der heute schon mit Rücksicht auf § 1 AHB nicht gefolgt werden kann (vgl. dazu Anm. G 59), beugt der Ausschlußtatbestand vor. Allerdings besteht bei der jetzigen Fassung die Gefahr (vgl. die zutreffenden Hinweise bei Matt Haftpflichtvstechnik S. 33, NeumZ 1935 S. 482, Kessler a. a. O. Sp. 166, Kreuzhage Kernfragen S. 20—21 und Oberbach I S. 209), daß oberflächliche Leser des § 4 I Ziff. 2 AHB den Eindruck erhalten könnten, Ersatzansprüche wegen Lohn- und Gehaltsforderungen seien in keinem Falle gedeckt. Vielleicht sollte man daher die Bestimmung dahin ergänzen, daß es sich um Ansprüche „von Bediensteten des Vmers" handelt (so Jannott Vervollkommnung S. 36).

Bestritten ist, ob der Ausschlußtatbestand auch dann eingreift, wenn die in § 4 I Ziff. 2 AHB ausgeschlossenen Ansprüche vom Bediensteten des Vmers nicht geltend gemacht werden, wohl aber Schadenersatzansprüche, die inhaltlich auf das gleiche gehen. Wunderlich Deckungsumfang S. 46—47 bejaht dafür den Vsschutz (ebenso Böhm VersR 1953 S. 172; a. M. Hartung Haftpflichtv S. 60, Kühfuß ÖffrV 1934 S. 240, Oberbach I S. 210). Der Auffassung von Wunderlich a. a. O. ist zuzustimmen. Ein echter Schadenersatzanspruch wird nicht von der hier behandelten Ausschlußklausel erfaßt. § 4 I Ziff. 2 AHB bleibt demgemäß im Ganzen ein unechter Ausschlußtatbestand, während ihm nach der Gegenmeinung insoweit ein gegenüber § 1 AHB selbständiges Element zukommen würde (Hartung Haftpflichtv S. 60). Eine Stütze findet die hier vertretene Auffassung auch darin, daß wohl Ansprüche aus §§ 616, 617 BGB, nicht aber solche aus § 618 BGB als ausgeschlossen aufgeführt sind. Nach allgemeiner Meinung sind demgemäß Ansprüche aus § 618 BGB gedeckt (Hagen ZVersWiss 1910 S. 469, Josef ZVersWiss 1912 S. 360, Oberbach I S. 210, Wussow[5] Anm. 72 zu § 1 AHB, S. 138 und Anm. 4 zu § 4 AHB, S. 293—294). Soweit nicht § 636 RVO eingreift, könnte also die Weiterzahlung des Gehalts unter Umständen bei entsprechendem Verschulden auch als Schadenersatz nach § 618 BGB verlangt werden. Zuzugeben ist Hartung a. a. O. S. 60 allerdings, daß dort, wo der Anspruch nur im Gewande eines Schadenersatzanspruchs erscheint, ohne daß dieses Vorbringen der materiellen Prüfung standhält, der Ausschlußtatbestand eingreift. Zu bedenken ist dabei insbesondere, daß regelmäßig schon deshalb kein Schadenersatzanspruch gegeben ist, weil es wegen der vertraglichen Leistungspflicht des Vmers an einem Schaden überhaupt fehlt.

Daß § 4 I Ziff. 2 AHB nicht eingreift, wenn im Rahmen eines Arbeitsverhältnisses Schadenersatzansprüche erhoben werden, die nicht unter die in der Ausschlußbestimmung genannten Anspruchsnormen fallen, sei nur der Vollständigkeit wegen erwähnt. Darüber herrscht Einigkeit (Kühfuß ÖffrV 1934 S. 239, Matt NeumZ 1935 S. 482, Oberbach I S. 209). So besteht Vsschutz, wenn der Dritte einen nach § 636 RVO unbegründeten Anspruch auf Zahlung von Schmerzensgeld erhebt oder — ebenfalls entgegen § 636 RVO — für die Zeit nach Ablauf der vertraglichen Gehaltsfortzahlung von 6 Wochen für das entgehende Gehalt nach § 618 BGB Schadenersatz verlangt. Hier gewinnt die Rechtsschutzfunktion der Haftpflichtv Bedeutung.

[G 165] bb) Ansprüche aus Tumultschädengesetzen.

Die Ausschlußbestimmung ist entgegen der Annahme von Wussow[5] Anm. 5 zu § 4 AHB, S. 294 nicht ganz ohne praktische Bedeutung. Richtig ist allerdings, daß nach dem

Reichstumultschäden-Gesetz vom 12. V. 1920 (RGBl. I S. 941) mit Änderungen vom 8. I. 1924 (RGBl. I S. 23) grundsätzlich nur die Bundesrepublik haftet, während Ansprüche gegen Länder und Gemeinden von den Geschädigten nicht mehr erhoben werden können. Dem Bund steht aber ein teilweiser Erstattungsanspruch gegen Länder und Gemeinden zu. Dieser Anspruch ist vom OLG Hamm 25. X. 1922 VA 1923 Anh. S. 60–61 Nr. 1318 als privat- und nicht als öffentlich-rechtlicher Anspruch qualifiziert worden. Nach heutiger Auffassung wird man dem nicht mehr folgen können. Insoweit kommt daher dem Ausschlußtatbestand nur noch klarstellende Funktion zu (vgl. Oberbach I S. 214). Doch ist weiter zu bedenken, worauf Oberbach (a. a. O. S. 213) zutreffend hinweist, daß nach § 11 RTSchG die landesrechtlichen Bestimmungen, die dem Geschädigten einen Anspruch gegen Täter und Anstifter des Tumults gewähren, unberührt bleiben. Ein derartiger Anspruch wird aber vom Ausschlußtatbestand erfaßt. Das kann deshalb von Bedeutung sein, weil nach diesen Ländergesetzen zum Teil ohne ein Verschulden im Sinne des § 823 BGB gehaftet wird (vgl. z. B. § 11 b der Preußischen Verordnung zur Aufrechterhaltung der öffentlichen Ordnung und der dem Gesetz dienenden Achtung vom 17. VIII. 1835 GS S. 170).

Soweit aus Anlaß eines Tumults ein Anspruch aus § 823 BGB begründet ist, besteht im übrigen (vorbehaltlich eines etwaigen Eingreifens von § 152) Vsschutz, da der Ausschluß sich auf Ansprüche aus Tumultschädengesetzen beschränkt (Hartung Haftpflichtv S. 60, Oberbach I S. 213, Wussow[5] Anm. 5 zu § 4 AHB, S. 294). Eine weitergehende Fassung der Ausschlußbestimmung (Ausschluß von Ansprüchen aus Tumultschäden schlechthin) ist vom Aufsichtsamt abgelehnt worden (vgl. VA 1921 S. 118).

d) Ausschluß von Auslandsschäden.

Gliederung:

[G 166] aa) Rechtsnatur der Regelung in § 4 I Ziff. 3 AHB.

§ 4 I Ziff. 3 AHB schließt (mit Ausnahme der Regreßansprüche aus §§ 903, 1042 und 1219 RVO a. F. = §§ 640, 641, 849 n. F.) Haftpflichtansprüche aus im Ausland vorkommenden Schadenereignissen vom Vsschutz aus. Nach der Fassung der Bedingungen kann nicht daran gezweifelt werden, daß es sich insoweit um einen Ausschlußtatbestand handelt. Kessler HansRGZ 1940 A Sp. 165 und Wussow[5] Anm. 6 zu § 4 AHB, S. 294 ist allerdings zuzugeben, daß es naheliegt, die räumliche Beschränkung des Vsschutzes so klarzustellen, wie es in § 2 Ziff. 1 AKB geschehen ist. Solange eine derartige Fassung aber nicht in die AHB übernommen ist, greifen die für Ausschlußbestimmungen geltenden Regeln ein. Insbesondere treffen den Ver die Folgen der Beweislosigkeit, wenn sich nicht feststellen läßt, ob das Schadenereignis im In- oder Ausland eingetreten ist. Aus der Fassung des jeweiligen Vertrages kann sich allerdings unter Umständen im Einzelfall ergeben, daß schon im Policentext eine diesbezügliche primäre Risikobeschränkung vorgenommen worden ist. Alsdann kommt der Ausschlußbestimmung nur wiederholende Bedeutung zu. Die Beweislast dafür, daß das Schadenereignis im Inland eingetreten ist, trifft dann den Vmer.

[G 167] bb) Zum Begriff „Ausland“ im Sinne des § 4 I Ziff. 3 AHB.

Maßgebend für die Bestimmung des Begriffs „Ausland“ ist die staatsrechtliche Auffassung (LG Duisburg 20. XII. 1960 VersR 1961 S. 938–939). Diese geht noch von einem Weiterbestehen des Deutschen Reiches aus. Demgemäß ist das Gebiet der DDR nach allgemeiner Meinung nicht als Ausland anzusehen (Hartung Haftpflichtv S. 63, Oberbach Grundlagen B 3 S. 9, Prölss[17] Anm. 3 zu § 4 AHB, S. 667, Theda ZfV 1968 S. 267, Wussow[5] Anm. 6 zu § 4 AHB, S. 294). Für die von Polen „verwalteten“ deutschen Ostgebiete läßt sich dagegen eine solche Auffassung nicht halten (ebenso Anonym [Hei.] VW 1964 S. 302 und Wussow[5] Anm. 6 zu § 4 AHB, S. 294; a. M. Theda ZfV 1968 S. 267). Zwar haben weder das Deutsche Reich noch die Bundesrepublik Deutschland als legitimer Rechtsnachfolger (bzw. die bis zur Konstituierung der Bundesrepublik für das Deutsche Reich handelnden Westalliierten) die Annektion anerkannt. Die Übernahme der vorläufigen Verwaltung in diesen Gebieten durch Polen geschah aber mit Zustimmung aller Alliierten. Die Situation ist danach anders, als sie es im Saarland bis zu seiner Rückgliederung war. Aus dem Gesagten folgt, daß Ansprüche aus Schadenereignissen aus dem von Rußland annektierten Teil Ostpreußens ebenfalls nicht unter den Vsschutz fallen (ebenso Anonym [Hei.] VW 1964 S. 302; a. M. Theda ZfV 1968 S. 267).

Zum Ausland zählt auch das Niemandsland. Befindet sich ein deutsches Handelsschiff auf hoher See, so will Theda ZfV 1968 S. 268 — anders als beim Aufenthalt in fremden Hoheitsgewässern — ein auf dem Schiff eintretendes Schadenereignis als im Inland geschehen ansehen. Dem darf man bei interessegemäßer Abwägung noch zustimmen, soweit kein Kollisionsfall in Frage steht. Zu Recht hat aber Prölss[17] Anm. 3 zu § 4 AHB, S. 667 seine früher vertretene Auffassung ([10] Anm. 3 zu § 4 AHB, S. 470) aufgegeben, daß Vsschutz immer gegeben sei, wenn deutsches Deliktsrecht, z. B. nach der VO vom 7. XII. 1942 (RGBl. I 706), gelte. Zwar bieten derartige Fälle den deutschen Vern in aller Regel keine größeren Schwierigkeiten als im Inland eintretende Schadenfälle. Der Wortlaut der Bestimmung stellt aber eindeutig auf den Schadenort ab. Umgekehrt besteht Vsschutz, wenn ein deutscher Vmer z. B. in New York wegen eines Schadenfalls verklagt wird, der sich in Deutschland zugetragen hat. Dieser Vsschutz besteht auch dann, wenn das ausländische Gericht sein eigenes Recht anwendet, gleichgültig ob der Vmer nach auländischem Recht in weiterem Umfang haftet als nach deutschen Rechtsgrundsätzen (Stiefel VW 1959 Sonderbeilage Nr. 5, a. M. wohl Oberbach I S. 214). Fallen „Verstoß" und „Schadenereignis" zeitlich und örtlich auseinander, so muß auch hier nach den AHB als maßgebend der Ort des Schadenereignisses angesehen werden. Liegt dieser im Ausland, so besteht kein Vsschutz (LG Duisburg 20. XII. 1960 VersR 1961 S. 938—939; a. M. vom Standpunkt der Verstoßtheorie aus: Heinzelmann JRPV 1937 S. 303—304). Umgekehrt besteht für im Inland eintretende Schadenereignisse, die auf im Ausland begangene Verstöße zurückzuführen sind, Vsschutz (a. M. Stiefel a. a. O.).

In der Privathaftpflichtv ist es heute ohne weiteres möglich — in Abänderung von § 4 I Ziff. 3 AHB — weltweiten Vsschutz zu erhalten (vgl. VA 1961 S. 238—239 und zur vorangegangenen Europadeckung VA 1955 S. 184—185). Zur weltweiten Ausdehnung des Vsschutzes bei der Haftpflichtv für Halter von Wasserfahrzeugen vgl. VA 1964 S. 119. Zur Auslandsdeckung in der Privat- und Berufshaftpflichtv für Lehrer vgl. Nr. 11 der „Besonderen" Bedingungen (VA 1969 S. 14).

[G 168] cc) Besonderheiten nach § 4 Ziff. 1 AHBVerm.

Eine abweichende Regelung findet sich in § 4 Ziff. 1 AHBVerm. Danach ist in Übereinstimmung mit § 5 Ziff. 1 AHBVerm für den Ausschluß maßgebend, wo der Verstoß begangen worden ist („wegen einer im Ausland begangenen Tätigkeit"). Darüber hinaus sind aber auch alle Haftpflichtansprüche vom Vsschutz ausgeschlossen, die auf der Verletzung (oder Nichtbeachtung) ausländischen Rechts beruhen und auch solche, die vor ausländischen Gerichten geltend gemacht werden. Bei wörtlicher Anwendung des letztgenannten Teils der Ausschlußbestimmung hängt der Vsschutz davon ab, ob der geschädigte Dritte vor einem deutschen Gericht oder aber vor einem ausländischen klagt, ein unbefriedigendes Ergebnis. Eine Korrektur nach dem mutmaßlichen Sinne der Bestimmung, daß nur insoweit der Vsschutz ausgeschlossen sei, als von dem ausländischen Gericht zu Unrecht mehr zuerkannt worden ist als das von diesem angewandte deutsche Recht nach herrschender deutscher Auffassung zubilligt, läßt sich aber angesichts des unmißverständlichen Wortlauts nicht verantworten. Das ergibt sich insbesondere auch daraus, daß es in der Klausel ausdrücklich heißt, daß der Ausschluß auch für den Fall eines inländischen Vollstreckungsurteils (nach § 722 ZPO) gelte. Begeht der Vmer also den Verstoß im Inland und tritt der Schaden im Ausland ein, so besteht Vsschutz, es sei denn, daß die Klage im Ausland erhoben wird.

Zu dem Sonderfall, daß — abweichend von § 4 Ziff. 3 AHBVerm — nicht nur Verstöße im Ausland sondern auch inländische Verstöße ausgeschlossen sind, soweit der

Schaden wiederum im Ausland eintritt, vgl. OLG Saarbrücken 1. XII. 1964 VersR 1966 S. 54—56.

[G 169] e) Ausschluß von Haftpflichtansprüchen aus der Teilnahme an bestimmten Sportarten.

aa) § 4 I Ziff. 4 AHB.

Durch § 4 I Ziff. 4 AHB werden Haftpflichtansprüche aus Schäden infolge Teilnahme an Pferde-, Rad- und Kraftfahrzeugrennen, Box- oder Ringkämpfen sowie dem Training hierzu vom Vsschutz ausgenommen. Es leuchtet ein, daß der Ausschluß wegen der besonderen Gefährlichkeit der aufgeführten Sportarten erfolgte. Dem Ausschluß von Kraftfahrzeugrennen kommt in der Mehrzahl der Fälle keine Bedeutung zu, da das Kraftfahrzeugrisiko meist durch besondere Klauseln vom Vsschutz in der Allgemeinen Haftpflichtv ausgenommen worden ist (vgl. dazu Anm. G 262—270). Ausgeschlossen sind nur Haftpflichtansprüche gegen den jeweiligen aktiven Teilnehmer der genannten Sportarten, nicht dagegen gegen den Veranstalter, einen Ordner oder auch gegen einen Schiedsrichter (a. M. bezüglich des letzteren Wussow[5] Anm. 9 zu § 4 AHB, S. 298); selbstverständlich wird durch die genannte Klausel auch nicht der Vsschutz, eines Zuschauers (im Rahmen seiner privaten Haftpflichtv) berührt. Soweit ausnahmsweise auch eine Haftung eines Aufsichtspflichtigen für eine Handlung eines Teilnehmers gegeben ist, z. B. nach § 832 BGB, oder auch der Aufsichtspflichtige zu Unrecht in Anspruch genommen wird, besteht ebenfalls Vsschutz.

Der Begriff des Rennens ist nach der Verkehrsanschauung zu bestimmen, allerdings nicht uneingeschränkt. Soweit nämlich von der Verkehrssprache auch solche Veranstaltungen als Rennen bezeichnet werden, bei denen es überwiegend auf die Geschicklichkeit (und nicht die höchstmögliche Geschwindigkeit) der Teilnehmer ankommt, greift der Ausschlußtatbestand mit Rücksicht auf seinen Zweck, vom Haftpflichtver Schadenfälle aus der sich aus der hohen Geschwindigkeit zwangsläufig ergebenden besonderen Gefahr fernzuhalten, nicht ein (Oberbach I S. 217, Wussow[5] a. a. O. S. 296). Dieser Grundsatz kommt in § 2 Ziff. 3 b AKB expressis verbis zum Ausdruck. Es ist durchaus sachgerecht, diese Restriktion auf § 4 I Ziff. 4 AHB als sinnentsprechende Ergänzung zu übertragen. Eine Rennveranstaltung im Sinne der Ausschlußbestimmung setzt weiter eine gewisse Organisation voraus. Sie liegt daher dann nicht vor, wenn zwei Radfahrer „um die Wette" fahren oder im Straßenverkehr sich ein Verkehrsteilnehmer nicht überholen lassen will. Aber auch eine zwischen mehreren Personen abgesprochene Wettfahrt wird man nicht als Rennen im Sinne der AHB ansehen können, so lange es an einer dem Außenstehenden erkennbaren Organisation fehlt. Veranstaltungen von Kindern mit ausgesprochenem Spielcharakter fallen ebenfalls nicht unter den Ausschlußtatbestand (sog. „Straßenrennen").

Auch für den Begriff des Box- oder Ringkampfes ist eine organisatorische Abgrenzung erforderlich. Schlägereien unter Kindern oder auch unter Erwachsenen erfüllen diesen Begriff nicht, auch wenn dabei gewisse Regeln für den Kampf abgesprochen werden. Werden allerdings von Kindern im Rahmen eines Vereins oder Schulfestes Boxkämpfe durchgeführt, so greift der Ausschlußtatbestand ein.

Für das Training zu den genannten Sportarten gilt der Ausschluß kraft ausdrücklicher Bestimmung aus erklärlichem Grunde ebenfalls. Voraussetzung ist dabei, daß das Training selbst Wettkampfcharakter hat (Hartung Haftpflichtv S. 62). Das bedeutet, daß das Training auch die spezielle Gefährlichkeit der ausgeschlossenen Sportart aufweisen muß, so daß ein reines Konditionstraining nicht darunter fällt (Hartung a. a. O.). Nicht erforderlich ist es aber, daß alle Wettkampfmerkmale vorhanden sind. Demgemäß ist der Ausschlußtatbestand auch bei einer Einzelfahrt auf einer Übungsbahn gegeben, sofern diese Fahrt der Erzielung einer Höchstgeschwindigkeit dient und nicht etwa der Erprobung der technischen Eigenschaften des Rennrades (vgl. dazu BGH 14. V. 1964 VersR 1964 S. 721 [zu § 2 Ziff. 3 b AKB]). Der Ausschluß greift nicht ein, wenn ein Teilnehmer eines Rennens sein Training darin sieht, im Straßenverkehr möglichst schnell zu fahren. Für den Box- und Ringkampf wird man im Grundsatz als ausgeschlossene Trainingsart nur den Kampf Mann gegen Mann gelten lassen können, also beim Boxen den sog. Sparringskampf. Hingegen wird das Boxen am Sandsack — ebenso wie das Schattenboxen — vom Vsschutz erfaßt. Eine besondere Gefährlichkeit für Dritte kann insoweit nicht erkannt werden, so daß die restriktive Auslegung geboten ist.

[G 170] bb) Besonderheiten der Privathaftpflichtversicherung.

In den Erläuterungen zur Privathaftpflichtv findet sich meist der Satz, daß die Haftpflicht aus der Ausübung jeder Art von Sport vert sei, davon ausgenommen jedoch Boxen, Ringen, Jiu Jitsu, Judo, Karate, Eishockey, Rugby und Jagd. Der Vsschutz für die Haftpflicht aus einer sportlichen Betätigung wird demgemäß durch eine weitere Ausschlußklausel eingegrenzt. Unklar ist dabei, ob neben der wettkampfmäßigen Ausübung auch das Training vom Ausschluß erfaßt wird. Das ist nach dem Sinn der Regelung in Anlehnung an § 4 I Ziff. 4 AHB zu bejahen, soweit das Training Wettkampfcharakter hat. — Auch hier werden auf § 832 BGB gestützte Haftpflichtansprüche vom Vsschutz erfaßt.

Die Erläuterungsbestimmung ist nicht so zu verstehen, daß § 4 I Ziff. 4 AHB bezüglich der in der Klausel nicht angeführten Rennen abgeändert werden sollte. Das zeigt schon das im Einleitungssatz der Erläuterungen verwendete Wort „bedingungsgemäß" (Boettinger Grundlagen C 2 — IX S. 17, 19). Das Nebeneinanderbestehen zweier sich teilweise überschneidender Ausschlußklauseln ist allerdings unschön. Der Sinn ist aber erkennbar der, sämtliche in beiden Klauseln genannte Sportarten auszuschließen.

Ein sachlich einleuchtender Grund für den Ausschluß des Risikos aus Jiu-Jitsu und Judokämpfen ist allerdings nicht zu erkennen, da eine besondere Gefährlichkeit nicht gegeben ist. Hier wäre daher eine Verbesserung des Bedingungswerks angebracht.

f) § 4 I Ziff. 5 AHB.

Gliederung:

[G 171] Schrifttum:

Adler VW 1958 S. 760—761, Böhme VW 1960 S. 492—493, Boettinger VersR 1950 S. 154—156, VersR 1951 S. 94, VersR 1952 S. 382—383, Gaisbauer VersPrax 1966 S. 199—200, Garbe VW 1964 S. 290—291, Goujet VersPrax 1951 S. 129, Haasen VW 1965 S. 440—441, Hübner VersPrax 1961 S. 66—67, Kemperdiek ZfV 1964 S. 336—337, Mankowski, Haftung nach dem Wasserhaushaltsgesetz und Haftpflichtv, Karlsruhe 1964, S. 61—65, Mankowski VW 1965 S. 342—343, Otto VersPrax 1966 S. 200, Rohde VersR 1962 S. 103—112, Roth VersR 1962 S. 485—487, Schako VW 1956 S. 263, Schmalzl VersR 1953 S. 467—468, H. J. Wussow, Haftung und V bei der Bauausführung, 2. Aufl., Köln 1966, S. 306—308.

[G 172] aa) Vorbemerkung.

aaa) Sinn und Zweck des Ausschlusses.

§ 4 I Ziff. 5 AHB stellt (in recht unübersichtlicher Fassung) eine Reihe von Tatbeständen zusammen, die vom Vsschutz ausgenommen sind. Allgemein wird angenommen, daß der Grund für die Versagung des Vsschutzes in diesen Fällen der sei, daß es sich um Schäden mit unübersehbaren Folgen handeln könne, deren Eintritt und Ablauf unberechenbar seien (BGH 21. II. 1951 VersR 1951 S. 79–80, 19. XI. 1956 VersR 1956 S. 790, OLG München 2. V. 1952 VersR 1952 S. 270–271, Boettinger VersR 1951 S. 94, Hartung Haftpflichtv S. 62, Wussow[5] Anm. 15 zu § 4 AHB, S. 302). Diese Auffassung erscheint als zutreffend, wenn auch nicht für alle Tatbestände des § 4 I Ziff. 5 AHB, so z. B. nicht für die Weide- und Wildschäden. Für eine Reihe der in § 4 I Ziff. 5 AHB zusammengefaßten Tatbestände kommt hinzu, daß sich für sie häufig Schadenursprung und Verantwortlichkeit nur sehr schwer feststellen lassen (BGH 19. XI. 1956 a. a. O., 20. IX. 1962 NJW 1962 S. 2106–2107 = VA 1963 S. 9 Nr. 348). Das gilt namentlich für die sog. Allmählichkeitsschäden (vgl. BGH 8. I. 1959 VA 1959 S. 78–79 Nr. 221 = VersR 1959 S. 174–175, OLG Köln 22. II. 1934 JRPV 1934 S. 253; Boettinger a. a. O., Oberbach I S. 219).

Der wiedergegebene Sinn der getroffenen Ausschlußregelung ist in gebotenen Grenzen bei der Auslegung zu berücksichtigen (hingegen besagt das vom BGH 21. II. 1951 a. a. O. zusätzlich gebrauchte Argument der geringen Prämienhöhe im Grunde genommen nichts; das gilt insbesondere, wenn man bedenkt, daß es für die Haftpflichtv geradezu typisch ist, daß zu Verträgen mit sehr geringen Prämien die schwersten Schäden anfallen können; so zutreffend [im anderen Zusammenhang] Wehn-Schmidt S. 18).

Zu beachten ist insbesondere, daß es sich mit Rücksicht auf die Fassung der Ausschlußbestimmung im konkreten Falle keineswegs um einen sogenannten Katastrophenfall zu handeln braucht (vgl. BGH 19. XI. 1956 a. a. O.). Vielmehr kann die Ausschlußbestimmung im konkreten Falle auch dann eingreifen, wenn Urheberschaft und Verantwortlichkeit klar zutage treten (BGH 19. XI. 1956 a. a. O.) oder wenn offensichtlich unbegründete Ansprüche geltend gemacht werden (was bei Katastrophenschäden nicht selten der Fall sein wird). Andererseits ist es unrichtig, ähnlich gefährliche Situationen wie die in § 4 I Ziff. 5 AHB genannten ohne Stütze im Wortlaut der Ausschlußbestimmung für ebenfalls ausgeschlossen zu halten. Insoweit gibt die erwähnte BGH-Entscheidung vom 19. XI. 1956 a. a. O. in gewissem Umfange zu Bedenken Anlaß; vgl. Anm. G 184. Zutreffend war es dagegen, daß vom BGH 21. II. 1951 a. a. O. die sprachlich etwas mißglückte Überschwemmungsklausel entsprechend dem wiedergegebenen Sinn der Ausschlußbestimmung zurechtgerückt worden ist, vgl. Anm. G 185.

Allgemein anerkannt ist auch, daß es bei allen Ausschlußtatbeständen des § 4 I Ziff. 5 AHB nicht darauf ankommt, ob die dort aufgezählten Schäden auf Grund von menschlichen Handlungen oder Naturkatastrophen eintreten (vgl. BGH 19. XI. 1956 a. a. O. m. w. N., Adler VW 1958 S. 760–761, Oberbach I S. 220, Schmalzl VersR 1953 S. 468, Wussow[5] Anm. 13 zu § 4 AHB, S. 300). Die Gegenmeinung von Boettinger VersR 1951 S. 94, die erstmals, wie aus KG 12. XI. 1932 JRPV 1933 S. 60 hervorgeht, vom LG Berlin vertreten worden ist, hat zu Recht (mit Ausnahme von OLG München 2. V. 1952 VersR 1952 S. 270–271) keinerlei Resonanz gefunden.

[G 173] bbb) Schadenfolgen.

Ausgeschlossen werden durch § 4 I Ziff. 5 AHB nur Sachschäden (also nicht Körperschäden). Im Unterschied zu der Ausschlußbestimmung des § 4 I Ziff. 6 b AHB (vgl. dazu Anm. G 216) ist der Ausschluß grundsätzlich vollständig und umfaßt daher sämtliche Schadenfolgen, soweit sie nicht zu einem Personenschaden führen (ebenso Beyer S. 140, Mankowski S. 62, Prölss[17] Anm. 5 zu § 4 AHB, S. 669). Etwas anderes gilt nur dann, wenn sich aus der Fassung der einzelnen Ausschlußtatbestände und dem konkreten Sinnzusammenhang ausnahmsweise eine Begrenzung auf bestimmte Schäden als gewollt ergibt. So werden z. B. durch die „Senkungsklausel" Schäden an beweglichen Sachen grundsätzlich nicht ausgeschlossen (vgl. dazu Anm. G 183).

[G 174] ccc) Gesamtkausalität.

Nur im ersten Augenblick problematisch erscheinen die Fälle der Gesamtkausalität. Sie sind wie auch sonst im Recht dahin zu lösen, daß auf die Adäquanz des dem Ausschlußtatbestand zugrunde liegenden Sachverhalts abzustellen ist. Liegt adäquate

Kausalität vor, so entfällt danach der Vsschutz, gleichgültig, welche Ursachen noch mitgewirkt haben (Oberbach I S. 218, Schmalzl VersR 1953 S. 468 m. w. N. in Anm. 15, Wussow[5] Anm. 13 zu § 4 AHB, S. 300; BGH 20. IX. 1962 NJW 1962 S. 2106—2107 = VA 1963 S. 9 Nr. 348, 12. V. 1966 VersR 1966 S. 722—723, OLG Köln 22. II. 1934 VA 1934 S. 37—38 Nr. 2689 = JRPV 1934 S. 253, OLG München 2. V. 1952 VersR 1952 S. 270—271).

Abzugrenzen von der so verstandenen Gesamtkausalität, in der der gesamte Schaden mit durch ein unter einen Ausschlußtatbestand fallendes Ereignis herbeigeführt worden ist, sind solche Fälle, in denen das ausgeschlossene Ereignis nur einen Teil eines Gesamtschadens verursacht hat. Hier besteht nur bezüglich dieses Teils kein Vsschutz. Beispiel: BGH 12. V. 1966 a. a. O.: Der Vmer hatte fehlerhaften Mörtel geliefert, der als zweite Lage auf den Mauern und Wänden eines Gebäudes Verwendung fand. Durch die Mangelhaftigkeit des Mörtels entstanden auf der dritten Lage Bläschen und Löcher (sog. Kalkspatzen). Ursache dafür war Feuchtigkeit, die beim Abbinden der zweiten Lage dadurch entstand, daß in dem Mörtel versehentlich nicht ausreichend abgelöschte Kalkteilchen enthalten waren. Diese Kalkspatzen waren teils sofort, teils erst durch allmähliche Einwirkung der Feuchtigkeit entstanden. Der Berufungsrichter wollte — unter Hinweis auf die dem Ver obliegende Beweislast für das Vorliegen des Ausschlußtatbestandes — vollen Umfangs Vsschutz gewähren, weil er nicht feststellen könne, welcher Teil des Schadens auf das vte Ereignis und welcher Teil auf die ausgeschlossene Ursachenreihe zurückzuführen sei. Der BGH wies demgegenüber auf die naheliegende Möglichkeit hin, in einem derartigen Falle den nicht unter den Vsschutz des Vertrages fallenden Anteil des Schadens nach § 287 ZPO abzuschätzen.

[G 175] ddd) Zum Begriff der Allmählichkeit.

Den ersten fünf Tatbeständen des § 4 I Ziff. 5 AHB ist gemeinsam, daß es sich um allmähliche Einwirkungen handeln muß (daß Prölss[17] Anm. 5 zu § 4 AHB, S. 667 die Niederschläge nicht zu den Allmählichkeitsschäden rechnet, dürfte auf einem Versehen beruhen). Für sie gilt, wie in Anm. G 172 bemerkt, in besonderem Maße als ratio des Ausschlußgrundes der Umstand, daß sich in diesen Fällen wegen des verstrichenen langen Zeitraums die Verantwortlichkeit für das Geschehen nicht mehr oder nur unter großen Schwierigkeiten erkennen läßt (BGH 8. I. 1959 VA 1959 S. 78—79 Nr. 221 = VersR 1959 S. 174—175). Stets bedarf es sorgsamer Aufklärung anhand dieses Sinngehaltes der Klausel, ob die Annahme eines Allmählichkeitsschadens gerechtfertigt ist oder nicht. Der Gegensatz zu „allmählich" ist nicht nur „plötzlich", sondern auch „rasch" oder „kurzfristig", so daß sich feste zeitliche Grenzen nicht ziehen lassen (BGH 8. I. 1959 a. a. O.). „Allmählich" muß sich der Lebensvorgang vollzogen haben, der zum Schaden selbst führt. Daß dieser sich dann in vielen Fällen in seiner letzten Phase blitzschnell offenbart (wie z. B. beim Kurzschluß infolge allmählicher Einwirkung der Feuchtigkeit: OLG München 2. V. 1952 a. a. O.), ändert an der Allmählichkeit des Gesamtvorganges nichts (BGH 12. V. 1966 a. a. O.). Auch dann liegt ein Allmählichkeitsschaden vor, wenn die erste Schadenursache plötzlich eingetreten ist (Beispiel: Einsturz eines Kamins infolge starken Sturmes; Ausfall eines Reinigungsfilters durch Brand), aber dadurch ein weiterer Schaden an dritten Sachen durch allmähliche Einwirkung (etwa von Dämpfen oder Niederschlägen) des ohne derartige Sicherheitsvorkehrungen weiter produzierenden Betriebs eintritt (vgl. dazu auch AG München 21. III. 1957 VersR 1959 S. 508 mit zustimmender Anm. von Schmalzl a. a. O.). Demgemäß kann Prölss[17] Anm. 5 zu § 4 AHB, S. 667 auch nicht zugegeben werden, daß eine gewisse Verborgenheit des Entwicklungsprozesses gegeben sein müsse. Andererseits liegt kein Allmählichkeitsschaden vor, wenn in einen durch Gas verpesteten Raum weitere Sachen gebracht werden, die in kurzer Zeit verderben (BGH 8. I. 1959 a. a. O.). Darauf, daß sich das Gas selbst längere Zeit in dem Raum befindet, kommt es nicht an.

[G 176] bb) Ausschlußbestände im einzelnen.

aaa) Temperatur.

Haftpflichtansprüche, die auf eine allmähliche Einwirkung der Temperatur zurückzuführen sind, treten selten auf. An veröffentlichten Entscheidungen fehlt es ganz.

Hier wird es auch kaum zu den in Anm. G 172 erwähnten Katastrophenschäden kommen können. Eine allmähliche Einwirkung der Temperatur kann bei der Selbstentzündung von Heu (Beispiel von Hartung Haftpflichtv S. 64) vorliegen. Auch andere Tatbestände der Selbstentzündung von Sachen sind leicht vorstellbar. Gedacht sei etwa an die Selbstentzündung eines bestimmungsgemäß einer Nutzwärme ausgesetzten Isolierungsmaterials. Beim Einfrieren von Wasser in Leitungsrohren (mit anschließendem Zerplatzen) wird es hingegen im allgemeinen an der Allmählichkeit der Einwirkung fehlen (Hartung Haftpflichtv S. 64).

Wird bei der Reparatur einer elektrischen Leitung von dem Handwerker vergessen, den Strom für die Kühlanlagen wieder einzuschalten oder wird sonst durch ein Versehen eines Dritten die Stromzufuhr für derartige Kühleinrichtungen unterbrochen, so handelt es sich bei dem durch den Ausfall der Spezialtemperatur eintretenden Verderb der Ware nicht um einen nach dem Sinn der Bestimmung ausgeschlossenen Schaden.

[G 177] bbb) Gase und Dämpfe.

Bei der Auslegung der Begriffe Gase und Dämpfe ist vom physikalischen Sprachgebrauch unter Berücksichtigung der Verkehrsanschauung auszugehen. Demgemäß fallen z. B. die relativ seltenen Schäden, die durch die Luft als solche hervorgerufen werden, nicht unter den Ausschlußtatbestand (Hartung Haftpflichtv S. 65). Ein instruktives Beispiel für einen durch Gase angerichteten Sachschaden betraf BGH 8. I. 1959 VA 1959 S. 78—79 Nr. 221 = VersR 1959 S. 174—175. Hier waren infolge eines fehlerhaften Farbanstriches (übler Gestank durch Gasentwicklung) in einem Kühlhaus Wurstwaren verdorben. Zu Recht ist vom BGH 8. I. 1959 a. a. O. allerdings das Vorliegen eines Allmählichkeitsschaden verneint worden, da die Ware schon nach kurzer Zeit ungenießbar war (ebenso als Vorinstanz OLG Karlsruhe 20. III. 1957 VersR 1957 S. 526—527; vgl. auch OLG Braunschweig 17. XII. 1953 VersR 1953 S. 133). Anders ist selbstverständlich der Fall zu entscheiden, wenn Ware etwa erst durch wochenlange Lagerung auf Grund der andauernden Einwirkung verdorben wird.

Der Ausschluß von Haftpflichtschäden aus der allmählichen Einwirkung von Dämpfen geht zurück auf RG 20. I. 1911 VA 1911 Anh. S. 62—63 Nr. 604. Es handelte sich um einen Sachverhalt, bei dem nach der Feststellung des Tatrichters durch Ausscheiden von Bleidämpfen aus dem Betriebe des Vmers notwendig mit Schäden an den Äckern und Gärten des Nachbarn gerechnet werden mußte. Das RG a. a. O. entschied damals (ohne sich auf einen Ausschlußtatbestand der vorliegenden Art stützen zu können), daß es sich um ein nicht vtes Ereignis handle, da es zum Begriff der Haftpflichtv gehöre, daß der Eintritt des Schadens ungewiß sei. Die ausdrückliche Aufnahme des Ausschlußtatbestandes der allmählichen Einwirkung von Dämpfen befreit von der ansonsten notwendigen und häufig sehr schwierigen Feststellung, daß der Eintritt des Schadens gewiß und vorhersehbar gewesen sei. Zur Frage, inwieweit es im übrigen nach heutiger Auffassung zum Begriff des Schadenfalles in der Haftpflichtv gehört, daß es sich um ein sog. unvorhergesehenes Ereignis handelt, und über die Abgrenzung zum Ausschluß der Vorsatzschäden vgl. im übrigen Anm. G 62. Als Beispiel für einen Dampfschaden vgl. weiter AG München 21. III. 1957 VersR 1959 S. 509 mit zustimmender Anm. von Schmalzl a. a. O.

[G 178] ccc) Feuchtigkeit.

Ein Feuchtigkeitsschaden im Sinne des § 4 I Ziff. 5 AHB liegt vor, wenn flüssige Stoffe in verhältnismäßig geringer, fein verteilter Menge allmählich auf eine Sache einwirken (Hartung Haftpflichtv S. 65, Mankowski S. 63 m. w. N. in Anm. 97). Um was für Stoffe es sich dabei handelt, ist gleichgültig, wenn sie nur flüssig sind (Hartung a. a. O., Mankowski a. a. O.). Auch Öl ist dazu zu rechnen (ebenso H. J. Wussow Haftung und V bei der Bauausführung S. 307; unrichtig LG Kiel 29. I. 1965 VersR 1965 S. 894—895).

Eine Flüssigkeit ist nach dem Sprachgebrauch stets auch feucht. Dennoch sind zu den durch allmähliche Einwirkung der Feuchtigkeit hervorgerufenen Zuständen, die nicht unter den Vsschutz fallen, nicht etwa alle Flüssigkeitsschäden zu rechnen. Es muß vielmehr nach dem Sinn der Ausschlußbestimmung hinzukommen, daß — abgesehen von dem zusätzlichen Merkmal der Allmählichkeit — die Flüssigkeit nur in der genannten geringen Menge (in Tropfenform) auftritt. Diese Auslegung ergibt sich insbesondere auch daraus, daß in früheren Bedingungen Schäden durch Feuchtigkeit und Flüssigkeit ausgeschlossen waren (vgl. dazu und zum Feuchtigkeitsbegriff überhaupt: Schako VW 1956 S. 263). Zutreffend hat OLG München 2. V. 1952 VersR 1952 S. 270—271 einen Feuchtigkeitsschaden angenommen bei einem elektrischen Kurzschluß infolge allgemeiner Feuchtigkeit der Wände des im Kriege beschädigten Hauses; instruktiv ferner OLG Köln 22. II. 1934 JRPV 1934 S. 253 (Durchrosten von Heizungsrohren infolge mangelhafter Isolierung gegen Erdfeuchtigkeit). Zu Recht ist dagegen ein Feuchtigkeitsschaden im Sinne des Bedingungsrechts vom OLG Breslau 15. X. 1930 VA 1930 S. 256—257 Nr. 2212 in einem Falle, bei dem aus einer undichten Wasserleitung herausströmendes Wasser den unter einem Haus befindlichen Boden aufweichte (was zum Einsturz des Gebäudes führte), abgelehnt worden. Hier handelte es sich nicht um einen Feuchtigkeits-, sondern um einen vten Flüssigkeitsschaden (zweifelnd Prölss[17] Anm. 5 zu § 4 AHB, S. 668). Dagegen ist ein typisch unter die ratio des Ausschlußtatbestandes fallender Sachverhalt gegeben, wenn Bodenfeuchtigkeit allmählich durch eine mangelhafte Isolierung dringt und zum „Verwerfen" eines Parketts führt (LG Osnabrück 6. VII. 1966 VersR 1967 S. 49—50).

In den Mustererläuterungen zu den „Zusatzbedingungen für die V der Haftpflicht aus Gewässerschäden aus der Herstellung, Lieferung, Montage, Instandhaltung und Wartung von Anlagen im Rahmen der Betriebshaftpflichtv" (VA 1967 S. 143—145) heißt es unter Ziff. 2b, daß die Verbindung oder Vermischung gewässerschädlicher Stoffe mit Wasser nicht als allmähliche Einwirkung von Feuchtigkeit im Sinne des § 4 I Ziff. 5 AHB gelte. Nach der hier vertretenen Auffassung wird damit § 4 I Ziff. 5 AHB nicht abgeändert, sondern etwas sowieso Geltendes klargestellt (ebenso Vassel BB 1967 S. 909 und VA 1967 S. 160).

Wird eine Ölleitung undicht und sickert Öl in die Umgebung, so besteht Vsschutz, es sei denn, daß nur Tropfen der Flüssigkeit austreten (Goujet VersPrax 1961 S. 129, im Ergebnis ebenso: LG Kiel 29. I. 1965 a. a. O.; a. M. Hübner VersPrax 1961 S. 66—67, Rohde VersR 1962 S. 109; zweifelnd: Kemperdiek ZfV 1964 S. 336—337).

Im genannten Ausnahmefall wird es im übrigen meist an dem Merkmal der Allmählichkeit fehlen (vgl. Roth VersR 1962 S. 487). Da Haftpflichtansprüche aus Flüssigkeitsschäden (mit Ausnahme von Abwässern) grundsätzlich vt sind, ist auch die Feuchtigkeitsauswirkung eines Wasserschadens (z. B. Rohrbruch) im Prinzip nicht ausgeschlossen. Diese Feststellung ist deshalb nicht besonders bedeutsam, weil es bei diesen Randzonen eines Wasserschadens regelmäßig an der Allmählichkeit der Einwirkung fehlen wird. Es läßt sich aber denken, daß die Flüssigkeitsauswirkung nur teilweise erkannt und beseitigt worden ist, so daß sich Reste der ausgetretenen Flüssigkeit z. B. in einer Mauer als Feuchtigkeit niedersetzen und selbst nach Jahr und Tag noch zum Schaden führen. Hier findet dann der Ausschlußtatbestand der allmählichen Einwirkung von Feuchtigkeit trotz des genannten Grundsatzes wieder selbständige Anwendung.

Denkbar ist, daß ein Sachschaden durch allmähliche Einwirkung der Feuchtigkeit entsteht, der einen weiteren zur Folge hat, bei dem es sowohl an der Allmählichkeit als auch an der Feuchtigkeit fehlt. Es rostet z. B. rin Öltank infolge allmählicher Einwirkung der Bodenfeuchtigkeit durch und das austretende Öl verseucht das Grundstück eines Nachbarn. Hier fehlt es bezüglich des Nachbargrundstückes an der Unmittelbarkeit der allmählichen Einwirkung der Feuchtigkeit. Der Ausschlußtatbestand findet nach den in Anm. G 173—174 niedergelegten Grundsätzen aber auch hier Anwendung. Sämtliche Sachschäden, die auf eine allmähliche Einwirkung der Feuchtigkeit zurückzuführen sind, sind vom Vsschutz ausgeschlossen, gleichgültig, ob die Feuchtigkeit mittelbar oder unmittelbar den Schaden herbeigeführt hat, sofern nur adäquate Kausalität gegeben ist (BGH 20. IX. 1962 VA 1963 S. 8—9 Nr. 348 = NJW 1962 S. 2106—2107, 12. V. 1966 VersR 1966 S. 722—723; a. M. Mankowski S. 62—63). Es wäre daher besser gewesen, wenn in den Sonderbedingungen für die Gewässerschadenhaftpflichtv (VA 1965 S. 2—5) bezüglich der V der gesetzlichen Haftpflicht aus Öltankanlagen usw. der Ausschlußtatbestand der allmählichen Einwirkung der Feuchtigkeit gestrichen worden wäre (vgl. dazu einerseits Mankowski VW 1965 S. 342, andererseits Haasen VW 1965 S. 440—441). Aus dem Sinn der getroffenen Regelung läßt sich aber mit Haasen a. a. O. der Schluß treffend ziehen, daß — auch ohne eine solche Streichung — nach dem Zweck der speziellen Regelung derartige Schäden gerade typischerweise vom Vsschutz der speziellen Gewässerschadenhaftpflichtv erfaßt werden sollen.

Zutreffend ist es nach dem Gesagten aber, daß vom OLG München 2. V. 1952 VersR 1952 S. 270—271 bei einem Brand, der auf einen durch Feuchtigkeit verursachten Kurzschluß zurückzuführen war, der Vsschutz für Haftpflichtansprüche eines Mieters wegen der an seinen Sachen entstandenen Schäden verneint worden ist.

[G 179] ddd) Niederschläge.

Unter Niederschlägen im Sinne des § 4 I Ziff. 5 AHB sind alle möglichen Arten fester Stoffe in kleinster Form zu verstehen, die sich durch die Luft bewegen. Aus den Klammerbeispielen und der Systematik der Ausschlußbestimmung ergibt sich, daß entgegen dem Sprachgebrauch flüssige Stoffe (also z. B. Regenwasser) nicht als Niederschläge im Sinne des § 4 I Ziff. 5 AHB anzusehen sind (Oberbach I. S. 221). Neben dem ausdrücklich erwähnten Rauch, dem Ruß und dem Staub ist auch Sand zu nennen, wenn dieser z. B. durch ein Sandstrahlgebläse in die Luft gewirbelt wird. Zu den Niederschlägen ist auch ein auszustreuendes Pflanzenschutzmittel zu rechnen (OLG Koblenz 2. III. 1960 VersR 1960 S. 460). Doch fehlt es bei derartigem Material regelmäßig an der Allmählichkeit der Einwirkung, da die davon befallenen Pflanzen sofort geschädigt sind. Das wird von Wussow[5] Anm. 19 zu § 4 AHB, S. 307 und vom OLG Koblenz 2. III. 1960 a. a. O. verkannt (vgl. Böhme VW 1960 S. 492—493).

[G 180] eee) Abwässer.

α) Begriffsbestimmung.

Der Ausschluß von Abwässerschäden leitet die Reihe derjenigen Ausschlußtatbestände des § 4 I Ziff. 5 AHB ein, bei denen nicht das zusätzliche Merkmal der Allmählichkeit der Einwirkung aufgestellt ist. Auf die Dauer der Einwirkung des Abwassers kommt es demgemäß nicht an (so zutreffend LG Düsseldorf 21. V. 1968 VersR 1968 S. 1131 m. w. N. — überholt KG 28. I. 1928 JRPV 1928 S. 156: dort lagen offenbar im Wortlaut abweichende Bedingungen zu Grunde). Dem Risikoausschluß kommt mit Rücksicht auf die durch § 22 I WHG eingeführte reine Verursachungshaftung für Gewässerschäden besondere Bedeutung zu. Unter Abwasser ist eine Flüssigkeit zu verstehen, deren Grundbestandteil Wasser (H_2O) ist und die mit fremden Stoffen irgendwelcher Art durchsetzt ist (BGH 2. X. 1968 VersR 1968 S. 1080—1081). Nicht als Abwässer sind daher andere flüssige Industrieprodukte zu werten, in denen es am Wasser selbst fehlt (a. M. Hartung Haftpflichtv S. 71; richtig Rohde VersR 1962 S. 110, Wussow[5] Anm. 21 zu § 4 AHB, S. 309). Wie hoch der Wassergehalt mindestens sein muß, läßt sich im einzelnen nicht festlegen. Maßgebend muß insoweit die Verkehrsanschauung sein. Ein verhältnismäßig geringer Zusatz von Wasser zu einer anderen Flüssigkeit (etwa zu ausgelaufenem Öl oder anderem) macht dieses noch nicht zu Abwasser (zweifelnd Wussow a. a. O. S. 309, der aber im übrigen treffend ausführt, daß im Sinne des allgemeinen Sprachgebrauchs mindestens so viel Wasser den anderen Stoffen zugesetzt sein müsse, daß man von gebrauchtem, verschmutztem oder sonstwie entstelltem Wasser sprechen könne. Im übrigen muß zu der bisher gegebenen Begriffsbestimmung treten, daß es sich je nach den konkreten Umständen des jeweiligen Betriebes um ein Abfallprodukt handelt. Deshalb ist z. B. eine gefährliche und schädigende wasserhaltige Flüssigkeit, die im Laufe eines Fabrikationsprozesses entsteht und bestimmungsgemäß weiter zu einem Fertigungsprodukt verwertet wird, kein Abwasser im Sinne des § 4 I Ziff. 5 AHB. Nach dem Gesagten kann also mit fremden Bestandteilen angereichertes Wasser in dem einen Betrieb Abwasser und in dem anderen ein Fertigungsprodukt oder sonstiges Betriebsmittel sein (vgl. dazu auch LG Mosbach 3. XII. 1957 VersR 1958 S. 449—450). Abwasser liegt nach der Verkehrsanschauung auch dann vor, wenn dem Wasser zwar keine fremden Stoffe beigefügt sind, es jedoch auf eine ungewöhnliche

Temperatur gebracht wurde (BGH 2. X. 1968 VersR S. 108, Boettinger VersR 1952 S. 382, Hartung Haftpflichtv S. 68).

Verläßt dagegen Wasser eine Fabrik, ohne in dieser irgendwelche Zutaten erhalten zu haben oder wird Wasser sonst ohne Veränderung abgeleitet, so greift § 4 I Ziff. 5 AHB nicht ein (BGH 11. I. 1962 VA 1962 S. 209—210 Nr. 335 = VersR 1962 S. 150 bis 151, 2. X. 1968 a. a. O.), es sei denn, daß dieses an sich unveränderte Wasser in ein Abwässersystem eingeleitet wird (vgl. Anm. G 181). Demgemäß liegt kein ausgeschlossener Schaden vor, wenn unter diesen Voraussetzungen unverändert abgeleitetes Regenwasser die Schadenursache war (vgl. Mankowski S. 65). Dieses Regenwasser wird auch noch nicht dadurch zum Abwasser, daß es auf dem Dach oder auf dem Hof mit Schmutzteilen versetzt wird (a. M. KG 28. II. 1964 VersR 1964 S. 1229—1231, Wussow[5] Anm. 21 zu § 4 AHB, S. 310; BGH 2. X. 1968 a. a. O. läßt diese Frage offen). Wird dieses Regenwasser durch Röhrenleitungen vom Betriebsgrundstück des Vmers in einen Bach geleitet, so liegt nach der Verkehrsanschauung auch dann kein Abwasser vor, wenn der neben dem Rohrleitungssystem liegende Öltank undicht wird und mit Öl versetztes Regenwasser im nächsten Teich einen großen Schaden anrichtet. Vorausgesetzt wird dabei, daß das erwähnte Rohrleitungssystem nicht zur Aufnahme von Abwässer bestimmt ist.

Wird ein Kanal ausgebaggert und läuft aus dem ausgebaggerten Schlamm und Geröll Spülwasser ab, so handelt es sich nicht um Abwässer, da es an einer Einwirkung auf die Zusammensetzung des Wassers im Sinne des § 4 I Ziff. 5 AHB fehlt (BGH 11. I. 1962 a. a. O.; vgl. auch OLG Düsseldorf 28. VII. 1959 VersR 1959 S. 823—825 [Vorinstanz]). Anders ist aber zu entscheiden, wenn es sich um einen Abwasserkanal mit entsprechendem Inhalt handelt.

[G 181] β) Ableitung.

Zweifelhaft ist, ob es zum Begriff des Abwasserschadens im Sinne des § 4 I Ziff. 5 AHB gehört, daß das verunreinigte Wasser bestimmungsgemäß in irgendeiner Form abgeleitet werden soll. Wussow[5] Anm. 21 zu § 4 AHB, S. 321 vertritt den Standpunkt, daß Wasser der in Anm. G 180 definierten Art auch dann als Abwässer zu gelten habe, wenn es sich in einem Behälter befinde und keine Ableitungsabsicht bestehe (ebenso Hartung Haftpflichtv S. 69, Mankowski S. 65). Gegenteilig hat LG München 11. XI. 1958 VersR 1960 S. 267 entschieden in einem Falle, in dem mit Kühlwasser versetzte phenolhaltige Destillate, die bestimmungsgemäß verbrannt werden sollten, infolge der Undichtigkeit eines Kessels ausliefen. Der Entscheidung ist mit Rücksicht auf die Verkehrsauffassung zu folgen, der gegenüber dem wasserrechtlichen und technischen Sprachgebrauch (vgl. dazu die Nachweise bei Hartung Haftpflichtv S. 67—70) der Vorzug zu geben ist (auch Boettinger VersR 1952 S. 382 geht augenscheinlich von dem ergänzenden Merkmal der „Ab"-Leitung aus). Zur Klarstellung sei aber bemerkt, daß der Tatbestand des Abwässerschadens in dem vom LG München 11. XI. 1958 a. a. O. entschiedenen Falle gegeben gewesen wäre, wenn man die ausgelaufene Flüssigkeit nunmehr, um ihrer Herr zu werden, in einen Bach gelenkt hätte (vgl. dazu den vom LG Mosbach 3. XII. 1957 a. a. O. entschiedenen Fall, in dem Jauchewasser, das infolge anhaltenden Regens aus einer Jauchegrube ausgetreten war, von einem Hofe weggepumpt worden ist). Sollen dadurch allerdings einem Dritten drohende Schäden abgewendet werden, so kommt eine Eintrittspflicht des Vers nach § 63 I („Rettungskosten") in Betracht (vgl. dazu Anm. F 85).

Um einen Abwasserschaden im Sinne des § 4 I Ziff. 5 AHB handelt es sich auch, wenn in einem Industriewerk infolge des Versagens einer Reinigungsanlage anstelle von gereinigtem Abwasser, das sich kaum merklich von unverfälschtem Wasser unterscheidet, besonders gefährliche Abwässer das Werk verlassen. Darauf, daß der Vmer auf das Funktionieren der Reinigungsanlage vertraute, kommt es mit Rücksicht auf die tatsächlich vorgenommene Ableitung von Abwässern nicht an. Unerheblich ist im übrigen auch, wer im einzelnen Falle das Abwasser abgeleitet hat.

[G 182] γ) Zur Gefährlichkeit der Abwässer.

Wenn auch das Abwässerrisiko wegen seiner besonderen Gefährlichkeit vom Vsschutz ausgeschlossen ist, so kommt es doch nicht darauf an, ob der Schaden auf diese

Gefährlichkeit zurückzuführen ist (BGH 2. X. 1968 VersR 1968 S. 1081, KG 2. XI. 1959 VA 1960 S. 36–37 Nr. 250 = VersR 1960 S. 589, Mankowski S. 65; mißverständlich OLG Düsseldorf 28. VII. 1959 a. a. O., wenn man dessen Ausführungen nicht nur auf den Begriff des Abwassers, sondern auch auf den des Abwässerschadens bezieht; a. M. Prölss[17] Anm. 5 zu § 4 AHB, S. 668, der verlangt, daß der Schadenfall auf die möglicherweise schädigenden Eigenschaften des Abwassers zurückzuführen sei; vgl. auch LG Hagen 1. VII. 1955 VersR 1955 S. 600, das die Ausführungen von Boettinger VersR 1952 S. 382–383 mißversteht). Demgemäß liegt auch dann ein Abwasserschaden vor, wenn Regenwasser unverändert (oder mit anderem Abwasser vermischt) aus der Kanalisationsanlage austritt und Ware durchnäßt (BGH 2. X. 1968 a. a. O., KG 2. XI. 1959 a. a. O.; vgl. auch Boettinger a. a. O. und Wussow[5] Anm. 21 zu § 4 AHB, S. 314).

Interessant ist im übrigen, daß das namentlich für die chemische Industrie als so gefährlich angesehene Abwässerrisiko im Baugewerbe nur für gering erachtet wird (so sind nach den AVB eines Spezialvers des Baugewerbes in § 4 I C Ziff. 4 Abwässerschäden eingeschlossen). Eine entsprechende Verbesserung der Privathaftpflichtv läßt sich denken. In diesem Zusammenhang ist bemerkenswert, daß die Regulierungspraxis in der Privathaftpflichtv dahin geht, Schäden, die durch aus Haushaltsmaschinen austretendes Abwasser angerichtet werden, als vom Vsschutz erfaßt anzusehen. Hier liegt jedenfalls insoweit eine einengende Auslegung des § 4 I Ziff. 5 AHB vor, als auch Schäden reguliert werden, die durch Reißen des Abflußschlauches derartiger Maschinen entstehen.

[G 188] fff) Senkungsschäden.

Ein Senkungsschaden an einem Grundstück liegt vor bei einer allmählichen Abwärtsbewegung der Erdoberfläche. Vgl. dazu die Begriffsbestimmung bei Hartung Haftpflichtv S. 73, bei der der Hinweis auf die Allmählichkeit des Vorganges allerdings fehlt. Der Auffassung von Boettinger VersR 1952 S. 189 und Schmalzl VersR 1953 S. 467 ist jedoch beizupflichten, daß zum Senkungsschaden begrifflich (wie übrigens auch beim Schaden durch Schwammbildung) gehöre, daß er allmählich entstehe. Eine besondere Erwähnung des Tatbestandsmerkmals der Allmählichkeit wie bei den ersten fünf Tatbeständen des § 4 I Ziff. 5 AHB wäre danach zwar unschädlich, aber überflüssig gewesen. Zutreffend hat OLG Breslau 5. IV. 1930 VA 1930 S. 37–38 Nr. 2125 nach dem Gesagten das Vorliegen eines Senkungsschadens in einem Falle verneint, in dem Erdmassen plötzlich seitwärts abgerutscht sind. Hier greift vielmehr der in Anm. G 184 kommentierte Ausschlußtatbestand der Erdrutschungen ein. Der Unterschied zwischen den Ausschlußtatbestand der Senkungen und dem der Erdrutschungen dürfte überhaupt im Zeitablauf zu sehen sein. Hinzu kommt, daß Erdsenkungen regelmäßig nach unten erfolgen, während Rutschungen mehr seitliche Tendenz haben; doch ist eine Kombination beider Richtungen möglich und wird jeweils noch vom Begriff der Senkung bzw. Erdrutschung erfaßt. Keinesfalls kommt es bei der Senkung darauf an, ob die betreffende Erdmasse an Festigkeit verliert (zutreffend Hartung Haftpflichtv S. 72–73 gegen Oberbach I S. 222).

Im Ausschlußtatbestand für Senkungsschäden an Grundstücken ist im Klammertext ausdrücklich hervorgehoben worden, daß sich die Klausel auch auf Schäden an auf dem Grundstück errichteten Werken (oder Teilen eines solchen) beziehe. Gemeint sind in erster Linie Gebäude. Die ausdrückliche Erwähnung könnte als überflüssig erscheinen, da derartige Bauten ohnedies im Regelfalle als unbewegliche Sachen dem Grundstück zuzurechnen sind. Andererseits könnte aber ohne die Erwähnung der Werke die Auffassung vertreten werden, daß jeder Sachschaden der aus einer Grundstückssenkung folge, ausgeschlossen sei. Die Vspraxis faßt deshalb den Klammertext so auf, daß damit klargestellt werde, daß nur der Sachschaden an dem Grundstück selbst und den darauf errichteten Werken, nicht aber an sonstigen beweglichen Sachen, die sich z. B. in einem Haus befinden, ausgeschlossen sei (so Boettinger VersR 1952 S. 189, Schmalzl VersR 1953 S. 468). Diese Auslegung ist möglich und mit dem Wortlaut der Ausschlußklausel und ihrer ratio zu vereinbaren, wenngleich für die Gegenansicht von Wussow[5] Anm. 24 zu § 4 AHB, S. 316–317 auch gute Gründe sprechen. Zu beachten ist dabei aber, daß der Ausdruck „Werk" im Sinne der Ausschlußbestimmung umfassend zu verstehen ist. Das bedeutet, daß nicht nur unbewegliche Sachen im Sinne des BGB darunter fallen, sondern daß davon jede fest mit dem Grundstück verbundene Sache (mag sie auch mit Rücksicht auf die Bestimmungen des bürgerlichen Rechts, vgl. z. B. § 95 BGB, nicht im Eigentum des Grundstückseigentümers stehen) betroffen wird. Demgemäß ist auch die von Wussow a. a. O. erwähnte Rohrleitung als Werk im Sinne der Ausschlußbestimmung anzusehen. Andererseits ist aber der durch Senkung einer Eisenbahnschiene an einem Eisenbahnzug entstehende Sachschaden gedeckt (a. M. Wussow[5] Anm. 24 zu § 4 AHB, S. 317), nicht allerdings der Schaden an der Schiene selbst wegen des erwähnten umfassenden „Werk"-Begriffs.

Bei einem Schaden an einem auf einem Grundstück errichteten Werk setzt der Tatbestand der Ausschlußklausel eine zunächst erfolgende Senkung des Bodens selbst voraus. Senkt sich ein Haus daher ohne vorangegangene Veränderung des darunter befindlichen Erdreichs, so liegt kein Senkungsschaden im Sinne der Ausschlußbestimmung vor (Schmalzl a. a. O. S. 467, Wussow[5] Anm. 23 zu § 4 AHB, S. 316). Das gleiche gilt, wenn ohne äußerlich wahrnehmbare Veränderung eine lediglich meßbare Verformung des Bodens infolge von daneben durchgeführten Ausschachtungsarbeiten eintritt, die durch Veränderung der bodenmechanischen Verhältnisse zum Reißen des Mauerwerks und zum Abrutschen von Teilen desselben führt (OLG Düsseldorf 12. VII. 1966 VersR 1968 S. 162). Wird durch einen Wasserrohrbruch das Erdreich unter einem Hause weggespült und senkt sich daraufhin das Gebäude, so greift der Ausschlußtatbestand der Senkungsschäden ebenfalls nicht ein, da der Boden selbst sich im erwähnten Sinne nicht gesenkt hat (vgl. dazu OLG Breslau 15. X. 1930 VA 1930 S. 257 Nr. 2212).

[G 184] ggg) Erdrutschungen.

Eine Erdrutschung ist gegeben, wenn ein Teil der Erdoberfläche an irgendeiner Stelle den Zusammenhang mit seiner Umgebung verliert und dadurch aus dem Ruhestand in Bewegung übergeht (BGH 19. XI. 1956 VersR 1956 S. 789—791 m. w. N.; OLG Hamm 4. XII. 1959 VersR 1960 S. 338—339). Auch hier kommt es nicht darauf an, ob der Erdrutsch auf eine menschliche Handlung zurückzuführen ist oder auf Naturereignisse (BGH 19. XI. 1956 a. a. O. m. w. N.; vgl. insbesondere Schmalzl VersR 1953 S. 468 m. w. N.). Im Sinne des Sprachgebrauchs liegt auch dann ein Erdrutsch vor, wenn sich bei dem Abbau einer Sandgrube Sandmengen lösen (BGH 19. XI. 1956 a. a. O.; die vom OLG Köln 22. XI. 1940 HansRGZ 1941 A Sp. 230 insoweit geäußerten Zweifel sind nach der Interessenlage unbegründet). Die vom BGH 19. XI. 1956 a. a. O. vertretene Ansicht, daß ferner dann ein Erdrutsch im Sinne der Bedingungen vorliege, wenn eine durch Untergraben und Sprengungen gelockerte Felswand infolge des Übergewichts herabstürze, erscheint dagegen als bedenklich. Das Gericht räumt selbst ein, daß es sich insoweit nicht mehr im Einklang mit dem Sprachgebrauch befinde; es folgert das mitgeteilte Ergebnis aus dem Zweck der Ausschlußbestimmung. Dem kann jedoch nicht gefolgt werden. Gerade im Bereich des § 4 I Ziff. 5 AHB muß sehr auf den Wortlaut der Ausschlußbestimmung abgestellt werden. Zu allen dort angeführten Tatbeständen gibt es Grenzfälle, bei denen aus den gleichen Gründen wie bei den expressis verbis aufgeführten Ausschlüssen die Einbeziehung in den Vsschutz bei Abschluß des Vertrages hätte verweigert werden können. In einem gewissen Umfange darf selbstverständlich dieser Zweck der Bestimmung (Möglichkeit eines Katastrophenfalles, Beweisschwierigkeiten; vgl. Anm. G 172) auch bei der Korrektur verunglückter Wortfassungen benutzt werden, jedoch nicht mit dem Ergebnis, daß gegen den eindeutigen Wortlaut der Vsschutz verneint wird. Zu bedenken ist dabei insbesondere, daß die Motive, die zum Ausschluß der Erdrutschungen führten, nicht Vertragsinhalt geworden sind. Das Umschlagen einer Felswand — wie auch das Lösen eines einzelnen Felsens — ist daher, wenn es nicht die Folge eines Erdrutsches selbst ist, nicht als Erdrutschung im Sinne des § 4 I Ziff. 5 AHB anzusehen.

Zu billigen ist dagegen die vom OLG Hamm 4. XII. 1959 VersR 1960 S. 338—339 vertretene Auffassung, daß aus dem wirtschaftlichen Sinn und Zweck der Ausschlußbestimmung folge, daß auch ein solcher Schaden vom Vsschutz ausgenommen sei, bei dem zur Verhinderung eines unmittelbar bevorstehenden Erdrutsches Aufwendungen gemacht werden.

Stürzt eine Laderampe wegen des Druckes darauf gelagerten Materials auf daneben stehende Güterwagen, so liegt kein Erdrutsch vor (KG 12. XI. 1932 JRPV 1933 S. 60 bis 61). Anders verhält es sich dabei mit dem gleichfalls aus der Füllung der Rampe auf den Güterwagen herabstürzenden Sand. Insoweit greift der Ausschlußtatbestand ein, aber nur bezüglich des durch den Sand selbst angerichteten Schadens (KG 12. XI. 1932 a. a. O.).

Ein typischer Fall für die Anwendung der Ausschlußklausel ist ein Gebäudeeinsturz, der darauf zurückzuführen ist, daß Ausschachtungsarbeiten neben einem Gebäude durchgeführt werden, wodurch die Erde darunter wegrutscht (OLG Breslau 5. IV. 1930 VA 1930 S. 37—38 Nr. 2125, OLG Hamm 4. XII. 1959 a. a. O.; vgl. dazu auch die Ausführungen von Schmalzl VersR 1953 S. 467).

Auch hier müssen aber stets die Besonderheiten des Einzelfalles berücksichtigt werden. Der Ausschluß erfaßt nur Erdrutschungen im Sinne einer wahrnehmbaren Fortbewegung des Erdreichs. Wenn daher infolge von Ausschachtungsarbeiten sich lediglich die Bodenfestigkeit um ein Gebäude verändert, ohne daß in sichtbarer Weise Erde rutscht, so ist ein dadurch entstehender Schaden (Abriß von Teilen eines Gebäudes), der auf eine nicht bemerkbare, lediglich meßbare Verformung des Bodens beruht, nicht ausgeschlossen (OLG Düsseldorf 17. VII. 1966 VersR 1968 S. 162).

Im Baugewerbe werden im übrigen Haftpflichtansprüche aus Erdrutschungen häufig abweichend von § 4 I Ziff. 5 AHB eingeschlossen (vgl. z. B. den vom OLG München 30. III. 1960 VersR 1962 S. 54—55 entschiedenen Fall).

[G 185] hhh) Überschwemmungen.

Der Ausschluß der Haftpflichtschäden wegen Überschwemmung stehender oder fließender Gewässer erinnert wieder besonders an die einem Teil der Bestimmungen des § 4 I Ziff. 5 AHB zugrunde liegenden Überlegungen, den Ver vor „Katastrophenschäden“ mit unübersehbaren Folgen (BGH 21. II. 1951 VersR 1951 S. 80) zu bewahren. Wenn auch ohne diesen Ausschluß in vielen Fällen nur Vsschutz in der Form der Abwehr eines unbegründeten Anspruches zu gewähren sein würde, da derartige Überschwemmungen meist nicht auf menschliches Verschulden zurückzuführen sind, so verbleiben doch noch genügend Überschwemmungen, die durch menschliches Versagen verursacht worden sind. Beispiele: Fehlerhafter Dammbau (BGH 21. II. 1951 a. a. O.), falsche Bedienung eines Wehres (vgl. dazu den vom OLG Hamm 15. I. 1960 VersR 1960 S. 697—699 entschiedenen Fall, in dem das Gericht ausführt, daß in der schlichten Bekundung, die Haftpflicht aus dem Betrieb eines Wehres sei vert, nicht ohne weiteres geschlossen werden könne, daß § 4 I Ziff. 5 AHB bezüglich der Überschwemmungsschäden abbedungen sei; bestätigt von BGH 25. X. 1962 VersR 1963 S. 32—33, der allerdings in der Nachprüfungsmöglichkeit beschränkt war, da es sich um eine individuelle Vertragsklausel handelte), Stauung von Holz in dem ausgetrockneten Bett eines Wildbaches kurz vor Beginn der Schneeschmelze; weitere Beispiele bei Boettinger VersR 1950 S. 156. Gerade auch in den Fällen, in denen ein derartiges Verschulden vorliegt, greift der Ausschluß ein und ist vom Standpunkt des Vers sogar besonders wichtig (LG Freiburg 17. V. 1966 VersR 1966 S. 841: Bau eines Dammes im Bett eines ausgetrockneten Baches).

Zutreffend ist vom BGH 21. II. 1951 a. a. O. die vom OLG Hamm 24. VII. 1950 VW 1950 S. 392 (mit ablehnender Anm. von Wicke VersR 1950 S. 184) vertretene Auffassung zurückgewiesen worden, daß der Ausschlußtatbestand nur eingreife, wenn im Gewässer selbst ein anomaler Wasserzustand herrsche, weil sonst nicht von einer Überschwemmung des stehenden Gewässers selbst die Rede sein könne. Diese Formalargumentation, die zur Folge hätte, daß eine auf einen Dammbruch zurückzuführende Überschwemmung der Umgebung dann versichert wäre, wenn im Gewässer selbst kein erhöhter Wasserstand war, stützte sich darauf, daß es andernfalls heißen müsse, Überschwemmung „durch“ stehendes oder fließendes Gewässer. Damit würde aber der — trotz der sprachlich etwas ungeschickten Fassung der Ausschlußbestimmung — dem Vmer ohne weiteres erkennbare Sinn und Zweck der Klausel, den Ver in diesen Fällen nicht haften zu lassen, verkannt. Demgemäß ist unter einer Überschwemmung stehender oder fließender Gewässer jede Überflutung von Gelände durch das Austreten von Wasser aus einem stehenden oder fließenden Gewässer zu verstehen (BGH 21. II. 1951 a. a. O., 11. I. 1962 VA 1962 S. 209—210 Nr. 335 = VersR 1962 S. 151; Boettinger a. a. O.).

Keine Überschwemmung im Sinne der Ausschlußbestimmung liegt aber vor, wenn sich wegen des hohen Wasserstandes in einem Gewässer (und des dadurch verursachten höheren Grundwasserspiegels) in der Nähe dieses Gewässers Wasser ansammelt (BGH 11. I. 1962 a. a. O. und als Vorinstanz OLG Düsseldorf 28. VII. 1959 VersR 1959 S. 824). Nur oberirdische, nicht auch unterirdische Wasserverschiebungen werden erfaßt (BGH 11. I. 1962 a. a. O.). Unterirdische Gewässer fallen überhaupt nicht unter den Ausschlußtatbestand (Boettinger VersR 1950 S. 154—156, Gaisbauer VersPrax 1966 S. 199, Hartung Haftpflichtv S. 75—76). Schon nach dem Sprachgebrauch fehlt es bei diesen an dem Überschwemmungsmerkmal.

Ansonsten ist der Begriff „Gewässer" umfassend im Sinne der Verkehrsanschauung zu verstehen. Auch ein Wassergraben ist dazu zu rechnen (LG Hagen 1. VII. 1955 VersR 1955 S. 600). Wasseransammlungen in geschlossenen Leitungssystemen werden nicht erfaßt (Boettinger VersR 1950 S. 156, VersR 1952 S. 382; vgl. ferner KG 28. I. 1928 JRPV 1928 S. 155, BGH 28. II. 1964 VersR 1964 S. 1229—1230). Auch Wasser in gesonderten Behältern, wie in kleineren Planschbecken, fällt nicht unter den Ausschlußtatbestand. Schließlich wird nach der Verkehrsanschauung aber auch ein künstliches Schwimmbassin im Freien von der Klausel nicht als „Gewässer" erfaßt (ebenso Wussow[5] Anm. 27 zu § 4 AHB, S. 320).

Nach dem Sinn der Ausschlußbestimmung sind alle durch eine Überschwemmung entstehenden Sachschäden vom Deckungsbereich ausgeschlossen. Wenn die Begrenzung eines zu landwirtschaftlichen Nutzungszwecken gestauten Teichs bricht und der Begrenzungswall im Eigentum eines Dritten (etwa der betreffenden Gemeinde) steht, so sind nicht nur die in der Umgebung durch das ausfließende Wasser entstehenden Schäden ausgeschlossen, sondern auch Haftpflichtansprüche wegen der Beschädigung des Walles. Der Sinn der Klausel geht dahin, auch derartige Schäden zu erfassen, da sie mit dem Austreten des Wassers untrennbar verbunden sind. Es versteht sich, daß auch Schäden ausgeschlossen sind, die nicht unmittelbar durch das Wasser selbst, sondern durch Sachen verursacht werden, die vom Wasser mitgeführt werden (Gaisbauer VersPrax 1966 S. 200, Prölss[17] Anm. 5 zu § 4 AHB, S. 639).

[G 186] iii) Schwammschäden.

An veröffentlichten Entscheidungen zu dem Ausschluß der Schwammschäden fehlt es; das mag daran liegen, daß der sog. Hausschwamm einwandfrei durch Sachverständige erkannt werden kann und daß insoweit Zweifel über den Deckungsumfang eigentlich kaum auftreten können. Soweit im Baugewerbe ausnahmsweise für Schwammschäden die Haftpflicht miteingeschlossen ist, muß beachtet werden, daß sich das nicht auf den Schaden am zu liefernden Bauwerk selbst bezieht, sondern nur auf die Leistungen dritter Personen oder sonstige schon vorhandene Bauwerke. Der Schwammschaden am Lieferungsgegenstand bleibt nach § 4 II Ziff. 5 AHB vom Vsschutz ausgeschlossen (vgl. LG Bremen 30. XII. 1954 VersR 1955 S. 103; anders wäre es nur dann, wenn in Abweichung von § 4 I Ziff. 5 und § 4 II Ziff. 5 AHB die gesetzliche Haftpflicht wegen Schwammschäden eingeschlossen worden wäre).

[G 187] jjj) Erschütterungen infolge von Rammarbeiten.

Um einen klaren Tatbestand handelt es sich auch bei dem Ausschluß der Haftpflichtansprüche wegen Erschütterungen infolge von Rammarbeiten. Zu Vsschutzstreitigkeiten ist es daher, soweit ersichtlich, nicht gekommen. Zu bedenken ist dabei allerdings, daß dieses Risiko bei der Haftpflichtv für Bauunternehmer allgemein wieder eingeschlossen wird (vgl. H. J. Wussow Haftung und V bei der Bauausführung S. 308).

[G 188] kkk) Flurschäden durch Weidevieh.

Durch § 4 I Ziff. 5 AHB sind weiter Haftpflichtansprüche aus Flurschäden durch Weidevieh vom Vsschutz ausgeschlossen. Zur Abgrenzung der Begriffe „Flurschäden" und „Weidevieh" vgl. die Ausführungen von Garbe VW 1964 S. 290—291. Zutreffend nimmt Garbe a. a. O. an, daß unter einem Flurschaden die Beschädigung jeglichen landwirtschaftlich, gärtnerisch oder kleingärtnerisch genutzten Bodens zu verstehen sei. Demgemäß fallen darunter auch Parkanlagen, Vorgärten oder Rasenstreifen, die nur der Zierde oder der Befestigung des Untergrundes (z. B. am Deich) dienen.

Unter Weidevieh im Sinne des § 4 I Ziff. 5 AHB sind schließlich nur die Tiere zu verstehen, die sich tatsächlich vor Eintritt des Schadens auf der Weide befunden haben. Garbe a. a. O. S. 291 nimmt an, daß auch dann ein Schaden durch Weidevieh vorliege, wenn Schafe über Nacht aus einem Pferch ausbrechen. Dieser Auffassung wird man mit Rücksicht auf den engen Zusammenhang mit dem Weidevorgang zustimmen müssen. Dagegen greift der Ausschlußtatbestand nicht ein, wenn das Vieh nachts in einen festen Stall gebracht wird und aus diesem ausbricht, mag sich dieser Stall auch unmittelbar neben den Weiden befinden und mag das Ausbrechen auch darauf zurückzuführen sein, daß versehentlich eine Tür nicht geschlossen wurde, so daß ein nur umzäunter Pferch in concreto größere Sicherheit vor einem Ausbruch geboten hätte. Diese Auslegung ergibt sich aus dem Sinn des Ausschlusses, die bei „weidenden" — meist unbeaufsichtigten — Tieren besonders große Gefahr, daß es zu einem Flurschaden kommt, nicht zu vern. — Ausgeschlossen sind aber auch Flurschäden beim Auf- und Abtrieb zur bzw. von der Weide (Garbe a. a. O.).

Im Rahmen der V landwirtschaftlicher Betriebe wird im übrigen (meist bei Vereinbarung einer Selbstbeteiligung) die Haftung für Flurschäden durch Weidevieh durch Sonderklauseln eingeschlossen (vgl. Nr. 8 der „Besonderen" Bedingungen in VA 1969 S. 14).

[G 189] III) Wildschäden.

Ausgeschlossen sind schließlich vom Vsschutz Ansprüche aus Wildschäden. Zu beachten ist dabei, daß nicht jeder von einem Wild angerichtete Schaden als „Wildschaden" im Sinne der Ausschlußbestimmung angesehen werden kann. Vielmehr greift der Ausschlußtatbestand nur dann ein, wenn es sich um vom Wild an unbeweglichen Sachen angerichtete Schäden im Sinne des Bundesjagdgesetzes vom 30. III. 1961 (BGBl. I S. 304) handelt. Wird dagegen durch Wildwechsel z. B. ein Verkehrsunfall herbeigeführt, besteht Haftpflichtvsschutz. Allerdings ist dieser Schutz nach der materiellen Rechtslage zumeist nur in der Form der Abwehr eines unbegründeten Anspruchs zu gewähren (vgl. zur Haftung LG Bielefeld 21. X. 1956 VersR 1957 S. 472).

Eine Abänderung des § 4 I Ziff. 5 AHB in der Weise, daß die Haftpflicht aus der Inanspruchnahme wegen Wildschäden mitvert wird, läßt sich in Deutschland — soweit ersichtlich — zur Zeit nicht erreichen; der Ver stehen auf dem Standpunkt, daß es sich hierbei im Grunde genommen um die Kosten der Jagdausübung handle.

g) Besitz- und Tätigkeitsklausel (§ 4 I Ziff. 6 AHB).

Gliederung:

[G 190] Schrifttum:

Wehn-Schmidt, Die neue Fassung der Obhuts- und Bearbeitungsschadenklausel in der Allgemeinen Haftpflichtv (Besitz- und Tätigkeitsklausel), 3. Aufl., Karlsruhe 1955, Kühfuß, Obhutsschäden in der Haftpflichtv, München 1933 (zur alten Fassung der Ausschlußbestimmung), Stelzer ZfV 1962 S. 815—816. Nur zu § 4 I Ziff. 6a AHB: Cuntz VersR 1952 S. 125, Dithmar VersR 1961 S. 1129—1130, Geyer VersR 1965 S. 646—649, Städtler VersR 1952 S. 249—250. Nur zu § 4 I Ziff. 6b AHB: Berg VersPrax 1961 S. 249—251, Böhme ZfV 1959 S. 274—276, Böhmer VersR 1956 S. 791, Briel VW 1967 S. 1110—1111, Elste ZfV 1966 S. 440—441, Friedrich VersR 1953 S. 43—45, Hafferburg ZfV 1966 S. 1056—1058, Johannsen VersR 1959 S. 782—783, Leininger VersR 1960 S. 107—108, Poppe VersR 1961 S. 112, Prölss NJW 1962 S. 968—969, Schlegelmilch, Haftpflichtv und unternehmerisches Risiko, München 1964, S. 84—97, Schmalzl VersR 1960 S. 939, Wilts VersR 1966 S. 1093—1103, H. J. Wussow VersR 1964 S. 965—966.

[G 191] aa) Vorbemerkung.

§ 4 I Ziff. 6 AHB hat seine jetzige Fassung im Jahre 1949 erhalten. Die alte Formulierung des Ausschlußtatbestandes hat zu jahrelangem Streit, namentlich über die Auslegung der Begriffe „Obhut“ und „Gewahrsam“ geführt (vgl. dazu die Literatur- und Rechtsprechungsnachweise bei Hartung Haftpflichtv S. 77—81, Kessler HansRGZ 1940 A Sp. 175—178, Kühfuß Obhutsschäden in der Haftpflichtv S. 16—34, Oberbach I S. 229—237, Prölss[13] Anm. 6 zu § 4 AHB, S. 545—547, Wehn-Schmidt a. a. O. S. 12). In der Praxis ist jetzt fast ausnahmslos § 4 I Ziff. 6a AHB, a. F. durch die neue Klausel ersetzt worden. Demgemäß betreffen die letzten Entscheidungen zur alten Fassung auch entweder Schadensfälle aus der Zeit vor 1949 (BGH 28. XI. 1951 VersR 1952 S. 20—21, 27. X. 1955 VersR 1955 S. 706) oder aber aus der Zeit der allgemeinen Umstellung der bestehenden Haftpflichtvsverträge auf die Neufassung (so BGH 21. II. 1957 VersR 1957 S. 214 für einen Sachverhalt aus dem Jahre 1952). Mit weiteren Streitfällen zur alten Fassung ist nicht zu rechnen. Es erübrigt sich daher auch eine Kommentierung des früher geltenden Ausschlußtatbestandes. Mit Rücksicht darauf, daß der Obhutschaden-Begriff nicht mehr im Ausschlußtatbestand enthalten ist, sollte in Übereinstimmung mit dem Untertitel der erwähnten Schrift von Wehn-Schmidt auch nicht mehr von der Obhuts- und Bearbeitungsschadenklausel, sondern von der Besitz- und Tätigkeitsklausel gesprochen werden.

§ 4 I Ziff 6 Abs. 3 AHB, in dem ausgesprochen wird, daß Erfüllungsansprüche und Erfüllungssurrogate vom Vsschutz ausgeschlossen sind, hat kein Vorbild in der alten Fassung der Obhutsklausel. Gerügt wird, daß es sich um eine systemwidrige Einfügung in die Besitz- und Tätigkeitsklausel handle (Wehn-Schmidt a. a. O. S. 40, Wussow[5] Anm. 30 zu § 4 AHB, S. 323–324). Aus systematischen Gründen wird die Frage, was unter einem Erfüllungssurrogat zu verstehen ist und wie weit der „Ausschluß" reicht, zusammen mit der im Grundgedanken wesensverwandten Ausschlußbestimmung des § 4 II Ziff. 5 AHB in Anm. G 250–261 behandelt.

[G 192] bb) Besitzklausel (§ 4 I Ziff. 6a AHB).

aaa) Zweck.

Die in der Neufassung gebrauchten Begriffe der Miete, der Pacht, der Leihe und des besonderen Verwahrungsvertrages haben zu einer erfreulich präzisen Abgrenzung des Vsschutzes geführt. Zur Klarheit in der Praxis mögen in besonderem Maße auch die eingehenden Ausführungen von Wehn-Schmidt a. a. O. S. 22–30 beigetragen haben. Die dort gefundenen Ergebnisse basieren auf gründlicher Untersuchung der Interessenlage, wenn ihnen auch in den nachstehenden Ausführungen nicht in allen Punkten gefolgt werden konnte.

Ihre vswirtschaftliche und rechtspolitische Rechtfertigung findet die Besitzklausel in der Tatsache, daß der Vmer nach der Erfahrung des Lebens die fremden Sachen bei derartigen Rechtsverhältnissen wie eine eigene besitzt und behandelt, nämlich häufig mit geringerer Sorgfalt (Wehn-Schmidt a. a. O. S. 17), während ihm gerade zuzumuten ist, derartige Sachen besonders sorgfältig zu behandeln (Wussow[5] Anm. 32 zu § 4 AHB, S. 326). Vsschutz besteht aber nach dem Wortlaut der Ausschlußklausel auch dann nicht, wenn der Vmer das gemietete Objekt so sorgfältig wie möglich behandelt hat. Die genannte ratio ist nicht im Ausschlußtatbestand zum Ausdruck gekommen, so daß Haftpflichtansprüche wegen der Beschädigung von Sachen, die sich aufgrund der dort genannten Vertragsverhältnisse im Besitz des Vmers befinden, ausnahmslos vom Vsschutz ausgeschlossen sind. Auch in atypischen Schadenfällen greift die Ausschlußklausel ein. Wenn z. B. ein fahrbarer Kran des Vmers — unterstellt dieses Risiko werde von der Betriebshaftpflichtv erfaßt — auf dem Wege zu seinem Einsatzplatz durch eine Ungeschicklichkeit eines Betriebsangehörigen ein vom Vmer gemietetes Haus beschädigt, so besteht kein Vsschutz. Es spielt dabei keine Rolle, daß sich dieses Haus nicht auf dem Werksgelände befand, daß geradeso ein anderes nicht vom Vmer gemietetes Haus hätte beschädigt werden können und daß der Vte gar nicht gewußt hat, daß das beschädigte Haus vom Vmer gemietet war. Der Wortlaut der Ausschlußbestimmung läßt eine Differenzierung nicht zu. Wohl aber ist es möglich, bei der für Hilfspersonen durch § 4 I Ziff. 6 Abs. 2 AHB vorgeschriebenen analogen Anwendung der Besitzklausel diesen Sinngehalt angemessen mitzuberücksichtigen; vgl. dazu Anm. G 200.

Durch § 4 I Ziff. 6a AHB können sich empfindliche Lücken im Vsschutz ergeben. Deswegen finden sich in größeren Haftpflichtvsverträgen gelegentlich Abänderungen. In der Praxis wird § 4 I Ziff. 6a AHB häufig für die Haftpflichtv von Veranstaltern, z. B. von Konzerten, abbedungen (vgl. den vom OLG München 11. III. 1958 VersR 1959 S. 72–74 entschiedenen Fall). Der von wenigen Vern in der Privathaftpflichtv (gegen Zahlung eines Zuschlages) vorgenommene Einschluß der Haftpflichtansprüche für Schäden an der Mietwohnung (also nicht am gemieteten Hotelzimmer) hat sich bisher nicht allgemein durchsetzen können. Dagegen wird im Rahmen der Haftpflichtv land- und forstwirtschaftlicher Betriebe in Abänderung von § 4 I Ziff. 6a (und b) AHB weitgehend Vsschutz für „Gewahrsamsschäden" im Sinne der hier erörterten Ausschlußklausel an fremden Arbeitsmaschinen und sonstigen Arbeitsgeräten geboten. Vgl. dazu die „Besonderen Bedingungen für den Einschluß von Gewahrsamsschäden in die Haftpflichtv land- und forstwirtschaftlicher Betriebe" in VA 1968 S. 3–4.

[G 193] Gemietete, gepachtete und geliehene Sachen.

Die Begriffe Miete, Pacht und Leihe sind im strengen Wortsinne des bürgerlichen Rechts zu verstehen. Durch die Verwendung dieser jedem Juristen klaren und auch dem Laien weitgehend bekannten Denkfiguren soll eine präzise und verständliche Abgrenzung des Vsschutzes erreicht werden. Das ist mit Ausnahme der in Anm. G 194–198 erörterten Grenzfälle auch erreicht worden. Die Begriffe Miete, Pacht und Leihe werden in ihren bekannten Erscheinungsformen hier nicht erörtert, sondern eine Kenntnis des Lesers insoweit vorausgesetzt. Genauer Klärung bedarf stets die Frage, welche Sachen vermietet, verpachtet oder verliehen sind. Maßgebend ist, inwieweit dem Vmer nach dem Vertragszweck der unmittelbare Besitz an der betreffenden Sache eingeräumt wird. Zutreffend hat z. B. LG Hanau 18. IV. 1961 VersR 1961 S. 1129 (mit zustimmender Anm. von Dithmar a. a. O. S. 1129—1130) angenommen, daß bei der leihweisen Überlassung eines Platzes zum Verschrotten von Eisenbahnwaggons auch die für das Aufstellen der Waggons selbst nicht benötigten Geleise unter den Ausschlußtatbestand fallen, wenn nach den Umständen des Falles davon auszugehen war, daß der Vmer seine Tätigkeit auf den ganzen Platz erstrecken durfte. Zu beachten ist, daß die Besonderheit in dem vom LG Hanau a. a. O. entschiedenen Falle darin bestand, daß der Platz von einem Dritten unentgeltlich zur Verfügung gestellt worden war. Wären die Eisenbahnwaggons des Auftraggebers auf dessen Platz vom Vmer zu verschrotten gewesen, so wäre dieses aus dem geschlossenen Werkvertrag folgende Benutzungsrecht nicht als Leihe zu qualifizieren gewesen. § 4 I Ziff. 6a AHB hätte dann keine Anwendung gefunden.

Nach dem Sinngehalt der Klausel kann auch nur ein Teil einer Sache oder einer Sachgesamtheit unter den Ausschluß fallen, sofern sich das vertragliche Gebrauchsrecht nur auf diesen Teil bezieht. Mietet ein Vmer nur einen Teil einer Fabrikhalle, so ist nur dieser Teil Ausschlußobjekt ungeachtet dessen, daß das Mietobjekt selbst nur betreten werden kann, wenn die gesamte Halle durchquert wird. Durch den An- oder Abtransport von Waren an der Halle entstehende Schäden werden also, soweit sie sich nicht auf das eigentliche Mietobjekt beziehen, vom Vsschutz erfaßt.

Führen durch die vom Vmer gemieteten Räume einer Fabrikhalle im Eigentum des Vermieters stehende Starkstromkabel, die für einen anderen Mieter bestimmt sind, so läßt sich daran zweifeln, ob der Ausschlußtatbestand eingreift. Nach dem Sinn der Klausel ist aber die Anwendung zu bejahen. Es besteht eine vertraglich erhöhte Sorgfaltspflicht gegenüber dem Eigentum des Vermieters. Auch ist aus der Interessenlage kein Grund für eine unterschiedliche Behandlung von Schäden an Kabelleitungen des Vermieters, die dem Betrieb des Vmers dienen und denjenigen, die lediglich durch die gemieteten Räume führen, zu sehen. Etwas anderes gilt aber dann, wenn es sich um Kabel handelt, die von dem anderen Mieter nachträglich gelegt worden sind und in dessen Eigentum stehen.

Bei der Miete einer Wohnung sind alle Schäden an der Wohnung selbst vom Vsschutz ausgeschlossen. Stößt der Mieter einer Etagenwohnung einen Eimer mit Wasser um, so ist der Schaden am Fußboden nicht gedeckt, wohl aber der Haftpflichtanspruch wegen der Verunzierung der Zimmerdecke der darunter liegenden Wohnung. Nicht ausgeschlossen sind die in einem Mietshaus von einem der Mieter am gemeinsamen Treppenhaus angerichteten Schäden (a. M. Prölss[17] Anm. 6a zu § 4 AHB, S. 670), anders aber bei der Miete eines Einzelhauses durch den Vmer (Stelzer ZfV 1962 S. 816). Auch ein in einem Mietshaus an den gemeinschaftlichen Kellerräumen (z. B. Waschküche) angerichteter Schaden fällt nicht unter den Vsschutz. Hier liegt Mitbesitz vor. Demgemäß umfaßt der Ausschlußtatbestand bei der Miete eines Hotelzimmers nur dieses und die in diesem selbst befindlichen Sachen des Vermieters, nicht dagegen die allgemein den Hotelgästen zur Verfügung stehenden Einrichtungen (z. B. gemeinsamer Waschraum, Toilettenräume, Hotelhalle usw.).

Wird einer Studentin ein Zimmer mit Küchenbenutzung vermietet, so fallen sowohl Schäden an diesem Zimmer als auch an der Küche nicht unter den Vsschutz. Ist dagegen nur das Zimmer, wenn auch mit Frühstück, vermietet, so besteht an den in der Küche angerichteten Schäden Vsschutz, und zwar auch dann, wenn dem Vmer für einen Einzelfall (besonders frühes Aufstehen) die Benutzung der Küche zum Kaffeekochen gestattet war (a. A. Anonym VW 1964 S. 192).

Nach der in den AHB getroffenen Grundsatzentscheidung, durch die das Schadenereignis zum zentralen Anknüpfungspunkt für den Begriff des Vsfalles geworden ist (vgl. dazu die Ausführungen in Anm. B 30—31), findet § 4 I Ziff. 6a AHB nur dann Anwendung, wenn das Schadenereignis in der Zeit eintritt, in der der Besitz aufgrund der in der Klausel aufgeführten Rechtsverhältnisse besteht. In den seltenen Fällen also, in denen Verstoß und Schadenereignis auseinanderfallen, ist allein darauf abzustellen, ob zum Zeitpunkt des Eintritts des Schadenereignisses eines der in § 4 I

Ziff. 6a AHB aufgezählten Rechtsverhältnisse bestand oder nicht (ebenso Wussow[5] Anm. 47 zu § 4 AHB, S. 344).

[G 194] ccc) Außervertragliche Gefälligkeitszusagen.

Speziell bei der Leihe tritt die Frage auf, ob § 4 I Ziff. 6a AHB auch dann Anwendung finden kann, wenn kein Vertrag im Sinne der §§ 598—606 BGB vorliegt sondern eine außerhalb des Vertragsrechts gegebene Gefälligkeitszusage. Der Unterschied zu den in Anm. G 197 erörterten Fällen liegt darin, daß die Vorstellungen der Parteien hier überhaupt nicht auf einen Vertragsschluß gerichtet waren. Es erscheint zunächst als konsequent, die Anwendung der Ausschlußklausel zu verneinen. Damit wird man aber der Besonderheit des Leihebegriffs im rechtstechnischen Sinne und im Sprachgebrauch des täglichen Lebens nicht gerecht. Insbesondere ist zu beachten, daß die Abgrenzung zwischen dem Leihvertrag und den Gefälligkeitszusagen gerade wegen des speziell vom Gesetzgeber für die unentgeltliche Überlassung von Sachen zur Verfügung gestellten Tatbestandes der §§ 598—606 BGB außerordentlich schwierig ist. In Übereinstimmung mit Wehn-Schmidt a. a. O. S. 26—27 (ebenso Wussow[5] Anm. 40 zu § 4 AHB, S. 334) ist daher anzunehmen, daß auch Sachen, die lediglich aus Gefälligkeit ohne Vertragsabschluß verliehen worden sind, als Ausschlußobjekte im Sinne des § 4 I Ziff. 6a AHB aufzufassen sind, sofern der hier allerdings als Abgrenzungsmerkmal unumgänglich zu fordernde „Besitz" vermittelt worden ist. Gerade weil es im Ermessen der Partner steht, ob sie das Verleihen einer Sache dem Vertragsrecht unterstellen oder im Bereich der gesellschaftlichen Gefälligkeiten vorgehen, erscheint die Gleichstellung geboten, zumal auch im letzteren Falle auf die Rechtsbeziehungen die §§ 598—606 BGB entsprechend angewendet werden müssen. Indes ist zu beachten, daß nicht jede gesellschaftliche Gefälligkeit, durch die der Vmer eine Sache zur Benutzung erhält, auch gleich den Besitz an dieser Sache im Rechtssinne vermittelt. Erhält z. B. der Vmer kurzfristig ein Opernglas von seinem Nebenmann und läßt er es in der Erregung über die gute Aufführung fallen oder „leiht" ein Knabe dem anderen für eine kurze Fahrt seinen Roller (Beispiele von Anonym [Dr. B.] VW 1964 S. 87), so greift die Ausschlußklausel nicht ein. Das gleiche gilt, wenn ein Student dem anderen zum Mitschreiben in der Vorlesung seinen Füllfederhalter überläßt (Beispiel von Anonym VW 1964 S. 191). Ein Besitzrecht in diesem Sinne wird auch dann nicht vermittelt, wenn dem Vmer als Untermieter ausnahmsweise (also nur für einen bestimmten Fall) die Benutzung des Herdes in der Küche gestattet wird. Ein der Leihe gleichzusetzendes Verhältnis liegt auch nicht vor, wenn jemand als Gast im Fremdenzimmer nächtigt. Wird dagegen dem Vmer ein Ferienhaus im Ganzen für einen Urlaub zur Verfügung gestellt, so liegt schon im Rechtssinne Leihe vor. Verlebt aber der Vmer im Kreise seiner Freunde in deren Ferienhaus seinen Urlaub, so findet die Ausschlußklausel wieder keine Anwendung.

Das Gesagte bedarf einer weiteren Einschränkung im Sinne der Ausführungen in Anm. G 197, daß nämlich Voraussetzung dabei ist, daß die Vertragspartner sich auch des Mittels des Vertrages hätten bedienen können, daß sie also z. B. nicht geisteskrank oder aus sonstigen Gründen geschäftsunfähig sind. Zu betonen ist insbesondere, daß die hier entwickelten Grundsätze lediglich für die Leihe gelten, nicht dagegen für Miete und Pacht als speziell entgeltlich abgegrenzte Tatbestände des bürgerlichen Rechts.

[G 195] ddd) „Ähnliche" Vertragsverhältnisse.

Umstritten ist, ob die Ausschlußbestimmung auch dann Anwendung findet, wenn der Vmer eine fremde Sache aufgrund eines den genannten Vertragstypen ähnlichen Vertragsverhältnisses besitzt. Wehn-Schmidt a. a. O. S. 25 vertreten die Auffassung, daß sich aus dem Sinn der Klausel deren Anwendbarkeit insbesondere für den Nießbrauch an Sachen und für das dringliche Wohnrecht ergebe (ebenso Oberbach Grundlagen B 3 S. 11 und Wussow[5] Anm. 32—33 zu § 4 AHB, S. 327—328). Prölss[17] Anm. 6a zu § 4 AHB, S. 670 vertritt dagegen die Meinung, daß die juristische Abgrenzung entscheidend sei; demgemäß könne die Klausel in beiden Fällen keine Anwendung finden (ähnlich [wenn auch zu Unrecht polemisch] Hartung Haftpflichtv S. 82—83).

Der Auffassung von Wehn-Schmidt ist zuzugeben, daß es sinnvoller gewesen wäre, sowohl das dingliche Wohnrecht als auch den Nießbrauch mit in den Klauseltext einzubeziehen. Für eine unterschiedliche Regelung im Vsvertrag ergeben sich vom Standpunkt des Vers keine einleuchtenden Gründe. Andererseits ist zu bedenken, daß sich § 4 I Ziff. 6a AHB der juristischen Terminologie bedient und gerade die vielen zur alten Fassung bestehenden Streitfragen durch Verwendung einer klaren Begriffssprache vermeiden wollte. Danach läßt sich eine Anwendung des § 4 I Ziff. 6a AHB auf den durch einen Nießbrauch vermittelten Besitz nicht mehr durch erweiternde Auslegung, sondern nur durch einen Analogieschluß rechtfertigen, der im Bereich der stark auf den Wortlaut abstellenden Ausschlußtatbestände — auch bei objektiver Auslegung anhand des verfolgten Zweckes — nur selten gebraucht werden sollte, zumal das von Wehn-Schmidt a. a. O. hervorgehobene Besitzmerkmal nicht mit in den Text der Klausel übernommen worden ist. Wohl aber erscheint eine entsprechende Anwendung der Klausel auf das dingliche Wohnrecht geboten, da dieses zwanglos als ein dinglich verstärktes Mietrecht aufgefaßt werden kann (so zutreffend Wussow[5] Anm. 32 zu § 4 AHB, S. 327). Zu Recht wird nach dem Gesagten von Hartung a. a. O. weiter die Anwendbarkeit der Ausschlußbestimmung auf den seltenen Fall des Nutzungspfandes nach § 1213 BGB verneint.

[G 196] eee) „Gemischte" Verträge.

Zweifelhaft ist auch die Beurteilung der gemischten Verträge. Wehn-Schmidt a. a. O. S. 22—23 führen aus, daß nach dem Kombinationsgrundsatz gemischte Verträge überall dort zum Ausschluß führen müßten, wo der Besitz durch ein den Ausschlußtatbeständen zugehöriges oder ähnliches Vertragselement vermittelt werde. Diesen Ausführungen kann nur bedingt zugestimmt werden. Ähnliche Vertragsverhältnisse scheiden dabei grundsätzlich aus. Die Anwendung der Ausschlußklausel ist aber überall dort zu erwägen, wo in dem gemischten Vertrag alle wesentlichen Tatbestandsmerkmale der ausgeschlossenen Rechtsverhältnisse selbständig enthalten sind. Ungeachtet dieser Einschränkung sind die von Wehn-Schmidt a. a. O. S. 23 im einzelnen aufgeführten Beispiele richtig entschieden, da es sich immer um wesensgleiche — also nicht nur um ähnliche — Merkmale handelt.

Zu Unrecht hat aber LG Hamburg 1. X. 1957 VersR 1958 S. 390 § 4 I Ziff. 6a AHB in einem Falle angewandt, in dem einem Vmer das Entrosten und Streichen einer Werkhalle übertragen worden war und zu diesem Zwecke eine Arbeitsbühne vom Vertragspartner zur Verfügung gestellt worden war. Es handelt sich hier nicht um eine „Leihe", wie das LG angenommen hat, sondern um einen gemischten Vertrag, bei dem das Werkvertragsrecht eindeutig dominiert (zu Recht wird das Urteil daher von Prölss[17] Anm. 6a zu § 4 AHB, S. 670 abgelehnt; zustimmend jedoch Wussow[5] Anm. 40 zu § 4 AHB, S. 334). Vgl. in diesem Zusammenhang auch BGH 3. III. 1966 NJW 1966 S. 1074 = VersR 1966 S. 435: „Aus dem Werkvertrag, dem Haftpflichtverhältnis, wird der vte Unternehmer in der Regel zur Obhut der dem Besteller gehörenden Sachen verpflichtet sein. ... Die seit 1949 geltende, gegen früher stark eingeschränkte Fassung des § 4 I Ziff. 6a AHB hat aber dem Ausschluß von Obhutsschäden enge Grenzen gesetzt. Seitdem unterliegen werkvertragliche Obhutsverletzungen nicht mehr der Obhuts-, sondern allenfalls der Tätigkeitsklausel." — Vgl. dazu auch den zutreffenden Leitsatz zu OLG Schleswig 26. VII. 1962 VersR 1963 S. 1192 (die Annahme von Prölss[17] Anm. 6a zu § 4 AHB, S. 670, daß von dem genannten Gericht § 4 I Ziff. 6a AHB angewendet worden sei, findet im veröffentlichten Teil des Urteils keine Stütze).

Zutreffend wird von Wehn-Schmidt a. a. O. S. 23 das Mietvertragselement beim Besuch von Theatern für untergeordnet gehalten; das gleiche gilt bei Beförderungsverträgen.

[G 197] fff) Rechtsunwirksame Verträge.

Allgemein wird im Anschluß an Wehn-Schmidt a. a. O. S. 24—25 angenommen, daß es nach dem Sinngehalt der Klausel nicht darauf ankommen könne, ob der Miet-, Pacht- oder Leihvertrag rechtswirksam abgeschlossen sei oder nicht (Hartung Haftpflichtv S. 81—82, Geyer VersR 1965 S. 646, Oberbach Grundlagen B 3 S. 11, Prölss[17] Anm. 6a zu

§ 4 AHB S. 670, Wussow[5] Anm. 37 zu § 4 AHB, S. 331—332). Es wäre in der Tat nicht zu billigen, daß durch eine Anfechtung wegen eines nach § 119 BGB relevanten Irrtums der Vsschutz nachträglich auflebt. Demgemäß ist der h. A. für alle Anfechtungsfälle zuzustimmen. Derjenige, der aufgrund eines nachträglich — wenn auch mit ex-tunc Wirkung — vernichteten Vertrages der infragestehenden Art eine Sache besessen hat, ist dem aufgrund eines wirksamen Vertrages besitzenden Vmer gleichzusetzen, und zwar nach der Interessenlage auch für den Zeitraum nach erfolgter Anfechtung, so lange er die Sache weiter wie ein Mieter, Pächter usw. behält; dagegen nicht, wenn er die Sache berechtigt zurückbehält oder nur bei sich duldet, weil der Kontrahent die Entgegennahme aus Rechtsgründen meint verweigern zu können (dafür, daß alsdann kein besonderer Verwahrungsvertrag vorliegt, vgl. Anm. G 199). Dem entspricht es, daß von Wussow[5] Anm. 37 zu § 4 AHB, S. 332 die Anwendung der Klausel bejaht wird, wenn bei einem gekündigten Vertrage der Mieter nach Ablauf der Vertragszeit die Mieträume weiter benutzt.

Den Anfechtungsfällen gleichzustellen ist nach der Interessenlage der versteckte Dissens. Bedenklich ist aber die Anwendung der Klausel in den Fällen, in denen es wegen Geisteskrankheit oder Minderjährigkeit nicht zum wirksamen Vertragsabschluß gekommen ist. Kein überzeugendes Argument stellen die Ausführungen von Wussow[5] Anm. 37 zu § 4 AHB, S. 351 dar, daß in der Ausschlußbestimmung nicht ausdrücklich von rechtsgültigen Verträgen die Rede sei. Vielmehr ist gerade zu entscheiden, ob trotz des gegen die Auslegung durch die h. M. sprechenden Wortlauts der Ausschlußbestimmung, die nämlich vom Vertragsrecht des bürgerlichen Rechts ausgeht, eine extensive Auslegung möglich ist. Dabei ist auch zu bedenken, daß das bürgerliche Recht die Minderjährigen und Geisteskranken durch die Unwirksamkeit der von ihnen abgegebenen Willenserklärungen schützen will. Es trifft allerdings zu, daß in allen von § 4 I Ziff. 6a AHB erwähnten Fällen der Besitz vorausgesetzt wird. Andererseits ist der Besitz aber nicht zum Merkmal des Ausschlußtatbestandes erhoben, sondern präzis auf eine Reihe genau benannter Vertragstypen abgestellt worden. Es erscheint daher konsequent, im Gegensatz zu der oben wiedergegebenen h. M. die Anwendung des § 4 I Ziff. 6a AHB dann abzulehnen, wenn derartige Verträge gerade nicht abgeschlossen worden sind. Für die Besonderheiten der Leihe vgl. Anm. G 194.

[G 198] ggg) Aus verbotener Eigenmacht abgeleiteter Besitz.

Keine Anwendung findet die Klausel in den Fällen, in denen der Vmer die Sachen ganz ohne den äußeren Anschein eines Vertragsverhältnisses durch verbotene Eigenmacht erlangt hat (vgl. dazu Geyer VersR 1965 S. 646—649). Nur ausnahmsweise wird hier der Vsschutz wegen Sittenwidrigkeit versagt werden können (vgl. Geyer a. a. O. und Wehn-Schmidt a. a. O. S. 25 Anm. 73). Es ist allerdings in diesen Fällen stets zu prüfen, ob deshalb kein Vsschutz zu gewähren ist, weil der Vmer den Schaden vorsätzlich herbeigeführt hat oder weil es sich um einen nicht vten Schadenersatzanspruch wegen des Abhandenkommens von Sachen handelt. Nimmt der Vmer irrig an, daß der Dritte mit seinem Vorgehen einverstanden sei, so scheidet die Annahme gedanklich aus, daß eine vorsätzliche Schadenzufügung vorliege.

[G 199] hhh) „Besonderer" Verwahrungsvertrag.

Nach § 688 BGB ist der Verwahrer verpflichtet, die ihm übergebene bewegliche Sache des Hinterlegers aufzubewahren. Dieser durchaus geläufige Begriff des Verwahrungsvertrages ist von den Verfassern der AHB mit dem Zusatz „besonderer" versehen worden. Der Grund dafür ist darin zu suchen, daß eine Unzahl von Verträgen Verwahrungsaufgaben als Nebenpflichten eines Vertragspartners kennt. Durch die gewählte Fassung wird klargestellt, daß derartige Nebenpflichten nicht als Verwahrung im Sinne der Ausschlußbestimmung anzusehen sind (so im Anschluß an Wehn-Schmidt a. a. O. S. 28, Prölss[17] Anm. 6a zu § 4 AHB, S. 670 und Wussow[5] Anm. 44 zu § 4 AHB, S. 342, letzterer mit der treffenden Formulierung, daß es ausschließlich darauf ankomme, ob das Verwahrungselement eine nach dem Willen der Partner und dem wirtschaftlich zugrunde liegenden Sachverhalt objektiv selbständige Bedeutung im Rahmen der Vertragsbeziehungen habe, a. M. das überholte Rundschreiben der früheren Wirtschaftsgruppe Haftpflichtv Nr. 11/H vom 27. V. 1943; zweifelnd Böhm VersR 1954 S. 270 bis 271).

Verwahrungspflichten aufgrund eines Dienst- oder Werkvertrages fallen demgemäß nicht unter den Ausschlußtatbestand. Das bedeutet, daß die Aufbewahrung der Garderobe des Arbeitnehmers durch den Arbeitgeber nicht vom Ausschluß betroffen wird. Hier handelt es sich, — genau so wie bei der Aufbewahrung der Fahrräder der Arbeitnehmer — lediglich um Nebenpflichten aus dem Arbeitsvertrag. Besondere Klauseln für die Belegschaftshabe gewinnen einen Sinn daher nur dann, wenn der Vsschutz — wie es vielfach geschieht — auch auf das Abhandenkommen von Sachen erstreckt wird (abweichend von § 1 Ziff. 1 AHB) oder sogar — eine bemerkenswerte Abweichung vom Begriff der Haftpflichtv überhaupt — festgelegt wird, daß bei der Beschädigung oder dem Abhandenkommen von Belegschaftshabe Ersatz zu leisten ist ohne Rücksicht darauf, ob eine Ersatzpflicht des Vmers besteht oder nicht. Hier wird zur Erhaltung des Betriebsfriedens einer Klärung der Rechtslage aus dem Wege gegangen. Der Vsschutz in der Form der Abwehr eines unbegründeten Anspruchs ist verkümmert und nur gegenüber überhöhten Ansprüchen noch gegeben.

Als besonderer Verwahrungsvertrag im Sinne der Ausschlußbestimmung ist nicht nur die Verwahrung im Sinne der §§ 688 und 699 BGB, sondern vor allem auch das Lagergeschäft nach §§ 416—424 HGB anzusehen. Wehn-Schmidt a. a. O. S. 27 erwähnen zutreffend weiter die Sonderverwahrung nach § 2 DepotG vom 4. II. 1937 (RGBl. I S. 171) und auch die Verwahrung nach §§ 432, 1217, 1281, 2039 BGB, 165 FGG (ebenso Wussow[5] Anm. 42 zu § 4 AHB, S. 335). Nicht hierher gehört aber ein durch einen Hoheitsakt begründetes öffentlich-rechtliches Verwahrungsverhältnis, z. B. aufgrund einer polizeilichen Beschlagnahme (so zutreffend im Anschluß an Wehn-Schmidt a. a. O. S. 29: Hartung Haftpflichtv S. 83—84, Prölss[17] Anm. 6a zu § 4 AHB, S. 640, Städtler VersR 1952 S. 249—250, Wussow[5] Anm. 46 zu § 4 AHB, S. 342—344). Anders ist es aber dann, wenn ein öffentlich-rechtlicher Vertrag über die Verwahrung abgeschlossen wird (Beispiele bei Wehn-Schmidt a. a. O.). Kein besonderer Verwahrungsvertrag liegt bei dem Kauf auf Probe vor (Wussow[5] Anm. 44 zu § 4 AHB, S. 341). Wenngleich auch hier nach der Interessenlage ein Ausschluß unter wirtschaftlichen Gesichtspunkten gerechtfertigt wäre, läßt doch der Wortlaut der Ausschlußbestimmung deren Anwendung nicht zu. Nach § 688 BGB bezieht sich ein Verwahrungsvertrag stets nur auf die Aufbewahrung beweglicher Sachen. Demgemäß können unbewegliche Sachen nicht Gegenstand eines besonderen Verwahrungsvertrages im Sinne des § 4 I Ziff. 6 a AHB sein (OLG München 30. III. 1960 VersR 1962 S. 55). Wenn der Vmer es also übernimmt, auf das Haus eines Dritten in dessen Abwesenheit „aufzupassen", so findet auf einen auf Verletzung dieser Verpflichtung gestützten Schadenersatzanspruch § 4 I Ziff. 6 a AHB keine Anwendung.

Der Ausdruck „besonderer" Verwahrungsvertrag ist nicht in dem Sinne zu verstehen, daß ein „gesonderter" Verwahrungsvertrag vorliegen müßte. Auch „gemischte" Verträge können unter den Ausschlußtatbestand fallen (Wehn-Schmidt a. a. O. S. 28; a. M. Hartung Haftpflichtv S. 85). Mit Rücksicht auf das erwähnte gänzliche Ausscheiden der Nebenverpflichtungen ist aber eine besonders scharfe Analyse des Vertragsverhältnisses erforderlich. Eine Abgrenzung läßt sich dabei in der Tat gut mit dem oben erwähnten Zitat von Wussow[5] Anm. 44 zu § 4 AHB, S. 342 finden, wonach auf die Frage der objektiv selbständigen Bedeutung der Verwahrungspflicht abzustellen sei. Danach ist bei der Übergabe einer Sache zur Bearbeitung die Verwahrungspflicht stets dem eigentlichen Vertragszweck unterzuordnen, mag diese Sache auch noch so wertvoll sein, z. B. bei Schmucksachen.

Anders ist es dagegen, wenn jemand eine lange Reise antreten will und aus diesem Grunde bei Übergabe der Sache zur Bearbeitung eine durch die eigentliche Arbeitszeit nicht erforderliche längere Aufbewahrung vereinbart. Hier läßt sich die Anwendung der Klausel rechtfertigen (Eichler S. 278, Wussow[5] Anm. 44 zu § 4 AHB, S. 340); dagegen nicht, wenn der säumige Vertragspartner die fertiggestellte Sache entgegen den Vereinbarungen über Wochen nicht abholt oder wenn das reparierte Motorboot wegen der Vereisung der Gewässer zunächst am Bootssteg des Vmers, der es repariert hatte, liegenbleibt (a. M. Stelzer VersR 1965 S. 994). Wird ein Pelz im Sommer zur Überarbeitung gebracht und soll er erst zur kalten Jahreszeit wieder abgeholt werden, so greift der Ausschlußtatbestand ein (Wehn-Schmidt a. a. O. S. 28, Wussow[5] Anm. 44 zu § 4 AHB, S. 340).

Bezüglich der Frage, ob auch rechtsungültige Verträge die Anwendung der Ausschlußklausel rechtfertigen, wird auf Anm. G 197 verwiesen. Die in Anm. G 194 für die Leihe vertretene Auffassung, daß auch außerhalb des Vertragsrechts stehende Gefälligkeitshandlungen mit unter den Ausschlußtatbestand fallen können, kann (ebenso wie bei Miete und Pacht) für den besonderen Verwahrungsvertrag nicht gelten (LG Hagen 31. I. 1952 VersR 1952 S. 124—125, Prölss[17] Anm. 6a zu § 4 AHB, S. 670, Wussow[5] Anm. 43 zu § 4 AHB, S. 336; a. M. Cuntz VersR 1952 S. 125, Wehn-Schmidt a. a. O. S. 30). Die schwierig zu entscheidende Frage ist dabei immer nur die, ob es sich im Einzelfall schon um einen Vertrag oder noch um gesellschaftliche Gefälligkeitshandlungen handelt.

Auch bei dem Begriff des besonderen Verwahrungsvertrages ist maßgebender Zeitpunkt der des Eintritts des Schadenfalles. Fallen also Verstoß und Schadenereignis zeitlich auseinander, so greift die Klausel nur ein, wenn zum Zeitpunkt des Eintritts des Schadenfalles ein besonderer Verwahrungsvertrag im Sinne der Klausel gegeben war (ebenso Wussow[5] Anm. 47 zu § 4 AHB, S. 344).

[G 200] iii) Hilfspersonen-Klausel.

§ 4 I Ziff. 6 Abs. 2 S. 1 AHB (von Wehn-Schmidt a. a. O. S. 38 zutreffend als Hilfspersonenklausel bezeichnet) wird im allgemeinen gleichzeitig sowohl für die Fälle der Besitz- als auch für die der Tätigkeitsklausel erläutert (vgl. Wehn-Schmidt a. a. O. S. 38 bis 40, Wussow[5] Anm. 67—70 zu § 4 AHB, S. 382—387). Davon wird hier Abstand genommen, da mit Rücksicht auf die voneinander grundverschiedenen Tatbestände der Besitz- und Tätigkeitsklausel eine differenzierende Betrachtung geboten erscheint.

Der Anwendungsbereich der Besitzklausel wird durch die Hilfspersonenklausel dem Wortlaut nach erheblich erweitert. Soweit dadurch verhindert werden soll, daß der Vmer seine Angestellten z. B. im eigenen Namen mieten läßt, um sich den Vsschutz zu erhalten (so Wehn-Schmidt a. a. O. S. 38 und Wussow[5] Anm. 67 zu § 4 AHB, S. 383), ist die Klausel zu begrüßen; sich insoweit darauf zu verlassen, daß die Anwendung der Besitzklausel über eine Umgehungsabsicht gerechtfertigt worden wäre, wäre unangebracht und überdies mit großen Beweisschwierigkeiten verbunden gewesen. Es fragt sich aber, ob und wie im übrigen eine Abgrenzung der berechtigterweise vom Vsschutz ausgenommenen Sachschäden an von einer Hilfsperson gemieteten Sachen gefunden werden kann. Wussow[5] erklärt (Anm. 69 zu § 4 AHB, S. 385), daß es offenbar sinnwidrig sei, die Ausschlußklausel Anwendung finden zu lassen, wenn der Vmer seinen Arzt konsultiert und den von diesem gemieteten Wagen beschädige. Er folgert daraus, daß ein Bediensteter im Sinne der Ausschlußbestimmung bei Tätigkeiten höherer Art nur gegeben sei, wenn diese Tätigkeit eine gewisse ständige Inanspruchnahme zum Inhalt habe. Entsprechendes führt er für nur zu Einzelaufgaben bestellte Beauftragte und Bevollmächtigte aus (Wussow[5] Anm. 70 zu § 4 AHB, S. 386); dort verlangt er, daß die Beauftragung oder Bevollmächtigung in einem „irgendwie" gearteten Zusammenhang mit den abgeschlossenen Verträgen stehen müsse. Dagegen vertritt Wussow[5] Anm. 68 zu § 4 AHB, S. 384 für Angestellte und Arbeiter die Auffassung, daß es unerheblich sei, ob der Gehilfe den betreffenden Vertrag in irgendeinem Zusammenhang mit der Tätigkeit abgeschlossen habe, die er für den Vmer ausübe, oder ob der Vertrag lediglich zu privaten Zwecken abgeschlossen worden sei.

Der Sinn der Ausschlußklausel des § 4 I Ziff. 6a AHB geht dahin, Schäden an solchen Sachen auszunehmen, mit denen der Vmer nach der Erfahrung des Lebens wie mit eigenen umgeht (Wehn-Schmidt a. a. O. S. 17), bezüglich derer ihm aber angesonnen werden kann, sie besonders sorgfältig zu behandeln (Wussow[5] Anm. 32 zu § 4 AHB, S. 326). Mißt man an diesen Überlegungen die Anwendung der Hilfspersonenklausel auf die Besitzklausel, so rechtfertigen sich ohne weiteres die von Wussow[5] Anm. 69—70 zu § 4 AHB, S. 385—386 vorgenommenen Einschränkungen. Es ist aber noch darüber hinaus eine restriktive Auslegung geboten, bei der der Sinn und Zweck der Vorschrift angemessen zu berücksichtigen ist. Zu bedenken ist dabei insbesondere, daß es ein unverständliches Ergebnis darstellen würde, wenn ein Vmer, der ein von seinem Arbeitnehmer abgestelltes Fahrzeug beschädigt, dafür Vsschutz genießt, wenn der Arbeitnehmer Eigentümer dieses Fahrzeuges ist, dagegen nicht, wenn dieser es gemietet oder sich geliehen hat. Gerade der Umstand, daß anders als beim Eigenschaden des Vmers dann Vsschutz bestehen würde, wenn die betreffende Hilfsperson Eigentümerin der beschädigten Sache ist, zeigt den Widersinn, der darin liegt, die Hilfspersonenklausel in bezug auf die Besitzklausel immer Anwendung finden zu lassen, wenn nur eine der genannten Personen einen Vertrag der erwähnten Art geschlossen hat. Auf eine diskutable Einschränkung des über die Intentionen der Verfasser des Klauseltextes hinausgehenden Wortlautes führt eine Besinnung auf den bereits erwähnten Zweck der Klausel, Umgehungen zu verhindern. Die Klausel greift darüber hinaus immer ein, wenn von den Hilfspersonen im Rahmen eines Vertrages der in § 4 I Ziff. 6a AHB bezeichneten Art besessene Sachen in irgendeiner Form dem Vmer dienen, also im Zusammenhang mit dem vten Risiko selbst stehen. Nur so kann z. B. in der Betriebshaftpflichtv der Fall richtig gelöst werden, daß eine Baufirma in der von einem ihrer leitenden Angestellten gemieteten großen Villa beim Einziehen einer Mauer das ganze Haus beschädigt. Wie im oben erörterten Fall würde hier andernfalls das widersinnige Ergebnis gewonnen werden, daß nur Vsschutz bestünde, wenn dem Angestellten das Haus gehören würde (abgesehen von dem nach § 4 I Ziff. 6b AHB ausgeschlossenen Schaden am unmittelbar bearbeiteten Teil der unbeweglichen Sache). Ein gleiches gilt in der Privathaftpflichtv, wenn der Vmer z. B. auf einer Geburtstagsfeier seiner langjährigen Hausangestellten das von dieser von einem Dritten gemietete Zimmer oder Haus beschädigt.

Weiter ist der in der Hilfspersonenklausel selbst aufgezeigte Hinweis auf die Ansprüche mitvter Personen bei der Auslegung zu berücksichtigen. Zu bedenken ist dabei insbesondere, daß die Mehrzahl der Hilfspersonen im allgemeinen zugleich Vte des Haftpflichtvsvertrages sind. Soweit die Angestellten, Arbeiter usw. des Vmers für die Beschädigung der von ihnen gemieteten Sachen primär Vsschutz beanspruchen könnten, weil Dritte sie in einer vten Eigenschaft in Anspruch nehmen, entfällt für die vten Personen nach § 7 Ziff. 1 AHB in Verbindung mit § 4 I Ziff. 6a AHB ohnedies der Vsschutz. Der Zweck der Hilfspersonenklausel muß daher weiter darin gesehen werden, in diesen Fällen auch den Vsschutz für den Vmer entfallen zu lassen. In allen anderen Fällen aber, in denen nur eine zufällige Verknüpfung des Geschehens vorliegt und in denen die Hilfsperson selbst in bezug auf das konkrete Schadenereignis nicht unter den primären Deckungsumfang der jeweiligen V fällt, findet auch die Hilfspersonenklausel und damit § 4 I Ziff. 6a AHB keine Anwendung.

Verfehlt wäre nach dem Gesagten eine extensive Interpretation in dem Sinne, daß gar noch weitere Personen als die im Ausschlußtatbestand genannten als Hilfspersonen zu behandeln wären. Abzulehnen ist daher die von Kühfuß (Obhutsschäden S. 38) zur alten Fassung vertretene Auffassung, daß auch Ehefrau und Kinder des Vmers als solche unter die Hilfspersonenklausel fallen. Die Klausel findet vielmehr nur dann auf die genannten Personen Anwendung, wenn sie zugleich in einer dort ausdrücklich aufgeführten Eigenschaft tätig werden (Oberbach I S. 237, Wehn-Schmidt a. a. O. S. 38, Wussow[5] Anm. 67 zu § 4 AHB, S. 383). Beschädigt daher z. B. der auf einer Ferienreise befindliche (nach dem primären Deckungsumfang der Privathaftpflichtv generell mitvte) minderjährige Sohn das von ihm gemietete Hotelzimmer, so entfällt zwar nach § 7 Ziff. 1 AHB für ihn der Deckungsschutz, nicht aber für den wegen Verletzung der Aufsichtspflicht belangten Vmer (so richtig Wussow a. a. O.).

[G 201] jjj) Folgeschäden.

Zweifelhaft ist, inwieweit Folgeschäden durch § 4 I Ziff. 6a AHB ebenfalls vom Vsschutz ausgeschlossen werden. Besteht die Folge der Beschädigung einer Sache, die aufgrund eines Rechtsverhältnisses der in § 4 I Ziff. 6a AHB aufgezählten Art vom Vmer besessen wird, darin, daß weitere Sachen beschädigt werden oder gar Personenschäden eintreten, so besteht insoweit Haftpflichtvsschutz, ansonsten nicht. Dazu und zum Ausschluß des Vsschutzes bezüglich der als Folge eines „unvten" Sachschadens entstehenden „unechten" Vermögensschäden vgl. Anm. G 253.

[G 202] cc) Tätigkeitsklausel (§ 4 I Ziff. 6 b AHB).

aaa) Zweck.

Durch § 4 I Ziff. 6b AHB wird eine Reihe von Haftpflichtansprüchen wegen Sachschäden vom Vsschutz ausgenommen, die sehr häufig auftreten können. Vstechnisch möglich wäre es, auch diese „Bearbeitungsschäden" mitzuvern. Das würde jedoch eine bedeutend höhere Prämie bedingen und auch die Schadenbearbeitung erheblich anschwellen lassen, da die Sachen, die unmittelbar vom Vmer bearbeitet werden, in besonders hohem Maße der Gefahr einer Beschädigung ausgesetzt sind. Zugleich stärkt die Ausschlußbestimmung die rechtspolitisch wertvolle Überlegung, daß es zum Begriff des freien Unternehmers gehört, daß er das Unternehmerrisiko — wenigstens teilweise — selbst trägt. Der Ausschluß dieser Schäden ist danach gerechtfertigt. Insbesondere ist auch zu bedenken, daß es sich bei Schäden an den zu bearbeitenden Sachen meist um ein überschaubares und für den Unternehmer kalkulierbares Risiko handelt, wofür insbesondere die Beschränkung der Klausel bezüglich der Schäden an unbeweglichen Sachen sorgt. In diesem Rahmen gilt auch der sehr einprägsam formulierte Grundsatz, daß Pfuscharbeit nicht vert werden solle (Wehn-Schmidt a. a. O. S. 14). Zu beachten ist aber, daß der erwähnte Grundsatz selbst nicht in den Ausschlußtatbestand aufgenommen worden ist, worauf vom BGH 27. IX. 1956 VersR 1956 S. 638, 3. III. 1966 NJW 1966 S. 1074 = VersR 1966 S. 435 (unscharf in dieser Beziehung noch, wenn auch im Ergebnis richtig BGH 27. X. 1955 VersR 1955 S. 706 [zur alten Fassung der Tätigkeitsklausel]) zu Recht hingewiesen worden ist. Es kann also mit dieser Begründung auch keine Lösung der Frage gefunden werden, inwieweit Folgeschäden eines Tätigkeitsschadens dem Vsschutz unterliegen oder nicht (vgl. dazu Anm. G 216). Vielmehr ist jeweils strikt vom Wortlaut des Ausschlußtatbestandes auszugehen (vgl. den entsprechenden Hinweis bei Wussow[5] Anm. 49 zu § 4 AHB, S. 346). Demgemäß kommt den Ausführungen von Wehn-Schmidt a. a. O. S. 14, daß bei V dieses Risikos der Unternehmer dem Ver wegen der Überbürdung des Unternehmerrisikos auch einen Teil des Unternehmensgewinns zukommen lassen müsse, keine fallentscheidende Bedeutung zu. Letzten Endes handelt es sich dabei um nichts anderes als die oben getroffene Feststellung, daß andernfalls die Prämie erhöht werden müßte. Zur Auslegung des Ausschlußtatbestandes selbst sind aber beide Gesichtspunkte nicht geeignet.

[G 203] bbb) „Gewerbliches" oder „berufliches" Tun.

§ 4 I Ziff. 6 b AHB setzt eine gewerbliche oder berufliche Tätigkeit des Vmers (oder der ihm gleichgestellten Personen; vgl. dazu Anm. G 215) voraus. Das Hauptanwendungsgebiet ist demgemäß die Betriebshaftpflichtv. Die Ausschlußklausel kann aber bei jeder anderen Berufshaftpflichtv, in der Vsschutz gegen Haftpflichtansprüche aus Sachschäden geboten wird, zum Zuge kommen. Demgemäß wird in der Tierarzthaftpflichtv (meist bei gleichzeitiger Vereinbarung einer Selbstbeteiligung) der Ausschlußtatbestand ausdrücklich abbedungen. Einigkeit besteht im Grundsatz darüber, daß der Ausschluß für die Privathaftpflichtv bedeutungslos ist, da diese für eine gewerbliche oder berufliche Tätigkeit des Vmers gerade nicht eingreift (vgl. Friedrich VersR 1953 S. 44—45, Hartung Haftpflichtv S. 88—89, Prölss[17] Anm. 6 b zu § 4 AHB, S. 671, Wussow[5] Anm. 49 zu § 4 AHB, S. 346). Die Neufassung der Klausel bezweckt gerade durch den Einschluß der Tätigkeitsschäden des privaten Bereichs eine als wesentlich anzusehende Verbesserung des Vsschutzes (vgl. Wehn-Schmidt a. a. O. S. 33). Demgemäß ist auch der Auffassung von Friedrich a. a. O. S. 45 und Hartung a. a. O. zuzustimmen, daß der von einer (nach den Erläuterungen zur Privathaftpflichtv mitvten) Haushaltshilfe angerichtete Tätigkeitsschaden nicht vom Ausschlußtatbestand erfaßt wird (a. M. Oberbach Grundlagen B 3 S. 13, Wussow[5] Anm. 50 zu § 4 AHB, S. 347). Versengt also die Hausgehilfin in einem privaten Haushalt die Hose eines Besuchers beim Bügeln, so besteht für dessen Haftpflichtanspruch Vsschutz.

Wie auf anderen Rechtsgebieten, erfordert auch die Auslegung der Tätigkeitsklausel eine Klarstellung der Begriffe „gewerblich" und „beruflich". Da es sich hierbei um in der Parallelwertung der Laiensphäre auch dem Vmer bekannte Begriffe handelt, treten in der Praxis keine allzu großen Abgrenzungsschwierigkeiten auf. Maßgebend muß bei der Auslegung eine mit dem Sprachgebrauch übereinstimmende vernünftige Lebensbetrachtung sein (BGH 29. V. 1961 VersR 1961 S. 601). Anhaltspunkte gibt auch die Rechtsprechung des BGH zur Abgrenzung der Betriebs- von der Privathaftpflichtv (4. XII. 1958 VersR 1959 S. 42—43, 12. I. 1961 VersR 1961 S. 121—122, 9. III. 1961 VersR 1961 S. 399—401; vgl. weiter Anm. G 88 und G 111). Zutreffend wird vom BGH 9. III. 1961 a. a. O. S. 400 ausgeführt, daß nicht nur jede Beschäftigung eines Vten für einen Betrieb dem Gefahrenbereich der Betriebshaftpflichtv zuzurechnen sei, sondern unter Umständen auch solche Handlungen, bei denen ein Vter nach objektiven Maßstäben zwar nicht für den Betrieb tätig geworden sei, bei denen aber die sonstigen Umstände die Handlung als in einem inneren ursächlichen Zusammenhang mit dem Betriebe stehend erscheinen lassen. Dabei handelt es sich um Grenzfälle. Grundsätzlich ist es richtig, wenn Wehn-Schmidt a. a. O. S. 34 bemerken, daß die Klausel alle dem Erwerb oder dem Beruf dienenden Handlungen erfassen wolle und daß demgemäß jede Tätigkeit genüge, die normalerweise in die vom Vmer ausgeübte Erwerbstätigkeit falle. Zu beachten ist dabei aber, daß auch eine Tätigkeit, die normalerweise zum Berufsbild des Vmers gehört, einmal ausnahmsweise als Privatmann ausgeübt werden kann (Hartung Haftpflichtv S. 88). Ein sehr wichtiges, aber nicht allein ausschlaggebendes Kriterium ist die Frage, ob die Tätigkeit gegen Entgelt ausgeübt wird oder nicht (a. M. Hartung a. a. O. S. 88, der diesen Umstand augenscheinlich immer für bedeutungslos hält). Doch ist bei der Beurteilung des Einzelfalles auch zu bedenken, daß im Rahmen guter Geschäftsbeziehungen kleinere Arbeiten und Dienste nicht besonders in Rechnung gestellt werden. Bemerkenswert sind in diesem Zusammenhang auch die Ausführungen von Friedrich NUSR 1953 S. 44. Man wird ihm allerdings nicht folgen können, wenn er den unentgeltlichen Transport von Mobiliar einer Flüchtlingsfamilie durch einen Bauern, der gelegentlich auch Lohnfuhren durchführt, als beruflich ansieht, obwohl der Bauer aus Menschenfreundlichkeit tätig wird.

[G 204] ccc) Tätigkeitsbewußtsein.

Ausgeschlossen sind Haftpflichtansprüche wegen Schäden an fremden Sachen durch eine gewerbliche oder berufliche Tätigkeit an oder mit diesen Sachen. Die Ausschlußklausel nennt als Beispiele für eine derartige Tätigkeit an oder mit fremden Sachen: Bearbeitung, Reparatur, Beförderung und Prüfung. Die Aufzählung ist nicht erschöpfend. Andere zweckgerichtete Tätigkeiten fallen ebenfalls unter den Ausschlußtatbestand. Die Abgrenzung, an welchen Sachen der Vmer tätig ist, bereitet gewisse Schwierigkeiten. Prölss[8] FN 1 zu § 4 AHB, S. 448 formulierte ursprünglich dahin, daß nur diejenigen Sachen Gegenstand der Ausschlußklausel seien, die im Mittelpunkt des Auftrags an den Vmer stünden. Demgegenüber erklärten Wehn-Schmidt a. a. O. S. 35 negativ, daß nur solche Schäden nicht ausgeschlossen seien, die in einem so entfernten Zusammenhang mit der gewerblichen oder beruflichen Tätigkeit, also mit dem „Auftrag an den Vmer" stehen, daß man nach der Verkehrsanschauung keine „unternehmerische Beziehung" des Vmers zu diesen Sachen mehr annehmen könne. Vom BGH 7. XII. 1959 VersR 1960 S. 109, 29. V. 1961 VersR 1961 S. 601, 28. IX. 1961 VersR 1961 S. 975 ist der Auslegung von Wehn-Schmidt a. a. O. gefolgt worden, die auch von Wussow[5] Anm. 52—53 zu § 4 AHB, S. 350—352 vertreten wird. Zu Recht wird vom BGH aber das Schwergewicht auf die Auslegung des in § 4 I Ziff. 6 b AHB verwendeten Begriffs der Tätigkeit gelegt (vgl. dazu auch die Ausgangsentscheidung: BGH 21. V. 1959 VersR 1959 S. 499). Maßgebend ist danach, ob ein bewußtes und gewolltes Einwirken (zweckgebundenes Handeln) des Vmers an fremden Sachen vorliegt (BGH 7. XII. 1959 VersR 1960 S. 109, 29. V. 1961 VersR 1961 S. 601, 5. VI. 1961 VersR 1961 S. 602, 25. IX. 1961 VersR 1961 S. 974, 8. II. 1962 VersR 1962 S. 312, 12. VII. 1962 VersR 1962 S. 749 bis 750, 3. III. 1966 NJW 1966 S. 1073 = VersR 1966 S. 434, 16. V. 1966 VersR 1966 S. 625—626, 10. VII. 1968 VersR 1968 S. 1030). Vom Vsschutz werden demnach nur diejenigen Schäden an Sachen erfaßt, auf die sich nicht eine derartige Tätigkeit des Vmers richtet, sondern auf die zufällig eingewirkt worden ist (BGH 7. XII. 1959 VersR 1960 S. 109, 25. IX. 1961 VersR 1961 S. 974, 12. VII. 1962 VersR 1962 S. 749—750; Friedrich VersR 1952 S. 42). Die Ausschlußklausel greift aber auch dann ein, wenn die Tätigkeit an oder mit der beschädigten Sache nicht Endzweck der geplanten unternehmerischen Arbeitsleistung ist (BGH 25. IX. 1961 VersR 1961 S. 974), ja auch dann, wenn nach dem Willen des Auftraggebers des Vmers eine Tätigkeit des Vmers an der betreffenden Sache gerade vermieden werden sollte (BGH 29. V. 1961 VersR 1961 S. 601, 8. II. 1962 VersR 1962 S. 312). Dagegen läßt sich nicht einwenden, daß damit der Vsschutz unerträglich eingeengt werde. Es bestehen im Gegenteil bei dieser Auslegung wesentliche Verbesserungen gegenüber der alten Fassung der Ausschlußklausel. Auch treten zahlreiche Zweifelsfälle auf, bei denen die Mahnung von Prölss[12] Anm. 7 b zu § 4 AHB, S. 535 beachtet werden kann, daß die neue Klausel nach ihrer Entstehungsgeschichte einer Verbesserung des Vsschutzes dienen solle und daher restriktiv auszulegen sei. Nachzutragen ist, daß Prölss[17] Anm. 6 b zu § 4 AHB, S. 673—674 die Rechtsprechung des BGH vollen Umfangs billigt und ihr in bezug auf die Unterlassungshandlungen des Vmers durch seine klaren Ausführungen in NJW 1962 S. 968—969 wesentliche Impulse gegeben hat (vgl. zu diesem Fragenkreis Anm. G 210).

Dem Tätigkeitsbewußtsein des Vmers oder seiner Leute kommt danach zentrale Bedeutung zu. Ist streitig, ob ein solches Bewußtsein vorgelegen hat, so ist der Ver beweispflichtig. Ein prima-facie-Beweis ist nicht zulässig; denn es handelt sich um die Erforschung eines inneren Vorganges, dem der Willensbildung, für den keine allgemeine Erfahrungssätze bestehen (OLG Celle 3. X. 1963 VersR 1963 S. 1215—1217 [Vorinstanz zu BGH 3. III. 1966 NJW 1966 S. 1073—1075 = VersR 1966 S. 434—436], ebenso Prölss NJW 1962 S. 969, Schlegelmilch a. a. O. S. 89, Wilts VersR 1966 S. 1095; a. M. und insoweit unrichtig: LG Aschaffenburg 11. X. 1961 NJW 1962 S. 970 = VersR 1962 S. 78, LG Bad Kreuznach 10. VII. 1963 VersR 1963 S. 844). Die Situation ist durchaus der gleichzusetzen, in der sich der Richter bei der Prüfung der Frage befindet, ob der Vmer einen Schaden vorsätzlich herbeigeführt hat. Hier wie dort handelt es sich um eine Frage der Willensbildung, für die es im Rechtssinne keine typischen Geschehensabläufe gibt. Demgemäß wird nach der höchstrichterlichen Rechtsprechung auch bei der Vorsatzfeststellung die Anwendbarkeit der Grundsätze über den prima-facie-Beweis verneint (vgl. dazu Anm. G 224). Besonderer Bedeutung kommt der Erkenntnis, daß der Beweis des ersten Anscheins nicht anwendbar ist, in den Fällen zu, in denen durch unterlassene oder fehlerhafte Schutzvorrichtungen bei objektiv gegebener Gefährdung der Nachbarschaftszone der eigentlichen Tätigkeit des Vmers diese benachbarten Sachen beschädigt werden (vgl. dazu Anm. G 209—211).

In sehr vielen Fällen beantwortet sich die Frage allerdings außerhalb des Beweisrechts aus sachlogischen Grundsätzen wie von selbst.

Wenn ein Vmer z. B. eine seinem Gewerbe dienende Maschine, die an sich von einem dritten Unternehmen betrieben wird (etwa eine Lohndreschmaschine), ausprobiert oder nur kurzfristig bedient, kann an seinem Bewußtsein, an dieser Maschine tätig zu sein, nicht gezweifelt werden; richtig daher LG Frankfurt 12. XII. 1956 VersR 1957 S. 813 = VW 1958 S. 40—41 in einem Falle, in dem der Vmer am Ende der an sich nicht von ihm vorzunehmenden Druscharbeit das Wagentuch über die Einlageöffnung der Maschine ausgeschüttet hat (ablehnend Wilts VersR 1966 S. 1103). Erst recht gilt das, wenn eine planmäßige Bedienung einer Maschine für einen Druschvorgang durch Einlegen von Getreide erfolgt (vgl. für diesen typischen Fall AG Münster 18. VI. 1959 VersR 1959 S. 725, a. M. auch hier Wilts a. a. O.). Anders ist es dann, wenn der Vmer beim Zusehen oder im Gespräch mit dem Dritten unbewußt an einer Maschine herumfingert und sie dadurch in Gang setzt; denn nur zielgerichtete Handlungen werden von § 4 I Ziff 6b AHB erfaßt.

Wenn eine Sache transportiert oder angehoben (vgl. dazu OLG Schleswig 26. VII. 1963 VersR 1963 S. 1192, zustimmend Wilts VersR 1966 S. 1102; ferner OLG Düsseldorf 1. II. 1966 VersR 1967 S. 1189) oder geschoben oder umgestellt wird, kann stets vom Tätigkeitsbewußtsein ausgegangen werden. Zu beachten ist aber, daß das Objekt der Tätigkeit im Rahmen eines Arbeitsprozesses wechseln kann und daß daher bei der Entscheidung nicht der Fehler gemacht werden darf, anzunehmen, daß ein einmal vorhandenes Tätigkeitsbewußtsein das Ausschlußobjekt kontinuierlich während eines differenzierten Arbeitsprozesses erfaßt. Fehlerhaft LG Bonn 19. VI. 1963 VersR 1963 S. 966—967: Dort war ein LKW während des Beladevorganges immer zwischen zwei Baggern hin- und hergefahren, die ihn abwechselnd beluden. Daß das Beladen eine

Tätigkeit an dem LKW darstellt, ist zutreffend angenommen worden (vgl. dazu auch Anm. G 213), daß das Gericht aber eine Tätigkeit an dem LKW auch dann noch annahm, als dieser beladen abfahren wollte und beim Rückwärtssetzen mit dem nicht weit genug entfernten Baggerlöffel zusammenstieß, dehnt das Tätigkeitsbewußtsein zu weit aus (ablehnend auch Prölss[17] Anm. 6c zu § 4 AHB, S. 679).

Wird eine Sache zum Schutz gegen in der Nähe geplante Arbeiten verdeckt, so sind durch das Verdecken entstehende Schäden vom Vsschutz ausgeschlossen; dagegen nicht Schäden, die deshalb durch die alsdann durchgeführten Arbeiten entstehen, weil die Abdeckung mangelhaft war (vgl. dazu im einzelnen Anm. G 209—211). Wird dann die Verschalung entfernt, so sind die durch diesen Tätigkeitsvorgang an dem durch die Hülle ursprünglich geschützten Objekt entstehenden Schäden wieder ausgeschlossen. Wird die Hülle aber zu früh entfernt und entstehen alsdann durch das Abräumen des für die Hauptarbeit gebrauchten Gerüstes Schäden an dem ursprünglich geschützten Teil, seien es Fenster, vergoldete Buchstaben oder Leuchtschriften oder sonst etwas, so besteht dafür wieder Vsschutz (unrichtig daher LG Tübingen 3. IX. 1962 VersR 1963 S. 249—250, ablehnend auch Wilts VersR 1966 S. 1101—1102).

Das Gesagte bezüglich der Tätigkeit an einer Sache gilt auch für den weiter verwendeten Ausschlußbegriff der Tätigkeit „mit" einer Sache. Überschneidungen sind hier vielfach möglich. Da nach dem richtig aufgefaßten Tätigkeitsbegriff eine Veränderung der Substanz der Sache, auf die sich die Tätigkeit richtet, nicht erforderlich ist (so zutreffend Wehn-Schmidt a. a. O. S. 34, Prölss[17] Anm. 6b zu § 4 AHB, S. 670), stellt sich begrifflich sogar genau genommen jede Tätigkeit mit einer Sache zugleich als eine Tätigkeit an einer Sache dar. Die im Ausschlußtatbestand ausdrücklich aufgenommene Version der Tätigkeit mit einer Sache bedeutet so verstanden eine Klarstellung dahin, daß die instrumentale Verwendung einer Sache als Unterfall der Tätigkeit an dieser anzusehen ist.

[G 205] ddd) Tätigkeit an beweglichen Sachen.

Bewegliche Sachen sind grundsätzlich im Ganzen als Ausschlußobjekt anzusehen, und zwar auch dann, wenn nur ein Teil von ihnen bearbeitet wird (Friedrich VersR 1953 S. 43, Wehn-Schmidt a. a. O. S. 32—33, Wussow[5] Anm. 65 zu § 4 AHB, S. 378—381). Für diese Auffassung spricht der Wortlaut des Ausschlußtatbestandes und insbesondere auch das hier durchaus zulässige argumentum e contrario (Wehn-Schmidt a. a. O. S. 32) aus der Sonderregelung für unbewegliche Sachen, durch die nur der am unmittelbar bearbeiteten Teil entstandene Schaden ausgeschlossen ist. Die gegen diese Meinung vom KG 5. VI. 1958 VersR 1958 S. 537 geäußerten Bedenken (ebenso das aus anderem Grunde vom BGH 7. XII. 1959 VersR 1960 S. 109—110 aufgehobene OLG Koblenz 30. V. 1958 VersR 1958 S. 638) vermögen nicht zu überzeugen.

Gewisse Schwierigkeiten ergeben sich allerdings dann, wenn es sich um Teile einer zusammengesetzten Sache (z. B. Maschine oder Kraftfahrzeug) handelt. Soweit die Tätigkeit in der Weise erfolgt, daß der zu reparierende Teil aus der zusammengesetzten Sache selbst nicht herausgelöst wird, kann an der Anwendbarkeit des Ausschlußtatbestandes auf die Sache im Ganzen nicht gezweifelt werden. Werden aus einer zusammengesetzten Sache Teile herausgelöst, die unmittelbar neben der zusammengesetzten Sache bearbeitet werden, soll nach der Auffassung von Wussow[5] Anm. 66 zu § 4 AHB, S. 381—382 das gleiche gelten, dagegen nicht, wenn die Reparatur in größerer Entfernung erfolge. Das erstere ist richtig, das letztere bedarf jedoch gewisser Einschränkungen. Unproblematisch ist dabei der Fall, daß ein Schaden an der zusammengesetzten Sache beim Wiedereinbau des herausgelösten Teiles entsteht. Dabei handelt es sich um einen ausgeschlossenen Tätigkeitsschaden, und zwar auch dann, wenn sich der Montagefehler erst viel später auswirkt. Es fragt sich aber, ob ein gleiches für einen sich erst später durch eine fehlerhafte Reparatur eines Teiles einstellenden Schaden an der ganzen Maschine zu gelten hat, wenn z. B. ein nicht genügend befestigter Eisenbolzen eines reparierten Teilstückes sich nach langer Zeit durch die fortdauernde Rotation löst und andere im engeren Sinne nicht bearbeitete Teile zerstört. Die Frage ist zu bejahen. In diesem Sinne ist also der Vmer auch dann an dem Hauptteil der Maschine tätig, wenn er mehrere hundert Meter entfernt arbeitet. Weiter ist zu überlegen, ob ein gleiches bei derartigen Schäden gilt, wenn der Vmer den reparierten Teil der zusammengesetzten Sache selbst nicht einbaut. Zwar ergibt das Besinnen auf die Kausalkette (vgl. dazu auch Anm. G 214), daß auch beim vorher erörterten Fall nicht das an sich fehlerfreie Einbauen, sondern die vorangegangene mangelhafte Reparatur des Teiles den Schaden verursacht hat; dennoch kommt der Ausschlußtatbestand hier nicht zum Zuge, da es am recht verstandenen Tätigkeitsbewußtsein fehlt (zutreffend OLG Köln 22. XII. 1965 OLGZ 1966 S. 301—303). Erst recht gilt das für die — allerdings kaum vorstellbaren — Fälle, in denen dem Vmer nicht bekannt ist, wofür der von ihm reparierte Teil einer Sache verwendet werden soll. Ebenso findet die Klausel keine Anwendung, wenn der reparierte Teil bereits dauernd von der zusammengesetzten Sache getrennt war, so daß nach der Verkehrsauffassung keine einheitliche zusammengesetzte Sache im Rechtssinne mehr vorlag. Das ist der Fall, wenn z. B. ein Fuhrunternehmer einmal im Jahr alle im Laufe der Zeit abgefahrenen Reifen zum Vulkanisieren gibt. Hier kann nicht von einer Tätigkeit an den Kraftfahrzeugen die Rede sein, so daß ein bei späterer Verwendung der Reifen durch diese am Kraftfahrzeug angerichteter Schaden genau so gedeckt ist, als wenn er durch einen fehlerhaften, neu gekauften Reifen angerichtet worden wäre.

[G 206] eee) Tätigkeit an unbeweglichen Sachen.

α) Zum Begriff der unbeweglichen Sache im Sinne des Ausschlußtatbestandes.

Für unbewegliche Sachen gilt die Einschränkung, daß nur der am unmittelbar bearbeiteten Teil der Sache entstandene Schaden nicht mit vom Vsschutz erfaßt wird. Das ist eine Verbesserung gegenüber der früheren Fassung der Ausschlußklausel, die auch die mit dem eigentlich bearbeiteten Teil nur nahe zusammenhängenden Teile der unbeweglichen Sache vom Vsschutz ausschloß. Unter diese Besonderheit der Ausschlußbestimmung fallen alle unbeweglichen Sachen im Rechtssinne. Einer näheren Erörterung und Abgrenzung der Begriffe bewegliche und unbewegliche Sachen bedarf es nicht, da der Unterschied im allgemeinen evident ist. Besonderer Betrachtung wert ist aber die Frage, ob bei Bauten gleich welcher Art auf einem Grundstück auch dann die für unbewegliche Sachen bestehende Verbesserung des Vsschutzes (Ausschluß nur der am unmittelbar bearbeiteten Teil entstehenden Schäden) gelten soll, wenn diese Gebäude vom bürgerlichen Recht als bewegliche Sachen behandelt werden. Hier sei insbesondere auf § 95 BGB verwiesen. Wenn ein Mieter auf einem gemieteten Grundstück ein massives Wohngebäude errichtet, dessen Beseitigung nach Ablauf des langjährigen Vertrages vorgesehen ist, so liegt eine bewegliche Sache im Sinne des bürgerlichen Rechts vor (vgl. z. B. RG 2. VI. 1915 RGZ Bd 87 S. 51 m. w. N., OGH 30. IX. 1948 OGHZ Bd 1 S. 170 m. w. N., BGH 31. X. 1952 BGHZ Bd 8 S. 5—6 m. w. N.); es wird bei derartigen Bauten sogar vermutet, daß sie nur für die Zeit der Mietdauer oder des sonstigen Rechts im Sinne von § 95 I 2 BGB errichtet werden (BGH 31. X. 1952 a. a. O. S. 6 m. w. N., 21. XII. 1956 NJW 1957 S. 457). Wussow[5] Anm. 62 zu § 4 AHB, S. 372 bis 373 befürwortet die Behandlung derartiger Bauten als unbewegliche im Sinne der Ausschlußbestimmung. Seiner Auffassung ist durchaus zuzustimmen. Eine andere Auslegung ist mit dem Sinn und Zweck der Ausschlußbestimmung nicht zu vereinbaren.

Eine weitere Frage stellt sich in diesem Zusammenhang, ob nämlich umgekehrt Sachen, die ihrer Natur nach beweglich sind, aber vom Recht zum überwiegenden Teil als unbewegliche behandelt werden, auch im Sinne des Ausschlußtatbestandes als unbewegliche anzusehen sind. Das wird von Wehn-Schmidt a. a. O. S. 31 für registerfähige Schiffe (und Schiffsbauwerke) bejaht (ebenso Johannsen VersR 1959 S. 782—783, vgl. auch Wilts VersR 1966 S. 1096, der stillschweigend von dieser Auffassung ausgeht). Die Gegenmeinung (Leininger VersR 1960 S. 107—108, Prölss Anm. 6 b zu § 4 AHB, S. 674 und Wussow[5] Anm. 62 zu § 4 AHB, S. 373) kann sich auf LG Duisburg 15. X. 1957 VersR 1957 S. 797 stützen.

Der erstgenannten Auffassung ist der Vorzug zu geben. Hier ist insbesondere zu bedenken, daß unsere Rechtsordnung Schiffe traditionell als „schwimmende Häuser" behandelt und daß die Sicherung und Besserstellung des Vmers durch Beschränkung des Ausschlußtatbestandes auf den am unmittelbar bearbeiteten Teil entstehenden Schaden diese Auslegung wirtschaftlich rechtfertigt. Eine ausdrückliche Klarstellung bei einer Neufassung der AHB wäre allerdings zu begrüßen. Zur rechtlichen Einordnung der Schiffe — im anderen Zusammenhang — vgl. auch BGH 9. I. 1958 NJW 1958 S. 457, 28. V. 1962 VersR 1962 S. 713—714 [letztere mit einer der hier vertretenen Auffassung entgegengesetzten Tendenz]). Selbstverständlich kann im übrigen auch ein registerfähiges Schiff einmal im Ganzen Objekt der Tätigkeit sein, so z. B. beim Schleppen. Auf Flugzeuge können die hier vertretenen Grundsätze keine Anwendung finden, da es an der traditionellen Behandlung im Recht als unbewegliche Sachen fehlt.

[G 207] β) Ermittlung desjenigen Teiles der unbeweglichen Sache, an dem der Vmer unmittelbar tätig ist.

Wesentlich für die Beurteilung der Frage, an welchen Teilen der Vmer „unmittelbar" tätig ist, ist die Verkehrsauffassung (BGH 27. IX. 1956 VersR 1956 S. 637, 5. VI. 1961 VersR 1961 S. 602). Bei den betreffenden Grundstücksteilen braucht es sich nach dem Sinn der Ausschlußklausel nicht um solche von rechtlich oder wirtschaftlich selbständiger Bedeutung zu handeln (BGH 27. IX. 1956 a. a. O. unter Hinweis auf Wehn-Schmidt a. a. O. S. 31, Friedrich VersR 1953 S. 43; vgl. weiter BGH 5. VI. 1961 VersR 1961 S. 602, 12. VII. 1962 VersR 1962 S. 749—750). Wird ein Maurer auftragsgemäß an einer Mauer eines Hauses tätig, so ist nur der an dieser entstehende Schaden ausgeschlossen. Handelt es sich um eine Wand, die durch mehrere Stockwerke geht, soll diese Mauer aber nur innerhalb einer Wohnung repariert werden, so entspricht es der Verkehrsauffassung, daß hier nur der in dieser Wohnung befindliche Teil der Mauer vom Vsschutz ausgeschlossen ist. Würde allerdings der Auftrag zum Ausbrechen einer Mauer aus einem Hause mit dem ausdrücklichen Hinweis darauf erteilt, daß z. B. von Seiten der Baupolizei besondere Stützungsaktionen wegen der Einsturzgefahr für das gesamte Haus verlangt würden, so ist das Haus im Ganzen Gegenstand der Tätigkeit. Der Fall liegt nicht anders, als wenn in einem kleinen Hause Stützungsbalken eingezogen werden und dabei das ganze Haus zusammenbricht (ähnliches Beispiel bei Wehn-Schmidt a.a.O. S. 31).

Ein gutes Beispiel bildet auch ein vom BGH 5. VI. 1961 VersR 1961 S. 602—603 entschiedener Fall. Hier war der Vmer mit dem Abreißen der Hälfte einer Scheune beauftragt worden. Ursprünglich hatte es sich um ein einheitliches Gebäude gehandelt, das später mit der Teilung des Grundstückes durch eine Trennmauer ebenfalls aufgeteilt worden ist. Das verbliebene Restgebäude des Nachbarn stürzte infolge des Abrisses ein. Dem Gericht ist darin zuzustimmen, daß es unrichtig gewesen wäre, deshalb eine Tätigkeit an der gesamten „zweiten" Scheune anzunehmen, weil die Dachverbindungen gelöst wurden. Richtig ist aber dahin erkannt worden, daß der Schaden am gesamten Dachgerüst vom Vsschutz nicht erfaßt wurde. Mit dem Durchschneiden der Dachverbindungen war der Vmer auch am Dach der Restscheune tätig (anders als Vorinstanz OLG Nürnberg 19. IX. 1958 VersR 1958 S. 828—829). Vom Vsschutz ausgeschlossen ist dabei auch der Schaden an der Trennmauer (für den auch keine Deckung beansprucht war). Auf diese Trennmauer erstreckt sich zwangsläufig die Tätigkeit des Abreißens, da die Verbindungen gelöst werden (so ausdrücklich BGH 28. IX. 1961 VersR 1961 S. 975 bis 976 für eine gemeinsame Wand zwischen zwei Häusern). Eine Tätigkeit am gesamten Restgebäude liegt allerdings dann vor, wenn der Vmer wußte, daß besondere Maßnahmen zur Verhinderung des Einsturzes erforderlich waren. Daß sich der Vmer der zwangsläufigen Gefährdung bewußt sein mußte und es nur infolge fahrlässigen Verhaltens unterläßt, für eine Sicherung der Restscheune zu sorgen, genügt zur Erfüllung des Tätigkeitsbegriffes der Ausschlußbestimmung nicht (BGH 5. VI. 1961 a. a. O. S. 603). Zu Recht ist vom BGH a. a. O. im übrigen auch die Auffassung der Vorinstanz zurückgewiesen worden, daß deshalb keine Tätigkeit an fremder Sache im Sinne des Ausschlußtatbestandes gegeben sei, weil diese nicht im Eigentum des Auftraggebers gestanden habe. Auf diese Frage kommt es nicht an (unrichtig insoweit Böhme ZfV 1959 S. 274).

Soll von einer fest mit dem Grund und Boden verankerten Krananlage, die eine Länge von etwa 100 m hat und bei der in einer Höhe von etwa 10 m zwei Kranbrücken auf Schienen fahren, eine dieser Brücken demontiert werden, so ist grundsätzlich nur diese Ausschlußobjekt, nicht dagegen sind das die Pfeiler und Stützen der Krananlage. Erfolgt die Demontage in der Weise, daß die Brücke mit Seilen durch Motorkraft von der Laufschiene gezogen wird, so ist während des Ziehens auch die Schiene Ausschlußobjekt. Erfolgt eine Beschädigung der Schiene aber dadurch, daß infolge eines Fehlers die Brücke nicht auf die Erde vor der Krananlage schlägt, sondern gegen einen Pfeiler, dessen Einknicken eine Verformung der Schiene bewirkt, so ist auch der Schaden an der Gleisschiene nicht ausgeschlossen.

Wird an eine Mauer etwas geschüttet, so ist diese Mauer Ausschlußobjekt. Erst recht greift die Ausschlußbestimmung ein, wenn beim Bau eines Hauses eine Zwischenmauer durch sandigen, feuchten Lehm hinterfüllt wird (so LG Nürnberg-Fürth 26. V. 1965 VersR 1965 S. 1144—1145). Stürzt die Mauer dann um, so sind Schadenersatzansprüche wegen der Beschädigung der Mauer vom Vsschutz ausgeschlossen, dagegen grundsätzlich nicht die an anderen Teilen des Baues entstehenden Schäden.

Gerade bei der Errichtung von Neubauten wird der Vmer häufig nur an einem Teil der unbeweglichen Sache tätig. Zutreffend ist vom BGH 27. IX. 1956 VersR 1956 S. 637—638 angenommen worden, daß derjenige, der einen Auftrag zum Bau eines Dachstuhls habe, nach der Verkehrsauffassung nicht an anderen Teilen des Daches, z. B. der Dachhaut, der Dachrinne oder einer Dachantenne tätig werde. Andererseits widerspricht es aber auch der Verkehrsauffassung, das bearbeitete Gebäude in winzig kleine Teile aufzuspalten (BGH 27. IX. 1956 a. a. O. S. 637). Wenn z. B. über ein Fabrikdach eine Röhrenleitung auf Metallstützen gelegt wird, kann im allgemeinen das ganze Dach als Ausschlußobjekt angesehen werden (so LG Stuttgart 1. XII. 1956 VersR 1956 S. 791 mit zustimmender Anm. von Böhmer a. a. O.). Das gleiche gilt, wenn auf dem Dach eines Wohnhauses eine Neon-Reklameanlage installiert wird (LG München 11. III. 1965 VersR 1965 S. 774—775). Handelt es sich aber um ein größereres Fabrikgebäude und ist die Tätigkeit des Vmers von vornherein auf einen bestimmten Dachbereich beschränkt, so ist allein dieser Teil Ausschlußobjekt.

Bei Neubauten wird man im übrigen vielfach die Nichtanwendbarkeit des Ausschlußtatbestandes schon daran erkennen können, daß die später beschädigten Grundstücksteile zur Zeit der Tätigkeit des Vmers selbst noch gar nicht errichtet waren (BGH 27. IX. 1956 a. a. O. S. 638).

Wird ein Vmer, der die Überwachung einer Ölheizungsanlage vertraglich übernommen hat, zur Reparatur eines Schadens, der die Funktionsfähigkeit der Anlage betrifft, gerufen, so erstreckt sich seine Tätigkeit auch dann auf die gesamte Heizungsanlage, wenn er nur einen Sicherheitsschalter durch einen anderen ersetzt (BGH 12. VII. 1962 VA 1962 S. 223—224 Nr. 341 = VersR 1962 S. 749—750; ebenso LG Wuppertal 28. VI. 1968 VersR 1968 S. 1031—1032 [mit Anm. von Wilcke a. a. O. S. 1032—1033] für das Auswechseln eines Steuerungselements). Zu Recht hat deshalb auch LG Frankfurt a.M. 9. VII. 1964 VersR 1964 S. 1237—1238 bei der probeweisen Vorführung einer automatischen Kesselwagenabfüllungsanlage diese im Ganzen als Ausschlußobjekt angesehen.

Häufig sind Leitungen für elektrische Energie oder für Gas Gegenstand der Bearbeitung. Soweit es sich dabei um in einem Gebäude befindliche Leitungen handelt, bilden diese Leitungen meist einen wesentlichen Bestandteil der unbeweglichen Sache. Der Handwerker ist im Sinne der Ausschlußklausel grundsätzlich nur an dem von ihm unmittelbar bearbeiteten Teil der Leitung tätig (KG 5. VI. 1958 VersR 1958 S. 537). Dazu rechnen aber auch zu den Leitungen gehörige, nahe gelegene elektrische Zähler oder Gasuhren (vgl. dazu OLG Frankfurt a. M. 3. V. 1955 VersR 1955 S. 434 — ablehnend dazu Wilts VersR 1966 S. 1095—1096). Unzutreffend ist die Annahme von Friedrich VersR 1953 S. 43 Beispiel p, daß das Arbeiten am Abzweigkasten im Keller zugleich eine Tätigkeit an der gesamten elektrischen Anlage des Hauses sei. Zutreffend wird vom KG 5. VI. 1958 a. a. O. darauf hingewiesen, daß nach der Verkehrsauffassung ein Arbeiten an der elektrischen Hauptleitung des Mietshauses nicht zugleich eine Tätigkeit an den einzelnen Leitungen der Mietwohnungen darstelle. Demgemäß sind die an die Leitung angeschlossenen Geräte grundsätzlich ebenfalls nicht Gegenstand der Tätigkeit (KG 5. VI. 1958 a. a. O., a. M. Friedrich a. a. O. S. 42 Beispiel c). Etwas anderes kann sich allerdings dann ergeben, wenn die Tätigkeit eines Installateurs gerade darin besteht, einen Motor an eine elektrische Leitung anzuschließen (KG a. a. O.).

[G 208] fff) Einzelfälle.

α) Verwechslungsschäden.

Mittelpunkt jeder Entscheidung über die Anwendbarkeit des Ausschlußtatbestandes muß die Frage sein, ob der Vmer das Bewußtsein hatte, an fremden Sachen tätig zu sein. Demgemäß ist es nur konsequent, daß vom BGH 21. V. 1959 VersR 1959 S. 499 (ebenso die Vorinstanz OLG Köln 28. VI. 1957 VersR 1957 S. 636—637) der Vsschutz bejaht worden ist in Fällen, in denen jemand irrig eine fremde Sache, die er für seine eigene hält, bearbeitet. Der Vmer hatte versehentlich fremdes Vieh anstelle des eigenen zum Schlachten verkauft. Daraus darf aber nicht geschlossen werden, daß allgemein „Verwechslungsschäden" gedeckt seien. Vielmehr gilt das Gesagte nur, wenn der Vmer der Meinung war, seine eigenen Sachen zu bearbeiten, dagegen nicht, wenn er fremde Sachen bearbeiten will. Beispiel: Der Vmer demontiert versehentlich anstelle der defekten Rohrleitung des A die intakte Rohrleitung des B. Derartige Verwechslungsschäden sind stets ausgeschlossen (vgl. dazu LG Köln 19. XI. 1959 VersR 1960 S. 505, LG Mannheim 18. IX. 1963 VersR 1963 S. 1018—1019, Böhme ZfV 1959 S. 275, Friedrich VersR 1953 S. 43, Wehn-Schmidt a. a. O. S. 36, Wilts VersR 1966 S. 1101, Wussow[5] Anm. 60 zu § 4 AHB, S. 371, zweifelnd [zu § 4 I Ziff. 6 b a. F.] Oberbach I S. 244 Anm. 251).

Beispiele aus der Rechtsprechung, in denen danach zutreffend der Vsschutz verneint wurde: LG Köln 19. XI. 1959 a. a. O.: Der Vmer errichtete auf fremdem Boden den Rohbau eines Einfamilienhauses; dabei überbaute er irrtümlich das Grundstück des Nachbarn C.

LG Mannheim 18. IX. 1963 a. a. O.: Der Vmer schoß Kundengewehre ein. Irrig hielt er das Gewehr eines Dritten auch für ein solches Kundengewehr. Er wollte es daher ebenfalls einschießen und beschädigte es durch eine nicht passende Patrone. Hätte der Vmer gedacht, daß es sein eigenes Gewehr gewesen wäre, so hätte der Vsschutz nach § 4 Ziff. 6b AHB nicht verneint werden können.

[G 209] β) Schäden an der näheren Umgebung der bearbeiteten Sache.

αα) Grundsätzliches.

Der für die Auslegung des Tatbestandes maßgebliche Tätigkeitsbegriff im Sinne einer ziel- und zweckgerichteten Tätigkeit an fremden Sachen führt in logischer Konsequenz dazu, daß nicht nur die Schäden an dem in erster Linie bearbeiteten Objekt, sondern auch an dessen näherer Umgebung ausgeschlossen sein können, wenn der Vmer auch an dieser näheren Umgebung bewußt tätig ist.

Ist der Schutz und das Einbeziehen der näheren Umgebung nach üblichen handwerksgerechten (oder sonstigen beruflichen) Überlegungen und Tätigkeiten eine Selbstverständlichkeit, so wird das Tätigkeitsbewußtsein regelmäßig gegeben sein (BGH 10. VII. 1968 VersR 1968 S. 1029—1030). Allerdings muß der Ver auch insoweit den vollen Beweis führen. Der prima-facie-Beweis ist nicht zulässig, da es sich um die Feststellung eines inneren Willensvorganges handelt (vgl. auch Anm. G 204). Vom BGH (7. XII. 1959 VA 1960 S. 168—169 Nr. 295 = VersR 1960 S. 109—110 [a. M. als Vorinstanz OLG Koblenz 30. V. 1958 VersR 1958 S. 637—638]) ist zutreffend nach diesen Grundsätzen ein an einem Kabel angerichteter Schaden als ausgeschlossen angesehen worden, das vom Vmer freigelegt werden mußte, um darunter eine andere Leitung zu verlegen (ebenso schon vorher LG Mainz 20. I. 1954 VersR 1954 S. 148, LG Bielefeld 26. XI. 1957 VersR 1958 S. 90, ablehnend Wilts VersR 1966 S. 1098—1099). Weiß aber der Vmer nicht, daß in dem von ihn zu bearbeitenden Teil des Erdreichs ein Kabel liegt, so handelt es sich um einen vten Schaden (BGH 7. XII. 1959 a. a. O.). An der Beurteilung ändert sich nichts, wenn er hätte wissen müssen, daß sich in dem Erdreich derartige Kabel befinden. Dieses fahrlässige Nichtwissen reicht für das Tätigkeitsbewußtsein nicht aus. Problematisch wird unter dem Gesichtspunkt des Bewußtseins der Tätigkeit an fremder Sache der Fall, daß ein Handwerker einen Nagel in eine Wand für eine Befestigung einschlägt. Bei erster Überlegung ist man geneigt, das hierbei zerstörte Wasserrohr stets als Ausschlußobjekt anzusehen. Das ist gewiß der Fall, wenn der Tätige von einem

Rohr weiß und ihm klar ist, daß er auf diese Leitung bei seiner Arbeit Rücksicht zu nehmen hat (so in dem vom LG Mainz 20. I. 1954 VersR 1954 S. 141 als Beispiel erörterten Fall). Die konsequent angewandte Erkenntnis über den Tätigkeitsbegriff zwingt aber hier für diejenigen Fälle, in denen eine derartige Kenntnis nicht vorhanden ist, zu einer anderen Auslegung (vgl. Schwaiger[6] S. 158), der die für unbewegliche Sachen geltende Bestimmung, daß nur der am unmittelbar bearbeitenden Teil dieser Sachen angerichtete Schaden ausgeschlossen ist, entgegenkommt.

[G 210] ββ) BGH-Rechtsprechung.

BGH 8. II. 1962 VersR 1962 S. 312—313 (zustimmend Wilts VersR 1966 S. 1098 bis 1099) zeigt in einem anderen „Kabelfall" deutlich die Abgrenzungsschwierigkeiten auf: Vom Berufungsgericht war offengelassen worden, ob tatsächlich das beschädigte Kabel als Widerlager für den Bau der Gas- und Wasserrohre benutzt worden war. Das Gericht bemerkte dazu, daß an einer bewußt und gewollten Einwirkung nicht gezweifelt werden könne, wenn diese offengelassene Behauptung zutreffe. Wörtlich wurde vom BGH u. a. folgendes ausgeführt: „Bei der erneuten Verhandlung wird das Berufungsgericht auch zu prüfen haben, ob die Arbeiter des Kl bei der Anbringung des Randverbaus — z. B. durch das unmittelbare Auflegen von Holzbohlen — bewußt und gewollt auf die in der Grabenwand zutage tretende Ziegelsteinabdeckung des Kabels eingewirkt haben. Bereits eine solche Tätigkeit würde ohne Rücksicht auf das mit ihr erstrebte Ziel den Ausschlußtatbestand . . . erfüllen". BGH 3. III. 1966 NJW 1966 S. 1073 bis 1075 = VersR 1966 S. 434—436: Der Vmer hatte den Auftrag, in einem Kühlhaus Schweißarbeiten durchzuführen. Hierbei wurde der Plattenbelag der Wände durch Schweißperlen beschädigt. Der Vmer erklärte, daß sein Sohn, der die Arbeiten durchgeführt hatte, nicht damit gerechnet habe, daß die Funken drei Meter weit fliegen würden. Diese Einlassung bestätigte der Sohn des Vmers in seiner Vernehmung als Zeuge. Der Vsschutz wurde bejaht. Ebenso schon als Vorinstanz: OLG Celle 3. X. 1963 VersR 1963 S. 1215—1217.
BGH 16. V. 1966 VersR 1966 S. 625—626: Der Vmer war beauftragt, in einer Wohnbaracke das Zuleitungsrohr eines Heizkörpers zu verlegen. Die dazu erforderlichen Schweißarbeiten führte ein Lehrling aus. Trotz einer feuchten Asbestabdeckung gerieten Funken in den neben der Schweißstelle gelegenen Wanddurchbruch. Die Trennwand fing Feuer und die Baracke brannte zum Teil ab. Der Vsschutz wurde mit folgender Begründung bejaht: „Objektiv hat die hier inBrand geratene Trennwand in einer näheren räumlichen Beziehung zum bearbeiteten Heizungsrohr gestanden und sich damit im Wirkungsbereich der bei Schweißarbeiten umherfliegenden glühenden Metallteilchen befunden. Diese objektive Einwirkung reicht für sich allein jedoch nicht aus, sondern muß in ihrem ganzen Umfange vom Vmer oder seinen Leuten bewußt und gewollt vorgenommen sein."

Interessant ist es, die Entwicklung und Wandlung der Auffassung des BGH zur subjektiven Abgrenzung des Anwendungsbereichs des § 4 I Ziff. 6 b AHB in bezug auf unterlassene oder fehlerhafte Sicherheitsmaßnahmen für die nähere Umgebung der eigentlichen Arbeitstätigkeit anhand der zitierten Entscheidungen zu verfolgen.

BGH 7. XII. 1959 VA 1960 S. 169 Nr. 295 = VersR 1960 S. 110 (vgl. dazu aber BGH 3. III. 1966 NJW 1966 S. 1074 = VersR 1966 S. 435): „Deckt z. B. der Verputzer einer Hauswand die hierbei unmittelbar gefährdeten Fenster nur mangelhaft oder gar nicht ab, so muß er den dadurch an den Fenstern entstehenden Schaden selbst tragen. Würde dieses Risiko vom Haftpflichtver übernommen, so könnte sich der Vmer die Mühen und Kosten des Abdeckens überhaupt sparen."

BGH 5. VI. 1961 VersR 1961 S. 603: „Nach der in VersR 60, 109 veröffentlichten Entscheidung des erkennenden Senats können allerdings auch die Gegenstände Ausschlußobjekt sein, die durch die unternehmerische Tätigkeit des Vmers einer so unmittelbaren Gefährdung ausgesetzt werden, daß ihr bewußter und gewollter Schutz zu den Unternehmenspflichten des Vmers gehört. Dieser Grundsatz kann aber nicht dazu führen, daß der Kreis der Ausschlußobjekte über den in der Neufassung gezogenen Rahmen hinaus ausgedehnt wird. Während nach der alten Fassung der Ausschlußklausel außer den

Grundstücksteilen, die den Gegenstand der Tätigkeit des Vmers bilden, auch die mit ihnen nahezusammenhängenden Teile eines Grundstücks als Ausschlußobjekt festgelegt wurden, erstreckt sich die Ausschlußklausel nach ihrer neuen Fassung nur noch auf den Bereich eines Grundstücks, der selbst als unmittelbares Objekt der Tätigkeit anzusehen ist. Aus dieser Einengung der Ausschlußklausel ergibt sich, daß die Ver nunmehr mit § 4 I Ziff. 6 b AHB nur diejenigen Grundstücksteile als Ausschlußobjekte erfassen, die einer von der Vorstellung und dem Willen des Vmers getragenen unmittelbaren Einwirkung unterliegen."

BGH 8. II. 1962 a. a. O. S. 313: „Sollte dagegen die Beklagte nicht den Nachweis erbringen können, daß die Arbeiter des Kl. bewußt und gewollt auf das Kabel selbst oder dessen Ziegelsteinabdeckung eingewirkt haben, kann die Ausschlußklausel nicht eingreifen. Ihre Anwendung könnte dann auch nicht damit begründet werden, daß der Kl. Schutzmaßnahmen hinsichtlich des Kabels unterlassen hat. Zwar können auch die Gegenstände Ausschlußobjekt sein, die durch die unternehmerische Tätigkeit des Vmers einer so unmittelbaren Gefährdung ausgesetzt werden, daß ihr bewußter und gewollter Schutz zu den Unternehmerpflichten des Vmers gehört. Dieser Grundsatz kann aber nicht dazu führen, daß der Kreis der Ausschlußobjekte über den in der Neufassung des § 4 I Ziff. 6b AHB gezogenen Rahmen hinaus ausgedehnt wird, durch den lediglich diejenigen Gegenstände erfaßt werden, die selbst einer von der Vorstellung und dem Willen des Vmers getragenen unmittelbaren Einwirkung unterliegen (vgl. hierzu BGH 5. VI. 1961 VersR 1961 S. 602 [603])."

BGH 3. III. 1966 NJW 1966 S. 1074 = VersR 1966 S. 435: „Die objektive Einwirkung auf fremde Sachen oder Sachteile reicht jedoch für sich allein nicht aus, sondern muß in ihrem ganzen Umfang vom Vmer bewußt und gewollt vorgenommen sein, um zu einer „Tätigkeit" im Sinne des § 4 I Ziff. 6b AHB zu werden ...

Dem Berufungsrichter ist auch darin zuzustimmen, daß die unterlassene Abdeckung der beschädigten Wandplatten für sich allein noch nicht die Anwendung der Ausschlußklausel des § 4 I Ziff. 6b AHB rechtfertigt. Soweit die beiläufigen Bemerkungen, die das Urteil des Senats vom 7. XII. 1959 ... zu unterlassenen Schutzmaßnahmen beim Verputzen einer Hauswand enthält, für eine weitergehende Auffassung sprechen, wird daran nicht mehr festgehalten ... Der Ansicht, die Unterlassung notwendiger Schutzvorkehrungen an einer Sache sei als fehlerhafte Ausführung der Arbeit an einer anderen Sache, als Unterlassung im Rahmen der ausgeübten gewerblichen Tätigkeit zu behandeln (so Wehn-Schmidt a. a. O. S. 33 ...), kann nicht gefolgt werden. Abgesehen von den Bedenken, daß auf diesem Wege wieder die frühere Obhutsklausel Eingang finden würde, kommt es leicht zu einer unzulässigen Erweiterung der Ausschlußobjekte. Die Tätigkeitsklausel verlangt nämlich die Identität der Sachen oder Sachteile, an denen der Vmer bewußt oder gewollt tätig wird und an denen dadurch ein Schaden entsteht."

BGH 16. V. 1966 VersR 1966 S. 625—626: „Fehl geht die Ansicht der Revision, bei einer unzureichenden Schutzmaßnahme sei der Vsschutz ausgeschlossen, weil der Vmer, obwohl dazu verpflichtet, es unterlassen habe, die im Wirkungsbereich seiner Tätigkeit liegenden Sachen oder Sachteile ausreichend zu schützen. Für diesen Standpunkt — einer angenommenen Rechtspflicht des Vmers, ordnungsmäßige Schutzmaßnahmen zu treffen — macht es keinen Unterschied, ob eine Sache überhaupt nicht oder nur ungenügend abgedeckt worden ist. Das Unterlassen einer Schutzmaßnahme rechtfertigt aber für sich allein noch nicht die Anwendung der Ausschlußklausel des § 4 I Ziff. 6b AHB... Für eine mangelhafte Schutzmaßnahme, um die es hier geht, kann nichts anderes gelten (Prölss NJW 62, 968/969 und VVG 15. Aufl., AHB § 4 Anm. 6b)."

BGH 10. VII. 1968 VersR 1968 S. 1030: „Die objektive Einwirkung auf fremde Sachen oder Sachteile reicht für sich allein nicht aus, sondern muß in ihrem ganzen Umfang vom Vmer oder seinen Leuten bewußt oder gewollt vorgenommen sein, um zu einer „Tätigkeit" im Sinne des § 4 I Ziff. 6b AHB zu werden.

Das Berufungsgericht hält hier auch eine bewußte und gewollte Einwirkung für gegeben, weil es ... unvermeidlich gewesen sei, daß bei dem Verputzen der Hauswände die darin eingelassenen, ungeschützt gebliebenen Tür- und Fensterrahmen von Kalkspritzern getroffen würden. Diese zwangsläufige Einwirkung sei für jedermann so klar erkennbar gewesen, daß sich dessen auch die Arbeiter des Kl. bewußt gewesen seien.

Unter diesen Umständen könne es an einem bewußt und gewollt vorgenommenen Bespritzen des beschädigten Tür- und Fensterrahmens keinen Zweifel geben. ... Die von der Revision hiergegen erhobenen Rügen greifen nicht durch; denn es genügt, daß die Arbeiter des Kl. sich bewußt waren, daß die Kalk- und Mörtelmasse den Tür- und Fensterrahmen treffen und dort haften bleiben würde."

[G 211] γγ) Stellungnahme (zugleich kritische Würdigung der Rechtsprechung der Instanzgerichte).

Die vom BGH vertretene Auffassung ist zu billigen. Nur durch die Betonung des subjektiven Auslegungsmoments wird einer uferlosen Ausweitung der Bedingungsbestimmung im Sinne der alten Obhutsklausel vorgebeugt. Es verdient festgehalten zu werden, daß sich besonders Prölss (NJW 1962 S. 969 und[15] Anm. 6b zu § 4 AHB, S. 643) gegen die zum Teil zu diesen Rechtsgedanken in Widerspruch stehende Rechtsprechung der Instanzgerichte gewandt hat. Im Sinne der Rechtsprechung des BGH haben sich ausgesprochen: Berg VersPrax 1961 S. 250—251, Wussow[5] Anm. 57 zu § 4 AHB, S. 368—369 (anders in den Vorauflagen, vgl. z. B.[4] Anm. 55 zu § 4 AHB, S. 282—283), Wilts VersR 1966 S. 1093—1098, dagegen: Elste ZfV 1966 S. 440—441, Hafferburg ZfV 1966 S. 1056—1058, Oberbach Grundlagen B 3 S. 13, H.-J. Wussow VersR 1964 S. 965—966, differenzierend (schon 1957): Hartung Haftpflichtv S. 87.

Die umfangreiche Rechtsprechung der Instanzgerichte harmonisiert nicht in allen Fällen mit der dargestellten Rechtsprechung des BGH. Ein Teil der fehlerhaften Entscheidungen geht dabei allerdings auf die aus der „beiläufigen" Bemerkung in BGH 7. XII. 1959 a. a. O. ersichtliche Auffassung zurück, die ausdrücklich erst von BGH 3. III. 1966 a. a. O. aufgegeben worden ist. Auf der Linie der jetzigen Rechtsprechung des BGH bewegen sich: OLG Braunschweig 1. III. 1955 VersR 1955 S. 245—246. Zutreffend nimmt das Gericht an, daß für Schäden, die dadurch entstehen, daß beschädigte Sachen gereinigt werden, § 4 I Ziff. 6b AHB eingreift, daß aber insoweit Ersatz als Rettungskosten nach §§ 62, 63 geschuldet werden könne (ebenso Wilts VersR 1966 S. 1100, unrichtig AG Köln 6. XI. 1957 VersR 1957 S. 282—283, das dieses Problem nicht erkennt). Bei dem vom OLG Braunschweig entschiedenen Fall handelt es sich um unterlassene Schutzmaßnahmen, die zu einer Befleckung vergoldeter Buchstaben führten. Bei dem Versuch, die Buchstaben zu reinigen, wurden sie beschädigt.

OLG Celle 21. I. 1963 NJW 1963 S. 1206—1207 = VersR 1963 S. 418—419: Der Vmer hatte beim Umbau eines Hauses das Dach durch eine Plane unzulänglich abgedeckt. Bei einem Sturm wurde diese Plane abgerissen und Waren und Einrichtungsgegenstände des Mieters durch Regen beschädigt. Der Vsschutz wurde zu Recht bejaht. Ebenso OLG Hamburg 17. III. 1964 VersR 1965 S. 276—278 in einem in dieser Beziehung gleichgelagerten Fall der unzulänglichen Abdeckung eines Hauses während der Umbauarbeiten (zustimmend Wilts VersR 1966 S. 1101).

OLG Frankfurt 11. VI. 1964 VersR 1964 S. 963—965 (mit ablehnender Anm. von H.-J. Wussow a. a. O. S. 965—966; zustimmend aber Wilts VersR 1966 S. 1099): Es handelte sich um unzulängliche Sicherungsmaßnahmen bei der Reinigung einer Fassade. Der Vsschutz wurde bejaht; ebenso OLG Frankfurt 12. V. 1966 NJW 1966 S. 1973 bis 1975 = VersR 1966 S. 1125 (nur L. S.) für unzulängliche Schutzvorrichtungen bei Schweißarbeiten.

OLG Düsseldorf 12. VII. 1966 VersR 1968 S. 161: Der Vmer hatte bei Ausschachtungsarbeiten auf die Meinung des von ihm beauftragten Architekten vertraut, daß der in der Nähe befindliche alte Turm nicht in Mitleidenschaft gezogen werden würde, und deshalb von Schutzmaßnahmen Abstand genommen.

LG Aschaffenburg 11. X. 1961 NJW 1962 S. 968—970 (mit Anm. von Prölss a. a. O. S. 968—970) = VersR 1962 S. 70—78: Der Vsschutz wurde bei unterlassenen Schutzvorrichtungen im Ergebnis wohl zu Recht bejaht, die Ausgangsüberlegungen sind aber zum Teil unzutreffend, da zu Unrecht die Grundsätze des prima-facie-Beweises für anwendbar gehalten worden sind, vgl. dazu Anm. G 204.

LG Göttingen 13. X. 1964 VersR 1965 S. 79—80: Streichen von Wohnzimmerheizkörpern. Der Fußboden wurde durch Umkippen eines Farbtopfes beschädigt. Es handelt sich um unzureichende Sicherungsmaßnahmen. Der Vsschutz wurde zu Recht bejaht.

LG Köln 7. XII. 1965 VersR 1966 S. 483: Ungeschicktes Hantieren eines Lehrlings beim Anbringen einer Wasserleitung über einer gekachelten Badewanne, die dadurch beschädigt wurde. Der Vsschutz wurde bejaht.

Zu Unrecht wird nach den Grundsätzen der zitierten Rechtsprechung des BGH der Vsschutz bei unzulänglichen Sicherheitsmaßnahmen bei der Durchführung von Maler-, Schweiß-, Sandstrahl- und Verputzarbeiten in folgenden Entscheidungen verneint: LG Mosbach 18. XI. 1958 VersR 1959 S. 222, LG Braunschweig 20. VIII. 1959 VersR 1960 S. 266—267, LG Regensburg 1. VII. 1960 VersR 1961 S. 217—218, LG Hamburg 13. XI. 1960 VersR 1961 S. 307—308, AG Hamburg 24. X. 1963 VersR 1965 S. 704 bis 705, LG Köln 30. I. 1964 VersR 1964 S. 423, LG Hanau 21. I. 1965 VersR 1966 S. 177, OLG München 30. VI. 1966 BB 1966 S. 1041. Dabei sei zur Vermeidung von Mißverständnissen gesagt, daß die eine oder andere der aufgeführten Entscheidungen auch nach den Maßstäben der in Anm. 210 dargestellten BGH-Rechtsprechung berechtigt sein könnte. Es fehlt aber einer Erörterung des subjektiven Elements des Ausschlußtatbestandes, also an der wesentlichen Frage, ob der Vmer bewußt am beschädigten Teil des Objekts tätig war oder nicht.

Einen Grenzfall stellt LG Tübingen 3. IX. 1962 VersR 1963 S. 249—250 dar: Der Kl. führte Ausputzarbeiten durch. Die an der Außenwand angebrachten Leuchtschriften verkleidete er zum Schutz. Nach Abschluß der Verputzarbeiten entkleidete er die Buchstaben. Im Anschluß daran wurde das Gerüst abgebaut und dabei durch Ungeschicklichkeit die Leuchtschrift beschädigt. Ein gutes Beispiel für einen deckungswürdigen Schaden gerade bei einem sorgsam handelnden Vmer. Der Vsschutz wurde zu Unrecht verneint (ebenso Wilts VersR 1966 S. 1101—1102).

Prölss[117] Anm. 6b zu § 4 AHB, S. 674 weist zutreffend darauf hin, daß bei gänzlich unterlassenen Schutzmaßnahmen mit Rücksicht auf das für die Tätigkeitsklausel geforderte bewußte und gewollte Einwirken auf eine fremde Sache der Ausschluß nach § 4 I Ziff. 6b AHB nur eingreife, wenn zugleich die Voraussetzungen des § 152 erfüllt seien. Das trifft zu. Nur wenn der Vmer also weiß, daß er die Randzonen seiner Arbeitsleistung ohne besonderen Schutz beschädigen wird und dieses Ergebnis billigend in seine Willensvorstellung aufnimmt, liegt der Tatbestand des § 4 I Ziff. 6b AHB vor. Wilts VersR 1966 S. 1097—1098 verneint diese Gleichstellung zwischen § 4 I Ziff. 6b AHB und § 152 für den hier erörterten Sonderfall. Doch übersieht er in dem von ihm gebildeten Beispiel, daß auch dann eine vorsätzliche Schadenzufügung vorliegen kann, wenn der Vmer den Umfang des Schadens nicht in allen Einzelheiten voraussieht. Wer weiß, daß bei dem Streichen einer Zimmerdecke der ungeschützte Fußboden beschädigt wird, aber nur eine geringe Schädigung erhofft, handelt vorsätzlich, auch wenn der Schadenumfang sich als größer erweist.

OLG Neustadt 18. I. 1955 VA 1955 S. 216—218 Nr. 104: Der Vmer hatte bereits bei Vertragsabschluß die Verpflichtung übernommen, die Reinigung der durch Verputzspritzer beschmutzten Fenster vorzunehmen. In solchen Fällen kann die Annahme eines bewußten Handelns an diesen Fenstern gerechtfertigt sein, wenn nicht vom Vmer besondere für das Gegenteil sprechende Gründe vorgebracht werden können. Einen solchen Gegengrund könnte es darstellen, daß der Vmer dartut, daß lediglich eine nach dem Gesetz ohnedies bestehende Schadenersatzverpflichtung ausdrücklich festgelegt worden sei, ohne daß von ihm in concreto der Eintritt eines solchen Schadenfalles vorhergesehen oder gar gebilligt worden sei.

LG Bad Kreuznach 10. VII. 1963 VersR 1963 S. 843—844: Der Malergeselle des Vmers benutzte „O-Mehrfachfluat" zum Neutralisieren der Decken. Trotz Kenntnis der besonderen Ätzwirkung wurde von dem Gesellen jede Schutzmaßnahme in bezug auf die Einrichtungsgegenstände unterlassen. Das LG nahm Vorsatz an. Das konnte nach den Indiztatsachen auch gerechtfertigt sein. Ein abschließendes Urteil kann sich der Leser nicht bilden, da das Gericht zu Unrecht die Grundsätze über den Anscheinsbeweis anwandte; vgl. dazu Anm. G 204. Bei gänzlich unterlassenen Schutzmaßnahmen kann § 4 I Ziff. 6b AHB also nur Anwendung finden, wenn der Tatbestand des § 152 vorliegt. Als Besonderheit gegenüber dem Grundsatz des § 4 II Ziff. 1 AHB, nach dem stets nur diejenige Person den Vsschutz verliert, die vorsätzlich handelt, ergibt sich für die Fälle des § 4 I Ziff. 6b AHB aber, daß bei vorsätzlichem Handeln einer

Hilfsperson des Vmers auch für den Vmer der Vsschutz verloren geht (vgl. dazu Anm. G 215).

[G 212] γ) Schäden durch Vorbereitungsarbeit zur eigentlichen Berufstätigkeit.

Zum ausgeschlossenen Tätigkeitsbereich an fremden Sachen gehören auch solche Schäden, die im Vorbereitungsfeld der eigentlichen Berufsarbeit liegen, wenn nur eine entsprechende zielgerichtete Tätigkeit ausgeübt wird (BGH 29. V. 1961 VersR 1961 S. 601—602). Das wird aus Gründen des Rechtsgefühls gelegentlich verkannt. So vertreten z. B. Wehn-Schmidt a. a. O. S. 35 (trotz des von ihnen durchaus zutreffend entwickelten Grundsatzes, daß ausgeschlossen die Schäden an fremden Sachen seien, die Objekte einer zielgerichteten Tätigkeit darstellen) die Auffassung, daß es an der „Adäquanz der ausschlußfüllenden Kausalität" fehle, wenn 2 Bierkutscher zum Zwecke der Belieferung eines Brauereikundens einen vor einem Hauseingang stehenden Wagen beiseiteschieben. Eine solche Kausalität ist aber gegeben (vgl. auch Anm. G 214 zur Kausalitätsabgrenzung im einzelnen). Demgemäß muß ein derartiger Schaden als ausgeschlossen betrachtet werden (so LG Lüneburg 13. IX. 1956 VersR 1957 S. 637—638, AG Vechta 12. I. 1961 VA 1961 S. 151 Nr. 297; ebenso Briel VW 1967 S. 1110—1111, Wilts VersR 1966 S. 1102, Wussow[5] Anm. 56 zu § 4 AHB, S. 360 Beispiel Nr. 9). Das Gesagte gilt erst recht, wenn der Wagen sogar zur Seite gefahren wird (vgl. LG Kassel 15. IV. 1954 VersR 1954 S. 299—300, LG Fulda 8. XII. 1966 VersR 1968 S. 265). Ausgeschlossen ist demgemäß auch ein Schaden an einer Sache, der bei deren Beiseiterücken oder Schieben zum Zwecke der Durchführung der Berufsarbeit entsteht (vgl. dazu BGH 7. XII. 1959 VersR 1960 S. 109). Immer wird nämlich der Vmer an diesen Sachen tätig. Erwähnt sei hier auch der vielzitierte Maler, der vor Beginn der Maltätigkeit eine Tür aushebt und sie dabei beschädigt (BGH 7. XII. 1959 a. a. O., Wehn-Schmidt a. a. O. S. 34, Wussow[5] Anm. 56 zu § 4 AHB, S. 360 Beispiel Nr. 5). Nichts anderes kann gelten, wenn die Sachen, die zur Seite gestellt werden, einen überdurchschnittlichen Wert haben (unrichtig daher LG Münster 28. I. 1959 NJW 1959 S. 989—990). Eine Tätigkeit an einer Sache liegt auch dann vor, wenn sie zum Abdecken einer anderen benutzt wird. Zugleich wird die abdeckende Sache instrumental benutzt, so daß auch aus diesem Grunde der Ausschlußtatbestand gegeben ist. Unrichtig ist es daher, wenn vom OLG Hamm 3. III. 1959 VersR 1960 S. 784—785 Vsschutz in einem Falle bejaht wird, in dem Arbeiter ein wertvolles Ölgemälde zum Abdecken eines Ziegelhaufens benutzt haben (ablehnend auch Poppe VersR 1961 S. 112, Schmalzl VersR 1960 S. 939, Wilts VersR 1966 S. 1101). Darauf, daß diese Maßnahme nicht sachgerecht war, kommt es für die Abgrenzung des Vsschutzes nicht an (BGH 29. V. 1961 VersR 1961 S. 601).

[G 213] δ) Grenzfälle bei Schäden an Fußböden und anderen Unterlagen.

Zu beachten ist immer, daß letzten Endes die Verkehrsanschauung für die Abgrenzung des Vsschutzes und für die Frage, ob eine zweckgebundene Tätigkeit des Vmers (mag sie sachgemäß sein oder nicht) an einer Sache vorliegt, maßgebend ist. Besondere Schwierigkeiten bereitet die Frage, ob eine Sache, die als Unterlage für eine Tätigkeit dient, stets als Ausschlußobjekt anzusehen ist. Dabei kann die Bearbeitung der Unterlage im engeren Sinne (z. B. Ausheben von Sand; vgl. auch LG Köln 19. IX. 1959 VersR 1960 S. 505) als unproblematisch ausscheiden; dabei handelt es sich sicher um einen ausgeschlossenen Tätigkeitsschaden. Es leuchtet auch ein, daß der Transport schwerer Sachen über eine Treppe oder den Fußboden zugleich eine Tätigkeit an (und vor allem mit) der Unterlage darstellt, wenn mechanische Hilfsmittel (etwa Schienen oder Rollen) unter die zu transportierenden Sachen gelegt werden. Entsprechendes gilt, wenn Möbelstücke über einen Fußboden gezogen oder geschoben werden. Auch wird man einen ausgeschlossenen Tätigkeitsschaden annehmen müssen, wenn schwere Möbelstücke unvorsichtig auf dem Fußboden abgesetzt werden. Andererseits widerstrebt es dem Rechtsgefühl, Fußböden und Treppen auch dann als Ausschlußobjekt zu behandeln, wenn deren normale (dem Einzelnen im Grunde genommen überhaupt nicht bewußte) instrumentale Benutzung in Frage steht, wie z. B. beim Befahren einer Straße (vgl. Böhme ZfV 1959 S. 276) oder dem Begehen eines Weges oder eines Fußbodens in einer

Wohnung, sei es auch mit genagelten Schuhen (vgl. Briel VW 1967 S. 1111, der hier ebenfalls den Vsschutz bejaht). Hingegen läßt sich beim Rollen von Fässern über eine Treppe eine dem Bewußtsein geläufige und anschauliche instrumentale Benutzung nicht leugnen (anders insoweit im Ergebnis Wussow[5] Anm. 56 zu § 4 AHB, S. 363 Beispiel Nr. 18). Grenzfall: BGH 29. V. 1961 VersR 1961 S. 601—602. Dort waren Maler vor dem Betreten eines Gerüstes aus Bequemlichkeit stets auf die Blechummantelung eines Rohrofens getreten. Der BGH wendet hier konsequent die von ihm stets vertretene Tätigkeitsdefinition an. Es war aber zu bedenken, daß die ratio des Ausschlußtatbestandes eine einschränkende Auslegung gerechtfertigt hätte. Die Meinung der den Vsschutz bejahenden Vorinstanzen ist demnach vorzuziehen (vgl. OLG Hamm 14. XI. 1958 VersR 1962 S. 367—368 [unzutreffend sind allerdings die Ausführungen im letzten Absatz auf S. 368]). Zu billigen ist dagegen eine weitere BGH-Entscheidung (25. XI. 1961 VersR 1961 S. 974—975), in der der durch das Ablagern einer Sache auf einer Dachplane entstandene Schaden als ausgeschlossen angesehen worden ist. In diesem Sinne müßte auch der Vsschutz verneint werden, wenn ein Teerkocher kraft Eigengewichts auf einem Asphalthof einsinkt. Hingegen wird man als nicht ausgeschlossen zu betrachten haben den durch ein etwaiges Überkochen dieses Teerkochers angerichteten Schaden. Denn darauf ist das Tätigkeitsbewußtsein des Vmers nicht gerichtet.

Einen Grenzfall stellt OLG Frankfurt 30. X. 1962 VersR 1963 S. 571 dar: Das beim Verschrotten von Eisenbahnwaggons anfallende Holz wurde auf Gleisen der Hafenverwaltung gelagert. Beim Zerschweißen der Eisenteile der Waggons geriet das Holz in Brand. Die Arbeiter des Vmers unternahmen dagegen nichts, da das Holz aus der Sicht des Vmers nur Abfall war. Das Gericht bejahte die Anwendbarkeit des § 4 I Ziff. 6b AHB. Es erscheint aber zweifelhaft, ob den Arbeitern bewußt war, durch den Brand auch an den Geleisen tätig zu sein. Daß ein derartiges Tätigkeitsbewußtsein bei dem Auflegen des Holzes auf den Geleisen gegeben war, besagt nichts. Denn aus jener Tätigkeit ist der Schaden nicht entstanden. Es stand allein zur Entscheidung, ob die unterlassene Brandbekämpfung ein bewußtes und gewolltes Einwirken der Leute des Vmers auf die Unterlage darstellte. Darüber fehlt es an Feststellungen im Urteil. Ablehnend auch Wilts VersR 1966 S. 1096. Darüber, daß ohnedies deshalb kein Vsschutz bestand, weil bezüglich des Platzes zum Verschrotten, der von dritter Seite unentgeltlich zur Verfügung gestellt worden war, § 4 I Ziff. 6a AHB eingriff, vgl. die Ausführungen der Vorinstanz: LG Hanau 18. IV. 1961 VersR 1961 S. 1129.

Bezeichnend für die noch immer bestehende Unsicherheit der Abgrenzung namentlich der instrumentalen Komponente des Ausschlußtatbestandes ist es, daß Prölss bis zur 12. Aufl. (vgl. dort Anm. 7b zu § 4 AHB, S. 534) geschrieben hat, daß beim Transport einer Kiste in den fünften Stock eines Hauses Haftpflichtansprüche wegen Schäden an der Aufzugswand und dem Treppengeländer vert seien; Ausschlußobjekt sei nur die Kiste und allenfalls der Fußboden des Treppenhauses und auch der Boden des Fahrkorbes und die Treppenstufen. In der Praxis werden mit Ausnahme des Schadens an der Kiste und am Fahrkorb (a. M. bezüglich des letzteren: Eberhardt ZfV 1960 S. 883) Haftpflichtansprüche wegen Schäden an den erwähnten Sachen — wenn nicht ganz besondere Einwirkungen vorliegen — für vert gehalten. Der Ausdruck „allenfalls" zeigt, daß auch Prölss die Abgrenzung für problematisch hält. Selbstverständlich kommt es immer auf die Beurteilung des Einzelfalles an. So liegt ein ausgeschlossener Schaden am Treppengeländer vor, wenn dieses abbricht, weil daran ein Strick zum Hochziehen des Transportgutes befestigt worden ist. Unbehagen bereitet zunächst auch die Auffassung von Wussow[5] Anm. 56 zu § 4 AHB, S. 363 Beispiel Nr. 17, daß ein Schaden an einem Fahrstuhl durch transportierte Sachen stets als ausgeschlossen anzusehen sei. Es muß hier stets geprüft werden, ob die instrumentale Benutzung eines Fahrstuhles eine bewußte gewerbliche Tätigkeit mit diesem im Sinne der Ausschlußklausel darstellt (vgl. dazu BGH 27. XI. 1969 VersR 1970 S. 145—146).

Werden bewegliche Sachen als Unterlage für andere bewegliche Sachen gebraucht, so begegnet die Anwendung des Ausschlußtatbestandes weniger Bedenken aus dem Rechtsgefühl und der Interessenlage. Die instrumentale Benutzung dieser Sachen ist anschaulicher und dem Verkehr geläufiger. Das Einbeziehen derartiger Sachen in die Berufsarbeit läßt sich kaum anders als „bewußt" charakterisieren. Das Auflegen eines

Brettes auf einen Kühlschrank, der damit als Unterlage für Malerarbeiten diente, ist zu Recht als Tätigkeit an (und mit) dem Schrank angesehen worden (AG Düsseldorf 1. II. 1957 VersR 1957 S. 773). Der Schaden ist auch dann ausgeschlossen, wenn das Malen sich in der Weise vollzieht, daß der Handwerker ohne weitere Unterlage mit genagelten Schuhen einen Kühlschrank als Arbeitsunterlage benutzt. Häufig treten Schadenfälle bei der Auslieferung von Waren auf, z. B. wenn Warenpakete mit Schwung auf die Glastheke eines Ladens geliefert werden. In Konsequenz der geschilderten Rechtsprechung ist für derartige Schadenersatzansprüche der Vsschutz zu verneinen, wenngleich nicht recht einzusehen ist, warum solche Schäden nicht deckungswürdig sein sollen. Ohne weiteres mit dem Rechtsgefühl zu vereinbaren ist es dagegen, wenn Vsschutz für eine sich über einen längeren Zeitraum erstreckende Tätigkeit verneint wird, z. B. bei der Reparatur einer Registrierkasse auf einer Tonbank. Nicht unerwähnt soll dabei bleiben, daß vom BGH 25. IX. 1961 VersR 1961 S. 975 ausdrücklich ausgeführt worden ist, daß es auf die Dauer der Einwirkung nicht ankomme.

Bei dem Beladen eines Kraftfahrzeuges liegt stets eine Tätigkeit an und mit diesem vor (BGH 7. II. 1969 NJW 1969 S. 698—699 = VersR 1969 S. 340—341; a. M. Wehn-Schmidt a. a. O. S. 35—36, die auf die Umstände des Einzelfalles abstellen wollen). Dabei liegt ein ausgeschlossener Tätigkeitsschaden auch dann vor, wenn die Beschädigung des Fahrzeugs dadurch erfolgt, daß der Abfülltrichter einer Siloanlage beim Beladen auf das Fahrzeug fällt (BGH 7. II. 1969 a. a. O.). Doch ist die Beladung mit dem Auffüllen des Wagens beendet. Setzt der Wagen (gefahren von einem Dritten) im Anschluß an den durch einen Bagger durchgeführten Beladevorgang zurück und stößt er dabei mit dem versehentlich nicht weggeschwenkten, sondern nur hochgezogenen Baggerlöffel zusammen, so besteht Vsschutz (unrichtig daher LG Bonn 19. VI. 1963 VersR 1963 S. 966—967 mit zustimmender Anm. von Stelzer VersR 1964 S. 178, ablehnend aber auch Prölss[17] Anm. 6c zu § 4 AHB, S. 679, Wilts VersR 1966 S. 1102). Eine Tätigkeit an dem zu beladenden Wagen durch den Vmer ist auch dann nicht durch die Bagger gegeben, wenn der Beladevorgang, der sich in der Weise abspielt, daß der LKW zwischen zwei Baggern pendelt, die ihn abwechselnd bedienen, noch nicht abgeschlossen ist. Stößt der Wagen des Dritten daher auf der Fahrt von einem Bagger zum anderen mit einem von diesen zusammen, so besteht Vsschutz. Etwas anderes gilt allerdings dann, wenn der Wagen schon losfährt, während der Baggerlöffel sich noch über ihn befindet oder dabei ist, von dem eigentlichen Beladungsvorgang zurückzuschwenken.

Wird eine Schute beladen, so ist diese Schute (soweit nicht die Ausführungen in Anm. G 206 eingreifen) im ganzen Objekt der Tätigkeit. Das gleiche wird man aber nicht von der Ladung dieser Schute sagen können, soweit es sich um eine Stückladung handelt. Fällt daher vom Kran beim Beladen eine Kiste auf die Schute nieder, so ist der Schaden an der Schute im ganzen ausgeschlossen, dagegen nicht der Schaden an der verstauten Ladung. Auf diese erstreckt sich das Tätigkeitsbewußtsein des Kranführers nicht. Etwas anderes gilt dann, wenn es sich um Ware handelt, die auf den Schutenboden und aufeinander geschüttet wird. Hier kann auch der schon an Bord befindliche Teil der Ware als Ausschlußobjekt angesehen werden, da er als Unterlage für den später kommenden Teil der Ladung dienen soll.

[G 214] ggg) Kausalität.

Die Ausschlußbestimmung findet nur dann Anwendung, wenn zwischen der Tätigkeit des Vmers an oder mit einer Sache und dem dadurch eintretenden Schaden adäquater Ursachenzusammenhang besteht (so zu Recht: Friedrich VersR 1953 S. 45, Hartung Haftpflichtv S. 85, Wehn-Schmidt a. a. O. S. 36, Wussow[5] Anm. 59 zu § 4 AHB, S. 370). Die alte Fassung des Ausschlußtatbestandes („aus Anlaß“) gab insoweit zu berechtigten Zweifeln Anlaß (vgl. einerseits Oberbach I S. 241, andererseits Kühfuß a. a. O. S. 37—42). Zutreffend vermerken Wehn-Schmidt a. a. O. S. 37, daß durch die Neufassung klargestellt sei, daß Schäden, die lediglich im zeitlichem Zusammenhang mit der Tätigkeit stehen (etwa wie im von Wehn-Schmidt a. a. O. erwähnten Beispiel von einem Dritten angerichtet werden), nicht erfaßt werden. Das ergibt sich aus der genauen Würdigung des Begriffs der zielgerichteten Tätigkeit an einer fremden

Sache und liegt den in den vorstehenden Erörterungen erwähnten Beispielen sämtlich zugrunde. Andererseits kann ein langer Zeitablauf zwischen der Tätigkeit und dem Schadeneintritt nicht über die adäquate Kausalität hinwegtäuschen. Wenn ein in Hamburg versehentlich um das Doppelte des zulässigen Gewichts überladener Güterwagen nach 3 Tagen in Süddeutschland zusammenbricht, greift der Ausschlußtatbestand bezüglich des Wagens ein; ebenso, wenn ein fehlerhaft reparierter Wagen nach Tagen zusammenbricht (Beispiel von Friedrich VersR 1953 S. 45).

Es erscheint dagegen als zweifelhaft, ob der Ausschlußtatbestand nach seinem Sinngehalt eingreifen muß, wenn Arbeiter bei Rohrverlegungsarbeiten ein über eine Werkstraße führendes Kabel abnehmen und später zu niedrig montieren, so daß es, und zwar erst Monate darauf, von einem LKW heruntergerissen wird (Beispiel von Anonym VW 1964 S. 966). Neben dem doch recht weit gefaßten Begriff der zivilrechtlichen Adäquanz muß demgemäß der Sinnzusammenhang der Klauselregelung im besonderen Maße beachtet werden. Mit Rücksicht auf dieses zusätzliche Korrektiv ist in dem in Anm. G 207 erörterten Beispiel einer Demontage einer Kranbrücke in der zweiten Variante auch die Beschädigung der Laufschiene für nicht ausgeschlossen gehalten worden. Die Ausschlußklausel greift dagegen ein, wenn ein Rohr 1952 mangelhaft isoliert wird und deshalb 1953 verrostet platzt. Das Rohr ist genauso Ausschlußobjekt, als wenn es am Tage der Isolierung beschädigt worden wäre. Anders ist der Fall auch dann nicht zu beurteilen, wenn es zur Zerstörung des Rohres wegen des verwendeten schlechten Materials und nicht wegen der eigentlichen Isolierungstätigkeit gekommen ist. Adäquate Kausalität ist auch dann gegeben, wenn ein Bauer zwei Tiere zusammenkoppelt, um ihr Ausbrechen zu verhindern, wodurch das eine Tier bei einem Sturz in einen Wassergraben verendet, weil es sich nicht wieder erheben kann (AG Meppen 26. VI. 1954 VersR 1955 S. 8—9, zustimmend Wilts VersR 1966 S. 1103). In diesem Sinne wäre auch der vom LG Aurich 28. X. 1954 VersR 1955 S. 475 entschiedene Fall zu behandeln gewesen, in dem der Vmer ein unruhiges Pferd an eine Kette gelegt hatte, worin es sich verfing (dafür, daß der vom LG Aurich herangezogene Ablehnungsgrund [Miteigentum des Vmers] nicht überzeugt, vgl. Anm. G 78).

Vgl. auch den dem LG Hamburg 1. X. 1957 VersR 1958 S. 390 zugrunde liegenden Sachverhalt. Dort durfte zwar nicht die Besitzklausel, wohl aber die Tätigkeitsklausel angewandt werden, wenn die Selbstbewegung des Arbeitsgerätes eine adäquate Folge fehlerhafter Tätigkeit war. Die Beweislast dafür oblag allerdings wie bei allen Ausschlußtatbeständen dem Ver, dem bei einem Sachverhalt der erwähnten Art aber der prima-facie-Beweis zugute kommen kann, soweit nicht das Tätigkeitsbewußtsein in Frage steht (vgl. Anm. G 204). Wäre allerdings die gelegentlich anzutreffende Sonderklausel vereinbart worden, daß eine Beschädigung des Werkzeuges nicht unter den Ausschlußtatbestand falle, wenn es zur Zeit der Beschädigung nicht zur Arbeit benutzt werde, so könnte der Vsschutz nicht versagt werden.

Bewirken mehrere Ursachen den Schadeneintritt, so greift der Ausschlußtatbestand ebenfalls ein. Im Falle LG Kiel 9. X. 1964 VersR 1965 S. 506—507 mit zustimmender Anm. von Stelzer VersR 1965 S. 993—994 hatte der gerichtliche Sachverständige festgestellt, daß das Sinken des vom Vmer reparierten Bootes auf dessen Tätigkeit, nämlich auf das Ablassen von Kühlwasser, und auf Undichtigkeiten des Schiffskörpers zurückzuführen gewesen sei. Zutreffend ist der Vsschutz für diesen Tätigkeitsschaden versagt worden (ablehnend aber Prölss[17] Anm. 6c zu § 4 AHB, S. 680).

[G 215] hhh) Hilfspersonenklausel.

Der Klausel kommt für die Tätigkeitsklausel — anders als für die Besitzklausel (vgl. dazu Anm. G 200) — weitgehend nur klarstellende Bedeutung zu. Die ausdrückliche Festlegung hat aber den Vorteil, daß es insoweit gar nicht erst zu Meinungsstreitigkeiten kommen kann. Richtig ist die von Wehn-Schmidt a. a. O. S. 38 betonte Prämisse, daß sich der berufliche oder gewerbliche Charakter der Tätigkeit der Hilfspersonen vom Standpunkt des Vmers (gemeint ist aus dem Gewerbe oder Beruf des Vmers) beurteilt. Das bedeutet einerseits, daß auch die Tätigkeit eines Berufsfremden, der gefälligkeitshalber im Betriebe des Vmers tätig wird, dem Vmer zuzurechnen ist (Wehn-

Schmidt a. a. O. S. 38). Andererseits findet die Ausschlußbestimmung keine Anwendung, wenn die Tätigkeit eines Beauftragten aus dieser Sicht nicht zugleich eine gewerbliche oder berufliche Tätigkeit des Vmers ist. Aus dem Gesagten ergibt sich, daß der von Wehn-Schmidt a. a. O. S. 39 eingenommene Standpunkt richtig ist, daß unter den Begriff der Bevollmächtigten des Vmers im Sinne der Ausschlußklausel auch ein aufgrund gesetzlicher Vertretungsmacht Handelnder (z. B. Eltern oder Vormund) fallen kann (a. M. Wussow[5] Anm. 70 zu § 4 AHB, S. 386). Es bedarf also aus dieser Sicht der Dinge nicht der von Wussow[5] Anm. 69—70 zu § 4 AHB, S. 384—387 angestrebten einschränkenden Auslegung des Begriffs des Beauftragten und Bediensteten. Vielmehr können durchaus auch Angehörige freier Berufe einmal unter den Ausschlußtatbestand fallen. Voraussetzung ist dabei aber immer, daß es sich bei ihrer Tätigkeit für den Vmer zugleich um eine gewerbliche oder berufliche Tätigkeit desselben handelt, was regelmäßig nicht der Fall ist. Daß diese Auslegung dem Sinn der Ausschlußklausel entspricht, zeigt auch die Überlegung, daß im Rahmen des primären Deckungsschutzes einer Betriebshaftpflichtv für andere als die erwähnten Handlungen sowieso kein Vsschutz gegeben ist. Bei der von Wehn-Schmidt a. a. O. S. 38—40 für die Fälle des § 4 I Ziff. 6b AHB gegebenen Interpretation des Kreises der Hilfspersonen ist also stets die erwähnte Prämisse zu bedenken, daß der Standpunkt des Vmers maßgebend sei. Nur aus dieser Betrachtung ergibt sich auch eine überzeugende Begründung für das für die Privathaftpflichtv von der h. M. richtig gewonnene Ergebnis, daß der durch eine Hausangestellte beim Bügeln der Sachen eines Besuchers angerichtete Schaden gedeckt sei; vgl. dazu unter Anm. G 203.

Eigenständige Bedeutung gewinnt die Hilfspersonenklausel in den Fällen unterlassener oder mangelhafter Absicherung der gefährdeten Randzonen der Tätigkeit der Arbeitnehmer des Vmers. Vgl. dazu Anm. G 211 a. E.

[G 216] iii) Folgeschäden.

Umstritten ist auch zu § 4 I Ziff. 6b AHB, inwieweit Folgeschäden eines Tätigkeitschadens ebenfalls vom Vsschutz ausgenommen sind. Es ist festzuhalten, daß alle Haftpflichtansprüche, die darauf gegründet sind, daß eine weitere Sache beschädigt (oder gar eine Person verletzt oder getötet) wird, vom Vsschutz erfaßt werden. Hingegen sind alle Schadenfolgen vom Vsschutz ausgeschlossen, die nicht auf die Beschädigung weiterer Sachen oder die Verletzung oder Tötung von Menschen zurückzuführen sind. Vgl. dazu und zur Abgrenzung der unechten Vermögensschäden Anm. G 253.

[G 217] jjj) Abänderungen des § 4 I Ziff. 6b AHB.

Die Regelung des § 4 I Ziff. 6b AHB wird bei bestimmten, immer wieder auftretenden Schäden als unbefriedigend empfunden, insbesondere bei den sogenannten Beladungsschäden. Da es sich hier um ein überschaubares und kalkulierbares Risiko handelt, wird in der Betriebshaftpflichtv dafür seit langem durch besondere Klauseln (meist bei Vereinbarung einer Selbstbeteiligung) Vsschutz geboten. Dem ist jetzt auch vom BAA Rechnung getragen worden. Vgl. Nr. 4 der in VA 1969 S. 14 abgedruckten „Besonderen" Bedingungen. Bedauerlich ist allerdings, daß nach der dort benutzten Fassung die Beschädigung der Fahrzeuge nur durch mechanische Be- und Entladevorrichtungen erfaßt wird. Eine ausnahmsweise nur mit menschlicher Kraft durchgeführte Be- oder Entladung und ein daraus resultierender Schaden sind danach nicht vert, ein eigentlich nicht gerechtfertigtes Ergebnis.

Einen weiteren Fall des Einschlusses von Bearbeitungsschäden behandelt Nr. 3 der genannten „Besonderen" Bedingungen im Zusammenhang mit Anschlußgleisverträgen. Da die Bundesbahn ihren Kontrahenten durchweg eine über den gesetzlichen Umfang der Haftung hinausgehende Ersatzpflicht auferlegt, wäre es allerdings besser gewesen, diesen Sachverhalt gleich mitzuerfassen, anstatt ihn zusätzlich, nämlich neben § 4 I Ziff. 1 AHB, in der Risikobeschreibung unter Nr. 1 (VA 1969 S. 15) auszuschließen.

[G 218] h) Ausschluß des Strahlenrisikos nach § 4 I Ziff. 7 AHB.

Nach § 4 I Ziff. 7 AHB sind Haftpflichtansprüche wegen Schäden, die in unmittelbarem oder mittelbarem Zusammenhang stehen mit energiereichen ionisierenden Strahlen (z. B. von radioaktiven Substanzen, emittierten Alpha-, Beta- und Gammastrahlen sowie Neutronen oder in Teilbeschleunigern erzeugten Strahlen), vom Vsschutz ausgeschlossen. Diese Ausschlußbestimmung ist erst im Jahre 1960 in die AHB eingefügt worden. Vgl. dazu die Erläuterungen des BAA in VA 1960 S. 263—264. Sie ist im Zusammenhang zu sehen mit der durch das Gesetz über die friedliche Verwendung der Kernenergie und dem Schutz gegen ihre Gefahren (Atomgesetz) vom 23. XII. 1959 (BGBl. I S. 814—828) mit Änderungen vom 23. IV. 1963 (BGBl. I S. 201) statuierten Verpflichtung (vgl. insbesondere §§ 13 und 15 AtomG), Deckungsvorsorge dafür zu schaffen, daß gesetzliche Schadenersatzverpflichtungen erfüllt werden können. Während nach §§ 1—5 der Verordnung über die Deckungsvorsorge nach dem AtomG (DeckungsvorsorgeVO) vom 22. II. 1962 (BGBl. I S. 77—82) die Deckungsvorsorge für Atomanlagen (Kernspaltung) auch in anderer Weise als durch Haftpflichtvsschutz gestellt werden kann, sieht § 9 DeckungsvorsorgeVO vor, daß eine Deckungsvorsorge für Kernbrennstoffe und sonstige radioaktive Stoffe nur durch eine Haftpflichtv erbracht werden kann. Es handelt sich um eine Pflichthaftpflichtv, auf die gemäß § 15 AtomG die §§ 158c—h sinngemäß anzuwenden sind. Für diese Pflichthaftpflichtv zur Erfüllung der Deckungsvorsorge im Sinne des § 9 DeckungsvorsorgeVO sind eigene AVB geschaffen worden, nämlich die „AVB für die Haftpflichtv von genehmigter Tätigkeit mit Kernbrennstoffen und sonstigen radioaktiven Stoffen außerhalb von Atomanlagen (AHBStr)". (VA 1965 S. 70—74). Vgl. dazu Eberhardt ZfV 1967 S. 382—386, 429—433, 481—484.

Man mag es beklagen, daß dadurch eine weitere Aufsplitterung des Haftpflichtvsrechts eingetreten ist. Es ist auch bedenklich, daß für die Strahlenhaftpflichtv gleichzeitig Verschlechterungen gegenüber dem Vsschutz nach den AHB eingeführt worden sind. Vgl. in diesem Zusammenhang § 1 II 2 AHBStr, nach dem Ansprüche aus § 640 RVO (beachte hier aber auch die gesetzgeberische „Vorentscheidung" in § 13 V AtomG) und Schadenersatzansprüche aus der Lieferung von Waren vom Vsschutz nicht erfaßt werden. Andererseits darf in diesem Zusammenhang aber auch nicht verschwiegen werden, daß auch Verbesserungen vorgenommen worden sind. So ist die Verwandtenausschlußklausel nach § 4 Ziff. 7 AHBStr gegenüber § 4 II Ziff. 2 AHB wesentlich nach Maßgabe des Vorbilds von § 11 Ziff. 4 AKB verbessert worden. Jedenfalls ist es konsequent, daß nach Schaffung einer besonderen Strahlenschutzhaftpflichtv ein besonderer Ausschlußtatbestand mit § 4 I Ziff. 7 AHB eingeführt worden ist. Allerdings hat diese Regelung praktisch auch zur Folge, daß die erwähnten ausgeschlossenen Risiken, wie das Warenlieferungsrisiko und der Regreßanspruch nach § 640 RVO, die üblicherweise im Rahmen der AHB vert wären, überhaupt nicht mehr in Deutschland vbar sind. Recht einzusehen ist das nicht, da es sich auch insoweit — jedenfalls nach den Berichten aus den USA — um überschaubare Risiken handelt.

Für die Pflichthaftpflichtv nach § 9 DeckungsvorsorgeVO darf nach § 10 IV bis zur festgesetzten Deckungssummenhöhe keine Schadenersatzverpflichtung eingeschlossen werden, die sich für einen Arzt oder Zahnarzt oder dessen Dienstherren oder Arbeitgeber daraus ergeben, daß Personen infolge einer von dem Arzt oder Zahnarzt oder unter dessen Aufsicht an ihnen durchgeführten Untersuchung oder Behandlung geschädigt werden. In Konsequenz dieser Bestimmung ist dieses Risiko nach § 4 Ziff. 4 AHBStr vom Vsschutz ausgeschlossen. Durch geschäftsplanmäßige Erklärungen der Ver und Genehmigung einer entsprechenden Bedingung hat das BAA aber sichergestellt, daß im Rahmen der Heilwesenhaftpflichtv abweichend von § 4 I Ziff. 7 AHB insoweit Vsschutz geboten wird (vgl. VA 1964 S. 219 und vorher VA 1960 S. 264).

i) Ausschluß der Vorsatzschäden.

Gliederung:

[G 219] Schrifttum:

Böhm VersR 1953 S. 169—170, VersR 1954 S. 265—267, Briel VW 1967 S. 974 bis 977, Elperting ZVersWiss 1913 S. 351, Friedrich VersR 1951 S. 95, 108—110, 142, J. von Gierke ZHK Bd 60 S. 44—59, Heilmann JRPV 1935 S. 181—182, Kramer JRPV 1927 S. 253, Kreuzhage Kernfragen S. 25—26, Leo JW 1931 S. 874—875, Rohde VersR 1962 S. 1195—1196, Schmalzl VsPraxis 1960 S. 27—28, Stelzer ZfV 1959 S. 196—197, VersR 1962 S. 559, VW 1964 S. 300—302, Süß VersR 1950 S. 85.

[G 220] aa) Zur dispositiven Rechtsnatur des § 152 VVG.

§ 152 ändert § 61 für die Haftpflichtv in der Weise ab, daß auch für grobfahrlässige Handlungen Vsschutz besteht. Die Vorschrift hat dispositiven Charakter. Demgemäß ist es möglich, grobfahrlässige Handlungen vom Vsschutz auszunehmen. Das ist z. B. in § 4 II Ziff. 4 AHB für Haftpflichtansprüche aus der Übertragung von Krankheiten geschehen. Eine entsprechende Einschränkung fand sich früher in § 4 II Ziff. 1 AHB. Dort hieß es, daß auch dann der Vsschutz entfalle, wenn der Schaden durch Mißachtung der zum Schutz von Leben, Gesundheit und Eigentum erlassenen Vorschriften grobfahrlässig herbeigeführt worden sei (VA 1932 S. 134). Weiter wird § 152 in der Vspraxis, z. B. in der Gewässerschadenhaftpflichtv (vgl. nur § 5 der Zusatzbedingungen zur Privat- sowie Haus- oder Grundbesitzerhaftpflichtv für die V der Haftpflicht aus Gewässerschäden — VA 1965 S. 2—3), dahin abgeändert, daß vom Vsschutz das vorsätzliche Abweichen von dem Gewässerschutz dienenden Gesetzen und von an den Vmer gerichteten behördlichen Anordnungen oder Verfügungen ausgenommen wird. Ein derartiger Ausschluß erstreckt sich nämlich nicht, wie gelegentlich irrig angenommen wird (so z. B. von Stiefel-Wussow[7] Anm. 11 zu § 11 AKB, S. 409), allein auf den Ausschluß der Vorsatzschäden, sondern darüber hinaus auf Fälle, in denen der Handelnde trotz des bewußt begangenen Gesetzesverstoßes darauf vertraut, daß sein vorschriftswidriges Verhalten keinen Schaden herbeiführe, er jedenfalls den Eintritt eines solchen Erfolges keinesfalls billigt (BGH 13. VII 1959 VersR 1959 S. 691—692). Demgemäß werden durch eine derartige Klausel Tatbestände grober und unter Umständen auch solche leichter Fahrlässigkeit vom Vsschutz ausgenommen. Allerdings wird im allgemeinen die Annahme gerechtfertigt sein, daß eine bewußt den behördlichen Vorschriften widerstreitende Handlung grobfahrlässig ist. Rechtspolitisch ist zu überlegen, ob es nicht aus Gründen der Einheit der Terminologie wünschenswert wäre, wenn anstelle des Ausschlußbegriffes eines bewußt gesetz- oder vorschriftswidrigen Handelns gesagt werden würde, daß für grobe Fahrlässigkeit in bestimmten Fällen nicht gehaftet werde. Ansonsten läßt sich gegen einen derartigen Ausschlußtatbestand in dem erwähnten Falle nichts einwenden, zumal damit eine gewisse erzieherische Wirkung beabsichtigt ist.

In der Vermögensschadenhaftpflichtv findet sich im übrigen generell der Ausschlußtatbestand des wissentlich (früher: bewußt) gesetz- oder vorschriftswidrigen Verhaltens (§ 4 Ziff. 5 AHBVerm). Das erscheint bei der Art der dort vten geistigen Tätigkeit, die überwiegend auf dem Vertrauen der Mandanten aufbaut, auch als richtig und eine Abänderung als nicht wünschenswert. Dort war dieser Ausschluß schon immer eine Selbstverständlichkeit (vgl. z. B. RG 15. III. 1910 VA 1910 Anh. S. 70—71 Nr. 534, das gegenüber dem Instanzgericht ganz klar diesen Grundsatz der Vermögensschadenhaftpflichtv aus den damals geltenden Bedingungen herausarbeitete).

Es entspricht dieser Überlieferung und der richtigen Einschätzung des Architektenberufes, daß sich nunmehr auch in der Architektenhaftpflichtv eine entsprechende Ausschlußklausel findet (vgl. Abschnitt III der „Besonderen" Bedingungen für die Haftpflichtv von Architekten und Bauingenieuren [VA 1964 S. 37—38] und BGH 13. VII. 1959 VersR 1959 S. 691—692, insbesondere S. 692, wo der BGH eine solche Abänderung des § 152 gegen eine unzulässige Umgehung der §§ 6, 32 abgrenzt). Für die entsprechende Regelung im österreichischen Recht vgl. ÖOGH 29. XI. 1960 VersR 1961 S. 526—527.

§ 152 aber in der Weise abzuändern, daß auch vorsätzlich schadenstiftende Handlungen des Vmers mit eingeschlossen werden, ist bedenklich und grundsätzlich abzulehnen. Aus §§ 138, 276 II BGB abzuleitende allgemeine Rechtsgrundsätze verbieten eine derartige Erweiterung im Regelfall. Vgl. dazu J. von Gierke II S. 304, ZHK Bd 60 S. 48—49, 59, Kramer JRPV 1927 S. 253, Oberbach I S. 247 Anm. 267 m. w. N. Verfehlt OLG Köln 4. II. 1965 VersR 1965 S. 752, das infolge einer unrichtigen Interpretation einer Vorsatzausschlußklausel in der Vermögensschadenhaftpflichtv (vgl. dazu Anm. G 232—233) für eine Unterschlagung durch den Vmer Vsschutz gewährt. Überdies wird sich kaum ein Ver zur Übernahme eines derartigen Risikos bereitfinden. Soweit allerdings z. B. in den von der Einfuhr- und Vorratsstelle (EVSt) bei Abschluß entsprechender Lagerverträge regelmäßig geforderten Lagerhalterhaftpflichtven der Vorsatz lediglich zugunsten des geschädigten Dritten miteingeschlossen ist mit der Maßgabe, daß in derartigen Fällen gegen den Vmer Rückgriff genommen werde, läßt sich dagegen nichts einwenden; vgl. zu diesem Fragenkreis auch BGH 11. VII. 1960 BGHZ Bd 33 S. 97—105 (zur Kautionsv ergangene Entscheidung).

[G 221] bb) Erläuterung im einzelnen.

aaa) Übereinstimmung mit dem zivilrechtlichen Vorsatzbegriff.

§ 152 setzt den Vorsatzbegriff ebenso wie entsprechende Vorschriften des bürgerlichen Rechts als gegeben voraus. Die im Zivilrecht für die Definition des vorsätzlichen Verhaltens entwickelten Grundsätze gelten daher auch hier. Davon gehen alle höchstrichterlichen Entscheidungen als selbstverständlich aus (vgl. z. B. RG 20 IV. 1917 VA 1917 S. 60—63 Nr. 1005, 14. XII. 1937 JW 1938 S. 684 = VA 1937 S. 234—235 Nr. 3026, BGH 28. IV. 1958 VersR 1958 S. 361—362). Vorsätzlich im rechtlich relevanten Sinne des Zivilrechts handelt nur, wer die Erkenntnis und das Bewußtsein der Rechtswidrigkeit seines Tuns hat (RG 29. IX. 1909 RGZ Bd 72 S. 6, 16. II. 1914 Bd 84 S. 194). Demgemäß entfällt der Vsschutz durch § 152 nicht, wenn der Vmer zwar mit natürlichem Vorsatz, aber rechtmäßig (z. B. in Notwehr oder im zivilrechtlichen Notstand) gehandelt hat. Nimmt er irrig an, daß die tatsächlichen Voraussetzungen für eine Notwehrhandlung gegeben seien (Putativnotwehr), so liegt gleichfalls kein vorsätzliches Handeln im Sinne des zivilrechtlichen Vorsatzbegriffes vor. Demgemäß ist Vsschutz gegeben (BGH 28. IV. 1958 VersR 1958 S. 361—362). Ein vorsätzliches Handeln im Sinne des Zivilrechts ist daher auch dann nicht gegeben, wenn der Vmer unzurechnungsfähig im Sinne der §§ 827, 828 BGB ist. Das ist auch durch § 4 II Ziff. 1 S. 1 AHB nicht geändert worden (vgl. Anm. G 226).

[G 222] bbb) Zum Umfang des Vorstellungsbildes des Täters.

Nach § 152 haftet der Ver nicht, wenn der Vmer den Eintritt der Tatsache, für die er dem Dritten verantwortlich ist, vorsätzlich herbeigeführt hat. Der Ausdruck „Tatsache, für die er dem Dritten verantwortlich ist" ist doppeldeutig. Nach dem Wortlaut ist sowohl der Schluß möglich, daß damit die Schadenursache (z. B. vorsätzliches Nichtstreuen bei Glatteis), als auch der, daß die Schadenzufügung (nachfolgende Körperverletzung) selbst gemeint ist. Letzteres ist richtig. Der Vorsatz des Vmers muß sich also immer auf die Schadenherbeiführung selbst beziehen (vgl. dazu auch Oberbach I S. 251). Diese Auffassung hat sich in der höchstrichterlichen Rechtsprechung durchgesetzt und liegt ausdrücklich oder stillschweigend fast allen in den nachfolgenden Ausführungen zitierten Gerichtsentscheidungen zugrunde. (Vgl. aber für die gegenteilige Auffassung Möller in Bruck-Möller Anm. 73 zu § 49 und die Nachweise in Anm. G 226).

Zum Vorsatz gehört es, daß der Täter erkennt, daß er einen Schaden anrichten wird. Der direkte Vorsatz wird in dieser Beziehung zutreffend dahin definiert, daß der Täter in dem Bewußtsein (also trotz dieses Wissens) handelt, daß sein Verhalten einem Dritten Schaden zufügen werde (RG 20. IV. 1917 VA 1917 S. 62 Nr. 1005, BGH 30. IV. 1952 VersR 1952 S. 223). Dabei steht, wie auch sonst im Recht, das Unterlassen dem aktiven Handeln gleich, wenn eine Rechtspflicht zum Handeln bestand (vgl. dazu RG 21. I. 1938 JRPV 1938 S. 86—87; irrig Oberbach I S. 259). Nicht dagegen ist es erforderlich, daß der Vmer den genauen Umfang der Wirkung seines Handelns vorausgesehen hat (RG 20. IV. 1917 a. a. O., 14. XII. 1937 JW 1938 S. 684 = VA 1937 S. 234—235 Nr. 3026, BGH 9. VI. 1958 VersR 1958 S. 469). Wer seinen Gegner schwer mit der Hand auf den Kopf schlägt, braucht die dabei entstehenden körperlichen Schäden, also z. B. Verlust von Zähnen, Platzen des Trommelfelles usw., nicht im einzelnen vorauszusehen (BGH 9. VI. 1958 a. a. O. S. 469; ähnlich in einem „Ohrfeigenfalle" — wenn auch nicht ganz so präzise in der Gedankenführung — schon OLG Breslau 13. II. 1908 VA 1908 S. 92—93 Nr. 413, das das Ergebnis überflüssig weiter mit einer Auslegung des Vorsatzbegriffes nach Treu und Glauben rechtfertigt; vgl. auch LG Köln 26. X. 1967 VersR 1968 S. 737). Ein derartig handelnder Vmer kann sich daher auch nicht damit verteidigen, daß er infolge seiner Wut gar keine Überlegungen über konkrete Schadenfolgen habe anstellen wollen noch können (BGH 9. VI. 1958 a. a. O. S. 469). Hingegen wird der durch eine vorsätzliche Körperverletzung herbeigeführte Tod des Gegners zumeist nicht vom Vorsatz umfaßt gewesen sein, auch wenn eine schwere Mißhandlung gewollt war. Unrichtig LG Düsseldorf 8. III. 1966 VersR 1968 S. 438—439; bedenklich auch OLG Nürnberg 10. I. 1964 VersR 1965 S. 225: Das Gericht durfte mit Rücksicht auf den eingetretenen Tod des Dritten nicht die Erörterung der Frage unterlassen, ob der für eine Körperverletzung festgestellte Vorsatz des Vmers sich auch auf die Todesfolge erstreckte (das Urteil ist aber im Ergebnis richtig, da die Voraussetzungen des § 4 II Ziff. 1 S. 2 AHB vorlagen).

Wer einem Dritten durch einen (groben) Scherz leichte Schmerzen zufügen will, handelt nicht vorsätzlich in bezug auf schwere Unfallfolgen; vgl. z. B. RG 20. IV. 1917 VA 1917 S. 60—63 Nr. 1005: Verlust des Auges durch Schuß mit einer Zimmerflinte; gewollt war eine harmlose Schmerzzufügung durch einen Schuß auf den entblößten Rücken. Ähnlich OLG Düsseldorf 13. XII. 1937 VA 1937 S. 240—241 Nr. 3031 = JRPV 1938 S. 88—89: Auf einer Silvesterfeier zog ein Teilnehmer den anderen von seinem Sitz auf einer Treppe, wodurch dieser sich die Beine brach; gewollt war aber lediglich ein unangebrachter Scherz. Genau so dürften in aller Regel die Vorstellungen desjenigen sein, der „zum Scherz" einem sich hinsetzenden Dritten den Stuhl wegzieht. — Vgl. ferner OLG Düsseldorf 29. III. 1966 VA 1966 S. 142 Nr. 430 = VersR 1966 S. 481—482: Der minderjährige Vte hatte aus Neckerei einem anderen Jungen in die Hosentasche, in der sich — wie der Vte wußte — Feuerwerksraketen befanden, ein brennendes Streichholz geworfen. Das Gericht hielt es für unwahrscheinlich, daß Brandverletzungen gewollt oder auch nur als mögliche Folge billigend in Kauf genommen worden seien.

[G 223] ccc) dolus eventualis.

Es ist seit langem erkannt, daß dem direkten Vorsatz der dolus eventualis in rechtlicher Beziehung gleichzusetzen ist. Demgemäß entfällt auch bei bedingt vorsätzlichem Handeln der Vsschutz nach § 152 (so nach anfänglichem Zweifel — vgl. RG 27. III. 1914 JW 1914 S. 679 — das RG ständig: 30. VI. 1933 JRPV 1933 S. 232, 14. XII. 1937 VA 1937 S. 235 Nr. 3026 = JRPV 1938 S. 22—23, 21. I. 1938 JW 1938 S. 951 = JRPV 1938 S. 86, BGH 30. IV. 1952 VersR 1952 S. 223, 18. X. 1952 BGHZ Bd 7 S. 313, 27. X. 1954 VA 1955 S. 75 Nr. 87 = VersR 1954 S. 591, 13. VII. 1964 VersR 1964 S. 916; ebenso: OLG Hamm 1. V. 1930 JRPV 1930 S. 357, OLG Celle 19. V. 1952 VersR 1952 S. 224,

OLG Nürnberg 29. X. 1956 VersR 1958 S. 477–478, LG Düsseldorf 11. V. 1966 VersR 1966 S. 725). Zu beachten ist immer, daß der Vmer bei dem bedingten Vorsatz den als möglich vorgestellten Erfolg nicht nur in seinen Willen aufgenommen, sondern ihn darüber hinaus für den Fall seines Eintritts gebilligt haben muß (BGH 30. IV. 1952 VersR 1952 S. 223). Keinesfalls genügt es, daß der Täter den Erfolg für möglich gehalten und nicht mit einem anderen Ausgang seines Handelns hätte rechnen dürfen (BGH a. a. O.). Denn das ist gerade kennzeichnend für ein fahrlässiges Handeln. Über die Abgrenzung zwischen dolus eventualis und grober Fahrlässigkeit vgl. auch BGH 27. X. 1954 VA1955 S. 75 Nr. 87 = VersR 1954 S. 591; ferner OLG Celle 11. V. 1952 VersR 1952 S. 223 bis 224.

ddd) Zur Beweislast.

Beweispflichtig für das Vorliegen des Ausschlußtatbestandes ist der Ver. Zu seinen Lasten geht es daher, wenn die innere Einstellung des Täters zur Tat nicht aufgeklärt werden kann.

[G 224] α) Unanwendbarkeit des prima-facie-Beweises.

Ein prima-facie-Beweis ist nicht zulässig, da es sich um die Aufklärung eines höchst individuellen inneren Vorganges handelt, über den allgemeine Erfahrungssätze grundsätzlich nicht aufgestellt werden können (BGH 28. IV. 1958 VersR 1958 S. 361–362; a. M. RG 27. VI. 1930 JW 1930 S. 3627–3628 = VA 1930 S. 192–193 Nr. 2155, Bruck 7. Aufl. Anm. 8 zu § 152, Oberbach I S. 259, Rohde VersR 1962 S. 1196, Stelzer VW 1964 S. 300). Daß der Beweis des ersten Anscheins nicht zulässig sein soll, überrascht zunächst, da ja gerade in seinem Hauptanwendungsgebiet, nämlich dem Deliktsrecht, aus einem äußeren Geschehensablauf auf eine Verschuldensform geschlossen wird. RG 27. IV. 1930 a. a. O. erkennt auch gar nicht, daß es sich hier um eine Zweifelsfrage handeln könnte (ebensowenig Leo in seinen ansonsten sehr kritischen Bemerkungen in JW 1931 S. 874–875). Zu bedenken ist aber, daß es im typischen Anwendungsbereich des prima-facie-Beweises doch immer nur auf die Feststellung eines Verschuldens ankommt, während die Verschuldensform, ob nämlich Vorsatz oder Fahrlässigkeit, keine Rolle spielt. Bemerkenswert ist, daß vom BGH 28. IV. 1958 a. a. O. der dargelegte Grundsatz mit einem Zitat belegt wird, das die Vorstellungen einer einen Vertrag abschließenden Partei bezüglich einer späteren Ehescheidung betrifft (BGH 25. III. 1953 LM Nr. 11 zu § 286 [C] ZPO). Hingegen werden BGH 30. IV. 1952 VersR 1952 S. 223 und 27. X. 1954 VersR 1954 S. 591, in denen jeweils im konkreten Falle die Anwendung des prima-facie-Beweises für die Frage des Vorsatzes abgelehnt worden ist, nicht erwähnt (wie auch nicht RG 27. VI. 1930 a. a. O.). Allerdings war in den genannten BGH-Entscheidungen auch noch nicht das allgemeine Prinzip der Unanwendbarkeit des prima-facie-Beweises für derartige Fälle erkannt worden. Vielmehr verneinte das Gericht jeweils einen Erfahrungssatz für die konkrete Situation (ebenso OLG Hamm 2. III. 1960 VersR 1960 S. 460). Letzten Endes bildet die vorsätzliche Herbeiführung eines Schadenfalles aber immer die Ausnahme und einen derart von den Erfahrungen des Lebens abweichenden Vorgang, daß der prima-facie-Beweis generell ausgeschlossen erscheint.

Interessant ist es, das gewonnene Ergebnis der Unanwendbarkeit des prima-facie-Beweises im Bereich der Vorsatzfeststellung im Sinne des § 152 mit entsprechenden Situationen bei ähnlichen Rechtsfragen zu vergleichen: BGH 13. V. 1957 VersR 1957 S. 351 = LM Nr. 14 zu § 123 BGB lehnt in Übereinstimmung mit Möller in Bruck-Möller Anm. 14, 17 zu § 22 m. w. N. die Anwendung des prima-facie-Beweises auf die Feststellung der Arglist bei einer Anfechtung nach § 123 BGB ab; ebenso BGH 20. XI. 1958 VA 1959 S. 80 Nr. 222 = VersR 1959 S. 13–15. BGH 26. I. 1956 VersR 1956 S. 148 lehnt im konkreten Falle den prima-facie-Beweis für eine vorsätzliche Brandstiftung ab; vgl. ferner RG 11. XII. 1936 RGZ Bd 153 S. 135–139 (zur Einbruchdiebstahlv) und 28. VIII. 1936 JW 1936 S. 3234–3235 m. w. N. (zur Unfallv).

Nicht unerwähnt soll aber bleiben, daß es vom RG in anderen Entscheidungen durchaus für möglich gehalten worden ist, daß in der Feuerv bei der Frage der arglistigen Täuschung durch den Vmer bei der Schadenermittlung der prima-facie-Beweis zur Anwendung komme, vgl. dazu RG 17. X. 1930 Warn Rspr. 1930 S. 458 Nr. 221, 12. XII. 1930 Warn Rspr. 1931 S. 27–28 Nr. 13, 21. VI. 1932 VA 1932 S. 284–285 Nr. 2473.

[G 225] β) Zum Indizienbeweis.

Die Beweisführung ist häufig schwierig, da es sich um die Erforschung eines inneren Vorganges handelt. Der Schluß von äußeren Tatsachen auf innere Vorgänge ist zulässig (BGH 30. IV. 1952 VersR 1952 S. 223), häufig sogar das einzige Erkenntnismittel. Der Indizienbeweis nähert sich so doch wieder dem abgelehnten prima-facie-Beweis. Nur wird hier vom Zivilrichter die volle Entscheidung der Vorsatzfrage im Rahmen seiner richterlichen Überzeugungsbildung verlangt. Es bedarf unter Umständen der Persönlichkeitserforschung wie im Strafrecht. Der Bildungsstand des Täters kann dabei zu Rückschlüssen gegenüber seiner Einlassung berechtigen (vgl. OLG Hamburg 20. XII. 1961 MDR 1962 S. 407–408 = VersR 1962 S. 367). Ein bisher immer einwandfreies Verhalten des Vmers darf als Indiz zu dessen Gunsten gegen die Annahme eines vorsätzlichen Verhaltens verwertet werden (BGH 30. IV. 1952 a. a. O). Ebenso kann berücksichtigt werden, daß zwischen dem Vmer und dem Geschädigten freundschaftliche Beziehungen bestanden, die gegen die Annahme eines vorsätzlichen Verhaltens sprechen (OLG Düsseldorf 13. XII. 1937 VA 1937 S. 240–241 Nr. 3031 = JRPV 1938 S. 88–89). Bei der Würdigung aller Umstände des Falles ist nicht nur im Verhältnis zwischen Arbeitgeber und Arbeitnehmer (RG 30. VI. 1933 JRPV 1933 S. 232), sondern auch sonst immer zu bedenken, daß die vorsätzliche Schadenzufügung eine Ausnahmeerscheinung bildet. Erhöhte Bedeutung wird im übrigen immer den ersten Bekundungen des Täters nach der Tat zukommen. Da es sich um eine Tatsachenfeststellung handelt, ist die Nachprüfung der richterlichen Überzeugungsbildung durch das Revisionsgericht nur im beschränkten Umfange zulässig (BGH 30. IV. 1952 a. a. O.). Ein überzeugendes Beispiel für die Führung des Indizienbeweises bildet RG 14. XII. 1937 VA 1937 S. 235 Nr. 3026 = JRPV 1938 S. 22 bis 23. Ein Grenzfall, der sicher auch bei einer Entscheidung im gegenteiligen Sinne vom Revisionsgericht gebilligt worden wäre, ist BGH 30. IV. 1952 a. a. O. zu entnehmen. Dafür, daß die Feststellung des Vorsatzes in RG 27. VI. 1930 a. a. O. unter Anwendung des prima-facie-Beweises bedenklich ist, vgl. Anm. G 224, mag sie auch im Ergebnis richtig gewesen sein (beachte auch den Hinweis von Leo JW 1931 S. 874–875 auf die überaus sorgsame Abwägung in RG 27. III. 1914 VA 1914 S. 103–105 Nr. 845 = JW 1914 S. 678–679).

[G 226] cc) Übereinstimmung zwischen § 4 II Ziff. 1 S. 1 AHB und § 152 VVG.

§ 4 II Ziff. 1 S. 1 AHB spricht im Gegensatz zu § 152 nicht von vorsätzlicher und widerrechtlicher Schadenzufügung. Vielmehr ist nur gesagt, daß der Vsschutz ausgeschlossen sei für alle Personen, die den Schaden vorsätzlich herbeigeführt haben. Aus dieser unterschiedlichen Wortfassung wird von der überwiegenden Meinung im Schrifttum die Konsequenz gezogen, daß es für das Vorliegen dieses Ausschlußtatbestandes nicht erforderlich sei, daß die Handlung des Vmers widerrechtlich sei oder daß er das Bewußtsein der Widerrechtlichkeit gehabt habe (Briel VW 1967 S. 974, Bruck 7. Aufl. Anm. 7 zu § 152, Eichler S. 275–276, Friedrich VersR 1951 S. 95, 108–110, 142, Hartung Haftpflichtv S. 90–91, Heilmann JRPV 1935 S. 181–182, Kramer JRPV 1927 S. 253, Kreuzhage Kernfragen S. 25–26, Meins Gegenstand S. 43–44, Oberbach I S. 257, Prölss[7] Anm. 2 zu § 152, S. 385, Stelzer VersR 1962 S. 559, VW 1964 S. 300, Wussow[5] Anm. 78 zu § 4 AHB, S. 397–399; a. M. Möller Grundlagen B 2 S. 16, früher auch Prölss[4] Anm. 2 zu § 152, S. 365). Eine vermittelnde Stellungnahme wurde von Böhm eingenommen (VersR 1953 S. 169–170; vgl. auch VersR 1954 S. 265–267), der die Fälle sogenannter Putativnotwehr mit in den Vsschutz einbezogen wissen wollte, weil der Irrtum über den Rechtfertigungsgrund selbst in aller Regel fahrlässig sei. Vom BGH 28. IV. 1958 MDR 1958 S. 488 = VersR 1958 S. 361–362 (ebenso OLG Hamburg 20. XII. 1961 MDR 1962 S. 407–408 = VersR 1962 S. 366) ist ebenfalls in einem Falle, bei dem es sich um eine Putativnotwehr gehandelt hat, Vsschutz bejaht worden. Aus der Begründung der Entscheidung, die darauf abstellt, daß der im Vsrecht gebrauchte Terminus des Vorsatzes wie auch sonst im Zivilrecht auszulegen und aufzufassen sei, ergibt sich, daß das genannte Gericht Vsschutz auch in sonstigen Fällen, in denen an sich mit natürlichem Vorsatz gehandelt wird, bejaht, wenn es am Merkmal der Rechtswidrigkeit bzw. am Bewußtsein der Rechtswidrigkeit fehlt.

Die Entscheidung ist auf Kritik gestoßen. — Um einen Fall unbewußter Kritik dürfte es sich allerdings bei dem Urteil des OLG Frankfurt 28. I. 1965 VersR 1965 S. 948 handeln; jedenfalls ist in der Entscheidung weder vermerkt, daß der BGH gegenteiliger Ansicht ist, noch ist die (zudem nicht entscheidungserhebliche) Abweichung begründet worden. — Wussow[5] Anm. 76 zu § 4 AHB, S. 397—399 vertritt weiterhin die gegenteilige Auffassung; dagegen hat sich Prölss[17] Anm. 2 zu § 152, S. 570 der Meinung des BGH (wieder) angeschlossen. Schmalzl VsPraxis 1960 S. 27—28 vermißt insbesondere eine eingehende Auseinandersetzung des Gerichts mit der in der Literatur vertretenen Auffassung und speziell den gründlichen Ausführungen von Friedrich a. a. O. (vgl. auch Stelzer ZfV 1959 S. 196—197). Das ist in der Tat ein Mangel der im Ergebnis zu billigenden Entscheidung. Richtig ist die Prämisse aller Darlegungen in der Literatur, daß es nämlich möglich sei, § 152 einzuschränken. Die Frage kann daher nur so gestellt werden, ob der Ausschluß auch derjenigen Fälle, in denen der Täter zwar mit natürlichem Vorsatz, aber rechtmäßig oder jedenfalls ohne das den zivilrechtlichen Vorsatzbegriff ausmachende Bewußtsein der Rechtswidrigkeit gehandelt hat, hinreichend deutlich zum Ausdruck gekommen ist. So ist es zu verstehen, wenn Hartung a. a. O. S. 91 vorschlägt, § 4 II Ziff. 1 S. 1 durch Einfügung der Worte „widerrechtlich oder nicht" hinter dem Begriff vorsätzlich zu ergänzen. Würden die Bedingungen so lauten, dann könnte allerdings ein sorgsamer Leser der Bedingungen nicht daran zweifeln, was gemeint ist. Solange aber lediglich von vorsätzlichen Handlungen die Rede ist, muß die Auffassung des BGH gebilligt werden. Stets hat das Bewußtsein der Rechtswidrigkeit zum zivilrechtlichen Vorsatzbegriff gehört. Wenn daher auch der juristisch geschulte Leser der AHB, ohne aus dem Bedingungswortlaut widerlegt werden zu können, aus der Fassung des § 4 II Ziff. 1 S. 1 schließen kann, daß das Wort „widerrechtlich" im Gegensatz zu § 152 wohl deshalb weggelassen sei, weil es ohnedies im Vorsatzbegriff des bürgerlichen Rechts enthalten sei, kann nicht von einer erkennbar gewollten Abänderung des § 152 gesprochen werden. Bemerkenswert ist in diesem Zusammenhange noch, daß es zudem an einer gesicherten Überlieferung fehlt, daß den Verfassern der AHB die Abweichung vom Wortlaut des § 152 überhaupt bewußt war. Jedenfalls ist die eine derartige Kenntnis in Abrede stellende Behauptung von Kramer JRPV 1927 S. 253 bisher noch nicht widerlegt worden.

Aus dem Gesagten folgt auch, daß entgegen gelegentlich vertretener abweichender Meinung (Kramer a. a. O., Oberbach I S. 255) ein vorsätzliches Handeln im Sinne des § 4 II Ziff. 1 S. 1 AHB bei mit natürlichem Vorsatz begangenen Taten sogenannter Schuldunfähiger im Sinne der §§ 827, 828 BGB nicht gegeben ist (ebenso Wussow[5] Anm. 78 zu § 4 AHB, S. 402). Auch insoweit liegt also keine Abweichung von § 152 vor. Dem Bedingungsrecht liegt auch kein besonderer Begriff des dolus eventualis zugrunde, so daß entgegen der Annahme von Gierke ZHK Bd 60 S. 44—46, dem Wunderlich Deckungsumfang S. 52 gefolgt ist, der äußerste Grad grober Fahrlässigkeit (bösliches Verhalten) dem Eventualdolus nicht gleich gesetzt werden kann.

§ 4 II Ziff. 1 S. 1 AHB wird gelegentlich auch so aufgefaßt, daß sich aus der Wortfassung eine teilweise Besserstellung des Vmers gegenüber der gesetzlichen Regelung ergebe (vgl. dazu Hartung Haftpflichtv S. 92, Elperting ZVersWiss 1913 S. 351, Eichler S. 275 und Möller in Bruck-Möller Anm. 73 zu § 49). Zu einer derartigen Auffassung kommt man aber nur dann, wenn man § 152 entgegen der hier vertretenen Auffassung (vgl. Anm. G 222) so auslegt, daß sich dort der Vorsatz des Vmers nicht auf die Schadenfolgen zu erstrecken brauche. Das ist aber gerade nicht der Fall. Trotz der verkürzten Wortfassung des § 4 II Ziff. 1 S. 1 AHB besteht kein sachlicher Unterschied (vgl. auch Oberbach I S. 251). Demgemäß ist vom RG 20. IV. 1917 VA 1917 S. 60—63 Nr. 1005, 30. VI. 1933 JRPV 1933 S. 232, 14. XII. 1937 JW 1938 S. 684 = VA 1937 S. 234—235 Nr. 3026 auch eine derartige Abweichung von § 152 stets verneint worden. In diesem Zusammenhang sei auch noch auf BGH 9. VI. 1958 VersR 1958 S. 469 verwiesen. Dort sind die verschiedenen theoretisch möglichen Auslegungen des § 4 II Ziff. 1 S. 1 AHB zusammengestellt. Es ist im übrigen, entgegen den Ausführungen des BGH a. a. O., zu bezweifeln, daß zwischen der vorsätzlichen Herbeiführung des Tatbestandes, aufgrund dessen der Vmer haftpflichtig gemacht wird, und der vorsätzlichen Herbeiführung des Schadens ein sachlicher Unterschied besteht, wenn die überkommene Rechtsprechung zum Vorstellungsbild des Täters zugrunde gelegt wird (vgl. dazu wiederum Anm. G 222).

Wussow[5] Anm. 76 zu § 4 AHB, S. 394 vertritt die Auffassung, daß aus § 4 II Ziff. 1 S. 1 AHB folge, daß der Vmer sich nicht den Vorsatz des Vten und der einzelne Vte sich nicht den Vorsatz des Vmers oder anderer vter Personen entgegenzuhalten brauche. Dieser Aussage ist nur im ersten Teil uneingeschränkt zuzustimmen. Zu berücksichtigen ist immer die besondere gesetzliche Regelung, die § 79 für die V für fremde Rechnung trifft. Danach ist sowohl das Verhalten des Vmers als auch das des Vten rechtlich bedeutsam. Daraus folgt, daß nach der gesetzlichen Regelung bei vorsätzlicher Handlung des Vmers stets auch der Vsschutz für den Vten entfällt. Da in der Betriebshaftpflichtv und in der Privathaftpflichtv zumeist eine Eigenv mit einer Fremdv gekoppelt ist (vgl. Anm. H 5—8 und H 10—11), verwirkt der Vmer also durch eine vorsätzliche Schädigung zwei Vsansprüche. Daran wird durch § 4 II Ziff. 1 S. 1 AHB nichts geändert. Insbesondere gibt dessen Wortfassung keinen Anhaltspunkt dafür, daß die Grundsätze der V für fremde Rechnung geändert werden sollten. Allerdings wird der Vte selten in derartigen Fällen haftpflichtig gemacht werden können. Das kann aber die Entscheidung der Vsschutzfrage nicht beeinflussen.

[G 227] dd) Abänderung des § 152 VVG durch § 4 II Ziff. 1 S. 2 AHB.

aaa) Zweck.

§ 4 II Ziff. 1 S. 2 AHB stellt hingegen eine Abänderung des § 152 dar. Hier wird bestimmt, daß bei der Lieferung oder Herstellung von Waren, Erzeugnissen oder Arbeiten die Kenntnis von der Mangelhaftigkeit oder Schädlichkeit der Waren usw. dem Vorsatz gleichstehe. Das bedeutet, daß der schädigende Erfolg selbst nicht mit in den Willen aufgenommen zu werden braucht (OGH 10. II. 1950 OGHZ Bd 3 S. 319). Der Grund für diese Sonderregelung ist in den Beweisschwierigkeiten des Vers zu sehen, die sich namentlich bei dem bestimmungsgemäßen Weiterverkauf einer Ware ergeben können (OGH 10. II. 1950 OGHZ Bd 3 S. 320—321; Süß VersR 1950 S. 85). Vor allem wird damit der naheliegende (und meist nicht zu widerlegende) Einwand des Vmers, er habe wohl die Schädlichkeit gekannt, aber darauf vertraut, daß kein Schaden eintrete, gegenstandslos. Das bedeutet, daß § 152 in dem hier erörterten Sonderfall im Ergebnis dahin abgeändert ist, daß unter Umständen eine grob fahrlässige (und gelegentlich auch eine leicht fahrlässige) Herbeiführung des Vsfalles die Leistungsfreiheit des Vers bewirkt (unzutreffend insoweit, wenn auch im Ergebnis richtig OLG Hamm 15. VI. 1953 VA 1953 S. 270 Nr. 44 unter Ziff. 4 der Urteilsgründe). Dabei kommt es, wie auch sonst, nur auf die positive Kenntnis des Vmers selbst oder seiner Repräsentanten an (BGH 27. VI. 1953 VA 1953 S. 228 Nr. 50 = VersR 1953 S. 317). Zu beachten ist, daß grob fahrlässige Unkenntnis der Mangelhaftigkeit oder Schädlichkeit den Vsschutz nicht berührt (OGH 10. II. 1950 a. a. O. S. 321, BGH 27. VI. 1953 a. a. O., 26. I. 1961 VersR 1961 S. 266, OLG München 30. III. 1960 VersR 1962 S. 54—55).

[G 228] bbb) Anwendungsbereich.

Bei der Auslegung des in § 4 II Ziff. 1 S. 2 AHB verwandten Begriffes der Schädlichkeit (oder Mangelhaftigkeit) wird von der Rechtsprechung zutreffend darauf abgestellt, ob die Ware bei üblichem oder bestimmungsgemäßem Verbrauch (oder Gebrauch) unter gewöhnlichen Umständen eine schädigende Wirkung haben kann (OGH 10. II. 1950 a. a. O., BGH 15. XII. 1951 VersR 1952 S. 84, 27. VI. 1953 VA 1953 S. 227 Nr. 50 = VersR 1953 S. 317). Besondere Umstände, mit denen der Vmer nicht rechnen konnte, brauchen dabei nicht berücksichtigt zu werden. Durch diese Auslegung ist der Anwendungsbereich der hier erörterten Bestimmung weitgehend eingeschränkt worden. Bezeichnend ist es, daß die Rechtsprechung nach den veröffentlichten Entscheidungen erst in zwei Fällen den Vsschutz versagt hat (vgl. BGH 15. XII. 1951 a. a. O. und OLG Nürnberg 10. I. 1964 VersR 1965 S. 225). Das spricht dafür, daß der Ausschlußtatbestand doch ein relativ selten geübtes Verhalten des Vmers betrifft und daß trotz der Änderung des § 152 zugunsten der Ver der Beweis der Kenntnis im Sinne des § 4 II Ziff. 1 S. 2 AHB vom Ver nur sehr schwer geführt werden kann. Wer allerdings zusichert, daß ein verkauftes Pferd „gut im Zug" sei, obwohl er genau weiß, daß es noch eingefahren werden muß, der kennt die Gefährlichkeit der Ware „Pferd" und ihn trifft zu Recht der Ausschluß (vgl. OLG Nürnberg 10. I. 1964 a. a. O.). Da die Schädlichkeit einer Ware unter gewöhnlichen Umständen nach objektiven Maßstäben zu bestimmen ist, sind Gebrauchsanweisungen und ernsthafte Warnungen zu beachten. BGH 15. XII. 1951 a. a. O. betraf bezüglich einer unbeachtlichen Warnung einen Einzelfall (Verkauf von Methylalkohol zum Trinken) und darf nicht verallgemeinert werden. Nicht zugegeben werden kann daher Wussow[5] Anm. 81 zu § 4 AHB, S. 404, daß der Ausschlußtatbestand bei der Fabrikation schädlicher Waren auch dann eingreife, wenn die Waren gegen den Willen des Vmers in den Verkehr gelangen. Der Zweck der Bestimmung fordert eine derartige Auslegung, deren Ergebnis als unbillig erscheint, nicht.

Die Begriffe „Herstellung" oder „Lieferung" sind umfassend zu verstehen. Demgemäß fallen darunter nicht nur Lebensvorgänge aus dem Bereich des Handels und der Fabrikation, sondern auch die Leistungen anderer Berufe, wie z. B. die des Architekten oder Arztes (selten), soweit es sich dabei um mangelhafte oder schädliche Sachen handelt. Deshalb greift § 4 II Ziff. 1 S. 2 AHB auch ein, wenn z. B. ein Architekt lediglich die Bauaufsicht zu führen hat (vgl. BGH 26. I. 1961 VersR 1961 S. 266, der stillschweigend davon ausgeht; offengelassen noch in RG 21. I. 1938 JRPV 1938 S. 86—87, da dort die Voraussetzungen des § 152 ohnedies vorlagen). Hingegen kann die Klausel auf die Vermietung mangelhafter Räume nicht entsprechend angewendet werden, da hier ein wesentlicher Unterschied zu den Geschäften des Waren- und Dienstleistungsverkehrs vorliegt (BGH 18. I. 1965 VA 1965 S. 190 Nr. 414 = VersR 1965 S. 327; a. M. Prölss VersR 1965 S. 328, Prölss[17] Anm. 7 zu § 4 AHB, S. 683). § 4 II Ziff. 1 S. 2 AHB will (wie § 4 I Ziff. 6b AHB; vgl. Anm. G 203) Vorgänge des gewerblichen und sonstigen Berufslebens erfassen, findet daher auf den Privatrechtsverkehr (und damit auf die Privathaftpflichtv) keine Anwendung (ebenso Wussow[5] Anm. 81 zu § 4 AHB, S. 404).

[G 229] ee) Haftpflichtansprüche wegen der Übertragung von Krankheiten.

aaa) Ausschluß grobfahrlässiger Handlungen; Umkehr der Beweislast.

Eine weitere Einschränkung des § 152 findet sich in § 4 II Ziff. 4 AHB. Danach sind Haftpflichtansprüche aus der Übertragung von Krankheiten in bestimmten Fällen (vgl. dazu im einzelnen Anm. G 230—231) ausgeschlossen, es sei denn, daß der Vmer weder vorsätzlich noch grob fahrlässig gehandelt hat (rechtspolitische Bedenken gegen den Ausschluß der grob fahrlässig herbeigeführten Schäden bei Kessler HansRGZ 1940 A Sp. 170). Vorsatz ist hier wie auch sonst im Sinne des § 152 aufzufassen. Abzulehnen ist die Auffassung von Hartung Haftpflichtv S. 102, daß der schädigende Erfolg nicht mit in den Willen des Vmers aufgenommen zu sein brauche, vgl. in diesem Zusammenhang Anm. G 222 und G 226. Zum Begriff der groben Fahrlässigkeit im Sinne des § 4 II Ziff. 4 AHB: BGH 30. VI. 1960 VA 1960 S. 270—271 Nr. 275 = VersR 1960 S. 626, 30. IV. 1962 VersR 1962 S. 534—535. Zutreffend wird vom BGH 30. VI. 1960 a. a. O. bemerkt, daß gerade auf dem Gebiet der Haftpflichtv die bei dem Begriff der groben Fahrlässigkeit notwendigen strengen Anforderungen beachtet werden müssen, damit der Schutzbereich der Haftpflichtv nicht unzulässig eingeengt werde. Diese Bemerkung darf aber nicht so aufgefaßt werden, daß hiermit für § 4 II Ziff. 4 AHB ein vom sonstigen Recht abweichender Begriff der groben Fahrlässigkeit geprägt werden sollte. Demgemäß gelten für den hier erörterten Sonderfall die zu § 61 entwickelten Grundsätze mit der Einschränkung, daß nicht den Ver die Beweispflicht für die vorsätzliche oder grob fahrlässige Schadenzufügung trifft, sondern, wie sich aus der Wortfassung ergibt, vom Vmer zu beweisen ist, daß er den Schaden weder vorsätzlich noch grob fahrlässig herbeigeführt hat. Die Feststellung der letzten Tatsacheninstanz, daß leichte und nicht grobe Fahrlässigkeit gegeben sei (und umgekehrt), gehört (soweit kein Verstoß gegen die Denkgesetze vorliegt) wie die Vorsatzfeststellung dem Bereich der tatrichterlichen Würdigung an, der im Prinzip der Nachprüfung durch das Revisionsgericht entzogen ist (BGH 30. IV. 1962 a. a. O. S. 535).

[G 230] bbb) Personenschäden aus Krankheitsübertragungen.

Ausgeschlossen sind Haftpflichtansprüche wegen Personenschäden (also nicht Sachschäden), die sich aus der (vorsätzlichen oder) grob fahrlässigen Übertragung einer Krankheit des Vmers ergeben. Voraussetzung für das Eingreifen des Ausschlußtatbestandes ist eine Erkrankung des Vmers. Überträgt er lediglich als „Bazillenträger", so greift § 4 II Ziff. 4 AHB nicht ein. Schwierigkeiten könenn sich dabei unter Umständen aus der Definition des Begriffs der Krankheit ergeben (§ 1 II AllgKrankenBed spricht von anomalen körperlichen oder geistigen Zuständen). Sie sind unter Wahrung des Sprachgebrauchs und der Verkehrsauffassung nach medizinischem Gesichtspunkt zu lösen. Verlangt werden muß aber, daß die Krankheit sich auch dem Laien erkennbar zeigt (a. M. Hartung Haftpflichtv S. 101). Wegen des in Anm. G 229 abgehandelten subjektiven Erfordernisses kommt dieser Frage keine große Bedeutung zu. Immerhin wäre es denkbar, daß der Vmer eine Infektionskrankheit grob fahrlässig überträgt und dabei im medizinischem Sinne leicht erkrankt ist, ohne es selbst zu merken. Wussow[5] Anm. 105 zu § 4 AHB, S. 427 vertritt die Auffassung, daß die Klausel nur Anwendung finde, wenn der Vmer eine natürliche Person sei; hingegen könne einer juristischen Person die Krankheit eines Organs nicht zugerechnet werden. Dieser streng auf den Wortlaut der Bestimmung abstellenden Auslegung ist zu folgen. Das bedeutet, daß § 4 II Ziff. 4 AHB bezüglich der Erkrankung von Menschen für juristische Personen gegenstandslos ist. Für diese verbleibt es auch insoweit bei der Regel des § 152. Selbstverständlich können aber das Organ und der Repräsentant einer juristischen Person bei grobfahrlässiger Übertragung einer Krankheit ihren eigenen Vsschutz im Rahmen ihrer mitvten persönlichen Haftpflicht verlieren.

[G 231] ccc) Sachschäden als Folge von Tierkrankheiten.

Weiter schließt § 4 II Ziff. 4 AHB grob fahrlässig herbeigeführte Sachschäden (also nicht Personenschäden: BGH 30. IV. 1962 VersR 1962 S. 535) aus, die durch Krankheit der dem Vmer gehörenden, von ihm gehaltenen oder veräußerten Tiere entstehen. Dieser Tatbestand unterscheidet sich von dem in Anm. G 230 erörterten u. a. dadurch, daß eine Übertragung der Krankheit selbst nicht verlangt wird, wenngleich das der Regelfall sein wird. Ausgeschlossen ist also auch der von einem tollwütigen Hund angerichtete Sachschaden (Beispiel von Hartung Haftpflichtv S. 102). Derelinquiert der Vmer ein krankes Tier oder einen Tierkadaver, so greift die Ausschlußbestimmung für daraus entstehende Sachschäden ihrem Sinngehalt nach ebenfalls ein (a. M. Wussow[5] Anm. 106 zu § 4 AHB, S. 427).

[G 232] ff) Ausschluß von Schadenersatzansprüchen aus wissentlichen Pflichtverletzungen (§ 4 Ziff. 5 AHBVerm).

aaa) Zum Begriff des „wissentlichen" Verstoßes.

Wie in Anm. G 220 erwähnt, wird § 152 in der Vermögensschadenhaftpflichtv stets zu Lasten des Vmers abgeändert. Im Unterschied zu einigen anderen in Anm. G 220 genannten Klauseln und im Gegensatz zur früheren Fassung der Ausschlußklausel wird nicht der Ausdruck „bewußt" gebraucht, sondern heißt es in § 4 Ziff. 5 AHBVerm, daß eine Schadenstiftung durch wissentliches Abweichen von Gesetz, Vorschrift, Anweisung oder Bedingung des Machtgebers oder sonstige wissentliche Pflichtverletzung vom Vsschutz ausgeschlossen sei. Die Ausdrücke „wissentlich" und „bewußt" sind aber gleichzusetzen. Demgemäß ist die vom BGH 13. VII. 1959 VersR 1959 S. 691—692 zur Architektenhaftpflichtv ausgesprochene Erkenntnis, daß der Ausschluß bewußt gesetzwidrigen Handelns so verstanden werden müsse, daß der Vmer sich den Eintritt des Schadens selbst nicht vorgestellt zu haben brauche (ebenso RG 15. III. 1910 VA 1910 Anh. S. 70—71 Nr. 534 für die Haftpflichtv eines Notars), ohne weiteres auf die Auslegung des § 4 Ziff. 5 AHBVerm zu übertragen. Wenn daher z. B. ein Rechtsanwalt entgegen ausdrücklicher Anweisung seines Mandanten einen Zwangsversteigerungstermin nicht wahrnimmt, weil er der irrigen Meinung ist, daß seinem Mandanten als Grundpfandgläubiger kein Schaden entstehen könne, weil das Grundstück nicht unter 7/10 seines Verkehrswertes zugeschlagen werden dürfe, so besteht für ihn kein Deckungsschutz. Anders ist die Rechtslage dann zu beurteilen, wenn es dem Vmer gelingt, seinen Mandanten von der Richtigkeit seines Standpunktes zu überzeugen, so daß dieser seine Anweisung, daß der Termin auf jeden Fall wahrgenommen werden müsse, zurücknimmt. Rechtspolitisch drängt sich die Überlegung auf, ob es nicht sinnvoller wäre, anstelle der in § 4 Ziff. 5 AHBVerm gebrauchten Klausel die Grundsätze des § 61 zu vereinbaren. Wie das gezeigte Beispiel zeigt, würde das allerdings den Vsschutz zum Teil verschlechtern, da trotz § 4 Ziff. 5 AHBVerm eine ganze Reihe von Fällen grober Fahrlässigkeit gedeckt bleibt (RG 15. III. 1910 a. a. O., OLG Hamburg 12. II. 1932 VA 1932 S. 250 Nr. 2444 = JRPV 1932 S. 156—157).

OLG Köln 4. II. 1965 VersR 1965 S. 751—752 mußte für die Vermögensschadenhaftpflichtv eines Wirtschaftstreuhänders folgende Ausschlußklausel beurteilen: „Die V deckt nicht solche Schadenersatzansprüche, welche aufgrund von Beleidigungen, Verleumdungen, wissentlich gesetzwidrigen oder absichtlich pflichtwidrigen ... Handlungen erhoben werden." Das Wort „absichtlich" ist hier den Ausdrücken „wissentlich" oder „bewußt" ebenfalls gleichzustellen. Es handelt sich auch hier um eine Abänderung des § 152 des Inhalts, daß die Herbeiführung des Schadens nicht in das Vorstellungsbild des Täters aufgenommen zu werden braucht. Das Gericht verkennt daher den Sinn der Ausschlußbestimmung, wenn es annimmt, daß durch diese Klausel die Stellung des Vmers günstiger sei als bei Anwendung des § 152. Ausführungen wie die folgenden (a. a. O. S. 752) mißachten grundlegende vsrechtliche Prinzipien: „Jedenfalls kann man unterstellen, daß der Kl. durch die Auszahlung der DM 3273,99 an sich § 152 erfüllt hat. Nicht bewiesen ist aber bezüglich dieses Betrages eine absichtlich pflichtwidrige Handlung des Kl. — sei es mit oder ohne finale Beziehung zum Erfolg. Die Bkl. versucht nun, ein solches Motiv darzulegen, indem sie ... behauptet hat, der Kl. habe Unterschlagung und Untreue begangen. Das reicht jedoch für die Annahme einer ‚Absicht' nicht aus."

Voraussetzung für das Eingreifen des Ausschlußtatbestandes ist immer, daß ein festgestellter „wissentlicher" Verstoß (gegen die in den einzelnen Klauseln aufgeführten Vorschriften oder Bestimmungen) den Haftpflichtschaden kausal herbeigeführt hat. Vgl. dazu den instruktiven Fall LG Koblenz 6. XII. 1962 VersR 1964 S. 81—82 (Architektenhaftpflichtv): Der Architekt hatte zwar das Gebäude — wohl bewußt gesetzwidrig — ohne Baugenehmigung errichtet; diese wurde aber nachträglich erteilt! Zutreffend hat das Gericht weiter ausgeführt, daß der für den Schaden ursächliche Fehler des Architekten, nämlich die unterlassene Belehrung darüber, daß auch der Nachbar bis zur Grenze bauen könne, kein bewußt pflichtwidriges Verhalten im Sinne der vereinbarten Ausschlußbestimmung darstelle.

[G 233] bbb) Beweislast.

Zu beachten ist, daß auch bei dem Ausschlußtatbestand des § 4 Ziff. 5 AHBVerm vom Ver der volle Beweis geführt werden muß. Auch hier ist ein Indizienbeweis, nicht aber der prima-facie-Beweis zulässig. Denn es kann aus den in Anm. G 224 aufgeführten Gründen bezüglich des individuellen Willensentschlusses, der für die Annahme einer wissentlichen Pflichtverletzung erforderlich ist, nicht von einem Erfahrungssatz des täglichen Lebens ausgegangen werden. Einer der seltenen Fälle, in denen von der Rechtsprechung der Ausschlußtatbestand angenommen worden ist, kann RG 22. III. 1932 JRPV 1932 S. 135—136 entnommen werden. Dort wird die Beweiswürdigung der Vorinstanz gebilligt, die aus einer Summe von Indizien die Überzeugung gewonnen hatte, daß der Vmer bewußt seine Pflicht verletzte, als er das ihm treuhänderisch übertragene Geld vor Erfüllung der festgelegten Auszahlungsbedingungen auskehrte. Interessant ist in diesem Zusammenhang, daß damals in den Bedingungen noch eine Exkulpationsmöglichkeit des Vmers bestand, wenn er nämlich darauf vertrauen durfte, daß nach den besonderen Bedingungen des Falles die Zuwiderhandlung keine Nachteile für den Geschädigten im Gefolge haben werde.

Für weitere Anwendungsfälle des Ausschlußtatbestandes bei bewußt pflichtwidrigem Verhalten eines Rechtsanwaltes als Treuhänder vgl. KG 13. VI. 1934 JRPV 1934 S. 317—318 (Nichtbenachrichtigung des Treugebers von eingeleiteter Zwangsversteigerung) und 24. X. 1934 JRPV 1935 S. 202—204 (bewußte Nichtprüfung, ob es sich bei den gegebenen Sicherheiten um erstklassige Grundpfandrechte handle). Verneint worden ist die Annahme eines bewußt pflichtwidrigen Verhaltens vom OLG Hamburg 12. II. 1932 VA 1932 S. 250 Nr. 2444 = JRPV 1932 S. 156—157 in einem Falle, in dem Mitglieder eines Gläubigerausschusses nicht auf die Einhaltung des § 88 II 2 KO (trotz Kenntnis dieser Vorschrift) geachtet haben. Die Entscheidung läßt sich nicht verallgemeinern.

j) Ausschluß der Haftpflichtansprüche aus Schadenfällen bestimmter Personengruppen („Angehörigenklauseln" nach § 4 II Ziff. 2 AHB und § 4 Ziff. 6 AHBVerm).

Gliederung:

[G 234] Schrifttum:

Bischoff VersR 1950 S. 80, Boettinger VersR 1952 S. 79, Dorschel VersR 1964 S. 10—15 Elperting ZVersWiss 1913 S. 332—348, Fromm ÖffrV 1933 S. 217—218, Hallbauer LZ 1910 Sp. 652—654, Josef Ass. Jb. 1914 S. 17—20, Kessler HansRGZ 1940 A Sp. 171, Kreuzhage Kernfragen S. 23—24, VersR 1952 S. 78, Kühfuß NeumannsZ 1933 S. 933, NeumannsZ 1934 S. 1008, Matt NeumannsZ 1934 S. 870—871, Renold, Die allgemeine Vermögensschaden-Haftpflichtv, Basel 1937, S. 55—56, Sieg Ausstrahlungen S. 233, Wehn VersR 1951 S. 34—35, Wunderlich Deckungsumfang S. 53—54.

[G 235] aa) Ausschluß nach § 4 II Ziff. 2 AHB.

aaa) Zweck.

§ 4 II Ziff. 2 AHB will (wie § 4 Ziff. 6 AHBVerm und § 11 Ziff. 4, 5 AKB) von dem Ver solche Schadenersatzansprüche fernhalten, bei denen die Kollusionsgefahr in besonders hohem Maße besteht (vgl. Kreuzhage Kernfragen S. 23, Oberbach I S. 261, Wunderlich Deckungsumfang S. 53—54, Wussow[5] Anm. 83 zu § 4 AHB, S. 407 und vor allem Elperting ZVersWiss 1913 S. 332, der ein eindringliches Bild der Schwierigkeiten vermittelt, denen die Ver vor Einführung der Ausschlußklausel ausgesetzt waren). Außerdem sollen solche Schäden ausgeschlossen werden, bei denen eine gewisse tatsächliche Vermutung dafür besteht, daß die Ansprüche ohne Bestehen einer Haftpflichtv aus gesellschaftlichem Anstand und überkommener Sitte nicht geltend gemacht werden würden (Wussow[5] Anm. 83 zu § 4 AHB, S. 407). Eine genaue Überlegung zeigt, daß die genannten Ausschlußmotive nicht bei allen in § 4 II Ziff. 2 AHB genannten Fallgruppen anzutreffen sind. Ergänzend ist zu bedenken, daß es sich zum Teil im wirtschaftlichen Sinne gewissermaßen um „Eigenschäden des Vmers“ handelt (Dorschel VersR 1964 S. 11—15, Hartung Haftpflichtv S. 95, Oberbach I S. 263). Es bleibt aber dessen ungeachtet immer noch eine Reihe von Fällen, bei denen der Ausschluß des Vsschutzes als unbillig erscheint. Diese Überlegung darf jedoch nicht dazu führen, im Einzelfall den Vsschutz trotz des klar entgegenstehenden Wortlauts des Ausschlußtatbestandes zu bejahen. Vielmehr setzt die Anwendung der Ausschlußbestimmung nicht voraus, daß einer der erwähnten Gründe für den Ausschluß tatsächlich vorliegt (Elperting ZVersWiss 1913 S. 333, Oberbach I S. 262). Der Ver, der sich in solchen Fällen auf die vereinbarten Vertragsbedingungen beruft, verstößt trotz Fehlens einer inneren Notwendigkeit für den Ausschluß gewisser Schadenfälle nicht gegen Treu und Glauben oder die guten Sitten (zutreffend OLG München 12. III. 1931 VA 1931 S. 30—32 Nr. 2259). So findet die Ausschlußbestimmung auch dann Anwendung, wenn der Ehemann seine Ehefrau unerkannt im Straßenverkehr schädigt oder wenn außerhalb des Familienbereichs auf beruflicher Ebene ein Schaden angerichtet wird (KG 28. X. 1936 JRPV 1937 S. 74—75).

Zu überlegen wäre, ob man den Vsschutz nicht durch eine Änderung der erwähnten Vorschrift zugunsten von Angehörigen des Vmers verbessern sollte. Eine interessante Parallelregelung findet sich in § 11 Ziff. 4 AKB (vgl. den Hinweis bei Kreuzhage Kernfragen S. 24 und VersR 1952 S. 78). Dort sind die Ansprüche von Angehörigen nur ausgeschlossen, wenn der Vmer diesen z. Zt. des Schadenfalles aufgrund gesetzlicher Verpflichtung Unterhalt gewährte. Bemerkenswert ist auch der Vorschlag von Kessler HansRGZ 1940 A Sp. 171, bei Angehörigen keinen Rechtsschutz zu gewähren und klar begründete Ansprüche bis zu einem Betrage von RM 3000,— zu befriedigen. Zuzugeben ist Boettinger VersR 1952 S. 79, daß eine Verbesserung des Vsschutzes, die allein den Berufsgenossenschaften zu Gute kommt, für die Haftpflichtv eine erhebliche Mehrbelastung bedeuten würde; für Reformvorschläge vgl. schon Elperting a. a. O. S. 333—334.

[G 236] bbb) Eintreten des Versicherers nach Billigkeitsgrundsätzen.

Zu bedenken ist, daß die Klausel besonders dann auf Unverständnis beim Vmer stößt, wenn die Ansprüche der Geschädigten einwandfrei begründet sind. Das RAA und das BAA haben deshalb mehrfach empfohlen, die möglichen Härten, die sich bei uneingeschränkter Anwendung der in § 4 II Ziff. 2 AHB enthaltenen Angehörigenklausel ergeben können, durch teilweise Gewährung von Vsschutz bei zweifelsfrei begründeten Ansprüchen zu mildern (VA 1921 S. 118, VA 1927 S. 135, VA 1928 S. 127, VA 1950 S. 88; Geschäftsbericht des BAA 1958/1959 S. 51 und 1963 S. 48). Vgl. dazu auch die Ausführungen von Bischoff VersR 1950 S. 80 und ihre teilweise Widerlegung durch Boettinger VersR 1952 S. 79. Auch ist vom HUK-Verband in einer von seinen Mitgliedern gebilligten Empfehlung ausgesprochen worden (VA 1929 S. 118), daß bei begründeten Haftpflichtansprüchen nach Billigkeitsgrundsätzen eingetreten werden möge (vgl. Boettinger a. a. O. S. 79 und Bischoff a. a. O. S. 80).

Der Sinn dieser Bestrebungen und Empfehlungen geht also dahin, daß von den Vern zur Beseitigung besonderer Mißstände in klaren Fällen nach Billigkeitsgrundsätzen Leistungen erbracht werden sollen. In aller Regel dürfte es sich dabei nur um Teilleistungen handeln, die für den Vmer aber sehr wichtig sein können, insbesondere wenn dadurch ein Regreßanspruch nach § 640 RVO abgegolten werden kann.

Ein Rechtsanspruch des Vmers auf ein Eintreten des Vers nach den genannten Billigkeitsgrundsätzen besteht nicht. Doch ist den zitierten Verlautbarungen des BAA zu entnehmen, daß dieses großen Wert auf die Einhaltung der genannten Grundsätze legt.

[G 237] ccc) Schadenfälle von Angehörigen des Versicherungsnehmers.

α) Aufzählung der Personengruppen.

Nach § 4 II Ziff. 2 AHB sind Haftpflichtansprüche aus Schadenfällen folgender Angehöriger des Vmers vom Vsschutz ausgeschlossen: Ehegatten, Eltern, Schwieger- und

Großeltern, Kinder (auch Schwiegerkinder) und Enkel, Adoptiv-, Pflege- und Stiefeltern und -kinder; ferner auch die mit dem Vmer in häuslicher Gemeinschaft lebenden Geschwister, deren Ehegatten und Kinder sowie Geschwister des Ehegatten des Vmers (zum Begriff der häuslichen Gemeinschaft vgl. Anm. G 238).

Der ausgeschlossene Personenkreis ist juristisch klar umrissen. Die besondere Erwähnung der Adoptivkinder ist allerdings überflüssig, da diese den leiblichen Kindern nach dem Gesetz ohnedies gleichgestellt sind.

Nur bei den Pflegekindern handelt es sich nicht um einen durch das Familienrecht präzis geprägten Begriff. Hier muß eine soziologische Einordnung vorgenommen werden. Danach ist ein Kind jedenfalls dann als Pflegekind im Sinne des Ausschlusses anzusehen, wenn es dauernd in einer „fremden" Familiengemeinschaft lebt. Durch den Begriff „Pflegekind" sollen vor allem diejenigen Fälle erfaßt werden, in denen Kinder in fremden Familiengemeinschaften äußerlich wie die eigenen Kinder der Aufnehmenden aufwachsen, ohne daß ein rechtliches Band im Sinne des Familienrechts begründet worden ist.

Eine ausdehnende Auslegung der Klausel verbietet sich. Demgemäß sind Schadenfälle eines Verlobten nicht ausgeschlossen (Prölss[17] Anm. 8 zu § 4 AHB, S. 683). Auch fallen geschiedene Eheleute nicht unter den Ausschluß (Wussow[5] Anm. 86 zu § 4 AHB, S. 410). Bemerkenswert in diesem Zusammenhang auch OLG Freiburg 21. VI. 1954 VersR 1954 S. 412, das zwar die „kleine" Kfz-Ausschlußklausel unrichtig auslegte (vgl. dazu BGH 26. III. 1956 VersR 1956 S. 283), aber zu Recht mit folgenden Ausführungen die Anwendung des § 4 II Ziff. 2 AHB ablehnte in einem Falle, in dem der Vmer ein Kfz beschädigte, das sein Vater vorher zur Sicherheit an einen Dritten übereignet hatte:

„Entgegen der Auffassung der Beklagten entfällt der Vsschutz nicht schon deswegen, weil es sich bei dem behaupteten Unfall um einen Schadenfall eines Angehörigen im Sinne ... des § 4 II Ziff. 2 AHB handelt. ... Allerdings war danach der vom Vater des Klägers gekaufte Wagen nur zur Sicherung einer aus der Vorlage des Kaufpreises erwachsenen Darlehensforderung an den Schwiegersohn übereignet worden; das Eigentum an dem Wagen, der dem Vater des Klägers leihweise überlassen wurde, sollte mit der Rückzahlung des Darlehens ohne weiteres an ihn als den ursprünglichen Erwerber zurückfallen. Wenn damit auch wirtschaftlich gesehen der Schaden bei vertragsmäßiger Abwicklung der Rechtsbeziehungen der Beteiligten endgültig auch dem Vater zur Last fällt, so kann doch nicht übersehen werden, daß auch der derzeitige Eigentümer, dem allein etwaige Ansprüche aus Eigentumsverletzung nach §§ 823ff. BGB gegen den Kläger zustehen, in seinem Interesse an der Sicherstellung seiner Forderung zunächst betroffen und geschädigt ist. Insoweit liegt auch bei rein wirtschaftlicher Betrachtung kein Schadenfall eines Angehörigen vor, der eine Inanspruchnahme der Beklagten nach dem Vsvertrage von vornherein ausschlösse."

Auch die Ansprüche unehelicher Kinder werden vom Ausschluß erfaßt (Oberbach I S. 266 Anm. 398, Prölss[17] Anm. 8 zu § 4 AHB, S. 683, Wussow[5] Anm. 86 zu § 4 AHB, S. 410). Daran kann mit Rücksicht auf die vom BVerfG 29. I. 1969 NJW 1969 S. 597—601 erzwungene Aktualisierung des Art. 6 V GG nicht mehr gezweifelt werden.

Für die Frage, wie sich die Rechtslage gestaltet, wenn mehrere Vmer vorhanden sind und ein Angehöriger eines dieser Vmer Haftpflichtansprüche geltend macht, vgl. Anm. G 242—243.

[G 238] β) Häusliche Gemeinschaft.

Für Haftpflichtansprüche aus Schadenfällen von Geschwistern des Vmers und deren Ehegatten und Kindern sowie von solchen von Geschwistern des Ehegatten des Vmers gilt die Ausschlußklausel nur, wenn diese mit dem Vmer in häuslicher Gemeinschaft leben. Der Grund für diese differenzierende Ausgestaltung des Vsschutzes ist darin zu sehen, daß bei dem erwähnten Verwandtschafts- bzw. Schwägerschaftsgrad die Gefahr einer Kollusion erst dann als schwerwiegend angesehen wird, wenn enger täglicher Kontakt besteht (vgl. Wehn VersR 1951 S. 35, Wussow[5] Anm. 86 zu § 4 AHB, S. 409).

Der Begriff „häusliche Gemeinschaft" ist soziologisch zu bestimmen und richtet sich demgemäß ganz nach den tatsächlichen Verhältnissen des Einzelfalles und dem Sprachgebrauch des täglichen Lebens (Fromm ÖffrV 1933 S. 217, Kühfuß NeumannsZ 1933 S. 933). Bemerkenswert ist, daß trotz dieser individuellen Abgrenzung des Vsschutzes der Begriff der häuslichen Gemeinschaft so lebensnah und anschaulich ist (und daher auch vom Vmer verstanden wird), daß zu der hier erörterten Ausschlußbestimmung erst eine Entscheidung ergangen ist (OLG Stuttgart 27. IX. 1950 VersR 1951 S. 33—34; vgl. dazu die kritischen Bemerkungen von Wehn a. a. O. S. 34—35). An das Vorliegen einer „häuslichen Gemeinschaft" knüpfen weitere Bestimmungen des Vsrechts an (vgl. §§ 67 II. 85; § 1 Ziff. 6b AEB). Die hierzu entwickelten Überlegungen und Entscheidungen können im Grundsatz übernommen werden; dagegen nicht alle Entscheidungen zu § 2028 BGB, da die dort statuierte Auskunftspflicht derjenigen Personen, die in häuslicher Gemeinschaft mit dem Erblasser gelebt haben, im Interesse des Erben auf einen sehr großen Personenkreis ausgedehnt worden ist (vgl. dazu Josef Ass. Jb. 1914 S. 18—20 und RG 26. X. 1912 RGZ Bd 80 S. 285—287).

Im Vordergrund der Entscheidung muß immer die Frage stehen, ob der betreffende Anverwandte sich in den Organismus des Hauswesens eingefügt hat (Hallbauer LZ 1910 Sp. 653, Elperting ZVersWiss 1913 S. 348, Josef a. a. O. S. 17—18). Dagegen wird man nach den heutigen Lebensverhältnissen die von den erwähnten Schriftstellern a. a. O. weiter geforderte Anerkennung einer hausväterlichen Gewalt nur noch mit den sich aus der Gegenwart ergebenden Einschränkungen verlangen können (Fromm a. a. O. S. 218, Oberbach I S. 268 Anm. 407). Finanzielle Abhängigkeit braucht nicht gegeben zu sein (so schon Hallbauer a. a. O.). Zutreffend stellen Fromm und Kühfuß a. a. O. vornehmlich darauf ab, ob vom Vmer auf Dauer Kost und Wohnung oder eines von beiden gewährt wird. Gemeinsame Mahlzeiten und gemeinsam benutzte Wohn- und Schlafräume sind fast immer ein untrügliches Indiz für eine häusliche Gemeinschaft. Zuzugeben ist dem OLG Stuttgart a. a. O. auch, daß zu einer häuslichen Gemeinschaft mehr als ein bloßes Zusammenleben unter dem gleichen Dache gehöre; doch hätte es im konkreten Falle einer weiteren Aufklärung des Sachverhalts bedurft. Dabei wäre es Sache des Vmers gewesen, Umstände vorzutragen, die die sich aufdrängende Schlußfolgerung auf eine häusliche Gemeinschaft als zweifelhaft hätten erscheinen lassen können. Es mußte auch beachtet werden, daß ein Leben in zwei häuslichen Gemeinschaften denkbar ist (Wehn a. a. O. S. 35).

Eine häusliche Gemeinschaft besteht auch dann, wenn Vmer und Neffe in einer Wohnung leben, jeder für sich kocht und jeder sein eigenes Zimmer hat, sofern noch andere äußere Gemeinsamkeiten bestehen (gemeinsame Küchenbenutzung; grundsätzliche Erlaubnis, die Räume des anderen jederzeit zu betreten und ähnliches). Anders wäre der Fall dann zu beurteilen, wenn aufgrund gespannter Lebensverhältnisse kein weiterer Kontakt mehr vorhanden ist als der mit einem gewöhnlichen Untermieter (etwa auch noch mit genau vorgeschriebener Zeit für die Küchenbenutzung). Selbstverständlich kann der Verwandte auch in einem Nebengebäude untergebracht sein (vgl. dazu die viel zitierte RG-Entscheidung vom 1. XI. 1909 zu § 2028 BGB Recht 1909 Nr. 3792).

Notsituationen und Nachkriegsverhältnisse können zu von dem Normalfall abweichenden Wohngegebenheiten führen. Vgl. BGH 2. XI. 1961 NJW 1962 S. 41—42 = VA 1962 S. 36—37 Nr. 313, der zu § 67 II das Vorliegen einer „häuslichen Gemeinschaft" bejaht hat, obwohl der Familienvater in der Regel nicht bei seiner Familie, sondern in einem möbliert gemieteten Zimmer schlief.

Einigkeit besteht darüber, daß es zum Begriff der h ä u s l i c h e n G e m e i n s c h a f t weiter gehört, daß sie auf D a u e r angelegt ist. Das bedeutet aber nicht, daß man erst nach einer gewissen Zeit in die häusliche Gemeinschaft eintritt und bis dahin nicht dazu gehört. Vielmehr kommt es auf die Vorstellungen der Beteiligten bei Aufnahme des betreffenden Familienmitgliedes in den eigenen Lebensbereich an. Der Ausschlußtatbestand greift daher auch dann ein, wenn die häusliche Gemeinschaft erst vor wenigen Tagen oder Stunden begonnen hat (vgl. die zur Einbruchdiebstahlv ergangenen Entscheidungen: RG 18. X. 1921 VA 1923 Anh. S. 77—78 Nr. 1332, KG 30. VI. 1920 VA 1920 Anh. S. 78—79 Nr. 1165). Das Dauererfordernis ist aber dann nicht gegeben, wenn es sich um einen Ferienbesuch handelt. Das gilt auch, wenn er sich jedes Jahr wiederholt (a. M. Oberbach I S. 269 Anm. 409).

Vorübergehende Abwesenheit hebt die häusliche Gemeinschaft nicht auf. Zu bedenken ist auch, daß es nach den Umständen des Einzelfalles möglich ist, daß jemand in zwei häuslichen Gemeinschaften lebt. Ein Lehrling, der zur Ausbildung an einem anderen Ort dort bei seiner Tante wohnt, befindet sich in deren häuslicher Gemeinschaft. Kommt er jeden Sonnabend und Sonntag zu seinen Eltern, so lebt er in zwei häuslichen Gemeinschaften. — Wer auswärts studiert, befindet sich in dieser Zeit nicht in der heimatlichen häuslichen Gemeinschaft, wohl aber ist er dieser Gemeinschaft ohne weiteres für die Semesterferien zuzurechnen, wenn er diese zu Hause verlebt. Wer am Studienort bei Verwandten untergebracht wird, befindet sich regelmäßig in deren häuslicher Gemeinschaft.

[G 239] γ) Maßgebender Zeitpunkt.

Zweifelhaft ist es, zu welchem Zeitpunkt die Verwandteneigenschaft oder häusliche Gemeinschaft im Sinne der Ausschlußbestimmung bestanden haben muß. Anknüpfend an den Streit um den Begriff des Vsfalles in der Haftpflichtv (vgl. dazu Anm. B 9—31) lassen sich auch hier die verschiedensten Auffassungen begründen. Es könnte auf den Verstoß, auf das Schadenereignis oder die Anspruchserhebung abgestellt werden (etwas anderes differenziert Elperting a. a. O. S. 341). Anhaltspunkte für eine Lösung der Frage bietet der Wortlaut der Bedingungsbestimmung selbst nicht. Für die AHB ist aber aus Gründen der Kontinuität der Auffassung zu folgen, daß es auf den Zeitpunkt des Schadenereignisses ankommt (Oberbach I S. 269—270, Prölss[17] Anm. 8 zu § 4 AHB, S. 683; Wunderlich Deckungsumfang S. 55—56, Wussow[5] Anm. 84 zu § 4 AHB, S. 408—409; — Oberbach und Wunderlich a. a. O. schränken diesen Standpunkt allerdings durch die Zusätze „in der Regel“ bzw. „praktisch“ ein; unklar auch Elperting a. a. O. S. 341). Spätere Veränderungen dieses Status sind unerheblich; ebenso ist es gleichgültig, ob vor Eintritt des Schadenereignisses einmal Angehörigeneigenschaft im Sinne des Bedingungsrechts bestanden hat.

Hingegen ist in der Vermögensschadenhaftpflichtv entscheidend auf den Zeitpunkt des Verstoßes abzustellen. Dort berührt also eine nach dem Verstoß, aber vor Eintritt des Schadenereignisses begründete Schwägerschaft (oder häusliche Gemeinschaft) den Vsschutz nicht.

[G 240] δ) Bedeutung des Ausdrucks „Schadenfälle“.

Durch die Verwendung des Ausdrucks „Schadenfälle“ ist klargestellt, daß nicht nur die Haftpflichtansprüche der in der Ausschlußbestimmung genannten Angehörigen und ihrer Rechtsnachfolger aus solchen Schadenfällen vom Vsschutz ausgeschlossen sind, sondern auch solche Ansprüche, die originär (z. B. nach § 640 RVO) in der Person von Sozialvsträgern entstehen (RG 27. VI. 1930 VA 1930 S. 193 Nr. 2156 = JRPV 1930 S. 271—272, OLG Kassel 4. VI. 1929 VA 1929 Nr. 2067 S. 315—316, OLG Breslau 31. V. 1930 VA 1930 Nr. 2165 S. 200—201, a. M. OLG Nürnberg 2. V. 1928 VA 1928 Nr. 1890 S. 234—235). Gerade mit Rücksicht auf die Ansprüche der Sozialvsträger ist die Ausschlußbestimmung, die früher von den „Ansprüchen der Angehörigen“ sprach, 1921 in die jetzt geltende Fassung gebracht worden (Oberbach I S. 263, Sieg Ausstrahlungen S. 233). Ausgeschlossen sind auch Ansprüche mittelbar Geschädigter nach §§ 844—845 BGB (Oberbach I S. 263 m. w. N. in Anm. 382, Sieg a. a. O. S. 233, Wussow[5] Anm. 82 zu § 4 AHB, S. 317).

Nicht unter die Ausschlußbestimmung des § 4 II Ziff. 2 AHB fallen aber diejenigen Schadenfälle, die der Vmer selbst erleidet (so zutreffend Wussow[5] Anm. 86 zu § 4 AHB, S. 410; vgl. dazu auch KG 7. XII. 1962 VersR 1963 S. 525—527 [zu § 11 Ziff. 4 AKB a. F.]). Das ist bedeutsam, wenn der Vmer oder dessen Angehörige oder sonst originär Berechtigte Ansprüche gegen einen Vten durchsetzen wollen. Vgl. dazu § 7 II AHB und Anm. H 24.

Ausgeschlossen sind bei einer Mehrheit von Vmern die Haftpflichtansprüche aus Schadenfällen eines dieser Vmer; es ist dabei nach der Fassung des Ausschlußtatbestandes gleichgültig, daß sich der Anspruch gegen denjenigen Vmer richtet, zu dem kein Verwandtschaftsverhältnis besteht (OLG Bamberg 21. I. 1952 VersR 1952 S. 316—318;

Oberbach Grundlagen B 3 S. 14, Prölss[17] Anm. 8 zu § 4 AHB, S. 683). Zu unterscheiden ist aber (wozu auch der vom OLG Bamberg a. a. O. entschiedene Fall Anlaß gegeben haben könnte) zwischen Haftpflichtansprüchen eines Angehörigen eines Vmers aus einem eigenen Schadenfall, in dem also der Angehörige der Verletzte ist, und originären Haftpflichtansprüchen aus §§ 844, 845 BGB aus einem Schadenfall des Vmers. Die erstgenannten Ansprüche sind durch den hier behandelten Klauseltext ausgeschlossen, die letztgenannten dagegen nicht (vgl. dazu auch Anm. G 242).

[G 241] ddd) Gegenseitige Ansprüche zwischen mehreren Versicherungsnehmern.

α) Zum Personenkreis.

Die Ansprüche mehrerer Vmer desselben Vertrages sind vom Vsschutz ausgeschlossen, weil es sich im „wirtschaftlichen Sinne" um Eigenschäden handeln kann (Oberbach I S. 264) und weil auch hier häufig Kollusionsgefahr besteht. Nicht zugegeben werden kann Oberbach a. a. O., daß derartige Schäden schon nach dem Sinn der Haftpflichtv nicht unter den Deckungsschutz fallen würden. Vielmehr bedarf es einer ausdrücklichen Aufnahme der Ausschlußbestimmung, da andernfalls bei einer Vielzahl von Vmern mit Rücksicht darauf, daß jeder der Vmer gegen die Gefahr einer individuellen Inanspruchnahme geschützt sein will (vgl. dazu BGH 13. VI. 1957 BGHZ Bd 24 S. 378–386 und Anm. B 55 m. w. N.), im konkreten Schadenfalle durchaus einer der Vmer auch Dritter im Sinne des § 1 AHB sein könnte (vgl. Anm. B 78 und H 22).

Nicht vom Vsschutz ausgeschlossen sind durch die hier behandelte Ausschlußbestimmung die Ansprüche Vter gegen den Vmer (übrigens auch nicht die Ansprüche der Vten gegeneinander; vgl. dazu Anm. H 26). In der Praxis können sich gelegentlich Schwierigkeiten ergeben, wenn festgestellt werden soll, ob mehrere an einem Haftpflichtvsvertrag beteiligte Personen sämtlich Vmer oder teils Vmer und teils Vte sind. Wenn z. B. ein Haftpflichtvsvertrag für einen Konzern abgeschlossen wird, bedarf es individueller Vertragsauslegung zur Feststellung der Frage, ob Haftpflichtansprüche der mit in den Vsschutzbereich einbezogenen Tochtergesellschaften gegen das Mutterunternehmen gedeckt sind oder nicht. Die Fassung des Haftpflichtvsvertrages gewinnt hier für den Vsschutz entscheidende Bedeutung.

Die Ausschlußbestimmung findet auch auf die Gesellschaft bürgerlichen Rechts Anwendung (Kühfuß NeumannsZ 1934 S. 1008, Wussow[5] Anm. 88 zu § 4 AHB, S. 411; a. M. im Ergebnis Matt NeumannsZ 1934 S. 870–871). Daneben werden im übrigen die Mitglieder einer Gesellschaft bürgerlichen Rechts auch von dem weiter vom Ausschlußtatbestand gebrauchten Begriff des persönlich haftenden Gesellschafters erfaßt (Oberbach I S. 265).

Zweifelhaft ist, ob die Ausschlußbestimmung auch dann Anwendung findet, wenn der Vmer ein nichtrechtsfähiger Verein ist. Wegen der in § 54 BGB angeordneten Geltung des Gesellschaftsrechts könnte nämlich so argumentiert werden, daß Vmer sämtliche Vereinsmitglieder seien. Dieser Auslegung, die dem Besinnen des modernen Rechtsdenkens auf die korporative Eigenheit auch des nichtrechtsfähigen Vereins zuwiderläuft, kann nicht gefolgt werden (zutreffend daher OLG Karlsruhe 23. V. 1935 JRPV 1935 S. 381, Wussow[5] Anm. 92 zu § 4 AHB, S. 417; im Ergebnis auch Matt NeumannsZ 1934 S. 870–871; a. M. Kühfuß NeumannsZ 1934 S. 1008).

Zu gegenseitigen Ansprüchen mehrerer Vmer im Falle des Wohnungseigentums vgl. Geschäftsbericht des BAA 1957/1958 S. 1–2 und die Ausführungen von Stelzer ZfV 1959 S. 792–793.

[G 242] β) Versicherungsschutz für originäre Ansprüche Dritter gegen einen Versicherungsnehmer aus Schadenfällen des anderen Versicherungsnehmers.

Bemerkenswert ist es, daß beim Ausschluß der Haftpflichtansprüche mehrerer Vmer nicht der Zusatz „aus Schadenfällen" gebraucht worden ist. Das bedeutet, daß durch diesen Teil der Ausschlußklausel die Haftpflichtansprüche originär Berechtigter aus Schadenfällen eines Vmers gegen den anderen Vmer nicht vom Vsschutz ausgeschlossen sind (Oberbach I S. 264, Wussow[3] Anm. 85 zu § 4 AHB, S. 283; ebenso zur alten Fassung des Ausschlußtatbestandes für einen Anspruch aus § 903 RVO a. F. Elperting a. a. O.

S. 334; a. M. Wussow[5] Anm. 88 zu § 4 AHB, S. 411). Wussow beruft sich für seine jetzt von der hier vertretenen Meinung abweichende Auffassung auf KG 7. XII. 1962 VersR 1963 S. 525—527. Doch ist diese Entscheidung zu einem — kaum mit den AHB vergleichbaren — AKB-Fall ergangen. BGH 7. I. 1964 BGHZ Bd 43 S. 42—46 nimmt entgegen der Ansicht von Wussow a. a. O. zu dem Fragenkomplex nicht Stellung. Die hier vertretene Auffassung beruht auf der überkommenen Unterscheidung zwischen dem Ausschluß von Haftpflichtansprüchen und dem von Schadenereignissen schlechthin. An der Bedeutung dieser sorgsam gewählten Ausdrücke im strengen Wortsinne ist festzuhalten. Diese Erkenntnis ist zunächst von besonderer Bedeutung für einen danach vom Vsschutz erfaßten Regreßanspruch aus § 640 RVO. Es besteht aber auch Vsschutz für originär Anspruchsberechtigte aus §§ 844, 845 BGB.

[G 248] eee) Bedeutung des letzten Satzteils „sowie deren Angehörigen" in § 4 II Ziff. 2 AHB.

Das Gesagte bezüglich des Vsschutzes für originäre Haftpflichtansprüche aus §§ 844, 845 BGB würde allerdings dann nicht gelten, wenn der letzte Satzteil nach der Aufzählung der Personengruppen in § 4 II Ziff. 2 AHB, in dem es heißt „sowie deren Angehörigen", sich auf alle aufgeführten Ausschlußpersonen beziehen würde. Im Schrifttum (Kreuzhage Kernfragen S. 23—24, Kühfuß NeumannsZ 1934 S. 1008, Oberbach I S. 265, Wussow[5] Anm. 91 zu § 4 AHB, S. 414; a.M. Matt NeumannsZ 1934 S. 871) wird allerdings die Auffassung vertreten, daß sich dieser Satzteil nicht nur auf die persönlich haftenden Teilhaber und Gesellschafter sondern auf alle in der Klausel aufgeführten Personen beziehe. Diese Auffassung ist jedoch mit Matt a. a. O. abzulehnen. Sie steht zu dem Wortlaut der Ausschlußbestimmung im eindeutigen Widerspruch. Gerade weil für die hier abgehandelten Fälle sehr häufig eine innere Berechtigung für den Ausschluß nicht gegeben ist, muß einer extensiven Auslegung entgegengetreten werden. Dies muß um so mehr gelten, als es durchaus sinnvoll erscheinen kann, allein die Ansprüche von Angehörigen von persönlich haftenden Gesellschaftern und Teilhabern vom Vsschutz auszuschließen.

Interessant ist in diesem Zusammenhang auch, daß früher die Ausschlußbestimmung sich lediglich auf die persönlich haftenden Gesellschafter und Teilhaber und deren Angehörige bezog (vgl. den Wortlaut der Klausel bei Elperting ZVersWiss 1913 S. 332). Damals bestand also Deckung für Ansprüche von Vorstandsmitgliedern von Aktiengesellschaften usw. (vgl. Elperting a. a. O. S. 339). Es wäre ohne weiteres möglich gewesen, durch eine einwandfreie Fassung des Ausschlußtatbestandes klarzustellen, daß z. B. auch Ansprüche von Angehörigen von Vorstandsmitgliedern ausgeschlossen sein sollen. Da eine derartige Erklärung nicht erfolgt ist, muß die „grammatikalisch einzig mögliche Auslegung" (vgl. Anonym [= Bischoff?] VW 1951 S. 146, der allerdings mit Hilfe der „ratio" der Bestimmung im Ergebnis zur Bejahung der Gegenmeinung kommt) auch gewählt werden. Dies muß um so mehr gelten, als die Gegenmeinung es bisher an einer überzeugenden Begründung für die Abweichung vom Wortlaut hat fehlen lassen. Oberbach a. a. O. Anm. 397 belegt seine Ansicht mit zwei Zitaten. Dabei geht der Hinweis auf § 10 II der damals geltenden AVB für die Kraftfahrzeughaftpflichtv fehl. Denn in dieser Vorschrift war ausdrücklich bestimmt, daß Ansprüche von gesetzlichen Vertretern juristischer Personen usw. sowie die Ansprüche von Angehörigen dieser Vertreter vom Vsschutz ausgeschlossen seien. Daraus kann aber für die in mehrfacher Hinsicht anders gefaßte Vorschrift des § 4 II Ziff. 2 AHB nichts hergeleitet werden. Näher lag für den Vmer im übrigen der Schluß, daß sein Vsschutz nach den AHB besser sei (heutzutage ist ein Vergleich mit den AKB wegen der jetzt grundsätzlich anderen Fassung des § 11 Ziff. 5 AKB überhaupt nicht mehr möglich). Auch der Hinweis auf Kühfuß a. a. O. vermag nicht zu überzeugen. Dieser hält (als erster) die von ihm vertretene Auffassung für nach dem Wortlaut der Ausschlußbestimmung „zweifellos" begründet. Dem kann vom Standpunkt sorgsamer Auslegung jedoch nicht gefolgt werden. Zu Unrecht beruft sich Kühfuß auf eine Stellungnahme des Aufsichtsamts (VA 1928 S. 127). Dort ist nur vermerkt, daß das Amt den Standpunkt des Vers nicht tadeln wolle, da es sich um eine Rechtsfrage handele, die von den ordentlichen Gerichten zu entscheiden sei. Weiter bezieht sich Kühfuß auf OLG Breslau 17. VI. 1931 VA 1931 S. 224—225 Nr. 2300. Diese

Entscheidung sagt aber über den hier erörterten Streitfall gar nichts aus, da dort die Feststellungsklage des Vmers als unzulässig abgewiesen worden ist, „weil die Ansprüche der Geschädigten offensichtlich unbegründet seien". RG 15. III. 1932 RGZ Bd 135 S. 368—370 hat OLG Breslau 17. VI. 1931 a. a. O. wegen dieser Verkennung des „Trennungsprinzips" (vgl. Anm. B 57—59) aufgehoben. Wie der Rechtsstreit dann beendet worden ist, ergibt sich aus den juristischen Fachzeitschriften nicht. Es soll aber nicht unerwähnt bleiben, daß Matt a. a. O. von einer unveröffentlichten Gerichtsentscheidung spricht, die mit der hier vertretenen Auffassung übereinstimmt.

[G 244] fff) Ausschluß der Ansprüche von gesetzlichen Vertretern geschäftsunfähiger oder beschränkt geschäftsfähiger Vmer, von Mitgliedern des Vorstandes, von Geschäftsführern und Liquidatoren von Gesellschaften und juristischen Personen.

Der Begriff „gesetzlicher Vertreter einer geschäftsunfähigen oder beschränkt geschäftsfähigen Person" ist nach den Grundsätzen des bürgerlichen Rechts zu bestimmen. Die Eltern als wichtigster Fall der gesetzlichen Vertreter einer natürlichen Person fallen ohnedies in den Anwendungsbereich der Angehörigenklausel. Der Ausschlußbestimmung kommt daher Bedeutung vor allem für die Ansprüche des Vormundes zu. Auch ein Pfleger kann als gesetzlicher Vertreter im Sinne der Ausschlußbestimmung aufgefaßt werden, wenn er nämlich für einen geschäftsunfähigen Pflegling bestellt ist.

Anders als in § 11 Ziff. 5 AKB ist bei juristischen Personen nicht von deren gesetzlichen Vertretern sondern von Vorstandsmitgliedern oder Geschäftsführern die Rede. Sachlich dürfte aber dasselbe gemeint sein. Demgemäß entspricht es dem Sinne der Ausschlußbestimmung, wenn sie auf gesetzliche Vertreter juristischer Personen des öffentlichen Rechts angewendet wird, und zwar auch dann, wenn die Titel dieser gesetzlichen Vertreter anders lauten als Geschäftsführer oder Vorstandsmitglied (a. M. Wussow[5] Anm. 94 zu § 4 AHB, S. 419). Ergänzend sei bemerkt, daß auch ein stellvertretendes Vorstandsmitglied unter den Begriff des gesetzlichen Vertreters fällt; nicht vom Ausschlußtatbestand wird dagegen ein Aufsichtsratsmitglied erfaßt, wenngleich auch der Aufsichtsrat gelegentlich als gesetzlicher Vertreter der AG tätig wird (vgl. § 112 AktG). In der Praxis wird die Ausschlußklausel gelegentlich durch eine zusätzliche Vereinbarung des Inhalts gemildert, daß Ansprüche von Vorstandsmitgliedern nur dann ausgeschlossen werden, wenn das betreffende Vorstandsmitglied das Ereignis ressortmäßig zu vertreten hat (vgl. die Ausführungen bei Kreuzhage Kernfragen S. 23—24). Gelegentlich bezeichnen auch Personalhandelsgesellschaften einen Prokuristen oder Generalbevollmächtigten als „Geschäftsführer". Da es sich aber nicht um einen gesetzlichen Vertreter handelt, findet der Ausschlußtatbestand keine Anwendung.

Unter Liquidatoren sind alle Personen zu verstehen, die nach gesetzlichen Bestimmungen unter diesem Titel für die Abwicklung einer juristischen Person oder einer Personalgesellschaft eingesetzt oder beauftragt werden.

Zu beachten ist, daß nur die Ansprüche des hier behandelten Personenkreises selbst ausgeschlossen sind. Das ergibt sich daraus, daß nicht der umfassende Ausdruck „aus Schadenfällen" gewählt worden ist. Vgl. dazu auch Anm. G 242. Originäre Haftpflichtansprüche aus Schadenfällen der aufgeführten Personen werden also vom Vsschutz erfaßt. Dafür, daß sich der Zusatz „sowie deren Angehörigen" am Ende des § 4 II Ziff. 2 AHB nicht auf den hier behandelten Personenkreis bezieht, vgl. Anm. G 243. Es besteht also Haftpflichtvsschutz für gegen den Vmer gerichtete Haftpflichtansprüche von Angehörigen des hier behandelten Personenkreises, gleichgültig, ob es sich um Haftpflichtansprüche aus Schadenfällen dieser Angehörigen oder um originäre Ansprüche aus Schadenfällen des hier erörterten Personenkreises (Vorstandsmitglieder usw.) handelt.

[G 245] ggg) Ausschluß der Haftpflichtansprüche persönlich haftender Teilhaber und Gesellschafter.

Erfaßt werden die Gesellschafter einer OHG, die Komplementäre einer KG oder einer KG auf Aktien. Zum ausgeschlossenen Personenkreis sind aber auch die Gesellschafter einer Gesellschaft bürgerlichen Rechts zu rechnen (Oberbach I S. 265). Im Rückschluß daraus, daß im Ausschlußtatbestand lediglich von den Ansprüchen der persönlich haftenden Teilhaber und Gesellschafter die Rede ist, wird zu Recht die Auffassung vertreten, daß Kommanditisten nicht unter den Ausschlußtatbestand fallen (Oberbach I. S. 265—266 m. w. N. in Anm. 266, Wussow[5] Anm. 91 zu § 4 AHB, S. 414; a. M. Kühfuß a. a. O. S. 1008). Es darf hier auch nicht so argumentiert werden, daß eine Mehrheit von Vmern im Sinne des in Anm. 241 erörterten Tatbestandes der Ausschlußbestimmung vorliege. Selbstverständlich fallen die Genossen einer Genossenschaft oder gar die Gesellschafter einer GmbH nicht unter die Ausschlußklausel.

Ausgeschlossen sind aufgrund des Zusatzes „sowie deren Angehörigen" auch die Haftpflichtansprüche der Angehörigen; gleichgültig ist dabei, ob es sich um Haftpflichtansprüche aus eigenen Schadenfällen handelt oder ob eine originäre Anspruchsberechtigung aus einem Schadenfall eines Gesellschafters gegeben ist. Voraussetzung ist nur, daß der betreffende Dritte zum Kreis der in § 4 II Ziff. 2 S. 2 AHB aufgezählten Personen gehört (vgl. dazu Anm. G 237). Vsschutz besteht aber auch hier für einen Regreßanspruch nach § 640 RVO.

Wenn der Vmer A in zwei offenen Handelsgesellschaften Partner ist und für die eine dieser Gesellschaften gegen die andere haftpflichtvte OHG ein Schadenersatzanspruch entsteht, so besteht insoweit uneingeschränkt Vsschutz. Der Umstand, daß eigene Ansprüche des A nicht dem Vsschutz unterliegen, berührt den Schutz gegen Ansprüche der OHG nicht. Auch eine partielle Versagung des Vsschutzes in bezug auf die dem A auf diese Weise zugute kommende Quote, die sich aus seiner Beteiligung an beiden Gesellschaften ergibt, kommt nicht in Betracht. Der Ausschlußtatbestand ist streng nach seinem Wortlaut zu interpretieren. Daß die beiden offenen Handelsgesellschaften im Verhältnis zueinander Dritte sind, ergibt sich aus Anm. B 78 und H 22.

[G 246] bb) Ausschluß nach § 4 Ziff. 6 AHBVerm.

aaa) Haftpflichtansprüche von Angehörigen und Sozien.

Wie § 4 II Ziff. 2 AHB schließt § 4 Ziff. 6 AHBVerm die Haftpflichtansprüche des Ehegatten und solche naher Verwandter aus. Maßgebend ist dabei, ob die Ehe oder Schwägerschaft (oder Sozietät) zum Zeitpunkt des Verstoßes besteht (anders Renold a. a. O. S. 55—56, der für das Schweizer Recht nur für die zum Zeitpunkt der Begründung des Verwandtschaftsverhältnisses entstandenen Haftpflichtansprüche Vsschutz gewähren will).

Anders als § 4 II Ziff. 2 AHB zählt § 4 Ziff. 6 AHBVerm die ausgeschlossenen Verwandten nicht im einzelnen auf, sondern bestimmt in Anlehnung an §§ 1589, 1590 BGB, daß generell die Haftpflichtansprüche von in gerader Linie oder im zweiten Grade der Seitenlinie verwandter oder verschwägerter Personen vom Vsschutz ausgeschlossen sind. Es versteht sich, daß jetzt auch das uneheliche Kind eines männlichen Vmers unter den Kreis der ausgeschlossenen Personen fällt (vgl. Anm. G 237).

Die juristisch präzisere Formulierung der Vermögensschadenhaftpflichtv bedeutet zugleich eine Verschlechterung im Vergleich zu dem durch § 4 II Ziff. 2 AHB erfaßten Personenkreis. So sind durch § 4 Ziff. 6 AHBVerm anders als nach § 4 II Ziff. 2 AHB stets die Ansprüche von Geschwistern des Vmers vom Vsschutz ausgeschlossen. Demgemäß hat ein vter Rechtsanwalt keinen Vsschutz, wenn er in einer Prozeßsache seines Bruders eine Frist versäumt oder einen Termin nicht wahrnimmt. Eine Angleichung wäre wünschenswert. Sie kann um so unbedenklicher erfolgen, als im Bereich der Fehler eines Rechtsanwalts oder ähnlicher geistiger Berufe wegen des typisierten Fahrlässigkeitsbegriffes kaum Möglichkeiten bestehen, den Ver durch Zusammenspiel zwischen dem Vmer und dem geschädigten Dritten zu schädigen. Ein weiterer Nachteil des § 4 Ziff. 6 AHBVerm liegt darin, daß generell Ansprüche von der Hausgemeinschaft angehörenden Personen vom Vsschutz ausgeschlossen sind. Dieser Grundsatz wird bezüglich der Haftpflichtansprüche des in häuslicher Gemeinschaft mit dem Vormund lebenden Mündels wieder durchbrochen. Mit Rücksicht darauf, daß ein derartiges Zusammenleben in der Vergangenheit nicht selten war, war diese Ausnahme unbedingt geboten. Mißstände sind nicht bekannt geworden; demgemäß wäre auch hier zu überlegen, ob nicht generell der Vsschutz auch für andere Vermögensschadenhaftpflichtven in dieser Beziehung verbessert werden könnte.

Anders als in § 4 II Ziff. 2 AHB ist in § 4 Ziff. 6 AHB Verm nicht von Schadenfällen die Rede, sondern nur von Haftpflichtansprüchen der Angehörigen. Sieg Ausstrahlungen S. 233 weist deshalb zutreffend darauf hin, daß Haftpflichtansprüche originär Berechtigter aus Schadenfällen von Angehörigen des Vmers vom Vsschutz erfaßt werden. Der Anwendungsbereich dieser Erkenntnis ist aber gering, da für Körperschäden kein Vsschutz geboten wird, so daß die in diesem Zusammenhang typischen originären Anspruchsgrundlagen wie § 640 RVO und §§ 844, 845 BGB ausscheiden. Nach Sieg a. a. O. bleibt aber eine praktische Bedeutung für Ausgleichsberechtigte bestehen. Dabei darf es sich dann aber natürlich nicht um einen übergegangenen Anspruch aus der Person desjenigen handeln, der die Ausschlußqualifikation der Klausel erfüllt.

Ansprüche mehrerer Vmer gegeneinander sind — anders als nach § 4 II Ziff. 2 AHB — nicht ausdrücklich ausgeschlossen. Doch ergibt sich im wesentlichen der gleiche Effekt dadurch, daß neben den Haftpflichtansprüchen von Angehörigen Schadenersatzansprüche von „Sozien" ausgeschlossen sind. Gedacht ist an die gemeinschaftliche Berufsausübung durch mehrere Angehörige eines geistigen Berufes. Aus § 12 Ziff. 1 AHBVerm (vgl. auch § 14 II AHBVerm) ergibt sich, daß es des Vorliegens eines Gesellschaftsverhältnisses im engeren Sinne zur Anwendung dieses Ausschlußtatbestandes nicht bedarf, so daß auch dann kein Vsschutz gegeben ist, wenn nur nach außen der Eindruck einer Sozietät vorliegt, während in Wirklichkeit lediglich Bürogemeinschaft besteht.

[G 247] bbb) Ausschluß der Haftpflichtansprüche bestimmter juristischer Personen und Personalgesellschaften.

Eine weitere einschneidende Einschränkung in personeller Hinsicht ergibt sich aus dem letzten Absatz des § 4 Ziff. 6 AHBVerm. Hier wird zunächst der ansonsten im Recht beachtete Grundsatz der Selbständigkeit der juristischen Personen durchbrochen, indem bestimmt wird, daß Schadenersatzansprüche aller juristischen Personen vom Vsschutz ausgeschlossen sind, wenn die Majorität der Anteile dem Vmer (oder dem Vten oder einem Sozius oder einem Angehörigen des Vmers oder Vten) gehört. Dazu fehlt es an einer Parallele in den AHB. Mit Rücksicht auf die weitgehende wirtschaftliche Gleichlagerung der Interessen zwischen Großaktionär und juristischer Person kann diese Ausschlußbestimmung gerechtfertigt werden, soweit es sich um im Mehrheitsbesitz des Vmers oder des Vten selbst befindliche juristische Personen handelt. Daß der Ausschlußtatbestand aber auch dann eingreift, wenn einem der Verwandten des Vmers oder des Vten oder dem Sozius die Majorität der Anteile gehört, geht zu weit. Hier sind Möglichkeiten für eine tragbare Verbesserung des Vsschutzes erkennbar.

Nicht erfaßt werden durch den Wortlaut der Ausschlußbestimmungen Tochtergesellschaften einer juristischen Person, deren Majorität dem Vmer oder einer der sonst genannten Ausschlußpersonen gehört. Mit Rücksicht darauf, daß die Ausschlußbestimmung ohnedies als schon sehr weitgehend bezeichnet werden kann, ist eine entgegen diesem Wortsinn extensive Auslegung abzulehnen. Ansprüche derartiger Tochtergesellschaften fallen demgemäß unter den Vsschutz.

Weiter wird bestimmt, daß Schadenersatzansprüche von Gesellschaften nicht gedeckt sind, wenn ein Anteil dem Vmer, dem Vten oder einem Sozius oder einem Angehörigen des Vmers oder Vten gehört. Unter Gesellschaften sind hier alle Personalgesellschaften (auch die Gesellschaft bürgerlichen Rechts) zu verstehen. Eine anteilsmäßige Beteiligung an einer Personalgesellschaft ist nach dem Wortlaut der Ausschlußbestimmung auch dann gegeben, wenn der Vmer (oder die sonst genannte Person) nur Kommanditist ist, hingegen nicht bei der stillen Gesellschaft, da es hier an einem Anteil am Gesellschaftsvermögen fehlt. Sofern eine Personalgesellschaft A als solche Teilhaber einer weiteren Personalgesellschaft B ist oder die Anteile einer juristischen Person überwiegend hält, der Vmer (oder die sonstige Ausschlußperson) aber nur an der Personalgesellschaft A beteiligt ist, stellt sich wieder die Frage der „mittelbaren" Beteiligung. Auch hier ist mit Rücksicht auf die weite Fassung des Ausschlußtatbestandes streng vom Wortlaut auszugehen und damit der Vsschutz zu bejahen.

[G 248] k) § 4 II Ziff. 3 AHB (Beseitigung besonders gefahrdrohender Umstände).

Diese Vorschrift stellt eine in das Gewand einer Ausschlußklausel gekleidete „verhüllte" Obliegenheit dar. Sie wird daher in Anm. F 12—14 behandelt. Auf die dortigen Ausführungen wird verwiesen.

[G 249] l) Explosionsklausel.

Außerhalb der Bestimmungen der AHB findet sich in den Erläuterungen zu den Haftpflichtvsverträgen häufig eine Bestimmung des Inhalts, daß der Ver keinen Vsschutz für Explosions- und Brandschäden durch solche Stoffe gewähre, die nicht gemäß behördlicher Vorschrift behandelt, gelagert oder befördert werden. Auch hierbei handelt es sich um eine „verhüllte" Obliegenheit und nicht um eine echte Ausschlußbestimmung. Vgl. zu dieser Streitfrage und zur sonstigen Auslegung dieser Klausel Anm. F 15—17.

m) Ausschluß von Haftpflichtansprüchen durch § 4 II Ziff. 5 und § 4 I Ziff. 6 Abs. 3 AHB.

Gliederung:

[G 250] Schrifttum:

Beyer, Der Folgeschaden in der Individualv unter besonderer Berücksichtigung der Haftpflichtv, Bonner Diss. 1961, Brockmann VersR 1955 S. 373—374, Clauß ZfV 1957 S. 813—814, Dithmar VersR 1960 S. 1061—1062, Emmerich VersR 1960 S. 484—485, ZfV 1961 S. 637, Frey Grundlagen C 2 I A 1 d, e S. 27—28, Goujet VersPrax 1957 S. 85—86, VersPrax 1965 S. 177—184, Hafferburg VersR 1961 S. 1070, Hagen ZVersWiss 1910 S. 468—470, Haidinger in: Rechtsfragen der Individualv, Festgabe für Prölss, Karlsruhe 1957, S. 133—137, Hartung VersArch 1958 S. 129—145, Heinzelmann JRPV 1939 S. 273—275, Josef ZVersWiss 1912 S. 352—361, Klarr VersPrax 1968 S. 141—145, Pienitz ZfV 1957 S. 569, Prölss JZ 1957 S. 580—581, Schermin ZfV 1958 S. 171—172, Schlegelmilch, Haftpflichtv und unternehmerisches Risiko, Münchener Diss. 1964, Schmalzl VersR 1956 S. 270—273, Schwartz LZ 1911 Sp. 445—451, ZVersWiss 1912 S. 836—838, Stegmaier ZfV 1961 S. 404—408, Wehn-Schmidt, Die neue Fassung der Obhuts- und Bearbeitungsschadenklausel in der Allgemeinen Haftpflichtv (Besitz- und Tätigkeitsklausel), 3. Aufl., Karlsruhe 1955, Wilcke VersR 1964 S. 1007 bis 1019, VersR 1964 S. 581—582, Zdralek, Die Deckung der Haftung aus Vertrag bei einer Haftpflichtv, Breslauer Diss. 1919, Zollmarsch, Inhalt, Bedeutung und Auslegung des § 4 II 5 AHB (zugleich ein Beitrag zur Diskussion über den Folgeschaden in der Haftpflichtv), Kölner Diss. 1965.

[G 251] aa) § 4 II Ziff. 5 AHB.

aaa) Abgrenzung des Anwendungsbereiches.

§ 4 II Ziff. 5 AHB schließt alle Haftpflichtansprüche aus, die an den vom Vmer hergestellten oder gelieferten Arbeiten oder Sachen infolge einer in der Herstellung oder Lieferung liegenden Ursache entstehen. Wussow[5] Anm. 108 zu § 4 AHB, S. 429 folgert aus dieser Formulierung, daß maßgebender Zeitpunkt die Beendigung der Herstellung oder der Tag der Lieferung sei. Nur nach diesem Zeitpunkt an dem Lieferobjekt entstehende Schäden erfasse demgemäß § 4 II Ziff. 5 AHB (ebenso Pienitz ZfV 1957 S. 569). Ein vorher entstandener Schaden falle sowieso nicht unter den Haftpflichtvsschutz. Letzteres ist richtig. Doch ist § 4 II Ziff. 5 AHB, dem entgegen der Auffassung von Wussow a. a. O. ohnedies nur deklaratorische Bedeutung zukommt (vgl. dazu Anm. G 259), im umfassenden Sinne auszulegen. § 4 II Ziff. 5 AHB kann daher ohne weiteres auch zur Begründung einer Ablehnung für Haftpflichtansprüche wegen Schäden am Lieferobjekt dienen, die bei der Übergabe bereits vorhanden waren.

Entsprechend dem Wortlaut der Ausschlußklausel fallen Leistungsgegenstände aller Art unter die Bestimmung, sofern es sich nur um Sachen im Rechtssinne handelt, seien es bewegliche oder unbewegliche. Wird geistige Arbeit im Sinne einer Hilfe bei der Herstellung einer Sache geschuldet oder ohne eine entsprechende schuldrechtliche Verpflichtung geleistet, so greift die Ausschlußbestimmung nicht ohne weiteres ein. Gedacht sei z. B. an den Fall, daß ein bei der Neuerrichtung eines Textilwerkes anwesender Fachmann befragt wird, in welcher Weise der Arbeitsgang zu gestalten sei. Ist die Auskunft falsch, so handelt es sich nicht um ein unter § 4 II Ziff. 5 AHB einzuordnendes Ereignis. Diese Ausführungen beziehen sich auf die Anlage selbst. Versicherungsschutz besteht aber auch für die dann hergestellte „Ausschußware". Es handelt sich hier um eine Sachbeschädigung im Sinne des § 1 AHB (vgl. dazu Anm. G 75). Es findet insoweit auch § 4 I Ziff. 6b AHB keine Anwendung. Wenn allerdings ein Architekt die Bauleitung in der Hand hat, so bedarf es besonderer Vereinbarung, wenn Schäden am Bauobjekt entgegen § 4 II Ziff. 5 mitvert sein sollen (vgl. dazu BGH 24. X. 1960 NJW 1961 S. 269—270 = VA 1961 S. 79—80 Nr. 284, 26. I. 1961 MDR 1961 S. 485 = VA 1961 S. 149—150 Nr. 295).

Zwischen dem eingetretenen Schaden und der Herstellung oder Lieferung muß adäquate Kausalität bestehen. Werden größere Mengen Zement mittels einer Maschine in einen entsprechenden Silo geblasen und kommt es dabei infolge Überdrucks zur Explosion, so können sich Abgrenzungsschwierigkeiten bezüglich des Schadens am bereits eingeblasenen Zement ergeben. Maßgebend muß insoweit die Verkehrsauffassung sein. Danach läßt sich grundsätzlich sagen, daß der gesamte bereits eingeblasene Zement noch als Liefergegenstand gilt. Anders ist aber zu entscheiden, wenn ein Sukzessivlieferungsvertrag vorliegt oder wenn ein Kaufvertrag über eine so große Menge abgeschlossen ist, daß sich die Lieferung über einen längeren Zeitraum erstreckt. Hier muß jede Teillieferung getrennt betrachtet werden. Im übrigen wird es sich bei dem gebildeten Beispiel häufig um ein Kraftfahrzeughaftpflichtvsrisiko handeln, wenn nämlich von entsprechenden Spezialkraftfahrzeugen der Zement eingeblasen wird.

Um einen Schaden an gelieferten Sachen durch eine in der Lieferung liegende Ursache handelt es sich im Sinne der adäquaten Kausalität auch dann, wenn der Schaden als Folge mangelhafter Verpackung eingetreten ist. Demgemäß sind durch § 4 II Ziff. 5 AHB z. B. die Schadenersatzansprüche aus § 447 II BGB vom Vsschutz ausgeschlossen (vgl. Schmalzl VersR 1956 S. 272 Anm. 22). Das gleiche gilt, wenn eine Maschine mit einer unzutreffenden Gebrauchsanweisung geliefert wird. Der dadurch an der Maschine eintretende Schaden ist adäquat durch den Lieferfehler bedingt (vgl. Emmerich ZfV 1961 S. 637, der dieses Ergebnis aus § 4 I Ziff. 6 Abs. 3 AHB gewinnt).

[G 252] bbb) Kreis der ausgeschlossenen Schäden, speziell zum Folgeschaden.

α) Darstellung, inwieweit Übereinstimmung über den Ausschluß von Folgeschäden besteht.

Die Fassung der Ausschlußbestimmung erscheint auf den ersten Blick als eindeutig (vgl. LG Traunstein 10. VI. 1968 VersR 1968 S. 1029 mit einem typischerweise vom Ausschlußtatbestand erfaßten Sachverhalt). Deshalb ist es auch jahrelang über die Bedeutung dieser Bestimmung nicht zu Vsschutzstreitigkeiten gekommen. Vgl. in diesem Zusammenhang LG Bremen 30. XII. 1954 VersR 1955 S. 103 und LG München 3. IV. 1957 VA 1959 S. 306 Nr. 344, bei denen der Deckungsstreit nur deshalb ausgebrochen war, weil andere Ausschlußbestimmungen abbedungen waren und daher unklar war, ob § 4 II Ziff. 5 nebst § 4 I Ziff. 6 Abs. 3 AHB ebenfalls nicht gelten sollten. Demgemäß ist § 4 II Ziff. 5 AHB noch von Oberbach I S. 273—274 nur ganz kurz kommentiert worden. In neuerer Zeit hat sich aber ein lebhafter Streit über die Abgrenzung der vom Vsschutz ausgeschlossenen Schäden entwickelt, insbesondere über den Begriff des Folgeschadens.

Einigkeit herrscht aber bei der Abgrenzung der durch § 4 II Ziff. 5 AHB ausgeschlossenen Schäden darüber, daß der Schaden an der gelieferten Sache selbst vom Vsschutz ausgeschlossen ist. Dabei wird es sich zudem häufig nicht um einen Schadenersatzanspruch, sondern um einen nach § 1 AHB ohnehin nicht vom Vsschutz erfaßten Wandlungs-, Minderungs- oder Nachbesserungsanspruch handeln (vgl. dazu Anm. G 59), oder um einen Schadenersatzanspruch wegen Nichterfüllung, der, soweit es sich um ein sogenanntes Erfüllungssurrogat im haftpflichtvsrechtlichen Sinne handelt, ebenfalls nicht vom Vsschutz erfaßt wird (vgl. dazu insbesondere Anm. G 255 bis 258).

Ferner kann nach dem Wortlaut der Bestimmungen nicht daran gezweifelt werden, daß der Ausschluß sich nicht auf Ansprüche wegen Personenschäden bezieht. Die dagegen erstmals und allein von Prölss JZ 1957 S. 581 geäußerten Zweifel finden weder in dem Wortlaut noch in dem Zweck oder der Entstehungsgeschichte der Ausschlußbestimmung einen begründeten Anhaltspunkt; eines näheren Eingehens darauf bedarf es nicht, da Prölss schon a. a. O. die hier vertretene — bis dahin einmütige — entgegengesetzte Auffassung im Ergebnis billigt.

Einigkeit herrscht auch darüber, daß durch § 4 II Ziff. 5 AHB nicht nur der Schaden an der gelieferten Sache oder sonstigen Leistung selbst (also der eigentliche Materialschaden) ausgeschlossen ist, sondern — vorausgesetzt, daß kein Schaden an einer weiteren Sache entstanden ist — auch der weitere Schaden, der durch Nutzungsausfall oder entgangenen Veräußerungsgewinn entstanden ist. Die Ausschlußbestimmung beschränkt sich also nicht etwa nach Art der Bestimmung des § 430 HGB auf den gemeinen Handelswert der beschädigten Sache. Für eine derartige Beschränkung des Ausschlusses würde es auch an jedem vernünftigen Grund und Anhaltspunkt im Bedingungswortlaut fehlen. BGH 21. II. 1957 BGHZ Bd 23 S. 349—355 hat daher bezüglich der dort vertretenen Auffassung, daß der Ausschluß nach § 4 II Ziff. 5 AHB (nicht nur den Sachwert, sondern) auch den Schadenersatzanspruch wegen Nichterfüllung oder verspäteter Erfüllung der geschuldeten Leistung erfasse, im Ergebnis nur Beifall gefunden.

[G 253] β) Zum Problem der „mittelbaren" unechten Vermögensschäden.

Auf Widerspruch im Schrifttum ist dagegen die dort ebenfalls vom BGH vertretene Auffassung gestoßen, daß andere mittelbare unechte Vermögensschäden gedeckt sein könnten, und zwar ungeachtet dessen, daß ihre Ursache in einer Zerstörung oder Beschädigung des Leistungsgegenstandes selbst liege und insoweit der Ausschluß eingreife. Zur Verdeutlichung dieser abstrakten Formulierung des BGH sei berichtet, daß der Vmer den Auftrag hatte, für eine neu aufzubauende Halle eine werkneue zerlegbare Dachkonstruktion sowie die Wandkonstruktion, also das gesamte Hallenskelett, zu liefern, alle Bauunterlagen und statischen Bauunterlagen anzufertigen und die Dacheindeckung vorzunehmen. Bei diesen Arbeiten stürzte das Hallendach ein. Der BGH schied vom Vsschutz treffend alle Ansprüche des Dritten aus, die sich auf die Wiederherstellung der Halle richteten oder darauf basierten, daß der Dritte die Halle nicht rechtzeitig in Gebrauch nehmen und gewinnbringend nutzen konnte (dahingestellt sein läßt der BGH dabei die auch nicht entscheidungserhebliche Frage, ob sich der Ausschluß dieser Ansprüche auch ohne § 4 II Ziff. 5 AHB aus § 1 AHB oder § 4 I Ziff. 6 Abs. 3 AHB ergeben würde). Der BGH führt aber a. a. O. S. 353—354 weiter folgendes aus:

„Anders verhält es sich mit den Haftpflichtansprüchen der Firma B. wegen solcher Schäden, die über ihr bloßes Interesse am Gegenstand der Werkleistung hinausgehen. Wenn etwa durch den Halleneinsturz der übrige Betrieb der Firma B in Mitleidenschaft gezogen wurde, indem z. B. die umherliegenden Trümmer und Bauteile eine Fortführung behinderten, so beziehen sich die darauf gestützten Ersatzansprüche nicht mehr unmittelbar auf solche Schäden, die „an den vom Vmer hergestellten und gelieferten Arbeiten oder Sachen" entstanden sind, sondern auf die Verletzung anderer Vermögensinteressen. Hier greift die Ausschlußklausel des § 4 II Ziff. 5 AHB nicht ein. Zwar liegt dieser Bestimmung ... der allgemeine Gedanke zugrunde, daß das Risiko der Unternehmerleistung grundsätzlich nicht versicherbar sein soll (Wehn-Schmidt, Die neue Fassung der Obhuts- und Bearbeitungsschadenklausel, 3. Aufl. S. 14). Sie beschränkt aber den Risikoausschluß nach ihrem klaren Wortlaut auf die Haftung des Vmers für solche Schäden, die an den von ihm selbst hergestellten oder gelieferten Gegenständen eingetreten sind. Der zu ersetzende Schaden muß sich also in dem Verlust oder in der Wertminderung dieser Gegenstände selbst und dem dadurch entgangenen Nutzen erschöpfen ...

Hingegen fallen anderweitige Schäden, die durch eine vom Vmer hergestellte oder gelieferte Sache oder mittelbar aus einer mangelhaften Leistung entstehen, auch dann nicht unter den Deckungsausschluß, wenn ihre Ursache in einer Zerstörung oder einer Beschädigung des Leistungsgegenstandes selbst liegt und insoweit der Ausschluß zum Tragen kommt . . . Der von Wehn-Schmidt (a. a. O. S. 16) aufgestellte Satz: „Folgeschäden teilen das rechtliche Schicksal des unmittelbaren Schadens" ist also in dieser Allgemeinheit nicht richtig und gilt jedenfalls nicht für den Fall des § 4 II Ziff. 5 AHB. Entgegen der Ansicht der Revision kann es hierbei auch keinen Unterschied machen, ob ein solcher Folge- oder Begleitschaden in einem neu hinzutretenden Sachschaden oder in einer sonstwie gearteten Vermögenseinbuße besteht. Denn in beiden Fällen handelt es sich um eine mittelbare Vermögensbeeinträchtigung, die sich nicht als Schaden am Leistungsobjekt selbst, sondern als dessen weitere Auswirkung darstellt. Andererseits sind aber die Vermögensnachteile, deren Ausgleich die Firma B fordert, auch keine „reinen" Vermögensschäden . . ., die als Gegenstand gesetzlicher Haftpflicht nur bei besonderer Vereinbarung gedeckt wären. Denn sie sind nur die Folge eines Sachschadens, nämlich der durch den Halleneinsturz hervorgerufenen Zerstörung. Solche durch einen Sachschaden, sei es unmittelbar, sei es mittelbar, verursachten Vermögensfolgen werden aber vom allgemeinen Deckungsgrundsatz des § 1 Ziff. 1 AHB mitumfaßt."

Dem Ergebnis der Entscheidung des BGH für den erörterten Spezialfall haben zugestimmt: Emmerich ZfV 1961 S. 637, Goujet VersPrax 1957 S. 85—86, VersPrax 1965 S. 177—184, Haidinger a. a. O. S. 133—137 und in seiner Anm. zu BGH 21. II. 1957 LM Nr. 8 zu § 4 AHaftpflichtVB, Schermin ZfV 1958 S. 172, Stegmaier ZfV 1961 S. 408 (zweifelnd Wussow; vgl. einerseits Wussow[5] Anm. 105 zu § 1 AHB, S. 204—207 und andererseits Wussow[5] Anm. 48 zu § 4 AHB, S. 345); a. M. Beyer a. a. O. S. 189, Prölss JZ 1957 S. 580—581, Schlegelmilch a. a. O. S. 76—83, Wehn-Schmidt a. a. O. S. 15—16, im Ergebnis auch: Wilcke VersR 1964 S. 107—118 (gegen den Begriff des Folgeschadens überhaupt wendet sich in sehr interessanten Ausführungen Hartung VersArch 1958 S. 129—145).

Für und gegen die Auffassung des BGH in dem geschilderten Sonderfall läßt sich mit guten Gründen streiten. Es handelt sich um einen relativ seltenen und durchaus vsschutzwürdigen Fall. Das Bestreben des BGH, den Schutzgedanken der Betriebshaftpflichtv zu verstärken (so Haidinger a. a. O. S. 137) und der Aushöhlung dieser Institution entgegenzuwirken, ist anzuerkennen. Es hätte allerdings näher gelegen, sich nicht auf ein so glattes Pflaster zu begeben, wie es die begrifflich nicht haltbare Unterscheidung zwischen mittelbaren und unmittelbaren Folgeschäden darstellt, sondern den in der Vspraxis seit Einführung der Bedingungsbestimmung (im Jahre 1910 bzw. in der jetzigen Fassung im Jahre 1924; vgl. die Texte bei Zollmarsch a. a. O. S. 84) stets befolgten Grundsatz zu beachten, daß nur solche Schäden durch § 4 II Ziff. 5 AHB vom Vsschutz ausgeschlossen werden, die allein im Schaden des Lieferobjektes ihre Ursache haben, ohne daß weitere Sachen oder Personen beschädigt werden. Mit dieser Auslegung wird § 4 II Ziff. 5 AHB wieder auf seinen eigentlichen Sinn zurückgeführt und damit zugleich der dem Vmer ohnedies nicht verständliche Unterschied zwischen mittelbaren und unmittelbaren Folgeschäden oder zwischen positiver Vertragsverletzung und einem Schadenersatzanspruch wegen Nichterfüllung oder einem Anspruch nach § 635 BGB nicht mehr zum Kriterium der Auslegung gemacht.

Wenn hier trotz der geforderten Auslegung, daß durch § 4 II Ziff. 5 AHB jeder Schaden ausgeschlossen sei, der nicht in der Beschädigung einer anderen Sache (oder der Verletzung oder Tötung einer Person) und deren Folgen besteht, der Auffassung des BGH für den erörterten Sonderfall gefolgt wird, so geschieht das allein deshalb, weil die Nichtbenutzbarkeit des Betriebsgrundstücks durch die herabgestürzten Teile bei interessegemäßer Würdigung als „Sachbeschädigung" des Grundstücks anzusehen ist (vgl. in diesem Zusammenhang auch die Ausführungen von Hartung a. a. O. S. 144, der als selbstverständlich von der Annahme ausgeht, daß hier ein weiterer Sachschaden gegeben sei). Das bedeutet im übrigen auch, daß für einen Schadenersatzanspruch des Auftraggebers wegen des Wegräumens dieser Trümmer Haftpflichtvsschutz besteht.

[G 254] γ) Schäden an weiteren Sachen (Einwirkungsschäden; Produktenhaftpflichtv).

Unbestritten im Schrifttum war bis zu RG 17. III. 1939 RGZ Bd 160 S. 48—52 ferner, daß durch § 4 II Ziff. 5 AHB Schäden an dritten Sachen, die nämlich nicht vom Vmer geliefert oder hergestellt worden sind, nicht vom Vsschutz ausgeschlossen sind. Das war dem RG a. a. O. S. 51—52 so selbstverständlich, daß es diese Frage gar nicht besonders erörterte (während die Vorinstanz: KG 17. VIII. 1938 JRPV 1938 S. 310—312 dazu im Schlußsatz nur lakonisch, aber zutreffend bemerkte, daß der in Frage stehende Schaden, soweit für diesen Vsschutz begehrt werde, nicht an, sondern durch die gelieferte Sache entstanden sei).

Als erster hat Heinzelmann JRPV 1939 S. 273—275 sich dagegen gewandt und behauptet, daß auch der an dritten Sachen entstehende Folgeschaden ausgeschlossen sei. Heinzelmann räumt ein, daß der Wortlaut der Bestimmung gegen diese Annahme spreche, meint aber, daß der Sinn, nämlich der Ausschluß der schlechten Erfüllungsleistung, für die extensive Auslegung gegen den Wortlaut spreche (a. a. O. S. 274). Im Anschluß an BGH 21. II. 1957 BGHZ Bd 23 S. 349—355 hat sich Prölss JZ 1957 S. 580 bis 581 den Standpunkt von Heinzelmann a. a. O. zu eigen gemacht, ihn aber in seinem Kommentar Prölss[17] Anm. 6d zu § 4 AHB, S. 682 wieder weitgehend aufgegeben.

BGH 30. IV. 1962 VersR 1962 S. 534—535 = LM Nr. 12 zu § 4 AHaftpflichtVB erwähnt in einem Falle, in dem eine Kuh andere Kühe angesteckt hatte, § 4 II Ziff. 5 AHB gar nicht, sondern setzt sich lediglich mit der Parallelbestimmung, nämlich § 4 I Ziff. 6 Abs. 3 AHB, auseinander (vgl. dazu Anm. G 256). Die Entscheidung geht dabei offenbar von der Überlegung aus, daß die Nichtanwendbarkeit des § 4 II Ziff. 5 AHB selbstverständlich sei. Auf Kritik ist diese BGH-Entscheidung für diesen speziellen Fall nicht gestoßen.

Dagegen hat der sogenannte „Kalkspatzenfall" (BGH 20. IX. 1962 NJW 1962 S. 2106 bis 2107 = VA 1963 S. 8—9 Nr. 348) zu einem lebhaften Meinungsstreit geführt. Es handelt sich nach der Tatbestandsschilderung des BGH um folgenden Sachverhalt: Der Vmer stellte Mörtel her und lieferte diesen an ein Bauunternehmen. Dieses verwendete den Mörtel ohne weitere Bearbeitung für die Herstellung der zweiten Lage des Innenputzes. Auf diesen Putz wurde die dritte Lage, der (nicht von dem Vmer gelieferte) Feinputz,aufgebracht, darauf ein Farbanstrich. In dem von dem Vmer gelieferten Mörtel waren nicht ausreichend abgelöschte Kalkteilchen enthalten. Beim Abbinden der zweiten Lage des Innenputzes, bei dem das chemisch und mechanisch gebundene Wasser frei wird, löschten diese Kalkteilchen nach. Die Teilchen dehnten sich aus und sprengten den Feinputz und den Farbanstrich stellenweise ab; es bildeten sich Bläschen und Löcher („Kalkspatzen").

Der BGH a. a. O. verneinte die Anwendbarkeit des § 4 II Ziff. 5 AHB mit folgenden Sätzen:

„Durch diese Bestimmung werden lediglich Schäden von der V ausgeschlossen, die an den hergestellten oder gelieferten Sachen entstehen, nicht aber Schäden, die an anderen Sachen eintreten, mögen sie auch durch die Mängel der hergestellten oder gelieferten Sachen adäquat verursacht worden sein. An dieser Auffassung ist festzuhalten. Für sie sprechen der Wortlaut der Bestimmungen und der Zusammenhang mit anderen Vorschriften (vgl. vor allem § 4 II Ziff. 4 AHB); durch sie werden die Interessen der Vmer mit den Belangen der Ver in sachgemäßer Weise gegeneinander abgewogen . . .“

Demgegenüber vertritt vor allem Zollmarsch a. a. O., insbesondere auf S. 72–144, die Auffassung, daß in allen den Fällen, in denen die gelieferte Sache bestimmungsgemäß auf andere Sachen einzuwirken haben, auch § 4 II Ziff. 5 AHB eingreife. Zollmarsch ist der Meinung, daß bei der Anwendung des § 4 II Ziff. 5 AHB zwischen dem Erfüllungsinteresse und dem Integritätsinteresse zu unterscheiden sei. Ersteres sei immer ausgeschlossen, während das letztere von § 4 II Ziff. 5 AHB nicht berührt werde. Diese Ansicht wird auch von Wilcke VersR 1964 S. 107–118 geteilt. Wilcke a. a. O. stützt sich dabei auf eine extensive Auslegung des § 4 I Ziff. 6 Abs. 3 AHB (vgl. zu diesem Fragenkreis Anm. G 256–258).

Zollmarsch a. a. O. S. 73–74 führt u. a. folgendes Beispiel an: „Ein Betrieb der chemischen Industrie stellt einen Zusatz her, der bei der Schokoladenherstellung verwendet wird. Das Zusatzmittel wird an die Schokoladenhersteller geliefert. Bei einer Produktion wird das Mittel grobkörnig hergestellt; bei der ersten Versendung stellt sich heraus, daß die Schokolade hart und unverkäuflich ist. Der Schaden an der Schokolade beträgt DM 2000,–; die Kosten für die Rückgabe des Zusatzmittels machen DM 20000,– aus.“

Daß die Kosten für die Rückgabe des Zusatzmittels, gemeint ist damit wohl die Rückzahlung des Kaufpreises, nicht vom Vsschutz erfaßt werden, bedarf nach dem Gesagten keiner näheren Begründung. Zollmarsch a. a. O. S. 140 verneint aber auch den Vsschutz für den Schaden an der hergestellten Schokolade (dafür, daß insoweit ein Sachschaden im Sinne des § 1 AHB vorliegt, vgl. Anm. G 76). Dieses Ergebnis ist jedoch nicht zutreffend. Es steht insbesondere nicht mit der traditionellen Auslegung des § 4 II Ziff. 5 AHB im Einklang. Die Praxis hat derartige Schäden stets reguliert. Mit Beyer Folgeschaden S. 183, Clauß ZfV 1957 S. 813–814, Goujet VersPrax 1957 S. 85–86, Haidinger a. a. O. S. 135, Hartung VersArch 1958 S. 144, Klarr VersPrax 1968 S. 142–143, Oberbach I S. 273, Wunderlich Deckungsumfang S. 34–36, Wussow[5] Anm. 110 zu § 4 AHB, S. 434 ist daran festzuhalten, daß der an dritten Sachen entstehende Schaden stets nicht von § 4 II Ziff. 5 AHB erfaßt wird.

Demgemäß besteht auch Vsschutz für das weiter von Zollmarsch a. a. O. S. 75 angeführte Beispiel: „Ein chemischer Betrieb liefert an Landwirte Mittel für die Ungezieferbekämpfung. Infolge einer unklaren Gebrauchsanweisung wird von den Landwirten zu schwach dosiert und das Mittel bleibt wirkungslos. Es entsteht ein Ernteausfall.“

Wenn allerdings in dem Schokoladenbeispielfalle in dem genannten Betrag von DM 2000,– auch „Arbeitskosten“ für die Herstellung der beschädigten Sache enthalten sind, so sind diese Kosten nach § 4 II Ziff. 5 AHB wie ein entgangener Gewinn vom Vsschutz ausgeschlossen (wenn man nicht überhaupt zu der Erkenntnis kommt, daß es sich insoweit trotz des engen zeitlichen Zusammenhangs um einen „reinen“ Vermögensschaden handelt, vgl. Anm. G 76). Das Gesagte gilt gleichgültig, ob der Lohn für Arbeitskräfte oder ob sogenannte Maschinenstunden in Rechnung gestellt werden. Zur Verdeutlichung: Verkauft eine chemische Fabrik an einen Arzt ein Impfmittel gegen eine bestimmte Tierkrankheit und führt dessen Anwendung infolge einer fehlerhaften Zusammensetzung des Mittels zu einem Massensterben der geimpften Tiere, so hat die Fabrik Haftpflichtvsschutz für den Sachschaden an den Tieren, einschließlich aller Folgen, dagegen nicht für die Kosten des schadhaften Mittels selbst, aber auch nicht für den von dem Arzt dafür als Schadenersatz reklamierten Betrag, daß er seine Honoraransprüche unter Umständen nicht durchzusetzen vermag.

Liefert ein Vmer an eine Herstellerfirma für Kraftwagen Achsen, so besteht Vsschutz für den Haftpflichtanspruch wegen des Sachschadens an einem Wagen, der dadurch entsteht, daß eine dieser Achsen nach verhältnismäßig kurzer Zeit zerbricht. Ausgeschlossen ist aber der Schaden an der Achse selbst — gleichgültig ist dabei, ob der Anspruch von dem ursprünglichen Vertragspartner oder von dem Erwerber des Wagens erhoben wird. Entsteht an dem Wagen — abgesehen vom Bruch der Achse — kein weiterer Schaden, so besteht insoweit überhaupt kein Haftpflichtvsschutz, insbesondere auch nicht für den Nutzungsausfall des Wagens. Werden dagegen andere Teile des Wagens durch das Zusammenbrechen der Achse beschädigt, so besteht für den entgangenen Gewinn insoweit Haftpflichtvsschutz, als dieser entgangene Gewinn auf die Beschädigung der anderen Teile des Wagens zurückzuführen ist.

Wilcke VersR 1964 S. 118 ist der Meinung, daß die Auffassung des BGH in seiner „Kalkspatzen-"Entscheidung (20. IX. 1962 NJW 1962 S. 2106—2107 = VA 1963 S. 8—9 Nr. 348) in Widerspruch zu BGH 13. XII. 1962 NJW 1963 S. 811—812 = VA 1963 S. 112—113 Nr. 364 stehe. Dort hatte der BGH entschieden, daß nach § 4 I Ziff. 6 Abs. 3 AHB kein Haftpflichtvsschutz bestehe, wenn zur Auswechslung schadhafter vom Vmer verlegter Rohre der Fußboden eines Gebäudes bis zu diesen Rohren aufgerissen werden müsse. Diese Entscheidung ist ebenfalls durchaus zu billigen (vgl. dazu Anm. G 256). Der wesentliche Unterschied zum „Kalkspatzenfall" liegt aber darin, daß im letzteren nicht die zweite Lage erneuert zu werden brauchte, wohl aber die durch diese zerstörte dritte Lage. Wäre der Sachverhalt allerdings so gelagert gewesen, daß die zweite Lage ebenfalls als unbrauchbar hätte erneuert werden müssen, was begriffsnotwendig das Entfernen der zunächst durch die zweite Lage geschädigten dritten Schicht bedeutet hätte, so müßte für diesen Schaden nach § 4 I Ziff. 6 Abs. 3 AHB insgesamt der Vsschutz versagt werden.

Zollmarsch erkennt mittelbar die Schutzwürdigkeit der hier vertretenen traditionellen Auslegung des § 4 II Ziff. 5 AHB an, wenn sie auf S. 146—150 das nach ihrer Auffassung ausgeschlossene Risiko der durch die Funktionsuntüchtigkeit der gelieferten Sache an anderen Sachen entstehenden Schäden durch spezielle Bedingungsänderungen wieder einschließen will. Eine praktikable Auslegung des § 4 II Ziff. 5 AHB wird sich in erster Linie an dem Wortlaut dieser Bestimmung orientieren müssen. Die vielfältigen Möglichkeiten rechtstheoretischer und dogmatischer Problemabgrenzungen werden dem Geist der Bedingungsverfasser und der von diesen allein verfolgten Absicht, klarzustellen, daß Schäden am Lieferobjekt ausgeschlossen seien, nicht gerecht. Die Auslegung des vorwiegend für den kaufmännischen und gewerblichen Wirtschaftskreis geschaffenen § 4 II Ziff. 5 AHB darf nicht in der Form einer Geheimwissenschaft erfolgen. Nüchterne, klare kaufmännische Überlegungen sind erforderlich. Deshalb ist der sich unmittelbar aus dem Bedingungswortlaut ergebenden Auffassung nachdrücklich mit der oben zitierten Rechtsprechung des BGH und den genannten Autoren beizutreten, daß Schäden an dritten Sachen durch § 4 II Ziff. 5 AHB niemals vom Vsschutz ausgeschlossen sind.

[G 255] bb) § 4 I Ziff. 6 Abs. 3 AHB.

aaa) Zweck der Einfügung der Bestimmung in das Bedingungswerk.

§ 4 I Ziff. 6 Abs. 3 AHB lautet: „Die Erfüllung von Verträgen und die an die Stelle der Erfüllungsleistung tretende Ersatzleistung ist nicht Gegenstand der Haftpflichtv, auch dann nicht, wenn es sich um gesetzliche Ansprüche handelt, desgleichen nicht der Anspruch aus der gesetzlichen Gefahrtragung (für zufälligen Untergang und zufällige Verschlechterung)." Diese Bestimmung ist erst 1949 in das Bedingungswerk eingefügt worden. Daß Erfüllungsansprüche nicht gedeckt sind, ist eine überflüssige Wiederholung des sich bereits aus § 1 AHB ergebenden Grundsatzes. Zu der Frage, ob die Bestimmung ansonsten konstitutiven oder deklaratorischen Charakter hat, vgl. Anm. G 259.

Durch die Einfügung des § 4 I Ziff. 6 Abs. 3 AHB ist eine Änderung des bis dahin gewährten Haftpflichtvsschutzes nicht beabsichtigt worden; es sollte vielmehr nur ausgedrückt werden, was ohnedies in der Allgemeinen Haftpflichtv galt (so Wehn-Schmidt[2] S. 40; anders Wehn-Schmidt[3] S. 40). Die genaue Analyse ergibt, daß § 4 I Ziff. 6 Abs. 3

AHB in einem inneren Zusammenhang mit § 4 II Ziff. 5 AHB steht und weitgehend im Anwendungsbereich mit dieser Vorschrift übereinstimmt (vgl. dazu insbesondere Anm. G 256 und G 259—261). Jedenfalls ist die ursprünglich richtige Erkenntnis von Wehn-Schmidt a. a. O., daß eine Änderung des Vsschutzbereichs durch die Einfügung des § 4 I Ziff. 6 Abs. 3 AHB nicht beabsichtigt worden sei, als Leitstern bei der Auslegung zu berücksichtigen. Das ist vom BGH in der in Anm. G 256 dargestellten Rechtsprechung auch stets beachtet worden.

[G 256] bbb) Rechtsprechung des BGH.

Der BGH hat sich erstmals in dem schon bei der Erörterung des Anwendungsbereichs des § 4 II Ziff. 5 AHB erwähnten Bang-Kuhfall (30. IV. 1962 VersR 1962 S. 534—535 = LM Nr. 12 zu § 4 AHaftpflichtVB) mit der Auslegung des § 4 I Ziff. 6 Abs. 3 AHB befaßt. Er führte dazu aus:

> „Allerdings erstreckt sich der Haftpflichtvsschutz nach § 4 I Ziff. 6 Abs. 3 AHB nicht auf Ansprüche, mit denen der Vertragspartner des Vten eine an die Stelle der vertraglichen Erfüllungsleistung tretende Ersatzleistung fordert. Diese Bestimmung schließt lediglich diejenigen vertraglichen Schadenersatzforderungen vom Vsschutz aus, durch die ein unmittelbares Interesse am eigentlichen vertraglichen Leistungsgegenstand selbst geltend gemacht wird; sie läßt aber die Haftpflichtansprüche, die — besonders unter dem Gesichtspunkt der positiven Vertragsverletzung — aus einem Verstoß des Vten gegen eine bloße vertragliche Nebenpflicht hergeleitet werden, unberührt."

In der bereits mehrfach erwähnten „Kalkspatzen"-Entscheidung (BGH 20. IX. 1962 NJW 1962 S. 2106—2107 = VA 1963 S. 8—9 Nr. 348) wird vom BGH zur Anwendung des § 4 I Ziff. 6 Abs. 3 AHB folgendes ausgeführt:

> „Der Anspruch des Klägers scheitert ... auch nicht an § 4 I Ziff. 6 Abs. 3 AHB ... Diese Bestimmung schließt ... lediglich diejenigen vertraglichen Schadenersatzforderungen aus, durch die ein unmittelbares Interesse am vertraglichen Leistungsgegenstand selbst geltend gemacht wird ... Sie läßt aber die Haftpflichtansprüche unberührt, die einen Schaden zum Gegenstand haben, der über das Erfüllungsinteresse hinausgeht ... Die Haftpflichtv gewährt dem Vmer keinen Schutz, wenn von ihm Erfüllung des Vertrages oder ein Erfüllungssurrogat verlangt wird. Ein derartiges Surrogat könnte in Frage kommen, soweit die Firma H. die Klägerin in Anspruch nimmt, weil der gelieferte Mörtel als solcher und möglicherweise auch die zweite Lage des Innenputzes nicht einwandfrei sind. Insoweit macht die Klägerin jedoch keine Forderungen gegen die Beklagte geltend; sie begehrt vielmehr lediglich Vsschutz, soweit es sich um die Schäden an der dritten Lage des Innenputzes und dem Farbanstrich handelt. Diese Ansprüche, die auf positiver Vertragsverletzung beruhen, haben nicht die Vertragserfüllung oder deren Surrogat zum Gegenstand, sondern einen Schaden, der neben dem eigentlichen Erfüllungsinteresse einhergeht. Es kommt nicht ... entscheidend darauf an, ob die Klägerin durch die Lieferung des nicht ausreichend abgelöschten Mörtels der Firma H. gegenüber eine Haupt- oder nur eine Nebenverpflichtung verletzt hat. Der Vsschutz umfaßt auch Schadenersatzansprüche wegen positiver Vertragsverletzung, die auf einer mangelhaften Erfüllungshandlung, also einer Verletzung der Hauptpflicht beruhen, wenn hierdurch ein besonderer, durch die mangelhafte Erfüllung an sich nicht gegebener Schaden verursacht worden ist. Diese Voraussetzungen sind gegeben, soweit die Schäden an dem Feinputz und an dem Farbanstrich entstanden sind. Hieran ändert nichts, daß der gelieferte Mörtel mit dem Feinputz und dem Farbanstrich wesentliche Teile des Grundstücks geworden sind. Es liegt nicht anders, als wenn durch die Lieferung von morschen Balken ein Haus einstürzt. Der Schaden, der in dem Unterschied zwischen dem Wert einwandfreier und morscher Balken besteht, wird von der Haftpflichtv nicht gedeckt. Die V muß aber den Schaden decken, der durch den Einsturz des Hauses entsteht. Der Ersatz dieses Schadens ist „keine an die Stelle der Erfüllungsleistung tretende Ersatzleistung."

BGH 13. XII. 1962 NJW 1963 S. 811—812 = VA 1963 S. 112—113 Nr. 364 behandelt dann einen Fall der zwangsläufigen Zerstörung fremder Sachen, die erforderlich war, damit der Vmer seinen vertraglichen Erfüllungsleistungen, hier einer Nachbesserung, nachkommen konnte. Es handelt sich dabei darum, daß der Vmer Rohrleitungen in einem Neubau verlegt hatte. Diese erwiesen sich als schadhaft. Der Dritte ließ diese Arbeiten durch einen anderen Handwerker vornehmen. Der Vmer verlangte Haftpflichtvsschutz für die durch das Aufschlagen und die Wiederinstandsetzung der Fußböden, Decken und Wände verursachten Kosten. Dieser Anspruch des Dritten war im Haftpflichtprozeß als Schadenersatzverbindlichkeit beurteilt worden. Vom BGH a. a. O. wird der Vsschutz mit folgender Begründung verneint:

„Die Anwendbarkeit der Ausschlußklausel hängt . . . davon ab, ob die Kosten des Aufschlagens und der Instandsetzung der Fußböden, Decken und Wände als Erfüllungssurrogat anzusehen sind. Diese Frage ist zu bejahen, weil die vorgenannten Kosten den Gegenwert einer Leistung darstellen, die der Kläger selbst aufgrund seiner vertraglichen Erfüllungspflichten hätte erbringen müssen. Das ergibt sich aus der Rechtsnatur und dem Umfang der dem Kläger aus der Mangelhaftigkeit der Abflußleitungen erwachsenen Nachbesserungspflichten. Ihre rechtliche Beurteilung richtet sich nach der Werkmängelregelung der VOB, die dem zwischen dem Kläger und H. geschlossenen Werkvertrag zugrunde lagen. Wie die Feststellungen des Vorprozesses ergeben, hat H. gegen den Kläger wegen der aufgetretenen Mängel einen Nachbesserungsanspruch gemäß § 13 Nr. 5 VOB Teil B erworben. Hiernach hat der Auftragnehmer alle während der Verjährungsfrist hervortretenden Werkmängel, die auf vertragswidrige Leistung zurückzuführen sind, auf seine Kosten zu beseitigen. Da die Verpflichtung, die im wesentlichen mit der in § 633 II 1 BGB geregelten Nachbesserungspflicht übereinstimmt, dem Anspruch des Auftraggebers auf Herstellung des versprochenen Werkes entspricht, stellt sie eine echte vertragliche Erfüllungspflicht dar . . . Demgemäß müssen alle Leistungen, zu denen der Kläger aufgrund des Nachbesserungsanspruchs des H. verpflichtet war, als vertragliche Erfüllungsleistungen angesehen werden. Hierunter fallen außer der Reparatur der Abflußleitungen selbst auch diejenigen vorbereitenden Maßnahmen, die erforderlich waren, um die Instandsetzung der Leitungen zu ermöglichen; denn nach § 13 Nr. 5 VOB Teil B hat der Auftragnehmer den gesamten Arbeitsaufwand zu tragen, den die Beseitigung des Werkmangels voraussetzt. Es kann deshalb nicht zweifelhaft sein, daß der Kläger, sofern er selbst die Abflußleitungen zum Zwecke ihrer Instandsetzung durch Aufschlagen der Fußböden, Decken und Wände hätte freilegen müssen, einer vertraglichen Erfüllungspflicht genügt hätte. Das gleiche muß für die Wiederherstellung der aufgeschlagenen Fußböden, Decken und Wände gelten; auch sie entsprach der dem Kläger . . . auferlegten Nachbesserungspflicht . . .

Sie (diese Auffassung) steht auch nicht im Widerspruch zu dem Grundsatz, daß der Begriff des Erfüllungssurrogats im Sinne des § 4 I Ziff. 6 Abs. 3 AHB nur diejenigen gegen den Vmer erhobenen Schadenersatzansprüche umfaßt, mit denen der Vertragspartner des Vmers sein unmittelbares Interesse an einem vertraglichen Leistungsgegenstand geltend mache . . . Diese bei der Anwendung des § 4 I Ziff. 6 Abs. 3 AHB zu beachtende Einschränkung besagt, daß Schadenersatzansprüche insoweit als Erfüllungsansprüche anzusehen sind, als sie sich mit dem vertraglichen Erfüllungsinteresse des Schadenersatzberechtigten decken. Die Erstattungsforderung des H. ging über die sich hieraus ergebenden Grenzen der Ausschlußklausel nicht hinaus; sie entsprach — weil mit ihr lediglich ein Äquivalent für eine ausgebliebene vertragliche Erfüllungsleistung des Klägers beansprucht wurde — dem vertraglichen Erfüllungsinteresse des H. Eine andere Beurteilung hätte Platz greifen müssen, sofern die Mangelhaftigkeit der Abflußleitungen zu Schäden an Gebäudeteilen geführt hätte, auf die sich die dem Kläger obliegenden vertraglichen Erfüllungsleistungen — insbesondere die Vorbereitung der Nachbesserungsarbeiten und die Beseitigung der Nachbesserungsspuren — nicht erstreckten. Ein derartiger Fall hätte z. B. vorgelegen, wenn durch die aus den undichten Abflußleitungen austretenden Abwässer die Holzfußböden des Hauses beschädigt worden wären. Der aus einem solchen Schaden hergeleitete Ersatzanspruch würde kein Erfüllungssurrogat darstellen und deshalb auch nicht unter § 4 I Ziff. 6 Abs. 3 AHB vom Haftpflichtvsschutz ausgeschlossen sein, weil durch ihn nicht ein Interesse des H. an den Erfüllungsleistungen des Klägers, sondern eine darüber hinausgehende Vermögenseinbuße ausgeglichen würde."

Mit § 4 I Ziff. 6 Abs. 3 AHB hat sich auch BGH 18. I. 1965 BGHZ Bd 43 S. 88—94 befaßt. Es handelte sich um einen Fall, in dem durch anfängliche Mangelhaftigkeit der vermieteten Räume ein Anspruch aus § 538 BGB ausgelöst worden war. Wörtlich wird vom BGH a. a. O. S. 89—90 folgendes ausgeführt:

„Der Ver gewährt ... Vsschutz, wenn der Vmer wegen eines Sachschadens aufgrund gesetzlicher Haftpflichtbestimmungen privatrechtlichen Inhalts auf Schadenersatz in Anspruch genommen wird. Diese Voraussetzungen sind auch gegeben, wenn der Vmer nach § 538 I BGB Ersatz leisten muß, weil die vermieteten Räume bei Vertragsabschluß bzw. Fertigstellung und der Übergabe an die Mieter mit einem gebrauchsmindernden Fehler behaftet sind. Der danach den Mietern zustehende Ersatzanspruch beschränkt sich nicht auf das eigentliche Erfüllungsinteresse an dem Leistungsgegenstand ..., sondern umfaßt auch die Schäden, welche die Mieter durch den Sachmangel an ihren eingebrachten Sachen, wie hier an Waren- und Einrichtungsgegenständen, erlitten haben ... Insoweit handelt es sich nicht um die bloße Erfüllung des Mietvertrages oder um die an die Stelle der Vertragserfüllung tretende Ersatzleistung — Ansprüche dieses Inhalts sind nach § 4 I Ziff. 6 Abs. 3 AHB nicht Gegenstand der V und nicht gedeckt — sondern um den Ersatz von Schäden, die ihren Grund zwar in der vertraglich übernommenen, schlecht erfüllten Garantie für eine ordnungsmäßige Beschaffenheit der Mietsache haben, aber erst durch ein hinzutretendes außervertragliches Ereignis eine über das Erfüllungsinteresse hinausgehende Entwicklung genommen haben. ..."

§ 4 I Ziff. 6 Abs. 3 AHB ist vom BGH 7. III. 1968 VersR 1968 S. 438 ferner in einem Fall angewandt worden, in dem anstelle des verkauften Sommerweizens Winterweizen geliefert worden ist. Zu Recht betont das Gericht, daß es sich hier um eine eindeutig an die Stelle der Erfüllungsleistung tretende Ersatzleistung handle. Dafür, daß in diesem Fall nicht von einer „Sachbeschädigung des Bodens" ausgegangen werden kann, vgl. Anm. G 75 a. E.

[G 257] ccc) Auffassung Wilcke.

Das „Kalkspatzen"-Urteil (BGH 20. IX. 1962 NJW 1962 S. 2106—2107 = VA 1963 S. 8—9 Nr. 348) ist auf Widerspruch bei Wilcke VersR 1964 S. 107—118 (vgl. auch VersR 1964 S. 581—582) gestoßen. Im wesentlichen mit der gleichen Begründung wie Zollmarsch a. a. O. S. 72—144 zu § 4 II Ziff. 5 AHB verneint Wilcke den Vsschutz für die sogenannten Einwirkungsschäden. Er will im Ergebnis den Begriff des Erfüllungssurrogats mit dem des Schadenersatzanspruchs wegen Nichterfüllung gleichsetzen. Immer wenn Hauptpflichten verletzt sind, soll der daraus entstehende Schaden ein Erfüllungssurrogat darstellen. Bestätigt fühlt sich Wilcke in der Ablehnung der Kalkspatzen-Entscheidung durch BGH 9. I. 1964 NJW 1964 S. 1025—1026 = VA 1965 S. 11—12 Nr. 400, in der ausgesprochen worden ist, daß der Grundsatz des § 4 I Ziff. 6 Abs. 3 AHB auch ohne ausdrückliche Vereinbarung gelte (vgl. dazu aber Anm. G 260—261).

[G 258] ddd) Rechtfertigung der BGH-Rechtsprechung.

Im Ergebnis ist der BGH-Rechtsprechung aber vollen Umfangs zuzustimmen. Bei der Auslegung des § 4 I Ziff. 6 Abs. 3 AHB ist insbesondere zutreffend vom BGH beachtet worden, daß durch diese Bestimmung nach der Zielsetzung der Bedingungsredaktoren kein neuer Ausschlußtatbestand im Sinne einer Einengung des Vsschutzes geschaffen werden sollte, daß vielmehr nur verdeutlicht werden sollte, was ohnedies galt (Wehn-Schmidt[2] S. 40, anders aber [3] S. 40). Der traditionelle Deckungsumfang, insbesondere im Rahmen der ebenfalls klarstellenden Ausschlußbestimmung des § 4 II Ziff. 5 AHB, ist demgemäß zu beachten. Dazu gehört die seit eh und je vertretene Auffassung, daß das sogenannte Produktenhaftpflichtrisiko vom Vsschutz erfaßt wird, und zwar auch dann, wenn die Ware bestimmungsgemäß auf eine andere einwirken soll; sei es, daß ein Serum zum Impfen von Gänsen verkauft wird, sei es, daß Chemikalien zur Herstellung einer Mischung geliefert werden. Auf die Ausführungen in Anm. G 254 zu § 4 II Ziff. 5 AHB wird ergänzend Bezug genommen. Das dort Gesagte gilt im Grundsatz auch für die Auslegung des § 4 I Ziff. 6 Abs. 3 AHB. Wie denn überhaupt die präzise Gedankenführung ergibt, daß zwischen den beiden Vorschriften weitgehende Übereinstimmung besteht (vgl. dazu auch Anm. G 259). Die „Bang-Kuh"-Entscheidung (BGH 30. IV. 1962 VersR 1962 S. 534—535 = LM Nr. 12 zu § 4 AHaftpflichtVB) ist im Ergebnis von keiner Seite als unrichtig bezeichnet worden. Sie stimmt mit der traditionellen Auslegung der AHB überein. Bedenklich ist vom hier vertretenen Standpunkt aus nur der Hinweis auf die vertraglichen Nebenpflichten (ebenso auch in BGH 7. III. 1968 VersR 1968 S. 438). Denn damit wird ein Ansatzpunkt zu der abzulehnenden Auslegung gegeben, daß bei Verletzung einer Hauptpflicht gemäß § 4 I Ziff. 6 Abs. 3 AHB kein Vsschutz gegeben sei. Dieser falsche Zungenschlag ist aber vom BGH in der Kalkspatzen-Entscheidung (20. IX. 1962 a. a. O.) richtiggestellt worden. Dort ist vom BGH ausgeführt worden, daß es nicht darauf ankomme, ob der Vmer durch die Lieferung des nicht ausreichend abgelöschten Mörtels eine Haupt- oder nur eine Nebenverpflichtung verletze; der Vsschutz umfasse vielmehr auch solche Schadenersatzansprüche wegen positiver Vertragsverletzung, die auf einer mangelhaften Erfüllungshandlung, also auf Verletzung einer Hauptpflicht, beruhen. Das ist richtig, darf aber nicht in dem Sinne verstanden werden, daß nur Ansprüche aus positiver Vertragsverletzung bei Verletzung einer Hauptpflicht vom Vsschutz erfaßt werden. Vielmehr wird auch ein Schadenersatzanspruch wegen Nichterfüllung aus § 463 BGB oder § 538 BGB vom Vsschutz erfaßt, wenn dieser Schaden an weiteren Sachen (oder Personen) entsteht.

BGH 28. XI. 1966 NJW 1967 S. 340—342 = VersR 1967 S. 160—162 (Entscheidung zu VOB Teil B § 13 Nr. 7) steht nur dann im Widerspruch zu dieser Auslegung, wenn man diese (im Grunde genommen nicht vsrechtliche) Entscheidung dahin auslegt, daß vom BGH jeder Schadenersatzanspruch wegen Nichterfüllung ausgeschlossen werden sollte. Das läßt sich aber kaum annehmen. Nach zutreffendem Referat über die Rechtsprechung des für das Vsrecht zuständigen Senats heißt es zwar: „Danach gibt es keinen Vsschutz gegen Gewährleistungsansprüche einschließlich des Schadenersatzanspruchs wegen Nichterfüllung (§ 635 BGB). Dasselbe gilt für die Schadenersatzansprüche aus § 13 Nr. 7 VOB/B jedenfalls insoweit, als es sich nicht um Ansprüche aus positiver Vertragsverletzung handelt. Für die Abgrenzung der Ansprüche auf Schadenersatz wegen Nichterfüllung von denen aus positiver Vertragsverletzung können auch für die Anwendung der AHB die in der Rechtsprechung entwickelten allgemeinen Grundsätze herangezogen werden . . . . ." Damit will der BGH a. a. O. aber ersichtlich nicht zum Problem des Vsschutzes für alle Arten von Schadenersatzansprüchen wegen Nichterfüllung Stellung nehmen; für das Werkvertragsrecht ist ihm im übrigen grundsätzlich auch zuzustimmen.

Treffend bemerkt Schlegelmilch a. a. O. S. 45 im Zusammenhang mit dem hier erörterten Problem: „Auch im normalen Schadenersatzanspruch wegen Nichterfüllung, der sich auf das volle Erfüllungsinteresse erstreckt, sind Integritätsinteressen enthalten. Diese können vsrechtlich ebenfalls nicht als Erfüllungssurrogat bezeichnet werden, und zwar ebensowenig wie das bereits erwähnte Geschäftsinteresse. Ein „Erfüllungssurrogat" im vsrechtlichen Sinne oder besser und deutlicher gesagt: Ein Leistungssurrogat ist allein der Anspruch auf Ersatz des eigentlichen Leistungsinteresses, der kongruent an die Stelle der geschuldeten Leistung selbst tritt."

BGH 18. I. 1965 BGHZ Bd 43 S. 89—90 stellt den Einklang mit dieser Auffassung her, wenn dort der Vsschutz für einen Schadenersatzanspruch aus § 538 BGB bejaht wird. Zu billigen ist auch die in BGH 13. XII. 1962 NJW 1963 S. 811—812 = VA 1963 S. 112—113 Nr. 364 vertretene Auffassung, daß § 4 I Ziff. 6 Abs. 3 AHB dann Schäden ergreife, die nicht im Leistungsobjekt selbst liegen, wenn zur Beseitigung der Fehler oder der Mängel der geschuldeten Leistung andere Sachen zwangsläufig beschädigt werden müssen. Diese Kosten der Fehlerbeseitigung dürfen im recht verstandenen Sinne des Haftpflichtvsschutzes nicht zu Lasten des Vers gehen. Hier handelt es sich ebenfalls um ein Erfüllungssurrogat. Im übrigen scheidet aber die Anwendung des § 4 I Ziff. 6 Abs. 3 AHB immer dann aus, wenn der Schaden nicht mehr am Leistungsobjekt eingetreten ist, sondern an weiteren Sachen oder gar durch Verletzung der körperlichen Integrität eines Dritten.

Mit dieser BGH-Rechtsprechung stimmt LG Wuppertal 28. VI. 1968 VersR 1968 S. 1031—1032 (mit ablehnender Anm. von Wilcke a. a. O. S. 1032—1033) überein, wenn es einen Schadenersatzanspruch wegen Beschädigung einer Ölheizungsanlage nicht unter § 4 I Ziff. 6 Abs. 3 AHB subsumiert (der Vmer hatte nur ein defektes Steuerungselement ausgewechselt, bezüglich der ganzen Anlage lag aber der Ausschlußtatbestand des § 4 I Ziff. 6b AHB vor, vgl. Anm. G 207).

Unklar im Sinne dieser BGH-Rechtsprechung LG Osnabrück 6. VII. 1966 VersR 1967 S. 49—50. Es handelte sich um einen Fall, in dem Bodenfeuchtigkeit durch eine mangelhafte Isolierung drang und zum „Verwerfen" eines Parketts führte. Das Gericht verneinte im Ganzen den Vsschutz. In Wirklichkeit war ein Grenzfall gegeben, der auf der Mitte zwischen der „Kalkspatzen-Entscheidung" und der zwangsläufigen Beeinträchtigung anderer Sachen des Bestellers durch die Mängelbeseitigung lag. Die richtige Lösung findet man dann, wenn man sich vorstellt, daß die mangelhafte Isolierung vom Bauherrn zufällig schon dann entdeckt worden wäre, als es noch nicht zu einer Beschädigung des Parketts gekommen war. Sämtliche zur Mängelbeseitigung erforderlichen Arbeiten — einschließlich einer etwa unumgänglichen teilweisen Zerstörung des Parketts — fallen unter § 4 I Ziff. 6 Abs. 3 AHB. Dagegen kann insoweit Vsschutz bestehen, als durch das „Verwerfen" des Parketts ein über die zwangsläufige Zerstörung dieser Fußunterlage hinausgehender Schaden eingetreten sein sollte (vgl. aber auch Anm. G 178).

[G 259] cc) Verhältnis von § 4 II Ziff. 5 und § 4 I Ziff. 6 Abs. 3 AHB zueinander und zu § 1 AHB.

Die Ausführungen in Anm. G 251—254 und in Anm. G 255—258 haben ergeben, daß der Anwendungsbereich von § 4 II Ziff. 5 AHB und § 4 I Ziff. 6 Abs. 3 AHB in der Allgemeinen Haftpflichtv fast ausnahmslos der gleiche ist. Beide Vorschriften stehen demgemäß in einem engen gedanklichen Zusammenhang. § 4 II Ziff. 5 AHB hat dabei als ältere Vorschrift den Vorzug, daß jeder verständige Durchschnittsmensch sogleich erkennt, daß Schäden am Lieferobjekt ausgeschlossen sein sollen, dagegen nicht solche Schäden, die durch die gelieferte Sache an anderen Sachen angerichtet werden.

§ 4 I Ziff. 6 Abs. 3 AHB kann dagegen den Ruf verständiger Klarheit nicht für sich in Anspruch nehmen. Es handelt sich vielmehr bei dem Ausdruck „die an die Stelle der Erfüllungsleistung tretende Ersatzleistung" um eine unklare Begriffsbildung, die auf den Laien den Eindruck eines juristischen terminus technicus macht und ihm das Verständnis der Bedingungen eher erschwert als erleichtert, während der nicht fest in der Geschichte und Entwicklung der Haftpflichtv verwurzelte Jurist wiederum zu Fehlinterpretationen verführt und insbesondere auf den Irrweg gelockt wird, anzunehmen, daß Schadenersatzansprüche wegen Nichterfüllung schlechthin ausgeschlossen seien. Es ist das Verdienst von Brockmann VersR 1955 S. 374 und Schmalzl VersR 1956 S. 272 Anm. 20 auf die weitgehende Übereinstimmung zwischen § 4 II Ziff. 5 AHB und § 4 I Ziff. 6 Abs. 3 AHB als erste hingewiesen zu haben. Schmalzl VersR 1956 S. 270—273 gebührt weiter ein Lob dafür, mit aller Klarheit ausgesprochen zu haben, daß § 4 I Ziff. 6 Abs. 3 AHB nicht alle Schadenersatzansprüche wegen Nichterfüllung ausschließe, sondern nur solche, die den Schaden am Leistungsgegenstand selbst betreffen.

Streitig ist, ob § 4 II Ziff. 5 AHB und § 4 I Ziff. 6 Abs. 3 AHB deklaratorischen oder konstitutiven Ausschlußcharakter haben. Sicher ist, daß § 4 I Ziff. 6 Abs. 3 AHB weitgehend überflüssig im Verhältnis zu der viel älteren Bestimmung des § 4 II Ziff. 5 AHB ist und daher insoweit nur Deklamationswert hat. Eine Deckungskongruenz zwischen § 4 I Ziff. 6 Abs. 3 AHB und § 4 II Ziff. 5 AHB besteht allerdings insoweit nicht, als von § 4 I Ziff. 6 Abs. 3 AHB, wie der viel erörterte Rohrleitungsfall (BGH

13. XII. 1962 NJW 1963 S. 811—812 = VA 1963 S. 112—113 Nr. 364) gezeigt hat, auch solche Schäden erfaßt werden, die an anderen Sachen zwangsläufig entstehen, damit die Leistung des Vmers den nach dem Vertrag geschuldeten Zustand erreichen kann (hier Aufreißen später errichteter Fußböden und Wände zur Verlegung einwandfreien Rohrmaterials). Allein auch diesen Fall könnte man gut aus allgemeinen haftpflichtvsrechtlichen Grundsätzen ohne eine entsprechende Ausschlußbestimmung für nicht vert halten. Betrachtet man daher beide Ausschlußbestimmungen mit geschärftem haftpflichtvsrechtlichen Verständnis, so haben sie — eine verständnisvoll abwägende Auslegung des § 1 AHB dabei vorausgesetzt — nur deklaratorischen Charakter (ebenso Oberbach Grundlagen B 3 S. 13, Schlegelmilch a. a. O. S. 72—73, Schmalzl VersR 1956 S. 270, Wehn-Schmidt[2] S. 40 [anders Wehn-Schmidt[3] S. 40], Wilcke VersR 1964 S. 107; a. M. Wussow[5] Anm. 65 zu § 1 AHB, S. 129—130, Anm. 108 zu § 4, S. 429—430).

Zugleich ist aber zu betonen, daß § 4 II Ziff. 5 AHB vor Einfügung des § 4 I Ziff. 6 Abs. 3 AHB die unentbehrlichste deklaratorische Ausschlußbestimmung der AHB war. Heute ließe sich im Rahmen einer Neufassung der AHB mit Rücksicht auf die Wechselbezüglichkeit der beiden Klauseln eine Streichung einer der beiden Klauseln immer rechtfertigen. Das gilt allerdings nicht für Verträge, denen die jetzigen AHB zugrunde liegen und bei denen in den Sonderbedingungen bestimmt ist (oder aus diesen geschlossen werden muß), daß eine der beiden Bestimmungen nicht gelte. Denn daraus dürfte — bei individueller Vereinbarung einer derartigen Streichung also — meist zu schließen sein, daß auch die andere Bestimmung abbedungen sein soll. Eine derartige stillschweigende Vereinbarung ist vom BGH treffend darin gesehen worden, daß im Rahmen einer Architektenhaftpflichtv Schäden am Bauwerk ausdrücklich eingeschlossen waren (vgl. BGH 24. X. 1960 NJW 1961 S. 269—270 = VA 1961 S. 79—80 Nr. 284, 26. I. 1961 MDR 1961 S. 485 = VA 1961 S. 149—150 Nr. 295).

[G 260] dd) Zur Frage, inwieweit § 4 I Ziff. 6 Abs. 3 und § 4 II Ziff. 5 AHB Ausdruck eines allgemeinen Prinzips der Haftpflichtversicherung sind.

aaa) Rechtsprechung.

Ein Blick auf die Entstehungsgeschichte der Haftpflichtv zeigt, daß im Laufe der Zeit mit immer stärkerer Präzision der Vsschutzbereich durch die Bedingungen und Erläuterungen umrissen worden ist. Erinnert sei in diesem Zusammenhang daran, daß es eine denkgesetzliche oder rechtslogische Beschränkung des Haftpflichtvsschutzes auf das Eintreten gegenüber Schadenersatzansprüchen nicht gibt, daß aber im Laufe der Zeit durch die in § 1 AHB hervorgehobene Beschränkung des Vsschutzes auf Schadenersatzansprüche geradezu bis zur Gegenwart eine Annäherung der Begriffe Haftpflicht und Schadenersatzpflicht eingetreten ist (vgl. dazu Anm. G 58).

Ähnlich ist es mit dem in § 4 II Ziff. 5 und § 4 I Ziff. 6 Absatz 3 AHB zum Ausdruck kommenden Prinzip, daß kein Vsschutz für Fehler am gelieferten körperlichen Leistungsgegenstand besteht, soweit es sich darum handelt, daß nicht weitere Sachen beschädigt oder gar Personen verletzt worden sind. Dieses Prinzip ist erst im Laufe der Zeit entwickelt worden. Das zeigt ein Blick auf die Rechtsprechung:

RG 31. I. 1911 RGZ Bd 75 S. 173—175 bejahte den Vsschutz in einem Falle, in dem der Vmer einen Saal an eine Gaststätte angebaut hatte. Infolge eines Konstruktionsfehlers in der Zeichnung des Vmers war die Saaldecke undicht und ließ Wasser durch. Der Vmer verlangte vom Ver den Ersatz der Kosten der Deckenerneuerung. Der Ver wendete ein, er hafte nicht für Aufwendungen, die der Vmer lediglich in Erfüllung seiner Vertragspflicht habe machen müssen. Das RG wies diesen Einwand in Übereinstimmung mit den Vorinstanzen zurück. Das Urteil löste eine lebhafte Diskussion aus (zustimmend Josef ZVersWiss 1912 S. 352—361; ablehnend Schwartz LZ 1911 Sp. 454—461, ZVersWiss 1912 S. 336—338; vgl. weiter die zusammenfassenden Nachweise bei Zdralek a.a.O. S. 27—46). Das Urteil des RG wird man im Ergebnis nicht tadeln können, da die Vsbedingungen eine hinreichend klare Beschränkung des Vsschutzes vermissen ließen. Es war nicht die heute in § 1 AHB vorgesehene Beschränkung auf Schadenersatzansprüche in den Bedingungen enthalten. Außerdem war ausdrücklich die Haftung für Konstruktionsfehler eingeschlossen. Bemerkenswert ist in diesem Zusammenhang die aus der RG-Fundstelle selbst nicht ersichtliche Beschränkung in der Verurteilung, die sich aus dem Urteil der Vorinstanz (OLG Köln 10. I. 1910 LZ 1910 Sp. 792—795) ergibt: Das OLG hatte nämlich den Anspruch auf Vsschutz nur insoweit für berechtigt erklärt, als nicht durch die Änderung des Baues nur solche Aufwendungen nachgeholt worden sind, die bei der ersten Herstellung des Baues erspart worden waren.

RG 7. XI. 1914 RGZ Bd 86 S. 1—6 behandelt einen Fall, in dem der Vmer einen fremden Dampfer zu reparieren hatte. Als dieser vom Slip genommen wurde, um einstweilen einem anderen Fahrzeug Platz zu machen, kam er zum Kentern infolge eines Verschuldens eines Arbeitnehmers des Vmers. Das RG bejahte den Vsschutz. Da bei einem Fortbewegen eines Schiffes dieses im ganzen Gegenstand der Tätigkeit ist, würde der Fall heute von § 4 I Ziff. 6b AHB erfaßt werden. An dieser Bestimmung (bzw. an der Obhuts- und Bearbeitungsklausel alter Fassung) fehlte es aber damals. Daß das Gericht deshalb zur Verurteilung kam, ist verständlich. Wenn für eine Werft heute § 4 I Ziff. 6b AHB abbedungen wäre, wäre nicht daran zu denken, daß der Vsschutz nach § 4 I Ziff. 6 Abs. 3 oder § 4 II Ziff. 5 AHB verweigert werden könnte. Nur aus dieser konkreten Fallgestaltung können die Ausführungen in RG a. a. O. S. 4—5 verstanden werden, daß kein Grund dafür bestehe, die Fälle vom Vsschutz auszunehmen, in denen infolge späterer Ereignisse, die der Vte zu vertreten habe, neben die zugesagte Leistung oder an ihre Stelle eine Ersatzleistung trete, sofern der Vmer einen Schaden erleide. Es wäre verfehlt, aus solchen Bemerkungen heute etwas Entscheidendes für die Auslegung der geltenden Bedingungen zu gewinnen. Bemerkenswert ist in diesem Zusammenhang der deutliche Hinweis des Gerichts darauf, daß es Sache des Vers sei, den Deckungsumfang des Vsvertrages hinreichend klar zu umreißen.

RG 1. III. 1918 VA 1918 Anh. S. 54—56 Nr. 1046 kann nichts zu dem hier behandelten Fragenkreis entnommen werden. Die Entscheidung läßt nicht mit Sicherheit erkennen, ob allein Vsschutz für das beim Einsturz des Silos beschädigte Getreide begehrt wurde oder ob auch Ersatz der Kosten für den fehlerhaften Umbau des Silos zur Debatte stand.

RG 8. III. 1921 VA 1922 Anh. S. 44—46 Nr. 1203 behandelte einen Fall, in dem ein Nachtwachunternehmen haftpflichtvert war. Dieses Unternehmen wurde von seinen Vertragspartnern wegen des Abhandenkommens von Sachen schadenersatzpflichtig gemacht, weil es in 3 Fällen seiner Überwachungspflicht überhaupt nicht und in einem Falle nur mangelhaft nachgekommen war. Vom RG wurde a. a. O. S. 45 folgendes ausgeführt: „Es fragt sich, was unter ‚reiner Vertragserfüllung' zu verstehen ist. Der Anspruch auf die versprochene Vertragsleistung kann selbstverständlich nicht unter die Haftpflichtv fallen, da diese ihrem Wesen nach eine Schadenv ist. Dasselbe gilt von einer Ersatzleistung (Surrogat), die unter Umständen an die Stelle der vereinbarten Leistung tritt. Beides kommt hier aber nicht in Betracht. Hier handelt es sich vielmehr um reine Schadenersatzansprüche, und zwar um Ansprüche auf Ersatz von Schäden, die nicht die Folge nur mangelhafter Erfüllung der von der Klägerin übernommenen Vertragspflicht sind, sondern erst durch das Hinzutreten eines außervertraglichen Ereignisses, nämlich des Einbruchs, entstanden sind. Die Haftung für einen solchen Schaden fällt jedenfalls nicht unter den Begriff der reinen Vertragserfüllung, die in der vertraglichen Gegenleistung ihren entsprechenden Gegenwert findet. Der Umstand, daß der Schaden durch nicht gehörige Vertragserfüllung mitverursacht ist, macht den Ersatzanspruch nicht zu einem reinen Erfüllungsanspruch".

Als Ergebnis ist festzuhalten, daß das RG zwar in zwei Entscheidungen davon spricht, daß die reine Vertragserfüllung und deren Surrogat vom Vsschutz ausgeschlossen seien, daß es aber in keinem entschiedenen Falle mit dieser Begründung den Vsschutz versagt hat und daß es, wie insbesondere der Fall der Wachgesellschaft zeigt (RG 8. III. 1921 a. a. O.), den Begriff des Erfüllungssurrogats nur im engsten Sinne verstanden wissen will

BGH 9. I. 1964 NJW 1964 S. 1025—1026 = VA 1965 S. 11—12 Nr. 400 hat dagegen nicht nur ausgesprochen, daß der Grundsatz des § 4 I Ziff. 6 Abs. 3 AHB über den Anwendungsbereich der AHB hinaus allgemein für die Haftpflichtv gelte, soweit die jeweiligen AVB einen Vsschutz gegen Schadenersatzansprüche gewähren, die gegen den Vmer aufgrund gesetzlicher/privatrechtlicher Haftpflichtbestimmungen geltend gemacht werden, sondern hat mit dieser Begründung auch den Vsschutz verweigert. Es handelte sich um folgenden Fall: Der Vmer war Helfer in Steuersachen. Gegen ein festes Monatsentgelt führte er die Geschäftsbücher eines Dritten. Dieser verlangte DM 720,—, die er hatte aufbringen müssen, um die mangelhafte Buchführung des (inzwischen verstorbenen) Vmers in Ordnung zu bringen. In den vereinbarten Bedingungen für den Haftpflichtvsschutz gegen Vermögensschäden fehlte es an einer § 4 I Ziff. 6 Abs. 3 AHB entsprechenden Klausel. Das Gericht ging aber — in Übereinstimmung mit dem Berufungsgericht (OLG Braunschweig 11. IV. 1961 VersR 1961 S. 746—747) — davon aus, daß es sich bei dem geltend gemachten Schadenersatzanspruch wegen nicht gehöriger Erfüllung um ein Erfüllungssurrogat handele, für das ebenso wie für den Erfüllungsanspruch kein Haftpflichtvsschutz bestehe.

[G 261] bbb) Stellungnahme.

BGH 9. I. 1964 a. a. O. ist im Ergebnis zu billigen. Es darf hier keinen Unterschied machen, ob der Dritte das zu Unrecht erlangte Honorar zurückverlangt oder aber den Betrag, den er hat aufwenden müssen, um die Buchführung in einen einwandfreien Zustand zu versetzen. Liegen allerdings die Beträge, die der geschädigte Dritte aufwenden mußte, höher als das erhaltene Honorar, so hätte bezüglich der Differenz der Vsschutz bejaht werden müssen. Es ist ein altes vsrechtliches Prinzip der Vermögensschadenhaftpflichtv, daß für Schadenersatzansprüche, die sich auf vertragliche Nicht- oder Schlechterfüllung gründen, Vsschutz gewährt wird, soweit nicht ein Betrag zur Höhe des Honorars des Vmers selbst zur Debatte steht.

Wären zu dem betreffenden Falle die AHBVerm vereinbart gewesen, hätte es zu einem derartigen Streit gar nicht kommen können. Dort gibt es zwar nicht eine § 4 I Ziff. 6 Abs. 3 AHB im Wortlaut entsprechende Bestimmung. § 3 II Ziff. 4 Abs. 1 AHBVerm bestimmt aber, daß der Haftpflichtanspruch in Ansehung eines solchen Betrages nicht gedeckt ist, der gleichkommt der Höhe der eigenen Gebühren des Vmers in derjenigen Sache, bei deren Behandlung der Verstoß erfolgt ist. Ausdrücklich wird dabei vermerkt, daß es keinen Unterschied mache, ob die Gebühren von dem Haftpflichtanspruch ergriffen werden oder nicht.

Diese Vorschrift stellt eine sinnvolle Konkretisierung des oft zitierten, in der Rechtsprechung aber ohne ausdrückliche Bedingungsbestimmung bis zu der hier besprochenen BGH-Entscheidung nie angewandten Grundsatzes dar, daß sog. Erfüllungssurrogate wie die Erfüllungsansprüche selbst vom Vsschutz ausgeschlossen seien.

Eine entsprechende Anwendung des § 3 II Ziff. 4 Abs. 1 AHBVerm hätte das Ergebnis systematisch eher gerechtfertigt als die begrifflich unklare analoge Anwendung eines Grundsatzes, über den nicht ohne weiteres Einigung erzielt werden kann. Vgl. in diesem Zusammenhang auch KG 16. X. 1937 JRPV 1938 S. 7, das den Vsschutz in folgendem Falle im Ergebnis zu Recht verweigert: Der Vmer, ein Zahnarzt, hatte schlecht gearbeitet und war zur Rückzahlung des Honorars verurteilt worden. Gegen diesen Rückzahlungsanspruch begehrte der Vmer Vsschutz. Das KG qualifizierte das Rückzahlungsbegehren als einen von § 1 AHB nicht gedeckten Bereicherungsanspruch. Schmalzl VersR 1956 S. 273 Anm. 27 weist aber zutreffend darauf hin, daß es sich aller Voraussicht nach um einen Schadenersatzanspruch nach § 635 BGB gehandelt habe, für den Deckung nach allgemeinen haftpflichtvsrechtlichen Grundsätzen nicht zu gewähren sei. Auch hier dürfte der gangbare Weg die entsprechende Anwendung der zitierten Bestimmung der AHBVerm gewesen sein.

Die ausführlich wiedergegebene Rechtsprechung, die sich ohne entsprechende Bestimmungen mit dem Grundsatz, daß „Erfüllungssurrogate" nicht „mitvert" seien, zu befassen hatte, zeigt jedenfalls, daß dieser Grundsatz bisher in der Rechtsprechung des RG überhaupt nicht und vom BGH erstmals in einem Falle angewandt worden ist, der mit der typischen Regelung der geistesverwandten Bestimmung in § 3 II Ziff. 4 Abs. 1 AHB übereinstimmt.

Es muß betont werden, daß der abgrenzungsschwache Grundsatz, daß Erfüllungssurrogate nicht Gegenstand des Vsschutzes sind, nicht über den Rahmen der oben niedergelegten Auslegungsgrundsätze zu § 4 II Ziff. 5 und § 4 I Ziff. 6 Abs. 3 AHB hinaus gilt.

Die Annahme Wilcke's VersR 1964 S. 581—582, daß BGH 9. I. 1964 a. a. O. als Aufbruch zu „neuen Ufern" im Sinne seiner den Vsschutz wesentlich eingrenzenden Stellungnahme (VersR 1964 S. 107—118) zu verstehen sei, geht demnach fehl. BGH 9. I. 1964 a. a. O. ist vielmehr als Sonderfall nicht geeignet, diese auf einen Meinungsumschwung hoffende Auffassung zu rechtfertigen.

Im Rahmen der Vermögensschadenhaftpflichtv gibt es den erwähnten Grundsatz überhaupt nur in der Form, daß der Ver es ablehnt, für das Honorar des Vmers, in welchem rechtlichen Gewande es auch immer erscheint, einzutreten (vgl. § 3 II Ziff. 4 Abs. 1 AHBVerm). Darüber hinaus gilt ein derartiges Prinzip im vorbildlich ausgeklügelten Bedingungswerk der AHBVerm nicht. Die Vermögensschadenhaftpflichtv stellt vielmehr das Gebiet des Haftpflichtvsrechts dar, auf dem traditionell gerade für die Surrogate der von dem Vmer geschuldeten Vertragsleistung Haftpflichtvsschutz geboten wird. Vgl. in diesem Zusammenhang nur Frey Grundlagen C 2 I A 1d und e S. 27—28 und Hafferburg VersR 1961 S. 1070, die für die Anwalts- und Architektenhaftpflichtv klarstellen, daß es dort an dem „Ausschlußtatbestand des Erfüllungssurrogats" fehle. Für die typische Vermögensschadenhaftpflichtv gilt heute noch, was RG 31. I. 1911 RGZ Bd 75 S. 175 hervorhob, daß gerade bei der Haftpflichtv eines Anwalts fast immer Vsschutz für eine Haftung aus mangelhafter Vertragserfüllung geboten werde. Ergänzend ist zu sagen, daß das gleiche auch in Übereinstimmung mit RG 31. I. 1911 a. a. O. für die Ärztehaftpflichtv gilt, obwohl diese nicht zum Sektor der Vermögensschadenhaftpflichtv gehört.

Der Erfüllungssurrogatsgrundsatz hat danach nur einen ganz beschränkten Anwendungsbereich im Rahmen des Ausschlusses von durchweg körperlichen Leistungsgegenständen. Im Rahmen einer Vermögensschadenhaftpflichtv bezieht er sich nur auf das Honorar selbst.

n) Ausschluß des Kfz-Risikos.

Gliederung:

[G 262] Schrifttum:

Ruhkopf VersR 1962 S. 296—302 m. w. N. (grundlegend); ferner zu Einzelfragen: Dannenberg ZfV 1957 S. 767—771, Evers ZfV 1956 S. 382—383, ZfV 1958 S. 46, Goujet VersPrax 1957 S. 17—19, VersPrax 1961 S. 26—27, Heimbücher VW 1958 S. 608—610, VW 1961 S. 242—243, Kober VW 1954 S. 14—15, Kramer VersR 1952 S. 73—75, Ossewski VersR 1952 S. 6, Preiß ZfV 1966 S. 480—481, Reinecke VersR 1959 S. 965—971, Ruhkopf VersR 1959 S. 489—491, Schermin VersPrax 1959 S. 65—71, Schiff VW 1960 S. 390, Stelzer ZfV 1957 S. 173—174, VW 1958 S. 180—181, VW 1959 S. 732—733, Wilms VersPrax 1959 S. 65—71, Hj. Wussow, Haftung und Versicherung bei der Bauausführung, 2. Aufl. Köln 1966, S. 316—319.

[G 263] aa) Vorbemerkung.

In der Allgemeinen Haftpflichtv wird durchweg das Kfz-Haftpflichtrisiko vom Vsschutz ausgeschlossen. Das ist verständlich, da die V dieses Risikos im Prinzip Sache des Kfz-Haftpflichtvers ist. Der Ausschluß erfolgt aber nicht in den AHB. Dort wird dieses Risiko nur im Rahmen der Gefahrerhöhung und der Vorsorgev behandelt (vgl.

§§ 1 Ziff. 2b, 2 Ziff. 3c AHB und dazu Anm. G 120 und 137). Dieser Ausschluß findet sich vielmehr in den „Erläuterungen“ zur Betriebs- und Privathaftpflichtv (vgl. in diesem Zusammenhang auch die Ausführungen von Kramer VersR 1952 S. 74, aus denen sich ergibt, daß 1952 die Kfz-Ausschlußklauseln noch nicht allgemein verbreitet waren). Materiell handelt es sich um sekundäre Risikobeschränkungen, für deren Vorliegen der Ver wie bei allen Ausschlußtatbeständen den Beweis zu führen hat (BGH 21. II. 1957 BGHZ Bd 23 S. 360—361). Der Vsschutz ist demgemäß in einem Falle bejaht worden, in dem der Ver nicht beweisen konnte, daß der in einer Lagerhalle entstandene Brand auf das dort abgestellte, im Besitz des Vmers befindliche Kfz zurückzuführen war (BGH 21. II. 1957 a. a. O., ablehnend Prölss[17] Anm. 5 B zu § 149, S. 555). Besser wäre es gewesen, wenn die Klauseln ihren Platz in den Ausschlußbestimmungen der AHB, also in § 4 AHB gefunden hätten (wie das z. B. in den von den AHB abweichenden AVB eines deutschen Gegenseitigkeitsvereins der Fall ist).

Bei der Beurteilung eines konkreten Sachverhalts ist stets sorgsam zu prüfen, welche Fassung der Kfz-Ausschlußklausel dem betreffenden Vertrage zugrunde liegt. Es ist zu unterscheiden zwischen der „kleinen“ und der „großen“ Kfz-Ausschlußklausel. Die erstgenannte wird im allgemeinen den Privathaftpflichtven zugrunde gelegt, die letztere zur Betriebshaftpflichtv vereinbart. Doch finden sich auch Betriebshaftpflichtvsverträge, denen die kleine Kfz-Ausschlußklausel zugrunde gelegt worden ist.

Die Auslegung beider Klauseln bereitet nicht unerhebliche Schwierigkeiten. Ein interessanter Abgrenzungsversuch (mit zum Teil allerdings widerspruchsvollen Ergebnissen) ist in den grundlegenden Ausführungen von Ruhkopf VersR 1962 S. 296—302 m. w. N. zu finden.

[G 264] bb) „Kleine“ Kfz-Ausschlußklausel.

aaa) Restriktive Auslegung durch die Rechtsprechung.

Diese Klausel hat meist folgenden Wortlaut: „Ausgeschlossen sind Haftpflichtansprüche aus Schäden, die im Zusammenhang stehen mit dem Besitz oder Führen von Kraftfahrzeugen“. Gelegentlich heißt es auch, daß das Risiko „aus der Haltung, dem Besitz, dem Gebrauch und dem Führen von Kraftfahrzeugen“ ausgeschlossen sei (so in dem vom BGH 7. II. 1963 VersR 1963 S. 325—326 entschiedenen Falle).

Gemeint ist in beiden Fällen, daß nur solche Haftpflichtansprüche ausgeschlossen sein sollen, die gegen diejenige Person erhoben werden, die Besitzer (Halter) oder Fahrer (oder Gebraucher) des schadenstiftenden Kraftfahrzeugs war; nur dann also, wenn eine vte Person Besitzer (oder Halter) des den Schaden herbeiführenden Kraftwagens war oder als Fahrer (oder Gebraucher) eines Kraftfahrzeuges kausal den Haftpflichtschaden herbeigeführt hat, greift die „kleine“ Kfz-Ausschlußklausel ein, und zwar nur gegenüber dieser vten Person, nicht also gegenüber dem Vmer, wenn er nicht selbst den Tatbestand der Ausschlußklausel in eigener Person erfüllt (BGH 26. III. 1956 VersR 1956 S. 283, 28. V. 1956 BGHZ Bd 20 S. 392—393, 12. V. 1960 NJW 1960 S. 1346—1347 = VA 1960 S. 219 Nr. 268, 7. II. 1963 VersR 1963 S. 325 bis 326; a. M. RG 7. X. 1938 RGZ Bd 158 S. 189—192; vgl. dazu aber auch die aus anderen Gründen den Vsschutz bejahende Entscheidung der Vorinstanz: OLG Köln 6. IV. 1938 VA 1938 S. 195—196 Nr. 3059, ferner RG 8. III. 1940 HansRGZ 1940 A Sp. 109—110 = JRPV 1940 S. 140).

Wenn daher der Sohn des Vmers mit dem Kfz eines Dritten einen Schaden anrichtet, etwa einen Dritten fahrlässig tötet, so besteht für den gegen den Vater wegen Verletzung der Aufsichtspflicht nach § 832 BGB erhobenen Schadenersatzanspruch Vsschutz (BGH 12. V. 1960 a. a. O., zustimmend u. a. Goujet VersPrax 1961 S. 26—27, Ruhkopf VersR 1962 S. 298; a. M. — als Vorinstanz — OLG Düsseldorf 10. VI. 1958 VersR 1958 S. 798—799: vgl. aber dazu die ablehnenden Bemerkungen von Ruhkopf VersR 1959 S. 489—491 und Schiff VW 1960 S. 390; a. M., und zwar auch noch nach Erlaß der zitierten BGH-Entscheidung: Prölss[17] Anm. 5 zu § 1 AHB, S. 655; ob LG Krefeld 15. X. 1964 VersR 1964 S. 1263 sich der Möglichkeit bewußt ist, daß es mit der Auffassung des BGH kollidieren könnte, ist unklar, da das LG nicht zwischen dem Vsschutzanspruch des Vmers und dem des minderjährigen Sohnes begrifflich unterscheidet; zu

Recht bezeichnet Hj. Wussow Haftung und V bei der Bauausführung S. 318—319 daher diese Entscheidung als „bedenklich“). Hingegen hat der Privathaftpflichtver keinen Vsschutz für die gegen den Sohn selbst erhobenen Schadenersatzansprüche zu gewähren. Doch genießt dieser, soweit er berechtigter Fahrer ist und nicht spezielle Ausschlußtatbestände der AKB eingreifen (z. B. wenn es sich etwa um die Beschädigung des Kraftwagens handelt, vgl. § 11 Ziff. 6 AKB), für gegen ihn gerichtete Ersatzansprüche nach § 10 Ziff. 2 AKB ohnedies Vsschutz. Ähnlich ist es, wenn z. B. die Hausangestellte des Vmers auftragsgemäß mit ihrem eigenen Wagen eine dienstliche Verrichtung durchführt, etwa die Kinder des Vmers zur Schule fährt. Sie selbst genießt für diese Fahrt nach der „kleinen“ Kfz-Ausschlußklausel keinen Vsschutz. Doch werden die gegen den Dienstherrn nach § 831 BGB gerichteten Ersatzansprüche vom Vsschutz erfaßt (anders zu § 1 Ziff. 2b AHB — aber durch die zitierten BGH-Entscheidungen zur kleinen Kfz-Ausschlußklausel überholt: RG 7. X. 1938 RGZ Bd 158 S. 189—192).

Wird ein fahrbarer Teerkocher des Vmers, der sich aus eigener Kraft nicht fortbewegen kann, von der Zugmaschine eines Dritten abgeschleppt und kommt es dann, etwa wegen mangelnder Verkehrssicherheit des Teerkochers, zu einem Unfall, so greift die „kleine“ Kfz-Ausschlußklausel wegen der gegen den Vmer als Eigentümer des Teerkochers gerichteten, z. B. auf § 823 I BGB gestützten Schadenersatzansprüche nach den dargestellten Grundsätzen ebenfalls nicht ein (BGH 28. V. 1956 BGHZ Bd 20 S. 392—393).

[G 265] bbb) Skizzierende Erläuterungen der in der Klausel verwendeten Begriffe.

Der Begriff des Führens oder Fahrens eines Kraftwagens ist im üblichen straßenverkehrsrechtlichen Sinne zu verstehen. Das gleiche gilt von dem Begriff des Haltens. Unter dem Ausdruck Besitz ist der unmittelbare Besitz im Sinne des BGB zu verstehen. Ruhkopf VersR 1962 S. 297 führt aus, daß der Ausdruck „Besitz“ hier im Sinne des Haltens eines Kraftfahrzeuges gemeint sei. Dem ist im Prinzip in dem Sinne zuzustimmen, daß Besitz und Halten im allgemeinen zusammenfallen werden. Zu beachten ist aber, daß der Ausschlußtatbestand bei Vorliegen des hier gemeinten unmittelbaren Besitzes eingreifen kann, ohne daß zugleich der Vmer oder eine der mitvten Personen Halter sind. So im vom OLG Schleswig 4. VII. 1967 VersR 1968 S. 337 bis 338 entschiedenen Falle: Der Vmer war von einem Betrunkenen gebeten worden, dessen Fahrzeug zu führen. Als er sich selbst nach Fortsetzung der Zechtour nicht mehr fahrsicher fühlte, gab er den Schlüssel „aus Versehen“ nicht dem Halter zurück, sondern einem Dritten, der keinen Führerschein besaß und den Wagen, ohne daß sich der Vmer noch in diesem befand, in den Graben fuhr. Zu Recht nahm das Gericht an, daß sich hier der Besitz des Vmers kausal auf den Schadenfall ausgewirkt habe, so daß die Ausschlußklausel nach ihrem Sinn und Zweck eingreife. Der Gebrauch eines Kraftfahrzeugs schließlich dürfte im allgemeinen auch mit dem Besitz oder dem Führen zusammenfallen.

Einen interessanten Grenzfall zum Führen eines Kraftwagens behandelt BGH 26. III. 1956, VersR 1956 S. 283: Neben dem das Kfz führenden Vater saß sein volljähriger Sohn, der Vmer einer Privathaftpflichtv war. Ihnen kam ein anderes Fahrzeug entgegen. Der Vmer hatte (zu Unrecht) das Gefühl, als wenn sein Vater direkt auf diesen Wagen zusteuere. Deshalb griff er unvermutet in das Steuer und zog dieses scharf nach rechts, ohne daß der Vater die Bedienung des Wagens aufgegeben hatte. Durch den Eingriff des Vmers kam es dann zu einem Schaden. Der BGH vertrat im Gegensatz zu den Instanzgerichten (OLG Karlsruhe [Freiburg] 21. VI. 1954 VersR 1954 S. 412, LG Waldshut 26. XI. 1953 VersR 1954 S. 17) die Auffassung, daß hier noch nicht vom Führen eines Kfz gesprochen werden könne. Wörtlich wird vom BGH hier u. a. folgendes ausgeführt:

> „Da die Rechtssprache mit dem auch in § 18 StVG verwendeten Ausdruck ‚Führer eines Kraftfahrzeugs‘ einen festumrissenen Begriff verbindet, ist im Zweifel anzunehmen, daß die Vsbedingungen mit diesem Ausdruck dasselbe verstanden wissen wollen. ... Nach einhelliger Auffassung ist hierunter derjenige zu verstehen, der die Betriebseinrichtungen des Kfz unter eigener Verantwortung handhabt, wobei nach Lage der Sache für denselben Zeitabschnitt immer nur einer Führer sein kann. ... Legt man diese Begriffsbestimmung zugrunde, so

kann nicht zweifelhaft sein, daß z. Zt. des Unfalles nicht der Kläger, sondern allein sein Vater als Führer des PKW angesehen werden kann. Dieser bediente unter seiner alleinigen Verantwortung die verschiedenen Betriebseinrichtungen des Fahrzeugs. Die Tätigkeit des Klägers beschränkte sich hingegen auf den Versuch, bei der Bewegung des Steuerrades, die ja nur einen Teil der bei der Führung eines Kraftfahrzeugs vorzunehmenden verschiedenen Verrichtungen bildet, mitzuwirken. Bei einer solchen Sachlage kann auch nach dem allgemeinen Sprachgebrauch des täglichen Lebens keineswegs davon gesprochen werden, daß der Kläger damit anstelle seines Vaters der Führer des PKW geworden sei, vielmehr pflegt auch sprachlich ein solches Verhalten nicht als das Führen eines Kfz, sondern als Störung des Führers beim Lenken eines Fahrzeugs bezeichnet zu werden.“

Andererseits greift die Ausschlußklausel auch dann ein, wenn nur eine ganz kurze Strecke gefahren wird (LG Kassel 15. IV. 1954 VersR 1954 S. 299—300). Wer den Anlasser eines Wagens betätigt, um zu fahren, erfüllt den Tatbestand der Ausschlußklausel. Das gilt auch dann, wenn der Wagen nur aus einem Graben gefahren werden soll (OLG Schleswig 4. VII. 1967 VersR 1968 S. 337—338). Darauf, ob das Fahrzeug sich dabei bewegte, kommt es nicht an. Wer dagegen ein Fahren nicht beabsichtigt, sondern nur den Motor anlassen will, etwa um zu prüfen, ob er noch anspringt, führt das Kfz nicht (ebenso zu § 2 StVZO: BGH 28. IV. 1955 BGHSt Bd 7 S. 315—318). Bedenklich LG Krefeld 15. X. 1964 VersR 1964 S. 1263: „Unstreitig hat der Sohn der Kl. mit Wissen und Wollen den Anlasser des PKW betätigt und damit den Motor in Gang gebracht mit der Folge, daß der Wagen sich rückwärts in Bewegung setzte und es hierdurch zu dem eingetretenen Schaden kam. Es kann dahingestellt bleiben, ob schon hierdurch der Sohn der Kl. ein Kfz im Sinne des § 2 StVZO und des § 23 StVG geführt hat ... Die V will mit dieser Bestimmung jedenfalls alle Schadenersatzansprüche ausschließen, die im Zusammenhang mit der Inbetriebnahme eines Kfz stehen ...“ Das LG wäre wohl zu einer anderen Entscheidung gekommen, wenn es die in Anm. G 264 dargestellte restriktive Auslegung der kleinen Kfz-Ausschlußklausel und überhaupt den Unterschied zwischen der kleinen und der großen Kfz-Ausschlußklausel, in der das „Inbetriebsetzen“ ausdrücklich aufgeführt ist, gekannt hätte.

Gebrauch oder Besitz an einem Kfz ist vom BGH 7. II. 1963 a. a. O. treffend im folgenden Falle verneint worden: An dem Steinbruch des Vmers sollte ein Lastzug eines Käufers Marmorblöcke abholen. Das Beladen sollte von den Leuten des Vmers vorgenommen werden. Dieser Lastzug stand beim Beladevorgang in einer unübersichtlichen Kurve zum Teil auf der Straße. Deshalb stellte sich dort ein Arbeitnehmer des Vmers auf und regelte mit einer roten Fahne den Straßenverkehr. Dabei kam es infolge eines Mißverständnisses zu einem Zusammenstoß zwischen zwei einander begegnenden Fahrzeugen. Es leuchtet unschwer ein, daß diese Verkehrsregelung nicht als „Gebrauch“ des Kfz zu gelten hat. Besonders hervorzuheben ist aber, daß der BGH hier auch das Beladen des fremden Fahrzeugs in diesem Zusammenhang nicht als Gebrauch im Sinne der Ausschlußklausel angesehen hat. Das rechtfertigt sich aus der besonderen Fallgestaltung, da nicht aus dem Beladevorgang selbst der Schaden entstanden ist, sondern durch das unrichtige Winken. Darüber hinaus ist aber auch sonst eine einschränkende Auslegung des mehrdeutigen Ausdrucks „Gebrauch“ geboten. So liegt noch kein Gebrauch vor, wenn der Vmer nicht fahren will, sondern lediglich „spielerisch“ den Motor in Gang setzt. Diese einschränkende Auslegung ergibt sich insbesondere auch daraus, daß in der großen Kfz-Ausschlußklausel das Inbetriebsetzen als selbständiger Ausschlußtatbestand neben den Begriff des Gebrauchs des Fahrzeugs gesetzt worden ist.

Wenn der Vmer, der als Mieter eines Hauses Kohlen erhält, um die Einfahrt freizumachen, die Bremsen des abgestellten Wagens eines Nachbarn löst, um diesen Wagen mit der Hand zu schieben (Beispiel von Kober VW 1954 S. 15), so liegt kein Gebrauch eines Kraftfahrzeugs vor (Grenzfall; a. M. Ruhkopf a. a. O. S. 298).

Öffnet ein Insasse eines Autos, der weder Fahrer noch Halter (noch Vmer) ist, unvorsichtig eine Tür, so wird man einen „Gebrauch“ im Sinne der Ausschlußklausel ebenfalls nicht anzunehmen haben (Preiß ZfV 1966 S. 480, Stelzer VW 1959 S. 733;

a. M. Ruhkopf a. a. O. S. 300), wohl aber einen „Gebrauch“ im Sinne der Kfz-Haftpflichtvsbedingungen (vgl. dazu die Ausführungen in Anm. G 266).

Es leuchtet ein, daß es bei der Fülle der denkbaren Schadenfälle nicht möglich ist, einen umfassenden Katalog der von der Ausschlußklausel nicht erfaßten oder erfaßten Sachverhalte aufzustellen. Die bisherigen Ausführungen sind beispielhaft zu verstehen und die darin zutage getretenen Grundsätze auf ähnlich gelagerte Fälle anzuwenden. Insbesondere sind hier im Prinzip solche Fälle nicht besonders erörtert worden, deren Einschluß in den Vsschutz bei Vereinbarung der großen Kfz-Ausschlußklausel zweifelhaft ist, dort aber bejaht wird. Es versteht sich, daß für diese Fälle erst recht Vsschutz im Rahmen der hier behandelten kleinen Kfz-Ausschlußklausel besteht.

[G 266] ccc) Zur Lückenlosigkeit des Versicherungsschutzes.

Die hier dargestellte Auslegung der „kleinen“ Kfz-Ausschlußklausel hat den Vorzug, daß sie den Deckungsanschluß zwischen der Allgemeinen Haftpflichtv und der Kfz-Haftpflichtv wahrt. Ist es zweifelhaft, ob ein Schaden unter die Allgemeine Haftpflichtv fällt, so darf durchaus geprüft werden, ob es sich etwa um ein ohnehin durch die Kfz-Haftpflichtv für den Vmer abgesichertes Risiko handle. Ist das eindeutig nicht der Fall, so ist das ein starkes Indiz dafür, daß es sich um ein im Rahmen der Allgemeinen Haftpflichtv erfaßtes Risiko handelt. (Das gilt allerdings nicht, so weit im Rahmen der Kfz-Haftpflichtv deshalb kein Vsschutz besteht, weil es sich um ein dort ausdrücklich ausgeschlossenes Risiko nach § 11 AKB handelt. Hier den Gedanken der Lückenlosigkeit des Vsschutzes anzuwenden, hieße ihn gründlich mißzuverstehen; treffend insoweit LG Stade 1. XII. 1955 VersR 1956 S. 345). Der Gesichtspunkt des Deckungsanschlusses zwischen den beiden Vsarten ist bei der kleinen Kfz-Ausschlußklausel auch vom BGH mehrfach zutreffend hervorgehoben worden (BGH 26. III. 1956 a. a. O., 7. II. 1963 a. a. O. S. 325).

Andererseits darf dieser Gesichtspunkt aber auch nicht überbewertet werden. So ist vom BGH 17. II. 1966 NJW 1966 S. 930 = VersR 1966 S. 355 in einem Falle, dem die große Kfz-Ausschlußklausel zugrunde lag, unter Bezugnahme auf die Ausführungen von Reinecke VersR 1959 S. 965—971 obiter dictum, aber treffend bemerkt worden, daß in besonders gelagerten Fällen durchaus sowohl der Betriebs- als auch der Kfz-Haftpflichtver im Risiko sein könnten. Keineswegs kann man daher mit Wussow[5] Anm. 34 zu § 2 AHB, S. 249 sagen, daß immer dann Vsschutz nach den AHB entfalle, wenn nach den AKB Deckung bestehe. Es müssen insbesondere immer die konkreten Umstände des Einzelfalles beachtet werden. Lädt z. B. der Vmer seinen eigenen Lastkraftwagen ab, so ist dieser Vorgang unschwer seiner Kfz-Haftpflichtv zuzuordnen und zugleich ist es vom wirtschaftlichen Standpunkt aus durchaus vertretbar, nach der hier erörterten kleinen Kfz-Ausschlußklausel den Vsschutz im Rahmen einer Betriebshaftpflichtv zu versagen. Lädt dagegen der Vmer zusammen mit dem Verkäufer von diesem gelieferte Ziegelsteine von dessen Kfz ab, so würde es sinnwidrig sein, hier die kleine Kfz-Ausschlußklausel eingreifen zu lassen, ungeachtet dessen, daß der Verkäufer selbst für einen derartigen Vorgang durch seine Kfz-Haftpflichtv Vsschutz genießen wird. Diese Problematik der Abgrenzung zwischen Betriebs- und Kfz-Haftpflichtv, wenn es sich nicht um ein im Besitz des Vmers befindliches Kfz handelt, verkennt Wilms VersPrax 1959 S. 68, wenn er allein auf die Fälle abstellt, in denen es sich um Fahrzeuge des Vmers handelt.

Das Gesagte gilt auch dann, wenn in der kleinen Kfz-Ausschlußklausel nicht nur vom Führen und Halten eines Kraftwagens die Rede ist, sondern auch der Gebrauch ausgeschlossen ist. Denn nach dem Sinn des lückenlosen Deckungsanschlusses darf der Ausdruck „Gebrauch“ nicht im umfassenden Sinne verstanden werden (a. M. Ruhkopf a. a. O. S. 300 m. w. N.). Vgl. auch die interessanten Ausführungen von Reinecke VersR 1959 S. 965—971. Dieser ordnet Schäden, die beim Beladen eines Fahrzeuges entstehen, im Prinzip der Betriebshaftpflichtv zu; für Schäden, die durch die Ware beim Transport entstehen, nimmt er dagegen die Haftung sowohl des Kfz- als auch des Betriebshaftpflichtvers an, während er den Abladevorgang im Prinzip dem Kfz-Haftpflichtver zuordnet. Allein das letztere ist nicht recht einzusehen, wenn Leute des Vmers beim Entladen eines fremden Kraftfahrzeuges mitwirken. Etwas anderes gilt allerdings dann, wenn sie sich dabei etwa mechanischer Entladungsvorrichtungen des Kraftwagens — etwa einer Kippe — bedienen. Dann handelt es sich allerdings um einen ausgeschlossenen Schaden durch den Gebrauch eines Kraftwagens.

An dieser Stelle sei erwähnt, daß zwischen Kfz- und Haftpflichtvern eine „paritätische Kommission" gebildet worden ist, die eine ganze Reihe hoch interessanter Abgrenzungsfälle entschieden hat. Zur Rechtsnatur dieser Kommission vgl. die Ausführungen bei Ruhkopf a. a. O. S. 300—301, der davon ausgeht, daß es sich um einen im Rechtssinne unverbindlichen Gutachterausschuß handle. Da der Vmer durch diese Entscheidungen im Verhältnis zu seinem Ver nicht gebunden ist und die Kommission im Prinzip nur in den Fällen eines Streites in Tätigkeit tritt, in denen auf jeden Fall einer der beiden Haftpflichtver im Risiko ist, soll hier nicht weiter auf diese (im übrigen unveröffentlichte) Spruchtätigkeit eingegangen werden. Dies ist um so berechtigter, als diese Kommissionsentscheidungen von dem fiktiven Leitbild ausgehen, daß stets nur einer der beiden Haftpflichtver im Risiko sein könne. Vgl. dagegen die bereits erwähnte Bemerkung in BGH 17. II. 1956 a. a. O., daß in besonders gelagerten Fällen durchaus die Möglichkeit gegeben sei, daß sowohl vom Betriebshaftpflichtver als auch vom Kfz-Haftpflichtver Vsschutz zu gewähren sei. Richtig ist es deshalb auch, wenn Preiß ZfV 1966 S. 480—481 für einen Schaden, den ein Fahrgast beim Öffnen eines Kfz anrichtet, bemerkt, daß es sich für den Fahrgast zwar nicht um einen Gebrauch im Sinne der kleinen Kfz-Ausschlußklausel seiner Privathaftpflichtv handle, daß aber auch für Halter und Fahrer des Wagens Vsschutz bestehe, weil im Sinne des § 10 Ziff. 1 AKB ein „Gebrauch" anzunehmen sei.

[G 267] cc) „Große" Kfz-Ausschlußklausel.

aaa) Zielsetzung.

Durch die „große" Kfz-Ausschlußklausel wird ein umfassender Ausschluß des Kfz-Risikos angestrebt. Das ergibt sich daraus, daß nicht nur auf das Halten oder den Besitz (häufig findet sich hier der weitere Ausdruck „Gebrauch" oder „Verwendung") eines Kfz abgestellt wird, sondern daneben schlechthin auf das Inbetriebsetzen oder Lenken von Automobilen. Besonders deutlich wird die umfassende Ausschlußabsicht aus dem Schluß der Klausel, wo es wörtlich heißt, daß es gleichgültig sei, durch wen, aus welchem Anlaß oder zu welchem Zwecke das Inbetriebsetzen oder Lenken des betreffenden Kraftfahrzeuges erfolge. Es wäre aber dessen ungeachtet ein Fehler, nunmehr anzunehmen, daß jeder Schaden, der in irgendeiner Form mit einem Kfz-Risiko zu tun hat, vom Vsschutz ausgeschlossen sei. Treffend ist vielmehr vom BGH 17. II. 1966 NJW 1966 S. 929—930 = VA 1966 S. 238—239 Nr. 434 beim Vorliegen mehrerer Ursachenreihen der Anwendungsbereich der großen Kfz-Klausel eingegrenzt worden: „Die große Kraftfahrzeugausschlußklausel greift nicht ein, wenn sich die Kraftfahrzeuggefahr nur auf der Grundlage eines schadenstiftenden Verhaltens des Vten ausgewirkt hat, das dem Gefahrenbereich des vten Betriebs zuzurechnen ist."

Im Anschluß an diese Entscheidung und an die differenzierenden Ausführungen von Ruhkopf VersR 1962 S. 296—302 ist vielmehr sorgsam in jedem Falle die Interessenlage abzuwägen und insbesondere zu fragen, ob der jeweils erörterte Sachverhalt wirklich bei verständiger und risikogerechter Würdigung nach dem Willen der Partei vom Vsschutz ausgeschlossen sein sollte. Dabei muß dann mehrfach die schmerzlich-schwere Kunst der restriktiven Auslegung im wohlverstandenen Sinne der Beteiligten und des Vsgedankens angewendet werden.

[G 268] bbb) Besitz, Halten und Gebrauch eines Kraftfahrzeugs.

Zunächst ist zu beachten, daß sich der Nachsatz der Klausel „gleichgültig durch wen usw." ausdrücklich nur auf das Inbetriebsetzen oder Lenken eines Kraftwagens bezieht. In bezug auf die hier erörterten Begriffe „Besitz", „Halten" und „Gebrauch" sind daher die in Anm. G 264 dargelegten Grundsätze über die kausale Beschränkung des Anwendungsbereichs der kleinen Kfz-Ausschlußklausel anzuwenden. Das bedeutet, daß auch bei Vereinbarung der großen Kfz-Ausschlußklausel Vsschutz für den Vmer besteht, wenn der mitvte Hoteldiener mit der Hand den Wagen eines Gastes wegschiebt und dabei einen Dritten schädigt (von Ruhkopf a. a. O. S. 298 im Anschluß an RG 7. X. 1938 RGZ Bd 158 S. 189—192 gebildetes Beispiel). Als „Inbetriebsetzen" wird man nur das Auslösen des Motormechanismus anzusehen haben. Auch der Hoteldiener hat Vsschutz; er „gebraucht" das Kfz nicht (zweifelhaft, a. M. Ruhkopf a. a. O., Wussow[5] Anm. 34 zu § 2 AHB, S. 248). Auch wird man den Hoteldiener nicht als „Besitzer" ansehen können; die soziologisch-sinnvolle Einordnung des Vorgangs ergibt vielmehr, daß es ihm am Besitzwillen im Rechtssinne fehlt.

Hinsichtlich der Auslegung des Begriffs „Gebrauch" eines Kraftfahrzeuges darf danach die weitest denkbare Ausdehnung, der dieser Begriff sinnvoll in der Kfz-Haftpflichtv unterworfen worden ist, nicht unbesehen übernommen werden (a. M. Ruhkopf a. a. O. S. 296 und 300, der aber seinerseits S. 302 die allerdings zu weitgehende Auffassung vertritt, daß die große Kfz-Ausschlußklausel dann keine Anwendung finde, wenn in der Landwirtschaft Arbeitsgeräte durch fremde Fahrzeuge in Gang gesetzt werden). Zum Begriff des Gebrauchs eines fremden Kraftfahrzeuges vgl. auch hier BGH 7. II. 1963 VersR 1963 S. 325—326 (zur kleinen Kfz-Klausel, aber hier auch verwertbar). Im Anschluß an diese Entscheidung und an die Überlegungen in Anm. G 266 ist daran festzuhalten, daß kein Grund dafür besteht, im Rahmen der großen Kfz-Klausel anzunehmen, daß ein fremdes Fahrzeug „gebraucht" werde, wenn die Leute des Vmers etwa beim Ab- oder Beladen dieses Fahrzeuges einen Dritten schädigen. Etwas anderes hat allerdings zu gelten, wenn beim Ab- oder Beladen mechanische Einrichtungen des Kraftwagens benutzt werden.

An dieser Stelle sei auch ein vom BGH 5. III. 1964 VersR 1964 S. 474 im anderen Zusammenhang entschiedener Beispielsfall erwähnt: „Der Vmer hatte einen Heizöltank zu liefern. Dieser erlitt beim Abladen vom Kraftwagen des Vmers einen Haarriß. Der Fahrer des Vmers bemerkte das, scheute sich aber, seinen Fehler zuzugeben, und verschmierte deshalb die Beule, so daß der entstandene Riß beim Einbau unbemerkt blieb. Der Vmer wurde für den entstandenen Schaden (übermäßiger Ölverbrauch, Aufwendungen zur Beseitigung der feuchten Erde) verantwortlich gemacht. Hier ist ebenfalls die Deckung zu bejahen. Zur Vermeidung von Mißverständnissen sei allerdings betont, daß vom BGH a. a. O. diese Frage nicht entschieden wurde (es wurde lediglich der Vsschutz im Rahmen der Kfz-Haftpflichtv verneint).

[G 269] ccc) Ausschluß der Haftpflichtschäden durch Lenken und Inbetriebsetzen von Kraftfahrzeugen, gleichgültig durch wen, aus welchem Anlaß und zu welchem Zwecke.

Dieser Ausschluß greift im Prinzip immer dann ein, wenn ein Haftpflichtschaden beim Lenken oder Inbetriebsetzen eines Kraftfahrzeuges entstanden ist. Unerheblich ist, wer das Fahrzeug in Betrieb setzt oder lenkt. Vgl. hier zunächst OLG Stuttgart 3. VII. 1958 VersR 1958 S. 838—839 (mit zustimmender Anm. von Schmalzl a. a. O. S. 839) = BB 1958 S. 28 (gek.): Arbeitnehmer des Vmers hatten den Motor eines fremden Fahrzeugs, das ihnen zu weit weg von den aufzuladenden Steinen stand, in Gang gebracht und infolge unglücklicher Umstände einen schweren Schaden verursacht. Der Vsschutz wurde zu Recht verneint. Dieses Beispiel (mit entsprechenden Tatbestandsvarianten) ist nach Ruhkopf a. a. O. S. 298 der Hauptanwendungsfall der hier erörterten Klausel.

Ein in der Praxis ebenfalls nicht seltener Fall ist der, daß ein Arbeitnehmer mit Billigung oder auf Verlangen des Vmers für eine geschäftliche Angelegenheit seinen eigenen Pkw benutzt. Hier kann durchaus eine Haftung des Vmers nach § 831 BGB gegeben sein; jedenfalls dann, wenn der Arbeitnehmer z. B. Büromaterialien für den Vmer transportiert, handelt er in Ausführung einer Verrichtung im Sinne der zitierten Haftungsbestimmung. Zugleich wird eine für den Vmer gefährliche Deckungslücke ersichtlich. Denn der Dritte braucht sich, was er allerdings in aller Regel tun wird, nicht an den Halter und Fahrer des betreffenden Wagens zu halten. Das kann um so bedeutsamer werden, als durchaus die Möglichkeit gegeben ist, daß der Arbeitnehmer lediglich begrenzt nach Maßgabe des StVG haftet, der Vmer aber summenmäßig unbegrenzt, weil er nicht im Stande ist, den Entlastungsbeweis nach § 831 I 2 BGB zu führen.

Unvereinbar mit dem Inhalt der großen Kfz-Ausschlußklausel erscheint nur auf den ersten Blick LG Mannheim 16. IX. 1959 VersR 1960 S. 218—219 (zustimmend Mohr VersR 1960 S. 219, ablehnend Poppe VersR 1960 S. 396—397, Prölss[17] Anm. 5 zu § 1 AHB, S. 655). Die unvollkommene Begründung des Urteils darf aber nicht darüber hinwegtäuschen, daß das Gericht ein gutes Judiz dafür hatte, daß die Klausel nicht uferlos ausgelegt werden darf (vgl. Ruhkopf a. a. O. S. 299 und S. 302). Es handelte sich um folgenden Sachverhalt: Ein Monteur des Vmers veranlaßte einen Dritten, über eine Hofdecke zu fahren, von der er wissen mußte, daß sie dieser Belastung nicht gewachsen sein würde. Die Decke brach ein. Vom Sinn der Haftpflichtv aus ist es in der Tat nicht einzusehen, warum hier der an der Decke und dem Kraftwagen entstandene Schaden nicht vom Vsschutz erfaßt werden soll.

Vom BGH 17. II. 1966 NJW 1966 S. 929—930 = VA 1966 S. 238—239 Nr. 434 ist später in einem anderen Grenzfall ebenfalls nach dem Sinn des Ausschlusses der Vsschutz bejaht worden (zustimmend Wussow[5] Anm. 35 zu § 2 AHB, S. 251). Es handelte sich darum, daß bei dem Wiederaufbau eines Hauses der Raum zwischen zwei Wänden mit Erde ausgefüllt werden sollte. Dabei wurde eine Planierraupe eingesetzt. Die Außenmauer stürzte um. Es kam zu einem Personenschaden. Streitig war, ob allein der viel zu hohe Druck der Erdmassen oder dieser zu hohe Druck zusammen mit dem Gewicht der Planierraupe den Schaden herbeigeführt hatten. Vom BGH wurde unterstellt, daß letzteres der Fall sei, der Vsschutz aber dennoch mit der Begründung bejaht, daß sich die Kraftfahrzeuggefahr nur infolge eines schadenstiftenden Verhaltens ausgewirkt habe, das eindeutig dem allgemeinen Gefahrenkreis des vten Betriebes zuzurechnen sei. Wörtlich wurde vom BGH a. a. O. dabei folgendes ausgeführt:

> „Risikobegrenzungen und Ausschlußklauseln haben in der Schadenv im allgemeinen den Sinn, bestimmte Tatbestände, die erfahrungsgemäß eine besondere Gefahrenquelle bilden, wegen der außergewöhnlichen Häufigkeit oder Schwere der durch sie ausgelösten Schäden aus der auf eine Normallage abgestellten V herauszunehmen. Dieser Zweckbestimmung entspricht es nicht, Haftpflichtfälle, die ihren Ursprung in einem Betriebsgeschehen haben und deshalb nach natürlicher Anschauung unter das allgemeine betriebliche Risiko fallen, ungedeckt zu lassen, nur weil zu der im Betrieb begründeten Ursache als ein auf der Grundlage dieser Ursache mitwirkender Umstand noch der Einsatz eines Kraftfahrzeugs hinzugetreten ist (vgl. auch Ruhkopf VersR 1962 S. 296, 302 und die dort angeführten Beispiele)."

Vsschutz besteht, wenn ein Arbeitnehmer des Vmers ein fremdes Kfz einwinkt und durch ein Versäumnis dabei einen Zusammenstoß verursacht. Trotz der weiten Fassung des Ausschlußtatbestandes liegt ein Grenzfall vor, der bei einer sinnentsprechenden Auslegung als vert anzusehen ist. Das haftungsbegründende Moment liegt dabei eindeutig außerhalb des eigentlichen Kfz-Risikos. Der Vsschutz für derartige Fälle ist daher genau so zu bejahen, als wenn infolge eines Fehlers in der vom Vmer als Verkehrspflichtigen zu unterhaltenden Betriebsstraße ein fremder LKW auf dieser Straße einbricht, umstürzt und einen Dritten tötet (ähnliches Beispiel bei Ruhkopf a. a. O. S. 302).

Schließlich ist der Vsschutz auch in folgendem Falle zu bejahen: Ein fremder LKW drückt auf dem Fußweg einer Werkstraße ein Siel derart ein, daß eine erhebliche Vertiefung entsteht. Der Vmer läßt diesen Fußweg über einen längeren Zeitpunkt in diesem verkehrswidrigen Zustand. Hier ist für Haftpflichtansprüche aus dem späteren Sturz eines Passanten der Vsschutz trotz der ursprünglich durch ein Kfz gesetzten Schadenursache zu bejahen. Dem könnte entgegengesetzt werden, daß hier die Grundsätze über die Gesamtkausalität anzuwenden seien mit dem Ergebnis, daß der Vsschutz zu verneinen sei. Doch würde eine solche Auslegung dem Sinngehalt der Ausschlußklausel nicht mehr gerecht werden. Es sei allerdings eingeräumt, daß sich bei dem gewählten Beispiel Schwierigkeiten in der Abgrenzung ergeben, wenn der Unfall des Dritten sich zeitlich sehr viel früher zuträgt. Es ist vertretbar, die „große" Kfz-Ausschlußklausel eingreifen zu lassen, wenn der Dritte noch am selben Tage infolge der von dem betreffenden LKW geschaffenen Unebenheit stürzt. Vsschutz ist aber trotz der großen Kfz-Ausschlußklausel immer dann zu bejahen, wenn vom Vmer im Rahmen eines geordneten Geschäftsganges die Wiederherstellung der Verkehrssicherheit hätte erwartet werden können.

Als weiterer Grenzfall sei erwähnt, daß der Vmer etwa als Lieferant einer schadhaften Achse, die beim Fahren eines fremden Kraftfahrzeugs bricht, wegen des darauf zurückzuführenden Schadens eines Dritten in Anspruch genommen wird. Auch hier ist die wesentliche causa in der Betriebssphäre des Vmers zu sehen und daher der Vsschutz zu bejahen (ebenso Ruhkopf a. a. O. S. 298 Anm. 13a und S. 302; a. M. Heimbücher VW 1961 S. 243, der aber selbst einräumt, daß das von ihm gewonnene Ergebnis mit der großen Kfz-Ausschlußklausel nicht beabsichtigt gewesen sein könne).

Umstritten ist es, ob durch vom Vmer auf ein fremdes Kraftfahrzeug verladene Ware während der Fahrt angerichtete Schäden — sei es, daß z. B. Tonnen wegen fehlerhafter Befestigung herunterfallen und Dritte verletzen, sei es, daß Chemikalien infolge mangelhafter Verpackung auslaufen, die Straße verschmieren und zu einem Zusammenstoß nachfolgender Fahrzeuge führen — durch die große Kfz-Ausschlußklausel vom Vsschutz ausgenommen sind. Für Deckung: Eberhardt ZfV 1957 S. 767—771, Stelzer ZfV 1957 S. 173, VW 1958 S. 180—181, VW 1959 S. 733; dagegen: Evers ZfV 1958 S. 46 (vgl. auch ZfV 1956 S. 382—383), Ruhkopf a. a. O. S. 300 m. w. N.; vgl. auch Reinecke VersR 1959 S. 966—967, der die beste Lösung anbietet, indem er die Eintrittspflicht sowohl des Betriebs- als auch des Kfz-Haftpflichtvers bejaht, wobei er allerdings nur die Bestimmungen der AHB berücksichtigt und nicht auf den Text der Ausschlußklauseln abstellt. In Konsequenz der Überlegung, daß der Vsschutz für denjenigen Vmer bejaht werden muß, der durch mangelhafte Reparatur eines Kraftwagens einen Unfall verursacht hat, ist auch hier der Vsschutz zu bejahen. Das Gesagte bezieht sich — wohlgemerkt — nicht auf die Haftung für das Fahren des Fahrzeuges, sondern auf die daneben nach den Vorschriften über die unerlaubte Handlung bestehende Haftung wegen des schlechten Verladens oder der schlechten Verpackung.

In diesem Zusammenhang sei auch auf Bedenken gegenüber LG Krefeld 17. XII. 1958 VersR 1959 S. 382—383 (mit zustimmender Anm. von Schmalzl a. a. O. S. 383) verwiesen: Der Vmer besaß zwei fahrbare Buden, aus denen er auf Kirmesplätzen Speiseeis und Konditoreiwaren verkaufte. Diese Buden wurden von dem Fuhrunternehmer S mit einer Zugmaschine zum nächsten Kirmesplatz abgeschleppt. Auf einer Fahrt kam es dadurch zu einem schweren Unfall, daß die beiden Buden (infolge schadhafter Bremsen) die Zugmaschine überrollten. Das LG verneinte den Vsschutz (zustimmend dazu auch Ruhkopf a. a. O. S. 299). Aber im Grunde genommen handelt es sich doch auch hier nur darum, daß der Vmer für den betriebsunsicheren Zustand seiner fahrbaren Bude verantwortlich gemacht wird. Bei diesen Buden, die sich nicht aus eigener Kraft bewegen konnten, handelt es sich nicht um Kraftfahrzeuge. Bejaht man den Vsschutz unter der großen Kfz-Ausschlußklausel, wenn der Vmer eine mangelhafte Achse geliefert hat oder als Tankwart die Ölablaßschraube nicht wieder geschlossen hat, so ist nicht einzusehen, warum hier der Vsschutz verneint wird (vgl. für einen der kleinen Kfz-Ausschlußklausel unterliegenden ähnlich gelagerten Fall: BGH 28. V. 1956 BGHZ Bd 20 S. 392—393). Auf der anderen Seite bejaht auch Ruhkopf a. a. O. S. 301—302 den Vsschutz in folgendem Falle: Ein Bagger wird auf einem dazu vorgesehenen Transportwagen von einer Baustelle zur anderen befördert und dabei wird infolge unzulänglicher Befestigung des Baggers — der Bagger fällt herunter — ein Drittschaden verursacht. Dem wägenden Betrachter leuchtet ein, daß eine unterschiedliche Behandlung der beiden Fälle eigentlich nicht zu verstehen ist, wenngleich eine im juristischen Sinne durchaus vertretbare Begründung von Ruhkopf a. a. O. mit der Bemerkung gegeben wird, daß der Bagger selbst Kfz sei und daß daher die Kfz-Ausschlußklausel bei V eines derartigen Baggers stillschweigend abbedungen sei.

Dagegen ist der Vsschutz in folgendem bedeutsamen Falle zu verneinen: Ein betriebsfremdes Kfz fährt ohne äußeren Anlaß gegen einen Tank auf dem Grundstück des Vmers. Für den daraus an einem Gewässer entstehenden Schaden haftet der Vmer nach der in § 22 II WHG festgelegten Gefährdungshaftung, da es sich nicht um einen Fall höherer Gewalt handelt. Die Verneinung des Vsschutzes ist bedauerlich, denn auch vom Standpunkt einer differenzierenden Auslegung läßt sich eine andere Entscheidung schwerlich rechtfertigen. Das Gesagte gilt auch dann, wenn die Zusatzbedingungen zur Betriebshaftpflichtv für die V der Haftpflicht aus Gewässerschäden (VA 1965 S. 3—4) vereinbart worden sind; denn auch dort ist in den Erläuterungen (a. a. O. S. 4 Ziff. 2) die große Kfz-Ausschlußklausel vorgesehen.

Schließlich bleibt zu prüfen, ob der Vmer in dem vom BGH 26.III.1956 VersR 1956 S. 283 entschiedenen Falle, in dem ein Dritter dem Fahrer in das Steuer greift, auch unter der Geltung der großen Kfz-Ausschlußklausel Vsschutz genießen würde. Nach dem Wortlaut der Klausel ist das nicht der Fall. Da es sich um ein Kfz-Risiko im engeren Sinne handelt, muß hier auch nach dem Zweck der Ausschlußklausel der Vsschutz verneint werden (ebenso Heimbücher VW 1958 S. 609). Dagegen ist der Vsschutz auch im Bereich der großen Kfz-Ausschlußklausel zu bejahen, wenn der Vmer deshalb schadenersatzpflichtig ist, weil er entgegen einer nach den Umständen des Falles gegebenen Rechtspflicht, etwa als Gastwirt, einen durch Alkoholgenuß fahruntüchtigen Dritten nicht am Kfz-Gebrauch hindert (ebenso Ruhkopf a. a. O. S. 302; a. M. Dannenberg ZfV 1964 S. 576, Heimbücher VW 1958 S. 609).

Als Ergebnis der kasuistischen Betrachtung lassen sich folgende als sinnvoll erscheinende Auslegungsgrundsätze festhalten: Wird der Vmer aus einem Schadenfall, der auf das Lenken oder Inbetriebsetzen eines Kraftfahrzeuges zurückzuführen ist, in Anspruch genommen, so greift die Kfz-Ausschlußklausel immer dann ein, wenn er wegen eines Fehlers oder eines Verschuldens derjenigen Person verantwortlich gemacht wird, die das Fahrzeug lenkte oder in Betrieb setzte. In denjenigen Fällen aber, in denen der Vmer für das Verhalten einer Hilfsperson verantwortlich gemacht wird, die weder das Fahrzeug gelenkt, noch es in Betrieb gesetzt hat, noch in dem Fahrzeug als Beifahrer war, ist grundsätzlich der Vsschutz zu bejahen. In den verbleibenden Grenzfällen, in denen der Vmer etwa wegen eines auf die verkehrsunsichere Beschaffenheit der Ladung zurückzuführenden Schadens oder wegen der Verkehrsunsicherheit eines Kfz verantwortlich gemacht wird, besteht ebenfalls grundsätzlich Vsschutz.

[G 270] **dd) Überlegungen zur Verbesserung des Versicherungsschutzes.**

Die erläuterten Beispiele zeigen, daß sich für den Vmer recht unangenehme Grenzfälle bei der Anwendung der großen Kfz-Ausschlußklausel ergeben können. Das gilt um so mehr, wenn der hier im Interesse des Vsgedankens vertretenen restriktiven Auslegung nicht gefolgt wird. Verständlich ist dem Rechtssuchenden der umfassende Ausschluß nur dann, wenn der Deckungsanschluß zur Betriebshaftpflichtv gewahrt wird. Eine Doppelv zu vermeiden, erscheint als berechtigte Aufgabe der Kfz-Ausschlußklausel. Dagegen ist kein einleuchtender Grund dafür gegeben, auch darüber hinaus den Vsschutz zu beschränken. Insbesondere handelt es sich nicht um ein ungewöhnliches oder unübersehbares Risiko. Das zeigt deutlich die Überlegung, daß für derartige Fälle, soweit es sich um das eigene Fahrzeug des Vmers handelt, im Rahmen einer normalen Kfz-Haftpflichtv Vsschutz gewährt wird. Es wäre daher sinnvoll, wenn generell auch in der Betriebshaftpflichtv nur die kleine Kfz-Ausschlußklausel zugrunde gelegt werden würde. Das geschieht vielfach in Industrie-Haftpflichtvspolicen und ist auch in den AVB eines deutschen Gegenseitigkeitsvereins verankert. Vgl. auch die vom BGH 28.V.1956 BGHZ Bd 20 S. 385—397, 7.II.1963 VersR 1963 S. 326—327 entschiedenen Fälle, in denen für Betriebshaftpflichtven ebenfalls die kleine Kfz-Ausschlußklausel vereinbart war. Aufgabe des Aufsichtsamtes wäre es, zum Schutz des Vmers und in sinnvoller Ausgestaltung des Vsschutzes auf eine derartige Fassung des Ausschlußtatbestandes hinzuarbeiten (vgl. in diesem Zusammenhang auch die Ausführungen von Ossewski VersR 1952 S. 6).

[G 271] **o) Ausschluß der Haftpflichtgefahren aus einer ungewöhnlichen und gefährlichen Betätigung in der Privathaftpflichtversicherung.**

Nach den „Erläuterungen" zur Privathaftpflichtv sind dort auch die Gefahren einer ungewöhnlichen und gefährlichen Betätigung vom Vsschutz ausgenommen. Es müssen beide Tatbestandsmerkmale vorliegen, damit diese Ausschlußbestimmung eingreifen kann. Haftpflichtgefahren aus einer gefährlichen Tätigkeit werden also vom Vsschutz erfaßt, wenn nicht diese Beschäftigung zugleich eine ungewöhnliche ist. Andererseits steht auch eine ungewöhnliche Beschäftigung unter Vsschutz, wenn sie nicht gefährlich ist. Handlungen, die nur aus dem üblichen Rahmen fallen, sind dabei noch nicht als ungewöhnlich anzusehen (Boettinger Grundlagen C 2 IX S. 3). Die Ausschlußbestimmung soll nur in seltenen Ausnahmefällen, in denen das Versagen des Vsschutzes sowohl vom Standpunkt des Vers wie dem der Allgemeinheit gerechtfertigt ist, eingreifen (so Boettinger a. a. O.). Zutreffend ist vom BGH 26. III. 1956 VersR 1956 S. 283 zum Anwendungsbereich dieser Klausel folgendes ausgeführt worden:

> „Diese Bestimmung kann nicht etwa in all den Fällen Anwendung finden, in denen die schadenstiftende Handlung selbst unter ungewöhnlichen oder gefährlichen Umständen ausgeführt worden ist, ihre Geltung ist vielmehr auf die seltenen Ausnahmefälle beschränkt, in denen die schadenstiftende Handlung im Rahmen einer allgemeinen Betätigung des Vten vorgenommen worden ist, die ihrerseits „ungewöhnlich und gefährlich" ist und deshalb in erhöhtem Maße die Gefahr schadenstiftender Handlungen in sich birgt (vgl. Boettinger Grundlagen C 2 IX S. 3)."

Mit dieser Begründung wurde vom BGH a. a. O. die Anwendbarkeit der Ausschlußbestimmung in einem Falle verneint, in dem ein Beifahrer dadurch einen Unfall herbeiführte, daß er in das Steuerrad des Kraftwagens griff, als der Wagen von einer dritten Person gefahren wurde.

Unrichtig LG Braunschweig 28. VII. 1965 VersR 1966 S. 482—483: Der Vmer (von Beruf Maurer) hatte eine Betonmischmaschine, die er ursprünglich zum Preise von DM 150,— für sein von ihm in Eigenarbeit errichtetes Haus gekauft hatte, an einen anderen Maurer — wohl ebenfalls für eine derartige Eigenarbeit — verliehen oder vermietet. Dabei kann nach den dargestellten Grundsätzen gewiß nicht von einer ungewöhnlichen und gefährlichen Betätigung die Rede sein. Zu prüfen war nur, ob es sich um die Gefahren eines Betriebes oder Berufes handelte (vgl. dazu Anm. G 111).

Nach der Fassung der Ausschlußbestimmung verliert nur derjenige Vmer (oder Vte), der die ungewöhnliche und gefährliche Beschäftigung ausübt, den Vsschutz. Werden daher haftpflichtvte Eltern wegen Verletzung der Aufsichtspflicht nach § 832 BGB in Anspruch genommen und liegen bei den vten Kindern die Voraussetzungen der erörterten Ausschlußklausel vor, so berührt das den Haftpflichtvsschutz der Eltern nicht (so auch schon andeutungsweise RG 8. III. 1940 HansRGZ 1940 A Sp. 110 = JRPV 1940 S. 140).

[G 272] p) Schußwaffenausschlußklauseln.

Nach den üblichen Vserläuterungen zum primären Umfang des Vsschutzes ist in der Privathaftpflichtv die Haftpflicht des Vmers aus dem erlaubten Besitz oder der erlaubten Benutzung von Schußwaffen — soweit es sich nicht um das Jagdrisiko handelt — eingeschlossen. Zur primären Abgrenzung des Vsschutzes für dieses Risiko vgl. die Nachweise in Anm. G 102. Wegen der Gefährlichkeit des Waffenrisikos finden sich aber immer wieder Klauseln in Haftpflichtvsverträgen, durch die das Waffenrisiko (ganz) ausgeschlossen werden soll. Das hat zu unerfreulichen Vsschutzprozessen geführt. Vgl. BGH 24. VI. 1963 NJW 1963 S. 2171—2173 = VA 1964 S. 76—77 Nr. 381: „Als Schußwaffen sind auch Druckluftwaffen zu verstehen, und zwar auch dann, wenn sie als sogenanntes Kinderspielzeug verwendet werden." Vgl. dazu weiter Fischer VersR 1965 S. 200.

Sorgsam ist dabei auf den jeweiligen Wortlaut derartiger Ausschlußklauseln abzustellen: BGH 10. III. 1966 VersR 1966 S. 674—675 bejaht zutreffend den Vsschutz für den Vmer, der wegen einer durch seinen Sohn bei einem Dritten herbeigeführten Schußverletzung nach § 832 BGB wegen Verletzung der Aufsichtspflicht haftpflichtig gemacht wird. Die Ausschlußklausel lautete dabei (sinngemäß): „Der Vsschutz bezieht sich nicht auf die Benutzung oder den Besitz von Schußwaffen aller Art." So hatte auch schon KG 5. VIII. 1936 VA 1936 S. 232 Nr. 2910 = JRPV 1936 S. 366 in einem ähnlich gelagerten Fall entschieden. BGH 24. VI. 1963 a. a. O. erörterte dagegen bei der dort zugrunde liegenden Klausel „Ausgeschlossen sind Haftpflichtansprüche wegen Verletzung und Beschädigung durch Schußwaffen" gar nicht erst die Möglichkeit, daß Vsschutz für den wegen Verletzung seiner Aufsichtspflicht haftenden Vmer bestehen könne.

[G 273] q) Ausschluß nach § 4 Ziff. 3 AHBVerm.

aa) Überschreitung von Voranschlägen und Krediten.

§ 4 Ziff. 3 AHBVerm schließt Haftpflichtansprüche aus der Überschreitung von Voranschlägen und Krediten vom Vsschutz aus. Es spielt dabei keine Rolle, ob die Voranschläge verbindlichen Charakter tragen oder ob sie ausdrücklich als „unverbindlich" bezeichnet worden sind. Gleichgültig ist auch, ob der Haftpflichtanspruch damit begründet wird, daß der Voranschlag anfänglich fehlerhaft erstellt war oder daß eine Überschreitung durch mangelhafte spätere Leistungen (Verletzung der Überwachungspflicht) verursacht worden ist. Entscheidend ist nur, daß der Haftpflichtanspruch mit der Überschreitung des Kostenvoranschlages begründet wird.

Vom BGH 5. IV. 1962 VersR 1962 S. 462—463 ist für eine entsprechende Klausel einer Architektenhaftpflichtv (bei der Haftpflichtansprüche wegen Vermögensschäden eingeschlossen waren) entschieden worden, daß es zur Anwendung der Ausschlußklausel nicht erforderlich sei, daß es aufgrund der Kostenvoranschläge zur Durchführung der Arbeiten komme; es genüge vielmehr auch, daß eine Überschreitung eingetreten wäre, wenn die Arbeiten nach dem Kostenvoranschlag durchgeführt worden wären. Auf die Fehlerhaftigkeit eines Voranschlags gestützte Schadenersatzansprüche seien auch in einem solchen Falle ausgeschlossen. Es handelte sich darum, daß aufgrund des Kostenvoranschlags weitere (kostenpflichtige) Angebote angefordert worden waren. Diese Auslegung erweckt Bedenken. Sie steht zunächst im Widerspruch zum Wortlaut des Ausschlußtatbestandes. Aber auch nach dem Sinne der Ausschlußbestimmung ist eine derartige extensive Auslegung nicht erforderlich. Die Klausel will den Ver von den erfahrungsgemäß immer wieder auftretenden Streitigkeiten durch die Überschreitung von Kostenvoranschlägen schützen. Es ist aber im Wortlaut der Klausel nicht zum Ausdruck gekommen, daß schlechthin Streitigkeiten ausgeschlossen sind, die auf Fehler bei der Erstellung von Voranschlägen zurückzuführen sind. Vielmehr ist nur die typische Fehlerquelle ausgeschieden, daß nämlich äußerlich sofort erkennbar die im Voranschlag gesetzte Summe überschritten wird. Der atypische Fall, daß vor Beginn der eigentlichen aufgrund des Voranschlags auszuführenden Arbeiten im Voranschlag ein Fehler entdeckt wird, die Arbeit nicht nach dem Voranschlag ausgeführt wird und dem Dritten aber dennoch ein Schaden entstanden ist, wird von der Ausschlußklausel expressis verbis nicht behandelt. Es ist nicht anzunehmen, daß die Verfasser der Ausschlußbestimmung diesen Fall erfassen wollten. Ein Schluß (argumentum a maiore ad minus) des Inhalts, da das sehr viel größere Risiko aus der effektiven Überschreitung von Kostenvoranschlägen nicht unter den Vsschutz falle, sei auch das hier erörterte geringere ausgeschlossen, ist wenig überzeugend. Die Ausdehnung des Ausschlußtatbestandes auf hypothetische Überschreitungen ist auch durch die Interessenlage nicht geboten. Zu bedenken ist dabei, daß ein Grund für den Ausschluß von Haftpflichtansprüchen wegen der Überschreitung von Kostenvoranschlägen der war, daß eine Auseinandersetzung darüber vermieden werden sollte, ob der Schadenersatzanspruch des Dritten wegen der effektiv empfangenen Gegenleistung nicht trotz der Überschreitung des Voranschlags unbegründet sei.

Eng auszulegen ist auch der Ausschlußtatbestand der Überschreitung eines Kredits. Gemeint ist hier, daß derjenige, der z. B. ein Darlehen für einen Privatmann oder für den Staat vergibt, die ihm durch Vertrag oder Gesetz auferlegten Grenzen summenmäßig überschreitet. Voraussetzung für die Anwendung der Klausel ist also zunächst einmal, daß überhaupt schon ein Kredit rechtmäßig bewilligt worden ist. Andernfalls fehlt es an der Möglichkeit, diesen zu überschreiten. Der Ausschluß greift daher nicht ein, wenn der Vmer einen Kredit in der irrigen Meinung einräumt, daß der Darlehensnehmer die vertraglichen oder gesetzlichen Voraussetzungen für die Gewährung eines ersten Kredits erfüllt. Die vorstehenden Ausführungen sind aus der Sicht des Darlehensgebers erfolgt, für den der Vmer fehlerhaft die summenmäßige Kreditgrenze überschreitet. Eine Kreditüberschreitung kann aber auch aus der Sicht des Darlehensnehmers vorliegen. Handelt der Vmer auf der Seite des Darlehensnehmers, so scheiden aus einer derartigen Kreditüberschreitung entstehende Streitigkeiten ebenfalls aus dem Vsschutz aus. Gedacht sei hier an den Fall, daß die den Kredit gewährende Bank für den als Treuhänder handelnden Vmer zwar irrig die über den Kreditrahmen liegende Überweisung ausführt, das aber zum Anlaß nimmt, den Kredit ganz aufzukündigen mit der Folge einer empfindlichen Schädigung des Treugebers. Das gleiche gilt, wenn Vmer und Darlehensnehmer identisch sind. Wenn also der Vmer sich einem Dritten gegenüber aus bestimmten Gründen zur Einhaltung einer Kreditgrenze verpflichtet hat und dieser Verpflichtung zuwiderhandelt, sind alle damit im Zusammenhang stehenden Ersatzansprüche vom Vsschutz ausgeschlossen.

[G 274] bb) Vermittlung oder Empfehlung von Geld-, Grundstücks- und anderen wirtschaftlichen Geschäften.

Auch der in der genannten Ausschlußbestimmung weiter festgelegte Tatbestand der „Vermittlung oder Empfehlung von Geld-, Grundstücks- und anderen wirtschaftlichen Geschäften" bedarf genauer Abgrenzung. Vom RG 2. VIII. 1935 RGZ Bd 148 S. 282—286 war darüber zu befinden, ob ein Rechtsanwalt, der sich absprachegemäß von seinem Mandanten eine Hypothek bestellen ließ, um dann die Zwangsversteigerung des an einen Dritten verkauften Grundstücks zu betreiben und zugleich die Rechte aus dem nichterfüllten Kaufvertrag zu realisieren, ein wirtschaftliches Geschäft empfohlen oder vermittelt hatte. Zutreffend hat das genannte Gericht die Auffassung vertreten, daß hier zwar eine sehr intensive anwaltliche Beratung vorgelegen habe, daß aber der Tatbestand des § 4 Ziff. 3 AHB nicht erfüllt sei. Aus dem Referat der vorinstanzlichen Entscheidung in der genannten RG-Entscheidung ergibt sich, daß dort die Überlegung angestellt wurde, ob die Frage des Vsschutzes anders zu beurteilen sei, wenn nicht das Interesse an der Abwicklung der Grundstücksangelegenheit des Mandanten, sondern die eigene Gebührenforderung das Handlungsmotiv gewesen wäre. Dazu ist zu bemerken, daß jedenfalls immer dann Vsschutz besteht, wenn das Verlangen nach einer Sicherheit für die Gebührenforderung zugleich mit anwaltlichen Ratschlägen für die Erledigung der Grundstücksangelegenheit verbunden wird oder aber das Vorgehen des vten Rechtsanwalts zugleich eine Verletzung der nachwirkenden Treuepflichten aus dem Anwaltsvertrag darstellt (oder eine solche Verletzung jedenfalls zur Begründung eines Schadenersatzanspruchs behauptet wird). Das Gesagte ergibt, daß der Anwendungsbereich des § 4 Ziff. 3 AHBVerm stark eingeschränkt ist. Es stellt sich sogar die Frage, ob es sich nicht in gewissen Vermögensschadenhaftpflichtven nur um eine deklaratorische Ausschlußbestimmung handelt, insbesondere nämlich bei der Haftpflichtv für Anwälte und Notare. Denn diesen Berufen ist nach ihrer Struktur eine Vornahme von Geld- und Grundstücksgeschäften ohne Beratung oder Aufklärung wesensfremd. Die vom KG 12. X. 1934 JRPV 1935 S. 202—204 referierte Auffassung der Vorinstanz, daß trotz § 4 Ziff. 3 AHBVerm immer dann Vsschutz gegeben sei, wenn der geltend gemachte Haftpflichtanspruch aus dem Anwaltsvertrag hergeleitet werde und der Vmer das Geschäft nur nebenher vermittelt oder empfohlen habe, ist demgemäß im Prinzip richtig; ebenso OLG Hamburg 20. IV. 1932 VA 1932 S. 254—255 Nr. 2447 = JRPV 1932 S. 222—223, das bei einer anwaltlichen Beratung im Zwangsversteigerungsverfahren, die zum Erwerb einer vorrangigen Grundschuld führen sollte, das Vorliegen des Ausschlußtatbestandes verneint, weil es sich nicht um ein „isoliertes" Geld- oder Grundstücksgeschäft handelte, sondern um eine äußerst intensive — wenn auch fehlerhafte — anwaltliche Beratungstätigkeit.

Bei der Verwertung der vorstehend genannten Entscheidungen ist zu beachten, daß diese sich mit der Deckungsfrage zu befassen hatten, wie sie sich nach der bis 1930 geltenden Fassung des § 4 Ziff. 3 AHBVerm stellte: „Ausschluß von Haftpflichtansprüchen aus der Vermittlung oder Empfehlung von Geldgeschäften". Durch die Neufassung ist aber nur klargestellt worden, daß auch die Vermittlung von Grundstücksgeschäften und sonstigen wirtschaftlichen Geschäften als ausgeschlossene Vermittlung von Geldgeschäften anzusehen ist. Es ändert sich aber durch die Neufassung nichts an der treffenden Auslegung, daß immer dann Vsschutz gegeben sei, wenn neben der Vermittlung oder Empfehlung dieser Geschäfte die dem vten Beruf eigentümliche Sondertätigkeit (anwaltliche Beratung usw.) entfaltet werde.

Es leuchtet ein, daß § 4 Ziff. 3 AHBVerm in der Vermögensschadenhaftpflichtv für Grundstücks- und Hypothekenmakler nicht unverändert bestehen bleiben kann, wenn nicht jede Vsnahme für diese Berufe sinnlos erscheinen soll. Hier bestehen den Vsschutz erweiternde Klauseln (vgl. dazu den vom OLG Hamburg 23. V. 1962 VersR 1963 S. 226 bis 227 entschiedenen Fall, dem solche Sonderbestimmungen zugrunde lagen).

[G 275] r) Ausschluß nach § 4 Ziff. 4 AHBVerm.

Haftpflichtansprüche aus Fehlbeträgen bei der Kassenführung, durch Verstöße beim Zahlungsakt und durch Veruntreuung durch das Personal des Vmers sind vom Vsschutz ausgeschlossen.

Schadenersatzansprüche eines Dritten wegen Fehlbeträgen bei der Kassenführung sind kaum anders vorstellbar als in der Weise, daß der Vmer eine gesonderte Kasse für einen Dritten führt. Derartige Fälle dürften nicht allzu häufig vorkommen. Der Grund für den Ausschluß derartiger Schadenersatzansprüche ist darin zu suchen, daß eine tatsächliche Aufklärung oft schwierig ist, ob Fehlbeträge auf das an sich schutzwürdige Risiko fahrlässiger Fehler bei der Kassenführung zurückzuführen sind oder ob Veruntreuungen durch den Vmer oder sein Personal vorliegen. Der Ausschluß greift aber auch dann ein, wenn entgegen dieser Grundüberlegung feststeht, daß nur ein fahrlässiger Fehler vorliegt.

Ein Verstoß beim Zahlungsakt im Sinne der Ausschlußbestimmung liegt immer dann vor, wenn an einen Unberechtigten ausgezahlt wird. Gleichgültig ist dabei, ob sich der Vmer über die Person des Dritten oder über seine Berechtigung geirrt hat. Die Ausschlußklausel greift daher auch dann ein, wenn ein Anwalt, bei dem ein bestimmter Betrag hinterlegt ist, der irrigen Meinung ist, daß die Voraussetzungen für die Auskehrung des hinterlegten Betrages erfüllt seien. Der Irrtum des Vmers darüber, ob die Voraussetzungen für eine Auszahlung vorlagen oder nicht, ist in diesem Sinne als Verstoß beim Zahlungsakt anzusehen. Zahlt dagegen der Mandant selbst aufgrund eines unrichtigen Ratschlags eines vten Anwalts aus, obwohl z. B. die im Vertrage vorgesehene Sicherungsübereignung tatsächlich mangels hinreichender Bestimmbarkeit des Sicherungsguts nicht wirksam war, so besteht Vsschutz. Denn die Klausel setzt für ihre Anwendung voraus, daß der Vmer selbst (oder die vten Personen) den Zahlungsakt vornimmt. Gleichgültig für die Anwendung des Ausschlusses ist es, ob die Zahlung in bar oder durch Überweisung erfolgt. Auch die Hingabe eines Schecks oder Wechsels erfüllt den Ausschlußtatbestand. Dagegen stellt eine Aufrechnungserklärung keinen Zahlungsakt im Sinne der hier erörterten Klausel dar.

Bei dem Ausschluß von Haftpflichtansprüchen durch Veruntreuung durch Personal des Vmers ist zu bedenken, daß in der Vermögensschadenhaftpflichtv nur die Haftpflicht wegen der sogenannten reinen Vermögensschäden vert ist. Ausdrücklich ausgeschlossen und von derartigen „reinen" Vermögensschäden zu unterscheiden ist der Vsschutz für Schadenersatzansprüche wegen des Abhandenkommens von Sachen (vgl. § 1 I AHBVerm). Derartige Schadenersatzansprüche fallen schon primär nicht in den Deckungsbereich der Vermögensschadenhaftpflichtv. § 4 Ziff. 4 AHBVerm gewinnt daher nur Bedeutung für Fälle, in denen ein Abhandenkommen nicht vorliegt. Damit läßt sich auch der im Ausschlußtext gebrauchte Begriff „Veruntreuung" durch Personen des Vten in Einklang bringen. Darunter ist im Sinne des Bedingungsrechts bei interessengemäßer Auslegung sowohl die Unterschlagung nach § 246 StGB (besonders auch in der qualifizierten Form des Anvertrautseins) als auch die Veruntreuung nach § 266 StGB zu verstehen, keineswegs aber der Tatbestand des § 242 StGB.

[G 276] s) Ausschluß des Risikos aus „unternehmerischer" Tätigkeit gemäß § 4 Ziff. 7 AHBVerm.

Eine Besonderheit der Vermögensschadenhaftpflichtv stellt auch § 4 Ziff. 7 AHBVerm dar. Danach ist die Tätigkeit des Vmers als Leiter, Vorstand oder Aufsichtsratsmitglied privater Unternehmungen, Vereine und Verbände und die Tätigkeit als Syndikus vom Vsschutz ausgeschlossen. Sinn dieser Bestimmung ist es, das eigentlich unternehmerische Risiko vom Ver fernzuhalten. Die Ver stehen auf dem Standpunkt, daß es nicht Aufgabe einer Vermögensschadenhaftpflichtv sei, das Risiko für echte unternehmerische Entscheidungen zu tragen. Gedacht sei z. B. an Überlegungen darüber, ob die Investitionen einer Aktiengesellschaft in ein bestimmtes Produkt rentabel sein werden oder nicht oder ob ein Fabrikationszweig ganz aufzugeben ist oder nicht. Diese Lücke im Vsschutzangebot ist tragbar. Trotz der scharfen Haftungsbestimmungen (vgl. z. B. §§ 93, 116 AktG) ist nur in Ausnahmefällen eine Schadenersatzpflicht bei echten unternehmerischen Entscheidungen eines Vorstands- oder Aufsichtsratsmitgliedes zu bejahen. Fehler des Vorstandes einer AG in den in § 93 III AktG aufgezählten Fällen können allerdings nicht dem Unternehmerrisiko in diesem Sinne zugerechnet werden. Doch handelt es sich um derart schwerwiegende Verstöße, daß eine V dieses Risikos aus rechtspolitischen Gründen als nicht wünschenswert erscheint. Nicht unerwähnt sei allerdings, daß es z. B. in den USA üblich ist, das Risiko aus der Tätigkeit als Aufsichtsratsmitglied zu vern.

Der Ausdruck „Vorstand- oder Aufsichtsratsmitglied" ist im Sinne der Gesetzesterminologie zu verstehen. Soweit Spezialgesetze, wie z. B. das GmbH-Gesetz, andere Ausdrücke wählen, greift der umfassende Begriff des „Leiters" ein. Dort wo keine eigentliche unternehmerische Tätigkeit vorliegt, sondern die Rechtsberatung lediglich als Grundlage für eine derartige Entscheidung dient, besteht kein Anlaß, den Vsschutz gegen unrichtige oder lückenhafte Rechtsauskünfte zu versagen. Demgemäß ist es in der Vermögensschadenhaftpflichtv für Rechtsanwälte möglich, gegen Prämienzuschlag auch die Tätigkeit eines Rechtsanwaltes als Syndikus (abweichend von § 4 Ziff. 7 AHBVerm) zu vern.

II. Nebenpflichten des Versicherers.

Gliederung:

[G 277] Vorbemerkung:

Die Hauptleistungspflicht des Vers, nämlich die Befreiung des Vmers von begründeten und unbegründeten Ansprüchen des geschädigten Dritten, wird flankiert von ergänzenden Nebenpflichten, die sich aus Treu und Glauben unter besonderer Berücksichtigung der Sorgfaltspflicht gegenüber einem Vertragspartner ergeben. Was als eine solche ergänzende Nebenpflicht anzusehen ist, richtet sich wie auch sonst im Schuldrecht nach Treu und Glauben aus der Sicht eines verständig wägenden Betrachters. Die Nebenpflichten werden danach wesentlich von dem individuellen Geschehensablauf des Einzelfalls bestimmt. Demgemäß kommt der nachstehenden Darstellung keine erschöpfende Bedeutung zu. Vielmehr sind nur die typischerweise im Rahmen eines Haftpflichtvsverhältnisses bestehenden Nebenpflichten aufgeführt, von denen eine sogar einen — wenn auch nur unvollkommenen — Ausdruck im Gesetz gefunden hat (vgl. Anm. G 279). Zu bedenken ist daher immer, daß nach dem Maßstab von Treu und Glauben auch in anderen Situationen als den aufgeführten sich nach den konkreten Fallumständen derartige zusätzliche ergänzende Nebenpflichten ergeben können.

[G 278] 1. Pflicht zur Rücksichtnahme auf den Versicherungsnehmer bei der Regulierung eines Haftpflichtschadens.

Eine solche Pflicht ist weder im Gesetz noch in den Bedingungen ausdrücklich verankert. Sie ergibt sich insbesondere auch nicht aus der in § 156 II in verklausulierter Form festgelegten Benachrichtigungspflicht (vgl. dazu Anm. G 279—280). Denn diese Benachrichtigungspflicht setzt begrifflich im Regelfall erst dann ein, wenn die Haftpflichtschuld des Vmers bereits festgestellt ist. Im normalen Haftpflichtvsverhältnis gilt demgemäß bis zu dem Zeitpunkt der Feststellung der Haftpflichtschuld der in Anm. B 37—38 dargestellte Grundsatz, daß es im Ermessen des Vers liege, in welcher Form er Haftpflichtvsschutz gewähre und den Dritten befriedige. Demgemäß ist für den Ver ein Widerspruch des Vmers gegen die ihm bekannt gewordene Absicht des Vers, den Schaden regulieren zu wollen, grundsätzlich unbeachtlich. Aus §§ 3 III Ziff. 3 AHB,

3 II Ziff. 8 AHBVerm läßt sich nichts Gegenteiliges herleiten. Zwar heißt es dort, daß — für den Fall, daß die von dem Ver verlangte Erledigung eines Haftpflichtanspruchs durch Anerkenntnis, Befriedigung oder Vergleich an dem Widerspruch des Vmers scheitere — der Ver für den von der Weigerung an entstehenden Mehraufwand an Hauptsache, Zinsen und Kosten nicht aufzukommen habe (vgl. zum Anwendungsbereich dieser Vorschriften Anm. F 86—89). Diese Bestimmungen dürfen aber nur als eine Abwehrreaktion des Vers aufgefaßt werden, die ihm ein im Rechtssinne nicht erzwingbares Einlenken gegenüber den Intentionen des Vmers erleichtern sollen. Keinesfalls werden damit Vollmacht und Auftragsverhältnis im Haftpflichtvsverhältnis widerrufen (vgl. dazu auch Anm. G 9—15).

Das Gesagte entbindet den Ver aber nicht von der Rücksichtnahme gegenüber dem Vmer, wenn durch die Entscheidung des Vers zugleich faßbare Vermögensnachteile für den Vmer ausgelöst werden. Der Ver tut gut daran, in solchen Fällen den Vmer vor einer einverständlichen Feststellung der Haftpflichtforderung zu unterrichten (vgl. Venzmer VersR 1962 S. 937), ohne daß er sich allerdings durch ein Unterlassen einer derartigen vorsorglichen Benachrichtigung schadenersatzpflichtig macht. Gedacht sei z. B. daran, daß der Vmer aus einer vereinbarten Selbstbeteiligung gehalten ist, sich an dem Schaden zu beteiligen. In einem solchen Falle macht der Ver sich gegenüber dem Vmer nur schadenersatzpflichtig, wenn er infolge Fahrlässigkeit eine nach materiellem Recht nicht bestehende Haftpflichtforderung des geschädigten Dritten anerkennt (etwa weil es sich bei diesem um einen guten Geschäftspartner des Vers handelt). Beweispflichtig für ein solches fahrlässiges Verkennen der Rechtslage unter Berücksichtigung eines dem Ver auch in einem solchen Falle zuzusprechenden Ermessens ist dabei der Vmer. Liegt ein solches fahrlässiges Verkennen der Rechtslage durch den Ver vor, so ist er auch ersatzpflichtig für den Schaden, der dem Vmer bei einer Regulierung durch den Ver deshalb entsteht, weil er bei einer Zahlung durch den Ver nach den Bestimmungen des Vsvertrages eine höhere Prämie entrichten muß oder eine vereinbarte Gewinnbeteiligung verliert. Zu beachten ist dabei aber immer, daß nicht etwa das Handeln gegen den Widerspruch des Vmers als solches eine Schadenersatzverpflichtung des Vers auslöst, sondern nur ein solcher Widerspruch aus dem Gesichtspunkt des Vers beachtlich ist, bei dem der Vmer zu Recht die Begründetheit des gegnerischen Anspruchs leugnet (ebenso LG Berlin 31. X. 1968 VersR 1969 S. 130 [nur L. S.] und AG Charlottenburg 7. III. 1968 VersR 1968 S. 1157—1158; a. M. LG Düsseldorf 25. VII. 1962 VersR 1963 S. 181—182; im Ergebnis ebenso wie hier: Feyock VersR 1963 S. 327—328, Mahlberg VersR 1968 S. 729—732, Poppe VersR 1963 S. 511—514, Prölss[17] Anm. 5 zu § 5 AHB, S. 690, Stiefel-Wussow[7] Anm. 32 zu § 10 AKB, S. 386; allerdings wird von Feyock und Poppe a. a. O. nicht hinreichend herausgestellt, daß eine unwiderruflich erteilte Vollmacht nicht bedeutet, daß der Geschäftsführer die Interessen des Geschäftsherrn außer Acht lassen darf; treffend Schirmer Vertretungsmacht S. 147—149).

Handelt es sich um einen haftpflichtrechtlichen Grenzfall, so darf bei einer den Anspruch der Gegenseite bejahenden Entscheidung des Vers, mag sie auch objektiv betrachtet im Widerspruch zur materiellen Rechtslage stehen, kein zu scharfer Maßstab angelegt werden. Besondere Rücksicht muß der Ver aber nehmen, wenn es für den Vmer um einen Existenzkampf geht. Hier ist der Ver gehalten, in gesteigertem Maße auf die Belange des Vmers zu achten. Solche Fälle werden vor allem dann gegeben sein, wenn eine erhebliche Überschreitung der Deckungssummen des Vertrages vorliegt (vgl. auch Anm. G 15). Der Rechtsauffassung eines derart besonders an der Abwicklung eines Haftpflichtschadens interessierten Vmers wird der Ver ohnedies mehr Aufmerksamkeit zukommen lassen als den Darlegungen eines Haftpflichtvmers, der lediglich aus „prinzipiellen" Erwägungen eine Haftung verneint oder eine aus der Sicht des Vers überflüssige Grundsatzentscheidung anstrebt. Die Rücksicht auf einen derartigen Existenzkampf des Vmers darf allerdings nicht so weit gehen, daß der Ver sich auch dann von sachgerechten Maßnahmen abhalten läßt, wenn der Vmer selbst erklärt, daß er den Anspruch des Dritten für berechtigt halte. In den Fällen der Überschreitung der Vssumme wird ein Ver, der nicht den Weg des Abandons wählt, bei einer gegen den Widerspruch des Vmers erfolgenden Teilregulierung stets darauf zu achten haben, daß er den Vmer tunlichst nicht bezüglich des von diesem selbst zu tragenden

Teils des Schadens präjudiziert. Tut der Ver das im Rechtssinne doch und wirkt das kraft der Vollmacht des Vers gegenüber dem geschädigten Dritten (und dem Vmer; vgl. Anm. G 10 und 15), so setzt sich der Ver im Schadenersatzprozeß (des Vmers gegen ihn) der Beurteilung aus besonders scharfer Sicht aus.

Einen Sonderfall stellt es dar, wenn der Ver einen Haftpflichtanspruch ohne Widerspruch des Vmers reguliert und sich erst danach eine Leistungsfreiheit des Vers aus dem Vsvertrag herausstellt. Kann sich hier der Ver noch auf diese Leistungsfreiheit berufen, weil es sich z. B. um vom Vmer verschwiegene Umstände handelt, die für die Beurteilung des Vsschutzes von entscheidender Bedeutung sind, so erscheint es als unbillig, den Ver schon bei jeder leichten Fahrlässigkeit gegenüber dem Vmer auf Schadenersatz haften zu lassen. Zu bedenken ist dabei, daß der Ver der berechtigten Meinung sein konnte, daß der Vermögensnachteil aus der Regulierung allein ihn, den Ver, treffe. Beruht dabei weiter die Unkenntnis des Vers auf einem Umstand, der in der Verschuldenssphäre des Vmers liegt, so ist es gerechter in einem derartigen Sonderfall nur bei grober Fahrlässigkeit des Vers dem Vmer, der der Regulierung auch nicht widersprochen hatte, einen Schadenersatzanspruch zuzubilligen. Damit wird auch die Parallele zu denjenigen Fällen hergestellt, in denen der Vmer nach unberechtigter Deckungsverweigerung den Schaden selbst reguliert (vgl. dazu Anm. B 66 und F 101 m. w. N.).

Mit Rücksicht darauf, daß durch die in § 156 II zwingend vorgeschriebene Benachrichtigungspflicht des Vers gegenüber dem Vmer dessen Aufrechnungsmöglichkeiten erhalten bleiben sollen, daß aber andererseits dieser gesetzgeberische Zweck regelmäßig bei einer gerichtlichen Entscheidung dadurch durchkreuzt wird, daß nach h. A. im Rahmen des § 767 II ZPO nicht auf die Aufrechnung, sondern auf die Aufrechnungslage abgestellt wird (vgl. die Nachweise in Anm. G 280), wird man den Ver regelmäßig für verpflichtet halten müssen, im Prozeß auf Verlangen des Vmers mit dessen Gegenforderungen hilfsweise aufzurechnen. Auch bei einem gerichtlichen Vergleich muß der Ver diese Rücksichtnahme auf die Gegenforderungen des Vmers jedenfalls dann wahren, wenn deren Bestand unbestritten ist oder jedenfalls dem Sachkundigen ohne weiteres einleuchtet. Keineswegs ist aber der Ver als verpflichtet anzusehen, sich bei dem Vmer nach solchen Gegenforderungen zu erkundigen. Ein Vmer, der sich während des Laufes eines Prozesses nicht um die Durchsetzung seiner Gegenforderung durch Unterrichtung seines Vers kümmert, hat sich die verpaßte Aufrechnungsmöglichkeit selbst zuzuschreiben. Andererseits kann sich ein Ver in einer solchen Situation schadenersatzpflichtig machen, wenn er den Vmer trotz seiner Bitte nicht über den Stand des Verfahrens unterrichtet (vgl. auch Venzmer VersR 1962 S. 937).

Da es grundsätzlich als das gute Recht des Vers anzusehen ist, den Umfang einer geltend gemachten Forderung gerichtlich überprüfen zu lassen, haftet der Ver für eine etwa im Laufe eines Rechtsstreits infolge einer allgemeinen Geldentwertung entstehende Überschreitung der Vssumme dem Vmer nur dann aus dem Gesichtspunkt des Schadenersatzes, wenn ein Verschulden des Vers daran vom Standpunkt eines verständigen Menschens bejaht werden kann (vgl. dazu RG 10. III. 1925 RGZ Bd 110 S. 256—262, 16. VI. 1925 JW 1925 S. 1898 und Anm. G 47).

[G 279] 2. Benachrichtigungspflicht.

a) Gesetzliche Ausgangsposition.

Nach § 156 II ist der Ver, sofern die von dem Vmer an den Dritten zu bewirkende Leistung durch Vergleich, Anerkenntnis oder Urteil festgestellt ist, nach vorheriger Benachrichtigung des Vmers berechtigt und auf Verlangen des Vmers verpflichtet, die Zahlung an den Dritten zu bewirken. Aus dieser etwas verklausulierten Gesetzesfassung ist zu schließen, daß der Ver vor einer Leistung an den Dritten verpflichtet ist, den Vmer zu benachrichtigen und für den dem Vmer aus der Unterlassung dieser Mitteilung entstehenden Schaden ersatzpflichtig ist (so Bronisch-Cuntz-Sasse-Starke Anm. 3 zu § 156, Fleischmann-Deiters in Thees-Hagemann Anm. 5b zu § 156, S. 253, Fromm S. 254, Möller Grundlagen B 2 S. 21, Prölss[17] Anm. 5A zu § 156, S. 586; vgl. ferner ÖOGH 29. V. 1964 VersR 1965 S. 1161). Diese Verpflichtung des Vers kam in § 156[2] a. F. klarer zum Ausdruck. Dort hieß es: „Vor der Zahlung an den Dritten hat der Ver dem Vmer

Mitteilung zu machen." Zu Recht wird aber angenommen, daß durch die sprachlich unschöne Neufassung, in der die Benachrichtigungspflicht nur in „verstümmelter" Form zum Ausdruck kommt, eine sachliche Änderung nicht beabsichtigt war (so auch Begr. II S. 1773: „Abs. 2 entspricht inhaltlich dem bisherigen § 156".

§ 156 II kann nach § 158a nicht zum Nachteil des Vmers abgeändert werden. Eine Vereinbarung, daß dem Ver die Benachrichtigungspflicht generell oder für einen bestimmten Schadenfall erlassen wird, ist demgemäß unbeachtlich. Demgemäß kann sich der Ver, dem ein Schaden gemeldet worden ist, von der Benachrichtigungspflicht nicht dadurch befreien, daß er dem Vmer lange vor Abschluß der Angelegenheit schreibt, daß er um Nachricht bitte, wenn dieser daran interessiert sei, vor einer Zahlung an den geschädigten Dritten unterrichtet zu werden. Hat allerdings der Vmer dem Ver nach der Meldung eines Schadens oder zugleich mit dieser Anzeige ausdrücklich mitgeteilt, daß er keinen Wert darauf lege, vor einer Leistung benachrichtigt zu werden, so wird, wenn diese Erklärung nicht vorher widerrufen worden ist, ein auf die Unterlassung dieser — in der Praxis ohnedies lax gehandhabter — Benachrichtigungspflicht gestützter Schadenersatzanspruch regelmäßig als rechtsmißbräuchlich anzusehen sein.

[G 280] b) Anwendungsbereich.

Der Zweck des § 156 II ist es, den Vmer vor Vermögensnachteilen zu bewahren, die aus einer Leistung des Vers auf die festgestellte gegnerische Haftpflichtforderung entstehen können. Denkbar ist es, daß der Vmer den Dritten in zulässiger Weise schon befriedigt hat, sei es durch Zahlung, Aufrechnung oder durch ein sonstiges Erfüllungssurrogat. Alsdann hat sich der Befreiungsanspruch des Vmers durch diese Leistung in einen Zahlungsanspruch umgewandelt (vgl. Anm. B 39—42). Zu bedenken ist dabei insbesondere auch, daß nach Feststellung der gegnerischen Haftpflichtforderung der Vmer ohne Verletzung des Anerkenntnis- oder Befriedigungsverbots an den geschädigten Dritten leisten darf (vgl. Anm. F 91 und F 101). Leistet der Ver in solchen Fällen ungeachtet der Zahlung des Vmers an den geschädigten Dritten, so verliert der Vmer dadurch seinen Zahlungsanspruch gegen den Ver nicht; dieser bleibt ihm gegenüber also zur Zahlung verpflichtet (OLG Hamm 15. III. 1937 HansRGZ 1937 A Sp. 460, 16. IV. 1937 HansRGZ 1938 A Sp. 53—56, ÖOGH 29. V. 1964 VersR 1965 S. 1161, Bronisch-Cuntz-Sasse-Starke Anm. 3 zu § 156, Fleischmann-Deiters in Thees-Hagemann Anm. 5b zu § 156, S. 253, Prölss[17] Anm. 5A zu § 156, S. 586). Der Vmer, in dessen Person dann regelmäßig ein Bereicherungsanspruch gegen den geschädigten Dritten entsteht (vgl. Anm. B 67), kann sich also weiter an den Ver halten, ist allerdings zur Abtretung dieses Bereicherungsanspruchs an den Ver verpflichtet.

Weiter will § 156 II dem Vmer die Möglichkeit bieten, gegen die Forderung des geschädigten Dritten nach deren Feststellung aufzurechnen. Das kann für den Vmer von wesentlicher Bedeutung sein, wenn der geschädigte Dritte sich nicht in gesicherten Vermögensverhältnissen befindet, so daß ohne eine Aufrechnung eine Realisierung der Gegenforderung des Vmers nicht möglich ist. Zu einem Streit über die Benachrichtigungspflicht wird es überhaupt nur in solchen Fällen kommen (abgesehen von denjenigen, in denen der Vmer den Dritten zulässigerweise schon befriedigt hatte). Dabei ist zu bedenken, daß der Ver dem Vmer auch für allen weiteren Schaden haftet, der diesem aus der nicht rechtzeitigen Realisierung des Aufrechnungsbetrages entsteht. Konstruktiv ist es allerdings so, daß in diesen Fällen — anders als in denjenigen, in denen der Dritte schon zulässigerweise vom Vmer befriedigt worden ist — der Vmer nicht Inhaber des Befreiungsanspruchs bleibt. Dieser geht vielmehr mit der Leistung des Vers unter (anders Fleischmann-Deiters a. a. O., Prölss a. a. O.). Der geschilderte Ausgleich wird dadurch erzielt, daß dem Vmer wegen der Verletzung der Benachrichtigungspflicht ein Schadenersatzanspruch zuzubilligen ist (wie hier Bronisch-Cuntz-Sasse-Starke a. a. O.).

Der Anwendungsbereich des § 156 II wird wesentlich durch zwei Faktoren eingegrenzt. Zunächst setzt die Benachrichtigungspflicht erst nach der Feststellung der gegnerischen Haftpflichtforderung ein. Der Ver braucht also den Widerspruch des Vmers vor der Feststellung der Haftpflichtforderung grundsätzlich nicht zu beachten (vgl. dazu Anm. G 278). Weiter ist zu bedenken, daß mit Rücksicht auf die Eigenart des Prozeßrechts nach h. A. gemäß § 767 II ZPO grundsätzlich eine Aufrechnung gegen einen gerichtlich festgestellten Haftpflichtanspruch mit einer schon zum Zeitpunkt der letzten mündlichen Verhandlung bestehenden Gegenforderung nicht zulässig ist (vgl. nur BGH 11. IV. 1957 BGHZ Bd 24 S. 98—99, 16. II. 1961 BGHZ Bd 34 S. 278—281 m. w. N., BAG 6. V. 1956 NJW 1956 S. 107). Aus diesem Grunde wird auch in Anm. G 278 die Auffassung vertreten, daß der Ver gehalten sei, eine Gegenforderung des Vmers im zumutbaren Rahmen schon vor Feststellung der Haftpflichtforderung durch eine (Eventual-)Aufrechnung zu realisieren, sofern der Vmer dafür alle erforderlichen Unterlagen liefert und andernfalls die Gefahr besteht, daß er leer ausgeht. Um so wichtiger ist es daher, daß der Ver in denjenigen Fällen, in denen eine außergerichtliche Feststellung erfolgt, nicht dem Vmer die Aufrechnungsmöglichkeit dadurch verbaut, daß er bei dem geschädigten Dritten den Eindruck erweckt, daß eine solche Aufrechnung nicht erfolgen werde. Gibt der geschädigte Dritte mit Rücksicht darauf, daß er eine sofortige Zahlung durch den Ver erwartet, wesentlich in der Haftpflichtforderung nach, so wird häufig Treu und Glauben einer im Anschluß an die vergleichsweise Feststellung erfolgenden Aufrechnung entgegen stehen. Sache des Vers ist es aber, zur Erhaltung der Aufrechnungsalternative einen solchen Eindruck bei dem geschädigten Dritten zu vermeiden. Andernfalls macht er sich regelmäßig gegenüber dem Vmer schadenersatzpflichtig. Das muß der Ver insbesondere auch in denjenigen Fällen bedenken, in denen er ausnahmsweise eine eigene Verbindlichkeit begründen will. Da dadurch ebenfalls eine Aufrechnungsmöglichkeit vereitelt wird, muß der Ver sich, wenn er sich nicht der Gefahr aussetzen will, auf Schadenersatz in Anspruch genommen zu werden, vor Abschluß einer solchen Vereinbarung vergewissern, daß er nicht ein Gegenrecht seines Vmers beeinträchtigt.

[G 281] 3. Verschwiegenheitspflicht.

Der Vmer ist im Rahmen der Auskunftspflicht zur rückhaltlosen Offenlegung seiner Verhältnisse gegenüber dem Ver verpflichtet (vgl. Anm. F 68). Der Ver darf seine über den Vmer erlangten Kenntnisse aber nur im Rahmen des Haftpflichtverhältnisses zur sozial-adäquaten Abwehr der Ansprüche des geschädigten Dritten (oder deren Feststellung) verwenden. Eine mißbräuchliche Unterrichtung dritter Personen (oder Behörden) macht den Ver schadenersatzpflichtig (vgl. OLG Köln 20. XI. 1964 VersR 1965 S. 1046). Er ist zur Verschwiegenheit verpflichtet.

H. Beteiligung Dritter am Haftpflichtversicherungsvertrag.

Gliederung:

[H 1] Schrifttum:

Arens, Die Rechtsstellung des Geschädigten bei der Haftpflichtv für fremde Rechnung, Kölner Diss. 1938, Bäßler Betrieb 1962 Beil. zu Heft 10 S. 9—11, Blumhardt NeumannsZ 1933 S. 652—653, Boettinger VW 1954 S. 78—79, Dorschel VersR 1964 S. 10—15, Dreger NeumannsZ 1933 S. 614—615 und S. 708, Eberhardt ZfV 1967 S. 432—433, Elleser BB 1964 S. 1495, Evers VW 1956 S. 113—114, Frick VW 1953 S. 219, Hagen II S. 304—308, Hartung Haftpflichtv S. 123—141, Heimbücher VW 1962 S. 596—599, VW 1965 S. 1002, Klick VersR 1966 S. 813—814, Köthnig ZfV 1961 S. 381—383, Kramer VW 1955 S. 449, VersR 1964 S. 369—370, Kühfuß NeumannsZ 1933 S. 654—655, Kürsten Grundlagen C 2 — Vorb. S. 12—15, Matt NeumannsZ 1933 S. 556—558, Mittelmeier VersR 1967 S. 935—940, Möller Grundlagen B 2 S. 14—15, Oberbach II S. 211—233, Grundlagen B 3 S. 5, Orlowski, Die V zugunsten Dritter, ungedr. Hamburger Diss. 1955, Prölss WuRdVers 1937 H. 2 S. 47—74, VersR 1965 S. 275—276, VersR 1968 S. 268—270, Rohde VersR 1963 S. 408—411, Schirmer VW 1960 S. 114—115, Schmalzl VW 1955 S. 541, VW 1956 S. 424—426, VersR 1964 S. 30—31, VersR 1964 S. 709, Sieg, Ausstrahlungen der Haftpflichtv, Hamburg 1952, Betrieb 1965 S. 387—389, Sochart VW 1955 S. 386, Stelzer ZfV 1959 S. 277, VersR 1962 S. 307—308, VersR 1965 S. 321—322, Thiel VersR 1961 S. 74—75, Vollmar VersR 1964 S. 29—30, Wehn Grundlagen C 1 S. 34.

[H 2] I. Vorbemerkung.

1. Zweck der Ausdehnung des Versicherungsschutzes auf dritte Personen.

§ 151 I 1 bestimmt, daß bei der V für die Haftpflicht aus einem geschäftlichen Betriebe des Vmers sich der Vsschutz auch auf die Haftpflicht der Vertreter des Vmers sowie auf die Haftpflicht solcher Personen, welche er zur Leitung oder Beaufsichtigung des Betriebs oder eines Teils des Betriebs angestellt hat, erstreckt. Durch diese gesetzliche Erstreckung des Vsschutzes auf bestimmte dritte Personen, die im Betriebe des Vmers arbeiten, sollen die ansonsten schier unvermeidlichen Spannungen zwischen ihnen und dem Vmer, die bei ihrer unmittelbaren Inanspruchnahme durch einen geschädigten Dritten entstehen könnten, gemindert werden. Treffend heißt es darüber in der amtlichen Begründung (Begr. I S. 137): „Die Verrichtungen aller dieser Personen stehen unter sich in engem Zusammenhange; bei dem Eintritt eines Haftpflichtfalls bleibt es dann häufig zweifelhaft, ob der Ersatzanspruch des Dritten den Unternehmer oder einen Vertreter oder sonstigen Angestellten trifft und wie sich, wenn mehrere dieser Personen beteiligt sind, ihre Verpflichtung im Verhältnisse zueinander gestaltet. Ist lediglich die persönliche Verantwortlichkeit des Unternehmers unter V gebracht, so werden sich aus der bezeichneten Sachlage leicht Verwicklungen ergeben, die den Nutzen der V in Frage stellen. Derartige Mißstände sind ausgeschlossen, wenn der Unternehmer durch den Vsvertrag von vornherein die gesamte mit der Leitung und der Beaufsichtigung des Betriebs verbundene Haftpflichtgefahr deckt."

Diese Überlegungen gelten auch heute noch. Sie sind vor allem auch der Grund für die über § 151 I hinausgehenden vertraglichen Erweiterungen. Die Haftpflichtv hat durch diese Regelung im Bereich der Betriebshaftpflichtv zugleich einen begrüßenswerten Beitrag zur sozialen Entspannung der Beziehungen zwischen Arbeitgeber und Arbeitnehmer geleistet. Vgl. in diesem Zusammenhang aber auch die Ausführungen von Sieg Betrieb 1965 S. 387, der in der gesetzlichen Grundkonzeption nicht die Lösung eines sozialen Konflikts sieht, sondern die Einbeziehung der in § 151 I 1 aufgeführten Personen daraus ableitet, daß diese als „alter ego" des Unternehmers angesehen würden. Das ist bei der allgemein vorgenommenen extensiven Auslegung des Begriffs des Leiters eines Teiles des Betriebes immerhin zweifelhaft und gilt gewiß nicht für die vertraglich durchweg vorgesehene Ausdehnung des Vsschutzes auf alle Betriebsangehörigen (vgl. Anm. H 8). Vergleicht man allerdings die Ausführungen von Sieg a. a. O. mit seinen Bemerkungen in den „Ausstrahlungen" S. 71, so wird deutlich, daß Sieg dort ursprünglich den sozialen Charakter der Institution erkannte, wenn auch mit dem zutreffenden Hinweis, daß die Ausdehnung des Vsschutzes hier nicht im Interesse des geschädigten Dritten erfolgt sei.

In der Privathaftpflichtv schließlich hat sich im lebenden Vertragsrecht die einleuchtende Überlegung durchgesetzt, daß der Vsgedanke nur dann volkstümlich propagiert werden kann, wenn sich der Schutz aus dieser Haftpflichtv auf die Familienangehörigen im Ganzen erstreckt. Damit wurde für den Bereich der Privathaftpflichtv der Grundgedanke des § 67 II angemessen berücksichtigt und erweitert. Dem einfachen Vmer wäre es wohl auch unverständlich erschienen, warum bei einem durch seine und seines Sohnes fahrlässige Handlung angerichteten Schaden wohl er gesichert sei und sein Ver auch bei einer Leistung für ihn, den Vmer, keinen Regreß bei seinem Sohne nehmen könne, daß aber der Ver nur in Höhe eines etwa gegebenen Ausgleichsanspruchs nach § 426 BGB leistungspflichtig sei, wenn der Sohn zunächst unmittelbar in Anspruch genommen würde. Schließlich ist erwünschter Nebenzweck der gesetzlichen und vertraglichen Erweiterung des Vsschutzes auf weitere Personen, daß damit die Stellung des geschädigten Dritten verbessert wird. Dieses Motiv war in der hier nicht weiter zu behandelnden Kfz-Haftpflichtv sogar der bestimmende Faktor für die obligatorische Ausdehnung des Vsschutzes auf den Fahrer.

[H 3] 2. Qualifikation als Haftpflichtversicherung für fremde Rechnung.

Soweit sich eine Haftpflichtv auf andere Personen als den Vmer in der Form erstreckt, daß der Ver die Befriedigung begründeter und die Abwehr unbegründeter Schadensersatzansprüche übernimmt, die von Dritten unmittelbar gegen diese Vten erhoben werden, liegt eine V für fremde Rechnung vor (BGH 19. III. 1952 VersR 1952 S. 141, 4. III. 1958 NJW 1959 S. 243—244 = VA 1959 S. 81—82 Nr. 223, BAG 9. XI. 1967 NJW 1968 S. 718 = VersR 1968 S. 266, Möller Grundlagen B 2 S. 15, Orlowski a. a. O. S. 198—199). Das stellt § 151 I 2 ausdrücklich klar, wenn auch in der vorsichtigen Form, daß diese V als für fremde Rechnung genommen „gelte". Als selbstverständlich gehen davon auch die Bedingungsbestimmungen aus, die lediglich die Frage der Ausübung der Rechte abweichend von §§ 75—76 regeln (vgl. § 7 Ziff. 1 S. 2 AHB, § 7 Ziff. 1 S. 2 AHBVerm).

Bei den nachstehenden Erörterungen ist im besonderen Maße zu beachten, daß ein volles Verständnis der hier erörterten Probleme nur aus dem Zusammenhang mit den Bestimmungen der §§ 74—80 gewonnen werden kann. Auf die Ausführungen von Möller in Bruck-Möller zu diesem Rechtsinstitut wird Bezug genommen.

[H 4] 3. Systematische Unterteilung der Haftpflichtversicherung für fremde Rechnung.

Die in Anm. H 5—12 behandelten „Erstreckungen" des Haftpflichtvsschutzes auf dritte Personen sind dadurch gekennzeichnet, daß in Anlehnung an die gesetzliche Regelung in § 151 I stets ein gekoppelter Vertrag in dem Sinne besteht, daß eine V für eigene Rechnung neben einer V für fremde Rechnung gegeben ist; dabei ist zusätzlich als Eigenart dieser Konstruktionen zu vermerken, daß — mit Ausnahme der Mitv der eigenständigen gesetzlichen Haftpflicht des Ehepartners — in allen geschilderten Fällen eine „Identität" des Wagnisses in dem Sinne gegeben ist, daß der Vsfall im Rahmen des die V für fremde Rechnung betreffenden Teils zugleich einen Vsfall für den das Eigenrisiko des Vmers betreffenden Teil des Vsvertrages darstellen kann (nicht muß). Diese „Erstreckung" des Vsschutzes auf dritte Personen kann als „typische" Beteiligung Dritter am Haftpflichtvsvertrag bezeichnet werden.

In der Praxis gibt es aber auch Koppelungen von Ven für eigene mit solchen für fremde Rechnung, bei denen diese „Identität des Wagnisses" nicht gegeben ist. Darauf hat in besonders verdienstvoller Weise Hartung Haftpflichtv S. 123—134 hingewiesen, von dem auch das soeben für den Ehepartner aufgeführte Beispiel stammt. So gewähren z. B. viele Haftpflichtver im Rahmen der Betriebshaftpflichtv den „Betriebsleitern (Repräsentanten und Direktoren)" des Vmers und den gesetzlichen Vertretern der haftpflichtvten juristischen Personen Privathaftpflichtvsschutz. Richtet ein derartiger „Betriebsleiter" im privaten Bereich einen Schaden an, so kann begrifflich niemals zugleich ein Vsfall für die V für eigene Rechnung des Vmers gegeben sein. Eine derartige Erstreckung des Haftpflichtvsschutzes auf Dritte sei „atypische" Beteiligung eines Dritten am Vsschutz in der Haftpflichtv genannt.

Der Unterschied zwischen den beiden geschilderten Typen kann namentlich bei der sinnentsprechenden Anwendung der Bestimmungen des Vsvertrages auf den Vten von Bedeutung sein (vgl. dazu Anm. H 21).

Schließlich läßt sich ein Haftpflichtvsvertrag auch in der Weise denken, daß der Vmer nur für einen Dritten Haftpflichtvsschutz herbeiführt, sich also nicht gegen die Gefahr eigener Inanspruchnahme absichert. Dann liegt der (von § 151 I 1 abweichende) Grundfall der §§ 74–79 vor. So kann z. B. ein fürsorgender Vater als Vmer die Privathaftpflicht für seinen volljährigen Sohn, der sich nicht mehr in der Berufs- oder Schulausbildung befindet, durch einen besonderen Haftpflichtvsvertrag absichern. Auch hier kann das Ergebnis einer sinnentsprechenden Anwendung der Vorschriften des Vsvertrages auf den Vten ein anderes sein als in den Fällen der typischen Erstreckung des Haftpflichtvsschutzes auf dritte Personen. Eine derartige isolierte Haftpflichtv für fremde Rechnung kommt allerdings in der Praxis nur selten vor (vgl. Oberbach II S. 232). Nur in einem derartigen Falle kann es zum Streit darüber kommen, ob überhaupt eine V für fremde Rechnung vorliegt oder nicht; alsdann greift auch die Auslegungsregel des § 74 II ein (BGH 7. I. 1965 NJW 1965 S. 758 = VA 1966 S. 29 Nr. 421 – insoweit in BGHZ Bd 43 S. 42–46 nicht mitabgedruckt).

[H 5] II. Personenkreis der Versicherten.

1. Gesetzliche Regelung für die Haftpflichtversicherung eines geschäftlichen Betriebes.

a) Vertreter im Sinne des § 151 I 1 VVG.

Der in § 151 I 1 genannte Vertreter des Vmers ist nicht im juristisch-technischen Sinne zu verstehen, sondern von Fall zu Fall aus den Einzelumständen zu ermitteln (Bruck S. 605 Anm. 34; vgl. auch OLG Köln 6. III. 1923 VA 1923 S. 64–65 Nr. 1321). Unter diesen Begriff fallen aber selbstverständlich die gesetzlichen Vertreter einer juristischen Person, also z. B. das Vorstandsmitglied einer AG oder der Geschäftsführer einer GmbH. Weiter ist zu beachten, daß derjenige, der nach den strengen Grundsätzen des Rechtsverkehrs befugt ist, rechtsgeschäftliche Erklärungen mit für den Vmer verpflichtender Wirkung abzugeben, grundsätzlich auch als Vertreter des Vmers im Sinne der genannten Vorschrift angesehen werden kann. Dabei wird es sich im Bereich des Handelsrechts meist um Handlungsbevollmächtigte oder um Prokuristen handeln (Möller Grundlagen B 2 S. 15). Aber auch derjenige, der die generellen Befugnisse derartiger Personen nicht hat, ist als Vertreter anzusehen, wenn er tatsächlich mit Wissen und Wollen des Vmers eine Vertretungsposition einnimmt. Dabei kommt es für die Abgrenzung des Vsschutzes nicht darauf an, ob dieser Vertreter gerade in dieser Eigenschaft für den eingetretenen Schaden verantwortlich gemacht wird. Es genügt vielmehr, daß ihm die Vertretungsbefugnis nach seiner Stellung im Betriebe zuzusprechen ist. So kann ein Bauernsohn durchaus als Vertreter seines Vaters, des Vmers, angesehen werden (vgl. die entsprechende Bemerkung des RAA in einem Beschwerdefall in VA 1927 S. 170). Auch hier ist ganz auf den Einzelfall abzustellen. Vom OLG Stuttgart 8. XI. 1939 JRPV 1940 S. 62–63 ist z. B. ein derartiges Vertretungsverhältnis bezüglich des jüngeren Sohnes eines Bauern aus tatsächlichen Gründen verneint worden. Daß nach den dargestellten Grundsätzen ein Rennfahrer oder ein Schrittmacher nicht als Vertreter des in seiner Eigenschaft als Veranstalter eines Rennens haftpflichtvten Vmers anzusehen ist, leuchtet ein (so OLG Köln 29. VI. 1956 VersR 1956 S. 723–724). OLG Hamm 15. III. 1937 VA 1937 S. 193–194 Nr. 3000 = HansRGZ 1937 A Sp. 457–460 sieht irrig auch einen Partner des Vmers als Vertreter im Sinne des § 151 I an (die Entscheidung ist aber im Ergebnis richtig, da nach dem Vsvertrage ausdrücklich die persönliche Haftpflicht eines Teilhabers eingeschlossen war).

[H 6] b) Leiter eines Betriebes oder eines Teiles davon.

Ergänzt wird diese Abgrenzung dadurch, daß daneben auch die persönliche Haftpflicht derjenigen Personen eingeschlossen ist, die zur Leitung oder Beaufsichtigung des Betriebes oder eines Teiles des Betriebes angestellt sind. Auch hier ist ganz auf die Umstände des Einzelfalles abzustellen. Wer den gesamten Betrieb eines Vmers leitet, wird sich meist unschwer feststellen lassen. Hingegen ist eine Abgrenzung bezüglich der Leitung eines Teiles des Betriebes schwierig. Die Abgrenzung darf, um dem Schutzzweck des § 151 I nicht zu widerstreiten, nicht zu engherzig vorgenommen werden. Zutreffend hat z. B. OLG Köln 6. III. 1923 VA 1923 S. 64—65 Nr. 1321 — in Übereinstimmung mit dem in der Entscheidung erwähnten Standpunkt des RAA — ausgeführt, daß ein Vorarbeiter oder ein Meister als Leiter eines Teiles eines Betriebes angesehen werden könnten. Die Parallele zum Sozialvsrecht fällt auf. Gute Dienste zur Abgrenzung leistet daher hier die Rechtsprechung zum Begriff des Betriebs- und Arbeitsaufsehers im Sinne des § 899 I RVO a. F. (Heimbücher VW 1962 S. 596, Kürsten Grundlagen C 2 — Vorb. S. 12). Wer die Voraussetzungen dieser Vorschrift nach dem früheren Rechtszustand erfüllte, ist auch als Leiter eines Teiles des Betriebes im Sinne des § 151 I anzusehen. Diese Auffassung ist auch schon vom RAA VA 1920 S. 211—212 zu § 3 der damals geltenden AHB, der insoweit mit § 151 I 1 übereinstimmte, vertreten worden (zustimmend Hagen II S. 307); ebenso für die im wesentlichen gleichlautenden österreichischen Vertragsbestimmungen: ÖOGH 23. XI. 1955 VsRdsch 1956 S. 121—124.

Danach muß der Leiter eines Teiles des Betriebes schon äußerlich derart „aus dem Kreise der übrigen Betriebsangehörigen herausgehoben sein, daß er für das ordnungsgemäße Zusammenarbeiten mehrerer Betriebsangehöriger oder für das reibungslose Ineinandergreifen von Betriebseinrichtungen, also für das rechte Zusammenspiel persönlicher und technischer Kräfte zu sorgen hat und dafür verantwortlich ist.“ So zu § 899 I RVO: RG 3. XI. 1942 RGZ Bd 170 S. 161 m. w. N.; BGH 23. XI. 1955 BGHZ Bd 19 S. 117, 14. I. 1958 AP Nr. 17 zu § 899 I RVO). In einer derart herausgehobenen Position befindet sich schon ein Maurerpolier, der für die Arbeit seiner Kolonne verantwortlich ist. Maßgebend ist also, ob der betreffende Arbeitnehmer zur Leitung und zur Beaufsichtigung von ihm untergeordneten Kräften bestellt ist (so dem Sinne nach Begr. I S. 127). Als vert ist danach z. B. immer anzusehen der Sicherheitsbeauftragte im Sinne des § 719 RVO n. F.

[H 7] c) Zum Begriff des Betriebes und der betrieblichen Tätigkeit.

Zum Begriff des „geschäftlichen Betriebes“ vgl. die Ausführungen in Anm. D 35. Danach ist maßgebend, ob im Sinne der Verkehrsanschauung und des allgemeinen Sprachgebrauchs ein nach außen als selbständiger, von der privaten Sphäre des Inhabers getrennter Lebensbereich in Erscheinung tritt (vgl. BGH 27. XI. 1961 VersR 1962 S. 33—34 zur Abgrenzung zwischen Privat- und Betriebshaftpflichtv).

Der Vsschutz bezieht sich auf die von den in Anm. H 5—6 genannten Personen im betrieblichen Bereich vorgenommenen Handlungen. Kein Vsschutz besteht für nicht betriebsbezogene Handlungen. Doch ist ein weiter Rahmen zu ziehen, so daß von einer Vermutung tatsächlicher Art auszugehen ist, daß örtlich dem Betrieb zuzurechnende Handlungen sich auch auf diesen beziehen. Es wird insbesondere nicht darauf abgestellt, ob zugleich die Möglichkeit einer Inanspruchnahme des Vmers nach §§ 278, 831 BGB gegeben ist (BGH 4. XII. 1958 NJW 1959 S. 243—244 = VA 1959 S. 81—82 Nr. 223). Treffend führt der BGH a. a. O. zur Abgrenzung des Fragenkreises unter anderem folgendes aus:

> „Bei der Frage, ob der Schaden, für den der Mitvte haftpflichtig gemacht worden ist, bei Ausübung seiner dienstlichen Verrichtungen verursacht worden ist, kommt es hiernach nicht darauf an, ob der schadenstiftenden Handlung ein besonderer Auftrag oder bestimmte Weisungen des Vmers zugrunde lagen. Ebenso ist es unerheblich, ob der Mitvte solche Weisungen richtig befolgt oder überschritten hat, ob er seine dienstlichen Verrichtungen gut oder schlecht ausgeführt hat, ob sein Handeln im objektiven Interesse des Betriebes lag und dem mutmaßlichen Willen des Vmers entsprach und ob die von ihm getroffenen Maßnahmen geeignet waren, den erstrebten Erfolg herbeizuführen. Wollte man das Bestehen des Vsschutzes des Mitvten hierauf abstellen, so würde die praktische Bedeutung der Mitv weitgehend ausgehöhlt werden, weil schadenstiftende Handlungen von Betriebsangehörigen regelmäßig auch vom Standpunkt des Vmers aus Fehlhandlungen sind, die nicht im objektiven Interesse des Betriebes liegen.

Entscheidend ist vielmehr allein, ob der Umstand, daß der Mitvte haftpflichtig geworden ist, eine Auswirkung seiner Beschäftigung in dem betreffenden Betriebe ist. Dies ist jedenfalls dann der Fall, wenn er bei der schadenstiftenden Handlung im Rahmen seiner Beschäftigung im Betrieb für diesen tätig geworden ist. Hierbei genügt es schon, daß sein Handeln dazu bestimmt war, dem Interesse des Betriebes zu dienen. Dagegen ist es nicht erforderlich, daß es auch objektiv im Interesse des Betriebes lag."

Keine betriebliche Tätigkeit liegt aber vor, wenn kein innerer ursächlicher Zusammenhang mit dem Betrieb des Vmers gegeben ist. So ist vom BGH 12. I. 1961 VersR 1961 S. 121—122 ein derartiger Zusammenhang verneint worden, als ein Gesellschafter einer betriebshaftpflichtvten OHG aus Gefälligkeit einem fremden LKW-Fahrer durch Einwinken beim Einfahren in eine belebte Straße behilflich war. Eine betriebliche Tätigkeit wird danach nicht allein dadurch begründet, daß eine Gefälligkeitshandlung aus Gründen der Berufssolidarität vorgenommen wird. Anders wäre aber dann zu entscheiden, wenn es sich um die Ausfahrt aus dem Hof des Vmers gehandelt hätte oder um eine Tätigkeit für den Lastzug einer Firma, mit der der Vmer in Geschäftsbeziehungen steht oder wenn der Vmer — was ihm der Berufungsrichter im entschiedenen Falle aus tatsächlichen Gründen nicht geglaubt hatte — durch das Einwinken des fremden Fahrers seine eigene Tätigkeit danach hätte leichter ausüben können; vgl. hierzu auch BGH 7. II. 1963 VersR 1963 S. 325, wo ein betriebliches Handeln bejaht wurde, als ein Betriebsleiter des Vmers den Straßenverkehr regelte, weil ein von den Leuten des Vmers zu beladendes fremdes Fahrzeug eine Kurve gefährlich verengte.

Dagegen hat BGH 9. III. 1961 MDR 1961 S. 484—485 (gek.) = VA 1961 S. 181—183 Nr. 299 ein Handeln im Bereich der dienstlichen Verrichtungen sogar noch bejaht, als ein Lehrling aus grobem Unfug einen anderen durch „spielerisches Anzünden von Waschbenzin" schwer verletzte (zustimmend Bäßler Betrieb 1962 Beil. zu Heft 10 S. 10—11). Der BGH stellte sich dabei zur Abgrenzung der Betriebs- und Privathaftpflichtv selbst die Frage, ob nicht, wie in der Ausgangsentscheidung vom 4. XII. 1958 a. a. O. noch ausdrücklich gefordert, auf Seiten des Vten ein Handeln für den Betrieb gegeben sein müsse. Diese Frage war entgegen der Auffassung des BGH zu bejahen. Der Fall war nicht anders zu beurteilen, als wenn ein Lehrling einem anderen ein Bein stellt. Dabei handelt es sich um den typischen Bereich der Privathaftpflichtv. Die Entscheidung der Vorinstanz, die den Deckungsschutz in der Privathaftpflichtv bejaht hatte, ist daher vorzuziehen (vgl. OLG Düsseldorf 7. X. 1958 VersR 1958 S. 878—879). Beachte in diesem Zusammenhang auch BAG 9. VIII. 1966 BB 1966 S. 943 = RdA 1966 S. 434, dessen Tendenz der hier vertretenen Auffassung entspricht und die eine Überprüfung des vom BGH vertretenen Standpunktes nahelegt, der allerdings in einem ähnlich gelagerten Fall unlängst bekräftigt worden ist: BGH 18. XII. 1968 VersR 1969 S. 219—220). In diesem Zusammenhang sei auch noch auf RG 20. IV. 1917 VA 1917 Anh. S. 60—63 Nr. 1005, verwiesen; dort hatte ein Lehrling im Betrieb einem anderen Jungen aus Übermut mit einer Zimmerflinte auf den Rücken schießen wollen. Der Berufungsrichter hatte diesen Lebensvorgang zutreffend dem privaten Lebensbereich zugeordnet, während das RG a. a. O. diese Frage dahingestellt sein ließ, weil nach seiner (recht anfechtbaren) Auslegung auch das Berufsrisiko des Lehrlings im Rahmen der Privathaftpflichtv des Vaters eingeschlossen war.

Will dagegen ein Vorarbeiter seinen Arbeitskollegen durch Schlagen zur Arbeit zwingen, so handelt es sich um ein Ereignis aus der Betriebssphäre (insoweit zutreffend LG Düsseldorf 8. III. 1966 VersR 1968 S. 439). Als betriebliche Tätigkeit ist es auch zutreffend angesehen worden, wenn ein Angestellter eines Vmers, um einen dienstlichen Auftrag auszuführen, am allgemeinen Straßenverkehr teilnimmt und dabei einen Schaden anrichtet (BGH 4. V. 1964 BGHZ Bd 41 S. 333—335 m. w. N. aus dem Schrifttum für und gegen diese Auffassung; wesentlicher einschränkender OLG München 23. XI. 1954 MDR 1959 S. 391 [nur L. S.] mit Anm. von Schmalzl a. a. O. S. 391—392). Zutreffend ist der BGH a. a. O. S. 333, im übrigen wieder auf seine ursprüngliche Formulierung zurückgekommen, daß ein Handeln für den Betrieb jedenfalls dann gegeben sei, wenn der Vte bei der schadenstiftenden Handlung im Rahmen seiner Beschäftigung im Betrieb für diesen tätig geworden sei.

2. Vertragliche Erstreckungen des Versicherungsschutzes auf dritte Personen.

Es kann nicht Aufgabe dieser Darstellung sein, sämtliche Erweiterungen und Erstreckungen des Vsschutzes auf vte Personen darzustellen. Die nachstehend aufgeführten Beispiele stehen daher für viele derartige Fallgestaltungen. Für weitere Fälle vgl. die Ausführungen von Orlowski a. a. O. S. 199—202, für die ältere Zeit vgl. auch die Beispiele bei Hagen II S. 306.

[H 8] a) Betriebshaftpflichtversicherung.

Die „Erläuterungen" zu den Betriebs- und Berufshaftpflichtven wiederholen durchweg in Übereinstimmung mit § 151 I 1, daß die gesetzliche persönliche Haftpflicht des Leiters eines Betriebes oder eines Teiles eines Betriebes vom Haftpflichtvsschutz erfaßt werde. Eine Einschränkung im Verhältnis zu § 151 I 1 ergibt sich daraus, daß daneben nicht die rechtsgeschäftlichen Vertreter des Vmers schlechthin vert sind, sondern nur die „gesetzlichen" Vertreter. Dadurch wird nur ein etwas kleinerer Personenkreis erfaßt; vgl. zur Bestimmung des Begriffs des gesetzlichen Vertreters die Ausführungen zu § 4 II Ziff. 2 AHB in Anm. G 244. Die praktische Bedeutung dieser Einschränkung, die zulässig ist, da § 151 I dispositives Recht darstellt, ist aber deshalb gering, weil die meisten „Vertreter" im Sinne des § 151 I 1 zugleich als Leiter eines Teiles des Betriebes, nämlich als Arbeitsaufseher im Sinne des § 899 RVO a. F., anzusehen sind. Nur in ausgesprochen kleinen Betrieben wird es so liegen, daß jemand der zur Abgabe rechtsgeschäftlicher Erklärungen für den Vmer befugt ist, nicht auch zugleich Weisungsbefugnis über ihm untergeordnete Kräfte ausüben kann.

Keine Einschränkung des § 151 I 1 bedeutet es dagegen, daß es in den Erläuterungen heißt, daß der hier behandelte Personenkreis in seiner Eigenschaft als Betriebsleiter usw. vert werde. Denn das ist ohnedies der erkennbare Sinn des § 151 I 1; keineswegs soll etwa durch die Bestimmung z. B. auch Haftpflichtvsschutz für das Privathaftpflichtrisiko geboten werden. Damit stimmt es überein, daß vom BGH 4. XII. 1958 a. a. O. bei der Abgrenzung des in der betreffenden Antragsbestimmung verwendeten Begriffs der dienstlichen Tätigkeit bemerkt wird, daß seine Ausführungen genauso für die Auslegung des § 151 I 1 gelten.

Von besonderer Bedeutung ist dagegen, daß nach den „Erläuterungen" über § 151 I 1 hinaus Vsschutz für die persönliche Haftpflicht sämtlicher übriger Betriebsangehöriger gewährt wird für Schäden, die in Ausführung dienstlicher Verrichtungen verursacht werden. — Zum Begriff der „dienstlichen Verrichtungen" vgl. die Ausführungen in Anm. G 88—89 und Anm. H 7. — Dadurch wird in beispielhafter Weise der Vsschutz ergänzt. Allerdings sind von dieser Erweiterung Schadenfälle ausgeschlossen, bei denen es sich um Arbeitsunfälle im Betriebe des Vmers im Sinne der RVO handelt (vgl. Nr. 1a und 1b der „Besonderen" Bedingungen — VA 1969 S. 14). Die Mitv der gesetzlichen Haftpflicht für diese Arbeitsunfälle — auch gegen Beitragszuschlag — wird in den „Erläuterungen" sogar als „unzulässig" bezeichnet. Das ist allerdings eine etwas unpräzise Ausdrucksweise, wenn diese Bestimmung an der üblichen juristischen Terminologie gemessen wird. Der Sache nach gemeint ist erkennbar, daß eine weitere Ausdehnung des Vsschutzes von allen deutschen HUK-Vern abgelehnt wird. Da durch § 637 RVO n. F. gegenseitige Ansprüche von Arbeitnehmern des gleichen Betriebes wegen aus Arbeitsunfällen herrührenden Körperschäden im Grundsatz ausgeschlossen sind, kommt dieser Einschränkung heute nur noch geringe Bedeutung zu (z. B. besteht kein Rechtsschutz durch den Haftpflichtver, wenn der Arbeitnehmer entgegen § 637 RVO n. F. doch unmittelbar von seinem Kollegen in Anspruch genommen wird). Was daneben ungedeckt bleibt, ist der bei grober Fahrlässigkeit nach § 640 RVO n. F. mögliche Rückgriff des Sozialvers oder sonstigen Sozialleistungsträgers gegen den einfachen Arbeitnehmer.

Zur Diskussion der rechtspolitischen Frage, ob es zweckmäßig ist, derartige Ansprüche in den Vsschutz einzubeziehen, vgl.: Elleser BB 1964 S. 1495, Mittelmeier

VersR 1967 S. 935–940, Schmalzl VersR 1964 S. 31, Sieg Betrieb 1965 S. 387–389, Vollmar VersR 1964 S. 30.

Die Einschränkung, daß es sich nicht um Arbeitsunfälle im Betriebe des Vmers im Sinne der RVO handeln dürfe, ist im übrigen dahin zu verstehen, daß solche Schäden eines Dritten ausgeschlossen sind, die als Betriebsunfälle im Unternehmen des Vmers im Rechtssinne der RVO anzuerkennen sind. Ein rein örtlicher oder zeitlicher Zusammenhang mit dem Betriebe des Vmers genügt nicht. Fährt ein Kraftfahrer einer fremden Firma Materialien an und lassen Maurer des Vmers versehentlich Ziegelsteine auf das Haupt dieses fremden Fahrers fallen, so handelt es sich für diesen wohl um einen Betriebsunfall. Örtlich und zeitlich hat dieser Unfall sich auch im Betriebe des Vmers zugetragen. Dennoch greift die genannte Einschränkung nach ihrem Sinngehalt nicht ein.

[H 9] b) Haftpflichtversicherung für Haus- und Grundbesitzer.

Nach dem Vorbild der eben erörterten Bestimmung wird die persönliche Haftpflicht der mit der Verwaltung, Reinigung, Beleuchtung und sonstiger Betreuung der Grundstücke beauftragten Personen für die aus dienstlichen Verrichtungen erhobenen Ansprüche eingeschlossen. Auch hier werden aber ausgenommen Schadenfälle aus Arbeitsunfällen im Betriebe des Vmers im Sinne der RVO.

[H 10] c) Privathaftpflichtversicherung.

aa) Versicherungsschutz für Familienangehörige.

Ohne spezielles Vorbild im Bereich der gesetzlichen Bestimmungen über die Haftpflichtv, aber in Anlehnung an den in § 67 II gelösten Interessenkonflikt, wird in der Privathaftpflichtv Vsschutz geboten für die gleichartige gesetzliche Haftpflicht des mit dem Vmer einen gemeinsamen Haushalt führenden Ehegatten und ihrer ledigen Kinder. Für volljährige ledige Kinder besteht der Vsschutz aber nur, solange sie sich noch in einer Schul- oder Berufsausbildung befinden. Den blutsverwandten Kindern des Vmers oder seines Ehegatten sind Stief-, Adoptiv- und Pflegekinder gleichgestellt.

Damit ist eine erfreulich weite Ausdehnung des Vsschutzes erreicht. In älteren Erläuterungen war nur von der Mitv der persönlichen Haftpflicht der Kinder des Vmers die Rede. Das führte dann zu unerfreulichen Deckungsprozessen, wie dem über die Frage, ob auch Stiefkinder vom Vsschutz erfaßt würden oder nicht (bejahend BGH 13. I. 1954 VersR 1954 S. 76–77 = LM Nr. 1 zu § 74, gegen OLG Hamburg 9. XII. 1952 VersR 1952 S. 60–61). Durch die Neufassung ist sichergestellt, daß ein derartiger Streit nicht wieder auftreten kann. In älteren Haftpflichtvsverträgen war die persönliche Haftpflicht der Kinder des Vmers nur mitvert, wenn diese mit dem Vmer im gleichen Haushalt lebten. Auch diese zu unerquicklichen Streitigkeiten führende Fassung (vgl. z. B. LG Stade 7. VII. 1956 VersR 1957 S. 658, LG Krefeld 29. IV. 1961 VersR 1961 S. 698–699) ist jetzt zugunsten eines erfreulich weiten Vsschutzes verbessert worden. Es war auch wirklich nicht einzusehen, weshalb der auswärts studierende Sohn keinen Vsschutz in der Privathaftpflichtv genießen sollte.

Für die Mitv der persönlichen Haftpflicht des Ehegatten ist dagegen noch zu prüfen, ob dieser mit dem Vmer einen gemeinsamen Haushalt führt. Der Ausdruck gemeinsamer Haushalt ist dabei im Prinzip so auszulegen wie der Begriff „häusliche Gemeinschaft" in § 4 II Ziff. 2 AHB (Stelzer ZfV 1959 S. 277); vgl. dazu die Ausführungen in Anm. G 238. Entscheidend für die Begriffsbestimmung der häuslichen Gemeinschaft ist danach, ob noch eine dauerhafte tatsächliche Bindung besteht.

Da der Kreis der vom Vsschutz erfaßten Personen exakt aufgezählt ist, können die Vertragsbestimmungen nicht erweiternd dahin ausgelegt werden, daß auch Schwestern oder Schwiegermütter Vsschutz genießen (BGH 19. III. 1952 VersR 1952 S. 141–142). Hier bedarf es zusätzlicher ausdrücklicher Vereinbarung. Das gleiche gilt, wenn Vsschutz für die Haftpflicht volljähriger Kinder begehrt wird, die sich nicht mehr in einer Berufs- oder Schulausbildung befinden.

[H 11] bb) Einschluß der persönlichen Haftpflicht der Hausangestellten.

In Anlehnung an § 151 I ist nach den „Erläuterungen" stets die gesetzliche Haftpflicht der im Haushalt des Vmers tätigen Personen gegenüber Dritten aus der Ausübung dienstlicher Verrichtungen eingeschlossen. Hier wird es sich regelmäßig um „Hausangestellte“ im Sinne des Sprachgebrauchs handeln. Vom BGH 19. III. 1952 VersR 1952 S. 141—142 ist in diesem Zusammenhang ausgeführt worden, daß dem Sinne nach die Klausel nur dann eingreife, wenn es sich um die Tätigkeit einer Person handele, für die eine Haftung des Vmers aus § 831 BGB (natürlich ohne Berücksichtigung der Exculpationsmöglichkeit) in Betracht kommen könne. Mit dieser Begründung ist der Vsschutz für Schadensersatzansprüche gegen die Schwester des Vmers, die mit diesem gemeinsam einen Haushalt führte, verweigert worden. Auf den ersten Augenblick könnte hier ein Widerspruch zu den unter Anm. H 7 zitierten Entscheidungen des BGH zu § 151 I gesehen werden, weil dort bemerkt worden ist, daß es bei der Erstreckung der persönlichen Haftpflicht auf Angestellte des Vmers in der Betriebshaftpflichtv nicht darauf ankomme, ob eine Haftung des Vmers aus §§ 278, 831 BGB möglich sei (vgl. BGH 4. XII. 1958 NJW 1959 S. 243—244 = VA 1959 S. 81—82 Nr. 223). Allein der Sinn der Abgrenzung lag dort auf einer anderen Ebene. Denn in dem Falle BGH 4. XII. 1958 a. a. O. war der Ausgangspunkt der Überlegungen der, daß es sich um einen Bediensteten des Vmers handele, für den im Prinzip Vsschutz aus dienstlichen Verrichtungen zu gewähren sei. Es ging daher um die nähere Abgrenzung, was unter einer dienstlichen Tätigkeit und was unter dem privaten Bereich zu verstehen sei. Bei dem hier erörterten Problem ist aber zunächst zu klären, ob die gemeinsam mit dem Vmer den Haushalt führende Schwester überhaupt als Bedienstete angesehen werden könnte. In diesem Zusammenhang erscheint die vom BGH aus § 831 BGB gewonnene Abgrenzung als akzeptabel. Das Gesagte bedeutet, daß z. B. auch die persönliche Haftpflicht der im Haushalt des Vmers mithelfenden Schwiegermutter grundsätzlich nicht gedeckt ist (so Stelzer VersR 1962 S. 308).

Regelmäßig wird unter den hier erörterten Passus der Erläuterungen eine entgeltliche Tätigkeit einer dritten Person fallen, die im übrigen auch gegeben ist, wenn der Vmer für diese Dienste nur Naturalleistungen erbringt (a. M. Stelzer a. a. O. S. 308). Eine unter den Vsschutz fallende Tätigkeit einer im Haushalt beschäftigten Person aus dienstlichen Verrichtungen liegt aber auch dann vor, wenn diese Person ausnahmsweise deshalb nicht vom Vmer bezahlt wird, weil ein Dritter das Entgelt entrichtet. Hier sei daran gedacht, daß z. B. ein Dienstmädchen für kürzere Zeit von einem Freunde dem Vmer zur Arbeit im Haushalt zur Verfügung gestellt wird.

Bemerkenswert ist es, daß hier die in Anm. H 8 a. E. erörterte Einschränkung über den Ausschluß von Schadenfällen im Sinne der RVO fehlt. Wird also durch grobe Fahrlässigkeit der einen Hausangestellten die andere verletzt, so besteht für den Regreßanspruch des Sozialvsträgers im Sinne des § 640 RVO n. F. Vsschutz.

[H 12] d) Vermögensschadenhaftpflichtversicherung.

Hier findet sich keine generelle Ausdehnung des Vsschutzes auf die angestellten Mitarbeiter (Heimbücher VW 1962 S. 599). Mit Rücksicht auf die grundsätzliche Beschränkung des Vsschutzes auf „reine“ Vermögensschäden besteht auch kaum ein Bedürfnis, da die Angestellten des Vmers für derartige Schäden ohne vertragliche Bindung zum Dritten regelmäßig nicht haften, da das Vermögen nicht als geschütztes Rechtsgut im Sinne des § 823 I BGB behandelt wird. Etwas anderes gilt allerdings für die von § 1 II Ziff. 1 AHBVerm erfaßten Sachschäden. Hier ist eine unmittelbare Inanspruchnahme wegen Verletzung des Eigentums nach § 823 I BGB möglich.

Ein mittelbarer Schutz der Angestellten des Vmers wird durch § 7 Ziff. 4 Abs. 2 AHBVerm geboten. Danach wird ein Regreß gegen einen Angestellten des Vmers nur genommen, wenn dieser, wie es wörtlich heißt, „seine Obliegenheiten vorsätzlich verletzt hat“. Gemeint sind dabei die Pflichten aus dem mit dem Vmer bestehenden Arbeitsvertrag. Zweifelhaft kann sein, ob mit dieser Bestimmung gemeint ist, daß ein Regreß entsprechend § 67 II nur bei vorsätzlicher Schadenzufügung genommen wird oder ob schon bei vorsätzlicher Verletzung der Verpflichtungen aus dem Arbeitsvertrag — ein Vorgang, der keineswegs mit einer vorsätzlichen Herbeiführung des Vsfalles gleichzusetzen ist — ein Rückgriff zulässig ist. In Übereinstimmung mit dem Wortlaut der zitierten Bedingungsbestimmung ist das letztere anzunehmen. Diese Entscheidung stimmt damit überein, daß für den Vmer selbst — abweichend von § 152 (vgl. die Ausführungen in Anm. G 232) — für gewisse Fälle grober Fahrlässigkeit nach § 4 Ziff. 5 AHBVerm kein Vsschutz geboten wird (vgl. in diesem Zusammenhang auch § 1 III AHBVerm).

Im übrigen besteht aber im Rahmen der Vermögensschadenhaftpflichtv grundsätzlich auch die Möglichkeit, die persönliche Haftpflicht von Mitarbeitern, allerdings gegen einen Prämienzuschlag, einschließen zu lassen (vgl. z. B. § 13 AHBVerm).

[H 13] III. Zur Rechtsstellung des Versicherten.

1. Ausübung der Rechte durch den Versicherungsnehmer.

Abweichend von der gesetzlichen Regelung in §§ 75, 76 wird in §§ 7 Ziff. 1 S. 2 AHB, 7 Ziff. 1 S. 2 AHBVerm als Grundsatz festgelegt, daß die Ausübung der Rechte des Vten aus dem Vsvertrag ausschließlich dem Vmer zustehe. Diese Regelung hat für den Ver den Vorteil, daß er sich nicht mit verschiedenen Personen auseinanderzusetzen braucht. Kompliziert wird die Situation aber dann, wenn der Vmer die Rechte des Vten nicht wahrt, sondern in Untätigkeit verharrt (vgl. Anm. H 14—15) oder gar dem Vten durch einen „Verzicht" auf die Rechte aus dem Vsvertrag zu schaden versucht (vgl. Anm. H 17). In diesen Fällen steht dem Vten gewiß die Möglichkeit zu, den Vmer auf Wahrnehmung der Rechte aus dem Vsvertrag zu verklagen. Indes ist dem Vten hier auch regelmäßig das Recht zuzusprechen, den Ver unmittelbar in Anspruch zu nehmen (vgl. Anm. H 15). §§ 7 Ziff. 1 S. 2 AHB, 7 Ziff. 1 S. 2 AHBVerm sind als formale Ordnungsvorschriften aufzufassen, die nach ihrem erkennbaren Sinn zurücktreten müssen, wenn der Vmer nicht bereit ist, die ihm vertraglich eingeräumte Ermächtigung zur Geltendmachung der Rechte des Vten auszuüben. Entscheidungen gar, die wie RG 18. XII. 1914 Recht 1914 Nr. 845 davon ausgehen, daß der Vte selbst dann den Ver nicht unmittelbar verklagen dürfe, wenn er ein rechtskräftiges Urteil gegen den Vmer auf Wahrnehmung der Rechte aus dem Vsvertrag erwirkt hat, können bei einer auf die Interessenlage abstellenden Jurisprudenz keine Billigung mehr finden. Zur Vermeidung von Mißverständnissen sei im übrigen betont, daß nach den unter H 14—15 im einzelnen dargestellten Ausnahmen dem Vten regelmäßig der Umweg einer Klage gegen den Vmer sowieso nicht mehr zu empfehlen ist.

[H 14] 2. Durchbrechung des Grundsatzes im einzelnen.

a) Einverständnis des Versicherers.

Die in §§ 7 Ziff. 1 S. 2 AHB, 7 Ziff. 1 S. 2 AHBVerm getroffene Regelung will den Ver schützen. Erklärt er, daß er mit einer Klage des Vten einverstanden sei, so ist dieser abweichend von dem in Anm. H 13 erwähnten Grundsatz zur unmittelbaren Geltendmachung seines Rechts befugt (vgl. BGH 7. IV. 1965 BGHZ Bd 43 S. 43 — korrekterweise ist zu diesem Zitat allerdings richtigzustellen, daß hier augenscheinlich auch das Einverständnis des Vmers vorlag).

Es fragt sich, ob das Gesagte auch dann gilt, wenn der Vmer mit einem solchen Vorgehen des Vten nicht einverstanden ist. Das Problem stellt sich im Grunde nur, wenn der Vmer ausdrücklich einer solchen Vereinbarung widerspricht. Anderenfalls ist stets zu vermuten, daß der Vmer einverstanden ist. Aber auch dann, wenn feststeht, daß der Vmer mit einer derartigen Abänderung der durch §§ 7 Ziff. 1 S. 2 AHB gegebenen Rechtslage nicht einverstanden ist, wird man der zwischen dem Ver und dem Vten getroffenen Absprache im Rahmen der Vertragsfreiheit stets Verbindlichkeit beilegen. Zu beachten ist allerdings, daß dadurch die Rechte des Vmers nicht beeinträchtigt werden können; d. h. daß der Vmer z. B. an die rechtskräftige Entscheidung nicht gebunden ist.

Erklärte der Ver zunächst sein Einverständnis mit einer solchen unmittelbaren Inanspruchnahme durch den Vten, so ist er an diese Erklärung gebunden (abgesehen von der auch hier gegebenen Möglichkeit, sich auf etwaige Willens- oder Erklärungsmängel im Sinne z. B. der §§ 119, 123 BGB berufen zu können). Wendet der Ver nicht ein, daß der Vte zur Geltendmachung seines Rechts nicht befugt sei, so ist sein Schweigen als Einverständnis zu werten (vgl. auch OLG Düsseldorf 29. III. 1966 VA 1966 S. 142

Nr. 430 = VersR 1966 S. 481). Bis zum letzten Termin zur mündlichen Verhandlung in erster Instanz wird man aber dem Ver in der Regel die Möglichkeit einräumen müssen, das Gegenteil klarzustellen. Schweigt der Ver allerdings bis zu diesem Zeitpunkt, so handelt er rechtsmißbräuchlich, wenn er in der Berufungsinstanz einen anderen Standpunkt einnimmt (anders noch RG 19. VI. 1934 JRPV 1934 S. 220 in einem Kfz-Haftpflichtvsfall, in dem noch nicht, wie jetzt durch § 10 Ziff. 4 AKB, ein unmittelbares Klagerecht des Vten verankert, sondern eine § 7 Ziff. 1 S. 2 AHB entsprechende Regelung getroffen war). Die Unbeachtlichkeit eines neuen Vorbringens des Vers in dieser Beziehung ist dabei nicht aus dem Prozeßrecht zu begründen (vgl. § 529 II ZPO), sondern aus der materiellen Rechtslage, indem nämlich das Schweigen des Vers zu diesem Punkt in erster Instanz als konkludent erklärtes Einverständnis gewertet wird.

Hat der Ver dem Vten eine Frist zur Klagerhebung nach § 12 III gesetzt, so ist darin regelmäßig ein ausdrückliches Einverständnis zur unmittelbaren Inanspruchnahme des Vers durch den Vten zu sehen. Denn der Vte kann eine derartige Aufforderung des Vers zur Klage nach Treu und Glauben kaum anders auffassen, als daß dieser sich der unmittelbaren Inanspruchnahme aussetzen wolle. Oberbach II S. 219 vertritt allerdings die Auffassung, daß die Frist nach § 10 AHB bei der V für fremde Rechnung abweichend von § 12 III nur dann in Lauf gesetzt werde, wenn eine Fristsetzung sowohl gegenüber dem Vmer als auch gegenüber dem Vten erfolgt sei. Diese Auffassung ist aber unzutreffend. Die Fristsetzung gegenüber dem allein klageberechtigten Vmer genügt. Will der Ver vorsorglich die Auffassung von Oberbach berücksichtigen, so muß er dazu ausdrücklich erklären, daß er damit aber nicht sein Einverständnis zur unmittelbaren Inanspruchnahme geben wolle. In diesem Zusammenhang vgl. auch (zu § 15 Ziff. 1 AUB a. F.) BGH 11. II. 1960 VersR 1960 S. 300—302: Der BGH stellte sich dort auf den Standpunkt, daß ein Ver, der dem Vten eine Frist nach § 12 III setze, aber mit einer unmittelbaren Klage nicht einverstanden sei, das mindestens rechtzeitig vor Ablauf der Frist erklären müsse.

[H 15] b) Einverständnis des Versicherungsnehmers.

Der Zweck der durch §§ 7 Ziff. 1 S. 2 AHB, 7 Ziff. 1 S. 2 AHBVerm getroffenen Regelung ist es zu erreichen, daß der Ver nur mit einem Kontrahenten wegen der Ausübung der Rechte aus dem Gesamtvertrag zu verhandeln braucht und nicht mit einer Vielzahl von Vten; der Ver will sich vor allem dagegen schützen, daß er sowohl vom Vmer als auch vom Vten mit Deckungsklagen überzogen wird (BGH 4. V. 1964 BGHZ Bd 41 S. 327—333). Nicht sind die zitierten Bestimmungen dazu gedacht, dem Vten überflüssige Prozesse aufzubürden und seinen berechtigten Anspruch auf Vsschutz zu vereiteln. Vom BGH 4. V. 1964 a. a. O. ist deshalb ausdrücklich ausgesprochen worden, daß die Berufung des Vers auf die Bestimmungen des § 7 Ziff. 1 und 3 AHB gegenüber einer unmittelbaren Inanspruchnahme durch den Vten dann einen Rechtsmißbrauch darstelle, wenn der Ver einen vom Vmer für den Vten erhobenen Deckungsanspruch abgelehnt und der Vmer daraufhin zu erkennen gegeben habe, daß er den Anspruch von sich aus nicht weiterverfolgen wolle. Alsdann darf der Ver also immer unmittelbar vom Vten verklagt werden.

Den Hinweis des Vers darauf, daß ihm bei einer ansonsten in bezug auf den Vsschutz unbegründeten Klage durch eine unmittelbare Inanspruchnahme durch den Vten ein höheres Kostenrisiko drohe, da der Vte erfahrungsgemäß wirtschaftlich schwächer als der Vmer sei, hat der BGH 4. V. 1964 a. a. O. als unbeachtlich zurückgewiesen. Er hat auch zu erkennen gegeben, daß ein gleiches selbst dann zu gelten habe, wenn der Vsschutz mehrerer Vter in Frage stehe, allerdings mit der Einschränkung, daß diese sich wohl ohnedies zu einem gemeinsamen Vorgehen zusammenschließen würden.

Der Auffassung des BGH ist im Ergebnis zuzustimmen. § 7 Ziff. 1 und 3 AHB (wie auch § 7 Ziff. 1 und 3 AHBVerm) wollen eine für alle Beteiligte klare Regelung schaffen; ein verständiger Ver wird den Vten nicht auf den Klageweg (mit anschließender Pfändung) gegen den Vmer verweisen (und sich dann auch noch auf den zwischenzeitlich eingetretenen Fristablauf nach § 12 III berufen), wenn der Vmer seinerseits erklärt, daß er den Anspruch nicht verfolgen werde. Dogmatisch näher hätte es allerdings gelegen, nicht einen Rechtsmißbrauch anzunehmen, sondern die im Schrifttum entwickelte Konstruktion anzuwenden, daß nämlich aus begrifflichen Gründen ein Verzicht des Vmers auf die Einziehungsermächtigung zugunsten des materiell berechtigten Vten immer zulässig sei und vom Abtretungsverbot nach § 7 Ziff. 3 AHB nicht erfaßt werde (vgl. zu diesem Problemkreis Arens a. a. O. S. 40–41, Stiefel-Wussow[7] Anm. 16 zu § 3 AKB, S. 158–159 und namentlich Thiel VersR 1961 S. 74–75 m. w. N. [Anm. zu BGH 11. II. 1960 VersR 1960 S. 300]). Diesen Weg hatte sich der BGH allerdings durch die vorangegangene Entscheidung zu der gleichlautenden Vorschrift des § 15 Ziff. 3 AUB a. F. verbaut (vgl. BGH 11. II. 1960 a. a. O.), da er dort ohne Berücksichtigung der besonderen Rechtsstellung des Vten ausgeführt hatte, daß die genannte Vorschrift ihrem Sinngehalt nach auch eine Einziehungsermächtigung zugunsten des Vten erfasse.

Die Rechtslage ist danach immer dann geklärt, wenn der Vmer eindeutig zu erkennen gibt, daß er selbst den Anspruch nicht verfolgen werde. Diese Erklärung kann auch konkludent abgegeben werden. Schwierigkeiten ergeben sich allerdings dann, wenn der Vmer sich zwar weigert, den Vsanspruch geltend zu machen, zugleich aber ausdrücklich erklärt, daß er mit einer unmittelbaren Klage durch den Vten nicht einverstanden sei. Indes wird eine solche mit dem Sinn der Haftpflichtv nicht im Einklang stehende Weigerung regelmäßig rechtsmißbräuchlich sein, so daß sich der Ver nicht auf sie berufen kann. Treffend wird vom BGH 4. V. 1964 a. a. O. S. 331–332 u. a. folgendes ausgeführt:

> „In diesem Falle bliebe dem Vten, sofern die Klagefrist der §§ 10 AHB, 12 III VVG noch nicht verstrichen ist, nur der äußerst umständliche und zeitraubende Weg, gegen den Vmer aus dem zwischen diesem und dem Vten bestehenden Rechtsverhältnis gerichtlich vorzugehen mit dem Ziel, den Vmer zur Erhebung der Deckungsklage gegen den Ver zu zwingen. Da eine solche Klage im allgemeinen nur begründet ist, wenn ein Prozeß gegen den Ver genügende Erfolgsaussichten bietet, müßte das mit ihr befaßte Gericht — in der Regel das Arbeitsgericht — incidenter auch den Vsanspruch einer Vorprüfung unterziehen, ohne daß hierdurch aber die noch bevorstehende Auseinandersetzung mit dem Ver in irgendeiner Weise gefördert würde. Zudem ergäbe sich bei Durchführung eines solchen Prozesses ein — auch für den Ver — unerfreulicher Interessenwiderstreit insofern, als der Vmer zunächst mit dem Ver gegen den Vten zusammenarbeiten müßte, im Falle seines Unterliegens dann aber gezwungen wäre, in einem weiteren Rechtsstreit gegen den Ver die Interessen des Vten wahrzunehmen. Wird dagegen die Klage des Vten gegen den Vmer rechtskräftig abgewiesen, so wären, wenn der Vte weiterhin von der eigenen Wahrnehmung seiner Rechte gegen den Ver ausgeschlossen bliebe, die Folgen vollends unerträglich. Obschon über den materiellrechtlichen Vsanspruch des Vten noch gar nicht mit Rechtskraftwirkung für und gegen die Beteiligten entschieden wäre, hätte der Vte gleichwohl keine Möglichkeit mehr, diesen Anspruch gegen den Ver durchzusetzen; der Anspruch hätte nur den Wert einer Naturalobligation. Es kann aber bei verständiger und interessengemäßer Betrachtung nicht der Zweck allgemeiner Vsbedingungen sein, einerseits Ansprüche auf Vsschutz zu begründen, andererseits aber deren Befriedigung unter Umständen an der fehlenden Durchsetzbarkeit für den materiellrechtlichen Anspruchsinhaber scheitern zu lassen."

Das Gesagte gilt dann nicht, wenn der Vmer zwar mit einem unmittelbaren Vorgehen durch den Vten einverstanden ist, aber selbst auch Klage erhebt, um für sich und für den Vten Vsschutz zu erstreiten. Würde man hier allein aufgrund des Einverständnisses des Vmers den Vten auch zur Klage für befugt halten, so würde dem Zweck des § 7 Ziff. 1 S. 2 AHB gerade zuwidergehandelt werden.

In die gleiche Situation wie der Vte kann der geschädigte Dritte geraten; auch hier wird man — allerdings erst nach Pfändung und Überweisung des Vsanspruchs des Vten gegen den Ver — in Übereinstimmung mit BGH 4. V. 1964 a. a. O. S. 332–333, ohne Rücksicht auf eine Zustimmung des Vmers ein unmittelbares Klagerecht zu bejahen haben (vgl. dazu die Ausführungen in Anm. B 84).

[H 16] 8. Innenverhältnis.

a) Grundsätzliches.

Aus dem Innenverhältnis zwischen Vmer und Vtem (z. B. Arbeitsvertrag oder Familienrechtsverhältnis) ist zu beurteilen, ob der Vmer verpflichtet ist, den Vsanspruch zugunsten des Vten beim Ver geltend zu machen. Fehlt es an einem vertraglichen Band, was in der Allgemeinen Haftpflichtv allerdings kaum vorkommen wird, so sind die Regeln über die Geschäftsführung ohne Auftrag anzuwenden (Wussow[5] Anm. 6 zu § 7 AHB, S. 467—468; ebenso zur Insassenunfallv: Möller DAR 1954 S. 255 und BGH 8. II. 1960 BGHZ Bd 32 S. 51—53 m. w. N.). Aus ihnen läßt sich dann jedenfalls die Verpflichtung des Vmers ableiten, sein Einverständnis mit einer unmittelbaren Klage des Vten zu erklären.

Nach der fortschrittlichen Rechtsprechung des BGH 4. V. 1964 BGHZ Bd 41 S. 327 bis 337 bedarf es regelmäßig einer gerichtlichen Auseinandersetzung zwischen Vmer und Vtem über die Ausübung der Rechte aus dem Vsvertrag nicht mehr, da der Vte stets zur unmittelbaren Klage gegen den Ver legitimiert ist, wenn der Vmer nicht bereit ist, die Rechte des Vten gerichtlich durchzusetzen. Ist der Vte nicht bereit, gegen den Ver vorzugehen, weil er das Prozeßkostenrisiko scheut, so kann er in aller Regel bei Versäumung der Klagefrist aus § 12 III den Vmer, der ihm freie Hand gegeben hatte, auch nicht schadenersatzpflichtig machen. Nur ausnahmsweise kann es als vertragswidrig angesehen werden, wenn der Vmer sich nicht zur unmittelbaren Klage bereitfindet. Das setzt voraus, daß eine vertragliche Verpflichtung des Vmers im Grundverhältnis zwischen ihm und dem Vten festgelegt ist, nach der er beispielsweise nach dem pflichtgemäßen Ermessen des Vten zur klagweisen Durchsetzung der Vsansprüche verpflichtet ist. Sperrt sich dagegen im Normalfall, d. h. ohne daß eine besondere Vertragsbestimmung über eine Entscheidungsbefugnis des Vten gegeben ist, der Vmer gegen eine Klage des Vten, ohne selbst zur Durchsetzung der Rechte aus dem Vsvertrag bereit zu sein, so wird man — ungeachtet des dem Vten in Anm. H 15 für diesen Fall eingeräumten Klagerechts — ein Rechtsschutzbedürfnis für eine Klage des Vten gegen den Vmer auf Verschaffung des Vsschutzes nicht verneinen können, da durch das widerspruchsvolle Verhalten des Vmers für den Vten eine immerhin schwer zu beurteilende Situation entstanden ist. Dabei ist auch zu bedenken, daß der Vte sich eine größere Vergleichsbereitschaft auf der Seite des Vers ausrechnen mag, wenn ein Vmer, der für den Ver etwa ein wichtiger Industriekunde ist, in einer zweifelhaften Frage zugunsten des Vten für die Gewährung von Vsschutz streitet.

Verliert der Vte durch ein Verschulden des Vmers den Vsschutz, so ist der Vmer ihm dafür zum Schadenersatz verpflichtet. Das gilt auch in den Fällen, in denen das Grundverhältnis zwischen dem Vmer und dem Vten lediglich von den Grundsätzen über die Geschäftsführung ohne Auftrag beherrscht wird. Zu bedenken ist allerdings bei der Beurteilung dieser Fragen, daß nach der in Anm. H 17 vertretenen Auffassung ein Verzicht des Vmers auf die Rechte des Vten grundsätzlich nicht mehr als rechtswirksam angesehen werden kann, wenn der Vsfall bereits eingetreten war. Es ist aber denkbar, daß durch eine — vor oder nach Eintritt des Vsfalles — begangene Obliegenheitsverletzung des Vmers (vgl. dazu auch Anm. H 19) der Vsschutz für den Vten verlorengeht. Hier wird für diejenigen Fälle, in denen der Vmer die Rechte des Vten durch eine nach Eintritt des Vsfalles begangene Obliegenheitsverletzung beeinträchtigt, grundsätzlich eine volle Schadenersatzpflicht des Vmers zu bejahen sein. Bei den vor Eintritt des Vsfalles zu beachtenden Obliegenheiten wird dagegen wegen einer zum Verlust des Vsschutzes führenden Verletzung durch den Vmer nur dann ein Schadenersatzanspruch bejaht werden können, wenn der Vmer vertraglich gegenüber dem Vten verpflichtet war, für Vsschutz zu sorgen. Das wird in der Allgemeinen Haftpflichtv aber nicht die Regel, sondern die Ausnahme sein. Denn es gibt bisher noch keinen allgemeinen arbeitsrechtlichen (oder familienrechtlichen) Grundsatz, nach dem eine solche Verpflichtung besteht (anders für die Kfz-Haftpflichtv, vgl. dafür BAG 9. VIII. 1966 AP Nr. 39 zu § 611 BGB [Haftung des Arbeitnehmers] und die Nachweise in Anm. B 75). Demgemäß kann der Vte regelmäßig auch keinen Schadensersatzanspruch daraus herleiten, daß der Vmer vor Eintritt eines Vsfalles auf die ohne vertragliche Verpflichtung gegenüber dem Vten vereinbarte Erweiterung des Vsschutzes verzichtet.

[H 17] b) Zum Verzicht des Versicherungsnehmers auf den Versicherungsschutz für den Versicherten.

Aus der in § 7 Ziff. 1 AHB festgelegten alleinigen Ausübung der Rechte aus der V für fremde Rechnung durch den Vmer könnte gefolgert werden, daß es grundsätzlich auch in dessen Machtbefugnis steht, ob er den Vsanspruch geltend machen will oder nicht oder daß er gar auf diesen „verzichten" könnte, d. h. einen entsprechenden Erlaßvertrag mit dem Ver abzuschließen (so [für die Zeit vor der Gesetzesänderung aus dem Jahre 1939]: RG 18. XII. 1914 Recht 1914 Nr. 845, 17. VI. 1937 JW 1937 S. 2648—2650, 11. VII. 1939 RGZ Bd 161 S. 94—100, 19. III. 1940 DR 1940 S. 986; vgl. ferner die Nachweise bei Arens a. a. O. S. 48—52 und die um ein gerechtes Ergebnis ringende Darstellung bei Prölss WuRdVers 1937 H. 2 S. 57—61; ferner Sieg Ausstrahlungen S. 75 Anm. 389). Die Bedeutung dieser Streitfrage ist für die Vspraxis im Bereich des Haftpflichtvsrechts dadurch auf ein Minimum reduziert worden, daß der Ver nur über einen Umweg aus einem solchen Verhalten Vorteile genießen kann, da er nach § 156 I dem Geschädigten ohnedies weiter haftet.

Im übrigen erscheint die Stellung des Vmers als stärker, als sie in Wirklichkeit ist. Zwar fehlt es in der Allgemeinen Haftpflichtv an einer § 10 Ziff. 4 AKB entsprechenden Vorschrift, die dort zu der gesicherten Rechtsüberzeugung geführt hat, daß der Vmer auf die Rechte des Vten nicht verzichten könne (vgl. dazu nur die Nachweise bei Johannsen VersArch 1956 S. 351—352 Anm. 291 und die die Stellung des Vten noch weiter sichernde Entscheidung BGH 14. XII. 1967 BGHZ Bd 49 S. 130—140 [keine Zurechnung von Obliegenheitsverletzungen durch den Vmer, soweit diese nach Eintritt des Vsfalles begangen worden sind], ferner BGH 5. III. 1964 VersR 1964 S. 477—479). Dessen ungeachtet kann der Vmer aus heutiger geschärfter rechtskritischer Sicht in bezug auf die ihm übertragene Verfügungsbefugnis nur als Treuhänder und Sachwalter des Vten angesehen werden. Dessen Interessen zu wahren, muß ihm Richtschnur sein. Diese Treuhandstellung ist auch in den Fällen anzunehmen, in denen dem Vten seine Rechtsposition durch eine Geschäftsführung ohne Auftrag eingeräumt worden ist. Aus dieser dem Ver bekannten Treuhänderstellung des Vmers, die diesen bei einem wirksamen Verzicht auf den Vsschutz für den Vten stets nach den in Anm. H 16 dargestellten Grundsätzen schadenersatzpflichtig machen würde, folgt die Berechtigung eines scharfen Maßstabes an dem Verhalten eines an einem solchen unredlichen Vorgehen mitwirkenden Vers. Ein solcher Erlaßvertrag ist heutzutage einer strengen Wertung im Sinne des § 138 BGB zu unterwerfen. Eine Vereinbarung, die keinen anderen Sinn hat als den, den Vten zu schädigen, oder auch eine Vereinbarung, die den Vsvertrag „schadenfrei" halten soll und es deshalb in Kauf nimmt, den Vten zu schädigen, ist dem an Treu und Glauben geschulten Rechtsempfinden unerträglich und daher grundsätzlich als sittenwidrig zu behandeln.

Die neuerdings wieder von Heimbücher VW 1962 S. 597 geäußerte Auffassung, daß der Vmer — gar als Arbeitgeber — willkürlich auf den Vsschutz verzichten dürfe, trifft demgemäß in der Mehrzahl der Fälle nicht zu. Das RG hat allerdings in drei Kfz-Haftpflichtvsfällen, in denen nach den damals geltenden Bedingungen — anders als nach § 10 Ziff. 4 AKB, wie heute noch nach § 7 Ziff. 1 S. 2 AHB — allein der Vmer zur Geltendmachung der Rechte aus dem Vertrage befugt war, einen derartigen Verzicht nicht beanstandet (RG 17. VI. 1937 JW 1937 S. 2648—2650, 11. VII. 1939 RGZ Bd 161 S. 94—100, 19. III. 1940 DR 1940 S. 986). Dabei hat es in den Entscheidungen vom 11. VII. 1939 a. a. O. und 19. III. 1940 a. a. O. sich präzise sogar dahin (in Übereinstimmung mit den dogmatischen Ausführungen in RG 18. XII. 1914 Recht 1914 Nr. 845) erklärt, daß es gar keines Verzichts bedürfe, sondern daß allein die Nichtausübung der Rechte durch den Vmer genüge.

Die Grundsätze dieser Entscheidungen können aber heute für das Haftpflichtvsrecht nicht mehr akzeptiert werden. Zunächst sei zur Ehre der Haftpflichtver festgehalten, daß es, soweit ersichtlich — abgesehen von der zitierten Entscheidung des RG vom 18. XII. 1914, die so verkürzt wiedergegeben ist, daß eine Beurteilung der Interessenlage kaum möglich ist —, keine veröffentlichte Entscheidung gibt, nach der es auch in der Allgemeinen Haftpflichtv zu einer Verkürzung der Rechte des Vten durch einen derartigen Verzicht gekommen ist. Zudem lag allen drei zitierten RG-Entscheidungen in tatsächlicher Beziehung eine besondere Note zugrunde. Es handelte sich nämlich um sogenannte Werkstattsfälle: „Der Vmer hatte sein Fahrzeug zur Reparatur in eine Werkstatt gegeben, und in allen drei Fällen richtete der Angestellte der Reparaturwerkstatt auf einer Probefahrt einen Haftpflichtschaden an." RG 11. VII. 1939 RGZ Bd 161 S. 24—100 ging bei seiner Entscheidung davon aus, daß der Vsschutz für den Fahrer auf einem Umwege dessen Arbeitgeber zugute kommen würde (da dieser von dem Fahrer aus dem von diesem verschuldeten Unfall freigehalten werden müsse). Aus dieser Sicht der Dinge (die allerdings mit den heute entwickelten Rechtsgrundsätzen zur schadengeneigten Arbeit nicht vereinbar ist) erscheinen diese Entscheidungen verständlicher, zumal im Falle RG 17. VI. 1937 a. a. O. auch der Betriebshaftpflichtver der Reparaturwerkstatt im Risiko war.

Für das gesamte Haftpflichtvsrecht ist jedenfalls mit Rücksicht auf die sozial- bzw. familienpolitisch wertvollen Grundgedanken, die der Erstreckung des Vsschutzes zugrunde liegen, die Vorstellung unerträglich, daß der Vte seiner Rechte allein aus egoistischen Motiven — sei es des Vmers, sei es des Vers — beraubt werden könnte. Hier sei im übrigen auch auf OLG Hamburg 8. X. 1937 JRPV 1938 S. 172—174 verwiesen, das in beispielhaften Ausführungen in einem Kfz-Haftpflichtvsfall, in dem der Ver den Vmer aus eigennützigen Motiven zum Verzicht auf den Vsschutz überredet hatte, den Ver aus § 826 BGB weiter haften ließ.

Wenn also auch nach §§ 7 Ziff. 1 S. 2 AHB, 7 Ziff. 1 S. 2 AHBVerm theoretisch dem Vmer das volle Verfügungsrecht zusteht (a. M. für einen Kfz-Haftpflichtvsfall OLG Düsseldorf 24. V. 1937 JRPV 1938 S. 26—27 als Vorinstanz zu RG 11. VII. 1937 RGZ Bd 161 S. 94—100), so ist die daraus abgeleitete Verzichtsmöglichkeit doch durch das gewandelte Rechtsempfinden zur Ausnahme geworden. Wer von ihr Gebrauch macht, handelt „infam", wenn nicht besondere Rechtfertigungsgründe ihm zur Seite stehen. Es ist zu erwarten, daß sich auch in Zukunft kein Haftpflichtver mehr diesem Odium aussetzen wird, da er nach der Novelle von 1939 dem geschädigten Dritten gegenüber nach § 156 I ohnedies weiter haftet (vgl. den zutreffenden Hinweis von Heimbücher VW 1962 S. 597; ferner Prölss[17] Anm. 8 zu § 77, S. 355, dessen lakonischer Hinweis auf § 156 I wohl dahin zu verstehen ist, daß mit Rücksicht auf diese Vorschrift von einem Einverständnis des Vers mit einer derartigen Aufhebung des Vsschutzes grundsätzlich nicht mehr ausgegangen werden könne, so daß es hier aus diesem Grunde nicht mehr zu einem Erlaßvertrag kommen werde).

Das Gesagte bedeutet aber nicht, daß jeder Verzicht auf die Rechte aus der für fremde Rechnung nach § 138 BGB unwirksam ist. Es kann sich vielmehr theoretisch wie in den zitierten Werkstattfällen des RG auch hier — allerdings nicht in den in Anm. H 8—11 dargestellten Fällen — eine ungewollte Erstreckung des Vsschutzes ergeben mit der Folge der Begünstigung eines anderen Haftpflichtvers durch das Bestehen einer Doppelv. Genießt hier der Vte auf jeden Fall, nämlich bei dem einen oder bei dem anderen Ver, Vsschutz, so mag ein weniger scharfer Maßstab am Platze sein. Schließlich sind Fälle denkbar, in denen der Vmer aus menschlich verständlichen Gründen jede Sozialbindung zu dem Vten verloren hat, sei es, daß der Vte — um ein extremes Beispiel zu bilden — gegen den Vmer in einer Art vorgegangen ist, die nach § 2339 I BGB zur Erbunwürdigkeit führen würde, sei es, daß ein Sachverhalt gegeben ist, der bei einer Schenkung einen groben Undank im Sinne des § 530 BGB darstellen könnte. Verzichtet der Vmer in derartigen Fällen auf den Vsschutz für den Vten, so greifen die §§ 138, 826 BGB nicht ein. Es kann allerdings auch hier noch ein Schadenersatzanspruch aus dem zugrundeliegenden schuldrechtlichen Verhältnis gegeben sein.

4. Sinngemäße Anwendung der für den Versicherungsnehmer geltenden Vorschriften.

Nach § 7 Ziff. 1 S. 1 AHB (§ 7 Ziff. 1 S. 1 AHBVerm) finden alle in dem Vsvertrag für den Vmer getroffenen Bestimmungen sinngemäße Anwendung auf den Vten. Das ist ein Grundsatz, der auch ohne ausdrückliche Verankerung in den Bedingungen gelten würde. Es bleibt im Einzelfall zu prüfen, inwieweit die jeweils untersuchte Vorschrift ihrem Sinngehalt nach Anwendung finden kann.

[H 18] a) Verneinung einer Prämienzahlungspflicht.

Als gesicherte Erkenntnis kann dabei davon ausgegangen werden, daß den Vten keine Prämienzahlungspflicht trifft. Demgemäß entfällt eine Anwendung des § 8 AHB (§ 8 AHBVerm) auf den Vten. Dieser ist auch nicht dazu verpflichtet, an der Prämienregulierung mitzuwirken. Vielmehr ist das allein Sache des Vmers (Wussow[5] Anm. 5 zu § 7 AHB, S. 467).

Oberbach II S. 218 vertritt allerdings die Auffassung, daß in denjenigen Fällen, in denen die Vorsorgev sich auch auf das eigene Risiko des Vten beziehe, dieser auch Prämienschuldner sei. Das ist jedoch unrichtig. Dadurch, daß der Ver sich zur Anwendung der Vorsorgebestimmungen auf die V für fremde Rechnung bereit erklärte, wird das Wesen dieser Institutionen nicht verändert.

[H 19] b) Obliegenheiten.

Ferner ist durch § 79 klargestellt, daß der Vte neben dem Vmer für die Erfüllung der Obliegenheiten einzustehen hat. Dabei ist zur Vermeidung von Mißverständnissen zu betonen, daß eine Verletzung der Obliegenheit durch den Vten zwar zum Verlust des Vsschutzes führt, daß sich der Verlust des Vsschutzes aber nur auf die V für fremde Rechnung erstreckt; es bleibt also der das eigene Risiko des Vmers betreffende Teil des Vsvertrages unberührt, es sei denn, daß der Vte zugleich Repräsentant des Vmers ist (Wussow[5] Anm. 3 zu § 7 AHB, S. 466).

Verletzt dagegen der Vmer eine Obliegenheit, so geht damit regelmäßig der Vsschutz für die eigene und fremde Rechnung verloren. Seltene Ausnahmen können sich jedoch ergeben, wenn sich die Obliegenheitsverletzung allein auf die V für eigene Rechnung bezieht und keine Identität des Wagnisses besteht (so sinngemäß Oberbach II S. 226).

Dafür, daß bei einer kombinierten V der Ver bei einer Obliegenheitsverletzung durch den Vten das Kündigungserfordernis des § 6 I 3 nicht zu beachten braucht, wenn diese Obliegenheitsverletzung dem Vmer nicht zugerechnet werden kann, vgl. BGH 17. XII. 1964 VersR 1965 S. 149—150. Zu beachten ist aber, daß die Grundsätze dieser Entscheidung dann keine Anwendung finden können, wenn eine atypische Haftpflichtv für fremde Rechnung vorliegt, bei der es an der V eines Eigenwagnisses für den Vmer fehlt. In diesen Fällen einer isolierten Haftpflichtv für fremde Rechnung muß demgemäß bei Verletzung einer vor Eintritt des Vsfalles zu erfüllenden Obliegenheit durch den Vten der Ver regelmäßig kündigen, wenn er sich erfolgreich auf die Obliegenheitsverletzung berufen will.

Für die Annahme, daß Obliegenheitsverletzungen durch den Vmer, die nach Eintritt des Vsfalles begangen werden, grundsätzlich den Vsschutz des Vten aus der V für fremde Rechnung nicht berühren (so jetzt für die Kfz-Haftpflichtv zutreffend BGH 14. XII. 1967 BGHZ Bd 49 S. 130—140 m. w. N. [siehe dazu die ablehnende Anm. von Prölss VersR 1968 S. 268—270]; vgl. als Vorläufer die richtungsweisende Entscheidung OLG Hamm 28. IX. 1965 VersR 1967 S. 747—749 und auch schon Johannsen VersArch 1956 S. 352—353 Anm. 291) geben AHB und AHBVerm keinen Anhaltspunkt. Hier gilt demgemäß der allgemeine Grundsatz weiter, daß der Vte durch Obliegenheitsverletzungen des Vmers seinen Vsschutz verliert. Darüber, daß der Vmer in diesen Fällen dem Vten schadenersatzpflichtig sein kann, vgl. Anm. H 16.

Bei der Prüfung, ob ein Verschulden des Vten bei der Verletzung einer Obliegenheit vorgelegen hat, kann von besonderer Bedeutung sein, ob der Vte wußte, daß für ihn Vsschutz bestand. Anders als in der Kfz-Haftpflichtv kann nicht von einer allgemeinen Kenntnis der Vten über die Erstreckung des Vsschutzes ausgegangen werden. Die Umstände des Einzelfalles sind daher sorgsam zu prüfen. Gewinnt das Gericht die Überzeugung, daß der Vte von dem Vsschutz nichts wußte, so ist regelmäßig ein Verschulden des Vten in bezug auf die Verletzung einer haftpflichtvsrechtlichen Obliegenheit zu verneinen.

[H 20] c) Anwendung der Vertragsbestimmungen über den primären und sekundären Umfang des versicherten Risikos.

aa) Vorbemerkung.

Weiter ergibt die sinngemäße Anwendung der Vorschriften des Vsvertrages auf den Vten, daß die sachlichen Begrenzungen des Vsschutzes grundsätzlich auch gegen ihn wirken. Das gilt für die summenmäßige Begrenzung des Vsschutzes, ferner für den primären Umfang des Vsschutzes, soweit nicht abweichende Bestimmungen schon bei dem Einschluß der persönlichen Haftpflicht getroffen sind (z. B. keine Deckung von Ersatzansprüchen aus Schadenfällen im Sinne der RVO bei der Mitv der gesetzlichen Haftpflicht der Arbeitnehmer des Vmers, vgl. Anm. H 8 a. E.) oder atypische Verträge im Sinne der Ausführungen in Anm. H 4 vorliegen. Schließlich gilt das grundsätzlich auch für alle Ausschlußtatbestände. Die Praxis zeigt dabei erstaunlicherweise, daß kaum Schwierigkeiten bei der sinnentsprechenden Anwendung der Vorschriften des Vsvertrages auftreten. Zum Sonderproblem des Vsschutzes für Ansprüche des Vmers vgl. die Ausführungen in Anm. H 22—24.

[H 21] bb) Vorsorgeversicherungsschutz.

Soweit neue Risiken in der Person des Vmers entstehen und sich der Vsschutz nach der Vorsorgev darauf erstreckt, kommt das nach der Konstruktion des Haftpflichtvsvertrages auch den mitvten Personen zugute. Es fragt sich aber, ob die Vorsorgevsbestimmungen auch dann eingreifen, wenn das neue Risiko allein in der Person des Vten entsteht. Das ist umstritten (dagegen: Oberbach I S. 127, Oberbach Grundlagen B 3 S. 5, Prölss[17] Anm. 1 zu § 2 AHB, S. 659, Wehn Grundlagen C 1 S. 34; differenzierend aber Hartung Haftpflichtv S. 130, Heimbücher VW 1965 S. 1002, Oberbach II S. 218, Wussow[5] Anm. 4 zu § 2 AHB, S. 218—220). Die ganz verneinende Auffassung wird damit begründet, daß keine neuen, über den Inhalt des ursprünglichen Vertrages hinausgehenden Rechte geschaffen werden sollten, sondern daß nur im Hinblick auf die im Vertrage versprochene Primärleistung eine Gleichstellung beabsichtigt sei (so Oberbach I S. 127 Anm. 15). Dieser Auslegung kann nicht zugestimmt werden. Es muß vielmehr im Anschluß an die differenzierenden Ausführungen von Oberbach II S. 218 und vor allem von Hartung Haftpflichtv S. 130 die Frage nach dem Sinn und Zweck des jeweiligen Haftpflichtvsvertrages gesondert gelöst werden. Einen guten Anhaltspunkt bietet dabei die Unterteilung zwischen typischer und atypischer Beteiligung Dritter am Haftpflichtvsvertrag (vgl. dazu Anm. H 4). In den typischen Fällen, in denen eine „Identität des Wagnisses" gegeben ist, ist die Anwendung der Vorsorgevsbestimmungen zu verneinen. Es entspricht dem Sinn der getroffenen Absprachen, daß sich im Rahmen der Betriebshaftpflichtv die Vorsorgev grundsätzlich nicht auf Risiken erstreckt, die nach Abschluß des Vertrages in der Person des Vten neu entstehen (ebenso Heimbücher VW 1965 S. 1002). Beispiel: Ein Arbeitnehmer des Vmers eröffnet eine eigene Werkstatt, bleibt aber zunächst noch weiterhin im Dienst des Vmers. Es wäre sinnwidrig, hier die Vorsorgev auf das in der Person des mitvten Arbeitnehmers entstandene Risiko anzuwenden.

Anders ist es aber in den atypischen Fällen. Wenn z. B. mit der Betriebshaftpflichtv zugleich Vsschutz für die Vorstandsmitglieder oder Geschäftsführer des Vmers als Privatpersonen geboten wird, so besteht keine Kongruenz bezüglich des vten Risikos, liegt im Sinne der Terminologie von Hartung a. a. O. keine Identität des Wagnisses vor. Es würde eine gewiß nicht beabsichtigte Lücke im Vsschutz bedeuten, hier auf die Privathaftpflichtv nicht die Bestimmungen über die Vorsorgev anzuwenden. Erwirbt daher z. B. eines der Vorstandsmitglieder einen Hund, so fällt dieses neue Risiko unter § 2 AHB (a.M. Wehn a. a. O. S. 34).

Ähnliches gilt für die Privathaftpflichtv, soweit darin der Schutz auf die Familienangehörigen ausgedehnt wird. Es ist sachgerecht anzunehmen, daß auch dann die Vorsorgevsbestimmungen eingreifen, wenn nicht der Vmer, sondern dessen Ehefrau einen Hund erwirbt (ebenso Heimbücher a. a. O.). Eine Benachteiligung des Vmers (dadurch, daß er mehr Prämie zahlen muß) ist bei dieser Vertragsauslegung nicht zu befürchten; denn es steht in seiner Hand, ob er den Vsschutz, der durch die Vorsorgev gewährt wird, endgültig aufrecht erhalten will oder nicht. Heimbücher a. a. O. nimmt darüber hinaus an, daß die Vorsorgevsbestimmungen auch dann eingreifen, wenn das in der Privathaftpflichtv mitvte ledige Kind des Vmers volljährig werde (vgl. Anm. H 10: Vsschutz besteht danach nur, wenn sich das Kind des Vmers noch in einer Schul- oder Berufsausbildung befindet). Dieser Auslegung wird man jedoch deshalb nicht beipflichten können, weil der Vte in diesem Falle zu dem Zeitpunkt, als das neue Risiko entstand, bereits aus dem primären Deckungsbereich des Haftpflichtvsvertrages ausgeschieden war. Aus dem gleichen Grunde findet die Vorsorgev keine Anwendung, wenn die Scheidung der Ehe des Vmers rechtskräftig geworden ist. Keineswegs genießt also die nicht mehr unter den Risikobereich des Vertrages fallende frühere Ehefrau Vsschutz im Rahmen der Vorsorgev.

Besonders sinnvoll ist die Anwendung der Vorsorgevsbestimmungen dann, wenn die V für fremde Rechnung gar nur in der Form genommen wird, daß allein ein Haftpflichtrisiko für den Vten vert wird, also kein ein eigenes Risiko des Vmers betreffender Vertragsteil gegeben ist. Wussow[5] Anm. 4 zu § 2 AHB, S. 219 meint dagegen, daß der Vmer regelmäßig im Interesse des anderen nur ein bestimmtes Risiko decken wolle. Indes ist mit der Lebenserfahrung davon auszugehen, daß regelmäßig ein materieller Vsschutz angestrebt wird, der dem bei einem Eigenabschluß des Vten für das betreffende Risiko entspricht. Auch der weiter gegebene Hinweis, daß ein derartiger Fall außerhalb der Bestimmungen der AHB liege (so Wussow[5] Anm. 2 zu § 7, S. 466), vermag nicht zu überzeugen. Eine allein darauf abstellende Auslegung, daß § 7 Ziff. 1 S. 1 AHB seinem schlichten Wortlaut nach voraussetze, daß auch ein eigenes Risiko des Vmers vert werde, besagt nichts, wenn die auf den Sinn der Regelung abstellende Interpretation zu einem entgegengesetzten Ergebnis kommt.

[H 22] cc) Ausschluß des Versicherungsschutzes für Schadenersatzansprüche des Versicherungsnehmers und seiner Angehörigen gegen den Versicherten (§§ 7 Ziff. 2 AHB, 7 Ziff. 2 AHBVerm.)

aaa) Rechtscharakter der §§ 7 Ziff. 2 AHB, 7 Ziff. 2 AHBVerm.

Es ist umstritten, ob den Ausschlußbestimmungen der §§ 7 Ziff. 2 AHB, 7 Ziff. 2 AHBVerm konstitutiver oder deklaratorischer Charakter zukommt. Das erstere ist zu bejahen. Die konkrete Frage ist dabei die, ob der Vmer im Rahmen der Haftpflichtv für fremde Rechnung begrifflich der geschädigte Dritte sein kann oder nicht (dafür: Bronisch-Cuntz-Sasse-Starke Anm. 1 zu § 156 und BGH 7. I. 1965 BGHZ Bd 43 S. 42—46; dagegen: KG 22. III. 1933 JRPV 1933 S. 272 = ÖffrV 1933 S. 39 [allerdings in einem Falle, in dem diese Frage dahingestellt bleiben konnte, da sich in den betreffenden AKB eine ausdrückliche Ausschlußklausel für Ansprüche des Vmers gegen den Vten befand], Eberhardt ZfV 1967 S. 432—433, Ehrenzweig S. 358, Rohde VersR 1963 S. 408—411 m. w. N., Stelzer VersR 1965 S. 321—322, Sieg Ausstrahlungen S. 240—241 [wenn auch mit der bemerkenswerten Einschränkung, daß das nicht gelte, wenn durch den Vsvertrag ausnahmsweise nur eine V für fremde Rechnung geboten werde; anders wiederum Oberbach II S. 232, der es für diejenigen Fälle, in denen keine isolierte V für fremde Rechnung geboten wird, als vertretbar bezeichnet, den Vmer als Dritten anzusehen]; vgl. auch Bruck 7. Aufl. Anm. 19 zu § 149 und Anm. 5 zu § 151 [die zuletzt genannte Bemerkung spricht mehr für die hier vertretene Auffassung]).

Es versteht sich, daß begrifflich in der Haftpflichtv für eigenes Risiko der Vmer, der schließlich von den Ansprüchen eines Dritten freigehalten werden soll, grundsätzlich nicht gleichzeitig Dritter im Sinne des Haftpflichtvsrechts sein kann. Anders ist es bei der Haftpflichtv für fremde Rechnung, gleich ob es sich um einen typischen Fall der Erstreckung des Vsschutzes auf weitere Personen handelt oder um einen atypischen Vertrag, in dem neben einem eigenen ein identitätsfremdes Wagnis oder gar nur isoliert ein fremdes Wagnis abgesichert wird. In diesen Fällen sind ohne weiteres Haftpflichtansprüche des Vmers gegen den Vten denkbar. Wollte man diese Ansprüche ohne eine entsprechende Ausschlußbestimmung allein deshalb nicht für gedeckt halten, weil der Vmer begrifflich nicht zugleich Dritter sein könne, so würde das Problem allein aus begriffsscholastischer Sicht gewertet und nicht die Interessenlage und der Interessenkonflikt erschöpfend berücksichtigt.

Die soziologische Einordnung der hier gestellten Frage ergibt, daß ein schutzwürdiges Bedürfnis dafür bestehen kann, den Vmer im Rahmen der V für fremde Rechnung als Dritten im Verhältnis zum Vten zu behandeln. So wird z. B. in der Vermögensschadenhaftpflichtv weitgehend bei der V juristischer Personen und der für sie handelnden Beamten oder Angestellten die Möglichkeit geboten, auch das „Eigenrisiko" des Vmers, d. h. dessen Ansprüche gegen den Vten, zu decken. Auf diese Möglichkeit weist § 7 Ziff. 2 AHBVerm schließlich auch schon (abweichend von § 7 Ziff. 2 AHB) hin, wenn es dort heißt, daß Ansprüche des Vmers gegen den Vten ausgeschlossen seien, „soweit nichts anderes vereinbart ist". Es kann daher nicht Aufgabe der Rechtswissenschaft sein, derartige Wege durch die Erfindung ungeschriebener Normen wie die, daß der Vmer auch in der Haftpflichtv für fremde Rechnung nicht Dritter sein könne, zu erschweren.

Als Ergebnis ist festzuhalten, daß der Vmer im Rahmen der Haftpflichtv für fremde Rechnung durchaus Dritter im Sinne des § 149 sein kann. Bei der Beurteilung eines haftpflichtvsrechtlichen Falles, bei dem ein Schadenersatzanspruch eines Vmers gegen einen Vten erhoben worden ist, ist demgemäß stets zu prüfen, ob Ausschlußtatbestände, wie z. B. §§ 7 Ziff. 2 AHB, 7 Ziff. 2 AHBVerm, der Deckung entgegenstehen. Fehlt es im konkreten Falle an derartigen Ausschlußklauseln, so fallen Schadenersatzansprüche des Vmers in den Deckungsbereich des betreffenden Haftpflichtvsvertrages für fremde Rechnung. Das gleiche gilt, wenn die zitierten Ausschlußbestimmungen ausnahmsweise nicht eingreifen, weil ihre Anwendung nicht mit dem Zweck des Ausschlußtatbestandes übereinstimmt und zu sinnwidrigen Ergebnissen führen würde. Vgl. dazu BGH 7. I. 1965 BGHZ Bd 43 S. 42—46 und die Ausführungen in Anm. H 23. Verfehlt an dieser kühnen Entscheidung erscheint nur, daß allein aus der Existenz des § 7 Ziff. 2 AHB der Schluß gezogen wird, daß der Vmer Dritter im Sinne der AHB sein könne (ebenso aber Kramer VersR 1964 S. 1220 zu § 11 Ziff. 3 AKB). Denn damit wird der grundsätzlichen Frage ausgewichen und einer angreifbaren begriffsjuristischen Deduktion gefolgt (vgl. z. B. Oberbach I S. 232, der dort die Auffassung, daß der Vmer bei der V für fremde Rechnung Dritter sein könne, für vertretbar hält, dann aber § 7 Ziff. 2 AHB die entgegengesetzte Klarstellung entnimmt, daß der Vmer nicht Dritter im Sinne des § 1 AHB sei; ähnlich Stelzer VersR 1965 S. 321—322).

[H 23] bbb) Auslegung nach dem Zweck des Ausschlußtatbestandes.

Zu beachten ist bei der Auslegung des § 7 Ziff. 2 AHB der Zweck der Bestimmung: Es sollen sowohl Kollusionen (Zusammenspiel des Vmers mit dem Vten) vermieden werden, als auch Eigenschäden des Vmers im engeren Sinne, nämlich Schäden an seinem Körper oder seinem Eigentum, unvert bleiben (vgl. Prölss VersR 1965 S. 275—276 in seiner Anm. zu dem dort ebenfalls veröffentlichten BGH-Urteil vom 7. I. 1965). Das gilt auch dann, wenn der Körperschaden zwar in der Person eines anderen entsteht, dem Vmer aber nach der gesetzlichen Regelung, z. B. aus § 844 BGB, ein Schadenersatzanspruch zusteht (a. M. Wusswo[5] Anm. 7 zu § 7 AHB, S. 470; wie hier aber Wussow[4] Anm. 7 zu § 7 AHB, S. 370). Wird jedoch von einem durch ein Schadenereignis verletzten, am Vsvertrag gänzlich unbeteiligten Dritten sein Schadenersatzanspruch gegen den Vten an den Vmer abgetreten, so besteht für dessen abgeleiteten Anspruch trotz des entgegenstehenden Wortlauts des § 7 Ziff. 2 AHB Vsschutz. Entsteht in der Person eines Dritten, bei dem es sich nicht um einen Angehörigen des Vmers im Sinne des § 4 II Ziff. 2 AHB handelt, originär ein Anspruch, so besteht dafür Vsschutz. Das kann für einen originären Anspruch des Sozialvers nach § 640 RVO bedeutsam werden.

Darüber hinaus ist vom BGH 7. I. 1965 BGHZ Bd 43 S. 42—46 mit bemerkenswertem Mut der Vsschutz auch in folgendem besonders gelagerten Falle bejaht worden: Der Verletzte, ein Arbeitnehmer des Vten, konnte für einen bei einem Arbeitsunfall entstandenen Körperschaden, der kausal auf eine fehlerhafte Treppe zurückzuführen war, den Vten nach § 898 RVO a. F. nicht in Anspruch nehmen. Er setzte aber einen Schadenersatzanspruch gegen den Eigentümer des Grundstücks durch, der sich seinerseits an den Vmer (Mieter des Grundstücks) hielt, der wiederum aufgrund des zwischen ihm und dem Vten geschlossenen Pachtvertrages, der dem Vten die Verkehrssicherungspflicht übertrug, von diesem Freihaltung verlangte. Der BGH 7. I. 1965 a. a. O. begründet seine Entscheidung mit dem Hinweis darauf, daß die Inanspruchnahme des Vten auf dem geschilderten Umwege nur deshalb erfolge, weil § 898 RVO a. F. der unmittelbaren Inanspruchnahme entgegenstehe, daß es aber nicht dem Schutzzweck des § 898 RVO a. F. entspreche, der den Arbeitgeber wegen der Bezahlung der Beiträge zur gesetzlichen Unfallv privilegiere, daß für einen auf einem Umwege erhobenen Ausgleichsanspruch der Vsschutz in der Betriebshaftpflichtv versagt werde. Prölss VersR 1965 S. 275—276, der dem Urteil des BGH im Ergebnis zustimmt, weist demgegenüber darauf hin, daß das Schwergewicht der Argumentation besser bei der Auslegung des Sinngehaltes des § 7 Ziff. 2 AHB gelegen hätte. Der geschilderte Fall ist jedenfalls ein Bilderbuchbeispiel dafür, daß auch bei anscheinend ganz eindeutigem Wortlaut immer der Sinn der Bedingungsbestimmung, die Interessenlage, zu beachten ist (vgl. dazu auch die ablehnenden Ausführungen von Klick VersR 1966 S. 813—814 und OLG Hamburg 11. V. 1962 BB 1962 S. 1402, das [als Vorinstanz zu BGH 7. I. 1965 a. a. O.] am Wortlaut der Klausel scheiterte). Aus dieser Sicht der Dinge wäre es allerdings, wie vom BGH, a. a. O., hervorgehoben, für den Vten unverständlich, daß er, der er vom Ver Vsschutz gegen den Regreßanspruch der Berufsgenossenschaft aus § 903 RVO a. F. und gegen einen allerdings nach § 898 RVO a. F. unbegründeten Ersatzanspruch des Arbeitnehmers genießt, vom Ver hier gegenüber dem vertraglichen Schadenersatz oder Ausgleichsanspruch des Vmers keinen Vsschutz soll beanspruchen können.

Als Ergebnis ist festzuhalten, daß in allen diesen Fällen, in denen der geschädigte Dritte als Arbeitnehmer zwar den Vten nach § 636 RVO nicht in Anspruch nehmen kann, wohl aber den Vmer oder wie in dem geschilderten Beispielsfall noch eine dritte Person, die sich ihrerseits wieder an den Vmer hält, der Vte entgegen dem Wortlaut des § 7 Ziff. 2 AHB Vsschutz gegenüber dem Ausgleichs- oder Schadenersatzanspruch des Vmers genießt.

Es versteht sich, daß eine derartige Ausnahme im Bereich des § 7 Ziff. 2 AHBVerm mit Rücksicht auf den anders gearteten Schutzbereich der Vermögensschadenhaftpflichtv kaum denkbar ist.

[H 24] ccc) Ausschluß der Ansprüche der Angehörigen des Versicherungsnehmers.

Durch § 7 Ziff. 2 AHB (ebenso § 7 Ziff. 2 AHBVerm) werden nicht nur die Ansprüche des Vmers, sondern auch die seiner Angehörigen vom Vsschutz ausgeschlossen. Für die Bestimmung des Personenkreises der Angehörigen vgl. § 4 II Ziff. 2 AHB und § 4 Ziff. 6 Abs. 2 AHBVerm und die Erläuterungen dazu in Anm. G 237 und G 246.

Anders als in § 4 II Ziff. 2 AHB ist in § 7 Ziff. 2 AHB nicht von Haftpflichtansprüchen aus Schadenfällen der Angehörigen des Vmers die Rede. Es ist vielmehr nur die schwächere Formulierung gewählt, daß Haftpflichtansprüche des Vmers und seiner Angehörigen ausgeschlossen seien. Wussow[2] Anm. 7 zu § 7 AHB, S. 331 schloß früher daraus, daß die unmittelbar in der Person eines Dritten entstehenden Ansprüche aus Schadenfällen des Vmers oder seiner Angehörigen, also z. B. solche nach § 844 BGB oder § 640 RVO n. F. durch § 7 Ziff. 2 AHB nicht ausgeschlossen seien. Dieser Auslegung ist mit der Einschränkung zuzustimmen, daß die Ansprüche der in § 4 II Ziff. 2 AHB aufgezählten Angehörigen des Vmers aufgrund der Verweisung in § 7 Ziff. 2 AHB ausdrücklich ebenfalls ausgeschlossen sind. Die später von Wussow[4] Anm. 7 zu § 7 AHB, S. 370—371 vertretene Auffassung, daß auch die anläßlich eines Schadenfalles des Vmers (oder seiner Angehörigen) originär einem Dritten zuwachsenden Ansprüche stets ausgeschlossen seien, ist mit dem Wortlaut der Bestimmung nicht zu vereinbaren und wird von Wussow jetzt augenscheinlich auch nicht mehr aufrechterhalten (vgl.[5] Anm. 7 zu § 7 AHB, S. 469—471). Die von Wussow[4] Anm. 7 zu § 7 AHB, S. 331 für seine geänderte Auffassung ursprünglich zitierte Entscheidung KG 7. XII. 1962 VersR 1963 S. 525—527 betraf im übrigen keinen AHB-Fall, sondern einen Streit über den Vsschutz in der Kfz-Haftpflichtv. Da es sich um den originären Anspruch der Witwe des Vmers nach § 844 II BGB handelte, wäre — unterstellt die AHB würden zur Anwendung kommen — nach § 7 Ziff. 2 AHB ohnedies kein Vsschutz gegeben. Dieser Fall gab daher eigentlich keine Veranlassung, die vorher vertretene Auffassung, die im Einklang mit der überlieferten Auslegung derart formulierter Ausschlußklauseln steht, aufzugeben.

Zu beachten ist bei der hier vertretenen Auffassung, daß das Gesagte grundsätzlich nicht für in der Person von Angehörigen des Vmers nach §§ 844, 845 BGB entstehende Ansprüche gilt. Deren Ansprüche sind durch § 7 Ziff. 2 in Verbindung mit § 4 II Ziff. 2 AHB ausdrücklich vom Vsschutz ausgeschlossen. Eine Ausnahme ist, wenn man den durch § 4 II Ziff. 2 AHB nicht erfaßten Fall des unterhaltsberechtigten Urenkels des Vmers (oder des unterhaltsberechtigten Urgroßvaters des Vmers!) absieht, kaum denkbar.

Die hier angestellten Überlegungen gewinnen eher praktische Bedeutung, wenn nicht der Vmer, sondern die sonst in § 4 II Ziff. 2 AHB genannten Personen einen Schaden erleiden. Alsdann sind zwar deren eigene Ansprüche ausgeschlossen, nicht aber die originär nach §§ 844, 845 BGB entstehenden Ansprüche ihrer Angehörigen, soweit diese nicht wiederum unter den in § 4 II Ziff. 2 AHB aufgeführten Personenkreis fallen. In diesem Zusammenhang ist daran zu erinnern, daß wohl die Angehörigen von persönlich haftenden Teilhabern und Gesellschaftern von § 4 II Ziff. 2 AHB erfaßt werden, nicht aber z. B. die Angehörigen von Vorstandsmitgliedern oder Geschäftsführern (vgl. zu dieser Streitfrage die Ausführungen in Anm. G 243).

Was schließlich die Erkenntnis anbetrifft, daß der originäre Ersatzanspruch des Sozialleistungsträgers nach § 640 RVO aus einem Schadenfall des Vmers oder der in § 4 II Ziff. 2 AHB genannten Personen gedeckt wäre, so ist zu beachten, daß ein derartiger Anspruch voraussetzt, daß die Haftung des Vten gegenüber dem Vmer oder gegenüber den sonst in § 4 II Ziff. 2 AHB aufgeführten Personen nach §§ 636, 637 RVO ausgeschlossen sein müßte. Das wird selten der Fall sein. Immerhin ist folgender Fall denkbar: Der Sohn des Vmers fängt als einfacher Arbeiter im Betrieb des Vmers an. Infolge grober Fahrlässigkeit eines „Leiters eines Teiles des Betriebes" erleidet er einen schweren Körperschaden. Ein unmittelbarer Anspruch ist nach § 637 RVO ausgeschlossen. Würde der Geschädigte dennoch den Vten verklagen, so würde der Ver nach § 7 Ziff. 2 AHB auch keinen Rechtsschutz zu gewähren haben. Wohl aber besteht Vsschutz gegenüber dem originären Anspruch des Sozialvsträgers nach § 640 RVO. Anders wäre es allerdings dann, wenn der Sohn des Vmers nicht von einem Arbeitsaufseher, sondern von einem einfachen Arbeitnehmer verletzt worden wäre. Hier besteht nach ausdrücklicher Bestimmung der Antragserläuterung kein Vsschutz (vgl. dazu Anm. H 8 a. E.).

[H 25] dd) Versicherungsschutz für Ansprüche des Versicherten gegen den Versicherungsnehmer.

Fast einhellig wird angenommen, daß Ansprüche des Vten gegen den Vmer vom Vsschutz erfaßt werden (vgl. nur Möller Grundlagen B 2 S. 15, Oberbach II S. 232—233, Prölss[17] Anm. 2 zu § 7 AHB, S. 693, Wussow[5] Anm. 7 zu § 7 AHB, S. 470, siehe ferner BGH 7. I. 1965 a. a. O., der ebenfalls von dieser Erkenntnis ausgeht; a. M., soweit ersichtlich, nur Eberhardt ZfV 1967 S. 432, differenzierend aber auch Hartung Haftpflichtv S. 125—126 und S. 131—132). Zur Begründung dieser Ansicht wird zutreffend darauf hingewiesen, daß ein Umkehrschluß aus § 7 Ziff. 2 AHB (§ 7 Ziff. 2 AHBVerm) zu ziehen sei. Mit Rücksicht darauf, daß in der genannten Bestimmung das Rechtsverhältnis zwischen Vmer und Vtem gesondert angesprochen ist, scheidet eine analoge Anwendung des § 4 II Ziff. 2 AHB, wie sie entgegen der hier vertretenen Auffassung von einem Teil des Schrifttums bei den Ansprüchen der Vten gegeneinander vorgenommen wird (vgl. dazu Anm. H 26), bei der Beurteilung der Schadenersatzansprüche des Vten gegen den Vmer nach logischen Gesichtspunkten auch von vornherein aus.

Zu Unrecht schränkt Hartung Haftpflichtv S. 125—126 und S. 131—132 das hier gewonnene Ergebnis ein. Fasziniert von der von ihm verdeutlichten Unterscheidung der verschiedenen Fallgruppen, setzt er in gedanklich reizvollen Ausführungen den Vten dem Vmer in den Fällen gleich, in denen für den Vten im Rahmen des gekoppelten Vertrages ein fremdes Wagnis vert wird. In diesen Fällen will Hartung a. a. O. S. 131—132 § 4 II Ziff. 2 AHB entsprechend anwenden. Die Interessenlage verbietet indes eine derartige Einschränkung des Vsschutzes. Wenn der Vertragswille der Parteien nach den AHB dahin auszulegen ist, daß Ansprüche des Vten gegen den Vmer dann vert sind, wenn Identität des vten Wagnisses gegeben ist, dann muß das erst recht gelten, wenn ein für den Vmer fremdes Wagnis durch die V für fremde Rechnung erfaßt wird. Es versteht sich, daß das Gesagte in den seltenen Fällen keine Bedeutung hat, in denen eine isolierte V für fremde Rechnung vorliegt, da dann der Vmer ohnedies für gegen ihn gerichtete Ansprüche Dritter keinen Vsschutz genießt.

[H 26] ee) Ansprüche von Versicherten gegeneinander.

Bestritten ist, ob Ansprüche Vter gegeneinander (durch § 7 Ziff. 1 S. 1 in Verbindung mit § 4 II Ziff. 2 AHB) vom Vsschutz ausgeschlossen sind oder nicht. Die Deckung bejahen: Blumhardt NeumannsZ 1933 S. 652—653, Evers VW 1956 S. 113—114, Köthnig ZfV 1961 S. 381—383, Kramer VW 1955 S. 449, VersR 1964 S. 369—370, Kühfuß NeumannsZ 1933 S. 654—655, Prölss[17] Anm. 2 zu § 7 AHB, S. 693, Schirmer VW 1960 S. 114—115, Sieg Ausstrahlungen S. 231 Anm. 790. Der gegenteilige Standpunkt wird von folgenden Autoren eingenommen: Boettinger VW 1954 S. 78—79, Dorschel VersR 1964 S. 10—15, Dreger NeumannsZ 1933 S. 614—615 und 708, Frick VW 1953 S. 219, Kürsten Grundlagen C 2 Vorb. S. 15, Matt NeumannsZ 1933 S. 556—558, Oberbach II S. 231, Grundlagen B 3 S. 19, Schmalzl VW 1955 S. 541, VW 1956 S. 424 bis 426, VersR 1964 S. 709, Sochart VW 1955 S. 386 (schwankend), Wussow[5] Anm. 7 zu § 7 AHB, S. 469.

Einen vermittelnden Standpunkt vertritt Hartung Haftpflichtv S. 126—128 und S. 131—132. Er bejaht die Deckung in den typischen Fällen der Erstreckung des Vsschutzes, verneint sie aber in den Fällen, in denen eine Identität des Wagnisses nicht gegeben ist. Eine Einschränkung seiner grundsätzlich vertretenen Auffassung, daß gegenseitige Ansprüche vter Personen desselben Vertrages nicht unter den Vsschutz fallen, findet sich auch bei Heimbücher VW 1962 S. 598. Er führt aus, daß der Haftungsausschluß nur eingreife, wenn der Geschädigte an der schadenstiftenden Handlung mitgewirkt habe, anderenfalls sei er für den konkreten Schadenfall nicht als mitvte Person anzusehen.

Gerichtsentscheidungen zu der hier erörterten Streitfrage sind bisher nicht bekannt geworden. Für beide Auffassungen sprechen gute Gründe. Nach dem Sinn der Haftpflichtv, nämlich einen möglichst lückenlosen Schutz zu bieten, ist der erstgenannten Auslegung der Vorzug zu geben. Für sie spricht auch § 7 Ziff. 2 AHB. Hier ist ausdrücklich festgelegt, daß Ansprüche des Vmers gegen den Vten vom Vsschutz ausgeschlossen sind. Damit ist eine Sonderregelung bezüglich der personellen Ausschlußtatbestände getroffen, so daß die generellen Verweisungen in § 7 Ziff. 1 S. 1 AHB nicht zur schematischen Gleichsetzung des Vten mit dem Vmer in § 4 II Ziff. 2 AHB zu führen brauchen. Da die Erstreckung des Haftpflichtvsschutzes gerade dem Betriebsfrieden dienen soll, ist auch aus diesem Gesichtspunkt für den wichtigsten Fall, nämlich für die Betriebshaftpflichtv, die Deckungswürdigkeit zu bejahen. Eine Kollusionsgefahr besteht gewiß nicht in höherem Maße als bei den nach den Ausführungen in Anm. H 25 unter den Vsschutz fallenden Ansprüchen des Vten gegen den Vmer. Die hier vertretene Auffassung ist auch deshalb zu bevorzugen, weil in den meisten Fällen ohnedies eine Haftung des Vmers aus §§ 278, 831 BGB gegeben sein wird. Der Ver ist also ohnehin im Risiko und in der Praxis wird ein nach der Gegenmeinung ansonsten möglicher Regreß nach § 67 gegen den mitvten Schädiger nicht genommen.

Die Bedeutung der Streitfrage ist im übrigen deshalb nicht so groß, weil durch § 637 RVO n. F. Schadenersatzansprüche von Arbeitnehmern desselben Betriebes gegeneinander (wegen Körperschäden) jetzt ohnedies grundsätzlich bei Arbeitsunfällen nicht mehr gegeben sind. Zudem ist in der Betriebshaftpflichtv in den Antragsbestimmungen ausdrücklich bei der Mitv der persönlichen Haftpflicht der einfachen Arbeitnehmer vermerkt, daß der Vsschutz nicht bei Arbeitsunfällen im Betriebe des Vmers im Sinne der RVO gelte (vgl. dazu Anm. H 8 a. E.). Durch diese Klausel ist sichergestellt, daß auch kein Deckungsschutz für die Regreßansprüche nach § 640 RVO besteht (Schmalzl VersR 1964 S. 709). Das bedeutet, daß in der Betriebshaftpflichtv die hier erörterte Frage nur für Sachschäden auftaucht, die in der Praxis zumeist auf dem „Kulanzwege" (Sochart VW 1955 S. 386) erledigt werden.

ff) Ansprüche von Angehörigen eines Versicherten.

Zu unterscheiden ist, ob es sich um die Ansprüche eines Angehörigen eines Vten gegen diesen oder gegen einen weiteren Vten oder gegen den Vmer handelt.

[H 27] aaa) Ansprüche gegen den verwandten Versicherten.

Die entsprechende Anwendung der Bestimmungen in § 4 II Ziff. 2 AHB (§ 4 Ziff. 6 AHBVerm) ergibt, daß Ansprüche von Angehörigen eines Vten gegen diesen im gleichen Umfange ausgeschlossen sind wie die von Angehörigen eines Vmers gegen diesen. Darüber besteht im Schrifttum Einigkeit (vgl. nur Hartung Haftpflichtv S. 128—129, Oberbach I S. 232 Anm. 150). Auf die Erläuterungen zu § 4 II Ziff. 2 AHB in Anm. G 236—240 wird daher auch hier verwiesen.

Es fragt sich allerdings, ob das in der Vermögensschadenhaftpflichtv auch für die in § 4 Ziff. 6 AHBVerm aufgeführten Personen gilt, deren Ansprüche nicht aufgrund einer Angehörigeneigenschaft im Sinne dieser Vorschrift ausgeschlossen sind, sondern nach dem Wortlaut dieser Bestimmung lediglich deshalb, weil sie mit dem Vten in häuslicher Gemeinschaft leben. Zweifel daran, ob die Ansprüche dieser Personen gegenüber dem Vten ausgeschlossen sind, können deshalb auftreten, weil nach § 7 Ziff. 2 AHBVerm wohl die Ansprüche des Vmers und seiner Angehörigen gegenüber dem Vten vom Vsschutz ausgeschlossen sind, nicht aber die Schadenersatzansprüche gegen den Vten, die von solchen Personen erhoben werden, die, ohne Angehörige zu sein, mit dem Vmer in häuslicher Gemeinschaft leben. Die Würdigung der Interessenlage ergibt aber, daß eine restriktive Auslegung des § 4 Ziff. 6 in Verbindung mit § 7 Ziff. 1 S. 2 AHBVerm nicht gewonnen werden darf. Die Kollusionsgefahr besteht hier wie dort. Es wäre daher unverständlich, wenn der Vte besseren Vsschutz als der Vmer genießen würde.

[H 28] bbb) Gegen weitere Versicherte.

Der erwähnte Ausschluß der Schadenersatzansprüche von Angehörigen kommt aber nur dann zum Tragen, wenn sich die Ansprüche des Angehörigen gegen den mit ihm verwandten Vten richten. Vsschutz ist dagegen in Konsequenz der Ausführungen in Anm. H 26, nach denen Schadenersatzansprüche von Vten gegeneinander vert sind, zu bejahen, wenn ein Angehöriger eines Vten gegen einen weiteren Vten, zu dem er nicht in Beziehungen im Sinne des § 4 II Ziff. 2 AHB steht, Ansprüche erhebt.

[H 29] ccc) Gegen den Versicherungsnehmer.

Schadenersatzansprüche der Angehörigen des Vten gegen den Vmer sind nicht vom Vsschutz ausgeschlossen (Sieg Betrieb 1965 S. 388). Das ist freilich bestritten (a. M. Oberbach II S. 232, wohl auch Prölss[17] Anm. 8 zu § 4 AHB, S. 683), ergibt sich aber konsequent aus der in Anm. H 25 einhellig getroffenen Feststellung, daß die Ansprüche der Vten gegen den Vmer vom Vsschutz erfaßt werden. Fürchtet man dort keine Kollusion, so ist ein solches Zusammenwirken zum Nachteil des Vers bei den dem Vmer regelmäßig weit ferner stehenden Angehörigen des Vten auch nicht zu befürchten. Hartung Haftpflichtv S. 126, 128 vertritt für diejenigen Fälle, in denen eine „Identität des Wagnisses" gegeben ist, die hier wiedergegebene Auffassung, doch will er für die Fallgruppen der Erstreckung des Vsschutzes auf fremde Wagnisse keinen Vsschutz für die Ansprüche von Angehörigen gewähren (a. a. O. S. 131—132). Diese Unterscheidung ist jedoch aus den in Anm. H 25 dargelegten Gründen auch hier abzulehnen.

Sachregister

C

D

T

W

Z

Bei Fragen zur Produktsicherheit wenden Sie sich bitte an:
If you have any questions regarding product safety,
please contact:

Walter de Gruyter GmbH
Genthiner Straße 13
10785 Berlin
productsafety@degruyterbrill.com